国家社会科学基金项目
国家“十三五”重点图书
国家古籍整理出版专项经费资助项目
上海市教育委员会科研创新重点资助项目
上海中医药大学优秀团队（杏林团队）培育项目
上海文化发展基金会图书出版专项基金资助项目

汉文《大藏经》涉医文献的辑录与研究

——本缘部 经集部

主编 李兆健

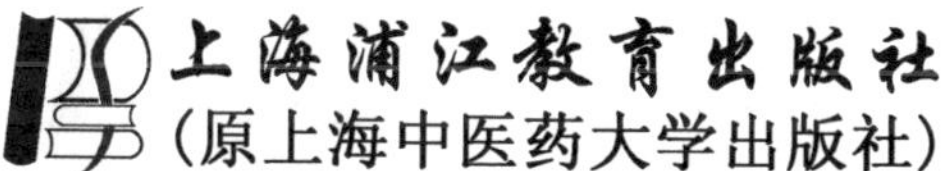

图书在版编目(CIP)数据

汉文《大藏经》涉医文献的辑录与研究：本缘部 经集部 / 李兆健主编. —上海：上海浦江教育出版社有限公司,2016.9
ISBN 978-7-81121-433-8

Ⅰ.①汉… Ⅱ.①李… Ⅲ.①大藏经—中国医药学—医学文献—研究 Ⅳ.①B941 ②R2

中国版本图书馆 CIP 数据核字(2016)第226110号

上海浦江教育出版社(原上海中医药大学出版社)出版

社址:上海海港大道 1550 号上海海事大学内　　邮编:201306

分社:上海蔡伦路 1200 号上海中医药大学内　　邮编:201203

电话:(021)38284910(12)(发行)　38284923(总编室)　38284910(传真)

E-mail：cbs@shmtu. edu. cn　URL：http://www. pujiangpress. cn

上海双宁印刷有限公司印装　上海浦江教育出版社发行

幅面尺寸:185 mm×260 mm　印张:61.75　字数:1 503 千字

2016 年 9 月第 1 版　2016 年 9 月第 1 次印刷

责任编辑:黄　健　封面设计:赵宏义

定价:298.00 元

汉文《大藏经》涉医文献的辑录与研究——本缘部 经集部

编 委 会

主　　编　李兆健

编　　委　（以姓氏笔画为序）

丁洁韵　王少墨　叶阳舸　苏　姗
李　洁　沈邹影　陈　正　陈　晓
陈　磊　郑　直　荆丽娟　胡　壮
郭显英　黄晓华　董志颖　蒋双静
蒋海平　薛　辉

前 言

20世纪以来，科学技术蓬勃发展，给人类带来了巨大而全面的影响，物质生活日益富足，疾病谱发生重大变化，感染性疾病的发病率和死亡率显著下降，寿命不断延长。但是，快速的节奏、频繁的应激、剧烈的竞争，给人类带来了空前的心理压力和社会适应问题，人们常常陷入无法言说的烦恼、痛苦之中。如何解决人类极其复杂而又必须认真对待的健康问题呢？

医学承担着维护人类身心健康的重任，是以人为研究对象的一门学问，不论过去、现在，还是未来，都不应该是一门纯粹的自然科学。人的生命价值和意义何在，如何尊重生命，是医学发展历程中必须时时面对的重要问题，遗憾的是当代医学对此缺乏足够重视。

宗教作为人类文明的重要组成部分，蕴藏着丰富的调节心身，获得“心身自在”的最佳理论和方法，闪烁、蕴含着古人的智慧和深邃的见解。长期以来，由于众所周知的原因，人们常常给宗教贴上了负面标签，将之视为主观、唯心的产物，甚至斥为迷信。

其实宗教是人类进化到一定阶段的产物。当人有了自我意识以后，察觉人和动物、植物一样，都要死亡，而且一旦死去就再也不会返回人世间。于是人们不禁提出这样的问题：“我是谁？”“我为什么活着？”“我从哪里来？最终到哪里去？”宗教的诞生就是要解决这些问题，消除人们的焦虑和恐惧，能够平静地面对人生和死亡。

可见，宗教与人类社会有着复杂的联系，它不仅反映出人的灵性世界和精神生活，而且还影响着人类的日常生活。宗教迄今仍对世界上大多数人产生着广泛而深入的影响，全世界70多亿人口中，至少有三分之二的人有着虔诚程度不一的各种宗教信仰。

佛教作为世界三大宗教之一，至今已有2 000多年的历史。佛陀以舍弃家庭、出离人间修行的方式证悟真理，但他悟道之后，还是积极回到人间，聚焦于人间的生、老、病、死，度化陷于苦难而不自知的众生，实现他为众生解除痛苦的愿望。

正是因为众生所处的社会始终是佛陀关心的对象，所以佛教传入中国后和中国原有的思想相接触，不断变化，不断发展，成为中华民族精神财富的重要组成部分，佛教也成为中国信众最多的宗教。

佛教文献浩如烟海，内容丰富，涉及范围广泛，既有与人类身体疾病问题有关的自然科学内容，更有与人类自身价值以及伦理、道德、规范等密切联系的社会学内容。佛教的意义系统应该在科学文化的背景下得到重新阐释。尤其是在中国构建和谐社会的进程中，佛教作为有着深刻和谐思想与和平理念的宗教，可以在缓和人与自然、人与人之间、心身之间的紧张关系、促进社会和谐等方面发挥独特作用。对于这笔巨大、细密又渊深的精神财富，现代自然科学和人文科学还未能全面地吸收和消化，难以被普通民众吸收。

从20世纪90年代中期起，我们开始尝试从佛教文献中撷取与心身调养相关的内容，并在上海市教委的资助下陆续设立了一些科研项目。在此基础上，2011年申报的“汉文《大藏经》中涉医文献的辑录与研究”入选国家社会科学基金项目。

该研究设想辑录、梳理佛教在宇宙观、心身观、生死观、终极关怀、人与自然、人与人、临终关怀等问题上的独特见解，尝试运用哲学、伦理学、医学、心理学（含心理治疗学）、文化人类学等理论加以剖析，使佛教文化中维护心身健康的理论与方法得到真实、完整的总结和弘扬。

课题研究所辑录的文献出自《大正新修大藏经》，标点基本采用中国台湾中华电子佛典协会出版的《CBETA电子佛典集成》(2014版)，所有原文均未做校注，仅纠正了明显的错字。同一人物、地点在不同汉译经文中的不同用字，如大目犍连，又作大目健连等，一律遵循原译，不作更改。

课题研究过程中，得到了慧明、智度、亚蕴、定慈法师，周瑞金、吕会霖、肖泽萍、李天纲、孙时进、沈雪峰、严世芸、王庆其、段逸山、朱伟常、朱邦贤、张如青、陈跃来等教授的指导，谨致真挚的感谢。

本研究团队入选上海中医药大学“优秀学科团队培育”(杏林团队)计划，获得大力支持，充分保证了研究的顺利进行。

本书是国家社会科学基金项目“汉文《大藏经》中涉医文献的辑录与研究”的阶段性成果之一，编写过程中陈士强教授在百忙之中一直给予详尽的、极具意义的指导，万分感谢！本书的出版还得到了国家古籍整理出版专项经费和上海文化发展基金会图书出版专项基金的资助。

感谢王庆其教授为本书题写书名、潘华敏教授篆印：于诸病苦为作良医（语出《华严经普贤行愿品》）。

由于我们能力有限，难免挂一漏万，不当之处，尚祈不吝指正。

“汉文《大藏经》中涉医文献的辑录与研究”课题组

二〇一六年三月

总目录

汉文《大藏经》本缘部 经集部医学内容略说

目　　录

第一部分　《本缘部》《经集部》概况

第二部分　佛教理想人格的塑造与分析——以《六度集经》为基础

第三部分　《经集部》所涉禅法概述

第四部分　小　　结

第一部分　《本缘部》《经集部》概况

一、《本缘部》概况

本缘，即本生因缘的简称。《本缘部》是由记载佛及弟子往昔因缘故事的经典编纂汇集而成的一个部类，为《大正藏》新设，共收经典六十八部，所收内容为本生故事集、佛传故事集、因缘故事集与寓言故事集等。

《本缘部》经典当初主要供宣教之用，今天可称为佛教文学作品之汇集。(大正藏)这一类目的设置，方便于人们的研究与使用①。

就《本缘部》文献在全藏中的地位来说，"至于本生、本事、譬喻、因缘各籍，原为律藏之支分"，可见其内容在佛教思想中并不占据主要地位②。

正因为《本缘部》文献承担着对世间大众宣扬佛教文化理念的教化功能，故其中内容多契合当时世俗民情，语言文字通俗易懂，对于玄奥的佛教哲学思想较少论及，专务于佛教信众的品德塑造与感化。佛教所含有的大量关于心理品质的描摹、分析与引导技术，可通过研究《本缘部》文献加以提炼。这一工作有助于理解佛教人格，并可将其转化为适合当今大众健康心理需要的内容。

南传本生中的菩萨多为品德和智能较高的"普通人"，而大乘中的菩萨已经被神化。可以认为这是上座部佛典中的本生类集成较晚的证据，因为它明显地受到了大乘"菩萨道"的影响。玄奘在《大唐西域记》中多处提到"大乘上座部"的问题，季羡林先生据此著文论述上座部佛教接受大乘思想的情况，巴利系佛典中的"佛本生"或许就是上座部接受大乘影响的一项实际例证。

有学者认为，以本生故事为题材的文学、绘画、音乐等作品在历史上大量涌现，极大地促进了具有佛教信仰国家的文化发展。这些国家的传统文化深受佛教文化的影响，而本生经传就是这一佛教文化的基础，因此在佛学、文学、民俗学、心理学、社会学、道德等方面都有着巨大的价值。

从民俗学角度来看，本生故事中有大量现已广为流传的寓言故事和传说，如《六度集经》中的鹿王本生、鹄鸟本生、孔雀王本生、兔王本生、猕猴本生、龙本生、理家本生、国王本生、梵志本生、雀王经(雀王本生)、之裸国经(叔本生)、六年守饥毕罪经(国王本生)、猕猴王本生经、鹿王本生、马王本生、鱼王本生、龟王本生、鹦鹉王本生、鸽王本生、佛说蜜蜂王经、镜面王经等，以上诸经名为本生，实为寓言。而在种种譬喻经中更是囊括了包罗万象的比喻故事，往往与世界各地民间传说相通，对民俗学来说具有甚高的研究价值。

《本缘部》文献的心理学意义，在邓氏③转引马丁·维克拉马辛哈(Martin Wickramasinghe)

① 方广锠. 杨文会的编藏思想[J]. (台北)中华佛学学报，2000(13)：179-205.

② 吕瀓. 吕瀓佛学论著选集(三)[M]. 济南：齐鲁书社，1991：1638.

③ 邓殿臣.《南传大藏经·佛本生》初探[J]. 佛学研究，1992(1)：54.

《佛教与文化》(*Buddhism and Culture*)一书中明白地指出:“人们都应该承认这样一个事实:即使那些好人,在他们心灵深处也会有贪欲、忌妒、傲慢等不健康的成分。这些隐蔽的(或说是隐藏的)念头,在某种情况下会促使好人干出坏事,甚至会把好人变成罪人。在本生中,就有很多这样的例证……有些本生被世人讥为‘荒诞不经’的故事中,发现了行动的心理学材料的例证,从而解决了他们许多‘心理学难题’。”无疑,在《本缘部》文献中,有大量着力于为信众塑造佛教人格的内容,而每个佛教故事中主人公丰富的内心活动与表露的情感,及他们所采取的符合大众对于佛教人格认识的行为,的确可为心理学提供独特的视角。

《本缘部》所收录的文献从编集方式来看,主要是集经和单本两种。根据其中所记载的内容,可以大致分为民间故事、寓言、传说、传记四类。

其中,民间故事和传说多集中于《六度集经》《生经》《菩萨本缘经》《百缘经》等经典中;传记以佛传为主,包括《方广大庄严经》《过去现在因果经》《佛本行集经》《佛说众许摩诃帝经》等;而寓言则散在于各种譬喻经中,同时也托名于佛菩萨等的本生故事,出现在各本生、本事及因缘经中。这些佛教故事都有浓烈的宗教神话色彩。它们装点了佛教本身,令其具有超越俗世的光辉形象,并对历史传记、民间故事、宗教事迹中彼此出入而不能自圆的部分,结合佛教哲学中的相关理念,作了一定程度的修饰。同时,通过将散在的故事串联起来的方式,对这些故事进行有效的归类,形成有系统、有主题的故事集。这样就加强了佛教自身的宗教影响,成为推动信众佛教化人格形成的助力。

印度是一个历史、神话和宗教互相混合的国度,历史常常被以神话故事的形式加以述说,这些与宗教紧密联系在一起的神话故事深深影响着人们的思想意识和道德观念,成为日常生活的行为准则[①]。在《本缘部》经典中,这一特色表露无遗。

从这一角度来说,《本缘部》文献的分类除了因循佛教中的十二分教、菩萨声闻大小乘判教,以及根据文学体裁与相关经典的撰编方式之外,也可以根据其中的主题进行。通过对同类主题的文献内容进行比较分析,有助于对主题的把握和理解。

二、《经集部》概况

《大正藏》的编目借鉴《开元释教录》与《阅藏知津》而成,《经集部》为其新设,把大、小乘经典中无法归入其余诸部的经典按主题做了简单分类,故其中涉及禅修技术的部分大多统摄于禅经部分:

《佛说大安般守意经》(后汉·安世高译)

《阴持入经》(后汉·安世高译)

《佛说禅行三十七品经》(后汉·安世高译)

《禅行法想经》(后汉·安世高译)

《修行道地经》(西晋·竺法护译)

《道地经》(后汉·安世高译)

《小道地经》(后汉·支曜译)

《禅要经》(失译人名)

---

① 姜景奎.宗教印度面面观[J].世界博览,2002(9):52-55.

《佛说内身观章句经》(失译人名)
《法观经》(西晋·竺法护译)
《身观经》(西晋·竺法护译)
《禅秘要法经》(姚秦·鸠摩罗什等译)
《坐禅三昧经》(姚秦·鸠摩罗什译)
《菩萨诃色欲法经》(姚秦·鸠摩罗什译)
《禅法要解》(姚秦·鸠摩罗什等译)
《思惟略要法》(姚秦·鸠摩罗什译)
《达摩多罗禅经》(东晋·佛陀跋陀罗译)
《五门禅经要用法》(刘宋·昙摩蜜多译)
《治禅病秘要法》(刘宋·沮渠京声译)

其中,《禅秘要法经》与《思惟略要法》两部,据宣氏考证,系误托于鸠摩罗什名下,或为刘宋昙摩蜜多所译[①]。

从以上译经年代可以看出,《经集部》禅经部分所录的文献主要反映的是东汉至南北朝时期汉传佛教的禅修观。通过梳理这些文献,我们可对《经集部》所涉禅法形成较为明晰的认识。

(一)《经集部》禅经部分文献概要

现对禅经所涉经典概述如下:

《佛说大安般守意经》　此经记载了释迦牟尼在越祇国舍羇瘦国所说的以观呼吸(安那般那)为主的禅修方法以及在修习过程中应该注意的事项。本经似论,在翻译词义上多有引申发挥。

《阴持入经》　此经解说五阴六入及三十七品等概念,各取五蕴(阴)、十八本持、十二入为名称。虽然冠以经名,实则为作者总结佛经相关内容所集的释论。

《佛说禅行三十七品经》　此经记述释迦牟尼讲解修行的三十七个阶段并赞叹之。经中记录了他对弟子的教诲:偶尔习禅就能获得很大的益处,更何况长时间持续修习呢?由此激励弟子精进修行。

《禅行法想经》　此经记载了释迦牟尼称赞思惟死亡的修行方法,强调该法的重要性。

《修行道地经》　此经虽以经命名,实则为论,全经共分三十品,分别为集散品、五阴本品、五阴相品、分别五阴品、五阴成败品、慈品、除恐怖品、分别行相品、劝意品、离颠倒品、晓了食品、伏胜诸根品、忍辱品、弃加恶品、天眼见终始品、天耳品、念往世品、知人心念品、地狱品、劝悦品、行空品、神足品、数息品、观品、学地品、无学地品、无学品、修行品、缘觉品、菩萨品。从各品题目即知,其论述内容囊括从观察五蕴至修行得果的佛教修行过程。集散品至弃加恶品,主要解释佛教修行的宗教目的和应掌握的知识;天眼见终始品至神足品介绍修行所得神通;数息品至无学品介绍修行方法及所得成就;最后三品则分析三种佛教修行者的特性。《阅藏知津》认为,修行、缘觉、菩萨三品中已显示出法华经的思想[②]。每一品的内容都分

① 宣方.鸠摩罗什所译禅经考辨[J].中国哲学史,1998(1):62-70.
② 智旭.阅藏知津(嘉兴藏第32册)154页中栏第17段:"……后三品,并用法华意旨。"

正文和偈颂两部分，偈颂内容是对正文的概括，便于修行者记忆。

《道地经》 此经为上经略出，内容相同，而行文更精简。

《小道地经》 此经同为《修行道地经》略出，内容为解说禅修者修习呼吸禅法时如何达到“息”的状态，以及实现佛教终极目标的方法。

《禅要经》 此经诃欲品一卷，除第一品外其余部分似亡佚，主要解说修习禅定前如何退欲。

《佛说内身观章句经》 此经以偈颂形式解说身观的修习步骤，便于修习者诵读记忆。

《法观经》 此经是对释迦牟尼所教授的数息观、身观禅修方法的总结。

《身观经》 此经记述释迦牟尼在舍卫国祇树给孤独园中对比丘弟子解说身观，令其认知“身不净”。

《禅秘要法经》 此经是对释迦牟尼在不同场合回答弟子关于禅法修习疑问的合集。请问者有摩诃迦缔罗、难陀、禅难提、盘直迦、阿祇达、迦叶、阿难等人，所问禅法涉及不净观、四大观、空观、身念处、观佛三昧、数息观、无常观等，并介绍了各阶段禅修稳定的标志及佛教对此的认识。

《坐禅三昧经》(《坐禅三昧法门经》) 此经是集结多种禅法的禅学论著，以总分结构介绍了禅法的教授原则和选择标准，并介绍了多种禅法。包括治淫欲法门、治嗔恚法门、治愚痴法门、治思觉法门、治等分行法门、重罪人法门、四禅四空四等五通法、四念止法、大乘念佛法等。

《菩萨诃色欲法经》 此经为短论，论证女色之恶，目的在于调适行禅前的心理，克制内心的男女欲望。

《禅法要解》 此经是对禅修体系的解说及其中关键概念的分析辨别。《禅法要解》以不净观、净观、除五盖、初禅至四禅、四无量心、四空定、四谛观的禅法进阶顺序一一论述，有问有答。

《思惟略要法》 此经是对禅修方法的汇集，总论部分通过分析形疾与心病的轻重缓急，引出洗除心垢需要依靠正确的修行方法。在分论中，依次列举四无量观法、白骨观法、观佛三昧法、法身观法、十方诸佛观法、观无量寿佛法、诸法实相观法、法华三昧观法等佛教常用的禅观方法。

《达摩多罗禅经》 此经为一部集合禅法偈颂和文字解说的集经。第一至八以偈颂的形式从具体修行方法(方便)和禅修见解引导(胜道)两个层面介绍安那般那禅法(观出入息)的退、住、胜进、决定四种情况。第九至第十二介绍不净观的退、住、胜进、决定，第十三介绍四界差别观。以上三种禅观方法都归纳为五言偈颂的文体，以方便修行者记忆背诵。修行四无量三昧第十四、修行观阴分第十五、修行观入分第十六、修行观十二因缘第十七，此四篇文体变为长文，分别解说四种观法。

《五门禅经要用法》 此经是五种主要禅法指导论答的结集，包括安般禅法(出入息观)、不净观、慈心观、因缘观、念佛法门。

《治禅病秘要法》 此经是一部汇集，《阅藏知津》云其“治阿练若乱心病七十二种法，尊者舍利弗所问，出《杂阿含》阿练若杂事中”[①]，指出本经所列治禅病法的来源，其目的是为方

---

① 智旭.阅藏知津(嘉兴藏32册)123页中栏第六段:“治阿练若乱心病七十二种法，尊者舍利弗所问，出杂阿含阿练若杂事中。”

便独居修行者参看。其收录的方法包括治乱倒心法、治四大内风法、治噎法、治行者贪淫患法、治利养疮法、治犯戒法、治乐音乐法、治好歌呗偈赞法、治水大猛盛因是得下法、治因火大头痛眼痛耳聋法、治惊怖失心法、治风大法、禅坐初学者不安不得定的对治法等。所录方法简繁不一,既有反映早期佛教思想的内容,也有后期佛教的相关内容。

(二)《经集部》禅经外涉禅文献概要

除以上禅经门类所集,在《经集部》的其余部分中,也有涉及禅修的内容。以下是其中的主要部分:

《正法念处经》(元魏·瞿昙般若流支译)　此经以观察作业的因缘果报的苦乐,来倡导佛教的善恶准则,共分七品。第一十善业道品,介绍本经开示的缘由,是因外道说佛法与彼无别,释迦牟尼为比丘具说差别以坚固弟子信心。第二生死品、第三地狱品、第四饿鬼品、第五畜生品、第六观天品,解说佛教业果轮回观,认为不同的生命境遇与行为的善恶因果存在必然联系。第七身念处品,主要解说身观,涉及四大调与不调相、户虫行业、诸风作用等以及佛教世界观。该经的第一、二、七品都与禅修直接相关,其中第七品更是对身念处禅法的详细记录。

《大方广圆觉修多罗了义经》(唐·佛陀多罗译)　此经不仅描述了“圆觉”的心理状态,还就奢摩他(止)、三摩钵底(定)、禅那(禅)的修行先后关系进行详细罗列,指出其中异同。

《楞伽阿跋多罗宝经》(刘宋·求那跋陀罗译)、《入楞伽经》(元魏·菩提流支译)、《大乘入楞伽经》(实叉难陀译)　此三经同本异译。求那跋陀罗所译的《楞伽阿跋多罗宝经》最先译出,是目前认为文义最接近原始面貌的版本。该经记述释迦牟尼在南海滨楞伽山顶对大慧菩萨说诸识的生灭、离妄想、如来藏等与心理现象相关的佛教认识,并对禅修如何改变人的心理状态作了探讨。

《深密解脱经》(元魏·菩提流支译)与**《解深密经》**(唐·玄奘译)　二经为同本异译。本经同样介绍如来藏思想,经中对修行奢靡他(止)、毗婆舍那(观)作了比较。

第二部分　佛教理想人格的塑造与分析
——以《六度集经》为基础

一、概述

在佛教的发展演化过程中，为了稳定教团组织的结构，适应入世传播的需要，佛教在作为修行核心的戒、定、慧三学之上，又逐渐增加了一系列调整信众世俗生活的行为原则，称为波罗蜜菩萨行。

波罗蜜，意为“到彼岸”，又译为“度”，意指通过特定的修行方式，可获得佛教认可的精神成就。北传大乘佛教中有“六度”（六波罗蜜）和“十波罗蜜”之分。“六度”，指布施、持戒、忍辱、精进、禅定、智慧；“十波罗蜜”即唯识所说的十胜行，指菩萨在历经十地修行时所采用的道法，分别是施波罗蜜、戒波罗蜜、忍波罗蜜、精进波罗蜜、禅波罗蜜、般若波罗蜜、方便波罗蜜、愿波罗蜜、力波罗蜜、智波罗蜜。在南传佛教中，波罗蜜有十种，分别是布施、持戒、出离、智能、精进、忍辱、诚实、决意、慈与舍。

从内涵来说，戒、定、慧三学实际已经囊括了“六度”乃至“十波罗蜜”的内容，之所以需要将布施、安忍、精进等特别提出，以及后来根据唯识学的修行理论提出“十波罗蜜”，一方面是为了强化指导信众的世俗生活，另一方面也说明佛教行为准则在不同时期为了适应理论的发展而作出了相应调整。

《法句经》云：“比丘立戒，守摄诸根，食知自节，悟意令应。以戒降心，守意正定，内学正观，无忘正智。明哲守戒，内思正智，行道如应，自清除苦。蠲除诸垢，尽慢勿生，终身求法，勿暂离圣。戒、定、慧解，是当善惟，都已离垢，无祸除有。”（《法句经·戒慎品》）释迦牟尼提出戒、定、慧时的对象是声闻比丘，他们“闻佛声教而得悟道……谓其知苦、断集、慕灭、修道，故以此四谛为乘”（《毗尼关要事义·卷第一》），即在佛教早期跟随释迦牟尼出家的修行者。

佛教是与婆罗门相对的沙门思潮的一支，因此佛教行者的生活规范以沙门行为基础。《中阿含》中总结了沙门行道者的二十项特征：“一为行道共居，二为问，三为所行知所应，四为不瞢瞢，五为互行，六为不在贪，七为少事，八为不舍精进，九为无有横，十为不随形，十一为不求矜，十二为不颠倒，十三为守意，十四为不贪，十五为善群共居，十六为守根门，十七为饭食知足，十八为上夜后夜能行，十九为喜思惟独坐，二十为如有观。”（《佛说普法义经》）极端的沙门行称为头陀行，即苦行。释迦牟尼教下的大迦叶是头陀第一，他行持的是十二头陀行：“一、作阿兰若；二、常乞食；三、衲衣；四、一坐食；五、节量食；六、中后不饮浆；七、冢间住；八、树下住；九、露地住；十、常坐不卧；十一、次第乞食；十二、但三大衣。”（《大般若波罗蜜多经·初分魔事品第四十之一》）由此可见，早期的沙门行者几乎没有任何财产，对于他们来说，自己的日常饮食尚需依靠乞食来解决，穿着的也是他人弃置的粪扫衣，且居无定所，又有什么可以拿来布施的呢？

因此“六度”中新增的三个施设，从《本缘部》的有关经文来看，主要是为菩萨而立的。这些菩萨，在早期佛教中，其主要组成就是生活在城市的大商贾，即吠舍种姓的商人。季羡林认为：“他们的用意是抬高商人的地位，说商人是重要的，他们与佛教的关系是密切的，他们与佛徒是

互相依赖，互相支持的。”[①]这点从佛经中各处有关指导商主财富分配的内容中也可见一斑。

除了吠舍种姓的商人阶层外，佛教在诞生以后也积极与来自于统治阶层的人士交好，如频婆娑罗王、波斯匿王等，都是早期佛教团体的大施主。总之，正如晋僧道安所言“不依国主，则法事难立”（《高僧传・卷第五》），在这里，同样可以说“不依‘商’主，法事难立”。毕竟，国主和商主都是掌握了一定财富和势力的人。佛教为了自身的生存和发展，对于这些人的需求就要予以配合。此种观点，可以从《本缘部》所记录的故事主角多为国王、太子、商主，以及各种鸟兽之王等的安排中得到证实。

总之，“六度”的产生，乃至“十波罗蜜”的发展，都是佛教顺应时代潮流而改变的印记。这同时也提示，建立在“六度”基础上的佛教理想人格并不是一成不变，而是顺应着生活在具体时空的信众的需求，作为佛教入世策略的一部分在不断地变化调整。

二、佛教理想人格与“六度”

人格是个体内部的心理特质和机制的集合，具有组织性和相对持久性，它们影响到个体对心灵内部的、物理的和社会环境的适应以及与它们的相互作用[②]。迈尔斯对人格有精简的定义，他认为：“你所具有的人格，就是你思维、情感和行为的典型模式。”[③]

从历史上看，“六度”的行为模式是佛教中具有高度认同性和稳定性的行为指导体系，它深刻影响着一代代佛教信众的日常生活，并为他们提供面对各种问题时采取的认知策略和应对方式。系统研究“六度”行中的行为模式及其背后的宗教心理和宗教思想，是理解佛教人格得以建立和维持的原因的一个可行途径。

心理学将人格研究划分成六个领域，分别为人格特性领域、生物学领域、心理动力领域、认知与经验领域、社会与文化领域以及调适领域。《本缘部》文献主要通过在后四个领域中的发挥来促进信众佛教人格的形成。

现从《本缘部》经典中记载的故事以及事迹入手，归纳整理其中具有代表性的内容，对所反映的人格特质、心理机制、动机目的和需要，以及故事中主要人群特征和他们所处的社会环境进行梳理，以期勾勒出佛教理想人格的形象，并对维持这种人格的因素进行剖析。

在《本缘部》经典中，《六度集经》较好地将所收录的内容按照各自的主题进行了初步的归类。它以“六度”为分类，编集多部本生经与本生故事，旨在弘扬佛陀在因地（学佛的开始和成佛前的经过）广行“六度”的事迹。在本经中，依据“六度”不同，分别设置“布施度无极章”“戒度无极章”“忍辱度无极章”“精进度无极章”“禅度无极章”“明度无极章”六个主题，将91则题材不同的本生故事分别安置在各主题之下。“布施度”章记述的多为不惜身命，舍己为人，广大布施财物乃至自身的事迹；“戒度章”主要以持戒守信，戒贪嗔痴为主要内容；“忍辱度”章下收录释迦牟尼在过去生中遭遇种种非人折磨，始终以慈悲的态度面对加害者，以表现忍辱的内涵；“精进度”章从不懈怠行持善法的角度记述精进行的内容；“禅度”章则主要包括佛教故事中关于基础禅修理论的描述，含有对不同的禅相进行辨别的知识；“明度”章

① 季羡林. 商人与佛教[M]//季羡林，季羡林文集第七卷. 南昌：江西教育出版社，1998：113.

② 兰迪・拉森，戴维・巴斯. 人格心理学：人性的科学探索[M]. 郭永玉等，译. 北京：人民邮电出版社，2011：4.

③ 戴维・迈尔斯. 迈尔斯心理学[M]. 黄希庭等，译. 北京：人民邮电出版社，2011：496.

中，以阐明佛教智慧为主旨，记述佛陀过去生中，了悟无常、苦、空、无我、因果报应等教义的本生故事。

三、《六度集经》故事分析

（一）角色提取与分析

通过分析《六度集经》收录故事中的人物角色，可以了解它所面向的人群。在这部集经中，各类身份的出处与频次如下：

王：（二）萨波达王（萨波达王），（三）贫人本生（鱼王），（五）干夷王本生（干夷王），（六）国王本生（国王），（七）国王本生（国王），（一〇）长寿王本生（长寿王），（一一）波耶王经（波罗棕国王波耶），（一三）萨和檀王经（萨和檀王），（一五）和默王本生（和默王），（一八）鹿王本生（鹿王），（二〇）孔雀王本生（孔雀王），（二一）兔王本生（兔王），（二三）国王本生（百子留为王者），（二八）象王本生（象王），（二九）鹦鹉王本生（鹦鹉王），国王本生（国王），（四〇）顶生圣王经（顶生圣王），（四一）普明王经（普明王），（四六）国王本生（国王），（四九）难王本生（难王），（五〇）盘达龙王本生（盘达龙王），（五一）雀王经（雀王），（五三）六年守饥毕罪经（国王），（五六）猕猴王本生（猕猴王），（五七）鹿王本生（鹿王），（五八）修凡鹿王本生（鹿王），（五九）驱耶马王本生（马王駈耶），（六〇）鱼王本生（鱼王），（六一）龟王本生（善占龟王），（六二）鹦鹉王本生（鹦鹉王），（六三）鸽王本生（鸽王），（六九）调达教人为恶经（教人行善天王），（七一）弥勒为女人身经（天帝释），（八七）摩调王经（摩调王，南王），（八九）镜面王经（镜面王）。

太子：（三）贫人本生（太子），（一二）波罗棕国王经（波罗棕国太子迦兰），（一四）须大拏经（须大拏），（三〇）法施太子本生（太子法施），（三八）太子墓魄经（墓魄太子），（七七）太子得禅（太子悉达多），（七八）太子得禅（太子悉达多），（七九）太子得禅（太子悉达多），（八三）须罗太子本（皇孙须罗太子），（八四）遮罗国王经（太子）。

菩萨童子凡人：（一）菩萨本生（菩萨），（四）菩萨本生（逝心菩萨），（一六）佛说四姓经（四姓），（三二）凡夫本生（凡夫菩萨），（三三）贫商人本生（贫人菩萨），（三五）童子本生（童子），（三九）弥兰经（弥兰），（四二）菩萨本生（菩萨），（四五）童子本生（贫家童子），（五五）凡人本生（凡人），（六六）小儿闻法即解经（小儿），（六八）童子本生（童子），（八一）常悲菩萨本生（常悲菩萨），（八五）菩萨以明离鬼妻经（菩萨）。

梵志理家儒童：（八）仙叹理家本生（仙叹理家），（一七）维蓝梵志本生（维蓝梵志），（二二）理家本生（理家），（二四）梵志本生（梵志），（二五）理家本生（理家），（四四）羼提和梵志本生（羼提和梵志），（八二）那赖梵志本生（那赖），（八六）儒童受决经（儒童）。

商主长者：（九）普施商主本生（普施），（三七）长者本生（长者），（五二）之裸国经（叔商人），（六七）杀身济贾人经（杀身济众商人），（八八）阿离念弥经（阿离念弥长者）。

道人比丘清信：（九）普施商主本生（沙门），（二六）沙门本生（沙门），（二七）清信士本生（清信士），（三四）贫道士本生（贫道士），（四三）睒道士本生（睒子），（四九）难王本生（道士），（五四）释家毕罪经（释迦牟尼），（六四）佛说蜜蜂王经（精进辩），（六五）佛以三事笑经（清信士），（七〇）杀龙济一国经（兄道人），（八〇）佛得禅（释迦牟尼）。

其他：（一九）鹄鸟本生（鹄母），（三六）兄（猕猴）本生（兄，猕猴），（四七）猕猴本生（猕

猴),(四八)龙本生(说忍法龙),(七二)女人求愿经(妇人),(七三)然灯授决经(独母)。

《六度集经》的主要故事人物,其中绝大多数(79 则)主角托名于释迦牟尼"某一世"故事或其本身的事迹,而以各类"王""太子"的身份最多,共 44 则。除王族之外,故事中的其余角色是菩萨童子(凡常人,14 则)、各类修行者(11 则)、梵志理家儒童(知识分子,8 则)、商主长者(有经济能力者,5 则)等身份,以及民间故事中的动物主角等。

从故事受众的身份认同角度来看,其中成佛可能性较大的人物身份,所反映的正是《六度集经》最希望加以影响的人群。这说明,"六度"行菩萨道的观念在当时并非人人皆能秉持,其主要欲施加影响的对象是具有一定经济实力和政治权力的社会上层人士。而普通民众多是皆大欢喜结局中的附庸,只是作为体现国王仁慈爱民、勤政有方的背景。

这同时表明,在佛教尊卑观念中传统的尊王思想仍然根深蒂固,即使是在对大众的宣传中,这种倾向仍不时地从与佛相关联的身份设置中体现出来,如各类动物的王等。可见身份地位的不平等及由此带来的"成佛"权利的不平等是古代社会的实际情况,即使是勉力提倡平等,在僧团中宣扬"众流归海皆一味"的佛教,也不能免俗。

(二) 人物角色的主要心理、行为描写

见表 1-1。

表 1-1　《六度集经》故事人物心理与行为描写

经名	心理侧描写	行为侧描写
(一) 菩萨本生	菩萨报曰:吾之拯济,唯为众生;假如子云,诚吾愿矣。慈惠受罪,吾必为之。危己济众,菩萨上志也	(菩萨)答曰:吾欲求佛,擢济众生,令得泥洹不复生死
(二) 萨波达王	王曰:鸽来以命相归,已受其归,吾言守信,终始无违。尔苟得肉,吾自足尔,令重百倍	(王)即自割髀肉秤之令与鸽重等;鸽踰自重,自割如斯,身肉都尽未与重等,身疮之痛其为无量。王以慈忍心愿鸽活,又命近臣曰:尔疾杀我,秤髓令与鸽重等。吾奉诸佛,受正真之重戒,济众生之危厄,虽有众邪之恼,犹若微风,焉能动太山乎
(三) 贫人本生	(1)答曰:夫身假借之类靡不弃捐,吾覩海鱼,巨细相吞,心为怆怆。吾当以身代其小者,令得须臾之命也。(2)鱼曰:吾自绝命神逝身腐,民后饥馑将复相啾,吾不忍覩	(1)即自投海。海大鱼饱,小者得活。魂灵化为鱣鱼之王,身有里数。(2)即自荡身上丁国渚,举国啾之以存生命,犨肉数月而鱼犹生
(四) 菩萨本生	内自惟曰:夫虎肉食之类也。深重思维:吾建志学道,但为众生没在重苦欲以济之,令得去祸身命永安耳。吾后老死,身会弃捐,不如慈惠济众成德	即自以首投虎口中。以头与者,欲令疾死不觉其痛耳
(五) 干夷王本生	王未尝逆人	逝心现曰:明王仁泽被于四国,有识之类靡不咨嗟,敢执所愿欲以上闻。王曰:大善! 逝心曰:天王尚施,求则无违。时宜应用人首为事,愿乞王首以副望矣。王曰:吾首何好而欲得之乎? 吾有众宝益以惠子。逝心不受,又使工匠作七宝首,各数百枚,以与逝心……即自下殿以发缠树曰:吾以首惠子

续 表

经名	心理侧描写	行为侧描写
（六）国王本生	每睹贫民辄自咎责：君贫德，民穷矣；君富德，民家足。今民贫，则吾贫矣……靖心入禅，神通之明睹天所为。空中有声曰：何不急杀之乎？王曰：吾闻，帝释普济众生，赤心恻怆，育过慈母，含血之类莫不蒙佑，尔为无恶缘获帝位乎	从王乞银钱一千，王即惠之……即与妻子，辄轻乘而去……王即以妻子各质一家，得银钱一千以还梵志……王赁得银钱一千，行赎妻、子，历市睹之，即存念十方诸佛，自悔过曰：吾宿命恶乃致兹乎
（七）国王本生	退入斋房，靖心精思，即醒寤曰：身尚不保，岂况国土妻子众诸，可得久长乎	即撰录佛经诵文释义，心垢照除，进贞臣纳忠谏大赦其国，还民宝，序群僚，议宽正。谓群臣曰：夫不睹佛经妙义重戒者，其为聋盲矣！彼理家富，唯我贫矣！即勅国界散出财宝，赈给贫困恣民所欲，立佛庙寺悬缯烧香，饭诸沙门，身自六斋
（八）仙叹理家本生	时，政宽民富无财乏者。仙叹念曰：惟当市药，供护众疾耳……又重请曰：愚者倒见，未足明责。原其无知也	财贿都尽身行采宝，去家百余里，于一水上逢数乘车载重病者，曰：尔所之乎？答曰：之仙叹所，庶全余命。仙叹即还，从王贷金五百两，市药以疗，病者悉瘳……仙叹涕泣，驰诣宫门叩头请罪
（九）普施商主本生	普施惟曰：吾历险阻经跨巨海乃获斯宝，欲以拯济众生困乏，反为斯神所见夺乎	曰：尔还吾珠，不者吾竭尔海……即住并两足，瓢抒海水投铁围外……天即下，助其抒水，十分去八……（海神）即出众宝空其诸藏以与普施。普施不受，曰：唯欲得吾珠耳。诸神还其珠，普施返其水
（一〇）长寿王本生	悲愍众生生死勤苦，不睹非常、苦、空、非身，为欲所惑，其苦无数……父睹之，仰天曰：违父遗诲，含凶怀毒，蕴于重怨，连祸万载非孝子矣。诸佛四等弘慈之润，德韬天地，吾寻斯道杀身济众，犹惧不获孝道微行，而况为虐报雠者乎？不替吾言，可谓孝矣	（长寿）王曰：身为朽器，岂敢保哉？夫生有死，孰有常存？若子不取，会为灰土矣。梵志曰：天王布天仁之惠，必欲殒命以济下劣者，惟愿散手相寻去耳。王即寻从，之故城门，令缚以闻……（长生）拔剑欲斩之，忽忆父命，曰：违父之教，为不孝矣。复剑而止
（一一）波耶王经	仁王惨然而曰：以吾一人之身，戮兆民身，爱吾一人命，杌兆民之命，一口再食、一身数衣，与时何诤？而去春天之德，取豺狼之残乎？吾宁去一世之命，不去大志，恕己安群生，盖天之仁也……王曰：斯翁恃吾以活，而令穷哉？吾今以首惠汝，令汝无罪	夜则踰城，遁迈入山坐一树下……起稽首十方，流涕誓曰：群生危者，吾当安之；背真向邪者，吾当令归命三尊。今以首拔子之穷，令子无罪矣。引剑自毁，以济彼难
（一二）波罗榛国王经	罪人呼天相属。道士闻之怆然，悲楚曰：彼何人哉？厥困尤甚。夫弘慈恕己危命，济群生之厄者，斯大士之业矣	投身于水荡波截流，引舟着岸，负之还居，勤心养护，疮愈命全。积年有四，慈育无倦
（一三）萨和檀王经	有所求索不逆人意……王白道人：我生布施，未曾有悔，从道人耳	王言：大善！所欲得者，莫自疑难。今我名为一切之施，欲求何等？婆罗门言：我不用余，欲得王身与我作奴，及王夫人为我作婢。若能尔者，便随我去。王甚欢悦，报言：大善！今我身者，定自可得，愿属道人供给使令。其夫人者，大国王女，当往问之……王与夫人虽得相见，不说勤苦，各无怨心

续　表

经名	心理侧描写	行为侧描写
(一四) 须大拏经	有知之来，常愿布施拯济群生，令吾后世受福无穷。愚者不睹非常之变，谓之可保。有智之士照有五家，乃尚布施之士。十方诸佛、缘觉、无所著尊，靡不叹施为世上宝	太子遂隆普施，惠逮众生。欲得衣食者应声惠之，金银众珍、车马田宅，无求不与……太子欣然勅侍者：国中黎庶有穷乏者，劝之疾来，从其所欲恣之无违。国土官爵、田宅财宝，幻梦之类，靡不磨灭……太子恻然曰：财尽无惜矣。梵志曰：可以二儿给养吾老矣。答曰：子远来求儿，吾无违心
(一五) 和默王本生	王怅愍之，嘉其至诚，恧然内愧，长叹而云：民之饥者即吾饿之，民之寒者即吾裸之。重曰：吾势能令国无贫者，民之苦乐在我而已	即大赦其国，出藏珍宝布施困乏，饥渴之人即饮食之，寒者衣之，病者给药，田园舍宅、金银珠玑、车马牛钱恣意所索，飞鸟走兽都及众虫，五谷蒭草亦从所好
(一六) 佛说四姓经	对曰：唯然。举门日供，但恨居贫，菜糜草席，枉屈圣贤以为默默	是时四姓家遭宿命殃，贫窭尤困，草衣草席，菜糜自供；虽为极困，足不蹈无道之宅，手不执无道之惠，志行清净，众邪不能染其心。朝禀暮讲，经戒不释于口，世尊所叹，众智所敬，虽衣食不供于身口，奉养圣众，随家所有菜糜草席，不忽一日
(一七) 维蓝梵志本生		财难筹算，体好布施……自名女以下至于宝车，事事各有千八十四枚，以施与人
(一八) 鹿王本生	鹿王睹之，哽噎曰：吾为众长，宜当明虑择地而游，苟为美草而翔于斯，凋残群小，罪在我也……诲喻之曰：睹世皆死，孰有免之？寻路念佛，仁教慈心，向彼人王慎无怨矣！日日若兹。中有应行者而身重胎，曰：死不敢避，乞须娩娠	鹿王不忍枉其生命，明日遁众，身诣太官。厨人识之，即以上闻。王问其故，辞答如上
(一九) 鸽鸟本生	(三子)又曰：宁殒吾命，不损母体也	(鸽母)裂腋下肉以济其(三子)命。三子怆然有悲伤之情……于是闭口不食
(二〇) 孔雀王本生	雀曰：诸佛重戒以色为火，烧身危命之由也。吾舍五百供养之妻，而贪青雀，索食供之有如仆使，为猎网所得，殆危身命。斯吾痴也	雀即翔飞升树重曰：天下有三痴。王曰：何谓三？一者吾痴，二者猎士痴，三者大王痴。王曰：愿释之。雀曰：诸佛重戒以色为火，烧身危命之由也。吾舍五百供养之妻，而贪青雀，索食供之有如仆使，为猎网所得，殆危身命。斯吾痴也。猎士痴者，吾至诚之言，舍一山之金，弃无穷之宝，信夫人邪伪之欺，望季女之妻，睹世狂愚皆斯类矣。捐佛至诚之戒，信鬼魅之欺，酒乐淫乱，或致破门之祸，或死入太山其苦无数，思还为人，犹无羽之鸟欲飞升天，岂不难哉？淫妇之妖喻彼魅魁，亡国危身靡不由之，而愚夫尊之；万言无一诚也，而射师信之。斯谓猎者愚矣。王得天医除一国疾，诸毒都灭，颜如盛华，巨细欣赖而王放之。斯谓王愚矣

续 表

经名	心理侧描写	行为侧描写
(二一) 兔王本生	兔深自惟:吾当以何供道士乎?曰:夫生有死,身为朽器,犹当弃捐;食凡夫万,不如道士一	即行取樵然之为炭,向道士曰:吾身虽小,可供一日之粮。言毕即自投火,火为不然
(二二) 理家本生	闲居忆曰:吾本乞儿,缘致斯贿乎!寤曰:由贤理家训彼儿顽,吾致斯宝。受恩不报,谓之背明	作一银案,又为金鼠,以众名珍满其腹内,罗着案上。又以众宝璎珞其边,具以众甘,礼彼理家,陈其所以:今答天润
(二三) 国王本生	济四海饿人不如少惠净戒真贤者。以所食分尽着钵中,莲华一枚着上贡焉!道人现神足放光明,母喜叹曰:真所谓神圣者乎!愿我后生百子若兹	一子理国,父王崩,为王。大赦众罪,坏牢狱、裂池塞,免奴使,慰孝悌、养孤独,开帑藏大布施,随民之愿给。以十善为国法,人人带诵,家有孝子
(二四) 梵志本生	一人年稚师使之行,还请事作。师曰:有事无作者,尔摄之焉。童子对曰:唯灯无主者也。师曰:善哉	弟子以坻盛麻油膏,净自洗浴,白氎缠头,自手然之
(二五) 理家本生	昔者菩萨,为大理家,积财巨亿,常奉三尊,慈向众生	观市睹鳖,心悼之焉,问价贵贱。鳖主知菩萨有普慈之德、尚济众生,财富难数,贵贱无违,答曰:百万,能取者善,不者吾当烹之。菩萨答曰:大善!即雇如直,持鳖归家,澡护其伤,临水放之……船寻其后,有蛇趣船,菩萨曰:取之。鳖云:大善!又睹漂狐,曰:取之。鳖亦云:善。又睹漂人搏颊呼天,哀济吾命,曰:取之。鳖曰:慎无取也,凡人心伪,尠有终信,背恩追势,好为凶逆。菩萨曰:虫类尔济,人类吾贱,岂是仁哉?吾不忍也。于是取之
(二六) 沙门本生	而衣有虱,身痒心扰,道志不立,手探寻之即获虱矣。中心怆然,求以安之	正有兽骨,徐以置中矣。虱得七日之食,尽乃舍迈
(二七) 清信士本生	菩萨年耆,怀正真弘影之明,闻令惊曰:释真从邪获为帝王,寿齐二仪富贵无外,六乐由心,吾终不为也。虽一飡之命,得睹三尊至真之化,吾欣奉之。怀俗记籍万亿之卷,身处天宫极天之寿,而阇于三尊,不闻佛经,吾不愿也。禀佛之言,即有戮死之患,吾甘心焉。经云:众生自投三涂,获人道难,处中国难,六情完具难,生有道国难,与菩萨亲难,睹经信之难,贯奥解微难,值高行沙门清心供养难,值佛受决难。吾宿功着,今睹佛经、获奉三宝,若值无道菹醢之酷、汤火之戾,终不释正从彼妖蛊也	菩萨就死,诫其子曰:乾坤始兴有人之来,众生处世,以六情乱行甚于狂醉,尠睹三尊,导清明化也。尔幸知法,慎无释之。夫舍佛法之行,而为鬼妖之伪者,国丧必矣。吾宁舍身,不去真也。王今悖误,尔无从焉
(二八) 象王本生	象曰:吾痛难忍,疾取牙去,无乱吾心令恶念生也。志念恶者死人太山、饿鬼、畜生道中。夫怀忍行慈,恶来善往,菩萨之上行也,正使俎骨脯肉,终不违斯行也。修斯行者,死辄上天,疾得灭度矣	人即截牙,象曰:道士当却行,无令群象寻足迹也。象适人去远,其痛难忍,躃地大呼,奄忽而死,即生天上

续　表

经名	心理侧描写	行为侧描写
（二九）鹦鹉王本生	鹦鹉王深惟，众生扰扰赴狱丧身，回流三界靡不由食。告从者曰：除贪捐食，体疵小苦，命可冀矣。愚者饕餮，心无远虑，犹若悭子贪刀刃之尠蜜，不知有截舌之患。吾今裁食，尔等则焉	鹦鹉王日瘦，由其笼目势踊得出，立笼上曰：夫贪恶之大，无欲善之，景矣。重曰：诸佛以贪为狱为网、为毒为刃，尔等损食可如余焉
（三〇）法施太子本生	昔者菩萨，为王太子，名曰法施，内清外净，常以履邪之祸自戒其心，尊圣孝亲，慈济众生……	王之幸妾，内怀邪淫，出援太子，太子力争而获免焉……即就录土，五戒十德，慈化国民，处位一年，远民慕润，归化云集，增户万余，以状上闻，叹王德润远照使然
（三一）国王本生	杀彼全己，非佛仁道，吾不为也……诸佛以仁为三界上宝，吾宁殒躯命，不去仁道也	两兄欲杀弟妻，弟曰：杀彼全己，非佛仁道，吾不为也……王曰：诸佛以仁为三界上宝，吾宁殒躯命，不去仁道也。夫人使人驱之出国，扫其足迹
（三二）凡夫本生	睹世愦浊，隐而不仕，尊尚佛戒唯正是从	处贫穷困，为商赁担。过水边饭，群乌众噪，商人心惧，森然毛竖，菩萨笑之。饭已即去，还其本土，雇其赁直曰：乌鸣尔笑，将有以乎！答曰：乌云：彼有白珠，其价甚重。汝杀取其珠，吾欲食其肉。故笑之耳。曰：尔不杀为乎？答曰：夫不睹佛经者，为滔天之恶，而谓之无殃，斯为自欺矣。吾睹无上正真之典籍，观菩萨之清仁，蜎飞蚑行蠕动之类，爱而不杀，草芥非己有即不取。夫好杀者不仁，好取者不清，吾前世为好取之秽，今获其殃，处困陋之贫，为子赁客；今又犯之，种无量之罪，非佛弟子矣。吾宁守道贫贱而死，不为无道富贵而生也
（三三）贫商人本生	贫人唯三自归，守戒不犯，悔过自责，日夜各三	慈心誓愿：十方众生莫有恐怖，如吾今日也；吾后得佛，当度斯类矣
（三四）贫道士本生	昔者菩萨，守戒隐居，不慕时荣……道士曰：吾守君野，彼葬君地，大义论之，宝即君有也	依荫四姓为其守墓，若有丧葬，辄展力助。丧主感焉，以宝惠之，所获多少，辄还四姓
（三五）童子本生	昔者菩萨，身为凡人，归命三尊，守戒不亏	童子后至，女重请珠，母曰：前事之耻，可为今戒也。女曰：观此童儒，有仁人之相，非前贪残矣。又以示之。童儒曰：斯紫磨金也，尽吾货易之可乎？母曰：诺
（三六）兄（猕猴）本生	兄心存曰：婿伯即父，叔妻即子，斯有父子之亲，岂有嫁娶之道乎？斯王处人君之尊，而为禽兽之行……猕猴心恧然曰：夫戒守善之常也，权济难之大矣	曰：尔不早云？吾以肝悬彼树上。鳖信而还。猕猴上岸曰：死鳖虫，岂有腹中肝而当悬树者乎
（三七）长者本生	菩萨承命，讹寐察之，睹真如云，厥心惧焉。明日密相告，等人佥然，各伺睹妻变为狐体，竞争食人。靡不怃然，曰：吾等死矣。相惊备豫懈即丧矣	马王臻曰：孰有离居心怀所亲，疾来赴兹，吾将济尔。商人喜曰：斯必天也。群驰归命

续 表

经名	心理侧描写	行为侧描写
（三八）太子墓魄经	每壹忆之心怛骨楚，身为虚汗，毛为寒竖。言往祸来，殃追影寻，虽欲发言惧复获咎，太山之苦难可再更，是以缩舌都欲无言	始十三年，而妖导师令王生埋吾。惧大王获太山之咎，势复一言耳。今欲为沙门守无欲之行，睹众祸之门不复为王矣。愿无怪焉
（三九）弥兰经	弥兰惟曰：银城四女，金城有八，水精十六，琉璃三十二，玉女光世，修虔相迎，今不迎者，将以贵故乎	弥兰流泪曰：自四之八，自八之十六，自十六之三十二，处荣屑末殿、郁单殿。吾以无足之行，故获斯矣。何当离斯患乎？守鬼答曰：其年之数如子来久，子免斯殃矣
（四〇）顶生圣王经	王左右顾视，睹天宫殿，黄金白银、水精琉璃、珊瑚虎珀、车渠真珠以为宫殿，睹之心欣。即又念曰：吾有四国，宝钱无数，斯荣难云；令天帝殒；吾处其位，不亦上愿乎？恶念兴而神足灭，释还之故宫，即获重病	王曰：如有问：王何以丧身？答如所睹，以贪获病，遂致丧身。夫贪残命之刃，亡国之基也。去三尊，处三涂，靡不由之。戒后来嗣，以贪痴火烧身之本也，慎无贪矣。夫荣尊者其祸高矣，宝多者其怨众矣
（四一）普明王经	阿群心开，霍如云除，五体投地，顿首悔过。叉手寻从，将还精舍，即为沙门。佛为说宿行，现四非常，得沟港道，退于树下，闭目叉手练去余垢，进取无着	阿群曰：吾未睹佛时，事彼妖蛊，心存口言身行诸邪，邪道秽化其为臭污，甚彼溷矣。屎污可洗，秽染难除，赖蒙宿祚生值佛世，沐浴清化去臭怀香，内外清净犹天真珠，夫不睹佛、不知四非常者，观其志趣，犹狂者醉之以酒矣，不亲贤众而依十恶者，其与豺狼共槛乎
（四二）菩萨本生	冢间有牛犊子，常取其屎尿以为饮食，连其躯命暴露精思，颜貌丑黑人皆恶焉。国人睹之，更相告曰：斯土有鬼。见者靡不唾骂，土石扑之。菩萨无丝发之恚，慈心愍曰：痛夫斯人，不睹佛经而为斯恶。誓曰：吾为如来、无所著、正真觉道者，必度兹焉	睹世秽浊，君臣无道，背真向邪，难以导化，故隐明藏影处于冢间，习其忍行
（四三）睒道士本生	左右顾眄，涕泣大言：谁以一矢杀三道士者乎？吾亲年耆，又俱失明，一朝无我，普当殒命。抗声哀曰：象以其牙，犀以其角，翠以其毛，吾无牙角光目之毛，将以何死乎	曰：便向小径，去斯不远有小蓬庐，吾亲在中。为吾启亲，自斯长别，幸卒余年，慎无追恋也。势复举哀，奄忽而绝
（四四）羼提和梵志本生	菩萨默惟：众生扰扰，唯为身命，畏死贪生，吾心何异哉？吾傥语王，虐杀不仁，罪与王同；傥云不见，吾为欺矣。中心恧然低首不云	王曰：尔为谁耶？曰：吾忍辱人。王怒拔剑截其右臂。菩萨念曰：吾志上道，与时无诤，斯王尚加吾刃，岂况黎庶乎？愿吾得佛必先度之，无令众生效其为恶也。王曰：若为谁乎？曰：吾忍辱人。又截其左手，一问一截，截其脚，截其耳，截其鼻，血若流泉，其痛无量，天地为震动，日即无明
（四五）童子本生		遵命直行
（四六）国王本生	常以四等育护众生，声动遐迩靡不叹懿……怅然而曰：吾宿行违，殃咎邻臻乎……王曰：妇离所天只行一宿，众有疑望，岂况旬朔乎？还于尔宗事合古仪。妃曰：吾虽在秽虫之窟，犹莲华居于污泥。吾言有信，地其坼矣。言毕地裂，曰：吾信现矣	菩萨群僚佥曰：宁为天仁贱，不为豺狼贵也。民曰：宁为有道之畜，不为无道民矣。料选武士陈军振旅，国王登台观军情猥，流泪涕泣交颈曰：以吾一躬毁兆民之命，国亡难复，人身难获，吾之遁迈，国境咸康，将谁有患乎？王与元后俱委国亡

续　表

经名	心理侧描写	行为侧描写
（四七）猕猴本生	猕猴闻哀，怆为流泪曰：吾誓求佛，唯为斯类耳。今不出此人，其必穷死。吾当寻岸下谷，负出之也	遂入幽谷，使人负己，攀草上山置之平地，示其径路曰：在尔所之，别去之后慎无为恶也
（四八）龙本生	一蛇起意，将欲以威神杀斯毒蚖；一蛇慈心，忍而谏止曰：夫为高士，当赦众愚，忍不可忍者，是乃为佛正真之大戒也	一蛇遂称颂忍德，说偈陈义，一蛇敬受，遂不害蚖
（四九）难王本生	道士深惟：以状言之，即一国乌皆死矣；云盗得之，斯非佛弟子也。默然受拷，杖楚千数，不怨王，不雠彼，弘慈誓曰：令吾得佛，度众生诸苦矣	道士本末陈焉，王为怆然泣泪流面。王告猎者曰：子有功勋于国，悉呼九亲来，吾欲重赐之。亲无巨细皆诣宫门，王曰：不仁背恩，恶之元首。尽杀之矣。道士入山学道，精进不惓，命终生天上
（五〇）盘达龙王本生	其痛无量，亦无怨心，自咎宿行不杇乃致斯祸，誓愿曰：令吾得佛，拯济群生都使安隐，莫如我今也	王及臣民莫不兴哀，王欲杀术士，龙请之曰：吾宿行所种，今当受报，无宜杀之以益后怨，从其所求以施与之。弘慈如斯，佛道可得也。王即以异国为例，具其所好悉以赐之
（五一）雀王经	菩萨身为雀王，慈心济众有尚慈母，悲彼艰苦情等亲离，睹众禀道喜若己宁，爱育众生犹护身疮	昔者有虎食兽，骨柱其齿，病困将终。雀睹其然，心为悲楚曰：诸佛以食为祸，其果然矣。入口啄骨，日日若兹。雀口生疮，身为瘦疵，骨出虎稣
（五二）之裸国经	叔曰：先圣影则陨身不陨行，戒之常也。内金表铜，释仪从时，初讥后叹，权道之大矣……菩萨怆然流泪誓曰：令吾世世逢佛见法亲奉沙门，四恩普覆润济众生，奉伯若己，不违斯誓也	菩萨随之，国人欣叹。王爱民敬宾傒相属，王悉取货，十倍雇之。伯车乘入国，言以严法，辄违民心。王忿民慢，夺财挞捶……伯耻怒曰：彼与尔何亲？与吾何雠？尔惠吾夺，岂非谗言乎？结叔带曰：自今之后，世世相酷，终不赦尔。菩萨怆然流泪誓曰：令吾世世逢佛见法亲奉沙门，四恩普覆润济众生，奉伯若己，不违斯誓也
（五三）六年守饥毕罪经	王睹流泪曰：吾过重矣	遣人澡浴梵志，具设肴馔，自身供养，叩头悔过曰：吾为人君，民饥者吾自饥，寒者即衣单，岂况怀道施德之士乎？一国善士之福，不如高行贤者一人之德，国宁民安，四时顺谷丰穰，非戒之德其谁致之乎？谓道士曰：饮水不告，罪乃若此，岂况真盗不有重咎乎？以斯赦子，必无后患也
（五四）释家毕罪经		众佑曰：斯树名释，吾爱其名，以仁道济其难，润其枯惠其生也。王怅然内耻曰：佛仁弘普，惠逮草木，岂况人乎？于是旋军……众佑曰：释罪毕也，王罪兴矣。却后七日，太山鬼以火烧王及其臣民，王罪难救犹释祸难攘矣
（五五）凡人本生	菩萨存想，吟泣无宁，曰：吾从得天师经典翫诵，执行以致为佛，愈众生病令还本净乎……答曰：闻佛则殒，吾欣为之，岂况刺身而生存者乎	即布针以刺身，血若流泉，菩萨喜于闻法，得无痛之定

续 表

经名	心理侧描写	行为侧描写
（五六）猕猴王本生	猴王知之，怆然而曰：吾为众长，祸福所由，贪果济命而更误众……叩头自陈云：野兽贪生恃泽附国，时旱果乏，干犯天苑，咎过在我。原赦其余，虫身朽肉，可供太官一朝之肴也	猴王自系腰登树投身，攀彼树枝，藤短身垂，勅其众曰：疾缘藤度。众以过毕，两掖俱绝，堕水边岸，绝而复苏
（五七）鹿王本生	鹿王乃知，垂泣而曰：尔等斯厄，厥尤由我也。吾将没命，济尔群小	鹿王就索，下前两足曰：登吾踊出，尔等可全矣。群鹿如之，咸获免矣。身肉决裂，血若流泉，蹶地纔息，其痛难言……鹿王对曰：执操不淑，禀命为兽，寻求美草以全微命，干犯国境罪应尤重。身肉虽尽，两脾五藏完具尚存，惟愿太官给一朝膳
（五八）修凡鹿王本生	睹有溺人，呼天求哀，鹿愍之曰：人命难得而当殒乎？吾宁投危以济彼矣	即泅趣之曰：尔勿恐也，援吾角骑吾背，今自相济。人即如之。鹿出人毕，息微殆绝
（五九）驱耶马王本生	马王遥睹淫鬼啖人，为之流泪	因飞渡海，之海彼岸，获成捣粳米，马王食饮毕，登山呼曰：谁欲度者？如此三矣
（六〇）鱼王本生	鱼王愍曰：慎无恐矣，一心念佛愿众生安，普慈弘誓，天佑犹响，疾来相寻。吾济尔等	鱼王以首倒殖泥中，住尾举纲……
（六一）龟王本生	昔者菩萨，身为龟王，昼夜精进思善方便，令众生神得还本无	菩萨占曰：斯危身之象矣，吾等宜早避之为善
（六二）鹦鹉王本生	王深自惟：众谑乱德无由获定，吾将权焉	托病不食，佯死弃众……王曰：吾尚未丧，尔等委捐。诸佛明训，睹世无亲唯道可宗，沙门以须发为乱志之秽，故捐弃之崇无欲行。尔等欢闹，邪声乱志，独而无偶，上圣齐德
（六三）鸽王本生	鸽王见拘，一心念佛，悔过兴慈，愿：令众生拘者得解，疾离八难无如我也	（鸽王）谓诸鸽曰：佛经众戒，贪为元首，贪以致荣者，犹饿夫获毒饮矣。得志之乐其久若电，众苦困已其有亿载。尔等捐食，身命可全矣……王曰：违替佛教纵情贪欲，靡不丧身者也。己自捐食，肥体日耗，间关得出，顾谓余曰：除贪捐食可如我也
（六四）佛说蜜蜂王经	精进辩谓德乐正言：佛者难值，亿百千世时乃一出耳，当曼精进为众作本，如何睡眠？夫睡眠者阴盖之罪，当自勖勉有觉寤心	时德乐正，闻其教诏便即经行，于祇树间甫始经行复住睡眠，如是烦乱不能自定，诣泉水侧坐欲思惟，复坐睡眠，时，精进辩便以善权往而度之，化作蜜蜂王，飞趣其眼如欲螫之。时，德乐正惊觉而坐，畏此蜂王，须臾复睡，时，蜜蜂王飞入腋下螫其胸腹，德乐正惊，心中懅悸不敢复睡
（六五）佛以三事笑经	世尊告曰：阿难！吾笑有三因缘。一曰，观彼老翁之愚，其为弘普矣。日以罾网残群生命，盖无丝发之恻隐；祸子自丧，而怨诸天呼嗥惊怖！斯下愚之行，非二仪之仁，贤圣之恕也，以是笑耳。昔者飞行皇帝，植福巍巍，志憍行逸，今为斗量鱼，斯二矣。不想人天，寿八十亿四千万劫，意专著空，不能空空还于本无，福尽受罪今在斗中，斯三矣	时行历市，睹一老翁斗量卖鱼，哀恸嗥曰：怨乎皇天，吾子何咎而早丧身？子存卖鱼，吾岂劳乎？佛睹其然，笑之，口光五色。度市斯须，又睹大猪浴尿行路，佛复笑焉

续　表

经名	心理侧描写	行为侧描写
（六六）小儿闻法即解经	有一小儿厥年七岁，城外牧牛，遥闻比丘诵说经声，即寻音往诣精舍中，礼比丘已却坐一面，听其经言，时说色本，闻之即解，儿大欢喜	时儿长大至年七岁，悉知微妙，道俗皆备，与众超绝，智度无极。诸比丘等皆从受学，经中误脱有所短少，皆为删定，足其所乏。儿每入出有所至止，辄开化人使发大乘；长者家室内外大小五百人众，皆从儿学，发摩诃衍意，悉行佛事
（六七）杀身济贾人经	菩萨怆然，心生计曰：吾之求佛，但为众生耳。海神所恶，死尸为甚。危命济众，斯乃开士之尚业矣。吾不以身血注海，海神恶之，意者船人终不渡岸	谓众人曰：尔等属手相持并援吾身。众人承命，菩萨即引刀自刻。海神恶焉，漂舟上岸，众人普济
（六八）童子本生	时王欲以民间余金残戮害无罪者，菩萨觏民哀号，为之挥泪，投身命乎厉政，济民难于涂炭	昔者菩萨，为独母子，朝诣佛庙捐邪崇真，稽首沙门，禀佛神化，朝益暮诵，景明日升，采识众经。古贤孝行，精诚仰慕，犹饿梦食……曰：夫身即四大也，命终四大离，灵逝变化，随行所之，何赂之有？大王前世布施为德，今获为王，又崇仁爱泽及遐迩，虽未得道，后世必复为王。王心欢喜，大赦狱囚，还所夺金
（六九）调达教人为恶经		昔者菩萨，位为天王，精存微行，志进若流，每到斋日，乘于马车巡四天下，宣佛奥典开化众生，消其瑕秽，令崇如来、应仪、正真觉、天中之天、众圣中王、道教之尊，可离三涂众苦之原
（七〇）杀龙济一国经	菩萨伯叔自相谓曰：吾之本土，三尊化行，人怀十善，君仁臣忠，父义子孝，夫信妇贞，比门有贤，吾等将复谁化乎？彼彼国信妖，蛟龙处之，吞其黎庶，哀嗥无救。夫建志求佛，唯为斯类矣。可以道化，喻之以仁，龙含凶毒，吾等摧焉。叔曰：佛戒以杀为凶虐之大，活生仁道之首也。将如彼何？伯曰：夫残一人者，其罪百劫；龙吞一国，吾惧恒沙劫毕，厥殃未除矣。苟贪尠味斯须之利，不睹太山烧煮之咎，吾心愍然。人道难获，佛法难闻，除龙济国，导以三尊六度高行，祸若丝发，福喻二仪。尔化为象，吾为师子，二命不殒，斯国不济也。稽首十方誓曰：众生不宁，余之咎矣。吾后得佛，当度一切	昔者菩萨，伯叔齐志，俱行学道，仰慕诸佛难逮之行，诵经释义开导六冥，练弃内垢，止观寂定。每闻诸国阍于三尊，辄往导化，令奉六度正真妙行……象造龙所，师子登之。龙即奋势霆耀雷震，师子踊吼，龙之威灵，师子赫势，普地为震，三命绝矣。诸天称善，靡不叹仁

续　表

经名	心理侧描写	行为侧描写
（七一）弥勒为女人身经	坐则思维，游则教化，愍愚爱智，诲以智慧，精进无休	商人又曰：吾所以笑搏儿者，儿是卿父，魂灵旋感，为卿作子，一世之间有父不识，何况长久乎？播鼗儿者本是牛，牛死灵魄还为主作子，家以牛皮用贯此鼗，儿今播弄踊跃戏舞，不识此皮是其故体，故笑之耳。杀牛祭者，父病请活，求生以杀，不祥之甚；犹服鸩毒，以救病也。斯父方终，终则为牛，累世屠戮受祸无已。今此祭牛，命终灵还，当受人体，免脱忧苦，故复笑之。刮母面儿，儿本小妻，母是嫡妻，女情专淫，心怀嫉妬，常加酷暴。妾含怨恨，寿终则生为嫡妻子，今来报雠，攫面伤体，故不敢怨耳，是以笑之。夫众生之心其为无恒，古憎今爱，何常之有？斯皆一世见而不知，岂况累劫？经曰：以色自壅者，盲于大道，专听邪声者，不闻佛音之响也。吾是以笑之耳。世荣若电恍惚即灭，当觉非常，莫与愚并，崇修德操，六度妙行。吾今反居，后日必造子门
（七二）女人求愿经	独母闻经，还为妇说之。妇喜叹曰：斯即无上正真道、最正觉者也……妇启曰：妾前一夜觉世无常，晨觌宗灵，无上正真绝妙之像来在中庭，妾今供事，烧香然灯，悬缯奉华，朝夕礼拜，稽首自归，子当事之，必合圣则	明日即随母行觐佛，五体投地却立静心，视佛相好念佛清净真是天尊。佛问女：尔来何愿？即稽首而对：我闻佛为无上正真道、最正觉、道法御、天人师，德如恒沙，智若虚空，六通四达得一切智，势来请尊，愿佛哀我。世尊告曰：佛为一切护，恣汝所愿。女人稽首曰：夫人处世未获本无者，皆以欲故为匹偶居，令我世世与至德偶居，同志无嫉妬行。二曰，身口意行端正绝世。三曰，世世虔奉三尊，心垢日消，进道无倦，诸佛佑助，众邪不能遏，必获一切智，济众生难。众佑叹曰：善哉，善哉！令汝得之。妇大欢喜稽首，退归本居……妇夜寐觉，忆世无常：荣富犹幻孰获长存，躬为坏舟我神载之，犹获月影望天宝者也。劳心苦身何益于己？梦幻皆空，天神世荣其归若兹矣。明晨当索无上正真、天中之天为吾师焉。晨兴即觌石塔在庭，佛像金耀，琢壁书经，叹佛为众圣之师三界独步。妇喜叹曰：是则如来、应仪、正真道、最正觉者乎！即五体投地遶庙三匝，散华烧香，然灯悬缯，晨夜肃虔，稽首恭礼
（七三）然灯授决经	独母闻之，驰诣佛所，稽首陈曰：除馑然灯，曩即吾所贡云，其当获为无上正真道，将导众生还神本无，天人鬼龙靡不逸豫。唯愿加哀，复授吾决	女稽首曰：今当捐之。还居净浴，遥拜而曰：夫身者四大之有，非吾长保也。登楼愿曰：以今秽身惠众生之饥渴者，乞获男躬，受决为佛。若有浊世众生盲冥背正向邪无知佛者，吾当于彼世拯济之也

续　表

经名	心理侧描写	行为侧描写
（七七）太子得禅	对曰：道观老窭，存世非常，心不为欣……太子曰：吾不免患，后必如之……心中怆然，长叹曰：咄众生扰扰，痛焉难处	念之怅如，一心入禅
（七八）太子得禅	太子靖思视诸伎人，犹木梗人，百节皆空，中如竹节，手足垂地，涕泪流出，口唾污颊，伏鼓乱头，乐人皆著名珰垂悬步摇华光，珠玑瓔珞琨环杂巧，罗縠文绣上服御衣，琴瑟筝笛，笳箫乐器，纵横着地。警备之鸟及守卫者，顿瞑无识。太子以无蔽之眼遍观众身，还观其妃，头发髑髅，骨齿爪指，皮肤肌肉，脓血髓脑，筋脉心胆，脾肾肝肺，肠胃眼窌，屎尿涕唾，内视犹枯骨，外视犹肉囊，无一可贵。不净臭处，靓之存忆令人吐逆，犹蓝假面文彩衣之熏香其表，以屎尿脓血满着其内，愚者信其表，明者靓其内，远之万里犹复闭目也	太子靓之若幻难可久保，处世假借，必当还主。卧者纵横，犹如死尸，愈不乐焉，一心得禅
（七九）太子得禅	自念曰：今日为始，肌筋枯腐，于此不得佛者，吾终不起……风雨七日七夕，佛端坐不动不摇不喘不息，七日不食得佛，心喜都无有想。龙大欢喜，亦七日不食无饥渴念，七日毕风雨止，佛禅觉悟	太子未得道时，取地稾草，于树下叉手正坐，弃众垢念，清其心，一其志……深自思曰：吾今得佛，甚深甚深难知难了，微中之微、妙中之妙也。释迦牟尼道成得无不知
（八〇）佛得禅	佛坐其下……一心入定	世尊曰：吾昔处阿谭县蓬庐之下，坐惟生死之本，暴风雨雹雷电霹雳，杀四特牛、耕者兄弟二人。其县黎民，观者甚众。吾时出经行，有一人至吾所，吾问之曰：众将何观乎？其人如事说之。人曰：佛时何之？答曰：独在屋下。人曰：佛时卧乎？曰：不
（八一）常悲菩萨本生	菩萨从佛闻斯法，犹饿夫得甘食，其喜无量，心垢除，入净定……数日即止，深自思曰：吾宿薄佑，生不值佛，世无沙门，君臣愦愦，无知佛者。明度无极、除冥尊师，去斯几里，未靓之顷……心中悲猛，举哀而行，精诚之至感于诸佛。上方佛来，飞在其前，身色紫金，相好绝圣，面若满月，项有日光，诸天翼从，宝帐华盖，作乐散华，叉手垂首。佛叹菩萨曰：善哉善哉！尔之快健，靓世希有。菩萨见佛，且喜且悲，稽首而曰：愿佛哀我，断我系、解吾结、开吾盲、愈吾病，为吾说经	即弃家捐妻子，入深山处闲寂，以山水果蓏自供，处山举手椎心哀号而云：吾生怨乎！不值佛世，不闻佛经，十方现在至真世尊，洞视彻听，皆一切知，恍惚髣髴，晖靡不之，愿现尊灵，令吾靓佛，得闻弘摸大道极趣。菩萨受教，端心内净，东行索之
（八二）那赖梵志本生	处山泽六十余年，悲念众生展转愚冥，不靓为恶后有重殃，约情弃欲敬奉三尊，福至响应必获其荣……众佑曰：两菩萨靓其国主不知三尊，臣民愦愦邪见自蔽，犹冥中闭目行。愍其徒死不靓佛经，故为斯变，欲其靓明也	王臣黎民靡不欣怿，两道士为王广陈治国，当以四等无盖之慈，劝奉五戒载十善而行

续 表

经名	心理侧描写	行为侧描写
（八三）须罗太子本生	未及	皇孙获宝都料穷民，布施七日无乏不足。布施之后，劝民持戒，率土感润，靡不遵承。天龙鬼神，佥然叹善，为雨名宝众彩诸谷。邻国慕德归化，犹众流之归海也
（八四）遮罗国王经	太子出入未尝别色，深惟：本国与七国为敌，力诤无宁，兆民呼嗟！吾将权而安之。心自惟曰：吾体至陋，妃靓必迈，迈则天下康、兆民休矣	（太子）对曰：妃迈天下泰平之基，民终宁其亲矣。拜辞寻之……太子高声谓七国王，厥音远震若师子吼，喻以佛教：为天牧民当以仁道，而今兴怒，怒盛即祸着。祸着即身丧。夫丧身失国，其由名色乎……太子启王：婚姻之道，莫若诸王矣。何不以七女嫡彼七王。子婿蕃屏，王元康矣！臣民休矣！亲获养矣
（八五）菩萨以明离鬼妻经	思：众经道术，何经最真？何道最安？思已喟然而叹曰：唯佛经最真，无为最安。重曰：吾当怀其真处其安矣……亲欲为纳妻，怅然而曰：妖祸之盛莫大于色，若妖蛊臻，道德丧矣。吾不遁迈，将为狼吞乎……纳之无几，即自觉曰：吾靓诸佛明化，以色为火，人为飞蛾，蛾贪火色，身见烧煮。斯翁以色火烧吾躬，财饵钓吾口，家秽丧吾德矣……明心觉焉，曰：淫为蝡虫，残身危命者也。吾故驰隐，衰又逢焉……菩萨念曰：欲根难拔，乃如之乎！即兴四非常之念曰：吾欲以非常、苦、空、非身之定，灭三界诸秽，何但尔垢而不能殄乎	于是遂之异国，力赁自供……夜默遁迈，行百余里，依空亭宿……明心觉焉曰：吾殃重矣。奔而不免，深自誓曰：终不寄宿。又复遁逃。遥靓大屋，避之草行
（八六）儒童受决经	儒童心喜，寂而入定，心净无垢	白师学问，仰观天文，图谶众书，闻见即贯，守真崇孝，国儒嘉焉……对曰：宿贫乏货无以报润，故不敢退也。母病尤困，无以医疗，乞行佣赁以供药直……菩萨曰：吾以禅力下彼小星，填之可乎！又念曰：供养之仪，以四大力苦躬为善。即置星辇石，以身力填之，禅力住焉
（八七）摩调王经	帝勅近臣主巾栉者：尔其见吾头发生白，即当以闻。夫发白色，毁死之明证。吾欲捐秽世流俗之役，就清净淡泊之行……帝心欣然，召太子曰：吾头生白，白者无常之证信矣，不宜散念于无益之世。今立尔为帝，典四天下，臣民系命于尔，尔其慜之。法若吾行，可免恶道；发白弃国，必作沙门。立子之教，四等五戒十善为先	明教适毕，即捐国土，于此庐地树下，除须发着法服作沙门……勅诸圣臣导行英士下逮黎民：人无尊卑令奉六斋，翫读八戒带之着身，日三讽诵，孝顺父母，敬奉耆年，尊戴息心，令诣受经。鳏寡幼弱乞儿给救，疾病医药衣食相济，苦乏无者令诣宫门求所不足，有不顺化者重徭役之，以其一家处于贤者五家之间，令五化一家，先顺者赏，辅臣以贤不以贵族

续　表

经名	心理侧描写	行为侧描写
（八八）阿离念弥经	念弥自惟：寿命甚促，无生不死，宝非己有，数致灾患，不如布施以济贫乏。世荣虽乐，无久存者，不如弃家，捐秽浊、执清洁，被袈裟作沙门	念弥教诸弟子如斯，又曰：吾弃贪淫瞋恚愚痴歌舞伎乐睡眠邪僻之心，就清净心，远离爱欲，捐诸恶行，内洗心垢，灭诸外念，睹善不喜，逢恶不忧，苦乐无二清净其行，一心不动得第四禅。吾以慈心教化人物，令知善道升生天上，悲怜伤愍恐其堕恶。吾见四禅及诸空定，靡不照达，其心欢喜；以其所见教化万物，令见深法。禅定佛事，若有得者亦助之喜。养护万物如自护身，行此四事其心正等，眼所受见麤好诸色，其耳所闻叹音骂声，香熏臭秽美味苦辛，细滑麤恶，可意之愿，违心之恼，好不欣豫，恶不怨恚。守斯六行，以致无上正真之道。若曹亦当行斯六行，以获应真之道
（八九）镜面王经	阎浮提地有王，名曰镜面，讽佛要经，智如恒沙。臣民多不诵，带锁小书，信萤灼之明，疑日月之远见，目瞽人以为喻，欲使彼舍行潦游巨海矣	镜面王大笑之曰：瞽乎瞽乎！尔犹不见佛经者矣。便说偈言：今为无眼曹，空诤自谓谛，睹一云余非，坐一象相怨
（九〇）察微王经	昔者菩萨为大国王，名曰察微，志清行净唯归三尊，禀翫佛经靖心存义，深睹人原始自本无生……王以灵元化无常体，轮转五涂绵绵不绝，释群臣意，众闇难寤犹有疑焉，曰：身死神生，更受异体，臣等众矣，尠识往世。王曰：论未志端，焉能识历世之事乎？视不睹耗，孰能见魂灵之变化乎	王以闲日由私门出，麤衣自行，就补履翁，戏曰：率土之人孰者乐乎？翁曰：唯王者乐耳。曰：厥乐云何？翁曰：百官虔奉，兆民贡献，愿即从心，斯非乐乎？王曰：审如尔云矣。即饮之以葡萄酒，厥醉无知，抗着宫中。谓元妃曰：斯跖翁云：王者乐矣。吾今戏之。衣以王服，令听国政
（九一）梵摩皇经	昔我前世未为佛时，心弘普爱	……愍济众生，犹若慈母育其赤子，如斯七年，仁功勋著

（三）人格提取与分析

对《六度集经》故事主角的人格分析可以依靠人格量表来进行。由于故事中不乏剖白主要人物心理和行为来凸显人物品性高逸的文字，因此在各种量表中，“大五”人格量表是较为适合的分析工具。

“大五”人格量表成型于长期的人格研究中。一些不同的研究群体从许多不同的人格资料中不断地发现关于五个人格维度的证据。这五个因素在大量不同方法的研究中都十分突出，以致研究者们称之为“大五”，即外向性、随和性、尽责性、情绪稳定性、开放性。

外向性：反映社会关注能力（健谈的、外向的、自信的、热心的、坦率直言的；害羞的、安静的、内向的、缺乏自信的、羞怯的）。它一端是极端外向，另一端是极端内向。外向者爱交际，表现为精力充沛、乐观、友好和自信；内向者的这些表现则不突出，但这并不等于说他们就是自我中心的和缺乏精力的，他们偏向于含蓄、自主与稳健。

随和性：随和性反映协商沟通能力（有同情心的、亲切的、热情的、有洞察力的、真诚的；

缺乏同情心的、不亲切的、苛刻的、残酷的）。它所描述的高分人群乐于助人、可靠、富有同情心；而得分低者多抱敌意，为人多疑。前者注重合作而不是竞争；后者习惯为了自己的利益和信念而争斗。

尽责性：尽责性反映对社会关系的维护能力（有组织的、整洁的、有序的、实际的、准时的、做事谨慎的；无组织的、无序的、粗心的、马虎的、不切实际的），指人们如何自律、控制自己。处于维度高端的人做事有计划，有条理，并能持之以恒；居于低端的人马虎大意，容易见异思迁，不可靠。

情绪稳定性：情绪稳定性反映压力处理能力（平静的、悠闲的、稳定的；喜怒无常的、焦虑的、不安的）。得低分者比得高分者更容易因为日常生活的压力而感到心烦意乱；得高分者多表现自我调适良好，不易于出现极端反应。

开放性：开放性反映信息加工能力（有创造力的、有想象力的、聪明的；缺少创造性的、缺乏想象力的、愚笨的），指对经验持开放、探求态度，而不仅仅是一种人际意义上的开放。得分高者不墨守成规、独立思考；得分低者多数比较传统，喜欢熟悉的事物多过喜欢新事物。

“大五”人格的构建基础，包涵了有关品格的词汇或行为表现，由“大五”人格量表测试出来的结果就有好坏之分。从它的各个因素的描述中也可以很明显地看出来。

在“六度”故事中，故事主角的佛教人格主要表现为对他人的热情、对自身情绪的克制、恪守道德准则、坚持不懈于善事，以及对佛教义理的理解等，这些内容组成佛教的“六度”人格特征，可以在“大五”人格维度上找到相对应的部分。

具体而言，“六度”故事主角的种种助人之举的反复发生，反映的是外向性（热情、自信）；他们乐于奉献的精神所反映的是随和性（有同情心的、热情的、真诚的）；对道德规范、戒律等的持守，以及持续不断的精进都可以归入尽责性（有序的、准时的、做事谨慎的）；在遭逢痛苦时的安忍与禅修实践则属于情绪稳定性的范畴（平静的、稳定的）。由于佛教所提倡的入世与出世智慧分属两个层面而各有特色，所以“六度”故事中的人物在开放性上表现出墨守成规和积极创新两种态度。

分析《六度集经》八十八则情节具体的故事，可以对出现在主角身上的心理、行为的主要特征进行定性标注，以符合特征的标为 1，与特征相反的标为 − 1，未出现明显特征的记为 0。例如，在外向性维度中，以与人交往为 1，避世为 − 1；随和性维度中，以遵循他人意愿为 1，违背他人意愿为 − 1；在尽责性维度中，以遵守某种规则为 1，破坏规则为 − 1；在情绪稳定维度中，以忍耐、禅定为 1，愤怒等激烈情绪反应为 − 1；在开放性维度中，以解决矛盾和智能上的提高为 1，退避矛盾以及导致自身伤害为 − 1。据此可得表 1-2。

表 1-2 《六度集经》主角“大五”人格定性分析

经名		外向	随和	尽责	情绪稳定	开放
布施度	（一）菩萨本生	1	1	1	1	0
	（二）萨波达王	1	1	1	1	−1
	（三）贫人本生	1	1	1	1	−1
	（四）菩萨本生	1	1	1	1	−1
	（五）干夷王本生	1	1	1	1	−1

续　表

经名		外向	随和	尽责	情绪稳定	开放
布施度	（六）国王本生	1	0	1	1	－1
	（七）国王本生	1	1	1	1	0
	（八）仙叹理家本生	1	1	1	1	0
	（九）普施商主本生	1	1	1	1	1
	（一〇）长寿王本生	1	1	1	1	1
	（一一）波耶王经	1	1	0	1	－1
	（一二）波罗㮈国王经	1	1	0	0	0
	（一三）萨和檀王经	1	0	1	1	－1
	（一四）须大拏经	1	－1	1	1	－1
	（一五）和默王本生	1	1	1	1	0
	（一六）佛说四姓经	0	1	1	1	0
	（一七）维蓝梵志本生	1	1	1	1	0
	（一八）鹿王本生	1	1	1	1	0
	（一九）鹄鸟本生	0	1	1	1	0
	（二〇）孔雀王本生	1	1	1	1	1
	（二一）兔王本生	1	1	0	1	－1
	（二二）理家本生	1	1	1	1	1
	（二三）国王本生	1	－1	1	1	0
	（二四）梵志本生	0	0	1	1	－1
	（二五）理家本生	1	1	1	1	0
	（二六）沙门本生	0	1	1	1	0
持戒度	（二七）清信士本生	0	1	1	1	0
	（二八）象王本生	0	1	1	1	－1
	（二九）鹦鹉王本生	0	1	1	1	1
	（三〇）法施太子本生	1	1	1	1	0
	（三一）国王本生	1	1	1	1	1
	（三二）凡夫本生	0	1	1	1	0
	（三三）贫商人本生	0	0	1	1	0
	（三四）贫道士本生	1	1	1	1	0
	（三五）童子本生	0	1	1	1	0
	（三六）兄（猕猴）本生	1	1	－1	1	1
	（三七）长者本生	1	1	1	1	0

续 表

经名		外向	随和	尽责	情绪稳定	开放
持戒度	（三八）太子墓魄经	0	0	1	1	0
	（三九）弥兰经	0	0	1	0	0
	（四〇）顶生圣王经	0	0	1	0	0
	（四一）普明王经	1	1	1	1	1
安忍度	（四二）菩萨本生	0	0	1	1	－1
	（四三）睒道士本生	0	0	1	1	0
	（四四）羼提和梵志本生	－1	1	1	1	－1
	（四五）童子本生	0	0	0	0	0
	（四六）国王本生	1	1	1	1	0
	（四七）猕猴本生	1	1	1	1	－1
	（四八）龙本生	1	1	1	1	0
	（四九）难王本生	1	1	1	1	0
	（五〇）盘达龙王本生	1	1	1	1	0
	（五一）雀王经	1	1	1	1	0
	（五二）之裸国经	1	1	1	1	0
	（五三）六年守饥毕罪经	1	1	1	1	0
	（五四）释家毕罪经	1	1	1	1	0
精进度	（五五）凡人本生	0	0	1	1	－1
	（五六）猕猴王本生	0	1	1	1	0
	（五七）鹿王本生	1	1	1	1	－1
	（五八）修凡鹿王本生	1	1	1	1	1
	（五九）驱耶马王本生	1	1	1	1	1
	（六〇）鱼王本生	1	1	1	1	1
	（六一）龟王本生	1	1	0	0	1
	（六二）鹦鹉王本生	0	0	1	1	0
	（六三）鸽王本生	0	0	1	1	0
	（六四）佛说蜜蜂王经	1	1	1	1	0
	（六五）佛以三事笑经	0	0	1	0	0
	（六六）小儿闻法即解经	0	0	1	0	0
	（六七）杀身济贾人经	1	1	1	1	－1
	（六八）童子本生	1	1	1	1	1
	（六九）调达教人为恶经	0	1	0	1	0

续　表

经名		外向	随和	尽责	情绪稳定	开放
精进度	（七〇）杀龙济一国经	1	1	0	1	1
	（七一）弥勒为女人身经	1	0	0	0	0
	（七二）女人求愿经	1	0	0	1	0
	（七三）然灯授决经	1	1	1	−1	−1
禅度	（七七）太子得禅	0	0	0	1	1
	（七八）太子得禅	−1	0	0	1	1
	（七九）太子得禅	−1	0	1	1	1
	（八〇）佛得禅	0	0	1	1	1
	（八一）常悲菩萨本生	−1	0	1	1	0
	（八二）那赖梵志本生	0	0	0	0	1
般若度	（八三）须罗太子本生	1	1	0	0	0
	（八四）遮罗国王经	0	0	0	0	1
	（八五）菩萨以明离鬼妻经	0	0	0	0	1
	（八六）儒童受决经	0	1	0	1	1
	（八七）摩调王经	1	1	1	1	1
	（八八）阿离念弥经	1	1	1	1	1
	（八九）镜面王经	0	0	0	0	1
	（九〇）察微王经	0	0	0	0	1
	（九一）梵摩皇经	0	0	0	0	0
“大五”各维频次总计		48	56	67	71	8

表 1-2 的数据统计结果以图形标示，结果如图 1-1～1-6。由于禅度故事数量较少，且没有明确情节，故无法形成图。

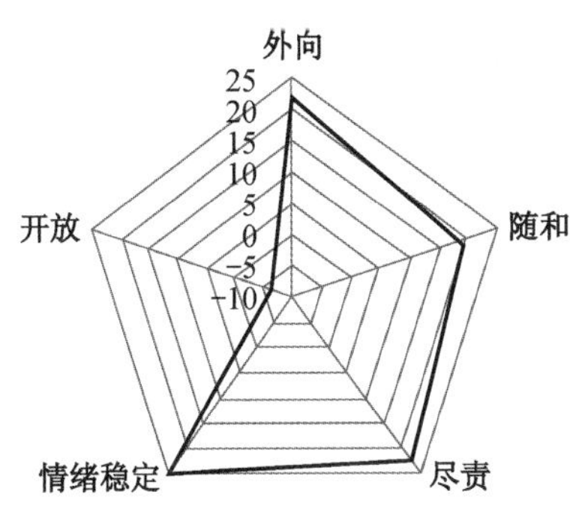

图 1-1　布施度故事人格

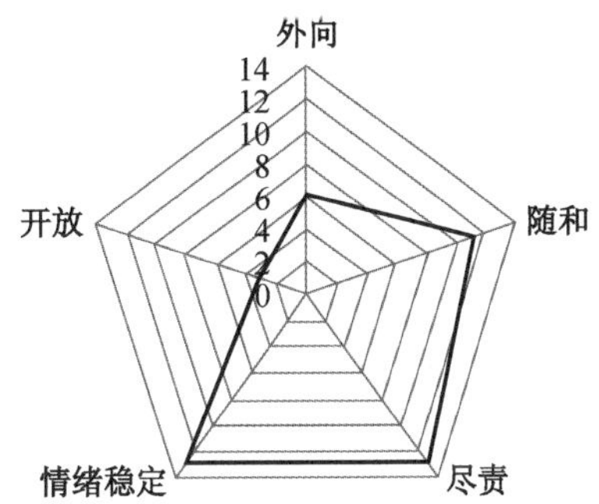

图 1-2　持戒度故事人格

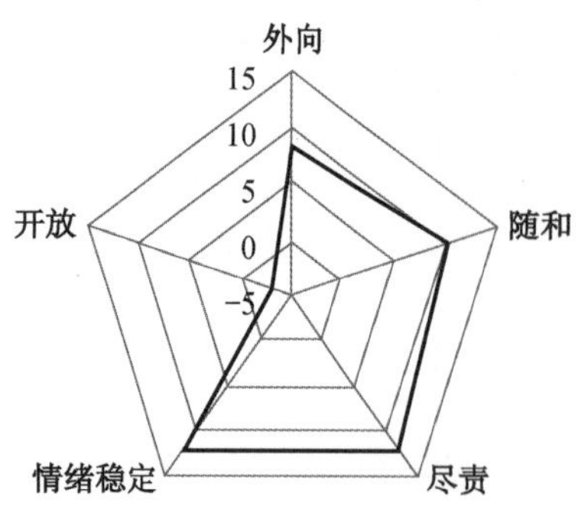

图 1-3　安忍度故事人格

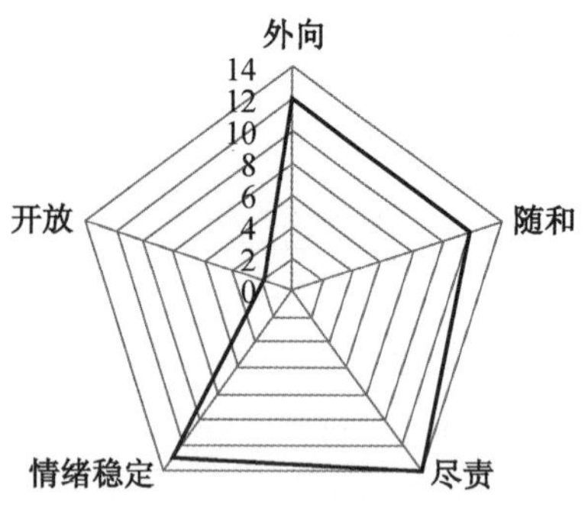

图 1-4　精进度故事人格

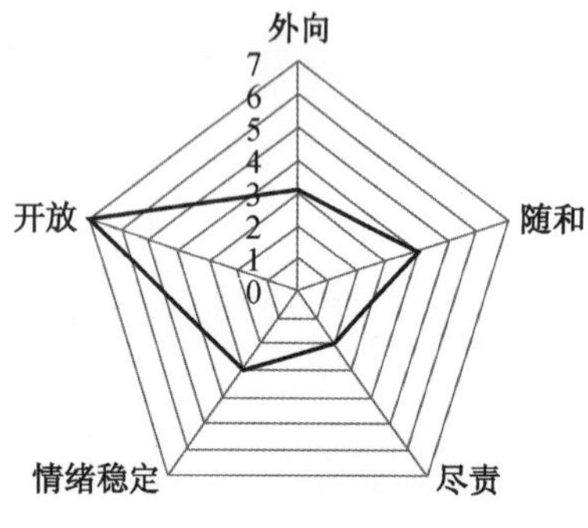

图 1-5　般若度故事人格

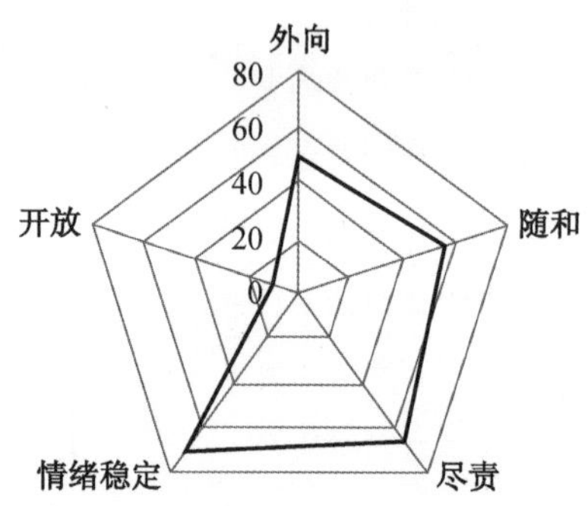

图 1-6　佛教“六度”人格综合

从以上图表可以看到，布施、安忍、精进三度的故事主角所表现出来的人格特征在总体上具有相似性，在外向性、随和性、尽责性、情绪稳定性四个维度上都表现出较高的得分，这反映了体现佛教人格的角色在不同主题的故事中一致的行为模式。在持戒度故事中，与上三度的不同之处在于外向性一项上得分不高，这一现象与持戒度故事中，主角大多隐遁山林，避免与世俗接触的遁世倾向有关。

之所以在布施、持戒、安忍、精进四度的图表中开放性一项得分明显低于其他四维，其原因在于：故事中的主角在遭遇各种困境时，大多选择容忍妥协，最终导致自身遭受损害。其中尤以布施度故事为甚，布施者为了贯彻布施的行为往往不惜财产生命，严格遵循佛教的舍身布施价值观，从结局来看并未解决故事中的矛盾。而般若度故事的人格图表之所以能够在开放性一项上的得分超过其余四项，在于般若度的故事主角大多能表现出妥善解决困境或发现某一种哲理的能力。

总之，从佛教“六度”人格综合图来看，可以认为，《六度集经》记载的具有佛教所推崇的人格特征的人物，能够展现友好、乐观的态度，同时又不乏稳健；对身处困境的人有较高的同情心，乐于帮助他人，但有时也会由于坚持信念而忽视他人的感受；能够持之以恒地贯彻自身的信念，并忍受由此带来的痛苦；内心坚定、宠辱不惊，不会冲动行事，但在面对较为复杂的情况时往往遵循固定的模式，难有变通。

第三部分　《经集部》所涉禅法概述

与《阿含部》经典对禅修实践大多语出不详不同,《经集部》经典对禅修实践的具体操作包括禅修前的准备、两种基本禅修方式、修习路径,以及禅修过程中发生的身心现象等方面都有较为详尽的记载,以下简述之。

一、禅修准备

(一)观察学禅者

在汉晋时期,佛教对于普通民众而言仍然是一门外来的新兴事物,但因其具有系统的修行理论体系,能够提供精神慰藉,并且获得了地方政治势力的支持,所以对民众具有很强的吸引力。由于动机各自不同,希望进入佛门修学者来源五花八门,良莠不齐。因此传授佛理、指导禅法的佛教僧侣如何辨别来意、分析根器,对于佛教的发展来说极为重要,好在佛教中早已发展出一套察言观色、见微知著的察人方法。

在《修行道地经》中就有"法师说经,观察人情,凡十九辈。以何了知?分别尘劳,尔乃知之"的记载,通过分析观察来者在俗事"尘劳"中形成的种种习惯,可以了解一个人的基本品性。观察一个人身口意三门贪淫、嗔恚、愚痴三类基本习性的组合,大致罗列出十九种心行特征:

法师说经,观察人情,凡十九辈。以何了知?分别尘劳,尔乃知之。何谓十九?一曰贪淫,二曰瞋恚,三曰愚痴,四曰淫怒,五曰淫痴,六曰痴恚,七曰淫怒愚痴,八曰口清意淫,九曰言柔心刚,十曰口慧心痴,十一者言美而怀三毒,十二者言麁心和,十三者恶口心刚,十四者言麁心痴,十五者口麁而怀三毒,十六者口痴心淫,十七者口痴怀怒,十八者心口俱痴,十九者口痴心怀三毒。(《修行道地经·分别相品第八》)

其中具有根本特征的是贪淫相、嗔恚相、愚痴相三种。

何而知人有贪淫相?文饰自喜调戏性急,志操忽忽性如猕猴而多忘误,智诈浅薄无有远虑,举动所为不顾前后,造作不要多事恐怖,多言喜啼易诈易伏,安隐易解不耐勤苦,得小利入大用欢喜,忘失小小而甚忧戚,闻人称誉欢喜信之,伏匿之事悉为道说,体温多污皮薄身臭,毛发稀踈多白多皱,不好长须白齿起行,喜净洁衣好着文饰,庄严其身喜于薄衣,多学伎术无所不通,数行游观常喜含笑,绮饰奉戒性和敬长,见人先问巧黠妍雅,性不佷戾惭愧多慈,分别好丑取与交易,柔和多哀多所恩惠,于诸亲友放舍施与,所有多少不与人争,所惠广大,观顾身形所作迟缓,了知世法悉能决断,若见好人敬而重之,觉事翻疾,工于言语黠慧言和,多有朋友不能久亲,少于瞋恚尊敬长老,卧起行步而不安详,虽学于法爱欲财物,亲属朋友舍不坚固,结友不久,闻色欲事即贪着之,说其恶露寻复厌之,易进易退。以是之故为贪淫相。

当何以观瞋恚之相?解于深义不卒怼恨,若怒难解无有哀心,所言至诚恶口麁欍,普怀狐疑不寻信之,喜求他短多寤少寐,多有怨憎结友究竟,仇雠难和所受不忘,无有怨惊人怖不惧，多力反复不能下屈，多忧难训，身体长大、肥项、大头、广肩、方额、好发，勇猛性强难伏，所可听受迟钝难得，既受得之亦复难忘，若失法财所欲亲友，永无愁顾难进难退。以是知之为瞋恚相。

云何察知愚痴之相？谓性柔软喜自称誉，无有慈哀破坏法桥，常而闭目面色憔悴，无有黠慧爱乐冥处，数自叹息懈惰无信，憎于善人常喜独行，寡见自大作事犹豫，不了吉凶不别善恶，若有急事不能自理，又不受谏，不别善友及与怨家，作事反戾弊如虎狼，被服弊衣身体多垢，性不自喜，须发蓬乱不自整顿，多忧嗜卧多食无节，人倩使之而不肯作、不倩不使而更自为，当畏不畏、不当畏者然反畏之，当忧反喜、当喜反忧，应哭而笑、应笑而哭，设有急事使之不行，适去呼还不肯反顾，常遭勤苦强忍尘劳，有所食啖不别五味，言语多笑喜忘重语，啮舌舐唇然而喋龂，行步卧起未曾安隐，举动作事无所畏难、不知去就。佛说是辈为愚痴相。

何谓淫怒痴相？向所说淫、怒、痴是也！淫痴、怒痴相亦如是。其与一切尘劳合者，是谓淫怒痴相。(《修行道地经·分别相品第八》)

虽然名为贪淫、嗔恚、愚痴，但从每一相的描述中可以发现其判断依据并不全是贪、嗔、痴三种心理状态，而是以貌取人(貌，指外显的容貌、衣饰和言行)的因素居多。

如认为贪淫相者“体温多污皮薄身臭，毛发稀疎多白多皱，不好长须白齿起行，喜净洁衣好着文饰，庄严其身喜于薄衣”(《修行道地经·分别相品第八》)，嗔恚者“身体长大、肥项、大头、广肩、方额、好发”(《修行道地经·分别相品第八》)，愚痴者“被服弊衣身体多垢，性不自喜，须发蓬乱不自整顿”(《修行道地经·分别相品第八》)，实际上是以个人的经济能力和社会地位来进行划分的，简而言之，富贵者贪淫、劳动者嗔恚、贫穷者愚痴，这种笼统的概括不免流于刻板。

为了弥补这种过于简化的性格模板的缺陷，通过调整组合贪淫、嗔恚、愚痴在个性中的有无多寡，并将三种相与个人在活动中或有意掩饰隐藏或显露于外的表里相配合，以此构建了更为立体全面的个人形象：

何谓口欲心欲者？语言柔软顺从不违，身所不欲不加于人，言念辄善安隐可意。譬如好树，其华色鲜果实亦美，口欲心欲亦复如此。

何谓口欲心怒者？口言柔软而心怀毒，如种苦树，其花色鲜成果甚苦，言柔怀毒亦复如是。

云何知口欲心痴者？言语柔和其心冥冥，不能益人亦不欺损。譬如画瓶，视表甚好里空且冥，口欲心痴亦犹如此。

何谓口欲而心怒痴？所言柔软念善尠少，性不调顺，或复念恶、有时不念，善恶不别，其性难知。譬如甜药杂以咸苦不可分别，其有口欲而心怒痴，亦复如此。

何谓口麁而心淫者？语言刚急中伤于人，众所憎恶不欲见之，无有敬者；譬如父母诃教子孙，虽口刚急而心犹爱；譬如疮医破洗人疮，当时大痛，久久除愈心甚欢喜。其有口刚而心淫者亦复如是。

何谓口刚而心怒者？口言麁獷，所可怀念，无有慈善不欲人利。譬如苦药复和以毒，设饮病人吐之不服，设饮消时则害人命，其口刚急而心怒者亦复如是。

何谓口麁而心痴者？言常刚急恶加于人，举动所作心不自觉，不念人善亦不念恶。譬若有贼拔刀恐人而不能害，如是行者知为口急而心愚痴。

何谓口麁心怀三毒者？口言刚急或善于人，又复加恶，乍念不善亦不能恶。譬如大吏捕

得盗贼，其下小吏恐责其辞，又复有吏诱进问之，其次小吏鞭杖拷之，又复有吏不问善恶亦不拷责，是谓口麁而怀三毒者。

何谓口痴而心欲者？无所别知，人与共语都无所解，不晓善恶义所归趣；心常自念："当何以益加于人也！"至于趣事，如所思念不失本要。譬如冥夜兴云降雨，其口痴心欲亦复如此。

云何为口痴心刚？不能施善亦不加恶，常心念言："以何方便中伤于人？"设得便者辄危害人。譬如以灰覆于炭火，行人蹑上便烧其足，口痴心怒亦复如是。

何谓口痴而心怀冥？不能以善加施于人，亦不加恶，心亦不念他人善恶，无所增损。所以者何？无势力故。譬如火灭以灰覆之，若持枯草及燥牛屎，积着其上手触足蹈，无所能烧而不成熟。所以者何？无所堪任。口痴心冥亦复如是。

何谓口痴心怀三毒？口无所犯不益于人，少所中伤昼夜思念："以何方便中伤于人？"又复心念："云何饶人？"或心念言："不损益人。"譬如故瓶盛净不净，而盖其口不见其里，发口则现，口痴心怀三毒亦复如此。（《修行道地经・分别相品第八》）

口和心，是对人表里行为的指称。通过语言可以得到一个人自愿外显的行为特征，至于被掩饰隐藏的部分，则只能通过对行为的长期观察推理来获得。因其难于在短期内了解，故经中通过描绘的贪、嗔、痴与口说心想的种种匹配及其比喻形象加以说明。可以发现，比喻都涉及他人的损益，说明该经的编集者也意识到行为的表露和掩饰更多的是一种社会策略，故关注其社会影响。

相似的内容也见于《坐禅三昧经》：

学禅之人初至师所，师应问言："汝持戒净不？非重罪恶邪不？"若言："五众戒净，无重罪恶邪。"次教道法。若言："破戒。"应重问言："汝破何戒？"若言："重戒。"师言："如人被截耳鼻不须照镜，汝且还去，精懃诵经，劝化作福，可种后世道法因缘，此生永弃。譬如枯树，虽加溉灌不生华叶及其果实。"若破余戒，是时应教如法忏悔。若已清净，师若得天眼、他心智，即为随病说趣道之法；若未得通，应当观相，或复问之："三毒之中何者偏重？淫欲多耶！瞋恚多耶！愚痴多耶！"（《坐禅三昧经》）

该经指出，在教导禅法、传授佛理之前，不仅需要了解来者的贪、嗔、痴性，事先还要考察其持戒情况。文中的"五众戒"是指沙弥戒、沙弥尼戒、式叉摩那尼戒、比丘戒、比丘尼戒，故此处主要是指对来依止（跟随修行）的出家人进行品行考察。

其中，未犯戒者，才能"随病说趣道之法"（《坐禅三昧经》）；除重戒外的犯戒者，"应教如法忏悔"（《坐禅三昧经》），待罪业清净方能传道。至于犯重戒者，则只能遣还，"劝化作福，可种后世道法因缘，此生永弃，譬如枯树，虽加溉灌不生华叶及其果实"（《坐禅三昧经》），不予传授禅法。因为根据佛教的禅修理论，守持戒律不失是获得禅定的必要条件，戒律已破的人即使学习禅定，也难以有所成就，更不可能解脱。《禅法要解》也有同样的表述：

若犯禁戒不可忏者，若邪见不舍、若断善根，及三覆障，所谓厚利烦恼、五无间罪、三恶道报，如是等罪不应习行。又摩诃衍中，菩萨利根，有实智慧福德因缘，不同其事，若不任习行，当诵经修福起塔供养，说法教化行十善道。（《禅法要解》）

"若犯禁戒不可忏者，若邪见不舍、若断善根，及三覆障，所谓厚利烦恼、五无间罪、三恶道报"（《禅法要解》），若有这六种情况，都不能传授禅法。但是《禅法要解》还为不习禅者提供了较以上六种情况更为体面的解释。"摩诃衍中，菩萨利根，有实智慧福德因缘，不同其事”,大乘(摩诃衍)佛教认为,“不任习行(禅法)”,他们与前六种因自身条件恶劣而不能习禅的情况不同,可能是“菩萨利根”因缘不契的缘故:大乘“菩萨”与禅修根性不合,应当“诵经修福起塔供养,说法教化行十善道”,行持菩萨行。

这种解释,无疑有利于佛教在亲近佛法又具有一定经济实力,却不愿意习禅苦修的仕商阶层中的传播,也为以后再进一步修习禅定留下余地。但同时这种例外似乎背离早期佛教“由戒生定,因定发慧”的禅修理论,是大乘(摩诃衍)佛教对世俗社会妥协的印记。

(二)禅法的择用

佛教认为人有求乐离苦的动机,但由于三类不正确的认知模式,反而导致人类感受痛苦的行为。这三类不正确的认知模式,即人们所熟知的贪、嗔、痴。有些佛教经典认为贪、嗔、痴三者并列,也有些认为是由痴生贪嗔。总之,佛教也将追求离苦求乐的行为视作正当,并提供了一套除苦的方法,即根据每个修行者所具有的贪、嗔、痴的不同表现情况,分别相应制定了具有针对性的禅法。禅法众多,已被接纳进入佛教的修行者,就要根据个人不同的精神状态和心理素质选择合适的禅法以去除相应的“心病”。

若多淫欲人,不净法门治;若多瞋恚人,慈心法门治;若多愚痴人,思惟观因缘法门治;若多思觉人,念息法门治;若多等分人,念佛法门治。诸如是等种种病,种种法门治。(《坐禅三昧经·卷上》)

多淫欲人修不净,多嗔恚人修慈心,多愚痴人思惟观因缘,多思觉人念息,多等分人念佛,是《坐禅三昧经》提出的对应方法。“诸如是等种种病,种种法门治”(《坐禅三昧经·卷上》),佛教修心中的对治法与中医学中的辨病施治思想非常吻合。

《五门禅经要用法》在介绍不同禅法的适用情况时,较《坐禅三昧经》更明确,且《五门禅经要用法》中还简略介绍了五种基础禅法在方法上存在的区别,主要是境界内外的不同:

坐禅之要,法有五门:一安般,二不净,三慈心,四观缘,五念佛。安般、不净二门,观缘,此三门有内外境界;念佛、慈心缘外境界。所以五门者,随众生病:若乱心多者,教以安般;若贪爱多者,教以不净;若瞋恚多者,教以慈心;若着我多者,教以因缘;若心没者,教以念佛。(《五门禅经要用法》)

内外境界,指禅修时的觉知方向。佛教以身心为内,环境为外。安般禅法主要观察出入息,由出入息可以过渡到观察内外的风大(气流、运动等);不净观禅法是以自身内外的生理结构为观察对象,也可推及他人;缘起观禅法则可以观察自他事物,各种现象的缘起关系。所以说安般、不净、缘起三门均有内外境界。而对于慈心禅法和念佛禅法来说,慈心的对象是他者,所念的佛陀亦是他者,以向内观照的方式难以开展,故说此二禅法缘外境界。

多贪以不净治、多嗔以慈心治,是《五门禅经要用法》《坐禅三昧经》两经共同的说法。而对于观缘、安般,两经有些许不同。《坐禅三昧经》以观缘治愚痴,以安般治乱心;《五门禅经要用法》则以观缘治著我,以安般治思觉。就其本质而言,著我与愚痴、思觉与乱心并无太大不同,著我是愚痴的主要表现之一,思觉与乱心意思大致相同。两经的主要差别在于念佛的对治。《五门禅经要用法》以念佛治心没,《坐禅三昧经》以念佛治等分。等分指贪嗔痴性在心中平等,心没指意识陷入昏沉,是两种不同的情况。

《五门禅经要用法》以念佛治心没,重点在于通过持续不断地念诵佛号、观想佛像以锻炼保持醒觉状态的能力,是从功能作用而言;《坐禅三昧经》以念佛治等分人,意在说明念佛法

门的广泛适用性，无论是贪嗔痴何种习性，都能从念佛禅的修习中获得益处。

在《修行道地经》中，对不净观禅法、慈心观禅法、因缘观禅法，以及安般禅法的具体品阶作了简要介绍：

假使行者情欲炽盛，为说人身不净之法。有三品教：一曰身骨如锁，支拄相连；二曰适受法教，便观头骨；三曰已了是观，复察额上，系心着头。（《修行道地经·分别相品第八》）

由上可知，不净观的三品差异是以所观察的范围为区别。整体观察骨节相拄，是最初的方法，因其所需的专注力最低，注意可以游移于整体骨节；系心着头所需的专注力最高，因此时禅修者“已了法教”，需要令注意力集中固定于额上不移的缘故。观头骨则处于中间，是“适受法教”，修行有时，但未精熟的阶段。

经中认为通过观察骨节可以消解情欲，是因为骸骨骨节对于普通人而言，极易引起身心的恐惧不适。从心理学的角度来看，不净观的去欲作用是通过刺激反映生存本能的恐惧反应，抑制奖励生殖的情欲来实现的，在生理上或许表现为杏仁核的激动与伏隔核的抑制。

假使瞋怒而炽多者，为说慈心，慈有四品：一曰父母宗亲，二曰中间之人无大亲疎，三曰凡人众庶，四曰以得是行等施慈心。护于怨家仁心具足，则除九恼及与横瞋。分别此义，虽有亲厚则远离之。（《修行道地经·分别相品第八》）

慈心观有四品差别，以亲疏远近为界。因对亲人易生慈心，故“一曰父母宗亲”；最难的是慈护怨家，“四曰以得是行等施慈心。护于怨家仁心具足”，把对亲友挚爱的慈心同等地移情于怨家最难。

何谓九恼而横瞋者？一曰心自念言：“此人本曾侵枉我。”二曰：“此人后傥侵我。”三曰：“今复欺我。”四曰：“过去之时，枉我亲友。”五曰：“后傥复侵我亲友。”六曰：“于今现复欺我亲友。”七曰：“其人前时敬我怨家。”八曰：“后傥复敬。”九曰：“于今现复敬之。”虽有是心悉当弃舍。何能令人不侵己身？但当自守不侵人耳！是我宿罪不善之报，致此恶果也！吾亲友本亦有罪，故致此患也！及吾怨家素与彼人宿旧亲亲，又有福德令人敬耳！三品九恼不足怀恨。何谓横瞋？未曾相见，见便恚之。即当思维：“此人未曾侵枉我身，今亦无过复且无失，何故怀恶视他人乎！其发恶心横加于人，还自受罪，譬如向风扬尘还自坌身也！”修行道者不能灭恚令不起者，此辈之人不入道品，如坏盛水不能致远也！能制恚者如水浇火，则无所害，是应修行入于道律；以是之故虽遭苦恼，刀锯截身，莫起瞋恚，如烧枯树无有恨心，况复瞋恚向精神者！（《修行道地经·分别相品第八》）

“九恼横瞋”，是指十种因自身亲友受损而引起愤怒恨意的情境。修习慈心，其意义就在于遭遇九恼横嗔时，可以有效控制情绪，抑制愤怒，“能制恚者如水浇火，则无所害，是应修行入于道律”，能够很好地恪守戒律，不做出伤害他人的事情，行为合乎佛法。

当修行慈心观的禅修者尚未能达到慈心自如的程度时，还需要配合一定的思惟进行自我心理调适。

这种心理调适是通过反复思考以下内容来实现的：“何能令人不侵己身？但当自守不侵人耳！是我宿罪不善之报，致此恶果也！吾亲友本亦有罪，故致此患也！及吾怨家素与彼人宿旧亲亲，又有福德令人敬耳！三品九恼不足怀恨。”（《修行道地经·分别相品第八》）

把矛盾产生的原因归咎于自身的一方，将遭受损害视为报应，通过改变自身认知模式来接受不利于自身的处境。这种自我心理调适，在佛教中也被称为“忍辱”或“安忍”。

修行道者设多愚痴，当观十二因缘分别了之；从生因缘而有老死，设不来生则无终始。

(《修行道地经·分别相品第八》)

佛教认为的愚痴并不同于日常生活经验中所谓的智能低下。观察十二因缘以治愚痴,所对治的主要是佛教教义中归于"愚痴"的四种认知,即世间常、世间乐、有我、是净。与这四种愚痴的认知不同,佛教则认为世间无常、是苦、无我、不净。这些性质在因缘聚散中得以体现。

因此观十二因缘,就是利用禅修中专注的心理状态,通过反复强化佛教的因缘观来达到改变认知的目的。

修行道者设多想念,则为解说出入数息,喘息已定,意寂无求。(《修行道地经·分别相品第八》)

安般念禅法的目的很明确,通过将注意力集中于呼吸,令精神高度专注,以达到"意寂无求"的心理状态。

除以上四种禅法之外,《修行道地经》还介绍了调整"骄慢"的方法:

修行道者设多憍慢,为说此义:人有三慢,一曰言我不如某,二曰某与我等,三曰我胜于某。有念是者,为怀自大,当作此计:城外塚间,弃捐骨锁,头身异处,无有血脉,皮肉消烂,当往观此贫富、贵贱、男女、大小、端正、丑陋,枯骨正等,有何殊别?本末终时,肉衣、皮裹、血润、筋束,衣服、香花、璎珞其身,譬如幻化巧风所合,因心意识周旋而行,至于城郭、国邑、聚落,出入进止。作是观已,无有憍慢。本无观者见于塚间及一切人,等而无异。(《修行道地经·分别相品第八》)

佛教的"骄慢"包含三种情况,一是自我贬低,消极处下;二是贬低他人,以下凌上;三是居高临下。这些情况都反映了自我认知的偏差。《修行道地经》对"骄慢"提供的对治方法是认识社会属性、生物属性的虚幻性,"譬如幻化巧风所合,因心意识周旋而行"(《修行道地经·分别相品第八》),是以世事无常来消解"骄慢"。这种对治方法的本质与因缘观相同,因为在佛教看来"骄慢"的根源就在于将名利等执著为实有的缘故。

对于一些"三毒"杂合情况,则可以用"复方"对治:

设多淫怒当行二事:观其不净,又奉慈心。若多淫痴为讲二事:空无及慈。设怒痴盛,为说二事:导以慈心,并了痴本。若有口淫而心欲者,为说无常空寂之义也;心怒口恚唯讲慈仁也;口痴心冥讲十二缘。(《修行道地经·分别相品第八》)

淫怒复合者教不净与慈心;淫痴复合者教"空无及慈";怒痴复合者教慈心,"并了痴本",即教示因缘本空。其中,淫痴复合者所教禅法似有误,"空无及慈"所对应的是痴与怒,而淫与痴复合似应教以"不净与缘空"。

至于三毒齐备者因"尘劳淳厚",积累了大量错误认知,一时难以尽除,故只能以因缘观徐图缓治,以待将来:

其余四种众病备具:一者口淫心怀三毒,二者口怒淫恚痴具,三者口愚内怀三垢,四者有人淳怀三毒。其解法师,当为此辈说法教化,令其寂然观因缘本。所以者何?是辈种类尘劳淳厚,积诸罪殃而自缠裹,虽为现法不见圣谛,唯当教之讽诵劝进,缘是之故专在诵务,尘劳转薄,虽不获道,可得上天。(《修行道地经·分别相品第八》)

(三)禅修者的个人准备

修行生活是枯燥乏味的,日复一日的练习要求禅修者具备适合禅修生活的心理品质、合

适的动机和激励手段、有效的心理调适方法以及正确的生活方式，以保证禅修者能完成阶段性的禅修训练。

1. 心理品质

在长期的禅修训练中，佛教修行者总结出了一些有助于禅修生活持续开展的心理品质，即以下提到的“信者、精进、智慧，无谄有志”等。

其行道者，心设自念：“在于生死不可称计，习淫、怒、痴已来甚久，人命既短又复懈怠，安能一生除尽诸瑕乎？”若有此念，当作是观：譬如故舍初无居者，若干之岁冥不燃灯，执火而入冥即消索也！虽为久习尘垢众毒，以有智慧诸瑕则灭。所以者何？智慧力强愚痴劣故。（《修行道地经·分别相品第八》）

“智慧”是禅修生活的根本，被譬喻为“执火”。这种智慧是佛教认知在修行生活中的总体体现，与下文出现的由理解教义依教修行产生的“智慧”有所区别。

谁能奉斯顺道如是？唯有信者、精进、智慧，无谄有志，尔乃顺行。何谓为信？见知万物皆归无常，所可受身悉为忧苦，三界悉空，一切诸法计皆无我，解如此者是谓为信。（《修行道地经·分别相品第八》）

信，就是认同，此处是指对佛教教理的深刻理解和认同，即能够自觉运用佛教的思惟模式处理修行中出现各种问题的能力。

修行道者，何谓精进？假使行者专精空无，心不舍离，是谓精进。设野火烧稍来近座，并烧衣服上及首目，心当念言：“火烧我头，正使燋燃骨肉皮肌，令我身死终不舍行。所以者何？虽烧吾身为不足言，其内体中淫、怒、痴火，展转生死三恶道中，烧我身来无央数世，未得究竟至于道德；虽烧一身不足为救，但当力济淫、怒、痴火，已得灭度不复退还，已无有身，则无内外诸火之患。此淫、怒、痴不可轻灭，譬如以糠欲消铜铁，终不能也！”执心坚强一切方便，乃可除尽淫、怒、痴病。（《修行道地经·分别相品第八》）

精进，是坚持不懈的顽强的执行能力，能够“执心坚强一切方便”，充分组织利用各种有利因素帮助修行。

修行道者，何谓智慧？晓了寂定时，知当观时，知察慧时，知受法时，了知定意正受之时，亦知迟疾从定起时；分别己心所有善恶，譬如良医知腹中病也！当制其心莫令放恣，譬如健象坠向沟井，将养之者，以御抑之，不令堕落，修行道者制断外着，亦当如是。知心因缘，诸想所奉，譬如明者知食所便，又如宰人知君主意，所嗜可否也！了知方便，一切解脱，进止所趣，犹如金师别金好丑。

设行道者离于明智，不了道趣心怀恐惧，以是为非，以非为是，则不成慧；其行道者设得一禅至第二禅，则自畏惧谓为失禅，不知转寂也！心自念言：“咄哉！迷设。”本有善应，而念反失，心便移走也！在欢喜悦离于定意，则自限心而不得前，怀疑如此便为失禅，谓成不成，谓不成为成。云何了知禅定之意？专心秉志入第一禅心在灭定，适作是行入第二禅。所以迷者，久习俗事，未知正谛及诸漏尽，用不了谛，志在所漏故也！求第二禅不能制心，则不具禅，是故行者当知此非也！设行者明，不作是迷，则不失禅，斯谓智慧。（《修行道地经·分别相品第八》）

如上所说，此处“智慧”特指修行智慧，是善于禅修的表现。有“智慧”者即能正确理解佛教教义，熟悉禅修理论，“了知禅定之意”；又能分辨时机灵活运用各种禅修技巧，“知转寂”“能制心”“不失禅”，即保持禅定状态不退。这是禅修实践的智慧。

修行道者云何不邪？谓不谀谄，其心质直，专精行道，敦信守诚。设使在行而不为行，诸所尘劳不可之事，悉向法师说其瑕疹。譬如病者而有疾苦，悉当为医至诚说之。法师观察行者志意，应所乏短为其说法。（《修行道地经·分别相品第八》）

“不谀谄，心质直”是对禅修者人格的要求。禅修者虽然身处林间树下，仍然需要与其他禅修者保持最低限度的合作，因此在人格的社会功能上，要求纯粹、直接的方式，维持精神生活和物质生活的简朴，不追求丰富的人际关系，提倡高效的沟通能力。

2. 动机与自我激励

投入禅修生活，首先需要有强烈的动机，这一动机就是“离苦求乐”。通过反复有技巧地确认“苦”与“乐”，可以自我激励，维持修行。这些自我激励的技巧，可简单地以心理学理论加以解释。

斯金纳认为，激励涉及到以下两种反射过程：①刺激→反应；②反应→刺激。在佛教中，对禅修的激励主要是通过“反应→刺激”途径完成的。

佛教的业报理论认为，由修行带来的收益和不修行带来的损害主要由果报展现，是“反应→刺激”。在该模式下，激励来自于行为后果的强化，即“善有善报，恶有恶报”。佛教预设了种种善恶果报作为强化物。通过恰当地运用这些或正或负的强化物，可以强化禅修者的反射行为。

《修行道地经·劝悦品》就记述了禅修者通过内心反复确认“我得善利”这一“正强化物”，以达到强化禅修行为的目的：

假使修行发羸弱心，心自念言：“我得善利，脱乎八难，得闲居自在。吾已逮遇一切智师而有归命，其法无欲，众僧具成；吾已梵行种道，而有成者，或向道者。众人堕邪我顺正道，余人行反吾从等行；今吾不久为法王子，天上、人间难戒德香，不匿其功德得不恼热，尔乃安隐服解脱味，日当饱满获救济安，度于恶路无有恐惧，乘于寂观入八道行，到无恐难趣泥洹城。”以是自劝，遵奉精勤。（《修行道地经·劝悦品第二十》）

在该段经文中，禅修者通过“心自念言，我得善利”，“以是自劝，遵奉精勤”。

根据激励机制，运用“负强化物”，同样可以达到刺激禅修行为的目的。佛教最为擅长的就是对因缘果报的阐释和发挥。

其淫相者云何解说？为讲法言：“习欲多者堕于地狱、饿鬼之中，然后得出复作淫鸟、鹦鹉、青雀及鸽、鸳鸯、鹅、鹜、孔雀、野人、猕猴；设还作人，多淫放逸轻举卒暴。仁当察此曼及人身，观知罪垢，恶露不净，莫习淫欲。”

设多瞋者随其行迹，而为说法：“犯众瞋恚堕于地狱、饿鬼之道，从恶处出当作毒兽、鬼魅、罗刹、反足、女鬼、溷鬼之类，又作师子、虎、狼、蛇虺、毒虫、蚊虻、蚑蜂、百足之虫；设从此道还在世间，形貌丑陋人所不媚，常当短命而多疾病，身体不完。以是之故，殃罪分明。常奉慈心，除其瞋恚。”

设多愚痴为说此法：“曚冥兴盛，死堕地狱、饿鬼之路，若在畜生则作痴兽，谓牛、羊、狐、犬、骡、驴、猪豚之属；设还人道，性不决了，少眼根弱，当多疾病六情不完，生于夷狄野人之中，从冥入冥。”以是教之观十二缘，除愚冥本。（《修行道地经·分别相品第八》）

淫怒痴三相，果报皆苦，苦苦相续，苦不堪言。通过绘声绘色的描述地狱、饿鬼、畜生三道苦相及人中病苦贫瘠之貌，激发禅修者对困苦的畏惧，作为负强化物，激励禅修者坚持相应的禅法修习，以“避免”苦报。

另外通过调整自我认知、确立榜样也能获得修行的动力：

修行道者或怀懈怠，谓法微妙难晓难了不可分别。当识苦本，断除诸习，证于尽灭，修念道术。譬如有人而取一发破为百分，还续如故令不差错，是事甚难不乎？答曰："甚难！甚难！"可以幻化诸药神呪续发如故，泥洹之道不以此事而成立也！虽不能致于道证者，当有方便。（《修行道地经·离颠倒品第十》）

当作是观："速疾成就莫如泥洹，不从他求自因心致，从他人得乃为难耳！由己勤获何所难乎？"当作斯计，唯以谛观诱进其心，如诱小儿呼之至前，来取手物而食啖之；小儿来至，一一擘指而无所得。世人如是所见颠倒，无常谓常，苦谓为乐，非身谓有身，空谓为实。舍四颠倒作本无观，尔乃为顺佛之教诫。（《修行道地经·离颠倒品第十》）

吾有头发不能常久，亦非净洁，弗安无我；以是观之一切皆然。劝发其心如明眼人，执炬而行入于空室，观之无人亦无所睹，审谛见者亦复如是。察色之本，见无常、苦、无吾、非身，虚妄见者而反自缚。解空观者有何难乎？现可见闻得道迹者、往还、不还及无所著，得平等觉。此等斯人，吾亦是人；此等成道，我身何故独不获乎？修行道者劝心如是，舍四颠倒专于行地。（《修行道地经·离颠倒品第十》）

佛教认为，禅修者懈怠不进的原因，还是在于被无明习气蒙蔽，不识苦本，未断诸习。故"当识苦本，断除诸习，证于尽灭，修念道术"。为了"诱进其心""唯以谛观"，即反复确认自身的处境（即反复强化佛教无常轮回观的认知），并以前贤事迹劝进激励，"此等斯人，吾亦是人；此等成道，我身何故独不获乎？"以此自勉。

3. 心理调适

在艰苦的禅修生活中，不仅要面对修行生活的艰苦，有时还不得不忍受来自世俗闲人的骚扰甚至攻击。面对这种情况如何安然自处不失禅行，必须依靠一系列自我心理调适、调整认知模式的操作来完成。《修行道地经》专设忍辱品与弃加恶品来具体指导修行者如何处理这些来自外部的干扰：

设使有人挝骂行者，尔时修道当作是观："所可詈詈但有音声，谛惟计之皆为空无，适起即灭。譬如文字其名各异，一一计字无有骂声；譬如一盲目无所见，正使百盲亦无所睹。骂亦如此，一字不成，正百千字亦悉空无。"设使父母、家室、亲里，共称誉我亦复皆空。当作是观："譬如夷狄异音之人，虽来骂我，譬如风响，是声皆空。"（《修行道地经·忍辱品第十三》）

辱骂和殴打是修行者最常遭遇的两种攻击。缘起观的基石是佛教在处理这种境遇时所采取的策略，就是从认知上解构整个攻击行为。对于他人的谩骂，以解构的视角进行观察："一一计字无有骂声""一字不成，正百千字亦悉空无"，调整认知模式后获得"虽来骂我，譬如风响，是声皆空"的认知效果。

需要指出的是，这种方法并不是自塞其耳、自遮其眼的精神逃避法，而是在不受辱骂者负性情绪影响下的解构，主动调控自己的情绪，维持内心的安隐状态，达到对谩骂"刀枪不入"的效果，但如果无法正确区别对待有理的批评指责和无礼的谩骂而苦苦压抑自己的情绪一味逃避，也会妨碍修行。

假使行者坐于寂定，人来挝捶，刀杖瓦石以加其身。当作是观："名色皆空，所捶、可捶悉无所有，本从何生？谁为瞋者？向何人怒？我宿不善得致此患。设无名色无缘遭厄，我若欲瞋报其人者，众怨甚多不可悉报；譬如毒蛇及与百足，蚤虱、蚊虻、蚑蜂之属，是辈娆人无以加报。假使能除外诸忧患，安能辟除其内体中四百四病、八十种虫！以是之故当伏内心，灭诸

垢秽寂定其志，故谓修行。”（《修行道地经·弃加恶品第十四》）

对于遭受殴打的心理调适策略与处理谩骂类似，同样以解构的方法观察事件：“名色皆空，所捶、可捶悉无所有，本从何生？谁为瞋者？向何人怒？我宿不善得致此患。”一方面将不幸归咎于自己的“过去世”的不善，一方面消解人我嗔怒等概念的整体性，将发生的事件消解于“悉无所有”，以此达到内心的平衡。

这种“见苦非苦”的认知调整策略，与佛教无常、苦、空、无我的教义一脉相承。从这个角度来看，修行者所遭受的苦难越多，反而会愈加坚定他的佛教信仰。

4. 生活方式

《佛说内身观章句经·十一因缘章》简要介绍了十一种妨碍修行生活的原因：

佛言：“行者有十一因缘，灭道制令人不堕恶道，当不识者，谓万物。一为大会，谓人众；二者多食，谓诸美，亦谓过饱；三者为多行，谓多业；四为多喧，谓多语；五为多睡眠；六为会聚，谓禅中；七为习行，谓多事；八为爱身；九为轻，谓非法语；十为贪，谓多欲；十一为不好善处居，谓恶人中。行道者当断是十一因缘，得道疾。”（《佛说内身观章句经·十一因缘章》）

“十一因缘章”指出，众人集会、多食过饱、事缘众多、多语喧哗、多睡、贪恋禅境、多做事务、爱惜自身、议论世俗、欲望众多、杂处不善人中，都会对修行造成妨碍。“十一因缘章”所提倡的断除十一种事缘，即等同于要求禅修者节欲内敛、身心寂静，可以“得道疾”。

《修行道地经·伏胜诸根品》解说了得道与收敛六根的关系：

其修行者淫、怒、痴薄，设不习尘无所娆害，未成道德非见圣谛自谓获矣！如是行者自诫心意，放之在于色、声、香、味、细滑之念，着于五阴，所作未办。设心不随五阴盖者，则知得道；若其心乱随诸情欲，即还恐懅当更精进。如牧牛者牧牛于泽，其牛犇突践他禾谷，牧牛者恐怖其主觉之，牵将归家以杖捶治。明日复出还在牧上，阳如不视，知复犯他禾稼不也？时牛心念：“牧者不见。”复食他苗。其主见之便复挝榜，牛后恐畏不敢复犯。行者如是自诫五根不随情欲，则知道成也！若从六衰即还自制，观三涂之苦生死之难，昼夜精勤胜前万倍，所未获者当令成就，已得成就令不放逸。

该品指出，“设心不随五阴盖者，则知得道”，说明自如收敛感官的自制力，是得道的表征，也是能够使修行迈进一步的有利条件。如果六根不能自制，则说明禅法修习尚未达到标准，修行者的淫、怒、痴仍然旺盛，应当更加努力调控。

《修行道地经》在“晓了食品”中，则专门就如何正确认识食物与修行者的关系进行了论述。该品提出各种食物“在于腹中等无有异”，消化过程都是相同的。故不必执著于食物的鲜美，仅将其视为“将养其体令不危害”的资料：

尔时修行当观饭食。设百种味及秽麦饭，在于腹中等无有异，举食着口嚼与唾合，与吐适同；若入生藏，身火煮之，体水烂之，风吹展转；稍稍消化，堕于熟藏，坚为大便，湿为小便，沫为涕唾，藏中要味以润成体；此要众味流布诸脉，然后长养发、毛、爪、齿、骨、髓、血、肉、肪、膏、精气、头脑之属，是外四大养内五根，诸根得力长于心法，起淫、怒、痴。欲知是者，是揣食之本，由是而起。（《修行道地经·晓了食品第十一》）

虽当饭食不求于肥，趣欲支命……修行道者亦计如是，食趣安身令体不重，食适轻便少于睡眠，坐起、经行、喘息安隐，尠大小便，身依于行，淫、怒、痴薄。

其修行者当作是观：“吾不贪身除诸情欲，此身非要骨锁相支，今此身中但盛不净无有坚固。

……其行道者亦复解此，晓知五阴皆为怨贼，趣以衣食将养其体令不危害，夙夜专精如救头然，非以懈废得成道德，至于无为，度于三界始终之患。”（《修行道地经·晓了食品第十一》）

该品还指出了少食的好处：“食趣安身令体不重，食适轻便少于睡眠，坐起、经行、喘息安隐，尠大小便，身依于行，淫、怒、痴薄”（《修行道地经·晓了食品第十一》），以此说明少食对于修行生活的必要性。

二、禅法概述

佛教禅法是指一系列调适身心的操作方法，遵循一定的方法调整禅修者的心理状态、认知模式，以获得特殊的宗教体验。根据操作方法、操作对象、功能侧重、传承流派等的不同，有多种区分方式，按其操作方法的不同可分为止禅与观禅，每一门具体的禅法离不开这两种基本操作，这是最简便的分法。

（一）止禅与观禅——两种基本禅修方法

止禅与观禅是两种不同的禅法。“止禅”称奢摩他（Samatha），是令思维集中专注，在生理上达到大脑各区域活动的同步状态，在这一状态下，大脑不再接受外部刺激，内部产生的异质性活动也被抑制，在主观意识的感受上体验到内心的“寂静”，即获得佛教所提倡的宗教体验[①]。“观禅”称为毗婆舍那（Vipaśyanā），则是指意识按照特定方式观察思惟某一特定的理趣或事物，一般用于对佛教教理的反复熏陶。

弥勒菩萨言：“世尊！云何菩萨依四种法修行奢摩他、毘婆舍那观，善知奢摩他、毘婆舍那？”（《深密解脱经》）

佛言：“弥勒！如我为诸菩萨所说差别法相，所谓修多罗、祇夜、和伽罗、那伽他、忧陀那、尼陀那、阿婆陀那、伊帝忧多伽、阇多伽、毘佛略、阿浮陀檀摩、忧婆提舍。弥勒！一切菩萨于如是等修多罗中，应善谛听、口常善诵、心常善知、智常善观、慧如实觉。弥勒！诸菩萨等于彼修多罗中善思惟已，于空闲处独坐观察，观察彼心，内常随顺。如是观心、如是不断心，彼菩萨得身乐、心乐。弥勒！是名我说菩萨修行奢摩他法。彼菩萨得身心乐已，依身心乐观所说法，如向思惟一切诸法，观察内心三昧境界像，能信诸法，离于思惟。弥勒！诸菩萨等如是观彼三昧镜像可知彼义，觉观思惟，忍悕见意知觉现前。弥勒！是名我说菩萨修行毘婆舍那。弥勒！诸菩萨等应当如是善知毘婆舍那。”（《深密解脱经·圣者弥勒菩萨问品第九》）

上述经文指出，“于彼修多罗中善思惟已，于空闲处独坐观察，观察彼心，内常随顺”是奢摩他，“依身心乐观所说法，如向思惟一切诸法”是毗婆舍那。所谓“修多罗”即经典，故此处“法”是由语言文字所表达的概念，毗婆舍那“思惟一切诸法”，就是对概念意义的推敲观察，奢摩他的特征是“不断心”。需要说明的是，“观察”与“思惟”不同，“观察”以心理活动本身为

---

① 翟向阳. 少林禅修的脑电特异性研究[D]. 北京中医药大学，2011. 该博士学位论文报告：实验组不同操作时段从脑区的有序化转为与全脑的同步化、异步化的交替，展现了“万念归一”的心理过程和“天人合一、主客消融”的境界，为禅修操作过程中的特异性表现；禅修与具象思维的心理操作过程是一致的，其心理学定位为“思维修”的实验学依据就是具象思维形式

对象，“思惟”以心理内容为对象。

与《深密解脱经》同本异译的《解深密经》可资印证。经中该段文字作如下表述：

佛告慈氏菩萨曰：“善男子！如我为诸菩萨所说法假安立，所谓契经、应诵、记别、讽诵、自说、因缘、譬喻、本事、本生、方广、希法、论议。菩萨于此善听、善受、言善通利、意善寻思、见善通达，即于如所善思惟法，独处空闲作意思惟。复即于此能思惟心，内心相续，作意思惟。如是正行多安住故，起身轻安及心轻安，是名奢摩他。如是菩萨，能求奢摩他。彼由获得身心轻安为所依故，即于如所善思惟法，内三摩地所行影像，观察胜解舍离心相。即于如是三摩地影像所知义中，能正思择、最极思择，周遍寻思、周遍伺察，若忍、若乐、若慧、若见、若观，是名毘钵舍那。如是菩萨，能善毘钵舍那。”（《解深密经·分别瑜伽品第六》）

可见止（奢摩他）的形象是“内心相续，作意思惟”，对象是相续的“内心”，毗婆舍那的形象是“所知义中，能正思择、最极思择，周遍寻思、周遍伺察”，对象是“义”。

从实践操作来看，止和观所描述的是禅修活动中的不同侧面，止对应的是“不断心”“内心相续”，即心理过程的专一连续性；观为“觉观思惟”“周遍寻思”，是对心理内容的觉知和操作。一定程度的止禅被认为是开展观禅的基础。僧肇在《注维摩诘经》[①]中引鸠摩罗什语“始观时系心一处名为止，静极则明，明即慧，慧名观也”，总结为“止定观慧”“系心于缘谓之止，分别深达谓之观”。这是因为观禅的操作需要能够“系心于缘”，具有可以维持较长时间的专注能力，否则难以达到观禅的“深达”效果。而观禅本身也可以成为学习止禅的门径，因为“观”的实践同样能训练专注的心理能力。所以这两种禅修方式相辅相成。可以说，一切禅法都可以还原到止禅和观禅，区别仅在于各自所观内容及所要求的止的深度的不同。

1. 止观与三学六度——不同时期佛教的定慧观

早期佛教修行视持戒为基础，认为持戒可以令修习者较容易地保持“无悔”的精神状态，由此可以逐渐进入“喜”“爱”“猗”“乐”，达到“正止”“知如有”“寂然”的状态，从而“离”苦得“解脱”，具有“智慧”，获得佛教修行的最高成就。其中“爱”等所指的是禅修过程中的精神状态，并非世俗之“爱”。

彼为戒法十一本：一为色持戒无悔，二为已不悔令得喜意，三为已有喜令爱生，四为已意得爱为身得猗，五为已身得猗便得乐，六为已意得乐便得正止，七为已意得正止便知如有，八为已知如有便寂然，九为已寂然便得离，十为已得离便得解脱，十一为已得解脱便见慧。有慧便知生死已尽，道行已毕，所作行已竟，不复还受苦。

戒相为何等？至命尽持戒，令从是致无悔。身不增罪相为无悔，从是致喜令得喜处。可意相为喜，令致爱处。喜足相为处，令致有猗处。从行为是为得猗相，令致乐处。已无行为乐相，令从是致定处。意随使不忘为定相，令致如有慧处不惑；如有相随相，是为寂然处。若知非身是为寂然相，令从是致相别离处。不近会为相别离，为从是致解脱。已为非行法不受殃，是为解脱相，令致解脱慧见。（《阴持入经·卷下》）

这一论述中明确指出，“持戒”“无悔”“喜处”“爱处”“有猗处”“乐处”“定处”环环相扣，前者保证后者的产生。若无前者的保证，后者没有相应的心理保障，就无法达到禅修要求的心理状态，“解脱慧见”更是无由产生了。这一段经文的主旨是为了说明持戒的根本重要性，但

① 僧肇.注维摩诘经（大正藏38册）343页中栏27段：“什曰。始观时系心一处名为止。静极则明。明即慧。慧名观也。肇曰。止定观慧。”

也涉及“定”与“慧”的关系。“意随使不忘为定相，令致如有慧处不惑”，从僧肇“止定观慧”的对应来看，“止观”二者的关系是明确的。

后来的大乘佛教对三学进行扩充，以更全面地指导佛教修行者的行为。大乘佛教立足于世俗社会，极重视“方便”和“智慧”，表现为其在三学的基础上，增加了布施、安忍、精进三种“波罗蜜”。

佛告观自在菩萨曰：“善男子！菩萨学事略有六种：所谓布施、持戒、忍辱、精进、静虑、慧到彼岸。”

观自在菩萨复白佛言：“世尊！如是六种所应学事，几是增上戒学所摄？几是增上心学所摄？几是增上慧学所摄？”

佛告观自在菩萨曰：“善男子！当知初三，但是增上戒学所摄；静虑一种，但是增上心学所摄；慧是增上慧学所摄；我说精进遍于一切。”

……

佛告观自在菩萨曰：“善男子！二因缘故：一者，饶益诸有情故；二者，对治诸烦恼故。当知前三饶益有情，后三对治一切烦恼。前三饶益诸有情者，谓诸菩萨由布施故，摄受资具饶益有情；由持戒故，不行损害逼迫恼乱，饶益有情；由忍辱故，于彼损害逼迫恼乱堪能忍受，饶益有情。后三对治诸烦恼者，谓诸菩萨由精进故，虽未永伏一切烦恼，亦未永害一切随眠，而能勇猛修诸善品，彼诸烦恼不能倾动善品加行；由静虑故，永伏烦恼；由般若故，永害随眠。”（《解深密经·地波罗蜜多品第七》）

布施、持戒、忍辱是增上戒学所摄，静虑是增上心学所摄，慧是增上慧学所摄，精进通于“三学”。从早期佛教强调林中守静的自修，到后期大乘佛教对入世利众的要求，这一变化反映出不同时期佛教的主要变化仅限于对行为的提倡导向，而“定慧”关系并没有发生变化，这种改变和保留，揭示了“止定观慧”才是佛教的核心修行。

2. 止观的目的、作用与障碍

习止修观的各个阶段在精神状态上都会有所反映，可资参考。其中符合正确修行经验的情况，即《阴持入经》所述的种种“相应”，而“五下结”“五上结”“五盖”等，则描述应去除的负面因素。

有四相应，何谓四相应？一为已解相应，二为已断舍相应，三为自证相应，四为增满相应。彼道德弟子，从苦为已解相应；从习为已断舍相应；从尽为自证相应；从道为增满相应。彼为止观俱随行，一处一时一意。

……

何以故为识苦苦相应？何以故为断习习相应？何以故为尽自证尽相应？何以故为行道满道相应？为从谁应？为从止观。

何等为应？应云何持？意系观。已意系观，便见五阴苦，彼所意系是为止，已见五阴为苦是为观。

彼所为五阴相近，可发往欲着，愿得相往不舍习所，是已断已尽。止观道亦如是，令是道德四谛，一处一时一意上至竟，为令四谛相应。（《阴持入经·卷下》）

在《阴持入经》中，将“止观”译为“意系观”，阐明了“止”的目的性。与佛教的“道”相应，“一处一时一意上至竟，为令四谛相应”，这是修习止观的根本意义所在。

在修习止观的过程中，禅修者逐渐抛弃了既往的错误认知，这一过程有其共性，表现为

"解下五结""解舍上五结"。

如是道，道德弟子为是法相法，已应是名为见地；已得道脉，至道迹跓，为复止观，令是欲恚使缚为复除。得道弟子为往来受，以是行足，已从往来便坏苦本，是为薄地；便已竟往来福已来得在德止；复增止观，令余爱欲恚所使为毕舍，欲恚未毕舍，使结令毕已毕，为得道弟子，便解下五结已毕。

何等为五？一为见身是非，二为解疑，三为不惑不贸戒，四为不望，五为不恚，是为五结。已毕，便得道弟子，不复还世间，彼度世不复还是世间，是名为却地，是为不还福。已致得止不还福，复增翅止观，令为解舍上五结。

何等为五？一为色欲，二为不色欲，三为痴，四为憍慢，五为不解。已上五行足，为已舍五结，便无所著，已度世无有漏，已竟从正得解脱，是为毕地。无所著尚有妙无为，为舍毕已，世间命根尽，亦世间苦尽，不复生苦。彼以为是阴持入已尽寂然，不有阴持入，不相连不复发，是名为已毕无为。为已说谛相应、亦说份相应、亦说地、亦说福说断，说罪说离、说二无为，为一切如是说。佛已更度世毕，若人欲度世，当行是彼。（《阴持入经·卷下》）

佛教中"下五结"，又称五下分结，指欲界之结惑。此"五惑"起于欲界，束缚生命于欲界，故谓之下分结。下之于上，因欲界位于色界无色界之下。在佛教关于禅定境界的描述中，欲界定浅，所察觉的烦恼粗大；色界、无色界定深，所察觉的烦恼微细。

上述经文所列举的"一为见身是非，二为解疑，三为不惑不贸戒，四为不望，五为不恚"是从下五结的相反面而言，对应的下五结是"恚、望、惑贸、疑、身见"，即通常的"瞋、贪、戒取、疑、身见"。贪结，贪欲之烦恼；嗔结，嗔恚之烦恼；身见结，我见之烦恼；戒取结，取执非理无道邪戒之烦恼；疑结，狐疑谛理之烦恼。

"上五结"对应"下五结"而立，指起于色界、无色界之惑，束缚生命于色界无色界，又称五上分结。"一为色欲，二为不色欲，三为痴，四为憍慢，五为不解"。文中"痴""不解"二结，通常作"无明结""掉结"。色欲结，贪着色界五妙欲之烦恼；不色欲结，贪着无色界禅定境界之烦恼；三为掉结，二界众生心念掉动而退失禅定之烦恼；四为慢结，二界众生恃自凌他憍慢之烦恼；五无明结，二界众生痴暗之烦恼。

止观修习一般由禅定入门。在禅修时，修行者克服五盖（五种生理障碍），获得初禅境界时，产生五种心理征象（寻、伺、喜、乐、心一境性）。

"五盖"（五种障碍）分别是"爱欲、瞋恚、睡眠、不了悔、为疑"，又作"贪欲盖、瞋恚盖、睡眠盖、掉悔盖、疑法"。之所以称其为障碍，是因为它们都会阻碍佛教禅修的开展，如覆盖于地，作物不得生长。应注意到，这是基于佛教的立场而言的。

何等为九次第思惟正定？为四禅，亦无色正四定，亦已尽毕定，为九次第正定。

彼第一禅已舍五种，随正五种。已舍五种为何等？为五盖：一、爱欲，二、瞋恚，三、睡眠，四、不了悔，五、为疑。是为五种。上禅已舍。

彼爱欲盖为何等？爱欲名为所为，五乐爱着，发往可求，随愿发不舍使发起，是名为爱欲盖。

彼瞋恚盖为何等？为若人为发行挖，行恚相恚非法本所使所从起，是名为瞋恚盖。

彼睡瞑盖为何等？睡为身跓、为意跓，为身止、为意止，为身痴、为意痴，为身重、为意重，为身不便、为意不便，为身不使、为意不使，是为睡。瞑为何等？为意相，从令瞑动相动，令不作事，是为瞑。上头为睡，后为瞑，是共名为睡瞑盖。

彼不了悔盖为何等？为身不止。悔为何等？为所念可不可不得悔。是上头为不了，后为悔，是共名为不了悔盖。

彼疑盖为何等？若不信佛、不信法、不信行者聚，不解苦、习、尽、道比，结使亦从发，是名为疑盖。亦有五疑：有县聚疑、有发教疑、有道分别疑、有欲行定疑、有得道福疑。如是是为说定疑，是为五盖。

盖说为何等？盖为却对，为却一切清净法。却云何？爱欲为却清净，瞋恚为却等意，睡为却止，瞑为却精进，五乐为却行亦止，结为却不悔，疑为却慧，不知本从起，为却解明。（《阴持入经·卷下》）

对于“五盖”的分析，亦见于《深密解脱经·圣者弥勒菩萨问品第九》：

弥勒菩萨言：“世尊！如来说五种盖。几是奢摩他障？几是毘婆舍那障？几是向二障？”

佛言：“弥勒！掉、悔是奢摩他障，睡、疑是毘婆舍那障，欲、瞋二种是向二障。”

弥勒菩萨言：“世尊！云何善清净奢摩他道？”

佛言：“弥勒！善伏睡眠，如是名为善能清净奢摩他道。”

弥勒菩萨言：“世尊！云何善清净毘婆舍那道？”

佛言：“弥勒！若能善断掉、悔二盖，如是则名善能清净毘婆舍那道。”

“掉”“悔”会妨碍止的修行，因对将来的设想与过往经历不断浮现，频繁引动思惟情绪，难以集中注意；“睡”“疑”则妨碍观的修行，因困意令人无法持续专心思惟，怀疑则使观流于浅表，或转移观察对象。“欲”“瞋”对止观都有妨碍，因为在这两种心理状态下，既无法细致地思考，也无法集中注意力。

但经中又说，“善伏睡眠，如是名为善能清净奢摩他道”“善断掉、悔二盖，如是则名善能清净毘婆舍那道”，暗示去除了“止”障可以清净“观”道，去除了“观”障则能清净“止”道，止禅与观禅的修习相辅相成。

在修习止观的过程中，掉、悔、昏沉睡眠等五盖干扰，表现为意识活动的“散动”，《解深密经》指出“散动”有五种：

“世尊！若诸菩萨于奢摩他、毘钵舍那现在前时，应知几种心散动法？”

“善男子！应知五种：一者，作意散动；二者，外心散动；三者，内心散动；四者，相散动；五者，麁重散动。善男子！若诸菩萨舍于大乘相应作意，堕在声闻、独觉相应诸作意中，当知是名作意散动。若于其外五种妙欲诸杂乱相，所有寻思随烦恼中，及于其外所缘境中，纵心流散，当知是名外心散动。若由惛沈及以睡眠，或由沉没，或由爱味三摩钵底，或由随一三摩钵底诸随烦恼之所染污，当知是名内心散动。若依外相，于内等持所行诸相，作意思惟，名相散动。若内作意为缘，生起所有诸受，由麁重身计我起慢，当知是名麁重散动。”

五种散动是“作意散动、外心散动、内心散动、相散动、麁重散动”。

作意散动，是修行动机的变化，这是大乘佛教（菩萨乘佛教，相对于声闻乘佛教而言）的宗教态度，以此区别于“小乘”佛教；外心散动，即注意向各种内外境的转移，表现为思绪散逸、注意涣散；内心散动，是注意的内收、对外界的觉知程度下降；相散动，是筹谋计划考虑的思惟活动；粗重散动，指由粗重身见所引申的我慢，即自满的情绪和想法。

在初步接触禅修时，克服以五种“散动”为表现的“五盖”，是该阶段的主要任务。五盖有各自的特点，为应对五盖，佛教提供了具有针对性的思惟方法以摄心转心。

若淫欲盖起，心念五欲即应思惟：“我今在道，自舍五欲，云何复念？如人还食其吐，此是世间罪法，我今学道，除剃须发被着法衣，尽其形寿，五欲情愿永离永断，云何还复生着？甚非所宜。”即令除灭，如贼毒蛇不令入室，以其为祸甚深重故。复次五欲之法，众恶住处。无有反复，初时尚可，久后欺诳受诸苦毒，嫉妬恚怒无恶不作，如囊盛众刀以手抱触左右伤坏。复次设得五欲犹不厌足，若无厌足则无有乐，如渴饮浆，未及除渴不得有乐，犹如搔疥，其患未差不可为乐。复次欲染其心不见好丑，不畏今世后世罪报，以是之故除却淫欲。（《禅法要解·卷上》）

当觉知到内心的欲望生起时，禅修者应当观察欲望的“苦”。一般人认为欲望与快乐相联系，获得所欲的事物能够令人获得快乐。此处通过“转乐为苦”的阐发，可以暂时调整认知、转移认知，观欲苦痛不净以压伏欲望。

调整认知的目的仅在于营造有利于禅修的心理状态，由于调整的效果取决于禅修者对“五欲是苦”这一信条的信服程度，为了提高对禅修者的说服力，并不排除在运用譬喻、推理等方法时“强词夺理”。

当然，对于佛教而言，经过长期整合，用来调整认知的信条已经与佛教教义融会贯通，在宗教中既“真实”，又“有利”。

已却淫欲或生瞋恼，瞋恼心生即应除却。众生可念：处胎已来无时不苦，众苦备具，云何更增其恼？如人临欲刑戮，何有善人重增苦痛？又复行道之人，应舍吾我爱慢等结，虽不障生天而行道之人尚不生念，何况瞋恚拔乐根本。复次如水沸动不见面像，瞋恚心生不识尊卑父母师长，乃至不受佛教。瞋为大病，残害无道犹如罗刹，当以思惟慈心消灭瞋恚。（《禅法要解·卷上》）

当嗔恼发生时，通过理性的思考意识到嗔恚只会“重增苦痛”“拔乐根本”，对自己毫无益处。传统医学也认为，思胜怒，理性思考可以克制怒意。反之，怒也会胜思，情志的生克关系不是单向的，在这种内心的斗争中，致胜的因素依然取决于当事者内心的取向。因此还是要借助“思惟慈心”，积极营造利于理性思考、互相爱护的心态来消解嗔心。

淫欲瞋恚既止，若得禅定则为快乐；若未得禅乐，情散愁愦心转沉重，瞪瞢不了，即知睡眠害心之贼，尚破世利，何况道事？睡眠法者与死无异，气息为别，如水衣覆水不覩面像，睡眠覆心不见好丑，诸法之实亦复如是。实时除却，应作是念：“诸烦恼贼皆欲危害，何可安眠？如对贼阵，锋刃之间不应睡眠。未离老病死患，未脱三恶道苦，于道法中乃至暖法未有所得，不应睡眠。”作是念已，若睡犹不止，即应起行冷水洗面，瞻视四方仰观星宿，念于三事除灭睡眠不令覆心：一者怖畏，当自思惟，死王大力常欲为害，念死甚近如贼疾来无可恃怙，又如拔刀临项，睡则斩首。二者欣慰，当作是念：“佛为大师，所有妙法未曾有也，我以受学。”自幸欣庆，睡心即灭。三者愁忧，当复念言：“后世展转受身经历，苦痛毒害无边无量。”如是种种因缘呵睡眠法，如是思惟睡眠则止。

若掉悔盖起，应作是念：“世人欲除忧、求欢喜故而生掉戏，今我苦行坐禅求道，云何自恣放心掉戏？甚所不应。佛法所重摄心为本，不应轻躁纵心自放。如水波动不见面像，掉戏动心不见好丑。”悔如禅度中说。

问曰：贪欲恚疑各别为盖，何故睡眠、掉悔二合为盖？

答曰：睡虽烦恼，势力微薄，眠不助成则不覆心，掉戏无悔不能成盖，以是故二合为盖。譬如以绳系物，单则无力，合而能系。复次睡眠心法因睡心重，以心重故身亦俱重，因睡微覆眠覆转增遮坏道法，是故二合为盖。眠既觉已心不专一，驰念五欲行诸烦恼，是名为掉。譬

如猕猴得出羁闭，自恣跳踯戏诸林木。掉亦如是，已念五欲行诸结使，身口意失而生忧悔，作是念言："不应作而作，应作而不作。"是故掉悔相因二合为盖。

问曰：作恶能悔，不应为盖？

答曰：如犯戒自悔，从今以往不复更作，如是非盖。若心作罪常念不息，忧恼乱心故名为盖。如是种种因缘，呵掉悔盖。系心缘中。(《禅法要解·卷上》)

在克服了贪欲与嗔恚这两重修行障碍之后，部分禅修者会体验到禅乐，从此顺利深入禅定。还有一部分禅修者虽然无嗔无欲，却尚不能体验到禅乐，此时会因为没有内外刺激，醒觉程度逐渐降低，表现为昏沉的状态。

当遇到这种情况时，需主动思惟以驱散睡意。假如睡意仍然无法驱散，就只能暂时结束禅修，"即应起行冷水洗面，瞻视四方仰观星宿，念于三事除灭睡眠不令覆心"，利用各种方法来使自己清醒，"如是种种因缘呵睡眠法"，待调整好身心状态后，重新开始禅修。

值得注意的是，佛教中"睡"与"眠"是不同的，这一区别在《阿毗昙毗婆沙论》中有所介绍：

云何睡不与眠相应？若身未动时，身重是说五识身睡，心重是说意识身睡，身心瞪瞢等余句亦如是。彼是何耶？一切色无色界睡，欲界不眠时睡，是谓睡不与眠相应。云何眠不与睡相应？不染污心眠梦，身动心不散，心不行五识，在意识中眠。不污染心者，善心不隐没无记心，是名眠不与睡相应。云何睡与眠相应？答曰，染污心眠梦。

由《阿毗昙毗婆沙论》可见，睡是"识"的睡，是精神状态。如"身重是说五识身睡，心重是说意识身睡""身心瞪瞢"，即躯体感觉松弛沉重，意识内敛不清。眠指睡眠的行为，即"身动"，如闭眼等，"眠是眼食"，即由此而言。经中认为，如果"眠不助成"，是不会障碍禅修的。这一观点与现代对睡眠过程的认识相比过于简单。现代研究发现，入睡是一个渐进的过程，在意识从清醒逐渐过渡到睡眠状态中，人仍然可以执行一些简单的任务。这就说明在"睡""眠"中，起主要作用的是"睡"，如上文指出，必须通过种种方法驱除"睡心"，才能不进入睡眠状态。

至于"破除忧、求欢喜"的掉悔心理产生时，主要还是通过主动思惟干预来制止。掉悔之"悔"，是对既往所做之事后悔不已，不断追悔的心理活动，其结果是"忧恼乱心"，因乱心的缘故称其为"盖"。如果一悔而已，能够不纠结往事，则不是"悔盖"。

若心生疑即应令灭。所以者何？疑之为法非如爱慢，今世不生欢心，后世令堕地狱，有疑遮诸善法，如歧路犹豫不知那进，便自止息。行者如是，本所习法疑不复进，即知疑患遮覆正道，当疾除却。复作是念："佛为一切智人，分别诸法，是世间法是出世间法，是善是不善、是利是害，了了分明，今但受行不应生疑，当随教法不应拒违。复次佛法妙者，修定智慧如实如法；我无是智，云何自心筹量诸法？如人手执利器，乃可与贼相御，若无所执而对强敌，反以为害；我今未得修定智慧，云何欲筹量诸法实相？是不应然。复次外道非佛弟子故应生疑，我是弟子云何于佛而复生疑？佛常毁訾疑患，是覆是盖、是遮是碍、自诳之法。如人既知刺客即应除避；疑亦如是，诳惑行者，欲与疑慧而碍实智。譬如病疥，搔之转多，身坏增剧，良医授药，疥痒自止；行者如是，种种诸法而生疑想，随事欲解疑心转多，是以佛教直令断疑，疑生即灭。"如是种种呵疑，当疾除却。(《禅法要解·卷上》)

疑心为盖，这里主要是从"本所习法疑不复进，即知疑患遮覆正道"的角度而言。心有疑惑而保守观察，是人遇到未知事物时的正常反应。对于佛教而言，这种观望的态度反映了对佛教教义的不信服，不利于佛教的传播；另一方面，在禅修实践中出于疑心的观察，也确实妨碍“内心相续”，故称为“盖”。

行者如是思惟除舍五盖集诸善法，深入一心，断欲界烦恼得初禅定，如佛经说，行者离欲恶不善法，有觉有观离生喜乐入初禅。（《禅法要解·卷上》）

弃“五盖”以深入一心，“有觉有观离生喜乐”，可以进入止禅的初禅境界。“觉”与“观”，新译为“寻”与“伺”，指两种不同精度的心理活动，寻是心理层面的粗略观察，伺相对于寻，是细致观察。

（二）《经集部》中的止禅

1．“一心相”——禅定基础

止禅的基础是上文所说的“不断心”“内心相续”，也称为“一心”。以“一心”为目标，收敛杂乱的思绪，可以逐渐进入专注的心理状态。

引导禅修者进入“一心”的方法，主要是“呵弃爱欲”。因佛教认为内心散乱的主要动因就是欲望，所以通过“呵弃”，止欲定心能够应对禅修中常见的内心散乱状态。

尔时，行者虽得一心，定力未成，犹为欲界烦恼所乱，当作方便，进学初禅，呵弃爱欲。云何呵弃？观欲界过，欲为不净，种种不善；当念初禅，安隐快乐。观欲云何知欲无常？功德怨家，如幻如化，空无所得，念之未得，痴心已乱，何况已得，淫欲缠覆？天上乐处，犹不常安，何况人中？人心着欲，无有厌足，如火得薪，如海吞流。如顶生王，虽雨七宝、王四天下、帝释分座，犹不如足。如那睺沙，转金轮王，为欲所逼，堕蟒蛇中。又如仙人，食果衣草，隐居深山，被发求道，犹复不免，欲贼所坏。欲乐甚少，怨毒甚多。着欲之人，恶友相近，善人疎远。欲为毒酒，愚惑醉死；欲为欺诳，走使愚人，疲苦万端，不得自在。唯有离欲，身心安隐，快乐无极。欲无所得，如狗齩枯骨。求欲勤劳，极苦乃得，得之甚难，失之甚易。如假借须臾，势不得久，如梦所见，恍惚即灭。欲之为患，求之既苦，得之亦苦，多得多苦。如火得薪，多益多炽，欲如搏肉，众鸟竞逐。以要言之！如蛾赴火，如鱼吞钩，如鹿逐声，如渴饮醎水。一切众生，为欲致患，无苦不至。是故当知，欲为毒害，当求初禅，灭断欲火。行者一心精懃信乐，令心增进，意不散乱，观欲心厌，除结恼尽，得初禅定；离欲盛火得清凉定，如热得荫，如贫得富。是时便得，初禅喜觉，思惟禅中，种种功德，观分别好丑，便得一心。（《坐禅三昧经·卷下》）

呵欲以弃欲，也是古代养生术的常用手法。思考欲望的种种负面特质，在心理上达到畏惧欲望、警惕欲望、舍弃欲望的效果。此处，《坐禅三昧经》通过罗列欲的“不净”“不善”“无常”“无足”“欺诳”，反复强化对“欲之为患，求之既苦，得之亦苦，多得多苦”的认知，这一认知模式的调整是为“离欲盛火得清凉定”服务的。

“一心相”不仅是心理过程，还是能够在日常生活中保持贯彻的精神状态。《坐禅三昧经》从面色举止、生活品行、处世态度等方面，总结了“一心”的种种相：

面色悦泽，徐行靖正，不失一心，目不着色，神德定力，不贪名利，击破憍慢，其性柔软，不怀毒害，无复悭嫉，直信心净，论议不诤，身无欺诳，易可与语；柔软惭愧，心常在法，懃修精进，持戒完具，诵经正忆，念随法行，意常喜悦，瞋处不瞋；四供养中，不净不受，净施则受，知量止足；寤起轻利，能行二施，忍辱除邪，论议不自满，言语尠少；谦恪恭敬上中下座，善师善知识常亲近随顺；饮食知节，不着欲味，乐独静处，若苦若乐，心忍不动，无怨无竞，不喜斗讼。如是等种种相，得知一心相。

一言以蔽之，精神虚恬，处世谦淡的人，具“一心相”。在“一心相”之后，禅修者会体验到身心愉悦的感受。这种感受不同于世俗欲乐，在快乐程度上较欲乐更强烈，这是“一心相”的特征。

心住相者身软轻乐，瞋恚愁忧诸恼心法皆已止息，心得快乐未曾所得胜于五欲，心净不浊故身有光明，如清净镜光现于外，如明珠在净水中光明显照，行者见是相已心安喜悦。譬如渴人掘地求水已见湿泥得水不久，行者如是，初习行时如掘干土，久而不止得见湿相，自知不久当得禅定。（《禅法要解·卷上》）

“心住相者身软轻乐，瞋恚愁忧诸恼心法皆已止息，心得快乐未曾所得胜于五欲”。在“一心”的状态中，快乐来自于“诸恼心法”的止息。

经文又以掘井为譬喻，“初习行时如掘干土，久而不止得见湿相，自知不久当得禅定”。由此可见，在禅修实践中，“一心相”的出现是进入禅定的前导，也是将得禅定的信号，在《禅法要解》中，对“一心”与“定”的关系有更为详细的论述：

一心信乐精勤摄心转入深定，作是念已毁訾五欲，见求欲者甚为可恶，如人见狗不得好食而噉臭粪，如是种种因缘呵欲为过，心生怜愍受五欲者，自心有乐而不知求，反更外求不净罪乐。行者常应精进，昼夜集诸善法助成禅定，诸障禅法令心远离。集诸善法者，观欲界无常、苦、空、无我，如病、如疮、如痈、如箭入心，三毒炽燃起诸斗诤、嫉妬烟相甚为恶厌。如是观者，是名初习禅法。若习法时，中间或有五盖覆心，即应除灭，如黑云翳日风力破散。

如前所述，摄心是一心的具体操作方法，“信、乐、精勤”是有利于摄心的心理状态，通过摄心可以“转入深定”。

2.“四禅八定”

止禅（奢摩他），可以根据心理活动、定的深度、禅修方法的不同给予不同分类。其中最常见的就是以定的深浅不同所划分的四禅八定。

慈氏菩萨复白佛言：“世尊！是奢摩他凡有几种？”佛告慈氏菩萨曰：“善男子！即由随彼无间心故，当知此中亦有三种。复有八种，谓初静虑乃至非想非非想处，各有一种奢摩他故。复有四种，谓慈、悲、喜、舍四无量中，各有一种奢摩他故。”（《解深密经·分别瑜伽品第六》）

“初静虑乃至非想非非想处”的八种奢摩他，即四禅八定，是四种禅与四种定的合称，八是合数，即四禅与四定之和，并非有八种定。定与散相对，佛教依心识（精神）状态将生命层次划分为欲、色、无色三界，从精神活动的纯粹、连续、细微等特质来看，自欲界向上渐次提高。欲界生命心（精神活动）散乱粗大，色界以上生命心（精神活动）始得定。为区别色界与无色界的禅定境界，约色界为禅，无色界为定。以下依次介绍四禅与四定：

（1）初禅

初禅，又译初静虑，为四禅之初。初禅中的心理活动具有寻、伺、喜、乐、心一境性五个特征。在初禅状态中，禅修者可暂时摆脱欲界种种烦恼感受，由精神内敛而体验到喜乐。心感喜受，身感乐受，故称“离生喜乐”。因初禅专意不起欲界烦恼，故佛教以初禅对治贪恚害寻、苦、忧、犯戒、散乱等五种由欲界散乱心所起的修行障碍。

寻，旧译作“觉”，指粗略的推理思惟活动；伺，旧译作“观”，是细致的推理思惟活动。寻伺只出现在初禅及初禅以下的精神状态中，用现代的眼光来看，似对应于专注的分析思惟活动。

云何寻？答诸心寻求辨了显示推度构画分别性分别类是谓寻，诸心寻求等名虽有异而体无差别，皆为显了寻自性故。云何伺？答诸心伺察随行随转随流随属是谓伺，诸心伺察等名虽有异而体无差别，皆为显了伺自性故。寻伺何差别？答心麁性名寻，心细性名伺。（《阿

毗达摩大毗婆沙论》)

《瑜伽师地论·卷五》载：寻、伺二者，皆以思、慧之部分为其体，以名句等诸义为所缘，以寻求、伺察为其行相，发起语言，具有有相、无相等七种差别。(《佛教大辞典》①)

初禅有寻伺，故又称“有觉有观”。因有寻伺，故有见、闻、触之活动，能发言语；二禅以上无寻伺，不能言语。这是初禅与初禅之上禅的区别之一。

《禅法要解》对初禅的体验有较为详细的描述：

问曰：得初禅相云何？

答曰：如先以正念呵止五欲，未得到地，身心快乐柔和轻软，身有光明。得初禅相转复增胜，色界四大遍满身故柔和轻软，离欲恶不善一心定故能令快乐，色界造色有光明相，是故行者见妙光明照身内外。行者如是心意转异，瞋处不瞋、喜处不喜，世间八法所不能动，信敬惭愧转多增倍，于衣服饮食等心不贪着，但以诸善功德为贵、余者为贱，于天五欲尚不系心，何况世间不净五欲？得初禅人有如是等相。复次得初禅时心大惊喜，譬如贫者卒得宝藏，心大欢喜作是念言：“初夜中夜后夜，精勤苦行习初禅道，今得果报如实不虚，妙乐如是。而诸众生狂惑顽愚，没于五欲不净非乐，甚可怜愍。”初禅快乐内外遍身，如水渍干土内外沾洽，欲界身分受乐不能普遍，欲界淫恚诸火热身，入初禅池凉乐第一除诸热恼，如大热极入清凉池。

既得初禅，念本所习修行道门，或有异缘，所谓念佛三昧，或念不净、慈心观等。所以者何？是行思力令得禅定转复深入，本观倍增清净明了。行者得初禅已进求二禅，若有漏道，于二禅边地厌患觉观，如欲界五欲五盖令心散乱，初禅觉观恼乱定心亦复如是；若无漏道，离初禅欲，即用无漏初禅呵责觉观。

问曰：如初禅结使亦能乱心，何故但说觉观？

答曰：初禅结使名为觉观。所以者何？因善觉观而生爱着，是故结使亦名觉观，始得初禅未有余着。复次本未曾得觉观大喜，以大喜故坏败定心，以破定故先应除舍。复次欲入甚深二禅定故除却觉观，为大利故而舍小利，如舍欲界小乐而得大乐。

问曰：但说觉观应灭，不说初禅烦恼耶？

答曰：觉观即是初禅善觉观也。初禅爱等亦名觉观，以恶觉观障二禅道，是故宜灭。以善觉观能留行者令心乐住，是故皆应当灭。寻复思惟，知恶觉观是为真贼，善觉观者虽似亲善亦复是贼，夺我大利故，当进求灭二觉观，觉观恼乱如人疲极安眠众音恼乱，是故行者灭此觉观已求二禅，譬如风土能浊清水不见面像，欲界五欲浊心如土浊水，觉观乱心如风动水，以觉观灭故内得清净，无觉无观定生喜乐入于二禅。(《禅法要解·卷上》)

以上经文介绍初禅的禅相，及达到初禅后如何禅修以增长定力，深入二禅。

通往初禅的第一步是“未到地”，其身心特征是“先以正念呵止五欲，未得到地，身心快乐柔和轻软”，在保持快乐愉悦的心态、身体放松柔和的同时精神持续专注，可以进入初禅。

“得初禅时心大惊喜”“初禅快乐内外遍身”，是刚得初禅时的心理体验，“欲界身分受乐不能普遍”，而初禅快乐能够遍身，这也是初禅前后的区别。“得初禅相转复增胜，色界四大遍满身故柔和轻软，离欲恶不善一心定故能令快乐”，在初禅中，身心的愉悦舒适相较于“未到地”更为强烈。这种愉悦正是通过精神专注而获得的。现代心理研究②认为，愉悦与感知觉敏感性的

---

① 任继愈. 佛教大辞典[M]. 南京：江苏古籍出版社，2002：571.

② 汪芬，黄宇霞. 正念的心理和脑机制[J]. 心理科学进展，2011，19(11)：1635-1644.

变化、注意、记忆和情绪的改善有关，目前的正念减压疗法也正是利用了这一特点。

在初禅状态下，禅修者会有自发的视觉体验。“行者见妙光明照身内外”，这种视觉体验并不是来源于外界光源的刺激，而是由内部产生的。当前研究认为，在不同禅修方式的引导下，禅修者大脑被激活的区域不同，而有不同体验。因此这种自觉见光的现象，或与视觉相关的脑区的活跃有关。

通过长时间的禅修，可以提高禅修者控制冲突的能力，这与相关脑区的神经资源再分配有关。而冲突控制的具体表现就是“行者如是心意转异，瞋处不瞋、喜处不喜，世间八法所不能动，信敬惭愧转多增倍，于衣服饮食等心不贪着”，这种良好的冲突处理和自我约束能力外显为个人较高的道德水平。

“既得初禅，念本所习修行道门……是行思力令得禅定转复深入，本观倍增清净明了”，初禅可以视为深入禅定的第一个平台阶段。在到达初禅境界之后，首先要做的是令禅境稳固，而不是马上准备深入二禅。稳固初禅境界的方法就是继续练习常用的禅法，与阶段式体育训练类似，是从学习到熟练过程的重复。在生理机制上是大脑中负责相关任务的神经网络的再组织与强化。

禅定的深入需要精神活动的进一步“止息”。“行者得初禅已进求二禅，若有漏道，于二禅边地厌患觉观，如欲界五欲五盖令心散乱，初禅觉观恼乱定心亦复如是；若无漏道，离初禅欲，即用无漏初禅呵责觉观。”在从散乱到初禅的过程中，“寻”与“伺”所扮演的是收敛思惟的工具，通过“寻伺”专注于特定概念或形象的作用，止息各种散杂的五欲心念。但在从初禅到二禅的过程中，“寻”“伺”的思惟活动本身也显得过于粗大，会破坏更细微的“定”，正如五盖之于初禅一样，成为通往二禅的障碍，故应当被“止息”。

恶觉观障二禅是因其粗大，善觉观障二禅则是因禅修者贪恋其乐，两者都阻碍进入二禅。因此只有灭觉观（寻伺），才能获得清净，“定生喜乐”进入二禅。

（2）二禅

二禅，又译第二静虑，为四禅之第二。二禅状态有内心清净、喜、乐、心一境性等四种特征。由于在初禅的修习中已经舍弃寻伺，故二禅中已经没有明显的心理活动，故称“内心清净”，又以“贤圣默然”名之。由于禅定中内心有喜悦之情，躯体上有快乐舒适的感受，故称“定生喜乐”。佛教认为，二禅是通过克服初禅的“贪、寻伺、苦、掉举、定下劣性”等五种障碍达到的。（《佛学大词典》）①

问曰：云何是二禅相？

答曰：经中说言，灭诸觉观，若善若无记，以无觉观动故内心清净，如水澄静无有风波，星月诸山悉皆照见，如是内心清净故，名贤圣默然。三禅、四禅虽皆默然，以二禅初得，为名有觉观语言因缘，因缘初灭故得名默然。定生喜乐妙胜初禅，初禅喜乐从离欲生，此中喜乐从初禅定生。

问曰：二禅亦离初禅结使，何以不言离生？

答曰：虽复离结，但依定力多故，以定为名。复次言离欲者则离欲界，言离初禅未离色界，是故不名离生，如是等是二禅相。行者既得二禅，更求深定，二禅定有烦恼覆心，所谓爱、慢、邪见、疑等坏破定心，是二禅贼遮三禅门，是故当求断灭此患以求三禅。

---

① 任继愈.佛教大辞典[M].南京：江苏古籍出版社，2002：415.

问曰:若尔者,佛何以故说离喜行舍得入三禅?

答曰:得二禅大喜,喜心过差心变着喜生诸结使,以是故喜为烦恼之本。又复诸结使无有利益不应生着,喜是悦乐甚为利益滞着难舍,以是故佛说舍喜得入三禅。

问曰:五欲不净罪,喜则应当舍,是喜净妙众生所乐,云何言舍?

答曰:先已答生着因缘则是罪门。复次若不舍喜,则不能得上妙功德,以是故舍小得大,有何过也?行者进求三禅,观喜知患忧苦因缘所可喜乐,无常事变则生忧苦。复次喜为麁乐,今欲舍麁而求细乐,故言离喜更入深定求异定乐。云何三禅相灭喜?舍此妙喜心不悔念,知喜为害,譬如人知妇是罗刹,则能舍离心不悔念,喜为狂惑麁法非妙,第三禅身受乐,世间最乐无有过者,圣所经由,能受能舍无喜之乐,以念巧慧身,则遍受入于三禅。

问曰:此说一心念慧,初禅二禅何以不说?

答曰:第三禅者,身遍受乐心行舍法,不令心着分别好丑,故言一心念慧。复次三禅中有三过:一者心转细没,二者心大发动,三者心生迷闷。行者常应一心念此三过,若心没时,以精进智慧力还令心起,若大发动则应摄止,若心迷闷应念佛妙法还令心喜,常当守护治此三心,是名一心行乐者入第三禅。(《禅法要解·卷上》)

以上经文介绍了二禅的禅相,及达到二禅后如何修行可以增长定力,深入三禅。

二禅有别于初禅的重要特征在于"以无觉观动故内心清净"。禅修者已经能够主动止息"觉观(寻伺)"的思惟活动,"觉观语言因缘,因缘初灭故得名默然",不仅没有外显的语言等活动,内心同样由"因缘初灭"达到"默然"的状态。在佛教看来这是禅定的良好状态,故在"默然"前冠"贤圣"二字加以标示。

二禅远离"寻伺"并非一蹴而就,有些经典认为需要经过中间阶段。在《解深密经》中就有对此过程的分析:

慈氏菩萨复白佛言:"世尊!是奢摩他、毘钵舍那,云何名有寻有伺三摩地?云何名无寻唯伺三摩地?云何名无寻无伺三摩地?"

佛告慈氏菩萨曰:"善男子!于如所取寻伺法相,若有麁显领受观察,诸奢摩他、毘钵舍那,是名有寻有伺三摩地。若于彼相,虽无麁显领受观察,而有微细彼光明念领受观察,诸奢摩他、毘钵舍那,是名无寻唯伺三摩地。若即于彼一切法相,都无作意领受观察,诸奢摩他、毘钵舍那,是名无寻无伺三摩地。复次,善男子!若有寻求奢摩他、毘钵舍那,是名有寻有伺三摩地。若有伺察奢摩他、毘钵舍那,是名无寻唯伺三摩地。若缘总法奢摩他、毘钵舍那,是名无寻无伺三摩地。"(《解深密经·分别瑜伽品第六》)

"领受观察",即感官接受刺激后进行思惟分析的心理过程。"寻""伺"的差异是在自省返照中表现为所觉察到的或粗显、或微细的心理过程,即"若有麁显领受观察"与"有微细彼光明念领受观察"的区别。从《解深密经》的观点来说,有寻伺、无寻有伺、无寻伺的三个阶段在主观感觉上遵循思惟活动由粗入细、由细入无层层深入的逻辑关系,并据此认为这是由初禅入二禅的必然体验。

但经中对于"无寻无伺三摩地"的认识也存在模糊不清的地方。如认为无寻无伺三摩地既是"于彼一切法相,都无作意领受观察",又称其"缘总法",实际上"缘"即"作意领受观察","总法"属于"一切法相"的一种,如此自相矛盾的描述出现在同经的上下文中,可见《解深密经》的编集者并没有分辨解析经义,仅仅是如是闻如是记而已。以上这些关于思惟活动的观点是否符合思惟活动的客观规律,能否正确反映思惟活动的本质,还有待更多的实践来

验证。

由于佛教关于禅修的认识完全来自于禅修者个人内省的经验，因此所构建的禅修理论也就需要遵循由浅入深、由著入微的顺序。这反映在对止的认识上，就是认为二禅较初禅更为静定，故其“喜乐”感受也更微妙，“定生喜乐妙胜初禅，初禅喜乐从离欲生，此中喜乐从初禅定生”。其原因就是“依定力多故，以定为名”。定力多寡意味着禅定程度的深浅，也与觉知照察心理活动的能力强弱相关。

佛教通常用“浊水沉淀清澈”的比喻描述这一内在联系，越静定则越清、越清则越能见，“如水澄静，波荡则浊，行者如是，内已一心，觉观所恼，如极得息，如睡得安”。（《坐禅三昧经·卷下》）

已经达到二禅的禅修者要进入三禅，首先需要创造各方面的条件令静定的程度更加深入，“能受能舍无喜之乐，以念巧慧身，则遍受入于三禅”。在日常的修行生活中要克服“爱、慢、邪见、疑”等心理，在禅修中则需要舍弃“喜”的情绪。因“得二禅大喜，喜心过差心变着喜生诸结使，以是故喜为烦恼之本”，情绪上的波动也妨碍了通向三禅的道路。而更本质的原因，则是因为“喜为麁乐，今欲舍麁而求细乐，故言离喜更入深定求异定乐”，仍然遵循由粗入细的顺序。在此基础上，“以念巧慧身”，即保持内心的正知正念状态。正知正念状态是主观意识对内外感受不加注意和分辨的开放接受状态，这一方法如今已成为心理治疗领域中正念禅修疗法的核心，在治疗焦虑、忧郁、精神创伤、药瘾等心身疾病中得到广泛运用。

在由二禅进入三禅的修习过程中，禅修者可能会有“三过：一者心转细没，二者心大发动，三者心生迷闷”，这是在长时间保持无注意焦点状态（正知正念状态）下，自然发生的三种心理反应。“心转细没”指逐渐进入睡眠状态；“心大发动”指出现不自主的思惟活动；“心生迷闷”指内心体验到烦闷无聊感。发生以上情况就说明禅修者已经不处于禅定状态，因此可按照昏沉掉举的情况处理。

禅修者经过反复练习，延长处于二禅的时间，通过“舍喜”“一心行乐”，进入三禅。

（3）三禅

三禅，又译第三静虑，为四禅之第三，具有行舍、正念、正知、受乐、心一境性等五个特征。三禅已离二禅之“喜”，内心安住于正念正知的状态。因已远离二禅之“喜”，但仍然存在“乐”受，故称“离喜妙乐”。三禅是通过克服对二禅的“贪、喜、踊跃、定下劣性”等四种障碍达到的。（《佛学大词典》）①

问曰：如经，第三禅中二时说乐，何等为二乐？

答曰：前说受乐，后说快乐。

问曰：有三种乐：受乐、快乐、无恼乐。以何乐故三禅名为第一之乐？

答曰：三乐上妙皆胜下地，但以受乐第一，说名乐地，究竟尽故；余二乐者上地犹有，此中不以为名。

问曰：喜乐无喜乐，有何差别？

答曰：乐受有二种：一者喜根，二者乐根。喜根喜乐，初禅二禅所摄；乐根无喜乐，三禅所摄。复次欲界初禅乐受，麁者名乐根，细者名为喜根；二禅、三禅乐受，麁者为喜根，细者为乐根。譬如热极，得清冷水持洗手面，是名为喜；入大凉池举身沐浴，是名受乐。行者如是，初

---

① 任继愈.佛教大辞典[M].南京：江苏古籍出版社，2002：415.

禅觉观故乐不遍身，二禅大喜惊故不能遍身，三禅无障碍故乐遍其身，是名差别。复次乐受有四种：欲界六识相应乐，名为喜根亦名乐根；初禅四识相应乐，名为乐根亦名喜根；二禅意识相应乐受名为喜根；三禅离喜故，意识相应乐受，名为乐根。

行者既得三禅，知上三乐，一心守护常恐畏忘失，则为是恼；是故乐复为患，当求离乐。譬如人求富贵之乐，求时既苦，得时无厌则复为苦，得已守护亦复为苦。有人以求乐为苦故舍，或有得乐无厌觉苦故舍，或有既得守护为苦故舍。行者患乐亦如是，求初禅乐，以觉观恼乱故舍，二禅大喜动故舍，三禅知乐无常难守故舍，以是故，当舍此乐求于四禅安隐之地。

问曰：行者依禅定乐舍于欲乐，今依何等而舍禅乐？若舍禅乐得何利益？

答曰：行者依于涅槃乐能舍禅乐，得三利故，所谓罗汉、辟支佛、佛道，是故舍禅定乐，行于四禅安隐快乐，以三乘道随意而入涅槃。(《禅法要解·卷上》)

以上经文介绍三禅的禅相，及达到三禅后如何修行可以增长定力，以深入四禅达到涅槃。

在去除初禅之有“觉观”、二禅之“喜”之后，“乐”就成为三禅状态中最显著的心理感受。三禅之“乐”有别于初禅、二禅和四禅的“喜乐”概念，“乐根无喜乐，三禅所摄”，《佛学大辞典》对“乐根”的解释是“乐受之所依为乐根”[①]。显然，“根”在此处的含义等同于现代生理学中的感受器，这说明三禅“乐”是由“乐根”所起，并不是内心喜乐的情绪体验，而是基于“根”的舒适愉悦的感受。

“欲界初禅乐受，麁者名乐根，细者名为喜根；二禅、三禅乐受，麁者为喜根，细者为乐根。”三禅“乐受”特殊而微妙，相对于初禅二禅之“乐受”更“细”，也不同于初禅的“乐根乐受”，它较前二者的关键区别在于“三禅无障碍故乐遍其身”，即能够在主观上有“同时觉知全身乐受”的经验。

佛教禅修理论认为，初禅的乐受之所以不能遍身，是因为有主动的“觉观”，这说明在初禅状态下注意有明确的指向，在“觉观”中调动注意集中于身体的某一部位才能体验到相应部位的感受。二禅中虽然没有“觉观”的障碍，但内心的喜悦是该阶段最明显的体验，占据了大量注意力，因此难以持续广泛地体会到全身的乐受。

在三禅状态下，需要主动注意的“觉观”思惟分析活动和引起被动注意的“喜”都已经被克服，此时的注意或许具有较大的广度和自由，能够对全身的感受做出反应，由此能觉知到“乐遍其身”。

除此之外还有另一种可能，“乐遍其身”的感受不是通过扩大注意广度，而是由于脑的同步活动所引起的错觉。在全脑活动高度同步化的状态下，大脑无法分辨刺激的来源和特征，只能处理最低限度的信息，因此对于任何具体的刺激，只能认知其“乐遍其身”，而无法进一步分析其来源和性质。

禅修者对三禅“乐受”的守护不舍，是通向四禅的障碍。因为在佛教教义中，“三禅乐受”仍然是世间的快乐，具有相对性，属于“无常”，比不上出世间的“涅槃”之终极快乐。唯有四禅才能达到“涅槃”，因此从佛教的宗教目的来看，三禅境界必须超越，三禅中的“乐受”也必须舍弃。

---

① 任继愈. 佛教大辞典[M]. 南京：江苏古籍出版社，2002：415.

(4) 四禅

四禅，又译第四静虑，为四禅之第四。此禅定具有舍、念清净、不苦不乐受、心一境性等四种特征。因四禅舍去三禅的“乐受”，故称“舍”，住于不苦不乐之感受中；“灭忧喜苦乐”，故称“念清净”。四禅是由克服出入息、对第三禅定的贪、乐、乐作意、定下劣性等五种障碍达到的。

问曰：云何知是第四禅相？

答曰：如佛说四禅相，若比丘断乐断苦先灭忧喜，不苦不乐护念清净入第四禅。

问曰：断三禅乐应尔，离欲时已断苦，今何故复言断苦？

答曰：有人言，断有二种：一别相断，二总相断。如须陀洹，以道比智总断一切见谛结使。是事不然。何以故？佛说断苦断乐先灭忧喜，若欲界苦，应说先断苦忧喜，而不说者，以是故知非欲界苦；以三禅乐无常相故则能生苦，是故说断苦。又如佛说，乐受时当观是苦，于三禅乐生时，住时为乐灭时为苦，以是故言断乐断苦。先灭忧喜者，欲界中忧，初二禅喜者。

问曰：欲界中有苦有忧，离欲时灭，何以但说断忧，不说断苦？

答曰：离欲时虽断二事，忧根不复成就，苦根成就，以成就故不得言灭。

问曰：若三禅中乐，生住时乐、灭时为苦，今说初禅二禅中喜，何独不尔？

答曰：佛经所说，离三禅时，断乐断苦无灭忧喜，初禅二禅不作是说。

问曰：佛何因缘不作是说？

答曰：三禅中乐，于三界中受乐最妙，心所著处，以其着故无常生苦，以喜麁故不能遍身，虽复有失不大生忧，以是故佛经不说也。不苦不乐者，第四禅中虽有不苦不乐受，舍者舍三禅乐，行不苦不乐受不忆不悔。念清净者，以灭忧喜苦乐四事故念清净。

问曰：上三禅中不说清净，此中何以独说？

答曰：初禅觉观乱故，念不清净，譬如露地风中然灯，虽有脂炷，以风吹故明不得照；二禅中虽一识摄，以喜大发故定心散乱，是故不名念清净；三禅中着乐心多，乱此禅定故不说念清净；四禅中都无此事故言念清净。复次下地虽有定心，出入息故令心难摄，是中无出入息故心则易摄，易摄故念清净。复次第四禅名为真禅，余三禅者方便阶梯，是第四禅譬如山顶，余三禅定如上山道，是故第四禅，佛说为不动处，无有定所动处故，有名安隐调顺之处，是第四禅相。譬如善御调马随意所至，行者得此第四禅，欲行四无量心随意易得，欲修四念处修之则易，欲得四谛疾得不难，欲入四无色定易可得入，欲得六通求之亦易。何以故？第四禅中不苦不乐，舍念清净调柔随意，如佛说喻，金师调金洋炼如法，随意作器无不成就。（《禅法要解·卷上》）

以上经文介绍四禅的禅相，并回顾比较了初禅至四禅心理状态的差异。在论者与问者的答问之间，阐明四禅之前断“忧喜苦乐”各自在禅修过程中发生的位置。“灭忧喜苦乐”之后，得到四禅的“念清净”。需要说明的是，“忧喜苦乐”在此处是指心理感受和情绪。“念清净”是对四禅状态下主观体验的描述，可以从生理性的“舍”“不苦不乐受”与心理性的“念清净”“心一境性”把它分为两个方面。“不苦不乐受”如其字面所示，指既不会引起痛苦，也不会引发快乐的感受，佛教认为这是对苦乐感受作出“舍”之后唯一剩余的“受”，其心理学本质是那些大脑认为不具有重要意义而被忽略的触觉（以及其他感觉）信息，这是禅修者从生理上消减外部刺激的极限；“心一境性”是“念清净”的结果，是注意控制的极限。

在四禅中，禅修者的呼吸活动也会随着对身心的调整变得缓慢直至暂时停止。呼吸的暂时停止一方面有赖于禅修对身心的调节，通过降低生理活动的程度使机体的耗氧量降低到极限；另一方面也藉此消除呼吸活动本身带来的刺激，有利于深度禅定状态的维持，因此“是中无出入息故心则易摄，易摄故念清净”。应当注意的是，出入息的止息是伴随“定心”的深入自然而然发生的，如果脱离“定心”，不作精神训练而单纯采用呼吸控制的方法主动闭住呼吸，并不是四禅的“无出入息”，也无法获得四禅的效果。换句话说，四禅的“无出入息”是伴随四禅发生的，而非“主动不活动”。

通过以上的身心调节，禅修者才能体验到极致的“清净”。因此四禅又被称为真禅，以示其终极性。“第四禅名为真禅，余三禅者方便阶梯，是第四禅譬如山顶，余三禅定如上山道”。四禅是止禅修习的终点，此时人的精神意识“调柔随意”，达到真正的自由，这也是佛教禅修真正开始发挥作用并取得成就的基础。

佛教禅修理论认为，在四禅中修习任何禅法都能事半功倍，是禅修的最理想状态。“行者得此第四禅，欲行四无量心随意易得，欲修四念处修之则易，欲得四谛疾得不难，欲入四无色定易可得入，欲得六通求之亦易”。（《禅法要解》）究其原因，在于文中所举的慈悲喜舍四无量心、身受心法四念处、苦集道灭四谛、四无色定（空无边处、识无边处、无所有处、非想非非想处）、“六通”等，都是依靠观想能力而成的修法，四禅时“调柔随意”的意识对所观察的内容不作审察、完全接纳，这种心理状态能够快速学习认同佛教在这些观禅修法中设置的观念和知识。

(5)“四禅”与“四定”

总的来说，“四禅”的训练是围绕对注意控制的强化这一主题开展的。

由日常状态过渡到初禅的训练中，禅修者首先要掌握的是对主观注意的控制。在禅修中主动通过“觉观”的方式调动注意，收敛散乱的思绪，以达到“一心相”，正式进入初禅。

初禅至二禅的训练以逐渐降低对主观注意的控制力度为主线，从“有寻有伺”“无寻有伺”到“无寻伺”，是在“一心”的基础上维持注意的稳定状态，进一步收窄主动注意的焦点，“是时次第无觉无观，生清净定，内净喜乐”（《坐禅三昧经·卷下》），逐渐由主动注意过渡到被动注意的状态中。

二禅至四禅的训练旨在通过调节心身，由觉知到“喜”“乐”两种刺激，逐步达到去除“喜”的情绪和“乐”的感受，进入“心一境性”的“清净”状态。

“心静默然，本所不得，今得此喜。是时心观，以喜为患，如上觉观，行无喜法，乃离喜地，得贤圣所说乐，一心谛知念护得入三禅”（《坐禅三昧经·卷下》）。“如上觉观”，暗示二禅状态中并非全无“觉观（寻伺）”，只是觉观的对象由容易觉察操作的抽象概念转向了更细微而难以辨析的情绪。“行无喜法，乃离喜地”，通过“知喜为害”转变认知实现。这种认知的转变需要借助思惟推理，因此只能发生在非禅修时，即依靠平时的积累达到。转变成功之后，禅修者自然“弃喜”，不复“喜”的情绪。

已弃喜故，谛知忆念乐护，圣人言乐护，余人难舍，乐中第一，过此以往，无复乐也。是故一切圣人，于一切净地中，说慈为第一乐。乐则是患。所以者何？第一禅中心不动转，以无事故，有动则有转，有转则有苦，是故三禅以乐为患。复以善妙舍此苦乐，先弃忧喜除苦乐意，护念清净得入第四禅。不苦不乐护清净念一心，是故佛言：“护最清净第一，名第四禅。”以第三禅乐动故，名之为苦，是故四禅除灭苦乐，名不动处。（《坐禅三昧经·卷下》）

平复“喜”的情绪之后，注意转向“乐受”。该过程“以善妙舍此苦乐，先弃忧喜除苦乐意，

护念清净”。“以善妙舍”是以巧妙的方法转移对“乐受”的注意，宗教权威“于一切净地中，说慈为第一乐”，这仍然是改变认知的办法。在“四禅”中，所有的内外刺激都已经消减到极限，此时注意处于“无事”的状态，因此“第一禅中心不动转”。需要说明的是，“四禅”的“清净”不是禅定中的体验，因为在四禅中“心不动转”，无法发生认知活动，所以这个认识是通过禅修结束后的省察获得的。

从以上回顾可以发现，觉观、喜、乐是止禅训练的基本对象，这一顺序既反映了它们在注意知觉上由明显到细微的特征，也提示与之相关的注意操作难度或存在依次递增的关系。通过止禅训练诱导大脑进入同步状态，在此过程中人体的新陈代谢逐步降低，主观上体验到趋向稳定和纯粹的“清净”感，这一事实说明初禅至四禅的止禅训练本质上就是循序渐进的注意力训练。

但“四定”（空无边处定、识无边处定、无所有处定、非想非非想处定）与“四禅”不同。

在佛教禅修理论中，“四定”的修习紧随“四禅”之后，结合“灭受想定”有“九次第定”的说法，暗示四禅八定具有内在的连续性。

在佛教世界观中，将三界众生精神状态层次按照稳定程度划分，从欲界众生的欲界定、色界众生的“四禅”到无色界众生的“四定”，这一由低到高的排列次第反映的是佛教文化对精神修养的价值取向，并不一定是禅修状态的客观描述。

其实，根据《大树紧那罗王所问经》《坐禅三昧经》等涉及“四定”修习方法的文献可以清楚地发现，“四定”的训练不是止禅的训练，而是观禅的训练：

渐观空处，破内外色想，灭有对想，不念种种色想；观无量空处，常观色过；念空处定上妙功德。习念是法，逮得空处。

念无量识处，观空处过，念无量识处功德。习念是法，逮得识处。

念无所有处，观识处过，念无所有处功德。习念是法，便得无所有处。

念非有想非无想处，若一切想其患甚多，若病若疮，若无想，是愚痴处。是故非有想非无想，是第一安隐善处。观无所有处过，念非有想非无想功德，习念是法，便得非有想非无想处。（《坐禅三昧经·卷下》）

观空处（空无边处）、念无量识处（识无边处）、念无所有处、念非有想非无想处（非想非非想处），离不开意识的操作。观空处时“常观色过，念空处定上妙功德”；念无量识处“观空处过，念无量识处功德”；念无所有处时“观识处过，念无所有处功德”；念非有想非无想处时“观无所有处过，念非有想非无想功德”。这些“功德”与“过”都是抽象的概念，结合之前对“四禅”的分析，可知在“四定”中的注意状态与初禅相似，因此从注意的角度来看，似乎并不存在次第递进的关系。

“四定”禅修训练的本质是观禅训练，因为它的主体就是对心理内容（空无边、识无边、无所有、非想非非想）的观想操作：

复何名为四无色定？谓：修彼定，厌下色相，忻上无色，由无色故，唯有虚空，乃观虚空无有边际。作如是想，是故名为空无边处定。

复次离彼所缘空无边处已，复想能缘识亦无边，是故名为识无边处定。

复次离彼能缘识已，当复想于能缘所缘俱无所有，是故名为无所有处定。

复次离彼无所有已，当复想于无彼麁想，不无细想，是故名为非想非非想定。如是名为四无色定。（《佛说决定义经》）

“四定”虽然与“四禅”没有次第关系，但依据观想对象之间的联系，可以在“四定”的内部建立起次第，顺序是所缘的空无边、能缘的识无边、想灭能缘所缘想、想灭粗细想。这一联想的规律是由远及近，由外而内，由内而无，遵循佛教禅修的内省逻辑。

除此之外，“四禅”与“四定”的区别也表现在二者的不同定位上：

菩萨成就四法，不失神通。何等四？入于四禅而不退失。入四空定知于方便。心得自在知一切法。神通游至无量佛刹。是为四。（《大树紧那罗王所问经·卷第一》）

佛说是比丘欲知定根，当知在四禅，从本校计为慧，如有能得持，从是发起令堕四谛。（《阴持入经·卷下》）

“定根”在“四禅”，“四定”为“方便”，符合对止禅与观禅在禅修体系中的功能划分。正如概论中所述，止和观所描述的是禅修活动中的不同侧面，据此可知，四禅与四定本质上分属止禅和观禅两种不同的禅修方法，所以它们之间可能不是传统禅修理论所认为的由浅至深的次第关系。

（6）“四定”

“四定”的修法具有鲜明的观禅特征，它们是在一定的止禅基础上所作的观想训练：

云何是善了止观？谓若菩萨由具如是纯善心故能观诸法，此法如幻此法如梦，此法不善此法是善，此法出离此法非出离。菩萨作是思惟：“彼一切法，心为依止心为先导，应当善摄其心，善调伏心，善觉了心，由此即能善摄诸法。”亦善调伏及善觉了，如是即能正观诸法。此因缘故得心寂止，以心系心，以心止心，以心住心，如是策勤心寂止故，即得心一境性。心一境故，即成三摩地，三摩呬多，由是现前得离生喜乐，由喜乐心故，即能远离罪不善法，乃能成就有寻有伺离生喜乐初禅定法。次复于诸寻伺悉无对碍，于其喜乐不生味着，作无常观已，还从初禅定心渐次而起，远离寻伺有所著心，即能成就无寻无伺定生喜乐二禅定法。次复于乐观苦，作苦观已，即得舍行舍念行成，如圣所观，能正觉了妙乐现前，即能成就离喜妙乐三禅定法。次复于三禅定中，作空观已引四禅心。彼四禅中除去我执，我执离故苦乐悉断，苦乐断故如先所起悦意恼意亦悉舍离，即能成就舍念清净四禅定法。

次复于自身相与虚空相等作一解脱，观如是解脱故，于一切处一切种类，过诸色想及离障碍，由过色想离障碍故，彼种种想悉无作意缘，无边虚空而为行相，即能成就空无边处定法。次复于空无边处，俱时观彼识无边处而为行相，即能成就识无边处定法。次复过彼识无边处，缘无所有处而为行相，即能成就无所有处定法。次复过彼无所有处，缘非想非非想处而为行相，即能成就非想非非想处定法。次于上心无复行相，灭诸想受离诸发悟名灭尽定。如是等法，是为菩萨善了止观。（《佛说除盖障菩萨所问经》）

“以心系心，以心止心，以心住心”是入初禅前主动收摄注意的准备活动。在初禅以上的禅修中，要配合一定的观禅方法进行。如经文中提到，由初禅入二禅前，要“于其喜乐不生味着，作无常观已”；在二禅入三禅前，要“于乐观苦，作苦观已”；在三禅入四禅前，要“作空观已引四禅心”。“已”字的出现，说明在四禅次第的止禅训练之间，观禅与止禅轮番进行，通过“观”相应的内容，调整意识状态，以契合进一步止禅训练的需要。

在“四禅”之后的“四定”修习中，“观”同样是禅修的主要部分，“四禅”的稳定的注意力是观想成功的保障。

佛教禅修者修习空无边处定的动机是迫切希望摆脱带来痛苦的色身，“色是种种众苦

具，如鞭杖割截杀害饥寒老病苦等，皆由色故”（《禅法要解·卷下》），这一观点旨趣与《老子》[①]“吾所以有大患者，为吾有身。及吾无身，吾有何患”类同，说明早期道家思想与佛教思想的产生背景相似，都来源于超越苦难现实的良好愿望。

空无边处定的观法称为“破色虚空观法”（《禅法要解·卷下》），观“自身相与虚空相等作一解脱”，“无边虚空而为行相”（《禅法要解·卷下》），就是结合“四禅”中空虚寂静的体验将自己的身体（色身，即物质身）想象为虚空，在意象中解脱身体的束缚化入虚空，能成功维持这一观想即成就空无边处定，其具体观想方法是：

行者系心身内虚空，所谓口鼻咽喉、眼耳胸腹等，既知色为众恼，空为无患，是故心乐虚空，若心在色摄令在空，心转柔软，令身中虚空渐渐广大，自见色身如藕根孔，习之转利，见身尽空无复有色。外色亦尔。内外虚空同为一空，是时心缘虚空无量无边，便离色想安隐快乐，如鸟在瓶瓶破得出，翱翔虚空无所触碍，是名初无色定。（《禅法要解·卷下》）

观想空无边处的关键在于“若心在色摄令在空”，将注意转移到“空”的意象上，并在渐渐扩大这一意象的过程中想象自身的消解，在空无边处定的禅修中形成稳定的“内外虚空同为一空”的认知。

“内外虚空同为一空”较空无边处定更进一步，由于“知是心所想虚空欺诳虚妄，先无今有已有还无。既知其患，是虚空从识而有，谓识为真”（《禅法要解·卷下》），进而要求去伪存“真”。“虚空从识而有”的依据是认为虚空仅仅是一种概念，必须经由识的分别产生，这是整个佛教禅修理论的背景。

“观于识舍于空缘，习于识观时，渐见识相相续而生，如流水灯焰，未来现在过去识，识相续无边无量”（《禅法要解·卷下》），概括来说，观识法就是“观彼识无边处而为行相”，即是在空无边处定的观想基础上，将识代入空处，以成就识无边处定，其逻辑是“识能远缘故无边，无边法缘故无边。复次先缘虚空无边，若破无边虚空，识应无边，行者心柔软故能令识大乃至无边，是名无边识处”（《禅法要解·卷下》）。因为在佛教教义中，识能攀缘了别（即注意分析）外境，在前定中，外境的空处具有无边性是由识所了别，所以空处无边，识处亦无边。

既得识无边处定，根据佛教的宗教教义，因为“识”与“空”一样是因缘和合，具有无常的性质，仍然在此世，未达彼岸，所以禅修者应当超越此定以追求更“真”、更“本质”的认识。参照既往次第破除五欲、色、虚空的禅修经验，禅修者以相同的逻辑可以推导出“识如幻”的结论，并相信“是皆虚诳，而众生惑着即谓诸法，空无所有是安隐处”，于是“缘无所有处而为行相”，以成就无所有处定。

“无所有处行相”是通过从空无边处和识无边处抽离“空”和“识”获得的，较前两者更为抽象而难以想象。《禅法要解》中鸠摩罗什对无所有处定的辨析也是语焉不详：“问曰：虚空处、无所有处，有何差别？答曰：前者心想虚空为缘，此中心想无所有为缘，是为差别。”接着又指“无见，即是无所有处”。

在佛教中，“无见”是认为一切皆无的见解，但通过观“无见”以达到无所有处定，在实践中恐不能成立。因为从逻辑上来看，“无见”本身也是一种见，而“无见”所指的一切皆无，自

① 《老子》第十三章：“宠辱若惊，贵大患若身。何谓宠辱若惊？宠为下，得之若惊，失之若惊，是谓宠辱若惊。何谓贵大患若身？吾所以有大患者，为吾有身。及吾无身，吾有何患？故贵以身为天下，若可寄天下；爱以身为天下，若可托天下。”

然也包括了对“无见之见”的否定，这导致了“无见”的自相矛盾，以至于在禅修实践中无法完全达到这种见。不过在追求“无见”的过程中，却也可以令禅修者加深对“无见”的认知。

在无所有处定之后，禅修者进一步“缘非想非非想处而为行相”以成就非想非非想处定。这一转进的原因，是禅修者思惟观察后发现“一切想地皆粗可患，如病如痈如疮如箭，无想地则是痴处，今寂灭微妙第一处，所谓非想非无想处。”（《禅法要解·卷下》）

在非想非非想处定中，禅修者处于非有想非无想的状态：

问曰：是中为有想为无想？

答曰：是中有想。

问曰：若有想者，何以但下七地名为想定耶？

答曰：此地中想微细不利，想用不了故不名为想。行者心谓是处非有想非无想，是故佛随其本名，说是名非有想非无想处。（《禅法要解·卷下》）

非无想，指其想虽微细而不无；非有想，指其想虽非无而不用。与这种微妙难明的状态相匹配的见解，就是非有非无见，“非有非无见，非想非非想处”（《禅法要解·卷下》）。正如其名称所示，它是对有见和无见的否定，这种见解所描述的状态，被佛教认为是在各种描述世俗存在的见解中最恰当的。如《入楞伽经》云：“我说离有无法，离生住灭相，非有非无，见诸一切种种色像如幻如梦，是故不得言其有无。”（《入楞伽经·法身品第七》）有无之辩是古印度各思想流派的哲学家对世界本质看法的交锋，但限于认识水平，只能对各种现象作笼统的概括而无法深入理解。非有非无见可以说是试图对有见和无见的超越，以在最大程度上融合有无二见所能阐释的对象，它更可能是思辨的产物。

在非想非非想处定中想“非有非无见”缘“非想非非想处”，即使在“想”的程度上能够较前三定微细，也并不是深度的止息。因此就像无所有处定的修习一样，禅修者修习非想非非想处定的意义还是在于对“非有非无见”的理解。

总之，“四定”的修习是通过观想种种意象和概念的逐步细微化，令禅修者产生禅定境界入深的感受。而由于观禅本身离不开主动的思惟（想）活动，所以在定的程度上可能并不会比“四禅”更深。它们的主要作用是通过在禅修中反复想象四定各自的意象和概念，在禅修者内心中留下深刻的主观体验，促进禅修者对佛教世界观及以此为基础的价值观、人生观的理解。

3. “经集部”中的观禅

观禅，梵语Vipaśyanā（毗婆舍那）。《佛教大辞典》云：“定心将对境看得广、深、远、明之意。相对于离邪念妄想，将心集中于一处称止，而谓以定心观照诸法。”①

如前所述，心集中于一处的是止禅，以定心观照诸法的是观禅。止禅是观禅开展的基础，同时观禅也是止禅实践的方法。“何谓为寂？其心正住，不动不乱而不放逸，是为寂相；寻因其行心观正法，省察所作而见本无，因其形相是谓为观”“见而不察是谓为寂，分别其无是谓为观”（《修行道地经·神足品第二十二》）。根据所观照的诸法的不同，可以将观禅大致区分为观照客观对象、观想主观意象、观察分析概念这三种类型。

观照客观对象，在这类观禅中，观为觉知之意。所观的对象是具有一定的客观性的客体，如呼吸、颜色、形态、运动、感受等，在佛教中主要是作为修习“有相止”的方法。在实践过

① 任继愈. 佛教大辞典[M]. 南京：江苏古籍出版社，2002：415.

程中，以训练注意力的集中和维持为主，不需要对所观对象进行意识加工。

观想主观意象，所观的对象是由主动想象所营造出的形象，如佛教人物形象、宗教场景等，这仍然属于"有相"的范畴，但目标不全在此，多是藉着有宗教意义的意象引起宗教情感和宗教体验。

观察分析概念，是通过对一系列表达相似或相同概念的意象和意境的观想，进而分析其中蕴藏的"理"，以达到对四谛、四法印、十二因缘等宗教概念和教理的认同。这一类观禅需要大量的意识加工，是佛教观禅修慧的主要方法。

以上三类观禅大致是根据所观对象由客观（外部）到主观（内部）、修习目的由修止到修观以及意识参与的多少来划分的。在实际运用中，大多会根据主题综合运用这三类观禅方法。根据其作用，可用观象定心和观事明理来概括。

通过观禅的训练，尤其是观事明理禅修法的实践，佛教认为禅修者可获得"慧"，这是佛教修行"戒、定、慧"三学的第三阶段。丁福保《佛学大词典》[①]云，"慧"是"分别事理决断疑念之作用也。又通达事理之作用也。又智与慧虽为通名，然二者实相对。达于有为之事相为智，达于无为之空理为慧"。

佛教的"慧"有"正慧"和"邪慧"的区别，其标准就在于是否与佛教教义旨趣相投。因此，佛教的"慧"并不是泛指高度的智能，而是指那些符合佛教教义，为佛教所认可，能与佛教哲学体系兼容的知识和认知模式。

"五十五事"是五十五个表现佛教的"苦、空、无常、非身"性质的比喻，以观"五十五事"为例，可以说明观禅与"慧"的关系：

其修行者，何谓为观？若至闲居独处树下，察五阴本见如审谛。苦、空、无常、非身之定，色、痛、想、行、识身则本无，五十五事无可贪者亦无处所。何谓五十五事？是身如聚沫不可手捉，是身如海不厌五欲，是身如江归于渊海趣老病死，是身如粪明智所捐，是身如沙城疾就磨灭，是身如边土多覩怨贼，是身如鬼国无有将护，是身如骨背肉涂血浇，是身如髓筋缠而立，是身如穷士淫怒痴处，是身如旷野愚者为惑，是身如崄道常失善法，是身如冢百八爱所立，是身如裂器常而穿漏，是身如画瓶中满不净，是身如溷九孔常流，是身如水渎悉为瑕秽，是身如幻以惑愚人不识正谛，是身如蒜烧毒身心，是身如朽屋败坏饮食，是身如大舍中多虫种，是身如孔净秽出入，是身如萎华疾至老耄，是身如露不得久立，是身如疮不净流出，是身如盲不见色本，是身如宅四百四病之所居止，是身如注漏诸瑕秽众垢所趣，是身如箧毒蛇所处，是身如空拳以欺小儿，是身如冢人见恐畏，是身如蛇瞋火常燃，是身如癫国十八结所由，是身如故殿死魅所牵，是身如铜钱外现金涂皮革所裹，是身如空聚六情所居，是身如饿鬼常求饮食，是身如野象怀老病死，是身如死狗常覆盖之，是身如敌心常怀怨，是身如芭蕉树而不坚固，是身如破船六十二见为之所惑，是身如淫荡舍不择善恶，是身如朽阁倾坏善想，是身如喉痹秽浊在内，是身无益中外有患，是身如冢而无有主为淫怒痴所害，是身无救常遭危败，是身无护众病所趣，是身无归死命所逼，是身如琴因弦有声，是身如鼓皮木裹覆计之本空，是身如坏无有坚固，是身如灰城风雨所坏归老病死。以是五十五事观身瑕秽，是身欺诈怀无反复，不信亲厚哀之反舍无有亲疎；譬如梦、幻、影、向、野马忽然化现；若如怨家常恭敬之，奉事供给而求可意，沐浴、栉梳、饮食、衣被、安床、卧具随所便宜，牵人向穷、老、病、死患。（《修行

① 丁福保. 佛学大辞典[M]. 上海：上海书店，1991：2532.

道地经·观品第二十四》)

禅修者通过对五十五个比喻中的形象意境进行观禅实践之后,得到对"苦、空、无常、非身"的感性认识。在此基础上,进一步作佛教哲理上的思索,可以得"慧":

人死已后,皆当烂坏,犬兽所食,或有见烧枯骨散地。因无数法,当观斯身,譬如痈疮,若如箭镞在体不拔,犹若死罪都市之处。察体众恼,生在终没;有所贪着,名曰为色;观身为软,所遭安危,名曰痛痒;有所了知,名曰为想;心念为行;分别诸趣,名曰为识。

……无想之阴、痛痒、行、识,所更为软,想、行、识然。

如是无色众想之念,皆依倚色,然后有色法;譬如两束苇相倚立。

其无色法依有色分别,有色则亦无倚无色之着。如先有鼓然后出声,声之与鼓各异不同,鼓不在声声不在鼓;名色如是各异不合,转相依倚乃有所成。其无色阴不得自在,非己力兴……色法如是,非独能立;无色亦然,展转相依。

其名色者转相依倚,譬如鼓音,如弓弦箭,而相恃怙不合不别。万物如是,从因缘成,无有力势不得自在,悉从缘起见事乃兴。修行若斯,而察法本知有起灭,本无所有忽自然现,则复灭没;无生则生,无起则起,皆归无常。

其修行者,常以四事观其无常:一曰所生一切万物皆归无常,二曰其所兴者无有积聚,三曰万物灭尽亦不耗减,四曰人物悉归败坏亦不尽灭。以是之故,不生者生,不尽者尽。见诸万物,当作是察起灭存亡;以斯观者无所不知,悉能睹见靡所不了。

假使修行专自思念:"东西南北所有万物皆归无常,扰动不安,适起便灭莫不趣空;始生已来,无常之事,老、病、死患常逐随身。"作是观者,不着三处,不乐四生,无住五识。其心不入九神所居,设使更生则除三结:一曰贪淫,二曰犯戒,三曰狐疑。则成道迹趣于无为,譬如流江会归于海。

其修行者所观如是,自察其身则是毒蛇……修行如是,已逮道谛,见一切形皆犹毒蛇,以是之故得至于观;欲求观者当作是察。(《修行道地经·观品第二十四》)

对佛教设定的"五蕴""有和无""色与想""无常""无为"等宗教词汇的概念作哲学式的思索,"以是之故得至于观;欲求观者当作是察",以佛教式的思辨完成了观禅(观察分析概念)的实践,这充分体现了佛教式思惟与佛教语言的互相作用,也揭示了观禅对于佛教的重要意义。

语言对思惟具有规定性,佛教也不例外。运用佛教设定的语言进行思辨,最终结论导向佛教哲学的定论也就变得顺理成章了。佛教禅修由止而观的实践,能够从方法、情感、思惟上全面地将禅修者从一个对佛教一无所知的人转化为以佛教哲学为真理的忠实信徒,配合佛教积极的组织运作,为佛教思想的传播提供了充分的保障。

以下分别介绍观象定心禅和观事明理禅。

(1) 观象定心

观象定心,指通过将意念专注于客观或主观的对象上,以达到集中精神、静心入定的效果,是止禅修习的凭借。属于观象定心禅法的观禅,有观呼吸(安般念)、四念处、遍观(四色遍、光明遍、虚空遍)、观佛像、随文入观等。

1) 观呼吸

观呼吸,又称安般念,安般是安那般那(Ānāpāna)的简称。"安那"指出息,般那指入息。安般合称即出入息。观呼吸就是专注觉知出入息的禅法。

在任何禅修之前,修行者首先都要调整心态,观呼吸也是如此。"其修行者亦复如是,患

厌爱欲，发污露观，求致寂然”（《修行道地经·数息品第二十三》）。禅修者通过主动诱发对世俗的厌恶、收摄与俗务相关的心理活动，唤起修行动机，用最佳的精神状态投入禅修。

何以故数息？用意乱故。何以故不得？用不识故。何以故不得禅？用不弃习尽证行道故也。数息为地，相随为犁，止为轭，观为种，还为雨，净为行，如是六事，乃随道也。数息断外，相随断内，止为止罪，行观却意，不受世间为还，念断为净也。意乱当数息，意定当相随，意断当行止，得道意当观，不向五阴当还，无所有当为净也。多事当数息，少事当相随，家中意尽当行止，畏世间当观，不欲世间为还，念断为净也。

何以故数息？不欲随五阴故。何以故相随？欲知五阴故。何以故止？欲观五阴故。何以故观阴？欲知身本故。何以故知身本？欲弃苦故。何以故为还？厌生死故。何以故为净？分别五阴不受故。便随黠慧八种道得，别为得所愿也。行息时为随数，相随时为随念，止时为随定，观时为随净，还时为随意，净时为随道，亦为随行也。

数息为四意止，相随为四意断，止为四神足念，观为五根、五力，还为七觉意，净为八行也。（《佛说大安般守意经·卷上》）

因观呼吸的简便易行，佛教禅修多由此入手，并在观呼吸的基础上最先发展出一套禅修次第，即数息、随息、止、观、还、净，并以此联系佛教修行体系的各个方面。

数息以为随第二禅。何以故？用不待念故，为随第二禅也。数息为不守意，念息乃为守意。息从外入息未尽，息在入意，在尽识，在数也。十息有十意为十绊，相随有二意为二绊，止为一意为一绊。不得息数为恶意不可绊；恶意止，乃得数，是为和调可意绊也。已得息弃息，已得相随弃相随，已得止弃止，已得观弃观，莫复还；莫复还者，莫复数。息亦使意，意亦使息也；有所念为息使意，无所念为意使息也。息有四事：一为风，二为气，三为息，四为喘。有声为风，无声为气，出入为息，气出入不尽为喘也。数息断外，相随断内，数从外入为断外，亦欲离外因缘，数从中出为欲离内因缘。外为身离，内为意离；身离、意离是为相随，出、入息是为二事也。数息为欲断内外因缘。何等为内、外？谓眼、耳、鼻、口、身、意为内，色、声、香、味、细滑、念为外也。行息为使意向空，但欲止余意。何以为向空？息中无所为故也。数息意走不？实时觉者，罪重意轻，罪引意去疾，故不觉也。行道已得息，自厌息意，欲转不复欲数，如是为得息。相随止观亦尔也。知出入息灭，灭为得息相；知生死不复用，为得生死相。已得四禅，但念空为种道栽。

行息已得定，不复觉气出入，便可观。一、当观五十五事；二、当观身中十二因缘也。（《佛说大安般守意经·卷上》）

通过数息把握呼吸出入的状态，可以让注意力渐渐集中，达到止意的效果。如前止禅所述，根据止意程度的深浅不同，大致可对应初禅至四禅。当通过观呼吸法得定后，就可以进入以观察分析概念为主的观禅修习了。

观呼吸有其要点，称为“两恶十六胜”，指两种应避免的情况和十六个应当注意的细节。

道人行安般守意欲止意，当何因缘得止意？听说安般守意，何等为安？何等为般？安名为入息，般名为出息，念息不离，是名为安般。守意者，欲得止意。在行者、新学者，有四种安般守意行，除两恶十六胜，实时自知，乃安般守意行，令得止意。何等为四种？一为数，二为相随，三为止，四为观。何等为两恶？莫过十息，莫减十数。何等为十六胜？实时自知喘息长；即自知喘息短；即自知喘息动身；即自知喘息微；即自知喘息快；即自知喘息不快；即自知喘息止；即自知喘息不止；即自知喘息欢心；即自知喘息不欢心；即自知内心念万物已去不可复得，喘息自知；内无所复思，喘息自知；弃捐所思，喘息自知；不弃捐所思，喘息自知；放弃躯命，喘息自知；不放弃躯命，喘息自知。是为十六实时自知也。（《佛说大安般守意经·卷上》）

观呼吸的数息阶段约定十息为一个计数周期，通过周期式的往复计数以集中注意。两恶，指数息过程中的计数失误，指计数超过十或者未到十的情况。

“十六胜”是观呼吸时由浅入深注意渐次转换对象的过程，气息的长短、粗微、快慢、动止，是气息本身的客观参数；内心的欢与不欢、心念外物不复得与内思无所复、弃不弃捐所思、弃不弃躯命是注意转向内部心理过程所注意到的状态。“十六胜”反映的是早期禅观中的次第。

问：何以故不先内外观身体，反先数息、相随、止、观、还、净？报：用意不净故不见，身意已净，便悉见身内外道。（《佛说大安般守意经·卷上》）

观呼吸“净意”之后，可以转而修习身观、痛痒观、内外法观，此即四念处观。

2）观“四念处”

“四念处”，又称“四念止”“四念住”，包括身念处、痛（受）念处、心念处、法念处。

内外自观身体。何等为身？何等为体？骨肉为身，六情合为体也……

内外痛痒见观者，为见痛痒所从起，便观是，为见观也……

内外法法者，内法谓身，外法谓他人；有持戒法，有不持戒法，是为内外法法也……（《佛说大安般守意经·卷上》）

其次序遵循由外到内，由显而隐的认知规律，在方法上，“四念处”观可以分为两部分，观身、受、心、法是觉知，观身不净、观受是苦、观心无常、观法无我是分析。因此它是起于观照觉知，通于观察分析的综合性观法。

与观呼吸类似，“四念处”所观的对象也具有一定的客观性，而从具体的禅修方法来看，观呼吸是“四念处”观的一个特化版本，观呼吸中由浅入深渐次注意的对象，在“四念处”中都能找到对应的要素。观呼吸中对呼吸出入运动、出入息时鼻端的感受、观呼吸入深时的心念，以及呼吸得息后分析生死而念空的阶段，都可以与“四念处”修习观照阶段中，禅修者在静心净意状态下觉知到的身、痛（受）、心、法四个范畴的现象一一对应。只是在四念处的修习中，觉知的对象更广泛，如在身念处中，就以全身为觉知观照的对象，注意遍历全身，不局限于某一处：

身实无常、苦、不净、无我，以身颠倒故常、乐、我、净。以是故事事爱着其身，是则底下众生。行者欲破颠倒故，当习四念止观：观身种种，多诸苦患。从因缘生故无常，种种恼故苦，身有三十六物故不净，以不得自在故无我。习如是观，观内身、观外身、观内外身，习如是观，是谓身念止。（《坐禅三昧经·卷下》）

为取二百日骨，骨百二十段为筋缠；为九孔常漏；为六十三种；为百病极；为肉血和；为生革肌；为中寒热风；为屎溺为千虫，皆从身起，中亦有千孔。亦有剧，为亲已坏他，为从是不淨出；从鼻中涕出；从口唾出；从腋下汗流出；从下孔处屎溺出，如是皆从身出剧。塚间死人，诚可恶剧。舍后可恶处，身所有不淨如是，为不淨种，为从是本来如金涂余物，为衣故香粉脂泽赤絜绀黛；为痴人见是为是意乱。如画瓶赤如坑覆草，人所抱爱后会悔。（《身观经》）

身念处的观照为分析提供了基础，其意义在于传播“身实无常、苦、不净、无我”的认知，其余的受、心、法念处的修习也都以此为目的。实际上，就觉知的层面来说，生命现象与佛教

认知之间并无必然联系，人体内的各种组织以及分泌或代谢产物也并非天然带有不净的标签，对“我”也允许有多种角度的认知。但由于指导观禅的理论以佛教哲学为基础，就能潜移默化地在观禅中不知不觉地接纳了佛教的哲学观点。

当身念处观的修习告一段落，禅修者沿着“身边乐痛”（以身体感受快乐）的线索，通过思惟身受关系，将受念处衔接在身念处之后，转移注意的焦点，进一步观受：

身实相如是！何故于此，而起颠倒爱着此身？谛思惟念，身边乐痛，以爱乐痛故着此身，当观乐痛实不可得。云何不得因衣食故致乐？乐过则苦生，非实乐故。如患疮苦，以药涂治，痛止为乐。以大苦故，谓小苦为乐，非实乐也。复次以故苦为苦，新苦为乐。如担重易肩，而以新重为乐，非实常乐也。如火性热，无暂冷时。若是实乐，不应有不乐。

或曰：“外事是乐，因缘不必是乐，或时乐因、或时苦因。若使心法与爱相应，尔时是乐；与恚相应，尔时是苦；与痴相应，不苦不乐。以此推之，可知有乐无乐。”

答曰：“无也。淫欲不应是乐。何以故？若淫欲在内，不应外求女色，外求女色当知淫苦。若淫是乐，不应时时弃，若弃不应是乐。于大苦中，以小苦为乐也。如人应死，全命受鞭，以是为乐。欲心炽盛，以欲为乐，老时厌欲，知欲非乐。若实乐相，不应生厌。如是种种，因缘欲乐相，实不可得，乐失则苦。佛言：‘乐痛应观苦，苦痛应观乐，如箭在体，不苦不乐应观生灭无常。’是谓痛念止。”（《身观经》）

观受是观身的延续，与客观的人身相比，它虽更具有主观性，但还不能否认其物质基础。因为感受的稍纵即逝，令其难度上比身念处更高。受的觉观是从“见痛痒所从起”开始的。应说明的是，佛教的“受”与心理学中的感受有所区别，它指的是初级感受所引起的情绪体验。初级感受在佛教中被称为“入”。观“入”，即注意守摄眼耳鼻舌身意六种感官，持续觉知而不涣散。“六入”分内外，“外六入”是上述六种感觉器官所对应的刺激，“内六入”即此六种感觉器官。“外六入如贼，内六入如空聚”，即拒绝外来刺激，对已觉知的刺激不执著留恋。通过这种观法，可以“系缚六根”，“远离境界”。

自于内身系心于入相，当善守护入相所起处。观察时，白净相起，比丘见此相，当善守护，如佛所说……境界内入空聚，外色、声、香、味、触及三世三种法，善、不善、无记，一切悉现，观其真实。

复次，外六入如贼，内六入如空聚，亦说内外入为此彼岸。此十二入诸胜妙相，增广无量，佛说修多罗中广说。

复次，修行者，于此境界熟相起，起已复坏，间间有断离相，断离相流注极远，停住一处……然后修行复加专精，更现清净微妙禅相，现已如前，次第寂灭。

复次，修行于诸入中更有种种妙相，于系心处决定相起，名髻中明珠喻三昧……以三昧正念，系缚六根，不令自在驰散所缘，然后以清净智观法真实。痴冥凡夫六境中，贪着悕望无量恶法，如是正观，悉能除灭一切众生乐着境界，自起障碍，不至涅槃。是故修行欲坏生死、趣涅槃者，当降伏诸根，远离境界。（《达摩多罗禅经·修行观入第十六》）

受念处的修习不仅在于觉观并控制各种感受的起伏，更要分析其原因和本质。在佛教中，对受的分析建立在“苦”的基调上，“以大苦故，谓小苦为乐，非实乐也”，当一切受的本质被确定为苦之后，那么对它的一切分析，终究只是对其“苦”性的论证。承认了受的“苦”性，就要想方设法摆脱其苦。与身念处向受念处的过渡类似，循着“心受苦乐、受不苦不乐”的线索，将注意转移至心念处：

当知心受苦乐、受不苦不乐。云何心？是心无常，从因缘生故。生灭不住，相似生故，但颠倒故，谓是为一。本无今有，已有还无，是故无常。观知心空。云何为空？从因缘生，有眼有色，可见忆念，欲见如是等，和合眼识生。如日爱珠，有日有珠，有干草牛屎，众缘和合，于是火生。一一推求，火不可得，缘合有火。眼识亦尔，不住眼中，亦非色中住，不两中间住，无有住处，亦复不无。是故佛言："如幻如化"。现在心观过去心，或苦、或乐、或不苦不乐，心各各异各各灭，有欲心、无欲心亦如是，各各异各各灭，观内心、观外心、观内外心亦如是。是名心念止。(《坐禅三昧经·卷下》)

心理活动较感受更迅速，其过程更内隐，因此佛教判断心"本无今有，已有还无，是故无常。观知心空"。从这一观点来看，佛教哲学家除了内观以外，似乎并没有掌握其他分析人类认知活动的理论和手段，只能将其描述为"如幻如化"。这暴露出内观法在心理研究中的不足，从对眼识的分析中可见一斑："眼识亦尔，不住眼中，亦非色中住，不两中间住，无有住处，亦复不无。"可见在了解心理活动的过程及其构成的研究中，内观的结果从某种程度上来看是笼统而受限的。

在观心的基础上，遵循佛教哲学的指导，禅修者转向对"法"的哲学思辨，此阶段的观禅实践就是沉思。

复次观心为属谁？观想、思惟、念欲等诸心相应法不相应法，谛观其主，主不可得。何以故？从因缘生故无常，无常故苦，苦故不自在，不自在故无主，无主故空。前别观身、痛、心法不可得，今更总观四念止中主不可得，离此处求亦不可得。若常不可得，无常亦不可得；若常应当常苦常乐，亦不应忘；若常有神者，无杀恼罪，亦无涅槃；若身是神，无常身灭，神亦应灭，亦无后世，亦无罪福。如是遍观无主，诸法皆空不自在，因缘合故生，因缘坏故灭，如是缘合法，是名法念止。

若行者得法念止，厌世间空老病死法，都无少许常乐我净，我于此空法复何所求？应当入涅槃最善法中住。建精进力，得深舍摩陀故。是时得深舍摩陀，住第四法念止中，观诸法相，皆苦无乐，无乐是实，余者妄语。苦因爱等诸烦恼及业，是非天、非时、非尘等种种妄语中生，是烦恼及业出生，此苦是苦。(《坐禅三昧经·卷下》)

运用佛教哲学观综合观察分析身、受、心、法四个范畴，"如是遍观无主，诸法皆空不自在，因缘合故生，因缘坏故灭"，能快速认同佛教的缘起性空教义。当时的时代背景下，与婆罗门教等其他宗教信仰的哲学观相比，能够承认人人平等，导向涅槃极乐，使佛教哲学在生活疾苦的底层人民中获得广泛好感，其系统化的哲学观点和与婆罗门教对抗的姿态也能在上层知识分子和世俗权贵中获得支持，为佛教的建立奠定了坚实的社会基础。

3) 遍观

在"有相止"的修习中，还可以借助外物的某种特征，进行注意集中的训练，所谓"缘于相想"。在《正法念处经》中，对这类观相修止的方法有所记载：

彼比丘更广观想，彼想攀缘十一种色，所谓长、短、方、圆、三角、团及青、黄、赤、白、紫……

彼比丘慧聚观察：彼见有对，缘彼长色业果因缘，缘于四谛；观察众生种种诸行，百千由旬，如是道行，分分思量，观察因缘，厌离生死。

又修行者内心思惟——随顺正法观察法行——云何彼比丘，分分思量观彼短相？彼见闻知或天眼见：彼比丘欲动魔军，云何分分思量观察短生死相？受戒头陀，精勤布施、持戒智

行、恭敬尊长、直心欢喜；如是正见敬重父母、见佛闻法、恭敬供养、不谄曲行、不慢不诳、近善知识、守信正行、直心起业、严身口意。如是之人，生死则短……

比丘如是缘于相想。彼比丘如是思维生死短相。何者四楞？彼正观察：郁单越人，于一切物无我所心，决定上行；彼人如是四楞生死。比丘如是缘于相想。

何者是圆？地狱、畜生、饿鬼等中无智轮转，非自心行，是圆生死。比丘如是缘于相想。

何者三角？若人行善、不善、无记种种杂业，地狱、天、人诸处杂生。彼不善业，生地狱中；善业，天中；杂业，人中。若行三业，于三处生，如是名为三角生死。比丘如是缘于相想。

何者是团？四大天王、三十三天、夜摩、化乐、他化自在，业相似生，于天中退，复生天中；于人中退，复生人中；非难处地，是团生死。比丘如是缘于相想。

何者是青？不善业摄地狱之人，入闇地狱，是青生死。比丘如是缘于相想。

何者是黄？黄色业摄生饿鬼中，互相加恶，迭共破坏，如是饿鬼是黄生死。比丘如是缘于相想。

何者是赤？赤业所摄生畜生中，迭相食血，于血生爱，是赤生死。比丘如是缘于相想。

何者是白？白色业摄生于天中，彼人白业，善道宝价，买天人生；天欲退时，余天语言："汝善道去人世界中。"人中欲死，亲友知识、妻子啼哭，泪出覆面而作是言："甚可爱愍，今舍我去，当好处生，生于人中。"如是天人是白生死。比丘如是缘于相想。（《正法念处经·生死品之二》）

"彼想攀缘十一种色，所谓长、短、方、圆、三角、团及青、黄、赤、白、紫等"，色，指物的形貌。通过一心专注于单一的形状或颜色，达到心身的寂静。但本文所举十一种相的内涵已经过发挥，由具体的相拓展为抽象概念而被赋予更多的宗教意义，与初期禅法有较大不同。如其中形的长短变为生死的长短；方、圆、三角、团的形状被用来形容业道轮转；五色配以五道善恶业。从所扩充的内容来看，这种内涵上的增加是为了顺应解说佛教轮回观的需要而产生的。在南传佛教中还保留着这类有相止观禅法的原始面貌：

青遍：即如斯说："把握青遍者，如花或布，把取如涂料、染料有色物之青相。"故，前既积经验之具福者，以见青色之花丛，供养处之花席，或青布、宝石之任何一种，令生起于相，其他之无经验者，摘采青莲或义利康尼加树等之花，不见其花蕊或茎，唯以花瓣撒满函，篮箱盖口。或以青色布束结充填于函或盖，应结函或盖之如太鼓之面。或以青铜、青叶、青涂料之任何其颜色物，如说于地遍，作随手持行之遍曼陀罗，或挂于壁上之遍曼陀罗，应区划异杂之色。其方法如于地遍之所说，当生起作意"青、青"。于此在取相亦认识遍之过失，即显现花蕊、花茎、花瓣之间隙等。"似相"脱离遍曼陀罗，显现如空中宝珠之扇。于当知如既说。

黄遍：于黄遍亦同样。即如斯说："把握黄遍者，把取花、布、颜色物之黄相。"故于此，既积经验之具福者，以见黄色之花丛或花席、黄布或颜色之任何物而生起于相……其他无积经验者，以加尼加罗等，或黄色之布，或颜色之物，于如说青遍之方法而作遍。当生起作意"黄、黄"。其余同样。

赤遍：于赤遍亦同样。即如是说："把握赤遍者，即把取花或布、颜色物之赤相。"故于此既积经验之具福者，见赤色之般陀质瓦加等之花丛或花席、赤布、宝石、任何颜色等物而令生起相。其他无经验者，以奢耶须摩那、般陀质瓦加、罗多库兰达加等花、赤布或赤色物、如于青遍所说以作遍。应起作意"赤、赤"。余同样。

白遍：于白遍亦说："把握白遍者，把取花、布或颜色物之白相。"故，先积经验之具福者，见白色之花丛、伟尸迦、须摩耶等花席、具无达、般多摩等之白莲花聚，或白布及任何白色物，令生于相。于锡之曼陀罗(圆轮)、银之曼陀罗、月之曼陀罗亦生起于相。其他无经验者，以如上述诸白色、白布或白色务，说于青遍之同方法作遍。生起作意“白、白”。其于同样。

光明遍：其次于光明遍，说：“把握光明遍者，把取壁孔、键孔、窗之隙间光明相。”故，先既积经验之具福者，由壁孔等之任何日光、月光入壁，令生地上曼陀罗(圆轮)，或见叶茂树枝之间，或由茂枝所造假屋之间漏于地上令曼陀罗之光明而令生起于相。其他无经验者，亦如上述同以光明之曼陀罗，当作意念“光、光”或者“光明、光明”。若不能如是者，点灯于瓮中，以闭瓮中，于瓮开孔以面壁而置之。由其孔灯光出而于壁作曼陀罗，应修习“光明、光明”。此灯光比前述之诸其他者更久续。此“取相”于壁或现起于地上如曼陀罗。“似相”厚如清洁光明之集积。其余同样。

限定虚空遍：限定虚空遍亦说：“把握虚空遍者，把取壁孔、键孔、由窗隙间之虚空相。”故，先积经验之具福者，见壁孔等之何者以生起于相。其他(未经验)者，于善盖蔽之假屋壁以皮革、筵等之何者，作直径一张手四指大之孔，念“虚空、虚空”而修习。于“取相”，如同壁之周边等之孔，令其增大亦不能增大。“似相”显现虚空曼陀罗，若令增大者亦增大。当知余之方法同于地遍之所说。(《清净道论》)

在以上的四色遍、光明遍、限定虚空遍观法中，很明显可以看到从具体事物的形象中择取特征的操作，在文中还有关于如何制作相应辅助品的方法。当禅修者能够自如地将客观的形象在通过“取相”的方式重现其“似相”于内心时，这种对客观事物的观照就转化为对主观意象的观想了。

4）观佛像

佛教禅修入门时普遍采用观想佛像为初步训练。具体方法是，“当观好像便如真佛。先从肉髻、眉间白毫下至于足，从足复至肉髻，如是相相谛取，还于静处闭目思惟，系心在像不令他念。若念余缘，摄之令还”(《思惟略要法》)。这种取相观想的方法，与前文四色遍等观法相通。

佛为法王，能令人得种种善法，是故习禅之人先当念佛。念佛者，令无量劫重罪微薄得至禅定。至心念佛。佛亦念之，如人为王所念，怨家债主不敢侵近。念佛之人。诸余恶法不来扰乱，若念佛者佛常在也。云何忆念？人之自信无过于眼，当观好像便如真佛。先从肉髻、眉间白毫下至于足，从足复至肉髻，如是相相谛取，还于静处闭目思惟，系心在像不令他念。若念余缘，摄之令还，心目观察如意得见，是为得观像定。当作是念：“我亦不往，像亦不来，而得见者，由心定想住也。”然后进观生身便得见之，如对面无异也。人心驰散多缘恶法，当如乳母伺视其子，莫令坠于坑井险道。念则如子，行者如母，若心不住，当自责心：“念老病死甚为切近。若生天者，着于妙欲，无有治心善法；若堕三恶道，苦恼怖懅善心不生。今受妙法，云何可不至心专念耶?”又作念言：“生在末法，末法垂已欲灭，犹如赦鼓开门放囚，鼓音渐已欲止，门扉已闭一扇，岂可自宽不求出狱。过去无始世界已来，所更生死苦恼万端，今所受法未得成就，无常死贼须臾叵保，当复更受无央数劫生死之苦。”如是种种鞭心，令心得住。心住相者，坐卧行步常得见佛，然后更进生身、法身。得初观已，展转则易。(《思惟略要法》)

通过长期的观像练习，达到“心目观察如意得见”的程度，称为“观像定”。熟练掌握观想技巧后，在生活中可以时刻练习，由此初禅易得，其原因正在于此观法同时具有“有相止”的修习特征，与止禅一脉相通。

当观佛像熟练后，禅修者进一步练习生身观、法身观：

生身观者，既已观像，心想成就，捡意入定，即便得见，当因于像以念生身。观佛坐于菩提树下，光明显照相好奇特；或如鹿野苑中坐，为五比丘说四谛法时；或如耆阇崛山放大光明，为诸大众说波若时。如是随用一处，系念在缘不令外散，心想得住即便见佛，举身快乐乐彻骨髓。譬如热得凉池、寒得温室，世间之乐无以为喻也。（《思惟略要法》）

生身观法接续观像，将熟练观想的静态佛像进一步观为动态的生身，在想象中演绎佛陀成道的事迹。这一阶段，随着禅修者禅定功夫日深，“心想得住即便见佛”，日夜相对的“佛像”逐渐变得真实，达到想象之佛如见真佛的程度。禅修者在观想中会有“举身快乐乐彻骨髓”的征象，“世间之乐无以为喻”，以此更坚定了禅修的意愿。

法身观者，已于空中见佛生身，当因生身观内法身，十力、四无所畏、大慈大悲无量善业。如人先念金瓶，后观瓶内摩尼宝珠，所以尊妙神智无比，无远无近无难无易，无限世界悉如目前，无有一人在于外者，一切诸法无所不了。常当专念不令心散，心念余缘摄之令还。复次，一切愚智当其死时，外失诸根如投黑坑，若能发声声至梵天。大力大苦大怖大畏无过死贼，唯佛一人力能救拔，能与种种人天涅槃之乐。复次，一切诸佛，世世常为一切众生故不惜身命。如释迦牟尼佛昔为太子时，出游道见癞人，勅医令治。医言：“当须不瞋人血饮之，以髓涂之，乃可得差。”太子念言：“是人难得，设使有者复不可尔。”即便以身与之令治。若为一切众生，亦复如是。佛恩深重过于父母，若使一切众生悉为父母，佛为一分，二分之中常当念佛，不应余念。如是种种功德，随念何事，若此定成除断结缚，乃至可得无生法忍。若于中间诸病起者，随病习药。若不得定，六欲天中豪尊第一，飞行所至宫殿自随。或生诸佛前，终不空也；若人药和赤铜，若不成金，不失银也。（《思惟略要法》）

法身观法则是舍有相入于无相的观法，专注对象从佛陀的生身转向其功德。在反复观修“佛恩深重过于父母”等佛教思想的过程中，禅修者不论从情感上还是从理智上，都会彻底投入佛教。可以说，这是一种佛教的认知改造。

以上所观的佛像，主要是指释迦牟尼佛而言。除他以外，还有以无量寿佛等其他佛像、菩萨像为观想对象的，兹录观无量寿佛法如下：

观无量寿佛者，有二种人。钝根者，先当教令心眼观察额上一寸，除却皮肉但见赤骨。系念在缘不令他念，心若余缘摄之令还。得如是见者，当复教令变此赤骨辟方一寸令白如珂。既得如是见者，当复教令自变其身皆作白骨，无有皮肉色如珂雪。复得如是见，当更教令变此骨身使作琉璃，光色清净视表彻里，既得如是见者，当复教令从此琉璃身中放白光明，自近及远遍满阎浮，唯见光明不见诸物，还摄光明入于身中。既入之后，复放如初。凡此诸观从易及难，其白亦应初少后多。既能如是，当从身中放此白光，乃于光中观无量寿佛。无量寿佛其身姝大光明亦妙，西向端坐相相谛取，然后总观其身，结跏趺坐颜容巍巍如紫金山。系念在佛不令他缘，心若余缘摄之令还，常如与佛对坐不异，如是不久便可得见。若利根者，但当先作明想，晃然空净，乃于明中观佛，便可得见。行者若欲生于无量寿佛国者，当作如是观无量寿佛也。（《思惟略要法》）

观无量寿佛，本质是观想明净相，是类似于光明遍观的观法，只是还要加上佛像观。对于不熟练的钝根者，需要借助相似的意象逐步转换接近明净相；对于熟练的利根者，直接观想即可。

当观像纯熟之后，还可以增加所观佛像的数量，这种观法称为十方佛观：

念十方诸佛者，坐观东方廓然明净，无诸山河石壁，唯见一佛结跏趺坐举手说法。心眼观察，光明相好画然了了，系念在佛不令他缘，心若余缘摄之令还。如是见者，更增十佛，既见之后复增百千，乃至无有边际，近身则狭，转远转广，但见诸佛光光相接。心眼观察得如是者，回身东南，复如上观。既得成就，南方西南方，西方西北方，北方东北方，上下方都亦如是。既得方方皆见诸佛，如东方已，当复端坐总观十方诸佛，一念所缘周匝得见。定心成就者，即于定中十方诸佛皆为说法，疑网云消得无生忍。若宿罪因缘不见诸佛者，当一日一夜六时忏悔随喜劝请，渐自得见，纵使诸佛不为说法，是时心得快乐身体安隐。是则名为观十方诸佛也。(《思惟略要法》)

十方佛观法是把一佛扩展为无数佛围绕的观想方法，练习的是对广阔空间中大量事物的想象能力。这一观法一方面锻炼了禅修者的观想能力，另一方面也迎合了佛教信众重视功德、广求博取的心理需要。

有些文献还记载了禅观的教授者凭借观察初学者首次练习观佛的情况，判断学禅动机的技巧：

若行人有善心已来，未念佛三昧者，教令一心观佛。若观佛时，当至心观佛相好，了了分明谛了已，然后闭目忆念在心；若不明了者，还开目视，极心明了然后还坐，正身正意系念在前。如对真佛明了无异，即从座起跪白师言："我房中系念见佛无异。"师言："汝还本坐，系念额上，一心念佛。"尔时额上有佛像现，从一至十乃至无量。若行人所见多佛从额上出者、若去身不远而还者，教师当知此是求声闻人。若小远而还者，求辟支佛人。若远而还者，是大乘人。三种所出佛还近身，作地金色，此诸佛尽入于地，地平如掌明净如镜。自观己身明净如地，此名得念佛三昧境界。得是境界已白师，师言："是好境界。"此名初门观也。师复教系念在心然后观佛，即见诸佛从心而出，手执琉璃杖，杖两头出三乘人，光焰有大小。如是出已，末后一佛执杖在心正立而住，末后住佛回身还入，先去诸佛尽来随入。若小乘人入尽则止；若大乘人入尽已，悉从身毛孔出满于四海，上至有顶下至风际，如是照已还来入身如净琉璃。所以光明还来入身者，欲示勇猛健疾境界相好。如是已即往白师。师言："此名一切念处，以能生诸定故名为念处。亦初得此法。皆是诸佛弟子所得，非是邪道神仙所见。上杖者，定相也。相光者，智慧相也。此内凡夫境界相也。"(《五门禅经要用法》)

一心念佛者"额上有佛像现"，这是观想所见。继而见佛去人远近，以标示声闻、辟支、大乘的境界差别，这可能是把观想佛像的离身距离与利己利他联系在了一起。佛像离身近者发心主要利己，相对而言离身远者就是利他。这种观察学禅者动机的方法，似有其逻辑。但是在实践中，造成初学者观想内容出现细节差异的因素有很多，如所处环境、生活经验，甚至是指导者的暗示等，会造成效果的差异。且佛像的远近、多少也是模糊的概念，可根据实际情况调整，因此值得推崇。

初学者除以上两种观佛方法，还有观脐法可供练习：

师复更教言："汝从今舍前二观，系心在齐。"即受师教，一心观齐。观齐不久，觉齐有动相，谛视不乱。见齐有物，犹如雁卵，其色鲜白。即往白师。师言："汝更视在处。"如师所教，观已有莲花，琉璃为茎、黄金为台，台上有佛结跏趺坐。第一佛齐中复有莲花出，上复有佛结跏趺坐。如是展转相出乃至大海，海边末后第一佛还入第二佛齐，第二佛还入第三佛齐，如是展转还入乃至人齐佛。令为一一佛入行人齐中已，行人自身诸毛孔遍出莲花满虚空中，犹如垂宝璎珞。如是出生，见诸莲花尽入齐。行人尔时身体柔软轻悦，自见己身明净如杂宝

色，即以所见白师。师言："大善。汝好用心观此身成定相也。"师教言："更观齐中。"即如教观，见顶有五色光焰。见已白师。师言："更观五光有五瑞相。"如教观已，见有一佛在光明中结加趺坐，更观五光中佛有何瑞相？即见佛口中种种莲花出，出已遍满大地。更令观五光中佛一，见佛齐中有五师子出，师子出已，食所出诸花已，还入五光中佛齐中。师子入已，五光及佛即从顶入。此名师子奋迅三昧定相也。

行人复观光入佛身已，行人身作金色。见金色已，见齐中有物，圆如日月白而明净。见已白师。师言："更观。"即见佛出满腋下，及腰中有佛出，凡四佛出。四佛出已见四佛身，一一佛出无量圆日光，日光甚明净。因诸日光，见四天下色，上至有顶下至风际悉皆明了，如见掌中无所罣碍。此名白净解脱境界也。见如此已，还见四佛随出处还入。四佛入已，复见白焰诸光，前入后出、后入前出，左入右出、右入左出。如是四种出入竟，见自身明净，及水四边圆满净光。此为名明净境界。见此光已，名成念佛三昧，在四禅中。（《五门禅经要用法》）

禅修者一心观齐，齐通脐，即集中注意于脐部，与传统气功中的意守神阙或丹田类似。久之觉意守部位有跳动感，继而"见齐有物，犹如雁卵，其色鲜白"，这一现象类似道家功法中的筑基初步的征象，之后继续意守至生气运行等。此处则观其中有佛，继而随指引，一一观想，至念佛三昧成。可见不同宗教的修行方法或有共通的基础，差别或由存想观照的内容而起。

5）随文入观

随文入观是指禅修者在诵读抄写佛教文献时，同时跟随所见文字进行观想，以获得宗教体验的观法。

佛教经典中多以叙述的方式记录释迦牟尼因不同缘由在各种场合言传身教佛教哲理的事迹，不乏对玄妙难测的神通境界以及他方世界奇瑰壮丽景象的描述。禅修者以全身心投入观禅实践，在高度专注于观想内容的精神状态下，配合所观文字，仿佛身临其境般地体验到佛经所述的内容。这种主观上的见证能坚定佛教信仰，在此基础上完成了佛教世界观的认知建构。随文入观法多见于以弥陀、弥勒等他方佛土为精神归宿的信仰实践，以及华严、般若、法华等经中用以表达佛教不可思议的修行境界。

《经集部》中的《思惟略要法》所记载的法华三昧观，就是通过专心一意对照《法华经》文字随文入观，以获得禅定境界，并对佛教产生深刻的认同：

三七日一心精进如说修行，正忆念《法华经》者，当念释迦牟尼佛于耆阇崛山与多宝佛在七宝塔共坐，十方分身化佛遍满所移众生国土之中，一切诸佛各有一生补处菩萨一人为侍，如释迦牟尼佛以弥勒为侍。一切诸佛现神通力，光明遍照无量国土，欲证实法出其舌相，音声满于十方世界。所说《法华经》者，所谓十方三世众生若大若小，乃至一称南无佛者，皆当作佛。惟一大乘，无二无三，一切诸法一相一门，所谓无生无灭毕竟空相。唯有此大乘，无有二也。习如是观者，五欲自断、五盖自除，五根增长，即得禅定。住此定中深爱于佛，又当入是甚深微妙一相一门清净之法。当恭敬普贤、药王、大乐说、观世音、得大势、文殊、弥勒等大菩萨众，是名一心精进如说修行正忆念《法花经》也。此谓与禅定和合令心坚固，如是三七日中，则普贤菩萨乘六牙白象来至其所，如经中说。（《思惟略要法》）

（2）观事明理

观事明理是在专注状态中的禅修者反复观想同类事件的始末，在一定的引导和规范下，对事件中可能蕴藏的规律和事实进行想象和推测，以"发现"真相、"理解"规律为目的的观禅禅修方法。四无量心观、不净观、缘起性空观等都属于这类观法，所谓：

若以弹指间，思惟死想，念有身皆死，是为精进行禅，为如佛教，不是愚痴食国人施也，何况多行者！取要言之，若念不净想、秽食想、一切世间无有乐想、无常想、无常为苦想、苦为非身想、非身为空想、弃离想、却淫想、灭尽想、无我想；身死为虫食想、血流想、膖胀想、青腐想、糜烂腥臭想、发落肉尽想、一切缚解想、骨节分散想、骨变赤白枯黑亦如鸠色想、骨糜为灰想、世间无所归想、世间无牢固想、世间为别离想、世间闇冥想、世间难忍想、世为费耗不中用想、世为灾变可患厌想、一切世间归泥洹想。(《禅行法想经》)

应该指出，观事明理中的“不净”“无常”“空”“无我”“苦”等是佛教世界的独特阐述观点，以此为基础所构成的思想体系是印度中下阶级对抗祭司阶级所垄断的婆罗门教的有力武器，反映了当时中下阶层尤其是底层百姓的世界观，并迎合了他们的心理需要。

藉由系统化的观禅修习，优秀的佛教信众通过反复观想加工改造的情境，能够快速地理解并认同附加在相关情境上的佛教观点，这一方式有助于培养令人生信的佛教传播者，帮助佛教扩大信仰。

1）四无量心观

四无量心观是通过观想特定的情境，以推理和观察唤起慈心、悲心、喜心、舍心四种心理状态并加以保持的一类观法。慈心观是其中的代表。

慈心，是愿意给予他人爱护帮助的恻隐之心，佛教中称为“愿令众生得乐”。

问曰：如阿毘昙说，何等是慈三昧，观一切众生悉见受乐？又经中说慈心三昧，遍满十方皆见受乐，云何但言愿令众生得乐？

答曰：初习慈心愿令得乐，深入慈心三昧已，悉见众生无不受乐……慈亦如是，初入观时，见人受乐愿与苦者，慈力转成悉见得乐……

问曰：慈德如是，何者名慈法？

答曰：爱念众生皆见受乐，是心相应法行阴所摄名为慈法……在四禅亦余地，缘无量众生故名为无量。清净故、慈念故、怜愍利益故，名为梵行梵乘，能到梵世名为梵道，是过去诸佛常所行道。(《禅法要解·卷上》)

通过观想众生受乐而培养此愿心，即慈心观。慈心观的观法可分为两部分，一是无差别慈心的唤起与合理化；二是慈心范围的扩大。

对于常人而言，建立在生物学基础上的血缘关系和在社会交往中发生的利益交换所造成的亲疏有别、亲近疏远的人际状态是自然而然的常态。慈心观主要改变这种有局限的状态，其方式是通过思惟三种“方便大慈”来逐步改变认知方式，为慈心的生起提供条件：

修行者，若欲广修慈心，先当系心所缘，渐习令无量。灭除过恶心，不诤竞，亦无怨结，无恚清净。谓于亲、中、怨三种，九品众生，无量无数，安处十方，尽三分际，淳一乐行。唯除国土世界，于众生世界周普总缘，成就游行者，修慈方便，先等心思惟，总缘一切众生，令心坚固，灭除瞋恚而起慈心，是名总观慈无量三昧。如是总观，犹为瞋恚所缚者，当于上亲修别相慈，次于中亲、下亲、中人、怨家，次第修习九品慈心，渐离瞋恚，心生爱念，与种种乐具。与是乐已，然后于一切众生起法饶益心，修三种慈：广大慈、极远慈、无量慈。舍除瞋碍，住仁爱心，随其所应功德善根，一切佛法皆悉与之，谓与种种法乐，修种种慈，先与出家乐，次与禅定正受乐，次与菩提乐，次与寂灭乐。彼修行者本曾所更及所未更，种种乐具，自得、他得，清净善根，乃至无上寂灭，究竟无为，随其修行，意所想念，无量法乐等，与众生相现在前。乐想起

已，一一观察，以相自证，便得决定。犹如明镜，因物像现；慈三昧镜，亦因乐事，种种乐相，悉现在前。

或时修行为瞋恚所乱，作是思惟："我从本来，由是瞋恚，多所杀害，兴诸罪逆，入于恶道，于大地狱，还受苦毒；或作蜂虿、蜈蚣、毒蛇、恶龙、害鬼、罗刹，如是种种毒害之类，今不除灭，复见烧迫。"以是方便，能止瞋恚。

又复思惟："骂者、受者，彼我无常，须臾不住，二俱过去。恶声已灭，后起二人无故共诤。又今二人念念即灭，虚妄无实，谁骂谁受？何为颠倒与空共鬭？计我耳根，从虚妄颠倒烦恼业起，彼人舌根，亦复如是，因缘生灭，谁骂谁闻？"修行如是思惟时，瞋恚缚解，能修慈心，离垢清净。如佛说："修慈者于四念处能得决定，修习增广，成就无量法门，胜妙道果，不复退还。"是则三种方便大慈。若已离欲，更修净妙离欲慈心，深心饶益，增广无量，得真实果。因此功德具足，所愿究竟涅槃。所以者何？一切诸佛说慈为无畏，慈为一切功德之母，慈为一切功德钻燧，慈能消灭凶暴诸恶，是故修行当勤方便，修离欲大慈。（《达摩多罗禅经·修行四无量三昧第十四》）

第一种方便，是根据亲疏关系的近远，渐次对特定的对象生起慈心。禅修者首先观想最为亲近者得乐，这种情况下最易唤起慈心。之后分别于"中亲、下亲、中人、怨家"分别练习，逐步训练能够无差别地唤起慈心的能力。在具体观想中，随着想象范围的扩大，有"广大慈、极远慈、无量慈"的区别；在具体的给予快乐情境中，根据禅修者所理解的快乐区别，有"先与出家乐，次与禅定正受乐，次与菩提乐，次与寂灭乐"的不同。

第二种方便，由对"离嗔"的推理导出兴慈的必要性。根据佛教心性哲学，嗔者下堕受苦，慈者升天得乐，禅修者接受这种观点，因畏惧受苦而兴慈止嗔。

第三种方便，则是借佛教空性哲学观来解构引起嗔恨事件的要素。以挨骂为例，把骂自己的人、被骂的自己，以及辱骂的语言，分别从时间和空间上分析为空，制造出"何为颠倒与空共斗"的荒诞感，以此转移对嗔恨情绪的注意，令慈心有机会生起。

《坐禅三昧经》中列出七条理由支持禅修者的无差别与乐兴慈：

应与彼乐。所以者何？其人更有种种好清净法因，我今云何岂可以一怨故而没其善？

复次思惟："是人过去世时或是我亲善，岂以今瞋更生怨恶？我当忍彼，是我善利。"

又念行法，仁德含弘，慈力无量，此不可失。

复思惟言："若无怨憎何因生忍？生忍由怨，怨则我之亲善。"

复次瞋报最重，众恶中上无有过是，以瞋加物其毒难制，虽欲烧他实是自害。

复自念言："外被法服，内习忍行，是谓沙门，岂可恶声纵此变色憋心？"

复次，五受阴者，众苦林薮受恶之的，苦恼恶来何由可免？如刺刺身，苦刺无量，众怨甚多，不可得除，当自守护，着忍革屣。（《坐禅三昧经·卷上》）

这七条理由，分别从对象具有善性应得乐、轮回中与己有亲应与乐、兴慈与乐的意义和功德、修忍的利益、纵嗔的危害、自己佛教身份的约束以及轮回中受苦的必然性等方面对禅修者论证了应止嗔兴慈的合理性。基于佛教信仰，禅修者大多会接受这些说法，顺应其要求以"认识"修习慈心的理，并自觉转向慈心的修习。这是"观事明理"的具体表现。

慈心生起之后，还要将其稳固壮大。禅修者通过对一系列以"与乐兴慈止瞋"为主题的情境进行观想，可以达到这一目的：

行者依四禅已，念一城众生愿令得乐，如是一国土、一阎浮提四天下、小千国土、二千国土、三千大千国土，乃至十方恒河沙等无量无边众生，慈心遍覆皆愿得乐。譬如水劫尽时消水火珠灭不复现，大海龙王心大发动，从念生水出海盈漫，及天澍雨遍满天下，是时天地弥漫无不充溢。行者亦尔，以大慈水灭瞋恚，消慈火珠，慈水发溢渐渐广大，遍至无量无边众生，悉蒙润泽常出不断，或听说法增益慈心，譬如大雨无不周普，行者慈念众生，令得世间清净之乐，亦以所得禅定快乐持与众生，亦以涅槃苦尽之乐乃至诸佛第一实乐，愿与众生，以慈力故，悉见十方六道众生无不受乐。(《禅法要解·卷上》)

简而言之，以上过程即是禅修者在慈心生起后反复不断地扩大所观想的范围，并想象以慈心覆盖之。由于慈心并没有特定的形态，为利于观想，故以海水盈漫、天澍大雨两种世间景象将慈心具象化，方便禅修者想象慈心遍覆的情境。

慈心如此，悲、喜、舍心的观修与之类似：

悲无量者，如慈境界怨亲中人，悲亦如是，次第修习。如佛言曰："饶益众生，说名慈心；除不饶益，说名悲心。"若先于众生起饶益心，以种种乐，具悉施与之，然后观众生，唯见受乐，是名慈心；若先观众生受无量苦，起除不饶益心，然后见众生除不饶益；除不饶益已，受种种乐，非与乐也，是名悲心。见净相是慈，见虚空相是悲；乐行是慈，苦行是悲，是则差别。谓修行者见诸众生凶暴诤怒、残贼杀害，共相逼迫，无有覆护。如是见已，而起悲心，为作覆护。又见众生，斩截身、首、耳、鼻，肢体苦痛无量，无能救者，修行见已，而起悲心。又修行住悲心时，见五趣众生苦痛炽然，无量烧迫，深起悲心，兴救护想。如是修行悲无量善根生时，无量功德相现。若见此众生受无量苦而不起悲，是则极恶无善根人。如是大悲，一切诸佛，本所修习，由是究竟一切智海；行者若能具足修习，当知不久，必到是处。

喜无量者，谓修行于慈境界，以六思念等诸善功德，无量佛法，及自身成就戒定智慧，一切功德，饶益众生，自乐他乐，尽皆与之。见一切众生得法乐已，其心欢喜；其心欢喜，则忧戚灭；忧戚灭已，一向欣悦，踊跃欢喜，念言快哉，永使安乐。于一切众生欢喜时，见有乐相，轻微明净，成就此相，名为喜无量三昧。如佛说："修集喜等，乃至识处。"

舍无量者，舍怨亲已，等缘中品，此唯是众生，无有差别。离慈悲喜，唯作众生行近、境界近相，是故世尊说舍。种种舍各自有相，舍无量不与彼同，谓平等清净，离苦乐相。舍相似相现，是名舍无量三昧。世尊说修舍无量，乃至无所有处。已略说四无量相，余种种甚深相，行者应次第修习。(《达摩多罗禅经·修行四无量三昧第十四》)

相对于慈心的给予快乐的愿望，悲心则是解除痛苦的愿望，文中以佛言"饶益众生，说名慈心；除不饶益，说名悲心"概括。根据《达摩多罗禅经》所述，悲心又可以从心态、行为、意愿三个层面理解：一是目睹苦难而兴起悲伤之心，"修行见已，而起悲心"，是感同身受的同理心；二是身体力行拔救苦难，"如是见已，而起悲心，为作覆护"，出于悲心的实践；三是见无量苦难而发起悲愿，"深起悲心，兴救护想"的意志。悲心观从以上三个层面涵括了从心理动机到行为的主要方面，以此要求禅修者能够规范地进行悲心观的修习。与此同时，思想上的保障也必不可少。积极修习悲心观，会有"无量功德相现"，这是佛教禅修者所喜爱的；而出于任何原因不能或不愿兴起悲心者，就要背负"极恶无善根"的标签，这在佛教中是非常严重的指责。通过这样的动员与警示，能够在一定程度上保障悲心观的实践。

与慈和悲的心态、行为、愿望并重不同，喜心观和舍心观更似止禅。喜心观的目标主要是欣快欢喜的情绪及由此引发的"乐相"，对喜和乐的注意和维持，是喜心观的主要内容，不包括强烈的意志和明显的行为。而舍心观是"平等清净，离苦乐相"，这一说法类似于对止禅

中四禅境界的描述，或可作为理解止观关系的例证。

四无量心观除了逐一观修的禅观方法，也有对主要境界作观想，将四心融汇其中进行观修的，在《五门禅经要用法》中，就收录了较为详细的引导禅修者进行四无量心观的情境观想方法。因篇幅较长，此处不录，附于文后以供检阅。

总之，四无量心观是佛教用以调整认知状态，培养自如进入慈、悲、喜、舍四种状态的心理调节能力的重要观禅修法，是禅修者学佛修禅调心的主要方法之一。

2）不净观

不净观是以观察人的种种不净为主题的观法。它分别从处所不净、身体不净、身中无可取等方面详细辨认推察，以对自身及所处的世俗生活产生厌烦感和无意义感为修习目标。在佛教而言，不净观是为达成“出离”服务的。

不净观者，当知此身生于不净，处在胞胎，还从不净中出。薄皮之内纯是不净，外有四大变为饮食充实其内，谛心观察，从足至发从发至足，皮囊之里无一净者，脑膜涕唾、脓血屎尿等，略说则三十六，广说则无量……谛观此身无一可取，如是心则生厌恶。常念不净三十六物，如实分别，内身如此外身不异。（《思惟略要法》）

它与身观的区别在于，身观仅是不加判断的觉知，而不净观是将“不洁净、不清净”的观念设定为认知目标，种种观想内容都以此为主题。如《修行道地经》所云：

其修行者，观人身骸在前在后等而无异，开目闭目观之同等，是谓为寂；寻便思维，头颈异处手足各别，骨节支解各散一处，是谓为观。此骨锁身因四事长，饮食、爱欲、睡眠、罪福之所缘生，皆归无常、苦、空、非身，不净朽积悉无所有，是谓为观。取要言之，见而不察是谓为寂，分别其无是谓为观。（《修行道地经·神足品第二十二》）

不净观修法所要消除的是人因身而起的种种欲望，《禅要经》总结了六种欲“色欲、形容欲、威仪欲、言声欲、细滑欲、人相欲”，并指出通过观察尸体的不同状态可以有针对性地加以消除：“观彼全尸，能断二欲：威仪欲、言声欲。若观坏尸，悉断六欲。”（《禅要经》）威仪和音声是由活动的人体表现的，观想已无生命活动的全尸，可以令观不净的行者认知到庄严威仪和美妙言声必然会因死亡而失去，从而打消相关的欲望。同样的道理，腐朽毁坏的尸体让禅修者认识到，对人身形色的种种美好期待和愿望在死亡的映衬下都毫无意义。虽然这种认识过于片面，但却恰恰符合古代民众对苦多乐少的生活的认识，因此有一定的说服力，能有效地激发起他们藉学佛修禅摆脱此世的期望。

在具体的不净观修持中，主要有两种观想方法，一是如上述所说，取死尸为观察对象，通过对尸体从新鲜到腐败散乱，乃至遭受虫蝇野兽啃食分解等肮脏恐怖场面的详细观看记忆，以此作为唤起不净观所需要的厌恶感的材料；二是仔细分析观察自己的各种分泌物、排泄物，并由人及己观察种种内脏器官，以此引起不净可厌的感受：

可得不净，有二种观：一即死尸臭烂不净，我身不净亦复如是。如是观已、心生厌患。取是相已，至闲静处，山泽冢间、空舍树下，自观不净，处处可得。系心身中不令驰散。二者闻法忆想。分别自观身中三十六物：发、毛、爪、齿、涕、泪、涎、唾、汗、垢、肪䐊、皮、膜、肌、肉、筋、脉、髓、脑、心、肝、脾、肾、肺、胃、肠、肚、胞胆、痰、癊、生藏、脓、血、屎、尿、诸虫。臭秽不净聚以为身，往来五道炽然众苦，犹如浮厂随流东西，所至之处物皆可偲。

又念我身，以骨为柱、以肉为泥、筋缠血浇，如疮如毒，皮毛九孔以为门户，肠胃胞膜以为库藏，妬慢恶心谓以为身，贪求无厌犹如溪壑。是故行者除三欲想，受信施时，如火毒想，救诸虫想，系死尸想，涎沫、齿垢、污滋味想，我无空慧坏白净想，贪爱因缘成恶露想。如是思维，惭愧具足，能度生死、为世福田。

若观骨人，二足甲骨、指骨、趺骨、踝骨、胫骨，膝骨、髀骨、胯骨、腰骨，脊骨、颈骨、头骨、颔骨，两手甲骨、指骨、掌骨，腕骨、臂骨、肘骨、膊骨，胸骨、心骨、齿骨、肋骨。左右思惟皆如目见，所著外身亦如是观。三百二十骨相拄在内，皮囊九孔恶漏于外。如是观身，犹如死尸为鬼所起，行来语默常是死尸，即于我身作死尸想、青瘀想、膖胀想、脓烂想、破坏想、血涂想、食残想、虫出想、骨锁想、分离想、腐败想、世界众生无可乐想。(《禅要经》)

以上两种观法的要点都在于将不以自己为对象的厌恶感转移到自己身上。当禅修者观死尸时，需要联想到自己与死尸在物质构成上的相同，用自己的身体替换尸体；而在考察自身时，则相当于时时用体内代谢物的不洁净来提醒自己的不洁净。事实上，厌恶感的产生源于自我保护的需要。对于恶臭的腐尸、排泄物、血液、裸露脏器等的厌恶，是因为这些事物往往与疾病、伤害、死亡等相联系，是自我保护意识的反映。对于健康的人体，常人自然而然地认为清洁、健康，并不会产生厌恶感，这时就需要刻意的引导，甚至加工了：

自观身，有时当观他人身，当观身者为校计。当观他人身者，为自观身意着，当观他人身死败。有时可自观身，亦可观他人身。可自观者，为自观身意不着；可观他人身，亦为观他人身意不着。有时不可自观身，亦不可观他人身。不可自观身者，为自见身肥白好；不可观他人身，亦为见他人身肥白好、端正、腻眉、赤絜。见肥当念膖胀，见白念死人骨，见腻眉念死人欲坏时色转青黑，见赤絜念血皆当坏败，何等可贪？(《法观经》)

《法观经》中提出自身他身的可观与不可观，是对观想对象的规范；而见肥念膨胀、见白念死人骨等，则是对观想内容的引导。

通过不净观如上的刻意联想，从认知上变换了禅修者对厌恶感的理解，以此获得佛教所要求的对“出世”的向往，增强人们超越生死的愿望。但这样的观修方法也确实会引起一些心理问题，如恐惧、排斥等，因此在教授了如何作不净观之后，《禅要经》也记载了当上述心理不适情况发生时所应采取的纠正性观修指导：

若心恐怖，应作因缘虚妄空观，犹如幻化无所有观，第一义空清净智观。若心懈怠，当自责言：“老病死苦甚为至近，命如电逝须臾难保……

如是鞭心，还摄本处，又时劝发，令心喜悦。“解脱法王慧命常住，神通光明恒照五道。直说道教易解易行。既是我师，我得归命，香华赞叹，心安喜悦。如依天帝游空无畏，诸大菩萨、阿罗汉等，皆我同伴……我亦如是，应自伏心，求出生死……”思惟是已、谛观不净，复作是念：“初习行时心多进退，八法恶风吹破我心；我若得道心安若山，上妙五欲尚不能坏，何况弊欲？”如大目连得罗汉已，妇将伎人盛自庄饰欲坏目连。(《禅要经》)

对恐惧感，经中提出以空观消解，否定所畏惧对象的存在以消除恐惧；因心生排斥而不积极进行禅修的懈怠者，则以死亡不定制造心理压力，迫使禅修者投入修行。如果因为修行不稳定而自疑，则可适当地运用积极的心理暗示，想象自己与已获得佛教成就者同伴同行，“我亦如是”，以求自信，这也是有效的动员方法。

当不净观修习到一定阶段，禅修者已有熟练的观想能力并自发地厌离世俗生活后，就要舍弃这一观法，转而修习净观。净观即白骨观，是观想除去皮肉筋血等不净之物，唯观白骨流光相的观法，其禅相为“心若清净住于骨观，骨边白光遍身中出，如天清明日光极净”，进而由观一身转而扩大至无数，“是为不净中净三昧门”。从内容来看，白骨观观法与观佛像有相

似之处。由观不净转向观净的过程，既是对“厌离不净”认知模式的适当纠正，也是由观事明理向观象定心的转换，以追求更深的定境。

根据对净观的掌握程度不同，观想的方法可以分为三品：

净观者三品：或初习行，或已习行，或久习行。若初习行，当教言：“破皮却不净，当观白骨人，系意在观不令外意，外念诸缘摄之令还。”若已习行，当教言：“心却皮肉，具观头骨不令外念，外念诸缘摄之令还。”若久习行，却身中一寸皮肉系意五处：顶上、额上、眉间、鼻端、心处，如是等处住意在骨不令外念，外念诸缘摄之令还。当复观心，若心疲极舍诸外想注念在缘，譬如猕猴被系在柱终日驰走，锁常摄还极乃休息。所缘如柱，念则如锁，心喻猕猴。亦如乳母，常观小儿不令堕落，行者观心亦复如是，渐渐制心令住缘处，若心久住是应禅法。若得禅定即有三相，身悉和悦柔软轻便，白骨流光犹如白珂，心得静住是为净观，是时便得色界中心，是名初学禅法门。若定得胜心，则不如制之令住，是名一心。若能一寸中住，便得遍却，不得但观赤骨人。得此观已，弃赤骨人观白骨人，不令外念，外念诸缘摄之令还。心若清净住于骨观，骨边白光遍身中出，如天清明日光极净。此光既出，以心目观了了见之，因光力故见骨人中相，似诸心心相应法生灭，如毘瑠璃筒中水流，是时心息得乐，淫人欲乐不足喻也。外身观亦复如是，如是一身观，次第转多，乃至阎浮提；复从一阎浮提，还至一寸，心得自住，是为不净中净三昧门。复次此身空骨以薄皮覆，有何可乐？甚可患也。(《禅法要解·卷上》)

初习净观者是刚由不净观转入的禅修者，尚不能熟练地将注意力集中于单一特征，因此由观“白骨人”开始，逐渐收敛注意的范围，渐从全身骨骼局限到头骨，再教其“系意五处”，进一步集中，达到心能“久住”。由此，禅修者的修习从不净观入手的观事明理禅阶段进入观象定心禅，并进一步依靠与白色遍观类似的白骨观深入止禅，这就是完整的从不净观入手，修习止观，深入禅定的过程。

3) 缘起性空观

缘起无常，在佛教中指一切诸法(有为法)，皆因种种条件(即因缘)的具备而成立，同时，因各种条件随时发生改变，有为法处于不断变化的状态中(无常)。以上二者构成佛教的缘起无常观。在此基础上，佛教进一步认为因缘而起的“有为法”没有独立而固定的属性，称为性空。这就是佛教的缘起性空观。

佛教哲学构建了两个世界，一是世俗界，二是真实界。缘起无常的是世俗界(此世)，对世俗世界的认识具有相对性，无法超越“有我”认知能力的局限性；空性涅槃的是真实界(彼岸)，“成佛到彼岸”后能获得超越性的“无我”全知式认知。此二界本质是同一个，但由于观察者的不同，而有天壤之别。明确了佛教关于世俗与真实的设定，就能理解佛教的修行主张。

描述此世的缘起无常观与辩证唯物主义主张的物质世界永远处于运动与变化之中的运动观虽然有表面的相似之处，其实它们的分歧更深刻。佛教的无常观建立在心意识基础的缘起论上，主张常人的认知能力有限(无明)，在究竟上无法遍及缘起现象的方方面面，不能完全理解和掌握客观规律。在为人所知的规律中，只有那些由释迦牟尼所揭示的规律(如无常缘起性空等)是根本可靠的。常人唯有在佛教的指导下，修行达到无我解脱涅槃的境界，才能超越常人的极限，打破“我”的藩篱获得“全知”。这一宗教理论为以缘起无常性空无我等为观想主题的观禅赋予了意义。

具体的观禅可以根据着眼于缘起现象和究竟实相的不同，分为两种。

第一种：五蕴无常六大无我观　佛教以事物的因缘聚散解释一切现象生灭，生命现象也不例外。佛教哲学从“五蕴”迁变和“六大”构成两个维度分析生命现象的缘起变化，在禅修者的反复观想中熟练掌握这种分析方法，能够加深其对“无常无我”的理解。

五蕴“无常观”　“五蕴”是佛教从生命的角度对“有情众生”这一范畴的分析，该分析方法考察生命现象在时间上的流变，因此重视迁变迅速的精神属性，“五蕴”中除色（物质）蕴，其余的受、想、行、识蕴多是就精神层面而言。

其修行者当解五阴相。云何各知五阴之相？有光明为色，有像相亦复为色，手所获持亦名为色，若示他人亦复是色也。习乐为痛，不乐、不苦亦复是痛，是为痛想也。识相为想，若男、若女及余众物，是曰思想。有所造作名之为行，若作善行、若作恶行，亦不善恶，是谓为行。晓想为识，善、不善、亦非有善亦非不善，晓是为识。如是各了五阴之相。（《修行道地经·五阴相品第三》）

在诸种对五蕴缘起无常的禅观描述中，《达摩多罗禅经》的记载尤具画面感：

……修行者于明净境界观察阴流从一处出，分为二分。如是观已，还合为一。一一流中，复见五相；相各别异，布列境界；布列境界已，还合为一。色如聚沫，受如水泡，观想如炎，行如芭蕉，观识如幻，是五虚妄，欺诳之相。修行如是观已，其身安隐，柔软快乐。复观流所起处，无垢相现，如水净泡，渐渐增长，充满其身。修行心不放逸，专念受持；持已，净相增广，周遍覆身，如明净泡，离诸过恶。更胜妙智生，乃坏是相；是相既坏，彼流流下，远注无量，如净颇梨，极知境界；极知境界已，从彼摄还，成曼荼罗。更有异相，充满本处，然后流至十方无量世界，至十方已，各住自相。尔时修行明见无量色种，犹如山水漂积聚沫；一切受相，如大雨渧泡；种种诸想，如春时焰；行如芭蕉，无有坚实；观六识种，犹如幻化。如是种种虚妄，但欺诳愚夫，是名修行观阴自相。观阴自相已，复以智慧，自照其身，专念观察。观察时，见周匝炽然，相起身处，其内有种种杂华、净妙、珍宝，周匝遶身；又自见身种种杂宝、诸功德相，微妙庄严。修行见是诸相已，慧眼开广，自顾其身，周遍观察；观察已，复外观阴相，盛火炽然，即生厌心，勇猛精进，欲度生死无边苦海。修行于五阴炽然相厌离已，离欲相、解脱相、涅槃相、一切功德相，次第起现。

复次，修行者具七处观，观五阴、苦、集、灭、道。复观因爱生五阴，厌患出离，如是于真谛中，方便种子慧生。于是七处，善修三种观义，自相观成；成就决定坚固已，然后得无垢息止修慧；是慧起已，境界平正，淳一无杂。复次，得胜妙无垢思慧决定观，五阴兴衰，念念磨灭，见真实相。譬如毒饭，食者必死；修行观五阴三相，所杂亦复如是。一念生，一念苦，即一念时，亦生、亦住、亦灭。彼念生时，即与苦俱生。是故一念，一念即坏。修行观五阴如是，生灭破坏，虚伪无常过恶，即起无常行、苦行、空寂行、无我行、穿漏法、不实法、速朽法、破坏法。如是无常义，如修多罗广说，乃至百句。修行尽行如是诸相，知诸法真实，便得解脱。以贤圣地三昧想行，观此非常相，便起深忧厌，见有为过患，不乐三有。（《达摩多罗禅经·修行观阴第十五》）

以上观想分三层次，其一是五蕴本身的生灭变化，“色如聚沫，受如水泡，观想如炎，行如芭蕉，观识如幻，是五虚妄，欺诳之相”；其二，由粗观“五蕴”无常至细观“五蕴”的苦、集、道、灭，在由“四谛”引导的观修过程中逐渐积累“正确”的禅修经验，习得佛教所主张的“修慧”，即“正确”的禅观方法；其三，经过反复练习，“得胜妙无垢思慧决定观”。决定，毫不动摇之

义。经过这样的观禅实践,禅修者“不乐三有”的认知方式得以稳固,于世间种种现象“起深忧厌”,在佛教看来,这就是摆脱物欲困扰,获得解脱了。

六大“无我观” 六大说,是在古印度朴素物质观——地、水、火、风四大说的基础上。增加空和识而发展出来的,用以解释众生构成的学说。它与古希腊的“四元素说”的区别在于,“四元素说”中的水、气、火、土是四种单质,它们以与冷、热、湿、燥四种属性两两相配的形式,构造出自然界中的万物。而“四大说”中的地、水、火、风描述的则是物性,认为地性坚以支持万物、水性湿用以收摄万物、火性暖以调熟万物、风性动以生长万物,而并不重视物质本身。后加上的空大与识(神)大,是为进一步解释空间与生命的精神活动而引入的属性。如果说五蕴无常观的分析方式着眼于精神活动,那么“六大无我”观则主要是从构造的层面剖析生命的组成中排除实有“自我”的存在。

《修行道地经》中,记载了禅修者细致分析自身的“六大”属性,以理解“无我”概念、坚定“无我”认知的禅观过程:

其修行者退自思惟:“有身成我,衣食供养有余与他,是为吾我,计本悉空。假使有难,先自将护然后救他;若舍身已,复有余患,则当追护;人一切贪皆由身兴,无复他讨。是故知之,身为吾我。”

修行自念:“当观身本六事合成。何谓为六?一曰地,二曰水,三曰火,四曰风,五曰空,六曰神。”(《修行道地经·行空品第二十一》)

禅修者认同人的痛苦来自于对实有“吾我”的执著,因此修行就是反其道而行,祛除这种执著。如上所述,佛教认为构成人身的元素可归纳于地、水、火、风、空、神识中,故只要分别认识到这六类事物中“无我”,就可以破除执著。

何谓为地?地有二事:内地、外地。何谓身地?身中坚者,发毛、爪齿、垢浊、骨肉、皮革、筋连、五脏、肠胃、屎秽不净。诸所坚者是谓身地……其修行者思惟如是:“本无有吾,今不见我。”晓了若斯不怀狐疑,如发无我一切亦然。发毛、爪齿、骨肉、皮肤悉无所属,谛观如是,地无吾我,我不在地。

其修行者心自念言:“吾求内地都无吾我,当察外地。傥有吾我,依外地耶?”何谓外地?与身不连,麁强坚固离于人身,谓为土地、山岩、沙石、瓦木之形,铜、铁、铅、锡、金、银、鍮石、珊瑚、虎魄、车磲、马瑙、琉璃、水精、诸树、草木、苗稼、谷物,诸所积聚。

其修行者观于外地,则知内地无有吾我。所以者何?内地增减则有苦安;尚无有身,何况外地当有体耶?设有破坏断截烧灭,垦掘剥裂不觉苦痛,宁可谓之有吾我乎?故外内地皆无所属,等而无异。(《修行道地经·行空品第二十一》)

在对内外地的观察过程中,禅修者在毛发、爪甲等身体组织和矿物草木等外物中分析了坚中“无我”,因此排除了“我”在地大中的可能。

其修行者谛观外水分别如是。而身中水尚无吾我,有所增减令身苦痛,何况外水而有身乎?设有取者于己无损,若有与者于身无益。以是观之,此内外水等而无异。所以者何?俱无所有。(《修行道地经·行空品第二十一》)

其修行者思惟外火所覩如是,则知外火不可称数。火有二事:有所烧煮、火在草木不焚草木。所处各异,设外火中有吾我者,则不别异。以故知之外火无身,亦不在彼,内火、外火俱而无异。所以者何?等归于空。(《修行道地经·行空品第二十一》)

其修行者观风如是,则自念言:“外风不同,或大或小或时中适;或时盛热持扇自扇,若有

尘土而拂拭之；急疾飘风，则逝惊人；旋岚之风立在虚空，天地坏时拔须弥山，两两相搏皆令破坏，举下令上，飘高使堕，相撑碎坏皆使如尘。计身有一无有大小，外风既多又复大小，观内、外风等无差特。所以者何？俱无所属。”（《修行道地经·行空品第二十一》）

其修行者谛观如是：“而身内空尚非吾所，况复外空而云我乎？”执心专精，内外诸空等无有异。所以者何？无有苦乐故也！不可捉持无有想念，已无心意，无有苦乐，不当计我。（《修行道地经·行空品第二十一》）

所从因缘起眼识者，其缘所合无常、苦、空、非我之物，因从眼识而致此患。设有人言：“有常乐命，是我所者。”是不可得，此为虚言，安可自云：“眼识我所。”以是知之，身无眼识也！眼识无常，心诸所想亦复如是。审谛观者知其根本，一切诸法皆非我所。（《修行道地经·行空品第二十一》）

与观察地大相仿，对于水、火、风、空乃至神识的分析也都采用了这种排查式的观察法。禅修者排除了假想的“实有我”之后，必然会推导出“我非实有”的结论。在佛教哲学中，“我非实有”即等同于“无我”。这种观法对于禅修者来说具有一定的说服力。

第二种：缘起性空实相观　缘起观，即观察佛教所认为的生命从中阴投生、胎中发育、生受苦乐及至老死中阴的一系列过程。这一过程可以根据观察分析的粗细程度与关注重点分为连缚、流注、分段、刹那四种。释迦牟尼认为“十二缘起甚深无底，难见难知”，诸缘互依互用，刹那生灭而本性空寂，是只有达到佛的觉悟程度才能观察的境界。

已说诸对治及所治，愚痴对治，是应分别。一切诸佛所设缘起，灭除痴冥，生如实智。有甚深微妙随顺功德，今当略说，令诸修行功德增益，灭除愚痴。观察缘起，远离断、常二边诸想，知因缘和合，有为法生；亦能降伏迷醉外道，牵令随顺，第一空法，慧眼明净，无明悉灭。修行观缘起有四种：一名连缚、二名流注、三名分段、四名刹那。（《达摩多罗禅经·修行观十二因缘第十七》）

观察并理解缘起，被佛教认为是能有效对治“愚痴”的修法。因为在佛教看来，一切执著的根源都可以归结于不能正确处理生命现象某些环节中的遭遇。而反复修习缘起观，能够帮助禅修者发现症结所在，进而解开束缚，得到解脱。

如前所述，在具体的缘起观察中，根据所关注的内容而有不同的所观。

“连缚”，是观察生命缘起中不由自主，种种境界牵连相续的情况：“中阴众生，无明昏乱，愚痴所盲，造作有业……尔时欲心迷醉，是名爱起身；见和合不净，谓为己有，是名慢起身；……始处迦罗逻时，其心沉没，少所识知，识不明利，是名为生得迦罗逻。已识明利故，是名为识，是名生连缚也……”（《达摩多罗禅经·修行观十二因缘第十七》）

“流注”，是观诸缘起相依次生灭的过程，其主要内容即最为大众熟知的十二缘起：“佛说无明为初因，种三种业。若修行不知无明过患，则种三种业。业起已，从是生识，诸识如幻，种种悉现；从识相续，起名色，于彼一身，而有二相。譬如虚软沮烂之物，内有诸虫，令外动摇；亦如野蚕，初作茧膜；名色二相，亦复如是。乃至诸根未成，说为名色二相；诸根既开，名为六入。诸根始开，未有所作，于触愚痴，不知适与不适。如雨滂注水，水则泡起；情尘生触，亦复如是，外刺刺身，触从中起。亦如然灯油炷所成，是名修行观尔炎触相。触相起已，次第生受。譬如水泡，三种相现，若分别诸根，则有五受。受起已，次生渴爱。譬如舌舐蜜涂刀刃，爱增诸烦恼名为取。取次生有，有三种业，业起当来果，故名为有。已种生而未受，名为未来生，生已熟，谓为老死。”（《达摩多罗禅经·修行观十二因缘第十七》）

“分段”即次第，是指一段段接续的生命现象，在“连缚”“流注”的观察中，都已有所体现。“分段刹那”，是以“刹那”这一极短的时间单位作为观察对象，在集中注意体验到一段时间以刹那为单位不住流逝的事实之后，禅修者将对“诸行无常”有更为微细而深刻的理解：“分段刹那者，三世一刹那，一刹那三世。法未起名未来，起时名现在，已起名过去。一刹那生即一刹那，苦与无常俱故。当知众行，刹那顷不住，亦无所从来去，亦无所至，虽转亦无所去，去亦无积聚。一刹那起，一刹那灭；刹那如一念，一念如刹那。前刹那聚已灭，灭时与后起。随顺四缘具足；后刹那起，修行境界。观一刹那间，有无量微尘；无量微尘，一一刹那，次第相续，犹如连珠……当知诸行无常，迅过于是，不可譬喻。”(《达摩多罗禅经·修行观十二因缘第十七》)

由于缘起在一切现象中皆有体现，故禅修者观缘起可根据个人修行侧重不同而有方法上的不同，并且可以配合其他禅法修习，如“安般念观业支、有支，以出息、入息是身行，觉观是口行，想思是意行，是故安般念是彼对治”；“界方便观，观识支、生支，识增上故处胎，识于诸界增上说七识界，是故界方便观是彼对治”；“蕴方便观，观名色支、老死支，是故阴方便观是彼对治”。“破诸入出方便观，观六入支、触支，是故入方便观是彼对治”；“缘起方便观，观无明支、受支，是故缘起方便观是彼对治”；“修行于四念处观十二支各增上：身念处观六入支，受念处观受支，心念处观识名色支，法念处总观余支”等(《达摩多罗禅经·修行观十二因缘第十七》)。这样修习有事半功倍的效果。

缘起与实相，是佛教世界观的一体两面。在世俗中的二元对立的缘起现象，一旦由实相角度观察，就可以超越对立的观点，发现其“毕竟空相”，转化为“甚深清净”。这种观法称为“甚深清净观”，又称“诸法实相观”。

诸法实相观者，当知诸法从因缘生，因缘生故不得自在，不自在故毕竟空相，但有假名无有实者。若法实有不应说无，先有今无是名为断。不常不断亦不有无，心识处灭言说亦尽，是名甚深清净观也。又观淫怒痴法即是实相。何以故？是法不在内不在外。若在内，不应待外因缘生；若在外，则无所住。若无所住亦无生灭，空无所有清净无为，是名淫怒痴实相观也。又一切诸法毕竟清净，非诸佛贤圣所能令尔。但以凡夫未得慧观，见诸虚妄之法有种种相。得实相者观之，如镜中像，但诳人眼，其实不生亦无有灭。如是观法甚深微妙，行者若能精心思惟，深静实相不生邪者，即便可得无生法忍。(《思惟略要法》)

在诸法实相观中，一切现象都被分解至最基本的元素，乃至空无所有的地步，“不自在故毕竟空相，但有假名无有实者”，佛教认为这就是最根本的清净。实际上是指一切相对概念的消亡。这一观法对禅修者的要求甚高，从实相不离显现的角度来说，是把在禅定获得的特殊认知状态延伸到日常生活中，以实相观法观照世俗，“得实相者观之，如镜中像，但诳人眼，其实不生亦无有灭”，精神修持能维持在这一程度的禅修者，佛教认可其得“无生法忍”，已成佛教圣者。

第四部分　小　　结

《本缘部》《经集部》经典可以说分别是佛教出世与入世智慧的最好体现。佛陀为了让人们超越生死、获得解脱，主张林下静修。但他并不否认世俗生活的意义，也强调如法如理的世俗生活。特别是为了适应入世传播的需要，佛陀在作为修行核心的戒、定、慧三学之上，又逐渐增加一系列调整信众世俗生活的行为原则，它深刻影响着一代代佛教信众的日常生活，并为他们提供面对各种问题时采取的认知策略和应对方式。这些与世俗生活相关的行为原则并不是一成不变，而是顺应着生活在具体时空的信众的需求，作为佛教入世策略的一部分在不断地变化调整。

《本缘部》记载了许多佛陀及弟子往昔因缘故事，较少论及玄奥的佛教哲学思想，专务于佛教信众的品德塑造与感化，其中蕴含大量关于心理品质的描摹、分析与引导技术，对我们维护心身健康颇有启发。从“大五人格”量表出发，分析《六度集经》中的八十八则情节具体的故事中各自主角的心理、行为，发现佛教所推崇的人格具有的主要特征是：能够展现友好、乐观的态度，同时又不乏稳健；对身处困境的人有较高的同情心，乐于帮助他人；能够持之以恒地贯彻自身的信念，并忍受由此带来的痛苦；内心坚定、宠辱不惊，不会冲动行事。这些特征与现代心理健康的要求完全吻合，故事中人物的言行举止值得我们效仿。

禅修是佛教信众修行、觉悟人生真谛的主要方式。与《阿含部》经典对禅修实践大多语焉不详不同，《经集部》经典对禅修实践的操作包括禅修前的准备、两种基本禅修方式、修习路径，以及禅修过程中发生的身心现象等方面都有较为详尽的记载。佛家认为人生的价值并不在于肉体上的享受，而在于培养强大的人格力量，领悟宇宙真谛，进入一种至高无上的理想境界。所以禅修的目的并不是健身、治病、长寿、得神通，但它客观上对心身的调整、健康的恢复、智慧的形成、保健与强身等有着不可估量的作用。从这个角度来说，禅修有助于调动人类生命本身拥有的调整各种失和的内在机制，从而防治各种疾病，成为具有完整的生理、心理状态与良好的社会适应能力的人。

汉文《大藏经》本缘部涉医文献的辑录与研究

目　录

佛本生经

佛　传

佛及弟子因缘经

法 句 经

譬 喻 经

佛本生经

六 度 集 经

吴天竺沙门康僧会译

【提要】六度集经是一部以六度为分类，编集多部本生经与本生故事，旨在弘扬佛陀在因地（因地，学佛的开始和成佛前的经过）广行“六度”的事迹。度，梵语波罗蜜多，意为到彼岸，就是从烦恼的此岸度到无烦恼的彼岸。“六度”，指六个到彼岸的方法。在经中，依据六度不同，分别设置《布施度无极章》《戒度无极章》《忍辱度无极章》《精进度无极章》《禅度无极章》《明度无极章》。

卷 第 一

布施度无极章第一（此有一十章）

【提要】布施度章记述的多为不惜身命，舍己为人，广大布施财物乃至自身的事迹。

【原文】菩薩六度無極難逮高行，疾得為佛。何謂為六？一曰布施，二曰持戒，三曰忍辱，四曰精進，五曰禪定，六曰明度無極高行。

布施度無極者，厥則云何？慈育人物，悲愍群邪，喜賢成度，護濟眾生，跨天踰地潤弘河海。布施眾生，飢者食之，渴者飲之，寒衣熱涼，疾濟以藥，車馬舟輿、眾寶名珍、妻子國土，索即惠之。猶太子須大拏，布施貧乏，若親育子，父王屏逐，愍而不怨。（《大正藏》卷三第1页）

【评说】本段经文详释“六度”之中的布施度，指出菩萨心中无亲疏，一律将他人视如亲人，尽力满足他人的要求，不会因不如意而怨愤，体现了佛教的平等观。

“疾济以药”，表明了佛教对疾病进行治疗的积极态度。

（二）萨波达王本生

【原文】鷹照王懷守道不移，慈惠難齊，各復本身。帝釋、邊王稽首于地曰：“大王！欲何志尚，惱苦若茲？”人王曰：“吾不志天帝釋及飛行皇帝之位，吾覩眾生沒于盲冥，不覩三尊、不聞佛教，恣心于凶禍之行，投身于無擇之獄。覩斯愚惑，為之惻愴。誓願求佛，拔濟眾生之困厄，令得泥洹。”天帝驚曰：“愚謂大王欲奪吾位，故相擾耳。將何勑誨？”王曰：“使吾身瘡愈復如舊，令吾志尚布施濟眾行高踰今。”天帝即使天醫神藥，傳身瘡愈、色力踰前，身瘡斯須豁然都愈。釋却稽首，遶王三匝歡喜而去。自是之後，布施踰前。菩薩慈惠度無極行布施如是。（《大正藏》卷三第1页）

【评说】这段经文描写了萨波达王割肉喂鹰后，帝释天王令医施治的过程。

“天帝即使天医神药，传身疮愈、色力踰前，身疮斯须豁然都愈”，说明佛陀时代已有用药治疗外伤的经验。

（六）国王本生

【原文】昔者菩薩為大國王，理民以慈，恕己度彼，月月巡行貧乏，拔濟鰥寡、疾藥糜粥。

每出巡狩,則命後車具載眾寶衣被醫藥,死者葬之。每覩貧民輙自咎責:“君貧德,民窮矣;君富德,民家足。今民貧,則吾貧矣。”王慈若斯,名被十方。(《大正藏》卷三第 2 页)

【评说】这段经文说明佛陀时代已有政府出面举办的慈善事业,施予鳏寡贫穷之人食药。

(七)国王本生

【原文】王曰:“誠哉斯言也。”即遣之去。退入齋房,靖心精思,即醒寤曰:“身尚不保,豈況國土妻子眾諸,可得久長乎?”即撰錄佛經誦文釋義,心垢照除,進貞臣納忠諫大赦其國,還民寶,序群僚,議寬正。(《大正藏》卷三第 3 页)

【评说】本段经文中,国王入室禅思明了外物不可倚靠的道理,这是布施的心理基础。

(八)仙叹理家本生

【原文】昔者菩薩為大理家,名曰仙歎,財富無數。覩佛明典,覺世無常,榮命難保,財非己有,唯有布施功德不朽。令告黎民:“若有貧乏,恣願取之。”如斯數月。時,政寬民富,無財乏者。仙歎念曰:“惟當市藥,供護眾疾耳。”即市良藥濟眾生命,慈育普至,恩無不周。累年之惠,德香遠熏,四方病者馳來,首尾歎其弘潤,以德配天。

財賄都盡身行採寶,去家百餘里,於一水上逢數乘車載重病者,曰:“爾所之乎?”答曰:“之仙歎所,庶全餘命。”仙歎即還,從王貸金五百兩,市藥以療,病者悉瘳。自與商人入海採寶,所獲弘多。還國置舟步行,道乏無水,仙歎得一井水,呼等人汲之,却自取飲。商人覩其所得白珠,光耀絕眾,貪為尤惡,毀聖殘仁,共排仙歎投之于井。菩薩仁德感神動祇,天神接承令不毀傷。(《大正藏》卷三第 3 页)

【评说】说明佛陀时代已有富人自发进行慈善活动,施药救治百姓。

(一〇)长寿王本生

【原文】父覩之,仰天曰:“違父遺誨,含兇懷毒,蘊於重怨,連禍萬載非孝子矣。諸佛四等弘慈之潤,德韜天地,吾尋斯道殺身濟眾,猶懼不獲孝道微行,而況為虐報讎者乎?不替吾言,可謂孝矣。”(《大正藏》卷三第 5 页)

【评说】经文中对孝道等人伦观念进行解释,指出应当遵循父母的教诲,同时也强调不应当以怨报怨,体现了佛教在传入中国之后与本土儒家文化相结合而生的孝道伦理观。

【原文】吾父臨沒口遺仁誡,令吾遵諸佛忍辱、惡來善往之道。而吾含極愚之性,欲以兩毒相注。(《大正藏》卷三第 5-6 页)

【评说】指出以怨报怨如同“两毒相注”,只会导致彼此持续伤害。

卷 第 二

布施度无极章(此有四章)

(一三)萨和檀王经

【原文】王夫人者,本大國王女,端正無雙,手足柔軟,生長深宮不更寒苦。又復重身懷

妊數月，步隨大家舉身皆痛，足底破傷不能復前，疲極在後。時，婆羅門還顧罵言："汝今作婢，當如婢法，不可以汝本時之態。"夫人長跪白言："不敢！但小疲極住止息耳。"喊言："疾來，促隨我後。"前到國市别賣奴婢，各與一主相去數里。(《大正藏》卷三第7页)

【评说】佛陀时代已经认识到孕妇不耐久行。

卷 第 三

布施度无极经(此有十一章)

(一五) 和默王本生

【原文】自王布施之後，國豐民富相率以道，民無殺者，盜人財物、婬人婦女、兩舌、惡口、妄言、綺語、嫉妬、恚、癡，兇愚之心，寂而消滅，皆信佛、信法、信沙門，信為善有福、作惡有殃。舉國和樂，鞭杖不行，仇敵稱臣，戰器朽于藏，牢獄無繫囚，人民稱善，我生遇哉。天龍鬼神無不助喜，祐護其國，毒害消竭，五穀豐熟，家有餘財，王內獨喜，即得五福：一者長壽，二者顏華日更好色，三者德勳八方上下，四者無病氣力日增，五者四境安隱心常歡喜。(《大正藏》卷三第11页)

【评说】略说国主布施之后，国民安居乐业，欣欣向荣的景象，意在化世导俗。

"一者长寿，二者颜华日更好色，三者德勋八方上下，四者无病气力日增，五者四境安隐心常欢喜"，记述了经常布施者，因为心身常常处于愉悦的状态，所以容貌美好，健康长寿。

(一六) 四姓经

【原文】眾祐曰："布施之行，惟在四意，慈心向彼，悲心追愍，喜彼成度，護濟眾生。雖施微薄，其後所生天上人中二道為常，所願自然，眼色、耳聽、鼻香、口味，身服上衣，心皆欣懌，不懼乏無也。若施薉薄，心又不悅，後得其福，福中之薄。官位七寶，得不足榮；處在薄中，心又慳儉不敢衣食，惴惴恰恰未嘗歡喜，腹飢身寒有似乞人，徒生徒死，無善以自祐也。若施以好，心不懇誠，憍慠自恃，身不供恪，綺求華名，欲遠揚己。後有少財，世人空稱，以為巨億；內懼劫奪，衣常薉薄，食未嘗甘，亦為空生空死。比丘未嘗履其門，遠離三尊，恒近惡道。惠以好物，四等敬奉，手自斟酌，存意三尊，誓令眾生逢佛昇天，苦毒消滅，後世所生願無不得，值佛生天必如志願也。"(《大正藏》卷三第12页)

【评说】佛陀解释在布施时应当具有的四种心态："慈心向彼，悲心追愍，喜彼成度，护济众生。"若不能以正确的心态布施，如布施的目的是为扬己名，布施时傲慢等，则对自己的心性修养并无很大的利益。

(二〇) 孔雀王本生

【原文】孔雀曰："大王懷仁，潤無不周，願納微言，乞得少水，吾以慈呪，服之疾即愈矣；若其無效，受罪不晚。"王順其意，夫人服之，眾疾皆愈，華色煒曄，宮人皆然。舉國歎王弘慈，全孔雀之命，獲延一國之壽。雀曰："願得投身于彼大湖，并呪其水，率土黎民，眾疾可愈。若有疑望，願以杖捶吾足。"王曰："可。"雀即呪之。國人飲水，聾聽盲視，瘖語傴申，眾疾皆然。(《大正藏》卷三第13页)

【评说】本段经文描述了以咒水治病的情况。

【原文】夫人疾除，國人竝得無病，無有害孔雀之心。雀具知之，向王陳曰："受王生潤之恩，吾報濟一國之命。"報畢乞退，王曰："可。"雀即翔飛昇樹重曰："天下有三癡。"王曰："何謂三？""一者吾癡，二者獵士癡，三者大王癡。"王曰："願釋之。"雀曰："諸佛重戒以色為火，燒身危命之由也。吾捨五百供養之妻，而貪青雀，索食供之有如僕使，為獵網所得，殆危身命。斯吾癡也。獵士癡者，吾至誠之言，捨一山之金，棄無窮之寶，信夫人邪偽之欺，望季女之妻，覩世狂愚皆斯類矣。捐佛至誠之戒，信鬼魅之欺，酒樂婬亂，或致破門之禍，或死入太山其苦無數，思還為人，猶無羽之鳥欲飛昇天，豈不難哉？婬婦之妖喻彼魅，亡國危身靡不由之，而愚夫尊之；萬言無一誠也，而射師信之。斯謂獵者愚矣。王得天醫除一國疾，諸毒都滅，顏如盛華，巨細欣賴而王放之。斯謂王愚矣。"(《大正藏》卷三第 13 页)

【评说】本段经文指出，世人因愚痴而行事，其中最为有害的就是迷惑于女色而令自己陷入危难的境地。佛教十分强调女色对一个人的负面影响，可以说已经认识到沉湎女色会严重影响健康。

【原文】佛告舍利弗："孔雀王自是之後，周旋八方輒以神藥，慈心布施，愈眾生病。"(《大正藏》卷三第 13 页)

【评说】佛教传统认为，孔雀具有治愈疾病的能力，常以孔雀象征神药。

(二四) 梵志本生

【原文】梵志念曰："彼其得佛，吾必得也，須當受決。"而佛去焉。前稽首曰："今設微供誠吾盡心，願授吾決。"佛告梵志："童子作佛之時，當授爾決。"梵志聞當得佛，喜忘有身，自斯之後，遂大布施，飢食寒衣，病給醫藥，蜎飛蚑行蠕動之類，隨其所食以時濟之。八方諸國，稱為仁父也。(《大正藏》卷三第 15 页)

【评说】本段经文说明，佛陀时代已有慈善活动。

(二五) 理家本生

【原文】蛇狐會曰："奈斯事何？"蛇曰："吾將濟之。"遂銜良藥開關入獄。見菩薩狀，顏色有損，愴而心悲，謂菩薩言："以藥自隨，吾將齚太子，其毒尤甚，莫能濟者。賢者以藥自聞，傅則愈矣。"菩薩默然。(《大正藏》卷三第 15 页)

【评说】本段经文说明，佛陀时代已有敷药治病的方法。

【原文】王曰："佛有要決？"曰："有之。佛說四非常，在之者，眾禍殄，景祐昌。"王曰："善哉！願獲其實。"曰："乾坤終訖之時，七日竝列巨海都索，天地烔然，須彌崩壞，天人鬼龍、眾生身命，霍然燋盡。前盛今衰，所謂非常矣。明士守無常之念，曰天地尚然，官爵國土，焉得久存？得斯念者，乃有普慈之志矣。"王曰："天地尚然，豈況國土？佛說非常，我心信哉。"(《大正藏》卷三第 15 页)

【评说】此段经文解释无常，指出外界的山河大地乃至生命都无恒，故应当牢记无常，这样就不会惑于常见而颠倒行事，强调了建立正确认知的重要性。

【原文】理家又曰："苦之尤苦者，王宜知之。"王曰："願聞明誡。"曰："眾生識靈微妙難

知，視之無形，聽之無聲，弘也天下，高也無蓋，汪洋無表，輪轉無際。然飢渴于六欲，猶海不足于眾流，以斯數更太山燒煮諸毒眾苦；或為餓鬼，洋銅沃口役作太山；或為畜生，屠割剝裂，死輙更刃，苦痛無量。若獲為人，處胎十月，臨生急笮，猶索絞身，墮地之痛猶高隕下，為風所吹若火燒己，溫湯洗之甚沸銅自沃，手蓤摩身猶刃自剝，如斯諸痛甚苦難陳。年長之後，諸根竝熟，首白齒隕，內外虛耗，存之心悲，轉成重病，四大欲離，節節皆痛，坐臥須人，醫來加惱。命將欲終，諸風竝興，截筋碎骨，孔竅都塞。息絕神逝，尋行所之。若其昇天，天亦有貧富貴賤，延算之壽，福盡罪來，下入太山、餓鬼、畜生，斯謂之苦。"王曰："善哉！佛說苦要，我心信哉！"(《大正藏》卷三第 15-16 页)

【评说】这段经文详细解释众生之苦，指出不论何种生命形态都要感受痛苦，难得快乐，对于人来说，则有生老病死等苦。

"众生识灵微妙难知"，强调了人的意识世界纷争复杂；"转成重病，四大欲离，节节皆痛，坐卧须人，医来加恼"。说明佛陀时代人患病后寻医诊治已是常态。

【原文】理家又曰："夫有必空，猶若兩木相鑽生火，火還燒木，火木俱盡，二事皆空。往古先王宮殿臣民，今者磨滅不覩所之，斯亦空也。"王曰："善哉！佛說空要，我心信哉！"(《大正藏》卷三第 16 页)

【评说】该段经文解释空义。此处所述的空是"夫有必空"。

【原文】理家又曰："夫身地水火風矣，強為地，軟為水，熱為火，息為風。命盡神去，四大各離，無能保全，故云非身矣。"王曰："善哉！佛說非身，吾心信哉！身且不保，豈況國土乎？痛夫我先王，不聞無上正真，最正覺非常苦空非身之教矣。"(《大正藏》卷三第 16 页)

【评说】该段解释"非身"。佛教认为，人身由四大组成，其中并无"我"的实体。

【原文】理家曰："天地無常，誰能保國者乎？胡不空藏，布施貧飢之人乎？"王曰："善哉！明師之教快哉！"即空諸藏而布施貧乏，鰥寡孤兒令之為親為子，民服炫煌，貧富齊同，舉國欣欣，含笑且行，仰天歎曰："菩薩神化乃至於茲乎？"四方歎德，遂致太平。(《大正藏》卷三第 16 页)

【评说】国王因为深切体会到非常、苦、空、非身的佛教教义，故能够正确行持布施。

"空诸藏而布施贫乏，鳏寡孤儿令之为亲为子"，可见佛陀时代已有政府出面举办的慈善活动。

卷 第 四

戒度无极章第二(此有十五章)

【提要】在戒度章中，主要以持戒守信，戒贪嗔痴为主要内容。

【原文】戒度無極者，厥則云何？狂愚兇虐好殘生命，貪餘盜竊，婬妷穢濁，兩舌，惡罵，妄言，綺語，嫉、恚、癡心。危親戮聖，謗佛亂賢，取宗廟物，懷兇逆，毀三尊，如斯元惡，寧就脯割，葅醢市朝，終而不為；信佛三寶，四恩普濟矣。(《大正藏》卷二第 16 页)

【评说】本段经文解释戒的意义即遭受任何逼迫都始终不做不合戒律之事。戒，对普通人来说可以诠释为一定的行为准则，是对个人的道德和行为要求。

（二八）象王本生

【原文】師如命行之象遊處，先射象，著法服持鉢，於坑中止住。象王見沙門，即低頭言："和南道士！將以何事賊吾軀命？"曰："欲得汝牙。"象曰："吾痛難忍，疾取牙去，無亂吾心，令惡念生也。志念惡者死入太山、餓鬼、畜生道中。夫懷忍行慈，惡來善往，菩薩之上行也，正使俎骨脯肉，終不違斯行也。修斯行者，死輙上天，疾得滅度矣。"（《大正藏》卷三第 17 页）

【评说】本段经文指出，在佛教看来临终的心念状态会决定死后的去向。如果心怀恶念会下堕恶道，因此菩萨应当"怀忍行慈，恶来善往"。

（二九）鸚鵡王本生

【原文】鸚鵡王深惟，眾生擾擾赴獄喪身，迴流三界靡不由食。告從者曰："除貪捐食，體疵小苦，命可冀矣。愚者饕餮，心無遠慮，猶若慳子貪刀刃之蜐蜜，不知有截舌之患。吾今裁食，爾等則焉。"鸚鵡王日瘦，由其籠目勢踊得出，立籠上曰："夫貪惡之大，無欲善之，景矣。"重曰："諸佛以貪為獄為網、為毒為刃，爾等損食可如余焉。"（《大正藏》卷三第 17 页）

【评说】本段经文主要说明"贪恶之大，无欲善之"，指出贪欲的危害，应当以无欲对治。

（三〇）法施太子本生

【原文】王聞有妙琴者，呼而作之。形容憔悴，唯識其聲。王曰："汝是吾子法施者乎！"太子伏地哽噎。王后宮人，舉國巨細莫不哀慟。妃本末陳之。王曰："嗚呼女人不仁，猶粳飯之糅毒。佛教遠之，不亦宜乎！"即收相國及嬖妾，以棘笞之，煬膠渧其瘡中，燣即裂之，為坑生埋矣。（《大正藏》卷三第 18 页）

【评说】佛陀时代已有各种刑罚。

（三二）凡夫本生

【原文】昔者菩薩，時為凡夫，博學佛經，深解罪福，眾道醫術，禽獸鳴啼，靡不具照。覩世憒濁，隱而不仕，尊尚佛戒，唯正是從。處貧窮困，為商賃擔。過水邊飯，群烏眾噪，商人心懼，森然毛竪，菩薩笑之。（《大正藏》卷三第 18 页）

【评说】本段经文记载了佛陀时代已有医术高超之人。

（三八）太子墓魄经

【原文】對曰："惟願大王！哀採微言。吾昔甞為斯國王，名曰須念，處國臨民二十五年，身奉十善育民以慈，鞭杖眾兵都息不行，囹圄無繫囚，路無怨嗟聲，惠施流布，潤無不周。但以出遊翼從甚眾，導臣馳除，黎庶惶懼；終入太山燒煮割裂，積六萬年，求死不得，呼嗟無救。當爾之時，內有九親，表有臣民，資財億載，眾樂無極，寧知吾入太山地獄燒煮眾痛無極之苦乎？生存之榮，妻子臣民，孰能分取諸苦去乎？惟彼諸毒其為無量，每壹憶之，心怛骨楚，身為虛汗，毛為寒竪。言往禍來，殃追影尋，雖欲發言懼復獲咎，太山之苦難可再更，是以縮舌都欲無言。始十三年，而妖導師令王生埋吾。懼大王獲太山之咎，勢復一言耳。今欲為沙門守無欲之行，覩眾禍之門不復為王矣。願無怪焉。"（《大正藏》卷三第 20 页）

【评说】本段经文指出，人死之时，外物对于痛苦并无救济作用，反而会由于执著而感受

更多的痛苦，因此不应贪著欲求。对物欲横行的当今社会不啻当头棒喝！

（三九）弥兰经

【原文】時，諸沙門閑居深惟：“世人習邪樂欲，自始至終無厭五樂者。何謂五樂？眼色、耳聲、鼻香、口味、身細滑。夫斯五欲，至其命終，豈有厭者乎？”（《大正藏》卷三第 21 页）

【评说】眼、耳、鼻、舌、身的五种感官享受是没有尽头的，追逐五欲会空耗人的一生。与道家学说的“五色令人目盲；五音令人耳聋；五味令人口爽；驰骋畋猎，令人心发狂；难得之货，令人行妨。是以圣人为腹不为目，故去彼取此”颇为一致。

（四〇）顶生圣王经

【原文】惡念興而神足滅，釋還之故宮，即獲重病。輔臣問曰：“天王疾篤，若在不諱，將有遺命乎？”王曰：“如有問：‘王何以喪身？’答如所覩，以貪獲病，遂致喪身。夫貪，殘命之刃，亡國之基也。去三尊，處三塗，靡不由之。戒後來嗣，以貪癡火燒身之本也，慎無貪矣。夫榮尊者其禍高矣，寶多者其怨眾矣。”（《大正藏》卷三第 22 页）

【评说】“以贪获病，遂至丧身”，贪欲会导致疾病，告诫人们应戒贪。

（四一）普明王经

【原文】劫數終訖，　乾坤焵然，
須彌巨海，　都為灰煬。
天龍福盡，　于中凋喪，
二儀尚殞，　國有何常？
生老病死，　輪轉無際，
事與願違，　憂悲為害。
欲深禍高，　瘡疣無外，
三界都苦，　國有何賴？
有本自無，　因緣成諸，
盛者必衰，　實者必虛。
眾生蠢蠢，　都緣幻居，
聲響俱空，　國土亦如。
識神無形，　駕乘四蛇，
無明寶養，　以為樂車。
形無常主，　神無常家，
三界皆幻，　豈有國耶？（《大正藏》卷三第 22-23 页）

【评说】本首偈颂为说轮回之苦，在轮回中受苦却没有任何意义。

【原文】追後不屬，曰：“沙門可止！”答曰：“吾止久矣，惟爾不焉。”曰：“止義云何？”答曰：“吾惡都止，爾惡熾矣。”（《大正藏》卷三第 23 页）

【评说】本段经文引申止义，止即停止贪心生恶的过程。可见，贪心即过分的欲望，是人类出现各种恶行的心理基础。

【原文】王召軍師戰士數萬，尋捕妖賊，未知所之。道過佛所，曰："王自何來？身蒙塵土。"對曰："國有妖賊殺無過民，今尋捕之。"世尊告曰："夫民先修德而退祟邪，治國之政其法何之？"對曰："先貴後賤，正法治之。""若夫先戴畜心退懷聖德，正法何之？"對曰："先賤後貴，正法賞之。"曰："賊已釋邪祟真，今為沙門矣。"王歎曰："善哉！如來、無所著、正真道、最正覺、道法御、天人師，神妙上化乃至于茲乎！始為豺狼，今為天仁。"稽首足下，又重歎曰："斯化奇矣，願一覩之。"世尊曰："可。"王逮官屬，造之而曰："上德賢者可一開眼相面乎？"如斯三矣。答曰："吾之眼睛，耀射難當。"王稽首曰："明日設微饌，願一顧眄。"答曰："於廁吾往，於殿則不。"王曰："唯命。"還則裂廁，掘其地則新之，樟梓栴材，為之柱梁，香湯沃地，栴檀蘇合欝金諸香，和之為泥，旃罽雜繒，以為座席，彫文刻鏤，眾寶為好。煒煒煌煌，有踰殿堂。明日王身捧香鑪迎之。阿群就座，王褰衣膝行，供養訖畢，即說經曰："廁前日之污，豈可於飯乎？"對曰："不可。"曰："今可乎？"曰："可矣。"阿群曰："吾未覩佛時，事彼妖蠱，心存口言身行諸邪，邪道穢化其為臭污，甚彼溷矣。屎污可洗，穢染難除，賴蒙宿祚生值佛世，沐浴清化去臭懷香，內外清淨猶天真珠，夫不覩佛、不知四非常者，觀其志趣，猶狂者醉之以酒矣，不親賢眾而依十惡者，其與豺狼共檻乎！"王曰："善哉！奇乎佛之至化，乃令廁臭化為栴檀矣。"(《大正藏》卷三第 23 页)

【评说】本段经文描述的内容表达了只要能改过自新就能内外清净。

"还则裂厕，掘其地则新之，樟梓栴材，为之柱梁，香汤沃地，栴檀苏合郁金诸香，和之为泥，旃罽杂缯，以为座席，彫文刻镂，众宝为好"，说明佛陀时代已广泛使用各种香料。

【原文】說經竟，即邁歷市，聞有婦人逆產者命在呼吸。還如事啟，佛言："爾往為其產。"阿群悪然。世尊曰："爾望產云：'吾自生來，慈向眾生，潤濟乾坤者。'爾母子俱全矣。"受教而往，至宣佛恩，母子俱生。退還尋塗，疑已有殺人之酷，而云普慈，稽首質焉。佛告阿群："凡人心開受道之日，可謂始生者也。不覩三尊，未受重戒，猶兒處胎，雖其有目，將亦何覩？有耳何聞？故曰未生也。"阿群心開，即得應真道。(《大正藏》卷三第 23 页)

【评说】本段经文描述阿群为产妇宣扬佛法，使其平安生产。

"妇人逆产者命在呼吸"，佛陀时代已有难产的记载，并认为可以通过诵经助产。

卷 第 五

忍辱度无极章第三(此有十三章)

【提要】在忍辱度章中，记述佛陀在过去生中遭遇种种非人折磨，始终以慈悲的态度面对加害者，表现了忍辱的内涵。

【原文】忍辱度無極者，厥則云何？菩薩深惟："眾生識神，以癡自壅，貢高自大，常欲勝彼，官爵國土六情之好，己欲專焉。若覩彼有，愚即貪嫉，貪嫉處內、瞋恚處外，施不覺止，其為狂醉，長處盲冥矣。展轉五道，太山燒煮，餓鬼畜生，積苦無量。"菩薩覩之即覺，悵然而歎："眾生所以有亡國破家、危身滅族，生有斯患，死有三道之辜，皆由不能懷忍行慈，使其然矣。"菩薩覺之，即自誓曰："吾寧就湯火之酷、葅醢之患，終不恚毒加於眾生也。夫忍不可忍者，萬福之原矣。"自覺之後，世世行慈，眾生加已罵詈捶杖，奪其財寶妻子國土，危身害命，菩薩輒以諸佛忍力之福，迮滅毒恚，慈悲愍之追而濟護，若其免咎，為之歡喜。(《大正藏》卷三第 24 页)

【评说】本段经文详细解释如何忍辱，即遭遇任何困境积极面对，原谅他人，避免心生怨恨。

（四五）童子本生

【原文】父投躬呼天結氣內塞，遂成癈疾。（《大正藏》卷三第26页）

【评说】上述经文描述因愤怒而气机内结，导致“废疾”。“废疾”可能与今日之“脑溢血”“脑缺血”所致肢体活动不利相似。

【原文】四姓結忿內塞而殞。（《大正藏》卷三第26页）

【评说】上述经文指出愤怒过度，可能会导致猝死。

（四六）国王本生

【原文】猴王率眾，由徑臨海，憂無以渡。天帝釋即化為獼猴，身病疥瘲，來進曰：“今士眾之多，其踰海沙，何憂不達於彼洲乎？今各復負石杜海，可以為高山，何但通洲而已？”猴王即封之為監，眾從其謀，負石功成，眾得濟度，圍洲累沓。（《大正藏》卷三第27页）

【评说】本段经文记载了“疥癬”这一疾病。

【原文】龍作毒霧，猴眾都病，無不仆地。二王悵愁，小猴重曰：“令眾病瘳，無勞聖念。”即以天藥傅眾鼻中，眾則奮鼻而興，力勢踰前。（《大正藏》卷三第27页）

【评说】印度之龙为龙族，与中华龙不同，更近于蛇。此处描述纳解毒药于鼻中可以避毒，是一种特殊的解毒方法。

（四九）难王本生

【原文】蛇流淚曰：“道士仁如天地，尚與禍會，豈況無道，誰將祐之乎？天仁無怨，斯王唯有太子一人，無他儲副，我將入宮咋殺太子，以吾神藥傅之即愈。”蛇夜入宮，咋之即絕。停屍三日，令曰：“有能活太子者，分國而治。”載之山間，當火葬之。行徑歷道士邊，道士曰：“太子何疾而致喪身乎？且無葬矣！吾能活之。”從者聞說，馳以上聞。王心悲喜，重更哀慟曰：“吾赦爾罪，分國為王。”道士以藥傅身，太子忽然興曰：“吾何緣在斯乎？”從者具陳所以。太子還宮，巨細喜舞。（《大正藏》卷三第28页）

【评说】佛陀时代已有外敷解毒药治疗蛇毒的方法。

“蛇夜入宫，咋之即绝，停尸三日”，人中毒后陷入昏迷，看上去好像死亡一样。

（五三）六年守饥毕罪经

【原文】時有梵志，執操清淨，閑居山林，不豫流俗，唯德是務。夜渴行飲，誤得國人所種蓮華池水，飲畢意悟曰：“彼買此池，以華奉佛廟，水果自供；吾飲其水，不告其主，斯即盜矣。夫盜之為禍，先入太山，次為畜生，屠賣于市以償宿債。若獲為人，當為奴婢。吾不如早畢於今，無遺後患矣。”詣闕自告云其犯盜，唯願大王以法相罪，畢之於今，乞後無尤。王告曰：“斯自然之水，不賓之物，何罪之有乎？”對曰：“夫買其宅即有其井，占其田則惜其草，汲井刈蒭，非告不取。吾不告而飲，豈非盜耶？願王處之。”王曰：“國事多故，且坐苑中。”太子令之深處苑內，王事總猥，忘之六日。忽然悟曰：“梵志故在乎？疾呼之來。”梵志守戒飢渴六日，之王前立，厥體瘦疵，起而蹌地，王覩流淚曰：“吾過重矣。”（《大正藏》卷三第30页）

【评说】经文中梵志断饮食六日后出现骨瘦、虚弱的症状。

（五四）释家毕罪经

【原文】佛時首疾，其痛難言。（《大正藏》卷三第 31 页）

【评说】描述佛陀头痛难言的经历。

卷 第 六

精进度无极章第四（此有十九章）

【提要】精进度章从不懈怠行持善法的角度记述其内容。

【原文】精進度無極者，厥則云何？精存道奧，進之無怠，臥坐行步，喘息不替。其目髣髴，恒覩諸佛靈像變化立己前矣；厥耳聽聲，恒聞正真垂誨德音。鼻為道香，口為道言，手供道事，足蹈道堂，不替斯志呼吸之間矣。憂愍眾生長夜沸海，洄流輪轉，毒加無救；菩薩憂之，猶至孝之喪親矣。若夫濟眾生之路，前有湯火之難、刃毒之害，投躬危命，喜濟眾難，志踰六冥之徒獲榮華矣。（《大正藏》卷三第 32 页）

【评说】本段经文详细解释精进度，精进度指在行住坐卧中修行毫不懈怠。

"汤火之难、刃毒之害"，佛陀时代已经认识到烫伤和刀刃外伤是危害人类健康的原因之一。

（五五）凡夫本生

【原文】昔者菩薩，時為凡人，聞佛名號、相好、道力、功德巍巍，諸天共宗，則高行者眾苦都滅矣。菩薩存想，吟泣無寧，曰："吾從得天師經典翫誦執行，以致為佛，愈眾生病令還本淨乎？"時佛去世，無除饉眾，莫由受聞。隣有凡夫，其性貪殘，覩菩薩精進志銳，曰："吾知佛三戒一章，爾欲稟乎？"菩薩聞之，其喜無量，稽首足下，伏地請戒。知偈者曰："斯為無上正真、最正覺、道法御、天人師之要教也，子欲徒聞之，豈其然乎？"答曰："請問法儀，厥義何之？"曰："爾審懇誠者，身毛一孔一針刺之，血流身痛心不悔者，尊教可聞矣。"答曰："聞佛則殞，吾欣為之，豈況刺身而生存者乎？"即布針以刺身，血若流泉，菩薩喜於聞法，得無痛之定。（《大正藏》卷三第 32 页）

【评说】记载了禅定的特殊功效：针刺出血而不觉痛。

（五七）鹿王本生

【原文】群鹿覩其王，仰天悲號，各前舐瘡，分布採藥，咀咋傅之。（《大正藏》卷三第 32 页）

【评说】本段文字虽然是描述鹿的行为，但由于佛经中动物都有拟人化的处理，此处可以理解为以口咀嚼草药后外敷于疮面，是治疗创伤的一种方法。

（五八）修凡鹿王本生

【原文】鹿王又曰："寧出水中浮草木上著陸地，不出無反復人也。劫財殺主，其惡可原；受恩圖逆，斯酷難陳。"……王曰："凶詭保國，不若守信之喪矣。"（《大正藏》卷三第 33 页）

【评说】本段经文是对报恩守信的颂扬，指责不守信用、不知报恩的人。

（六四）蜜蜂王经

【原文】精進辯謂德樂正言："佛者難值，億百千世時乃一出耳，當曼精進為眾作本，如何睡眠？夫睡眠者陰蓋之罪，當自勗勉有覺寤心。"

……

時蜜蜂王，向德樂正，說偈報言：

"……

值見如來世，　當曼精進受，

除去睡陰蓋，　莫呼佛常在。"（《大正藏》卷三第 34 页）

【评说】佛教认为，睡眠是五盖之一，盖是指对感知的遮障。因此佛教反对过度睡眠，可见佛陀时代已认识到睡眠过多会影响人的健康。

【原文】佛語阿難："我爾時俱與彌勒共聽經法，彌勒時睡眠獨無所得。設我爾時不行善權而救度者，彌勒于今在生死中未得度脫。聞是法者常當精進，廣勸一切皆令除去睡眠之蓋，當造光明智慧之本。"（《大正藏》卷三第35 页）

【评说】本段经文指出，不应当贪恋睡眠，尤其不应当在听闻佛法的时候睡眠。

（六五）佛以三事笑经

【原文】昔者菩薩，為清信士，歸命三尊，慈弘仁普，恕濟群生，守清不盜，布施等至，貞淨不妷，觀捐內婬，信同四時、重如須彌，絕酒不飲，尊孝喻親，以正月奉六齋精進無倦，所生遇佛，德行日隆，遂成如來、無所著、正真覺、道法御、天人師，教化周旋。（《大正藏》卷三第 35 页）

【评说】略述菩萨从修行到证果的过程。

"绝酒不饮"，佛陀时代已经认识到饮酒的危害，提倡戒酒。

（六六）小儿闻法即解经

【原文】日月滿足，夫人在產，娩娠得男，又無惡露。其兒適生，叉手長跪，誦般若波羅蜜。夫人產已，還如本時無所復知，如夢寤已了無所識。（《大正藏》卷三第 36 页）

【评说】佛陀时代已有生产时无恶露的记载。

（六八）童子本生

【原文】對曰："眾聖之書，唯佛教真。佛經曰：'為善福追，作惡禍隨，禍之與福猶影響焉。'走身以避影，撫山以關響，其可獲乎？"王曰："不可。"曰："夫身即四大也，命終四大離，靈逝變化，隨行所之，何賂之有？"（《大正藏》卷三第 36 页）

【评说】此处解释因果报应不虚，无法以外物改变因果规律。警示众人奉行善事，莫行恶事。

（七二）女人求愿经

【原文】婦夜寐覺，憶世無常："榮富猶幻，孰獲長存，躬為坏舟，我神載之，猶獲月影望天實者也。勞心苦身何益於己？夢幻皆空，天神世榮，其歸若茲矣。明晨當索無上正真、天中之天為吾師焉。"(《大正藏》卷三第 38 页)

【评说】本段经文描述妇人感悟"劳心苦身何益于己？梦幻皆空"的道理。

卷 第 七

禅度无极章第五(此有九章)

【提要】禅度章则主要记录修持禅定的种种方法和经过，同时也包含对不同的禅相进行辨别的知识。

(七四) 得禅法

【原文】禪度無極者云何？端其心，壹其意，合會眾善，內著心中，意諸穢惡，以善消之。凡有四禪：一禪之行，去所貪愛五妖邪事，眼覩華色心為淫狂，去耳聲、鼻香、口味、身好，道行之志必當遠彼。又有五蓋：貪財蓋、恚怒蓋、睡眠蓋、淫樂蓋、悔疑蓋。有道無道，有佛無佛，有經無經，心意識念，清淨無垢，心明覩真得無不知，天龍鬼妖所不能惑。猶人有十怨脫身離之，獨處山間眾所不知、無所復畏，人遠情慾，內淨心寂，斯謂一禪。心獲一禪進向二禪，第二之禪，如人避怨，雖處深山懼怨尋之，逾自深藏，行家雖遠十情慾怨，猶恐慾賊來壞道志，得第二禪，情慾稍遠不能污己。第一之禪，善惡諍已，以善消惡，惡退善進。第二之禪，喜心寂止，不復以善住消彼惡也。喜善二意，悉自消滅，十惡煙絕，外無因緣來入心者。譬如高山其頂有泉，無流入者，亦非龍雨水自內出，水淨泉滿，善內心出，惡不復由耳目鼻口入，御心如是，便向三禪。第三之禪，守意牢固，善惡不入，心安如須彌，諸善不出。外事善惡寂滅不入，心猶蓮華根莖在水，華合未發為水所覆。三禪之行，其淨猶華，去離眾惡身意俱安。御心如是，便向四禪。善惡皆棄，心不念善亦不存惡，心中明淨猶琉璃珠，又如士女淨自沐浴，名香塗身，內外衣新，鮮明上服，表裏香淨，菩薩心端獲彼四禪。群邪眾垢無能蔽其心，猶若淨繒在作何色。又如陶家埏埴為器，泥無沙礫在作何器。又猶鍛師熟煉名金，百奇千巧從心所欲。菩薩心淨得彼四禪，在意所由，輕舉騰飛，履水而行，分身散體，變化萬端，出入無間，存亡自由。摸日月，動天地，洞視徹聽靡不聞見，心淨觀明得一切智，未有天地眾生所更，十方現在眾心所念，未萌之事，眾生魂靈為天為人，入太山、餓鬼、畜生道中，福盡受罪，殃訖受福，無遠不知。夫得四禪，欲得溝港、頻來、不還、應儀，各佛如來、至真平等正覺、無上之明，求之即得。猶若萬物皆因地生，自五通智至于世尊，皆四禪成，猶眾生所作非地不立。眾祐又曰："群生處世，正使天帝仙聖巧黠之智，不覩斯經，不獲四棄之定者，猶為愚矇也。"既有智慧，而復一心即近度世。此為菩薩禪度無極一心如是。(《大正藏》卷三第 39 页)

【评说】本段经文详细解释禅观次第以及一禅至四禅的修习和相应的感受。

(七五) 比丘得禅

【原文】昔者比丘，飯畢澡漱，入深山丘墓間樹下坐，叉手低頭，一心滅念。內意心中消去五蓋，五蓋滅後，其心㬥然，冥退明存。顧愍天人蜎飛蚑行蠕動之類，傷其愚惑懷斯五蓋，遏絕明善之心。消去五蓋諸善即強，猶若貧人舉債治生，獲利還彼餘財修居，日有利入，其人心喜。又如奴使免為良民，困病獲瘳，九族日興，牢獄重罪逢赦得出。又如重寶渡海歷險，還

家見親其喜無量。心懷五蓋猶斯五苦，比丘見諦去離五蓋，猶彼凡人免上五患，蓋退明進，眾惡悉滅，道志強盛即獲一禪。自一禪之二禪，凡有三行：一曰勤伔，二曰數念，三曰思惟。自斯三事得成四禪，以一禪之二禪，以二禪之三禪，以三禪之四禪。四禪勝三禪，三禪勝二禪，二勝一。第一之禪，十惡退，五善進。何謂十惡？眼樂色、耳音、鼻香、口味、身好，并上五蓋，謂之十惡。何謂五善？一計、二念、三愛、四樂、五曰一心。斯五善處內。第二之禪不計、不念，制心內觀，善行在內，不復由耳目鼻口出入，善惡二行不復相干，心處在內唯有歡喜也。三禪之行除去歡喜，心尚清淨，怕然寂寞，眾祐各佛應儀曰："諸能滅欲淨其心者，身終始安。"第四之禪喜心去，得寂定。一禪耳為聲亂，二禪心為念亂，三禪心歡喜亂，四禪心為喘息亂。一禪耳聲止，進至二禪，二禪念滅，進至三禪，三禪歡喜滅，進至四禪，四禪喘息滅得空定。菩薩禪度無極一心如是。（《大正藏》卷三第 39-40 页）

【评说】本段经文详细解释在具体修习禅定时，应当注意避免"五盖"（贪财盖、恚怒盖、睡眠盖、淫乐盖、悔疑盖），行禅时有"三行"（勤伔、数念、思维）。在日常生活中，有"十恶"事会令"五盖"发生，导致禅观能力退步，所以应该避免恶事的发生；而另有"五善"（计、念、爱、乐、一心）则是区别不同禅定状态的特点。

（七六）菩萨得禅

【原文】菩薩志道，凡以幾事，能令內淨心一得禪？或見老者，頭白齒落形體變異，覩之意悟曰："吾後必然。"一心得禪。或覩病者身心困痛，猶被杖楚。悵然悟曰："吾後必然。"一心得禪。或覩眾生壽命終訖，息絕熅逝，神遷身冷，九族捐之，遠著外野，旬日之間胮脹爛臭，或為狐犬眾鳥所噉，肌肉生蟲，蟲還食身，膿血惡露滂沱流地，骸骨解散，節節異處，足趺脛髀，尻脊脇臂，頭齒髑髏，各自分離。道人念曰："夫生有死，人物猶幻，會即有離，神逝體散。吾豈得止，獨不如彼乎？"覩之愴然，一心得禪。或見久死體骨消滅，泥土同塵。深自惟曰："吾體方爾。"一心得禪。或以聞太山湯火之毒、酷裂之痛，餓鬼飢饉積年之勞，畜生屠剝割截之苦，存之愕然，一心得禪，或見窮凍餓死，或見履非之人為王法所戮。道人念曰："斯人遭患由無道志，吾不精進必復如彼也。"一其心得禪。深惟內觀，下即為屎尿所迫，上即為寒熱所憎，覺身可惡，一心得禪。或見惡歲五穀不豐，民窮為亂更相挌戰，死屍縱橫，覩之愴然："吾不為道必復如之。"一其心得禪。覩盛有衰榮財難保，少壯有老病壽猶電光，憶之愕然，一其心得禪。念佛巍巍相難雙矣，皆由清淨致為眾祐，存之欣然，一其心得禪。念經深義，沙門高行，一其心得禪。惟身行善，前後積德，一其心得禪。惟愚所求違佛明法，勞而益罪，諸天處世守戒奉齋，自致升天榮壽無量，一其心得禪。受佛深經反覆思之，為眾訓導，中心歡喜，一其心得禪。存憶眾生有成輒壞，壞皆苦痛，惟之愴然，一其心得禪。眾生之性莫能自保，來始之變，道人自懼，命盡卒至，或墮惡道，視世榮樂真偽如夢，志重醒悟，一其心得禪。諸食入口與涕唾澆潰，外好內臭化成屎尿，憶之可惡，一其心得禪。兒在母腹，初如凝粥，以漸長大，三十八七日，身體皆成，臨生之難，多危少安。既生之後，諸病並進，或一或十、或五十至百年，皆當老死無免斯患，惟己亦然，一其心得禪。有存即滅，尋之無處，三界皆空，志無貪慕，悲念眾生不覩佛經，邪欲所蔽無知非常，誓願拯濟，一其心得禪。（《大正藏》卷三第 40 页）

【评说】本段经文详细列举了专心思考老、病、死、苦，念佛法僧，非常、苦、空、非身等多种可以令心专注一境的方法。

"老者，头白齿落形体变异"，描写了人体衰老的生理变化。

【原文】志成行高，懷四等心愍育眾生，猶若慈母哀護幼兒，兒隨輩熙戲，母以慈心行索，覩兒為泥塵所污，飢渴啼呼。覩兒若茲，悲淚抱歸，洗浴衣食，身康心悅，慈母歡喜，愛攝徘徊不捨如前。道人慈悲愛護眾生，踰彼慈母，教天下人蜎飛蚑行蠕動之類，奉佛覩經，親沙門眾，採執佛戒懷而行之，遠離三惡，心念善、口言善、身行善，抑上三惡，永興三善，長不令更太山、地獄、餓鬼、畜生窮苦險處。安以無極之福堂，尋復追誨，懼其處福為之惰蕩，恣縱惡心還處三塗，亦榮祿之禍，非常苦空之變以誡之也。勸取無為，如彼慈母攝護之意也。（《大正藏》卷三第 40 页）

【评说】佛教强调，慈悲喜护四等心，通过对四等心的修习也能趋入禅定。且常持四等心也能增长善心，抑制恶念。

【原文】思十六事，一其心得禪。何謂十六？喘息長短即自知，喘息動身即自知，喘息微著即自知，喘息快不快即自知，喘息止走即自知，喘息歡慼即自知，自惟萬物無常喘息自知，萬物過去不可追得喘息自知，內無所思棄捐所惟喘息自知，放棄軀命不棄軀命喘息自知。道人深思，有是即得是，無是不得是，夫生必有老死之患，魂靈不滅即更受身。不生即無老，不老即無死，念是一其心得禪。道人以眼觀世生死，但以十二因緣，念此一其心得禪。（《大正藏》卷三第 40 页）

【评说】本段经文描述呼吸观的渐次修行方法，修行重点在于自知。

"夫生必有老死之患"，佛陀时代已经认识到有生必有死，没有永恒的生命。

【原文】道人以五事自觀形體：一曰自觀面類數變，二曰苦樂數移，三曰志意數轉，四曰形體數異，五曰善惡數改。是謂五事。數有變異猶如流水前後相及，念此一其心得禪。道人念禪當云何？目見死人自頭至足，諦思熟視存想著心，行坐臥起飯飲萬役，常念著心以固其志，得禪自在所念。譬如人炊數斛米飯欲知熟未，直取一米捻㨃視之，一米熟者明餘者皆熟。道志若茲，心之迴走，猶水之流，道人直念一事，心停意淨，應儀真道，滅度可得。（《大正藏》卷三第 40 页）

【评说】本段经文描述一种观法，即对身体、感受、思想、善恶行的观察，发现其如流水般的前后序贯状态，通过专一的观察，可以趋入禅定，以达到行住坐卧都在禅定的境界。

【原文】第一之禪欲得應儀，可得不？曰："中有得者有不得者。何行能得？何行不得？於一禪中，有念有愛，道則不成。天地無常，虛空難保，盡內穢垢，無貪愛念，志淨如斯，應真可得。二三至四，執心當如一禪。志存一禪未得應儀，命終可趣，即上七天受壽一劫；在二禪終，上十一天受壽二劫；處三禪終，上十五天受壽八劫；處四禪終，上十九天壽十六劫。"（《大正藏》卷三第 40-41 页）

【评说】本段经文讨论在初禅中证果的可能性，以及各自的趋向。

【原文】道人自觀內體惡露都為不淨，髮膚髑髏皮肌，眼瞬涕唾，筋脉肉髓，肝肺腸胃，心膽脾腎，屎尿膿血，眾穢共合乃成為人。猶若以囊盛五穀也，有目瀉囊，分別視之，種種各異。明人如此內觀其身，四大種數各自有名都為無人，以無欲觀乃覩本空，一其心得禪。

道人深觀別身四大，地水火風。髮毛骨齒，皮肉五藏，斯即地也。目淚涕唾，膿血汗肪，

髓腦小便，斯即水也。內身溫熱主消食者，斯即火也。喘息呼吸，斯即風也。譬如屠兒殺畜剞解，别作四分具知委曲。道人內觀分别四大，此地彼水，火風俱然，都為無人，念之志寂，一其心得禪。道人自覺喘息長短，遲疾巨細皆别知之，猶人削物自知深淺，念息如此，一其心得禪。菩薩禪度無極一心如是。(《大正藏》卷三第41页)

【评说】本段经文描述的是不净观和身观的大致观察方法，即通过观察自身的不净以及"四大"和合之相，以舍弃对自身的贪著，从而趋入禅定的方法。

佛陀时代认为，地、水、火、风四要素构成人体。

（七七）太子得禅

【原文】太子出遊，王勑國內無令眾穢當彼王道。太子出城，第二天帝化為老人，當其車前，頭白背僂，倚杖羸步。太子曰："斯人何乎?"御使對曰："老人矣!""何謂為老?"曰："四大根熟，餘命無幾。"太子曰："吾後亦當老乎?"對曰："自古有老，無聖免茲。"太子曰："吾謂尊榮與凡有異，而俱不免，榮何益己?"還宮存之，一心得禪。王問僕曰："太子出遊觀國喜乎?"對曰："道觀老叜，存世非常，心不為欣。"王懼去國，重益樂人，惑之以榮華，亂之以眾音，欲壞其道意令守尊位也。(《大正藏》卷三第41页)

【评说】本段经文描述老相，即人体衰老后的种种表现。

【原文】後復出遊，王重勑曰："無令羸老在道側也。"前釋復化為病人，體疲氣微，肉盡骨立，惡露塗身，倚在門側。曰："斯復何人?"對曰："病人也。"曰："何謂為病?""飲食不節，臥起無常，故獲斯病，或愈或死。"曰："吾亦飲食不節，臥起無常，當更病乎?"對曰："有身即病，無免斯患。"太子曰："吾不免患，後必如之。"還宮存之，一心入禪。(《大正藏》卷三第41页)

【评说】本段经文描述病相，即人体患病后的种种表现。

"饮食不节，卧起无常，故获斯病"，佛陀时代已经认识到饮食无节制、起居无规律是导致疾病的原因之一。

【原文】後出，帝釋復化為死人，舁擔建旐，哀慟塞路。曰："斯復何人?"對曰："死人。""何謂為死?""命終神遷，形骸分散，長與親離，痛夫難處。"太子曰："吾亦然乎?"對曰："上聖之純德，無免斯患。"迴車還宮，一心入禪。(《大正藏》卷三第41页)

【评说】本段经文描述死相，即人死亡后的变化过程。

【原文】後復出遊，之王田廬，坐樹下。覩耕犂者，反土蟲出，或傷或死，鳥追食之。心中愴然，長歎曰："咄眾生擾擾，痛焉難處。"念之悵如，一心入禪。時，日盛出照太子身，樹為低枝不令日炙。王尋所之，遙覩無上聖德之靈，悲喜交集，不識投身，稽首為禮，太子亦俱稽首于地。父子辭畢，王還于宮，太子一心入禪。菩薩禪度無極一心如是。(《大正藏》卷三第41页)

【评说】本段经文描述在禅观状态中，对世间的因果相续进行详细观察。

（七八）太子得禅

【原文】太子靖思視諸伎人，猶木梗人，百節皆空，中如竹節，手足垂地，涕淚流出，口唾污頬，伏鼓亂頭，樂人皆著名瑠垂懸步搖華光，珠璣瓔珞琨環雜巧，羅縠文繡上服御衣，琴瑟箏笛，笳簫樂器，縱橫著地。警備之鳥及守衛者，頓瞑無識。太子以無蔽之眼遍觀眾身，還觀其妃，頭髮髑髏，骨齒爪指，皮膚肌肉，膿血髓腦，筋脉心膽，脾腎肝肺，腸胃眼竅，屎尿涕唾，內視猶枯骨，外視猶肉囊，無一可貴。不淨臭處，覩之存憶令人吐逆，猶藍假面文綵衣之熏香其表，以屎尿膿血滿著其內，愚者信其表，明者覩其內，遠之萬里猶復閉目也。（《大正藏》卷三第 41 页）

【评说】本段经文描述的也是一种观察身体不净的方法。经文指出凡人只对外表作观察，而智者则会对里外都进行观察，明了其真相。

【原文】太子覩之若幻難可久保，處世假借，必當還主。臥者縱橫，猶如死屍，愈不樂焉，一心得禪。（《大正藏》卷三第 41 页）

【评说】通过对事物的深入观察，断绝欲念，能够入禅。

（七九）太子得禅

【原文】太子未得道時，取地藁草，於樹下叉手正坐，棄眾垢念，清其心，一其志。自念曰：“今日為始，肌筋枯腐，於此不得佛者，吾終不起。”菩薩即得一禪，二三至四禪，即於一夜得一術闍，知無數劫父母兄弟妻子九族。二夜之中得二術闍，自知無數劫貧富貴賤長短白黑，眾生心中有念無念，得無不知。三夜之中得三術闍，三毒都滅。夜向明時，佛道成矣。深自思曰：“吾今得佛，甚深甚深難知難了，微中之微、妙中之妙也。今佛道成得無不知。”起至龍水所，龍名文隣，文隣所處，水邊有樹，佛坐樹下曰：“昔者錠光佛授吾尊決，當為釋迦文佛，真如所聞，吾今得佛矣。自無數劫來，布施、持戒、忍辱、精進、禪定、明度，積功之願，始今得極尊，作善福歸，不亡我功。”佛適念之，便入禪度無極。（《大正藏》卷三第 42 页）

【评说】本段经文描述佛陀在菩提树下坐禅成道的大致过程，指出圆满六度（布施、持戒、忍辱、精进、禅定、明度）才能获得究竟证悟。

【原文】佛在水邊，光明徹照龍所居處。龍覩光影，鱗甲皆起。龍嘗見三佛：拘婁秦佛、拘那鋡牟尼佛、迦葉佛，三佛得道，皆在此坐。明悉照龍所居，龍覩光明念曰：“斯光與前三佛光影齊同，世間得無復有佛乎？”龍大歡喜，出水左右顧視，覩佛坐樹下，身有三十二相，紫磨金色，光明奕奕過月踰日，相好端正如樹有華。龍前趣佛，頭面著地，遶佛七匝，身去佛四十里，以七頭覆佛上。龍喜作風雨七日七夕，佛端坐不動不搖不喘不息，七日不食得佛，心喜都無有想。龍大歡喜，亦七日不食無飢渴念，七日畢風雨止，佛禪覺悟。（《大正藏》卷三第 42 页）

【评说】在禅定过程中，由于心极专一，对外界发生的一切都无执著，因此没有躲避风雨等行为，由于禅定程度深，连呼吸都暂时停止了。

【原文】龍化為梵志，年少鮮服，長跪叉手，稽首問曰：“得無寒無熱無飢無渴，功福會聚，眾毒不加，處世為佛，三界特尊，豈不快哉？”佛告龍曰：“過去諸佛經說，眾生離三惡道得為人快，處世閑居守道志快，昔者所聞今皆獲快，處世懷慈不害眾生快，天魔重毒皆歇快，惔怕無欲不慕榮快，於世得道為天人師，志空、不願、無相之定。眾欲之有身，還神於本無，長存之

寂，永與苦絕，斯無上之快矣。"龍稽首言："自今以後，自歸佛歸法。"佛告龍："方有眾聖，其誓應儀欲除饉苦，亦當豫自歸之。"龍曰："諾。"自歸除饉眾。畜生之中歸佛先化，斯龍為首。菩薩禪度無極一心如是。（《大正藏》卷三第 42 頁）

【评说】本段经文通过对话，阐释"快(乐)"的意义，指出无上之快即为"永与苦绝"。

（八〇）佛得禅

【原文】佛行得小徑，其邊有樹，佛坐其下，與千二百五十比丘俱，一心入定。有五百乘車過，佛時盛渴，告阿難曰："爾取水，吾欲飲之。"曰："屬有五百乘車過，其水盛濁不可飲。"又重勑曰："吾渴尤甚，爾駛取水來。"至再三。阿難曰："有溪名鳩對，清澄且美，可浴可飲。"佛與阿難說斯未竟，時有一人名胞罽，師事逝心，逝心名羅迦藍。胞罽覩佛靈輝，身色紫金，相好甚奇，古聖希有，心喜踰溢，拱手直進，稽首而曰："屬有五百乘車由斯行矣，世尊寧聞見乎?"曰："不聞不見也。"胞罽曰："世尊臥乎?"曰："吾坐禪得一心定。"胞罽歎曰："如來、無所著、正真覺，玄深之定，乃至斯乎？車向者震國，躬污塵埃，志道無猗不聞不見，乾坤可動，斯志難傾。吾師在時，亦於道邊樹下得禪，時，亦有五百乘車歷其前，有人問曰：'寧聞見乎?'曰：'不聞不覩。'其人曰：'子時臥出乎?'曰：'吾一其心得清淨定，故不聞。'其人曰：'羅漢道志深，乃如之乎？車歷前，身污塵而不覺。'其人覩彼志幽玄，師事終年。"胞罽曰："佛寂定無猗之志猶吾往師，自今日始終命，奉佛五戒為清信士敢履眾惡。"佛告胞罽："五百車聲孰如雷震之響。"對曰："千車之聲，猶不比雨之小雷，豈況激怒之霹靂乎?"世尊曰："吾昔處阿譚縣蓬廬之下，坐惟生死之本，暴風雨雹雷電霹靂，殺四特牛、耕者兄弟二人。其縣黎民觀者甚眾。吾時出經行，有一人至吾所，吾問之曰：'眾將何觀乎?'其人如事說之。人曰：'佛時何之?'答曰：'獨在屋下。'人曰：'佛時臥乎?'曰：'不。'人曰：'焉有寤而不聞乎？志道甚深，自今之後，願師事世尊，奉五淨戒為清信士，終身守真。'"胞罽聞之，心開結解，其喜無量……（《大正藏》卷三第 42-43 頁）

【评说】本段经文描述佛陀行禅过程，因意念集中入于深定，对于巨响充耳不闻。

（八一）常悲菩萨本生

【原文】常悲菩薩，常流淚且行。時世無佛，經典悉盡，不覩沙門賢聖之眾，常思覩佛聞經妙旨。時世穢濁，背正向邪，華偽趣利猶蛾之樂火；四等六度永康之宅，而世廢佛斯法，就彼危禍，以自破碎也，故為愁荒哀慟且行。往昔有佛名影法無穢如來王，滅度來久，經法都盡。常悲菩薩，夢見其佛為其說法云："慎無貢高，學士之行，去心恩愛之垢，無著六情之塵勞，無遺眾愛毛髮之大。藏爾心內，諸念寂滅是為無為。"菩薩從佛聞斯法，猶餓夫得甘食，其喜無量，心垢除，入淨定。即棄家捐妻子，入深山處閑寂，以山水果蓏自供，處山舉手椎心哀號而云："吾生忽乎！不值佛世，不聞佛經，十方現在至真世尊，洞視徹聽，皆一切知，恍惚髣髴，暉靡不之，願現尊靈，令吾覩佛，得聞弘摸大道極趣。"哀聲適訖，天神下曰："明士乃爾，莫復哀號，佛有大法，名明度無極之明。過去諸佛，今現在、甫當來，皆由斯成，爾必索之誦習其文，懷識其義奉而行之，爾必得四無所畏、十種力、十八不共。身色紫金，項光無際。十方經道，爾為明主，眾聖之尊、天人之師，應儀各佛所無有也。"常悲菩薩仰視報曰："當由誰聞斯尊法乎？以何方便之何國土？厥師族名?"天人報曰："爾自斯正東行，無念色痛想行識，無念苦樂善惡、耳目鼻口身心吾我，及人往世所更、來世之事，無念地水火風空，青黄白黑都及眾色，貪淫瞋恚，愚癡嫉妬，男女九族，左右前後高下遲疾。無念有佛無佛、有經道無經道、有賢聖無賢聖，空爾意、絕眾願。爾之執心無違吾教，今覩明度無極聖典。"常悲菩薩仰曰："敬諾，終始戢之。"天人重曰："精進存之。"言竟忽然不現。(《大正藏》卷三第43页)

【评说】经文描述常悲菩萨从天人处得闻"明度无极之明"，即"无念色痛想行识，无念苦乐善恶、耳目鼻口身心吾我，及人往世所更、来世之事，无念地水火风空，青黄白黑都及众色，贪淫瞋恚，愚痴嫉妬，男女九族，左右前后高下迟疾。无念有佛无佛、有经道无经道、有贤圣无贤圣，空尔意、绝众愿"，按此方法修行可以超越生死。

【原文】菩薩受教，端心內淨，東行索之。數日即止，深自思曰："吾宿薄祐，生不值佛，世無沙門，君臣憒憒，無知佛者。明度無極、除冥尊師，去斯幾里，未覩之頃。"心中悲猛，舉哀而行，精誠之至感於諸佛。上方佛來，飛在其前，身色紫金，相好絕聖，面若滿月，項有日光，諸天翼從，寶帳華蓋，作樂散華，叉手垂首。佛歎菩薩曰："善哉善哉！爾之快健，覩世希有。"菩薩見佛，且喜且悲，稽首而曰："願佛哀我，斷我繫、解吾結、開吾盲、愈吾病，為吾說經。"佛告之曰："三界皆空，夫有悉無，萬物若幻，一生一滅，猶若水泡，覩世皆然。爾其思之，吾為爾說經，端心諦聽，慎無忘也。自是東行二萬里，有國名揵陀越，諸菩薩城也，一國之內皆是上士無凡庸人，欲為說諸菩薩之德，劫數已盡，其德有餘。至尊上德菩薩名法來，於彼諸聖猶星有月，懷諸經典，其明無限，敷演明度無極之經，反覆教人，諸菩薩有受經者、誦者、書者、定經原者，爾往見焉，必為爾師。勸爾索佛，疾馳就之，自當為爾說內外明度無極景德。"常悲菩薩聞佛歎彼菩薩名德，心入法喜，得現在定，眾想都寂，悉覩諸佛為己說明度無極之德，歎己精進索佛之勳，僉曰："善哉！求佛之志爾為得之。吾於往昔始發意時亦皆然也。已逝、甫來、現在諸佛，皆如爾索矣。爾必得佛，濟一切生也。"(《大正藏》卷三第43页)

【评说】本段经文进一步归纳明度，指出"三界皆空，夫有悉无，万物若幻，一生一灭，犹若水泡，覩世皆然"，对此深入思惟可以得禅证悟。

(八二) 那赖梵志本生

【原文】昔有兩菩薩，志清行淨，內寂無欲，表如天金，去穢濁之群，處山澤，鑿石為室。閑居靖志，菅衣草席，食果飲泉，清淨無為，志若虛空，四禪備悉，得五通智：一能徹視無遐不覩，二能洞聽無微不聞，三能騰飛出入無間，四能通知十方眾生心中所念，五能自知無數劫來宿命所更……眾祐曰："兩菩薩覩其國主不知三尊，臣民憒憒邪見自蔽，猶冥中閉目行。愍其徒死不覩佛經，故為斯變，欲其覩明也。"(《大正藏》卷三第43-44页)

【评说】本段经文描述菩萨为度化众生，常以不同形象示现正理。

卷　第　八

明度无极章第六(此有九章)

【提要】在明度章中，以阐明佛教智慧为主旨，记述佛陀过去生中，了悟无常、苦、空、无我、因果报应等教义的本生故事。

（八三）须罗太子本生

【原文】七日之後，釋出遊戲，於池沐浴，快樂已畢，當還昇天。池邊樹下有聖梵志，內外無垢，獲五通之明。兩道士進稽首曰："斯音絕世，將為誰樂？"答曰："頭魔王女等千餘人，于斯遊戲，方來修虔，爾等早退。"受命退隱，議曰："斯梵志道德之靈，吾等當以何方致天女乎？唯當以蠱道結草祝纚投之于水，令梵志體重天女靈歇耳。"即結草投水以蠱道祝。帝釋旋邁，諸天都然，唯斯天女不獲翻飛，兩道士入水，解其上衣以縛之。女曰："爾等將以吾為？"答如上說。以竹為箄行道七日，乃之王國。詣宮自懼，王喜現女為之設食，慰勞道士曰："吾獲昇天，斯國惠爾。"（《大正藏》卷三第44-45页）

【评说】佛陀时代已有关于巫术的记载。

【原文】孫即為祖王，陳無上正真、最正覺至誠之信言："夫欲昇天者，當歸命三尊，覺四非常，都絕慳貪、殖志清淨，損己濟眾，潤逮眾生，斯一也。慈愍生命，恕己濟彼，志恒止足，非有不取，守貞不泆，信而不欺，酒為亂毒，孝道枯朽，遵奉十德，導親以正，斯二矣。忍眾生辱，悲傷狂醉，毒來哀往，濟而不害，喻以三尊，解即助喜，慈育等護，恩齊二儀，斯三矣。銳志精進，仰登高行，斯四矣。棄邪除垢，志寂若空，斯五矣。博學無蓋，求一切智，斯六矣。懷斯弘德終始無尤，索為三界法王可得，昇天何難？若違佛慈教，崇彼凶酷，殘眾生命，婬樂邪祀，生即天棄，死入三塗，更相彫戮，受禍無窮。以斯元惡，庶望昇天，譬違王命者冀獲高位也。"（《大正藏》卷三第45页）

【评说】佛教常以伦常道德教育国主，令其行持正治。

"酒为乱毒"，佛陀时代已经认识到饮酒使人乱性。

（八四）遮罗国王经

【原文】還國有年，大王崩殂，太子代位。大赦眾罪，以五戒六度、八齋十善，教化兆民。災孽都息，國豐眾安，大化流行，皆奉三尊，德盛福歸，眾病消滅，顏影糙糙，踰彼桃華。（《大正藏》卷三第47页）

【评说】本段经文描述以正法治理国家，可得国泰民安。

（八五）菩萨以明离鬼妻经

【原文】昔者菩薩，時為凡人，年十有六，志性開達，學博覩弘，無經不貫練精深。思："眾經道術，何經最真？何道最安？"思已喟然而歎曰："唯佛經最真，無為最安。"重曰："吾當懷其真處其安矣。"親欲為納妻，悵然而曰："妖禍之盛莫大于色，若妖蠱臻，道德喪矣。吾不遁邁，將為狼吞乎？"於是遂之異國，力賃自供……菩薩念曰："欲根難拔，乃如之乎！"即興四非常之念曰："吾欲以非常、苦、空、非身之定，滅三界諸穢，何但爾垢而不能殄乎？"興斯四念，鬼妻即滅，中心炅如，便覩諸佛處己前立。釋空、不願、無想之定，受沙門戒為無勝師。菩薩普智度無極行明施如是。（《大正藏》卷三第47页）

【评说】本段文字描述通过深入思惟非常、苦、空、非身，可以消除幻象。

（八六）儒童受决经

【原文】師曰："爾道備藝足，何不遊志教化始萠乎？"對曰："宿貧乏貨無以報潤，故不敢退也。母病尤困，無以醫療，乞行傭賃以供藥直。”師曰：“大善！”稽首而退，周旋近國，覩梵志五百人，會講堂施高座，華女一人銀錢五百，昇坐高座眾儒共難，覩博道淵者，女錢貢之。菩薩臨觀，覩其智薄，難即辭窮，謂眾儒曰：“吾亦梵志之子，可豫議乎？”僉然曰：“可。”即昇高座，眾儒難淺而答道弘，問狹而釋義廣。諸儒曰：“道高明遐者可師焉。”僉降稽首，菩薩辭退，諸儒俱曰：“斯雖高智，然異國之士，不應納吾國之女也，益以錢贈焉。”菩薩答曰：“道高者厥德淵，吾欲無欲之道，厥欲珍矣。以道傳神，以德授聖，神聖相傳，影化不朽，可謂良嗣者乎！汝欲，填道之原、伐德之根，可謂無後者乎！”說畢即退，眾儒恧然而有耻焉。女曰：“彼高士者即吾之君子矣。”褰衣徒步，尋厥跡涉諸國，力疲足瘡，頓息道側，到鉢摩國。王號制勝，行國嚴界，覩女疲息。問：“爾何人為道側乎？”女具陳其所由。(《大正藏》卷三第 47-48 页)

【评说】“母病尤困，无以医疗，乞行佣赁以供药直”，说明佛陀时代以药治病已是普遍认识；“褰衣徒步，寻厥迹涉诸国，力疲足疮，顿息道侧，到钵摩国”，则是佛陀时代关于步行过久会导致足疮的记载。

(八七) 摩调王经

【原文】帝勅近臣主巾櫛者：“爾其見吾頭髮生白，即當以聞。夫髮白色，毀死之明證。吾欲捐穢世流俗之役，就清淨淡泊之行。”近臣如命，後見髮白，即以上聞。帝心欣然，召太子曰：“吾頭生白，白者無常之證信矣，不宜散念於無益之世。今立爾為帝，典四天下，臣民繫命于爾，爾其愍之。法若吾行，可免惡道；髮白棄國，必作沙門。立子之教，四等五戒十善為先。”明教適畢，即捐國土，於此廬地樹下，除鬚髮著法服作沙門。群臣黎庶哀慕躃踊，悲哭感結。(《大正藏》卷三第 48 页)

【评说】无常的征兆在生活中无处不在，老病等都昭示无常变迁。

“尔其见吾头发生白，即当以闻。夫发白色，毁死之明证”，说明佛陀时代已认识到白发是衰老的标志之一。

【原文】摩調法王子孫相繼千八十四世，聖皇正法末後欲虧。摩調聖王復捨天上以魂神下，從末世王生，亦為飛行皇帝，號名南，正法更興。明勅宮中皇后貴人，令奉八戒月六齋，一當慈惻愛活眾生；二慎無盜富者濟貧；三當執貞清淨守真；四當守信言以佛教；五當盡孝酒無歷口；六者無臥高床繡帳；七者晡冥食無歷口；八者香華脂澤，慎無近身，婬歌邪樂無以穢行。心無念之，口無言矣，身無行焉。勅諸聖臣導行英士下逮黎民：“人無尊卑令奉六齋，翫讀八戒帶之著身，日三諷誦，孝順父母，敬奉耆年，尊戴息心，令詣受經。鰥寡幼弱乞兒給救，疾病醫藥衣食相濟，苦乏無者令詣宮門求所不足，有不順化者重徭役之，以其一家處于賢者五家之間，令五化一家，先順者賞，輔臣以賢不以貴族。”自王明法施行之後，四天下民，慈和相向，殺心滅矣。應得常讓，夜不閉門，貞潔清淨，非妻不欲。一不言二，出教仁惻，覩不常誠，辭不華綺。見彼吉利，心喜言助，大道化行，凶毒消滅。信佛、信法、信沙門，言無復疑結。(《大正藏》卷三第 48-49 页)

【评说】本段经文描述开明的君主以佛法为原则治理国家，则国力昌盛、人民幸福。

“鳏寡幼弱乞儿给救，疾病医药衣食相济”，佛陀时代政府已经对鳏寡孤儿施行救助。

【原文】答帝釋曰：“如借人物，會當還主。今斯天座，非吾常居，暫還世間教吾子孫，以

佛明法正心治國，令孝順相承戒具行高，放捨人身上生天上，與釋相樂。"(《大正藏》卷三第49页)

【评说】佛教认为，从世俗规律来说，行持正法就能获得快乐的果报，这个道理值得代代相传。

"令孝顺相承戒具行高"，孝养父母和守戒具有同样的地位，说明佛陀十分推崇孝行。

(八八) 阿离念弥经

【原文】世尊歎曰："善哉善哉！甚快！當爾棄家學道，志當清潔，唯善可念耳。比丘坐起當念二事：一當說經，二當禪息。欲聞經不？"(《大正藏》卷三第49页)

【评说】描述比丘生活的内容，一是对佛陀的言教进行讨论；二是通过禅修践证佛法。

【原文】時，人皆壽八萬四千歲，都有九種病：寒、熱、飢、渴、大小便利、愛欲、食多、年老體羸，有斯九病。(《大正藏》卷三第49页)

【评说】佛教认为，一切不圆满的事情在广义上都是"病"。因此在本段经文中，狭义上并不属于疾病的生理现象也被归纳在"病"中。此处的病，更应该理解为令人不如意之事。

寒、热、饥、渴、大小便失常、爱欲过甚、饮食不节都是导致疾病的原因。

【原文】念彌為諸弟子說經曰："人命致短，恍惚無常，當棄此身就於後世。無生不死，焉得久長？是故當絕慳貪之心，布施貧乏，斂情攝欲，無犯諸惡。人之處世命流甚迅，人命譬若朝草上露須臾即落。人命如此，焉得久長？人命譬若天雨墮水，泡起即滅，命之流疾有甚於泡。人命譬若雷電恍惚，須臾即滅，命之流疾有甚雷電。人命譬若以杖捶水，杖去水合，命之流疾有甚於此。人命譬若熾火上炒，少膏著中，須臾燋盡，命之流去疾於少膏。人命譬若織機經縷，稍就減盡，天命日夜耗損若茲，憂多苦重，焉得久長？人命譬若牽牛市屠，牛一遷步，一近死地，人得一日猶牛一步，命之流去又促於此。人命譬若水從山下，晝夜進疾無須臾止，人命過去有疾於此，晝夜趣死，進疾無住。人處世間，甚勤苦、多憂念，人命難得，以斯之故，當奉正道，守行經戒無得毀傷，布施窮乏，人生於世無不死者。"念彌教諸弟子如斯，又曰："吾棄貪婬瞋恚愚癡歌舞伎樂睡眠邪僻之心，就清淨心，遠離愛欲，捐諸惡行，內洗心垢，滅諸外念，覩善不喜，逢惡不憂，苦樂無二清淨其行，一心不動得第四禪。吾以慈心教化人物，令知善道昇生天上，悲憐傷愍恐其墮惡。吾見四禪及諸空定，靡不照達，其心歡喜；以其所見教化萬物，令見深法。禪定佛事，若有得者亦助之喜。養護萬物如自護身，行此四事其心正等，眼所受見麤好諸色，其耳所聞歎音罵聲，香熏臭穢美味苦辛，細滑麤惡，可意之願，違心之惱，好不欣豫，惡不怨恚。守斯六行，以致無上正真之道。若曹亦當行斯六行，以獲應真之道。"(《大正藏》卷三第49-50页)

【评说】念弥沙门为诸弟子以譬喻详细说明人生短暂而无常，应当精进修行的必要性，并略释修行次第。

"好不欣豫，恶不怨恚"，生活中如意了不过分喜悦，不如意了不埋怨，是维持心境平和的原则。

【原文】念彌者，是我身。諸沙門仂行精進，可脫於生老病死憂惱之苦，得應真滅度大道；不能悉行，可得不還、頻來、溝港之道也。明者深惟，人命無常，恍惚不久，纔壽百歲，或得不得。百歲之中凡更三百時，春夏冬月各更其百也；更千二百月，春夏冬節各更四百月；更三萬六千日，春更萬二千日，夏暑冬寒各萬二千日。百歲之中一日再飯，凡更七萬二千飯，春夏冬日各更二萬四千飯也。并除其為嬰兒乳哺未能飯時，儻懅不飯，或疾病，或瞋恚，或禪或齋，或貧困乏食之時，皆在七萬二千飯中。百歲之中，夜臥除五十歲，為嬰兒時除十歲，病時除十歲，營憂家事及餘事除二十歲，人壽百歲纔得十歲樂耳。(《大正藏》卷三第 50 页)

【评说】本段经文通过计算人一生大概需要七万二千次饮食，以及排除睡眠、孩童、琐碎事等与修行无关之事后所剩时间无几，来说明人生短暂无常，应精勤修行。

(八九) 镜面王经

【原文】鏡面王大笑之曰："瞽乎瞽乎！爾猶不見佛經者矣。"便說偈言：

"今為無眼曹，　空諍自謂諦，
覩一云餘非，　坐一象相怨。"(《大正藏》卷三第 51 页)

【评说】盲人摸象，因所执不同而互相争论。佛教常以此比喻无明众生互相争执的情形，指出要避免争执，唯有通过证悟以亲见真相。

(九〇) 察微王经

【原文】昔者菩薩為大國王，名曰察微，志清行淨唯歸三尊，稟翫佛經靖心存義，深覩人原始自本無生。元氣強者為地，軟者為水，煖者為火，動者為風，四者和焉識神生焉。上明能覺，止欲空心還神本無，因誓曰："覺不寤之疇，神依四立，大仁為天，小仁為人，眾穢雜行為蜎飛蚑行蠕動之類，由行受身，厥形萬端，識與元氣微妙難覩，形無系髮，孰能獲把？然其釋故稟新終始無窮矣。"(《大正藏》卷三第 51 页)

【评说】本段经文体现了中国传统哲学思想"元气说"与佛教"四大说"的结合。经文中认为"元气强者为地，软者为水，暖者为火，动者为风，四者和焉识神生焉。上明能觉，止欲空心还神本无"，但是在佛教本身的教义中并无这种解释，可能是早期佛教传入我国时，入乡随俗式的改造。

【原文】王以閑日由私門出，羸衣自行，就補履翁，戲曰："率土之人孰者樂乎？"翁曰："唯王者樂耳。"曰："厥樂云何？"翁曰："百官虔奉，兆民貢獻，願即從心，斯非樂乎？"王曰："審如爾云矣。"即飲之以葡萄酒，厥醉無知，抗著宮中。謂元妃曰："斯蹠翁云：'王者樂矣。'吾今戲之。衣以王服，令聽國政。眾無駭焉。"妃曰："敬諾。"其醒之日，侍妾佯曰："大王項醉，眾事猥積，宜在平省，將出臨御。"百揆催其平事，矇矇瞢瞢東西不照，國史記過，公臣切磋，處座終日，身都痟痛，食不為甘，日有瘦疵。宮女訛曰："大王光華有損何為？"答曰："吾夢為補蹠翁，勞躬求食，甚為難云，故為痟耳。"眾靡不竊笑之也。從寢不寐，展轉反側，曰："吾是補蹠翁耶？真天子乎？若是天子，肌膚何羸？本補蹠翁，緣處王宮？余心荒矣。目睛亂乎！二處之身不照孰真。"元妃佯曰："大王不悅。"具奉伎樂，飲以葡萄酒，重醉無知，復其舊服送著羸床。酒醒即寤，覩其陋室賤衣如舊，百節皆痛，猶被杖楚。數日之後，王又就之，翁曰："前飲爾酒，湎眩無知，今始寤耳。夢處王位，平省眾官，國史記過，群僚切磋，內懷惶灼，百節之痛，被笞不踰也。夢尚若斯，況真為王乎？往日之論，定為不然。"(《大正藏》卷三第 51 页)

【评说】佛陀时代已有葡萄酒。“饮以葡萄酒，重醉无知，复其旧服送著粗床。酒醒即寤，覩其陋室贱衣如旧，百节皆痛，犹被杖楚”，说明饮酒过量会导致骨节疼痛。“梦处王位，平省众官，国史记过，群僚切磋，内怀惶灼，百节之痛，被笞不踰也”，记载了心理因素如内怀惶灼对身体健康的影响。

（九一）梵摩皇经

【原文】王爾時，以五教治政，不枉人民：一者慈仁不殺恩及群生，二者清讓不盜捐己濟眾，三者貞潔不婬不犯諸欲，四者誠信不欺言無華飾，五者奉孝不醉行無沾污。（《大正藏》卷三第52页）

【评说】本段经文阐述五条根本治国原则，即慈仁、清让、贞洁、诚信、奉孝。可以发现，以上原则脱胎于佛教居士五戒中。佛陀强调孝养父母的重要性。

菩萨本缘经

僧伽斯那撰

吴月支优婆塞支谦译

【提要】菩萨本缘经的内容由毗罗摩品、一切施品、一切持王子品、善吉王子品、月光王品、兔品、鹿品、龙品等八品组成。主要宣扬菩萨在因地时，以各种身份行持六度中的施度与忍度的相关事迹。通过阅读这些事迹可以发现，在布施心爱财物乃至家人自身等时，往往伴随着常人难以忍受的心身痛苦，需要布施者凭借自己所具备的忍耐品质化解，这说明施度往往与忍度相联系，它们在修行中相辅相成，缺一不可。

卷　上

毘罗摩品第一

【提要】毗罗摩开导因辅相离世而忧伤的地自在王，并为其讲解行持布施的原则。

【原文】

若心狹劣者，　雖多行布施，
受者不清淨，　故令果報少；
若行惠施時，　福田雖不淨，
能生廣大心，　果報無有量。（《大正藏》卷三第52页）

【评说】该偈颂述说行持布施时应当具备宽广的心态。在构成布施的布施者、受施者、所施品三个必备要素中，最关键的在于布施者的心态。

【原文】時，毘羅摩即白王言：“夫愛別離非王獨有如此，皆是有為法相也。大王昔來不曾聞耶！若天、龍、鬼神、阿修羅、乾闥婆、迦樓羅、緊那羅、摩睺羅伽、沙門、婆羅門，若老若少，悉無得離是終歿者。大王！一切眾生決定有之。大王！譬如火性悉能燒燃一切之物，無常之法亦復如是，悉能壞滅一切眾生。王不知耶！是老、病、死，能喪眾生，如四衢道頭華果之樹，常為多人之所抖擻。大王！譬如駃河常流不停，眾生壽命亦復如是；大王！如金翅鳥投龍宮中，搏撮諸龍而食噉之；亦如師子在麞鹿群威猛；一切眾生在三界中流迴，死法亦復如是。大王！如是死法，非以親近財貨求贖軟言誘恤而可得脫，亦不可以四兵威力逼迫禦之，令其退散，如是死法決定而有，是眾生常法。以是義故，大王於此不應生憂。"(《大正藏》卷三第52-53页)

【评说】毗罗摩的言说表述了对生命无常的看法。从观察不同生命的生老病死现象，得出死亡不可避免的结论，开导国王接纳伴随死亡而来的"爱别离"，令其不过于忧愁。

【原文】時，毘羅摩即答王言："我今所念，當以何術令王身及國人民悉得利益無諸衰耗，亦復思维王與國人福德過患，若先行善後行於惡，則不名人。大王！寧為實語，而作怨憎；不為諂言，而作親厚；寧說正法，墮於地獄；不說邪諂，生於天上。大王！我今思维籌量是事。大王！若有人能思维是義，當知是人則能利益一切眾生。"(《大正藏》卷三第53页)

【评说】在毗罗摩的述说中阐述了三个原则：其一，应当以令大众获得利益作为行动的目的；其二，善行应当具有一贯性；其三，即使自身会受到损害，仍然要行持正法。这是毗罗摩心中对善恶伦理的认识。

【原文】時，毘羅摩菩薩摩訶薩所設供具，令無量百千萬億眾生，隨意所須悉得充足，善言說法："諸大德！我今忘身以憂汝身，汝等今已受我供養。好自利益當觀正法，若死至時雖有父母、妻子、親族無量財寶，不能令命住一念頃，及其命盡獨至他世；父母、妻子、親族財寶無隨去者，唯有業行不能捨離。"復為大眾而說偈言：

"為父母親族，　修行於惡法，
命終墮三趣，　無有隨逐者。
於今現在世，　若受苦惱時，
雖有父母兄，　不能受少分。
況於未來世，　而當有代者，
是故當一心，　莫為他行惡。"(《大正藏》卷三第53-54页)

【评说】死亡是任何生命都要面对的核心问题。在本段描述和偈颂中，毗罗摩以亲友财富都无法解决死亡逼迫苦的现实，教导大众放下对这些身外物的执著，不要因为追求身外之物而做无意义的恶事。

"业行不能舍离"，强调众人的言行会导致不同的结果，死后也不会消失，暗喻为人要行善止恶。

【原文】諸大德！汝等今身安隱無患，所謂衰老、肺病、欬逆、頭痛已無是病，當勤修行一切善法。(《大正藏》卷三第54页)

【评说】这段话中提到肺病、咳逆、头痛，以及衰老，可见佛陀时代对疾病症状和生理上的衰老现象并没有作详细的区别；同时疾病分类也尚未形成体系，因此出现将症状与患病部位并列的情况。

【原文】爾時，一切諸婆羅門寂然無聲。是時，菩薩為諸眾生自諫其心："汝心所作常求果報，猶如獼猴入於稠林。"而說偈言：

"我今所布施，　普為諸眾生，
如是之布施，　實不望其報。
願悉施眾生，　等受於快樂，
以汝貪善故，　久在於天上，
亦以貪惡故，　久住於地獄。
復以貪著故，　作此大施主，
或作貧窮人，　或行於大施，
或時以自在，　守財而慳貪，
或以自在故，　自墜於貧苦。
或復以縱逸，　久在於生死，
輪轉無窮已，　猶如輪轉地。
我在久遠來，　隨順敬事汝，
雖作如是事，　不能今汝喜，
汝令當安住，　不動寂靜中，
我今所布施，　悉為諸眾生。"(《大正藏》卷三第54页)

【评说】完整的布施应该由内心的发愿与形诸于外的行为组成。毗罗摩指出，受施者心态的善恶决定了他们的趋向，同时由于心态善恶的变化令人不断轮回。所以，毗罗摩说："我在久远来，随顺敬事汝……汝令当安住，不动寂静中"，以此说明不能控制内心，则不能免于轮回，只有令内心安住与寂静，才能从这种轮回中解脱。

【原文】爾時，菩薩見諸婆羅門貪心諍物，互相瞋恚，即作是言："是諸受者，貪欲、瞋恚、愚癡、亂心不能堪受，如是供養如車軸折，輻輞破壞不任運載，我亦如是。種子良善而田薄惡，以此受者，心不善故令是澡水不肯流下，我今雖作如是布施，亦無有人教我令發阿耨多羅三藐三菩提心，而我自為一切眾生故發是心。今當自試，若我審能愍眾生者，灌水當下。"即以左手執罐瀉之，水即流下菩薩右手。(《大正藏》卷三第54页)

【评说】本段经文中，菩萨指出布施给心中充满贪欲、嗔恨、愚痴、散乱的人，作用并不大。布施者自身的心态相对于受施者的心态来说更为重要，因为通过布施者的身体力行，可以对受施者产生潜移默化的影响。

【原文】菩薩摩訶薩行檀波羅蜜時，不見此是福田此非福田，亦不分別多親少疑。是故菩薩若布施時，或多、或少、或好、或惡，應以一心清淨奉上，莫於受者生下劣心。(《大正藏》卷三第54-55页)

【评说】本段经文指出，在行持布施时，最关键的是布施者拥有能够平等布施的良好心态。

一切施品第二

【提要】经文讲述了一切施王得名、治国、舍王位入深山、舍身入城、为怨王宣说法要的故事。

【原文】吾久知此，五盛陰身為眾箭鏑，卿不知耶？吾久為卿說，諸菩薩應於眾生生一子想，汝不應於他眾生所生瞋害心，畢定當知墮于地獄，是故應當一心修善。（《大正藏》卷三第55页）

【评说】本段论说通过将人身比喻为飞箭，说明其短暂，因此要珍惜时间一心修善。经文突出了佛教及时行善的宗旨。

【原文】時，王登樓說如是言："因惡欲故令人行惡，如是諸欲，猶如死尸行廁糞穢，如何為此而行惡耶！愚人貪國，興諍競心，猶如眾鳥競諍段肉，是諸眾生常有怨憎，謂老病死，云何不自觀察是怨，反更於他而生諍競？"（《大正藏》卷三第55页）

【评说】佛教中对放纵欲望追求持否定态度，主要原因就是在追逐欲望过程中，往往伴生恶劣的心态和行为，而老病死的现象更是贯穿了人的一生。因此与其将时间花费在竞争外物上，不如通过长时间的观察，获得对老病死现象的洞见。

【原文】王見是已，心生歡喜，復作是言："吾今真實得離家過患，無量眾生常為老病死怖逼惱，今得此處清淨安樂快不可言，此林乃是修悲菩薩之所住處，亦是破壞四魔之人堅固牢城，我今已得清潔洗浴、離眾垢故，我今與此眾鹿為伴，身心安隱極受上樂。"（《大正藏》卷三第55页）

【评说】本段经文描述清净场所对离家修行的重要性，清静场所可以使身心两方面都能"清洁洗浴、离众垢"。可见佛陀时代已经认识到环境对个人身心健康的影响。

【原文】即於中路，飢渴、疲乏止息林中，即便謵言："是處寂靜聖人住處，亦是神仙離欲之人，求解脫者斷絕飲食、不畜奴婢、不乘車馬、少欲知足、食噉稗子諸根藥草。"（《大正藏》卷三第55页）

【评说】说明佛陀时代已有以植物为生即素食的记载。

【原文】爾時，怨王即向一切施王說如是言："汝以哀我，故入深山、谿谷、林木空曠之處，唯與禽獸共相娛樂，少欲知足、飲水食果，以草為敷，不與我諍。然我怨心猶未得滅，我今自在能相誅戮，以何因緣來至此耶？"（《大正藏》卷三第57页）

【评说】本段经文说明佛陀时代已有修行食素的记载。

【原文】

於怨生瞋恨，　則自燋其心，
譬如灰下火，　猶能燒萬物。
因心著瞋恚，　命終墮地獄，
猶如惡毒箭，　中則身命滅。
若瞋於怨憎，　心不得寂靜，
譬如痛目者，　不能見正色。
此身肉血成，　骨髓肪膏腦，
屎尿涕唾等，　薄皮裹其上。
是身如行廁，　無主無有我，

於王有何怨，　而常生瞋恚。
生老病死賊，　常來侵王身，
何故於是中，　返生親友想。
我身四大成，　王身亦復然，
今若見瞋者，　是則為自瞋。(《大正藏》卷三第 57 页)

【评说】该偈颂指出“今若见瞋者，是则为自瞋”，对于外在的人与事物产生嗔恨的情绪，最终会反作用在自己身上，可见佛陀时代已经认识到嗔恨等负性情绪会影响心身健康。偈颂不仅指出放任嗔恨的结果，也提示了通过思惟观察“无我无人”的见解，可以避免嗔恨。从心理治疗角度来说，改变认知的确可以消除负性情绪。

卷　　中

一切持王子品第三之余

【提要】一切持王子舍离父母、妻子，修行证道的故事。

【原文】爾時，王子合掌長跪，敬禮父王：“臣所布施，不為貪欲、瞋恚、愚癡，不為名聲，不求生天人中豪貴，非是癲狂錯亂心作，為求正法，作是施耳。大王！當知臣今雖復擁護父母、兄弟、妻子，及其死時，雖有親族，誰能隨去？唯見正法逐之不捨。”(《大正藏》卷三第 58 页)

【评说】本段经文说明在人临死的时候，只有生前内心对正法的修习可以利益到自身，其余的外物都不足为恃。

【原文】其妻聞已，心悶懊惱，身體掉動如芭蕉葉，悲號啼泣，椎胸拔髮，舉聲大哭，唱言：“奈何！君有何罪，乃令父王擯之深山？大王寬慈，正法治化愛民如子，云何一旦驅擯乃爾？君之愛形，身色柔軟如瞻婆華，云何一旦當臥棘刺土石之上？如今在宮五樂自娛，設當入山唯聞虎狼、師子、毒獸諸惡音聲。怪哉！大王慈愛之心，今日安在？如何父親變成離薄，以小因緣一旦成怨？”(《大正藏》卷三第 59 页)

【评说】本段经文描写了人自觉被离弃后产生强烈的情绪反应。

【原文】婆羅門言：“無欲想者應住於此，我今欲想猶未能滅，是故不能於此住也。大仙！汝且觀之，我身雖老，頭白齒落、行步戰掉、目視矇矇，舌乾、口燥不能語言，頭重難勝猶如太山，耳聽不了身體衰變，而有欲想猶如壯時。大仙！當知我年朽邁身力羸損，家貧空乏困於僕使，若欲滿我本所願者，幸可惠施二奴僕使。”(《大正藏》卷三第 59 页)

【评说】本段经文描述了衰老的一系列表现，并且指出人的欲望难除。

【原文】時，菩薩妻在空林中，左目瞤動心驚不樂，所採雜華尋即萎枯，器中二果迸出墮地，二乳驚動汁自流出。(《大正藏》卷三第 60 页)

【评说】本段经文描述了人在内心焦虑忧愁时，生理上所表现出来的反应，如目瞤、乳汁自流。此种描述或有一定的夸张成分。

【原文】

若少壮老皆歸於死，　猶如果熟自然落地，
汝本不觀一切生死，　猶如夢中邪見事耶！
無常生死將諸眾生，　雖有父母誰能救之，
譬如師子搏撮諸鹿，　彼雖有母亦不能救。
是老病死常害眾生，　猶如果樹多人所摘，
譬如坏器值天降雨，　悉皆爛壞無有遺餘。
三界眾生亦復如是，　遇無常雨無得免者，
今營此業明造彼事，　樂着不觀不覺死至。（《大正藏》卷三第 60-61 页）

【评说】本偈颂说生命无常，死亡不可避免，在日复一日的生活中人人都将面对死亡的到来。

善吉王品第四

【提要】善吉王告诫波旬不应悭贪吝啬、不要因为果报微妙而不布施，应当定心布施。

【原文】

菩薩行施時，　定心究竟作，
乃至魔波旬，　不能得斷絕。（《大正藏》卷三第 61 页）

【评说】说明以“定心”来行事，可以顺利完成。在一般日常行为中可以理解为一心一意的重要性，而在修行中，则说明了“修习禅定”的必要。

【原文】心竊念言：“是諸眾生，慳惜因緣癡人不識，雖受人形，形相具足，以無福故，常從他乞。皆由先世不肯布施，以慳嫉妬而自覆蔽；現世報熟而受是苦；猶如田夫愚癡無智，遠至妻家道路飢渴，既入其舍，復值無人，即盜粳米滿口而唵，未咽之頃，家人即至，是人慚愧復不得咽，惜不吐棄。家人見已，即問之言：‘君患何等乃如是乎？’是人聞已，默然無言。爾時，妻家眷屬大小，即將良醫而為譋之，見其口頰堅如木石，更無餘計，即以刀㓟是人二頰。既破之後，亦無膿污，但見生米滿其口中，是人以是覆藏盜事，得見現報。猶如女人覆藏懷妊，臨產之日受大苦惱，發聲大喚，乃令一切悉共知之。人亦如是，覆藏諸罪報熟之時，苦惱所逼現露於世，或坐慳惜嫉妬居心而受此苦。我今杜塞一切諸路，不令慳妬而來入心，我今當集一切所施，安止眾生於布施中。”（《大正藏》卷三第 61 页）

【评说】本段经文通过寓言的形式说明悭吝对人生无益，这种悭吝的心态只能令人白白遭罪。

“见其口颊坚如木石，更无馀计，即以刀㓟是人二颊”，记载了佛陀时代外科医生的诊治技术；“犹如女人覆藏怀妊，临产之日受大苦恼，发声大唤”，描写女性临产时的状态。

【原文】譬如有人始遇患苦，或有醫師少給湯藥，則可令差。（《大正藏》卷三第 62 页）

【评说】佛陀时代已认识到在疾病初期，只要少许药物治疗就能治愈患者，隐喻了及时治疗的重要性。

【原文】一身受苦，令多受樂，豈非菩薩本誓願耶！（《大正藏》卷三第 62 页）

【评说】本段经文提示，舍己为人是菩萨应有的心态。

月光王品第五

【提要】佛陀讲述了月光王与一老婆罗门的因缘，告诫众生应当修习忍辱，除去嗔恚。

【原文】當于爾時，國中人民無有持刀杖者，悉皆隨王奉行十善，猶如牛王諸牛隨從，亦如眾星隨逐於月；譬如眾商隨商主後，亦如眾兵隨逐主將；譬如蒲桃，其子甘故生果亦甘；如旃檀樹根華俱香。是月光王令諸人民等行十善，亦復如是。(《大正藏》卷三第 63 页)

【评说】本段经文说明了国王行善对百姓的引导作用。

“譬如蒲桃，其子甘故生果亦甘；如旃檀树根华俱香”，描写了佛陀时代对食物的认识。

【原文】聞是語已，因往本習，即生惡念。猶如猛火投之膏油，膏油既至，倍復熾然；亦如毒藥投生血中其力則盛，譬如渴人飲於鹹水，如秋增熱春多涕唾。(《大正藏》卷三第 63 页)

【评说】说明佛陀时代已有如何加剧毒药效力的认识；已有口渴饮咸水会使口渴加剧的认识。

【原文】復共唱言：“如此人者非婆羅門，何處當有衣草，鹿皮，長髮，節食，宣說如是蕀刺之言。身體被服猶如仙聖，口所發言劇旃陀羅，身行口言不相副稱，當知必定非婆羅門，乃是羅剎弊惡鬼神。”(《大正藏》卷三第 63 页)

【评说】本段文字提到“剧旃陀罗”，可能是古印度的一种毒药，以此比喻恶毒的言辞。可见，在古印度社会，认为人的形象和他的内心是一致的。

【原文】況我今日能自開割，而汝反更遮固不聽，譬如有人以草易毳服毒愈病。我亦如是，捨不堅牢身得堅牢身。(《大正藏》卷三第 64 页)

【评说】佛陀时代已有医药治病的记载。

【原文】爾時，大王遣諸臣已，即便至彼語婆羅門言：“汝今若為我怨所遣索我頭者，我亦於汝無讎嫌心。若自來索有何因緣？汝婆羅門應起慈心，設起慈心即當生天，怨心如火汝當速滅，瞋恚在心不見法義，修忍之人除去瞋恚，瞋恚污心形不端正，猶如雲霧障蔽淨月。出家之人所應不生，生瞋恚者不得端正，猶如飲酒噎氣臭穢。”(《大正藏》卷三第 64 页)

【评说】经文提示“修忍之人除去瞋恚”，内心中有嗔恚的人难以正确理解法义；“瞋恚污心形不端正”，心中嗔恚的人在外形上有“不端正”的特征；“犹如饮酒噎气臭秽”，观察到饮酒后口气重。佛陀时代已经认识到精神心理状态会影响一个人的外貌。

卷　下

兔品第六

【提要】菩萨往世为兔身时修习善法，宣说罪恶的危害，并为一婆罗门阐释布施者心态的重要性。

【原文】我於往昔，曾聞諸仙分別開示，心亦思惟，今當為汝略解說之。四法根本多諸過患，所謂貪欲、瞋恚、愚癡、憍慢。因貪欲心行十惡者，墮於餓鬼；因瞋恚心行十惡者，墮於畜生；因愚癡心行十惡者，墮於地獄；因憍慢心行十惡者，墮阿修羅，因此四法所往之處，常受苦惱。(《大正藏》卷三第 65 页)

【评说】主要说明贪、嗔、痴、慢四种心态会令人遭受身心痛苦。

【原文】“如我先業惡因緣故，受是兔身，唯食水草，恒多怖畏，是故汝等應修善法，善法因緣生天人中，雖人道中有諸苦惱劇於諸天，猶當發願，願生人中。譬如官法為犯罪者造作土窖，凡有三重：重罪之人置在最下；中罪之人置之中間；罪極輕者置于上重。行惡業者，亦復如是，極重惡者墮于地獄，中品惡者受畜生身，最下品者生餓鬼中。遠離如是三品惡已，得生人中，生人中已，行善不善；行上善者，入於涅槃如己舍宅。”是時，兔王常為諸兔宣說如是善妙之言。(《大正藏》卷三第 65 页)

【评说】描述了罪恶有轻重的观念，其由轻至重的排列方式为地狱、畜生、恶鬼，分别以极重、中品、下品标示。对于“下品”，应作“小”义理解。

对于行善来说，所行善法越圆满，也就越接近涅槃的境界。涅槃本义为“清凉”，指烦恼熄灭的状态。

【原文】兔聞是已，念言：“善哉！是婆羅門，乃能為法飲水多日。”即便說言：“汝若去者，我則更無如是福田，唯願仁者明受我請。雖知菩薩，於福田中心無分別，然施極苦飢渴眾生其福最大；雖知二目是常所護，然當先救苦痛之處。汝今是我親善知識，是我所尊有大功德，是故我今欲設微供。汝今當知，人有四種，施亦有四：所謂下者、下中下者、智者、智中智者。云何下者？施時發心求於諸有；下中下者：以畏怖故行於布施；智者：有恭敬心而行布施；智中智者：有大悲心而行布施。我今於是四施之中趣行一施，唯願明旦必受我請。”(《大正藏》卷三第 66 页)

【评说】本段文字从主观、客观两个方面分析布施，并比较了四种布施心态境界的高下差别。

鹿品第七

【提要】佛陀讲述了菩萨往世为鹿王时，与溺水者、国王的因缘，告诫众生应当行慈悲，不起恶心。

【原文】爾時，鹿王……在空寂處常教諸鹿，遠離諸惡修行善法，告諸鹿言：“汝等當聽！諸行之中，當觀小惡猶如毒食，如是小惡，不當受之。當觀小善，為親友想，常應親近，精勤受持。汝等諸鹿以身、口、意行諸惡故，墮畜生中不能修行所有善法，愚癡覆故受是畜身，經無量世難得解脫生死之中。欲受樂者，要因正法而為根本，夫正法者，能護眾生不墮惡趣。為度煩惱苦海之人而作橋梁，如人處嶮要因机杖，亦如執炬覩見諸器。行正法者亦復如是，夫正法者最可親近不可破壞，能示眾生無上大道。是能為受樂者，聞是法已能令喜心，心心不斷行是法者心無所畏，是法能除一切諸惡。譬如良藥療治眾病，以是因緣常應憶念不令忘失，若忘失者此生空過，一切世間皆悉虛誑。唯有布施、忍辱、慚愧、智慧之法乃是真實，若能修行如是等法，是則名為具足正法。”為諸鳥獸常說是法，令諸聽者心離婬欲。當是時也，猶如賢聖遠離諸惡不加侵害。(《大正藏》卷三第 66-67 页)

【评说】经文指出,"当观小恶犹如毒食,如是小恶,不当受之。当观小善,为亲友想,常应亲近,精勤受持",与中国传统文化伦理观中"莫以善小而不为,莫以恶小而为之"的旨趣相同。并以良药譬喻正法,提示行持正法应当以"常应忆念不令忘失"的方式进行。

"譬如良药疗治众病",佛陀时代已用药物治疗疾病。

【原文】爾時,鹿王告其人言:"汝今且聽,我於汝所不求功果,亦無有心生貢高想,我今不惜如是身命,但欲為他而作利益。汝今當知,我受獸身常處林野,自在隨意求覓水草,雖不侵犯居民邑落。然是我罪多諸怨憎,兼復怖畏師子、虎狼、諸惡走獸射獵之徒,無所歸依無守護者。我雖鹿身雜色微妙,一切世間悉無見者,以相救濟,唯汝見之。昔我立誓,若見苦厄要令度脫,人雖有力見苦不救,當知是人為無果報,如不種子不收果實。若念我者,當善攝口,知恩念恩賢聖所讚;不知恩者現世惡名流布於外,復為智者之所呵責,將來之世多受惡報。知恩之人二世安隱,非施因緣而得自在,不修多聞具大智慧,雖無水浴清淨無垢,離諸香熏得無上香,離諸瓔珞得真莊嚴,遠離所依而得自護,雖無刀杖人無侵者。汝當知之,知恩之人所得功德說不可盡,不知恩者所得過患亦復無量,是故汝今應善護口。"(《大正藏》卷三第67页)

【评说】本段经文从来世的因果报应说和现世的苦乐两个角度阐释"知恩念恩"的必要性。

【原文】鹿王答曰:"若能於我生尊相者,今當諦聽!我是獸身,唯賴水草以自存活,餘無所求。大王當知,是人昔為水所漂困,無救護者餘命無幾,我於爾時猶能救之;王今若有慈悲之心,當視是人如赤子想。若視是人即視於我,是人愚癡無知可愍,命終之後必墮地獄,經無量歲備受眾苦,是故應當於是人所生慈愍心。大王!譬如有人,多諸子息愛無偏黨,然於病者心則偏重;菩薩亦爾,於惡眾生偏生悲愛,以是眾生懷惡法故。是故菩薩為諸眾生發菩提心。"(《大正藏》卷三第68页)

【评说】本段经文指出菩萨行善悲心时,在客观上并非完全平等,而是"于恶众生偏生悲爱"。这种慈悲建立在无私的基础上,不以个人喜好为依据,而是将对方所处境遇的缓急作为标准。

龙品第八

【提要】毗罗摩开导因辅相离世而忧伤的地自在王,并为其讲解行持布施的原则。菩萨往世为龙王时,教化金翅鸟,宣讲八戒斋法,自舍身命,被人剥皮的故事,体现了龙王以忍辱息怨的精神品质。

【原文】

菩薩摩訶薩,　處瞋猶持戒,
況生於人中,　而當不堅持。(《大正藏》卷三第68页)

【评说】本偈说明,持戒应贯穿于一切处境,它是行为的底线。

【原文】龍王答言:"我雖獸身善解業報,審知少惡報逐不置,猶如形影不相捨離。我今與汝所以俱生如是惡家,悉由先世集惡業故,我今常於汝所生慈愍心,汝應深思如來所說:

'非以怨心,　能息怨憎,
唯以忍辱,　然後乃滅。'"(《大正藏》卷三第69页)

【评说】偈颂说明，心中的憎恨只能通过修习忍辱来熄灭，以冤冤相报的方法永远无法解开，应该以善止恶，积极消除憎恨与对立。

【原文】譬如大火投之乾薪，其炎轉更倍常增多，以瞋報瞋，亦復如是。（《大正藏》卷三第69页）

【评说】“以瞋报瞋”只会令冲突加剧。

【原文】爾時，龍王遣金翅鳥還本處已，慰喻諸龍及諸婦女：“汝見金翅生怖畏不？其餘眾生覩見汝時，亦復如是生大怖畏。如汝諸龍愛惜身命，一切眾生，亦復如是。當觀自身以喻彼身，是故應生大慈之心，以我修集慈心因緣故，令怨憎還其本處，流轉生死所可恃怙無過慈心。夫慈心者，除重煩惱之妙藥也，慈是無量生死飢餓之妙食也。我等往昔以失慈心故，今來墮此畜生之中，若以修慈為門戶者，一切煩惱不能得入，生天人中及正解脫，慈為良乘更無過者。”諸龍婦女聞是語已，遠離恚毒修集慈心。（《大正藏》卷三第69页）

【评说】本段经文着重说明慈心的修法，即“一切众生，亦复如是。当观自身以喻彼身，是故应生大慈之心”。通过反复进行同理心的练习，可以培养慈心。并说明慈心是治疗烦恼、熄灭嗔恨的妙药，通过修习慈心可以获得解脱。

【原文】爾時，龍王復向諸龍而作是言：“已為汝等作善事竟，為已示汝正真之道，復為汝等然正法炬、閉諸惡道、開人天路，汝已除棄無量惡毒以上甘露，補置其處欲請一事。汝等當知於十二月前十五日，閻浮提人以八戒水洗浴其身，心作清淨為人天道而作資糧，遠離憍慢、貢高、貪欲、瞋恚、愚癡，我亦如是，欲效彼人受八戒齋法。汝當知之，若能受持如是八戒，雖無妙服而能得洗浴、雖無墻壁能遮怨賊、雖無父母而有貴姓，離諸瓔珞身自莊嚴、雖無珍寶巨富無量、雖無車馬亦名大乘，不依橋津而度惡道，受八戒者功德如是。汝今當知，吾於處處常受持之。”

諸龍各言：“云何名為八戒齋法？”

龍王答言：“八戒齋者：一者，不殺；二者，不盜；三者，不婬；四者，不妄語；五者，不飲酒；六者，不坐臥高廣床上；七者，不著香華、瓔珞以香塗身；八者，不作倡伎樂不往觀聽；如是八事莊嚴不過中食，是則名為八戒齋法。”（《大正藏》卷三第69页）

【评说】本段解说了“八戒”斋法的时间，介绍“八戒”斋法（即“八关”斋戒）的戒律组成，以及受持该斋法的利益。

【原文】諸龍問言：“我等若當離王少時，命不得存，今欲增長無上正法，熾然法燈請奉所勅。佛法之益無處不可，何故不於此中受持？亦曾聞有在家之人，得修善法，若在家中行善法者，亦得增長，何必要當求於靜處？”

龍王答言：“欲處諸欲心無暫停，見諸妙色則發過去愛欲之心。譬如濕地雨易成泥，見諸妙色發過去欲心亦復如是。若住深山則不見色，若不見色則欲心不發。”

諸龍問言：“若處深山則得增長，是正法者當隨意行。”（《大正藏》卷三第69页）

【评说】本段对话解答在寂静处修行的益处，即在深山中无妙色，令欲心不发，能够使人安心修习。可见佛陀时代已经认识到环境与健康的关系，安静的环境利于禅修。

【原文】諸人尋前執刀剋剝，龍復思惟："若人無罪，有人支解，默受不報不生怨結，當知是人為大正士。若於父母，兄弟，妻子生默忍者，此不足貴。若於怨中生默受心，此乃為貴。是故我今為眾生故，應當默然而忍受之，若我於彼生忍受者，乃為真伴我之知識。是故我今應於是人生父母想，我於往昔，雖無量世故捨身命，初未曾得為一眾生。彼人若念剝此皮已，當得無量珍寶重貨，願我來世常與是人無量法財。"(《大正藏》卷三第69-70页)

【评说】本段经文主要描述龙王在遭受难忍的痛苦时，内心发生的思惟活动。这种思惟是改变认识、转变观念的方法，对人的自省和自控能力要求极高。通常地说，慈悲心修习圆满者才能达到这样的思想境界。因此对于常人而言，宜作为榜样，而不作如此要求。

生　　经

西晋月支国沙门竺法护译

【提要】《生经》是一部集经，包含五十五部记述佛所行、佛弟子所行、往昔菩萨行、譬喻故事等内容的经典。分别为《那赖经》《分卫比丘经》《和难经》《邪业自活经》《是我所经》《野鸡经》《前世诤女经》《堕珠著海中经》《旃阇摩暴志谤佛经》《鳖猕猴经》《五仙人经》《舅甥经》《闲居经》《舍利弗般涅槃经》《子命过经》《比丘各言志经》《迦旃延说无常经》《和利长者问事经》《心总持经》《护诸比丘咒经》《吉祥咒经》《总持经》《所欣释经》《国王五人经》《蛊狐乌经比丘疾病经》《审裸形子经》《腹使经》《弟子命过经》《水牛经》《兔王经》《无惧经》《五百幼童经》《毒草经》《鳖喻经》《菩萨曾为鳖王经》《毒喻经》《诲子经》《负为牛者经》《光华梵志经》《变悔喻经》《马喻经》《比丘尼现变经》《孤独经》《梵志经》《君臣经》《拘萨国乌王经》《蜜具经》《杂赞经》《草驴驰经孔雀经》《仙人拨劫经》《譬喻经》。

《阅藏知津》指其中"杂有大乘法"，是就其中《佛心总持经》《总持经》等经典包含"菩萨乘""大乘"等名相而言。

卷　第　一

佛说那赖经第一

【提要】佛陀在舍卫国祇树给孤独园为众比丘说昔佛为那赖时，为方迹王说法令其断除爱欲的故事，并再次为众比丘说法使其断除爱欲之患，令其证果。

【原文】……佛即為比丘，蠲色欲念，除癡愛失，為說："塵勞之穢，樂少憂多，多壞少成，無有節限。唯有佛及諸弟子明智之人，分别是耳。愛慾罪生，不可稱限，超越色慾，休息眾想，閑居講諦。"時族姓子，尋時證明賢聖之法。(《大正藏》卷三第70页)

【评说】本段经文叙说佛陀为比丘弟子讲法，所讲法可分两部分，先明尘劳秽是苦，后说超越尘劳苦的方法。

"超越色欲，休息众想"，是佛教的禅修方法。"色欲"，并非指男女之欲，而是指因色法(物质)而起的欲望，即对感官刺激的追求。通过"休息众想"的修习，可以达到"闲居"状态，获得真实的认知"谛"，从而摆脱五欲的束缚，乃至于证得解脱。

【原文】於是仙人為說:"愛慾之難,離慾之德,世人求欲不知厭足,假使一人得一切欲,無厭無足。"以偈頌曰:

"一切世間欲, 非一人不厭,
所有有危害, 云何自喪己?
一切諸眾流, 悉皆歸于海,
不以為滿足, 所愛不厭爾。
假使得為梵, 致尊豪難及,
所欲復超彼, 不以為厭足。
假使閻浮提, 樹木諸草葉,
燒之不以厭, 欲不足如是。
設八輩男子, 端正顏貌姝,
一切加以欲, 威力端正好。
設為言增惡, 毀欲於丈夫,
不以輕為輕, 未厭為用厭。
大王當知此, 設習愛欲事,
恩愛轉增長, 譬如飲鹹水。
於時彼仙人, 為王方迹講,
為說辛苦偈, 令意得開解。"(《大正藏》卷三第70页)

【评说】本段经文说明"欲乐"有得无厌足的特性。在偈颂中,仙人以河流入海不会令大海满溢、得生梵王而希求更高的地位、火焰燃烧草木不能自已等种种比喻的方式具象描摹"无厌""无满足"的征象,令王警惕"欲"的危害。

佛说分卫比丘经第二

【提要】佛陀在舍卫祇树给孤独园为众比丘说分卫比丘宿世作水鳖,系意猕猴而不得所愿,今世为比丘,亦志愿淫女不得所想。

【原文】分衛比丘覩其好色,聽聞音聲,婬意為亂,迷惑憒錯,不能自覺。而佛經曰:"目見好色,婬意為動。"又世尊曰:"雖覩女人——長者如母;中者如姊;少者如妹、如子、如女。當內觀身念皆惡露無可愛者,外如畫瓶,中滿不淨。觀此四大:地、水、火、風,因緣合成,本無所有。"時彼比丘,不曉空觀,但作色視,婬意則亂。(《大正藏》卷三第71页)

【评说】此处提供了三种修行方法以调整因执著于异性而不能安定的心。分别是观"长者如母;中者如姊;少者如妹、如子、如女",这是慈心观的修习方法;"内观身念皆恶露无可爱者,外如画瓶,中满不净",这是不净观的修习方法;"观此四大:地、水、火、风,因缘合成,本无所有",这是四界分别观的修习方法。通过这三种修习,都可以转变心的状态,使之从对美色的贪恋转向以智慧主导的观察,从而安定内心。

佛说和难经第三

【提要】佛陀在舍卫国祇树给孤独园为众比丘说和难释子为假沙门博掩子所欺的故事。

【原文】和難釋子,告其人曰:"沙門安隱,無憂無患,親近愛欲,則非吉祥,懈怠無行。人不知者,為慾所壞,而習愛欲,致無央數憒惱之害。貪著愛欲不能得度。"(《大正藏》卷三第71-72页)

【评说】 这里通过和难的介绍，说明“贪爱”对于修行的妨害。

【原文】

非是賢君子，　外貌以好華，
不可色信人，　及柔軟美辭。
觀察舉動行，　外現如佳善，
明者當遠慮，　共止當察試。
乃知志性惡，　博掩子揚聲，
吾時不棄捨，　譬如雜毒食。
云何無反復，　亦復薄恩情？
智者不與俱，　雖救令當捨。
我時適見之，　信故見欺侵，
非賢現賢貌，　竊財而亡走。（《大正藏》卷三第 72 页）

【评说】 偈颂意在说明，仅凭借外相与短暂交流并不能真实知晓一个人的志向品行。只有长期相处之后，才能获得全面了解。全面观察的意义在于选择善友，对于品行恶劣的人，则应当采取远离的态度，因为这样的人忘恩负义，必然会做出危害他人的事。

佛说是我所经第五

【提要】 佛陀在舍卫国祇树给孤独园为众比丘说悭贪长者曾是一只名为“我所”的鸟，并以此教诫众生不当悭贪、常修清净。

【原文】 佛告諸比丘：“今此尊長者，非但今世慳貪愛惜財寶，前世亦然。乃往過去無數世時，有大香山，生無央數蓽茇諸藥及胡椒樹，蓽茇樹上，時有一鳥，名曰我所，止頓其中。假使春月藥果熟時，人皆採取，服食療疾。時我所鳥，喚呼悲鳴：‘此果我所，汝等勿取！吾心不欲令人採之。’雖叫喚呼，眾人續取，不聽其聲。彼鳥薄福，愁憂叫呼，聲不休絕，緣是命過。”（《大正藏》卷三第 73 页）

【评说】 本段经文说明，将本不属于自己的事物执著为“我所”令内心痛苦。经文中记载了古印度人民以胡椒、荜茇治疗疾病的经验。

【原文】 佛言：“如是，如是！比丘！於是之間，愚騃之子為下士，治行求財，或正或邪，積累財寶，一旦命盡，財不隨身。由如彼鳥名我所者，見蓽茇樹及諸藥樹，且欲成熟，叫喚悲鳴：‘皆是我所！’人遂採取，不能禁制。”

於時世尊，則說頌曰：

“有鳥名我所，　處在於香山，
諸藥樹成熟，　叫喚是我所。
聞彼叫喚聲，　餘鳥皆集會，
眾人取藥去，　我所鳥懊惱。
如是假使人，　積聚無量寶，
既不念飲食，　不施如斯鳥。
縣官及盜賊，　怨家水火子，
奪之或燒沒，　如我所藥果。

不能好飲食，　床臥具亦爾，
香花諸供養，　所有皆如是。
既致得人身，　來歸於種類，
命盡皆捨去，　無一隨其身。
是故當殖德，　顧念于後世，
人所作功德，　後世且待人。
無得臨壽終，　心中懷湯火，
吾前為放逸，　故當造德本。”(《大正藏》卷三第73-74页)

【评说】本段经文中，佛陀以偈颂的方式，将上段经文主旨再次宣说。一是说明勤奋积攒的财富，在临终时终究放弃，对自己和他人都没有任何利益；二是提倡善行，如布施药树的成熟果实，既对他人有利，又能获得善果。

【原文】佛告諸比丘:“欲知，爾時我所鳥者，則今此尊長者是！是故比丘當修學此，不當慳惜，除垢濁心，常修清淨，是諸佛教!”(《大正藏》卷三第74页)

【评说】在本经最末，佛陀告诫弟子不要贪吝财物，应该舍去执著财物而产生的烦恼，令内心清净安乐。

佛说前世诤女经第七

【提要】佛陀在舍卫国祇树给孤独园为众比丘说调达与佛陀结怨的根由。

【原文】於時遠方有一梵志，年既幼少，顏貌殊好，聰明智慧，綜練三經，通達五典，上知天文，下覩地理，災變吉凶，皆預能覩。能知六博、妖異蠱道、懷妊男女、產乳難易，愍傷十方蜎飛蠕動、蚑行喘息、人物之類，懷四等心，慈悲喜護。(《大正藏》卷三第75页)

【评说】这段经文描述的是古印度文化中聪慧婆罗门少年的形象，可归纳为形体健美、智慧超群、知天地人、品格贤善。在博知的内容中有“怀妊男女、产乳难易”，可见在当时社会，与两性、生育相关的知识由婆罗门阶层所掌握。

卷　第　二

佛说闲居经第十三

【提要】佛陀在游拘留国为诸梵志说出家闲居行。

【原文】佛言:“其有沙門梵志，眼著妙色、耳貪五音、鼻慕好香、口存美味、身猗細滑，志于諸法不捨於欲、貪嫉恩愛，志求無厭，焚燒之痛。如是之比沙門梵志，不當供養奉事尊敬。”白佛言:“有來問者，當以是答乃合善義，則應法化。所以者何？我等著色聲香味細滑之法、恩愛之著，貪求無厭，斯輩之類，迷於五陰，惑於六衰。官爵俸祿，財物富貴，不以懈惓，與俗無別。以是之故，不當奉供順此等類。”(《大正藏》卷三第79页)

【评说】佛陀指导辨别应受恭敬者的方法。“眼著妙色、耳贪五音、鼻慕好香、口存美味、身猗细滑，志于诸法不舍于欲、贪嫉恩爱，志求无厌，焚烧之痛”，即对五欲的执著追求的人，他们虽然具有受人敬仰的地位，但佛陀认为此类人并不值得恭敬，因为他们“与俗无别”。

【原文】佛告梵志長者:"假使有人來問汝者,當供事奉敬尊重何所沙門梵志?當云何乎?"白世尊曰:"其不著念五陰六衰婬怒癡,習濟色聲香味細滑之念,斯等積德,溫雅和順,正當供事如此之輩,沙門梵志。"

佛告城裹聚落梵志長者:"汝等何故說此言乎?寧有比類?安知沙門梵志,已離婬怒癡,又教人離及色聲香味細滑恩愛之著,心惱之熱,諸情無厭。"答佛言:"吾等數見沙門梵志,端正殊好,捨色聲香味細滑所欲,處在閑居,若樹下坐,塚間曠野,棄諸瑕惡,志無所求,燕居獨處,彼則永除色痛想行識諸法之念,斷求念空。常察此等沙門梵志,離婬怒癡,亦教人離捨色聲香味細滑之念。聽聞如是,以斯為樂,恩愛之著,永以除盡。可意色欲,諸所慕求,燿然已離,則以時節供事所樂,五陰六情,亦復如是。我觀此等沙門梵志,處在閑居,若樹下坐,塚間曠野,獨而燕處,則已永除眼色耳聲鼻香口味身受心法,積眾德本,恭順和雅,如是比像,我等觀之。沙門梵志離婬怒癡,及教人離,我等今日,自歸佛及法僧,奉受五戒,為清信士。"(《大正藏》卷三第79页)

【评说】佛陀教导人们恭敬供养"已离淫怒痴,又教人离及色声香味细滑恩爱之著,心恼之热,诸情无厌",如是"离淫怒痴,及教人离"的修行者。这样的修行者,表现为"处在闲居,若树下坐,塚间旷野,独而燕处",常常寂坐于静处,由此可以判断他"永除眼色耳声鼻香口味身受心法",已经离弃了淫、怒、痴。

佛说舍利弗般泥洹经第十四

【提要】佛陀在王舍城迦兰陀竹园为阿难说舍利弗灭度之事,并教诫阿难应当依靠自身修行达到解脱。

【原文】於時阿難與諄那俱往詣佛所,稽首足下退坐一面,叉手白佛:"我身羸極,無復力勢柔弱疲劣,不能修法。所以者何?諄那(晉言碎末)沙彌來詣我所,稽首足下為我說言:'仁者欲知,賢者舍利弗已取滅度?并齎衣鉢及舍利。'"佛告賢者阿難:"汝意諄那念舍利弗比丘,齎於戒品而滅度,定品、慧品、解脫品、度知見品而滅度乎?又吾了是法,致最正覺,乃分別說;及四意止、四意斷、四神足、五根五力、七覺意、八聖道行,佛所現信。汝於今見舍利弗比丘又般泥洹,而反愁慼,涕泣悲哀,不能自勝。"

賢者白世尊曰:"舍利弗比丘不齎持戒、定、慧、解、度知見品而滅度也。世尊以是分別斯法,成最正覺,分別說耳!及四意止、四意斷、四神足念、五根五力、七覺意、八聖道行,亦不齎此而滅度也!"

阿難白佛:"唯然,世尊!舍利弗比丘奉戒真諦,有妙辯才,講法無厭,其四部眾,聽之不惓,說之不懈,多所勸助,開化未解,令心欣豫,莫不奉命。知節止足,常志精進,志常定止,有大聖智無極之慧,卒問對之言辭,應機發遣,博達能了,尋音答報,一切能通,智慧為寶,眾德具足。舍利弗比丘,巍巍如是。以故我見舍利弗比丘取滅度去,愁憂悲哀,心懷慼慼,不能自勝!"

佛告阿難:"生者在世,安可久存?有諸思想緣起之法,必當歸盡,壞敗永沒,法當崩敗,法應當壞。欲使不爾,終不可得。"

佛告阿難:"佛本自說,一切恩愛皆當別離。夫生有終,物成有敗,合則有散,應當滅盡壞敗,欲使不爾,安得如意?應當終沒歸于無常,離別之法,欲使不散,安得可獲乎?"

佛語阿難:"舍利弗所遊之處,佛心則安,不以為慮。應當別離,壞敗無常,欲使不至,安可獲乎？法起有滅，物成有敗，人生有終，興盛必衰，應當無常。别離之法，欲使不至，未可獲也！譬如大寶之山，嵩高之頂，一旦崩摧。如是，阿難！舍利弗比丘在眾僧中，今取滅度，如寶山崩。無常壞敗，别離之法，欲使不至，安得如意？”

佛告阿難：“猶大寶樹，根芽莖節，枝葉華實，具足茂好，大觚卒墮，則現缺減，視之無威。如是，阿難！舍利弗比丘存在眾僧，今取滅度，眾僧威減，應當滅盡。無常衰耗，欲使不至，豈可得乎？是故，阿難！從今日往，自修身行，已求歸依，以法為證，歸命經典，勿求餘歸。云何比丘作是行乎？於是比丘，自觀身行，内外非我，當自觀察，調御其心，觀諸世間，皆由無黠。內觀痛痒，觀外痛痒，内外非我，入于善哉！調御其心，察世無明，内觀其心，亦觀外心，不得内外，入于善哉！自調其心，觀世無黠，觀上日月，亦觀外法，不猗内外，入于善哉！調御其心，觀世無黠。”

佛告阿難：“是為修其身行，自求歸依，處於法地，歸命于法，不處他地，不歸餘人。”(《大正藏》卷三第 80 页)

【评说】本篇经文记述阿难得知舍利弗灭度后，心中悲戚，以至于“身羸极，无复力势柔弱疲劣，不能修法”的情况。佛陀见此为他说法开解，改变他对“舍利弗灭度”的认识。阿难通过回忆舍利弗在世时精进修行的形象，找到了自己“愁忧悲哀，心怀感戚”的原因，即在于感念“舍利弗比丘巍巍如是”却不能久存。佛陀借此对阿难开示“一切恩爱皆当别离”的道理。并以宝山不免崩坏、宝树不免倾颓的比喻，教谕阿难不要依靠外力，而是依靠自身的修行达成解脱的目的。

于是，佛陀仔细教导了四念处法“于是比丘，自观身行，内外非我，当自观察，调御其心，观诸世间，皆由无黠。内观痛痒，观外痛痒，内外非我，入于善哉！调御其心，察世无明，内观其心，亦观外心，不得内外，入于善哉！自调其心，观世无黠，观上日月，亦观外法，不猗内外，入于善哉！调御其心，观世无黠”，通过详细观察身、受、心、法四者，可以“调御其心”，并能洞察到世间人们对生命现象的误解，从而纠正错误的认知。

佛说子命过经第十五

【提要】佛陀在舍卫国祇树给孤独园为丧子堕忧者说法，令其领悟无常之理。

【原文】佛問其人：“汝何以故本制其心，今者諸根變沒不常，憔悴羸極？”其人白佛言：“用為問我諸根變異。所以者何？獨有一子，舉家愛重，莫不敬愛，視之無厭。今以命過，以子之憂，而發狂癡。其心迷亂，開軒窗及門戶求索子，願來見我，何所求子？”

佛言：“其人恩愛之著，别離則憂，啼泣悲哀，憂惱之患，合會有離，適有所愛，必致惱患。”

爾時其人，聞佛所語，心中忽然了世無常，三世如幻，即受佛戒，稽首而退。(《大正藏》卷三第 80 页)

【评说】经文记述了有人因丧子之痛而致“憔悴羸极”“其心迷乱”，故佛陀对其开导无常之理。由于因缘相契，该人得以“心中忽然了世无常，三世如幻”，解除了精神上的苦痛，并由此对佛陀生起信心，皈依而退。

佛说比丘各言志经第十六

【提要】佛陀在越祇音声丛树为诸比丘说音声丛林适宜修行。

【原文】佛告諸比丘：“汝等各說所知，皆快順法，無所違錯。復聽吾言。云何比丘？在音聲叢樹，為快樂乎？威神巍巍，華實茂盛，其香芬馥，柔軟悦人。在音聲樹，而現雅德。於

是比丘，明旦從其衣鉢，入于聚落，若在異國，處在樹下。於是明旦，著衣持鉢，入彼國邑，若於聚落，護諸根門，分衛始竟，飯食畢訖，藏去衣鉢，洗其手足，獨坐燕處，結加趺坐，正身直形，安心在前，則觀於世，一切無常。心自念言：'假使吾身，漏盡意解，乃從坐起。'輒如所言，諸漏不盡，不從坐起。比丘如是，在音聲叢樹，則現奇雅。"

於時世尊而說偈曰：

"博聞持法微妙最，　分別經典解法義，
為無央數而講說，　有志閑居樂獨處。
內自觀身外勸化，　執御樂禪身自行，
遵修世尊博聞教，　有在燕處若樹下。
其目清淨無所著，　蠲除身病四百四，
覩見眾生若干種，　燕處樹間德如斯。
譬如師子由山居，　獨處閑居猗寂靜，
止足解脫隨類教，　處在燕處德如斯。
若在天上及梵宮，　若揵沓惒及人間，
普能至彼無所礙，　處在燕樹德如斯。
淨妙智慧普解人，　心得自在諸根定，
一切知足棄諸惡，　處在燕樹德如斯。
如是上人說微妙，　各各講法隨所知，
所演善哉順上義，　往詣世尊敘所說。
其天中天無廢礙，　音聲如梵寂志尊，
其諸神通普平等，　尊師應時開慧門。
彼時世尊曰除雲，　因此興教聽吾言，
如諸比丘所應行，　燕處樹間志奇雅。
貪諸微妙多少求，　最勝分別其心行，
著衣持鉢威儀則，　其行如鳥遊虛空。
其有能修如此妙，　聖不興嫉無懷害，
得至寂然去塵垢，　處在燕樹德如斯。"(《大正藏》卷三第 82 页)

【评说】"音声丛树"是佛陀僧团在彼时所处的地点，位于越祇国内，是一寂静之地。佛陀在本首偈颂中赞颂了能够于此"独处闲居"的比丘。他看到在寂处静坐的比丘们，已博闻指导修行的法要，已调除四百四十种身病，并远离了愦闹，能够修习禅定，并获得心灵的自在。由于在寂静之地修行能得到这样的方便，因此佛陀赞颂了"音声丛树"这一寂静之地。

佛说迦旃延无常经第十七

【提要】佛陀在阿和提国，弟子迦旃延为诸比丘说无常。

【原文】一時佛遊阿和提國。爾時賢者迦旃延告諸比丘："諸賢者聽！一切合會，皆當離別。雖復安隱，會致疾病，年少當老；雖復長壽，會當歸死，如朝露花日出即墮。世間無常，亦復如是。年少強健，不可常存。譬如日出照於天下，不久則沒。如是，賢者！合會有別，人生有死，興盛必衰，一切萬物，皆歸無常，壞敗歸盡。如樹果熟，尋有墮憂。萬物無常，亦復如是。合會有離，興者必衰。譬如陶家作諸瓦器，生者熟者，無不壞敗。如是，賢者！合會有離，興者必衰，生者有死，恩愛離別，所求所慕，不得如意，爾時則有惡應變怪現矣！其病見前，諸相危熟，身得疾病，命轉向盡，骨肉消減，已失安隱，得大困疾，懊惱叵言，體適困極，水漿不下，醫藥不治，神呪不行，假使解除無所復益。醫見如是，尋退捨去，最後命盡。至於鞕靰，與于殗危，若使為變，命欲盡時，則有六痛，遭於苦毒。鞕靰之惱，眾患普集，己所不欲，自然來至，轉向抒氣。或塞不通，但有出氣無有入氣，出息亦極、入息亦極，諸脈欲斷，失於好顏，臥起須人，人常飲飼。雖得醫藥糜粥含之，必復苦極，不能消化。欲捉虛空，白汗流出，聲如雷鳴，惡露自出，身臥其上，歸於賤處。命盡神去，載出野田或火燒之，身體臭腐，無所識知。飛鳥所食，骨節支解，頭項異處連筋斷節，消為灰土，一切無常。當是之時，身為所在？頭足手脚，為何所處？初始死時，出在塚間，父母、兄弟、妻子皆共逐之，親厚知識，亦復如是。啼哭愁憂，悲哀呼嗟，椎胸殟憫，葬埋已訖，各自還歸，亦不能救。身獨自當之，棄捐在地，猶如瓦石，不聞聲香味，細滑亦不見，色及與五欲，無所識知。以是之故，知身無常。孝順供養父母、恭敬沙門諸道士、布施持戒齋肅守禁修行，起住迎逆，稽首作禮，叉手自歸。今諸賢者，諦省察此，當念無常、苦、空、非身。”於是說偈曰：

“已見如此大恐懼，　計求人身甚難得，
當行精進救頭火，　除諸勤苦立大安。
往古佛時值不閑，　莫計吾我及放逸，
得無遇此無量苦，　生死之患地獄酷。
志在愛欲無為惡，　伏諸根本故說此，
無得念惡及諸想，　得至寂然如壞賊。
無得念言是我所，　於是無我亦無吾，
無得不尊自謂勢，　攝身諸事伏其心。
常當羞慚知身時，　抒棄軀命無所著，
無得長夜在惡趣，　慎莫為此遭是患。
勿復往至閻羅界，　常當孝順供二親，
積累功德為後護，　因是疾得賢聖路。
勿求眾安而犯惡，　無承邪教為卒暴，
觀察此以常興施，　棄捐愛欲諸瑕穢。
然後當求於父母，　妻子親屬及知友，
常承佛教不違命，　將無不值就後世。
假使疾病求父母，　妻子親屬及知友，
欲令救護不能得，　功德智慧後世明。”（《大正藏》卷三第82-83页）

【评说】本段经文记叙迦旃延的说法。他对大众讲说了生老病死的“无常、苦、空、非身”，教导大众通过观察生命现象中的种种无常，以深刻体会无常变迁的现象。明悟于此，修行者便能够不放逸，不迷于世间的追求，得到了修行的机会。

在指导修行的同时，他也提倡在家修行者过少欲知足的生活，在生活中应“孝顺供养父母、恭敬沙门诸道士、布施持戒斋肃守禁修行，起住迎逆，稽首作礼，叉手自归”。

佛说和利长者问事经第十八

【提要】佛陀在那难国波和奈树间问和利长者四大诸法，长者一一回答。

【原文】佛告長者:“何謂大魁?”長者白曰:“唯然,世尊!大魁有四。何謂為四?一曰地種、二曰水種、三曰火種、四曰風種,是曰四大魁。”

佛言:“何謂地種?”答曰:“謂有五事:立、堅強、不柔、麤麰、能往返者。”

佛言:“善哉,善哉!長者!能解彼諸地種,永不現不?”長者答曰:“唯然,世尊!我身能知地種,滅沒不可知。”

佛言:“善哉!”復問:“何謂水種?”答曰:“唯然,世尊!水有五事:津液通流、細滑、微碎、無有形貌、猶如羅網遍至諸脉。”

佛言:“善哉,善哉!長者!汝乃能知水種滅沒不知處時。”答曰:“唯然,世尊!知歸無常,永不現也!”

佛告長者:“何謂火種?”長者答曰:“溫煖之類,能令人熱、有所消化,而能焚燒,光燄之類。”佛言:“善哉!長者,汝乃能知火種滅沒不復現耶?”答曰:“能知無常,歸盡不現。”

佛告長者:“何謂風種?”長者答曰:“風有五事:寒冷之類,輕飄駃疾,有所飄吹,出入得通,有諸響聲。”佛言:“善哉,善哉!爾乃能知風種,忽然沒不復現耶?”答曰:“唯然,世尊!能知風種自然歸盡。”佛言:“善哉,善哉!長者!”世尊又問:“豈不覩見其種寂聲?”答曰:“唯然,知其種聲平等如稱。”

“其四大魁,為何所處?”答曰:“猗欲飲食恩愛。”又問:“其四大魁,為何所猗?”答曰:“展轉相依。”又問:“為何所趣?”答曰:“趣色諸入。”又問:“諸入為何所歸?”答曰:“歸罪塵勞。”又問:“何因有罪塵勞?”答曰:“唯然,世尊!其識及身,各自別異而各離散。”又問:“命盡身壞,為何所趣?”答曰:“豈有所趣?身無心意,身、識各別。”又問:“長者續以故識,歸於所趣,更得異識耶?”答曰:“唯然,世尊!不齎故識,歸於所趣,不離故識,亦無異識。”“云何長者,見於法乎?”“譬如世尊眼識非常、耳識有異,不共合同。如是,世尊!沒生死如是,所見無厭,而以存命。”

佛言:“善哉,善哉!長者!於今長者,一切所問,報答如應,審實不虛。寧是不實?”答曰:“不實。所以者何?如大聖說,於是世間,所與不實,欲法悉虛,我念世尊,此世俗事,皆以虛立,未曾有法。”佛言:“善哉,善哉!長者!假使有說世事皆虛,悉未曾有,則諸佛說。所以者何?世事悉虛,無有一實,於是世間皆未曾有。”(《大正藏》卷三第83页)

【评说】“大魁”亦称“大种”,是古印度文化中被认为构成世界的四类性质或基本元素。本段经文记述佛陀与长者在问答之间辨别“四大魁”各自的性质,通过细致观察将外界和自身的各种现象依据性质分类,可以归入于此四大魁的出入生灭活动。在对其分别考察之后,还要观察其间的互相关系。以上观察方法称为“界分别观”,通过专注于观察四大魁,可以培养定力,以趋入禅定。

在分别了“四大魁”之后,佛陀与长者由追溯“尘劳”的所起,进而考察身与识的关系。长者在对佛陀的回答中指出:“不齎故识,归于所趣,不离故识,亦无异识。”这是长者所理解的身识关系,因长者具有正确的理解,而为佛陀所赞叹。

最终,讨论延伸至世界是实非实的问题。佛陀肯定了长者“此世俗事,皆以虚立,未曾有法”的认识后,重申“世事悉虚,无有一实,于是世间皆未曾有”的道理,反映了佛教的空性观。

佛说佛心总持经第十九

【提要】佛陀在罽檀罽国宾近大海之边为诸天眷属说总持。

【原文】眾會又問:“何謂世尊佛心總持法乎?”世尊告曰:“今次第說,無垢離垢造一切義,皆已逮得。所作諸德無有邊際,三世平等一切十方。具足諸慧示現一切,諸所有藏諸法自在。具足成就所作通達,普了周匝除一切眼,皆於三界普至十方。寂然憺怕獲諸脫門,分別法界究竟猗著,皆念一切諸所作為。超度餘心已得解脫,除結縛法普於虛空,本性清淨無垢,勸化三處。過去當來現在,平等三世,斷除無餘離於所有。第一度證,所行如言、所作成就,一切大慈,而興大哀於一切人,而無所度。”

佛告天子:“是為佛心總持法也。為四輩說求菩薩乘,其有諷誦,懷在身心,諦曉了識。持此經者,懷諸思想,譬若如來立在于頂,思則得見。其有能見,若有聞者,能說經法;若有持者,未曾有忘,究竟於學。當復得住,於道所住,說經寂然。以故講經,所持當持,未曾忽疑。以是之故,能忍總持一切所聞,所得如海,逮不起法忍,於一切法,而得自在,無所罣礙,至解脫門。如意具足,於現在法,於我法教,當受重任,棄諸重擔,此族姓子,則為見佛。若覩此等,當從聽受,當觀其法,莫察其形,不當毀呰而輕易也!”(《大正藏》卷三第 84 页)

【评说】总持,梵语陀罗尼,是持善不失,持恶不使起之义,亦是总摄一切法义的意思。总持以念与定慧为体,菩萨所修之念定慧具有这种功德。在本段经文中,顺序论述佛心总持的功德,以闻法者心生向往。

总持常表现为咒的形式。在本经最末,收录二段无题梵语咒如下:

“跎饥梨尼　跎饱梨尼　师比丘　跪罗陀　蔺偈陀　沙瑜投陀沤阿夷比兜波　昧瘴翅那旃　跪离那波罗翅提尼陀檠尼　尼披散尼　摩呵曼那甍陀梨那”

“沤那提奴　沤那提陀　沤弥提屠　沤提屠取披韃陀　叱阇叱者　朱陀阇陀　波沙提波沙檀尼耶醯迦弥仇弥遮罗翅　朱罗铃摩尼　阿提陀　浮弥羡那伊俞罗头　那翅祇褅弥比阐褅弥　萨披那楼　弥檀甍南模　摩迦尼　阿褅比耶”

这些内容反映当时已有持诵咒语的修行方式。

佛说护诸比丘呪经第二十

【提要】佛陀在摩竭罗阅祇城东奈树间为诸比丘说救济拥护咒。

【原文】一時世尊遊於摩竭羅閱祇城東,在於奈樹間,梵志丘聚。從是北上,上鞞提山中天帝石室。爾時無數比丘,各各馳走怱怱不安,如捕魚師布網捕魚,魚都馳散。

世尊遙見無數比丘,各各馳散擾擾不安。佛問比丘:“何為馳散擾動如斯?若魚畏網。”比丘對曰:“我遭患所在不安,遇諸賊盜、鬼神羅刹、諸象及龍、餓鬼師子及諸妖魅、鬼魅非人、熊羆諸邪、溝邊溷鬼、蠱道巫呪。”

佛告比丘:“當為汝說,常當救濟一切擁護。諦聽,善思念之!”比丘答曰:“唯然受教!”

佛言:“何等為一切救濟擁護?如是:

阿軻彌　迦羅移　嘻隸嘻隸　般鞞　阿羅鞞　摩丘　披賴兜　呵頭沙

翅拘犁因提隸者比丘披漚羅須彌者羅難樓在者羅

阿耆破耆　阿羅因阿羅耶　耶勿遮坻鞞移阿鞞

若不解脫我當勸解,為其擁護救濟,令安吉祥無患。若賊鬼神羅刹、蠱道符呪,護四百里周匝,無敢嬈者;其不恭順,犯是呪者,頭破七分。所以者何?”佛告比丘:“今吾普觀天上世間,若如是呪,呪願擁護,終無恐懼,衣毛不竪,除其宿命不請。”

南無世尊所呪者,吉梵天勸助是呪。(《大正藏》卷三第 84-85 页)

【评说】本段经文记载的是救济拥护咒，即庇护不受“所在不安，遇诸贼盗、鬼神罗刹、诸象及龙、饿鬼狮子及诸妖魅、鬼魅非人、熊罴诸邪、沟边溷鬼、蛊道巫咒”等内忧外患的骚扰侵害，其中也包括各种疾病的侵扰。该咒发挥作用的机制是“其不恭顺，犯是呪者，头破七分”，与佛教教义中提倡的坚忍、如实知见等教导似有不符，或反映了当时已有的咒语避难祛病的习俗已进入佛教。

佛说吉祥呪经第二十一

【提要】佛陀在舍卫城为阿难说吉祥咒。

【原文】一時佛在舍衛城，是名曰轉法輪莫能踰者，是地廣普，若有嬈者，佛皆說之！今當講誦，大人聖賢，具足歸彼。時佛告賢者阿難：“吾為汝說神呪之王，汝當持之！諸佛所說至誠行、趣道行、十二因緣行、月行、日行、賢者行、日月俱行。諦聽，善思念之！”阿難言：“受教而聽。”如是：

“休樓　牟樓　阿迦羅　鞞羅　莫迦垣羅颰提　波羅鈐波芻阿尼呵　耶提阿尼耶提阿提耶提頞裲末裲盧盧羅羅颰提摩那羅羅波夷吒”

無量總持，諸印之王，諸佛所說，為至誠行、為修道行、平等跡行、日行、月行、如日月行。佛語阿難：“此總持句，為佛之句、為尊上句、為學句、聖賢之句、得利義句、所懷來句、無兵仗句，若族姓子、族姓女，若入此句，入無數解百千之門，能分別說。”

佛告阿難：“雪山南脅，有大女神，名設陀憐迦醯（晉名攝聲），有五百子及諸眷屬。彼聞此經，即自起往，舉聲稱怨：‘嗚呼痛哉！嗚呼！何以劇乎！吾身本時，取若千百眾生人精以為飲食，害命服之；於今不堪，不能復犯。沙門瞿曇，為四部眾而設擁護。所以者何？若善男子、善女人，受是神呪。童男、童女入於郡國縣邑聚落，持是吉祥呪，若諷誦說，無能嬈者。所以者何？今沙門瞿曇所說神呪，遣逐非人，滅除眾患，常住於此，而現於魔宮。’諸弊魔言：‘天王欲知，沙門瞿曇以空汝界。今者天王，當共被鎧，將諸群從，暫勒兵眾。譬如菩薩初坐樹下，魔被以鎧甲及諸兵眾，往詣佛所。’”

於是世尊告阿難曰：“是大女神設陀羅迦醯，止於雪山之南，與五百子俱。遙聞如來說是神呪、總持印呪，恐怖懷懅，衣毛為竪。”及於諸魔、一切官屬及餘眾魔，於時彼魔被其鎧翰，與眷屬俱，往詣世尊。惡心欲詣沙門瞿曇。彼時有菩薩，名曰降棄魔，降魔及官屬，還詣佛所，稽首聖足，叉手歸佛，白世尊言：“我已攝制於此弊魔及諸官屬，發遣諸兵，并設陀迦醯大女神，而制伏之，不敢為非亦不敢嬈比丘、比丘尼、清信士、清信女，不敢中害，無所妨廢。善哉！世尊，願說總持法印，為四輩眾，令皆得擁護，使得安隱。唯佛加哀，普及人民令得安隱。”於是世尊，為是神呪，應時欣笑。

阿難問佛：“世尊何故笑？笑當有意。”佛告賢者阿難：“汝寧見降棄魔菩薩道行殊特，降魔官屬，設頭迦醯大女神技術皆以壞敗，心懷憂慼。於彼忽然沒而不現，到斯說是總持之印。”

爾時世尊思此總持印王，攝伏一切諸惡鬼神及諸妖魅，除一切嬈，伏鳩伏鳩休浮休樓阿祇提。如是總持印王呪，其有鬼神、女神、鳩桓、龍、金翅鳥及諸弊獸一切眾魅，至意有意在道斷他懷來為食為句，跡甘嘗為月動搖善震動意為心，何況細微無不微也。其大德總持，無擇無冥，而無所斷，其心誦其十事讀於今笑，當所作者亦無所選。

佛告阿難：“是無擇句、總持句、無所選句、安隱句、擁護句、於諸眾人無所嬈句、無所害句、禁制句、諷誦者句，為四部眾則設擁護。人與非人，不能犯也。若臥出時，所在寤寐，無敢嬈者。況佛所說，其聞此呪，莫不安隱。”(《大正藏》卷三第 85 页)

【评说】本段经文介绍了吉祥咒，并解说了该咒语之所以能够“遣逐非人，灭除众患”的原因，在于用此咒语可以“摄伏一切诸恶鬼神及诸妖魅，除一切娆”。它与救济拥护咒一样，都是记录咒语习俗进入佛教的反映。

卷 第 三

佛说所欣释经第二十三

【提要】佛陀在舍卫国祇树给孤独园为诸比丘说所欣释子粗犷事。

【原文】於時獵師，隨其所志言辭麤細，各與肉分。於時天頌曰：

“一切男子辭，　柔軟歸其身，
是故莫麤言，　衰利不離身。”(《大正藏》卷三第 87 页)

【评说】本偈颂阐述了柔和的语言能够带来利益，粗鄙的语言会招来损害的道理。

佛说国王五人经第二十四

【提要】佛陀在舍卫国祇树给孤独园为众比丘说舍利弗、阿那律、阿难、输轮与佛的往世因缘。

【原文】時第二工巧者，轉行至他國。應時國王，喜諸技術，即以材木，作機關木人，形貌端正，生人無異，衣服顏色，黠慧無比，能工歌舞，舉動如人，辭言：“我子生若干年，國中恭敬，多所餽遺。”國王聞之，命使作伎，王及夫人，升閣而觀。作伎歌舞若干方便，跪拜進止，勝於生人。王及夫人，歡喜無量。便角瞼眼，色視夫人。王遙見之，心懷忿怒，促勑侍者：“斬其頭來。何以瞼眼視吾夫人？謂有惡意，色視不疑。”其父啼泣，淚出五行，長跪請命：“吾有一子，甚重愛之，坐起進退，以解憂思，愚意不及，有是失耳。假使殺者，我共當死，唯以加哀，原其罪釁。”時王恚甚，不肯聽之。復白王言：“若不活者，願自手殺，勿使餘人。”王便可之。則拔一肩楔，機關解落，碎散在地。王乃驚愕：“吾身云何瞋於材木？此人工巧，天下無雙，作此機關，三百六十節，勝於生人!”即以賞賜億萬兩金。即持金出，與諸兄弟，令飲食之，以偈頌曰：

“觀此工巧者，　多所而成就，
機關為木人，　過踰於生者。
歌舞現伎樂，　令尊者歡喜，
得賞若干寶，　誰為最第一?”(《大正藏》卷三第 88 页)

【评说】这个故事借赞叹工巧之精湛，教导息灭嗔恨烦恼的方法。在故事中，王因妒木人生嗔恨，见木人解体而感叹“吾身云何瞋于材木”，产生被嗔恨者不实在的明悟。这是通过解构引生负面情绪的种种事物，了知其无实质的特性，用理性胜伏烦恼。

佛说比丘疾病经第二十六

【提要】佛陀在舍卫国祇树给孤独园瞻看患病比丘。

【原文】一時佛遊舍衛祇樹給孤獨園，與大比丘千二百五十人俱。時一比丘，疾病困篤

獨自一身，無有等類，無有視者，亦無醫藥衣被飯食，不能起居，惡露自出。身臥其上，四向顧視，無來救濟者，便自歎息："今日吾身，無救無護！"

時阿難見，往白佛："唯然大聖！吾身今日，得未曾有。如來世尊大慈大哀，有苦比丘，當念救濟。吾乃往世無數劫時，救此比丘疾病之患，於今世亦然。乃往過去久遠世時，於空閑處，多神仙五通學者，在彼獨處，各各相勸，轉相佐助。各各取果，以相給足，以作籌筭，設使疾病，轉相瞻療。時有摩納學志，有所緩急，常馳走趣。有一學志，若有急緩疾病之厄，初不視瞻。時彼學志，有急緩時，無有救者，則自獨立，無伴無侶。彼於異時，身得疾病，無療瞻者，亦無持果授與食者。是時五通仙人見彼和上，見之如是，心自念言：'此人孤獨，無有救護。'心愍念之，即往到其所，即問之曰：'摩納學志！卿強健時，頗有消息，問訊不寧，有親厚朋友乎？'即時報曰：'無也！和上亦無親友知識之厚，我之父母，家屬親里，去此大遠。'又問曰：'此梵志共頓一處，不與親友結為知識耶？'答曰：'無也！'和上答曰：'不結親友，無有知識，以何為人？卿見餘人，展轉相敬，展轉相事，卿獨不也？今日孤獨，無救護。'於時仙人，扶接摩納，使之令坐，將詣自所頓處，勸之安心，將詣親厚而以療治，則頌偈曰：

'棄捐于妻子，　出家無所慕，
卿和上為父，　等類則兄弟。
頓與梵志俱，　而不相供視，
得疾病困篤，　孤獨無所依。
察子見此已，　梵行為親友，
普行子恭敬，　展轉相瞻視。'"

時佛世尊往詣比丘，而問之曰："今得疾病，有瞻視醫藥床臥具乎？"白曰："孤獨無瞻視者，無醫無藥，去家甚遠，離於父母，無有兄弟，親里伴侶，無供侍者。"世尊又問："卿強健時，頗瞻視問訊有疾者不？"答曰："不也！"世尊告曰："卿強健時，不瞻視人，不問訊疾病，誰當瞻視卿乎？善惡有對，罪福有報，恩生往反，義絕稀疏。佛為一切三界之救，救度五道，當捨卿耶？前世救卿，今亦當然。"

佛扶起之，欲以水洗。時天帝聞佛所言，如伸臂頃，忽然來下，欲洗浴之。佛言："拘翼！卿在天上香潔之中，安能救洗穢濁臭處？"天帝釋答曰："向者世尊說，此比丘本不瞻人，不視疾病，孤獨無救。佛為十方一切之救，功德具足，無所乏少，尚瞻視之；況我罪福未斷，而不興福耶？"

時佛手洗，天帝水灌，還復臥之，飲其醫藥，即時除愈。為說經法，即時得道。世尊以偈而讚之曰：

"人當瞻疾病，　問訊諸危厄，
善惡有報應，　如種果獲實。
世尊則為父，　經法以為母，
同學者兄弟，　因是而得度。"（《大正藏》卷三第89-90页）

【评说】瞻视看护生病的比丘是佛陀所倡导的僧团规则。本段经文描述了僧团中有一位比丘，在身强体壮时未积极看护其他病者，当自身处于疾病困境时无人施以看护，最后为佛陀所救助的经过，以此教导知恩图报的道理。

本经不仅说明了应当照顾病弱者的道理，同时也由介绍往昔因缘及此世遭遇的前因后果，以及救助病者获福等角度劝励看护病人的行为，展现了佛教如何与世俗中的老病死苦相结合的一种方式。

病者"疾病困笃独自一身,无有等类,无有视者,亦无医药衣被饭食,不能起居,恶露自出,身卧其上",以及得到救助后"时佛手洗,天帝水灌,还复卧之,饮其医药,即时除愈。为说经法,即时得道",是关于医药护理的内容。由此可见,佛陀倡导的世间善行是为出世间的解脱得道而服务的。

佛说弟子过命经第二十九

【提要】佛陀在舍卫祇树给孤独园为思念命过生天弟子的老师和上说法,并讲述昔日仙人爱小象的故事。

【原文】於時和上,心念弟子功德性行,愁憂感結,泣涕雨淚,不能自解,等類諫喻,不能究思。於時比丘往詣世尊,世尊告曰:"呼比丘來。"問之:"比丘!何為憂惱,不能自解?"比丘白曰:"弟子終沒。"佛言:"何故愁憂不能自解?"比丘白曰:"唯然。世尊!我彼弟子,甚大良謹,仁賢溫雅,名德難量,未有究竟,而中夭沒,以故憂悒,不能自寬。"

佛告比丘:"勿復愁憂。所以者何?卿之弟子,已至究竟,得生天上。今日夜半,至於佛所,威神巍巍,光明遠照,稽首足下,却住一面。吾為天子,講說經法,具足廣普分別聖諦。於是天子,即於座上,成至聖法。"佛為比丘,說此本末。即時歡喜,除其愁憂,不復涕泣。

於時世尊,教彼比丘,除憂惱患。時諸比丘,各心念言:"得未曾有,大聖世尊,以無上藥,療此比丘憂惱之患。於彼弟子,疾病命過,愁憂懊惱,無能解者;見佛世尊,眾患皆除,真為如來、至真、等正覺,於億千劫,歌頌佛德,不可窮盡。"

佛時遙聞諸比丘眾共議此事,佛即往詣告諸比丘:"向者共會為何所論?"比丘白佛:"唯然。世尊!向者共會歎佛功德,聖尊無量,度諸未度,濟諸未脫,滅諸未滅,療治一切婬怒癡患,為無上醫,常以法藥,療諸心病。向者蠲除比丘憂患,以是踊躍不能自勝。"(《大正藏》卷三第92-93页)

【评说】本段经文记述比丘师因贤弟子的去世而悲伤,得到佛陀开导的经过。佛教中将解除苦恼的方法称为药。对于解除心理苦恼的方法,称为法药,以"疗诸心病"。心病得愈者的一个征象是"即时欢喜,除其愁忧,不复涕泣",乃至于"踊跃不能自胜",表现出解除心理苦恼后的精神自在。

【原文】時天帝釋則時發念:"今此仙人志在象子,猗念無厭,今我寧可別令愁慼。"時天帝釋,示現試之,化使象子忽然死地而血流離。仙人見之,象子死亡,憂愁叵言,涕泣橫流,不能自解。餘仙人聞,來諫曉之不能除憂,不復食飲。時天帝釋,自以其身,住在虛空,即為仙人,而說偈曰:

"仁者以棄家,　至此無眷屬,
諸仙人之法,　憂死非善哉!
假使悲涕泣,　能令死者生,
皆當聚憫泣;　假啼哭不活,
已習共頓止。　而與象子俱,
則有慇恩情,　不得不愁憂。
死人哭於死,　其有啼哭者,

明智不懷憂，　仙人慧何啼？”

時天帝釋，令其仙人懷憂惱已，即令象子使活如故。於時仙人見象子活，尋大踊躍，不能自勝不復愁憂。時天帝釋，即尋為仙人，而說頌曰：

“以拔卿憂惱，　心所懷愁慼，
於今仁無患，　而除子憂慼。
令人離愁惱，　及一切親屬，
如卿今日歡，　見象子起故。”

時天帝釋以偈頌曰：

“吾愍傷卿故，　欲除諸憂慼，
故興此因緣，　增益於塵勞。
明者曉了斯，　恩愛生苦患，
則察其內外，　無得興變化。”（《大正藏》卷三第93页）

【评说】本段经文记述了天帝释为使仙人于生死离别间洞察人情真相而作诸般变化，以阐明“明者晓了斯，恩爱生苦患，则察其内外，无得兴变化”的道理。通过对仙人见象子死而复生前后的悲欣变化，描绘了人被恩爱束缚而失去精神自由的情形。

卷　第　四

佛说水牛经第三十

【提要】佛陀在舍卫国祇树给孤独园为众比丘讲述猕猴毁辱水牛王及梵志，水牛王忍受其辱，梵志捕杀猕猴的故事。

【原文】

水牛報曰，以說偈言：

“以輕毀辱我，　必當加他人，
彼當加報之，　爾乃得抵患。”

諸水牛過去未久，有諸梵志大眾群輩仙人之等，順道而來。時彼獼猴，亦復罵詈，毀辱輕易，揚塵瓦石，以坌擲之。諸梵志等，即時捕捉，以脚蹋殺之，則便命過。於是樹神即復頌曰：

“罪惡不腐朽，　殃熟乃遭患，
罪惡已滿足，　諸殃不爛壞。”（《大正藏》卷三第94页）

【评说】这个故事说明即使放纵的是细小的恶行，也会招致难以承受的后果，阐述的是“罪恶不腐朽，殃熟乃遭患，罪恶已满足，诸殃不烂坏”，因果不虚、不错乱的道理。

佛说无惧经第三十二

【提要】人行佛道，在死亡时就不会恐惧。

【原文】昔者有人，作性仁賢，修奉經戒，精進守德，每生自剋，行無過惡，一身遵行為天下則。行來四輩，息意休檖，行正不迷，布施持戒，忍辱精進，一心智慧，無所悕望，以法自衛。行來同學，無有異計，若有法會，輙往聽經，不以厭惓。念佛功德，如來、至真、等正覺、明行成為、善逝、世間解、無上士、道法御、天人師，為佛、世尊，流布弘恩，歎法之義，唯志無為。法本柔潤，法香普熏，十方悉聞，去惡就善，居家為穢，出家無弊。志常思法，以法為務，勤誦經法，猶服甘露——法為道藥多所療治，法為橋梁通諸往返，法為舟船度諸未度，法為日月晝夜照明，去諸窈冥陰蓋消除，覩於無形。又信聖眾，眾中學者，猶如眾流遊於大海。聖眾之中或得道跡；或得往來；或獲不還；或成無著緣覺果證；或行菩薩，至不退轉、一生補處，無上正真亦由是生，此則無極。至深道海，菩薩所奉，周旋往來，度脫一切，靡不興載，道慧高妙，無所罣礙。其人每行，出入四輩，常宣三寶，身自歸命。并化一切，常尊三事：一曰，興立功德修治佛寺；二曰，誦經念道宣布典教；三曰，一心定意而無放逸。奉四等心——慈、悲、喜、護，行空、無想、無願之法，解了善權，隨時化人，使發道意。

其人年長，命欲終時，四輩眾學及諸親里、五種諸家，咸往問訊："將無恐怖，安心勿懼！"其人即以偈答眾人：

"吾棄捐眾惡，　奉行諸功德，
今身以是故，　無一恐畏心。
猶如有橋梁，　柱強上下堅，
如人乘牢船，　欲度至彼岸。"(《大正藏》卷三第 94-95 页)

【评说】在生活中能够依照佛教的道德准则来行事，则在临终时必定无愧于心，且由于生时已依教修行，对于生死之事有了真实的理解，因此不会畏惧，将死亡视为"如人乘牢船，欲度至彼岸"的过程而坦然处之。

佛说五百幼童经第三十三

【提要】佛陀在波罗奈国为善童子父母及众比丘说善童子溺亡之事。

【原文】佛時遙呼："五百童來！"尋時皆來，住於虛空中，散花供佛，下稽首禮："自歸命佛，蒙世尊恩，雖身喪亡，得生天上見彌勒佛，唯加慈澤，化諸不逮。"佛言："善哉！卿等快計，知道至真，興立塔寺，因是生天，既得生天，見於彌勒，諮受法誨。"佛為說法，咸然歡喜，立不退轉。各白父母："勿復愁憂，人各有命，不可稽留，努力精進，以法自修。人在三界，猶如繫囚，得道度世，乃得自由，歸命三寶，脫于三流，發菩薩心，乃得長久，遊四使水，度脫四瀆。"父母聞之，悉從其教，皆發道意。時諸天子，稽首足下，遶佛三匝，作禮而退，忽然不現，還兜率天。(《大正藏》卷三第 95 页)

【评说】"勿复愁忧，人各有命，不可稽留，努力精进，以法自修。人在三界，犹如系囚，得道度世，乃得自由，归命三宝，脱于三流，发菩萨心，乃得长久，游四使水，度脱四渎"，是佛教的世间观。从佛教的观点来看，人世不过只是生命中的一站，一切生命现象和精神过程都是在不同的驿站间往返，只有依靠修习"菩提心"才能获得绝对的自由。

"菩提心"是大乘佛教所设，以别于上座部佛教的概念，本义为"觉心"，其特点在于强调利他胜于利己。正因如此，大乘佛教以度世利众为"大乘"，以区别于上座部佛教的自修解脱。因修习菩提心而行持利众的菩萨道，即大乘佛教入世的理论依据。

佛说毒草经第三十四

【提要】佛陀以天神教授树神去除大丛树所染毒草之毒的故事为喻，劝诫众生除去贪嗔痴三毒。

【原文】昔者一國，有大叢樹，樹木參天，無折傷者。中有樹神，明達義理，出入行節，與

眾不同。四方來趣，經歷樹木，時樹神悅豫恣人所欲，採果薪草，不以為恨，蔭涼泉水，服者大安。時有一鳥，他方口含弊惡毒草，飛過此樹，因投其上，適墮上枝，毒侵其樹，尋枯過半。時叢樹神，心自念言："此毒最凶，適墮樹上，須臾之間，令半樹枯，日未至中，未盡冥頃，如是悉枯，未滿十日，恐皆毀死。此叢樹木，當奈之何去斯毒害？"

時虛空中，有天神曰："如是不久，有明人來，歷遊道路，過斯叢樹。卿取樹間所藏金，雇掘此毒樹，盡其根株，令無有餘，爾乃永安。設不爾者，日未冥頃，毒樹盡枯，悉及叢樹。"樹神聞之，因化人形，住於路側待之。已到即語其人："吾有金藏，當以相賜，願掘毒樹，窮索其根。"其人聞得重金藏寶，即言唯諾，便前掘之，盡其根原。樹神喜悅，尋與金藏，其人取去，家居致富。樹神歡然，得離毒難，眾樹長安，花果茂盛，不慮毒患，諸罪皆散。

佛言："叢樹者，謂三界；樹神者，謂發意菩薩也；鳥從他方取毒來者，謂魔事眾想從無明致；虛空神者，如來、至真、等正覺也，教諸學者，不從魔法，當順善友菩薩大士修同志者，乃拔三垢眾勞之厄。掘樹盡根，謂消婬怒愚癡之冥，設不爾者，溺在三處，罪蓋自覆，無有威勢拯濟眾生生死之惱。得賜藏者，謂道法藏，菩薩大士展轉相助成，猶萬川流合于大海。樹神欣然，悉無憂患，還處樹者，以能逮得無所從生大哀法忍，因往三界，廣度一切。得寶喜樂家居富者，以得總持——六度無極、三十七品、修四等心、四恩十力、相、好、四無所畏——諸根寂定，為無限寶，道富無量。還歸家者，解歸本淨真道之際也。示現佛身，廣宣道化，開度十方，靡不蒙恩。"(《大正藏》卷三第 95-96 页)

【评说】本段经文以譬喻说明初发心的修行者应当依靠导师的指点，与志向相同者共同修习法要，以对治自身的"淫怒愚痴"，摆脱生死之恼。经中概括的"六度无极、三十七品、修四等心、四恩十力、相、好、四无所畏"等内容，是菩萨道修行者所应学习的。

佛说鼈喻经第三十五

【提要】菩萨以譬喻的方法解说众生轮回受十二因缘牵引。

【原文】昔者有一鼈王，遊行大海，周旋往來，以為娛樂。時出海邊水際而臥，其身廣長，邊各六十里，而在其上，積時歷日，寐息陸地，而不轉移。時有賈客，從遠方來，遙視見之，謂是可依水邊好處高陸之地。五百賈客、車馬六畜有數千頭，皆止頓上。炊作飲食，破薪燃火，飼諸牛、馬、騾驢、駱駝，行來臥起。於時鼈王，身遭火燒，欻作擾動，因即移身，馳入大海，遊走東西火害不息。賈人見之謂地為移，海水流溢，悲哀呼嗟："今定死矣！當柰之何?"鼈身苦痛，不能復忍，因沒其身入大水中，溺殺眾人，牛馬六畜皆共併命。

菩薩時告諸弟子曰："假喻引譬，以解其意。遠來估客，謂三界人。五百群眾，謂五陰六衰諸入之難。鼈身廣長，各六十里者，謂二六牽連十二因緣，輪轉無際，周流五趣，無一懈息。燃火炊作為食具者，謂三毒熾盛，情欲發興。鼈馳走入大海水者，謂犯十惡沒溺三惡——地獄、餓鬼、畜生之中，苦不可言。是故如來，降其聖德，無極大慧，往返生死，救濟危厄，罪所覆蓋，盲冥不解，顯示法燿，令心開闡，咸發無上正真道意。"(《大正藏》卷三第 96 页)

【评说】本经以譬喻解说轮回中的众生受"十二因缘"牵引轮转的情形。其关键在于"五蕴""六入"引起"三毒炽盛，情欲发兴"，由此生出种种恐怖。

佛教解说"十二因缘"，是为了通过知悉因缘运作的规律，打破其中的联系，以从中解脱。"三毒"炽盛是轮回的根本，佛教的核心即在于息灭"三毒"。

佛说诲子经第三十八

【提要】佛陀为阿难说寡母教诲其无知子，子遵母之教诲修行后的重大改变；并感叹后世之子有从母教，亦有不从母教。

【原文】阿難白佛言："母之至教，莫能大焉！"佛言："至哉！"(《大正藏》卷三第97页)

【评说】佛陀认为，父母对子女成长影响巨大，故应积极通过言传身教作正面引导，与我国传统德育故事"孟母三迁"异曲同工。

佛说变悔喻经第四十一

【提要】佛陀在舍卫国祇树给孤独园为众比丘讲述山神树神帮助一名出家修行后又变悔的比丘证道的故事。

【原文】比丘聞之心即覺了，知審如言識别四大本因缘合，貪身自害，剖判本空，猶如寄居，觀十方人，無有親疎，則心了意解，諸漏得盡，生死已斷，悉無起分，出入自由，不著垢塵，爾乃達知，山樹有故，化如除浮雲。樹神跪拜，自陳："辛苦周旋三界，五陰所覆，十二牽連，忽始相因，唯見愍哀救濟此覆。"即為說經，使心開解，奉受五戒，修行十善，塞惡三塗，道心稍前，遂至無極，入佛正真。

於時世尊，告諸比丘："解其本末，執心當堅，無得後悔。"(《大正藏》卷三第99页)

【评说】本段经文记叙了某比丘在即将成就前心生后悔准备放弃时，得神护法而坚定修行志愿，最终获得成功的故事，此经的意义在于教导修行者应当具有坚毅的品质。

在经中还提到了"识别四大"的修行方法。比丘听闻树神所化比丘尼讲解"四大皆空"教义之后，以"四大分别观"的修行方法，"识别四大本因缘合"，明了"贪身自害，剖判本空，犹如寄居，观十方人，无有亲疏"，放下对世间经营的执著，更进一步，获得成就。

佛说马喻经第四十二

【提要】佛陀以良马须调为喻，阐明众生应当以佛法教化。

【原文】假以為喻，長者謂佛，馬喻學人，不受佛教，放心恣意，不從道化，故為說法，令知去就。跳踉走行，不可制者，加以捶杖，為演五戒十善，生天人中，罪者示以地獄、餓鬼畜生，勤苦之難，三界之患，往來輪轉，無一可安。設不犯惡，五戒十善，乃開化之，四等六度，神通之行，在於十方諸佛共會，三毒消除，去諸陰蓋。其子從母，長跪問曰前聞其師所行法則，師說深淺之行皆有意。故五戒十善因，為天人說，空無相願，六度無極，四等四恩，不在生死，不住滅度，乃入正真，勇果之徒，處神通乘，周旋三界，度脱一切。(《大正藏》卷三第99-100页)

【评说】本段经文说明佛陀的教法深浅不一，对不同的人有不同的教导方向，根据受众的不同大致可分为三个档次：一是"为天人说"的五戒十善；二是"入正真"的"空无相愿，六度无极，四等四恩"；三是"勇果之徒，处神通乘"。

佛说比丘尼现变经第四十三

【提要】差摩、莲华鲜二比丘尼在舍卫城拘萨度化凶恶之众的故事。

【原文】時比丘尼，見發逆意，意中愴然，愍之為愚，因脱兩眼，著其掌中，以示諸逆。"卿所愛我，唯愛面色，今我以盲，何所可好？"復示腸胃身體五藏手脚各異，棄在一面，謂凶眾言：

"好為所在?"逆凶見此忽然恐怖,知世無常,三界如寄,其身化成,骨血不淨,無可貪者。尋還衣被,稽首悔過:"所作無狀,反逆無義,願捨其殃。"長跪叉手,各受五戒。將至佛所,稽首于地,自責其罪:"盲冥無知,迷來日久,作惡不罷,不覺世世當受禍危,今蒙大聖垂恩救濟,乃感比丘尼威德化眼,去罪罪輕,稍近無為。"(《大正藏》卷三第100页)

【评说】本段记述得道的比丘尼直接施展神变,展示五蕴和合之身的分离相状。这是将不净、无常同时展示的方法,对于常人具有极大的冲击性。

佛说孤独经第四十四

【提要】一名父亲教告诸子广作布施,其子不从其教,致使心身惑乱的故事。

【原文】佛言:"人本立神,一身清明,能有所益。奉於正行,強有所觀,不解本無,自見有身,因生五陰六衰之惑,反為所迷,不至正真;後解三界一切皆空,五陰悉除,三毒自滅,乃至無上正真之道。"(《大正藏》卷三第100页)

【评说】早期的佛教经典在翻译中会将本土的观念杂糅其中,"人本立神,一身清明,能有所益"的说法并不符合佛教的教义,可以视为是一种结合本土文化的再创作。此经提到的"身神"关系是"身识"关系的前身,到后世佛教经典翻译日渐成熟,对教义中的名词术语逐渐有了更准确的翻译,以此逐渐淘汰了早期翻译中不太准确的部分经典。

卷 第 五

佛说梵志经第四十五

【提要】佛陀在舍卫国祇树给孤独园为一梵志及诸眷属分别说法。

【原文】於時世尊,即為梵志及妻子僕從下使,講說經道,開解其心,分別其義,諸佛之法,隨其本源而演分別,布施持戒,忍辱精進,一心智慧,應病與藥,尋而心解,苦習盡道。於時梵志妻子僕從下使,即於座上,逮四聖諦,取要言之,則得天眼,歸佛法眾,奉受五戒。(《大正藏》卷三第100页)

【评说】"应病与药,寻而心解,苦习尽道",概括了佛陀为梵志一家分析生活中的"苦习尽道",以解说法要的过程。"苦习尽道"即"苦集灭道"的早期异译,它不是完全抽象的哲学概念,在生活中处处可以发现这四种现象。佛陀作为修行已获成就者,对于从生活中发现"苦习尽道"的现象具有充分的经验,因此可以做到"应病与药",根据每个家庭、每个人"心病"的不同,给予相应的指导。

佛说君臣经第四十六

【提要】佛陀在王舍城灵鹫山中为众比丘详说调达有意谄害佛陀的因缘。

【原文】……應時以偈,而歌頌曰:

"食言少獲多,　不忍得長大,
忍辱致損過,　密善財云何?"

密善財大臣,以偈報王曰:

"大王是瞋種,　恚恨心所為,

無害無瞋怒，　則正本所行。”

王復以偈問曰：

“以何得安寐，　何行無憂患，

以何至一法，　密行致善財？

賢聖何所歎，　至滅能不憂，

誰能保此事，　除愁令無患？”

大臣以偈答曰：

“棄瞋得安寐，　除恚無憂患，

怒者毒之本，　大王當知此！

聖賢知所歎，　緣此無憂患，

以此義答王，　嗟歎忍辱行，

毀呰于瞋恨，　以此義答之。

分别令降伏，　不雅得其便，

凶惡不能加，　立之平等德。”(《大正藏》卷三第101页)

【评说】这段君臣问答偈颂围绕“瞋恨”与“忍辱”展开。大王认为通过嗔恨可以壮大自身，而忍辱则会导致损害。大臣分析了壮大并非嗔恨的功德，“无害无瞋怒，则正本所行”，嗔恨反而会导致忧患，阐释了嗔怒引生众恶，忍辱是弃舍嗔恶的最有效方法。

佛说杂赞经第四十九(丹本此经为第五十)

【提要】佛陀在舍卫祇树给孤独园为众比丘讲述一名不受父母教诲，遭受捶打的比丘，宿世为鸟时不听鸟妻劝告遭捕、致使毛羽尽去、跛行归巢的故事。

【原文】去彼不遠，有一神仙梵志道人，遥聞其聲而歌頌曰：

“不覩惡罪果，　緣是遭苦患，

以故莫作罪，　將無受大惱。”(《大正藏》卷三第101页)

【评说】梵志仙人通过偈颂说明常人因为目光短浅或者无能力，故看不到恶业的后果，这是从免于受苦的角度劝导人们弃恶向善。

佛说仙人拨劫经第五十二

【提要】佛陀在王舍城灵鹫山为众比丘讲述拨劫仙人见王女引动欲念失去神通的故事，以此来教诫诸比丘应当除去贪欲。

【原文】時彼仙人，從空中飛下，至王宫内，王女見來，以手擎之，坐著座上。適以手擎，觸體柔軟，即起欲意，適起欲心，愛欲興盛，尋失神足，故不能飛行。思维經行，欲復神足，故不能獲。時彼仙人，見國王女，貪欲意起，不能從志，步行出宫，如是所為，其音暢溢，莫不聞知。時無央數人，皆來集會。王行事畢，還入其宫，聞其仙人，失于無欲，墮恩愛中，失其神足，不能飛行。王時夜至其宫，獨竊自行，往見仙人，稽首足下，以偈頌曰：

“吾聞大梵志，　卒暴皆貪欲，

為從何所教？　何因習色欲？”

時撥劫仙人，以偈答王曰：

“吾實爾大王，　如聖之所聞，

已墮於邪徑，　以王遠吾故。”

王以偈問曰：

“不審慧所在，　及善惡所念，

假使發慾心？　不能伏本淨。”

時撥劫仙人，復以偈答王曰：

“愛慾失義利，　婬心欝然熾，

今日聞王語，　便當捨愛慾。”

於時國王，教告仙人。仙人羞慚，剋心自責，宿夜精懃，不久即獲，還復神通。（《大正藏》卷三第 105 页）

【评说】“爱欲失义利，淫心郁然炽”，本段经文以拨劫仙人动欲失通来说明欲念的危害。作为修行有道的仙人，尚且会因见到王女而引动欲念，作为普通人就更应该防护内心，避免因外境的诱惑而失去“义利”。

已经由于忘失正念而陷于欲望之中，也并非无法挽救，以惭愧心“克心自责，宿夜精勤”，重新审视“慧所在及善恶所念”，通过慧观的洞察力，能够令心再次回到正念中。

佛说譬喻经第五十五

【提要】以比丘取独母之麻油膏为佛燃灯、萨和达化身大鱼救济维耶离罗百姓、首达因诽谤惟先堕入地狱、梵志儒童因争座位之事成怨、驴与马、驴同行产生的不同结果、盗贼称南无佛盗取天像金头、狗伏床下听经化作女人身后作比丘、病人乞瓶心生贪念等故事譬喻佛法。

【原文】告諸比丘：“爾時魚者，我身是也；爾時食我肉者，今維耶離國人是。如來往者以肉活眾生，一世中耳。今以道慧救護識神，還復本無，長離三界，眾苦永滅矣。菩薩勤苦具足三施。何謂三施？外施、內施、大施，是為三施。衣食珍寶，國土妻子，是為外施。支體骨肉，頭目髓腦，是為內施。四等六度，四諦非常，十二部經，為眾生說，是為大施。求道之法，三施具足，乃疾得佛。”（《大正藏》卷三第 107 页）

【评说】“三施”为“外施、内施、大施”，即今所谓“财布施”“身布施”“法布施”，三种布施的价值评价角度不同。外施与内施更多的是从自心的执著程度来衡量，由于常人对身体的执著远超外物，故如法行持内施对行者的磨砺较外施更大。大施是从利益他众而言，对大众说法，能够产生深远的利益，这种利益不局限于行者自身，故称为大。

【原文】師言：“學當有善知識。昔有驢一頭，其主恒令與馬相隨，飲食行來，常與馬俱。馬行百里，亦行百里，馬行千里，亦行千里，衣毛鳴呼，與馬相似。後時與驢相隨，飲食行來，與驢共侶，驢行百里，亦行百里，驢行千里，亦行千里，毛衣頭軀，悉為似驢。鳴呼唉痾，純為是驢，遂至老死，不復作馬。學者亦如是，隨善知識，則日精進，精進者，得道駛。隨惡知識，則日懈怠，懈怠者，是為長沒也。”（《大正藏》卷三第 108 页）

【评说】这则驴马譬喻意在说明“近朱者赤、近墨者黑”的道理，教导行者谨慎择友。

佛说菩萨本行经

失译人名今附东晋录

【提要】菩萨本行经中包括十一部经。上卷七部，分别为劝励精进、劝励布施(二部)、授婆罗门辟支佛记、授牧羊人辟支佛记、说比丘斫臂因缘、婆多竭梨阿罗汉自说因缘；中卷二部，分别为为须达长者比较布施功德、为毗舍离国和摩揭陀国除去疫病及治疫因缘；下卷二部，分别为婆罗门赞佛得授辟支佛记、辅相夫妇得阿罗汉因缘事。

卷　上

【原文】一時，佛在舍衛國祇樹給孤獨園。爾時，世尊見諸沙門，身心懈怠不勤精進，告阿難言："夫懈怠者眾行之累，居家懈怠，則衣食不供、產業不舉；出家懈怠，不能出離生死之苦。一切眾事皆由精進而得興起，在家精進，衣食豐饒、居業益廣，遠近稱歎；出家精進，行道皆成。欲得具足三十七品，諸禪三昧道法之藏，截生死流至泥洹岸無為安樂，當勤精進勤修為本。欲得六度無極，四等四恩，如來十力、四無所畏、十八不共特異之法，六通、三達，成一切智；欲得具足三十二相、八十種好，嚴淨國土教化眾生；皆由精進而得成辦。"(《大正藏》卷三第 108-109 页)

【评说】精进，又称为勤，是小乘七十五法中大善地法之一，大乘百法中善心所之一。其含义为勇猛不懈地修习善法，断除恶法，亦即坚持正确修行的意思。本段经文说明，一切修行所取得的成绩都离不开坚持。

【原文】……自念曩昔過去世時，此閻浮提有城名不流沙，王名婆檀寧，夫人字跋摩竭提。時，國穀貴人民飢餓，加有疫病。時，王亦病，夫人自出祠天，街邊有一家，夫行不在。時，婦產兒，又無婢使，產後飢虛，復無有食，飢餓欲死，便自念言："今死垂至，更無餘計，唯當還自噉其兒耳，而用濟命。"即便取刀適欲殺兒，心為悲感，舉聲大哭。

爾時，夫人欲還宮中，聞此婦人悲聲慘切，愴然憐傷，便住聽之。而此婦人適欲舉刀欲殺其子，便自念言："何忍噉其子肉?"作是念已，便復啼哭。夫人便入其舍就而問之："何以啼哭？欲作何等?"婦即答言："無食食之，加復產後身倍虛羸，欲自殺兒用濟其命。"夫人聞之心為悼愍，語言："莫殺其子！我到宮中當送食來。"婦人答言："夫人尊貴，或復稽遲，或能忘之，而我今日命在呼吸，不踰時節，不如自噉其子以用濟命。"夫人問言："更得餘肉食之可不?"答言："果得濟命，不問好醜也。"(《大正藏》卷三第 110 页)

【评说】记述古印度有饥荒、疫病流行等灾难。另记贫妇产后虚弱，欲自食其子的悲惨情况。

【原文】於是沙門便往見佛，作禮却坐，佛為說法："汝無數劫久遠以來，割奪其頭手脚之血，多於四大海水，積身之骨高於須彌，涕泣之淚過於四海，飲親之乳多於江海，汝從無數劫以來，不但今也。一切有身皆受眾苦，一切眾苦皆從習生，由習恩愛有斯眾苦，癡愛已斷不習

眾行,不習眾行便無有身,已無有身眾苦便滅,唯當思惟八正之道。”於是沙門聞佛所說豁然意解,即於佛前得阿羅漢道,便放身命而般涅槃。(《大正藏》卷三第111-112页)

【评说】解说“身”“苦”“习恩爱”与“不习”“无身”“苦灭”之间的关系。布施自身是断除对自身执著的有效方法,由此可以迅速习得“无身”乃至于“苦灭”。

卷　　中

【原文】佛告須達:“夫於布施,所施雖多而獲報小;布施雖小而獲報多。何謂施多而獲報小?雖多布施,而無至心、無恭敬心,不大歡喜、貢高自大;所施之人,信邪倒見、非是正見,不得快士;所施雖多而獲報小。猶如耕田薄地之中,下種雖多,收實甚小。何謂施小而獲大福?所施雖小,歡喜與、淨潔心與、恭敬與、不望報與;所施之人,復得快士,佛及辟支佛、沙門四道,應正見者;所施雖小獲報弘大。猶如良田,所種雖小收實甚多。”(《大正藏》卷三第114页)

【评说】通过比较不同的布施心态与方法(欢喜、净洁、恭敬、不望报、所施者等),辨别在行持布施中易出现的错误。

【原文】佛告須達:“爾時比藍婆羅門者,今我身是。而我爾時,所施亦好、其心亦好,受者不好,所施雖多獲報甚少。而今我法真妙清淨、弟子真正,所施雖少獲報甚多。於是比藍十二年中所作布施,及閻浮提一切人民行於布施,計其功德,不如布施一須陀洹人,其福甚多過出其上。設施百須陀洹并前比藍所施閻浮提人,所得福報,不如施一斯陀含人,其福甚多亦過其上。正使施百斯陀含、百須陀洹、及前比藍施閻浮提人,所得福報、不如施一阿那含人,其福倍多過出其上。施百阿那含人、百斯陀含、百須陀洹,并前比藍閻浮提人,所得福報,不如施一阿羅漢,其福甚多過出其上。正使施百羅漢、百阿那含、百斯陀含、百須陀洹,并前比藍閻浮提人,所施功德,不如施一辟支佛,其福甚多過出其上。正使布施百辟支佛、百阿羅漢、百阿那含、百斯陀含、百須陀洹,及前比藍施閻浮提人,所得功德,不如起塔、僧房精舍,衣被床臥飯食供養,過去當來今現在,四方眾僧沙門道士,給其所須,計其功德,過前所作功德者上。雖起塔僧房精舍,施辟支佛、阿羅漢、阿那含、斯陀含、須陀洹、并前比藍閻浮提人,所作布施福德,不如施佛一人,功德甚多不可復計。雖供養佛,起塔僧房精舍,及辟支佛、阿羅漢、阿那含、斯陀含、須陀洹,并前比藍閻浮提人,所施功德,不如有人一日之中受三自歸、八關齋,若持五戒,所得功德,踰過於前所施福德,百千萬倍不可為喻。復以持戒之福,并合集前一切施佛功德及辟支佛、四道之等,合前比藍閻浮提人所施福德,不如坐禪慈念眾生經一食之頃,所得功德,踰過於前百千萬倍。踰前比藍閻浮提人所作布施,及施四道、辟支佛,起塔僧伽藍,上至施佛,持戒坐禪慈念眾生,合集其德,不如聞法執在心懷,思惟四諦、非常苦空非身之法、泥洹寂滅,比前所作一切功德,最尊第一無有過上。”(《大正藏》卷三第114-115页)

【评说】比较了布施与自修戒定慧之间的大小功德,指出修习自身的戒定慧与培养外在的福德相比,修行更为重要。

【原文】時,有一婦人,炒穀作麨,有牂牴來撾炒麥,不可奈何,捉搠火杖用打牂牴,杖頭有火著羊毛住，羊得火熱用揩象廐，象廐火然并燒王象，象身爛破便殺獼猴用拍象身。天於空中而說偈言：

“瞋恚鬪諍邊，　不當於中止，
羯羠共相牴，　蠅蛾於中死。
婢共牂牴鬪，　獼猴而坐死，
智者遠嫌疑，　莫與愚人止。”（《大正藏》卷三第 115 页）

【评说】通过故事指出了在怨恨的传递过程中会发生各种悲剧性后果，波及周边的事物。

【原文】佛告王言：“今非是時，為王說法。云何非時？人起瞋恚忿結不解，若起貪婬耽荒女色，憍貴自大無恭敬心；其心垢濁，聞於妙法而不能解，以是之故，今非是時，為王說法。”（《大正藏》卷三第 115 页）

【评说】佛陀拒绝为处于不良情绪中的国王说法，因为“其心垢浊，闻于妙法而不能解”。说明施行教导应根据对方的心理状态以择取最有效的时机。

【原文】王聞佛語即大恐怖，即向須達懺悔作禮，羊皮四布於須達前。王言：“此是我民，而向屈辱實為甚難。”須達復言：“而我貧窮，行於布施亦復甚難。”（《大正藏》卷三第 115 页）

【评说】此处记述了两种障碍：身份高贵是国王难以忍受向平民道歉的心理障碍、因贫穷而执著财产是布施的障碍。

【原文】尸羅師質為國平正，為賊所捉。賊語之曰：“言不見我，我當放汝；不者殺汝。”尸羅師質意自念言：“今作妄語為非法事，若墮地獄誰當放我？”作是思惟便語賊言：“寧斫我頭終不妄語。”賊便放之。危害垂至，不犯妄語慎行正法實為甚難。（《大正藏》卷三第 115-116 页）

【评说】生命遭遇危险是守护戒律的障碍。

【原文】復有天名曰尸迦梨，復自說：“我受八關齋，於高樓上臥。有天玉女來至我所，以持禁戒而不受之實為甚難。”（《大正藏》卷三第 116 页）

【评说】对于年轻气盛者，对五欲的追求是修行的障碍。

【原文】於是四人各各自說如是，即於佛前而說頌曰：

“貧窮布施難，　豪貴忍辱難，
危嶮持戒難，　少壯捨欲難。”（《大正藏》卷三第 116 页）

【评说】以偈颂说明四种具有代表性的修行障碍，分别对应于布施、持戒、安忍、静虑四种修行方式。

【原文】時，婆羅門及婦、二兒俱願作龍，死受龍身，有大神力至為毒惡，便殺酸陀梨龍奪其處住，便放風雨大墮雹霜，傷殺五穀唯有草秸，因名其龍阿波羅利。婦名比壽尼，龍有二子，一名璣鄯尼，人民飢餓死者甚多，加復疫病死者無數。

時,阿闍世王往至佛所,頭面作禮長跪白佛:“國界人民為惡龍疫鬼所見傷害,死者無數,唯願世尊大慈大悲憐愍一切,唯見救護禳却災害。”佛即可之。(《大正藏》卷三第 116 页)

【评说】古印度人民认为龙(那伽)与疫病流行、气候不调等灾厄有所联系。此处所称的龙并非中华文化中的龙,而是指大蛇。印度蛇多毒,接触蛇毒常引起各种伤害。此种观念反映了古印度朴素的归类法。

【原文】爾時,世尊明日晨朝,著衣持鉢入城乞食,詣於龍泉食訖洗鉢,洗鉢之水澍於泉中。龍大瞋恚即便出水,吐於毒氣吐火向佛,佛身出水滅之;復雨大雹,在於虛空化成天花;復雨大石,化成琦飾;復雨刀劒,化成七寶;化現羅刹,佛復化現毘沙門王,羅刹便滅。龍復化作大象鼻捉利劒,佛即化作大師子王,象便滅去。適作龍像,佛復化作金翅鳥王,龍便突走。盡其神力不能害佛,突入泉中,密迹力士舉金剛杵打山,山壞半墮泉中。欲走來出,佛化泉水盡成大火。急欲突走,於是世尊蹈龍頂上,龍不得去。龍乃降伏,長跪白佛言:“世尊!今日特見苦酷。”佛告龍曰:“何以懷惡苦惱眾生?”龍便頭面作禮稽首佛足,長跪白佛言:“願見放捨,世尊所勑我當奉受。”佛告龍曰:“當受五戒為優婆塞。”龍及妻子盡受五戒為優婆塞,慈心行善不更霜雹,風雨時節五穀豐熟,諸疫鬼輩盡皆走去向毘舍離。摩竭國中人民飽滿,眾病除愈,遂便安樂。(《大正藏》卷三第 116 页)

【评说】此处记述佛陀降服龙(那伽)的过程。从住水中、吐毒气、被鸟所克、踏头而不得去等特征也可看出蛇即是龙(那伽)的原型。龙(那伽)被降服后,“疫鬼”也销声匿迹,“人民饱满,众病除愈”了。

【原文】毘舍離人民疫病死者甚多,聞摩竭國佛在其中降伏惡龍疫病消滅,毘舍離王即遣使者往至佛所。於是使者前至佛所,稽首佛足長跪白佛言:“王故遣我來,稽首問訊如來大聖!我國疫死者甚多,唯願世尊!大慈憐愍臨覆我國,勞屈光威望得全濟。”(《大正藏》卷三第 116 页)

【评说】当时摩竭国疫病流行,相邻的毗舍离也遭逢疫行。可见佛陀时代也有瘟疫流行。

【原文】即便剃頭而著袈裟,詣於山澤精進坐禪思惟智慧,内解五陰、外了萬物皆悉非常,一切受身眾苦之器,飛輪王帝豪俊世主三界尊榮,猶若幻化空無吾我,緣會則有緣離則無,皆從癡愛因有諸行,以有諸行受一切身,五道之分便有眾苦。若無癡愛則無諸行,以無諸行則無五道,以無五道則不受身,以無有身眾苦便滅。思惟如是,霍然意解成辟支佛,飛騰變化六通清徹無所罣礙。如其本誓便還見母,現其神足身昇虛空經行坐臥,身上出水、身下出火,身上出火、身下出水,分一身作百作千作萬無數,還合為一。其母見之歡喜踊躍頭面作禮。母復問言:“從何所而得飲食?”答言:“乞匃自存。”母復白言:“莫更乞食,當受我請。從今以往在此園中住,願當日日受我飲食,亦當使我得其福德。”時,辟支佛便受母請住於園中,其母日日自往飯之。於彼園中經涉數年,思维身分瑕穢不淨,身為苦器何用此為?便捨身命入於泥洹而般泥洹。其母即便耶旬起塔花香供養。(《大正藏》卷三第 118 页)

【评说】通过在寂静处专心修习戒定慧,尤其是“思惟智慧”,就可以深入理解“缘会则有缘离则无,皆从痴爱因有诸行,以有诸行受一切身,五道之分便有众苦。若无痴爱则无诸行,以无诸行则无五道，以无五道则不受身，以无有身众苦便灭”，获得证悟。在佛教中修习戒与定的目的，是为了发展慧，由此可见，慧是一种深刻的洞察悟解的能力。

卷　下

【原文】爾時，如來說是正真微妙語時，諸疫鬼輩皆走去向摩竭國，毘舍離國病盡除差。時，佛復還摩竭國中，疫鬼復還毘舍離國。爾時，世尊往來七返，即便說言：“我從無數劫以來，所作功德作大誓願，我今以此正真之行，除去一切眾生身病并除意病。”

佛言：“我為尸毘王時，為一鴿故割其身肉，興立誓願除去一切眾生危嶮。摩訶薩埵太子時，為餓虎故放捨身命。舍尸王時，自以身肉供養病人經十二年。阿彌陀加良王時，病自合藥而欲服之。時有辟支佛病，與王同來從乞藥，王自不服，即便持藥施辟支佛，自作誓願，使一切病皆悉除愈。修陀素彌王時，百王臨死而濟其命，令迦摩沙颰王使入正見，十二年惡誓使得銷除。須大拏太子時，二兒及婦持用布施。摩休沙陀太子時，以藥除眾生病，復入大海得摩尼珠，復除眾生貧困。摩訶婆利王時，二十四日自以身肉以供病人。羼提婆羅仙人時，割截手足不起恚意。迦尸王時，人民疫病，王受八關齋，起大慈心念於眾生，人民病者皆悉除差。毘婆浮為解呪師時，人民疫病，以身血肉持用解除與鬼噉之，人民眾病皆悉除差。梵天王時，為一偈故自剝身皮而用寫經。毘楞竭梨王時，為一偈故於其身上而啄千釘。優多梨仙人時，為一偈故剝身皮為紙、折骨為筆、血用和墨。跋彌王時，國中人民盡有瘡病，王自行見毒樹，此毒樹葉墮於水中，人飲此水令人有病，即拔毒樹根株盡隨以火燒之，人民瘡病半得除差。其中故有不差者。王問醫言：‘眾生瘡病何以不差？’醫答王言：‘此瘡病重，當得魚肉食之乃差。’王聞其言，即到水邊上樹求願作魚：‘今我以身除眾生病，持此功德用求佛道，普除一切眾生無量身病意病。審如所願，其有眾生食我肉者病盡除差。’即從樹上投身水中，便化成魚而有聲言：‘其有病者來取我肉噉，病當除差。’人民聞聲，皆來取魚肉食之，病盡除愈。”

於是世尊自說：“前世宿行所作，結於誓願今皆得之。今我以此正真之教，除去一切眾生災禍。”時，佛便自化身作兩頭，一頭看毘舍離國，一頭看摩竭國，疫鬼盡去還於大海，人民眾病皆悉除差。五穀豐熟人民安樂，以法廣化，并使意中諸欲之病，悉得清淨，立之於道，一切人民皆大歡喜。於是諸比丘異口同音讚歎：“如來無量功德，甚奇甚特不可思議。”(《大正藏》卷三第 119 页)

【评说】疫病在摩竭国与毗舍离国此起彼伏，说明疫病在当时危害极大。此处以疫病难除引出佛陀过去世种种布施身体的经历，主旨意在说明菩萨行中的布施度，同时暗喻以广大心布施己身的品德堪作良药，以正直的言行可以化解人心的病苦。

【原文】佛告諸比丘：“我不但今除眾生病飢渴之患，過去世時，亦復如是。乃往過去無數世時，此閻浮提有大國王名曰梵天，典閻浮提八萬四千諸小國王，有二萬夫人、婇女一萬，無有太子。晝夜愁憂，禱祠神祇，梵天天帝、摩訶霸梨天諸大神、日月天地，因乃得兒。時，子生皆端正殊好有大人相，名大自在天。為人慈仁聰明智慧，世之典籍星宿變運日月博蝕，一切技術莫不通達，復學醫術和合諸藥，宣令國中：‘諸有病者悉來詣我，當給醫藥飲食占視。’人民聞令，諸有病者盡詣太子，國中大小皆悉歡喜莫不歎德，更不向餘醫輕慢餘醫；諸醫師輩盡皆瞋恚妬忌太子。”

當于是時，舉閻浮提人民疫病加復穀貴，集諸醫藥不能令差，人民死者日日甚多。王大愁憂，命召諸醫問其方藥。時，有一醫妬王太子者，心自念言："今此太子是我怨家，今乃得便。"即白王言："更有一方試盡推覓，王便可之。"即時便去，明日乃還，前白王言："推得一方，若使大王得服之者，眾病必除。"王即告言："須何等藥，便試說之?"醫答王言："當得從生以來仁慈愍眾生未曾起於瞋恚意者，當用其血和藥服之，得其兩眼用解遺鬼，眾病乃差。"王即答言："從生以來不起瞋恚，此實難有。此事甚難，不可得也。"

太子聞之白父王言："此事易耳，不為難得。"太子白王言："我是父王之子，我從生以來不曾恚瞋加害於人，常慈愍一切初無惡相。我身非常而無堅固，不久會亦當死；唯願大王聽我為藥，除眾生病。"王便答言："我無子息，禱祠諸天日月星辰四山五嶽，因乃得子。今寧亡身失國，終不聽汝。"太子便白父王言："我求佛道，今我以血施與眾生，持此功德，佛諸經法盡當解了。我今以此肉眼施與眾生，以此功德，當得如來智慧之眼，當為一切而作正導。大王雖無太子，故得為王；若使國土無有人民，為誰作王？使諸人民眾病悉除，亦使父王無有憂愁。"王復悲泣答太子言："今我寧棄國王位，可哀之子實不能捨。"於是太子長跪叉手，白父王言："今我求於無上正真之道，若使愛惜臭穢之身，云何得解如來智慧深妙之法？云何當得一切慧眼？唯願父王莫得却我無上道心。"父王默然更無所說。

醫白王言："我試取血持用和藥與諸病人，若便得差乃出其眼，若不差者不須出眼。"於是太子刺臂出血，作誓願言："我以此血除眾生病，持此功德用成無上正真之道，審成佛者，一切眾生服此藥者，病當除差。"便以血和藥與諸病人，病皆除愈。醫便白王："其有病人服此藥者皆悉除差，目前現事可不信也。"時，閻浮提八萬四千諸小王臣民，聞大王太子自出其眼愍救一切，莫不悲泣，皆悉來集，長跪叉手白太子言："唯願大王太子！我曹寧自放捨身命，不使太子毀其眼目。汝之慈愍一切眾生，不久成佛，願莫自毀壞其眼目。"於是太子諫謝諸王臣民："今我以此血肉之眼除眾生病，持此功德用求佛道。我成佛時，當除汝等身病意病，莫得却我無上道心。"爾時，諸王一切臣民，聞是語已默然而住。於是太子便勑左右："設施解具，欲挑其眼。"語左右人言："誰能挑我眼者?"左右人民皆辭不能。時，醫妬太子者，答言："我能。"太子歡喜，報言："甚快!"持刀授之，語醫者言："挑眼著我掌中。"便挑一眼著太子掌中。於是太子便立誓言："今我以此肉眼施與眾生，不求轉輪聖王，不求魔王，不求梵王、色聲香味細滑之樂，持此功德，用求無上正真之道，使我得成一切智眼，普為十方無量眾生作大醫王，除去一切眾生身病意病，施眾生智慧之眼。"作是語已即便持眼著於案上："審如我心所願者，一切眾生病皆除愈。"父母見之即便悶絕，良久乃穌；諸王臣民舉聲啼哭，動於天地宛轉自撲，或有迷悶絕者。

適欲舉刀更挑一眼，應時三千大千世界為大震動，三界諸天皆悉來下，見於菩薩為眾生故，自挑其眼而血流出，無數諸天皆悉悲泣淚如盛雨。時，天帝釋到太子前問太子言："汝今慈愍為眾生故，不惜身命出其肉眼，如是勤苦實為甚難。所作功德欲求何等？求轉輪王、天帝、魔王、梵天？王子求何等願耶?"太子答言："不求聖王、天帝、魔王、梵天王也，不求三界色聲香味細滑之樂，持此功德，用求無上正真之道，為十方一切眾生作大醫王，普除一切眾生身病意病，施與眾生智慧之眼，普離生死一切諸患。"時，天帝釋一切諸天讚言："善哉善哉！甚快難及！如汝所願成佛不久。"時，天帝釋即取其眼，還用持著太子眼中，於時，太子眼即平復，絕更明好踰倍於前。無量諸天即以天花而散其上，莫不歡喜。父王及母、夫人婇女、諸王臣民，皆大歡喜踊躍無量。

時，天帝釋敕比婆芩(丹嗒)摩大將軍，逐諸疫鬼盡還大海，一切病者皆悉除愈。天帝便雨種種飲食，次雨穀米，次雨衣服，次雨七寶，一切眾生病盡除差，皆悉飽滿無飢渴者，人民歡喜國遂興隆。却後數年父王命終，便登王位，坐於正殿七寶自至，為轉輪王主四天下，莫不蒙慶，所作功德現世獲之。

佛告諸比丘："爾時太子大自在天者，則我身是。爾時父王梵天者，則今父王白淨是。爾時母者，今我母摩耶是。爾時醫挑我眼者，今調達是。爾時閻浮提人民者，今毘舍離國、摩竭國人民是。而我爾時亦除其病飢渴之困，我今亦復除去眾生身病意病，亦使眾生普得慧眼立於道證。菩薩行檀波羅蜜，勤苦如是。"(《大正藏》卷三第 119-120 页)

【评说】古代印度人民生活处于原始水平，以健康温饱为望，因此饥疫横行就成为影响人民生活的最大障碍。这则本生故事记述了佛陀过去生中身为医术高明的王子，布施自身治疗民众疾病的故事。

该故事中，描述了一种将个人品行修养与医术，乃至于自身入药后的药效相关联的体系。在这一体系中，各种不同属性的事物都有相对应的部分，如属于色身的疾病，可以用色身的部分来治疗；属于心意的疾病，可以通过与心相对应的智慧来治疗；色身与心协同一致，心地愈善，则身肉的疗效愈佳。由于在佛教与医学相关的论述里，饥饿也被视为一种病，故其中以身肉治疗疾病的概念，或来自食物可以消除饥饿感的经验。应当看到，这是一种朴素的普遍联系的观点。

【原文】爾時，世尊欣然而笑，五色光從口中出，有千百奇，一一光頭出無數明，一一光端有七寶蓮花，一一花上皆有化佛遍照十方。下至諸大地獄，上至三十三天，遍照五道幽冥之處，極佛境界莫不大明，三千世界諸天人民，見佛光明莫不踊躍，各離宮殿捨其所樂，咸至佛所。聽說經法而得度者，見其光明而得度者，或聞化佛所說經法而得度者，或有尋光來至佛所而得度者。無量地獄拷治之處悉得休息，壽終之後盡得生天。一切畜生禽獸之處善心自生，慈心相向不相傷害，壽終之後亦得生天。餓鬼之中都悉自然得百味食，無有飢渴之想，歡喜踊躍無復慳心，壽終之後盡得生天。無量眾生，盲者得視，聾者得聽，瘂者能語，僂者得伸，拘躄能行，癃殘百病皆悉除愈，牢獄繫閉悉皆放解。當爾之時，大千世界諸天人民，一切大眾莫不歡喜，心皆清淨無復三垢，其中或有得生天者，得道迹者、往來者、不還者，得羅漢者，得辟支佛道者，有發無上正真道意者，或有堅住不退轉者，各各如是不可稱計。世尊光明照十方已，還遶身三匝從眉間入。(《大正藏》卷三第 121 页)

【评说】本段经文描述了免除不同生命形态痛苦的表现。如在地狱者由痛苦中得休息，饿鬼者得食，禽兽之类免于杀戮，人则免于疾病牢狱之灾。在佛教看来，免除身心痛苦与心灵清净远离贪嗔痴三毒有密切联系，以此可以暂时升天得乐，这对各种生命来说都是一个善的归宿，而究竟的归宿则是得到解脱。

【原文】爾時，世尊知其應度，明旦晨朝著衣持鉢往詣其家。輔相夫婦聞佛在外，歡喜踊躍即出奉迎，稽首佛足施設床座，請佛入坐供施甘饌。世尊食畢，輔相夫婦手自執水灌世尊手。於是如來洗手漱口已訖，為說經法，讚施之德、持戒之福，天上人中封授自然，尊榮豪貴富樂無極。雖復高尊，諸欲自恣，不能得免三塗之苦。地獄之中火燒湯煑，刀山劍樹火車爐炭，刀鋸解析甚酷甚痛，不可具陳，餓鬼中苦，身瘦腹大咽細如針孔，骨節相敲共相切磨舉身

火然，百千萬歲不聞水穀之名，飢渴甚困不可具說。畜生中苦，虎狼師子蛇蟒蝮蚖，更相殘害互相噉食，三塗之中惡心熾盛，無有善意大如毛髮，宛轉苦毒無有出期。唯捨諸欲，思维正諦，爾乃得離眾苦毒耳。受三界身悉皆有苦，一切眾苦皆從習生，由習諸欲三毒之垢，諸行之報便有眾苦。斷絕三毒銷然諸欲則無諸行，眾行已盡則不受身，已無有身眾苦便滅。欲盡諸行一切縛者，唯當思维八正之道。(《大正藏》卷三第 122 页)

【评说】此段经文描述佛陀受供经过。在用斋完毕后，佛陀洗手漱口，反映了当时社会的卫生习惯。接受施食后，佛陀为施主开示“苦”“习(集)”“灭”“道”的“四谛”法要。

【原文】諸臣皆言：“王行五事亡國失位：一者博戲，二者嗜酒，三者躭荒女色惑於音樂，四者好出遊獵，五者不用忠諫。行此五事，王不得久。”(《大正藏》卷三第 122 页)

【评说】从经文中可以看出，不博戏、不嗜酒、不耽于伎乐、不嗜外出游玩、能采纳中肯的建议，这是当时的大臣对王的要求。概言之，就是要求国王拥有不沉溺五欲的自控力以及能纳谏辨忠的气度和智慧。

【原文】於是夜叉擔比豆梨，到於山間便欲殺之。時，比豆梨問夜叉言：“何以殺我?”夜叉答言：“龍王夫人聞汝聰明智慧第一，為人慈仁，欲得汝血并及其心。是以殺汝。”比豆梨言：“汝之愚癡不解意趣。聞我智慧欲得我血者，欲得我法；欲得我心者，而欲得我心中智慧。共往見之，欲須何等，我盡與之。”時，比豆梨即為夜叉說：“人作惡有五事：一者作事倉卒而不審諦；二者後常多悔；三者多懷瞋恚無有慈心；四者惡名遠聞人所憎嫉不欲見之；五者死墮地獄、畜生、餓鬼。修善之人有五事好。何等為五？一者所作審諦，以法自御而不卒暴，後無所悔；二者多慈愍心，無所加害；三者好名流布聲震四遠；四者人皆敬愛猶若師父；五者死生天上及與人中，快樂無極。”(《大正藏》卷三第 123 页)

【评说】心与血液，喻智慧与佛法，二者不相离。又教示行善者与行恶者的区别，即行善者不仓促、不反悔、慈心不嗔、有好声誉、能升天，而行恶者反之，这是从内外形象以及将来果报等角度所作的概括。

【原文】於是夜叉聞其所說心即開解，頭面作禮稽首其足，即從比豆梨求受教誨。時，比豆梨為說十善生天之法。夜叉聞法，歡喜踊躍奉而行之。即將比豆梨至龍王所，夫人見比豆梨歡喜無量，頭面作禮稽首歸命，設施寶座供百味饌。於是比豆梨便為龍王及夫人，說於五道所行罪福：“攝身三惡，慈愍眾生無所傷害，除捨慳貪義讓不盜，觀欲瑕穢離於女色貞潔不婬；言常至誠無有虛欺，言常柔軟無麁獷辭，和其鬪諍不訟彼此，語則應律不加綺飾；心常慈忍不起瞋恚，見人快善代用歡喜無嫉妬心，一心奉信佛法聖眾及至真式，明了罪福意無狐疑。行此十善具足無缺，便得生天，七寶宮殿所欲自然。不殺、不盜、不婬、不欺、絕酒不醉，五事具足生於人中，國王大姓長者之家，尊榮豪貴富樂無極。無有慈心殘害眾生，強劫人財盜竊非道，婬犯他妻愛欲情態無有厭足；妄言，兩舌，惡口罵詈，瞋恚嫉妬；不孝父母，不信三尊，背正向邪；行此諸惡死入地獄，燒炙榜笞，萬毒皆更痛不可言。負債不償，借貸不歸，觝突無信，憍慢自大，謗毀三寶，死墮畜生，驢馬駱駝、猪羊狗犬、師子虎狼、蚖虵蝮蝎蜥蜴及餘禽獸，更相殘害毒心熾盛，宛轉受苦無有出期。慳貪嫉妬，不肯布施不知衣食，不信三尊，慳火所燒，死墮餓鬼形體羸瘦，骨節相敦舉身火然，百千萬歲無有解時，晝夜飢渴初不曾聞水穀之名。

唯行十善攝身口意，長得生天快樂無極。”（《大正藏》卷三第 123 页）

【评说】本段经文解说行“十善”、守“五戒”者能够获得人天快乐，行“十恶”、坏“五戒”者将堕落三恶道感受痛苦。“十善”是指身三种善：一不杀生，二不偷盗，三不邪淫；口四种善：一不妄语，二不两舌，三不恶口，四不绮语；意三种善：一不贪欲，二不嗔恚，三不邪见。“十恶”反之。“五戒”即戒杀、盗、淫、妄、酒五事。“十善”和“五戒”是佛教对在世俗生活的在家居士所提倡的伦理原则。

【原文】時，天帝釋及與人王，大海龍王迦留金翅鳥王，各捨諸欲來在山澤，持齋坐禪自守身心，各各自言：“我得福多。”天王自言：“我捨天上諸欲之樂，今來在此攝身口意，我得福多。”人王復言：“我捨宮中諸欲之娛，來在此間守身口意，我得福多。”龍王復言：“我捨大海七寶宮殿諸欲之樂，今來在此守身口意，我得福多。”金翅鳥王亦復說言：“今此龍王是我之食，我今持齋攝身口意，無傷害心而不食之，我得福多。”於是四王各自歎說意不決了，便相謂言：“今當共往問師比豆梨。”即往比豆梨所，頭面作禮，各白如是：“誰得福多？”菩薩答言：“汝等各竪四幢幡，青色白色黃色赤色。”即便受教竪四幢幡。菩薩問言：“其影異耶？一種色乎？”四王答言：“幡色各異，其影一色而無有異。”菩薩答言：“汝等四王各捨所欲，而來在此持戒自守，所得功德皆悉同等而無差特，如四色幡其影一類而無有異。”於時，四王聞其所言，各各意解歡喜踊躍。時，天帝釋即以天上劫波育衣奉上菩薩。於時，人王即以雜妙之寶，上於菩薩。大海龍王即以髻中摩尼寶珠，以上菩薩。金翅鳥王天金髴飾以貢菩薩。於時，四王皆大歡喜作禮而去。時，閻浮提一切民人、龍及夜叉，盡行十善。當是之時，世有壽終者盡皆生天，無有墮於三塗中者。（《大正藏》卷三第 123-124 页）

【评说】比豆梨比丘以色异影同的妙喻巧释不同人持戒的功德，化解四王因各自执著而起的争执。

大方便佛报恩经

失译人名在后汉录

【提要】本经是一部集经，共九品，其内容是以佛陀教导知恩报恩为主题，由数部经典拼接而成。

卷　第　一

序品第一

【提要】佛陀在耆阇崛山因外道讽佛非孝之事，集聚诸菩萨宣说佛教孝道。

【原文】爾時，阿難承佛威神，於晨朝時入王舍城，次第乞食。爾時，城中有一婆羅門子，孝養父母，其家衰喪，家計蕩盡，擔負老母，亦次第行乞，若得好食，香美菓蓏，仰奉於母；若得惡食，萎菜乾果，而自食之。阿難見之，心生歡喜，偈讚此人：“善哉！善哉！善男子！供養父

母，奇特難及！”（《大正藏》卷三第124页）

【评说】孝养父母美食，自己甘用恶食，既体现了对父母的孝养，而自轻他重的菩萨精神亦贯彻其中，故为阿难所赞叹。

孝养品第二

【提要】佛陀在耆阇崛山讲述自己在为须阇提太子时，以自身血肉救济父母。

【原文】爾時，如來現如是等身已，告阿難言，及十方諸來大菩薩摩訶薩，及一切大眾諸善男子等：“如來今者以正遍知，宣說真實之言。法無言說，如來以妙方便，能以無名相法作名相說。如來本於生死中時，於如是等微塵數不思議形類一切眾生中，具足受身。以受身故，一切眾生亦曾為如來父母，如來亦曾為一切眾生而作父母。為一切父母故，常修難行苦行，難捨能捨，頭目、髓腦、國城、妻子、象馬、七珍、輦輿、車乘、衣服、飲食、臥具、醫藥，一切給與。勤修精進、戒、施、多聞、禪定、智慧，乃至具足一切萬行，不休不息，心無疲倦。為孝養父母，知恩報恩故，今得速成阿耨多羅三藐三菩提。以是緣故，一切眾生能令如來滿足本願故。是以當知一切眾生於佛有重恩，有重恩故，如來不捨眾生。以大悲心故，常修習有方便，為一切三界二十五有諸眾生中不思己功，修平等慈，常修捨行方便。亦明鑑一切眾生空、法空、五陰空，如是不退不沒，不沈空有，修實相方便故，不捨二乘，修遍學方便。以修如是甚深微妙方便故，得明鑒法相。佛法初終始末非一，然眾生昏濁猖狂有三，渴愛所覆，沒於苦海；為四倒之所顛倒，於有漏法中妄想所見，無我見我，無常見常，無樂見樂，不淨見淨；生老病死之所遷滅，念念無常；五蓋十纏之所覆蔽，輪迴三有，具受生死，無有始終，譬如循環。是以如來教迹隨宜，三藏九部乃至十二部經，分流道化，隨信深淺故，說眾經典。異辦緣使封言者，自以頓足，已得涅槃。是以如來慈悲本誓，顯大方便，運召十方一切有緣。有緣既集，於此大眾中，敷演散說此妙經典，垂訓千載，流布像法，使一切眾生常獲大安。是故如來乘機運化，應時而生，應時而滅。或於異刹，稱盧舍那如來、應供、正遍知、明行足、善逝、世間解、無上士、調御丈夫、天人師、佛、世尊；或昇兜率陀天，為諸天師；或從兜率天下，現於閻浮提，現八十年壽。當知如來不可思議，世界不可思議，業報不可思議，眾生不可思議，禪定不可思議，龍王不可思議，此是佛不可思議。佛欲令一切眾生知佛心者，乃至下流鈍根眾生皆令得知，欲令一切眾生能得見者即便得見；欲令不得見者，假令對目而不能見，正使聲聞、緣覺有天眼通亦不得見。又佛放大光明，下至阿鼻地獄，上至有頂，所應度者皆令得見，不應度者對目不見。有時如來，或時許可，或時默然。當知諸佛世尊不可思議，不可測量，難可得知。汝今云何能問如來如是甚深微妙難行苦行？汝作是問，真是大悲愍傷眾生，閉三惡道，通人天路。阿難善聽！吾當為汝略說孝養父母苦行因緣。”（《大正藏》卷三第127-128页）

【评说】佛陀将修行的动机与孝养相联系，以罗列修行次第的方式，指出一切修行不仅是为自己，更是为自己所关心的亲人。“以受身故，一切众生亦曾为如来父母，如来亦曾为一切众生而作父母……是以当知一切众生于佛有重恩”，关爱亲人的发心通过佛教轮回观的阐发，可以将其扩大为对所有生命的关爱，由此彰显大乘佛教发心广大，普度众生的特质。

从这段经文可以看出，大乘佛教通过将社会关系概化为家庭关系的方式，拉近了行者与社会的距离，这与南传佛教强调出离的特征有明显差别。

【原文】爾時，太子餘命未斷，發聲立誓願：“宿世殃惡從是除盡，從今已往更不敢作。今我此身以供養父母，濟其所重，願我父母常得十一餘福：臥安、覺安、不見惡夢、天護、人愛、縣官、盜賊、陰謀消滅、觸事吉祥。餘身肉血施此諸蚊虻等，皆使飽滿。令我來世得成作佛，得成佛時，願以法食除汝飢渴、生死重病。”(《大正藏》卷三第 129 页)

【评说】从内容分类来说，这里的祝福大致可以分为两类：一类是表征自身健康的“卧安、觉安、不见恶梦”；另一类是象征社会生活安定的“天护、人爱、县官、盗贼、阴谋消灭、触事吉祥”。从中可以发现，当时人们已经重视睡眠质量。

【原文】佛告阿難：“菩薩如是為一切眾生故，難行苦行，孝養父母，身體血肉供養父母。其事如是。”(《大正藏》卷三第 130 页)

【评说】通过将孝养观与菩萨行从本质上相贯通的方式，使菩萨行中种种难行难忍的修行方式也一并成为孝养父母的最高标准。

卷　第　二

对治品第三

【提要】轮转圣王身剜千孔、以燃千灯，为求正觉的故事。

【原文】爾時世尊處在大眾，猶如日輪，光明赫弈，隱蔽眾星；喻如大龍，蟠蘭椿輪，蒨練粲爛，覩之眼眩，思之意亂，威光晃曜，色無等喻。猶螢火光，日出不現；日月雖有百千光明，方於帝釋，譬如聚墨；帝釋雖有白淨妙光，方於大梵王，所有光明，猶如瓦礫方於夜光摩尼寶珠；大梵天王雖有淨妙百千光明，方於如來，所有光明，亦如聚墨。何以故？如來圓光七尺，乃能遠照十方世界。其中眾生遇斯光者，盲者得見，僂者得伸，拘躄眾生即得手足，邪迷眾生得覩真言——以要言之：諸不稱意皆得如願。

……

……我等思惟如是等功德利故，於如來所生大師想，生慈父想。常念佛恩，當報佛恩。何以故？得聞正法，不久當坐道場，轉正法輪，度脫一切眾生，皆令以得聞法故，得成阿耨多羅三藐三菩提。(《大正藏》卷三第 130 页)

【评说】这段经文从被救度者(菩萨)的角度描述了对佛陀的认知：“于如来所生大师想，生慈父想。常念佛恩，当报佛恩。”这与佛陀视众生为父母，为报众生父母恩而度化众生相呼应，说明佛教通过转化对人际伦理关系的认知，来加强佛教内部成员的凝聚力和外部亲和力。这与儒家伦理“三纲”体系相互呼应的架构有相似之处。

【原文】爾時釋迦如來告一切大眾言：“是七十大菩薩摩訶薩，久於過去無量百千萬億微塵數阿僧祇劫中，已曾供養無量百千萬億恒河沙世界微塵數諸佛，於諸佛所常修梵行，供養諸佛，心不疲惓；以慈修身，善護佛法；不捨大悲，常於十方利益一切。若有眾生臨命終時，若聞一菩薩名，若二、若三、若四，乃至七十，稱名歸命者，命終即得往生有佛國土，蓮華化生，遠離婬欲；不處胞胎，離諸臭穢；其身清淨，有妙香氣；眾所恭敬，人所愛念。為人所恭敬愛念故，其心歡喜；以歡喜心故，即能發於阿耨多羅三藐三菩提心；以發阿耨多羅三藐三菩提心，能於一切眾生起大慈悲心；以發慈悲心已，次亦生於利益眾生心；以能利益眾生心已，復能發

於不捨眾生心、利益眾生心、自利利彼心、滅除障礙心、寂靜煩惱心、能親近善友常生恭敬心、專意聽法心、憶持不忘思惟妙義心、願少聞多解義心、不願於多聞而不解義心；次生信如心、信如實義心；以生如實義心已，次生如說修行心；以生如說修行心已，次生不退轉心；以生不退轉心已，於諸眾生即生等對治心。(《大正藏》卷三第130-131页)

【评说】佛陀从欢喜心开始，一一推演，次第阐述了生菩提心乃至如说修行心，不退转心，以及对众生产生等对治心的心理变化轨迹。提示心理状态的变化通常有先后的次第，不能一蹴而就。

【原文】如我不喜死，一切三界二十五有，有形無形，四足多足，乃至蟻子，有命之屬，亦復如是。是故菩薩乃至自喪身命。終不枉奪他命。

如我有錢穀、帛衣被、飲食、象馬、車乘、國城、妻子、身體、手足，供養擁護，不喜他人橫來侵害者，一切眾生亦復如是。是故菩薩，乃至自喪身命，終不於諸眾生衣財飲食，生於劫奪之心。

如我不喜他人欺欸，斷我妙色姊妹妻妾者，一切眾生亦復如是。是故菩薩，乃至喪身失命，於他美色不生邪念、染污之心，況行姧惡?

如我不喜面毀、兩舌、惡口，一切眾生亦復如是。是故菩薩，乃至喪失身命，終不妄言、兩舌，鬪亂彼此。

如我不喜杖石鞭打，搒笞拷掠者，一切眾生亦復如是。是故菩薩，乃至喪失身命，終不杖石楚毒拷掠眾生。

如我不喜杻械枷鎖桁械，繫閉縛勒，諸苦惱者，一切眾生亦復如是。是故菩薩，乃至喪失身命，終不枷鎖繫閉，杻械眾生。

如我不喜為人所欸，強力迫憎，威恩所逼，恃怙形勢，壓伏戢遏，不令面自炳說，自顯清白者，一切眾生亦復如是。是故菩薩，乃至喪失身命，終不非理加於眾生。

如我為人之所供養，尊重讚歎，令我歡喜者，我亦常當布施眾生衣被、飲食、臥具、醫藥一切樂具。

若我造作大事，若佛事、法事、僧事，智力有限，不能令其成辦，憂愁苦惱。若有智者，見我如是憂恚懊惱，不能令事得辦，便報我言:"善男子，莫憂愁也。我當供辦，稱意所須，令汝事辦。"我聞是語，心生歡喜，是故我亦當常勸化眾生利益眾生。

如我為王賊水火，縣官所逼，若繫若閉，心生愁毒。復有智者，見我如是遇眾苦難，便往我所，善言誘喻，告言:"莫愁苦也。我當為汝求哀國王，若諸大臣，若供給財賄，若設餘方便，令汝解脫，使無衰惱。"我聞是語，心生歡喜。(《大正藏》卷三第131页)

【评说】以上所述都是由己及人的等对治心，即现今所说的同理心、换位思考、共情，即通过将自己代入他人的角色，产生"一切众生亦复如是"的理解，从而对他人的感受有直接的了解。

【原文】是故菩薩常當勤修技藝，多諸工能：音樂倡伎，曆數算計，呪術仙藥，服乘象馬，兜矛矟箭，出陣入陣，有大武功。我有如是眾妙技藝，一切眾人，若王大臣，不敢違逆我意。兼我復有衣財飲食、珠環釵釧、金銀琉璃、珊瑚虎珀、硨磲馬瑙、真珠玫瑰、摩尼寶珠、象馬輦輿、僮僕作使、宮人美女、流泉浴池、七寶臺觀，如是種種微妙無量百千。菩薩雖有如是威武隨意，技藝百千，寶藏象馬，車乘無量，美女勝妙，臺觀、流泉、浴池，一切五欲樂具，心不貪著，而常少欲知足,好樂閑靜;山林樹下安禪靜默;雖處大眾言談語論,而心常入對治門中;雖與眾生和光塵俗,出內財產,生業息利,終不為惡,利益眾生。若有貧窮及諸苦惱,來從菩薩求索所須,菩薩隨意稱心給與。

菩薩若見有眾生愛樂佛法,而來親近供養,承事奉侍,洗足按摩,浣濯乾曬,楊枝澡水,拂拭床敷,卷褺被枕。初夜後夜供給燈燭、前食、後食、怛鉢那食、蒲闍尼食、佉陀尼食,及諸漿飲——所謂與利師漿、馥勒奢菓漿、蒲萄漿、黑石蜜漿。如是承事,乃至一七至九十日,為欲求請菩薩,聽聞佛法。菩薩爾時雖見是人如是供給,心不歡喜。何以故?菩薩久於無量阿僧祇劫中,為求佛法故;我為一切眾生心無增減故;以慈悲心故;住平等心故,時作轉輪聖王,常以十善,導化一切眾生。為我意故,歡喜奉行,命終之後,得生人天,受微妙五欲快樂,尊嚴豪貴,隨心適意;臥起入宮,服乘鞍馬,遊戲園苑,伎樂自娛,歡喜飲食;無常卒至,老病喪亡,家室男女愁毒懊惱,舉聲大哭,以手搥胸,或時拔髮,食飲灰土,悶絕躄地,持幡乘車,啼哭送之。殯埋既竟,室家男女手相扶持,還歸本家,愁毒悶絕,良久躃地,或時致病,或時狂癡,或時致死。於生者大損,於死者無益。(《大正藏》卷三第 131-132 页)

【评说】描述菩萨行者虽然和光同尘与大众一样过世俗生活,却不为世间生活的遂意而迷惑,接受种种饮食供养,如“前食、后食、怛钵那食、蒲阇尼食、佉陀尼食……与利师浆、馥勒奢果浆、蒲萄浆、黑石蜜浆”而心不耽溺,于生老病死种种人生悲喜百态常行平等心,苦乐一如的精神境界。

【原文】爾時大王語諸子言:“我於今日欲設供養,恐身命不濟,與汝等別。國土人民,所有王法,從大者治。”時,諸太子聞是語已,身體肢節、筋脉抽切。譬如人噎,又不能咽,復不得吐。微聲問父王言:“今日云何永棄孤背?”時諸太子前抱王頸,或捉手足,舉聲悲哭:“怪哉!怪哉!今日云何永失覆護?”(《大正藏》卷三第 134 页)

【评说】本段经文描述悲伤貌。“身体肢节、筋脉抽切。譬如人噎,又不能咽,复不得吐”,是将哽咽感受推至全身,表现其悲痛之深。古人将哽咽与筋脉抽切相联系,是对身体在强烈情志刺激下自主行为时,人体随意运动与非随意运动相互对抗的一种原始认知。

【原文】告大王言:“精進如是,難為能為,修此苦行,為聞佛法。諦聽!諦聽!善思念之!吾當為王宣說佛法。”王聞是語,心大歡喜,譬如孝子新喪父母,其子愁毒,苦不可言,父母還活,其子歡喜。王聞是語,亦復如是。時婆羅門即便為王而說半偈,謂興衰法:

夫生輒死　　此滅為樂(《大正藏》卷三第 134 页)

【评说】本段经文描述国王苦行求法,以彰显法的珍贵。婆罗门为国王所说兴衰法,即无常“夫生辄死”与无常的出离“此灭为乐”,相当于四谛中的“苦”谛与“灭”谛。

发菩提心品第四

【提要】佛陀在耆阇崛山通过自己往昔因烦恼堕地狱、后发菩提心得以成佛之事为喜王菩萨说发心就是知恩,劝人发心就是报恩。

【原文】爾時會中有一大菩薩摩訶薩,名曰喜王,即從座起,偏袒右肩,右膝著地,合掌仰白如來,而作是言:“菩薩云何知恩報恩?”

佛告喜王菩薩:“善男子!諦聽!諦聽!菩薩摩訶薩知恩者,當發阿耨多羅三藐三菩提

心;報恩者,亦當教一切眾生,令發阿耨多羅三藐三菩提心。若發菩提心,云何而發?菩薩因何事故,所以能發?善男子!菩薩摩訶薩初發三菩提心時,立大誓願,作如是言:'若我得阿耨多羅三藐三菩提時,當大利益一切眾生,要當安置一切眾生大涅槃中,復當教化一切眾生,悉令具足般若波羅蜜,是則名為自利,亦名利他。'是故初發菩提心者,則得名為菩提因緣、眾生因緣、正義因緣、三十七助道法因緣,攝取一切善法根本。是故菩薩名為大善,亦名一切眾生善根,能破一切眾生身口意等三業諸惡。一切世間所有誓願,及出世間所有誓願,無有能勝阿耨多羅三藐三菩提,如是誓願無勝無上。菩薩摩訶薩初發三菩提心時,有五事:一者,性;二者,行;三者,境界;四者,功德;五者,增長。菩薩若能發菩提心,則得名為菩薩摩訶薩,定得阿耨多羅三藐三菩提,修大乘行。是故初發菩提心,即能攝取一切善法。菩薩摩訶薩發菩提心,修行漸得阿耨多羅三藐三菩提;若不發心,終不能得;是故發心即得阿耨多羅三藐三菩提根本。菩薩摩訶薩見苦眾生,心生憐愍,是故菩薩因慈悲心故,能發阿耨多羅三藐三菩提心;因阿耨多羅三藐三菩提心,即能習三十七品;因三十七品故,得阿耨多羅三藐三菩提,是故發心名為根本。發菩提心故,行菩薩尸羅,是故發心名根、名因,名枝、名葉,亦名華、名果,亦名為子。菩薩發心畢竟不畢竟,畢竟者乃至得阿耨多羅三藐三菩提,終不退失;不畢竟者,有退有失。退有二種:畢竟退、不畢竟退。畢竟退者,終不能發阿耨多羅三藐三菩提心,不能推求修習其法;不畢竟退者,求菩提心,修習其法。是菩提心有四種:一者,若善男子、若善女人,若見若聞諸佛菩薩不可思議事,爾時即生信敬之心,作是念言:'佛菩薩事不可思議。若佛菩薩不可思議事是可得者,我亦當得阿耨多羅三藐三菩提。'是故至心念於菩提,發菩提心。復有不見諸佛菩薩不思議事,以聞諸佛菩薩祕密之藏;聞已,即生信敬之心;得生信心故,為阿耨多羅三藐三菩提及摩訶般若,是故發菩提心。復有不見諸佛菩薩不思議事,亦不聞法,見法滅時,復作是念:'無上佛法能滅眾生無量苦惱,作大利益。惟諸佛菩薩能令佛法久住不滅。我今亦當發菩提心,令諸眾生遠離煩惱。願我此身受大苦事,護持佛法久住於世故,發菩提心。'復有不見諸佛菩薩法滅時,唯見惡世諸眾生等,具重煩惱、貪欲、瞋恚、愚癡等;無慙、無愧、慳恪等;嫉妬、恚癡、苦惱等;不信、邪疑、懶惰等。見是事已,即作此念:'大惡世時,眾生不能修善。如是惡時,尚不能發二乘之心,何況阿耨多羅三藐三菩提心?我今當發菩提心,發菩提心已,乃當教一切眾生令發阿耨多羅三藐三菩提心。'"(《大正藏》卷三第135-136页)

【评说】知恩报恩是佛教伦理所提倡的行为,经文中将其与教导他人发菩提心相联系。在大乘佛教看来,菩提心是最高的利益,因其能始终助益菩萨道的修行,贯穿修行始终,故令他人获得菩提心就是报恩的行为。

《佛学大词典》记载:菩提旧译为道,求真道之心曰菩提心。新译曰觉,求正觉之心曰菩提心。即是指对正觉的希求,这是佛教修行的动机。通过有目的地强化这个动机,可以支撑菩萨道行者度过各种身心内外的艰难处境,最终获得超越的境界。

【原文】佛告喜王:"挽火車者,今我身是。因發菩提心故,疾得成佛。是故當知,一切眾生發菩提心,其事非一:或因慈心,或因恚心;或因施心,或因慳心;或因歡喜,或因煩惱;或因恩愛別離,或因怨憎和合;或因親近善知識,或因惡友;或因見佛,或因聞法。是故當知,一切眾生發菩提心,各各不同。喜王!當知菩薩摩訶薩知恩報恩,其事如是。"(《大正藏》卷三第136页)

【评说】佛陀以自身为例，说明发起菩提心这一修行动机的原因有多种："或因慈心，或因恚心；或因施心，或因悭心；或因欢喜，或因烦恼；或因恩爱别离，或因怨憎和合；或因亲近善知识，或因恶友；或因见佛，或因闻法。"因此，在劝励他人发心时，不必拘泥于一时一事。

卷 第 三

论议品第五

【提要】佛陀在耆阇崛山讲述自己曾为忍辱太子时，剜目抽髓救父的故事以及摩耶夫人为佛母的因缘以及均提沙弥宿世造作恶业，后忏悔得以解脱之事。

【原文】佛告彌勒菩薩："乃往過去不可思議阿僧祇劫有佛出世，號毗婆尸如來、應供、正遍知、明行足、善逝、世間解、無上士、調御丈夫、天人師、佛、世尊，出現於世，教化無量百千萬億阿僧祇眾生，皆令堅固阿耨多羅三藐三菩提。其佛滅後，於像法中，有國名波羅奈。其波羅奈大王聰叡仁賢，常以正法治國，不枉人民。王主六十小國、八百聚落。王了無子。王自供養奉事山神、樹神、一切神祇，經十二年不懈不息，求索有子。第一夫人便覺有娠，十月足滿生一男兒。其子端正，人相具足。生已召諸大臣、諸小國王，占相吉凶，即為立字。以其太子性善不瞋，名曰忍辱。忍辱太子其年長大，好喜布施，聰明慈仁，於諸眾生等生慈心。爾時大王有六大臣，其性暴惡，奸詭佞諂，枉橫無道，人民厭患。時六大臣自知於行有違，常懷嫉妬，憎惡太子。"

爾時大王身嬰重病，苦惱顛頓，命在旦夕。忍辱太子往告諸臣："父王困篤，今當奈何？"諸臣聞已，心生瞋恚，報太子言："王命不久。何以故？欲求妙藥，不可得故，是以當知命去不遠。"太子聞已，心生苦惱，悶絕躃地。

時六大臣即入靜室，共謀議言："忍辱太子不除去者，我等終不得安隱也。"作是念已，第一大臣言："忍辱太子無事可除。"一臣復言："我有方便能除去之。"即往太子所，報太子言："臣向在外，於六十小國八百聚落中求覓藥草，了不能得。"太子問言："所求藥草為是何物？"大臣報言："太子當知，求藥草者，正是從生至終不瞋人眼睛及其人髓。若得此藥，得全王命；若不得者，命在不久。於諸國土無有此人。"太子聞已，心生憂惱，即報大臣："今我身者似是其人。何以故？我從生已來未曾有瞋。"大臣言："太子若是其人者，此事亦難。何以故？天下所重莫若己身。"太子言："不如諸臣所言也。但使父王病得損者，假使捨百千身，亦不為難，況我今日此穢身也？"大臣報言："如此之事，隨太子意。"

爾時忍辱太子心生歡喜，而作是念："若使此藥能除父王病者，宜應速辦此事。"忍辱太子即入宮中，到其母所，頭面禮足，合掌向母，而作是言："今者此身，欲為父王作治病藥。恐其身命不得存立，是故與母共別。願母莫憂苦，戀慕其子。"其母聞是語已，心生悶絕，忘失四方，譬如人噎，又不得咽，不能勸進，又不得吐，不能勸止。即前抱其太子，悶絕，以冷水灑面，良久乃穌。爾時太子白其母言："父王身命，須臾之間，不得久停。宜時速辦，令王服之。"爾時太子即呼大臣、諸小國王，於大眾中，即宣此言："我身今者與大眾別。"爾時大臣即呼旃陀羅，斷骨出髓，剜其兩目。

爾時大臣即擣此藥，奉上大王。王即服之，病得除差。病既差已，問諸大臣："汝等於何得此妙藥，除我患苦，得全身命？"大臣白王："今此藥者，忍辱太子之所辦耳。非諸臣力所堪

辦也。"王聞是語，心驚毛竪，微聲問諸臣言："忍辱太子今在何所？"大臣答言："太子今者在外，身體傷損，命不云遠。"王聞是語，舉聲大哭："怪哉！怪哉！"自投於地，塵土坌身："如我今者，實自無情。云何乃能服此子藥？"往到子所，其命已終。王及夫人及諸臣民，無量大眾前後圍遶。其母懊惱，投身死尸："以我宿世有諸過惡，今令子身受是苦也。今我身者，何不碎末如塵，乃令我子喪失身命。"爾時父王及諸小王即以牛頭栴檀香木，積以成積，闍維太子所有身骨，復以七寶起塔供養。

爾時世尊告彌勒菩薩善男子等大眾："當知爾時波羅奈大王者，今現我父悅頭檀是；爾時母者，今現我母摩耶是；忍辱太子者，今我身是。菩薩於無量阿僧祇劫孝養父母，衣被、飲食、房舍、臥具，乃至身肉骨髓，其事如是，以此因緣自致成佛。今此寶塔從地踊出者，即是我為其父母捨此骨髓及其身命，即於此處起塔供養。我今成佛，即踊現其前。"(《大正藏》卷三第137-138页)

【评说】本段经文记述佛陀过去生中身为忍辱太子时，捐出骨髓及双目为药的忍辱布施事迹。虽然涉及用药医病等事，但应理解其意在宣扬难忍能忍，难舍能舍的菩萨精神，如"断骨出髓，剜其两目"是难忍，大臣所谓"天下所重莫若己身"是难舍。

经文中记述"波罗奈大王……主六十小国、八百聚落"，小国指小城邦，聚落是散在的村落，六十、八百皆虚数，言其量多。波罗奈，即今瓦拉纳西，位于印度北方邦东南，是当时印度北方大城之一。此外，大臣"呼旃陀罗"取髓剜目，是因为当时与宰杀等相关的事务被认为不吉利，专门从事屠宰的人被称为旃陀罗，是社会底层，而大臣则属于刹帝利阶层。这反映了当时印度社会的阶层与分工。

【原文】爾時大王報夫人言："未曾有也！吾不及汝。"夫人言："貪恚所生，皆由嫉妬。諫惡以忍，諫怒以順。我從生已來未曾與物共諍，諸夫人者自生惱害。譬如有人夜行見杌，便起賊想，或起惡鬼之想。尋時驚怖，四散馳走，或投高巖，或覆水火，荊棘叢林傷壞身體。因妄想故，禍害如是。一切眾生亦復如是，自生自死，如蠶處繭，如蛾赴燈，無驅馳者。一切眾惡從妄想起，諸夫人者亦復如是。我今不應與彼群愚，起諸諍訟。"五百夫人即前禮鹿母夫人，自謝悔過，奉事鹿母，如蒙賢聖，如母姊妹，所養太子，如所生不異。(《大正藏》卷三第140页)

【评说】"贪恚所生，皆由嫉妬。谏恶以忍，谏怒以顺"记载对于两种不利情形的处理，是以"不对抗"的方式化解冲突，创造沟通的条件。

众生"自生自死，如蚕处茧，如蛾赴灯，无驱驰者"，指出生命之所以有种种行为，动机不是从外而来，是"一切众恶从妄想起"，由内在的精神活动所驱动。

【原文】爾時五百太子年漸長大，於後一時集一處，坐蓮華池邊，見其形容，水底影現。時諸太子共相謂言："一切諸法，如幻如化，如夢所見，如水中形，體無真實。我等今者，亦復如是。雖復豪尊，處在深宮，五欲自恣。壯年美色不可久保；物成有敗，人生有死；少壯不久，會當有老；飯食不節，會得有病；百年壽命，會當有死。"諸太子即愁憂不樂，不能飲食，即還宮殿，白父母言："世界皆苦，無可樂者。父母今者，聽我等出家。"王報太子："生老病死，一切共有，汝何以獨愁？"白父王言："不能復以死受生，勞我精神，周遍五道。"王不忍拒，即便聽許。母報子言："汝出家者，莫捨我遠去，可於後園。其中清淨，林木茂盛，四事供養，不令乏少。"

時諸太子即便出家，受其母請，住後園中。一一太子皆得辟支佛道，如是次第四百九十九太子皆得道果。往詣宮中，至父母前，報言父母："出家利益，今已獲得。"時諸比丘身昇虛空，東踊西沒，西踊東沒，南踊北沒，北踊南沒。或作大身滿虛空中，復以一身作無量身；或身上出水，身下出火；身下出水，身上出火。為其父母作種種神變已，即便燒身，取般泥洹。時鹿母夫人收取身骨，於後園中，即起四百九十九塔供養。最小太子過九十日已，亦得辟支佛道，亦為父母現大神變，現神變已即取泥洹。爾時其母收取身骨，起塔供養。

爾時鹿母夫人燒眾名香，作妙伎樂，日日入後園中，供養是五百辟支佛塔。於其塔前愁憂不樂，而作是言："我雖生是五百太子，雖復出家，而無一人能發菩提之心。"即立誓願："我供養是五百辟支佛，并起五百塔，供養舍利功德，悉以迴向普及一切眾生。令我來世不用多生諸子，而不能發菩提之心，但生一子能發道心，現世出家，得一切智。"(《大正藏》卷三第140页)

【评说】诸太子因感念"一切诸法，如幻如化，如梦所见，如水中形，体无真实。我等今者，亦复如是。虽复豪尊，处在深宫，五欲自恣。壮年美色不可久保；物成有败，人生有死；少壮不久，会当有老；饭食不节，会得有病；百年寿命，会当有死"，发现无常不实，老病死苦而希求出离五欲修行。

太子们成道之后示现"身升虚空，东踊西没，西踊东没，南踊北没，北踊南没。或作大身满虚空中，复以一身作无量身；或身上出水，身下出火；身下出水，身上出火"神变，以昭示证道。佛教认为，神变是在禅定深入到四禅时，自然获得的能力。它是人本身所具有的潜能，不以之为稀奇事。神变现象因其与目前的科学经验不符，在当今饱受质疑，尚待科学性的考证。

鹿母夫人五百子成辟支佛后即取涅槃，并未对大众传授他们的经验，故她感叹"虽复出家，而无一人能发菩提之心"，以说明菩提心的珍贵。在这里，菩提心不仅是指道心，更指欲令他人发起道心进而修行成就的动机。这种强调"度他利众"的态度是大乘佛教之所以自称"大乘"的原因，以与相对强调"出离"的"小乘"佛教相区别。

【原文】佛告阿難："人生世間，禍從口生，當護於口，甚於猛火。猛火熾然能燒一世，惡口熾然燒無數世；猛火熾然燒世間財，惡口熾然燒七聖財。是故阿難，一切眾生禍從口出。口舌者，鑿身之斧，滅身之禍。"(《大正藏》卷三第141页)

【评说】这段经文提出要看护好自己的发言，这与晋朝傅玄《口铭》"病从口入，祸从口出"的生活智慧如出一辙，指出"慎言"的重要性。

【原文】佛告諸弟子："當護於口，口之過患，甚於猛火。父母眾僧，宜應讚歎軟語，常念其恩。眾僧者，出三界之福田；父母者，三界內最勝福田。何以故？眾僧之中，有四雙、八輩、十二賢士，供之得福，進可成道。父母者，十月懷抱，推乾去濕，乳哺長大，教誨技藝，隨時將養，及其出家修得解脫，度生死海，自利兼利一切眾生。"

佛告阿難："父母、眾僧是一切眾生種二福田，所謂人天、泥洹、解脫妙果，因之得成。"(《大正藏》卷三第141页)

【评说】继上段经文说明"慎言"的重要性，这里提出应对父母僧众"赞叹软语"，因父母有世间养育教诲之恩，而僧众有指导出世解脱之恩，贯彻全经宣扬"知恩报恩"的主旨。

【原文】佛告阿難:"爾時白狗者,今均提沙彌是。由過去世毀罵賢聖,墮在惡道。由尋能改,慙愧懺悔,發誓願故,得遇善友。遇善友故,罪畢得出生於人中。遇佛世尊,即得漏盡。"

佛告阿難:"當念父母及善知識恩!是故知恩,常當報恩。善知識者是大因緣。"(《大正藏》卷三第142页)

【评说】此处以均提沙弥过去世因不知恩又不慎言而致恶果,后以忏悔赎罪而得解脱为例,总括说明知恩报恩及慎言的必要性。

卷 第 四

恶友品第六

【提要】佛陀在耆阇崛山讲述自己曾为善友太子时入海取摩尼宝珠,以忍辱力对待恶友太子的恶心毁害,最终得以成佛的故事。

【原文】佛言:"過去世時,無量千歲,有國名波羅奈。其中有佛出世,號毘婆尸如來、應供、正遍知、明行足、善逝、世間解、無上士、調御丈夫、天人師、佛、世尊。在世教化,滿十千歲。滅度之後,正法住世十二千歲。像法滅後,波羅奈王名摩訶羅闍,聰叡仁賢,正法治國,不枉人民。王主六十小國、八百聚落、五百白象。二萬夫人了無有子。王自禱祀諸山、河池、樹木神祇,滿十二年,王第一所重夫人即便有娠;第二夫人亦皆有娠。王甚歡喜,手自供養,床臥飲食皆令細軟。至滿十月,太子便生,形體端正,妙色莊嚴,人相具足。第二夫人亦皆生男。王甚歡喜,即召諸臣百官并諸相師婆羅門等,占相吉凶,抱兒示之,便令立字。相師問言:'此兒生時,有何瑞相?'答言:'第一太子,其母性行由來弊惡,恚恨妬忌,憍慢自大。從懷子已來,其性調善,和顏悅色,發言含笑;先意問訊,軟語利益;慈愍眾生,喻如赤子。'相師答言:'此是兒之福德使母如此。'即便立字,名曰善友太子。第二夫人所生太子者,相師問言:'其子生時,有何瑞相?'答言:'其母由來性常調善,先意問訊,發言柔軟,可適眾心。懷妊已來,其性卒暴,發言麤惡,嫉妬恚癡。'相師答言:'此是兒之業行使母如是。應當立字,名之惡友太子。'哺乳長大,至年十四。善友太子聰明慈仁,好喜布施,父母偏心愛念,視如眼目。惡友太子其性暴惡,父母憎惡而不憘視;妬嫉於兄,常欲毀害觸事;不順其兄,違逆反戾。"(《大正藏》卷三第142-143页)

【评说】经文中记述善友太子与恶友太子处于母胎时对各自母亲的影响。在当时的人们眼中这是由于胎儿各自秉性的影响,从现代医学角度来看,若记述真实,这可能是由于怀孕期间母体激素水平改变而对性格产生影响。

【原文】爾時大王及諸夫人見是事已,目不暫捨,即前勸諫太子:"汝可起飲食。"太子言:"若不聽我入大海者,終不飲食。"王與夫人愁憂苦惱;左右啼泣,憂苦懊惱,愁悶躃地。如是乃至一日不飲不食,二日三日至到六日。父母憂愁,畏其不濟。七日即前,嗚抱手足,善言誘喻:"可起飲食。此假食身,依因飲食,而得存立。不飲食者,汝命不濟。"太子言:"父母若不聽許者,必沒於此,終不起也。"(《大正藏》卷三第143页)

【评说】此段经文记述善友太子的绝食行为,描述其绝食六日尚能生存。

【原文】爾時惡友手脚杻械頸項枷鏁，往見善友。兄見如是，上白父母："為弟脫於枷鏁。"脫枷鏁已，即前抱持，善言誘喻，軟語問訊："汝極勞苦耶？汝持我寶珠，今在何處？"如是至三，而方報言："在彼土中。"善友太子還得寶珠，往父母前，跪燒妙香，即呪誓言："此寶珠是如意寶者，令我父母兩目明淨如故。"作是願已，尋時平復。父母得見其子，歡喜踊躍，慶幸無量。(《大正藏》卷三第 146-147 页)

【评说】古印度人民相信有一种如意宝珠可以满足人的一切愿望，治疗一切疾病。此处从海中所取宝珠，或即指珍珠。从经济角度来说，珍珠在古印度属于七宝之一，足见其价值。从医学角度而言，在我国传统医学中珍珠明目的说法也由来已久，陶弘景《本草经集》载珍珠"有治目肤翳，止泄"等作用；唐《海药本草》认为，珍珠可以明目、除晕、止泄。有现代药理文献指出，珍珠可促进烫伤角膜愈合，减少翳膜形成，或许这种除翳的功效，就是它被认为"是如意宝者，令我父母两目明净"的原因。

【原文】復次，提婆達多，過去久遠不可計劫，爾時有佛，出興于世，號曰應現如來、應供、正遍知、明行足、善逝、世間解、無上士、調御丈夫、天人師、佛、世尊。佛滅度後，於像法中，有一坐禪比丘，獨住林中。爾時比丘甞患蟣虱，即便共虱而作約言："我若坐禪，汝宜默然隱身寂住。"其虱如法。於後一時，有一土蚤來至虱邊，問言："汝云何身體肌肉肥盛？"虱言："我所依主人常修禪定，教我飲食時節。我如法飲食故，所以身體鮮肥。"蚤言："我亦欲修習其法。"虱言："能爾隨意。"爾時比丘尋便坐禪。爾時土蚤聞血肉香，即便食噉。

爾時比丘心生苦惱，即便脫衣，以火燒之。(《大正藏》卷三第 148 页)

【评说】比丘为蚤虱叮咬所苦，通过烤烫衣服的方式除去虮虱。说明古印度社会已经有通过熏烤衣物的方式驱灭寄生虫的知识。

卷 第 五

慈品第七

【提要】佛陀在耆阇崛山讲述自己曾为大光明王时以头布施的故事。

【原文】爾時世尊，大眾圍遶，供養恭敬，尊重讚歎。爾時如來遊於無量甚深行處，欲拔眾生三有劇苦；欲發五蓋，并解十纏；欲令一切眾生俱得解脫，安處無為，即為開示二種福田：一者，有作福田；二者，無作福田。所謂父母及與師長，諸佛法僧及諸菩薩，一切眾生修供得福，進可成道。

爾時世尊告舍利弗，大弟子等諸大智慧："汝等當知，如來不久當取涅槃。"時舍利弗聞是語已，身諸肢節，痛如針刺，憂愁懊惱，悶絕躃地，以冷水灑面，良久乃穌。即起合掌，以偈歎佛：

"佛者譬甘露，　聽聞無厭足，
佛當有懈怠，　無益於一切。
五道生死海，　譬如墮污泥，
愛欲所纏故，　無智為世迷。
前世行中正，　加施而平等，

故使眉間相，　所照無有限。

其眼如月初，　徹覩十方國，

能令人心眼，　見者大歡喜。"(《大正藏》卷三第148-149页)

【评说】"有作""无作"，即"有为""无为"的同义语，此处即指世间(因缘造作和合而成)与出世间两处。

本段经文描述舍利弗听闻佛陀欲入涅槃而悲痛昏厥，以凉水撒面复苏的情景。这里记述了古时对昏厥者的复苏方式。从其描述内容来说，舍利弗已证圣果，当不至于有此反应，故此处或为后世佛经传译过程中的艺术加工。

【原文】爾時大王即入宫中報諸夫人："天下恩愛皆當别離；人生有死，事成有敗；物生於春，秋冬自枯。"夫人太子聞是語已，譬如人噎，既不能咽，復不得吐："大王！今者何因緣故，說如是語?"王言："有婆羅門從遠方來，欲乞我頭。我已許之。"夫人太子聞是語已，舉身投地，舉聲大哭，自拔頭髪，裂壞衣裳，而作是言："大王！天下所重莫若己身，云何今日難捨能捨，持用施人?"(《大正藏》卷三第150页)

【评说】经文记述悲痛貌"譬如人噎，既不能咽，复不得吐""举身投地，举声大哭，自拔头发，裂坏衣裳"，从中医视角来看，这是气机逆乱、神志失常的表现。以此说明悲痛之深，刺激之大。

【原文】……爾時化人以慈悲力愍而哀傷，尋時張弓布箭射之。時五百人，人被一箭，而瘡苦痛難可堪忍，即皆躄地，宛轉大哭，起共拔箭。其箭堅固，非力所堪。爾時五百人即懷恐怖："我等今者，必死不疑。所以者何？而此一人，難為抗對，由來未有。"即共同聲說偈問曰：

"卿是何等人　為是呪術力

為是龍鬼神　一箭射五百

苦痛難可陳　我等身歸依

為我出毒箭　隨順不敢違"

爾時化人說偈答曰：

"斫瘡無過惡　射箭無過怒

是壯莫能拔　唯從多聞除"(《大正藏》卷三第150-151页)

【评说】"斫疮无过恶，射箭无过怒"，经文中以创伤中箭比喻"恶、怒"来说明不良情绪与不正确的认知对人的伤害，并指出通过多闻正法，可以逐渐纠正错误认知，克服不良情绪。

【原文】爾時如來為五百人示教利喜，說種種法。時五百人聞法歡喜，身瘡平復，血反為乳，尋時即發阿耨多羅三藐三菩提心，即共同聲而說偈言：

"我等已發心　廣利諸眾生

應當常恭敬　隨順諸佛學

念佛慈悲力　拔苦身心安

應當念佛恩　菩薩及善友

師長及父母　及諸眾生類

怨親心平等　恩德無有二"(《大正藏》卷三第151页)

【评说】本段呼应上段教说，五百人通过闻法的方式“平疮拔箭”获得精神上的解脱。

在该段经文中有“身疮平复，血反为乳”的记载，从其类比的逻辑中可以发现，相应于创伤的“平复”，流出的血液则恢复为具有营养的乳汁，反映古印度在对人体体液的认识中，将乳汁与血液作为同源物。这种认知与《圣济总录》“在上为乳饮，在下为月事”、《本草纲目》“乳乃阴血所化、生于脾胃，摄于冲任”的说法相似。

【原文】爾時佛姨母憍曇彌比丘尼告一切比丘尼、式叉摩尼、沙彌尼、優婆夷及一切女人，而作是言：“佛法大利，一切功德，三種果報，唯有如來佛法海中乃具有之，一切眾生皆悉有分，而我等一切女人，如來不聽。以一切女人多諸疑惑，執著難捨。以執著故，使諸結業無量纏縛，癡愛覆心；覆心重故，愛水所沒，不能自出故；以二等智故，懈怠慢惰故，現身不能莊嚴菩提，獲得三十二相故；於生死中失轉輪聖王所有勝果，以十善法攝眾生故，亦失無上梵王之位；能為建立正法，勸發諮請，使一切眾生得利樂故；是故如來不聽女人樂為弟子。天魔、波旬及諸邪見一切外道，長夜惡邪，執著邪論，殘滅正法，毀佛法僧，是故如來不聽女人樂入佛法。我為一切諸女人故，三請如來，欲求佛法，如是至三，亦不聽許。時我不果所願，心懷悵恨，憂悲苦惱，即出祇桓，悲淚滿目。”(《大正藏》卷三第 153 页)

【评说】经文中罗列出佛陀僧团最初拒绝妇女出家的两个原因：一是因为当时认为女性心理情况与男性不同，敏感脆弱而烦恼执著重，不能忍受出家生活；二是顾虑女性加入僧团之后引起不必要的诽谤，对教法的传播产生障碍。由于内因和外因都不利于女性出家，因此僧团拒绝女性。

【原文】阿難具宣如來慇懃之教。母人聞已，悲喜交集：“而我身者是無常身，今日乃得貿易寶身；今我命者，念念遷滅代謝不定，始於今日貿易寶命；今我所有身命財者，眾緣所共，無有真主，今日乃得貿易寶財。”我思惟如是功德利故，於阿難所深生恭敬供養之想。白言：“大德阿難！願不有慮！如來祕教，當盡奉行，假使喪失身命，終不退失。如來即當宣說微妙八敬之法，難可毀犯。”

爾時憍曇彌母人即以大悲熏修其心，普為未來一切女人，重白佛言：“世尊！若當未來惡世之中，有善女人信樂愛敬於佛法者，唯願聽許，得蒙其例。”佛言：“善哉！若有女人護持佛法，漸次修學戒、施、多聞及諸善法，在家出家三歸、五戒乃至具戒，及諸度脫、諸助道法，皆悉聽許恣意修習，亦得是三種果報、人天泥洹。”時憍曇彌聞是說已，心生歡喜而白佛言：“世尊！若是果報正是佛恩。”佛言：“莫作是說。如來終不有恩於諸眾生，如來終不於諸眾生而計有恩。計有恩者，則破如來平等之心。憍曇彌！當知如來於諸眾生計有恩無恩者，無有平等。何以故？若有眾生毀害於佛，如來不瞋；若有眾生以栴檀汁塗如來身，如來不喜。如來普於眾生怨親等觀。唯是阿難，非如來也。以阿難故，令諸女人得入佛法。憍曇彌！未來末世，若有比丘尼及諸一切諸善女人，常當至心念阿難恩，稱名供養，恭敬尊重讚歎，令不斷絕。若不能，常晝夜六時令心不忘。”(《大正藏》卷三第 154 页)

【评说】“而我身者是无常身，今日乃得贸易宝身；今我命者，念念迁灭代谢不定，始于今日贸易宝命；今我所有身命财者，众缘所共，无有真主，今日乃得贸易宝财。”通过对身、命、财的分析与前后比较，说明佛法可贵。此处应注意到，身是无常，对应的是物质性的色身。而命则是代谢不定，对应的是心念的迁灭，说明“命”的概念是与物质相对的精神领域范畴，其组成是“念”。这与后世将身“命”与心“性”相对的观点不同。

佛陀准允女性加入僧团后，对感恩的行为表示“如来终不有恩于诸众生，如来终不于诸众生而计有恩。计有恩者，则破如来平等之心”，这是从平等舍的角度不执著计较于“恩”，而不是否定“恩”的世俗意义。

卷 第 六

优波离品第八

【提要】佛陀在耆阇崛山为众生说善律仪戒。

【原文】爾時如來，大眾圍遶，供養恭敬，尊重讚歎。爾時阿難即從座起，觀察眾心咸皆有疑：“如來世尊！云何乃聽優波離下賤之人隨佛出家？以聽其出家故，毀辱一切諸王剎利種，增不敬之心，污信心故，永失福田，乃使白淨王子難陀比丘生輕慢心。”

佛告阿難及諸大眾：“汝等善聽！汝等乃可說如來無有平等大悲、三念處、五智三昧，不得說言優波離比丘真實是下賤人，修習下行、下願、下精進也；汝等乃可說如來煩惱，無常遷變，不可得說優波離下賤出家。如來以正遍知宣說真實之言，汝等應當信受佛語。如來知見生死過患，獨覺成佛，優波離亦隨出家，三明六通，具八解脫，天人大眾增仰，護持正法，持律第一，堪任供養，能令眾生成就三種妙果，所謂現報、生報、後報。是故，當知優波離者，奇特妙行，偏為大悲菩薩，已於過去無量百千萬億諸佛所殖眾德本，亦於諸佛法中持律第一，亦於釋迦牟尼佛法中持律第一。”

爾時難陀比丘聞佛說已，即從座起，頭面禮大憍陳如足，次第至優波離前，俛仰而立，合掌而已。爾時如來即為難陀而說偈言：

“難陀當應知　汝莫憂貧窮
亦不失富貴　出家法應爾”

難陀聞佛示教利喜，種種說法，心生歡喜，即正衣服，頭面禮優波離足。應時天地六種震動，身心柔軟，逮得己利，所作已辦。（《大正藏》卷三第 154 页）

【评说】阿难对优婆离出身下层而进入僧团表示质疑。提示当时僧团中因佛陀的号召而出家者多出身上层。佛陀指出这种质疑的不当，对此，文中给出的原因是“当知优波离者，奇特妙行，偏为大悲菩萨，已于过去无量百千万亿诸佛所殖众德本，亦于诸佛法中持律第一，亦于释迦牟尼佛法中持律第一”，即在僧团中应以比丘的修行为衡量标准，此外不存在差异，对于继承自世俗社会的等级思想应予摒弃。

【原文】佛告優波離：“汝速師子吼於三寶四諦，在家出家七眾差別，所謂三歸、五戒乃至一切戒——利益眾生戒、淨煩惱戒、調御威儀戒、禪戒、無漏戒，興隆三寶。”

時優波離白佛言：“世尊！如來以威神力引接將護，我乃少能所諮問耳。”（《大正藏》卷三第 154 页）

【评说】为向大众证明优波离对戒律的精通，佛陀请优波离通过提问来显示其对戒律的学养。说明当时的人已经意识到，优秀的问题也能体现提问者的学识。

此处以下优波离品经文与《萨婆多毘尼毘婆沙》相同，或为显优婆离持律第一而从律藏中节入此处。

卷 第 七

亲近品第九

【提要】佛陀在耆阇崛山为众生宣讲知恩报恩。

【原文】復次,菩薩摩訶薩知恩報恩,修大方便利益眾生,應適隨宜顯示無方。(《大正藏》卷三第161页)

【评说】大乘佛教认为,行菩萨道可因利制宜,随机应变。

【原文】爾時婆羅門子聞此語已,譬如人噎,既不得咽,又不得吐。欲告語伴,懼畏諸伴害此一人,若害此人,懼畏諸伴沒三惡道,受無量苦;若默然者,賊當害伴,若殺諸伴,賊墮三惡道,受無量苦。作是念已:"我當設大方便,利益眾生,不自為己。三惡道苦,是我所宜。"思維是已,即便持刀斷此賊命,使諸同伴安隱無為。(《大正藏》卷三第161页)

【评说】此处"譬如人噎,既不得咽,又不得吐"描写的是面对两难处境的焦虑状态。

【原文】復次,菩薩修大方便知恩報恩。佛在竹園精舍,有一比丘身患惡瘡,形體周匝膿血常流,眾所傴賤,無人親近,住在邊外朽壞房中。爾時如來即示神力,隱蔽大眾,令無知者。如來獨往病比丘所,隨其所須,取水洗之。思惟是已,令欲界一切諸天知之。釋提桓因與諸眷屬無量百千前後圍遶,雨眾天花,作種種天樂,住虛空中。爾時忉利天王手持百福莊嚴微妙澡罐,盛滿清淨大悲淨水,即前奉迎,頭面禮如來足,却住一面。

爾時如來即伸百福莊嚴臂,即於纖長五指放大光明,遠照諸天,大眾已集,如來躬往病比丘所,即放頂光,照病比丘。比丘遇光苦痛即除,於膿血中,而起歸命稽首,而形不隨。如來即以右手,從天帝釋受取寶瓶,灌病比丘頂,左手摩拭病比丘身,身諸瘡病隨如來手尋得平復。得平復已,歡喜無量:"南無釋迦牟尼!南無大慈悲父!南無無上最勝醫王!而我今日身病除愈,唯有心病。如來今者,為憐愍故,施我法藥,除我身心所有重患。"

爾時如來告病比丘:"如來今者念汝重恩;如來今者欲報汝恩。"爾時病比丘驚喜無量。佛時即為示教利喜,比丘歡喜,即得阿羅漢果,三明六通,具八解脫。(《大正藏》卷三第162页)

【评说】经文记载了一位比丘身患恶疮,血流不止,佛陀以净水擦洗病疮的经过。病比丘随后因病愈且得法益而喜,并依靠"欢喜"成就阿罗汉果。说明佛陀以通过施予医药和法药的方式报众生恩。

【原文】佛告阿難:"若有善男子、善女人知恩報恩,當行四事:一者,親近善友;二者,至心聽法;三者,思惟其義;四者,如說修行。復有四法:一者,隨法不隨人;二者,隨義不隨字;三者,隨智不隨識;四者,隨了義經,不隨不了義經。行此八法,名為知恩。復行八法,是名報恩。何等為八?一者,利;二者,衰;三者,毀;四者,譽;五者,稱;六者,譏;七者,苦;八者,樂。復行四事,是名知恩,亦名報恩:一者,見惡眾生,心生憐愍,以修慈因緣故;二者,見苦眾生,目不暫捨,起悲因緣故;三者,見師長、父母、有德之人,心情歡悅,起喜因緣故;四者,見怨家

眾生，心不瞋恚，修捨因緣故。”(《大正藏》卷三第162页)

【评说】此处提到“知恩八法”与“报恩八法”，以及“知恩报恩四法”。“知恩八法”可分为“修行四法”(即依善知识、闻、思、修)和究竟依止的“四依法”(此处作“四随”)。而“报恩八法”或为原文误录，因其中内容为“世间八法”，应为“不行”此八法。而“知恩报恩四法”则是修习慈悲喜舍四无量心。通过这样的阐释方式，将知恩报恩摄入佛教修行体系。

【原文】爾時有大獵師，見是師子，身毛金色，心生歡喜，而作是念：“我若得此師子，剝取其皮，奉上國王，必施爵祿，七世無乏。”思惟是已，復發是言：“堅誓師子，獸中之王，弓箭所不及，弶網所不制。我今復當更設異計。堅誓師子所敬望者乃是沙門，我今當作沙門之像，密弓射之。袈裟覆上，細視徐行，往詣樹下，彼若見我，必來親附。以親近已，便復挽弓，藥箭射之，萬無不獲。”思惟是已，即便還家，而唱是言：“祖先已來，歷世相承，常為獵師，未曾聞獸，身毛金色，況復見之？今欲獵取。”即剃鬚髮而被法服，如所思惟，還入山中，坐一樹下。爾時堅誓師子見是比丘，心生歡喜，騰躍親附，舐比丘足。爾時獵師即便射之。既被毒箭，嗟喋哮吼，欲前搏撮。臨欲毀害，復作是念：“此是沙門！被壞色衣，是三世佛賢聖幖幟。我今若害，不足為難，若奪其命，便奪諸佛賢聖幖相。”思惟是已，飲氣忍苦。復經少時，毒藥轉深，苦痛難忍。思惟是已，復欲搏噉，復發是言：“不足為難。若毀害者，諸佛賢聖之所呵責。又復世間善惡不別，此是惡人，懷毒陰謀，欲來害我；我若不忍，與彼惡人，則無有異。修忍之人，一切愛敬；不忍之人，眾所憎惡，增長煩惱，長煩惱故，生死增長；長生死故，生諸難處；生難處故，遠離善友；遠善友故，不聞正法；不聞法故，重翳疑網；以疑網故，遠離阿耨多羅三藐三菩提。是故我今不應起惡。”(《大正藏》卷三第162-163页)

【评说】本段经文通过金毛狮子被猎人伤害时的内心斗争，形象说明修习忍辱者在面对外部逆境时的精神活动。最终通过理性思考推理得出以怨抱怨会“远离阿耨多罗三藐三菩提”，抑制了反击的冲动。

【原文】佛告阿難：“諸善男子！堅誓師子者，今則我身釋迦文是。菩薩如是親近善友，乃至喪命，終不起惡。何以故？為知恩報恩故。所以者何？菩薩得近善知識故，能速成辦阿耨多羅三藐三菩提。善男子！菩薩常勤求善知識，為聞佛法，乃至一句一偈一義，三界煩惱，皆悉萎悴。菩薩至心求佛語時，渴法情重，不惜身命，設踐熱鐵，猛火之地，不以為患。菩薩為一偈故，尚不惜命，況十二部經？為一偈故，尚不惜身命，況餘財物？聞法利故，身得安樂，深生信心，直心正見。見說法者，如見父母，心無憍慢。為眾生故，至心聽法，不為利養；為眾生故，不為自利；為正法故，不畏王難，飢渴寒熱，虎狼、惡獸、盜賊等事。先自調伏煩惱諸根，然後聽法，非時不聽。至心聽法，恭敬說者，尊重於法，是名菩薩知恩報恩。

云何菩薩至心聽法？聽法有四：一者，至心；二者，一心；三者，一切心；四者，善心。是名菩薩勤求十二部經。所以者何？念佛重恩，為欲流布諸佛正法，為欲增長諸佛法故，為令世間信佛法故，為令一切無量眾生悉得無上菩提道故，是故菩薩念十方無量諸眾生故，為報諸佛之重恩故，是故菩薩所以勤求十二部經。”(《大正藏》卷三第163页)

【评说】舍身求法，恭敬听法由此也成为知恩报恩的一部分。经文中还描述了求法时的心理状态与动机，大致可分为“至心、一心、一切心、善心”四种。

【原文】菩薩何故勤求佛法？欲令眾生生信心故，是故求於因論；為知諸過罪故，為破外道惡邪論故，為知方便調眾生故，為欲分别如來語義、世語義故，是故菩薩求於因論。菩薩何故求於聲論？為令言辭淨莊嚴故，不淨之言不能宣說明了義故；為欲解知一切義故；不壞正語，憍慢心故；破於邪見，為知方便調眾生故，是故菩薩求於聲論。菩薩何故求諸醫方？為令眾生離諸惡不善四百四病故，為憐愍一切眾生，為令生信心故。既得離患心，生歡喜故。以得歡喜，心常念諸佛大悲，度眾生故，是故菩薩求諸醫方。菩薩何故求世方術？為易得財，利眾生故；為眾生生信心故；為知世事，破憍慢故；調伏眾生故；知一切法，調闇障故。若有菩薩，不能如是求五事者，終不能得阿耨多羅三藐三菩提，成一切智。為得無上菩提故，求於五事。(《大正藏》卷三第163页)

【评说】佛法、因论、声论、医方、方术并称“五明”，是行菩萨道者应学习的五类知识。其中佛法又称为“内明”，专指佛学；因论又称“因明”，是学习以逻辑辩论的方式破斥非佛教以外宗教学理的知识和技能；声论是语言学，以方便佛教在不同语言人群中的传播；医方即医学，“为令众生离诸恶不善四百四病故，为怜愍一切众生，为令生信心故”；而方术并非仅是天文、历法、五行、占卜、相术等知识，而是包含举凡文辞赞咏、城邑营造、农田、商贾、音乐、卜算、天文、地理等一切艺能。由此可见，菩萨行者为了入世度化众生以报众生恩，必须掌握各种对大众有利的技巧。

【原文】菩薩知恩報恩者，為眾生說。說何事？云何說？說何事謂十二部經；云何說謂成就五事，為得阿耨多羅三藐三菩提故。說有二事：一者，次第說；二者，清淨說。次第說者：初說檀波羅蜜，次說尸波羅蜜乃至般若波羅蜜。為知恩報恩故，思惟其義，如法而住，是名次第說。清淨說者：聽者坐，說者立，不應為說；若聽者求於法過，求說者過，不應為說；若聽者依人不依法，不依法者，不應為說；若聽者依字不依義，不應為說；乃至聽者不依了義經者，不應為說。何以故？是人不能恭敬諸佛菩薩清淨法故。若說法者尊重於法，聽法之人亦生宗敬，至心聽受，不生輕慢，是名清淨說法。次第說者，一切說。一切說者，謂十二部經，乃至一句一偈，乃至半偈。若辭若義若法，於其法義示教利喜時，或時呵責，或時真說，或時喻說，隨所應說；或淺近說，或易入說，隨所樂聞，是名菩薩知恩報恩次第說法。清淨說者，菩薩摩訶薩於怨憎中，修習慈心。得慈心已，於惡眾生及放逸人，以諸方便而為說法，乃至愛樂其心慢恣及貧窮人，方便開示，而為說法，不為讚己、毀他、飲食、利養、名譽故，是名菩薩知恩報恩清淨說法。云何如法住？身口意業修習善法，具足清淨，知恩報恩，為莊嚴阿耨多羅三藐三菩提故。(《大正藏》卷三第163-164页)

【评说】在分别解说五明的必要性之后，又分别说明说法、如法住时应注意的事项。

对于说法，文中从说法内容、说法时的姿态、说法对象的选择、说法时的技巧以及说法的动机等方面详细论述。如法住是在所有时间中的行仪规范，对入世的菩萨而言应“身口意业修习善法”，以“庄严阿耨多罗三藐三菩提”。

【原文】復次，菩薩摩訶薩知恩報恩，思惟其義，多聞逮得總持，熾然法炬。為利益一切眾生，應當修施戒多聞。供養說者，不求法過及說者過，無有害心，施眾生無畏，是名知恩；受人天樂，得道涅槃，是名報恩。菩薩復有四種，修於忍辱，破壞不忍，莊嚴菩提，攝取眾生。令修忍辱，若自忍，若使他忍，遠離怖畏，是名知恩。以忍辱因緣，無有瞋心，眷屬不壞，不受苦

惱，心無悔恨；捨是身已，受人天樂，速得涅槃樂，是名報恩。（《大正藏》卷三第 164 页）

【评说】以上经文介绍菩萨如何“修施戒多问”“忍辱”以知恩报恩。另，此段以下内容与刘宋（420-479 年）求那跋摩所译《菩萨善戒经》相似。

【原文】善男子！菩薩復有四事，勤修精進，破壞懈怠，莊嚴菩提，攝取衆生。為菩提道，令修精進；臥安覺安，離諸煩惱；增長善法，身受安樂，是名自利。菩薩精進，不惱衆生，打擲呵罵，是名利他。捨是身已，受人天樂，身得大力，獲菩提道，是名大果，是名菩薩精進四事。菩薩修定，破壞亂心，莊嚴菩提，攝取衆生。為菩提道，令修禪定，現受世樂，身心寂靜，是名知恩。以身心寂靜，故不惱衆生，是名知恩報恩。菩薩捨是身已，受清淨身，安隱快樂，得大涅槃，是名菩薩禪定四事。

復次，菩薩知恩報恩，成就智慧，破壞無明，莊嚴菩提，以四攝法攝取衆生。為菩提道，修行智慧，以知法界故，受身安樂，是名自利。能發衆生世間之事及出世事，是名利他。能壞煩惱智慧二障，是名大果，是名知恩，是名報恩。菩薩智慧四事不可思議。（《大正藏》卷三第 164 页）

【评说】在上段经文中，对知恩报恩的阐释被拓展到布施、持戒、多闻、忍辱、精进、习定、智慧等修行内容中，通过这样的发挥，知恩报恩彻底与菩萨行相互联系。

【原文】復次，菩薩非宿命智，知宿世之事，為觀衆生善惡諸業同受善者。為欲利益一切衆生故，菩薩摩訶薩以大方便，處兜率天，成就壽命，有三事勝：一者，壽勝；二者，色勝；三者，名稱勝。初下之時，放大光明，遍照十方；自知始入母胞胎時、住時、出時；於十方面行七步時，無人扶持，作如是言：“我今此身是最後邊。”諸天、鬼神、乾闥婆、阿修羅、迦樓羅、緊那羅、摩睺羅伽，以諸華香、微妙伎樂、幡蓋供養；三十二相莊嚴其身，無能勝者；以慈善力壞魔兵衆；一一支節同那羅延所得大力；童齓之年，不學世事，而能知之；無師而學，自然而得阿耨多羅三藐三菩提；梵天勸請，為諸衆生轉正法輪；正受三昧，雷聲震吼，不能令動；諸獸親附，愛如父母，畜生奉食，佛知心故；雲神降雨，洗浴其身，樹垂曲枝，蔭翳其軀。既成道已，六年之中，魔常伺求，不得其短；常在禪定，成就念心，善能了知，覺觀起滅，是名菩薩共生不可思議。不共生者，為欲利益一切衆生，如彼狂人；緣見如來，還得本心；盲者得眼，倒產得順，聾者得聽，貪瞋癡者悉得除滅，是名不共生不可思議。

又共生者，如來所行，不可思議。常右脇臥，如師子王；若草若葉，無有動亂；旋藍猛風不動衣服；發足行步，如師子王、白鵝王等；若欲行時，先發右足；所行之處，高下皆平；食無完過，遺粒在口，是名共生不可思議。復次，共生不可思議：一者，足下平；二者，足下千輻輪；三者，指纖長；四者，足跟滿；五者，指網縵；六者，手足柔軟；七者，鹿腨腸，如伊尼延鹿王；八者，踝骨不現；九者，平立手摩於膝；十者，陰藏相，如象馬王；十一者，身圓滿足，如尼拘陀樹；十二者，身毛上靡；十三者，一一毛右旋；十四者，身真金色；十五者，常光各一尋；十六者，皮膚細軟，塵垢不著；十七者，七處滿；十八者，上身如師子；十九者，臂肘臃圓；二十者，缺骨平滿；二十一者，得身臃相；二十二者，口四十齒；二十三者，齒密不踈而齊平；二十四者，齒色白；二十五者，頰車方如師子；二十六者，味中得上味；二十七者，肉髻相；二十八者，廣長舌；二十九者，梵音聲；三十者，目紺青色；三十一者，眼如牛王；三十二者，眉間白毫——如是八十種不可思議相好。一一相好復有無量百千種微妙相好。一一相好皆是菩薩從初發心堅固菩提，知恩報恩，修是妙行，是故今得無上菩提。

佛言："如來久於無量阿僧祇劫，至心修持淨戒故，得足下平。供養父母、和上、師長、有德之人，以是因緣，得足下輪相。於諸眾生不生害心，無劫盜想；若見父母、和上、師長有德之人，遠出奉迎，安施床座，恭敬禮拜，破除憍慢，以是因緣，得纖長指。具上三行，得足跟牖滿。以四攝法攝取眾生，以是因緣，得指網縵。以好酥油摩洗父母、和上、師長、有德之人，以是因緣，得手足柔軟。修集善法，不知厭足，以是因緣，得牖腨腸。聞法歡喜，樂為人說，為法走使，以是因緣，得踝骨不現相。三業清淨，瞻病施藥，破除憍慢，飲食知足，以是因緣，得平立手摩膝相。見分離者，善言和合；自修慚愧，亦教人修，以是因緣，得馬藏相。自淨三業，亦教人淨；若有眾生四大不調，能為療治，以是因緣，得身圓相。聞法歡喜，樂為人說，以是因緣，得身毛上靡相。思惟諸法，甚深之義，樂修善法，供養父母、和上、師長、有德之人；若行道路，佛塔僧坊，除去塼石、荊棘、不淨，以是因緣，得一一毛右旋相。若以飲食瓔珞施人，除去瞋心，以是因緣，獲得二相：一者金色；二者常光。以何業緣得一一毛相？即此業緣，得身細軟，塵垢不著。常施眾生所須之物，以是因緣，得七處滿相。自破憍慢，調柔其性，隨眾生心，如法而行，為除不善，教以善法，以是因緣，得上身如師子相，得肩圓相，缺骨平滿相。以何業緣得纖指相？即此業緣，得身牖相。遠離兩舌，和合鬪諍，以是因緣，得四十齒相，齒密不踈相，齒齊平相。修欲界慈，以是因緣，得白齒相。見有求者，歡喜迎送，以是因緣，得方頰車相。等視眾生，猶如一子，以是因緣，得上味相。常施眾生無上法味；見有忘者，施其憶念；自持五戒，轉以教人；修集悲心，能大法施，以是因緣，得肉髻相、廣長舌相。實語，法喜語，法軟語，非時不語，以是因緣，得梵音聲相。修集悲心，視諸眾生，猶如父母，以是因緣獲得二相：一者，目紺青色；二者，眼如牛王。見有德者，稱實讚歎，以是因緣，得白毫相。三十二相，雖復各各說其因緣，真因緣者，持戒精進。何以故？若不持戒，能修精進，尚不得人身，況得三十二相，無見頂及肉髻相，等無差別。

復次，凡所作事，定心不悔，以是因緣，得足下平相。若至心作，以是因緣，得千輻輪相、第二第三指網縵相、七處滿相、細軟肩圓、缺滿身直、廣長舌相。若常作者，以是因緣，得長指相、平住摩膝、常光一尋相、齒密不踈相。若淨作者，以是因緣，獲得餘相。

復次，若於眾生生淳善心，以是因緣，得手足柔軟、膚體細滑、塵垢不著。次第修集，時節修集，以是因緣，得第二、第三、第四相。喜修善法，心無悔退，以是因緣，得金色身、常光齒白、眉間毫相。若聞讚歎，不生憍慢，覆藏善法，不令人知，以是因緣，得馬藏相。所修善法，迴向菩提，以是因緣，得一一孔一毛相、身毛上靡、口四十齒、最上味相。勤精進故，以是因緣，得方頰車、上身如師子相。至心愛念一切眾生，如視一子，以是因緣，得齒齊平、紺青目、牛王眼相。修集善法，不知厭足，以是因緣獲得餘相。"(《大正藏》卷三第 164-165 页)

【评说】以上经文从共生不可思议与不共生不可思议两方面来说明种种奇特相状各有其因缘。其内容为从相学角度予以发挥。其中"如是八十种不可思议相好。一一相好复有无量百千种微妙相好。一一相好皆是菩萨从初发心坚固菩提，知恩报恩，修是妙行，是故今得无上菩提"一段，《菩萨善戒经》中无，又前述为三十二相好，并未论及八十种随好，故此处"八十种不可思议相好"的说法并无根据，且上下文中已明说各身相的往昔善因缘，由此可知此段文字是本经编集者为呼应主题"佛报恩"而后加的。

悲　华　经

北凉中天竺沙门昙无谶译

【提要】本经是一部大乘佛教早期本生经典，记述了释迦牟尼佛介绍自己因地时，作为宝海梵志劝化无数众生的事迹。其中涉及净土三尊等佛教重要佛菩萨的往昔因缘。在问答中也处处彰显标明大乘佛教菩萨道之于解脱道的不同之处。

转法轮品第一

【提要】佛陀在王舍城耆阇崛山为宝日光明菩萨说莲华尊佛初成正觉。

【原文】一時佛在王舍城耆闍崛山，與大比丘僧六萬二千人俱，皆阿羅漢，諸漏已盡，無復煩惱，一切自在，心得解脱，慧得解脱；譬如善調摩訶那伽，所作已辦，捨於重擔，逮得己利，盡諸有結，正智得解，心得自在，於一切心，得度彼岸……（《大正藏》卷三第 167 页）

【评说】“诸漏已尽，无复烦恼，一切自在，心得解脱，慧得解脱”是佛教所推崇的圆满的心理状态。

陀罗尼品第二

【提要】佛陀在王舍城耆阇崛山为宝日光明菩萨说莲花世界相及修学一切陀罗尼门。

【原文】善男子！彼界菩薩若已生、若當生，皆悉成就三十二相，常身光明照一由旬，乃至成阿耨多羅三藐三菩提，終不墮於三惡道中。彼諸菩薩皆悉成就大慈心、大悲心、柔軟心、無愛濁心、調伏心、寂靜心、忍辱心、禪定心、清淨心、無障礙心、無垢心、無汙心、真實心、喜法心、欲令眾生斷煩惱心、如地心、離一切世俗言語心、愛樂聖法心、求善法心、離我心、離生老病死寂滅心、燒諸煩惱心、解一切縛寂滅心、於一切法得不動心。

善男子！彼諸菩薩得專心力、得發起力、得緣力、得願力、得無諍力、得觀一切法力、得諸善根力、得諸三昧力、得多聞力、得持戒力、得大捨力、得忍辱力、得精進力、得禪定力、得智慧力、得寂靜力、得思维力、得諸通力、得念力、得菩提力、得壞一切魔力、得摧伏一切外道力、得壞一切諸煩惱力。如是菩薩於彼佛土，已生、當生者即是真實菩薩，已得供養無量百千諸佛世尊，於諸佛所種諸善根。彼諸菩薩以禪味為食，法食、香食猶如梵天，無有揣食亦無名字；無有不善亦無女人，苦受、愛憎、諸餘煩惱及我我所身心苦惱、三惡道等，皆悉無有是諸名字。亦無黑闇臭處、不淨荊棘穢惡、山陵堆阜、土沙礫石及日月星宿然火之明、須彌大海、大小鐵圍二山中間幽冥之處，亦無有雨濁亂惡風及八難處，悉亦無有此諸名字。

善男子！彼佛世界常以佛光、菩薩寶光而為照明，其光微妙清淨第一遍滿其國。其中有鳥名曰善果，聲中常出根、力、覺、道微妙之音。（《大正藏》卷三第 168-169 页）

【评说】经文中提到的“大慈心、大悲心”至“于一切法不动心”，和“专心力、发起力”至“坏一切烦恼力”，都是建立在“心得解脱、慧得解脱”的心理状态基础之上的心理能力。

种种心是从心理性质的不同侧面而言，种种力则是指这种心理状态下所具有的精神能力。

【原文】善男子！爾時，日月尊如來告虛空印菩薩摩訶薩："善男子！受持此解了一切陀羅尼門。過去諸多陀阿伽度、阿羅呵、三藐三佛陀，已為受佛職位諸菩薩說；如今現在十方諸佛，亦為受佛職位諸菩薩說；未來諸佛世尊，亦當為受佛職位諸菩薩說，所謂解了一切陀羅尼門。"(《大正藏》卷三第 169 页)

【评说】"解了一切陀罗尼门"，即能透彻了解一切(佛所说法)的陀罗尼之集合。

陀罗尼，义为总持。《佛学大辞典》云："以名持善法不使散，持恶法不使起之力用。分之为四种：一法陀罗尼，于佛之教法闻持而不忘也，又名闻陀罗尼；二义陀罗尼，于诸法之义总持而不忘也；三咒陀罗尼，依禅定发秘密语，有不测之神验，谓之咒，咒陀罗尼者，于咒总持而不失也；四忍陀罗尼，于法之实相安住，谓之忍，持忍名为忍陀罗尼。闻义咒忍之四者为所持之法也。"

【原文】闍梨　闍連尼　摩訶闍連　休翅休翅三鉢提摩訶　三鉢提　提陀阿吒醯多遮吒迦吒陀羅卓迦　阿斯摩迦斯　醯隸　彌隸帝隸流流翅　摩訶流流翅　闍移頭闍移　闍移末坼羶坻　舍多禰伽陀禰阿茂隸　茂羅波　隸闍尼摩羅斯禰毘羅婆禰　目帝目帝波隸輪題阿毘坻　波夜無郅禰　波羅烏呵羅禰　檀陀毘闍比闍婆留欝躭禰

如是章句，破壞外道一切論議，攝正法輪，復能擁護說正法者，開示分別四念處解脫法門。(《大正藏》卷三第 169 页)

【评说】"四念处"，即维系心念定于一处的四种方法，是佛教禅修训练的基本内容，可培养精神集中、持续性与敏锐性。《三藏法数》云："念即想念，处即身受心法也。一、身念处，谓观此色身，皆是不净也。二、受念处，谓观领受好恶等事，悉皆是苦也。三、心念处，谓观此识心生灭无常也。四、法念处，谓观诸法从因缘生，皆无有我也。"

【原文】爾時，世尊復說章句：

"佛陀波加舍移　阿摩摩禰摩摩呵庶㖿頗緹頞緹涅帝羅禰　路迦提目帝删提陀隸婆末尼"

"如是章句，開示分別四種聖解脫法門。"(《大正藏》卷三第 169 页)

【评说】四种圣，又称四圣种，《佛学大辞典》："生众圣之行法，名为圣种。一、二、三于衣服、饮食、卧具，随所得而喜足。四、乐断恶，乐修善，名为四圣种。"

【原文】爾時，世尊復說章句：

"波沙緹　波沙禰　陀隸　陀羅波坻　掬坻守毘守婆波坻　禰坻　須摩跋坻羼提翅坻迦留那欝提叉移　比坻憂比叉　三鉢禰　阿羅翅婆羅地　佉岐佉岐竭移　阿茂隸　牧羅輪檀尼"

"如是章句，開示分別四無所畏解脫法門。"(《大正藏》卷三第 169 页)

【评说】"四无所畏"，即"四无畏"。《佛学大辞典》："一、一切智无所畏，佛于大众中明言我为一切智人而无畏心也。二、漏尽无所畏，佛于大众中明言我断尽一切烦恼而无畏心也。三、说障道无所畏，佛于大众中说惑业等诸障法而无畏心也。四、说尽苦道无所畏，佛于大众中说戒定慧等诸尽苦之正道而无畏心也。见智度论二十五、法界次第下之下。"

【原文】爾時，世尊復說章句：

“咀頗羅　阿伽頗羅　阿涅頗羅　涅羅頗羅三目多阿延陀　伊毘持坻毘持　烏頭都羅兜藍阿興三乘　伊提多婆　阿埵多埵　薩婆路伽　阿荼伽　隸頻陀　阿浮薩隸　陀陀曼坻毘舍伽跋提阿頗邏迦頗藍”

“如是章句，開示分別守護三乘法門。”(《大正藏》卷三第169-170页)

【评说】参同本异译《大乘悲分陀利经》，此处“分别守护三乘法门”作“四拥护解脱句”。四拥护，《大方等大集经》中云：“菩萨复有四拥护法具足智慧。何等为四？一者、拥护法师如己君主；二者、护诸善根；三者、将护世间；四者、护利益他。舍利弗！是名菩萨四拥护法具足智慧。”

【原文】爾時，世尊復說章句：

“門陀多　安禰醯羅　婆波多驃　伊曇頗隸尼炎頗隸　三茂檀那延　毘浮舍　波拖蘇摩兜　阿免摩五阿鳩摩都拖陀跋帝達舍婆羅毘波拖他　悉舍涕多　何尼欽摩底拏摩坻　阿路俱　阿提鬪拏薩坻末坻”

“如是章句，現在諸佛本所修習，開示分別四正勤法門。”(《大正藏》卷三第170页)

【评说】“四正勤”，即“已生恶令断、未生恶不生、未生善生起、已生善增长”。即指精进身口意的修行，努力断恶生善。

【原文】爾時，世尊復說章句：

“安禰　摩禰　摩禰　摩摩禰　遮隸至利帝隸履賒履多毘　羝帝目帝郁多履　三履尼三履三摩三履叉裔　阿叉裔　阿闍地毦帝　賒蜜致　陀羅尼　阿跋伽婆婆斯賴那婆提　賴魔波提闍那婆提　彌留婆提叉裔尼陀舍尼　路伽婆提波禰陀舍尼”

“如是章句，開示分別四無閡辯解脫法門。”(《大正藏》卷三第170页)

【评说】“四无碍辩”，即“四无碍解”。《佛学大辞典》：“善巧说法义之才能也。分别之有四种，谓之四无碍辩。”“一法无碍，名句文能诠之教法名为法，于教法无滞，名为法无碍。二义无碍，知教法所诠之义理而无滞，名为义无碍。三辞无碍，又云词无碍。于诸方言辞通达自在，名为辞无碍。四乐说无碍，又云辩说无碍。”

【原文】爾時，世尊復說是章句：

“研閦阿婆婆禰陀舍尼　禪那路伽陀兜波婆散尼　薩婆因提浮摩坻千坻　薩婆薩婆婆摩薩婆波吔婆叉夜迦隸　懼迦隸婆闍尼　路伽毤達舍那比婆”

“如是章句，開示分別四如意足解脫法門。”(《大正藏》卷三第170页)

【评说】“四如意足”，又称“四神足”，《天台教学辞典》[①]：“三十七道品中，次于四念处、四正勤之第三行法。又云四如意分、四如意足。系由欲求(欲)、心念(心)、精进(勤)、观照(观)四禅力，引发种种神用而产生三摩地(定)。据‘法界次第初门’卷中下：于四念处中修实智慧，四正勤中修正精进，如此则慧多定少，今修四种禅定摄心，始能定慧均等，所愿皆得，故称如意足。”

【原文】爾時，世尊復說章句：

“阿遮隸　佛提陀陀波遮隸　那尼　乾拏斯提苷頻提　尼屑提三筆知　波隸伽薩隸蘇

① 释会旻.天台教学辞典[M].北京:宗教文化出版社,1997.

彌戰提　戰提阿遮隸　阿遮遮隸　阿波隸　頻枝婆離　禰婆離婆遮遮離　波波離　阿那夜　阿那夜　阿俾斯　鉤鉤娑婆毘禰迦禰　禰闍斯　伽伽彌　那由禘”

“如是章句，開示分别一切根力解脱法門。”（《大正藏》卷三第170页）

【评说】“根力”，即“五根”和“五力”。“五根”，指信根、进根、念根、定根、慧根，它们是道业修行成长的根本。“五力”，则是由五根发起，推动佛教心身修行的驱动力。

【原文】爾時，世尊復説章句：

“富罷　帚富罷　度摩波　隸呵隸　阿婆移欝支隸　支迦勒差　阿夜末兜　帝帝隸摩摩隸手遮尸尸隸　路伽寫尼闍那夜叉岐醯帝那遮夜帝沙栴提那”

“如是章句，開示分别七菩提分解脱法門。”（《大正藏》卷三第170页）

【评说】七“菩提分”，即“七觉意”。《佛学常见辞汇》[①]云其“为五根五力所显发的七种觉悟。一、择法菩提分，即以智慧简择法的真伪；二、精进菩提分，即以勇猛心，力行正法；三、喜菩提分，即心得善法，而生欢喜；四、轻安菩提分，即除去身心粗重烦恼，而得轻松安乐；五、念菩提分，即时刻观念正法，而令定慧均等；六、定菩提分，即心唯一境，而不散乱；七、舍菩提分，即舍离一切虚妄之法，而力行正法”。

【原文】爾時，世尊復説章句：

“遮迦婆闍隸　婆帝遮迦隸　遮加陀隸　陀羅遮迦隸陀隸　茂隸醯醯隸隸陀離阿樓婆跋提　休休　夜他甚婆餓頻婆隸夜陀祈尼　夜他波蘭遮　離提奢夜他婆耶離離絁薩遮尼隸呵羅　闍留遮毘離　毘梨尼離呵羅　未離未伽尼隸呵羅尼囉尼隸呵羅　三摩提尼隸呵羅　般若尼隸呵羅比目帝尼隸呵羅　比目帝闍那陀隸舍那尼隸呵羅那叉帝尼隸呵羅　栴陀尼隸呵羅　修利尼　隸呵羅　波陀舍夜六躭多陀阿伽度阿浮陀尼羅浮曇三佛陀陀佛陀　伊呵浮陀　咀哆浮陀　尼呵我摩茂隸　阿羅頗陀陀羅頗半荼隸　曼陀隸咀哆　隸多留摩伽伽憐尼茂祖拏　三半茂祖拏　恒伽崩伽摩毚尼　留婆那舍尼那舍槃檀尼　叱叱帝　叱叱覩摩由婆醯燈伽摩婆隸摩隸呵咀尼　婆隸摩隸頻提毘離毘離憂沙離　舍羅尼　陀羅尼　婆婆坻婆藍那羅易　毘頭摩婆羅鸝摩梵摩遮隸那因提婆尸提提耶羅尼摩醯首羅羅尼　三摩宿彌阿藍念彌　伊迦勒叉利師遮尼遮羅阿支栴陀羅修利　薩婆修羅阿婆藍富那伽緻躭半持多　阿夜那　虔稚閻波斯迦伽陀隸阿羅陀呵尼　摩伽羅毘路呵尼　悉曇曼啼　毘路迦曼啼”

“是陀羅尼門，諸佛世尊之所受持，開示分别如來十力解脱法門。”（《大正藏》卷三第170页）

【评说】“如来十力”，《佛学大辞典》：“一、知觉处非处智力，处者道理之义，知物之道理非道理之智力也。二、知三世业报智力，知一切众生三世因果业报之智力也。三、知诸禅解脱三昧智力，知诸禅定及八解脱三三昧之智力也。四、知诸根胜劣智力，知众生根性之胜劣与得果大小之智力。五、知种种解智力，知一切众生种种知解之智力也。六、知种种界智力，于世间众生种种境界不同而如实普知之智力也。七、知一切至所道智力，如五戒十善之行至人间天上八正道之无漏法至涅槃等，各知其行因所至也。八、知天眼无碍智力，以天眼见众生生死及善恶业缘无障碍之智力也。九、知宿命无漏智力，知众生宿命又知无漏涅槃之智力也。十、知永断习气智力，于一切妄惑余气，永断不生能如实知之智力也。出智度论二十五，

① 陈义孝. 佛学常见辞汇[M]. 银川：宁夏人民出版社，1994.

俱舍论二十九。”

可见“如来十力”，即佛陀因为精神修行圆满，而对一切精神现象都能准确觉知的能力在十种不同方面的表现。

【原文】善男子！若有菩薩能解了是陀羅尼者，得大利益。何以故？此陀羅尼門，能開示分別一切菩薩諸法寶藏，以是持故，令諸菩薩得無閡辯四適意法。(《大正藏》卷三第171页)

【评说】通过熟悉以上所述的诸陀罗尼，修行者便能熟悉修行次第。这说明提纲挈领、总览性的了解在学习的初始阶段非常重要，有利于把握每个学习内容在整体知识结构中的位置，有助于学习。

【原文】佛告解脱怨憎菩薩言：“善男子！菩薩成就四法，則能修是陀羅尼門。何等為四？菩薩住是四聖種中，於麁衣、食、臥具、醫藥，常得知足。菩薩成就如是四法，則能修是陀羅尼門。”(《大正藏》卷三第172页)

【评说】本段经文说明精神修行离不开物质基础的保障。

【原文】復次，善男子！菩薩摩訶薩成就五法，則能修是陀羅尼門。何等為五？自持禁戒，所謂愛護解脫戒，成就威儀行；防護戒法心生怖畏如小金剛；受持修學一切諸戒；見破戒者勸令持戒，見邪見者勸令正見，破威儀者勸住威儀，見散心者勸令一心；見有好樂於二乘者，勸令安住阿耨多羅三藐三菩提。菩薩成就如是五法，則能修是陀羅尼門。(《大正藏》卷三第172页)

【评说】精神修行有了物质保障之后，还需要有正确的行为准则作为保障。

【原文】復次，善男子！菩薩成就六法，則能修是陀羅尼門。何等為六？自修多聞通達無閡，見寡聞者，勸令多聞；自不慳悋，見慳悋者，勸令安住不慳悋法；自不嫉妬，見嫉妬者，勸令安住不嫉妬法；自不怖他施以無畏，見怖畏者，為作擁護，善言誘喻使得安隱；心不諛諂，無有姧詐；行空三昧。菩薩成就如是六法，則能修是陀羅尼門。(《大正藏》卷三第172页)

【评说】对于菩萨道行者，开始修行之前需要有愿意利益他人的心理基础。

【原文】菩薩摩訶薩成就如是相貌法已，於七歲中總略一切陀毘梨章句，晝夜六時頭面恭敬，一心思惟緣身念處，行空三昧，讀誦如是陀毘章句。即於起時，遍念十方一切世界無量諸佛。是菩薩摩訶薩過七歲已，即便得是解了一切陀羅尼門。

菩薩得是陀羅尼門已，便得如是聖清淨眼。得是眼已，見於十方如恒河沙等世界中在在處處，諸佛世尊不取涅槃，亦見示現種種無量神足變化。是菩薩爾時悉見一切無量諸佛無有遺餘，以見佛故即得八萬四千陀羅尼門、七萬二千三昧門、六萬法門。菩薩摩訶薩得是解了一切陀羅尼門已，復於眾生得大慈悲。復有菩薩摩訶薩得是法門已，所有五逆重惡罪等，轉身便得永盡無餘。第三生已，盡一切業得第十住。若無五逆，其餘諸業即於此身永盡無餘，過一生已得第十住，不久便得三十七品及一切智。(《大正藏》卷三第172页)

【评说】经中简要概述了这一修行方法。在七年中，“昼夜六时头面恭敬，一心思惟缘身念处，行空三昧，读诵如是陀毘章句。即于起时，遍念十方一切世界无量诸佛”。其内容可分两部分：一是“一心思惟缘身念处，行空三昧”；二是“读诵如是陀毘章句”，起坐时以“遍念”诸佛结束。

【原文】爾時,世尊觀諸大眾及諸菩薩、比丘、比丘尼、優婆塞、優婆夷、天、龍、夜叉、阿修羅、羅刹、乾闥婆、人、非人等,作是觀已,說是章句:

"帶哆浮彌　檀陀浮彌　曇摩陀浮彌　伽帝浮彌　蜜帝浮彌　般若浮彌　毘舍羅闍浮彌　鉢帝三毘多浮彌　阿耨差婆浮彌　阿婆差浮彌　三摩多博差摩博差浮彌　闍帝叉裔浮彌　三扠闍毘扠闍　波羅扠闍　毘舍伽達舍婆帝　毘舍陀帝羅那　羅伽伽　三扠舍婆多毘摩帝揄波醯羅羅伽摩　阿吒扠羅　婆舍僧伽摩　伊帝朱羅失帝彌文陀羅陀呵羅跋帝般若浮多　阿陀伽彌多娑圖沙槃多　伊羅耶尼羅耶　阿呼薩吒　阿牧陀牧阿他婆帝伽樓婆帝帝醯那提　婆阿迦那摩帝　婆迦那摩帝三彌帝毘娑婆地　禕陀婆羅禕陀婆羅　阿羅多羅拘留沙兜樓沙賴摩羅留他多留他　薩婆他　薩婆他遮尼留他提呵多多醯頗羅　婆睺頗羅薩婆頗羅世吒婆提"

說是雜十二因緣解脫章句時,有六十那由他諸天見四聖諦。(《大正藏》卷三第173页)

【评说】"十二因缘"即"十二缘起",《佛学常见辞汇》云:"十二因缘又名十二有支,或十二缘起,是说明有情生死流转的过程。"十二因缘"是:无明(贪、嗔、痴等烦恼为生死的根本)、行(造作诸业)、识(业识投胎)、名色(但有胎形六根未具)、六入(胎儿长成眼等六根的人形)、触(出胎与外境接触)、受(与外境接触生起苦乐的感受)、爱(对境生爱欲)、取(追求造作)、有(成业因能招感未来果报)、生(再受未来五蕴身)、老死(未来之身又渐老而死)。以上十二支,包括三世起惑、造业、受生等一切因果,周而复始,至于无穷。"

"十二因缘"描述的是人身心过程的变化,既可以从贯穿三世的宏观视角来理解,也可以从快速生灭的精神活动来理解。在后一种理解中,每一个被觉知到的思惟活动同样可以分解为这十二个部分。

【原文】說是解脫章句已,五萬六千阿修羅,發阿耨多羅三藐三菩提心,皆得不退轉。

爾時,世尊告無所畏平等地菩薩摩訶薩言:"善男子!諸佛世尊出世甚難,演布是法乃復倍難。是法乃是戒、定、慧、解脫、解脫知見之所熏修。善男子!如是章句能令菩薩威德成就。

善男子!如來本行菩薩道時,以布施、持戒、忍辱、精進、禪定、智慧攝是章句,供養恭敬無量無邊百千萬億諸佛世尊。於諸佛所,或行布施,或修梵行清淨持戒,或勤精進,或修忍辱,或入三昧,或修習慧。種種修集純善淨業,是故我今得無上智。

善男子!我昔於無量阿僧祇億那由他劫,修菩薩道時,身常遠離妄語、兩舌、惡口、綺語,是故我今得是舌相。善男子!以是因緣故,諸佛世尊所說真實無有虛妄。"(《大正藏》卷三第174页)

【评说】根据上下经文来判断,"是法"指的是"发阿耨多罗三藐三菩提心",即"求成无上正等正觉心",是对于至高无上真正平等普遍觉悟的追求,是一种心理动机。

在实际的"六度"修行中,"熏修"即强化修行动机是大乘佛教所主张的方法,以此增加修行的持续力,并通过从修行生活中发现乐趣来消解修行本身的乏味感。

大施品第三

【提要】佛陀在王舍城耆阇崛山说恒沙阿僧祇劫前之事来解答寂意菩萨所问佛出浊世的因缘。

【原文】善男子！爾時，寶海梵志過夜清旦，即至佛所，飲食以辦，自行澡水，手自斟酌上妙餚饌。食已行水收舉鉢訖，即於一面坐卑小床，欲聽妙法。爾時，聖王及其千子無量無邊百千大眾，出安周羅城恭敬圍遶向閻浮園，到園外已，如法下車步至佛所，頭面禮佛及比丘僧，在佛前坐為欲聽法……（《大正藏》卷三第 177 页）

【评说】这段经文记述了宝海梵志供食、洗手、自斟酌饮食，饮食完毕后再次洗漱的风俗习惯。

【原文】善男子！爾時寶海梵志白轉輪王言："大王當知，人身難得。王今已得成就無難，諸佛世尊出世甚難，過優曇華，調善欲心及作善願，乃復甚難。大王！今者若願天人，即是苦本。若欲得主一四天下及二三四，亦是苦本，輪轉生死。大王！若生人、天，皆是無常無決定相，猶如疾風，其人貪著樂於五欲，心不厭足，猶如小兒見水中月。若有願求在天人中受放逸樂，其人數數墮於地獄受無量苦；若生人中，受愛別離苦、怨憎會苦；若生天上有退沒苦，當復數數有受胎苦，復有種種互相食噉奪命之苦。癡如嬰兒心不知厭。何以故？離善知識故，不作善願故，不行精進故，應得者不得故，應解者不解故，應證者不證故，癡如嬰兒無所識別。唯菩提心能離諸苦，無有遺餘而反生厭；世間生死，數數受苦，而更甘樂，遂令諸苦轉復增長。大王！今當思惟生死有如是等種種諸苦。大王！今者已供養佛，已種善根，是故於三寶中應生深信。大王當知，先所供養佛世尊者，即是來世大富之因；愛護禁戒，即是來世人天中因；今者聽法，即是來世智慧因也。大王！今者已得成就如是等事，應發阿耨多羅三藐三菩提心。"

時，王答言梵志："我今不用如是菩提，我心今者愛樂生死。以是緣故，布施、持戒、聽受妙法。梵志！無上菩提甚深難得。"

是時，梵志復白大王："是道清淨，應當一心具足願求。是道無濁，心清淨故。是道正直，無諂曲故。是道鮮白，離煩惱故。是道廣大，無障閡故。是道含受，多思惟故。是道無畏，不行諸惡故。是道大富，行檀波羅蜜故。是道清淨，行尸羅波羅蜜故。是道無我，行羼提波羅蜜故。是道不住，行毘梨耶波羅蜜故。是道不亂，行禪波羅蜜故。是道善擇，行般若波羅蜜故。是道乃是真實智慧之所至處，行大慈故。是道不退，行大悲故。是道歡喜，行大喜故。是道堅牢，行大捨故。是道無刺棘，常遠離欲恚惱覺故。是道安隱，心無障閡故。是道無賊，分別色、聲、香、味、觸故。是道壞魔，善分別陰、入、界故。是道離魔，斷諸結故。是道妙勝，離聲聞、緣覺所思惟故。是道遍滿，一切諸佛所受持故。是道珍寶，一切智慧故。是道明淨，智慧光明無障閡故。是道善說，為善知識之所護故。是道平等，斷愛憎故。是道無塵，離恚穢忿怒故。是道善趣，離一切不善故。大王！是道如是，能到安樂之處乃至涅槃，是故應發阿耨多羅三藐三菩提心。"

爾時，轉輪聖王答大臣言："梵志！今者如來出現於世，壽八萬歲。其命有限，不能悉與一切眾生斷諸惡業、令種善根。種善根已安置聖果，或得陀羅尼三昧忍辱，或得菩薩勝妙善根，諸佛授記得阿耨多羅三藐三菩提。或少善根，於天人中受諸快樂，是諸眾生各各自受善不善報。梵志！於眾生中乃至一人無善根者，如來不能說斷苦法。如來世尊雖為福田，若無善根，不能令斷諸苦惱法。梵志！我今發阿耨多羅三藐三菩提心，我行菩薩道時修集大乘，入於不可思議法門，教化眾生而作佛事，終不願於五濁之世穢惡國土發菩提心。我今行菩薩道，願成阿耨多羅三藐三菩提時，世界眾生無諸苦惱。若我得如是佛剎者，爾乃當成阿耨多

羅三藐三菩提。"(《大正藏》卷三第 178 页)

【评说】宝海梵志对转轮圣王说明轮回中无处不苦的现象,并劝其"思惟生死有如是等种种诸苦"。对苦的思惟是佛教修行中的重要环节,通过这种精神训练能够降低对五欲的追求,将追求的目标从外在事物转向内心,从心理上远离了外界的不良刺激。

"离善知识故,不作善愿故,不行精进故,应得者不得故,应解者不解故,应证者不证故,痴如婴儿无所识别"。是指未经学习的人难以洞察事物背后的规律,痴即无明,因为痴的缘故胡乱作为,导致种种心身痛苦。"唯菩提心能离诸苦,无有遗余而反生厌;世间生死,数数受苦,而更甘乐,遂令诸苦转复增长"。菩提心在此处意指觉心,即在智识上明知不痴,以此具备远离种种痛苦的能力。

宝海梵志又从六波罗蜜、四无量心、智慧等不同的心理维度分别介绍了行菩提道的益处。由此可见,菩提道修行是一项综合锻炼心智、培养良好人格的心身训练。

【原文】善男子！爾時,梵志於七歲中教化不可計天,令其畢定住於阿耨多羅三藐三菩提。復令不可計龍、阿修羅、乾闥婆、羅刹、拘槃、茶毘、舍遮、餓鬼、畜生、地獄及人,畢定住於阿耨多羅三藐三菩提。

善男子！爾時,梵志過七歲已,以八萬四千金輪,惟除天輪,八萬四千白象七寶莊嚴,惟除象寶,乃至八萬四千種種諸樂,如是等物,欲以奉獻佛及眾僧。

爾時,轉輪聖王於七歲中,心無欲欲、無瞋恚欲、無愚癡欲、無憍慢欲、無國土欲、無兒息欲、無玉女欲、無食飲欲、無衣服欲、無華香欲、無車乘欲、無睡眠欲、無想樂欲、無有我欲、無有他欲,如是七歲,乃至無有一欲之心,常坐不臥,無晝夜想、無疲極想、亦復無聲、香、味、觸想。而於其中,常見十方一一方面如萬佛土,微塵數等諸佛世界清淨莊嚴,不見須彌及諸小山大小、鐵圍二山、中間幽冥之處,日月星辰、諸天宮殿。其所見者,惟見清淨莊嚴佛土。見是事已,隨願取之。如轉輪聖王於七歲中得受快樂,見於清淨種種莊嚴諸佛世界,願取上妙清淨佛土。轉輪聖王太子不瞬,乃至千子八萬四千諸小王等,及九萬二千億眾生等,各七歲中心無欲欲,乃至無有香、味、觸想,各於靜處入定思惟,亦得見於十方世界一一方面如萬佛土,微塵數等諸佛世界所有莊嚴,不見須彌及諸小山、大小鐵圍、二山中間幽冥之處,日月星辰、諸天宮殿。其所見者,惟見清淨莊嚴佛土。如其所見,隨而取之。如是一切諸大眾等,於七歲中各得修行種種法門,或願清淨佛土,或願不淨佛土。(《大正藏》卷三第 182-183 页)

【评说】转轮圣王七年中修持菩提道。"七年"是虚数,指长期修持。通过长期的心身训练,他达到了"乃至无有一欲之心,常坐不卧,无昼夜想、无疲极想、亦复无声、香、味、触想"的精神状态,这是一种止的境界;"其所见者,惟见清净庄严佛土"是一种观的境界。

本段经文表明,经过长期的止观修行,可以达到超常的精神状态。

诸菩萨本授记品第四

【提要】佛陀在王舍城耆阇崛山讲述宝藏如来为诸佛授记之事,并详说菩萨懈怠四法和精进四法。

【原文】善男子！爾時,寶海梵志復白聖王:"大王！今可先發誓願取妙佛土。"善男子！爾時聖王聞是語已,即起合掌,長跪向佛,前白佛言:"世尊！我今真實欲得菩提,如我先於三月之中以諸所須,供養於佛及比丘僧,如是善根,我今迴向阿耨多羅三藐三菩提,終不願取不

淨佛土。世尊！我先已於七歲之中，端坐思惟種種莊嚴清淨佛土。世尊！我今發願：'令我得成阿耨多羅三藐三菩提，時世界之中無有地獄、畜生、餓鬼。一切眾生命終之後，令不墮於三惡道中。世界眾生皆作金色，人天無別，皆得六通：以宿命通，乃至得知百千萬億那由他劫宿世之事；以清淨天眼，悉見百千億那由他十方世界，亦見其中在在處處現在諸佛說微妙法；以清淨天耳，悉聞百千億那由他十方世界現在諸佛說法之聲；以他心智故，知無量無邊億那由他十方世界眾生之心；以如意通故，於一念中，遍於百千億那由他諸佛世界，周旋往返，令是眾生悉解無我及無我所，皆得不退於阿耨多羅三藐三菩提。願我世界無有女人及其名字，一切眾生，等一化生，壽命無量，除其誓願。無有一切不善之名，世界清淨，無有臭穢，常有諸天微妙之香，皆悉充滿。一切眾生皆悉成就三十二相，而各瓔珞。所有菩薩皆是一生，除其誓願。願我世界所有眾生，於一食頃，以佛力故，遍至無量無邊世界，見現在佛，禮拜、圍遶，以其所得神足變化供養於佛，即於食頃還至本土而常講說佛之法藏，身得大力如那羅延。世界所有莊嚴之事，乃至得天眼者不能盡說。所有眾生皆得四辯，一一菩薩所坐之樹，枝葉遍滿一萬由旬。世界常有淨妙光明，悉令他方無量佛土種種莊嚴而於中現。所有眾生乃至成阿耨多羅三藐三菩提，不行不淨，常為其餘一切諸天、人及非人之所恭敬、供養、尊重，乃至成阿耨多羅三藐三菩提。而於其中常得六根清淨，即於生時得無漏喜受於快樂，自然成就一切善根。尋於生時著新袈裟便得三昧，其三昧名善分別，以三昧力，遍至無量諸佛世界，見現在佛，禮拜、圍遶、恭敬、供養、尊重、讚歎，乃至成阿耨多羅三藐三菩提，於此三昧無有退失。所有菩薩如其所願，各自莊嚴修淨妙土，於七寶樹中悉皆遙見諸佛世界一切眾生，尋於生時得遍至三昧，以三昧力故，常見十方無量無邊諸世界中現在諸佛，乃至成阿耨多羅三藐三菩提終不退失。願令我界所有眾生，皆得宮殿、衣服、瓔珞，種種莊嚴，猶如第六化自在天。世界無有山陵、堆阜、大小鐵圍、須彌、大海，亦無陰蓋，及諸障閡、煩惱之聲，無三惡道八難之名、無有受苦之名，及不苦不樂名。'世尊！我今所願如是。欲得如是嚴淨佛土。世尊！我於來世便當久久行菩薩道，要得成就如是清淨佛土。世尊！我於來世作是希有事已，然後乃成阿耨多羅三藐三菩提。世尊！我成阿耨多羅三藐三菩提時，菩提樹縱廣正等一萬由旬。於此樹下坐道場時，於一念中成阿耨多羅三藐三菩提。成阿耨多羅三藐三菩提已，光明照於無量無邊百千億那由他諸佛世界。令我壽命無量無邊百千億那由他劫，無能知者，除一切智。令我世界無有聲聞、辟支佛乘，所有大眾純諸菩薩，無量無邊無能數者，除一切智。願我成阿耨多羅三藐三菩提已，令十方諸佛稱揚讚歎我之名字。願我成阿耨多羅三藐三菩提已，無量無邊阿僧祇餘佛世界，所有眾生聞我名者，修諸善本，欲生我界，願其捨命之後必定得生，惟除五逆、誹謗聖人、廢壞正法。願我成阿耨多羅三藐三菩提已，其餘無量無邊阿僧祇諸佛世界所有眾生，若發阿耨多羅三藐三菩提，修諸菩提，欲生我界者，臨終之時，我時當與大眾圍遶現其人前，其人見我，即於我所，得心歡喜，以見我故，離諸障閡，即便捨身，來生我界。願我成阿耨多羅三藐三菩提已，諸菩薩摩訶薩所未聞法，欲從我聞者，如其所願，悉令得聞。願我成阿耨多羅三藐三菩提已，其餘無量無邊阿僧祇世界，在在處處諸菩薩等，聞我名者，即得不退轉於阿耨多羅三藐三菩提。得第一忍、第二、第三，有願欲得陀羅尼及諸三昧者，如其所願，必定得之，乃至成阿耨多羅三藐三菩提無有退失。我滅度後，過諸算數劫已，有無量無邊阿僧祇世界，其中菩薩聞我名字，心得淨信，第一歡喜，悉禮拜我，歎未曾有：'是佛世尊為菩薩時，已作佛事，久久乃成阿耨多羅三藐三菩提。'彼諸菩薩得最第一信，心歡喜已，必定當得第一初忍、第二、第三。有願欲得陀羅尼門及諸三昧者，如其所願，悉皆得之，乃至成阿耨多羅三藐三菩提，無有退失。我成阿耨多羅三藐三菩提已，其餘無量無邊阿僧祇世界，有諸女人，聞我名者，即得第一信心歡喜，發阿耨多羅三藐三菩提心，乃至成佛，終不復受女人之身。願我滅度已，雖經無量無邊阿僧祇劫，有無量無邊阿僧祇佛剎，其中女人聞我名者，即得第一信心歡喜，發阿耨多羅三藐三菩提心，乃至成佛，終不復受女人之身。世尊！我之所願，如是佛土，如是眾生。世尊！若世界清淨、眾生如是者，然後乃成阿耨多羅三藐三菩提。"

善男子！爾時，寶藏如來語轉輪王言："善哉！善哉！大王！今者所願甚深，已取淨土，是中眾生其心亦淨。大王！汝見西方過百千萬億佛土，有世界名尊善無垢，彼界有佛名尊音王如來、應供、正遍知、明行足、善逝、世間解、無上士、調御丈夫、天人師、佛、世尊，今現在為諸菩薩說於正法。彼界無有聲聞、辟支佛名，亦無有說小乘法者，純一大乘清淨無雜。其中眾生等一化生，亦無女人及其名字。彼佛世界所有功德清淨莊嚴，悉如大王所願。無量種種莊嚴佛之世界等無差別，悉已攝取無量無邊調伏眾生。今改汝字為無量清淨。"

爾時，世尊便告無量清淨："彼尊音王佛，過一中劫當般涅槃。般涅槃已，正法住世滿十中劫。正法滅已，過六十中劫。彼土轉名彌樓光明，當有如來出現於世，號不可思議功德王如來、應供、正遍知、明行足、善逝、世間解、無上士、調御丈夫、天人師、佛、世尊，是佛猶如尊音王如來，世界莊嚴，如尊善無垢等無有異。其佛壽命六十中劫。佛滅度已，正法住世六十中劫。正法滅已，過千中劫，是時世界故名尊善無垢，復有佛出號寶光明如來、應供、正遍知、明行足、善逝、世間解、無上士、調御丈夫、天人師、佛、世尊。世界所有、壽命多少、正法住世，亦如不可思議功德王佛等無有異。正法滅已，是時世界轉名善堅，復有佛出，號寶尊音王如來、應供、正遍知、明行足、善逝、世間解、無上士、調御丈夫、天人師、佛、世尊，世界莊嚴如前無異，佛壽三十五中劫。佛滅度後，正法住世滿七中劫，正法滅已，復有無量無邊諸佛次第出世，所有世界壽命正法悉亦如是。我今皆見如是諸佛始初成道及其滅度，是時世界常住不異無有成敗。大王！如是諸佛悉滅度已，復過一恒河沙等阿僧祇劫，入第二恒河沙等阿僧祇劫，是時世界轉名安樂，汝於是時當得作佛，號無量壽如來、應供、正遍知、明行足、善逝、世間解、無上士、調御丈夫、天人師、佛、世尊。"

是時，聖王聞是語已，前白佛言："世尊！如是等輩，當成佛者，為在何處？"

佛告大王："如是菩薩今在此會，其數無量不可稱計，悉從十方餘佛世界而來集此，供養於我，聽受妙法。是諸菩薩，已從過去諸佛授阿耨多羅三藐三菩提記，復從現在十方諸佛授阿耨多羅三藐三菩提記，是故先成阿耨多羅三藐三菩提。大王！是諸菩薩，已曾供養無量無邊百千萬億那由他佛，種諸善根，修集智慧。大王！以是之故，是諸菩薩在於汝前，成阿耨多羅三藐三菩提。"(《大正藏》卷三第 183-184 页)

【评说】以上经文介绍了无量寿如来及其净土的因缘所来。"如是诸佛悉灭度已，复过一恒河沙等阿僧祇劫，入第二恒河沙等阿僧祇劫，是时世界转名安乐，汝于是时当得作佛，号无量寿如来"，提出了安乐世界是由其他世界转名而来，无量清净王于中成无量寿佛的观点，这为理解净土信仰提供了另一种视角。

【原文】是時太子聞是語已，答梵志言："我今觀於地獄眾生多諸苦惱，人天之中或有垢心，以垢心故，數數墮於三惡道中。"復作是念："是諸眾生以坐親近惡知識故，退失正法墮大闇處，盡諸善根，攝取種種諸邪見等，以覆其心，行於邪道。世尊！今我以大音聲告諸眾生，我之所有一切善根，盡迴向阿耨多羅三藐三菩提。願我行菩薩道時，若有眾生受諸苦惱、恐

怖等事，退失正法，墮大闇處，憂愁孤窮、無有救護、無依無舍，若能念我、稱我名字，若其為我天耳所聞、天眼所見，是眾生等，若不得免斯苦惱者，我終不成阿耨多羅三藐三菩提。”復白佛言：“世尊！我今復當為眾生故，發上勝願。世尊！我今若能逮得己利者，願令轉輪聖王，過第一恒沙等阿僧祇劫已，始入第二恒沙等阿僧祇劫，是時世界名曰安樂，大王成佛號無量壽，世界莊嚴眾生清淨，作正法王，是佛世尊於無量劫作佛事已，所作已辦，入無餘涅槃，乃至正法住時，我於其中修菩薩道，即於是時能作佛事；是佛正法於初夜滅，即其後夜，成阿耨多羅三藐三菩提。”復白佛言：“惟願世尊為我授記，今我一心請於十方如恒河沙等現在諸佛，惟願各各為我授記。”

善男子！爾時，寶藏佛尋為授記：“善男子！汝觀天人及三惡道一切眾生，生大悲心，欲斷眾生諸苦惱故，欲斷眾生諸煩惱故，欲令眾生住安樂故。善男子！今當字汝為觀世音。善男子！汝行菩薩道時，已有百千無量億那由他眾生得離苦惱，汝為菩薩時，已能大作佛事。善男子！無量壽佛般涅槃已，第二恒河沙等阿僧祇劫後分，初夜分中，正法滅盡，夜後分中，彼土轉名一切珍寶所成就世界，所有種種莊嚴無量無邊，安樂世界所不及也。善男子！汝於後夜種種莊嚴，在菩提樹下坐金剛座，於一念中間成阿耨多羅三藐三菩提，號遍出一切光明功德山王如來、應供、正遍知、明行足、善逝、世間解、無上士、調御丈夫、天人師、佛、世尊，其佛壽命九十六億那由他百千劫，般涅槃已，正法住世六十三億劫。”（《大正藏》卷三第 185-186 页）

【评说】记述观世音菩萨修行成佛因缘，观世音表征大悲。本段经文为理解观音信仰提供了参考。

【原文】善男子！爾時，寶海梵志，復白第二王子尼摩言：“善男子！汝今所作福德清淨之業，為一切眾生得一切智故，應迴向阿耨多羅三藐三菩提。”善男子！爾時，王子在佛前坐，叉手白佛言：“世尊！如我先於三月之中，供養如來及比丘僧，并我所有身口意業清淨之行，如此福德，我今盡以迴向阿耨多羅三藐三菩提。不願不淨穢惡世界，令我國土及菩提樹，如觀世音所有世界種種莊嚴寶菩提樹，及成阿耨多羅三藐三菩提。復願遍出功德光明佛始初成道，我當先請轉於法輪，隨其說法所經時節，於其中間行菩薩道。是佛涅槃後，正法滅已，我於其後次第成於阿耨多羅三藐三菩提。我成佛時，所作佛事，世界所有種種莊嚴，般涅槃後正法住世，如是等事悉如彼佛等無有異。”

爾時，佛告第二王子：“善男子！汝今所願最大世界，汝於來世當得如是大世界處，如汝所願。善男子！汝於來世當於如是最大世界成阿耨多羅三藐三菩提，號曰善住珍寶山王如來、應供、正遍知、明行足、善逝、世間解、無上士、調御丈夫、天人師、佛、世尊。善男子！由汝願取大世界故，因字汝為得大勢。”爾時，得大勢前白佛言：“世尊！若我所願成就得己利者，我今敬禮於佛，當令十方如恒河沙等諸佛世界六種震動，雨須曼那華，其中現在諸佛各授我記。”

善男子！爾時，得大勢在於佛前，頭面著地，尋時十方如恒河沙等世界六種震動，天雨須曼那華，其中現在諸佛世尊各與授記。（《大正藏》卷三第 186 页）

【评说】得大势菩萨即大势至菩萨，得大势表征大智。本段经文为理解势至信仰提供了参考。

【原文】善男子！爾時寶海梵志，復白第三王子王眾言：“善男子！今汝所作福德之聚清淨之業,應為一切眾生得一切智故,迴向阿耨多羅三藐三菩提。”善男子!爾時,第三王子在佛前坐,叉手白佛言:“世尊!如我先於三月之中,供養如來及比丘僧,并我所有身口意業清淨之行,如是福德,今我盡以迴向阿耨多羅三藐三菩提。我今所願,不能於是不淨世界成阿耨多羅三藐三菩提,亦復不願速成阿耨多羅三藐三菩提。我行菩薩道時,願令我所化十方無量無邊諸佛世界所有眾生,發阿耨多羅三藐三菩提心,安止於阿耨多羅三藐三菩提心,勸化安止於六波羅蜜者,願令先我悉於十方一一方面,如恒河沙佛剎微塵數等諸佛世界成佛說法,令我爾時以清淨天眼悉遍見之。願我為菩薩時,能作如是無量佛事,我於來世行菩薩道無有齊限,我所教化諸眾生等,令其心淨猶如梵天,如是眾生生我界者,爾乃當成阿耨多羅三藐三菩提,以是等清淨莊嚴佛剎。願令三千大千世界恒河沙等十方佛土,為一佛剎,周匝世界有大寶牆七寶填廁,其牆高大至無色界,真紺琉璃以為其地,無諸塵土石沙穢惡荊蕀之屬,又無惡觸,亦無女人及其名字,一切眾生皆悉化生,不食揣食等,以法喜三昧為食,無有聲聞、辟支佛乘,純諸菩薩,離於貪欲瞋恚愚癡,皆修梵行、悉滿其國。當其生已,鬚髮自落,服三法衣,即於生已,便欲得食,尋有寶器,在右手中,自然而有上妙百味具足在鉢。時諸菩薩作是思维:‘我等不應噉是揣食,我今當持至於十方,供養諸佛及聲聞眾,并貧窮者;有諸餓鬼,受饑渴苦其身熾然,當至其所,而給足之;我等自應修行法喜三昧之食。’作是念已,得菩薩三昧,其三昧名不可思議行。得是三昧已,即得無閡神力,到於無量無邊世界現在佛所,供養諸佛及比丘僧,給施貧窮,下至餓鬼,作是施已,因為說法,尋於食時,周旋往返,還歸本土;衣服珍寶及所須物,供養諸佛,下至餓鬼,亦復如是,然後自用。願令我世界無有八難不善苦惱,亦無受戒、毀戒、懺悔及其名字。願我世界,常有無量種種珍寶以為廁填,珍寶衣樹十方世界,所未曾有,未曾見聞,乃至億歲說其名字猶不能盡。願我世界諸菩薩等,欲見金色隨意得見,欲見銀色亦隨意見,當見銀時不失金相,當見金時不失銀相,頗梨、琉璃、車璖、馬瑙及赤真珠,種種珍寶隨意得見,亦復如是;欲見阿竭琉香、多伽琉香、多摩羅跋栴檀沈水及赤栴檀、牛頭栴檀,欲見純栴檀者,隨意得見,欲見沈水者,亦隨意見,當見沈水不失栴檀,當見栴檀不失沈水,餘亦如是,種種所願皆得成就。願我世界無有日月,諸菩薩等有大光明,如本所求自然而出,乃至能照百千萬億那由他世界,以光明故無有晝夜,眾華開敷即知晝分,眾華合時便知夜分,世界調適無有寒熱及老病死。若有一生菩薩,於餘方成阿耨多羅三藐三菩提者,即以此身處於他方兜術天宮命終作佛。若我成阿耨多羅三藐三菩提已,不於其界取般涅槃,若般涅槃時處在虛空。諸菩薩等所欲得者自然而有,其世界邊周匝常有百千億那由他自然音樂,此音樂中不出欲想之聲,常出六波羅蜜聲、佛聲、法聲、比丘僧聲、菩薩藏聲、甚深義聲,而諸菩薩於諸音聲隨其所解。”

“世尊!我行菩薩道時,如我所見百千億那由他阿僧祇諸佛世界種種莊嚴、種種瓔珞、種種相貌、種種住處、種種所願,令我世界悉皆成就如是等事所有莊嚴,惟除聲聞、辟支佛等,亦復無有五濁之世、三惡道等、須彌諸山、大小鐵圍、土沙、礫石、大海、林木,純有寶樹,過天所有更無餘華,惟有天上曼陀羅華、摩訶曼陀羅華,無諸臭穢,純有妙香,遍滿其國。諸菩薩等皆是一生,無有一人生於餘處,惟除他方當成佛者,處兜術天命終成阿耨多羅三藐三菩提。”

“世尊!我行菩薩道時,無有齊限,要當成是微妙果報清淨佛土,一生菩薩充滿其中,是諸菩薩無有一人非我所教,初發阿耨多羅三藐三菩提心,安止六波羅蜜者,如是菩薩,皆是我初教發心,安止六波羅蜜,此散提嵐界,若入我界一切苦惱皆悉休息。”

“世尊!我行菩薩道時,要當成就如是等輩希有之事,然後於未來世乃成阿耨多羅三藐

三菩提，願菩提樹名曰選擇見善珍寶，縱廣正等萬四天下，香氣光明遍於一十三千大千世界，菩提樹下以種種珍寶為金剛座，縱廣正等五四天下，其座名曰善擇寂滅智香等近，高萬四千由旬，我於此座結加趺坐，於一念中成阿耨多羅三藐三菩提，乃至般涅槃，常於道場菩提樹下，坐金剛座不解不壞，復當化作無量諸佛及菩薩眾，遣在其餘諸佛世界教化眾生，一一化佛，於一食頃為諸眾生說微妙法，即於食頃，令無量無邊眾生悉發阿耨多羅三藐三菩提心，尋發心已，即不退轉阿耨多羅三藐三菩提，如是化佛及菩薩眾，常作如是希有之事。我成阿耨多羅三藐三菩提已，願諸餘世界其中眾生悉見我身，若有眾生眼見我身三十二相、八十種好，悉令必定於阿耨多羅三藐三菩提，乃至涅槃不離見佛。願令我界所有眾生，六情完具無所缺少。若諸菩薩欲見我者，隨其所住，行來坐臥，悉得見之。是諸菩薩尋發心已，即時見我坐於道場菩提樹下，當見我時，先來所有於諸法相疑滯之處，我未為說便得除斷，亦得深解法相之義。願我當來壽命無量無能數者，除一切智，菩薩壽命亦復如是。我一念中成阿耨多羅三藐三菩提已，即一念中有無量菩薩，鬚髮自落，服三法衣，乃至涅槃，於其中間無有一人，長其鬚髮，著俗衣裳，一切皆著沙門之服。"

爾時，佛告第三王子："善男子！善哉！善哉！汝是純善大丈夫也。聰叡、善解、能作如是甚難大願。所作功德甚深甚深難可思議，微妙智慧之所為也。汝善男子！為眾生故，自發如是尊重之願取妙國土，以是故今號汝為文殊師利。於未來世過二恒河沙等無量無邊阿僧祇劫，入第三無量無邊阿僧祇劫，於此南方有佛世界，名曰清淨無垢寶寘，此散提嵐界亦入其中。彼世界中有種種莊嚴，汝於此中當成阿耨多羅三藐三菩提，號普現如來、應、正遍知、明行足、善逝、世間解、無上士、調御丈夫、天人師、佛、世尊，諸菩薩眾皆悉清淨，汝之所願具足成就，如說而得。善男子！汝行菩薩道時，於無量億諸如來所種諸善根，是故一切眾生以汝為藥，汝心清淨能破煩惱，增諸善根。"(《大正藏》卷三第 186-188 页)

【评说】记述文殊师利菩萨修道因缘，文殊师利表征佛智，"聪睿、善解、能作如是甚难大愿。所作功德甚深甚深难可思议，微妙智慧之所为也"，这是佛智的超胜之处。

【原文】善男子！寶藏如來授金剛智慧光明功德菩薩摩訶薩阿耨多羅三藐三菩提記，時虛空中有無量無邊百千億那由他天，而讚歎言："善哉！善哉！"雨牛頭栴檀阿伽流香、多伽流香、多摩羅跋并及末香，而以供養。爾時，金剛智慧光明功德菩薩白佛言："世尊！若我所願成就得己利者，我今敬禮諸佛世尊。惟願十方如恒河沙等世界滿中諸天微妙好香眾生之類，或在地獄、畜生、餓鬼、天上、人中，若聞是香，所有身心苦惱之疾悉得遠離。"如是頭面到地。善男子！爾時，金剛智慧光明功德菩薩作是言已，即頭面禮佛。爾時，十方如恒河沙等世界，周遍悉有微妙之香，眾生聞者皆得遠離身心苦惱。(《大正藏》卷三第 188-189 页)

【评说】罗列种种香，如"牛头栴檀、阿伽流香、多伽流香、多摩罗跋并及末香"等。旃檀即檀香、阿伽流香即沉香、多伽流香是木香、多摩罗跋是藿香。末香或指以上这些香的性状。

【原文】善男子！爾時，寶海梵志有三億弟子，在園門外一處而坐，教餘眾生受三歸依，令發阿耨多羅三藐三菩提心者。善男子！爾時，梵志勸諸弟子作如是言："汝等今者應發阿耨多羅三藐三菩提心，取佛世界，今於佛前如心所求，便可說之。"

是三億人中有一人名曰樹提，作如是言："尊者！云何菩提？云何助菩提法？云何菩薩修行菩提？云何繫念得於菩提？"

爾時，其師報言："摩納！如汝所問，菩提者，即是菩薩之所修集四無盡藏。何等為四？所謂無盡福德藏、無盡智藏、無盡慧藏、無盡佛法和合藏。善男子！是名菩提。摩納！如佛所說助菩提法，所謂攝取助清淨度生死法門。善男子！捨財即是助菩提法，以調伏眾生故；持戒即是助菩提法，隨其所願得成就故；忍辱即是助菩提法，三十二相、八十種隨形好具足故；精進即是助菩提法，具足一切諸事故；禪定即是助菩提法，其心當得善調伏故；智慧即是助菩提法，以知一切諸煩惱故；多聞即是助菩提法，得無閡辯故；福德即是助菩提法，一切眾生之所須故；智即是助菩提法，成就無閡智故；寂滅即是助菩提法，柔軟善心得成就故；思惟即是助菩提法，成就斷疑故；慈心即是助菩提法，成就無閡心故；悲心即是助菩提法，教化眾生無厭足故；喜心即是助菩提法，於正法中生愛樂故；捨心即是助菩提法，成就斷於愛憎法故；聽法即是助菩提法，成就滅五蓋故；出世即是助菩提法，成就捨除一切世間故；阿蘭若是助菩提法，所作不善，滅使不生，所有善根，多增長故；念是助菩提法，成就護持故；意是助菩提法，成就分別諸法故；持是助菩提法，成就思議寤醒故；念處即是助菩提法，分別身受心法成就故；正勤即是助菩提法，以離一切不善法，修行一切善法增廣故；如意足是助菩提法，成就身心輕利故；諸根即是助菩提法，攝取諸根成就故；諸力即是助菩提法，摧滅一切煩惱故；覺是助菩提法，覺知實法故；六和即是助菩提法，調伏眾生，令清淨故。摩納！是名攝取助清淨度生死法門。"

樹提復言："尊者！如佛所說，布施果報，即是大富得大眷屬，護持禁戒得生天上，廣博多聞得大智慧。又如佛說，思惟之法，得度生死。"

師復報言："摩納！若樂生死故行布施，是故大富。摩納！若善男子、善女人，心向菩提，為心調伏，故行布施；為心寂靜，故持禁戒；為心清淨，無有愛濁，故求多聞；為大悲故，思惟修道；其餘諸法，智慧方便成就助求。摩納！是名助菩提法。如是修行，即是繫念得菩提也。摩納！如是菩提今應生欲，是道清淨，應專心作願；是道無濁，心清淨故；是道正直無有諂曲，斷煩惱故；是道安隱，乃至能到涅槃城故。汝等今應作大善願，取莊嚴佛土，隨意所求淨及不淨。"（《大正藏》卷三第 198 页）

【评说】上述经文解说了菩提的含义，"四无尽藏"的概念落实到个人，即是指每个人都具有的"心"。对"心"的修行需要依靠助菩提法的打磨，这是一个调整认知的过程，令无益有害的心理活动渐渐减少，使有益身心的心理品质增强并具有持续性。

由此可见，修行的过程就是一个改变认知、调整心理状态的过程。

【原文】爾時，寶藏如來告火鬘言："善男子！未來之世，過一恒河沙等阿僧祇劫，入第二恒河沙等阿僧祇劫後分之中，此佛世界當名娑婆。何因緣故，名曰娑婆？是諸眾生忍受三毒及諸煩惱，是故彼界名曰忍土。時有大劫，名曰善賢。何因緣故，劫名善賢？是大劫中，多有貪欲、瞋恚、愚癡、憍慢眾生，有千世尊成就大悲出現於世。"（《大正藏》卷三第 199 页）

【评说】经文说明佛教基本概念"娑婆世界"所具有的"忍苦"含义。

【原文】時寶藏佛告毘舍耶無垢言："善男子！菩薩有四懈怠，若菩薩成就如是四法者，貪著生死，於生死獄受諸苦惱，不能疾成阿耨多羅三藐三菩提。何等四？下行、下伴、下施、下願。云何菩薩下行？或有菩薩破身口戒不能善護，是名下行；云何下伴，親近聲聞及辟支佛，與共從事，是名菩薩下伴；云何下施？不能一切捨諸所有，於受者中，心生分別，為得天上

受快樂故，而行布施，是名菩薩下施；云何下願？不能一心願取諸佛淨妙世界，所作誓願不為調伏一切眾生，是名菩薩之下願也。菩薩成是四懈怠法，久處生死受諸苦惱，不能疾成阿耨多羅三藐三菩提。"

"善男子！復有四法，菩薩成就，則能疾成阿耨多羅三藐三菩提。何等四？一、能持禁戒，淨身口意，護持法行；二、親近修學大乘之人，與法同事；三、所有之物能一切捨，以大悲心施於一切；四、一心願取種種莊嚴諸佛世界，亦為調伏一切眾生。是名四法菩薩成就，則能疾成阿耨多羅三藐三菩提。"

"復有四法，菩薩成就，能持無上菩提之道。何等四？精勤行於諸波羅蜜；攝取一切無量眾生；心常不離四無量行；遊戲諸通。是名四法，菩薩成就，能持無上菩提之道。"

"復有四法，令心無厭。何等為四？一者行施，二聽法，三修行，四攝取眾生。如是四法，令心無厭，菩薩應學。"

"復有四無盡藏，是諸菩薩所應成就。何等四？一者信根，二者說法，三善根願，四者攝取貧窮眾生。是為菩薩四無盡藏具足修滿。"

"復有四清淨法，菩薩成就。何等四？持戒清淨以無我故；三昧清淨無眾生故；智慧清淨無壽命故；解脫知見清淨以無人故。是為四清淨法，菩薩成就以是故，疾成阿耨多羅三藐三菩提，轉虛空法輪、轉不可思議法輪、轉不可量法輪、轉無我法輪、轉無言說法輪、轉出世法輪、轉通達法輪、轉諸天人所不能轉微妙之輪。"

"善男子！未來之世，過一恒河沙等阿僧祇劫，入第二恒河沙等阿僧祇劫後分，初入賢劫，五濁滅已，壽命增益至八萬歲，汝於是中成阿耨多羅三藐三菩提，号曰彌勒如來、應、正遍知、明行足、善逝、世間解、無上士、調御丈夫、天人師、佛、世尊。"(《大正藏》卷三第 201 页)

【评说】经文提出了菩萨应注意的多种"四法"，从其中的褒扬贬抑也可一见当时佛教中大乘与小乘之争的痕迹。

【原文】善男子！爾時，寶海梵志一千摩納，惟除一人，悉共讀誦比陀外典，皆已勸化於阿耨多羅三藐三菩提，如拘留孫、迦那伽牟尼、迦葉、彌勒。其第五者，名師子光明，亦如是。其千人中，惟除一人，其餘皆願於賢劫中成阿耨多羅三藐三菩提，於其眾中最下小者，名持力捷疾，寶海梵志復教令發阿耨多羅三藐三菩提心："善男子！汝今莫觀久遠，當離心覺，為諸眾生起大悲心。"爾時，梵志即為持力捷疾，而說偈言：

"陰界諸入　所攝眾生
畏老病死　墮於愛海
閉在三有　可畏獄中
飲煩惱毒　互相侵害
長夜墮在　苦惱海中
癡盲無目　失於正道
久處生死　機關所覆
三有眾生　諸苦熾然
以離正見　安住邪見
周迴生死　五道之中
不得休息　譬如車輪

有諸眾生　失於法眼
盲無所覩　又無救護
汝應修集　無量智慧
令離癡惑　使發菩提
應與眾生　作善知識
為燒愛結　解煩惱縛
應為是等　發菩提心
失法眼者　為癡所覆
為離癡故　應與勝道
生死有獄　大火熾然
與法甘露　令其充足
汝今速往　至於佛所
頭頂禮足　作大利益
當於佛所　發妙勝願
所願勝妙　善持念之
汝當來世　調御天人
亦當願施　眾生無畏
拔濟一切　悉令解脫
亦令具足　根力覺道
雨大法雨　施智慧水
滅諸眾生　苦惱之火”(《大正藏》卷三第 201-202 页)

【评说】偈语说明众生因五蕴炽盛烦恼众多，身不由已地流转于痛苦的心身现象中。菩萨的任务就是教导众生止息流转现象的方法。

【原文】持力捷疾言:“世尊！彼賢劫中諸佛世尊般涅槃已，最後妙音龍成阿耨多羅三藐三菩提，号那羅延勝葉。世尊！我願於爾時修菩薩道，修諸苦行，持戒、布施、多聞、精進、忍辱、愛語、福德、智慧，種種助道悉令具足。賢劫諸佛垂成佛時，願我在初奉施飲食，般涅槃後收取舍利，起塔供養。護持正法，見毀戒者，勸化安止，令住持戒；遠離正見墮諸見者，勸化安止，令住正見；散亂心者，勸化安止，令住定心；無威儀者，勸化安止，住聖威儀。若有眾生欲行善根，我當為其開示善根。彼諸世尊般涅槃後，正法垂滅，我於爾時當護持之，令不斷絕，於世界中，然正法燈。刀兵劫時，我當教化一切眾生，持不殺戒乃至正見，於十惡中，拔出眾生，安止令住十善道中，滅諸盲冥，開示善法。我當滅此劫濁、命濁、眾生濁、煩惱濁、見濁，令無有餘。於飢饉劫，我當勸化一切眾生，安止住於檀波羅蜜，乃至般若波羅蜜亦如是。我勸眾生住六波羅蜜時，眾生所有一切飢餓、黑闇、穢濁、怨賊、鬪諍，及諸煩惱，悉令寂靜。於疾疫劫，我當教化一切眾生，悉令住於六和法中，亦令安止住四攝法，眾生所有疾疫、黑闇，當令滅盡。於半賢劫，斷滅眾生如是苦惱。一千四佛於半劫中出世、涅槃、正法滅已，然後我當成阿耨多羅三藐三菩提。如千四佛所得壽命、聲聞弟子，我之壽命、聲聞弟子，亦復如是等無差別。如千四佛於半劫中調伏眾生，願我亦於半賢劫之中調伏眾生。是半劫中，諸佛所有聲聞弟子，毀於禁戒，墮在諸見，於諸佛所，無有恭敬，生於瞋恚、惱害之心，破法壞僧、誹謗賢聖，

毁壞正法、作惡逆罪。世尊！我成阿耨多羅三藐三菩提時，悉當拔出於生死污泥，令入無畏涅槃城中。我般涅槃後，正法賢劫一時滅盡。若我涅槃，正法賢劫俱滅盡已，我之齒骨并及舍利，悉當變化作佛形像，三十二相瓔珞其身，一一相中有八十種好，次第莊嚴，遍至十方無量無邊無佛世界，一一化佛以三乘法，教化無量無邊眾生，悉令不退。若彼世界病劫起時，無有佛法，是化佛像亦當至中，教化眾生如前所說。若諸世界無珍寶者，願作如意摩尼寶珠，雨諸珍寶，自然發出純金之藏。若諸世界所有眾生，離諸善根，諸苦纏身，我當於中，雨憂陀娑香、栴檀沈水、種種諸香，令諸眾生斷煩惱病、諸邪見病、身四大病，於三福處，勤心修行，令命終時，生天人中。世尊！我行菩薩道時，當作如是利益眾生。我成阿耨多羅三藐三菩提已，當作如是佛事。般涅槃後，舍利復至無量世界，如是利益眾生。

世尊！若我所願不成不得己利，不能與諸眾生作大醫王，不能利益者，我今便為欺誑十方無量世界在在處處現在諸佛如來，今者亦復不應與我授阿耨多羅三藐三菩提記。世尊所與無量無邊億阿僧祇眾生授阿耨多羅三藐三菩提記者，我亦不得見如是人，亦不聞佛音聲、法僧之聲、行善法聲，常墮阿鼻地獄中。世尊！若我所願成就得己利者，如來今者當稱讚我。”

時，佛即讚持力捷疾：“善哉！善哉！善男子！汝於來世作大醫王，令諸眾生離諸苦惱，是故字汝為火淨藥王。”

佛告火淨藥王：“汝於來世，過一恒河沙等阿僧祇劫，入第二恒河沙阿僧祇劫後分，賢劫中一千四佛垂成阿耨多羅三藐三菩提，汝當悉得奉施飲食，乃至如上汝之所願。那羅延勝葉般涅槃後，正法滅已，汝當成於阿耨多羅三藐三菩提，號樓至如來、應、正遍知、明行足、善逝、世間解、無上士、調御丈夫、天人師、佛、世尊，壽命半劫，汝之所得聲聞弟子，如千四佛所有弟子等無差別；所化眾生，般涅槃後，正法滅已，賢劫俱盡，齒骨舍利悉化作佛，乃至生天人中，亦復如是。”(《大正藏》卷三第 202-203 页)

【评说】本段经文记述火净药王菩萨的修行因缘。“火净”，即以火炙烤令净熟，从这位菩萨的名字中可以看出，当时已经将食物的熟热、器皿的洁净与火焰相联系。而这位菩萨本身的德行也正在于“雨忧陀娑香、栴檀沉水、种种诸香，令诸众生断烦恼病、诸邪见病、身四大病”，通过广泛降下当时被认为有良好药效的药物来净化各种病苦。

【原文】爾時，梵志復白佛言：“世尊！我今心動如緊花樹葉，心大憂愁，身皆燋悴，此諸菩薩雖生大悲，不能取此五濁惡世，令彼諸眾生，墮癡黑闇。世尊！乃至來世，過一恒河沙等阿僧祇劫，入第二恒河沙等阿僧祇劫後分，賢劫中人壽千歲，我當爾時行菩薩道，久在生死忍受諸苦，以諸菩薩三昧力故，要當不捨如是眾生。世尊！我今自行六波羅蜜調伏眾生，如佛言曰：‘以財物施，名檀波羅蜜。’世尊！我行檀波羅蜜時，若有眾生世世從我乞求所須，向其所求，要當給足，飲食、醫藥、衣服、臥具、舍宅聚落、華香、瓔珞、塗身之香，供給病者醫藥、侍使、幢幡、寶蓋、錢財、穀帛、象馬、車乘、金銀、錢貨、真珠、琉璃、頗梨、珂貝、璧玉、珊瑚、真寶、偽寶、天冠、拂飾，如是等物，我於眾生乃至貧窮，生大悲心悉以施與，雖作是施，不求天上人中果報，但為調伏攝眾生故，以是因緣，捨諸所有。若有眾生，乞求過量，所謂奴婢、聚落、城邑、妻子、男女、手脚、鼻舌、頭目、皮血、骨肉、身命，乞求如是過量之物。爾時，我當生大悲心，以此諸物，持用布施，不求果報，但為調伏攝眾生故。世尊！我行檀波羅蜜時，過去菩薩行檀波羅蜜者所不能及，未來菩薩當發阿耨多羅三藐三菩提心，行檀波羅蜜者亦不能及。世尊！我於來世為行菩薩道故，於百千億劫當行如是檀波羅蜜。世尊！未來之世若有欲行菩薩道者，我當為是行檀波羅蜜，令不斷絕。”

“我初入尸羅波羅蜜時，為阿耨多羅三藐三菩提故，持種種戒，修諸苦行，如檀中說，觀我無我故，五情不為五塵所傷。此羼提波羅蜜，我如是行羼提波羅蜜亦如上說，觀有為法，離諸過惡，見無為法，微妙寂滅。精勤修集，於無上道不生退轉。此毘梨耶波羅蜜，我亦如是行毘梨耶波羅蜜。若一切處修行空相得寂滅法，是名禪波羅蜜。若解諸法，本無生性，今則無滅，是名般若波羅蜜。我於無量百千億阿僧祇劫，堅固、精勤、修集般若波羅蜜。何以故？或有菩薩於過去世，不為阿耨多羅三藐三菩提行菩薩道，堅固、精勤、修集般若波羅蜜，未來之世或有菩薩，未為阿耨多羅三藐三菩提行菩薩道，堅固、精勤、修集般若波羅蜜，是故我今當於來世發阿耨多羅三藐三菩提心，修菩薩道，令諸善法無有斷絕。

世尊！我初發心已，為未來諸菩薩等，開示大悲，乃至涅槃。有得聞我大悲名者，心生驚怪，歎未曾有。是故我於布施，不自稱讚、不依持戒、不念忍辱、不猗精進、不味諸禪，所有智慧不著三世，雖行如是六波羅蜜，不求果報。有諸眾生離聖七財，諸佛世界之所擯棄，作五逆罪，毀壞正法，誹謗賢聖，行於邪見，重惡之罪，猶如大山，常為邪道之所覆蔽；是故我今為是眾生專心莊嚴，精勤修集六波羅蜜。我為一一眾生種善根故，於十劫中，入阿鼻地獄受無量苦，畜生、餓鬼，及貧窮、鬼神、卑賤人中，亦復如是。若有眾生，空無善根，失念燋心，我悉攝取而調伏之，令種善根，乃至賢劫，於其中間，終不願在天上人中受諸快樂，惟除一生處兜術天待時成佛。”(《大正藏》卷三第 205 页)

【评说】经文说明六波罗蜜各自的利益。以布施调伏众生，其中特地说明了乞求之物是否过量的问题。在菩萨道行者看来，乞求之物无论是否过量，都应给予。这种观点和由此引生的行为，已经不仅仅是用以调伏众生，更重要的是通过这种方法来消除“自我”的概念。“观我无我故，五情不为五尘所伤”，通过修习“无我”于一切处“修行空相得寂灭法”，才能一以贯之地顺利修行六波罗蜜。

【原文】……我自受草於菩提樹下，敷金剛座處，結加趺坐，身心正直，繫念在於阿頗三昧，以三昧力故，令入出息，停住寂靜，於此定中，一日一夜，日食半麻半米，以其餘半，持施他人……(《大正藏》卷三第 207 页)

【评说】经文记述了佛陀在菩提树下金刚座修习“阿颇三昧”，即通过“安那般那”呼吸法进入禅定状态的经过。

【原文】世尊！我成阿耨多羅三藐三菩提已，一音說法，或有眾生學聲聞乘，聞佛說法，即得知聲聞法藏；或有修學辟支佛乘，聞佛說法，便得解於辟支佛法；或有修學無上大乘，聞佛說法，便得解了大乘之法純一無雜；若有修集助菩提法欲得菩提，聞佛說法，即得捨財，行於布施；若有眾生離諸功德，悕求天上、人中快樂，聞佛說法，即得持戒；若有眾生互相怖畏，有愛瞋心，聞佛說法，即得相於生親厚心；若有眾生憙為殺業，聞佛說法，即得悲心；若有眾生常為慳悋、嫉妬覆心，聞佛說法，即修喜心；若有眾生端正無病，貪著於色，心生放逸，聞佛說法，即得捨心；若有眾生婬欲熾盛，其心放逸，聞佛說法，即觀不淨；若有眾生學大乘者，為掉蓋所覆，聞佛說法，即得身念處法；若有眾生常自稱讚，能大論議，其智慧明猶如掣電，聞佛說法，即解甚深十二因緣；若有眾生寡聞少見，自稱能論，聞佛說法，即得不奪不失諸陀羅尼；若

有眾生入邪見山，聞佛說法，即解諸法甚深空門；若有眾生諸覺覆心，聞佛說法，即得深解無相法門；若有眾生諸不淨願覆蔽其心，聞佛說法，即得深解無作法門；若有眾生心不清淨，聞佛說法，心得清淨；若有眾生以多緣覆心，聞佛說法，得解不失菩提心法；若有眾生瞋恚覆心，聞佛說法，解真實相得受記莂；若有眾生依猗覆心，聞佛說法，深解諸法無所依猗；若有眾生愛染覆心，聞佛說法，疾解諸法無垢清淨；若有眾生忘失善心，聞佛說法，深解日光三昧；若有眾生行諸魔業，聞佛說法，速得解了清淨之法；若有眾生邪論覆心，聞佛說法，即得深解增益正法；若有眾生煩惱覆心，聞佛說法，即得解了離煩惱法；若有眾生行諸惡道，聞佛說法，即得迴反；若有眾生於大乘法讚說邪法，以為吉妙，聞佛說法，即於邪法生退轉心，而得正解；若有菩薩厭於生死，聞佛說法，即於生死心生愛樂；若有眾生不知善地，聞佛說法，即得覺了善地之法；若有眾生見他為善不生好樂，生於妬嫉，聞佛說法，即得心喜；若有眾生其心各各共相違反，聞佛說法，即得無閡光明；若有眾生行諸惡業，聞佛說法，深解惡業所得果報；若有眾生怖畏大眾，聞佛說法，深得解了師子相三昧；若有眾生四魔覆心，聞佛說法，疾得首楞嚴三昧；若有眾生不見諸佛國土光明，聞佛說法，即得深解種種莊嚴光明三昧；若有眾生有憎愛心，聞佛說法即得捨心；若有眾生未得佛法光明，聞佛說法，即得法幢三昧；若有眾生離大智慧，聞佛說法，即得法炬三昧；若有眾生癡闇覆心，聞佛說法，即得日燈光明三昧；若有眾生口無辯才，聞佛說法，即得種種功德應辯；若有眾生觀色和合，無有堅固，猶如水沫，聞佛說法，即得那羅延三昧；若有眾生心亂不定，聞佛說法，即得堅牢決定三昧；若有眾生欲觀佛頂，聞佛說法，即得須彌幢三昧；若有眾生放捨本願，聞佛說法，即得堅牢三昧；若有眾生退失諸通，聞佛說法，即得金剛三昧；若有眾生於菩提場而生疑惑，聞佛說法，即得了達金剛道場；若有眾生一切法中無厭離心，聞佛說法，即得金剛三昧；若有眾生不知他心，聞佛說法，即知他心；若有眾生於諸根中不知利鈍，聞佛說法，即知利鈍；若有眾生各各種類不相解語，聞佛說法，即得解了音聲三昧；若有眾生未得法身，聞佛說法，即得解了分別諸身；若有眾生不見佛身，聞佛說法，即得不眴三昧；若有眾生分別諸緣，聞佛說法，即得無諍三昧；若有眾生於轉法輪，心生疑惑，聞佛說法，於轉法輪得心清淨；若有眾生起無因邪行，聞佛說法，即得法明隨順因緣；若有眾生於一佛世界起於常見，聞佛說法，即得善別無量佛土；若有眾生未種諸相善根，聞佛說法，即得種種莊嚴三昧；若有眾生不能善別一切言語，聞佛說法，即得解了分別種種言音三昧；若有眾生專心求於一切智慧，聞佛說法，即得無所分別法界三昧；若有眾生退轉於法，聞佛說法，即得堅固三昧；若有眾生不知法界，聞佛說法，即得大智慧；若有眾生離本誓願，聞佛說法，即得不失三昧；若有眾生分別諸道，聞佛說法，即得一道無所分別；若有眾生推求智慧，欲同虛空，聞佛說法，即得無所有三昧；若有眾生未得具足諸波羅蜜，聞佛說法，即得住於淨波羅蜜；若有眾生未得具足四攝之法，聞佛說法，即得妙善攝取三昧；若有眾生分別四無量心，聞佛說法，即得平等勤心精進；若有眾生未得具足三十七助菩提法，聞佛說法，即得住不出世三昧；若有眾生其心失念及善智慧，聞佛說法，即得大海智印三昧；若有眾生其心疑惑，未生法忍，聞佛說法，即得諸法決定三昧，以一法相故；若有眾生忘所聞法，聞佛說法，即得不失念三昧；若有眾生各各說法，不相憙樂，聞佛說法，即得清淨慧眼，無有疑網；若有眾生於三寶中不生信心，聞佛說法，即得功德增長三昧；若有眾生渴乏法雨，聞佛說法，即得法雨三昧；若有眾生於三寶中起斷滅見，聞佛說法，即得諸寶莊嚴三昧；若有眾生不作智業，不勤精進，聞佛說法，即得金剛智慧三昧；若有眾生為諸煩惱之所繫縛，聞佛說法，即得虛空印三昧；若有眾生計我我所，聞佛說法，即得智印三昧；若有眾生不知如來具足功德，聞佛說法，即得世

聞解脱三昧；若有眾生於過去世未供養佛，聞佛說法，即得種種神足變化；若有眾生一法界門於未來世無量劫中未得說之，聞佛說法，即得解說一切諸法同一法界；若有眾生於諸一切修多羅中未得選擇，聞佛說法，即得諸法平等實相三昧；若有眾生離六和法，聞佛說法，即得解了諸法三昧；若有眾生於不可思議解脱法門不勤精進，聞佛說法，於諸通中，即得師子遊戲三昧；若有眾生欲分別入於如來藏，聞佛說法，更不從他聞，即得分別入如來藏；若有眾生於菩薩道不勤精進，聞佛說法，即得智慧，勤行精進；若有眾生未曾得見本生經，聞佛說法，即得一切在在處處三昧；若有眾生行道未竟，聞佛說法，即得受記三昧；若有眾生未得具足如來十力，聞佛說法，即得無壞三昧；若有眾生未得具足四無所畏，聞佛說法，即得無盡意三昧；若有眾生未得具足佛不共法，聞佛說法，即得不共法三昧；若有眾生未得具足無愚癡見，聞佛說法，即得願句三昧；若有眾生未覺一切佛法之門，聞佛說法，即得鮮白無垢淨印三昧；若有眾生未得具足一切智者，聞佛說法，即得善了三昧；若有眾生未得成就一切佛事，聞佛說法，即得無量不盡意三昧；如是等眾生，於佛法中各得信解。

有諸菩薩，其心質直無有諂曲，聞佛說法，即得八萬四千諸法門、八萬四千諸三昧門、七萬五千陀羅尼門。有無量無邊阿僧祇菩薩摩訶薩修集大乘者，聞是說法，亦得如是無量功德，安止住於不退轉地。是故諸菩薩摩訶薩，欲得種種莊嚴堅牢故，發不可思議願，增益不可思議知見，以自莊嚴，以三十二相莊嚴故，得八十隨形好，以妙音莊嚴故，隨諸眾生所憙說法，令聞法者滿足知見；以心莊嚴故，得諸三昧，不生退轉；以念莊嚴故，不失一切諸陀羅尼；以心莊嚴故，得分別諸法；以念莊嚴故，得解微塵等義；以善心莊嚴故，得堅固誓願，牢堅精進，如其所願到於彼岸；以專心莊嚴故，次第過住；以布施莊嚴故，於諸所須，悉能放捨；以持戒莊嚴故，令心善白，清淨無垢；以忍辱莊嚴故，於諸眾生，心無障閡；以精進莊嚴故，一切佐助，悉得成就；以禪定莊嚴故，於一切三昧中得師子遊戲；以智慧莊嚴故，知諸煩惱習；以慈莊嚴故，專心念於一切眾生；以悲莊嚴故，悉能拔出眾生之苦；以喜莊嚴故，於一切法，心無疑惑；以捨莊嚴故，得離憍慢心，心無高下；以諸通莊嚴故，於一切法得師子遊戲；以功德莊嚴故，得不可盡藏寶手；以智莊嚴故，知諸眾生所有諸心；以意莊嚴故，方便惺悟一切眾生；以光明莊嚴故，得智慧眼明；以諸辯莊嚴故，令眾生得法義應辭；以無畏莊嚴故，一切諸魔不能留難；以功德莊嚴故，得諸佛世尊所有功德；以法莊嚴故，得無閡辯，常為眾生演說妙法；以光明莊嚴故，得一切佛法光明；以照明莊嚴故，能遍照於諸佛世界；以他心莊嚴故，得正智無亂；以教誡莊嚴故，得如所說護持禁戒；以神足莊嚴故，得如意足到於彼岸；以受持一切諸如來莊嚴故，得入如來無量法藏；以尊法莊嚴故，得不隨他智慧；以隨行一切善法莊嚴故，得如說而行，欲令如是眾生悉得如是等功德利益。若有無量無邊阿僧祇菩薩摩訶薩修集大乘，以我說一句法故，悉具如是白淨善法，皆使充足，以是故，諸菩薩摩訶薩於諸法中所得智慧，不從他聞，得成就大法光明，成阿耨多羅三藐三菩提。

世尊！若眾生於他方世界作五逆罪，乃至犯四重禁，燒滅善法，若學聲聞、緣覺、大乘，以願力故，欲來生我世界，既來生已，復取一切諸不善業，麤朴弊惡，其心憙求強粱難調，專以四倒貪著慳悋。如是等眾生，八萬四千異性亂心，我當為其各各異性，廣說八萬四千法聚。

世尊！若有眾生學無上大乘，我當為其具足廣說六波羅蜜，所謂檀波羅蜜，乃至般若波羅蜜。若有眾生學聲聞乘未種善根，願求諸佛以為其師，我當安止於三歸依，然後勸令住六波羅蜜。若有眾生憙為殺害，我當安止於不殺中。若有眾生專行惡貪，我當安住於不盜中。若有眾生非法邪婬，我當安止不邪婬中。若有眾生各各故作誹謗妄語，我當安止不妄語中。

若有衆生樂為狂癡，我當安止不飲酒中。若有衆生犯此五事，我當令受優婆塞五戒。若有衆生於諸善法不生憙樂，我當令其一日一夜受持八戒。若有衆生少於善根，於善根中心生愛樂，我當令其於未來世，在佛法中出家學道，安止令住梵淨十戒。若有衆生悕心求於諸善根法，我當安止善根法中，令得成就梵行具足大戒。如是等衆生，作五逆罪，乃至慳悋，為是衆生，以種種門，示現神足，說諸句義，開示陰、界、諸入、苦、空、無常、無我，令住善妙安隱寂滅無畏涅槃，為如是四衆比丘、比丘尼、優婆塞、優婆夷說法。若有衆生求聞論議，我當說正法論，乃至有求解脫之者，我當為說空無之論。若有衆生其心不樂於正善法，我當為說營作衆事。若有衆生於正善法其心愛樂，我當為說空三昧定示正解脫。

世尊！我為如是一一衆生，要當過於百千由旬不以神足，而以開示無量無邊種種方便，為解句義，示現神足，乃至涅槃，心不生厭。

世尊！我以三昧力故，捨第五分所得壽命而般涅槃，我於是時，自分其身如半葶藶子，為憐愍衆生故，求般涅槃。般涅槃後，所有正法住世千歲，像法住世滿五百歲。我涅槃後，若有衆生，以珍寶、伎樂供養舍利，乃至禮拜、右繞一匝，合掌稱歎、一莖華散，以是因緣隨其志願，於三乘中各不退轉。(《大正藏》卷三第 209-211 页)

【评说】经文详细解说了各种不良心理状态及其解除的情况，体现了应病与药的思想。“闻佛说法”这一方法，可以视之为一种高级的心理治疗方法。它不仅可以帮助纠正心理疾病、改正不良的心理习惯，还能强化正确的认知过程，并将结果升华。但应注意的是，这些好的结果都依赖于“正确的人”，这极大地限制了佛教心理治疗方法的推广。

【原文】說是語已，時轉輪聖王無量清淨，尋從座起悲泣淚出，叉手合掌，向是梵志，頭面敬禮，而說偈言：

“汝今所願　堅固甚深
放捨己樂　為諸衆生
起大悲心　為我等現
諸法真實　妙勝之相”(《大正藏》卷三第 213 页)

【评说】舍己为人的精神是支撑大乘菩萨道修行的力量。

【原文】爾時，觀世音菩薩說偈讚言：

“衆生多所著　汝今無所著
於上下諸根　久已得自在
故能隨衆生　根願具足與
未來世當得　陀羅尼智藏”(《大正藏》卷三第 213 页)

【评说】通过放下各种执著反而可以获得自在，能自在于各种境界，如同获得智慧的宝藏。

【原文】爾時，持力菩薩復說偈讚言：

“五濁惡世　多煩惱病
汝依菩提　發堅固願
為諸衆生　斷煩惱根”

爾時，火鬘菩薩復說偈讚言：

“汝之智慧　猶如寶藏

所發誓願　清淨無垢

所可修行　無上菩提

但為眾生　作大醫王”

爾時，現力菩薩悲泣涕淚，在梵志前，頭面作禮，合掌叉手，說偈讚言：

“汝今以此　大智慧炬

為諸眾生　斷煩惱病

亦為貧窮　窮乏眾生

斷除一切　無量諸苦”(《大正藏》卷三第 214 页)

【评说】烦恼是病，基于这一认识，逐渐断除烦恼也就是一个治病的过程。所以能帮助所有人断除烦恼的人，可以称之为医王。

【原文】善男子！爾時，寶藏如來讚寶海梵志言：“善哉！善哉！大悲淨行，汝為無量無邊眾生，起此大悲，能大利益，於世間中作大光明。梵志！譬如成就華田，有種種色、種種香、種種觸、種種葉、種種莖、種種根、種種功德，諸藥所須，皆悉成就。或有蓮華，滿百千由旬，光明妙香，亦與華等，或有縱廣一百、或有縱廣二百、或有縱廣三百由旬，光明妙香亦與華等，有華乃至如一天下，光明妙香亦等無差別。眾生之類或有盲者，聞此華香，即得見色，聾者聞聲，乃至一切諸根不具，即得具足。若有眾生四百四病，或動發時，聞此華香，病即除愈。若有顛狂、放逸、狂癡、睡眠、心亂、失念，聞此華香，皆得一心。是華田中，亦生分陀利華，其華堅牢，猶如金剛，琉璃為莖，臺有百子，純金為葉，馬瑙為鞾，赤真珠為鬚，華高八十四億由旬，周匝縱廣十萬由旬，是華所有色香觸等遍滿十方，如一佛剎微塵數等諸佛世界。其中眾生，或有四大不調適者，疾病困篤、諸根羸損、顛狂、放逸、狂癡、睡眠、心亂、失念，見華光明及聞其香，一切所患各各除愈，皆得一心。若彼眾生適命終已，及身未壞，光明來觸，香氣來熏，尋得命根，還起如本，與諸親屬共遊園觀，以所五欲共相娛樂。若必命終，不生餘處，生於梵天，在彼久住，壽命無量。梵志！是蓮華田者，即是此會之大眾也，譬如日出眾華開敷，如佛日出，增益長養妙香光明，為諸眾生斷除諸苦。

善男子！我今如日出現於世，令諸眾生善根華敷，有微妙香光明遍照，能除眾生種種諸病，即是如來出現於世，以大悲光明遍覆一切，令諸眾生善根開敷，增益安住於三福處也……”(《大正藏》卷三第 217 页)

【评说】本段经文记述了通过见闻花色花香治愈众生种种心身疾病的奇事。这反映了古人美好的愿望，也是一种修行中可以利用的观法，同时还是对本经中所有菩萨们的赞叹。

【原文】梵志！今聽菩薩四法懈怠。何等四？一者願取清淨世界；二者願於善心調伏白淨眾中施作佛事；三者願成佛已，不說聲聞、辟支佛法；四者願成佛已壽命無量。是名菩薩四法懈怠，是謂菩薩譬喻餘華，非謂菩薩如分陀利。

梵志！於此大眾，惟除一人婆由比紐，取不淨世界，調伏攝護多煩惱者，於賢劫中，或有菩薩取不淨土。

梵志！菩薩有四法精進。何等四？一者願取不淨世界；二者於不淨人中施作佛事；三者

成佛已，三乘說法；四者成佛已，得中壽命不長不短。是名菩薩四法精進，是謂菩薩如分陀利，非如餘華，是名菩薩摩訶薩。（《大正藏》卷三第218页）

【评说】从懈怠四法、精进四法的比较中可以清楚地体会到大乘佛教对于入世济人的重视态度。

【原文】爾時，有一裸形梵志，名亂想可畏，復作是言："善大丈夫！汝於無量無邊阿僧祇劫行菩薩道時，我當從汝，求索所須，常至汝所，乞求衣服、床榻、臥具、房舍、屋宅、象馬、車乘、國城、妻子、頭目、髓腦、皮肉、手脚、耳鼻、舌身。善大丈夫！我當為汝作佐助因，令汝滿足檀波羅蜜，乃至般若波羅蜜。大悲梵志如是等行菩薩道時，我當勸汝，令得具足六波羅蜜。汝成佛已，願作弟子，當從汝聞八萬法聚，聞已即能辯說法相，說法相已，汝當授我無上道記。"

善男子！爾時，梵志聞是事已，即禮佛足，便告裸形梵志言："善哉！善哉！汝真是我無上道伴，汝於無量無邊百千萬億阿僧祇劫，常至我所，乞索所須，所謂衣服，乃至舌身，我於爾時，以清淨心，捨諸所有布施於汝，汝於是時，亦無罪分。"（《大正藏》卷三第219页）

【评说】在大乘佛教看来，一切痛苦都可以视为帮助自己修行的因素，同样，造成这些痛苦的人、事物也就具有了菩萨的特征。这种认知可以在一定程度上消解各种由对抗产生的负面情绪。这种改变认知的方式，在逆境中或能为人提供一种精神上的安慰，但把这种认知方式泛化到一切情境的应对中，也会产生消极的结果。

檀波罗蜜品第五

【提要】佛陀在王舍城耆阇崛山讲述宝藏如来为大悲菩萨说诸三昧门助菩提法清净门经。

【原文】善男子！爾時，大悲菩薩頭面禮敬寶藏如來，禮佛足已，在於佛前，白佛言："世尊！所言諸三昧門助菩提法清淨門經，齊幾名為諸三昧門助菩提法清淨門經？云何菩薩無畏莊嚴具足於忍？"

善男子！爾時，彼佛讚大悲菩薩言："善哉！善哉！大悲！汝今所問甚奇甚特，即是珍寶，能大利益無量無邊諸菩薩等。何以故？大悲！汝能問佛如是大事。大悲！汝今諦聽諦聽！若有善男子、善女人修行大乘，有首楞嚴三昧，入是三昧能入一切諸三昧中。有寶印三昧，入是三昧能印諸三昧。有師子遊戲三昧，入是三昧於諸三昧能師子遊戲。有善月三昧，入是三昧能照諸三昧。有幢相三昧，入是三昧能持諸三昧幢。有出一切法性三昧，入是三昧能出一切三昧。有觀印三昧，入是三昧能觀一切三昧頂。有離法界三昧，入是三昧能分別諸三昧。有離幢相三昧，入是三昧能持一切諸三昧幢。有金剛三昧，入是三昧能令一切三昧不可破壞。有諸法印三昧，入是三昧能印一切法。有三昧王善住三昧，入是三昧，於諸三昧安住如王。有放光三昧，入是三昧能放光明照諸三昧。有力進三昧，入是三昧，於諸三昧增進自在。有正出三昧，入是三昧能正出諸三昧。有辯辭三昧，入是三昧悉解一切無量音聲。有語言三昧，入是三昧能入一切諸語言中。有觀方三昧，入是三昧悉能遍觀諸三昧方。有一切法三昧，入是三昧能破一切法。有持印三昧，入是三昧持諸三昧印。有入一切法寂靜三昧，入是三昧令一切三昧入於寂靜。有不失三昧，入是三昧不忘一切三昧。有一切法不動三昧，入是三昧，令一切三昧不動。有親近一切法海印三昧，入是三昧攝取親近一切三昧。有一切無我三昧，入是三昧，令諸三昧無有生滅。有遍覆虚空三昧，入是三昧，遍覆一切三昧。有不斷一切法三昧，入是三昧，持諸三昧令不斷絕。有金剛場三昧，入是三昧，能治一切諸三昧場。有一切法一味三昧，入是三昧，能持一切法一味。有離樂愛三昧，入是三昧，離一切煩惱及助煩惱。有一切法無生三昧，入是三昧，示一切三昧無生無滅。有光明三昧，入是三昧，能照一切三昧，令其熾明。有不滅一切法三昧，入是三昧，不求一分别一切三昧。有不求三昧，入是三昧，不求一切諸法。有不住三昧，入是三昧，於諸法中不住法界。有虚空憶想三昧，入是三昧，令諸三昧皆是虚空，見其真實。有無心三昧，入是三昧，能於一切諸三昧中滅心心數法。有色無邊三昧，入是三昧，於一切三昧中色無邊光明。有淨燈三昧，入是三昧，於一切三昧中，能作燈明。有一切法無邊三昧，入是三昧，於諸三昧悉能示現無量智慧。有電無邊三昧，入是三昧，於諸三昧示現智慧。有一切光明三昧，入是三昧，於諸三昧示現三昧門光明。有諸界無邊三昧，入是三昧，於諸三昧示現無量無邊智慧。有白淨堅固三昧，入是三昧，於諸三昧得空定。有須彌山空三昧，入是三昧，於諸三昧示現虚空。有無垢光明三昧，入是三昧，於諸三昧除諸垢穢。有一切法中無畏三昧，入是三昧，於諸三昧示現無畏。有樂樂三昧，入是三昧，於諸三昧悉得樂樂。有一切法正遊戲三昧，入是三昧，於諸三昧示現無有一切諸色。有放電光三昧，入是三昧，於諸三昧示現放光。有一切法安止無垢三昧，入是三昧，於諸三昧示現無垢智慧。有無盡三昧，入是三昧，於諸三昧示現非盡非不盡。有一切法不可思議清淨三昧，入是三昧，於諸三昧示現如鏡中像等不可思議。有大光三昧，入是三昧，於諸三昧令智慧熾然。有離盡三昧，入是三昧，於諸三昧示現不盡。有不動三昧，入是三昧，於諸法中不動不受無有輕戲。有增益三昧，入是三昧，於諸三昧悉見增益。有日燈三昧，入是三昧，於諸三昧放光明門。有月無垢三昧，入是三昧，於諸三昧作月光明。有白淨光明三昧，入是三昧，於諸三昧得四種辯。有作不作三昧，入是三昧，於諸三昧作與不作示現智相。有金剛三昧，入是三昧，悉得通達一切諸法，乃至不見如微塵等障礙。有住心三昧，入是三昧，其心不動，不受苦樂，不見光明，無有瞋恚，於此心中，亦復不見此是心想。有遍照三昧，入是三昧，於諸三昧見一切明。有善住三昧，入是三昧，於諸三昧善能得住。有寶山三昧，入是三昧，見諸三昧猶如寶山。有勝法印三昧，入是三昧，能印諸三昧。有順法性三昧，入是三昧，見一切法悉皆隨順。有離樂三昧，入是三昧，於一切法得離樂著。有法炬三昧，入是三昧，除諸法闇。有法雨三昧，入是三昧，於諸三昧能雨法雨，破壞著相。有等言語三昧，入是三昧，於諸法中悉得眼目。有離語言三昧，入是三昧，於諸法中乃至無有一言。有斷緣三昧，入是三昧，斷諸法緣。有不作三昧，入是三昧，於諸法中不見作者。有淨性三昧，入是三昧，見一切法自性清淨。有無障礙三昧，入是三昧，於諸法中無有障礙。有離網三昧，入是三昧，見諸三昧足離於高下。有集聚一切功德三昧，入是三昧，離一切法集。有正住三昧，入是三昧，於諸法中不見有心及心數法。有覺三昧，入是三昧，即能覺悟一切諸法。有念分别三昧，入是三昧，於諸法中得無量辯。有淨智覺三昧，入是三昧，於一切法得等非等。有智相三昧，入是三昧，能出三界。有智斷三昧，入是三昧，見諸法斷。有智雨三昧，入是三昧，得一切法雨。有無依三昧，入是三昧，於諸法中不見依止。有大莊嚴三昧，入是三昧，於諸法中不見法幢。有行三昧，入是三昧，能見諸法悉寂靜行。有一切行離一切有三昧，入是三昧，於諸法中通達解了。有俗言三昧，入是三昧，能解俗言。有離語言無字三昧，入是三昧，於諸法中悉得解了無有語言。有智炬三昧，入是三昧，於諸法中能作照明。有智勝相吼三昧，入是三昧，於諸法中示現淨相。有通智相三昧，入是三昧，於諸法中悉見智相。有成就一切行三昧，入是三昧，於諸法中

成就一切行。有離苦樂三昧，入是三昧，於諸法中無所依止。有無盡行三昧，入是三昧，見諸法無盡。有陀羅尼三昧，入是三昧，於諸三昧能持法相，不見邪正。有無憎愛三昧，入是三昧，於諸法中不見憎愛。有淨光三昧，入是三昧，於有為法不見是垢。有堅牢三昧，入是三昧，不見諸法有不堅牢。有滿月淨光三昧，入是三昧，悉能具足成就功德。有大莊嚴三昧，入是三昧，於諸三昧悉見成就無量莊嚴。有一切世光明三昧，入是三昧，於諸三昧以智照明。有一切等照三昧，入是三昧，於諸三昧悉得一心。有淨無淨三昧，入是三昧，於諸三昧不見淨不淨。有無宅三昧，入是三昧，不見諸三昧舍宅。有如爾三昧，入是三昧，於諸法中不見作與不作。有無身三昧，入是三昧，於諸法中不見有身。諸菩薩得如是等諸三昧門，口業清淨如虛空，於諸法中不見口業，猶如虛空無有障礙。大悲！是名修學大乘菩薩摩訶薩諸三昧門。”（《大正藏》卷三第220-222页）

【评说】本段经文列举了一百一十种三昧，“三昧”即“定”，一百一十种三昧是从定的不同角度和功能作出的区别。

【原文】善男子！云何菩薩摩訶薩助菩提法清淨之門？善男子！布施即是助菩提法，化眾生故。持戒即是助菩提法，具足善願故。忍辱即是助菩提法，具足三十二相、八十隨形好故。精進即是助菩提法，於諸眾生勤教化故。禪定即是助菩提法，令心具足得調伏故。智慧即是助菩提法，具足能知諸煩惱故。多聞即是助菩提法，於諸法中具無礙故。一切功德即是助菩提法，一切眾生得具足故。智業即是助菩提法，得具足無礙智故。修定即是助菩提法，悉得成就柔軟心故。慧業即是助菩提法，遠離一切諸疑惑故。慈心即是助菩提法，於諸眾生，心無礙故。悲心即是助菩提法，拔出眾生諸苦故。喜心即是助菩提法，受樂法故。捨心即是助菩提法，斷憎愛故。聽法即是助菩提法，斷五蓋故。出世即是助菩提法，捨諸所有故。阿蘭若即是助菩提法，離諸忽務故。專念即是助菩提法，得陀羅尼故。正憶即是助菩提法，分別意識故。思惟即是助菩提法，於諸法中得成就義故。念處即是助菩提法，身受心法覺分別故。正勤即是助菩提法，斷不善法，修善法故。如意足即是助菩提法，身心輕利故。諸根即是助菩提法，得一切眾生根具足故。諸力即是助菩提法，具足能壞諸煩惱故。諸覺即是助菩提法，於諸法中具足覺知實法相故。正道即是助菩提法，遠離一切諸邪道故。聖諦即是助菩提法，斷滅一切諸煩惱故。四辯即是助菩提法，得斷眾生諸疑惑故。緣念即是助菩提法，不從他聞得智慧故。善友即是助菩提法，一切功德特成就故。發心即是助菩提法，成就不誑諸眾生故。用意即是助菩提法，出一切法故。專心即是助菩提法，增益善法故。思维善法即是助菩提法，隨所聞法得成就故。攝取即是助菩提法，成就教化諸眾生故。護持正法即是助菩提法，令三寶種不斷絕故。善願即是助菩提法，成就嚴淨佛世界故。方便即是助菩提法，速得成就一切智故。善男子！是名菩薩摩訶薩助菩提法清淨門經。（《大正藏》卷三第222页）

【评说】本段经文介绍了各种助菩提法，即帮助菩萨行者修心的方法。这些“助菩提法”若经过技术性处理，可以部分转化为心理治疗的手段。

【原文】善男子！爾時，寶藏如來四顧遍觀菩薩大眾，告大悲言：“大悲！云何菩薩以無所畏莊嚴瓔珞具足於忍？善男子！若菩薩見第一義，得無癡精進，不著三界。若不著三界，是謂三昧無畏沙門之法，如空中動手悉無所著，又觀諸法不見相貌。大悲！是名菩薩摩訶薩以無所畏莊嚴瓔珞。善男子！云何菩薩具足於忍？如是菩薩住於法時，不見諸法如微塵相貌，逆順觀行於諸法中解無果報，於所習慈了無有我，於所習悲了無眾生，於所習喜了無有命，於所習捨了無有人。雖行布施，不見施物。雖行持戒，不見淨心。雖行忍辱，不見眾生。雖行精進，無離欲心。雖行禪定，無除惡心。雖行智慧，心無所行。雖行念處，不見思維。雖行正勤，不見心之生滅。雖行如意足，不見無量心。雖行於信，不見無障礙心。雖行於念，不見心得自在。雖行於定，不見入定心。雖行於慧，不見慧根。雖行諸力，無所破壞。雖行諸覺，心無分別。雖行正道，不見諸法。雖行定業，不見心之寂靜。雖行慧業，不見心之所行。雖行聖諦，不見通達法相。雖修念佛，不見無量行心。雖修念法，心等法界。雖修念僧，心無所住，教化眾生心得清淨。雖持正法，於諸法界心不分别。雖修淨土，其心平等猶如虛空。雖修相好，心無諸相。雖得忍辱，心無所有。雖住不退，常自不見退與不退。雖行道場，解了三界無有異相。雖壞諸魔，乃是利益無量眾生。雖行菩提，觀諸法空，無菩提心。雖轉法輪，於一切法無轉無還。雖復示現大般涅槃，於生死中，心等無異。是名菩薩具足於忍。"(《大正藏》卷三第 222-223 页)

【评说】讲解"见第一义"的意义。第一义，即圣智之自觉，是佛智的同义语。见第一义，即证得佛果。因此，本段所述是佛智境界。

【原文】善男子！爾時，大悲菩薩摩訶薩漸漸從佛諮受聲聞所有八萬四千法聚，緣覺所有九萬法聚，受持諷誦，悉令通利。大乘法藏身念處中十萬法聚，受念處中十萬法聚，心念處中十萬法聚，法念處中十萬法聚，悉皆受持讀誦通利。十八界中十萬法聚，十二入中十萬法聚，斷除貪欲十萬法聚，斷除瞋恚十萬法聚，斷除愚癡十萬法聚，三昧解脫十萬法聚，諸力無畏不共之法十萬法聚，如是等十億法聚，皆悉受持讀誦通利。(《大正藏》卷三第 223 页)

【评说】"八万四千"极言其多，但归纳起来不外乎四念处、十八界、十二入、断贪嗔痴、三昧解脱、诸力无畏不共等目。

【原文】善男子！汝今當知，我於爾時為檀波羅蜜捨身布施，如是次第施於眼目，其聚滿此閻浮提內，高至忉利天。善男子！是名如來略說捨身檀波羅蜜。(《大正藏》卷三第 226 页)

【评说】施身极多，意指修行要有所成就，必须通过长期反复大量实践来实现。

【原文】善男子！我於爾時尋復思惟："若我不能除眾生病，我則不成阿耨多羅三藐三菩提，為諸眾生斷除煩惱。我今當以何等方便除眾生病？唯有聚集一切大眾、釋天、梵天、四天王等，及諸天仙、龍仙、人仙，問諸醫方，合集諸草，種種呪術，以療眾病。"思惟是已，即以神力至釋天、梵天、四天大王，及諸天、神龍、人仙所，作如是言："有毘陀山，願諸仁等皆共來集。"爾時，大眾聞是言已，皆悉集聚。既集聚已，皆共誦持毘陀呪術，以是力故，能却一切諸惡鬼神，擁護眾生，復修醫方，能治痰癊風寒冷熱。以是因緣，令無量無邊阿僧祇人離諸苦惱。

善男子！我於爾時復更作願："若我已為此一天下無量眾生，作智慧光，安止住於三乘法中，閉三惡門，通天人路，除諸病苦，令得歡喜；復次第為無量無邊阿僧祇人，作智慧光乃至歡樂。以是善根因緣果報故，令我所願皆得成就，逮得己利。如我已為此一天下無量無邊阿僧祇人，閉三惡道，通天人路，為諸病者請諸天龍、神仙之人，集毘羅山修毘陀呪，令無量無邊阿

僧祇人，悉得離病受於快樂，如是遍滿此網世界，利益一切在在處處無量眾生，安住三乘，閉三惡道，通天人路。復為如是世界病者，請諸天龍、神仙之人，集毘羅山修毘陀呪，令此世界無量無邊阿僧祇人，悉得離病，受於快樂。如此世界，乃至十方如恒河沙，五濁惡世亦復如是。"（《大正藏》卷三第227页）

【评说】本段经文记述了通过诵持"毘陀呪术"来治疗疾病的内容。"毘陀呪"，即记载于《吠陀》书中的咒语，是婆罗门教的修持内容。在原始佛教经典中，这种禳灾祛病的方式为佛陀所禁止。本段文字出现在大乘佛教经典中，并被认为是一种行之有效值得提倡的治病方式，也从侧面反映了在印度佛教发展到大乘佛教时代，佛教不可避免地会吸收其他宗教的文化元素。

大乘悲分陀利经

失三藏名今附秦录

【提要】本经是一部大乘佛教早期本生经典，记述了释迦牟尼佛介绍自己因地时，作为宝海梵志劝化无数众生的事迹。其中涉及净土三尊等佛教重要佛菩萨的往昔因缘。在问答中也处处彰显标明大乘佛教菩萨道之于解脱道的不同之处。本经为《悲华经》同本异译，部分译文有所不同，而大义相似。

转法轮品第一

【提要】佛陀在王舍城耆阇崛山为宝日光明菩萨说莲华尊佛初成正觉。

【原文】一時，佛住王舍城耆闍崛山中，與大比丘眾六萬二千人俱，皆是阿羅漢——諸漏已盡，盡諸有結皆得自在，心善解脫、慧善解脫，如調象王，所作已辦，脫於重擔，逮得己利往來已盡，得正智已，心得自在，到於彼岸……（《大正藏》卷三第233页）

【评说】"诸漏已尽，无复烦恼，一切自在，心得解脱，慧得解脱"，是佛教所推崇的圆满的心理状态。

此处"象王"在《悲华经》中为摩诃那伽，亦称龙象。

入陀罗尼门品第二

【提要】佛陀在王舍城耆阇崛山为宝日光明菩萨说莲花世界相及修学一切陀罗尼门。

【原文】復次，善男子！蓮華世界菩薩摩訶薩，已生當生，皆具三十二相，光一由旬，乃至成佛不墮惡趣。彼一切菩薩，慈潤心、不濁心、調心、靜心、忍心、定心、清心、無礙心、淨心、無塵心、善心、法喜心、除一切眾生結心、如地心、不樂世間語心、樂過世間語心、求一切善法心、滅心、除老病死心、真實心、燒一切結心、滅一切受心、不輕一切法心；意力強、作力強、因緣力強、願力強、業行力強、斷力強、善根力強、誓力強、聞力強、戒力強、施力強、忍力強、進力強、定力強、慧力強、止力強、觀力強、通力強、念力強、菩提力強、破一切魔力強、降伏一切外論同法力強、破一切結力強。彼蓮華世界諸菩薩摩訶薩，已生當生，已曾親近無量百千諸佛殖諸善根；又蓮華世界已生當生菩薩，禪悅為食，法食、香食，猶若梵天無有揣食；其中無有一切不善之名，無諸女人，亦無其聲；無有一切苦聲及愛憎聲，乃至亦無結使聲，無有為聲；亦無闇冥，無諸臭穢，身心無疲；無有地獄、餓鬼、畜生之聲，亦無假名；無諸刺棘、坑坎、瓦礫；亦無燈火、日月、星宿；亦無大海，須彌山、鐵圍山、大鐵圍山、障山、黑山及諸土山；無雲雨聲，無惡風聲，無有一切諸惡趣聲，無諸難聲。彼蓮華世界，佛光、菩薩光、摩尼珠光、寶光、妙光，普照於彼。有鳥名娑訶羅，各各自出根、力、覺、道軟澤之聲。(《大正藏》卷三第 235 页)

【评说】经文中提到的“大慈心、大悲心”至“于一切法不动心”，和“专心力、发起力”至“坏一切烦恼力”，都是建立在“心得解脱、慧得解脱”心理状态基础之上的心理能力。

种种心是从心理性质的不同侧面而言，种种力则是指这种心理状态下所具有的精神能力。

【原文】善男子！爾時月上如來告虛空印菩薩摩訶薩，作如是言：“汝，善男子！受是入一切悲陀羅尼門。一切過去如來、應供、正遍知，皆為授職法王子菩薩摩訶薩說；於今現在十方一切世界諸佛世尊，現在住世說法教化，彼諸佛世尊亦為授職法王子菩薩摩訶薩說；於當來諸佛世尊，亦為授職法王子菩薩摩訶薩，說是入一切悲陀羅尼門。”(《大正藏》卷三第 235-236 页)

【评说】“入一切悲陀罗尼门”，即能透彻了解一切(佛所说法)的陀罗尼之集合。

陀罗尼，义为总持。《佛学大辞典》云：“以名持善法不使散，持恶法不使起之力用。分之为四种：一法陀罗尼，于佛之教法闻持而不忘也，又名闻陀罗尼；二义陀罗尼，于诸法之义总持而不忘也；三咒陀罗尼，依禅定发秘密语，有不测之神验，谓之咒，咒陀罗尼者，于咒总持而不失也；四忍陀罗尼，于法之实相安住，谓之忍，持忍名为忍陀罗尼。闻义咒忍之四者为所持之法也。”

唯此经“入一切悲陀罗尼门”，与彼经“解了一切陀罗尼门”翻译不同。“悲”指“恻怆他人之苦而欲救济之之心”，是从佛法救度众生解脱烦恼的功能而言。

【原文】“闍梨尼　摩訶闍梨尼　域翅厲復厲三鉢陀摩訶三鉢陀　提楚頞帝　遮致吒翅　咃厲(羅嫁)　咃翅阿肆摩迦肆尸　梨彌　梨帝利樓樓翅　摩訶樓翅闍　裔突樓闍裔闍耶摩帝揄帝賒斫漏涅伽多禰阿牟隸牟羅波利瞋禰　摩羅栖　若比哆　羅娑禰目帝多波利輸地　阿毘帝娑　夜慕遮禰　婆羅憂呵　羅禰檀哆毘滯毘滯婆樓多咩抳伽羅呵婆坻南達磨婆坻那僧伽羅呵勒叉達磨婆坻南”

此是四念處解脫句。(《大正藏》卷三第 236 页)

【评说】“四念处”，即维系心念定于一处的四种方法，是佛教禅修训练的基本内容，可培养精神集中、持续性与敏锐性。《三藏法数》云：“念即想念，处即身受心法也。一、身念处，谓观此色身，皆是不净也。二、受念处，谓观领受好恶等事，悉皆是苦也。三、心念处，谓观此识心生灭无常也。四、法念处，谓观诸法从因缘生，皆无有我也。”

【原文】“佛馱波羅迦賒褒阿摩摩美摩磨阿支　至頞剃　頞咃禰(致)羅禰盧迦緻目那帝陀馱波利婆禰婆”

此是四聖種解脫句。(《大正藏》卷三第 236 页)

【评说】“四种圣”，又称“四圣种”。《佛学大辞典》：“生众圣之行法，名为圣种。一、二、三于衣服、饮食、卧具，随所得而喜足。四、乐断恶，乐修善，名为四圣种。”

【原文】“婆沙剃婆禰駄隸陀羅波帝舅礙帝牧備牧婆波羅備米帝隸　修摩婆帝　羼帝択帝　加樓奈爵坻叉裔畢履帝憂蜫叹　三般禰　阿勒翅婆羅蠡佉秪佉爾阿牟隸牟羅輸禰”

此是四無畏解脫句。(《大正藏》卷三第236页)

【评说】“四无畏”,即“四无所畏”。《佛学大辞典》:“一、一切智无所畏,佛于大众中明言我为一切智人而无畏心也。二、漏尽无所畏,佛于大众中明言我断尽一切烦恼而无畏心也。三、说障道无所畏,佛于大众中说惑业等诸障法而无畏心也。四、说尽苦道无所畏,佛于大众中说戒定慧等诸尽苦之正道而无畏心也。见智度论二十五、法界次第下之下。”

【原文】“怛頗羅阿伽羅頗羅阿昵頗羅昵羅頗三目哆阿目哆涅目哆　阿罷毘寮毘目帝婆禰毘羅頗羅阿延大伊毘雉帝毘雉　爵崙度　臭羅兜嵐阿興三摩伊弟多婆頗帝婆多帝婆薩婆路迦阿嗏迦隸阿迦隸　頻大阿浮娑隸　嗏陀昧帝　毘賒伽　羅婆帝　額頗邏迦頗羅”

此是四擁護解脫句。(《大正藏》卷三第236页)

【评说】“四拥护”,《大方等大集经》[1]中云:“菩萨复有四拥护法具足智慧。何等为四?一者、拥护法师如己君主;二者、护诸善根;三者、将护世间;四者、护利益他。舍利弗!是名菩萨四拥护法具足智慧。”

【原文】“闍嗏哆阿尼尸　羅婆婆多步伊曇頗隸抳耶　磨頗嵐三某陀那夜毘浮舍　波施蘇磨跖阿毤磨姤阿鳩磨姤　侈他婆帝昧多羅他陀舍婆邏毘波羅婆他　伊舍絺哆須抳佉磨胝差那磨帝　阿虚句阿坻　兜瑟南薩第磨帝波羅嗡波奈佛馱　弗樓婆婆羅呵隸”

此是四正斷解脫句。(《大正藏》卷三第236页)

【评说】“四正断”,即“四正勤”,即“已生恶令断、未生恶不生、未生善生起、已生善增长”。即指精进身口意的修行,努力断恶生善。

【原文】“安爾摩爾摩禰摩摩禰　旨隸旨隸帝賒咩賒咩多鼻羶帝　目帝郁多膣三膣尼三膣三磨三膣叉裔惡叉裔　頞耆抳檀帝　賒美瑟帝　陀羅禰阿盧伽婆細　曷羅多那婆羅帝　曷羅濕彌婆帝　闍那婆帝　禰樓婆帝　彌樓婆帝　叉夜昵　阿梨賒　禰盧迦波羅坻波昵達梨賒昵”

此是四辯解脫句。(《大正藏》卷三第236页)

【评说】“四辩解”,即“四无碍解”。《佛学大辞典》:“善巧说法义之才能也。分别之有四种,谓之四无碍辩。”“一法无碍,名句文能诠之教法名为法,于教法无滞,名为法无碍。二义无碍,知教法所诠之义理而无滞,名为义无碍。三辞无碍,又云词无碍。于诸方言辞通达自在,名为辞无碍。四乐说无碍,又云辩说无碍。”

【原文】“遮湊阿婆娑昵　阿梨賒禰闍那虚迦姤姤波羅婆娑帝　薩葭寅坻利耶浮磨帝迦蘭帝娑娑婆婆　婆摩薩億　波羅他匐叉裔伽隸　瞿迦嗏婆陀禰　盧迦毤陀利舍那毘復”

此是四神足解脫句。(《大正藏》卷三第236页)

【评说】“四神足”,又称“四如意足”。《天台教学辞典》:“三十七道品中,次于四念处、四正

① 隋·昙无谶等译.《大方等大集经》,载入《大西藏》第13册。

勤之第三行法。又云四如意分、四如意足。系由欲求(欲)、心念(心)、精进(勤)、观照(观)四禅力,引发种种神用而产生三摩地(定)。据'法界次第初门'卷中下:于四念处中修实智慧,四正勤中修正精进,如此则慧多定少,今修四种禅定摄心,始能定慧均等,所愿皆得,故称如意足。"

【原文】"阿遮隸浮地陀馱波遮隸婆禰齕栗那悉地劍毘坻尼稚三筆智波利迦肆利蘇彌旃地施陀遮遮阿遮遮隸阿波隸毘至婆隸胝波隸波羅遮遮隸波羅波隸阿那夜阿便細迦迦羅彌波羅婆毘禰　加羅彌　尼遮細伽邏迦羅彌那由帝"

此是根力現解句。(《大正藏》卷三第236页)

【评说】"根力",即"五根"和"五力"。"五根",指信根、进根、念根、定根、慧根,它们是道业修行成长的根本。"五力",则是由五根发起,推动佛教心身修行的驱动力。

【原文】"沸師薛蘇沸師薛杜摩波利呵隸阿婆裔郵樓脂隸支迦邏勒差阿虵摩悉姤帝帝隸磨磨隸股遮失尸隸盧迦寫毘若禰那夜嗟其利尼帝遮鹽帝沙失[illegible]地那"

此是七覺意解脫句。(《大正藏》卷三第236页)

【评说】"七觉意",即"七菩提分"。《佛学常见辞汇》云其"为五根五力所显发的七种觉悟。一、择法菩提分,即以智慧简择法的真伪;二、精进菩提分,即以勇猛心,力行正法;三、喜菩提分,即心得善法,而生欢喜;四、轻安菩提分,即除去身心粗重烦恼,而得轻松安乐;五、念菩提分,即时刻观念正法,而令定慧均等;六、定菩提分,即心唯一境,而不散乱;七、舍菩提分,即舍离一切虚妄之法,而力行正法"。

【原文】"遮迦羅婆視婆帝遮　翅隸　遮迦羅陀隸陀隸遮翅隸陀隸目隸醯隸醯隸陀隸阿留斯波地休休隸耶他視多伽頻婆隸耶他伽昵耶他波隣遮坻坻利舍夜他婆夜俣利履舍"

"諦音闍留柘毘利,精進音周隸,道音戒音定音慧音解脫音解脫知見音,星宿音月音日音。如是等句如來所說。頞浮哆彌羅浮躭三佛　曇阿浮　曇伊呵浮曇[illegible]多羅浮曇昵酣伽摩目隸阿羅頞　陀羅頞　曇荼隸　曼嗏禰悭多羅嵐多樓曼伽伽羅膩　牟緻膩　三波羅　牟緻膩　伽奈波槾枷廣奞奞尼樓婆那賒　禰那賒婆陀昵鵶鵶　帝鵶鵶　頭摩余婆逸澄伽磨婆隸　磨隸呵多寧婆斂婆隸頻地頻隸　頻隸郁沙隸　賒羅禰陀羅甯　波羅婆　帝婆嵐那　嗏夷毘頭頭磨婆羅丘曼婆羅呵磨遮梨那因陀羅婆昵提提羅虵昵磨醯尸波羅邏羅昵婆磨嗷咩　阿羅尼　彌伊伽　俣勒叉俣利師遮昵遮羅頞旨[illegible]阿羅修隸　薩婆脩嵐阿婆嵐　不那伽坻擔般坻多阿　夷那揵坻闍婆細迦揵陀隸陀隸阿多羅嗏呵昵磨伽羅頻盧呵昵肆曇曼帝毘盧　伽磨帝　佛馱坻師絺帝陀羅尼目佡"

此是十力解脫句。(《大正藏》卷三第236页)

【评说】"十力",即"如来十力",《佛学大辞典》:"一、知觉处非处智力,处者道理之义,知物之道理非道理之智力也。二、知三世业报智力,知一切众生三世因果业报之智力也。三、知诸禅解脱三昧智力,知诸禅定及八解脱三三昧之智力也。四、知诸根胜劣智力,知众生根性之胜劣与得果大小之智力。五、知种种解智力,知一切众生种种知解之智力也。六、知种种界智力,于世间众生种种境界不同而如实普知之智力也。七、知一切至所道智力,如五戒十善之行至人间天上八正道之无漏法至涅槃等,各知其行因所至也。八、知天眼无碍智力,以天眼见众生生死及善恶业缘无障碍之智力也。九、知宿命无漏智力,知众生宿命又知无漏

涅槃之智力也。十、知永断习气智力，于一切妄惑余气，永断不生能如实知之智力也。出智度论二十五，俱舍论二十九。”

可见“如来十力”，即佛陀由于精神修行圆满，而对一切精神现象都能准确觉知的能力在十种不同方面的表现。

入一切种智行陀罗尼品第三

【提要】佛陀在王舍城耆阇崛山为诸菩萨说入一切种智行陀罗尼门以及修学方法。

【原文】善男子！是入一切種智行陀羅尼門，有如是饒益諸菩薩摩訶薩。何以故？是中純說菩薩法藏故。緣是入一切種智行陀羅尼門，菩薩得不可計辯，得四妙法。(《大正藏》卷三第237页)

【评说】通过熟悉以上所述的诸陀罗尼，修行者便能熟悉修行次第。这说明提纲挈领、总览性的了解在学习的初始阶段非常重要，有利于把握每个学习内容在整体知识结构中的位置，有助于学习。

【原文】爾時解怨菩薩白佛言：“世尊！菩薩具足何法得是陀羅尼？”

佛言：“菩薩具足四法得是陀羅尼。何謂為四？菩薩住四聖種——隨所得衣以為喜足，隨所得食以為喜足，隨得房舍臥具以為喜足，隨所得藥以為喜足。菩薩具足是四法得修是陀羅尼。”(《大正藏》卷三第238页)

【评说】本段经文说明精神修行离不开物质基础的保障。

【原文】菩薩摩訶薩復具五法，得修入一切種智行陀羅尼門。何謂為五？自持戒波羅提木叉，以自防制威儀具足，乃至小罪生大怖畏，應如是學。不持戒者，勸令持戒使住其中；無正見者，勸令正見使住其中；無威儀者，勸正威儀使住其中；邪意眾生，正意勸之令住其中；學聲聞辟支佛者，以阿耨多羅三藐三菩提，勸之令住其中。菩薩摩訶薩具是五法，得入一切種智行陀羅尼門。(《大正藏》卷三第238页)

【评说】精神修行有了物质保障之后，还需要有正确的行为准则作为保障。

【原文】菩薩復具足六法，得是陀羅尼。何謂為六？已積多聞，見少聞者，勸使多聞令住其中；自不慳悋，慳悋眾生，勸使布施令住其中；不惱眾生施以無畏；救恐畏者令得解脫；不誑諂偽；常樂空靜；菩薩具是六法，得入一切種智行陀羅尼門。(《大正藏》卷三第238页)

【评说】对于菩萨道行者，开始修行之前需要有愿意利益他人的心理基础。

【原文】菩薩具如是法，略備一切，於七年中住空閑處，是呪章句，晝夜六時，叉手專意，而讀誦之；起時普修念十方現在諸佛。彼菩薩摩訶薩竟七年已，得是入一切種智行陀羅尼門。得如是陀羅尼已，得如是聖明慧眼，見於十方恒河沙數世界中現在住世諸佛現大光明。見彼諸佛神通已，得八萬四千陀羅尼門，得七萬二千三昧門，得六萬法門。菩薩摩訶薩得是入一切種智行陀羅尼門，得陀羅尼已得大慈悲。若得是陀羅尼，菩薩摩訶薩設有五無間罪，捨是身已即得除滅，轉至三身無復餘習，得登十地。設菩薩無無間罪，其餘諸罪皆悉除盡，轉身得登十地，不久得三十七助菩提法，成一切種智。(《大正藏》卷三第238页)

【评说】文中简要概述了这一修行方法。“于七年中住空闲处，是呪章句，昼夜六时，叉手专意，而读诵之；起时普修念十方现在诸佛”。其内容可分两部分：一是“叉手专意，而读诵之”；二是“念十方现在诸佛”。

【原文】爾時世尊普觀大眾，菩薩摩訶薩、比丘、比丘尼、優婆塞、優婆夷、天、龍、阿修羅、夜叉、羅刹、乾闥婆、人非人等，觀已，即於是時，說是呪句曰：

“怛哆羅浮彌　檀哆浮彌　曇摩陀浮彌　加帝浮彌　悉彌　離帝浮彌　波羅若浮彌鞞舍伽羅滯浮彌　波羅帝三昆　大浮彌　阿惰釵波浮彌　吉略波羅伯　廢浮彌　三摩哆波利差慕俾　叉浮彌闍帝　叉那浮彌　三牟闍毘牟闍　波羅牟闍毘　舍加羅達舍婆帝毘舍吒帝羅那　伽伽羅伽羅婆母賒　婆哆毘摩帝　愈波醯羅　煙羅伽置闍賴吒目邏婆尸　僧伽羅磨　伊帝朱羅婆帝　彌企文陀邏　陀呵羅婆帝　波羅若浮哆呵　大迦羅彌哆　沙度沙槃　哆伊羅夜尼羅夜阿睺娑吒　阿陀羅置阿梨他　婆帝　求留婆帝帝醯那提汎阿迦那婆帝婆迦那帝沙彌帝毘沙婆煙嗏吒　婆邏頗吒邏怛哆邏鳩留師席　兜留師磨　邏留師　磨邏留他　他留緹薩婆多　薩婆多　薩婆多　柘阿尼樓馱地呵他　多醯頗邏　婆睺頗邏薩哆　頗邏失吒婆帝”

世尊為諸天說是十二因緣解脫句，六十那由他諸天，得見聖諦。(《大正藏》卷三第238-239页)

【评说】“十二因缘”即“十二缘起”。《佛学常见辞汇》云：“十二因缘又名十二有支，或十二缘起，是说明有情生死流转的过程。十二因缘是：无明(贪、嗔、痴等烦恼为生死的根本)、行(造作诸业)、识(业识投胎)、名色(但有胎形六根未具)、六入(胎儿长成眼等六根的人形)、触(出胎与外境接触)、受(与外境接触生起苦乐的感受)、爱(对境生爱欲)、取(追求造作)、有(成业因能招感未来果报)、生(再受未来五蕴身)、老死(未来之身又渐老而死)。以上十二支，包括三世起惑、造业、受生等一切因果，周而复始，至于无穷。”

“十二因缘”描述的是人身心过程的变化，既可以从贯穿三世的宏观视角来理解，也可以从快速生灭的精神活动来理解。在后一种理解中，每一个被觉知到的思维活动同样可以分解为这十二个部分。

【原文】以是解脫句，五萬六千阿修羅，發阿耨多羅三藐三菩提心，不退轉於阿耨多羅三藐三菩提心。

爾時世尊告無畏地菩薩：“甚難。善男子！諸佛如來出現於世，戒、定、慧、解脫、解脫知見，修習呪句是亦為難，以饒益眾生成就菩薩功德故也。善男子！如來本行菩薩行時，布施、調善、忍辱、精進、禪定、智慧滿足。親近億那由他百千多佛，或行布施、或持戒、或行梵行、或修習、或精進、忍辱、修成就定，親近學慧多，種種若干善業滿足，以是我今得無上智。善男子！如來本行菩薩道時，於億百千那由他多劫，口無四過，不妄言、不綺語、不麤辭、不兩舌，緣是得成廣長舌相。善男子！如來所說終無虛妄。”(《大正藏》卷三第239页)

【评说】根据上下文来判断，“是解脱句”指的是“发阿耨多罗三藐三菩提心”，是对于至高无上真正平等普遍觉悟的追求，是一种心理动机。

在实际的“六度”修行中“熏修”即强化修行动机是大乘佛教所主张的方法，以此增加修行的持续力，并通过从修行生活中发现乐趣的办法消解修行本身的乏味感。

劝施品第四

【提要】佛陀在王舍城耆阇崛山说恒沙阿僧祇劫前之事来解答寂意菩萨所问佛出浊世的因缘，意在劝导众生行施。

【原文】爾時海濟婆羅門，即於夜時具辦餚饍，明至佛所自行澡水。佛及比丘，從上至下行水畢已，手自斟酌種種餚饍，隨意所須飯佛及僧，食訖收鉢還坐說法……（《大正藏》卷三第244页）

【评说】记述了佛陀时代梵志供食、洗手、自斟酌饮食，饮食完毕后再次洗漱的风俗习惯。

劝发品第五

【提要】佛陀在王舍城耆阇崛山说恒沙阿僧祇劫前之事来解答寂意菩萨所问佛出浊世的因缘，意在劝导众生发菩提心。

【原文】善男子！爾時國大師海濟婆羅門，語離諍王，作如是言："大王！人身難得，閑靜時難，如來、應供、正遍知出世甚難，譬如優曇鉢華時一現耳，樂求善根難，正願亦難。大王！王位眾苦之本，人中一天下王位、二天下王位、三天下王位、四天下王位，皆苦之本。大王！此是久受生死苦器。大王！人天福報，譬如疾風無有住時，如水中月；凡夫五欲無足，醉於境界，樂求人天福報；凡夫人數受地獄苦、畜生苦、餓鬼苦、人中愛別離苦、天上退還苦、數數入胎苦、更相殘害苦。凡夫如是展轉受苦，所以者何？無善知識，不發正願故，亦不能求；未及謂及，未得謂得，未證謂證，如是無明凡夫不知厭足，不肯發菩提心，所可滅眾苦，於生死中不厭不憂，於中數數受苦。大王！思惟生死苦器，是故大王！汝今於佛法中，已種善根作諸福德，於三寶中已得信喜；施與世尊，大富果報，奉持戒者生天果報，有所聞法大智慧果報。大王！汝設邪見若已竟，汝今可發阿耨多羅三藐三菩提心。"王曰："止！婆羅門！我不求菩提樂住生死。婆羅門！我已布施、持戒、聽法。婆羅門！阿耨多羅三藐三菩提甚為難得。"

海濟婆羅門復作是言："大王！菩提道淨，應至意發願，淨心滿足，是道清淨故，意淨故；是道正直，以不諂故；是道極淨，諸結盡故；是道寬博，無障礙故；是道等度，以等心故；是道無畏，以不作諸惡故；是道大富，以檀波羅蜜故；是道最尊，以尸波羅蜜故；是道無辱，以羼提波羅蜜故；是道無住，以毘梨耶波羅蜜故；是道閑靜，以禪波羅蜜故；是道善釋，以般若波羅蜜故；是道得實智，以大慈故；是道得不退轉，以大悲故；是道得踊躍，以大喜故；是道堅固，以大捨故；是道無坑坎刺棘，無喜欲詐想故；是道至安隱，心無壞故；是道無劫奪，善解色、聲、香、味、觸故；是道除魔怨敵，善解陰、界、入故；是道無魔，滅諸結故；是道得妙心，無聲聞、辟支佛念故；是道興盛，受諸佛力故；是道至大寶，應一切種智寶故；是道一切露現，阿僧祇智明故；是道明導師，所行不離善知識故；是道無高下，無憎愛故；是道無塵穢，不喜瞋濁故；是道善逝，無諸不善故。大王！彼菩提道趣安隱盡涅槃際。大王！可發菩提心。"王曰："婆羅門！是八萬歲世人中如來出現，猶尚不能滅諸惡趣。其有眾生善根熟者，彼眾生皆住於果，有得三昧陀羅尼忍辱者，菩薩善根純熟，彼授菩提記；有少種善根者，彼受人天福；眾生各各輪轉隨善惡行有處。佛說：'若一切眾生不種善根，苦不滅；唯佛身是福田，然不能度脫未種善根者。我當發菩提心，我行菩薩行時，以大智入不可思議陀羅尼法門，度眾生佛事，然不以此不淨土迴向菩提心。設我得如意佛土，我當發菩提心，乃至證阿耨多羅三藐三菩提時，我爾所

時行菩薩行,滅佛土中一切衆生苦。'"(《大正藏》卷三第245页)

【评说】"凡夫如是展转受苦",海济婆罗门对转轮圣王说明轮回中无处不苦的现象,并劝其"思惟生死苦器"。对苦的思惟是佛教修行中的重要环节,通过这种精神训练能够降低对五欲的追求,将追求的目标从外在事物转向内心,从心理上远离了外界的不良刺激。

"无善知识,不发正愿故,亦不能求;未及谓及,未得谓得,未证谓证,如是无明凡夫不知厌足,不肯发菩提心,所可灭众苦,于生死中不厌不忧,于中数数受苦。"是指未经学习的人难以洞察事物背后的规律,痴即无明,因为痴的缘故胡乱作为,导致种种心身痛苦。"彼菩提道趣安隐尽涅槃际。大王!可发菩提心。"菩提心在此处意指觉心,即在智识上明知不痴,以此具备远离种种痛苦的能力。

海济婆罗门又从六波罗蜜、四无量心、智慧等不同的心理维度分别介绍了行菩提道的益处。由此可见,菩提道修行是一项综合锻炼心智、培养良好人格的心身训练。

【原文】善男子!爾時國大師海濟婆羅門,於七年中勸過數諸天發阿耨多羅三藐三菩提令住其中,過數龍、阿修羅、夜叉、羅刹、鳩槃茶、乾闥婆、飢鬼、毘舍遮及地獄;過數人,盡勸發阿耨多羅三藐三菩提,令住其中;過數衆生勸發阿耨多羅三藐三菩提,令住其中。彼七年將欲盡時,海濟婆羅門,具八萬四千金輪,除自然輪寶,八萬四千象挍以七寶,除自然象寶,乃至八萬四千味,欲以廻向,於彼七年離諍王曾無欲想、瞋恚、愚癡及吾我想,悉皆無有,又無王想,無施想,無妻息想,無食飲想,無香花、衣服想,無車乘想,無睡眠想,無樂想,無彼我想;於七年中未曾倚臥,無晝夜想,無有色、聲、香、味、觸想;於七年中未曾疲懈,常觀見十方各千佛土微塵數世界佛土莊嚴,諸須彌山不障於眼,其餘諸山、鐵圍、大鐵圍山障,日、月障,天宫殿悉無障礙,如彼所見莊嚴佛土。彼思惟莊嚴淨佛土願,如離諍王,以如是德樂住七年,如是見莊嚴佛土,彼坐思惟莊嚴淨佛土願。王子不眴、尼摸、因陀羅伽盧,乃至彼王千子,八萬四千諸小國王,并餘九十二億衆生,亦復如是。彼一切於七年中獨坐一處而入三昧,見十方各千佛土微塵數世界,彼亦於七年中,不生欲想、無瞋恚想,乃至無疲懈處,常普見十方各千佛土微塵數佛國莊嚴,彼須彌山不障於眼,其餘諸山鐵圍、大鐵圍山障,日、月天諸宫殿悉無所礙,如彼所見莊嚴佛土,思惟莊嚴淨佛土願。彼一切以如是功德快樂於七年住,有思惟莊嚴淨佛土願,有取不淨佛土。(《大正藏》卷三第248页)

【评说】海济婆罗门七年中修持菩提道。"七年"是虚数,指长期修持。通过长期的心身训练,他达到了"不生欲想、无瞋恚想,乃至无疲懈处"的精神状态,这是一种止的境界;"常普见十方各千佛土微尘数佛国庄严"是一种观的境界。

本段文字表明,经过长期的止观修行,可以达到超常的精神状态。

离诤王授记品第六

【提要】佛陀在王舍城耆阇崛山讲述宝藏如来为离诤王授记。

【原文】善男子!爾時國大師海濟婆羅門語離諍王曰:"大王!汝可先取莊嚴佛土。"

善男子!爾時離諍王向寶藏如來叉手合掌,白佛言:"世尊!我樂求菩提。我於三月以一切所須供養世尊并無數比丘僧,我以是善根迴向阿耨多羅三藐三菩提,唯不在此穢濁佛土。世尊!我於此七年思惟莊嚴佛土已,世尊!其中無有地獄、餓鬼、畜生,如是處我成阿耨多羅三藐三菩提,願令其中有命終者不墮惡趣,令其一切普皆金色,人天無異。願其中衆生,

皆自識過去億那由他百千劫宿命。願其中一切眾生，具是天眼，見億那由他百千餘世界中，現在住世說法諸佛。使中一切眾生具是天耳，聞億那由他百千住世諸佛所說之法。使其中一切眾生，善具他心智，如是知多億那由他百千佛土眾生心念所行。令其中一切善具神足，如是一念頃，過億那由他百千佛土。令其中眾生，無我我所、無所作，乃至己身。願其中一切眾生，得不退轉阿耨多羅三藐三菩提。願其中眾生悉皆化生，使其中無有女人，亦使其中眾生壽命無量，除隨願者。令其中眾生無不善之名，其佛國中令無臭穢，香氣遍滿過踰天香。願其中一切眾生，具三十二大人之相。願其中一切眾生得一生補處，除隨願者。使其中一切眾生，以小食頃承佛威神，過無數佛土親近住世無數諸佛，令得成就；隨其所欲，菩薩神變以供養諸佛，以是食頃還歸本國。使其中一切眾生，皆說佛藏。令其一切眾生具那羅延力。令無量眾生能盡知其佛土中莊嚴色像，亦非天眼之所能知。願其中眾生悉逮無礙阿僧祇辯。願令一一菩提樹高千由旬。願佛土明淨，周匝過數莊嚴佛土於其中現。願使眾生來生中者，乃至菩提際常具梵行。令其中一切眾生為諸無難人之所禮敬，乃至菩提際無有諸根不具足者。令其中眾生生已得聖喜樂過於諸天。願其中一切諸善根集。願其中一切眾生生時，自然袈裟著身而生。使其中眾生生已得善分別諸三昧，以是三昧至過數佛土親近諸佛世尊，乃至菩薩菩提際未嘗不見，令其菩薩來生其中，隨其所欲，佛土莊嚴，輙如所念，佛土莊嚴寶樹中現。使其中眾生生已得普至三昧，以是三昧普見十方過數佛土現在諸佛，乃至菩提際未嘗不見。令來生者得如是衣服、宮殿、莊挍、瓔珞、形色、如他化自在天。令其國中無土石、黑山，亦無鐵圍、大鐵圍、須彌大海。願其中無有障礙、結使之聲。願其中普無地獄、畜生、餓鬼之聲，無諸難聲，無有苦聲，非樂非苦聲。我今欲求如是佛土。世尊！我為菩薩時行如是等難行，我以如是嚴淨佛土。”

世尊！是我丈夫行，然後乃逮阿耨多羅三藐三菩提。願我菩提樹高十千由旬，我坐其下發心念頃證阿耨多羅三藐三菩提。使我光明無量照億那由他百千佛土。使我壽命無數億那由他百千劫，無能數者，除薩婆若智。令我菩薩僧眾無數，聲聞、緣覺無能數者，除薩婆若智。令我等得成佛時，餘無量阿僧祇佛土、諸佛土、諸佛世尊稱譽讚歎。令我成菩提時，餘無數阿僧祇佛土中，有眾生聞我名者，所作善根迴向我國，命終之後得生我國，除無間罪、謗毀賢聖、非正法者。令我得菩提時，餘無數佛土中眾生發菩提心願生我國，善根迴向，彼欲終時，我與無數眾圍遶而現其前；彼見我已，令於我所得大歡喜，除諸障礙，命終已後得生我國；其中菩薩隨其所樂，所未聞法隨意得聞。使我得菩提時，過數佛土中菩薩聞我名者，得不退轉阿耨多羅三藐三菩提；得第一、第二、第三忍，隨其所欲；三昧忍陀羅尼隨意即得。令我般涅槃後，過數劫過數佛土中菩薩聞我名者得極歡喜，敬禮於我，得未曾有，稱譽讚歎：“彼為菩薩時，作佛事已，然後成阿耨多羅三藐三菩提。”彼極歡喜已，得菩薩第一、第二、第三忍，隨其所欲，三昧忍陀羅尼隨意即得，乃至菩提際未常斷絕。令我逮菩提時，於過數佛土中有女人聞我名者，得極歡喜，發阿耨多羅三藐三菩提心，乃至菩提際不受女身。願我般涅槃後，於過數佛土中女人聞我名者，得極歡喜，迴向阿耨多羅三藐三菩提心，乃至菩提際不受女身。惟願世尊！我求如是佛土，如是淨意眾生，如是佛土中我當逮阿耨多羅三藐三菩提。

善男子！爾時寶藏如來、應供、正遍知，告離諍王曰：“善哉，善哉！大王！所願甚深。大王！取淨佛土，淨意眾生。汝觀，大王！西方過億百千佛土，有世界名帝無塵，其佛號帝明自在王如來、應供、正遍知，現在住世，純為菩薩說一乘法。其佛國土，無有聲聞及辟支佛亦無其名，不說聲聞純說大乘；其中眾生一切化生，於中乃無女人名字。其佛土中有是一切德，猶如大王所願，取無量莊嚴佛土，攝度無量淨意眾生。是故大王！字汝為無量淨。彼帝明自在王如來、應供、正遍知，竟一小劫當入涅槃；帝明自在王如來、應供、正遍知，正法住世十小劫；正法滅後過六十小劫，彼世界當名彌樓光，其佛號不可思議意德王如來、應供、正遍知。如帝明自在王如來帝無塵世界佛土莊嚴，彼不可思議意德王如來彌樓光世界，佛土莊嚴如是無異。彼不可思議意德王如來壽六十小劫；不可思議意德王如來般涅槃後，正法住世十六小劫；正法滅後過千小劫，世界名無樂，其佛號寶光明如來、應供、正遍知。略說壽命等，世界亦等，如是正法住世、正法滅後，彼世界當名娑羅，其佛名寶幢自在鳴如來、應供、正遍知，出現於世，佛土莊嚴等；佛住世說法三十五小劫，彼佛般涅槃後，正法住世七小劫。正法滅後，略說我見於彼世界無量無數諸佛世尊成佛而入涅槃，彼世界未曾成敗。汝無量淨，於當來世過一恒河沙數阿僧祇，始入二恒河沙數阿僧祇，彼世界當名安樂；汝無量淨，於中當成阿耨多羅三藐三菩提，名阿彌陀如來、應供、正遍知。”

時王白言：“唯！世尊！彼諸菩薩摩訶薩，其佛土中先前我成阿耨多羅三藐三菩提者，今在何處?”佛言：“無量淨！此菩薩摩訶薩於無量阿僧祇無稱無數十方餘世界中來，奉覲恭敬親近於我坐聽法者，是過去諸佛皆授其阿耨多羅三藐三菩提記，現在諸佛世尊亦授此諸善男子阿耨多羅三藐三菩提記。其佛土中先成阿耨多羅三藐三菩提者，無量淨！彼一一菩薩摩訶薩於無數多億那由他百千佛所，殖諸善根修行智慧。無量淨！彼善男子先於其佛土中當得成佛。”(《大正藏》卷三第 249-250 页)

【评说】以上内容介绍了宝藏如来及其净土的因缘所来。“正法灭后，略说我见于彼世界无量无数诸佛世尊成佛而入涅槃，彼世界未曾成败。汝无量净，于当来世过一恒河沙数阿僧祇，始入二恒河沙数阿僧祇，彼世界当名安乐；汝无量净，于中当成阿耨多罗三藐三菩提，名阿弥陀如来、应供、正遍知”，提出了安乐世界是由其他世界转名而来、无量清净王于中成无量寿佛的观点，这为理解净土信仰提供了另一种视角。

【原文】善男子！爾時海濟婆羅門，告無量淨王第一太子不眴曰：略說。“我已觀惡趣，於中眾生受苦痛切；又觀天上，於中眾生心垢濁故數墮惡趣。我已觀一切眾生，離善知識住貧窮法，處於冥中盡諸善根，為邪見覆障困於邪道。唯！世尊！我當以高聲告彼眾生，以諸善根迴向阿耨多羅三藐三菩提。我行菩薩行時，若有眾生苦痛逼切，有諸恐畏貧窮於法，處在闇中無所依怙，無燈、無救、無歸、無趣，令使念我、稱我名字；我以天耳聞其音聲，天眼見之，若不脫彼眾生困厄，我終不成阿耨多羅三藐三菩提。世尊！如我為眾生願故久行菩薩行，是意得滿如今大王，過一恒河沙阿僧祇，始入二恒河沙阿僧祇於安樂世界，當成阿耨多羅三藐三菩提，名阿彌陀如來，淨佛土、淨意眾生而作佛事；乃至阿彌陀如來，於無量劫作佛事已，入無餘涅槃，隨其正法住世幾時，於爾所時我當行菩薩行；我為菩薩當作佛事，盡阿彌陀如來正法初夜滅，即是後夜我當成阿耨多羅三藐三菩提。唯願世尊，授我阿耨多羅三藐三菩提記。如是十方恒河沙數世界中，諸佛世尊現在住世，我亦以音聲白彼諸佛，彼諸佛亦當授我阿耨多羅三藐三菩提記。”

善男子！寶藏如來即授其記：“如汝善男子！已觀惡趣又觀天上，觀眾生苦能生悲心，為脫一切眾生苦故，除結使故令得樂故。是故，汝善男子！字汝為觀世音。汝觀世音，當度脫多億那由他百千眾生苦。汝善男子！為菩薩時當作佛事，阿彌陀如來般涅槃後，二恒河沙阿僧祇之餘，初夜阿彌陀如來正法滅已，即於後夜安樂世界，當名一切寶集，彼土莊嚴無量阿僧

祇勝於安樂。即於後夜,汝善男子,無量寶莊嚴菩提樹下坐金剛座,逮阿耨多羅三藐三菩提,名光明普至尊積德王如來、應供、正遍知,壽九十六億那由他百千劫。汝般涅槃後,正法住世六十二億劫。”(《大正藏》卷三第251页)

【评说】记述观世音菩萨修行成佛因缘,观世音表征大悲。本段经文为理解观音信仰提供了参考。

【原文】善男子!爾時海濟婆羅門國大師,語第二王子尼摸言:“善男子!於此大施應當隨喜;又汝所作善業,為一切眾生故,發阿耨多羅三藐三菩提心,迴向薩婆若。”

善男子!爾時尼摸王子,即於佛前作是言:“我以一切所須供養世尊并無數比丘僧,又以是隨喜福業,又先身、口、意善業,一切迴向阿耨多羅三藐三菩提,然終不於此穢濁佛土證於菩提。觀世童子所可一切寶集世界,無量寶莊嚴菩提樹下坐,成阿耨多羅三藐三菩提,名光明普至尊積德王;我先請說法,隨彼如來幾時住世演法,以爾所時我行菩薩行。彼如來滅後正法滅已,我次當成阿耨多羅三藐三菩提。令我佛土莊嚴亦復如是,我亦如是施作佛事;我般涅槃後,正法住世久近亦爾,令我得如是一切莊嚴,如光明普至尊積德王如來。”

佛言:“善男子!汝取大處,汝當逮是處。如汝所取,汝善男子!於彼佛土當成阿耨多羅三藐三菩提,名善安隱摩尼積德王如來。以汝善男子取大處故,字汝名大勢至。”(《大正藏》卷三第251页)

【评说】得大势菩萨即大势至菩萨,得大势表征大智。本段经文为理解势至信仰提供了参考。

【原文】善男子!爾時海濟婆羅門,告第三王子帝眾,略說。彼叉手合掌白寶藏如來言:“我已一切所須供養世尊及比丘僧,又我身、口、意善行,及此隨喜福業,盡以迴向阿耨多羅三藐三菩提,終不於穢濁佛土逮阿耨多羅三藐三菩提,亦不速成。我如是逮菩提行菩薩行時,見十方無量無邊餘世界中諸佛世尊,是我先所勸化菩提。我勸發菩提心,我使住菩提心,我勸以波羅蜜,令住其中者。我行菩薩行時,以天眼見一一方恒河沙數佛剎微塵數佛土中彼說法諸佛世尊,是我所勸化菩提者,我當如是行菩薩行而作佛事。我爾所時行菩薩行,如是淨眾生身意,於我佛土生者如梵世天子,佛土嚴淨亦如梵世。我一佛土令如恒河沙數三千世界,令其佛土周匝墻障,無量百千眾寶合成,間錯嚴飾高至有頂。令其佛土純以琉璃,周遍為地柔軟細滑,令無塵土瓦礫眾穢;令其中無有女人之名;其中眾生皆令化生,其中眾生令無揣食,其中眾生皆以法食、歡喜食、三昧食;令其佛土無有聲聞、辟支佛名,令其佛土純諸菩薩充滿其中,無煩惱亂淨修梵行;願令其中一切菩薩沙門形服與身俱生,適生中已,令思念食無量味飯充滿寶鉢在於右手。適得是已,令生斯念:‘我等不宜食此揣食,應以此食至餘世界,供養現在住世諸佛并諸聲聞及貧窮者,餓鬼困乏飢渴身然,亦至其所以食濟之,我等宜應住歡喜食。’彼諸菩薩適發心已,令得不可思議威儀三昧,以是三昧,無所染著。去至十方無量阿僧祇餘諸佛土,現在住世諸佛世尊以此供養,并諸聲聞及餘眾生亦施餓鬼,為說法已,以小食頃還來本土。如是衣寶,以小食頃歸本土已更相施衣,乃至其佛土中彼諸菩薩所有供養具。令以此一切供養諸佛并諸聲聞及餘眾生,爾乃自用。令其佛土無有八難及不善聲,亦無苦聲,又無受戒犯悔之聲。令其佛土無量百千眾寶嚴飾,無量百千眾寶間錯。令如摩尼現眾色像,其中摩尼寶十方來,見未曾見,聞未曾聞,如是摩尼寶世所希有;說其眾寶名號億歲不盡,有菩薩欲見佛土金即時見金,欲見銀即時見銀,金不壞。略說其要,有欲見水精、琉璃、馬瑙、赤真珠、車渠,令見如是種種眾寶佛土。沈水木檻、多摩羅跋海此岸栴檀,有菩薩欲見牛頭栴檀佛土,即時令見,隨其所欲皆令見之。彼此願見各不相覩,令彼一切所願悉滿。令其佛土無有日月,令菩薩生時身有光明,隨所欲照放如是光,乃照至億那由他百千佛土。令其佛剎無晝夜名,惟以華合。令其佛土無有寒熱,疾病老死,惟有菩薩欲成菩提者,至他世界兜率天上盡命成菩提。令其佛土無有死者,令以無上般涅槃,於上虛空中如來般涅槃,其中菩薩隨其所欲供具悉皆得之。令其一切佛土虛空中作億那由他百千音樂,其音樂中不出愛欲之聲,惟有波羅蜜聲、佛聲、法聲、僧聲、菩薩法藏聲,令聞如是隨菩薩所樂音聲。"

"世尊!我行菩提行時,乃至無量無邊阿僧祇佛土中,見多億那由他百千佛剎莊嚴,彼諸莊嚴瓔珞、彼相貌、彼瑞應、彼處、彼行、彼願,令彼一切皆在我佛土中,惟除聲聞、緣覺五濁佛土。令其彼土無地獄、畜生、餓鬼之名,又無須彌、鐵圍、大鐵圍、土石諸山,亦無大海。令其中無餘樹木,惟有種種寶樹過天所有,在其佛土行列周遍。又令其中無有餘華,唯有天曼陀羅華,無諸臭穢,但有種種妙香充滿佛土。令其中生者皆是一生補處菩薩,令無一眾生退生餘處,惟兜率陀天其中退已,成阿耨多羅三藐三菩提。"

"世尊!我當爾所時為菩薩行,我乃成就如是大丈夫行,令安立如是莊嚴佛土,如是淨意,一生紹位菩薩充滿其國。令其中無一菩薩非我所化,於菩提無不令住波羅蜜者。令彼諸菩薩來生其中,亦是我先所勸化菩提住波羅蜜者。今此佛土令入其中,此一切苦皆當滅之。惟!世尊!我為菩薩時成就如是大丈夫行,然後於其佛土成阿耨多羅三藐三菩提。願我菩提樹莖圍十千四天下,枝葉周匝各十三千,名善現眾寶。彼菩提樹光明香氣,於其佛土一切充遍。其下我金剛座眾寶間錯,縱廣正等五四天下,高八萬四千由旬,名普放無盡光善解智香。我於彼菩提樹下金剛座上結加趺坐,於彼少時成阿耨多羅三藐三菩提,乃至涅槃不改此座亦復不捨。我坐菩提樹下金剛座上不起,遣化佛菩薩至過數佛土,一一化佛以一小食頃為眾生說法;即以小食頃勸過數眾生,以阿耨多羅三藐三菩提,使住其中得不退轉;令化菩薩亦復如是。願我逮菩提時,十方過數餘世界我身普現,若有眾生見我身相莊嚴者,令彼一切眾生堅固阿耨多羅三藐三菩提,乃至無上菩提般涅槃,彼諸眾生未嘗不見諸佛世尊。令其中無有諸根不具足者,其中菩薩樂見我者,彼所往處隨身迴轉經行坐立,彼諸菩薩適心念佛。令見我坐菩提樹下,見已隨所疑法亘然開解,不說法句令知其義。令我壽命無量無能數者,除薩婆若智,使其菩薩壽亦無量,我欲於其佛土成阿耨多羅三藐三菩提時,令有如是瑞應相現。謂其佛土一切菩薩,其首文嗏袈裟在身,乃至般涅槃。其佛土中無有一人飾髮俗服,令其一切住沙門像而無有異。"

佛言:"善哉,善哉!善丈夫!汝亦聰達解慧,所願甚善,志意極大,威德特尊,智慧甚妙。善男子!汝能為一切眾生故,自作如是妙勝大意,取妙莊嚴佛土。是故,善男子!字汝為曼如尸利。曼如尸利!汝於來世過二恒河沙數阿僧祇,始入第三恒河沙數阿僧祇,於南方有世界名淨無塵積,此娑訶世界亦在其內,如是莊嚴佛土嚴淨,汝曼如尸利!當於其中成阿耨多羅三藐三菩提,號普現如來、應供、正遍知。如是菩薩眾,汝淨一切願悉當成就,如汝所願。汝為菩薩時,於多億佛所殖諸善根。汝曼如尸利!為眾生良藥,除意患,滅眾結,增長善根。"(《大正藏》卷三第252-253页)

【评说】记述曼如尸利菩萨修道因缘,文殊师利表征佛智,"聪达解慧所愿甚善,志意极大,威德特尊,智慧甚妙",这是佛智的超胜之处。

【原文】善男子！寶藏如來，適授壞金剛慧明照菩薩摩訶薩阿耨多羅三藐三菩提記，於虛空中無量億那由他百千諸天，皆讚："善哉！"雨海此岸牛頭、沈水、木櫁、粖香。彼白佛言："唯！世尊！若我如是意滿，如我五體禮佛足時，令恒河沙數世界踰天妙香充滿其中；於中地獄、畜生、餓鬼、人、天，彼眾生得聞是香，身心苦患乃至訖我頭面著地於爾所時得休息。"(《大正藏》卷三第253页)

【评说】罗列种种香，如"牛头、沈水、木櫁、粖香"等。牛头即檀香，沈水即沉香，木櫁是木香。粖香或指以上这些香的性状。

三亿少童子受记品第十四

【提要】佛陀在王舍城耆阇崛山讲述宝藏如来为宝海三亿弟子授记。

【原文】善男子！時海濟婆羅門三億弟子，謂在園門坐，有人來為我三歸勸以菩提者。善男子！爾時海濟婆羅門告諸弟子言："汝等童子，可發阿耨多羅三藐三菩提心，各隨所欲而取佛土，在如來前隨意發願。"其弟子中，有一童子名曰月忍，彼白師言："是道云何？當積何德、修何行、作何念而得菩提？"大師告曰："童子！菩薩具四無量藏得逮菩提。何謂為四？具無盡福藏，具無盡智藏，具無盡慧藏，具無盡一切佛法藏，是名具足四無盡藏。善男子！如來說如是菩提道，名總集淨德度生死法門。菩薩具足行施，為度眾生故；菩薩具足持戒，為滿願故；菩薩具足忍辱，成相好故；菩薩具足精進，以辦眾事故；菩薩具足禪，以調心故；菩薩具足慧，以滅諸結故；菩薩具足聞，為阿僧祇辯才故；菩薩具足功德，潤益一切眾生故；菩薩具足智，為阿僧祇智故；菩薩具足止，隨心作故；菩薩具足觀，為除疑惑故；菩薩具足慈，為心無礙故；菩薩具足悲，為度化無疲厭故；菩薩具足喜，為樂法喜故；菩薩具足捨，為除愛憎故；菩薩具足摩沙門，為除障礙故；菩薩具足出家，為捨一切有為故；菩薩具足閑居，為滅不善業修益善業故；菩薩具足念，為得持故；菩薩具足意，為覺深解故；菩薩具足強志，為覺義故；菩薩具足念處，為觀身、受、心、法故；菩薩具足正捨，為捨一切不善法修滿一切善故；菩薩具足神通，為輕身心故；菩薩具足根，為滿攝根故；菩薩具足力，為伏一切結使故；菩薩具足覺分，為覺實法故；菩薩具足六和敬法，為淨應度者心故。童子！是名總具足淨度生死法門。"

彼白師言："聞世尊說：'布施得大富，饒益諸眷屬；持戒得生天；多聞得大慧。世尊說修淨，為度生死故。'"大師告曰："童子！有樂生死施者，如汝所說。童子！善男子！善女人！信菩提道施者，為調伏心故；持戒為滅心故；求聞為除心濁故；修悲為大悲心故；餘法以智慧方便具足集行。童子！此是菩提道，具足集如是德、如是修、如是念，乃逮菩提。諸童子！菩提道行如是。諸童子！可求菩提。諸童子！菩提道淨，應至意立願，必當得滿。諸童子！菩提道淨以意淨故。諸童子！菩提道直，淨除諸結無諂偽故。諸童子！菩提道乃至安隱無上涅槃際故。是故汝等，今可立願，隨取嚴淨不淨佛土。"(《大正藏》卷三第260页)

【评说】解说了菩提的含义，"四无尽藏"的概念落实到个人，即是指每个人都具有的"心"。对"心"的修行需要依靠助菩提法的打磨，这是一个调整认知的过程，令无益有害的心理活动渐渐减少，使有益身心的心理品质增强并具有持续性。

由此可见，修行的过程就是一个改变认知，调整心理状态的过程。

千童子受记品第十五

【提要】佛陀在王舍城耆阇崛山讲述宝藏如来为千童子授记。

【原文】善男子！爾時月鬘童子，向寶藏如來，右膝著地而白佛言："世尊！我欲發阿耨多羅三藐三菩提心，於此佛土貪欲、瞋恚、愚癡等分心眾生，不住諸善惡心眾生，於四萬歲世人中，我當成阿耨多羅三藐三菩提。"寶藏佛言："汝於來世，過一恒河沙數阿僧祇、二恒河沙之餘，有世界當名娑訶。何故名娑訶？其中眾生忍樂貪欲、瞋恚、愚癡，一切結縛皆悉忍故，以是因緣名曰娑訶。時有大劫名賢。何故名賢？於此劫行貪欲、瞋恚、愚癡、吾我眾生中，當有千大悲佛婆伽婆於中出故。汝善丈夫！始入賢劫，於四萬歲世人中，當先成阿耨多羅三藐三菩提，號迦羅迦孫？如來乃至佛、世尊。當以三乘說法，有過數眾生，為生、老、病、死駛河所漂，汝當度著涅槃彼岸。"善男子！爾時月鬘菩薩五體禮寶藏如來足却坐一面。(《大正藏》卷三第261页)

【评说】说明佛教基本概念"娑诃世界"所具有的"忍苦"含义。

【原文】寶藏如來言："婆羅門！菩薩有四懈怠地，若有菩薩具此懈怠者，久樂生死為見所誤受生死苦，不速逮阿耨多羅三藐三菩提。何謂為四？或有菩薩，卑賤威儀，卑賤同學，卑賤分施，卑賤立願。何謂菩薩卑賤威儀？或有菩薩破身、口、意，或不攝威儀，與學聲聞、緣覺者俱，不一切施，不一切處施，求人天福樂施，不至意立願莊嚴佛土為度眾生。具四法，懈怠菩薩久受生死之苦，不速逮阿耨多羅三藐三菩提。有菩薩具四法，速成阿耨多羅三藐三菩提。何謂為四？護持身、口、意，或常親近大乘學人，一切施，一切處施，為脫一切眾生苦故發悲心施，至意立願莊嚴佛土為度眾生故；是為四法，菩薩行是速成阿耨多羅三藐三菩提。復有四法，菩薩具足攝菩提道。何謂為四？勤行波羅蜜，施攝眾生，修辦諸禪，遊戲神通；是為四。復有四無厭法，菩薩應具：施無厭，聞法無厭，攝眾生無厭，願無厭；是為四。復有四無盡藏，菩薩應滿：信無盡藏菩薩應滿，說法無盡藏菩薩應滿，迴向無盡藏菩薩應滿，濟窮厄眾生無盡藏菩薩應滿；是為四。復有四淨，菩薩應具：無我戒淨，無眾生三昧淨，無命慧淨，無人解脫知見淨；是為四法，菩薩應具。菩薩以是速成阿耨多羅三藐三菩提，轉虛空輪、不可思議輪、無稱量無我輪、無言說輪、假現輪、厭患輪、轉未曾輪。汝無垢意！於當來世，過一恒河沙數阿僧祇、於二恒河沙阿僧祇餘，入賢劫未久五濁以除，其壽轉增至八萬歲人中，汝當得逮阿耨多羅三藐三菩提，號彌勒如來乃至佛世尊。"(《大正藏》卷三第262页)

【评说】这里提出了菩萨应注意的多种"四法"，从其中的褒扬贬抑也可一见当时佛教中大乘与小乘之争的痕迹。

【原文】大師海濟婆羅門，勸彼一千人，少一童子通四鞞陀得發菩提；所謂：迦羅迦，孫馱迦那迦，牟尼迦葉，彌勒子照等千人。少二童子通四鞞陀，彼一切立阿耨多羅三藐三菩提願，於此賢劫，寶藏如來彼一切阿耨多羅三藐三菩提記，於賢劫中其最小者。大師覺之："咄！持大力！何以久觀？汝摩訶薩捨餘意想，為眾生故可發大悲。"以偈告曰：

"眾生老病死　沒於愛流河
處在三界畏　受胎之微形
飲結毒相害　曠野苦燒燹
癡盲失善道　為生死所逼
三界苦熾然　皆住於邪見
一切在五道　譬如車輪轉

眾生尠法眼　念無救眾生
修慧除疑惑　今可求菩提
為世渴愛河　作眾生橋梁
解世結縛故　心迴向菩提
除癡開法眼　施以無上道
生死三界然　充之以法味
速可詣饒益　頂禮牟尼足
可立最堅願　為佛世導師
慰喻諸群生　曠野濟眾庶
施妙解脫道　根力及覺分
為求雨法雨　以滅眾生苦”(《大正藏》卷三第 262-263 页)

【评说】偈语说明众生因五蕴炽盛烦恼众多，身不由己地流转于痛苦的心身现象中。菩萨的任务就是教导众生止息流转现象的方法。此经所翻偈语更为精炼。

【原文】善男子！彼時持大力童子，住世尊前而白佛言：“世尊！於當來世後賢劫中，當有幾牟尼曰出現於世。”寶藏如來言：“童子！於半賢劫當有千四牟尼曰出現於世。”童子白佛言：“世尊！於彼賢劫乃至千三牟尼曰般涅槃已，其最後娑羅浮殊童子，當成阿耨多羅三藐三菩提，名青葉髻王如來。我當於爾所時行菩提行難行苦行，布施、持戒、修定、多聞、精進、忍辱，隨福德智慧我當具滿，於彼賢劫一切成佛未久我先施供養。彼般涅槃後，如舍利法供養舍利護持正法。乏戒眾生，勸令持戒使住其中；少見困厄眾生，勸令正見使住其中；少意眾生勸住正意；無威儀者令住威儀；當為眾生示現種種若干善行。彼諸佛世尊涅槃未久，我當復正法、眼正法、攝正法、興正法燈熾然於世。刀兵劫時我當勸化眾生，使住不殺乃至正見，以十善業於邪逕路拔出眾生著善道中，除彼惡行闇冥，開示善行法，劫濁乃至命、見、結、眾生濁世，我當滅除。飢饉劫時我當勸化眾生，行檀波羅蜜令住其中，我以六波羅蜜，除滅一切飢饉之劫濁亂鬪諍及與怨嫉，於眾生所除滅結垢。疾疫劫時，我當以六和敬、四攝法勸化眾生令住其中，除滅眾生疾疫闇冥乃至滅結。一切娑呵佛土半賢劫中，如是救濟眾生困厄。千四世尊出現涅槃，彼一切正法滅已，於賢劫中，然後我當成阿耨多羅三藐三菩提，如彼賢劫千四諸佛壽命限量。我逮菩提已，壽命與等；如彼所有聲聞僧數，我聲聞眾亦當與等；如彼半劫千四如來所度眾生，獨我與等；彼諸佛世尊學聲聞者，設違失戒墜邪見林，不敬諸佛，多憎嫉心、惡心、害心伺求法僧，失心、過心誹謗賢聖，非毀正法作無間業者，願我逮菩提時，於生死中拔彼一切，安置無畏涅槃城中。乃至我般涅槃，隨正法幾時滅賢劫俱盡。我正法滅賢劫盡已，當令我齒及身舍利，變成無量阿僧祇化佛，具足三十二大人之相以莊嚴身，令一一相八十種好而自莊嚴；令諸化佛往至十方無量阿僧祇無佛之國，令一一化佛勸彼無量阿僧祇眾生使住三乘。其有佛土為災劫所壞，令彼化佛往至其中，救濟眾生如前所說，然後令成如意摩尼。於諸佛土若有眾生乏無珍寶，到彼諸國如意雨寶示現伏藏。又餘佛土眾生尠諸善業為病所困，亦到於彼令雨海此岸牛頭栴檀香，令彼香雨滅除眾生結病身患及與見困，令彼眾生勤三福地得生天上。世尊！我行菩薩行時，欲以如是濟度眾生。我逮菩提時，如是作佛事。我般涅槃後，亦令如是無量無邊諸佛土中救濟眾生。世尊！若我如是不得滿，不為眾生能作良藥而救濟者，令我禮佛已不見十方無量無邊世界中現在住世說法諸佛，今日世尊不授我阿耨多羅三藐三菩提記;又今世尊所授多億眾生阿耨多羅三藐三菩提記,令我亦不見彼諸佛世尊,不聞菩提聲。若如是意不滿者,令我流轉生死不聞佛聲、法聲、僧聲,不聞善業聲,令此諸聲不經我耳。令我常在阿鼻地獄。"

寶藏如來告持大力童子言:"善哉,善哉!善丈夫!汝當為眾生作善良藥脫諸苦難。善丈夫!是故字汝為無垢明藥王。汝無垢明藥王!於當來世過一恒河沙數阿僧衹、二恒河沙數阿僧衹之餘,於賢劫中千四如來成佛未久汝先供養,乃至如汝立願,青葉髻王如來般涅槃已。正法滅後,汝當成阿耨多羅三藐三菩提,號曰樓至如來乃至佛世尊,壽命半劫;如彼賢劫千四諸佛聲聞僧數,汝聲聞眾獨與彼等,所度眾生亦復與等;般涅槃後正法滅時賢劫俱盡,如是汝齒及以舍利成諸化佛;如是乃至無佛國中雨栴檀香,除彼結病見困身患,安置眾生著三福地皆得生天。"(《大正藏》卷三第 263-264 页)

【评说】本段经文记述无垢明药王的修行因缘。这位菩萨本身的德行也正在于"如是乃至无佛国中雨栴檀香,除彼结病见困身患,安置众生著三福地皆得生天",通过广泛降下当时被认为有良好药效的药物来净化各种病苦。

大师立愿品第十六

【提要】佛陀在王舍城耆阇崛山为诸菩萨讲述宝海菩萨发大悲愿。

【原文】婆羅門白言:"世尊!我心振搖如芭蕉葉,意甚憂慮舉身嗒然。世尊!是一切大菩薩皆發大悲,然棄彼時惡世熾盛,眾生處在闇昧之中皆是所棄。世尊!我亦於當來世,過一恒河沙數阿僧衹、二恒河沙阿僧衹、三恒河沙阿僧衹之餘,於賢劫中待世人壽千歲時,我能於爾所時,處在生死行菩提行,我能不以願力取度眾生,當行六波羅蜜而取化度。曾從佛聞,能捨物施是檀波羅蜜。我當如是行檀波羅蜜。在所生處有來求者,我當如是施之,所謂:飲食、佉闍、蒱闍、螺夜、梨舍,衣服、臥具、園林、房舍、鬘飾、塗香、隨病與藥,幢幡、麾蓋、錢財、象馬、車乘,金銀、雜寶、摩尼、真珠、琉璃璖及車渠、馬瑙、珊瑚、虎珀、玫瑰并及餘寶,悲念眾生以歡喜施如是等物,度眾生故不望果報,為攝度眾生故具足施與。復有眾生求極難捨我當與之,所謂:奴婢、聚落、城邑、宮殿、王位、妻妾、男女及與手、足、眼、耳、鼻、舌、皮膚、血肉、骨髓、身命乃至求頭,悲念眾生以極歡喜如是施與,不求果報為攝度故,我當如是行檀波羅蜜。先未曾有菩薩行阿耨多羅三藐三菩提行能如是行檀波羅蜜者,後亦無有菩薩行阿耨多羅三藐三菩提行能如是大施。如我在所生處,無量阿僧衹億那由他百千劫中,行阿耨多羅三藐三菩提行,行檀波羅蜜。我當為後具大悲菩薩安立施眼功德光思维諸結,是尸羅波羅蜜,我當如是行阿耨多羅三藐三菩提,行種種持戒;我行無上難行苦行如前所說,於境界不墮落,觀我無我故,是羼提波羅蜜,我當如是修行羼提,如前所說。又厭患諸有為,一切無為靜寂行無上而不退,是毘梨耶波羅蜜。於一切作捨行空等,是禪那波羅蜜。如性無生法忍,是般若波羅蜜,我當如是堅固勇力,無量阿僧衹億那由他百千劫中行般若波羅蜜。先無菩薩行阿耨多羅三藐三菩提行有能如是堅固勇力行般若波羅蜜者,後亦無菩薩行阿耨多羅三藐三菩提行有能如是堅固勇力行般若波羅蜜如我所行,為後時具大悲諸菩薩安立慧功德眼。我初發心為後菩薩示現大悲,乃至無上般涅槃,彼諸菩薩得未曾有,是故我不輕行施、戒、無依忍、無想進、無住禪、無著慧,無二我,不求果報。眾生乏聖七財,捨棄彼一切眾置無佛土中,作無間業,謗正法,毀賢聖,盡皆邪見,集不善根墜在曠野,為此邪道所困眾生故,我以極勇猛力行波羅蜜。一一眾生所為置善根種故,於十大劫能受阿鼻地獄苦痛,如是畜生、餓鬼、夜叉、貧窮

人中貧窮，能忍斯苦，如一切眾生所置善根種，我當如是攝度空倦心意燋枯眾生，乃至賢劫之際，我不求人天榮利之福，唯除一生補處在兜率天待成菩提時。”(《大正藏》卷三第265页)

【评说】说明六波罗蜜各自的利益。以布施调伏众生，其中特地说明了乞求之物是否过量的问题。在菩萨道行者看来，乞求之物无论是否过量，都应给予。这种观点和由此引申的行为，已经不仅仅是用以调伏众生，更重要的是通过这种方法来消除“自我”的概念。“观我无我故，五情不为五尘所伤”，通过修习“无我”于一切处“修行空相得寂灭法”，才能一以贯之地顺利修行六波罗蜜。

【原文】……我當手自執草菩提樹下敷金剛座，於彼座上結加趺坐端身正意；我當如是入不動禪滅出入息，日日一從禪起，食半胡麻半以施人……(《大正藏》卷三第267页)

【评说】记述了佛陀在菩提树下金刚座修习“阿颇三昧”，即通过“安那般那”呼吸法进入禅定状态的经过。

【原文】我逮菩提已說一種句法，有眾生求聲聞乘者，令彼得解聲聞法藏說；有眾生求緣覺乘者，令彼得解因緣法說；有眾生求無上大乘者，令彼純解摩訶衍說；有眾生未具功德欲求菩提者，令彼得解布施法說；有眾生乏無福德求生天樂者，令得解戒說；有眾生更相怖畏濁心惡者，令彼得解慈法說；喜殺生者，令彼得解悲法說；慳貪嫉心者，令彼得解善法說；恃色倚強欲心昏濁者，令彼得解捨法說；耽著愛欲心者，令彼得解不淨法說；有大乘眾生憍慢亂心者，令彼得解阿那波那念法說；少慧求燈明者，令彼得解因緣法說；有少聞學者，令彼得解不忘失聞持法說；處邪見曠野者，令彼得解空法說；多想困者，令彼得解無想法說；不淨願困者，令彼得解無願法說；身意不淨者，令彼得解身意柔和法說；亂行所困者，令彼得解不忘菩提心法說；懷於瞋欲造困者，令彼得解無怨法說；滅至意困者，令彼得解無法說；惱心者，令彼得解無妬法說。略說，忘善者，解照明說；作魔業者，解淨說；沒他論者，解勇出說；種種結困心者，解去離說；沒偏道者，解旋法說；大乘悕望心者，解不退說；厭生死者，解菩薩樂說；未得善地智者，解增長說；不想喜善根者，解惱悔說；心不等者，解無礙光說；沒惡業者，解濟度說；眾中畏者，解師子勝說；四魔陵心者，解勇健說；意不明佛剎者，解莊嚴光說；憎愛者，解脫捨說；佛法明不覺者，解第一幢翅由邏說；乏大慧者，解晃明說；愚闇困者，解日燈說；不求無盡辭者，解作得說；如沫求我者，解那邏延說；意傾動者，解堅住說；觀頂者，解高幢說；捨先誓者，解堅固說；退通者，解金剛意說；求道場者，解金剛場說；一切法不辱者，解如金剛說；欲知他心所念者，解行處說；欲知他根者，解慧道說；言不相干者，解入辭說；未得法身者，解修一切身說；希見如來者，解不眴說；具念一切作者，解無諍說；求轉法輪者，解無垢輪說；無因邪求者，解明順因緣說；一佛土常見者，解善作語說；未種相好因者，解莊嚴說；不能分別言音者，解辭道說；求一切種智者，解法性不隱說；於法退轉者，解堅固說；不達法性者，解通說；捨誓者，解不退說；道隱者，解無貌說；求等虛空智者，解無所有說；未滿波羅蜜者，解淨住說；未滿攝物者，解善攝說；未住梵行者，解等作說；未滿助菩提寶者，解不住行說；忘失善說智心者，解海印說；悕望無生法忍心者，解決定說；如所聞法廣分布心者，解不忘失說；更相善說無厭足者，解無障說；未得敬信三寶者，解集福德說；法門雨不知足者，解法雲說；三寶斷見者，解寶莊嚴說；不作智業者，解無生說；一切煩惱縛者，解空門說；於一切法輕心者，解智印說；未滿如來德者，解世諦現門說；於先佛所未積德者，解必變化說；未說一法門究竟念者；解一切法性說；

一切經未了者,解法實等說;離六和敬法者,解一切法相說;不為思维解脱者,遊戲神通說;欲入如來祕密者,解不求他說;不勤修菩薩行者,解得智說;不現生者,解至一切處說;行菩薩行有殘者,解受職說;如來十力未滿者,解最勝說;未得四無畏者,解勇進說;未得不共法者,解阿僧衹意說;無愚聞見者,解願道說;不能現前覺一切佛法者,解白淨無垢印說;有餘薩婆若智者,解善覺意說;未逮如來一切作者,解無邊盡法說。

有無量阿僧衹求大乘菩薩不諂曲不幻偽端直者,令彼菩薩以一句音得八萬四千法門、八萬四千三昧、七萬五千陀羅尼,以是功德諸菩薩摩訶薩,以大莊嚴而自莊嚴,令勇發不可思議妙願,令菩薩不可思議知見功德以自莊嚴;謂:身莊嚴以相好,口莊嚴以如意善說令眾歡喜,心莊嚴以三昧不退,念莊嚴以持不失,意莊嚴以強識,至莊嚴以至覺,義志莊嚴以堅誓,作莊嚴以辯誓,志極莊嚴以過地非地,施莊嚴以捨一切物,戒莊嚴以白淨無垢,意忍莊嚴於一切眾生無高下心,進莊嚴以一切事辦,禪莊嚴以一切三昧遊戲神通,慧莊嚴以知結使因由,慈莊嚴以至一切眾生處,悲莊嚴以不捨一切眾生,喜莊嚴以一切法得無疑惑,捨莊嚴以毀譽無二,通莊嚴以遊戲一切通,福莊嚴以得寶手無盡藏,智莊嚴以解一切眾生心念所行,覺莊嚴以善法覺一切眾生,明莊嚴以得慧眼明,辯莊嚴以得義法辭應辯,勇悍莊嚴以伏眾魔及諸異論,德莊嚴以逮佛無上德,法莊嚴以阿僧衹辯令普為眾生說法,明莊嚴以照一切佛法,光莊嚴以照諸佛剎變化,說莊嚴以所記不錯變化,教授莊嚴以隨所應教誡,神變莊嚴以到四神足彼岸一切受,如來莊嚴以入如來祕密法,自在莊嚴以智不從他得敬順一切,善法莊嚴以如說修行一切處無能退者。無量阿僧衹求大乘眾生,我以一向音淨除多不善以充足之,令彼諸菩薩摩訶薩於一切法,不因他得智具大法明,速成阿耨多羅三藐三菩提。

世尊!又餘世界中眾生造無間者,乃至犯根罪心意燋枯;有求聲聞乘、有求辟支佛乘、有求無上大乘者,以隨願故生我佛土,集不善根麤獷樂惡,剛強倒見不攝意志;我當為彼八萬四千心行亂意眾生,廣說八萬四千部法。其中眾生求無上大乘者,我當為彼廣說六波羅蜜法,廣說檀波羅蜜,乃至廣說般若波羅蜜;其中眾生有求聲聞、辟支佛乘,未種善根求度世者,我當令彼住三歸依,後乃令住波羅蜜。喜殺生者令住不殺,貪重者令住不盜,染著非法者令住不邪婬,妄語相說者令住不妄語,樂昏濁者令住不飲酒,其有眾生有此五病者,我當令彼斷是五患住優婆塞戒。有眾生不樂善法者,我當令彼一日一夜住聖八分戒。其有少樂善根者,我當令彼來近我法,出家十戒得住梵行。其有眾生樂求善法者,我當令彼於善法中得受具足盡住梵行。我當為如是造無間業乃至不攝意志眾生故,以多種種若干句義文字變化而為說法,示現陰、界、入、無常、苦、空、無我,令住善安隱妙寂無畏城。

我當為四眾比丘、比丘尼、優婆塞、優婆夷說如是法:其有喜樂論者,我當為彼現諸論法,乃至求解脱者,我當為彼現於空論;其有不樂善法者,我當為彼說勸化業;樂者,我當為說誦習一向禪空解脱。我為一一眾生故,步涉多百千由旬多種種若干句義文字方便變化,忍此疲惓,終至置於涅槃;乃至以誓力,我當五分壽減一;欲般涅槃時,我當碎身舍利如半芥子,為悲眾生故,然後當入涅槃;令我涅槃後正法住世千歲、像法住世復五百歲。(《大正藏》卷三第268-270页)

【评说】经文详细解说了各种不良心理状态及其解除的情况,体现了应病与药的思想。“我当为如是造无间业乃至不摄意志众生故,以多种种若干句义文字变化而为说法”,可以视之为一种高级的心理治疗方法。根据受众的习惯、喜好,采取灵活的方法应机施治。

叹品第十八

【提要】佛陀在王舍城耆阇崛山为诸菩萨讲述宝海菩萨发大悲愿，诸菩萨赞叹不已。

【原文】爾時無量淨王，啼泣雨淚，五體禮婆羅門足，叉手合掌，以偈讚曰：

“奇哉甚深妙　乃至不著樂
愍傷哀眾生　為我等現寶”（《大正藏》卷三第271页）

【评说】舍己为人的精神是支撑大乘菩萨道修行的力量。

【原文】略說，時觀世音菩薩以偈讚曰：

“自無所著著眾生　縱根逸馬已調伏
仁於諸根得自在　仁當總持智慧藏”（《大正藏》卷三第271页）

【评说】通过放下各种执著可以获得自在，能自在于各种境界，如同获得智慧的宝藏。

【原文】持大力菩薩以偈讚曰：

“結病惡世中　仁修菩提行
當斷諸結根　仁願甚堅固”

月鬘菩薩以偈讚曰：

“智藏稱譏等　立願淨無垢
仁行菩提行　為眾生良藥”

現力菩薩摩訶薩，悲泣墮淚，五體禮婆羅門足已，叉手合掌，以偈讚曰：

“妙哉智明士　除諸結病穢
積德行如海　脫斯眾生苦”（《大正藏》卷三第272页）

【评说】烦恼是病，基于这一认识，逐渐断除烦恼也就是一个治病的过程。所以能帮助所有人断除烦恼的人，可以称之为医王。

大师授记品第二十

【提要】佛陀在王舍城耆阇崛山为诸菩萨讲述宝藏如来为海济婆罗门大师摩顶授记，并详说“懈怠四法”和“精进四法”。

【原文】善男子！爾時寶藏如來、應供、正遍知，讚海濟婆羅門言：“善哉，善哉！大悲大婆羅門，汝亦大悲為饒益照世過數眾生故出現婆羅門，譬如成好華剎種種色、種種香、種種觸、種種葉、種種莖、種種根、種種德，悉是良藥。其中有華香色照徹百由旬中，有二百由旬，有三百由旬，略說於中有華香色乃至照徹四天下世界。其中眾生聞彼華香，盲者得視，聾者得聽，乃至諸根不具悉得成就。其有眾生四百四病之所困者，彼聞香已身病即除。其中眾生有狂顛錯亂失志者，彼聞華香逮得本心。是華剎中有一分陀利出，是堅固金剛，琉璃為莖而有百曲，黃金為葉，馬瑙為鬚，臺赤真珠，高八十四百千由旬，縱廣正等百千由旬，是分陀利香色光徹照遍十方佛剎微塵數世界中。婆羅門！於彼十方佛剎微塵數世界中眾生，四大不和身病所困，諸情不具狂顛錯亂失志心者，彼諸眾生見分陀利光聞其香已，一切患除逮得本心。其有眾生久死骨節未離，分陀利光照彼骸骨香動觸已，彼諸骸骨尋皆得活，平復還起見諸親屬，與彼俱遊入園嬉戲，五欲自娛聚會中止，從彼終已皆生梵處，於中久住壽命無量，彼間終已不生餘處。婆羅門！如彼成華刹，如此大眾如日初出，諸華敷舒香色顯現，有高百由旬，乃至有高千由旬，為多眾生除種種病……”(《大正藏》卷三第275页)

【评说】本段经文记述了通过见闻花色花香治愈众生种种心身疾病的奇事。这反映了古人美好的愿望，也是一种修行中可以利用的观法，同时还是对本经中所有菩萨们的赞叹比喻。

【原文】婆羅門！菩薩有四懈怠。何謂為四？一者，立願於淨佛土；二者，願淨意眾生中而作佛事；三者，願逮菩提已不說聲聞辟支佛乘；四者，願逮菩提已長壽作佛。是為菩薩四懈怠地。是故彼諸菩薩名曰如華，非分陀利、非摩訶薩。婆羅門！此大菩薩眾，其譬如是。除彼由毘師紐，取不淨佛土，攝度亂結眾生，於賢劫中亦復少有。善男子！菩薩摩訶薩有四精進。何謂為四？一者，願不淨佛刹；二者，願不淨意眾生中作佛事；三者，願逮菩提已說聲聞、辟支佛乘；四者，願逮菩提已壽命處中不長不短。是為菩薩摩訶薩四精進。是故彼諸菩薩，謂如分陀利不似如華，是故彼謂菩薩摩訶薩……(《大正藏》卷三第276页)

【评说】从“懈怠四法”“精进四法”的比较中可以清楚地体会到大乘佛教对于入世济人的重视态度。

【原文】時有一邪命，名曰壞想，彼言：“大婆羅門！我為汝友助成眾事，我當所在生處無量阿僧祇劫中，為汝同師友及作親屬，又常至汝所為乞衣服、臥具，象馬、車乘、輦輿、聚落、城郭，男女、妻妾及諸眷屬，皮肉、骨血、手足、耳目、鼻舌，及頭盡求索故。大婆羅門！我為汝友助成汝檀波羅蜜，乃至助成般若波羅蜜。大婆羅門！汝行菩提行時，我當如是助成六波羅蜜，乃至汝逮菩提，令我得聲聞處，受持八萬部法真為法師，汝當授我阿耨多羅三藐三菩提記。”

善男子！大悲婆羅門聞彼語訖，五體禮寶藏如來足已，語彼壞想邪命言：“善哉，善哉！善丈夫！汝為我無上行友，汝乃能為我於無量阿僧祇那由他百千眾生處，從乞衣服乃至頭目故，我當歡喜淨心施與，令汝永無罪分。”(《大正藏》卷三第276页)

【评说】在大乘佛教看来，一切痛苦都可以视为帮助自己修行的因素，同样，造成这些痛苦的人事物也就具有了菩萨的特征，通过这种认知可以在一定程度上消解各种由对抗产生的负面情绪。通过这种改变认知的方式，在逆境中或能为人提供一种精神上的安慰，但把这种认知方式泛化到一切情境的应对中，或产生消极的结果。

庄严品第二十二

【提要】佛陀在王舍城耆阇崛山讲述宝藏如来为大悲菩萨说诸三昧门助菩提法清净门经。

【原文】善男子！爾時大悲菩薩摩訶薩，五體禮寶藏如來足已，還坐如來前，問寶藏如來言：“世尊說菩薩道決定三昧門，淨資用法門。世尊！云何得滿三昧門，淨資用法門？世尊！善男子、善女人，具何資用得住堅固？以何決定三昧門而自莊嚴？”

善男子！彼時寶藏如來、應供、正遍知，告大悲菩薩言：“善哉，善哉！大悲！所問甚善，辯才極妙。又汝大悲！能為饒益多無量阿僧祇菩薩摩訶薩故出現。又汝大悲！乃能問於如來如斯之義。是故，汝大悲！善聽！吾當為汝分別說之。大悲！求大乘善男子，有三昧名首楞嚴，菩薩住是三昧者能入諸三昧；有三昧名寶印，能印諸三昧；有三昧名師子遊戲，能遊戲

諸三昧；妙月三昧，能照諸三昧；如淨月幢勝三昧，能持諸三昧幢；諸法勇出三昧，能踊出諸三昧；觀頂三昧，能觀諸三昧頂；菩薩住畢法性三昧，能決定諸法性畢；幢勝三昧，能持諸三昧；幢金剛三昧，能破諸三昧；入法印三昧，能印諸法三昧；王善住三昧，能住諸三昧如王住；放光三昧，能放諸三昧光；力進諸三昧，能進諸三昧力；踊出三昧，能踊出諸三昧；必入言辭三昧，能辯說諸三昧；釋名字三昧，能辯諸三昧名號；觀方三昧，能觀諸三昧方；破諸法三昧，能破諸法；持印三昧，能持諸三昧印諸法；閑靜三昧，得入諸三昧閑靜；不忘失三昧，能不忘失諸三昧法；不動三昧，能住諸三昧不動，諸法等說；海印三昧，能攝諸三昧如大海水；不輕諸法三昧，能至諸三昧不輕生滅，遍覆諸三昧如虛空；諸法無斷三昧，能持諸三昧無斷；金剛輪三昧，能持諸三昧輪；諸法一味三昧，能持諸三昧一味；捨寶三昧，能捨諸三昧煩惱垢；諸法無生三昧，能現諸法無生滅；顯明三昧，能以光明顯照諸三昧；諸法無滅三昧，能破諸三昧；無是非三昧，能終不是非諸三昧法；無住相三昧，能見諸三昧法中無住相；虛空相三昧，能見諸三昧如虛空無堅實；無心三昧，能捨諸三昧中心心數法；色無邊三昧，能照諸三昧中色；無垢燈三昧，能諸三昧中作燈；諸法無邊三昧，能諸三昧中現無邊；智無邊明三昧，能明現諸三昧中無邊智；作諸光三昧，能現諸三昧門光；性無邊三昧，能現諸三昧無邊通三昧；淨堅三昧，能逮空三昧；佉彌樓雜三昧，能現諸法空；無垢光三昧，能除諸三昧中垢；諸法無畏三昧，能於諸三昧現無著；作樂三昧，能得諸三昧中樂諸法實；遊戲三昧，能得現諸三昧中色；散明三昧，能現諸三昧中難諸法；無垢著三昧，能現諸三昧垢智光；盡相三昧，能現諸三昧中無盡不盡諸法；不可思議淨三昧，能現諸法如影；火相三昧，能然諸三昧中智；無盡相三昧，能現諸三昧中無盡相；無想三昧，能於諸法中無想、無受、無掉；增長三昧，能見諸三昧中增長；日燈三昧，能於諸三昧門放光；月無垢三昧，能於諸三昧作明；淨影三昧，能於諸三昧得四正解；作不作三昧，能於諸法見作不作智相；如金剛三昧，能於諸法作厭亦不見厭者；心住三昧，能於諸法心不動、不覺、不照、不惱、不生，是念此是心也；普明三昧，能普見諸三昧明；安住三昧，能諸三昧中得安住不動；寶聚三昧，能見諸三昧中如寶聚；妙法印三昧，能印諸三昧法；等三昧，能見諸法無離等者；捨喜樂三昧，能捨諸法中喜樂；法炬三昧，能除諸法中闇冥；散相三昧，能散諸法破諸法中著；字相三昧，能諸法中得字相；無字相三昧，能諸法中不得一字；斷作三昧，能斷諸法中作；無作三昧，能諸法中得無作；性淨三昧，能諸法中得無思；無相行三昧，能諸法中不得相行；無曚昧三昧，能不見諸三昧行，過等不等；除集諸功德三昧，能捨諸法中集住；無心三昧，能諸法中不得心；覺分三昧，能覺諸法；無量辯三昧，能諸法中得阿僧祇辯；智淨相三昧，能得諸法中無等等；智勝三昧，能度一切三界；斷智三昧，能見諸法斷；分別諸法三昧，能建分別諸法；無住三昧，能見諸法無所依；一莊嚴三昧，能不見二法；作相三昧，能諸法中不見作相；一切作一切處散三昧，能入一切法作相智，所可入無所受；等相辭入三昧，能入諸辭等相中音聲；字解脫三昧，能見諸法中字解脫；智炬相三昧，能以光明照諸三昧；妙智相奮迅三昧，能現諸法淨相；破相三昧，能見諸法破相；諸作妙相三昧，能得諸法三昧中諸妙作相；捨諸苦樂三昧，能見諸法無所依；無盡相三昧，能不見諸法中盡；陀羅尼句三昧，能持諸三昧諸法不見邪正；除逆順三昧，能諸法中不見逆順；無垢光三昧，能諸三昧中不見有為垢；必堅三昧，能諸法中得無不堅；滿月淨三昧，能滿諸三昧功德；大莊嚴三昧，能於諸三昧具大莊嚴；一切世光三昧，能以智照諸法三昧；等明三昧，能諸三昧中得第一淨；無諍三昧，能諸法中得無諍；無住處樂三昧，能諸法中不得住處；如住無心三昧，能諸法中如住不退；除身穢三昧，能諸法中不得身；菩薩得除語穢虛空相三昧，能諸法中不得語業；菩薩住虛空無染著三昧，能逮諸法虛空無數。是

名求大乘菩薩決定三昧門。”(《大正藏》卷三第278-279页)

【评说】本段经文列举了一百一十种三昧。三昧即定,一百一十种三昧是从定的不同角度和功能作出的区别。

【原文】何謂菩薩摩訶薩資用法門?善男子!菩薩摩訶薩有施資用得勸進;菩薩戒資用得滿願;菩薩忍資用得調心;菩薩慧資用得知諸結使;菩薩聞資用得阿僧祇辯;菩薩福資用得饒益眾生;菩薩智資用得阿僧祇智;菩薩止資用得成作心;菩薩觀資用得無是非;菩薩慈資用得無礙心;菩薩悲資用得化眾生無厭;菩薩喜資用得樂法喜;菩薩捨資用得捨愛憎;菩薩聽法資用得捨蓋障;菩薩出家資用得捨一切有為;菩薩閑居資用得不失作業;菩薩念資用得陀羅尼;菩薩意資用以得意解;菩薩至資用得覺至議;菩薩念處資用得覺身、受、心、法;菩薩正捨資用得捨諸不善法修諸善法;菩薩神足資用得輕身心;菩薩根資用得滿一切眾生根;菩薩力資用得伏一切結使;菩薩覺分資用得覺法寶,菩薩得生天上;菩薩正解資用得釋一切眾生疑;菩薩無依資用得自然智;菩薩善知識資用得一切功德門;菩薩志資用得不離一切世;菩薩作資用得辯諸作;菩薩至志資用得至殊勝;菩薩思惟資用得具修如所聞法;菩薩攝物資用得勸進眾生;菩薩攝正法資用得不斷三寶種;菩薩解方便迴向資用得佛土淨;菩薩方便資用得滿薩婆若智。善男子!是名菩薩摩訶薩淨資用法門。(《大正藏》卷三第279页)

【评说】本段经文介绍了各种助菩提法,即帮助菩萨行者修心的方法。这些“助菩提法”若经过技术性处理,可以部分转化为心理治疗的手段。

【原文】復次,善男子!時寶藏如來又觀菩薩大眾已,告大悲菩薩摩訶薩言:“大悲!於中以何無畏莊嚴?菩薩摩訶薩得莊嚴滿忍觀第一義,菩薩摩訶薩得無礙作,一切三界無為心,於諸眾生心亦無為,是無畏三昧沙門法。其有一切法中心如虛空平如掌者,大悲!是名菩薩摩訶薩無畏莊嚴。又何謂滿忍?彼如是者,於中不見得法可覺可知,解無報法,所謂:說慈無我;悲無眾生;喜無命;捨無人;施謂調心;戒靜心;忍善心;進勤心;禪滅心;慧無行心;念處無念思维心;正捨無生滅心;神足無量心;信無數心;念自然心;三昧無三昧心;慧根無根心;力無伏心;覺分破意心;道無修心;止滅心;觀無失心;修聖諦永斷修心;思念佛無量相心;思念法法性等心;思念僧無住心;化眾生極淨心;攝正法法性無破心;淨佛土等虛空心;滿相無相心;得忍無得心;無退轉地無退不退心;莊嚴道場心;三界場心;於一切眾生降魔心;攝一切眾生心;菩提一切法等無覺心;轉法輪一切法無轉心;現大般涅槃生死實等心。”(《大正藏》卷三第279页)

【评说】讲解“滿忍观第一义”的意义。第一义,即圣智之自觉,是佛智的同义语。满忍观第一义,即证得佛果。因此,本段所述是佛智境界。

【原文】善男子!爾時大悲菩薩摩訶薩,漸漸從寶藏如來所,誦八萬四千部說聲聞乘法;誦九萬部說辟支佛乘法;誦百千部說無上大乘;百千身念處;百千受念處;百千心念處;百千法念處;百千部界;百千部入;百千部捨貪欲使;百千部捨瞋恚使;百千部捨愚癡因緣生;百千部三昧解脫;百千部力無畏佛不共法;乃至寶藏如來所受百萬部法而誦讀之;乃至異時,彼寶藏如來、應供、正遍知入無餘涅槃。(《大正藏》卷三第279-280页)

【评说】“八万四千”即言其多,但归纳起来不外乎“四念处”“十八界”“十二入”“断贪嗔痴”“三昧解脱”“诸力无畏不共”等目。

身施品第二十四

【提要】佛陀在王舍城耆阇崛山讲述了自己曾于往昔为阎浮提强力转轮王无胜时劝导己子发菩提心的过程。

【原文】善男子！觀如來所行身施檀波羅蜜相續眼施，積滿閻浮提至三十三天際。善男子！此如來略說身施檀波羅蜜。(《大正藏》卷三第282页)

【评说】施身极多，意指修行要有所成就，必须通过长期反复大量实践来实现。

医方施品第二十六

【提要】佛陀在王舍城耆阇崛山讲述了自己曾为鬘香时以勇猛力为众生说法，劝导众生发菩提心。

【原文】……我即思惟："若我不能除此眾生諸疾病者，令我不逮阿耨多羅三藐三菩提。不能得除眾生結病，我當以何方便除眾生病？"復生是念："我宜集釋梵護世，諸餘天仙、龍仙、夜叉仙、人仙，為饒益眾生故造現方藥。"我即以神足往告釋梵護世，天仙、龍仙、夜叉仙、人仙。有山名億迦毘羅鉢帝，來集其上頂石鞞陀遮羅迦大醫之處，於中造說治風水火諸大病方，令無量阿僧祇眾生病盡除滅。我於其中立願如是："我今以此慧照明無量阿僧祇眾生，令住三乘閉惡趣門，置天道中滅除眾病，如是為無量阿僧祇眾生，而作慧明置安隱樂。以是善根業報願我是意得滿。"如此一方閉無量阿僧祇眾生惡趣門置天道中，為疾病故，集諸天眾、仙眾、夜叉眾、龍眾，為眾生故集鞞陀遮羅迦山頂眾醫集處，說除眾病平健方藥。如是曚昧佛土一切方中，作如是丈夫行，安置眾生於天道中。如是集天、龍、夜叉、人仙，為眾生故造說種種呪術，如此曚昧佛土當於十方恒河沙數五濁空佛土中，作如是丈夫行，令眾生得住三乘安置天道，現諸種種呪術，於世除眾疾病。(《大正藏》卷三第283页)

【评说】本段记述通过诵持"种种咒术"来治疗疾病的内容，是婆罗门教的修持内容。在原始佛教经典中，这种禳灾祛病的方式为佛陀所禁止。本段文字出现在大乘佛教经典中，并被认为是一种行之有效值得提倡的治病方式，反映了在印度佛教发展到大乘佛教时代，佛教不可避免地会吸收其他宗教的文化元素。

大乘本生心地观

大唐罽宾国三藏般若奉诏译

卷　第　一

序品第一

【提要】佛陀住王舍城耆阇崛山中，论菩萨普度众生"怜悯众生犹如赤子""常为众生不请之友"，为众生说法时"披精进甲""善知众生诸根利钝"。

【原文】復有菩薩摩訶薩，八萬四千人俱，皆是一生補處大法王子，有大威德如大龍王，百福圓滿身光照曜，猶如千日破諸昏闇，智慧澄澈逾於大海，了達諸佛祕密境界。然大法炬引導眾生，於生死海作大船師，憐愍眾生猶如赤子，於一切時恒施安樂，名稱普聞十方世界，自在遊戲微妙神通。已能善達諸總持門，具四無礙辯才自在，已得圓滿大願自在，妙善成就事業自在，已能善入三昧自在，具足圓滿福德自在，常為眾生不請之友。經無量劫勤修六度，歷事諸佛不住涅槃，斷諸煩惱種習皆除，雖生六道而無過失。現身十方講說妙法，無量世界化利群生，制諸外道摧伏邪心，離斷常因令生正見，而無往來動搖之相。非嚴而嚴十方佛土，不說而說妙理寂然，住無所住度人天眾，受無所受廣大法樂，披精進甲，執智慧劍，破魔軍眾而擊法鼓，身恒徧坐一切道場，吹大法螺覺悟群品，一切有情悉蒙利益，聞名見身無空過者。具三達智，悟三世法，善知眾生諸根利鈍，應病與藥無復疑惑。布大法雲，澍甘露雨，轉不退轉智印法輪，閉生死獄，開涅槃門，發弘誓願，盡未來際度脫群生。(《大正藏》卷三第 291 页)

【评说】此经称赞了菩萨普度众生"怜悯众生犹如赤子""常为众生不请之友"无生不度的慈悲观及大爱，并称道了菩萨为众生说法时"披精进甲"的无畏决心和善于分别众生根器利钝、根性高下并对症下药，对机说法的大智慧。

【原文】爾時，如來於胸臆間及諸毛孔放大光明，名諸菩薩遊戲神通使不退轉阿耨多羅三藐三菩提。其光明色如閻浮檀金，此金色光普照三千大千世界及餘他界，乃至百億妙高山王，一切雪山、香山、黑山、金山、寶山，及彌樓山、大彌樓山、目真隣陀山、摩訶目真隣陀山、小鐵圍山、大鐵圍山，江河大海流泉浴池，及以百億四大洲界，日月星辰，天宮、龍宮、諸尊神宮，并諸國邑王宮聚落，琰魔羅界，所有一切八寒八熱諸地獄中罪業眾生受苦之相，乃至十方畜生、餓鬼受苦之相，一切世間五趣眾生受苦樂相，如是皆現於此金色大光明中。(《大正藏》卷三第 293-294 页)

【评说】如来胸臆中所放光明普照大千世界所有的一切山、河、江、海、日、月、星、辰、天宫、龙宫，以及一切地狱、畜生、饿鬼、五趣众生受的苦乐之相。喻大千世界之宽广，就如同如来普度众生之博大，决不能以眼前所看见的判断有无。

【原文】是諸如來有二種法，於三昧中不復久住："一者大慈，二者大悲。"依大慈故與眾生樂，依大悲故拔眾生苦，以是二法於無數劫熏修其心而成正覺。世間眾生多諸苦惱，以是因緣，如來不久從三昧起，當為演說心地觀門大乘妙法。(《大正藏》卷三第 294 页)

【评说】如来普度众生而成正觉者有两种法："一者大慈，二者大悲。"大慈，即佛陀对一切众生博大的慈善心，带给众生快乐，能与众生同乐。大悲，即佛陀用怜悯心让众生从痛苦中解脱。

卷 第 二

报恩品第二之上

【提要】论佛陀"不共之境"令众生之病药到病除，勉励善男子、善女子修此心地妙法而"熏成无上大菩提种，不久当坐菩提树王金刚宝座，得成阿耨多罗三藐三菩提"。

【原文】應病與藥令得復除，即是如來不共之德，聲聞、緣覺未得自在，諸菩薩眾不共之境，以是因緣，難見難聞菩提正道心地法門。若有善男子、善女人，聞是妙法一經於耳，須臾之頃攝念觀心，熏成無上大菩提種，不久當坐菩提樹王金剛寶座，得成阿耨多羅三藐三菩提。(《大正藏》卷三第 296 页)

【评说】此经称佛陀善能疗治众生之病，众生之病无不随其药而祛除，是因为他具有切实修心、学地之量、法地之德的“不共之德”，若有众生能于佛陀所说之心地妙法修身养性，便能薰成无上大菩提种子，坐菩提树王金刚宝座者成等正觉。

【原文】世間悲母念子無比，恩及未形，始自受胎終於十月，行住坐臥受諸苦惱非口所宣，雖得欲樂飲食衣服而不生愛，憂念之心恒無休息，但自思惟將欲生產，漸受諸苦晝夜愁惱；若產難時，如百千刃競來屠割，或致無常……以是因緣，母有十德：一名大地，於母胎中為所依故。二名能生，經歷眾苦而能生故。三名能正，恒以母手理五根故。四名養育，隨四時宜能長養故。五名智者，能以方便生智慧故。六名莊嚴，以妙瓔珞而嚴飾故。七名安隱，以母懷抱為止息故。八名教授，善巧方便導引子故。九名教誡，以善言辭離眾惡故。十名與業，能以家業付囑子故。

善男子！於諸世間何者最富？何者最貧？悲母在堂名之為富，悲母不在名之為貧；悲母在時名為日中，悲母死時名為日沒；悲母在時名為月明，悲母亡時名為闇夜。是故汝等，勤加修習孝養父母，若人供佛福等無異。應當如是報父母恩。(《大正藏》卷三第 297 页)

【评说】母亲孕育胎儿，历经十月受诸苦恼，既出母胎还要哺乳，后又谆谆教导养育成人，故这种恩德，是人间道德的根本，虽报之难尽，也要勤加修习，孝养父母。佛陀以此教化众人孝养父母。

【原文】善男子！眾生恩者，即無始來，一切眾生輪轉五道經百千劫，於多生中互為父母；以互為父母故，一切男子即是慈父，一切女人即是悲母，昔生生中有大恩故，猶如現在父母之恩等無差別。如是昔恩猶未能報，或因妄業生諸違順，以執著故反為其怨。何以故？無明覆障宿住智明，不了前生曾為父母，所可報恩互為饒益，無饒益者名為不孝。以是因緣。諸眾生類於一切時亦有大恩，實為難報。如是之事名眾生恩。(《大正藏》卷三第 297 页)

【评说】“众生恩”由“父母恩”推广而来，取一切众生千百轮回中或曾互为父母之义。佛陀教化众人要懂得对众生报恩，即是对社会报恩，使人与人之间都要互相饶益。

【原文】國王恩者，福德最勝雖生人間得自在故，三十三天諸天子等，恒與其力常護持故，於其國界山河大地，盡大海際屬于國王，一人福德勝過一切眾生福故。是大聖王以正法化，能使眾生悉皆安樂……以是因緣，成就十德：一名能照，以智慧眼照世間故。二名莊嚴，以大福智莊嚴國故。三名與樂，以大安樂與人民故。四名伏怨，一切怨敵自然伏故。五名離怖，能卻八難離恐怖故。六名任賢，集諸賢人評國事故。七名法本，萬姓安住依國王故。八名持世，以天王法持世間故。九名業主，善惡諸業屬國王故。十名人主，一切人民王為主故。一切國王以先世福，成就如是十種勝德。

若有人民能行善心，敬輔仁王尊重如佛，是人現世安隱豐樂，有所願求無不稱心。所以者何？一切國王於過去時，曾受如來清淨禁戒，常為人王安隱快樂。以是因緣，違順果報皆

如響應。聖王恩德廣大如是。(《大正藏》卷三第 297-298 页)

【评说】佛陀指出，英明的领袖懂得用自己的福德去普照、关爱自己的民众，他是人民的主导者，保护国家，使人民安居乐业，民众也应怀其恩而思报答，信仰和拥护他。

【原文】爾時，五百長者白佛言:“世尊！如佛所說，一佛寶中，無量化佛充滿世界利樂眾生。以何因緣，世間眾生多不見佛，受諸苦惱?”……佛言:“善男子！諸佛如來常演正法利樂有情，是諸眾生常造惡業，都不覺知、無慚愧心，於佛法僧不樂親近。如是眾生罪根深重，經無量劫不得見聞三寶名字，如彼盲者不覩日光。若有眾生恭敬如來，愛樂大乘尊重三寶，當知是人業障銷除、福智增長、成就善根，速得見佛，永離生死，當證菩提。”(《大正藏》卷三第 299 页)

【评说】佛陀认为，众生不闻佛法，就如盲者不见日、月、光等。即便如来常住于世演说正法，但诸众生为结使所缠，常造恶业，都不觉知、无惭愧，亦不乐于钦敬佛法，当然不能受法所度，脱离苦恼。只有虔诚地供养恭敬，乐闻大乘，才能消除罪障增长福慧，闻佛法而消除烦恼。

卷 第 三

报恩品第二之下

【提要】佛陀对智光比丘阐述菩萨戒的价值。

【原文】超越生死深大海，菩薩淨戒為船筏；
永斷貪瞋癡繫縛，菩薩淨戒為利劍；
生死嶮道諸怖畏，菩薩淨戒為舍宅；
息除貧賤諸苦因，淨戒能為如意寶；
鬼魅所著諸疾病，菩薩淨戒為良藥。(《大正藏》卷三第 304 页)

【评说】菩萨戒，即菩萨的戒律，是必须遵守的准则，避免思想、语言、行为的过失。只有遵守准则，菩萨戒才真正具有帮众生渡过生死之海，斩断三毒束缚，发挥护卫脱险，避免贫贱，治病良药等价值。

卷 第 四

厌舍品第三

【提要】佛陀在于迦兰陀竹林精舍，为根性不善之六群比丘说教诫法，并阐明修学之“身远离”与“心远离”。

【原文】世尊或有一時於迦蘭陀竹林精舍，為其惡性六群比丘說教誡法，而告之言:“汝等比丘！諦聽諦聽！入佛法海信為根本，渡生死河戒為船筏。若人出家不護禁戒，貪著世樂毀佛戒寶，或失正見入邪見林，引無量人墮大深坑。如是比丘不名出家，非是沙門非婆羅門，形似沙門心常在家，如是沙門無遠離行。遠離之行有其二種:一身遠離，二心遠離。身遠離者，若人出家身處空閑，不染欲境名身遠離。若有出家修清淨心，不染欲境名心遠離。身雖出

家，心貪欲境，如是之人不名遠離。若淨信男及淨信女，身居聚落發無上心，以大慈悲饒益一切，如是修行名真遠離。”於是六群惡性比丘，聞是法音得柔順忍。（《大正藏》卷三第306页）

【评说】佛陀教诫根性不善的六群比丘，入佛法至渡生死河以到达彼岸必须具足信根，深入法藏，戒除世间之贪欲。出家若犯佛门禁戒，贪著五欲，便会入于邪见之林，不能给予众生之福，反而使之堕落。出家修学应明辨真伪：第一，身远离，即虽出家而处于空旷清静之地，与尘嚣相隔，然其内心还常常追逐世俗贪欲之境，虽身远离而心未远离，即假出家、假远离。第二，心远离，即身虽处于繁华闹市，但心则是清净无染且发菩提大慈悲，此形式虽不出家，而其内心与行为则是出家，故此即是真出家、真远离。

【原文】爾時，佛告智光長者：“善哉，善哉！汝大慈悲勸請我說出家在家二種勝劣。汝今所問，出家菩薩不如在家。是義不然。所以者何？出家菩薩勝於在家，無量無邊不可為比。何以故？出家菩薩以正慧力，微細觀察在家所有種種過失，所謂世間一切舍宅，積聚其中不知滿足，猶如大海容受一切大小河水未曾滿足……世間眾生所有一切居處舍宅，亦復如是，聚諸珍寶從四方來，悉入宅中未曾滿足，多求積聚造種種罪，無常忽至棄捨故宅，是時宅主隨業受報，經無量劫終無所歸。善男子！所為宅者即五蘊身，其宅主者是汝本識。誰有智者樂有為宅？唯有菩提安樂寶宮，離老病死憂悲苦惱。若有利根淨信深厚善男子等，欲度父母妻子眷屬令入無為甘露宅者，須歸三寶出家學道。”（《大正藏》卷三第307页）

【评说】智光长者因出家菩萨若舍离最为深厚的父母之情出家，对父母妻子造成伤害，有违饶益众生之义，故认为出家菩萨不如在家菩萨，而佛陀对其言论提出反对。佛陀认为出家菩萨其心清净，而在家者常为父母妻子、衣食住行等所营扰，故其心不能清净。只有内心清净才能产生智慧之力，从而观察到在家的种种过失。世间众生的居处舍宅，多求集聚而不懂满足，因欲望贪念而产生各种烦恼，众生只有舍离欲望之宅，投佛出家学道，才有希望达到离去人间诸苦的目的。

【原文】復次，善男子！世間所有一切舍宅，猶如雜毒甘味飲食。譬如長者唯有一子，聰慧利根達迦樓羅祕密觀門，能辯毒藥善巧方便，父母恩憐愛念無比。時長者子為有事緣，往至鄰肆未及歸家。爾時，父母與諸親族，歡喜宴樂具設甘饍。時有怨家，密以毒藥致飲食中，無人覺知。是時父母不知食中有雜毒藥，遂令長幼服雜毒食；其子後來父母歡喜，所留飲食賜與其子。是時其子未須飲食，念迦樓羅祕密觀門，便知食中有雜毒藥。其子雖知父母服毒，而不為說悞服毒藥。所以者何？若覺服毒更加悶亂，毒氣速發必令人死。即設方便白父母言：“我且不食如是飲食，暫往市中，卻來當食。何以故？我先買得無價寶珠，留在櫃中而忘封閉。”於是父母聞說寶珠，生歡喜心任子所往。子遂馳走詣醫王家，求阿伽陀解毒妙藥。既得此藥，疾走還家，乳酥粆糖三味合煎和阿伽陀，作是藥已，白父母言：“唯願父母服是甘露，此是雪山阿伽陀藥。所以者何？父母向來悞服毒藥，我所暫出本為父母及諸人等，求得如是不死妙藥。”於是父母及眾人等，心大歡喜得未曾有，即服妙藥吐諸毒氣，便得不死更延壽命。（《大正藏》卷三第308页）

【评说】此经讲述了儿子修迦楼罗观法后解救误食了混有杂毒饮食的父母的故事。世人处于舍宅，受五欲之乐，如同虽食甘味饮食，但有毒杂在其中。众生贪恋财色，所以沉沦生死苦海，因此而生种种烦恼。出家菩萨认为众生的忧悲苦恼即是自身的忧悲苦恼（这即是同体大悲),因此常发菩提心而出家,发大慈悲心而普渡众生。

误服毒食,阿伽陀和乳酥粆糖同煎可治,这是佛陀时代解毒的一种方法。

【原文】復次,善男子！出家菩薩日夜恒觀世間舍宅,一切皆是煩惱生處。何以故？如有一人造八舍宅,以諸寶物而自莊嚴。造此宅已而作是念:“今此舍宅是我所有不屬他人,唯我舍宅最為吉祥,他人舍宅所不能及。”如是執著能生煩惱,由煩惱故我我所執而為根本,八萬四千諸塵勞門更相競起充滿宅中。所以者何？在家凡夫深著五欲,妻子眷屬奴婢僕使悉皆具足,以是因緣,生老病死,憂悲苦惱,怨憎合會,恩愛别離,貧窮諸衰,求不得苦,如是眾苦,如影隨形,如響應聲,世世相續恒不斷絕。如是眾苦非無所因,大小煩惱而為根本;一切財寶追求而得,若無先因不可追求,假使追求亦無所獲。善男子！以是義故,一切煩惱追求為本,若滅追求,無量煩惱悉皆斷盡。(《大正藏》卷三第309页)

【评说】出家菩萨观在家舍宅为一切烦恼发生之所。如有财宝之人造屋宅会盘算着:此屋是我所有,不属他人;此屋最为吉祥,一切他人舍宅所不能及。拘泥于此,一切贪恋之事从此而生,在家为妻子眷奴所营扰,被生老病死,忧悲苦恼,怨憎合会,恩爱别离,贫穷诸衰所束缚,故生烦恼。因此,出家菩萨了知家宅为众苦之本,故欲离此烦恼束缚,必先离此烦恼之地,即舍离五欲,独处空寂修行出世,才能断尽诸烦恼。

卷　第　五

无垢性品第四

【提要】佛陀对智光比丘说出家菩萨如何观察思惟自我,如何自修善根,并解说了“四无垢”。

【原文】爾時,佛告智光比丘:“出家菩薩住如是心,常作是觀:我得人身諸根具足,從何處沒來生此間？我於三界中當生何界？於四大洲復生何處？六道之中受生何道？以何因緣得離父母妻子眷屬,出家修道免八難身？莊嚴劫中過去千佛皆已涅槃,星宿劫中未來千佛未出於世,賢劫之中現在千佛,幾佛如來出現於世,化緣將盡入般涅槃？幾佛世尊未出於世？是諸眾生根緣未熟未聞正法,復於何時當來彌勒,從兜率天下生人間現成佛道？於我身中有何善業？戒定慧學當有何德？過去諸佛皆已不遇,當來世尊得見不邪？我今現在諸凡夫地,三業煩惱何最為重？一生已來造何罪業？於何佛所曾種善根？我此身命能得幾時？是日已過命隨減少,猶如牽羊詣彼屠所,漸漸近死無所逃避,身壞命終生於何處？三惡道苦如何脫免？然我此身愛樂長養,念念衰老無時暫停,誰有智者愛樂此身？智光當知！出家菩薩常於晝夜如是觀察,勿貪世間受五欲樂,精勤修習未嘗暫捨,如去頂石、如救頭燃,心常懺悔過去先罪,安住如是四無垢性,一心修行十二頭陀,調伏其心如旃陀羅,如是佛子是名出家。”(《大正藏》卷三第313页)

【评说】佛陀认为,出家菩萨应该观察思惟自我:我们从什么地方来生到这人间？在三界之中生在哪一界？因什么因缘而辞别父母、妻子、眷属等来出家修学佛法？自身有什么善根等。基于自我意识与佛陀的教法,出家菩萨应舍离世间五欲之乐,勤加修习佛法而自修善根。

【原文】智光比丘！汝等諦聽！云何名為四無垢性？衣服、臥具、飲食、湯藥，如是四事隨有所得，麤細稱心遠離貪求，是無垢性。諸比丘等！以何因緣，如是四行名無垢性？智光當知，諸佛如來三十七品菩提分法，皆從此生，佛法僧寶常不斷絕，是故得名為四無垢性。（《大正藏》卷三第313页）

【评说】“无垢性”有四种：衣服、卧具、饮食、汤药。出家人虽然要远离一切世俗贪恋，但亦需要基本的三衣遮体，一钵吃食，有病痛要施针药，睡眠休息要有卧具。有此四种生活基本所需能知足而不另起贪求之心，名四无垢性。

【原文】復次，智光比丘！出家菩薩於所著衣不應貪著，若細若麤隨其所得，但於施者為生福田勿嫌麤惡；不得為衣廣說法要，起諸方便與貪相應。世間凡夫為衣服故，非法貪求造不善業，墮於惡道經無量劫，不遇諸佛、不聞正法，受苦畢已復生人間，貧窮困苦，求不得苦晝夜逼迫，衣不蔽形，食不支命。如是眾苦，皆由先世為衣服故，多殺生命造種種罪。出家菩薩即不如是，隨其所得不嫌麤惡，但懷慚愧以充法衣，得十勝利：一者能覆其身遠離羞恥，具足慚愧修行善法。二者遠離寒熱及以蚊虻惡獸毒蟲，安隱修道。三者示現沙門出家相貌，見者歡喜遠離邪心。四者袈裟即是人天寶幢之相，尊重敬禮得生梵天。五者著袈裟時生寶塔想，能滅眾罪生諸福德。六者本制袈裟染令壞色，離五欲想不生貪愛。七者袈裟是佛淨衣，永斷煩惱作良田故。八者身著袈裟罪業消除，十善業道念念增長。九者袈裟猶如良田，能善增長菩薩道故。十者袈裟猶如甲冑，煩惱毒箭不能害故。（《大正藏》卷三第313-314页）

【评说】出家菩萨对所着之衣，应随得随喜，不能起贪念之心，只有怀着惭愧之心而需衣遮体，不嫌美丑，才能得十种胜利。十胜利者，即十种因所着之衣而功德增进、圆满之法。

【原文】復次，智光菩薩！出家佛子於諸醫藥不應貪著，若有病時，佗煎藥已所棄捨藥，訶梨昆梨及阿摩勒，取是等藥即應服之，乃至一生服所棄藥，於諸藥等常生知足，如是名為真實沙門。出家佛子恒服棄藥，是人獲得十種勝利。云何為十？一者為求藥草不近佗人，永息貪求安住正念。二者不淨觀門易得成就，出世之心能得堅固。三者於諸珍味恒不貪著，速證正智飱禪悅食。四者於諸世間一切財物，常能知足早得解脫。五者不近世間一切凡夫，親近出世清淨善友。六者由不嫌惡諸棄藥等，於麤飲食亦得解脫。七者於所重藥永不希望，一切世間無不尊故。八者速能調伏諸煩惱病，證得如來常住法身。九者永斷三界一切煩惱，能療眾生身心重病。十者能順佛教修菩薩行，福智圓滿得大菩提。（《大正藏》卷三第314-315页）

【评说】出家学佛者，对于医药方面，也不应贪著上妙美好者，应当服人所弃之药而能知足，才能称为真实沙门。不必如世人之追逐于名医上药，否则贪著之心一起，烦恼顿生。所谓所弃之药，或指煎过之药，或即平常价值低廉之药品，为一般追求贵重药品之人所不屑者。出家学佛者，向来刻苦耐劳，筋骨强健，鲜遭病苦，偶有病时，亦不需多么珍贵之药，稍稍服药就能除病。因此，出家学佛者，一直服用弃药，才能修得十种因服弃药而功德增进、圆满之法。

阿兰若品第五

【提要】佛陀对常精进菩萨辨明住阿兰若并非一般身处山林即可，解释了为何山林中诸多众生，却不能成佛的原因。

【原文】爾時，佛告常精進菩薩：“如汝所說，阿蘭若處得成聖者，山林之中多諸眾生，以何因緣不得成佛？是義不然。所以者何？彼諸眾生不識三寶，不知厭足，不識善惡，於山林中，雖有世間種種珍寶，而不能知伏藏之處，菩薩摩訶薩即不如是。善男子！菩薩能知佛法僧寶是出世寶，七珍伏藏是世間寶，悉能辨其種種色相，知其所在而不貪求，亦不樂見，何況手取？菩薩出家，發堅固心不惜身命，捨離父母六親眷屬，樂住山林……”（《大正藏》卷三第 316 页）

【评说】此经认为住阿兰若的修行者，与山林中生活的鸟兽、猎人存在根本的不同。鸟兽、猎人虽然身处山林，但不认识出世的“三宝”——佛宝、法宝、僧宝，贪求世间的五欲，不知满足，不识善恶，不知世间珍宝伏藏之处。住阿兰若的修行者，他们知道出世宝，他们了知世间一切法都是无常的，对于世间珍宝无所不知，但不贪求，远离世间一切不善之法而修行，不惜身命，舍父母、别妻子和眷属为修学出世佛果而住山林。

卷　第　六

离世间品第六

【提要】乐远离行菩萨对诸众生说世间种种恐怖相。

【原文】是時樂遠離行菩薩告諸大眾：“一切世間多諸恐怖，出家菩薩為厭世間種種恐怖，捨離父母及諸眷屬，住阿蘭若修遠離行。云何名為種種恐怖？或有菩薩而作是念：‘我為恐怖，一切煩惱從我生故。’或有菩薩，而說我所是為恐怖，一切煩惱我所生故。或有菩薩，而說七慢是為恐怖，起種種慢不敬善人故。或有菩薩，以彼三毒而為恐怖，造無量罪墮惡道故。或有菩薩，以彼五欲而為恐怖，耽著世樂墮八難故。”（《大正藏》卷三第 317 页）

【评说】出家菩萨，观世间之法，都是恐怖之相、烦恼之因，因此舍离父母眷属，远离世间恐怖之相、烦恼之因，住阿若兰修行。而各种恐怖相，观点也有所不同：或有菩萨观察烦恼结因皆由有我而生，故此我相甚为恐怖；或有菩萨观察七慢为生烦恼之因，因慢者恃己凌他为性，不能诚心恭敬一切善人，于是生起各种烦恼、斗争等，故此我慢甚为恐怖也。或有菩萨觉得贪、嗔、痴三毒为烦恼之本，故此三毒甚为恐怖。

厌身品第七

【提要】佛陀对弥勒菩萨说观身不净相和住阿兰那所修“三十七观”，鼓励弥勒菩萨依此修习。

【原文】善男子！出家菩薩住阿蘭若，求阿耨多羅三藐三菩提時，四威儀中微細觀察，是有漏身三十七種不淨穢惡，是不可愛、是不堅牢，當觀此身猶如坏器，外以雜彩金銀七寶巧飾莊嚴，內以糞穢種種不淨填塞充滿，兩肩擔負隨途而行，其有見者皆生愛樂，不知器中盛滿不淨，有六黑蛇常在此器，一蛇隨動，器即破壞，毒害臭惡，竟無所堪。世間之人莊嚴其身，如彼彩畫盛不淨器，貪瞋癡三名為心病，風黃痰癊名為身病，內外六病能害身心，如彼六蛇居於器內，一一蛇動，器即破壞，一一病發，身即無常。善男子！出家菩薩處於空閑觀察是身，名為第一不淨觀相。（《大正藏》卷三第 321 页）

【评说】这是三十七种不净的第一观。此观认为世间之人正如土坯所成的器具，外表各种宝饰甚为美观，其实内里充满种种不净的东西，如人有贪、嗔、痴三种心病，风、黄、痰荫三种身病，这内外六病犹如器具里藏有六条蛇，能坏身心，若身心病发，内外俱损。这即是观身不净。

【原文】爾時，世尊說是法已，告彌勒菩薩摩訶薩言："善男子！修如是行，此則名為出家佛子所觀法要。若有佛子發菩提心，為求阿耨多羅三藐三菩提住阿蘭若，修習如是三十七觀，亦教佗修如是法要，解說書寫受持讀習，遠離一切我我所執，永斷貪著五欲世樂，速能成就不壞信心，求大菩提不惜軀命，何況世間所有珍寶？現身必得究竟成滿一切如來金剛智印，於無上道永不退轉，六度萬行速得圓滿，疾成阿耨多羅三藐三菩提。"（《大正藏》卷三第322页）

【评说】出家菩萨住阿兰那所修的"三十七观"，能自观也能让他人观，这即是自度、度他，辗转流通的法要。若能依此去修习，便可远离执著于我的观念，断除世间一切贪念，修得圆满之法。

卷第七

波罗蜜多品第八

【提要】佛对弥勒菩萨摩诃萨说檀、精进、禅定、般若、方便善巧、力、智诸般若蜜。

【原文】佛告彌勒菩薩摩訶薩："善男子！住阿蘭若出家菩薩，入於聚落所乞之食，先以少分施於眾生，又以餘分施於所欲，即得名為檀波羅蜜。以自身命供養三寶，頭目髓腦施來求者，即得名為親近波羅蜜。為求法者說出世法，令發無上菩提心故，即得名為真實波羅蜜。善男子！是名出家菩薩成就布施波羅蜜多。"（《大正藏》卷三第322页）

【评说】檀，施予之义。檀波罗蜜，又称布施波罗蜜，所乞之食施于众生，供养有德同伴，故依此布施即名檀波罗蜜也。

【原文】復次，善男子！出家菩薩為令眾生得成佛故，修精進行，未得成佛福智羸弱，不貪安樂，不造眾罪，於昔菩薩行苦行中深生歡喜，翹敬宗仰常無休息，以是因緣，即得名為精進波羅蜜。棄捨身命如捐涕唾，一切時中未嘗懈怠，即得名為親近波羅蜜。遇有緣者說最上道，令趣無上正等菩提，即得名為真實波羅蜜。由精進心，如是十行，過去不退、現在堅固、未來速滿。善男子！是名出家菩薩摩訶薩成就精進波羅蜜多。（《大正藏》卷三第322－323页）

【评说】精进，即依佛教教义，于修善断恶、去染转净之修行过程中，不懈怠地努力上进。精进为修道之根本，初修行者，不贪安养，不造重罪，而于菩萨行法中深生欢喜、敬仰，称精进波罗蜜。

【原文】復次，善男子！出家菩薩住阿蘭若修習三昧，為攝善法令不散失，入諸解脫永斷邊見，現於神通化彼眾生令得正智，斷煩惱本入真法界，悟如實道當趣菩提，以是因緣即得名為禪定波羅蜜。欲令眾生如我無異悉得滿足，調伏有情不捨三昧，不惜身命修此三昧，即得名為親近波羅蜜。為諸眾生說深妙法，皆令趣向無上菩提，即得名為真實波羅蜜。善男子！是名出家菩薩成就禪定波羅蜜多。（《大正藏》卷三第323页）

【评说】修习三昧即禅定，义为心专注而不散乱，佛教以此作为取得正确认识，达到出世成佛的修养方法。修习此法，脱离束缚而得自在，永断偏颇见解而生正见，断烦恼业障而得神通，化导众生而得正智，亲证法界而悟实道，即名禅定波罗蜜。

【原文】復次，善男子！出家菩薩處於空閑，親近供養諸佛菩薩一切智者，常樂聽聞甚深妙法，心生渴仰恒無厭足，善能分别二諦真理，斷除二障、通達五明，說諸法要能決眾疑，以是因緣即得名為般若波羅蜜。為求半偈棄捨身命，不憚眾苦志求菩提，即得成就親近波羅蜜。於大會中為人說法，於深妙義無所祕惜，能令發起大菩提心，於菩薩行得不退轉，常能觀察我身、蘭若，及菩提心、真實法身，如是四種無有差别，如是如是觀妙理故，即得名為真實波羅蜜。善男子！是名出家菩薩成就般若波羅蜜多。(《大正藏》卷三第 323 页)

【评说】般若，即菩萨所修智慧。出家菩萨住于空闲之处，应当亲近供养诸佛，听闻佛之教义，学而不厌，若善能观察俗谛与真谛，明断贪嗔烦恼之烦恼障与邪见妄知之所知障，通晓"五明"，即五种学术：声明(语言、文典之学)、工巧明(工艺、技术、算历之学)、医方明(医学、药学、咒法之学)、因明(论理学)、内明(宗教学)，说诸法能解决众生的疑问，修得如此智慧，乃名为般若波罗蜜也。

【原文】復次，善男子！出家菩薩住空閑處，常能修習方便勝智波羅蜜多，以佗心智能了有情意樂煩惱心行差别，應病與藥悉令除差，自在遊戲神通三昧，發大悲願成熟眾生，諸佛之法無不通達，以是因緣即得名為方便善巧波羅蜜多。為欲饒益諸眾生故，於身命財都不固惜，即得名為親近波羅蜜多。為諸眾生怨親平等，說微妙法令入佛智，即得名為真實波羅蜜多。善男子！是名出家菩薩成就方便善巧波羅蜜。(《大正藏》卷三第 323 页)

【评说】方便，犹言善巧、权宜，是利益他人、化度众生的智慧和方式。此行方便之智慧，而能了知他心，观察心法和行蕴之种种差别，能对症下药，借神通力以度化众生而自娱，所谓以种种方便和善巧，方便利益众生，即为方便波罗蜜也。

【原文】復次，善男子！出家菩薩入於山林，為諸眾生常能修習願波羅蜜，心恒觀察諸法真性，非有非空中道妙理，於世俗事悉能辨了，為化有情恒修慈悲，以是因緣，即得名為願波羅蜜。以四弘願攝受眾生，乃至捨身不壞悲願，即得名為親近波羅蜜。說微妙法辯才無礙，若有聽聞畢竟不退，即得名為真實波羅蜜。善男子！是名出家菩薩成就願波羅蜜多。(《大正藏》卷三第 323 页)

【评说】此愿，即大悲愿心。出家菩萨以大悲愿心为诸众生恒修波罗蜜法，以大悲心观察诸法实相，深解既不是有、亦不是空的中道之义，明断世间俗事，起大慈悲心利益众生，因此名愿波罗蜜。

【原文】復次，善男子！出家菩薩住阿蘭若，以正智力善了有情心行黑白，能為眾生說相應法，令入大乘甚深妙義，即能安住究竟涅槃，以是因緣，即得名為力波羅蜜。以正智眼照見五蘊空寂之理，能捨身命利眾生故，即得名為親近波羅蜜。以妙智力化邪見眾，令斷輪迴生死惡業，趣向常樂究竟涅槃，即得名為真實波羅蜜。善男子！是名出家菩薩成就力波羅蜜多。(《大正藏》卷三第 323 页)

【评说】正智力，指具有对众生善恶真相正确判断的智慧和能力。出家菩萨通过判断为众生宣说相应之法，使众生深入得道，而能达到至高无上之境界，具此正智力，故称力波罗蜜。

【原文】 復次，善男子！出家菩薩住阿蘭若，於一切法了知善惡，遠離邪見攝受正法，不厭生死不樂涅槃，即得名為智波羅蜜。不愛自身憐愍眾生，於身命財恒修大捨，即得名為親近波羅蜜。以微妙智為諸眾生說一乘法，令入阿耨多羅三藐三菩提，以是因緣，即得名為真實波羅蜜。善男子！是名出家菩薩成就智波羅蜜多。（《大正藏》卷三第 323 页）

【评说】 出家菩萨依正智力了知诸法善恶之真理，远离邪见亲身教化正法，不厌身死度脱众生，即名智波罗蜜。

功德庄严品第九

【提要】 佛陀对弥勒菩萨摩诃萨说出家菩萨有四法摄一切善行和修行阿兰若四种德。

【原文】 爾時，佛告彌勒菩薩摩訶薩言："汝善男子！當修學者，但有一德，是人應住阿蘭若處求無上道。云何為一？謂觀一切煩惱根源即是自心，了達此法，堪能住止阿蘭若處。所以者何？譬如狂犬被人驅打，但逐瓦石不逐於人。未來世中住阿蘭若新發心者，亦復如是，若見色聲香味觸法其心染著，是人不知煩惱根本，不知五境從自心生，即此名為未能善住阿蘭若處，以是因緣，樂住寂靜求無上道。"（《大正藏》卷三第 324 页）

【评说】 佛陀认为，只要明了"观一切烦恼根源都是自心，了达此法，堪能住止阿兰若"。初学道之人，若被各种贪念所污染，都以为环境所致，而不知各种烦恼实由内心而发，故不懂观察自心者便不能安住阿若兰。

【原文】 復次，善男子！有二種法繫縛行者，令不堪任住阿蘭若：一者愛樂斷見邪法，二者愛樂財寶樂具。又，善男子！有二種人，不堪居住阿蘭若處：一者具足憍慢，二者惡大乘法。又，善男子！有二種人，不應居住阿蘭若處：一者邪見不信佛語，二者身自破戒策役持戒。如是等人，不應居住阿蘭若處求無上道。（《大正藏》卷三第 325 页）

【评说】 此经阐述不能住阿兰若的情况，分三类人说明。一类为在家凡夫，坚持人死之后身心断灭不复再生的偏见或者一味贪着金钱。二类为出家凡夫，有骄慢之心，不能谦虚修习者，或只求自利、自解脱，于他人而不顾之自私自利者。三类为佛法中修行稍有心得的出家人，修习佛法却根本不信者，或破坏所受持之戒律。只有脱离了此三类人的过法，才可以住阿兰若，修习成佛。

【原文】 復次，善男子！具四種德，應當安住阿蘭若處。云何為四？一者多聞總持不忘，二者分明能解妙義，三者正念常不放逸，四者隨順如來教行。善男子！若有佛子成就如是四種勝德，應當安住阿蘭若處，修菩薩行求無上道。（《大正藏》卷三第 325 页）

【评说】 佛陀认为，安住阿若兰要具备的四种品德：一、不忘所闻佛法；二、了解佛法义理；三、依理而生正念；四、正念生起而奉法修行。

【原文】 復次，善男子！出家菩薩，復有四德莊嚴自身，住阿蘭若求佛智慧。云何為四？一者大慈，二者大悲，三者大喜，四者大捨。善男子！如是四法，能生一切福德智慧，利益安樂無量眾生，速證無上大菩提法。（《大正藏》卷三第 325 页）

【评说】 佛陀认为，要安住阿兰若需要具备普度众生，施福众生的四种精神：一、大慈，即与众生乐；二、大悲，即拔众生苦；三、大喜，即见众生离苦得乐而心生喜悦；四、大舍，即舍弃一切贪着之心。

【原文】復次,善男子!出家菩薩復有四德,持戒清淨能至菩提。云何為四?一者恒住四無垢性,二者常行十二頭陀,三者遠離在家出家,四者永離諂誑嫉妬。善男子!一切菩薩依此四法,永離生死得大菩提。(《大正藏》卷三第 325 页)

【评说】佛陀认为,要成就无上菩提必须要持守四种戒律:一为对衣服、卧具、饮食、汤药四种生活基本所需能知足不另起贪求之心;二为修治身心、除净烦恼尘垢之十二种梵行;三为舍离欲望之宅,出家投佛学道;四为永离欺骗、嫉妒之心。

【原文】復次,善男子!出家菩薩復有四法,攝一切善。云何為四?一者淨持禁戒復有多聞,二者入諸三昧能具智慧,三者得六神通兼修種智,四者善巧方便又不放逸。善男子!如是四法,三世菩薩共所修學,汝等佛子亦應修習,疾證廣大無上菩提。(《大正藏》卷三第 325 页)

【评说】佛陀认为,总摄一切善法有四种法:一、修行不仅需要自我持戒,还要多听闻教义;二、修行时止心一处,保持安静,不令散乱而能生智慧,悟一切真理;三、要得到六种超人间而自由无碍的能力,同时要修得佛了知一切种种法的智慧;四、要有随机而动之技巧和智慧,但又不能放纵心思,任性妄为。

【原文】復次,善男子!出家菩薩具四種法,於菩薩行得不退轉。云何為四?一者布施,二者愛語,三者利行,四者同事。善男子!如是四行,趣菩提路利生根本,一切菩薩皆應修學。(《大正藏》卷三第 325 页)

【评说】佛陀认为,修菩萨行应以四法为根本:一、布施,即以慈悲心而施福利与人;二、爱语,即以众生欢喜听的言语为众生说法;三、利行,即以身口意善行施与众生利益;四、同事,即以法眼见众生根性,与一切众生共事,令得利益。

【原文】復次,善男子!一切菩薩復有四願,成熟有情住持三寶,經大劫海終不退轉。云何為四?一者誓度一切眾生,二者誓斷一切煩惱,三者誓學一切法門,四者誓證一切佛果。(《大正藏》卷三第 325 页)

【评说】此经阐述菩萨修行所发的四个誓愿:一、菩萨修行誓为普度诸众生;二、誓为众生断除烦恼;三、誓学一切法门,通晓教义;四、誓修得一切正果。

卷 第 八

观心品第十

【提要】佛陀对诸菩萨说心地观法,认为心法本性空寂,能观心者最终将得解脱。

【原文】善男子!三界之中以心為主,能觀心者究竟解脫,不能觀者究竟沈淪。眾生之心猶如大地,五穀五果從大地生。如是心法,生世出世善惡五趣,有學無學、獨覺菩薩及於如來。以是因緣,三界唯心,心名為地。一切凡夫,親近善友聞心地法,如理觀察,如說修行,自作教佗讚勵慶慰,如是之人能斷三障速圓眾行,疾得阿耨多羅三藐三菩提。(《大正藏》卷三第 327 页)

【评说】观心，即观察自己的心以明心之本性。心为万法之主，无一事漏于心者，故观察心，即观察一切也。观自心既明，一切明朗，便能究竟解脱，否则便长沦于三界生死之中。故欲求解脱三界生死之缠缚，必须修此心地观。

【原文】爾時，佛告文殊師利菩薩言："如是如是，善男子！如汝所問，心心所法本性空寂，我說眾喻以明其義。善男子！心如幻法，由遍計生，種種心想，受苦樂故。心如流水念念生滅，於前後世不暫住故。心如大風，一剎那間歷方所故。心如燈焰，眾緣和合而得生故。心如電光，須臾之頃不久住故。心如虛空，客塵煩惱所覆障故。心如猿猴，遊五欲樹不暫住故。心如畫師，能畫世間種種色故。心如僮僕，為諸煩惱所策役故。心如獨行，無第二故。心如國王，起種種事得自在故。心如怨家，能令自身受大苦故。心如埃塵，坌污自身生雜穢故。心如影像，於無常法執為常故。心如幻夢，於無我法執為我故。心如夜叉，能噉種種功德法故。心如青蠅，好穢惡故。心如殺者，能害身故。心如敵對，常伺過故。心如盜賊，竊功德故。心如大鼓，起鬪戰故。心如飛蛾，愛燈色故。心如野鹿，逐假聲故。心如群豬，樂雜穢故。心如眾蜂，集蜜味故。心如醉象，耽牝觸故。善男子！如是所說心心所法，無內無外亦無中間，於諸法中求不可得，去來現在亦不可得，超越三世非有非無，常懷染著從妄緣現，緣無自性心性空故。如是空性，不生不滅，無來無去，不一不異，非斷非常，本無生處，亦無滅處，亦非遠離非不遠離，如是心等不異無為，無為之體不異心等。"（《大正藏》卷三第 327 页）

【评说】为表明心法本性空寂，佛陀用了二十六种比喻，此举二三例解释：比如心如幻化，即没有固定的体性和形相，若不了知，于是虚妄出现种种心相，便会生起种种苦乐；比如心如电光，即我们心中常有妄想生起，但也如电光一闪，应该马上消失；又比如心如飞蛾，飞蛾赴火，心贪五欲，最终落个自取灭亡。种种比喻，只为说明这心心所法，没有一定的所在，也没有内外中间的形相表现，心的体性是空，不生不灭，无来无去，这三界若有漏的心，必定是被虚妄、执著的贪念污染的。

发菩提心品第十一

【提要】佛陀对文殊师利菩萨说心空见灭、执空成病、自觉悟心。

【原文】佛告文殊師利："善男子！諸心法中起眾邪見，為欲除斷六十二見種種見故，心心所法我說為空，如是諸見無依止故。譬如叢林蒙密茂盛，師子白象、虎狼惡獸潛住其中，毒發害人，迥絕行跡。時有智者以火燒林，因林空故諸大惡獸無復遺餘。心空見滅，亦復如是。"（《大正藏》卷三第 328 页）

【评说】心空见灭，即众生心法为一切起诽谤欲乐，起染污心的邪见所依，今心法为空邪见即除也。如一群恶兽隐避于深山丛林之中伤害众生，今有智者，以火烧林驱除恶兽，林空则兽除，恰当地比喻了心空则邪见自灭。

【原文】善男子！如阿伽陀藥能療諸病，若有病者服之必差，其病既愈藥隨病除，無病服藥藥還成病。善男子！本設空藥為除有病，執有成病執空亦然，誰有智者服藥取病？善男子！若起有見勝起空見，空治有病，無藥治空。善男子！以是因緣，服於空藥除邪見已，自覺悟心能發菩提，此覺悟心即菩提心，無有二相。（《大正藏》卷三第 328 页）

【评说】佛教主张万法皆空，因果不空，因此强调既不能执有，更不能执空。众生因贪妄之心而生一切烦恼、邪见，即执有成病，所以佛陀开出空药以治之，药到病除，空药也就没有用了。众生若不执著于有，反而执著于空，即执空作病，无病服药，药还成病，不是智者所为。因此，执有、执空虽都为病，但空药可治执有之病，执空成病则无药可治。空药除却了执有成病的烦恼、邪见，心便觉悟，自觉悟心能发菩提，此觉悟心就是菩提心，即众生离去妄执所显之心。

【原文】自覺悟心有四種義。云何為四？謂諸凡夫有二種心，諸佛菩薩有二種心。善男子！凡夫二心其相云何？一者眼識乃至意識，同緣自境名自悟心。二者離於五根心心所法，和合緣境名自悟心。善男子！如是二心能發菩提。善男子！賢聖二心其相云何？一者觀真實理智。二者觀一切境智。善男子！如是四種名自悟心。(《大正藏》卷三第 328 页)

【评说】自觉悟心之四种义，按凡夫俗子与菩萨圣贤之所感所觉之不同各有二义。对于凡夫而言：一者即眼识、耳识、鼻识、舌识、身识、意识六种感觉能产生色、声、香、味、触、法六种境界；二者即离去眼、耳、鼻、舌、身五种物质性的色根，独留意根，集中心力修禅法。而对于圣贤而言：一者即能真实观察到真如之理与智慧；二者即能观一切真如之理与智慧。

成佛品第十二

【提要】薄伽梵对文殊师利菩萨说瑜伽行者应观三种大秘密法。

【原文】是薄伽梵，告文殊師利菩薩摩訶薩言："瑜伽行者觀月輪已，應觀三種大祕密法。云何為三？一者心祕密，二者語祕密，三者身祕密。云何名為心祕密法？瑜伽行者，觀滿月中出生金色五鈷金剛，光明煥然猶如鎔金，放於無數大白光明，以是觀察名心祕密。云何名為語言祕密……此陀羅尼具大威力，一切菩薩成佛真跡，是故名為語言祕密。云何名為身祕密法？於道場中端身正念，手結引導無上菩提最第一印，安置胸臆心月輪中。"(《大正藏》卷三第 329 页)

【评说】瑜伽者，即相应、和谐之义，谓修行之人与所修之法互相合应，则名瑜伽。瑜伽行者，应修三种大秘密法。所谓三种秘密者：一、心秘密法，是由于瑜伽行者观察自心如清净圆满之月轮，观得自心月轮中出生的五钴金刚，焕发光明，他们以本有之体性，感受到如来的威力，则行者自身即成佛，此为心秘密法；二、语言秘密法，即瑜伽行者依真言而加持诵习，则便能得如来法身。其秘密之义则含在此真言中；三、身秘密者，即瑜伽行者道场正坐结印于胸臆间，此心印即是引导菩萨而究竟成佛之心印，此为身秘密法。

【原文】爾時，佛告文殊師利菩薩言："若有善男子、善女人，欲得修習三種祕密成佛妙門，早獲如來功德身者，當著菩薩三十二種大金剛甲，修此妙觀，必證如來清淨法身。云何名為三十二甲？一者於無量劫為眾生故不厭生死受苦大甲。二者誓度無量有情乃至螻蟻不捨大甲。三者覺悟眾生生死長夢安置三種祕密大甲。四者擁護佛法於一切時猶如響應護法大甲。五者永滅能起有無二見一切煩惱金剛大甲。六者頭目髓腦妻子珍寶有來求者能捨大甲。七者家中所受一切樂具永不貪著能施大甲。八者能持菩薩三聚淨戒終不捨離頭陀大甲。九者著忍辱衣遇諸違緣毀罵鞭打不報大甲。十者教化所有一切緣覺聲聞令趣一乘迴心大甲。十一者譬如大風晝夜不歇度諸有情精進大甲。十二者身心寂靜口無過犯修行解脫三昧大甲。十三者生死涅槃無有二見饒益眾生平等大甲。十四者無緣大慈利益群品恒無厭捨與樂大甲。十五者無礙大悲救攝一切無有限量拔苦大甲。十六者於諸眾生無有怨結恒作饒益大喜大甲。十七者雖行苦行不憚劬勞恒無退轉大捨大甲。十八者有苦眾生來菩薩所代彼

受苦不厭大甲。十九者如觀掌中阿摩勒果如是能見解脱大甲。二十者見五蘊身如旃陀羅損害善事無著大甲。二十一者見十二入如空聚落常懷恐怖厭捨大甲。二十二者見十八界猶如幻化無有真實大智大甲。二十三者見一切法同於法界不見眾相證真大甲。二十四者掩佗人惡不藏己過厭離三界出世大甲。二十五者如大醫王應病與藥菩薩隨宜演化大甲。二十六者見彼三乘體本不異究竟迴心歸一大甲。二十七者紹三寶種使不斷絕轉妙法輪度人大甲。二十八者佛於眾生有大恩德為報佛恩修道大甲。二十九者觀一切法本性空寂不生不滅無垢大甲。三十者悟無生忍得陀羅尼樂說辯才無礙大甲。三十一者廣化有情坐菩提樹令證佛果一味大甲。三十二者一剎那心般若相應悟三世法無餘大甲，是名菩薩摩訶薩三十二種金剛大甲。”(《大正藏》卷三第 329-330 页)

【评说】此经认为瑜伽行者修三种秘密法门时，先要披三十二种大甲，必能成就如来清净法身矣。此三十二大甲，即瑜伽行者本身应具备的三十二种本性。如第一甲，即是菩萨于无量劫中广度众生，不畏生死大苦；第六甲，修菩萨行者要能舍身命财产；第七甲，修行者不贪着乐反而能施于人；第十八甲，修菩萨行者能代众生受苦等。

金色王经

东魏天竺优婆塞瞿昙般若流支译

【提要】佛陀在舍婆提城祇陀树林给孤独园以前世身为金色王时，通过对缘觉圣者布施食物以解除饥荒的经过为众比丘阐明布施的意义和功德。

【原文】爾時，世尊告諸比丘言：“諸比丘！若有眾生能知布施、施果分報，如我所知施果分報。於食食時，若初食摶、若後食摶，不以少分，先捨施已，則不自食，離嫉心垢，則能捨施。諸比丘！若有眾生不知布施、施果分報，如我所知施果分報。如是眾生若初食摶、若後食摶，不以少分捨用施他，而便自食，有嫉心垢則不能施……”(《大正藏》卷三第 388 页)

【评说】有嫉心则不能行持布施，说明“嫉”心态与施相反。《唯识名词白话新解》引《成唯识论》曰：“云何为嫉，殉自名利，不耐他荣，妒忌为性，能障不嫉，忧戚为业，谓嫉妒者闻见他荣深怀忧戚。”可见，嫉是不喜他人较自己更胜的心态。布施需要恭敬受施者，行为结果又令受施者较自己先得物，故训练布施行为能够有效扭转“嫉”的心态。

【原文】彼金色王，復於異時在空閑處，寂靜思惟生如是心：“一切商人我當不稅，一切人民我當不賦。”時金色王既思惟已，诏喚大臣、左右內外諸曹百官，如是勅言：“自今已後，一切人民，一切商人不賦、不稅，普閻浮提一切人民放其賦稅。”彼金色王以此方便，如法治國乃經多年。(《大正藏》卷三第 388 页)

【评说】减免赋税有利于社会的生产活动，提高劳动人民的生活水平。这一愿望在经中则表现为歌颂明君免除税赋的举措。

【原文】復於異時有惡星現，應十二年天不降雨。有婆羅門善知相術，善知咒論，知太白等眾星行度，既見惡星，占相知已詣金色王，既到王所具為王說，作如是言：“天今當知，惡星

已出，於天不祥，應十二年天不降雨。”（《大正藏》卷三第388页）

【评说】“有恶星现，应十二年天不降雨”，反映了原始的天文观。经文中“太白”即金星，这是佛经汉译时采用相应的本土译词。

【原文】時，金色王自身為首，閻浮提中一切人民，均等與食一切省與，如是乃至到十一年存命不死。

出十一年經一月日，處處多有男子、婦人，若男若女漸漸患飢，何以故？穀欲盡故。猶故復有十一月在，處處多有男子、婦人，若男若女飢渴欲死。（《大正藏》卷三第389页）

【评说】经文描述了当时人们经历的一场饥荒。通过节省并平均分配粮食，人们得以延续生命。

【原文】時，彼菩薩既起是心，即向餘處異樹根下。既到彼已，依彼樹根，結加趺坐端身正念。時，彼菩薩於五取陰，若出若沒隨順觀察，此色集起、此色散滅，如是此受、此想、此行、此識集起，此識散滅，菩薩如是於五取陰隨順觀察，見此沒已，未久之間，所有集法一切散滅。既如是知，以是因緣即時獲得緣覺菩提，得菩提已，而說偈言：

“因愛故生苦　如是應捨愛

當樂於獨處　猶如犀一角”（《大正藏》卷三第389页）

【评说】经文描述禅坐中观察五蕴的方法，是观禅的一种。通过在禅修中观察色受想行识五蕴的集散，能对五蕴无常产生深刻认识，改变既往认知。

【原文】時辟支佛緣覺世尊，於須臾間到金色王所住樓上。時，金色王見辟支佛緣覺世尊，即便起迎頂禮其足，頂禮足已，設好敷具，勸令就座。彼辟支佛緣覺世尊在座坐已，時金色王向辟支佛緣覺世尊，作如是言：“不審仙人何故來此？”答言：“大王！我今為食，故來至此。”時金色王既聞是語，即爾悲啼，泣淚而言：“何期我今如是貧窮？此閻浮提富樂自在我已得之，忽於今者，此一仙人不能供給一食好食。”爾時，彼處有一天女，住在饒金王都城中，向金色王而說偈言：

“何法名為苦　所謂貧窮是

何苦最為重　所謂貧窮苦

死苦與貧苦　二苦等無異

寧當受死苦　不用貧窮生”（《大正藏》卷三第389页）

【评说】经文此处将死苦与贫穷苦相提并论，主要是指由物质贫穷所引生的精神痛苦。因为贫穷而不能布施，在当时人们的观念中就是失去了为今生后世积累福报的机会，对有轮回信仰的人们来说是很严重的损失。

【原文】如是時間，彼辟支佛緣覺世尊，受其施食，將向餘處食彼食時，普於四方四雲輪起，涼風吹扇令閻浮提其地皆淨。爾時，涼風吹閻浮提，其地淨已中後半日，天雨種種佉陀尼食、蒲闍尼食、如是色食，所謂飯麨及以熟豆。雨如是等蒲闍那食佉陀尼者，所謂餅根、莖、葉、華果及胡麻等。此佉陀尼如是復有油脂粔粊，此佉陀尼稻米末餅，此佉陀尼雨如是等種種食等。時，金色王見如是事，心大歡喜，踊悅無量善意心生，語諸大臣、左右內外諸曹百官

至眷屬等，而作是言："卿等當看，卿等當看！朝日如是一食施報，得如是果，復有無量餘果報，在後必當得。"如是訖日，從第二日至七日中，復更異雨種種穀等，所謂胡麻、大豆、小豆、大麥、小麥、江豆、䴇豆、稻、粱、米等，七日雨已。如是次第七日雨酥、七日雨油、七日雨錢、七日雨疊，復作種種雜雨。復於七日唯雨七寶，所謂金、銀，及毘琉璃、私頗知迦、赤色真珠，并雨馬瑙、牟娑羅等如是七寶。(《大正藏》卷三第390页)

【评说】本段经文列举了当时的种种食物及生活所需，涵括了古人能想象到的象征富足之物。

【原文】……爾時，世尊而說偈言：

"前作善不善　不失罪福業
親近黠慧者　不失往來業
聖眾中善語　不失語言業
知恩報恩人　不失所作業
善業為端正　不善為鄙陋
二業皆有報　必定實得果"(《大正藏》卷三第390页)

【评说】偈语说明善恶报应不爽，并指出在心理、语言、行为三个方面如何行善。与聪明有智慧者交往，自己也会变得聪慧；赞叹有德行的人，就可以收获善语；在行为上知恩报恩，则能在事业上获得圆满。所以每个人都应去恶行善。

佛说妙色王因缘经

大唐三藏法师义净奉制译

【提要】佛陀在室罗伐城逝多林给孤独园为众比丘讲述自己过去世为求"离贪爱无忧怖"之法忘记己身的事迹。

【原文】是時藥叉共王立要，即於無量百千萬億大眾之中，說勝妙伽他曰：

"由愛故生憂　由愛故生怖
若離於愛者　無憂亦無怖"(《大正藏》卷三第391页)

【评说】"忧"是心理上的担心，"怖"在程度上更甚于"忧"。本偈说明因为有所贪爱就会产生令心不得自在，甚至痛苦的情绪。

佛说师子素驮娑王断肉经

大唐沙门智严译

【提要】本经记述了素驮娑王夙习肉食，登基之后除食用鸟兽，还差遣仆役暗寻孩肉，招致民众怨怒；素驮娑王拟举行祭祀禳除民怨，在此过程中得到菩萨教诲，痛悟前非而改过，从此断肉不杀生的经过。

【原文】是身虛假合因緣　命若電光無停住

五根六識無人我　眼耳鼻舌觸為因

如幻變化見眾像　眾生妄想執為真

從頭至足驗此軀　無有一事是常住

如水中泡刹那滅　老病死苦亦無常(《大正藏》卷三第392页)

【评说】本段偈颂通过种种比喻说明五蕴无常的道理。其中心思想在于人身由五蕴和合而成,不必通过肉食等过度滋养。对于菩萨道行者来说,由于肉食是通过伤害其他生命而来的,直接违背佛教教义和菩萨精神,更不应提倡。

佛说顶生王因缘经

西天译经三藏朝奉大夫试光禄卿传法大师赐紫沙门臣施护等奉诏译

【提要】佛陀在舍卫国祇树给孤独园通过讲述顶生王由于贪心驱使不断征服外界极尽人欲之后,因对天帝释之位生起贪欲而招致衰败,临死时感悟贪图物欲于人无益的经过为众生说明贪欲的过患。

【原文】爾時,頂生王漸次思惟觀察稱量人間所宜種種事業,隨所思惟觀察稱量已,各各發起人間所有種類事業。其王出行初見人間耕植田里,見已乃問諸侍臣言:"此人所作名為何等?"臣白王言:"天子!此人耕耨其田、植諸種子,隨所滋長而為活命。"

……

復次,彼王漸行,又見農人種蒔氎衣種子,見已乃問諸近臣言:"此人所作名為何等?"臣白王言:"天子!此人種蒔氎華樹種,結實取綿可成氎衣。"

……

復次,彼王漸行,又見農人紡氎衣線,見已乃問諸近臣言:"此人所作名為何等?"臣白王言:"天子!此人取綿紡線將成氎段。"

……

復次,彼王漸行,又見農人次第織氎衣段,見已乃問諸近臣言:"此人所作名為何等?"臣白王言:"天子!此人布設機杼織氎衣段。"(《大正藏》卷三第393-394页)

【评说】以上经文记述了当时劳动者耕种纺织的一系列生产活动。氎,即细棉,本段记录了从种植氎花树种、结实取棉、纺氎衣线、布设机杼织衣的过程。

【原文】爾時,頂生王見是事已,乃起思念:"我之福力,今於此間未能顯發。我已統治須彌山南外大海中此贍部洲,其內廣闊外如車形,人民熾盛安隱豐樂;又復國土城邑嚴麗,所居人眾妙色可觀。我有七寶:所謂輪寶、象寶、馬寶、摩尼珠寶、玉女寶、主藏神寶、主兵神寶,如是七寶皆悉具足。及有千子最上色相,勇猛無畏能伏他軍,若我有勝力者快哉。今時願我宮中雨金錢七日,乃至不使一錢墮於宮外。"王纔念時,即於宮中天雨金錢數滿七日,無一金錢墮於宮外;隨其所作善根福力,神通威德自受福果。其王即問諸人眾言:"此由何人福力所

致?”諸人眾言:“天子福力。”王言:“如汝向說兼汝等力,何故今時天不雨金滿贍部洲,使一切人民隨所欲者,悉能取之,故知汝等宿因微尠。”

佛言:“大王! 彼頂生王正法治世,又經六帝釋滅。”

復次,頂生王謂導翼夜叉神禰舞迦言:“何處別有大洲為我所統?”禰舞迦答言:“天子! 須彌山東外大海中,彼有大洲名曰勝身,其內廣闊外如半月,人民熾盛安隱豐樂;又復國土城邑嚴麗,所居人眾妙色可觀,王應往彼隨宜化導。”

時頂生王即自思惟:“我已統治此贍部洲,及有七寶千子圍繞宮中,又雨金錢七日。我又復聞,須彌山東外大海中有勝身洲,我今往彼而為化導。”王纔念時,舉身空中,與十八俱胝勝力兵眾,及千子圍繞七寶導從,剎那即到東勝身洲。大王! 彼頂生王於其洲中,治化人民多百千歲,隨彼眾生各各所作福行善力,神通威德自受福果,如是又經六帝釋滅。

復次,頂生王謂導翼夜叉神禰舞迦言:“何處別有大洲為我所統?”禰舞迦答言:“天子! 須彌山西外大海中,彼有大洲名曰牛貨,內外周遍其相圓滿,人民熾盛安隱豐樂;又復國土城邑嚴麗,所居人眾妙色可觀,王應往彼隨宜化導。”

時頂生王即自思惟:“我已統治彼贍部洲,七寶千子及雨金錢;我復至此東勝身洲,治化人民多百千歲。今又復聞,須彌山西外大海中有牛貨洲,我今往彼而為化導。”王纔念時,舉身空中,與十八俱胝勝力兵眾,及千子圍繞七寶導從,剎那即到西牛貨洲。大王! 彼頂生王於其洲中,治化人民多百千歲,隨彼眾生各各所作福行善力,神通威德自受福果,如是又經六帝釋滅。

復次,頂生王謂導翼夜叉神禰舞迦言:“何處別有大洲為我所統?”禰舞迦答言:“天子! 須彌山北外大海中,彼有大洲名曰俱盧,內外周遍其相四方,人民熾盛安隱豐樂;又復國土城邑嚴麗,所居人眾妙色可觀;又彼洲人,無我繫著無所攝屬,王應往彼隨宜化導。”

時頂生王即自思惟:“我已統治彼贍部洲,七寶千子及雨金錢;又往東勝身洲;而復至此西牛貨洲,治化人民多百千歲。今又復聞,須彌山北外大海中有俱盧洲,我今往彼而為化導。”王纔念時,舉身空中,與十八俱胝勝力兵眾,及千子圍繞七寶導從,往詣北俱盧洲,剎那即到須彌山側。其王遙見彼地白色,見已即問夜叉神禰舞迦言:“今此方處何故地白?”禰舞迦答言:“天子! 此是北俱盧洲人所食香稻,其狀白色香味具足,不假耕植自然而生,稻長四指無芒無秕,清淨潔白依時成熟;彼洲人民不施其力取以食之,王今往彼亦取香稻而為其食。”時王聞已謂臣佐言:“汝等見此地白色不?”臣白王言:“唯然已見。”王言:“此是北俱盧洲人所食香稻,其狀白色香味具足,不假耕植自然而生,稻長四指無芒無秕,清淨潔白依時成熟,彼洲人民不施其力取以食之,汝等往彼亦取香稻而為其食。”

時頂生王又於須彌山北,遙見眾莊嚴樹圓無缺減殊妙可觀,即問禰舞迦言:“此是何等眾莊嚴樹?”禰舞迦答言:“天子! 此是北俱盧洲人民所有四種劫波衣樹,謂青、黃、赤、白,其樹所出四色妙衣,彼洲人民若男若女須其衣者,纔起心時,即彼樹枝自然低垂,恣其所取。王今往彼亦被其衣。”

時王聞已,謂臣佐言:“汝等見此眾莊嚴樹,圓無缺減不?”臣白王言:“唯然已見。”王言:“此是北俱盧洲人民所有四種劫波衣樹,謂青、黃、赤、白,其樹所出四色妙衣,彼洲人民若男若女思其衣者,纔起心時,即彼樹枝自然低垂,恣其所取。汝等往彼亦被其衣。”(《大正藏》卷三第 394-395 页)

【评说】南赡部洲内广阔外如车形;东胜身洲内广阔外如半月;西牛货洲内外周遍其相

圆满;北俱卢洲内外周遍其相四方。这是当时印度人民的地理观。经文同时还记载了各洲的风土人情。

【原文】復次,持軸山後至持雙山,其山嚴麗殊妙可觀,純金所成;彼有四大王天,諸天子眾往復其間。須彌山王高出眾山,此山王東有大天王,名曰持國,所居宮城亦號持國;其城縱廣正等二百五十由旬,周匝千由旬,內外嚴麗,殊妙可觀;城有金牆,高半由旬;金城之上有四女牆,金、銀、瑠璃、頗胝迦作;復有重牆通往來道亦四寶作;其城中地,又復殊麗奇妙莊嚴,有百一種綵繪為飾,地復柔軟如兜羅緜及如妙氎,下足隨陷舉足隨起;有天曼陀羅華散布其地深可膝量,香風時來吹去萎華更雨新者。城中街衢,長二百五十由旬,闊二十五由旬,金沙布地,觸處遍灑旃檀香水,金繩交絡垂金鈴鐸以界道側。

……

彼池周匝,復有種種華樹菓樹,直生端立圓無缺減,如結鬘師取以妙線,妙巧安布盤結成鬘,華菓樹林亦復如是。彼樹復有種種飛鳥游止其上,出妙音聲,謂高遠聲、悅意聲、美妙聲等。又彼宮中有青、黃、赤、白四種劫波衣樹,其樹所出四色妙衣,若彼天男及天女等思其衣者,纔起心時而自至手。又彼宮中有其種種妙音樂樹,所謂簫、笛、琴、箜篌等,若彼天男及天女等思音樂者,纔起心時其樂自鳴。又彼宮中有其種種妙莊嚴樹,彼樹所出手釧足環,及身莊嚴妙好之具,若彼天男及天女等思莊嚴具者,纔起心時,而自至手。

又彼宮中有四色蘇陀味食,謂青、黃、赤、白,若彼天男及天女等思其食者,纔起心時而自至手。又有四種所飲之漿,謂末度漿、摩達網漿、迦譚末梨漿、播曩漿等。而彼宮中有妙莊嚴殿堂樓閣,諸天女眾或處其中安隱而坐,或觀視游行,悉有種種乘輿服飾莊嚴之具,天女軿隘擊鼓奏歌,爇眾名香,豐諸飲食,彼持國天王與諸眷屬嬉戲快樂,隨自福力受斯勝果。

復次,須彌山南有大天王名曰增長……

復次,須彌山西有大天王名曰廣目……

復次,須彌山北有大天王名曰多聞……(《大正藏》卷三第395-397页)

【评说】本段经文描述了须弥山四面四天王所居宫园池林美丽适宜的样貌,并记载了当时人们所能想到的最精良的美食衣物、娱乐享受,如四色苏陀味食、四种饮浆、四色妙衣、灵禽美鸣等。这些都反映了佛陀时代人们对美好生活的向往。

【原文】又須彌山有四層級:其第一層,傍出一萬六千由旬,四寶所成;有堅首天,居止其中;去第二層高一萬由旬。其第二層,傍出八千由旬,四寶所成;有持鬘天,居止其中;去第三層高一萬由旬。其第三層,傍出四千由旬,四寶所成;有常憍天,居止其中;去第四層高一萬由旬。其第四層,傍出二千由旬,四寶所成;有四大王天,居止其中。(《大正藏》卷三第398页)

【评说】须弥山是古印度地理观中的世界中心,在围绕须弥山四大洲居住的是凡人,须弥山则是天人的居处。

【原文】復次,須彌山上三十三天中有善見城,其城縱廣正等二千五百由旬,周匝十千由旬,有七重城,彼一一城高一由旬半,純金所成。金城之上一一復有四種女牆,金、銀、瑠璃、頗胝迦成;復有重牆通往來道亦四寶成。彼城中地有百一種采繪嚴飾,又復柔軟如兜羅緜及如妙氎,下足隨陷舉足隨起。有天曼陀羅華散布其地深可膝量,香風時來吹去萎華更雨新

者。彼善見城有一千一門，其一一門長二由旬半，闊半由旬，皆以牛頭旃檀香木所成；彼一一門，金、銀、瑠璃、頗胝迦寶間錯莊嚴，狀如星象及半月相。又一一門各有五百青衣夜叉，身被甲冑而作守衛；又能護持三十三天諸天子眾作諸善利。城中街衢長二百五十由旬，闊十二由旬，種種莊嚴金沙布地，觸處遍灑旃檀香水，金繩交絡垂金鈴鐸以界道側。

街衢左右復有種種清淨池沼，金、銀、瑠璃、頗胝迦等以布其底，池之四面有四梯陛，金、銀、瑠璃、頗胝迦成；彼池沼中有四寶臺，金、銀、瑠璃、頗胝迦等間錯莊嚴；若金為臺即銀為柱及以梁棟，若銀為臺即金為柱及以梁棟，若瑠璃為臺即頗胝迦為柱及以梁棟，若頗胝迦為臺即瑠璃為柱及以梁棟；清涼甘美水滿池中；優鉢羅華、鉢訥摩華、俱母陀華、奔拏利迦華等，遍覆其內。復有種種水鳥遊戲池中出妙音聲，謂高遠聲、悅意聲、美妙聲等。

復有種種華樹果樹，直生端立圓無缺減，如結鬘師取以妙線，妙巧安布盤結成鬘，華果樹林亦復如是。彼樹復有種種飛鳥，遊止其上出妙音聲。又彼城中有青、黃、赤、白四色劫波衣樹，其樹所出四色妙衣；若彼天男及天女等思其衣者，纔起心時而自至手。又有種種妙音樂樹，所謂簫、笛、琴、箜篌等；若彼天男及天女等思音樂者，纔起心時其樂自鳴。又有種種妙莊嚴樹，彼樹所出手釧足環，及身莊嚴妙好之具；若彼天男及天女等思莊嚴具者，纔起心時而自至手。又有四色蘇陀味食，謂青、黃、赤、白；若彼天男及天女等思其食者，纔起心時而自至手。又有四種所飲之漿，謂末度漿、摩達網漿、迦譚末梨漿、播曩漿等。復有種種殊妙莊嚴殿堂樓閣，諸天女眾或處其中安隱而坐，或觀視遊行，悉有種種輿輦服用莊嚴之具，天女駢隘擊鼓奏歌，爇眾名香豐諸飲食。而彼天眾與諸眷屬嬉戲娛樂，隨自福力受斯勝果。

復次，善見城東二十由旬，有園名寶車……

復次，寶車園東二十由旬，有寶嚴地……

復次，善見城南二十由旬，有園名麤堅……

復次，麤堅園南二十由旬有麤堅地……

復次，善見！城西二十由旬，有園名雜種……

復次，雜種園西二十由旬，有雜種地……

復次，善見城北二十由旬，有園名歡喜……

復次，歡喜園北二十由旬有歡喜地……

復次，善見天城東北有樹，名波利質多羅俱毘陀羅……

復次，善見天城西南有善法堂……(《大正藏》卷三第 398-402 页)

【评说】本段文字以繁复的笔触描绘了三十三天以善见城为中心展开的一系列建筑景观。引用文字中所省略的内容与对善见城的描述大致相同。

【原文】時頂生王問臣佐言："今此兵眾孰為勝邪?"臣佐答言："王今得勝。"王輒思念："而我勝此三十三天；我已統治南贍部洲、東勝身洲、西牛貨洲、北俱盧洲；具足七寶及有千子，最上色相勇猛無畏能伏他軍；又於宮中雨金錢七日；復至三十三天入帝釋宮，登善法堂處于半座；若帝釋天主於此座中即謝世去，我統天界亦為人王；天人中勝豈不快哉。"其王纔起念時，神通威力即便滅失，還復墮於贍部洲中本居宮室，旋生病惱逼切其身；加復羸困近死邊際。是時臣佐之中有耆年上首者，前詣王所而白王言："天子！後或有人來發問言：'頂生大王臨謝世時，有何言說?'當云何答?"王謂之曰："我謝世後，或有人來發是問時，汝應答云：頂生大王威德特尊七寶具足，獨具人中四種神力。何等為四?頂生大王得壽命長久住世間，總經一百一十有四帝釋謝滅，是為第一壽命神力。又頂生王最上容儀殊妙可觀，超人狀貌具天色相，是為第二色相神力。又頂生王諸所受用皆悉具足，少病少惱色力康疆，飲噉味全食銷無患，不冷不熱時序合度，隨所資治悉獲安樂，是為第三無病神力。又頂生王一切人眾見者愛樂，瞻仰無厭猶子戀父；又復王者撫育人民生喜樂心如父愛子，或時王出游觀園苑謂御者言：'汝可徐徐駕車而進，使其容緩人獲觀瞻。'又復眾人告御者曰：'仁者！駕車幸當徐進，令我盤桓覩王相好。'是為第四愛樂神力。又頂生王統四大洲為最勝主，後詣三十三天，帝釋分其半座；具如是事。復於五欲不生厭足，將謝世時說伽陀曰：

"苦哉世間貪欲境　金寶雖豐無厭足
是中樂少苦還多　智者如應能覺了
乃至天中妙欲樂　貪愛心故不解脫
何人能盡於愛源　唯佛如來聖弟子
假使廣積其真金　與須彌山量齊等
無人能生厭足心　智者於斯而善覺
若思所欲為苦因　彼於欲境何貪愛
貪等是為世所憂　智者調伏應善學"

佛言："大王！彼頂生王以是緣故，又作是說：'諸世間人，少能於其五欲境中覺了知足，後趣命終；而世間人多於五欲境中，不能覺了、不生厭足，後趣命終。'"

復次，頂生王廣為利益於後人故，復說伽陀曰：

"極惡生死流轉中　了知壽命隨減少
應當速脩諸福門　不脩福行斯為苦
是故脩福為勝欲　隨應行施如法儀
此世及於他世中　由脩福故生歡喜"

爾時，國中一切人民無數百千之眾，聞王寢疾，悉來奔詣瞻仰致問。時頂生王為諸人眾，以如是種貪欲等緣廣說對治，使諸人輩捨家學道。是時即有無數百千人眾，聞所說已而悉出家脩四梵行；復有多人斷除欲貪生于梵世。(《大正藏》卷三第405页)

【评说】顶生王征服四天下并打败阿修罗之后，已位极人王，享受到了最高的快乐。但由于他"于五欲不生厌足"，最终不免无常。他在将死时发出了"无人能生厌足心，智者于斯而善觉，若思所欲为苦因，彼于欲境何贪爱，贪等是为世所忧，智者调伏应善学"，则说明对贪爱的舍离难以自发产生，必须通过仔细观察后才能觉悟到的正理。在断除贪欲之外，还应当修集福德，以免在轮回生死流转中由于无福而遭遇种种苦境。应当注意的是，轮回观并非佛教的创见，而是继承自婆罗门教的轮回业报思想，佛教借鉴了这一观念，以倡导现世的善行。可以认为，轮回观是调和现世矛盾、施加道德约束的思想保障。

佛说月光菩萨经

西天译经三藏朝散大夫试鸿胪少卿明教大师臣法贤奉诏译

【提要】佛陀在王舍城竹林精舍为众比丘说菩萨忘我行持布施度的事迹。

【原文】時婆羅門，即詣王前，見已頂禮，住立一面，合掌白言："聞王慈愍，普施一切。我今遠來，只乞王頭。願垂慈愍，歡喜布施。"而說偈言：

"菩薩志求無上智　安住最勝清淨法
願垂慈愍速捨頭　圓滿檀度波羅蜜"

時月光天子，即起合掌而說偈言：

"父母所生不淨身　汝求我頭歡喜捨
滿爾本願稱心歸　令我速成菩提果"(《大正藏》卷三第 407 页)

【评说】菩萨行持波罗蜜，常常被冠以"难行能行，难忍能忍"的美誉。这种赞誉一方面说明行持六波罗蜜功行至深处需要面对自己最根本的执著，一方面也衬托出菩萨精神的厚重。本段经文记述婆罗门向月光天子乞求头颅，月光天子即以命相舍。生命对于一切众生而言都是最宝贵的，但菩萨道行者的"无上智"超越于此。这既是出于不畏苦难的精神，同时也是出于对轮回的理解。在轮回观中，一切生命现象的本质是苦而可厌的，其中并无真实主宰。通达这种"智"的行者需要以实际行动贯彻之，因此月光天子欣然舍头，毫无推诿。

在本经中，婆罗门开宗明义说明向月光天子乞头，是为帮助他圆满布施(檀度)波罗蜜，较《大方便报佛恩经》中更有演绎，暗示了此婆罗门为助道菩萨的身份。

佛说太子慕魄经

后汉安息三藏安世高译

【提要】佛陀在舍卫国祇洹阿难邠坻阿蓝为众比丘讲述太子慕魄前世为王时以小恶入地狱受苦，而生起出离志向的事迹。本经内容与《六度集经(三十八)》太子墓魄经相似，但更为详细。

【原文】時，佛語諸比丘："我身宿命為波羅奈國王作太子，名曰慕魄；始生有異，顏貌端正，絕無雙比。自識宿命，無數劫事，所更善惡，罪福受報，壽夭好醜；沒此生彼，所從來生，皆悉知見。年十三歲，閉口不言。"

"王唯有此一子耳，舉國人民皆重愛之，當繼後嗣襲續王位；然以追識宿命，億載存亡禍福，故質不語至十三歲，捐棄形骸，志存虛無，漂漂不說，飢寒恬淡，質朴意如枯木——雖有耳目，不存視聽；智慮雖遠，如無心志；不畏污辱，亦無憎愛；若盲若聾，不說西東；狀如矇瞶，不與人同。"(《大正藏》卷三第 408 页)

【评说】以上经文记录了慕魄太子十三岁前不言不语、如无心志爱憎的表现，不考虑其宗教因素，这一描述颇符合当今对自闭症的一般认知，有可能参考了当时社会中的相似病例。

【原文】父王憂慮，甚用患苦，深恥隣國，恐見陵嗤。因呼國中諸婆羅門問之："此子何故不能言語乎?"婆羅門相視言："此子惡人也，雖面目端正殊好，內懷不親；覩相默默，欲害父母，危國滅宗，將至不久，不可畜養。既不能語，當何益王耶！今王了不復生子者，皆是惡子所防固也，是使大王不復生子耳。王宜棄捐，當生埋之。爾乃王身可全，保國安宗，然後更得生貴子耳；不者甚危!"

……

時，慕魄則到水邊，淨自洗浴，以香塗身，悉取衣被、瓔珞著之，到坑問曰："作坑何施？"其僕對曰："國王有子，名曰慕魄，瘖瘂聾癡，年十三歲，不能言語。王問婆羅門，婆羅門師白言：'當生埋之，爾乃安吉全國榮宗，利後子孫，以用是故。'我等作坑，欲埋慕魄。"慕魄即曰："我則是太子慕魄也。"人即驚悚，衣毛為竪，馳走往趣，視其車上，不見慕魄；還至坑所，諦熟觀察，聽聞言語，絕有異聲，光景如月，世所希聞；動其左右，行者為止，坐者為起，飛鳥走獸，皆來會聚，伏太子前，聽太子語。

慕魄又曰："觀我手足，察我形容，云何群迷詭詐所惑，以謬為諦，生相捐棄？"發意所陳，言成文章，左右惶敬，已咸惶露，上合下同，靡不順從。其儀大惶，征營悚慄，兩兩相視，面目竝青，咸曰："太子甚神，乃如是也。"皆前作禮，叩頭求哀："願赦我罪，共還入宮，到父王所。"慕魄曰："今已見棄，不宜復還也。汝徑自往，白王令知。"僕即犇馳，白王如是。其母哀傷，使人問狀，僕曰："太子甚神，開口一言，真驚恐人，聞者皆擾，行者滿道。"王則愕然，且喜且悲，深怪所以。(《大正藏》卷三第 408-409 页)

【评说】古印度社会由于婆罗门文化根深蒂固，凡关于吉凶兆示之事都要咨询亲近的婆罗门。婆罗门教鼓吹祭祀万能，故在此处对于表现异常的慕魄太子，婆罗门建议"生埋"(活埋)，以"安吉全国荣宗，利后子孙"，反映了婆罗门教的愚昧。在经中也借慕魄之口，斥责听信婆罗门教示的众人为"诳诈所惑，以谬为谛"。

【原文】王曰："如汝前世作國王時，奉行諸善，纔有小失，非所憶知，而尚受罪，勤苦乃爾。今我治國不奉正法，既無微善，反是逐非，憍貴自恣，純行危殆，罪當何貲耶？"便放太子聽行學道。太子於是棄國捐王，不慕人物，一心專精，念道修德，功勳累積，遂至成佛。佛已得道，復度十方諸天人民，不可稱計，無央數劫，不以為勞，菩薩所更勤苦如是。(《大正藏》卷三第 409 页)

【评说】慕魄太子向国王具陈前因，说明即使小恶也要感受大苦，提倡出离修道。

佛说太子墓魄经

(开元录云：沐魄或慕魄)

西晋月氏三藏竺法护译

【提要】佛陀在舍卫国祇洹阿难邠坻阿蓝为众比丘讲述太子慕魄前世为王时以小恶入地狱受苦，而生起出离志向的故事。本经内容与《六度集经(三十八)》太子墓魄经相似，但更为详细。

【原文】昔者有王名波羅奈。王有一太子，字名墓魄，生有無窮之明，端正妙潔，無有雙比。父母奇之，供養瞻視，須其長大，當為立字。然太子結舌不語十有三歲，恬惔質朴，志若死灰，意如枯木；目不視色，耳不聽音，狀類瘖瘂聾盲之人。於是父母患而厭之。

王語夫人："當奈之何？此子將為他國所笑。"夫人語王："當召相師相之，知當語不？"王即召婆羅門師，使相太子。婆羅門言："此子非是世間人，為是熒惑耳。外為端正，內懷不祥；

危國滅宗，將至不久。不可畜養，宜當生埋，誅而殺之。不除此子，則絕國嗣。”王語夫人：“當如之何？今若不除此子，恐後無復立太子。”於是夫人隨王所為。

……

於是復送太子著正殿上，五百夫人見太子端正姝好，無有雙比，皆言：“太子何以不語，而當生埋？”五百婇女見太子端正姝好，皆為太子作禮而言：“何以不語，而當生埋？”各為太子作其伎樂。太子默然，不觀不聽。（《大正藏》卷三第410页）

【评说】本段经文生动描述了墓魄太子在社会交往方面的异常行为，与现代自闭症相似。

【原文】作藏已訖，來迎太子。王語其僕：“使太子載我四望象車，令國中人民就觀，太子當語。若語者，便載來還。”於是太子乘車尋路。國中耆舊大臣皆宛轉車前而言：“太子！要當一語。若不語者，便以車輾我上過去。”遮蠡虎賁扶避使過。遂侍太子遂到藏所。時有數千萬人，皆隨太子往到藏所，皆塞藏戶，太子復不得前。遮蠡虎賁麾人便却。太子適前，飛鳥走獸復驚來前，遶藏三匝，復塞藏戶，太子復不得前。於是太子舉右手，住而言：“我正不語，而當生埋。我適欲語，恐入地獄。我所以不語者，欲安身避害，濟神離苦，是以不語。而信誑詐之言，謂我聾盲為實瘖瘂。”

是時人民聞太子語有絕妙之音，世所希聞，行者為止，坐者為之起，皆言：“太子神聖乃爾。”皆前叩頭，求恩悔過，原赦我罪。其僕聞之，歡喜踊躍，馳白大王：“太子已語，上徹蒼天，下徹黃泉。飛鳥走獸皆來伏聽於太子前。”

王聞太子語，歡欣踊躍，即與夫人駕四望象車，往迎太子。太子顧視父王，下車避道，四拜而起而言：“勞屈父王遠來見迎。今日父子已生相棄捐，恩愛已乖，骨肉以離，其義甚愆，不可聽觀。”王語太子：“不可！不可！汝為智者，當原不及。共還入國，舉位與汝，我自避退。”太子答言：“我曾為國王，用行有缺漏故，下入地獄六萬餘歲，蒸煑剝裂，其痛難忍。當此之時，父母寧能知我地獄苦痛劇不？寧能分取我身上痛不？我厭畏地獄苦，是以結舌不語十有三歲，冀得免瑕，除去垢穢，出於塵埃之外，不與罪會。除憂去累，念生若寄。不可選軟，去道日遠。高翔遠逝，自濟於世。世間無常，恍惚如夢；室家歡娛，須臾間耳；歡樂暫有，憂苦延長。”

王知太子意堅志固，遂聽學道。於是太子棄國捐王，入山求道，思维禪定。壽終即生兜術天上，畢天之壽，下生世間，為迦維羅衛王作太子，自致得佛。（《大正藏》卷三第410页）

【评说】本段经文借墓魄太子之口说明任何人在感受业报痛苦时无可代受，唯有从因上小心谨慎才能避免获得痛苦的果，体现了当时的因果价值观。

佛说月明菩萨经

南吴月支国居士支谦译

【提要】佛陀在罗阅祇耆阇崛山通过为众比丘介绍布施前的发愿、布施时的心态、所布施的物品以及增加信众对布施信心的往昔事迹来宣扬布施波罗蜜。

【原文】童男到佛所，前為佛作禮，却坐一面。佛告月明童男：“菩薩摩訶薩，在家、若作比丘，持法施、飯食施，常以善意迎逆一切人心，奉持食四願，當發意求佛，疾逮得無上正真道。何等為四願？第一願者、願一切人疾逮善權方便；第二願者、願世世與善知識共會；第三願者、願以財寶與一切人共；第四願者、願行二事以法施及飯食，常樂得是行；是為四願。”

“復次，月明童男！菩薩大士，在家若出家，常樂經法施，常以善權迎逆人，意無貪心，正立法中住，奉守禁戒當如法。”

“復有一事，月明童男！若比丘疾病窮厄、勤苦當憂，令得安隱給與醫藥，何但醫藥，尚當不惜肌肉，當供養之趣令得愈。”

“復有一事，月明童子！菩薩大士，布施終不中疑……”(《大正藏》卷三第411页)

【评说】佛陀教导月明童男应发善愿，以无疑悔的心态行持饭食医药法施等事。佛教认为内心的意识与显现于外的行为同等重要，在实际行持一事前首先要端正心态和正确的动机。

【原文】爾時，閻浮利有王，名智力，常修行佛三事。何等三事？一者、常護佛深法；二者、受行佛深法；三者、諦信佛深法。

爾時，世有比丘字浮曇末(漢言至誠意)，常行三事。何等為三事？一者、常持是三昧；二者、常護是三昧；三者、常誦是三昧；加有八事：常行慈心、常行哀心、常行悲心、常行護心、常行黠慧心、常行答問心、常行喜踊心、常行第一心，以是便具降九十六種道，悉覽知一一深法不復疑。(《大正藏》卷三第411页)

【评说】智力王行佛三事，是对统治者护持佛教的期许；浮昙末比丘常行三事八事，是比丘修行所应做的事。两者分别代表世间与出世间两个层面，以三事相互对应，体现了佛教对世俗与宗教关系的理解，采用这种三三对应的说明方式，或是为了表现其形式上的合理性。

【原文】時，是比丘髀上生大惡瘡，國中醫藥所不能愈，王愁大悲，即為淚出。時，二萬夫人俱亦皆同時悲念是比丘。於時王臥出，夢中有天人來語王言：“若欲愈是至誠意比丘病者，當得生人肉血飲食之，即愈矣。”王寤，驚悸不樂，念：“是比丘病重，乃須彼藥。法所難得。”勑問臣下：“何從得生人血肉？”

時，王第一太子，字若羅衛(漢言智止)。智止白王：“王莫悲、莫愁、莫憂，人之血肉，最為賤微，世人所重，道無所違。”王答太子：“善哉，善哉！”太子默然，還入齋室，持刀割髀，取肉及血，持送與比丘。比丘得服之，瘡即除愈，身得安隱。(《大正藏》卷三第411页)

【评说】血肉疗病不仅常出现在早期的佛教经典中，在后期佛教的大乘经典中也时常出现。血肉疗病，尤其是用有德行的人的血肉疗病，或源于婆罗门教的祭祀传统。到了大乘佛教中，施舍自身血肉，更成为了菩萨自我牺牲精神的体现。

佛说德光太子经

西晋月氏国三藏竺法护译

【提要】佛陀在王舍城灵鸟顶山通过为众比丘、菩萨介绍菩萨行者应有的身心行为规范，以及往昔行持菩萨道的榜样德光太子的事迹来宣扬菩萨行。

【原文】佛言:“賴吒和羅！菩薩有四事法，得清淨行。何等為四？一者、行平等心，而無諛諂；二者、等心於一切；三者、解了空行；四者、如口所言，身行亦爾；是為四事法，菩薩疾得清淨行。”

佛告賴吒和羅:“菩薩復有四事法，得安隱勸進。何等為四？一者、得總持；二者、得善知識；三者、得法忍；四者、於戒清淨，所行平等；是為四事法。”

佛告賴吒和羅:“菩薩復有四事法，入於塵勞、勸悅生死法。何等為四？一者、菩薩示現佛身入於生死，勸諸起滅者，令得喜悅法；二者、為說柔順之法；三者、所有無所愛惜；四者、得不起法忍。是為四事法。”

佛告賴吒和羅:“菩薩復有四事法，無所愛著。何等為四？一者、菩薩不當著家居舍宅；二者、出家菩薩不當貪財利；三者、菩薩不求諸功德報；四者、菩薩不當惜身命；是為四事法。”

佛告賴吒和羅:“菩薩復有四事法，於法無厭足。何等為四？一者、於戒無所缺減；二者、習閑居野處；三者、奉四賢聖之行；四者、得博聞；是為四事法。”

佛告賴吒和羅:“菩薩有四事法，而得無念普有所入。何等為四？一者、令生善處常值佛世；二者、聽受尊長教而無諛諂；三者、樂受教命，其心不著財利；四者、得辯才入深法要；是為四事法。”

佛告賴吒和羅:“菩薩有四事法，得清淨行。何等為四？一者、為菩薩行，無傷害意於人；二者、棄捐諛諂、邪偽之行，樂在閑居；三者、一切所有施，而不惜不望其報；四者、晝夜常志求法，見說法者不求其短；是為四事法，菩薩摩訶薩得清淨行。”

佛爾時說偈言：

“其心不著塵垢法　即便無有惡瑕穢
志意不厭教論法　則能令致無上道
雖遇不賢常一心　普入邪行惡道本
出家學道無所惜　在於山間欲解脫
閑居寂寞無所起　其心不著財利色
捐棄軀體不惜命　行如師子無所畏
心得歡悅知厭足　譬如飛鳥無所畏
一切世間無有常　志求佛道大慧行
常樂獨處譬如犀　無有恐畏如師子
心不怖懅無麁志　若得供養無增損
捐去邪語及惡見　智了大行志解道
我為世間一切護　意為善權無放逸
意善持戒為眾道　心不亂著諸恩愛
謹順正行如救火　常求世尊上妙行
已脫於空無有想　種種具足審寂寞
所住靜然智慧明　得甘露味常歡悅
假使得佛覺道意　常為清淨無疑難
總持辯才一其心　忍一切苦不想報
若有菩薩聞是行　欲求佛道當歡喜
常志精進離懈怠　了穢無知意不害”(《大正藏》卷三第 412-413 页)

【评说】经文介绍了菩萨所行“七种四法”，分别围绕清净行、安隐劝进、欢悦生死、无所爱着、于法无厌足、普有所入这六个中心展开，它们反映了菩萨行者修行生活中的某些方面，大致涵盖了修行时的身心活动。

梳理其内容发现有所重复，可概括如下：

一四法：平等心、无谀谄、解空行、身口一致；

二四法：总持、近善知识、得法忍、戒清净；

三四法：令喜悦、说柔顺法、无所爱惜、得法忍；

四四法：不着家舍、不贪利养、不求报、不惜身命；

五四法：戒清净、乐居闲处、持梵行、博闻；

六四法：生善处、无谀谄、不贪利养、得辩才、听受教命；

七四法：无害意、无谀谄、乐居闲处、不求报、常求法、不见他过。

其中，无谄谀、得法忍、戒清净、不贪利养、不求报、乐居闲处六条于前后四法中反复出现，可见这些内容是菩萨行者的核心品行。

【原文】佛告賴吒和羅：“菩薩有四事法，自墮落。何等為四？一者、菩薩憍慢而不恭敬，為自墮落；二者、菩薩作無反復習於諛諂，為自墮落；三者、菩薩求供養貪利，為自墮落；四者、菩薩佞諂邪行求於供養，為自墮落；是為四事法，菩薩為自墮落。”

佛告賴吒和羅：“菩薩有四事法，墮邪壍。何等為四？一者、懈怠為墮壍法；二者、無淨信；三者、起想；四者、見得供養者，有嫉妬心；是為菩薩四事墮邪壍法。”

佛告賴吒和羅：“菩薩不當習四事法。何等為四？一者、菩薩不當與諸邪見人相習；二者、菩薩不當與誹謗正法之人相習行；三者、菩薩不當與惡知識相習；四者、菩薩不當與貪衣食人相習；是為四事法。”

佛告賴吒和羅：“菩薩有四事法，得苦痛之罪。何等為四？一者、以智慧自貢高，懷憎嫉意；二者、心不歡悅，無清淨行；三者、不能忍辱，但欲貪他人財物；四者、謂有我人著法；是為四事法，菩薩得苦痛之罪。”

佛告賴吒和羅：“菩薩復有四事自縛。何等為四？一者、菩薩喜輕慢於人，是為自縛；二者、菩薩行世間巧，便起賈作治生想，是為自縛；三者、菩薩意不受法慧為放逸行，是為自縛；四者、菩薩縛意住種姓，是為自縛；是為四事。”

佛告賴吒和羅：“後當來世學菩薩道者，當有是諸瑕穢無行人。當供養諸無行者諛諂人，當供養諸諛諂者有無智人，當供養諸無智者：貪求衣食、無有直心、嫉妬種姓、諛諂懷邪、無質朴心、欺諸尊長及諸家室，用供養故。還相誹謗，意貪財利入諸郡國，不念說法以開解人，亦無善權；於眾人無智慧意，自以為智；見他人智慧為善師，便輕慢之；設有無行者，為破壞之器。還相求長短捨精進行，為無智懈怠，不多念智慧，還相壞法；別離眾會共結怨害，轉共諍鬪，謂他無行，我承法教；不奉禁戒、不欲聞法、不行精進。生於貧窶之中，在窮厄之家，行作沙門但憂求財利，其所在處不能得安，何況亂志？一心雖行佛功德，續貪著家室之利，自謂我為沙門也。”

佛言：“我不謂是輩之人為行菩薩法，如是等人百千劫中，不能得柔順法忍，何況欲得佛慧正覺之行？”

佛言：“賴吒和羅！我不但謂是輩之人墮三道壍，亦復當墮八惡之處。何等為八？一者、

生在邊地;二者、墮貧窮家;三者、所生之處面目醜惡;四者、生於邪惡、反善之家;五者、生與惡知識會;六者、多疾病;七者、所生處壽命短;八者、橫死;是為菩薩八惡事,墮於邪壍。所以者何? 賴吒和羅! 我不以口言作願以為菩薩、不以偽亂之人為清淨行、不以諛諂為菩薩行、不以貪著衣食為供養佛、不謂貢高者為清淨智慧、不以自見慧行為斷疑垢。我不謂嫉妬者有清淨意、不謂多貪求者而得總持、不謂不見誠諦之德而有罣礙當得生善處、不謂貪種姓著色者當得清淨身。我不謂想行者當得佛定意,我不謂非至誠行者當得清淨也,我不謂憍慢者當得清潔意,我不謂非知厭足者當好法也,我不謂貪身命者為志求法。”

佛言:“賴吒和羅! 我不怨責外六師也;責此輩愚人,劇於外六師。所以者何? 所言各異,所行不同,為欺諸天及世間人。”

佛於是說偈言:

“無智憒亂為放逸　輕慢無敬多貪求
與塵垢會起欲想　是輩之人去道遠
貪求供養懈怠增　以無精進失淨信
便壞淨行亡正戒　犯禁法者失善道
生於貧家作沙門　在窮厄中求供養
譬如有人窮無物　從他債望求財產
貪供養故在閑居　在於彼住欲自達
得神通智辯才具　棄捐家室受所有
不見道住隨亂行　生於貧窮卑賤家
在醜惡中無力勢　墮於貢高愚癡地
作卑賤者無名德　意貪財利為放逸
後即生於大惡處　億劫之中無善跡
假使於道無貪利　諸天人民悉得佛
隨藍之風不動人　用供養故不自成
無有功德仰於人　無精進意失善行
為壞亂教不承法　不能逮得慧道意
以至誠利致佛法　終不失行如道意
志願甚堅常清淨　所奉如應則為道
我求佛故無所惜　及施身命索經法
是輩捨法不精進　以於道法失句義
有大燈明無能見　我本求索善義說
適聞所教即奉行　斷絕一切諸愛欲
已聞種種佛法教　不能究竟一法句
非法行者何得道　譬如示盲之道徑”(《大正藏》卷三第413-414頁)

【评说】继解说菩萨应行“七种四法”后,亦说菩萨不应行的五种令身心堕落痛苦的四法,内容大致与“七种四法”相应,并从果报角度列举犯四法而堕落于八恶处的痛苦来警示学菩萨行者。

【原文】佛語賴吒和羅:“於時,淨居諸天,中夜時來到德光太子所,語之言:‘太子! 不當為放逸之行。'於是德光太子從是已來，具足萬歲之中，初不睡眠、亦不調戲；初不歌舞、未曾作樂；亦不行來、不出遊觀；未曾貪身、亦不念歌舞伎樂；不貪財利、不念家居；不著郡國、亦無所求；一切所有，無所愛惜；如立一心，常在獨處，以寂諸難，得意少有。'無生不死者，身命不可保、不相敬重，天下恩愛會當別離；無有作導師者，亂法犯罪，憂怖恐懼；凡夫之土，不知厭足，以愚癡力，常憙諍鬪。我今者，為墮無行之中；我欲默然無為。'彼時太子獨處閑居，無放逸意，遠諸愛欲為等心行。"(《大正藏》卷三第 414 页)

【评说】德光太子受天人教诲行持菩萨四法，身无放逸、心离爱欲，以此调整自己的心身行为。

【原文】爾時德光太子，以偈答王言：

"彼持功德者　離諸惡見言
我以厭苦樂　不貪無利欲
皆見於五道　生死諸人民
今當說解脫　父王聽我言
無有觸嬈我　今吾當何說
我不貪於欲　云何樂歌舞
一切諸愛欲　我視如怨家
塵勞諸貪愛　隨人著五道
是諸采女輩　無覺癡樂之
為是諸魔事　隨人大繫縛
諸聖賢道士　常不讚歎是
習此愛欲者　為種因緣根
是采女身體　皮革如裹連
筋骨相搘拄　如幻無正利
譬若如畫瓶　中盛滿不淨
譬如在塚間　云何當樂此
所鼓音樂聲　無有亦無受
一切樂無諦　了此為不惑
若習於想念　便即失一心
隨塵勞音者　譬如癡老人
一切諸有樹　或有熾盛時
亦不可常得　或有無樂時
其果無有常　亦不常著樹
我以了如是　豈當戲短命
父母不可保　及兄弟妻婦
親里亦如是　臨終不自在
一切諸所有　如草上之露
不當縱其心　自恣為放逸
是意不可滿　譬若如大海

恩愛甚廣大　已得復重索
眾人貪欲故　各各而懈廢
無能缺減者　譬如須彌山
人以意為本　身命過去疾
譬如河水流　適合便復別
盡壞不久立　譬若如電現
貪著三界欲　則為無智黠
諸天來語我　無得為放逸
為菩薩行者　不貪諸所有
願欲得佛道　哀念眾人民
非以淫欲行　可以致佛道
其有受貪欲　為心意作奴
便為自壞敗　不得立功德
我終不受欲　亦無起瞋恚
如鳥墮羅網　云何得自在
現於惡思想　為還自縛身
意不得自在　為無利空聚
貪是恐懼身　譬如毒樹花
何所是人尊　調度駃水者
觀視諸人民　流墮惡道者
為諍空無句　興起諸邪見
王當知我意　欲度脫此輩
不貪積慢法　疾得度無極
覺諸睡臥者　療治於疾疫
為除去憂患　令立歡悅跡
欲脫三千世　縛著音響者
為說善經義　飽滿久貧窮
調諸不成者　拔出於惡道
施盲得眼目　令聾者得聽
為造解脫燈　立智慧神通
令諸三界人　得三忍平等
為作慈哀雨　度諸雲霧岸
為一切眾人　現其光明焰
便持善覺意　令脫得蔭涼
為雨諸醫藥　皆令得安隱
念是已父王　即便坐一心
吾於一切欲　無復志願求
但欲索佛道　用哀眾人故
於諸有貪欲　無復有志願

孰有智黠人　樂在於是中
云何犯禁忌　令人意迷亂
若因貪愛色　為墮大惡道
孰行佛道者　當復為放逸
人皆隨水流　我當今逆流
不可以言說　而致得佛道
當放慈哀光　照於一切人
我不貪愛欲　不縛著財物
我今願父王　不如與眾還
我欲棄眾會　及一切郡國
人多求可意　從是致疾病
制意不放逸　勝得億郡國
不可在愛欲　而致得佛道
若欲得無上　安隱快樂句
當詣大山中　在樹下而坐
習在於閑居　可得尊覺道”(《大正藏》卷三第415-416页)

【评说】偈颂前半段说明修行者应不贪爱欲、觉悟无常，它们的基础分别是见不净如幻、知乐非谛、远离想念保持一心、不自放逸。后半偈则自述志向，发愿行菩萨道，以“觉诸睡卧者，疗治于疾疫”“为雨诸医药，皆令得安隐”，并指出“人多求可意，从是致疾病，制意不放逸，胜得亿郡国”，认为疾病多是从欲望追求中来。

【原文】佛告賴吒和羅：“爾時，德光太子於講堂上，與諸放逸者俱，其心穢厭之。時，太子作三品行，何等為三？一者、住立；二者、經行；三者、坐禪；棄捐睡臥，具足上行，已得八住。”(《大正藏》卷三第416页)

【评说】经行、住立、坐，是禅修的三种主要方式，人处于这三种姿势下容易保持醒觉。

【原文】佛語賴吒和羅：“用是故，菩薩大士欲得無上正真道、最正覺者，當學德光太子之行、寂寞之教，捐捨恩愛，無放逸之行。我求無上正真道時，所行勤苦精進乃如是。是輩無行者，貪著衣食，愁思無懈，用供養故。自遠佛法，所學無益，污亂沙門，壞菩薩法。恣其身口意，妄造所願，捨其本行。貪衣被床臥具、病瘦醫藥，無有慚愧之心。不樂政行學無常之法，不奉尊教、遠離佛行，於道自棄意，不樂解脫行。”

佛語賴吒和羅：“以是故，聞此法已，當覺了之。棄惡知識，莫與無行者相隨，棄諸貪欲。”

佛爾時說偈言：

“學道貪利及飲食　即為不樂十力行
棄捐於佛百德教　用利供養墮他家
剛強弊惡無慚愧　自放恣墮諸貪會
為起塵勞墮邪行　便自說言我德行
身在閑居遊於城　利供養故作恣行
遠於解脫空去地　以故當棄離諸有

為不敬佛及正法　遠離衆僧諸功德
棄捐善道墮三惡　為失八百諸尊行
若有聞說是經者　審淨其意常精進
無數億劫佛難值　當用是故如法行
其說得佛大乘者　常思念是功德句
念已審爾一心住　當得無礙安隱道
常立賢聖習觀德　意念厭足自制心
汝等勿得捐善場　當墮五道如癡人
習閑居止常精進　住莫自輕勿易他
訶教己身寂其心　我本奉億佛教誡
不惜身命意質朴　精進於法行恭敬
我故常說此言誨　行是已後道不難
聞是若喜大乘者　不能精進不樂聽
其有智者樂此言　後當棄惡及怨結”(《大正藏》卷三第418页)

【评说】本段言教斥责修行人中贪爱利养资生器具的现象,提倡应自制欲望,精进于菩萨道。

太子须大拏经

西秦沙门圣坚奉诏译

【提要】佛陀在舍卫国祇洹阿难邠坻阿蓝通过为众比丘讲述自己在过去生中难舍能舍,布施妻儿的事迹来宣扬布施度。

【原文】佛言:“往昔過去不可計劫時,有大國名為葉波,其王號濕波。以正法治國,不枉人民。王有四千大臣,主六十小國、八百聚落。有大白象五百頭。王有二萬夫人,了無有子。王自禱祠諸神及山川,夫人便覺有娠。王自供養夫人床臥飲食,皆令細軟。至滿十月便生太子。宮中二萬夫人聞太子生,悉皆歡喜踊躍,乳湩自然而出。以是之故,便字太子為須大拏。有四乳母養護太子:中有乳太子者,中有抱太子者,中有洗浴太子者,中有將太子行遊戲者。太子至年十六,書計射御及諸禮樂皆悉備足。太子承事父母如事天神,王為太子别立宮室。”(《大正藏》卷三第419页)

【评说】古印度豪富家庭以四乳母看护照顾初生儿,专门负责其哺乳、抱持、洗浴、游戏,反映了当时的育儿观。

【原文】王呼一臣而問之曰:“太子審持白象與怨家不?”臣答王言:“實以與之。”王聞臣言乃更大驚,從床而墮,悶不知人。以冷水灑之,良久乃穌。二萬夫人亦皆不樂……(《大正藏》卷三第419页)

【评说】记载国王因大惊而丧失神志的情况。

【原文】婆羅門徑將兩兒去。兒於道中以繩繞樹不肯隨去，冀其母來。婆羅門以捶鞭之。兩兒言："莫復撾我，我自去耳。"仰天呼言："山神樹神一哀念我。今當遠去為人作奴婢，不見母別。可語我母棄果疾來與我相見。"母於山中，左足下痒、右目復瞤、兩乳汁出。母便自思维："未嘗有是怪。當用此果為？宜歸視我子，得無有他故。"便棄果而歸(《大正藏》卷三第422页)。

【评说】右目瞤、左足痒、乳汁复出都是生活中的异常现象，古人常常将其与吉凶征兆相联系。

【原文】時第二忉利天王釋知太子以兒與人，恐妃敗其善心，便化作師子當道而蹲。妃語師子："卿是獸中王，我亦是人中王子，共在山中，願小相避使得過去。我有二子皆尚幼小，朝來無所食，但望待我耳。"師子知婆羅門去遠，乃起避道，令妃得過。妃還，見太子獨坐，不見兩兒。自至其草屋中索之不見，復至兒屋中覓之不見，至兒常所戲水邊亦復不見，但見與所戲禽獸麞鹿師子獼猴，皆在曼坻前自撲號呼，所戲池水為之空竭。曼坻便還至太子所，問太子："兩兒為何所在?"太子不應。曼坻復言："兒遙見我持果走來，趣我躃地復起跳踉，呼言：'阿母來歸見我。'坐時皆在左右，見我身上有塵土即為我拂去之。今亦不見兒，兒亦不來附我，為持與誰乎？今不見之，我心摧裂。早語我處，莫令我發狂。"如是至三，太子不應。曼坻益更愁毒言："不見兩兒尚復可耳，太子不應，益令我迷荒。"太子語言："鳩留國有一婆羅門來，從我乞兩兒，便以與之。"妃聞太子語，便感激躃地如太山崩，宛轉啼哭而不可止。太子言："且止。汝識過去提和竭羅佛時本要不耶？我爾時作婆羅門子，字鞞多衛。汝作婆羅門女，字須陀羅。汝持華七莖，我持銀錢五百，從汝買華欲以散佛，汝以二莖華寄我上佛，而求願言：'願我後生常為卿妻，好醜不離。'我爾時與汝要言：'欲為我妻者當隨我意，在所布施不逆人心，唯不以父母施耳。其餘施者，皆隨我意。'汝爾時答我言可。今以兒布施，而反亂我善心耶?"妃聞太子言，心意開解便識宿命，聽隨太子布施疾得心所欲。(《大正藏》卷三第422页)

【评说】未识宿命时，曼坻因不见二子而悲痛欲绝，等到太子提及过去世二人所发之愿，曼坻便"心开意解"。暗示通过转变认知的方法，可以有效解除精神上的痛苦。曼坻对二子的执著随着她回忆起过去的发愿而消减，从侧面凸显了当时人们对发愿这一行为的重视程度。

佛说菩萨投身饴饿虎起塔因缘经

北凉高昌国沙门法盛译

【提要】佛陀在乾陀越国毗沙门波罗大城为国王、臣民及天龙八部、人、非人等说太子布施自身疗治国王癞病，以及舍身饲虎两则故事来宣扬布施、教化众生。

【原文】時，彼國王本有癩病，醫方呪術不能令差，王便怒曰："用醫何為？夫人百病皆有對治之藥，而我此病何獨不蒙！"令收諸醫於市斬刑。時有一醫叩頭白王言："今王此病對治之藥世間難有，雖有其名未曾見之。"王曰："藥名何等?"答曰："名牛頭栴檀。"王曰："夫人罪

福業行不同，自有福人脫有此藥。”即教宣令天下，誰有此藥，當分半國從其市之。

時，婆羅門喚奴語曰：“爾從來賣薪雖獲微直，不如今者富貴之利。國王有病，今以半國市牛頭栴檀。汝今可齎此栴檀，往奉大王，必得如意，吾當與汝同此樂也。”

時，奴即持牛頭栴檀奉上國王。王得之已，磨用塗身，癩病即愈。王大歡喜，舉國臣民各蒙慶賴，即召群臣大設施會，放赦囚徒，布施貧乏，上下和樂。王使大臣破半宮殿，及所領國民、金銀、珍寶、錢財、穀帛、奴婢、車乘、象馬、牛羊悉皆分半；莊嚴寶車百乘，馬騎千匹，作倡伎樂，香華、幢幡、百味飲食迎奴還國。王便請之共坐寶床，作倡伎樂，飲食娛樂。（《大正藏》卷三第 425 页）

【评说】故事中记载牛头旃檀涂身可以治疗癞病。牛头旃檀，为印度所产的香树，又称为赤旃檀、牛首旃檀。《法苑珠林》载牛头旃檀涂身可治热病；《大慈恩寺三藏法师传》中载“其质凉冷，蛇多附之”。可见此处癞病，亦应有身热的症状。

【原文】太子爾時遙在他國，兩目手足三反瞤動，心中愁怖似有忘失，即辭彼王還歸本國。王令傍臣莊嚴寶車百乘、馬騎千匹、金錢十千、銀錢十萬。王有五百大臣人，以金錢十千、銀錢十萬，以贈送太子。王與群臣十千萬人，送太子到國界頭，施設大會歡喜相謝，於是別去。太子惟曰：“從小已來，足不妄動，目不妄瞤。吾前出國，不辭父母，必是父母及國臣民恐失我故憂愁苦惱。今當速去，令知消息。”又復惟曰：“道途曠遠，不可卒到。恐我父母，哀念情重或喪身命，當作何方令消息速達？”時，有烏鳥善能人語，白太子言：“仁德至重，恩潤普及，何憂不辦？欲何所為，吾當助之。”太子答曰：“欲託一事，願見不違。”烏曰：“奉命！”太子曰：“煩卿送書與我父王。”烏曰：“宜急，今正是時。”（《大正藏》卷三第 425-426 页）

【评说】“两目手足三反瞤动，心中愁怖似有忘失”是主观感受，古人常将身心的异常表现视为某种征兆，其依据为“从小已来，足不妄动，目不妄瞤”，内在逻辑是，足目不会妄动，妄动必定有其因。这是出于对因果简单理解而作出的过度联系和发挥，反映了当时人们思维方式的局限性。

【原文】太子種種呵責其身諸過咎已，又發誓言：“今我以肉血救彼餓虎。餘舍利骨，我父母後時必為起塔，令一切眾生身諸病苦、宿罪因緣、湯藥針灸不得差者，來我塔處至心供養，隨病輕重不過百日必得除愈。若實不虛者，諸天降雨香華。”諸天應聲雨曼陀羅華，地皆振動。（《大正藏》卷三第 427 页）

【评说】行持布施身命的菩萨行，加以救济一切难病的大愿，这两重保障令太子舍利骨塔具有疗病的“功效”。这是人民面对疾病无奈之下的美好祈愿，希望借由有德者的能力获得身心的安隐。

经文中提到的“针灸”，因在当时印度并无该疗法，或是本土汉译中加入的内容。

【原文】（丹鄉本續有）

爾時，國王聞佛說已，即於是處起立大塔，名為“菩薩投身餓虎塔”，今現在。塔東面山下有僧房、講堂、精舍，常有五千眾僧四事供養法盛。

爾時，見諸國中有人癩病，及顛狂、聾盲、手脚躃跛，及種種疾病，悉來就此塔，燒香、然燈、香塈塗地、修治掃灑，并叩頭懺悔，百病皆愈。前來差者便去，後來輒爾；常有百餘人，不

問貴賤皆爾，終無絕時。(《大正藏》卷三第428页)

【评说】在经典的流传过程中，为了流传的需求以及迎合人们的需要，会在文中加上种种修饰。此处续接的内容或为其例，所添加的对太子舍利骨塔治病功效的补充说明，旨在增加本经的真实性。

佛说福力太子因缘经

西天译经三藏朝奉大夫试光禄卿传法大师赐紫沙门臣施护等奉诏译

【提要】佛陀在安陀林为众生比较人的形色、精勤、技巧、智慧等优点，宣扬有智慧者能兼摄种种优点，但还需要有福报作为支持，来凸显出佛教以智慧为上、以胜福果报为导的价值观。

【原文】是時世尊在於林中，以淨天耳過於人耳，聞苾芻眾以如是事集會議論，即從三摩地起，詣苾芻所。時諸苾芻，前迎世尊，設座奉請。佛就座已，告苾芻言："諸苾芻！向聞汝等共相議言：'世間人眾，何所修作，多獲義利？'初阿難言，色相修作多獲義利；聞二百億言，精進修作多獲義利；阿泥樓馱言，工巧修作多獲義利；舍利子言，智慧修作多獲義利。如是說已，又起念言：'所說差別，不相齊等，所謂各各建立最勝。若以此義，往問世尊，佛必為我隨應宣說。如其所說，我等奉持。'是事云何？"

諸苾芻白佛言："誠哉！世尊！我等向者為以此緣集會議論，願佛今時開決疑惑。"

爾時世尊為發此緣，說伽陀曰：

"色相工巧與精進　智慧於中為最勝
若諸有情修福因　所獲福果又極勝"

說是伽陀已，復告苾芻言："諸苾芻，或時有人，於色相等，若隨修作，非一切種、一切時，多獲義利。若修福力，於一切種及一切時，多獲義利。諸苾芻！如福力者，我不見有一法，而諸有情隨修作已，多獲義利。"

……

爾時太子，以宿命力神通威德，生已即時觀察四方，說伽陀曰：

"人當修作諸福因　如彼所作勿間斷
隨其樂欲施作時　由福藏故獲妙樂"

是時空中，别有一類天眾，見此廣大神通威德希有殊特福力事已，皆生歡悅，深心愛樂，為其發起福威力故，說伽陀曰：

"四大王天諸天子　忉利天宮天主等
彼諸福力極可愛　見此勝福復忻樂"

時眼力王，與其宮嬪、侍衛、眷屬、耆舊臣佐等，顯觀如是吉祥勝相，咸生歎異，作如是言："奇哉！太子，有大福力。奇哉！太子，具大名稱。今人中生，乃有如是天中吉祥廣大勝相，俱時出現。"時王歡喜，憐愛子故，勅主藏者："汝今應開我之庫藏，廣出一切所有金寶，我當為施所有一類善祝願者，使彼皆得財寶豐盈，令其為我妙善稱讚，廣作福事；然復願我生生廣集吉祥勝福，當為太子安立名字。"即時謂彼諸臣佐言："今此太子當立何名？"近臣白言："大王！

今此太子，現生廣有吉祥福力勝相出現，是故宜應立名福力。”即時王勅福力為名。（《大正藏》卷三第 428-430 页）

【评说】本段经文认为，福报是决定一切有利因素出现的主因，与人生的顺利开展密切相关。这一观念是轮回业报观的核心内容，由此将人生的如意不如意之事，乃至死后升天下堕都与福报相联系，鼓励人们在生活不如意时通过行持善行发奋积累福报、在生活如意时珍惜福报，有一定的促进社会和谐的作用。

【原文】爾時王以福力太子，授其八母：二母抱持，二母乳哺，二母濯浣，二母嬉戲。令彼八母，依時養育、乳哺、濯浣及戲翫等，乃至餘諸妙好樂具，一切供給，受用豐足，願速成長，如淨蓮華處於池沼……（《大正藏》卷三第 430 页）

【评说】八乳母抚育福力太子虽有夸张成分，但也反映了当时印度豪富家庭抚育子女的方式。

【原文】福力太子，聞此妙善語已，深大慶悅，即時前進詣園林中，與彼諸兄，共會議言：“世間人眾，何所修作，多獲義利？”彼色相具足者言：“今此世間色相行業，若人修作，多獲義利。何故知邪？謂若有人，他昔未見，見即歡喜；昔未信重，見已信重。如我往昔，師尊仙人，亦作是說，若有具足妙色相者，為人所喜，妙色可觀，瞻奉愛樂；猶如智人，樂最上法，設諸供養。”

復次，精進具足者言：“非修色相多獲義利！今此應知，精進行業，若人修作，多獲義利。何以故？雖修色相，而無精進，豈能現世及他世中，獲可意果？或謂色相多獲義利者，彼是愚人，癡見所覆。如我所說，精進行業，於現世中能成可意果者，謂猶農夫植種，商賈獲利，仕者受祿，學人通教，修習禪定，得輕安果，皆為現世精進所成諸可意果。又此精進，於他世中能成可意果者，謂生善趣及生天界，大富自在，現證解脫，皆為他世精進所成諸可意果。由此一切功德，皆以精進而為依止。又此精進，能治怯弱，若運精進，無有少法而難成者。”

復次，工巧具足者言：“汝諸仁者，雖復多種所說，而實不能稱可我心。何以故？所有精進，若無工巧，而終不能現有所成；若復精進同工巧作，乃能如實所作現成。是故應知，工巧行業，若人修作，多獲義利。又復具工巧者，若王、若臣，若沙門、婆羅門，諸長者等，乃至下族中人，及諸工巧之者，悉來供獻。”

復次，智慧具足者言：“汝等當知，人所修作，多獲義利者，且非色相，亦非精進，又非工巧。何以故？所觀色相，若無智慧，雖復相似而不淨妙。所起精進，若無智慧，雖得義利而無有成。所作工巧，若無智慧，雖復營修不能攝持。是故應知，智慧能成一切事業，若人修作，多獲義利。又此智慧，能得色相，能成工巧，能發精進，能獲人中一切妙樂。”

爾時福力太子，熙怡瞻視具智慧者，而謂之言：“如是，如是！汝言真實。所有色相、工巧、精進，若無智慧，不能多獲義利。故知智慧普能攝持諸如實果。仁者！然此智慧若無福力，諸有所作，亦不得成。是故實知，若人修福，多獲義利。何以故？福是純一果，福為光澤果，福為可意果，福是適悅果。如是福果，我不能盡說其功德，今為汝等，使開覺故，於福門中，說一少分，汝等善聽。由有福故，能獲色相，福具精進，福得吉祥亦獲大富，福具智慧，福能歌詠正法功德，福具聰利，福遊正道，福生上族，福得宿念，福具名稱，福圓戒行，福能布施，福力常得諸根不壞，福常快樂，有福常受智者所供，福完諸力，福常會遇善友知識，福力能作一切事業——謂若耕植田里，或復商賈求利少施其功大獲積集，富盛自在。有福即能於思念間，虛空自然雨其衣服飲食珍寶，一切具足，隨受快樂。福獲可意妙好舍宅；福於現世，及於他生，常得姝麗、妻女、眷屬及財穀等。福者所行之地，自然無其荊棘沙礫，住立平穩；福者亦獲廣大身相；若有患人，福者手所觸時，病隨輕差；又復福者隨觸於人，即能出彼飲食、衣服、珍寶、財穀，給用無盡；福者常得天龍夜叉羅剎鬼等隨處衛護，其猶雨時護苗稼神守護亦然。福者常得多人尊重愛樂；福有善譽，福為人讚。福常能具諸善法分；福者語言人所信順；福者常得光澤可愛；福者常出微妙梵音；福者身肢自然柔軟；福者常發妙善語言；福者常值良友智人不壞眷屬；福者無病；福者為人所愛；福獲財利；福者勇猛。又大福者，得為人王，無不具足，離諸疾病；福者常得富盛不壞；福者獲得轉輪伏藏，七寶具足；福者能於虛空中行；福者威光與日月等；福者得成月天；福者得成日天；福者得成梵王；福者得成帝釋；福者能於天宮樓閣中行，如彼天子；福者有大力勢，如阿修羅王；福者常生善趣；福者捨離惡趣；福者常獲最極難得悅意妙華；福者所作成就；福者能為世間作諸照明；福者常得天、人、阿修羅等正信供養。”(《大正藏》卷三第 430-431 页)

【评说】在本段经文中，色相具足者、精进具足者、工巧具足者、智慧具足者分别从色令人生信心、精进能获成果、工巧能满足人的需要、智慧能统筹以上诸能的角度分析了不同优点的特性。在福力太子看来这些优点的基础都建立在“福力”上。但是，传统的“福报”观念与轮回业报观密切联系，具有与参与事物发展过程的其他因素不同的特征。传统福报观纯粹由结果来进行有福无福的判断，因此往往在阐释中偏离佛教缘起论核心，流于宿命论。

从现代角度来看，“福报”的积累，应当从积极培养内外有利因素来理解。对具体的个人而言，则应从培养良好的心理习惯、生活态度着手，这样所起到的效果，主观上与“具福者”是相似的。

【原文】乃至後時，太子漸次到一國中，見其國王治罰一人善醫業者，勑彼獄官，破其身肢，斷截手足。流血既多，楚毒苦惱，是時被治罰人見太子已，發大苦聲，啼泣告言：“仁者！救我。仁者！救我。”太子即時惻愴斯事，乃自思惟：“我今作何方便救此人苦？”由是念間，忽生智解，如我所有施作福力世間現見。作是念已，悲心內激，即破自身，多出其血，授彼令飲，苦惱得除。太子又見手足已斷甚大苦惱，即取利刀斷己手足，置於彼人手足斷處。是時太子觀察虛空，普於一切有情隨起慈心，即發廣大真實願言：“我於此生，曾無少分不善之業，若我所說為真實者，願令此人手足斷處，即於今時支節相合，平復如故。”發是言已，彼人即時支節相合，身體完具，平復如故。太子見已，意願圓滿，即作是念：“我以勤勇，所作得成，出自身血，救此人苦。斷自手足，續其支節。又以真實大誓願力，使彼身命全復如故。願我以此最上善根，成就阿耨多羅三藐三菩提果，當以法味授於彼人，畢竟令住安樂涅槃。”發是願時，一切大地六種震動，帝釋天宮亦復震警。(《大正藏》卷三第 432 页)

【评说】“是时太子观察虚空，普于一切有情随起慈心”，是对修习“四无量心”之慈心的描述。经文中福力太子以自身血饮于受苦者，灭其苦恼；又将自身手足续于对方断手足处，以发愿的形式完成续接，反映了古人对于断肢续植的美好想象。

【原文】時福力太子，夢見自身處穢污上，又見自身穢污所染，又見自以舌舐虛空，又見自身蓮華中立，又見自身上起山峯，又見眾人頂禮於己。太子寤已，隨應占察如上所夢：“如

我夢見自身在於穢污上者，我必應居灌頂王位，大富自在，斯為前相。如我所見穢污染身者，我應處于大師子座。如我所見上起山峯者，我應於一切處常居最上。如我所見眾人頂禮者，我應為彼眾所尊重。如是等事，審占其相，我今決定為灌頂王。”(《大正藏》卷三第 433 页)

【评说】本段经文记述了占梦的内容，反映了古代人们对梦境的理解。

【原文】時福力王，從師子座歡喜而下，致敬問訊，如應施設高廣之座，命彼諸兄次第而坐。諸兄即令王復本座。眾坐已定，作諸供獻。如先所論，互談議已，皆生決定歡喜之心。時王起尊重意，各以所奉。如是集會過二三日，王為諸兄及彼人眾開發，令知福非福事，說伽陀曰：

“無福者墮地獄中　受大苦惱常無間
或墮餓鬼或畜生　受飢渴苦及負重
無福之者壞其身　無福為奴重疲極
無福墮於聾瘂中　無福愚鈍多邪慧
無福之者魑魅著　無福之者醜形容
無福多於下族生　無福心亂人所惡
無福之者多迷惑　無福為他所輕謗
無福之者諸所為　雖復勤力不成就
無福之者身麤澁　悉無威光不可意
無福之人兄所居　草木青潤成枯瘁
無福人所不隨順　外境觸害亦復然
諸惡鬼神羅刹娑　常時侵嬈無福者
無福者用藥治病　返成非藥病增劇
由無福故受貧窮　復為他人所輕慢
無福之人生子息　其性麤惡眾憎嫌
無福者雖眷屬多　常時離散生苦惱
無福者壞於眼目　而復相續諸苦生
多病皆由無福因　小生疾病固難差
無福之人多兇惡　無福常發麤惡聲
手指攣拳體不完　語言人多不信順
無福之人諸所有　王官水火盜賊銷
無福唯聞非愛言　觸處常生於驚怖
無福雖居平坦地　隨處旋當荊棘生
設或植種及經商　雖常多作無義利
無福者於一切時　所有財寶皆散壞
世間無少顧戀心　實不可愛無善利
諸無福者如是相　智者當知皆破壞
福者所作善護持　於一切時無散失
福者所行不懈倦　常起堅固勇悍心
如蓋覆蔭廣無邊　復能制除諸惡雨

猶犢隨母常飼乳　福者如意善欲同
又如劫樹悅意觀　常獲一切所欲果
福者能具忍辱力　及得悅意大吉祥
信行深固可依從　生生皆具妙色相
福者廣布大名稱　能具多聞及智慧
見者咸生愛樂心　又能獲得聞持念
福者臨終無疾病　臨終亦復歡喜生
極惡境相不現前　遠離驚怖及苦惱
福者臨終受天樂　天宮樓閣現其前
忉利諸天夜摩天　彼彼天人來引接
兜率天宮諸天子　化樂天衆亦復然
他化自在欲界天　咸來衛護於福者
福者猶如大梵王　俱胝天衆皆宗奉
於其一千梵界中　廣大尊勝而自在
福者諸所作皆成　復常處於快樂位
一切皆生愛樂心　乃至外境無觸害”(《大正藏》卷三第 433-434 页)

【评说】偈颂前后以夸张的手法对比了无福有福者在面对生活中的各种境遇时截然相反的处境,是对福报观的总结。

佛教一般认为福报与善恶行为相联系,主要作为善恶行为的结果来呈现。在本偈颂中,是否有福却成为善恶的原因,这在一定程度上偏离了佛教的缘起思想,结合本经译经时代来看,或反映了后期佛教中决定论思想对缘起论的渗透。

【原文】佛言:“諸苾芻! 福力王者,於累生中積修福業,行願廣大緣力合集,決定如應受勝福報。又諸苾芻! 汝等當知,一切有情所作行業,皆非外緣可得,亦非地界、水界、火界、風界所成,若善、不善隨蘊、處、界起諸行業。”即說伽陀曰:

“假使經百劫　不壞諸業因
因緣和合時　有情隨受果”

……時彼法師說伽陀曰:

“人當修作諸福因　如彼所作勿間斷
隨其樂欲施作時　由福藏故獲妙樂”

……作是念時,而彼法師又說伽陀曰:

“善法應當速疾修　即能息除諸罪業
如是宜修勝福因　一切罪業非所樂”

……彼人由是轉增逼迫受貧窮苦,自省斯緣,說伽陀曰:

“世間何苦勝貧苦　而貧苦與死苦同
寧當死苦尚甘心　彼貧窮苦不愛樂”(《大正藏》卷三第 435 页)

【评说】本段文字回归佛教善恶缘起观,指出具有福力的因是修善断恶。

佛说菩萨睒子经

安公录中阙译今附西晋录

【提要】佛陀在比罗勒国为众比丘、菩萨、国王、大臣、人民、长者、居士、清信士女等讲述睒子无辜被国王杀害而无怨的故事，强调菩萨应当具有宽容一切伤害的精神。本经为《六度集经(四十三)》睒道士本生异译，主旨在于宣扬忍辱波罗蜜，而本经相较前者，又对孝养双亲的内容加以发挥，增加了对孝道的阐释。

【原文】於是菩薩壽盡，即下生為盲父母家作子。父母歡喜，甚愛重之。本發大意欲行入山，以生子故，便留樂世間。子年七歲，號字曰睒。睒至孝仁慈，奉行十善，不殺、不盜、不婬、不欺誑、不飲酒、不妄言、不綺語、不嫉妬、不呪詛、信道不疑，晝夜精進。奉事父母如人事天，言常含笑不傷人意，行則應法不妄傾邪。父母喜悅，無復憂愁。年過十歲，睒長跪白父母言："本發大意欲入深山，求志空寂無上正真。豈以子故而絕本願？人在世間無常百變，命非金石對至無期。願如本意，宜及上時，入山清淨。我自尋隨與父母俱，供養隨意不失時節。"父母報睒言："子之孝順天自知之，不違本誓便共入山。"(《大正藏》卷三第436页)

【评说】经中记述的"十善"与"身语意十善"有所不同，是将"五戒"与其他善行糅合而成。"身语意十善"应为身行不杀生、不偷盗、不邪淫；语行不妄语、不两舌、不恶口、不绮语；意行不贪、不嗔、不痴。它是在家佛教徒所应遵循的生活准则。根据经文记载，睒子年不满十岁即已行持十善，未免突兀。故此处"十善"法的记载或为经典传译过程中错误演绎"十善"法的印迹。

另外，在佛教中，出世修行与在家承担家庭责任一直是个两难的问题。睒子父母本欲入山修行，因生子而不能成行。睒子决定跟随入山以成全父母的志愿，被视为睒子孝心的体现。这可以视为从孝养视角提出的一种解决办法。

【原文】王時怖懅，大自悔責："我所作無狀！我本射鹿，箭誤相中耳。射殺道人，其罪甚重。坐貪小肉，重受其殃。我今以一國珍寶、庫藏之物、宮殿、妓女、丘郭、城邑，以救子命。"時王便前，以手挽拔睒胸箭，箭深不可得出。飛鳥、走獸，四面雲集，號呼動一山中。王益惶怖，三百六十節節皆動。睒語王言："非王之過，自我宿罪所致。我不惜身命，但憐念我盲父母，年既衰老，兩目無所見。一旦無我，亦當終歿，無所依仰。以是之故，用自懊惱酷毒耳。"(《大正藏》卷三第437页)

【评说】睒子无辜中箭将死，却能宽慰射箭者，睒子的行为在佛教视角下是忍辱精神的最好体现。佛教认为忍辱是一种智慧，并非强行压抑心中情感的蛮忍，而是由于洞彻无我道理，既不贪执自身，亦不迁怒于对方，没有需要压抑的情绪，自然是不生贪嗔情绪的忍。

【原文】王即牽盲父母往到尸上，父抱其兩脚，母抱其頭著膝上，各以一手捫摸其胸箭，仰天大喚言："諸天及龍神、山神、樹神、水神，我子仁慈至孝，諸神所知，何能不一哀我子是善子？"母便以舌舐睒胸瘡："願毒入我口，我年已老，目無所見，以身代子之命。睒活、我死，死不恨也。"於是，盲父母言："若睒有至誠至孝者，天地所知，箭當拔出，毒藥當除，睒當更生。"

於是，第二忉利天王釋座即為大動，以天眼見二道人抱子號哭，乃聞第四兜術天、諸天宮、龍宮，皆儼儼而為動。釋梵四天王即從第四天上來，如人伸臂頃，來下住睒前，以神藥灌睒口中。藥入睒口，箭自拔出，便活如故。父母驚喜，見睒已死更活，兩目皆開。飛鳥、禽獸皆作歡樂之音，風息雲消，日為重光，泉水涌出，眾華五色、樹色，光榮倍於常。

時王大歡喜，不能自勝，禮天帝釋，還禮父母及子睒："願我國財以上道人，身自留住供養，現世罪滅，宿怨得除。"睒答王言："欲報恩者，王且還國，安慰國人，皆令奉持五戒。王勿復射獵，夭傷蟲獸，現世身不安隱，壽盡當入泥犁中。人居世間，恩愛暫有，別離久長，不得常在。王宿有功德，今得為王，莫以得自在故，而自放恣。"於時國王大自悔責，自今以後，當如睒教勅，不敢有廢。諸隨王射獵者數百人，見睒已死，神人持藥來下，入口即活，父母眼開，皆踊躍發意，奉持五戒，終身不犯。王還國已，宣令國中，諸有貧窮、盲父母，如睒比者，皆當供養，不得捐捨，犯者令有重罪。於是，國中人民以睒活故，上下相教，奉修五戒，修行十善，死得昇天，無入三惡道者。(《大正藏》卷三第 437-438 頁)

【评说】本段经文记载天神下凡以神药灌睒子口，令睒子死而复苏，箭自拔出的经过。此处神迹的出现需要借由药来实现，并不是通过天神直接变化而成，说明当时对于疾病而言，已认为"药物"比"神力"更可靠。

其中，睒子的复活并不是由自己的发愿所引发，而是睒子父母通过宣扬睒子的"至孝至诚"打动天神来实现的。这也呼应了本经的孝养主题。此后五戒十善的道德说教则是佛教经典中的重要内容。

【原文】佛告阿難："汝廣為一切人民說之，人有父母，不可不孝。道不可不學，濟神離苦，後得無為，皆由慈孝、學道所致。"(《大正藏》卷三第 438 頁)

【评说】在早期佛教教义中，"慈孝"并不是主体，它调整的是在家教徒的伦理关系，修行的"苦集道灭"更多的是关于个人解脱。将"慈孝"与"学道"并列于解脱道上，则与他人发生联系，这或许是佛教中国化过程中吸纳儒家思想的尝试，这种尝试又为强调普度众生的大乘佛教中国化提供了基础。

佛说睒子经

西秦沙门圣坚奉诏译

【提要】佛陀在比罗勒国为众比丘、菩萨、国王、大臣、人民、长者、居士、清信士女等讲述睒子无辜被国王杀害而无怨的故事，强调菩萨应当具有宽容一切伤害的精神。本经为《六度集经(四十三)》睒道士本生异译，主旨在于宣扬忍辱波罗蜜，而本经相较前者，又对孝养双亲的内容加以发挥，增加了对孝道的阐释。

【原文】時，迦夷國中有一長者，孤無兒子，夫妻兩目皆盲，心願入山求無上慧，修清淨志信樂虛閑。菩薩念言："此人發意欲學妙道，而兩目盲無所視見，若入山者或墮溝坑，或逢毒虫所見危害，若我壽終當為作子，供養父母終其年壽。"即便往生盲父母家，為其作子。父母歡喜愛之甚重，本發道意欲行入山，以生子故，便樂世間。子年七歲號字曰睒，睒至孝仁慈，

奉行十善：不殺、不盜、不婬、不欺誑、不飲酒、不妄語、不嫉妬、信道不疑、晝夜精進，奉侍父母如人侍天，言常含笑不傷人意，行則應法不妄傾邪，於是父母即大歡悅，無復憂愁。（《大正藏》卷三第 438 页）

【评说】是将五戒与其他善行糅合而成。身语意十善应为身行不杀生、不偷盗、不邪淫；语行不妄语、不两舌、不恶口、不绮语；意行不贪、不嗔、不痴，它是在家佛教徒所应遵循的生活准则。

【原文】時，王便前欲拔出箭，箭深不出，百鳥禽獸四面雲集，皆大號呼動一山中。王益怖懅，支節皆動，睒語王言："非王之過！自我宿罪緣對所致，我不惜身，但念我盲父母耳，年既衰老，兩目復盲，一旦無我，亦當終沒，無瞻視者，以是之故，自懊惱耳。"當爾之時，諸天、龍、神皆為肅動。王又重言："我寧自入地獄之中，自受此罪，使睒身活。"長跪向睒悔過陳言："若子終沒，我不還國，便住山中，供養卿盲父母，如卿在時，勿以為憂，諸天、龍、神皆當證知，不負此誓。"（《大正藏》卷三第 439 页）

【评说】睒子无辜中箭将死，却能宽慰射箭的国王，在佛教视角下睒子的行为是忍辱精神的极好体现。佛教认为忍辱是一种大智慧，忍辱还是强行压抑心中的情感，而是由于洞彻无我道理，既不贪执自身，亦不迁怒于对方，没有需要压抑的情绪，所以是不生贪嗔情绪的忍。

【原文】王即牽盲父母往到尸上，父抱其頭，母抱兩脚著其膝上，各以兩手捫摸睒箭，仰天呼言："諸天、龍神、山神、樹神，我子睒者，天下至孝，是諸天龍、鬼神所知。我年已老，目無所見，身代子死，睒活不恨。"於是，父母俱共誓言："若睒至孝天地所知，箭當拔出，毒痛當除，睒應更生。"

於是，第二忉利天帝座即為動，以眼見此二盲道人抱子號呼，乃聞第四兜率天上，釋梵四王從天上來，如人屈伸之頃，來住睒前，以神妙藥灌睒口中，藥入睒口，箭拔毒出，更生如故。父母聞睒以死更生，兩目皆開，飛鳥、走獸皆大歡樂之音，風息雲消日為重光，流泉涌出清而且涼，池中蓮華五色精明，栴檀雜香，樹木光榮香倍於常。時王歡喜不能自勝，禮天帝釋，還禮父母及子睒者："願以一國所有財寶，俱上道人自相供養，令我罪滅永無有餘。"

睒語王言："欲興福者，王但還國，安慰人民，當令奉戒，王勿射獵橫殺無辜，身不安隱，壽終當入泥犁之中。人居世間恩愛暫有，别離久長不得常在。王宿有福今得為王，莫憍自在，以自在故，造無量惡，後入惡道，悔之何益。"王答："如教。"隨王獵者，見睒死已，得天神藥死而更生，父母眼開神變如是，悉奉五戒、修行十善，死得生天，無入惡道。

佛告阿難："諸來會者，宿命睒者，吾身是耶；盲父者，閱頭檀王是；盲母者，今王夫人摩耶是也；迦夷國王者，阿難是；天帝釋者，彌勒佛是。"

佛告阿難："吾前世時，為子仁孝、為君慈育、為民奉敬，自致得成為三界尊。"（《大正藏》卷三第 439-440 页）

【评说】本段经文记载天神下凡以神药灌睒子口，令睒子死而复苏，箭自拔出的经过。此处神迹不是通过天神直接显示，而是借由灌药来实现，暗示当时可能已经认识到对于某些疾病来说"药物"比"神力"更有效。

其中，睒子的复活并不是由自己的发愿所引发，而是睒子父母通过宣扬睒子的“至孝至诚”打动天神来实现的。这也呼应了本经的孝养主题。此后五戒十善的道德说教则是佛教经典中一贯标榜的内容。

佛说师子月佛本生经

新为失译人名附三秦录

【提要】佛陀在王舍城迦兰陀竹园为频婆娑罗王说婆须蜜多比丘及猕猴往昔授受戒律，及将来世成佛因缘的故事来激励人们持戒修行。

【原文】爾時，比丘即為獼猴說三歸依，告言：“法子！汝今隨學三世佛法，應當求請受三歸依，及以五戒。”爾時，獼猴即起，合掌白言：“大德！憶念我今欲歸依佛、法、僧。”比丘告言：“汝當歸依佛、歸依法、歸依僧。”第二、第三亦如是說：“歸依佛竟、歸依法竟、歸依僧竟。”第二、第三亦如是說：“次當懺悔。”告獼猴言：“汝於前身無量劫來，貪欲、瞋恚、愚癡、邪見、嫉妬、憍慢、誹謗、破戒，作諸惡事滿足十惡。作五逆罪謗方等經、婬比丘尼、偷僧祇物、作眾重罪無量無邊，我今生分已盡，不受後有。大阿羅漢能除眾生無量重罪。所以者何？我初生時與大悲俱生，三世賢聖法皆如是，亦與大悲俱共生世。”如是慇懃，三為獼猴說出罪懺悔。既懺悔已，告獼猴言：“法子！汝今清淨是名布薩，汝從今日至盡形壽，受不殺戒。三世諸佛諸阿羅漢，永不殺生，身口意淨，汝亦如是。”(《大正藏》卷三第444页)

【评说】皈依、忏悔、布萨，是佛教中获得清净安宁的心理状态的基本仪式。皈依的意义是明确心理的依靠；忏悔的意义是卸除自责的心理负担；布萨的意义是确认行为规范。通过这些仪式，可以令人从精神层面重新振作，积极投入生活。

【原文】爾時，獼猴發願已竟，踊躍歡喜走上高山，緣樹舞戲，墜地而死。由阿羅漢受五戒故，破畜生業，命終即生兜率天上。值遇一生補處菩薩，菩薩為說無上道心，即持天花下空澤中供養羅漢。羅漢見之，即便微笑告言：“天王！善惡之報，如影隨形，終不相捨。”時，阿羅漢而說偈言：

“業能莊嚴身　處處隨趣趣
不失法如券　業如負財人
汝今生天上　由於五戒業
前身落獼猴　從於犯戒性
持戒生天梯　破戒為濩湯
我見持戒人　光明莊嚴身
七寶妙臺閣　諸天為給使
眾寶為床帳　摩尼花瓔珞
值遇未來佛　娛樂說勝法
我見破戒人　墮在泥犁中
鐵犁耕其舌　臥在鐵床上

融銅四面流　燒煑壞其身
或處於刀山　劍林及沸屎
灰河寒氷獄　鐵丸飲融銅
如是等苦事　常為身瓔珞
若欲脱眾難　不墮三惡道
遊處天人路　超越得涅槃
當勤持淨戒　布施修淨命”(《大正藏》卷三第444页)

【评说】偈颂以不持戒者在地狱中受大痛苦的悲惨情形警示人们应当持戒。其中,轮回转世的观念成为束缚人们遵循道德行为的外力。

【原文】佛告大王:“身口意業不可不慎。”爾時,世尊而說偈言:

“戒為甘露藥　服者不老死
戒德可恃怙　福報常隨己
持戒得安隱　生處無患難
亦當見諸佛　受法得解脱
破戒墮地獄　猶如此獼猴
生處恒卑賤　地獄苦切己
大王當諦聽　止惡修諸善”(《大正藏》卷三第445页)

【评说】佛陀明确指出,持戒的本质在于身口意行为的谨慎。

佛说大意经

宋天竺三藏求那跋陀罗译

【提要】佛陀在舍卫国祇树给孤独园为众比丘讲述自己往昔世为做布施深入海中他国冒险取宝的故事,以此说明菩萨应当有为利他专一精进的精神。

【原文】……有一毒蛇繞城三匝,見大意便舉頭視之,大意自念言:“人為毒所害者,皆由無善意故耳。”便坐,思須自思惟定意,須臾頃,蛇即低頭睡臥……

……

於是,大意轉前行見一金城。宮闕、殿舍皆是黃金,七寶之樹自然音樂,天女、侍從轉倍於前;亦有毒蛇繞城六匝,見大意便舉頭視之,復坐定意,蛇復低頭而臥……

於是,大意轉前行,復見一水精城。宮闕、殿舍、皆是水精,七寶之樹自然音樂,天女侍從轉倍於前;亦有一毒蛇繞城九匝,見大意即復舉頭視之。大意即復坐,深自思惟入定,蛇即復低頭睡臥……

於是,大意轉前行,復見一琉璃城。宮闕、殿舍皆是琉璃,七寶之樹自然音樂,天女侍從轉倍於前;亦見一毒蛇繞城十二匝,見大意便舉頭視之,大意即復坐,深思惟入定,蛇復低頭睡臥……(《大正藏》卷三第446-447页)

【评说】大意面对毒蛇以禅修的方式驯服。毒蛇或是隐喻，即此四毒蛇暗喻烦恼，四宝所成之城喻四种禅，四毒蛇各自绕城三、六、九、十二匝喻示随禅定深入，所消除的烦恼也越来越坚固。大意依次经历四城，没有贪图其中的享乐，喻示以精进力克服禅悦，不贪图禅乐。

【原文】大意念言："吾本來求寶，今已如志，當從是還。"便尋故道欲還本國，經歷大海，海中諸神王因共議言："我海中雖多眾珍名寶，無有如此輩珠。"便勑使海神要奪其珠。神便化作人，與大意相見，問言："聞卿得琦異之物，寧可借視之乎？"大意舒手示其四珠，海神便搖其手，使珠墮水中。大意念言："王與我言時，但道此珠難保。我幸已得之，今為此子所奪，非趣也。"即謂海神言："我自勤苦，經涉嶮岨得此珠來，汝反奪我今不相還，我當抒盡海水耳。"海神知之，問言："卿志何高乃爾？海深三百三十六萬由延，其廣無涯，奈何竭之。譬如日終不墮地，大風不可攬束；日尚可使墮地，風尚可攬束，大海水終不可抒令竭也。"大意笑答之，言："我自念前後受身生死壞積其骨，過於須彌山，其血流，五河四海未足以喻。吾尚欲斷是生死之根本，但此小海何足不抒？"復說言："我憶念昔，供養諸佛，誓願言：'令我志行勇於道決所向無難。'當移須彌山、竭大海水，終不退意。"便一其心，以器抒海水。精誠之感達於第一四天，王來下，助大意抒水，三分已抒其二。於是海中諸神王皆大振怖，共議言："今不還其珠者，非小故也，水盡泥出，子便壞我宮室。"海神便出眾寶以與大意，大意不取，告言："不用是輩，但欲得我珠耳，促還我珠，終不相置也。"海神知其意感，便出珠還之。（《大正藏》卷三第 447 页）

【评说】海中神王令大意失去四宝珠，或喻示在禅定修习过程中，即使到达四禅的境界也有可能退失，但大意以"吾尚欲断是生死之根本"的志向和"令我志行勇于道决所向无难"的精进重获宝珠，说明退失的禅定境界，可以借精勤的练习重新掌握。

前世三转经

西晋沙门法炬译

【提要】佛陀在舍卫国祇树给孤独园为众比丘讲述上色女、国王、婆罗门子三者舍己布施的故事来宣扬布施、教诫菩萨应当有牺牲精神。

【原文】阿難問佛："惟，天中天！諸有婬怒癡者，以色、聲、香、味、細滑、法故笑；天中天斷婬怒癡，用何故笑？天中天！不是舍利弗所問？亦不是摩訶目犍連、摩訶迦葉、優為迦葉、迦翼迦葉、那翼迦葉、施羅比利迦私所問？諸佛天中天，有六法不共。何等為六？一者、諸佛天中天，知過去無所罣礙慧；二者、諸佛天中天，有當來無所罣礙慧；三者、諸佛天中天，今現在亦有無所罣礙慧；四者、諸佛天中天，身所行智慧；五者、諸佛天中天，口所說智慧；六者、諸佛天中天，心念智慧，是為六。諸佛天中天，無有不見聞諸佛說佛道慧。"（《大正藏》卷三第 448 页）

【评说】本段经文从"笑"一事引出议论。常人由"色、声、香、味、细滑、法"的愉悦而生笑，而释迦牟尼因为从五欲中解脱，且具有六种不共智，已知过去将来身心内外各事物的前因后果，故不会由此发笑。这也暗示，"笑"是由认知对象从未知状态变为已知状态这一适意

心理过程中所伴随的现象。

【原文】上色女，以偈報之言：

“婆羅門無為者　無生老及病死

無愁憂清淨處　婆羅門我求彼”（《大正藏》卷三第449页）

【评说】此处的“婆罗门”，意为“梵”，是印度教中对终极实在的指称。此偈或提示，婆罗门教与佛教在概念上曾有互相借用相通之处。文中提到的无生老病死、无为无忧清净等性质，在其他佛教经典中以“涅槃”概之。

【原文】國王自念言：“我布施與人，有何可怪？我布施與禽獸者，爾乃為難。”時，王穌香自塗身，便入山空閑處臥巖石上，諸百鳥皆來生噉其身，便命過，生於婆羅門家——其家大富，金銀珍寶無央數——十月已滿便生，端正好無比。適生，四侍女共養育，第一女主拭其身；第二女主沐浴；第三女主乳哺；第四女主抱之。兒即長大，四人共侍議，不得使有見者，五百綵女共侍相娛樂。便竊出，過向市，觀見販賣貧窮乞匃者，有悲哀之意言：“此人民若使富樂者，不復賈作販賣。”爾時，自說偈言：

“我之身心云何　甚堅而不破碎

吾自在安樂處　見勤苦諸人民”（《大正藏》卷三第449页）

【评说】此处描述国王自施身于鸟兽后，投生于豪富人家，受四侍女抚养长大的情况，反映了佛陀时代的抚育观及轮回观。

【原文】佛告阿難：“我精進行道故，超越九劫出彌勒前。如是，阿難！勤苦行道六十劫，布施手、足、鼻、耳、頭、目、肌肉、婦、子、男、女、好衣被、飲食故，降伏六十億魔，三十四億得佛道。”

佛語阿難：“若使一切人知布施之福，如我所知者，窮乏餬口得一食自飯繼命；若不食此便死者，則當不自食與善人令受。阿難！我念昔世時所布施，用是故面色明好照曜，笑光從口出遍三千大千世界。”（《大正藏》卷三第449-450页）

【评说】假如人们知道布施的福报，就会在濒临饿死的情况下仍然将食物施舍于善人。这是从知的角度来凸显布施之福，反衬出佛教认为人们多是无知的，需要接受这种善恶因果观的教化。

银色女经

元魏天竺三藏佛陀扇多译

【提要】佛陀在舍卫国祇树给孤独园为众比丘讲述上色女、国王、婆罗门子三者舍己布施的故事来宣扬布施、教诫菩萨应当有牺牲精神。本经内容与《前世三转经》类似，情节有小异，如本经中国王为寿终正寝而非死于施身等。

【原文】爾時，世尊告諸比丘言：“諸比丘！若有眾生能知布施所有功德及施果報，如我所知，於食食時，若初食摶、若後食摶，若不捨施不應自食。”

爾時世尊而說偈言：

“若有諸眾生　如佛之所說
減食分而施　成就大果報
或以初食摶　或以後食摶
若不用布施　則不應自食”（《大正藏》卷三第 450 页）

【评说】佛教最基本的布施就是施食。此处说明在食用食物之前，应先将少部分布施于他人。

【原文】彼復言：“姊！我今二脇皆欲破壞，背復欲裂，心戰不安，諸方皆闇。姊適出舍，我命即斷。”（《大正藏》卷三第 450 页）

【评说】描述人饥饿欲绝的生理感受，提到了胁痛、背痛、心慌、视物模糊等症状。

【原文】諸親皆言：“雖行布施而心悔者，乃可是檀，非波羅蜜。”

作是語已，復問之言：“當割捨時為歡喜不？勿以苦痛至生悔惱。”

……

婆羅門言：“此事甚難。甚難事者，所謂阿耨多羅三藐三菩提。若布施已，而生悔心，彼乃是檀，非波羅蜜。汝當施時，歡喜以不？當割時苦生異念不？”（《大正藏》卷三第 450 页）

【评说】布施作为波罗蜜的一种，与正等觉智慧相应，应具有欢喜无恼的特征。如果有悔恼之心，虽然是布施，却不可以称为波罗蜜。

【原文】彼復答言：“我若為王，如法治國。汝等諸人，若當悉受十善業道，我則為王。”

彼皆答言：“臣等順行。”即時皆受十善業道。

彼人如是十善業道勸眾生已，即治王事，名銀色王。爾時，國內諸人民等壽命七萬那由他歲。彼王於是無量百歲無量千歲治王事已，爾乃命終。

臨命終時作如是言：

“一切皆無常　必有敗壞事
合會必有離　有命皆必死
隨所作事業　若善若不善
一切有生者　命皆不久住”（《大正藏》卷三第 451 页）

【评说】此处描述君臣民众受持十善的贤王治国景象。国王命终时不忘以无常偈来警示一切事物状态都不会永存不变。

【原文】童子答言：“必須修行六波羅蜜。何等為六？所謂檀波羅蜜、尸波羅蜜、羼提波羅蜜、毘梨耶波羅蜜、禪波羅蜜、般若波羅蜜。”

彼既聞已，即言：“我發阿耨多羅三藐三菩提心。”

時彼童子既令諸人發阿耨多羅三藐三菩提心已，作如是念：“我今欲以微少物施。我今當為二足、四足、禽獸、鹿等而行布施。”作是念已，而便往至尸陀林中。即以利刀刺身出血，塗身令遍，復以油塗，臥彼林中，而自唱言：“諸有近遠二足、四足、鹿等禽獸，須食之者，願來

至此，食我身肉。”（《大正藏》卷三第451页）

【评说】檀、尸、羼提、毗梨耶、禅、般若即今布施（檀那）、持戒（尸罗）、忍、精进、禅定、般若（智慧），是菩萨应修习的六种特质。

在教导他人发菩提心之后，童子即实践了布施波罗蜜，以自身施于林中鸟兽。

【原文】彼摩那婆以修善業福德力故，忽得天眼……（《大正藏》卷三第51页）

【评说】佛教承认有些人会具有异于常人的能力，认为这些现象的产生有多种原因，如修行、过去业报、鬼神附体等。

佛说过去世佛分卫经

西晋月氏国三藏竺法护译

【提要】佛陀讲述自己过去世母亲发愿令其子修行出家成佛之事。

【原文】子年七歲，家復貧狹，即作二人飯具，及三法衣，手持澡瓶，自將其子行詣佛所，稽首佛足，前白佛言：“願哀我子使為沙門，令後得道，身形如佛。”佛即聽之，令作沙門。母以澡灌，前洗兒手，應時九龍從瓶口出，吐水灌兒手中，澡訖殘水散兒頭上，水之潺渧於兒頭上，化成華蓋珠交絡帳。中有師子座，上有坐佛。佛笑，口中五色光出，照十億佛剎，還遶佛身從兒頂入。母以飯具前上佛，并食其子，便發無上平等道意，應時十億佛剎為六反震動，眾剎諸佛皆自然現。佛以母飯飽，爾所佛及諸比丘僧皆等飽足，其飯如故，亦不損減；母即歡喜，及無數天人皆得阿惟越致。（《大正藏》卷三第452页）

【评说】此处以具有宗教色彩的文字，记述了饭前洗手的卫生习惯。

佛说九色鹿经

吴月氏优婆塞支谦译

【提要】佛陀通过讲述九色鹿被所救溺水者出卖而无怨恨的故事来宣扬忍辱。有两个版本，内容大致相同。

【原文】於是，溺人聞王募重，心生惡念：“我說此鹿可得富貴，鹿是畜生，死活何在？”

於是，溺人即便語募人言：“我知九色鹿處。”

募人即將溺人至大王所，而白王言：“此人知九色鹿處。”

王聞此言，即大歡喜，便語溺人：“汝若能得九色鹿者，我當與汝半國，此言不虛。”

溺人答王：“我能得之。”

於是，溺人面上即生癩瘡。溺人白王：“此鹿雖是畜生，大有威神，王宜多出人眾，乃可得耳。”（《大正藏》卷三第452页）

【评说】溺水者因出卖有恩于自己的九色鹿致面生癞疮，结合佛教因果报应观，说明癞疮在当时是一种难治之病，且生疮之人常受到歧视。

佛说鹿母经

西晋月氏国三藏竺法护译

【提要】佛陀通过讲述鹿母误中陷阱，以诚信换取猎人信任，安顿幼鹿之后守信赴死感化猎人的故事来宣扬诚信能令人遇难呈祥的观念。

【原文】獵者於是聞鹿所語，甚奇甚異！意猶有貪，復答鹿曰："夫巧僞無實奸詐難信，虚華萬端狡猾非一，愛身重死少能効命，人之無良猶難為期，而況禽獸去豈復還？固不放汝不須多方。"鹿復垂淚以偈報言：

"雖身為賤畜　不識人義方
奈何受慈恩　一去不復還
寧就分裂痛　無為虚偽存
哀傷二子窮　乞假須臾間
世若有惡人　鬪亂比丘僧
破塔壞佛寺　及殺阿羅漢
反逆害父母　兄弟及妻子
設我不還來　罪大過於是"

爾時，獵者重聞鹿言，心益悚然，乃却歎曰："惟我處世得生為人，愚惑癡冥背恩薄義，殘害衆生殺獵為業，欺僞苟得貪求無恥，不知非常識别三尊。鹿之所言有殊於人，信誓邈邈情現盡中。"便前解弶放之令去。於是鹿母至其子所，低頭鳴吟舐子身體，一悲一喜，而說偈言：

"一切恩愛會　皆由因緣合
合會有别離　無常難得久
今我為爾母　恒恐不自保
生世多畏懼　命危於晨露
……"

鹿母說已，便捨而去。二子鳴啼悲泣戀慕，從後追尋，頓地復起。母顧命曰："爾還勿來！無得母子併命俱死。吾没甘心；傷汝未識，世間無常皆有别離。我自薄命爾生薄祐，何為悲憐徒益憂患，但當建行畢罪。"於是母復為子，說此偈言：

"吾前生貪愛　今來為畜身
生世皆有死　無脱不終患
制意一離貪　然後乃大安
寧就誠信死　終不欺殆生"(《大正藏》卷三第 454 页)

【评说】鹿母以诚发誓取信于猎人暂脱罗网，教导幼鹿无常与离贪。在第一段偈颂中提到"毁坏佛寺杀比丘僧"的行为，暗示在本经原始文本形成时期，印度已经发生过了大规模的灭佛运动，以至相关的报应思想出现在经典中。

佛说鹿母经

西晋三藏法师竺法护译

【提要】佛陀通过讲述鹿母误中陷阱，以诚信换取猎人信任，安顿幼鹿之后守信赴死感化猎人的故事来宣扬诚信能令人遇难呈祥的观念。

【原文】鹿時憶子恐擄，前跪兩膝，低頭涕淚，悲訴鳴吟，重說偈言：

“雖身為鹿畜　不識仁義方
奈何受慈恩　得去不復還
寧受分裂痛　無為虛偽存
哀傷二子窮　乞假須臾間
宿世罪自然　故受畜生體
為人所不信　殃禍自應爾
猶是招當來　欲脫畜生形
披肝露誠信　願聽重誓言
若世有惡人　鬪亂比丘僧
破塔壞佛寺　及殺持戒人
反逆害父母　兄弟與妻子
設我不來還　罪大過於是
普世之極罪　劫盡殃不已
宛轉更燒煑　之彼復到此
可思之深重　受痛無終始
設我不來還　罪大過於是
……”

於是鹿母，出弶得去，且顧且馳，到其子所，低頭嗅子，舐其身體，一喜一悲，踟蹰徘徊，嘆息啼吟，並說偈言：

“一切恩愛會　皆由因緣合
合會有别離　無常難得久
今我為爾母　恒恐不自保
生世多畏懼　命如露著草”

於是，鹿母說此偈已，便將二子，入于林藪，為别食稼，示好水草，誡勑叮寧，教生活道。念别子孤，淚下如雨，悲鳴摧傷，說偈别言：

“前世行欺詐　負債著恩愛
殘暴眾生命　自盜教彼殺
身作如影隨　今日當受之
畢故不造新　當還赴彼期
違佛不信法　背戾師父誡
自用貪無厭　放情恣癡意

罪報為畜生　當為人作飼
自分不敢怨　畢命不復欺
貪求取非道　殺盜於前世
每生為畜獸　宿命所追逮
結縛當就死　恐怖無生氣
用識三尊言　見遣盡恩愛
吾朝行不遇　誤墮獵者弶
即當就屠割　破碎受宿殃
念汝求哀來　今當還就死
憐汝小雙孤　努力自活已
行當依群類　止當依眾裹
食當隨侶進　臥當驚覺起
慎勿子獨遊　食走於道邊
言竟便長別　就死不復還(《大正藏》卷三第 455-456 页)

【评说】在偈颂内容上,本版本较前同名之经作了更为详细的铺展,将贪爱的相状和报应“前世行欺诈,负债著恩爱,残暴众生命,自盗教彼杀……自用贪无厌,放情恣痴意,罪报为畜生,当为人作饲”等一并托出,起到道德教化的作用。

一切智光明仙人慈心因缘不食肉经

失译人名今附秦录

【提要】佛陀在摩伽提国寂灭道场弥加女村自在天祠精舍为众比丘讲述弥勒前身不食兔肉的因缘来宣扬慈心不杀的护生爱生观念。

【原文】時彼仙人,聞樹神語,悲不能言,以所誦經書置樹葉,又說偈曰:

“寧當然身破眼目　不忍行殺食眾生
諸佛所說慈悲經　彼經中說行慈者
寧破骨髓出頭腦　不忍噉肉食眾生
如佛所說食肉者　此人行慈不滿足
常受短命多病身　迷沒生死不成佛”

時彼仙人,說此偈已,因發誓言:“願我世世不起殺想,恒不噉肉,入白光明慈三昧,乃至成佛制斷肉戒。”作此語已,自投火坑與兔併命。(《大正藏》卷三第 458 页)

【评说】此处提到的“白光明慈三昧”,是将禅修方法中的白遍、光明遍、慈无量心三者相结合而成的一种综合禅修方法。

本段文字说明,佛教修行离不开三个必备的要素:修行前心理状态的准备,如此处的发誓立愿“愿我世世不起杀想”;修行中的戒行“恒不啖肉”;禅定修习“入白光明慈三昧”。由此可以达到最终的慧悟利他。

佛　传

修行本起经

后汉西域三藏竺大力共康孟详译

【提要】本经记述释迦牟尼从出生至修行成就期间的经历，笔触已具大乘佛教色彩。

卷　上

现变品第一

【提要】佛陀在迦维罗卫国释氏精舍为众比丘讲述过去定光佛为自己授记的故事。

【原文】佛言："宿命無數劫時，本為凡人，初求佛道以來，精神受形，周遍五道，一身死壞，復受一身，生死無量，譬喻盡天下草木，斬以為籌，計吾故身，不能數矣！夫極天地之始終，謂之一劫，而我更天地成壞者，不可稱載也！所以感傷世間貪意，長流沒於愛欲之海，吾獨欲反其原故，自勉而特出，是以世世勤苦，不以為勞，虛心樂靜，無為無欲，損己布施，至誠守戒，謙卑忍辱，勇猛精進，一心思微，學聖智慧，仁活天下，悲窮傷厄，慰沃憂慼，育養眾生，救濟苦人，承事諸佛，别覺真人，功勳累積，不可得記。"(《大正藏》卷三第461页)

【评说】"精神受形，周遍五道"，反映了佛教汉传初期的心身观。这种心身观暗示有一个独立的精神贯穿前后世，有"常见"色彩，与佛教主旨有所不同。说明当时汉译不精，经典中尚存在模棱两可的用词。

"吾独欲反其原故"，体现了佛教向内观照，向发起心身活动的本源观照的特征，菩萨行即建立于这种观照上。

【原文】菩薩即答言：

"女人多情態　壞人正道意
敗亂所求願　斷人布施心"(《大正藏》卷三第462页)

【评说】偈颂反映了当时修行者对女性的观点。印度的修行是禁欲的，而女色诱惑会影响尚未修心有成者的修行。因此，相关的训示便形成偈颂在修行者间口耳流传，以相互告诫。

【原文】佛說偈言：

"汝當於是世　把草坐樹下
戒力定慧力　降伏魔官屬
汝行聖人場　打震甘露鼓
愍念眾生故　續轉無上輪
汝當於是世　善權無上慧

九十六外道　皆令得法眼
汝當於是世　慈哀行四恩
施惠法甘露　滅除三毒病”(《大正藏》卷三第 462 页)

【评说】“甘露”,又称为“不死药”,此处喻佛法,与“三毒病”相应。印度传统哲学认为人的根本“病”即在于“贪嗔痴”所引生的烦恼,因此解脱烦恼“病”的方法便相应为“药”。

【原文】爾時人民,壽八萬四千歲,後宮婇女,各八萬四千,王有千子,仁慈勇武,一人當千,聖王治正,戒德十善,教授人民,天下太平,風雨順時,五穀熟成,食之少病,味若甘露,氣力豐盛,唯有七病:一者寒、二者熱、三者飢、四者渴、五者大便、六者小便、七者意所欲。聖王壽盡,又昇梵天,為梵天王。上為天帝,下為聖主,各三十六反,終而復始,欲度人故,隨時而出。(《大正藏》卷三第 463 页)

【评说】文中列出七“病”:“一者寒、二者热、三者饥、四者渴、五者大便、六者小便、七者意所欲。”其一至六“病”可视为纯粹生理上的不适,“意所欲”则涵盖身心两方面。从现代认识来看,以上所举的无一可称为“病”,它们都是正常的身心现象。参照上文“精神受形”的心身观来看,此处的“病”已经不单单指疾病,而是指“形”对“精神”造成的制约。从这一点也反映出此时期人们对佛教“解脱”观念的理解,更接近于《庄子》所论的形而上的“逍遥”,而不是佛教的“涅槃寂静”。

菩萨降身品第二

【提要】佛陀在迦维罗卫国释氏精舍为众比丘讲述自己托胎、降生的经过。

【原文】於是粟散諸小國王,聞大王夫人有娠,皆來朝賀,各以金銀珍寶衣被花香,敬心奉貢稱吉,無量夫人,舉手攘之,不欲勞煩。自夫人懷妊,天獻眾味,補益精氣,自然飽滿,不復饗王厨。十月已滿太子身成,到四月七日,夫人出遊,過流民樹下,眾花開化、明星出時,夫人攀樹枝,便從右脇生墮地。行七步,舉手而言:“天上天下,唯我為尊。三界皆苦,吾當安之。”應時天地大動,三千大千剎土莫不大明。釋梵四王與其官屬,諸龍、鬼神、閱叉、揵陀羅、阿須倫,皆來侍衛。有龍王兄弟,一名迦羅,二名鬱迦羅,左雨溫水,右雨冷泉,釋梵摩持天衣裹之,天雨花香,彈琴鼓樂,熏香燒香,擣香澤香,虛空側塞。夫人抱太子,乘交龍車,幢幡伎樂,導從還宮。(《大正藏》卷三第 463 页)

【评说】本段简述王夫人从怀孕到产子的过程,描述王夫人怀胎之后仅享用天食,不食人间食物,以及佛陀从胁降生等奇异情况。享用天食不用人间食物,可能反映了孕妇在妊娠期间食欲不振的情况,从胁降生则是婆罗门教中对于刹帝利种姓降生方式的阐释。这些都是佛教大乘化过程中对于佛陀相关生平事迹的神化。

【原文】於是還宮,天降瑞應,三十有二:一者、地為大動坵墟皆平,二者、道巷自淨臭處更香,三者、國界枯樹皆生花葉,四者、苑園自然生奇甘果,五者、陸地生蓮花大如車輪,六者、地中伏藏悉自發出,七者、中藏寶物開現精明,八者、篋笥衣被被在椸架,九者、眾川萬流停住澄清,十者、風霽雲除空中清明,十一者、天為四面細雨澤香,十二者、明月神珠懸於殿堂,十三者、宮中火燭為不復用,十四者、日月星辰皆住不行,十五、沸星下現侍太子生,十六、天梵寶蓋彌覆宮上,十七、八方之神奉寶來獻,十八、天百味飯自然在前,十九、寶甕萬口懸盛甘

露，二十、天神牽七寶交露車至，二十一、五百白象子自然羅在殿前，二十二、五百白師子子從雪山出羅住城門，二十三、天諸婇女現伎女肩上，二十四、諸龍王女繞宮而住，二十五、天萬玉女把孔雀拂現宮牆上，二十六、天諸婇女持金瓶盛香汁列住空中侍，二十七、天樂皆下同時俱作，二十八、地獄皆休毒痛不行，二十九、毒蟲隱伏吉鳥翔鳴，三十、漁獵怨惡一時慈心，三十一、境內孕婦生者悉男，聾盲瘖瘂、癃殘百疾，皆悉除愈，三十二、樹神人現低首禮侍。當此之時，十六大國，莫不雅奇歎未曾有。(《大正藏》卷三第 464 页)

【评说】三十二种瑞应反映了当时人们对于美好生活的向往。环境清洁、作物丰茂、气候合意、屋舍庄严、设施齐全、纯乐无苦、人民和睦、孕妇生男，体现了当时农耕社会的特征。

【原文】於是阿夷喜，重禮太子足。白淨王怖止歡喜，而說偈言：

"太子有何相　當何治於世
願為一一說　諸相有何福"

時阿夷以偈答王言：

"今觀太子身　金色堅固志
無上金剛杵　舂破婬欲山
大人相滿具　足下安平趾
居國常平治　出家等正覺
手足輪相現　其好有千輻
是故轉法輪　得佛三界尊
鹿腨而龍髀　隱相陰馬藏
觀者無有厭　是故法清淨
纖長手臂指　軟掌鞔中里
是故法久長　千歲在世教
皮毛柔軟細　右旋不受塵
金色鉤鎖骨　是故伏外道
方身師子臆　旋轉不阿曲
平住手過膝　是故一切禮
身有七處滿　千子力當敵
菩薩宿作行　是故無怨惡
口含四十齒　方白而齊平
甘露法率眾　是故有七寶
頰車如師子　四牙萬字現
佛德現天下　是故豐三世
味味次第味　所食識其味
是以設法味　施與於一切
廣舌如蓮華　出口覆其面
是故種種音　受者如甘露
語聲哀鸞音　誦經過梵天
是故說法時　身安意得定

眼相紺青色　世世慈心觀
是故天人類　視佛無有厭
頂特生肉髻　髮色紺琉璃
欲度一切故　是以法隆盛
面光如滿月　色像花初開
是以眉間毫　白淨如明珠”(《大正藏》卷三第 464-465 页)

【评说】阿夷是一位与白净王家族交好且深受尊重的婆罗门。他以偈颂的方式为刚出生的太子占相，并加以祝福。这是婆罗门祝祷的一种方式。

卷　下

游观品第三

【提要】佛陀在迦维罗卫国释氏精舍为众比丘讲述自己出宫游观时，见到生老病死等人生现象后意欲出家学道的故事。

【原文】於是王告太子:“當行遊觀。”太子念言:“久在深宮，思欲出遊，審得所願。”王勑國中，太子當出，嚴整道巷，灑掃燒香，懸繒幡蓋，務令鮮潔。太子導從，千乘萬騎，始出東城門，時首陀會天，名難提和羅，欲令太子速疾出家，救濟十方三毒火然，願雨法水，以滅毒火。難提和羅，化作老人，踞於道傍，頭白齒落，皮緩面皺，肉消脊僂，支節萎曲，眼淚鼻涕，涎出相屬，上氣肩息，身色黧黑，頭手肬掉，軀體戰慄，惡露自出，坐臥其上。太子問言:“此為何人?”天神寤僕，僕言:“老人。”“何等為老?”曰:“夫老者，年耆根熟，形變色衰，氣微力竭，食不消化，骨節欲離，坐起須人，目冥耳聾，便旋即忘，言輒悲哀，餘命無幾，故謂之老。”太子歎曰:“人生於世，有此老患，愚人貪愛，何可樂者? 物生於春，秋冬悴枯，老至如電，身安足恃。”即說偈言:

“老則色衰　病無光澤
皮緩肌縮　死命近促
老則形變　喻如故車
法能除苦　宜以力學
命欲日夜盡　及時可勤力
世間諦非常　莫惑墮冥中
當學燃意燈　自練求智慧
離垢勿染污　執燭觀道地”

於是太子，即迴車還，愍傷一切，有此太患，憂思不樂。王問其僕:“太子出遊，何故速還?”其僕答言:“道逢老人，傷念不樂。”還宮愁思，數年小差，復欲出遊。王勑國中，太子當出，禁諸臭穢，莫在道側。於是太子，駕乘出城南門。天化為病人，在于道側，身瘦腹大，軀體黃熟，咳嗽嘔逆，百節痛毒，九孔敗漏，不淨自沒，目不見色，耳不聞聲，呻吟呼吸，手足摸空，喚呼父母，悲戀妻子。太子問曰:“此為何等?”其僕答言:“病人也。”“何如為病?”答言:“人有四大，地、水、火、風，大有百一病，展轉相鑽，四百四病，同時俱作，此人必以極寒、極熱、極飢、極飽、極飲、極渴，將節失所，臥起無常，故致斯病。”太子嘆曰:“吾處富貴，極世所珍，飲食快

口，放心自恣，婬於五欲，不能自覺，亦當有病，與彼何異。”即說偈言：

“是身為脆哉　常俱四大中
九孔不淨漏　有老有病患
生天皆無常　人間老病憂
觀身如雨泡　世間何可樂”

於是太子，迴車還宮，思念一切有此大患。王問其僕：“太子出遊，今者何如？”其僕答言：“逢見病人，於是不樂。”數年小差，復欲出遊。王勅國中，太子當出，平治臭處，無令近道。出西城門，天作死人，扶輿出城，室家隨車，啼哭呼天，奈何捨我，永為別離。太子問曰：“此為何等？”僕言：“死人。”“何如為死？”答言：“死者盡也，精神去矣。四大欲散，魂神不安，風去息絕，火滅身冷，風先火次，魂靈去矣。身體挺直，無所復知，旬日之間，肉壞血流，膖脹爛臭，無一可取。身中有蟲，蟲還食之，筋脉爛盡，骨節解散，髑髏異處，脊脇肩臂，髀脛足指，各自異處，飛鳥走獸，競來食之。天龍鬼神，帝王人民，貧富貴賤，無免此患。”太子長嘆，而說頌曰：

“觀見老病死　太子心長歎
人生無常在　吾身亦當然
是身為死物　精神無形法
假令死復生　罪福不敗亡
終始非一世　從癡愛久長
自此受苦樂　身死神不喪
非空非海中　非入山石間
無有地方所　脫止不受死”

於是太子，迴車還宮，愍念眾生有老、病、死苦惱大患，憂思不食。王問其僕：“太子出遊，寧有樂乎？”即答王言：“逢見死人，遂致不樂。”數年小差，復欲遊觀，嚴駕出北城門。天復化作沙門，法服持鉢，行步安詳，目不離前。太子問曰：“此為何人？”其僕答曰：“沙門也！”“何等為沙門？”“蓋聞沙門之為道也，捨家妻子，捐棄愛欲，斷絕六情，守戒無為，得一心者，則萬邪滅矣。一心之道，謂之羅漢，羅漢者真人也。聲色不能污，榮位不能屈，難動如地，已免憂苦，存亡自在。”太子曰：“善哉！唯是為快。”即說偈言：

“痛哉有此苦　生老病死患
精神還入罪　經歷諸勤苦
今當滅諸苦　生老病死除
不復與愛會　永令得滅度”

於是太子，即迴車還，齋思不食。王問其僕：“太子又出，意豈樂乎？”僕言：“行見沙門，倍更憂思，不向飲食。”王聞大怒，舉手自擊，前勅修道，復令太子輙見不祥，罪應刑戮。即召群臣，各使建議，設何方術，當令太子不出學道。有一臣言：“宜令太子監農種殖，役其意思，使不念道。”便以農器犁牛千具，僕從大小相率上田，令監課之。太子坐閻浮樹下，見耕者墾壤出蟲，天復化令牛領興壞，蟲下淋落，烏隨啄吞。又作蝦蟇，追食曲蟺，蛇從穴出，吞食蝦蟇，孔雀飛下啄吞其蛇，有鷹飛來，搏取孔雀，鵰鷲復來，搏撮食之。菩薩見此眾生品類展轉相吞，慈心愍傷，即於樹下得第一禪。日光赫奕，樹為曲枝，隨蔭其軀。（《大正藏》卷三第 466-467 页）

【评说】本段经文记述太子出城游观，目睹老、病、死、出家四种生命现象，引起对人生的思索。老者“头白齿落，皮缓面皱，肉消脊偻，支节萎曲，眼泪鼻涕，涎出相属，上气肩息，身色黧黑，头手肬掉，躯体战慑，恶露自出，坐卧其上”，病者“身瘦腹大，躯体黄熟，咳嗽呕哕，百节痛毒，九孔败漏，不净自没，目不见色，耳不闻声，呻吟呼吸，手足摸空，唤呼父母，悲恋妻子”，都是一派病相。

对于病因，文中这样描述：“人有四大，地、水、火、风，大有百一病，展转相钻，四百四病，同时俱作，此人必以极寒、极热、极饥、极饱、极饮、极渴，将节失所，卧起无常，故致斯病。”“寒热、饥饱、渴饮、起卧、将节”是五组相对的状态，它们之间关系失衡最根本的基础就是四大不调，由此引起各种疾病。

故应积极改变“饮食快口，放心自咨，淫于五欲，不能自觉”的不良生活习惯，通过遵循出离的生活准则“捐弃爱欲，断绝六情，守戒无为”，这样“得一心者，则万邪灭矣”。其后太子在田间树下“慈心愍伤得第一禅”，即是对慈心禅修的尝试。

此外，在对死亡现象的解说中提到“死者尽也，精神去矣。四大欲散，魂神不安，风去息绝，火灭身冷，风先火次，魂灵去矣”，反映了当时人们对死亡过程的观察尚浅，通常仅根据呼吸出入与身体冷热这两项指征来判断。同时“死者尽也，精神去矣”还反映了“精神实在”的观点。

出家品第五

【提要】佛陀在迦维罗卫国释氏精舍为众比丘讲述自己出家修行的经历。

【原文】是時太子，還宮思维，念道清淨，不宜在家，當處山林，研精行禪。至年十九，四月七日，誓欲出家。至夜半後，明星出時，諸天側塞虛空，勸太子去。時裘夷見五夢，即便驚覺，太子問之：“何故驚寤？”對曰：“向者夢中，見須彌山崩、月明落地、珠光忽滅、頭髻墮地、人奪我蓋，是故驚覺。”菩薩心念：“五夢者應吾身耳，念當出家。”告裘夷言：“須彌不崩、月明續照、珠光不滅、頭髻不落、傘蓋今在，且自安寐，莫憂失蓋。”於是諸天言：“太子當去，恐作稽留。”召烏蘇慢(漢名厭神)，適來入宮，國內厭寐。時難提和羅，化諸宮殿盡為塚墓，裘夷伎女皆成死人，骨節解散，髑髏異處，膖脹爛臭，青瘀膿血，流漫相屬。太子觀視宮殿，悉作塚墓，鵄鵂狐狸，豺狼鳥獸，飛走其間。太子觀見一切所有，如幻如化如夢如響，皆悉歸空，而愚者保之。即呼車匿，急令被馬。車匿言：“天尚未曉，被馬何湊？”太子為車匿而說偈言：

“今我不樂世　車匿莫稽留
使吾本願成　除汝三世苦”(《大正藏》卷三第 467 页)

【评说】难提和罗以神变的方式使太子直接体验到了身边人物的不净与无常现象，通过这种方式来坚定他的出离志向。在禅修中，“不净”与“无常”都是常用的观察对象，以此为对象反复专心地修习禅观，可获得宗教的特殊体验，以此促进对佛教教义的理解和认同。

【原文】……太子答言：“以吾所見，天地人物，出生有死，劇痛有三，老、病、死苦，不可得離。身為苦器，憂畏無量，若在尊寵，則有憍逸，貪求快意，天下被患，此吾所厭故欲入山。”諸耆長曰：“夫老、病、死，自世之常，何獨預憂？乃棄美號，隱遁潛居，以勞其形，不亦難耶？”

於是太子，即說頌言：

“如令人在胎不為不淨
如令在淨不為不淨污
如令苦不為多無有數
假令如是誰不樂世者

如令人老形不若干變
如令善行者不為惡行
如令愛別離不為苦痛
假令如是誰不樂世者
如令病瘦無復有大畏
如令後世無有諸惡對
如令墮地獄無有苦痛
假令如是誰不樂世者
如令年少形不變壞者
如令所不可不以著心
如令死至時無有眾畏
假令如是誰不樂世者
如令愚癡不以為厚冥
如令瞋恚不為強怨家
如令五樂心不為染惡
假令如是誰不樂世者
如令不與諸癡人共居
如令眾癡法自遠離人
如令諸癡人無有思想
假令如是誰不樂世者
如令諸惡種不若干輩
如令諸惡盡滅自離人
如令諸惡念無有思想
假令如是誰不樂世者
如令世間惡為最尊上
如令惡行已滅不復生
如令諸惡行盡無有實
假令如是誰不樂世者
如令諸天食福常不動
如令世人壽命得常存
如令諸處所不為行趣
假令如是誰不樂世者
如令諸蔭蓋不為怨家
如令諸六入無有苦惱
如令一切世間為不苦
假令如是誰不樂世者”

於是如諸君言:“不當預憂,使我為王,老到病至,若當死時,寧有代我受此厄者不? 如無有代,胡可勿憂? 天下有慈父孝子,愛徹骨髓,至當死時不得相代。若此偽身,苦至之日,雖居高位,六親在側,如為盲人設燭,何益於無眼者。吾覩眾行,一切無常,皆化非真,樂少苦多。身非己有，世間虚無，難得久居。物生有死，事成有敗，安則有危，得則有亡。萬物紛擾，皆當歸空，精神無形，躁濁不明。行致死生之厄，非直一受而已也。但為貪愛，蔽在癡網，沒生死河，莫之能覺。故吾欲入山，一心思四空淨，度色滅恚，斷求念空，無所適莫，是將反其原而歸其本，始出其根，如我願得乃可大安。”瓶沙王及諸耆長，歡喜意解：“太子志妙，世間難有，必得佛道，願先度我。”

太子默然而逝，復前念言：“今我入山，當用寶衣為？世間癡人，皆為財所危。”即便見獵師，駈遊被法衣。太子喜念言：“此則真人衣，度世慈悲服，獵者何故著？心念欲貿易，成我志所願。”便持金縷衣，貿所法震越。獵者內歡喜，菩薩亦俱然。太子被震越，柔軟鮮且潔，顧視僧伽梨，過佛無差別，於是遂入山。菩薩得法服，欣喜光照耀。山林諸道士，一名為阿蘭，二名為迦蘭，學來積年，四禪具足，獲致五通，見光驚怖，此何瑞應？便共出觀，遙見太子：“是為悉達，今果出家。善來悉達便坐是榻，冷泉美果今可食之。”而作頌曰：

“日王初出時　在於山頂上
是故慧明照　一切諸群生
若有觀面像　終竟不知厭
是故道德最　無雙無有比”

是時菩薩而說頌曰：

“雖修四定意　不知無上慧
道心正為本　不在事邪神
行俗謂為真　長夜求梵天
是故不識道　輪轉墮生死”(《大正藏》卷三第 468-469 页)

【评说】太子以排比假设的方式强调出家修行的必要性在于老病死苦无人能代受，而这些现象都是生命过程中必须面对的，因此需要投入一定的时间去理解接受这些现象，并寻找到解决的方法。告别瓶沙王后，太子进入深山，偶遇两位婆罗门修行人阿蓝与迦蓝，辨析禅定与慧的关系，认为婆罗门教追求“梵”的境界，并非指向解脱，即使获得四禅也没有益处。指出应当以“慧”来指导禅修，端正道心，遵循正确的道路。

【原文】於是菩薩，行起慈心，遍念眾生老耄專愚，不免疾病死喪之痛，欲令解脫，以一其意；而起悲心，愍傷一切，皆有飢渴寒暑得失罪咎艱難之患，欲令安隱，以一其意；而起喜心，念諸世間，皆有憂苦恐怖遭逢之患，欲令淡泊，以一其意；而起護心，欲度五道八難眾生，愚蔽矇闇，不見正道，念欲成濟使得無為，以一其意；得善不喜，逢惡不憂，捨世八事，利衰毀譽稱譏苦樂，不以傾動，成二禪行。

復前到斯那川，其川平正，多眾果樹，處處皆有流泉浴池，其中淨潔，無有蚑、蜂、蚊、虻、蠅、蚤。川中道士，名為斯那，教授弟子等五百人，修其所術。於是菩薩坐娑羅樹下，便為一切志求無上正真之道。諸天奉甘露，菩薩一不肯受，自誓日食一麻一米，以續精氣。端坐六年，形體羸瘦，皮骨相連，玄精靜寞，寂默一心，內思安般——一數、二隨、三止、四觀、五還、六淨——遊志三四出十二門，無分散意，神通妙達，棄欲惡法，無復五蓋，不受五欲，眾惡自滅，念計分明，思視無為，譬如健人得勝怨家，意以清淨，成三禪行。

……

於是菩薩，安坐入定，棄苦樂意，無憂喜想，心不依善，亦不附惡，正在其中，如人沐浴淨

潔覆以白褻，中外俱淨，表裏無垢，喘息自滅，寂然無變，成四禪行。以得定意，不捨大悲，智慧方便，究暢要妙，通三十七道品之行。何謂三十七品？一為四意止，二為四意斷，三為四神足，四為五根，五為五力，六為七覺意，七為八直行。周而復始，苦空非常，無想無願。“我念世間，貪愛嗜欲，墮生死苦，少能自覺本從十二因緣起。何等為十二本？從癡行便有識，緣識行便有名字，從名字行便有六入，緣六入行便有更樂，緣更樂行便有痛，緣痛行便有愛，緣愛行便有受，緣受行便有有，緣有行便有生，緣生行便有老死憂悲苦痛心惱大患，具有精神，從是轉墮生死。欲得道者，當斷貪愛，滅除情欲，無為無起，然則癡滅。癡滅則行滅，行滅則識滅，識滅則名字滅，名字滅則六入滅，六入滅則更樂滅，更樂滅則痛滅，痛滅則愛滅，愛滅則受滅，受滅則有滅，有滅則生滅，生滅則老死憂悲苦痛心惱大患皆盡，是謂得道。”(《大正藏》卷三第 469-470 页)

【评说】本段经文记述菩萨以慈、悲、喜、舍四心的修习“一其意”；以节食和修习观出入息法的“数、随、止、观、还、净”为基础，“游志三四出十二门”。“十二门”，即“四禅”“四无量”“四空定”十二种禅法的总括，说明其并用多种禅修方法。经文中“成二禅行”“成三禅行”“成四禅行”与今“十二门”的解释不匹配，因“十二门”中已包括初禅至四禅的禅定境界，提示本经在汉译编辑过程中，相关概念或有变迁。

在禅定的基础上，菩萨自觉观察“贪爱生死苦”的原因，追溯心身缘起顺生逆灭的过程，通过依次灭去痛苦产生的原因，以此获得解脱。在“欲得道者，当断贪爱，灭除情欲，无为无起，然则痴灭”中，“贪爱”被放置在“痴”之前不符合佛教教义，与下文“痛灭则爱灭，爱灭则受灭”明显矛盾，或说明编集此经者对于缘起的概念生疏。

【原文】於是三女，嚴莊天服，從五百玉女，到菩薩所，彈琴歌頌，婬欲之辭欲亂道意。三女復言：“仁德至重，諸天所敬，應有供養，故天獻我。我等好潔，年在盛時，願得晨起夜寐供侍左右。”菩薩答言：“汝宿有福，受得天身，不惟無常，而作妖媚，形體雖好，而心不端。譬如畫瓶中盛臭毒，將以自壞。有何等奇，福難久居，婬惡不善，自亡其本，福盡罪至，墮三惡道，受六畜形，欲脫致難。汝輩亂人道意，不計非常，經歷劫數，展轉五道。今汝曹等，未離勤苦。吾在世間，處處所生，觀視老者如母，中者如姊，小者如妹，諸姊等各各還宮，勿復作是曹事。”菩薩一言，便成老母，頭白齒落，眼冥脊傴，柱杖相扶而還。(《大正藏》卷三第 470-471 页)

【评说】为克制内心对异性的欲求，此处提出通过“观视老者如母，中者如姊，小者如妹”，把他人纳入亲缘关系，以家庭伦理道德来消减欲望的方法，这种认识铺展开来，便成为菩萨道中“视一切有情为父母”的观点，这与儒家伦理道德所提倡的“老吾老、幼吾幼”的道德规范方法颇有相似之处。

【原文】菩薩累劫清淨之行，至儒大慈，道定自然，忍力降魔，鬼兵退散，定意如故，不以智慮，無憂喜想，是日夜半後，得三術闍(三術闍者漢言三神滿具足)，漏盡結解，自知本昔久所習行，四神足念，精進定、欲定、意定、戒定，得變化法，所欲如意，不復用思；身能飛行；能分一身，作百作千至億萬無數，復合為一；能徹入地，石壁皆過，從一方現，俯沒仰出，譬如水波；能身中出水火；能履水行虛，身不陷墜；坐臥空中，如飛鳥翔；立能及天，手捫日月，欲身平立，至梵自在；眼徹視，耳洞聽，意預知，諸天人龍鬼神蚑行蠕動之類，身行口言心所念，悉見聞知。諸有貪婬無貪婬者，有瞋怒無瞋怒者，有愚癡無愚癡者，有愛欲無愛欲者，有大志行無大志行者，有内外行無内外行者，有念善不念善者，有一心無一心者，有解脱意無解脱意者，一切悉知。

菩薩觀天上、人中、地獄、畜生、鬼神五道，先世父母、兄弟、妻子中外姓字，一一分别，一世十世，百千億万無數世事，至于天地一劫崩壞空荒之時，一劫始成，人物初興，能知十劫百劫至千萬億無數劫中，內外姓字，衣食苦樂，壽命長短，死此生彼，展轉所趣，從上頭始，諸所更身，生長老終，形色好醜，賢愚苦樂，一切三界，皆分别知。見人魂神，各自隨行，生五道中，或墮地獄，或墮畜生，或作鬼神，或生天上，或入人形，有生豪貴富樂家者，有生卑鄙貧賤家者。知眾生或五陰自弊，一色像，二痛痒，三思想，四行作，五魂識，皆習五欲，眼貪色，耳貪聲，鼻貪香，舌貪味，身貪細滑，牽於愛欲，或於財色思望安樂，從是生諸惡本，從惡致苦。能斷愛習，不隨婬心，大如毛髪，受行八道，則眾苦滅，譬如無薪亦無火，是謂無為度世之道。

菩薩自知，已棄惡本，無婬怒癡，生死五陰諸種悉斷，無餘災孽所作已成，智慧已了。明星出時，廓然大悟，得無上正真道，為最正覺，得佛十八法，有十神力、四無所畏。佛十八法者，謂從得佛至于泥曰：一、無失道，二、無空言，三、無妄志，四、無不淨意，五、無若干想，六、無不省視，七、志欲無減，八、精進無減，九、定意無減，十、智慧無減，十一、解脱無減，十二、度知見無減，十三、古世之事悉知見，十四、來世之事悉知見，十五、今世之事悉知見，十六、攬眾身行化以始所知，十七、攬眾言行化以始所知，十八、攬眾意行化以始所知，是為佛十八不共之法。

十神力者，諸佛悉見知，深微隱遠，是處非處，明審如有，一力也；佛悉明知來今往古所造行地，其受報處，二力也；佛悉分别天人眾生彼彼異念，三力也；佛知眾生若干種語及度世語，四力也；佛悉了知世間雜種無量情態，五力也；佛能現禪解定行，除眾勞諍，六力也；佛知欲縛知欲解要在所宜行，七力也；佛智如海善言無量追識一切宿命所更，八力也；佛天眼淨見人物死神所出生，善惡殃福，隨行受報，九力也；佛漏已盡，無復縛著，神真叡智，自知見證，究暢道行，可作能作，無餘生死，其智明審，是為佛十神力也。

四無所畏者，佛神智正覺，無所不知，愚人或言："佛未悉知。"至於梵摩眾聖，皆莫能論佛之智故，獨步不懼，一無畏也。佛漏盡悉止，愚惑相言："佛漏未盡。"至梵摩眾聖，莫能論佛之志故，獨步不懼，二無畏也。佛說經戒，天下誦習，愚惑相言："佛經可遏。"至梵摩眾聖，莫能論毀佛正經故，獨步不懼，三無畏也。佛現道義，言真而要，能度苦厄，愚惑相言："不能度苦。"至梵摩眾聖，莫能論佛正道故，周行不懼，四無畏也。(《大正藏》卷三第471-472页)

【评说】本段经文描述人解脱后的超常心理境界，其核心是"遍知"。这种通透的"一切悉知"，包括对世俗世界活动的熟悉、对修行方法和理论的透彻理解、对自他心身活动的客观考察与评价能力以及由此带来的超凡自我控制力。"遍知"，在与他人的交往中，即表现为种种佛智。

佛说太子瑞应本起经

吴月支优婆塞支谦译

【提要】本经记述释迦牟尼从出生，修行成就至度三迦叶期间的经历，而在记述中多有评说。

卷　上

【提要】经文记述了释迦牟尼得过去定光佛授记、托胎、降生、出家学道、成道的经过。

【原文】吾自念宿命，無數劫時，本為凡夫。初求佛道已來，精神受形，周遍五道。一身死壞，復受一身，生死無量。譬喻盡天下草木，斬以為籌，計吾故身，不能數矣。

夫極天地之始終，謂之一劫，而我更天地成壞者，不可稱載也。所以感傷世間貪意長流，沒於愛欲之海，吾獨欲反其源故，自勉而特出。是以世世勤苦，不以為勞；虛心樂靜，無為無欲；損己布施，至誠守戒，謙卑忍辱，勇猛精進，一心思微學聖智慧。仁活天下，悲窮傷厄，慰沃憂慼，育養眾生，救濟苦人，承事諸佛，別覺真人，功勳累積，不可得記……（《大正藏》卷三第472页）

【评说】“精神受形，周遍五道”，反映了佛教汉传初期的心身观。这种心身观暗示有一个独立的精神贯穿前后世，有“常见”色彩，与佛教主旨有所不同。说明当时汉译不精，经典中尚存在模棱两可的用词。

“吾独欲反其源故”，体现了佛教向内观照，向发起心身活动的本源观照的特征，菩萨行即建立于这种观照上。

【原文】須臾佛到，國王臣民，皆迎拜謁，各散名華，華悉墮地。菩薩得見佛，散五莖華，皆止空中，當佛上如根生，無墮地者。後散二華，又挾住佛兩肩上。佛知至意，讚菩薩言：“汝無數劫，所學清淨，降心棄命，捨欲守空，不起不滅，無猗之慈，積德行願，今得之矣。”因記之曰：“汝自是後，九十一劫，劫號為賢，汝當作佛，名釋迦文（天竺語，釋迦為能，文為儒，義名能儒）。”

菩薩已得記言，疑解望止；霍然無想，寂而入定。便逮清淨不起法忍，即時輕舉，身昇虛空，去地七仞，從上來下，稽首佛足。見地濯濕，即解皮衣，欲以覆之，不足掩泥，乃解髮布地，令佛蹈而過。佛又稱曰：“汝精進勇猛，後得佛時，當於五濁之世，度諸天人，不以為難，必如我也。”（《大正藏》卷三第473页）

【评说】“菩萨已得记言，疑解望止；霍然无想，寂而入定。便逮清净不起法忍”，通过佛的授记这一行为，菩萨得到了修行成功的心理保证，去除了精神上的枷锁，由此获得了禅定。这说明禅定的修习需要放松甚至愉悦的身心条件。

【原文】菩薩初下，化乘白象，冠日之精。因母晝寢，而示夢焉，從右脇入。夫人夢寤，自知身重，王即召問太卜，占其所夢。卦曰：“道德所歸，世蒙其福，必懷聖子。”菩薩在胎，清淨無有臭穢。於是群臣諸小國王，聞大王夫人有娠，皆來朝賀。菩薩於胎中，見外人拜，如蒙羅縠而視，陰以手攘之。攘之者意，不欲擾人也。自夫人懷妊，天為獻飲食，自然日至，夫人得而享之，不知所從來，不復饗王厨，以為苦且辛。到四月八日夜明星出時，化從右脇生墮地，即行七步，舉右手住而言：“天上天下，唯我為尊。三界皆苦，何可樂者？”

是時天地大動，宮中盡明。梵釋神天，皆下於空中侍。四天王接置金机上，以天香湯，浴太子身。身黃金色，有三十二相，光明徹照，上至二十八天，下至十八地獄，極佛境界莫不大明。當此日夜，天降瑞應，有三十二種：一者、地為大動坵墟皆平，二者、道巷自淨臭處更香，三者、國界枯樹皆生華葉，四者、苑園自然生奇甘果，五者、陸地生蓮華大如車輪，六者、地中伏藏悉自發出，七者、中藏寶物開現精明，八者、篋笥衣被披在椸架，九者、眾川萬流停住澄清，十者、風霽雲除空中清明，十一、天為四面細雨澤香，十二、明月神珠懸於殿堂，十三、宮中火燭為不復用，十四、日月星辰皆住不行，十五、沸星下現侍太子生，十六、釋梵寶蓋彌覆宮上，十七、八方之神捧寶來獻，十八、天百味食自然在前，十九、寶甕萬口懸盛甘露，二十、天神牽七寶交露車至，二十一、五百白象子自然羅住殿前，二十二、五百白師子子從雪山出羅住城門，二十三、天諸婇女現妓女肩上，二十四、諸龍王女繞宮而住，二十五、天萬玉女把孔雀尾拂現宮牆上，二十六、天諸婇女持金瓶盛香汁列住空中侍，二十七、天樂皆下同時俱作，二十八、地獄皆休毒痛不行，二十九、毒虫隱伏吉鳥翔鳴，三十、漁獵怨惡一時慈心，三十一、境內孕婦產者悉男，聾盲瘖瘂癃殘百疾皆悉除愈，三十二、樹神人現低首禮侍。當此之時，壃埸左右，莫不雅奇，歎未曾有。

夫人即裹以白㲲，乳母抱養，字名悉達。王告夫人："子生非凡，吾國有道人，名曰阿夷，年百餘歲，耆舊多識，明曉相法；今欲共行相子可乎?"夫人曰："佳!"即嚴駕白象，導從伎樂，出詣道人，賜黃金白銀各一囊，道人不受。披㲲相太子，見有三十二相：軀體金色，頂有肉髻，其髮紺青，眉間白毫，項有日光，目睫紺色，上下俱瞬，口四十齒，齒白齊平，方頰車廣，長舌七合，滿師子膺，身平正，脩臂指長，足跟滿安平趾，手內外握，合縵掌手，足輪千輻理，陰馬藏，鹿腨腸，鉤鎖骨，毛右旋，一一孔一毛生，皮毛細軟，不受塵水，胸有万字。阿夷見此，乃增歎流淚，悲不能言。(《大正藏》卷三第 473-474 页)

【评说】本段经文简述王夫人从怀孕到产子的过程，描述王夫人怀胎之后仅享用天食，不用人间食物，以及释迦牟尼从胁降生等奇异情况。享用天食不用人间食物，可能反映了孕妇在妊娠期间食欲不振的情况，从胁降生则是婆罗门教中对于刹帝利种姓降生方式的阐释。这些都是佛教大乘化过程中对于佛陀相关生平事迹的神化。

【原文】至年十四，啟王出遊，欲觀施為。王勅令左右百官導從。始出城東門，天帝化作病人，身瘦腹大，倚門壁而喘息。太子問曰："此為何人?"其僕曰："病人也。""何謂為病?"對曰："凡病者，皆由風寒，或熱或冷，此人必以飲食不節、臥起無常，故得斯病。"太子曰："一何苦哉！吾處富貴，飲食快口，亦有不節，當復有病，與此何異?"即迴車還，悲念人生俱有此患，豈以豪強，獨得免耶！遂憂不食，自念不能嬰此病也。王問其僕："太子出遊，寧不樂乎?"對曰："逢見病人，以此不悅。"王即增五百妓女，晝夜娛樂之。王心愁憂，恐其學道。數年小差，即復白王："閉在宮中，其日致久，思欲出遊。"王不忍拒，預勅國中，太子當出，無令疾病諸不潔淨在道側也。

太子駕乘，出南城門。天帝復化作老人，頭白背僂，拄杖羸步。太子問曰："此為何人?"其僕曰："老人也。""何如為老?"對曰："年耆根熟，形變色衰，飲食不化，氣力虛微，坐起苦極，餘命無幾，故謂之老。"太子曰："有何樂哉！日月流邁，時變歲移，物生於春，秋冬悴枯，老至如電，身安足恃?"迴車而還，愍念人生丁壯不久，有老有病，其痛難忍，吾不能久居天下嬰此苦也，又憂不食。王悔令出，復增五百妓女，以娛樂之。

數年小差，復欲出遊。王曰："汝每出觀，還輒不樂，唯憂消瘦，又出何為?"太子曰："念彼苦耳，年大當差。"王勅國中，莫使老病諸不潔淨在道側也。

太子駕乘，出西城門。天帝復化作死人，室家男女，持幡隨車，啼哭送之。太子又問："此

為何人?"其僕曰:"死人也。""何如為死?"曰:"死者盡也,壽有長短,福盡命終,氣絕神逝,形骸消索,故謂之死。人物一統,無生不終。"

太子曰:"夫死痛矣,精神劇矣!生當有此老病死苦,莫不熱中,迫而就之,不亦苦乎?吾見死者,形壞體化,而神不滅,隨行善惡,禍福自追,富貴無常,身為危城。是故聖人,常以身為患;而愚者保之,至死無厭。吾不能復以死受生,往來五道,勞我精神。"迴車而還,愍念天下有此三苦,憂不能食。王益不樂,曰:"國是汝有,當理人物,何為遠慮,以自疲苦?"復增五百妓女,以娛樂之。

太子至年十七,王為納妃,簡閱國中名女數千,無可意者。最後一女,名曰瞿夷,端正好潔,天下第一;賢才過人,禮義備舉,是則宿命賣華女也。太子雖納,久而不接,婦人之情欲有附近之意,太子曰:"常得好華,置我中間,共視之,寧好乎?"瞿夷即具好華,又欲近之。太子曰:"却此華,有汁污瘀床席。"久後復曰:"得好白氎,置我中間,兩人觀之,不亦好乎?"婦即具氎,又有近意。太子曰:"却汝,有污垢,必污此氎。"婦不敢近。傍側侍女,咸有疑意,謂不能男。太子以手指妃腹曰:"却後六年,爾當生男。"遂以有身。

於是太子,復啟遊觀。出北城門,天帝復化作沙門,法服持鉢,視地而行。太子問曰:"此為何人?"其僕曰:"沙門也。""何謂沙門?"對曰:"蓋聞,沙門之為道也,捨家妻子,捐棄愛欲,斷絕六情,守戒無為,其道清淨,得一心者,則萬邪滅矣。一心之道,謂之羅漢。羅漢者真人也,聲色不能污,榮位不能屈,難動如地,已免憂苦,存亡自在。"太子曰:"善哉!唯是為快。"即迴車還。齋思不食,念道清淨,不宜在家,當處山澤,研精行禪。瞿夷心疑,知其欲去,坐起不離其側。至年十九,四月八日夜,天於窗中,叉手白言:"時可去矣!"太子仰而答曰:"迫有侍衛,欲去無從?"天神即厭其妻、諸妓女輩,皆令臥睡。(《大正藏》卷三第 474-475 页)

【评说】本段经文记述太子出城游观,目睹老、病、死、出家四种生命现象,引起对人生的思索。老者"年耆根熟,形变色衰,饮食不化,气力虚微,坐起苦极,余命无几",病者"皆由风寒,或热或冷""饮食不节、卧起无常"。

在对死亡现象的解说中提到"死者尽也,寿有长短,福尽命终,气绝神逝,形骸消索",反映了当时人们对死亡过程的观察尚浅,通常仅根据呼吸出入与身体状态这两项指征来判断。同时"人物一统,无生不终"反映了人生的生命尽头是一致的。

经中还记述太子纳妃及房中事。太子置花及白氎于二人之间,以有"污"反复拒绝瞿夷,反映了"性为不洁""佛陀无性"的宗教观念,因为从大乘佛教的角度来看,太子此时已是示现,远离不洁的"性";但在世俗中,又不得不解释"不能男"与后来瞿夷产下罗睺罗的事实,故以指腹预言的方式辩白旁人"不能男"的误解。或可认为,"指腹预言"这一奇特事迹,反映了本经为了平衡宗教观念与世俗观念之间的冲突采取了折中策略。

【原文】太子徐起,聽妻氣息,視眾伎女,皆如木人,百節空空,譬如芭蕉。中有亂頭猗鼓,委擔伏琴,更相荷枕,臂脚垂地,鼻涕目淚,口中流涎。琴瑟箏笛,樂器縱橫,鵁鶄鴛鴦,警備之輩,皆悉淳昏而臥。太子遍觀,旋視其妻,具見形體,髮爪髓腦,骨齒髑髏,皮膚肌肉,筋脉肪血,心肺脾腎,肝膽腸胃,屎尿涕唾,外為革囊,中盛臭處,無一可奇;強熏以香,飾以華綵。譬如假借當還,亦不得久計,百年之壽,臥消其半;又多憂患,其樂無幾。婬泆敗德,令人愚癡,非彼諸佛別覺真人所稱譽也。故曰:"貪婬致老,瞋恚致病,愚癡致死。除此三者,乃可得道。"(《大正藏》卷三第 475 页)

【评说】难提和罗以神变的方式使太子直接体验到了身边人物的不净与无常现象，通过这种方式来坚定他的出离志向。在禅修中，“不净”与“无常”都是常用的观察对象，以此为对象反复专心地修习禅观，可获得宗教的特殊体验，以此促进对佛教教义的理解和认同。

【原文】即起上馬，將車匿前行數十里，忽然見主五道大神，名曰賁識，最獨剛強，左執弓，右持箭，腰帶利劍，所居三道之衢：一曰天道，二曰人道，三曰三惡道，此所謂死者魂神，所當過見者也。太子到問：“何道所從？”賁識惶懅，投弓、釋箭、解劍，逡巡示以天道曰：“是道可從。”（《大正藏》卷三第475页）

【评说】五道大神即眼、耳、鼻、舌、身五识，奔流不息故名为“贲识”，因在生时缘取外境有善恶行为取舍的不同，死后分别通往三道。经文中“贲识”解除武装示太子以天道，比喻制服五识，收摄五欲可以获得升天之报。

【原文】……太子答曰：“以吾所見，天地人物，出生有死，劇苦有三，老病死痛，不可得離。計身為苦器，憂畏無量，若在尊寵，則有憍佚，貪求快意，天下被患，此吾所厭，故欲入山以修其志。”諸耆長曰：“夫老病死，自世之常，何獨豫憂，乃棄美號，隱遁潛居，以勞其形，不亦難乎？”

太子答曰：“如諸君言，不當豫憂。使吾為王，老到病至，若當死時，寧有代我受此厄者不？如無有代，胡可勿憂！天下雖有慈父孝子，愛徹骨髓，至病死時，不得相代；若此偽身，苦至之日，雖居高位，六親在側，如為盲人設燭，何益於無目者乎？吾觀眾行，一切無常，皆化非真，樂少苦多，身非己有，世間虛無，難得久居。物生有死，事成有敗，安則有危，得則有亡，萬物紛擾，皆當歸空。精神無形，躁濁不明，行致死生之厄，非直一受而已。但為貪欲，蔽在癡綱，沒生死河，莫之能覺。故吾欲一心思四空淨，度色滅恚，斷求念空，無所適莫，是將反其源，而歸其本，始出其根，如我願得，乃可大安。”

瓶沙王喜曰：“善哉！菩薩志妙，世間難有，必得佛道，願先度我。”大子默然而逝。當度尼連禪河，天神為止流令中暫乾。大子渡河，行數十里，見三梵志，各與弟子，索居谿邊。過問其道，自稱言：“吾事梵天，奉於日月，日修火祠，唯水是淨。”菩薩答曰：“是故生死道耳！水不常滿，火不久熱，日出則移，月滿則虧，道在清虛，水焉能令人心淨？”傷之而去，行起慈心，遍念眾生老耄專愚，不免疾病，死喪之痛，欲令解脫以一其意，而起悲心。愍傷一切，皆有飢渴寒暑、得失罪咎艱難之患，欲令安隱以一其意，而起喜心。念諸世間，皆有憂苦恐怖遭逢之患，欲令恬惔以一其意，而起護心。欲度五道八難之生，愚蔽曚闇，不見正道，念欲成濟，使得無為，以一其意，得善不喜、逢惡不憂，捨世八事，利衰毀譽稱譏苦樂，不以傾動。（《大正藏》卷三第476页）

【评说】太子以排比假设的方式强调出家修行的必要性在于老病死苦无人能代受，而这些现象都是生命过程中必须面对的，因此需要投入一定的时间去理解接受这些现象，并寻找到解决的方法。告别瓶沙王后，太子进入深山，偶遇两位婆罗门修行人阿蓝与迦蓝，辨析禅定与慧的关系，认为婆罗门教追求“梵”的境界，并非指向解脱，即使获得“四禅”也没有益处。指出应当以“慧”来指导禅修，端正道心，遵循正确的道路。

【原文】既歷深山，到幽閑處，見貝多樹，四望清淨。自念：“我已棄家，在此山澤，不宜復飾

髮如凡人意。以有櫛梳湯沐之念,則失淨戒、正定、慧、解、度知見意,非道之純、污清淨行。當作沙門如菩薩法。"天神奉剃刀,鬚髮自墮,天受而去。菩薩即拾槀草,以用布地,正基坐,叉手閉目,一心誓言:"使吾於此肌骨枯腐,不得佛,終不起。"天神進食,一不肯受。天令左右,自生麻米,日食一麻一米,以續精氣。端坐六年,形體羸瘦,皮骨相連,玄清靖漠,寂默一心。內思安般,一數、二隨、三止、四觀、五還、六淨,遊志三四,出十二門,無分散意。神通微妙,棄欲惡法,無復五蓋,不受五欲。眾惡自滅,念計分明,思想無為,譬如健人得勝怨家,意以清淨,成一禪行。心自開解,却情欲意,無惡可改,不復計視,念思已滅。譬如山頂之泉,水自中出,盈流於外,谿谷雨潦,無緣得入。恬惔守一,欣然不移,成二禪行。又棄喜意,唯見無婬,外諸好惡,一不得入,內亦不起,心正身安,譬如蓮華根在水中,華合未開,根莖枝葉,潤漬水中,以淨見真,成三禪行。棄苦樂意,無憂喜想,心不依善,亦不附惡,正在其中;如人沐浴潔淨,覆以鮮好白氎,中外俱淨,表裏無垢,喘息自滅,寂然無變,成四禪行。譬如陶家和埴調柔,中無沙礫,在作何器,精進開發,無所不能,以得定意;不捨大悲,智慧方便,究暢要妙,通三十七道品之行——所謂四意止、四意斷、四神足念、五根、五力、七覺、八道——周而復始,無復瑕穢,意在三向:一惟向空,念滅不散,無操無捨;二向無想,心定不起,好惡不思。三向不願,不樂三界,不復生苦。便得三活:一離貪欲,二離瞋恚,三離愚癡,無復罣礙。(《大正藏》卷三第 476-477 页)

【评说】本段经文记述菩萨以慈、悲、喜、舍四心的修习"一其意";以节食和修习观出入息法的"数、随、止、观、还、净"为基础,"游志三四出十二门"。"十二门",即"四禅""四无量""四空定"十二种禅法的总括,说明其并用多种禅修方法。文中"成一禅行""成二禅行""成三禅行""成四禅行"与今"十二门"的解释不匹配,因"十二门"中已包括初禅至四禅的禅定境界,提示本经在汉译编辑过程中,相关概念或有变迁。

卷　下

【提要】经文记述了释迦牟尼得道、降伏般遮、度五比丘、三迦叶的经过。

【原文】菩薩累劫清淨之行,至儒大慈,道定自然,忍力降魔,鬼兵退散,定意如故。不以智慮,無憂喜想,是日初夜,得一術闍,自知宿命,無數劫來,精神所更,展轉受身,不可稱計,皆識知之。至二夜時,得二術闍,悉知眾生心中所念,善惡殃福,生死所趣。至三夜時,得三術闍,漏盡結解,自知本昔久所習行四神足念:精進定、欲定、意定、戒定,得變化法。所欲如意,不復用思,身能飛行,能分一身,作百作千,至億萬無數,復合為一;能徹入地,石壁皆過,從一方現,俯沒仰出,譬如水波;能身中出水火,履水行虛,身不陷墜;坐臥空中,如鳥飛翔;立能及天,手捫日月;欲身平立,至梵自在;眼能徹視,耳能洞聽,意悉預知,諸天、人、龍、鬼神、蚑行蠕動之類,身行口言心所欲念,悉見聞知。諸有貪婬無貪婬者,有瞋恚無瞋恚者,有愚癡無愚癡者,有愛欲無愛欲者,有大志行無大志行者,有內外行無內外行者,有念善無念善者,有一心無一心者,有解脫意無解脫意者,一切悉知。

菩薩觀見天上、人中、地獄、畜生、鬼神五道,先世父母兄弟妻子,中外姓字,一一分別;一世十世,百千萬億無數世事,至于天地一劫崩壞空荒之時,一劫始成,人物興時,能知十劫百劫,至千萬億無數劫中,內外姓字,衣食苦樂,壽命長短,死此生彼,展轉所趣。從上頭始,諸所更身,生長老終,形色好醜,賢愚苦樂,一切三界,皆分別知。見人魂神,各自隨行,生五道中,或墮地獄,或墮畜生,或作鬼神,或生天上,或入人形,有生豪貴富樂家者,有生卑鄙貧賤家者，知諸眾生，或五陰自蔽：一色像，二痛痒，三思想，四行作，五魂識；皆習五欲：眼貪色，耳貪聲，鼻貪香，舌貪味，身貪細滑；牽於愛欲，或於財色，思望安樂，從是生諸惡本，從惡致苦。能斷愛習，不隨婬心，大如毛髮，受行八道，則眾苦滅矣。譬如無薪亦復無火，是謂無為度世之道。

菩薩自知，已棄惡本，無婬怒癡，生死已除，種根已斷，無餘栽枿，所作已成，智慧已了。明星出時，廓然大悟，得無上正真之道，為最正覺。得佛十八法，有十神力、四無所畏。佛十八法者，謂從得佛，至于泥曰：一、無失道，二、無空言，三、無忘志，四、無不靜意，五、無若干想，六、無不省視，七、志欲無減，八、精進無減，九、定意無減，十、智慧無減，十一、解脫無減，十二、度知見無減，十三、古世之事悉知見，十四、來世之事悉知見，十五、今世之事悉知見，十六、覽眾身行化以始所知，十七、覽眾言行化以始所知，十八、覽眾意行化以始所知。是為佛十八不共之法。

十神力者，佛悉知見深微隱遠是處非處，明審如有，一力也；佛悉明知來今往古所造行地所受報應，二力也；佛悉分別天人眾生彼彼異念，三力也；佛悉知眾生若干種語及度世語，四力也；佛悉了知世間雜種無量情態，五力也；佛能現禪解定行除眾勞諍，六力也；佛知欲縛，知縛解要在所宜行，七力也；佛智如海善言無量，追識一切宿命所更，八力也；佛天眼淨，見人物死，神所出生，善惡殃福，隨行受報，九力也；佛漏已盡，無復縛著，神真叡智，自知見證，究暢道行，可作能作，無餘生死，其智明審，是為佛十神力也。

四無所畏者：佛神智正覺，無所不知，愚惑相言："佛未悉知。"至於梵摩眾聖，皆莫能論佛之智故，獨步不懼，一無畏也；佛漏已盡悉知，愚惑相言："佛漏未盡。"至於梵摩眾聖，莫能論佛之志故，獨步不懼，二無畏也；佛說經戒天下誦習，愚惑相言："佛經可遏。"至於梵摩眾聖，莫能論毀佛之正經故，獨步不懼，三無畏也；佛現道義，言真而要，能度苦厄，愚惑相言："佛不能度苦。"至於梵摩眾聖，莫能論佛正道故，周行不懼，四無畏也。(《大正藏》卷三第478页)

【评说】本段描述人解脱后的超常心身境界，其核心是"遍知"。这种通透的"一切悉知"，包括对世俗世界活动的熟悉对过去世生命活力的经历、对修行方法和理论的透彻理解、对自他心身活动的客观考察与评价能力，以及由此带来的超凡自我控制力。"遍知"，在与他人的交往中，即表现为种种佛智。

【原文】時麨蜜冷，佛腹內風起，帝釋即知，應時到閻浮提界上，取藥果名呵梨勒，來白佛言："是果香美可服，最除內風。"佛便食之，風即除去。起到文隣瞽龍無提水邊，坐定七日，不喘不息；光照水中，龍目得開，自識如前，見三佛光明，目輒得視。龍王歡喜沐浴，名香栴檀蘇合出水；見佛相好光影如樹有華，前繞佛七匝，身離佛圍四十里；龍有七頭，羅覆佛上；欲以障蔽蚊虻寒暑，時雨七日，龍一心不飢不渴。七日雨止，佛悟，龍化作年少道人，著好服飾，稽首問佛："佛得無寒、得無熱、得無為蚊虻所嬈近耶？"

佛時答言：

"久得在屏處　思道其福快
昔所願欲聞　今以悉知快
不為彼所嬈　能安眾生快
度世三毒滅　得佛泥洹快
生世得覩佛　聞受經法快

得與辟支佛　真人會亦快

不與愚從事　得離惡人快

有黠別真偽　知信正道快”(《大正藏》卷三第 479 页)

【评说】“麨蜜”是古印度的传统食品,由炒熟的米粉或麦粉和以蜜糖而成。佛陀食用冷食后,腹中不适“风起”,可能即是腹痛腹泻,得到“最除内风”的“呵梨勒”治疗以愈。

此外,还记载了佛陀证悟后入禅定七日,享受禅悦的事迹。

【原文】佛告龍王:“汝當復自歸於佛,自歸於法,自歸於比丘僧。”即受三自歸。諸畜生中,是龍為先見佛。佛以神足,移坐石室,自念本願,欲度眾生。思惟:“生死本從十二因緣法起,法起故便有生死;若法滅者生死乃盡。作是故自得是,不作是是便息。一切眾生,意為精神,窈窈冥冥,恍忽無形,自起識想,隨行受身;身無常主,神無常形,神心變化,躁濁難清;自生自滅,未曾休息;一念去,一念來;若水中泡,一滴滅一復興;至于三界欲、色、無色,九神所止皆繫於識,不得免苦;昧昧然不自覺,故謂之癡,莫知要道。夫道至妙,虛寂無念,不可以凡世間意知。世間道術九十六種,各信所事,孰知其惑?皆樂生求安,貪欲嗜味,好於聲色,故不能樂佛道。佛道清淨,空無所有;凡計身萬物不可得常有,設當為說,天下皆苦;空無所有,誰能信者?枯苦我耳。”意欲默然,不為世間說法,便入定意。

……

佛言:“善哉,善哉!梵天!欲廣施安,救諸世間,撫利寧濟,樂使解脫。我念世間,貪愛嗜欲,墮生死苦,少能自覺本從十二因緣起,癡緣癡,行緣行,識緣識,名像緣名像,六入緣六入,更樂緣更樂,痛緣痛,愛緣愛,受緣受,有緣有,生緣生老死憂悲苦悶心惱;大患其有,精神從愛,轉受生死。欲得道者,當斷貪愛滅除情欲,無為無起,然則癡滅,癡滅則行滅,行滅則識滅,識滅則名像滅,名像滅則六入滅,六入滅則更樂滅,更樂滅則痛滅,痛滅則愛滅,愛滅則受滅,受滅則有滅,有滅則生滅,生滅則老死憂悲苦悶心惱大患皆盡;是謂得道。唯佛覺此,微妙難明。夫此清淨無愚癡想,不可以世間凡夫意知。天下道術,九十六種,各有所事,或事天地日月五星,或事水火鬼神龍神,皆樂生求安,貪欲嗜味,好於聲色,故不能樂佛道,不聞佛經,不知要法。凡人意異,計身萬物謂可常有,設當為說,目之所見,萬物無常,有身皆苦,身為非身,空無所有,親戚家屬,悉非人所。正言似反,誰能信者?吾為枯苦,不如取泥洹,故欲不言耳。”(《大正藏》卷三第 479-480 页)

【评说】本段经文概括佛教核心的缘起法:“生死本从十二因缘法起,法起故便有生死;若法灭者生死乃尽。作是故自得是,不作是是便息。”指出通过“不作”可以令缘起灭尽,从而摆脱生死的现象。

在对生命过程的具体阐释中,有“意为精神,窈窈冥冥,恍忽无形,自起识想,随行受身”的解释。应注意到这个解释与佛教教义已有不同,它将“意”置于“识”之上,认为“识”产生于“意”,这是我国形神观的反映;而在印度,这种对心身关系的理解则表现为梵我观,二者的本质都是强调存在一个超越形体的精神实在。因此佛陀感慨他的所悟难以被人们所接受,“意欲默然,不为世间说法”。

【原文】……佛即答言:“無病第一利,知足第一富,善友第一厚,無為第一安。”(《大正藏》卷三第 480 页)

【评说】经文概括了生活的四个面向，身、心、社会交际、财富，提出了佛教的安乐观。

【原文】迦葉行白佛言："願大道人留此，不須復遠行，我自給飯食。"即還勅家，明日作好飯，施床座已；食時自行請佛。佛言："便去，今隨後到。"迦葉適去，佛如人屈申臂頃，東適弗于逮界上數千億里，取樹果名閻逼，盛滿鉢還。迦葉未至，佛已坐其床上。迦葉後到，問："大道人從何道來？"佛言："卿適去，我東到弗于逮地取閻逼果，香美可食。"便取食之。佛飯已去。迦葉續念："是大沙門雖神，不如我道真也！"

明日食時，迦葉復請佛。佛言："便去，今隨後到。"迦葉適去，佛便南行，極閻浮提界數千萬里，取呵梨勒果，盛滿鉢還。迦葉未歸，佛已坐其床。迦葉至，問："何緣先到？"佛言："卿適去，我即南行極此地界，取呵梨勒果，亦香且美。"便取食之。佛飯已去。迦葉續念："是大沙門雖神，不如我道真也！"

明日，迦葉復行請佛。佛言："便去，今隨後到。"迦葉適去，佛西到拘耶尼界上數千億里，取阿摩勒果，盛滿鉢還，先迦葉歸，坐其床上。迦葉後至，問大道人："從何而來？"佛言："卿適去後，我西適拘耶尼地，取阿摩勒果，香美可食。"便取食之。佛飯已去。迦葉復念："是大沙門雖神，故不如我道真也！"

明日，迦葉復請佛。佛言："便去，今隨後到。"迦葉反顧，忽然不見佛；佛以神足，北適欝單越界上數千億里，取自然粳米，滿鉢而還，先迦葉至，坐其床上。迦葉後至，問："大道人復從何來？"佛言："從北欝單越地，取此成熟粳米，快美且香，卿試食之。"佛飯已去。迦葉復念："是大沙門雖神，故不如我道真也！"(《大正藏》卷三第 481-482 页)

【评说】佛陀到东西南北四界取食，从侧面反映了当时的地理观。从此处可以看出，当时的四界并非如今所认为的人所不能及处，而是当时人们地理概念中已知的远方，这一点从佛陀与迦叶二人的对话中可见一斑。由此可见，弗于逮、阎浮提、拘耶尼、郁单越可能都是印度大陆上的古地名。对于这些地名的确认需要参考较佛教文献更为古老、同时也是作为印度传统文化基础的吠陀文献来完成，以下略作考察：

东弗于逮，大唐西域记载，"毗提诃洲，旧曰弗婆提，又曰弗于逮"。在历史上，毗提诃(Pūrvavideha)，是公元前 1100 至前 500 年时，位于骄萨罗国东部、摩揭陀国北部的一个城邦国家。

西拘耶尼，又名瞿陀尼(Aparagodānīya)，据考证位于印度西部塔尔沙漠一带，梵语为贸易牛，故又译为牛货洲，可见也是人们开展贸易往来的地区。

北郁单越(Uttarakuru)，又称俱芦洲，位于印度北部，关于其具体所在众说纷纭，分别有克什米尔地区、印度北阿肯德邦、帕米尔高原等等说法。

南阎浮提(Jambudvīpa)，指生长有阎浮树(Jambu)的土地。从佛经中对"阎浮提"一词的使用来说，也指人们所居住的"本土"。

总之，四大部洲除了各自宗教意义上的概念外，在现实中也有属于它们自己的位置，并不完全是神话中的世界。

【原文】……迦葉答言："佛道最勝，其法無量。我雖世學，未曾有得道神智如佛者也。其經戒甚清淨，我今以見慈心度人，以三事教化：一者道定神足，變化自然；二者智慧，知人本意；三者經道正行，隨病與藥。"

……

佛諸弟子皆故梵志，佛為諸弟子現神變化：一者飛行，二者說經，三者教誡。（《大正藏》卷三第 482-483 页）

【评说】经文列举早期佛教中的教育方式，神通教化（显示飞行神变等超常现象，打破普通认知模式）、智慧教化（解说佛教教义，教示修行之法）、教诫教化（对于修行生活中种种不合理的行为给予指正，令修行顺利开展）。

佛说普曜经

（一名《方等本起》）

西晋月氏三藏竺法护译

【提要】本经为佛陀生平事迹的传记，共有三十品，分别为论降神品、说法门品、所现象品、降神处胎品、欲生时三十二瑞品、入天祠品、现书品、坐树下观犁品、王为太子求妃品、试艺品、四出观品、出家品、告车匿备马品、异学三部品、六年勤苦行品、迦林龙品、召魔品、降魔品、行道禅思品、诸天贺佛成道品、观树品、商人奉麨品、梵天劝助说法品、拘邻等品、十八变品、佛至摩竭国品、化舍利弗目连品、优陀耶品、叹佛品、嘱累品，包含从佛陀降生前观察人间世情，至证悟后回到迦毗罗卫国度化族人期间的事迹。

卷 第 一

论降神品第一

【提要】佛陀在舍卫城为众比丘宣讲《比丘普曜经典大方等法》。

【原文】……損己布施，持戒清和，忍辱調意，精進一心，智慧善權，所度無極，解一切法，如幻、野馬、影、響、芭蕉、化、夢、月影，悉無所有，有利無利，若譽若謗，若苦若樂，得名失稱，已過世間諸所有法，神通自娛逮致總持，獨步三界猶如日光，及諸菩薩備悉之願，周旋五趣救濟危厄，分別辯才定意無礙，皆已由己，咸成法忍悉得具足，諸菩薩住無所住處，度脫十方。（《大正藏》卷三第 483 页）

【评说】经文概述菩萨的精神境界和所持的哲学观念，“解一切法……悉无所有”，是持菩萨行的认知基础，“有利无利，若誉若谤，若苦若乐，得名失称”在这种观照下顿时变得毫无意义，能“皆已由己，咸成法忍悉得具足”，不为外物所累，达成身心的超越和自由。

【原文】何謂《比丘普曜經典大方等法》？於斯菩薩住兜術天，咸見奉敬，逮得無餘阿惟顏住，百千天人所共咨嗟，名徹十方諸願普具，曉了一切諸佛法藏，清淨無垢聖智道眼，意念定智往來周旋，聖性堅強恥眾未度，其念弘普亘然極遠，布施、戒、忍、精進、一心、智慧淵深，大權方便所度無極，大慈大哀、喜護四等弘暢梵迹，無極神通三達無礙，示現聖慧永無闇蔽，道業純淑，意止、意斷、神足、根、力、覺意、道業，寂然止觀，普備一切諸佛道品，達致本際，功勳福祚不可限量，成就相好莊嚴其體，在彼久長常得自在，仁和無諍言行相應，其心所懷口言無二，斯意質直而無諛諂怨結他念，常自謙遜而不自大，等心眾生未曾偏黨，供養無數百千載佛，為眾重任恒忍災患，觀見無量諸菩薩眾覩其根本，釋、梵、四王、大神妙天，天、龍、鬼神、閱叉、健陀羅，見莫不悅咨受訓誨。分別一切章句本末，已逮無為入於有為，隨時方便而開化之。心念法器識解一切，諸佛所宣無有憒亂而不迴還，逮得總持深入法藏，乘大法船遊十二海接度諸流，三十有七道品之教，合集法寶深奧智慧，為大導師越渡四瀆，諸願具足降伏魔怨，善救外業諸異邪徑，開化一切所住堅固。雖在塵勞皆來歸命，為眾導首，強若金剛行無蓋哀，志性和安積精進力，為法優奧善權方便，在眾中雄如師子，定意之業不可限載，猶如蓮華處污無垢，禁戒博聞而無放逸，慈於十方無有加害，心水清澄而無所著，遊世八法，心如大寶，所度無極福祚聖慧，積功累德，道藏解明佛之智慧度闡法城，消眾患難善開寤之。以四神足度於彼岸，志三脫門顯其寂觀，清淨光曜一心脫門，處在閑室如山曠野，遊法叢樹行具足成，十力無畏未曾怯弱，以度生死無復疑難，衣毛不竪越於無數在外異學，猶如師子遊於麋鹿，捨諸放逸無吾我意，設有所暢，為師子吼，人中之雄，解脫禪定智慧道場。放大光明照諸闇冥悉蒙道明，眾邪異學譬如螢火無益於世，愚贛幽昧曜蔽塞心，興大道力精進之業，宣功德行威神巍巍，除闇冥品具足清白，見莫不歡。諸佛國土無所罣礙，拔諸窮厄蕩滌垢穢，脫門一心覺意清涼，曉了聖明禪思清白以開化之。其四部眾，諸天人民，行七覺意積累道寶，齊心眾生應病與藥，志不懷惡行十善業，以是財富奉持具足，不違法王所行殊勝而轉寶輪，轉輪王種成就一切深遠難限，一切法寶博聞無厭，慧普無極。(《大正藏》卷三第 484 页)

【评说】"比丘普曜经典大方等法"，即是对佛陀一生所说法行法的总括，涵盖六度、"三十七道品"等佛教核心修行理论和修行实践。经文简要地将这些方法串联，如"强若金刚行无盖哀……消众患难善开寤之"概括悟前修行的阶段，提到种种支持禅修生活开展的品质；"以四神足度于彼岸……解脱禅定智慧道场"，概括证悟前后的修行；"放大光明照诸闇冥悉蒙道明……一切法宝博闻无厌，慧普无极"，概括弘法阶段的事迹。

【原文】菩薩報曰："其國種姓有六十德，一生補處乃應降神。何謂六十？一、國土寬博種姓寂靜，二、眾所宗仰，三、不生雜姓，四、所生微妙，五、種姓真正，六、應男女行，七、志操堅強，八、本業丈夫，九、尊習上業，十、其行堅要，一、作人惔怕，二、眾所羨樂，三、意行勇猛，四、所在尊豪，五、志行無極，六、女行清白，七、男子無限，八、所生無畏，九、無有慳嫉，二十、智慧明達，一、有藝多術，二、棄捐惡趣，三、飯食恣意，四、逮得自在，五、善友興盛，六、雖在蟲獸無所嬈害，七、種姓溫良，八、慕修道德，九、而無貪欲，三十、無有瞋恚，一、不懷愚冥，二、在樂無贛，三、相好弘普，四、所造篤信，五、好樂布施，六、出家堅固，七、力勢超異，八、所由殊勝，九、人莫不敬，四十、諸天奉之，一、鬼神承事，二、餓鬼歸仰，三、無有怨結，四、名聞十方，五、種類第一，六、性行自在，七、其眷屬強，八、無亂伴黨，九、群類無上，五十、孝順父母，一、敬沙門梵志，二、財業饒富，三、多寶穀藏，四、豐於七珍，五、象馬熾盛，六、獨步由己，七、奴客僮使甚多無數，八、利義如意，九、無能勝者，十、仁慈普覆，是為六十。"(《大正藏》卷三第 485-486 页)

【评说】此处的"六十德"，是对理想国家人民所具有的特征的概括。可简括为国民素质优秀、国家实力富强两方面。这一理想国家国民出自于农耕社会人民的想象，故带有明显的农业文化特色。

【原文】……夫人曰妙，姿性溫良，仁慈博愛，容色難倫；心無傾移無有子姓，厭於世俗不倦道訓，猶天玉女覩莫不歡；無女人態言語至誠，初無麤獷，除棄恚恨，不傳彼此；好樂布施，禁戒無漏，敬重夫主；知時止足，不懷異心，常吉祥定；髮紺青色，顏貌澌怡，言先意至，仁和其性；體行質直而無諛諂，常懷慚愧，性重不輕，三垢薄尠，忍辱第一；手足柔軟猶如蓮華，護心口意強如金剛，若玉女寶德本清淨……（《大正藏》卷三第486页）

【评说】经文描述了当时人们对贤美妇女的向往，从心理到行为都显露出端庄稳重的品质，反衬出当时人们对妇女的刻板印象。

说法门品第二

【提要】佛陀在舍卫城为众比丘宣讲《法曜道门》。

【原文】於時菩薩告諸天眾人等："善聽！何故名曰《法曜道門》？"皆曰："不及，惟分別之。"

《法曜道門》有八百事，臨欲降神為諸天說。何謂八百？《至誠法門》《性行成就無所破壞妙喜法門》《悅非時心欣樂法門》《成就篤信愛敬法門》《心自然淨護身法門》《淨於三事護口法門》《四善不毀護意法門》《棄嫉恚癡念佛法門》《見十方佛念法法門》《覩法清淨念眾法門》《趣入寂滅念施法門》《威神普至念戒法門》《具足所願念天法門》《令心清淨慈心法門》《化之立德悲心法門》《第一無害歡然法門》《不毀他人其護法門》《穢厭愛欲非常法門》《能越欲色觀苦法門》《除斷所願無我法門》《無所猗著觀音法門》《消不直心觀慚法門》《除滅內行觀恥法門》《寂消外行觀誠法門》《不欺天人觀實法門》《不親己身觀行法門》《道御法行觀三寶法門》《淨滅三塗觀了達法門》《不失德本觀作法門》《不輕他人解己法門》《不自毀身曉人法門》《不非他人分別法門》《奉行道法知時法門》《終不虛妄棄自大法門》《具足聖慧捨害法門》《不慢彼我棄結法門》《無有猶豫好樂法門》《不懷狐疑棄不淨法門》《棄貪欲想無諍法門》《斷鬬訟意無虛法門》《度無中傷法義法門》《決了諸義樂法法門》《逮法光明求聞法門》《淨觀諸法應正法門》《奉行平等斷名色法門》《度諸罣礙厭實法門》《成立慧解捨著法門》《不猗名稱暢陰法門》《別諸惡行身意法門》《其體宴靜念通法門》《拔諸痛痒心趣法門》《觀心如幻意止法門》《慧照眾冥意斷法門》《捨不善本神足法門》《身心輕便信根法門》《不願他人進根法門》《善釋慧明意根法門》《善造道業定意法門》《解心諸脫智慧法門》《現成明哲信力法門》《越魔威勢進力法門》《而不還迴意力法門》《未曾忘捨定力法門》《滅眾妄想智力法門》《周旋往來意覺法門》《解真諦法覺意法門》《普曜諸法進覺法門》《積行佛道喜覺法門》《修平等行信覺法門》《所作已辦定覺意法門》《暢諸法行護覺法門》《度諸所生正見法門》《好樂入寂正念法門》《棄若干想正言法門》《曉了一切諸有音聲猶如呼響正治法門》《無報應罪正業法門》《息諸罣礙正便法門》《消眾欲意正意法門》《入無志念正定法門》《逮得三昧無有瞋恨道心法門》《不斷三寶教淨性法門》《不樂餘乘聖達法門》《微妙佛法心無結網應時法門》《普具諸法施度無極法門》《備成相好佛土清淨勸化慳嫉戒度無極法門》《悉度眾惡八難之處攝諸犯禁忍度無極法門》《心和調柔攝諸恚怒進度無極法門》《奉眾善德攝諸懈怠禪度無極法門》《興顯一切一心脫門》《定意神通攝諸亂意智度無極法門》《捨眾無明陰蔽窈冥邪見羅網攝諸惡智善權法門》《隨眾所好而現威儀普攝一切諸佛聖慧四恩法門》《攝諸眾生使成佛道正法由己四等法門》《慈悲喜護以斯四等攝諸偏黨化眾法門》《安己弘誓而不懈倦護法法門》《蠲除一切眾生塵勞積德法門》《眾生戴仰聖品法門》《具足十力寂然法門》《成如來定其觀法門》《慧眼訓誨分別辯法門》《成就法眼道御法門》《具足佛眼總持法門》《奉行諸佛之所頒宣辯才法門》《所可敷演悅眾生心順忍法門》《順化諸法不起法忍法門》《輒得更決不退轉地法門》《備諸佛法從住至住法門》《至阿惟顏一切智業無餘法門》，處胎出家，詣佛樹下，惟諸仁等，略說其要，是為八百《法曜法門》。(《大正藏》卷三第487页)

【评说】“法曜道门”，即一百零八种在修行过程中应当修习以及掌握的方法和能力。文中指其数为“八百”，或为“百八”之误。除第一位的《至诚法门》，其余每一个法门的名称多由两部分组成，如《消不直心观惭法门》即是由“消不直心”与“观惭”，目的与方法相结合而成。

“至诚法门”名称的简要，或说明“诚”对修行具有根本性。“诚，信也”，即真实意。佛教强调对自我心身行为的理解和控制，在如实观照的基础上开展修行，不能扭曲自我评价，否则事倍功半，甚至会出现偏差。

卷 第 二

降神处胎品第四

【提要】经文记述了佛陀托胎的故事。

【原文】其菩薩母悉不知之，亦無所閡，唯覺己身輕便柔軟安隱無橫，無婬怒癡、不想三毒，亦無寒熱及諸飢渴，不污聖體及餘手指，無有不可。亦不遇惡色聲香味細滑之法，不見惡夢亦無惡露。迦維羅衛及遠大國，天、龍、鬼神、乾沓惒、阿須倫、加留羅、真陀羅、摩休勒，男女大小歡喜踊躍不懷異心，若有諸病風寒熱氣疾，眼耳鼻口身心之疾，脣齒咽痛塵勞狂病顛疾，金痍瘢瘡，詣菩薩母，母舉右手而摩其頭，病皆除愈各還其家。於時王后取草作籌，殊妙自然著於地上，持與諸病即得安隱，無復所患。時菩薩母使眾疾患住其右邊皆得安隱，無復眾病，各歸其處。諸可來者觀后右脇，悉見菩薩降神母胎，鮮潔清淨猶如明鏡照其面像，歡喜踊躍皆蒙濟度。

……於是頌曰：

“……

四方男女來　鬼嬈心迷惑
見王后心解　意安還歸家
得風寒熱毒　眼耳鼻口病
及若干疾患　后摩頭得安
若取一籌滞　與之病皆愈
無疾安歸家　處胎為醫王

……”(《大正藏》卷三第492页)

【评说】菩萨入胎之后，其母就因怀胎而具有治愈疾病的神力，这种神力是由腹中的菩萨所带来的，这是古人观察到妇女怀孕后在心理和行为上与怀孕前不同，并推断这种“异常”与腹中胎儿相关。

“若有诸病风寒热气疾，眼耳鼻口身心之疾，唇齿咽痛尘劳狂病颠疾，金痍瘢疮，诣菩萨母，母举右手而摩其头，病皆除愈各还其家”，是关于摩顶除病的记载，这是印度的一种传统赐福方式，后在宗教仪式中逐渐被赋予种种神奇功能。“四方男女来，鬼娆心迷惑，见王后心解，意安还归家，得风寒热毒，眼耳鼻口病，及若干疾患，后摩头得安”，在这里则表现为能够

治愈任何心理生理上的疾病。

除摩顶之外，又有“取草作筹，殊妙自然著于地上，持与诸病即得安隐，无复所患”的消灾祛病方法，以及“使众疾患住其右边皆得安隐，无复众病，各归其处”，观看菩萨所处的右胁部位（婆罗门教认为刹帝利种姓从胁部出生）以治愈疾病。

由摩顶、草筹、观胁等方法的递变，可以通过观察所需耗费精力由多到少的变化推测其对应于来访人数的由少至多，从侧面描述了菩萨母怀孕后，相信这种祝祷治病方式的来访者人数的不断增加，反映了当时人们普遍信赖祝由等较为原始的医学认知。

欲生时三十二瑞品第五

【提要】经文记述了佛陀即将出生时出现的三十二种瑞象。

【原文】佛語比丘：“滿十月已，菩薩臨產之時，先現瑞應三十有二：

‘……三十一、境内孕婦產者悉男，聾盲瘖瘂癃殘百疾皆悉除愈。’”（《大正藏》卷三第492-493页）

【评说】“孕妇产男，百病皆愈”的瑞应，反映了农耕时代重男轻女，以健康为主的需求。

【原文】佛告比丘：“菩薩生時其母安隱，無有瘡瘢亦無痛痒，平復如故。應時前後五千玉女，齎天香熏及持油香，奉菩薩母，長跪問訊將無勞惓。”（《大正藏》卷三第494页）

【评说】本段经文记载菩萨母生产之后没有疮瘢与痛痒，（腹部）平复如故。考虑到这是被视为得益于圣者菩萨的特例，能反衬当时妇女生产的实际情况。

【原文】佛告比丘：“於時菩薩生七日後，其母命終……”（《大正藏》卷三第494页）

【评说】在生产之后七日，菩萨母即命终。虽然在佛经中对此有种种修饰，提出升天说、福报说等美化这一死亡现象的说法。从实际情况来看，则反映出当时社会由于医学水平低下，生产对于孕妇来说具有较大风险，菩萨母身为城邦主的配偶，已能享受到较高规格的照顾，仍然不能幸免。

【原文】披氎相太子，見三十二相：軀體金色，頂有肉髻，其髮紺青，眉間白毛，項出日光，目睫紺色，上下俱眴，口四十齒，齒白齊平，方頰車廣，長舌七合，滿師子膺，身方正，修臂指長，足跟滿安平正，内外握網縵掌，手足輪千輻理，陰馬藏，鹿腨腸，鉤鎖骨，毛右旋，一一孔一毛生，皮毛細軟不受塵水，胸有卍字……（《大正藏》卷三第496页）

【评说】这是对初生太子的形象描述，已有明显的宗教色彩，如“口四十齿”等，并不符合实际。

卷　第　三

现书品第七

【提要】经文记述了释迦牟尼童时学艺的经历。

【原文】爾時菩薩與諸釋童俱住，菩薩手執金筆栴檀書隸，眾寶明珠成其書狀，侍者送之。問師選友:“今師何書而相教乎?”其師答曰:“以梵佉留而相教耳,無他異書。”菩薩答曰:“其異書者有六十四,今師何書正有二種。”師問:“其六十四書皆何所名?”太子答曰:

“《梵書》(一) 《佉留書》(二) 《佛迦羅書》(三) 《安佉書》(四) 《曼佉書》(五) 《安求書》(六) 《大秦書》(七) 《護眾書》(八) 《取書》(九) 《半書》(十) 《久與書》(十一) 《疾堅書》(十二) 《陀比羅書》(十三) 《夷狄塞書》(十四) 《施與書》(十五) 《康居書》(十六) 《最上書》(十七) 《陀羅書》(十八) 《佉沙書》(十九) 《秦書》(二十) 《匈奴書》(二十一) 《中間字書》(二十二) 《維耆多書》(二十三) 《富沙富書》(二十四) 《天書》(二十五) 《龍書鬼書》(二十六) 《揵沓和書》(二十七) 《真陀羅書》(二十八) 《摩休勒書》(二十九) 《阿須倫書》(三十) 《迦留羅書》(三十一) 《鹿輪書》(三十二) 《言善書》(三十三) 《天腹書》(三十四) 《風書》(三十五) 《降伏書》(三十六) 《北方天下書》(三十七) 《拘那尼天下書》(三十八) 《東方天下書》(三十九) 《舉書》(四十) 《下書》(四十一) 《要書》(四十二) 《堅固書》(四十三) 《陀阿書》(四十四) 《得晝書》(四十五) 《厭舉書》(四十六) 《無與書》(四十七) 《轉數書》(四十八) 《轉眼書》(四十九) 《閉句書》(五十) 《上書》(五十一) 《次近書》(五十二)《乃至書》(五十三) 《度親書》(五十四) 《中御書》(五十五) 《悉滅音書》(五十六) 《電世界書》(五十七) 《馳又書》(五十八) 《善寂地書》(五十九) 《觀空書》(六十) 《一切藥書》(六十一) 《善受書》(六十二) 《攝取書》(六十三) 《皆響書》(六十四)”

太子謂師:“是六十四書,欲以何書而相教乎?”時師選友歡然悅豫,棄捐自大,說是偈言:

“難及真淨尊　在世興悲哀
悉學一切典　現入書教中
咸宣諸書名　吾不知本末
皆達此眾書　故復示入學
不敢觀其頂　惟覩人禮拜
云何令大聖　宣諸書眾數
天中天過天　諸天中最上
至尊無等倫　在世不可喻
以是威神故　嚴淨用善權
誰能及清明　皆度諸世間”

時一萬童子,與菩薩俱在師所學,見菩薩威德建大聖慧,分別書字而宣之曰:

“其言無者,宣於無常、苦、空、非我之音。”

“其言欲者,出淫、怒、癡諸貪求音。”

“其言究者,出悉本末真淨之音。”

“其言行者,出無數劫奉修道音。”

“其言不者,出不隨眾離名色之音。”

“其言亂者,出除濁源生死淵音。”

“其言施者,出布施、戒、慧明正音。”

“其言縛者,出解刑獄考治行音。”

“其言燒者,出燋燒罪塵勞欲音。”

“其言信者,出信、精進、定、智慧音。”

"其言殊者，出超越聖無上道音。"
"其言如者，出於如來無所壞音。"
"其言寂者，出觀寂然法惔怕音。"
"其言沒者，出消瞋厭諍訟之音。"
"其言作者，出罪福報從行受音。"
"其言智者，出一切智慧無壞音。"
"其言魔者，出降魔力及官屬音。"
"其言害者，出棄自大邪見之音。"
"其言逝者，出於正法無憒亂音。"
"其言止者，出世俗力無畏之音。"
"其言生者，出度眾苦老病死音。"
"其言意者，出意堅強獨步三界音。"
"其言法者，以法等御救濟周旋往反之音。"
"其言歎者，出隨所願開化諸音。"
"其言難者，出除八難罪殃之音。"
"其言盡者，出於盡滅無所生音。"
"其言處者，出消處所顛倒之音。"
"其言慧者，出智慧聖無罣礙音。"
"其言是者，出歸善惡殃福之音。"
"其言有者，出諸所行三有之音。"
"其言棄者，棄諸所趣吾我諂音。"
"其言已者，出已所起善惡業音。"
"其言我者，出滅身垢愛欲之音。"
"其言垢者，出諸嫉妬等善惡友稱平等音。"
"其言數者，出諸所數調無明音。"
"其言處者，出處不處有齊限音。"
"其言若者，度若干想眾亂放逸寂希望音。"
"其言果者，證諸果實無所住音。"
"其言除者，出不貪已除五蓋音。"
"其言邪者，出邪疾患除憂惱音。"
"其言慧者，出布施、戒、博聞之慧無妄想音。"

爾時菩薩為諸童子，一一分別字之本末，演如是像法門諸音，在於書堂漸開化訓誨；三萬二千童子勸發無上正真道意，是故菩薩往詣書堂，示從師受。(《大正藏》卷三第 498-499 页)

【评说】"六十四书"是古印度记录婆罗门哲学思想、天文地理、人文技术的典籍；"四十二字音"，则是古梵语中的四十二个字母。由于每个字母还能单独成意，故在经中以意译的形式进行了解说，以此展现菩萨幼年时的聪慧。这种对字母音韵的哲学发挥和尊崇，来源于婆罗门教中认为声音具有神秘力量的思想。

坐树下观犁品第八

【提要】经文记述了释迦牟尼长大至村落游观犁者的经历。

【原文】爾時太子年遂長大，啟其父王，與群臣俱行至村落；觀耕犁者，見地新墒蟲隨土出，烏鳥尋啄。菩薩知之故復發問，問其犁曰："此何所設?"答曰："種穀用稅國王。"菩薩歎嗟，乃以一夫令民憂擾，畏官鞭杖加罰之厄，心懷恐懼忽忽不安，人命甚短憂長無量，日月流邁，出息不報就於後世；天人終始，三惡苦患不可稱載；五趣生死輪轉無際，沈沒不覺毒痛難喻；入山成道，乃度十方三界起滅危厄之患。

觀犁者已更入遊觀，時菩薩遊獨行無侶，經行其地，見閻浮樹蔭好茂盛，則在彼樹蔭涼下坐，一心禪思三昧正定，以為第一。(《大正藏》卷三第499页)

【评说】菩萨独处一心禅思，他禅思的对象就是他在村落中所见到的种种现象。提示禅修并非无所思想，而是以专一的思想为引导，进入一种特殊的精神集中状态。

四出观品第十一

【提要】经文记述了佛陀四次出宫见到生老病死等人生现象后意欲出家学道的经过。

【原文】爾時菩薩出東城門，菩薩威聖之所建立，於時諸天化作老人，頭白齒落目冥耳聾，短氣呻吟執杖僂步住於中路，菩薩知之故復發問："此為何人？頭白齒落羸瘦乃爾。"御者答言："是名老人，諸貌已盡形變色衰，飲食不化氣力虛微，命在西垂餘壽無幾，故曰老矣。"菩薩即曰："是則世法而有此難？一切眾生皆有斯患？人命速駛猶山水流，宿夜逝疾難可再還，老亦然矣，不亦苦哉。"一心專精思惟正義。御者答曰："不獨此人遇苦患也，天下皆爾，俗之常法，聖尊父母親里知識，皆致此老，咸同是業。"菩薩時曰："不解句義愚人自大，不覺老至自沒塵埃，便可迴還，用是五樂不益於事。"自覩如幻、空中之電，還入宮中思惟經典愍念十方，宜以法藥必療治之。

菩薩後日復欲出遊，王勅外吏嚴治道路，去諸不淨。菩薩駕乘出南城門，復於中路見疾病人，水腹身羸臥于道側，氣息張口命將欲絕。菩薩知之故復發問，告御者曰："此為何人?"御者曰："此名病人，已至死地命在須臾，骨節欲解餘壽如髮。"菩薩即曰："萬物無常有身皆苦，生皆有此何得免之。吾身不久亦當然矣，不亦痛乎。有身有苦，無身乃樂。"即還入宮。

復於異日報王遊觀，王勅外吏嚴治道路。太子乘駕出西城門，見一死人著于床上，家室圍繞舉之出城，涕淚悲哭椎胸呼嗟，頭面塵垢淚下如雨："何為棄我獨逝而去?"菩薩知之而復問曰："此為何人?"御者答曰："此是死人。人生有死猶春有冬，身沒神逝宗家別離，人物一統無生不終。"菩薩答曰："夫死痛矣，精神懅矣，生當有此老病死苦，莫不熱中迫而就之，不亦苦乎！吾見死者，形壞體化而神不滅，是故聖人以身為患，而愚者寶之至死無厭。吾不能復以死受生，往來五道勞我精神。"便迴車還，思度十方。

復於異日，報王出遊。出北城門，見一沙門，寂靜安徐淨修梵行，諸根寂定目不妄視，威儀禮節不失道法，衣服整齊手執法器。菩薩問之："此為何人?"御者答曰："此名比丘，以棄情欲，心意寂然猶如太山，不可傾動；難污如空，屈伸低仰不失儀則；心如蓮華悉無所著，亦如明珠六通清徹，無一蔽礙，慈愍一切欲度十方。"菩薩即言："善哉！唯是為快，是吾所樂，心意寂靜自愍度彼，善業快利成甘露果。"(《大正藏》卷三第502-503页)

【评说】菩萨出城四门见老、病、死、出离四种人生现象。

老者"诸貌已尽形变色衰，饮食不化气力虚微，命在西垂馀寿无几"，病者"水腹身羸卧于道侧，气息张口命将欲绝……已至死地命在须臾，骨节欲解馀寿如髮"，对于佛教来说，这些都是因死亡的迫近而显露出的痛苦。老病之苦根源于死苦，因此着意于解决死亡这一终极问题，而老病的过程并非佛教所关注的重点。

这段经文还透露了"形坏体化而神不灭，是故圣人以身为患，而愚者宝之至死无厌"的"形迁神不灭"观点，提出"吾不能复以死受生，往来五道劳我精神"，可见在佛经汉译过程中受到了中国传统形神哲学观的影响，应该是佛教为积极融入本土文化而对传统哲学观念的妥协。

卷 第 四

出家品第十二

【提要】经文记述了佛陀出家学道的故事。

【原文】爾時菩薩普觀眷屬，視眾伎女猶如木人；百節空中，譬如芭蕉中無有實；亂頭倚鼓，委擔伏琴，更相扶枕，臂脚委地，鼻涕目淚口中流涎，琴瑟箏笛樂器縱橫；鵁鶄鴛鴦驚怖之輩，皆悉淳眠而臥。菩薩遍觀顧視其妻，具見形體，髮爪腦髓，骨齒髑髏，皮膚肌肉，筋脉肪血，心肺脾腎，肝膽腸胃，屎尿涕唾，外是革囊中有臭處，無一可奇，強熏以香飾以華綵，猶假借當還，亦不得久計；百年之命臥消其半，又多憂患其樂無幾，淫泆敗德令人愚癡，非彼諸佛緣覺真人所稱譽也。故曰："貪婬致老，瞋恚致病，愚癡致死，除此三者乃可得道。一切所有皆如幻化，三界無怙，唯道可恃。"於是頌曰：

"見彼興慈愍　歎息發大哀
是世毒痛難　何因樂愛欲
懷憂憐愚冥　欲苦反謂安
捨貪樂智慧　不捨不得安"

於是菩薩以斯法門察於後宮，興發大哀而為雨淚，心甚愍之；癡人有三十二，害於眾生；愚者迷惑，為此所害生於八難，所見惡染猶如畫瓶毒滿其中，愚者不解謂之甘露，愚者或中，駛水漂象；愚者樂之如飲毒水，愚人處是如犬齩骨，愚人墮此如人入烟，愚人貪惡如墨塗衣，愚人厄此如鳥墮網，愚人見勉如屠桄畜，愚人近此不見來難，愚人沒此如老牛溺泥，愚人投此猶若破船沒於大海，愚人墮此如盲投谷，愚人不得限如淵無底，愚人燋此劫燒天地，愚人迷此如輪無際，愚宛轉此生盲入山，愚馳逸此若猗縛頭，愚人消此冬燒草木，愚人日損如月十五日後，愚人服此如諸小龍遭金翅鳥，愚人遭此如摩竭魚吞於大舟，愚人惱此如賈遇賊，愚人懼此如大樹被斫，愚人憂此如遇毒蛇，愚人樂此如蜜塗刀與兒舐之，愚人惑此火燒枯樹，愚人遇此嬰兒捺矢，愚人為此轉如鉤擿象，愚盡德本如博失財功祚消化，愚人見棄如放逸賈墮於婬鬼，是為三十二事。觀於後宮，察諸婇女不淨之想，自罵己身，坐身患害勿復貪身，莫念是意，入於空淨，心無所著。於是頌曰：

"從頭觀至足　察之無一淨
勿得貪其身　是為罪福田
以故當遠身　淚涕唾惡露

由此莫戀之　行淨如蓮華
棄若干不淨　興平等調定
以知諸毛孔　如蟲不可慕
其身猶如象　骨髓肉血合
筋脉皮裹之　髪毛諸爪齒
有八萬種蟲　夙夜食其體
若有明智者　終不計有身”

佛告比丘:“菩薩觀身心思若斯。諸欲界天住於虛空,皆見菩薩所可思惟。法行天子遙白菩薩:‘唯然大聖,何以稽遲?時已到矣。’於時菩薩察於後宮,見其心意諸根無常,知身不久猶如流水逝而不返,俗人所行計有吾我,何有吾我?執取深奧無極道眼乃為第一,觀正境界慕樂聖安,計吾我者自謂尊貴,心無所倚乃應行道。法行天子又復白言:‘不以是行得成至佛,現在行道所修甚難,當察己身等之山谷,是則究竟菩薩大士一生補處。’”

爾時菩薩——所作暢達其心堅住,覺意已了思惟心悅,咸來奉事,捨眾垢塵,永無恭恪,其順道訓念念安隱,淡若淨水——即從座起,心中悅豫觀察前眾,則以右手披寶交露帳,上講堂上叉其十指,念十方佛而遙禮之。觀虛空中諸天百千,皆來圍繞散華燒香,雜香擣香,衣服幡綵手執幢蓋諸供養具,曲躬作禮;見四天王、鬼神、羅刹、健沓惒等、諸龍王眾皆被鎧甲,棄不吉祥,淨諸惡行,垂珠瓔珞,稽首菩薩;日月宮殿諸天子等,住其左右,各執華香幡綵幢蓋,夜已向半。(《大正藏》卷三第504-505页)

【评说】“察诸婇女不净之想”,指“不净观”。观察想象一切外物的破败无常甚至恐怖的样貌,可以催生内心对既往喜爱事物的厌恶感,改变通常的认知。通过长期训练将“观不净”的认知方式固定,即能形成初步的出离。应当指出的是,“不净观”是佛教提供的多种修行方法之一,有其适用范围,且在佛教修行中不以厌恶感为终点,仅将其作为达到出离的心理基础之一。在更深入的禅修过程中,还需要通过“平等舍”的心理训练,将这种对外物的厌恶消除,达到无贪无厌的“中舍”状态。

“见其心意诸根无常,知身不久犹如流水逝而不返,俗人所行计有吾我,何有吾我?”该段自问能较准确地反映佛教的无常无我观。在佛教的身心体系中,人身由五蕴合成,五蕴无常就是身心现象的无常,遵循“缘起无我”的客观规律,其中没有恒常的主宰,故别无“吾我”。“无吾我”“中舍”的观念是佛教“中道”哲学的核心,令人能够以绝对客观的态度处理各种自他关系,因此遵循佛教的中道,即能“其顺道训,念念安隐,淡若净水”,在无我无执著的状态中获得精神上的解脱。

【原文】於是菩薩稍進前行,覩五道神名曰奔識,住五道頭,帶劍執持弓箭,見菩薩來,釋弓投箭解劍退住,尋時稽首菩薩足下,白菩薩曰:“梵天之際天王見勅,守五道路不知如之,愚不敏達惟告意旨。”菩薩告曰:“雖主五道不知所歸;源所從來,五戒為人,十善生天,慳墮餓鬼,觝突畜生,十惡地獄,無五趣行便歸人本;不慕五趣,以無五陰三毒六衰,則是泥洹。不處生死不住泥洹,便不退轉受菩薩決。無所從生靡所不生,於諸所生悉無所生。卿持俗刀,五兵宿衛,吾執智慧無極大劍,斷五趣生死皆至本無,無終無始永安無形,奔識心解逮不退轉。”無限天神皆發道心。(《大正藏》卷三第507-508页)

【评说】“五道神”即眼、耳、鼻、舌、身五根识,奔流不息故名为“奔识”,因在生时缘取外

境有善恶行为取舍的不同，死后分别通往三道。经文中“奔识”解除武装示太子以天道，比喻制服五识，收摄五欲可以获得升天之报。

卷 第 五

异学三部品第十四

【提要】经文记述了佛陀否定外道志物求解脱的办法，以及度三名异学梵志的故事。

【原文】佛告比丘：“於時菩薩心自念言：‘今吾處在五濁之世，值下劣眾外學熾盛，各墮異見九十六徑六十二疑，貪身愛命蔽塞愚冥，染慕情欲懷傷害心，不受訓誨不向清淨，志慕飲食愛戀土地，常行非義不志微妙，不樂慧施愛財貪嫉，志不存此道品之義，不在無礙馳騁情態，住於十惡不離自大，不救眾厄放逸不定，難可開化。殺害恣意飲酒無節，唯慕樂之；或事水火日月梵天；或事山神社神虛空天神，海水泉池樹木之神；或服果蓏，入山服食，或一日一食，二日三日或至七日一食；或日一揣，二日三日七日一揣；或十五日乃至一月一食，淨修梵行四禪四等，上仙梵天不逝生死；或有裸形，或服鹿皮；或事鬼神羅刹阿須倫神，不免惡趣，不能成道，謂之自達不可軌則，無以開化世俗眾邪異學。今我寧可示現清行，以用攝取外學之等，顯正真業使捨迷惑，所當應行，欲界色界不從彼教，來入佛道。’”(《大正藏》卷三第510-511页)

【评说】菩萨批评印度本土宗教的偶像崇拜，例举“水火日月梵天”“山神社神虚空天神”“海水泉池树木之神”“鬼神罗刹阿须伦神”等多种神祇，反映当时印度社会中，古婆罗门教与其他的自然神信仰并存。菩萨认为这些信仰虽然有各自的修行方法，能暂时令人快乐，免于痛苦，最终仍不免于“恶趣”。原因在于他们“志慕”外物，而这不是正确的通向解脱的道路。

六年勤苦行品第十五

【提要】经文记述了佛陀勤苦修行六年的经过。

【原文】佛告比丘：“於時菩薩作是思惟，六年之中示大勤苦精進之行。以何等故名勤苦行？是事難及人所不逮，是故名曰勤苦行矣。眾生之中，若天世人不能修行、成辦此業，唯有究竟一生補處菩薩，乃能行之，故曰難辦。斯勤苦行，因是現行四禪之法，數出入息令解其意，無想不念無所悕望，在所至奉心無所猗，不貪是四，其像本末宿世所學，無學緣覺菩薩所行，是則名曰周遍虛空。無作非作靡所不作，彼則名曰普護一切，以等如空行禪定事，是亦名曰去無所至。”

“於時菩薩欲現世間開化外學，若干品業訓誨諸天示其罪福。外學異術，計死斷絕神無所生；或言有常云何罪福。為分別說功德之報，現身口心當行清淨，日服一麻一米，六年之中，修立難及勤苦之行，宿命不債。菩薩六年之中結加趺坐，威儀禮節未曾進退，常存露精亦無覆蓋，不避風雨，不障頭首塵土之患，不起左右行大小便，亦無涕唾，不屈申俯仰，亦不傾側，身不倚臥，或興雲大雨電雷霹靂，春秋冬夏菩薩默坐，值此眾難未曾舉手以自障蔽，諸根不亂不生恐怖；丘聚村落男女大小，牧馬牛羊擔薪負草，過邊興塵不相念之，不以為患，無所污難。”

“彼時菩薩，眾人怪之羨之所行，取其草木投著耳中，耳不痛痒；著之鼻中，鼻亦不嚏，亦不棄去。諸天、龍神、阿須倫、迦留羅、真陀羅、摩休勒，目自覩見菩薩功勳道德巍巍，來往其邊供養奉事，稽首菩薩。”

爾時菩薩定坐六年，現勤苦行，教授開化十二載天人，立之三乘，以是之故，坐六年耳。於是頌曰：

“菩薩前出家　其功勳真正
厥心常寂然　由下劣俗故
生此閻浮提　於世現罪福
邪學業熾盛　諸見六十二
故立此精進　逼困身畢罪
浴池諸泉源　日月眾光明
樹木巖石山　厭鬼地神禮
自然行精進　建立難及行
修成勤苦業　為眾示現此
身力如金剛　禪思不可動
用若干義故　亦復現緣覺
若諸天人民　異學亂見喜
亦化此等故　示勤苦之行
而結加趺坐　在地無坐具
日進一麻米　示現而服此
示出息不出　亦無還報息
六年甚堅強　禪思不缺漏
無念無不念　不念所可行
心猶如虛空　禪思不傾動
不覆蓋身上　亦無所障蔽
不移動如山　禪思不增減
不避其風雨　亦不障頭首
不失威儀節　禪思無進退
村落諸男女　牧牛馬猪羊
擔薪及負草　行邊興塵土
不淨坌其身　若干品諸難
無念不迷惑　禪思無進退
身肉為消盡　唯有皮骨存
腹背表裏現　猶如箜篌形
諸所造天行　須倫龍沓和
目覩總功勳　皆其咸供養
五體禮受教　令疾得成就
使我得致是　如心懷愍哀
欲降外異學　闇蔽眾邪業
因是現罪福　其身坐口言

是佛道難得　髡頭何有道
行無央數劫　六年畢其罪
以是化天人　其數十二載
是故人中尊　坐禪不進退”(《大正藏》卷三第511页)

【评说】菩萨花费六年行持苦行，包括在座上以数息观的方法修行四禅定、空、无相、无愿观；在不禅修时，则尽量保持坐姿不动，不避风雨寒热虫兽，且仅以少量食物维生。经文中所描述的苦行虽有夸张之嫌，但不改苦行之艰苦。如此坚持六年，彰显了菩萨为求解脱的执著精神。但佛教并不鼓励苦行，提倡以中道的状态修行。因此，在苦行六年后，菩萨即舍弃了这种自我折磨的修行方式。

在修行禅定的过程中，对于外界的刺激，菩萨达到了“取其草木投著耳中，耳不痛痒，著之鼻中，鼻亦不呲，亦不弃去”的境界，说明禅定功夫深入，精神极度专一。

偈颂中概要总结了六年苦行的经过，“示出息不出，亦无还报息，六年甚坚强，禅思不缺漏，无念无不念，不念所可行，心犹如虚空，禅思不倾动”是对禅定过程中心身内外动作的描述。“身肉为消尽，唯有皮骨存，腹背表里现，犹如箜篌形”，则表现了极端控制饮食所造成的虚羸样貌。

【原文】於是菩薩飯食已充，愍念十方救濟危厄，欲坐樹下現成佛道度脱眾生。十方諸佛，咸示威變，顯其瑞應，五百化鳥自然來現，往詣其所遶菩薩身，暢悲哀音，歎其宿世所行無量積累功德，為一切故，欲化五趣故現五百，令去五陰，消除五蓋，拔五道行，逮五神通，化去五五二十五事，所處甚難，存處道場，住無所住，本無定慧。於是頌曰：

“從無數劫來　積德行六度
四等心四恩　護三界之將
大慈無蓋哀　欲脱癡聾盲
今當成大道　具三十二相
隨俗而現身　說苦空非常
使了悉本無　入佛三寶藏
俗人罪所蓋　十二因緣障
不達無上真　生死沈沒亡
若解一切空　不犯五陰行
陰衰已消滅　心淨如法王
至真無上慧　莫能限度量
光明踰日月　所濟無有疆
須彌尚可稱　虛空可度量
不及大智慧　大聖無極行”
……

佛告諸比丘：“菩薩江水邊洗已飯食乳糜，知氣力充，往詣佛樹……”(《大正藏》卷三第512-513页)

【评说】禅修的维持需要正常的饮食保障，过于饥饱都会令身心紧张疲困，无益于修行。菩萨舍弃苦行，以乳糜滋养长期缺乏营养的身体之后，再度恢复了活力，行至菩提树下以中道思想指导禅修。

卷 第 六

降魔品第十八

【提要】经文记述了佛陀降伏魔王般遮旬的经过。

【原文】爾時波旬告其四女：一名、欲妃，二名、悅彼，三名、快觀，四名、見從："汝詣佛樹惑亂菩薩，嗟歎愛欲之德，壞其清淨之行。"女聞魔言，即詣佛樹，住菩薩前，綺言作姿三十有二：

"一、曰張眼弄睛。二、曰舉衣而進。三、曰訕訕並笑。四、曰展轉相調。五、曰現相戀慕。六、曰更相觀視。七、曰姿弄脣口。八、曰視瞻不端。九、曰嫈嫇細視。十、曰互相禮拜。十一、以手覆面。十二、迭相捻握。十三、正住佯聽。十四、在前跳蹀。十五、現其髀脚。十六、露其手臂。十七、作鳧鴈鴛鴦哀鸞之聲。十八、現若照鏡。十九、周旋出光。二十、乍喜乍悲。二十一、乍起乍坐。二十二、意懷踊躍。二十三、以香塗身。二十四、現持寶瓔。二十五、覆藏項頸。二十六、示如閑靜。二十七、前却其身遍觀菩薩。二十八、開目閉目如有所察。二十九、俾頭閉目如不視瞻。三十、嗟歎愛欲。三十一、拭目正視。三十二、遍觀四面舉頭下頭。"

菩薩心淨，猶明月珠而無瑕疵，如日初出照於天下，猶如蓮華在於泥水而無所著，如須彌山不可移動，其德高遠諸根寂定，其心澹泊而無增損。

爾時魔女善學女幻迷惑之業，往欲亂道，而重言曰："仁德至重諸天所敬，應有供養，故天遣我。我等既好年壯盛時，天女端政優鉢華色莫喻我者，願得晨起夜寐供事左右。"

菩薩答言："汝宿有福受得天身，不念無常而作妖媚，形體雖好而心不端，譬如畫瓶中盛臭毒，將以自壞；有何等奇福難久居，淫惡不善自亡其本，死則當墮三惡道中受鳥獸形，欲脫致難。汝輩故來亂人善意，非清淨種，革囊盛臭而來何為？去，吾不用。今阿母等不安天上，何為橫來？"其魔王女化成老母，不能自復，即還魔所而說偈言：

"禁戒清淨不樂觀　所視恭敬無瞋恨
所察威儀無愚冥　其身微妙審詳序
快說女人之瑕穢　已離愛欲無所戀
天上世間無等倫　不見真行如是者
所在進止覩女像　本淨謹慎妙巍巍
堅一其心無瑕穢　猶如安明不可動
察福威神及功勳　從無數劫護禁戒
清淨梵天無數億　頭面稽首真人足
必當降伏我魔兵　輒成道德如前佛
以故我等不可爭　逮得尊業療一切
所觀如空明珠寶　億載菩薩往恭敬
若干雜形如妙華　迦留須倫山樹木
有所思惟無想念　咸來供養於十力

其面眉間功勳光　斯明極曜遍照遠
所行之處無求便　所受根本無所失
無瞋無塵無有所　舉動作事常少欲"(《大正藏》卷三第519页)

【评说】此处以波旬四女名字喻欲乐的心理过程"欲、悦彼、快观、见从",由"欲"乐而涌现出心理感受上的"悦",继而主动运作感官"快观",并"见从",形成鲜明的概念。

本段文字所列举的三十二种作姿,反映了当时人们对女性动作的审美情趣。

经文中,菩萨以收敛诸根而拒绝了外境上的干扰,又以不净无常观从思想上断绝了诱惑,保持了内心的清净。

行道禅思品第十九

【提要】经文记述了佛陀禅悟的经过。

【原文】佛告比丘:"菩薩坐佛樹下,以降魔怨成正真覺。消荊蕀根三毒之源,無諸緣起陰蓋衰種;永無微曀,眾想以定淨如虛空;勇猛無難,豎其大幢顯示一切,招來十方度脫三界。默坐樹下示現四禪,為將來學顯道徑路;以縛諸我神通微妙,棄欲惡法無復五蓋,不受五欲眾惡自滅,念計分明;思視無為,譬如健人得勝怨家,意以清淨成一禪行。心自開解却情欲意,無惡可攻不復計觀,寂然惔怕如聖賢行念思以滅,譬如山頂之泉水自在中出盈流於外,谿谷雨潦無緣得入,靜然守一專心不移成二禪行。又棄喜意惟見無欲,外諸好惡一不得入,內亦不起,心正體安,譬如蓮華根在土中華合未開,根莖華葉潤漬水中,以淨見真成三禪行。棄苦樂意無憂樂想,心不依善亦不附惡,無苦樂志正在其中,如人沐浴潔淨覆以鮮好白繒,中外俱淨表裏無垢,喘息自滅寂然無變,成四禪行。

譬如陶家,和埴調軟中無砂礫,在作何器。精進開發無所不能,已得定意建立大慈不捨大悲,智慧善權究暢要妙。通三十七道品之行,所謂:四意止、四意斷、四禪足、五根、五力、七覺、八道,終而復始。以曉三脫得三達智,去來今事無所罣礙。變化現法所欲如意,不復用思身能飛行;能分一身作百作千,至億萬無數,復令為一。能徹入地石壁皆過從一方現,俯沒仰出如出入水,能身中出水火,履水行虛身不陷墜;坐臥空中如鳥飛翔,坐能及天手捫日月,其身平立能至梵天,出沒自在;眼能徹視,耳能洞聽,豫知諸天人龍鬼神蚑行蠕動之類身行口言。念於所念悉見聞知,諸有貪婬無貪婬者,有瞋恚無瞋恚者,有愚癡無愚癡者,有愛欲無愛欲者,有大志行無大志行者,有內外行無內外行者,有念善無念善者,有一心無一心者,有解脫意無解脫意者,一切悉知。

菩薩觀天上、人中、地獄、畜生、鬼神五道先世父母兄弟妻子中外姓字,一一分別。一世十世百千億無數世事,至于天地成敗空荒之時,還復成時。能知一劫十劫至千億劫無數劫中,內外姓字衣食苦樂壽命長短,死此生彼展轉所趣,從上頭始諸所更身生長老終,形色好醜賢愚苦樂,一切三界皆分別知。見人魂神各自隨行生於五趣中,或墮餓鬼,或墮畜生,或作鬼神,或生天上,或入人形,有生豪貴富樂家者,或生卑鄙貧賤家者;知眾生惑五陰自蔽色痛想行識皆習五欲,眼色耳聲鼻香舌味身受心法為愛欲所牽,惑於財色思望安樂。

從是生諸惡本,從惡致苦。能斷愛習,不隨婬心大如毛髮,受行八道則眾苦滅。何謂為八?正見、正念、正言、正業、正治、正方便、正意、正定。譬如無薪無火不然不滅,是謂無為度世之道。

菩薩自知以棄惡本,無婬怒癡,生死以除,種根以斷,無餘災蘖,所作以成,智慧以了。明星出時廓然大悟，得無上正真道，為最正覺。

爾時得佛十種神力，四無所畏，十八之法。佛十神力者：

佛悉見知深微隱遠是處非處有限無限，明審如有。一力也。

佛悉明知來今往古所造行地所受報處。二力也。

佛能現化禪定脫門正受。三力也。

佛悉分別天人眾生彼彼異念。四力也。

佛知眾生若干種語及度世語。五力也。

佛悉了知世間雜種無量情態。六力也。

佛知欲縛知縛解要在所宜行。七力也。

佛智如海善言無量，追識一切宿命所更。八力也。

佛天眼淨，見人初死神所出生，善惡殃福隨行受報。九力也。

佛漏已盡無復縛著，神真叡智自知見證，究暢道行所作能作，無餘生死其智明審。是為佛十神力也。

佛四無所畏者：佛神智正無不知見。愚人惑言，佛未悉知；至諸梵魔眾聖，莫能論佛之智故，獨步不懼。一無畏也。

佛漏盡智悉知。愚惑相言，佛漏未盡；至于梵魔眾聖，莫能論佛之智故，獨步不懼。二無畏也。

佛說經戒天下誦習。愚惑相言，佛經可遍；至于梵魔眾聖，莫能論毀佛之正經故，獨步不懼。三無畏也。

佛現道義言真而要能度苦厄。愚惑相言，不能度苦；至于梵魔眾聖，莫能論佛正真故，周行不懼。四無畏也。

佛十八不共：從得佛至于泥洹，一、無失道。二、無空言。三、無忘志。四、無不靜意。五、無若干想。六、無不省視。七、志達無損。八、精進無損。九、定意無損。十、智慧無損。十一、解脫無損。十二、度知見無損。十三、古世之事悉知見。十四、未來之事悉知見。十五、今世之事悉知見。十六、攬眾身行化以本際。十七、攬眾言行化以本際。十八、攬眾意行化以本際。是為十八不共之法。

佛得道意一切知見，坐自念言：‘是實微妙難知難明，甚難得也。高而無上廣不可極，淵而無下深不可測。大苞天地，細入無間。昔錠光佛時莂我為佛，名釋迦文。今果得之，從無數劫勤苦所求，適今成耳。自念宿命諸所施為，道德慈孝仁義禮信，忠正守真虛心學聖，柔弱淨意行六度無極，布施、持戒、忍辱、精進、一心、智慧，行四等心慈悲喜護，四思隨時，養育眾生如愛赤子，承事諸佛積德無量，累劫勤苦功不唐捐，今悉獲之。’喜自歎曰：

‘今覺佛極尊　棄婬淨無漏
一切能將導　從者必歡豫
天福之報快　妙願皆以成
敏疾得上寂　吾將逝泥洹’”(《大正藏》卷三第 521-523 页)

【评说】菩萨在经历证悟之后，演示四禅。一禅行的重点在于“意以清净”，方法是通过良好的禅修预备训练“无复五盖，不受五欲众恶自灭，念计分明”，即远离“贪欲盖、瞋恚盖、昏沉睡眠盖、掉举恶作盖和疑盖”五盖；二禅行的重点在于“守一专心”，方法是在一禅基础上“却情欲意……不复计观……念思以灭”；三禅行的重点在于“以净见真”，方法是在二禅基础

上“又弃喜意惟见无欲，外诸好恶一不得入，内亦不起”；四禅行的重点在于“寂然无变”，方法是“弃苦乐意无忧乐想，心不依善亦不附恶，无苦乐志正在其中”。

在证悟后的境界中，菩萨具有超凡的智慧和知觉能力，表现为“十力”“四无畏”“十八不共”。

卷第七

观树品第二十一

【提要】经文记述了佛陀以悦食定意经行。

【原文】世尊說法班宣言教，當棄諛諂吾我貪故。曠然其志愍傷塵勞，以律正教拔一切貪，是諸足下消除邪行。奉行真正除眾音響，精進滅度得其邊際；今無吾我，禪定功勳懷來定意，度四瀑流，憂結自大放逸之業，降伏此事皆使永盡。以真正故，懷來定意制眾塵勞，消諸妄想猶拔樹根。意越彼岸悉使無餘斷其處所，便師子吼其力甚大，三界自在而無有主；皆滅境界，以禪明智割除怨難，猶如天帝，使其羅網眾罪悉盡。用三十六精進之行，在於地中，智慧兵力斷絕無愛；是諸根源塵勞結著究苦毒本，以慧明力欲令永盡，以是智眼善治本淨。真正人等，明藥威力療其無明，癡樹廣遠令無根源，於斯界中行至誠矣。用心毀散瞋恚死蛇，心意這異則為怨賊，吾以枯竭十二諸海，以滅境界思想烟火顯耀三達。滅眾塵垢然熾之焰，樂於脫門消諸瑕疵，是故教訓也。慰勞一切去荊蕀想，空無音響，曉了精進求於清淨，猶如攢木出其火光，又如泉源其心寂然。以智兵力劫心塵垢，懷來定意是謂執幢，奉持訓誨自能曉了。降伏辯事懷來慈心，以是五欲而知豪富。住於眾行棄捐諛諂，從本起塵，是為眾結之所罣礙。其鬪不和，吾悉究暢致三昧定。悉知內事建立慚愧，有想無想，從是得致悉獲是行。究暢所有，捐諸思想一切縛結，如是行者棄捐無餘，以精進力而降伏之。三達脫門，以是之故，不以無緣想於下劣，苦樂無常但謂吾我，而造想求六衰之本。在佛樹下，悉斷除此一切無常是廣大荒穢濁之事。以聖明達消諸愛欲，過於日月其懷愛欲；在於虛空，解於三達，顏貌無量，以度生死濟斷大海，精進力故越婬怒癡。以微妙行斷於吾我，六度無極消億塵勞，生死俓苦愍之息意。於是慕斷前後而無二坎，等於平等所度無極，眾邪異學逮得甘露，而無有餘盡生死根。其無四大亦無諸入，求諸智寶得無央數，道寶之明致無所畏，是無量佛於內得安，少求如化分別根源。

前世所行是吾曉了，所以億載劫，審施珍寶無數甘露故暢斯學，樂柔軟行聞世億姟諸法言教，亦復剖判緣起悉起悉空。心發意頃了如野馬，此吾清淨其目明好，超越十方一切眾生，察如手掌如本所殖生樹果實，宿世所更得解了斯。諸度無極億載劫中，悉解念夢若干品覺，過去諸天所可諍念顛倒之業，有彼如是，此亦若茲。於時吾往無死藥業，所以十力行慈心者，愍念眾生故行慈力。今是我父處於甘露，所以十力行愍哀力降化一切，是以使吾處甘露間。常行護力降伏一切，由是化之入無死地。所以行喜普行悅故，以是喜力降伏一切，是故建立處甘露間。憶念十力邊恒沙劫，見過去佛而供養之，以是之故處甘露間。吾本所誓心口所說，不降伏魔，不化邪見，不從坐起，無有放逸，度於彼岸；壞癡羅網，從無數劫住智金剛，以逮十力得無所著，降伏諸漏令無有餘，不捨其力乃從坐起。具足洗浴濁垢使淨，於時世護十力自在而度無極三千世界，猶如金剛常修等行，億千姟天供養無量，及諸玉女不可稱載。佛子如是皆有因緣，處賢聖座受大自在，寶甕千枚若干香水洗於護世，三千世界由是自在。佛子如斯皆有因緣，所以宿夜七日不從座起，常觀察樹。彼七晝夜觀於佛樹，化七千億人令發道心，思惟寂然。地六反震動，時佛乃從師子座起，其心和安其身柔軟，所行知時在佛道場，觀其道樹猶如師子而無所畏，禪思脫門賢聖之行。（《大正藏》卷三第525-526页）

【评说】佛教中最为核心的概念就是“智慧”，“智慧”就是佛教中反复以“药”所比喻的最根本对象。“以慧明力欲令永尽，以是智眼善治本净。真正人等，明药威力疗其无明”，“愚痴无明”是生死缘起的源头，它所指的不仅仅是知识上的匮乏，更是思惟能力的不完备。通过长期的禅修可以训练人的思惟能力，由此产生的“智慧”可治疗“痴病”。“吾往无死药业，所以十力行慈心者……所以十力行愍哀……常行护力降伏一切……所以行喜普行悦故……是故建立处甘露间”，对于种种痴，则有种种甘露妙药相应。总之，佛教的“甘露药”，本意是指精神上的修持和解脱。

商人奉麨品第二十二（有本云四天王上钵品）

【提要】经文记述了释迦牟尼证悟后接受商人所奉食物。

【原文】佛歎偈已，即以其鉢受賈麨蜜。呪願賈人言：“今所布施，欲令食者得充氣力，當令施家世世得願得壽、得色得力、得瞻得喜，安快無病，得辯才慧，終保年壽，眾邪惡鬼不得嬈近，以有善意，立德本故；諸善鬼神常當擁護，開示道地得利諧偶，不使迍蹇。無復難患，人有見正，以信喜敬，淨潔不悔。施道德者福德蓋天，所致轉勝吉無不利，日月五星二十八宿天神鬼王，常隨護助。四天大王賞別善人，東提頭賴、南維睒文、西維留勒叉、北拘鈎羅，當護汝等令不遭橫。能有慧意研精學問，敬佛法眾，棄捐眾惡不自放恣，終受吉祥。種福得福行道得道，已先見佛一心奉承，當為從是致第一福。現世獲祐快解見諦，常受富樂自致泥洹。”聞呪願已，皆發無上正真道意。（《大正藏》卷三第526-527页）

【评说】佛陀证悟后第一次接受他人的食物，以充养身体。在接受食物后，为施者祝福是印度的传统习俗。经文中祝词提及“二十八宿天神鬼王”“四大天王”等，是印度婆罗门文化中早已存在的概念，并非汉译过程中使用的本土概念。但由于缺乏此处“二十八宿”的详细描述，无法作进一步的考证比较。

【原文】佛告比丘：“如來具足成正覺已，便以神足移坐石室；自念本願，欲度眾生，思维生死本從十二因緣，緣從法起便有生死，法滅者生死乃盡，以自作是故自得是，若不作是是便休息。一切眾生意為精神，精神窈冥恍惚無形，自起識想隨行受身；身無常主，神無常形，神心變化燥濁難清，自生自滅未曾休息；一念去一念來，如流草木，若水中泡，一這滅尋一復興；至于三界欲色無色，九神所止皆係於識，不得免苦，昧昧暗冥然不自覺，故謂之癡，莫知要道。夫道至妙虛寂無念，不可以凡世間意知；世間道術九十六種，各信所事孰知其惑，皆樂生求安貪欲嗜味，好於聲色故不能樂佛道。佛道清淨無所有，計身萬物不可得常有，設當為說天地無常，世間皆苦身非我所，空無所有誰能信者？意欲默然，不為世間說法，便入定意。”（《大正藏》卷三第527页）

【评说】本段经文记述缘起法的观察。其中立“精神”为“起识想随行受身”的基础，是佛教哲学对本土哲学的妥协。在缘起思想中，任何事物都是无常，并不承认有一个最根本的不变的“基础”。

【原文】於是世尊隨世習俗，心自念言："是法甚深所入無限，成最正覺，寂然微妙難逮難知，非心所思非言所暢，非是凡聖所能逮及；一切訓誨不可得習，存其本原至滅度矣。一切所遇最無所著，乃至清涼無生無極；不得處所悉無所有，越度六界；無想不願無獲無言，無有音響，無有教訓，無有無集，寂滅諸行，至於無斷無為之業。吾設為說斯義本末，萬物無常有身皆苦，身非為身，空無所有；眾人不解唐苦疲勞，所有親戚家屬悉非人所，正言似反誰肯信者？不如默然耶！"於時世尊。即說偈言：

"深奧恬怕　曜明無垢
吾已逮是　甘露無為
我今說之　眾人不解
如吾今日　不如默然
除去言辭　無思無得
如是自然　猶如虛空
心思法意　神識以脫
無念第一　能知他人
此不可以　文字說之
以入道義　不入專精
過去諸佛　皆為眾生
其斯知識　從其因緣
計於此業　悉無有法
彼亦無有　若有若無
皆從因緣　而興生老
彼亦不念　若有若無
億百千劫　不可稱限
吾前世時　自從諸佛
未曾逮獲　如是法忍
無我無人　亦無壽命
假使以逮　得是法忍
亦無有生　眾生無命
是謂本淨　無吾我法
時定光佛　授我此慧
吾時愍哀　無限眾生
不令眾生　來相勸請
今眾生故　感動梵天
使彼勸我　乃轉法輪
今我如是　清淨正法
梵天來下　以相勸助
轉於離垢　微妙正法
眾生因覺　乃解神識"(《大正藏》卷三第527-528页)

【评说】偈颂描述了"佛法"的形象，"我今说之众人不解""此不可以文字说之"，是以文字勉强"说之"的一种描述。在佛教中，由于宗教体验的主观性，导致了它的神秘化，为"佛法"的玄学化提供了土壤。

从佛陀的本意来说，他所倡导的是修行灭苦的实际操作方法，并不是佛教哲学。但由于需要和当时已经存在的诸多思想竞争，必须诉诸于文字概念的阐释，以厘清各自的区别，由此不得不为文字所缚。

【原文】佛告比丘："……於百千劫揚大雷吼，為諸眾生雨八味水，滅諸所受，根、力、覺意、禪思脫門，定意正受增益道性；從無數劫如所聞法，己身立行積累道法，分別諸藥曉眾生業，又斯病者當療治安，久遠塵勞皆令無想。佛為法醫度脫眾生，因轉法輪所度無極，其間神足從來歷載，道品之法普至微妙，一切德行積善法施，曉了醫藥充無限願，雖在貧匱無所貪樂隨顛倒財。諸佛導師常轉法輪，無有財利金銀思想；樂清淨乘，華香雜香擣香，宮內愛子躬身不好，不以歡樂，棄於天上天下之欲，志求佛道轉於法輪。布施救眾，戒無所犯，善將護禁而無缺漏；百劫之中常行忍辱；精進懃修，不懷怯弱無有增減；志存禪定觀于神通；智慧興隆具足所願，轉於法輪消于惱熱，乃應道法。"(《大正藏》卷三第529页)

【评说】种种修行道法即种种治疗众生"业"病的医药，菩萨所行的六度波罗蜜即是这些"医药"的六个大类。佛教认为，以此可以纠正各种令人痛苦的心理过程。

【原文】爾時世尊，則轉法輪而勸助之，復叉手指供養世尊，而偈歎曰：

……

時釋迦文佛　與拘倫談論
苦空非我有　說其眼非常
耳鼻不能久　自然為恍惚
頭首亦自然　諸根無常聚
以如是觀者　無我無壽命
是一切諸法　皆從因緣生
若離是諸見　覩之如虛空
無見無有作　亦無覩眾生
若淨不淨緣　亦不得捨離
五陰無所起　起者大苦患
興起恩愛澳　其行遂增減
以能等觀者　得正真道義
致究竟盡法　便能覺了盡
從發思想念　不慎行致之
常修明智行　遵行如是道
在於因緣行　而無所造立
雖處於神識　不與因緣合(《大正藏》卷三第529-530页)

【评说】本段偈颂阐释了"五蕴"缘起无常的概念，提出"等观"的思想。对于世俗生活保持不即不离的态度，"在于因缘行，而无所造立，虽处于神识，不与因缘合"。

拘邻等品第二十四

【提要】经文记述了佛陀为拘邻等五比丘阐述“十二因缘”，五比丘修习后获得解脱的故事。

【原文】佛告比丘：“爾時如來為頒宣諸法，說十二因緣根本所起，從無明有行，從行有識，從識有名色，從名色有六入，從六入有更，從更有痛，從痛有愛，從愛有受，從受有有，從有有生，從生致老病死大苦患合。無明以盡行便盡，行已盡識便盡，識已盡名色便盡，名色已盡六入便盡，六入已盡更便盡，更已盡痛便盡，痛已盡愛便盡，愛已盡受便盡，受已盡有便盡，有已盡生便盡，生已盡老病死皆盡，則無五陰大苦之患。從緣則有，無緣則無。如來解是六情因緣十二之本，是故自在達皆自然無有根本。其外異學不及知此空法自然，如是法者，過去諸佛所可解達，為諸眾生分別說之，曉了是法乃得寂然，是故敷演十二緣起而轉法輪。拘隣知之，拘隣者知本際也，以滅盡者則成三寶。佛、法、聖眾是三寶名，暢布天下音徹梵天，如來今日轉於清淨法輪，護世至真興顯三寶，世難可致。拘隣之等五人比丘，六十億天得法眼淨，復八十億色界天人得法眼淨無上正真，八萬世人來會觀者亦法眼淨，皆度眾苦。”（《大正藏》卷三第530页）

【评说】本段经文描述释迦牟尼为拘邻等五比丘演示顺观逆观“十二缘起”的过程。由于“十二缘起”能够准确描述人的心身变化过程，因此五比丘学习之后便获得了解脱。

卷　第　八

十八变品第二十五

【提要】经文记述了佛陀度三迦叶的故事。

【原文】迦葉適去，佛以神足上忉利天，取晝度果；神足至東弗于逮界上數千萬里，取閻逼果；南至閻浮提界上，取呵蔾勒果；西至拘耶尼界上，取阿摩勒果；北至欝單越地，取自然粳米。各滿鉢還，每先迦葉歸坐其床上。迦葉白曰：“從何道來？”佛言：“卿每去後，吾至四域及上忉利天，取此果米香美可食，卿可食之也。”

佛明日自到迦葉家受飯而還；於屏處食已，念欲澡漱。帝釋知佛意，即下以手指地，水出成池，令佛用之。迦葉向暮彷徉村中，見水怪之：“何緣有此？”佛言：“吾朝食已意欲澡漱，帝釋指地令出此水，汝當名此為指地池。”佛還樹下，道見棄弊衣欲取浣之。帝釋知意，即到頗那山上，取成治四方好石，上佛浣衣。佛欲曬衣，帝釋復行取六方石，來給曬衣。迦葉見於池側有兩好石，問佛：“云何而得此石？”佛言：“吾欲浣衣曬之，帝釋奉上使吾用之，是以然矣。”佛後入指地池澡浴竟，欲上無所攀；池上迦和之樹，自然屈枝就佛，佛牽得出。迦葉見樹屈下垂條，怪而問佛。佛言：“吾入池浴，出無所持，是以樹神為我屈之。”

時摩竭國王及諸臣庶，以節會持禮貺詣迦葉相樂七日。迦葉念：“佛聖達踰我，眾人見之，必當捨我普往事之，使其不現快耶。”佛知其念，即隱不現。眾人還已，迦葉念曰：“我有節會餘食甚多，得大沙門飯之快耶。”佛即知之，至迦葉所。迦葉驚喜：“來何一快？何以不現？”佛言：“用念卿故。”曰：“何以念我？”佛言：“前卿意念：‘是大沙門道德巍巍相好紫金，萬民見者必當捨我共奉事之。’是以不現。今卿相念，故復來耳。”

時迦葉五百弟子適俱破薪，各一舉斧皆不得下，懅而白師。師言："復大沙門所為。"即往問佛："我諸弟子向共破薪，斧皆舉而不下。"佛言："當下！"應聲得下。既下之後，斧皆著薪而不可舉，復行問佛。佛言："可去！自當舉耳。"即舉得用。

時尼連禪水長流激疾，佛以神通斷水令住，使水壤起高出人頭，令底揚塵佛行其中。迦葉見之，畏佛為水所漂，即與弟子俱乘船索佛。見水隔斷，中央揚塵佛行其中，迦葉呼言："大道人乃尚在耶？"佛言："然！在耳。"又問佛："欲上船不？"佛言："大善！"佛念："今當現道令子心伏。"即從水中貫船底人，無有穿迹。如是變化凡十八焉。迦葉復念："是大沙門神即神矣，然不如我已得羅漢也。"佛語迦葉："汝非羅漢，不知道證，胡為強顏不知為耻，虚妄自稱我有道德。"於是迦葉心驚毛竪，慚愧無顔自知無道，即稽首言："今大道人，實妙神聖乃知我意，願得從大道人稟受經戒作沙門耶？"佛言："且還報汝弟子共和益善，卿是耆舊國內所敬，今敬學道可獨知乎？"（《大正藏》卷三第531-532页）

【评说】本段经文记述释迦牟尼显示种种神变以折服迦叶，这是神变教化的一例。

"以神足上忉利天……至东弗于逮界上数千万里……南至阎浮提界……西至拘耶尼界……北至郁单越地"，其中"忉利天"位于须弥山顶。鉴于须弥山原型为冈底斯山，此处忉利天或为当时人们对于山顶的美丽想象。而其后分别到达四方极远的地方采摘当地果实，说明弗于逮、阎浮提、拘耶尼、郁单越四地为古地名，实际存在于世，并非虚构。

【原文】優為迦葉有二弟，次名那提，幼曰竭夷，二人各有二百五十弟子，舊舍水邊。見諸梵志衣被什物、事火之具隨水下流，二弟驚愕，恐兄五百人為惡人所害大水所漂，即合五百弟子逆流而上。見兄師徒皆作沙門，怪問大兄："年百二十智慧高遠，國王吏民皆共宗事，我意以兄為是羅漢，今反捨梵志業學沙門法，佛豈獨大其道勝乎？"迦葉答言："佛道最尊，其法無量，我雖世尊未有得道，神智如佛其法清淨，我見慈心度人無極，以三事教化：一者、道定神足變化自然，二者、智慧知人本意，三者、應病授藥。"二弟各顧語弟子："汝欲何趣？"五百人俱同聲言："願如大師。"即皆稽首求作沙門。佛言："比丘來！"二弟及五百弟子，鬚髪自墮袈裟著身，即隨佛後成為沙門。佛便有千沙門，俱到波羅奈夷縣叢樹下坐，諸弟子皆故梵志。佛為弟子現神變化：一者、飛行，二者、說經，三者、教誡。諸弟子見佛威神變化，莫不歡喜，悉皆羅漢。（《大正藏》卷三第532页）

【评说】记述佛陀以三种方式教化自已的弟子："一者、道定神足变化自然，二者、智慧知人本意，三者、应病授药。"即以神变折服、教导修行方法、随宜指正。

佛至摩竭国品第二十六

【提要】佛陀在摩竭国为国王瓶沙王说"无常"与"十二因缘"。

【原文】王及群臣國中萬民，爾乃别知優為迦葉是佛弟子。佛告優為迦葉："汝起。"迦葉即起，長跪叉手佛前。佛言："現汝羅漢神通。"輒受佛教踊在虚空，身上出火，身下出水；身上出水，還雨其身而身不濕；身下出火，火無所傷；飛行虚空猶如飛鳥，七現七沒行於水上，猶如履地。不礙牆壁須彌山地，若如入水。從東方來，沒佛前地忽現西方；西來沒佛前，忽然現南；南沒北現，北沒南現。變化已訖，還在佛前長跪叉手，而白佛言："我是佛弟子，佛是我師。"王及臣民爾乃重明優為迦葉是佛弟子。

佛告王曰："天下有眼未必色故也，觀色無常；痛痒想行識亦復無常。無常苦空非身之

義,非我非彼,未有好道如樂色者。明士達之,色如聚沫,痛痒如泡,思想如芭蕉,行亦如夢,識喻如幻,三界如化,一切無常不可久保。"佛告王曰:"造宮殿來為幾何年?"王白佛言:"七百餘年。""為更幾王?"王曰:"更二十餘王。"佛問王曰:"悉識諸王不?"王曰:"不識! 唯知吾父耳。"佛言:"現地有常,人物一切皆歸無常,天地雖現常不可久,三界無怙唯道可恃,絕禍於未萠,殖福於未然。滅盡五陰眾患之難,如消炬火,積德日進如月之初。"

佛言王:"猶如母人懷子在胎,相祿各異,或豪貴貧賤、智明愚冥、盲聾瘖瘂,父母豈知? 子生長後,乃別禍福,非二親過。是其宿殃所作善惡,非父母咎也。身行惡業,口宣麁言,心念毒惡,誹謗賢聖,壽終身散魂神墮惡地獄之中;身口心善,不犯十惡,修行十德,壽終生天。十方佛前,若在人間,豪貴富樂其命永長。"

佛言:"雖有是禍福言辭,未必純一。所以者何? 皆從緣起,緣合則生,緣散則滅。從無明緣則有行,從其行緣則有識,從其識緣則有名色,從名色緣則有六入,從六入緣則有所更,從所更緣則有痛痒,從痛痒緣則有恩愛,從恩愛緣則有所受,從所受緣則有所有,從所有緣則有生矣,從所生緣則有老病死憂悲苦惱大毒患合。以除無明、行、識、名色、六入、更、痛、愛、受、有、生、老病死憂愁苦惱大毒患,滅眾罪,毒患自然消滅,乃至無為無窮之業,無三界神。十二緣起之根株,坦然無迹猶如虛空,無心意識無所存立,與大道同分別本無,逮得法忍獨步無雙,度脱十方眾生蒙恩。"(《大正藏》卷三第 532-533 页)

【评说】"出没虚空,身出水火"是展示神变教化;以摩竭国宫殿七百年中更二十余王的事例令摩竭国国王对无常有切身体会;教导以世间道德来规范世俗行为;最后以缘起法作为解脱的指示。经文以生动的文字具体说明了佛陀如何以"三事教化"人民。

化舍利弗目连品第二十七

【提要】佛陀在摩竭国罗阅城为安陛沙门说往古世目连、舍利弗供养自己,今世相遇得受佛法。

【原文】一切諸法本　從緣悉本無
若能及本源　乃名曰沙門
志根一道業　虛寂無所為
遊神安靜寞　修善與冥期(《大正藏》卷三第 533 页)

【评说】偈颂说明缘起法为佛教哲学的核心,佛教认为以禅思冥想的方式观察缘起,可以获得解脱。

优陀耶品第二十八

【提要】佛陀得道后在度父母前,遣优陀耶先回迦维罗卫国显示神通,自己再回国以使国人更加信受佛法。

【原文】八解三脫門　洗浴除心垢
其心淨如空　普安無惱憂
悉達在家時　擣若干雜香
香熏其衣服　清淨無垢障
戒定慧解度　以為道德香
熏于八難處　世世度十方

四品好床座　以若干寶成
重疊布眾具　以臥起其上
四禪為床座　意定無憒亂
清淨如蓮花　不著淤泥水
……
領三千大界　訓化諸群生
十方不可稱　莫不蒙濟度
在國思正法　助吾治萬民
動順禮節訓　莫不承教聞
佛解空本無　捨于四顛倒
靡不歸伏者　神靜無為業
佛與世無讐　博無不備達
……(《大正藏》卷三第534-535页)

【评说】偈颂说明禅修在佛教修行中的重要性，以在家时坐卧好床座喻出家后入于四禅定的状态，可见禅定是佛陀在证悟后仍然修持的内容。

方广大庄严经

(一名《神通游戏》)
大唐天竺三藏地婆诃罗奉诏译

【提要】佛陀在舍卫国祇树给孤独园应净居天子所请为比丘尼说其降生、成长、修行、得道传法的经过。

卷　第　一

胜族品第三

【原文】復有天子，下閻浮提，告辟支佛作如是言："仁者！應捨此土。何以故？十二年後當有菩薩降神入胎。"(《大正藏》卷三第541页)

【评说】佛教生命观中认为，人的孕育过程需要识神入胎。

卷　第　二

降生品第五

【原文】五者王宮珍器自然而有蘇油、石蜜，種種美味，食而無盡。(《大正藏》卷三第546页)

【评说】佛陀时代食物品种繁多，并认为如苏油、石蜜是清净美好的食物。

处胎品第六

【原文】“我於睡夢中，　見象如白銀，
光色超日月，　身相甚嚴淨。
六牙有威勢，　難壞如金剛，
支體甚堅好，　來入於我腹。
爾後多瑞相，　願王今善聽。
我見三千界，　弘敞廣嚴飾，
每於寢寐時，　諸天來讚我。
貪瞋等煩惱，　結使皆銷滅，
我心寂靜樂，　如在禪定中。
宜喚占夢人，　明解圍陀論，
善閑八耀法，　能辨吉凶者，
速召彼人來，　為我解斯夢。”
時王聞此語，　即召占夢人，
而語彼人言：　“宜占聖后夢。”
聖后時告彼，　己所夢因緣。
“汝既稱善占，　吾今為汝說。
我夢象如雪，　踰於日月光，
威勢有六牙，　支體甚嚴好。
妙色極光淨，　堅密如金剛，
來入我腹中，　我夢如是事。”
其人聞聖后，　說所夢因緣，
皆曰:“無不利，　斯夢甚為吉。
種族當興盛，　必生勝相子，
在家作輪王，　威力統所化。
出家成佛道，　哀愍諸世間，
當灑甘露法，　為人天所敬。”(《大正藏》卷三第 549 页)

【评说】本偈颂说明佛陀时代有占梦的风俗，已有人以占梦为生。

【原文】或有眾生得種種病，風黄痰氣、盲聾啞痺、牙齒齲痛、瘰癧白癩、痟渴癲眩、瘿瘤瘡瘻，種種諸病，見菩薩母舒手摩頂，自然銷除。設有眾生得如是病，不獲親來見菩薩母；聖后爾時，折草為籌而以賜之，纔執籌時所有病苦皆得銷散平復如本。(《大正藏》卷三第 550 页)

【评说】本段经文记载了佛陀时代的一些疾病，如风黄痰气、盲聋哑痺、牙齿龋痛、瘰疬白癞、消渴癫眩、瘿疖疮。

卷第五

感梦品第十四

【原文】凡言老者，曾經少年漸至衰朽，諸根萎熟氣力綿微，飲食不銷形體枯竭，無復威勢為人所輕，動止苦劇餘命無幾，以是因緣故名為老。(《大正藏》卷三第570页)

【评说】描写了人体衰老后精力下降、饮食不佳、形体干瘦的生理现象。

【原文】所謂病者，皆由飲食不節嗜欲無度，四大乖張百一病生，坐臥不安動止危殆，氣息綿惙命在須臾，以是因緣故名為病。(《大正藏》卷三第570页)

【评说】佛陀时代认为，饮食不节、耽于欲望是疾病产生的原因。

【原文】夫言死者，神識去身命根已謝，長與父母兄弟妻子眷屬，恩愛別離永無重覩。命終之後，精神獨行歸於異趣，恩愛好惡非復相知。如此死者誠可悲也。(《大正藏》卷三第570页)

【评说】佛陀时代认为，人死之后神识会离开躯体。

【原文】王聞此已發聲大喚，作如是言："嗚呼嗚呼！我之愛子，今何所去?"作是語已悶絕躃地，傍臣即以冷水灑面良久醒悟，即喚所有防衛之臣而勅之曰："汝等諸將已自不謹致失我子，汝當為我內外分行速疾求覓，若得見者善言誘喻迎將還宮。"(《大正藏》卷三第576页)

【评说】"作是语已闷绝躃地"，记载了因伤心过度而昏厥；"傍臣即以冷水洒面良久醒悟"，用冷水敷面可以使人从昏迷中苏醒。

【原文】或有恒食草木根莖、枝葉花果、蓮藕狩糞、糠汁米泔油滓；或有不食沙糖、蘇油石蜜、淳酒甜酢種種美味以求解脫。(《大正藏》卷三第580-581页)

【评说】佛陀时代食物来源广泛。包括草木根茎、枝叶花果、藕、砂糖、苏油石蜜、醇酒、甜酢。酢，酸性液体。

【原文】唯食一麥之時，身體羸瘦如阿斯樹，肉盡肋現如壞屋椽，脊骨連露如笰竹節，眼目欠陷如井底星，頭頂銷枯如暴乾瓠，所坐之地如馬蹄跡，皮膚皺趨如割胸形，舉手拂塵身毛焦落，以手摩腹乃觸脊梁。(《大正藏》卷三第581页)

【评说】记载了人处于极端饥饿状态，缺少营养的躯体情况。

【原文】時善生女聞神語已，即取千頭㸺牛而㲉其乳七度煎煮，唯取其上極精純者置新器內，用香粳米煮以為糜……菩薩坐已食彼乳糜，身體相好平復如本，即以金鉢擲置河中，是時龍王生大歡喜，收取金鉢宮中供養。(《大正藏》卷三第583-584页)

【评说】佛陀时代已有用牛乳煮粳米为糜的饮食习惯。乳糜对羸弱之人极有益处。

卷第十

(二十四)

【原文】世尊爾時微舉袈裟示彼商人,商人見已即知如來是出家人,心生歡喜,各相謂言:“出家之法非時不食,宜應辦諸美味酥蜜甘蔗乳糜之屬,及時奉施。”諸商人等營辦種種飲食美味,至如來前右遶三匝却住一面,作如是言:“世尊! 哀愍我故受是微供。”(《大正藏》卷三第602页)

【评说】记载了佛陀时代的食物:酥蜜、甘蔗、乳糜。

【原文】時諸商人聞此偈已皆大歡喜,即取醍醐選上粳米煮以為糜,和好香蜜盛以栴檀之鉢,詣多演林奉上如來,白佛言:“世尊! 惟願哀愍受我此食。”(《大正藏》卷三第602页)

【评说】记载了佛陀时代的美食:醍醐、粳米煮糜和入香蜜。

【原文】爾時世尊報船人言:“我無價直。”船人言:“若無價直終不相濟。”如來爾時飛騰虛空達于彼岸。船人見佛現是神通乃自責言:“我無所識,云何不渡如是聖人?”心生憂惱,悶絕躃地,良久乃蘇,詣頻婆娑羅王具陳所見。(《大正藏》卷三第606页)

【评说】“心生忧恼闷绝躃地良久乃苏”,指出惊恐、忧恼可致人昏厥。

【原文】於長夜供養父母承事尊上應供之人,以蘇油潤身自手塗摩歡喜無懈,名手足網鞔。(《大正藏》卷三第609页)

【评说】佛陀时代已用苏油涂摩肢体,保养皮肤。

【原文】於長夜父母及應供沙門婆羅門可遵崇者皆悉供養,貧窮下賤有所悕求皆隨彼意,施與衣服飲食臥具湯藥,又修園池林井給彼須者故,名身上分如師子。(《大正藏》卷三第610页)

【评说】佛陀时代衣、食、卧、汤药是出家修行人用以维持必要生命活动的物资。

【原文】迦葉二弟:一名難提,二名伽耶,各有二百五十弟子,先住水邊,見諸梵志衣帔什物事火之具隨水下流,皆悉驚愕,恐畏其兄及諸門徒為人所害。即與五百弟子泝流而上,見兄師徒皆成沙門,怪而問曰:“兄今耆舊年百二十,智慧深遠國內遵崇,我意言兄已證羅漢,今棄淨業斆彼沙門,其道勝耶?”迦葉答言:“佛道最優其法無上,我自昔來未曾見有神通道力與佛等者,其法清淨當度無量,能以三事教化眾生:一者道力神通變化,二者智慧知他人心,三者善知煩惱應病授藥。”二弟聞已心生恭敬,顧謂弟子:“汝意云何?”五百弟子同聲發言:“願從師教。”即皆稽首求為沙門。佛言:“善來比丘!”鬚髮自落法服著身皆成沙門。(《大正藏》卷三第612页)

【评说】“善知烦恼应病授药”,佛陀根据个体的差异性授以不同的调整心身的方法,与中医学的“三因学说”颇为相合。

【原文】佛弟難陀亦為沙門，難陀所使名優波離，前白佛言："世尊！人身難得佛法難遇，諸尊貴者皆棄世榮，我身卑賤何所貪樂，惟佛慈悲願見救度許為沙門。"佛言："善來比丘！"鬚髮自落法服著身便成沙門，在比丘中隨例而坐。難陀後至次第作禮，到優波離即止不禮，心自念言："是我家僕，不當設禮。"爾時世尊告難陀言："佛法如海容納百川，四流歸之皆同一味，據戒前後不在貴賤，四大合故假名為身，於中空寂本無吾我，當思聖法勿生憍慢。"爾時難陀去自貢高，執心卑下禮優波離，於是大地為之震動。(《大正藏》卷三第615-616页)

【评说】"佛法如海容纳百川，四流归之皆同一味，据戒前后不在贵贱"，佛陀强调人无论贵贱，尊奉众生平等。

异出菩萨本起经

西晋居士聂道真译

【提要】佛陀前生迦维罗卫国太子证道成佛的经过。

【原文】太子乘車，出東城門，第二忉利天王釋，即化作病疾人在前，腹大身腫，肌肉盡索，著壁而息。(《大正藏》卷三第618页)

【评说】"腹大身肿，肌肉尽索，著壁而息"，描写了患病后的躯体情况，腹部膨大、肢体肿胀、肌肉颤抖、靠墙喘息。

【原文】太子問其馭者："是何等人？"馭者對曰："是病疾人。"太子曰："何如為病疾人？"馭者對曰："是人宿命為惡，今生為人，食飲不節，臥起無常，中得為病。"太子曰："吾國王之子！飲食不節，臥起無常，當復得是病？"馭者曰："人皆當得是。"(《大正藏》卷三第618页)

【评说】"食饮不节，卧起无常，中得为病"，佛陀时代已经认识到饮食不当，起居无规律是致病原因之一。

【原文】太子即迴車而還，愁憂不樂，念："天下人悉當病，今我當復病，不復飲食。"

大王悔令太子出遊，復閉宮門，不復使出，還作倡妓樂之，太子甫愁憂益劇，不能飲食，至後稍稍差。

復數年所，太子復報大王："今在宮中閉日久，思樂復一出遊。"

大王不忍逆太子意，復可之，豫令國中："太子當出，勿令病人諸不淨潔在道傍。"皆勑令太子復乘車出南城門。

天王釋，復化作熱病人，頭面不理，屎尿相塗，還自臥其上，命在呼吸。(《大正藏》卷三第618页)

【评说】"太子甫愁忧益剧，不能饮食"，忧愁等负性情绪会影响食欲。

"头面不理，屎尿相涂，还自卧其上，命在呼吸"，描写了重度热病病人的疾病表现：神志不清，大小便失禁，奄奄一息。

过去现在因果经

宋天竺三藏求那跋陀罗译

【提要】佛陀在舍卫国祇树给孤独园为比丘讲说其前身善慧证道成佛的故事，其经过与佛陀的证道过程基本一致。

卷　第　一

【原文】一時佛在舍衛國祇樹給孤獨園。爾時世尊，與諸比丘住於竹林。是諸比丘，於晨朝時，著衣持鉢，入城乞食；還歸所住，食竟澡漱，各攝衣鉢，集在講堂，悉欲共說過去因緣。(《大正藏》卷三第 620 页)

【评说】“食竟澡漱”，佛陀时代餐后已有洗脸、漱口的良好卫生习惯。

【原文】佛言：“比丘！過去無數阿僧祇劫，爾時有一仙人，名曰善慧，淨修梵行，求一切種智，為欲成就此大智故，樂處生死，周遍五道；一身死壞，復受一身，生死無量。譬盡天下草木，斬以為籌，數其故身，不能窮盡。”(《大正藏》卷三第 620-621 页)

【评说】佛陀认为，生命是多期的，无始以来根据前世的业报在六道之间轮回。

【原文】爾時善慧仙人，在於山中，得五奇特夢：一者，夢臥大海；二者，夢枕須彌；三者，夢海中一切眾生入其身內；四者，夢手執日；五者，夢手執月。得此夢已，即大驚悟，心自念言：“我今此夢，非為小緣，當以問誰？宜入城內，問諸智者。”作是念已，披鹿皮衣，手執水瓶及杖繖蓋，行入城邑；路過外道所止住處，有五百人，而為上首。善慧念言：“我今當以所夢問之，并得觀其所修之業。”即共諸人，講論道義，破其異見。時五百人，即便受屈，求為弟子，於善慧所深生恭敬，各以銀錢一枚而以上之。復有五百外道，既見善慧辯才聰明，亦生隨喜。時諸外道自共議言：“今普光如來出興于世。”善慧仙人，聞斯語已，舉體毛竪，心大歡喜，踊躍無量，便與外道，分別而去。外道問言：“師何所趣？”答言：“我今當往普光佛所，欲施供養。”外道白言：“師若去者，願樂隨從。”善慧答曰：“我今有緣，宜應先行。”爾時善慧，齎五百銀錢，隨路而去。諸外道眾，悲戀懊惱，辭別而歸。(《大正藏》卷三第 621 页)

【评说】“闻斯语已，举体毛竖，心大欢喜”，记载了人因震惊出现汗毛竖立的生理变化。

【原文】俄爾即遇王家青衣，密持七莖青蓮花過，畏王制令，藏著瓶中。善慧至誠，感其蓮花踊出瓶外，善慧遙見，即追呼曰：“大姊，且止！此花賣不？”青衣聞已，心大驚愕，而自念言：“藏花甚密，此何男子，乃見我花，求索買耶？”顧看其瓶，果見花出，生奇特想，答言：“男子！此青蓮花當送宮內，欲以上佛，不可得也。”善慧又言：“請以五百銀錢，雇五莖耳。”青衣意疑，復自念言：“此花所直不過數錢，而今男子，乃以銀錢五百求買五莖。”即問之言：“欲持此花用作何等？”善慧答言：“今有如來，出興於世，燈照大王，請來入城，故須此花，欲以供養。大姊當知，諸佛如來，難可值遇，如優曇鉢花時乃一現。”青衣又問：“供養如來，為求何等？”善慧答曰："為欲成就一切種智，度脫無量苦眾生故。"爾時青衣，得聞此語，心自念言："今此男子，顏容端正，披鹿皮衣，纔蔽形體，乃爾至誠，不惜錢寶。"即語之曰："我今當以此花相與，願我生生常為君妻。"善慧答言："我修梵行，求無為道，不得相許生死之緣。"青衣即言："若當不從我此願者，花不可得。"善慧又曰："汝若決定不與我花，當從汝願。我好布施，不逆人意，若使有來從我乞求頭目髓腦，及與妻子，汝莫生閡，壞吾施心。"青衣答言："善哉！善哉！敬從來命。今我女弱不能得前，請寄二花以獻於佛，使我生生不失此願，好醜不離，必置心中，令佛知之。"（《大正藏》卷三第621-622页）

【评说】"今我女弱不能得前"，女性不能礼拜佛陀，反映了古印度社会轻视女性的不良习俗。

【原文】當爾之時，所感瑞應，三十有四：一者、十方世界，皆悉大明；二者、三千大千世界，十八相動丘墟平坦；三者、一切枯木悉更敷榮，國界自然生奇特樹；四者、園苑生異甘果；五者、陸地生寶蓮花大如車輪；六者、地中伏藏悉自發出；七者、諸藏珍寶放大光明；八者、諸天妙服自然來降；九者、眾川萬流恬靜澄清；十者、風止雲除空中明淨；十一者、香風芬芳從四方來，細雨潤澤以歛飛塵；十二者、國中疾病皆悉除愈；十三者、國內宮舍無不明曜，燈燭之光不復為用；十四者、日月星辰停住不行；十五者、昆舍佉星下現人間，待太子生；十六者、諸梵天王執素寶蓋，列覆宮上；十七者、八方諸仙人師奉寶來獻；十八者、天百味食自然在前；十九者、無數寶瓶盛諸甘露；二十者、諸天妙車載寶而至；二十一者、無數白象子首戴蓮花，列住殿前；二十二者、天紺馬寶自然而來；二十三者、五百白師子王從雪山出，息其惡情，心懷歡喜，羅住城門；二十四者、諸天伎女於虛空中作妙音樂；二十五者、諸天玉女執孔雀拂，現宮牆上；二十六者、諸天玉女各持金瓶盛滿香汁，列住空中；二十七者、諸天歌頌讚太子德；二十八者、地獄休息毒痛不行；二十九者、毒蟲隱伏，惡鳥善心；三十者、諸惡律儀一時慈悲；三十一者、國內孕婦產者悉男，其有百病自然除愈；三十二者、一切樹神化作人形，悉來禮侍；三十三者、諸餘國王各齎名寶同來臣伏；三十四者、一切人天無非時語。（《大正藏》卷三第625页）

【评说】"国内孕妇产者悉男"，可见佛陀时代重男轻女的端倪。

【原文】王及夫人白仙人言："唯願尊者為相太子。"仙人言："善。"即便占相，具見相已；忽然悲泣，不能自勝；王及夫人見彼仙人悲泣流淚，舉身戰怖，生大憂惱，如大波浪動於小船，問仙人言："我子初生，具諸瑞相，有何不祥而悲泣耶？"爾時仙人歔欷答言："大王！太子相好具足，無有不祥。"王又問言："願更為我占視太子，有長壽相不？得轉輪王位王四天下不？我年既暮，欲以國土皆悉付之，當隱山林出家學道，所可志願，唯在於此。尊者為觀，必定果耶？"（《大正藏》卷三第627页）

【评说】"彼仙人悲泣流泪，举身战怖，生大忧恼"，记载了人因悲忧出现流泪、颤抖的躯体反应。

卷 第 二

【原文】爾時太子，至年十七，王集諸臣，而共議言："太子今者年已長大，宜應為其訪索婚所。"諸臣答言："有一釋種婆羅門，名摩訶那摩，其人有女，名耶輸陀羅，顏容端正，聰明智

慧，賢才過人，禮儀備舉，有如是德，堪太子妃。"王即答言："若如卿語，便為納之。"王還宮內，即勅宮中聰明有智舊宿女人："汝可往至摩訶那摩長者之家，瞻看其女，容儀禮行，為何如耶？可停於彼至滿七日。"受王勅已，即便往彼長者之家，於七日中，具觀此女。還答王言："我觀此女，容貌端正，威儀進止，無與等者。"王聞其言，極大歡喜，即便遣人語摩訶那摩言："太子年長，欲為納妃。"諸臣並言："汝女淑令，宜堪此舉，今欲相屈。"時摩訶那摩答王使言："謹奉勅旨。"王即令諸臣擇採吉日，遣車萬乘，而往迎之。既至宮已，具足太子婚姻之禮，又復更增諸妓女眾，晝夜娛樂。爾時太子恒與其妃，行、住、坐、臥，未曾不俱；初自無有世俗之意，於靜夜中，但修禪觀。時王日日問諸婇女："太子與妃相接近不？"婇女答言："不見太子有夫婦道。"王聞此語，愁憂不樂，更增妓女，而娛樂之；如是經時，猶不接近，時王深疑恐不能男。(《大正藏》卷三第 629 页)

【评说】"恐不能男"，可见佛陀时代已经认识到男子存在无性能力的现象。

【原文】時王即便勅一舊臣聰明智慧善言辯者，令從太子。爾時太子，與諸官屬，前後導從，出城東門，國中人民，聞太子出，男女盈路，觀者如雲。時淨居天，化作老人，頭白背傴，拄杖羸步。太子即便問從者言："此為何人？"從者答曰："此老人也。"太子又問："何謂為老。"答曰："此人昔日曾經嬰兒童子少年，遷謝不住，遂至根熟，形變色衰，飲食不消，氣力虛微，坐起苦極，餘命無幾，故謂為老。"(《大正藏》卷三第 629 页)

【评说】"遂至根熟，形变色衰，饮食不消，气力虚微，坐起苦极"，描述了人体衰老的躯体特征：容颜衰老、饮食减少、体力下降、坐下起立不易。

【原文】爾時太子，百官導從，出城南門。時淨居天，化作病人，身瘦腹大，喘息呻吟，骨消肉竭，顏貌痿黃，舉身戰掉，不能自持，兩人扶腋，在於路側。太子即問："此為何人？"從者答曰："此病人也。"太子又問："何謂為病？"答曰："夫謂病者，皆由嗜欲，飲食無度，四大不調，轉變成病，百節苦痛，氣力虛微，飲食寡少，眠臥不安，雖有身手，不能自運，要假他力，然後坐起。"(《大正藏》卷三第 630 页)

【评说】"身瘦腹大，喘息呻吟，骨消肉竭，颜貌痿黄，举身战掉，不能自持"，描写了病人的生理特征。

"病者，皆由嗜欲，饮食无度，四大不调"，欲望过甚、饮食不节是导致疾病的原因。

"百节苦痛，气力虚微，饮食寡少，眠卧不安，虽有身手，不能自运，要假他力，然后坐起"，关节疼痛、食欲下降、不能熟睡、精力下降、行动不利、需要他人帮助是人患病后的普遍现象。

【原文】太子又問："何謂為死？"優陀夷言："夫謂死者，刀風解形，神識去矣，四體諸根，無所復知。此人在世，貪著五欲，愛惜錢財，辛苦經營，唯知積聚，不識無常；今者一旦捨之而死，又為父母親戚眷屬之所愛念；命終之後，猶如草木，恩情好惡，不復相關。如是死者，誠可哀也。"(《大正藏》卷三第 631 页)

【评说】佛陀时代认为，神识离开躯体就意味着人的死亡。

【原文】爾時優陀夷，到太子所，而作此言："大王見勅，令與太子共為朋友，脫有得失，互相開悟，朋友之法，其要有三：一者、見有過失輒相諫曉；二者、見有好事，深生隨喜；三者、在

於苦厄，不相棄捨。”(《大正藏》卷三第631页)

【评说】记载了佛陀时代朋友之间交往的原则：见朋友有过失要善意提醒，分享朋友的快乐，与朋友共患难。此原则依然适用于当今社会。

【原文】爾時太子，既出宮已，至於天曉，耶輸陀羅，及諸婇女，從眠而覺；不見太子，悲號啼泣，即便往啟摩訶波闍波提：“今旦忽失太子所在。”摩訶波闍波提聞是語已，迷悶躃地，如是展轉，乃至達王。王聞此言，屹然無聲，失其精魄，若喪四體，舉宮內外，皆亦如是。(《大正藏》卷三第634-635页)

【评说】“屹然无声，失其精魄，若丧四体”，人遭遇剧烈刺激，会处于恍惚状态，意识不清。

卷　第　三

【原文】爾時白淨王，發遣王師及大臣已，即以太子瓔珞，與摩訶波闍波提，而語之言：“此是太子所服瓔珞，付車匿還，令以與汝。”摩訶波闍波提，見瓔珞已，倍增悲絕，而自念言：“四天下人，極為薄福，失此明智轉輪聖王。”又送餘莊嚴具，以與耶輸陀羅，而語之曰：“太子以此嚴身之具，令持與汝。”耶輸陀羅，既見此物，悶絕躃地。王又遣人勅耶輸陀羅，令自愛敬，無使胎子不安隱也。(《大正藏》卷三第636页)

【评说】佛陀时代已经认识到孕妇的情绪会影响胎儿的发育。

【原文】車匿受勅，即領千乘，疾速而去。至太子所，見形消瘦，皮骨相連，血脉悉現，如波羅奢花；頭面禮足，悶絕於地，良久乃起，銜淚而言：“大王憶念太子，不捨日夜，今故遣我，領此千乘，載資生具，以餉太子。”(《大正藏》卷三第639页)

【评说】“消瘦，皮骨相连，血脉悉现”，苦行者因过分节食，营养不良、身体消瘦、静脉凸露。

【原文】時彼商人，既見如來威相莊嚴，又見諸天前後圍繞，倍生歡喜；即以蜜麨，而奉上佛。(《大正藏》卷三第643页)

【评说】蜜麨为佛陀时代的食物。

【原文】爾時世尊，語五人言：“汝等云何，於無上尊，而以高情，稱喚姓耶？我心如空，於諸毀譽，無所分別；但汝憍慢，自招惡報。譬如有子，稱父母名，於世儀中，猶尚不可，況我今是一切父母。”(《大正藏》卷三第644页)

【评说】佛陀时代主张为了表示尊敬，为人子者不可称呼父母的名字。

卷　第　四

【原文】迦葉適去，俄爾之間，世尊即便至閻浮洲，取閻浮果，滿鉢持來。迦葉未至，佛已先到。迦葉後來，見佛已坐，即便問言：“年少沙門，從何道來？而先至此。”佛以鉢中閻浮果，

以示迦葉，而語之言："汝今識此鉢中果不?"迦葉答言："不識此果。"佛言："從此南行，數萬踰闍那，彼有一洲，其上有樹，名曰閻浮；緣有此樹，故言閻浮提。我此鉢中，是彼果也。於一念頃，取此果來，極為香美，汝可噉之。"(《大正藏》卷三第647页)

【评说】阎浮果，佛陀时代的一种水果。

【原文】迦葉適去，俄爾之間，世尊即便至弗婆提，取菴摩羅果，滿鉢持來。迦葉未至，佛已先到。迦葉後來，見佛已坐，即便問言："年少沙門，從何道來，而先至此?"佛以鉢中菴摩羅果，以示迦葉，而語之言："汝今識此鉢中果不?"迦葉答言："不識此果。"佛言："從此東行，數萬踰闍那，到弗婆提，取此果來，名菴摩羅。極為香美，汝可食之。"(《大正藏》卷三第647页)

【评说】菴摩罗果，佛陀时代的一种水果。

【原文】迦葉適去，俄爾之間，世尊即便至瞿陀尼，取呵梨勒果，滿鉢持來。迦葉未至，佛已先到。迦葉後來，見佛已坐，即便問言："年少沙門，從何道來，而先至此?"佛以鉢中呵梨勒果以示迦葉，而語之言："汝今識此鉢中果不?"迦葉答言："不識此果。"佛言："從此西行，數萬踰闍那，到瞿陀尼，取此果來，名呵梨勒。極為香美，汝可食之。"(《大正藏》卷三第647页)

【评说】呵梨勒，佛陀时代的一种水果。

【原文】迦葉適去，俄爾之間，世尊即便至欝單越，取自然粳米飯，滿鉢持來。迦葉未至，佛已先到。迦葉後來，見佛已坐，即便問言："年少沙門，從何道來，而先至此?"佛以鉢中粳米飯，以示迦葉。而語之言："汝今識此鉢中飯不?"迦葉答言："不識此飯。"佛言："從此北行，數萬踰闍那，到欝單越，取此自然粳米飯來。極為香美，汝可食之。"(《大正藏》卷三第648页)

【评说】自然粳米，佛陀时代的一种粮食。

佛说众许摩诃帝经

西天译经三藏朝散大夫试鸿胪少卿明教大师臣法贤奉诏译

【提要】佛陀在迦毗罗国尼俱佗林时，弟子为释迦族人讲说佛陀出家证道、弘法的经过。

卷 第 二

【原文】於後太子憶念色慾，顏容瘦悴。仙人疑問，太子具言："我思婬樂而致斯苦。"仙人白言："勿於親姊而行欲事，餘可隨意。"(《大正藏》卷三第937页)

【评说】佛陀时代已有至亲不可发生性关系的习俗。

【原文】爾時太子即乘車騎出於城外，於其馬前見一老人，髮白面皺策杖呻吟。太子不識，問阿誐多："此是何人?"阿誐多曰："此是老人。"太子問云："何名為老?"阿誐多言："幻化之體無有堅實，四相遷移六情昏昧，起坐無力執杖而行，名之為老。"太子問云："汝能免不?"

阿誐多曰:“我何能免?”太子問云:“汝即不免,我能免不?”阿誐多曰:“貴賤雖異,幻體一般,日月推遷,無人能免。”

……

爾時太子即乘車騎出於城外,於其馬前見一病人,形體羸瘦,心神劣弱,太子不識。問阿誐多曰:“此是何人?”阿誐多答言:“此是病人。”太子問云:“何名為病?”車匿答云:“四大之體互相乖反而有病生,形容瘦惡,心識無安,此名為病。”太子問云:“汝能免耶?”阿誐多言:“亦不能免。”又復問言:“汝既不免,我免得不?”阿誐多言:“俱是幻質,云何獨免?”

……

爾時太子即乘車騎出於城外,於其馬前見一死人,氣絕神逝,猶如土木瓦石無所知覺,男女眷屬圍繞悲哭。問阿誐多曰:“此是何人?”阿誐多答云:“此是死人。”太子復問:“云何名死?”阿誐多答云:“有為之體,壽有短長,一旦無常,永別親眷,此名為死。”太子聞已,問阿誐多曰:“汝能免不?”阿誐多答云:“亦不可免。”太子問云:“汝身不免,我應免得。”阿誐多答曰:“三界無常,生滅不住,太子之身亦復如是。”(《大正藏》卷三第 943-944 页)

【评说】老、病、死是人生的必然现象,无人可免。

卷　第　七

【原文】爾時帝釋天主遙知世尊體發風病,自天而下至贍部洲,去菩提樹不近不遠,有大訶梨勒林於中而住;於此林中取得上好訶梨勒已,疾往佛所。到佛所已,頭面著地,禮世尊足,禮已瞻仰住立一面,白言:“世尊!我知聖體小有風病,此贍部洲有訶梨勒,色妙馨香,可療斯恙,我今持來奉上世尊,唯願大慈納受而食。”世尊受已,尋便服食,風病即除,體安如故。世尊慰勞,帝釋乃退還歸天宮。(《大正藏》卷三第 952 页)

【评说】风病可服诃梨勒治疗。

佛说十二游经

东晋西域沙门迦留陀伽译

【提要】佛陀前生为国王时出家修行、得道、弘法的故事。

【原文】古人有九病:寒,熱,飢,渴,生,老,病,死。婆羅門殺生祠祀,從是生四百四病。(《大正藏》卷四第 146 页)

【评说】佛陀时代认为,寒、热、饥、渴等是引起疾病的原因,原文虽言“九病”,实则只列出了八种。

中本起经

（次名《四部僧》，出《长阿含》）

后汉西域沙门昙果共康孟详译

【提要】阿难讲述佛陀得道、弘法的故事。

卷　上

还至父国品第六

【原文】王問憂陀："吾子在宮，若其澡浴，八種香汁；若今澡浴，皆有何物？"憂陀答王："八解正水，以洗心垢。"王問憂陀："悉達在國，栴檀蘇合，以塗子身；今者為道，為有何物？"憂陀答王："戒定慧品，香熏八難。"（《大正藏》卷四第154页）

【评说】佛陀时代已广泛使用香料沐浴。

佛说兴起行经

后汉外国三藏康孟详译

佛说头痛宿缘经第三

【提要】佛佗在阿耨大泉为舍利弗等五百弟子叙说自己头痛的原因。

【原文】佛語舍利弗："汝知我云何頭痛？舍利弗！我初得頭痛時，語阿難曰：'以四升鉢，盛滿冷水來。'阿難如教持來，以指抆額上，汗渧水中，水即尋消滅。猶如終日炊空大釜，投一渧水，水即燋燃。頭痛之熱，其狀如是。假令須彌山邊，旁出亞崖一由延至百由延，值我頭痛熱者，亦當消盡。舍利弗！如來頭痛如是。"(《大正藏》卷四第 166-167 页)

【评说】佛陀头热痛用冷水敷额头缓解。

佛说骨节烦疼因缘经第四

【提要】佛佗在阿耨大泉为舍利弗等五百弟子说自己骨节疼痛的原因。

【原文】後復得病，續喚治之，醫子念曰："前已三差，而不見報。"長者子曰："卿前後治我，未得相報，今好治我，差當併報。"醫子念曰：'見欺如此至三，如誑小兒，我今治此，當令命斷。"即便與非藥，病遂增劇，便致無常。(《大正藏》卷四第 167 页)

【评说】药不对症可致人死亡。

佛说木枪刺脚因缘经第六

【提要】佛陀在罗阅祇竹园精舍时，为五百弟子说自己右脚受伤的原因。

【原文】佛便心念："是緣我宿自造，必當償之。"即取大衣，四疊襞之，還坐本座。佛便展右足，木槍便從足趺上下入，徹過入地，地深六萬八千由延；過此地至水，水深亦六萬八千由延；過水至火，火高六萬八千由延；至火乃燋。當爾時，地六反震動。阿難、諸比丘，各自心念："今此地動，槍必刺佛脚也。"

佛被刺已，苦痛、辛痛、疼痛、斷氣痛。(《大正藏》卷四第 168 页)

【评说】佛陀时代疼痛可以分为苦痛、辛痛、疼痛、断气痛。

【原文】耆婆曰："諾。"耆婆即便禮佛、洗足、著生肌藥已，復讀止痛呪。耆婆出百千價氍，用裹佛足，以手摩足，以口嗚之曰："願佛老壽，此患早除。一切眾生，長夜之苦，亦得解脫。"即起禮佛，於一面住。(《大正藏》卷四第 169 页)

【评说】记载了耆婆治疗佛陀脚伤的经过：清洗伤口、敷生肌药、念止痛咒语。

佛说婆罗门女栴沙谤佛缘经第八

【提要】佛佗在阿耨大泉为舍利弗等五百弟子说栴沙谤佛的原因；为阿阇世王说身、口、

意三事中意为大。

【原文】佛語阿闍世王："我所說緣法，有上、中、下，身、口、意行。"

阿闍世王復問："何者為重？何者為中？何者為下？"

佛語阿闍世王："意行最重，口行處中，身行在下。"阿闍世王復問佛，佛答曰："身行麤現，此事可見；口行者，耳所聞；此二事者，世間所聞見。"佛語大王："意行者，設發念時，無聞見者，此是內事。眾行，為意釘所繫。"

王復問佛："意不可見，云何獨繫意釘耶？"

佛答王曰："若男子、女人，設欲身行殺、盜、婬者，先當思惟，朝中人定何時可行也，思惟何處可往。"佛復語王："夫人作行，先心計挍，然後施行，是故繫於意釘，不在身口也。"佛復語王："是口行者，欲行口行時，先意思惟：'若在大會，講論法時；若在都坐，斷當律時，設問我者，我當違反彼說，此間非是已事；若有是語者，我當反之，此受他意氣故，作是語耳。'若行此三事不著者，復更作計，當往鬪之曰：'彼欲殺汝、破汝、壞汝，汝當隨我語，莫信他人。'若作此兩舌者，成於虛偽，滅其正法，命終之後，墮於泥犁。"佛語王："是故，口行繫於意釘，不繫身、口。"

王復問佛："何以故？"

佛答王曰："身三、口四，皆繫意釘，意不念者，身不能獨行，是故身、口繫意釘。"

於是，世尊即說偈曰：

"意中熟思惟，　然後行二事。
佯慚於身、口，　未曾愧心意。
先當慚於意，　然後耻身、口，
此二不離意，　亦不能獨行。"

於是，阿闍世王聞佛說法，涕泣悲感。佛問王："王何為涕？"

王答曰："為眾生無智，不解三事，恒有損減，是故悲耳。此眾生但謂身、口為大，不知意為深奧。世尊！我本謂身、口為大，意為小；今從佛聞，乃知意為大，身、口為小。"

佛問王曰："本何以知身、口大，意為小；今方云意大，身口、小耶？"

王復白佛："夫人殺生，人皆見之；若偷盜、婬泆，亦人所見，此身三事，天下盡見；口行妄語、惡口、兩舌、言不至誠，此口四事，天下所聞；意家三事，非耳所聞、非眼所見。是故，眾生以眼見、耳聞為大。今聞佛說，乃知心意為大，身，口為小。以是故，身、口二事，繫於意釘。"

佛復問王："云何知意釘為大，身、口二事，繫於意釘？"

王白佛言："此多舌女人，欲設謗毀，先心思念：'當以繫杅起腹，在大眾中，說是輩事。'又聞佛說，是故，我知意大，身、口小。"

佛語大王："今云何解意大，身、口小？"

王答曰："設欲行事，先心發念，然後身、口行之。是故，知意大，身、口小。"

佛言："善哉！善哉！大王善解此事，常當學此，意大，身、口小。"（《大正藏》卷四第171页）

【评说】佛陀强调在身口意三行中先是心中起念，然后身体跟着行动，口中叙说，所以控制自己的意念特别重要，修行尤重修心。

佛五百弟子自说本起经

西晋三藏竺法护译

【提要】佛陀的弟子叙说自己前世今生的故事。

薄拘卢品第十三(贾姓十二偈)

【原文】我昔曾賣藥，　於槃曇摩國，
在惟衛佛世，　敬諸比丘僧。
時有病瘦者，　行藥療其疾，
供給諸根藥，　以惠諸比丘。(《大正藏》卷四第194页)

【评说】佛陀时代已有以卖药为生的人。

货提品第十九(二十七偈)

【原文】假使命過者，　不損用我物。
心自念惡已，　馬通糅飯中，
持用飯食之，　謂殺無所苦。
噉此飯食已，　得病甚困厄，
結刮其腸胃，　傷絕於五臟。(《大正藏》卷四第197页)

【评说】记载了一种有毒的物品:马通。

弥迦弗品第二十四(鹿子十四偈)

【原文】昔我逐勇狗，　往詣藥肆上，
緣一覺之尊，　身體得不豫。
給之以醫藥，　瞻養至七日。(《大正藏》卷四第198页)

【评说】佛陀时代医药水平颇发达,已有专门买卖药品的场所。

世尊品第三十(五十偈)

【原文】曾為治病醫，　時療尊者子，
合藥分倒錯，　令疾轉增劇。(《大正藏》卷四第202页)

【评说】药物使用不当会加重病情。

撰集百缘经

吴月支优婆塞支谦译

卷第一

菩萨授记品第一

(六) 婆持加困病缘

【提要】佛陀在舍卫国祇树给孤独园时,为婆持加长者治疗疾病。

【原文】爾時如來即便觀察，見彼長者，為病所困，燋悴叵濟，無人瞻養，即放光明，照病者身，令得清涼。心即惺悟，喜不自勝，五體投地，歸命於佛。爾時世尊，知婆持加善根已熟應受我化，即便往詣彼長者家。忽然驚起，合掌奉迎："善來世尊！"敷座而坐。佛問婆持加："汝今患苦，何者最劇？"答曰："我今身心俱受苦惱。"佛自念言："我於曠劫，所修慈悲，誓療眾生身心俱病。"時天帝釋，知佛所念，即詣香山，採拾藥草名曰白乳，以奉世尊。佛得此藥，授與婆持加，令使服盡，病悉除愈，身心快樂。(《大正藏》卷四第 205 页)

【评说】佛陀用草药白乳治疗婆持加的疾病。

卷　第　二

报应受供养品第二

(一四) 佛救济度病缘

【提要】佛陀在王舍城迦兰陀竹林时，为那罗聚落民众消除瘟疫。

【原文】時那羅聚落，多諸疫鬼殺害民眾，各競求請塞天善神，悕望疫病漸得除降；如是數跪，病無降愈。時聚落中，有一優婆塞，語眾人言："如來在世利安眾生，我等當共一心稱南無佛陀，以求救濟病苦之患。"時諸人等聞是語已，咸各同時稱南無佛陀："唯願世尊大慈憐愍，覆蔭我等疾疫病苦。"爾時世尊常以大悲，晝夜六時，觀察眾生，誰受苦厄，尋往化度，使修善法永拔諸苦。見此疫病諸人民等同時一心，稱佛名號，以救疫病。爾時如來將諸比丘，往彼聚落，以大慈悲，熏諸民眾，勸令修善，疫鬼同時皆悉退散，無復眾患。(《大正藏》卷四第 209 页)

【评说】佛陀时代认为，瘟疫流行的原因是疫鬼作乱。

(一七) 乾闼婆作乐谠佛缘

【提要】佛陀在舍卫国祇树给孤独园时度化弹琴高手善爱。

【原文】時善愛王，即便自取一弦之琴，而彈鼓之，能令出於七種音聲，聲有二十一解，彈鼓合節甚可聽聞，能令眾人歡娛舞戲，昏迷放逸不能自持。(《大正藏》卷四第 211 页)

【评说】佛陀时代已有能够致人沉溺其中、丧失控制的音乐。

卷　第　四

出生菩萨品第四

(三十一) 莲华王捨身作赤鱼缘

【提要】佛陀在舍卫国祇树给孤独园时为阿难说前世舍身作赤鱼的故事。

【原文】爾時世尊，秋果熟時，將諸比丘，遊行聚落，噉食果蓏，皆不消化，多有瘧疾，種種病生，不能坐禪讀誦行道。(《大正藏》卷四第 217 页)

【评说】佛陀时代已经认识到饮食不慎会导致各种疾病。

(三五) 梵摩王太子求法缘

【提要】佛陀在舍卫国祇树给孤独园为众比丘说扫地的功德。

【原文】爾時世尊,將大目連、舍利弗、大迦葉等,入其塔中,掃除已竟,却坐一面,為諸比丘說是掃地得五功德:一者自除心垢,二者亦除他垢,三者除去憍慢,四者調伏其心,五者增長功德,得生善處。時須達長者,於其行還,到精舍中,聞佛世尊,為諸比丘,說此掃地所得功德,心懷歡喜,前白佛言:"我今聞佛說是掃地五事功德,在所行處,如見賢聖在我目前。"(《大正藏》卷四第 219 页)

【评说】佛陀宣说扫地的好处:消除自己的杂念、消除他人的杂念、消除傲慢、降服躁动心、增长功力。

卷 第 五

饿鬼品第五

(四一) 富那奇堕饿鬼缘

【提要】佛陀在王舍城迦兰陀竹林为目连说富那奇的业报故事。

【原文】爾時世尊,告目連曰:"汝今善聽! 吾當為汝分别解說。此賢劫中,舍衛城中,有一長者,財寶無量,不可稱計,常令僕使押甘蔗汁,以輸大家。有辟支佛,甚患渴病,良醫處藥,服甘蔗汁,病乃可差。"(《大正藏》卷四第 222 页)

【评说】佛陀时代用甘蔗汁治疗渴病。

(四九) 饿鬼自生还敢五百子缘

【提要】佛陀在王舍城迦兰陀竹林为那罗达多尊者说饿鬼故事。

【原文】其大夫人,見其有妊,便生嫉妬,密與毒藥,令彼墮胎。(《大正藏》卷四第 226 页)

【评说】佛陀时代已用毒药堕胎。

卷 第 九

声闻品第九

(八五) 耶舍蜜多缘

【提要】佛陀在舍卫国祇树给孤独园为众比丘说耶奢蜜多前世故事。

【原文】有一長者,年齒老耄,出家入道,懈慢懶墮,不能精懃,又復重病。良醫占之,云當服酥,病乃可差。尋用醫教,取酥服之。於其夜中,藥發熱渴,馳走求水,水器皆空。(《大正藏》卷四第 246 页)

【评说】记载了病人服药后发热欲饮水的生理反应。

卷　第　十

诸缘品第十

（九二）长老比丘在母胎中六十年缘

【提要】佛陀在王舍城迦兰陀竹林为比丘说长老比丘前世供养众僧的故事。

【原文】唯先一子，故在胎中，不得出外。其母極患，設諸湯藥，以自療治，病無降損，囑及家中："我腹中子，故活不死，今若設終，必開我腹，取子養育。"其母於時，不免所患，即便命終。（《大正藏》卷四第 250 页）

【评说】记载了孕妇难产而死。

（九四）梨军支比丘缘

【提要】佛陀在舍卫国祇树给孤独园为众比丘说梨军支比丘出家问道的缘由。

【原文】時彼城中，有一婆羅門，其婦懷妊足滿十月，產一男兒，容貌弊惡，身體臭穢，飲母乳時，能使乳壞，若雇餘者，亦皆敗壞；唯以酥蜜，塗指令舐得濟軀命，因為立字號梨軍支。（《大正藏》卷四第 251 页）

【评说】记载了一新生儿不能食母乳，只能以酥蜜为食。

（九六）长者身体生疮缘

【提要】佛陀在舍卫国祇树给孤独园为众比丘说呻号比丘前世作恶今生遍身生疮的故事。

【原文】足滿十月，產一男兒，身體有瘡，甚患苦痛，呻號叫喚，未曾休息。年漸長大，瘡皆潰爛，膿血橫流，常患疼痛，因為立字，名曰呻號。（《大正藏》卷四第 253 页）

【评说】记载了新生儿遍身生疮。

大庄严论经

马鸣菩萨造

后秦三藏鸠摩罗什译

【提要】本经是一部集经，系马鸣菩萨汇集佛陀所说法要而成。

卷　第　一

（一）

【原文】親友婆羅門聞是語已，語憍尸迦言："汝與釋種便為朋黨，故作是說。然佛經中亦有大過，說言生死無有本際，又復說言一切法中悉無有我。"時憍尸迦語親友言："我見佛法生死無際，一切無我，故吾今者敬信情篤。若人計我，終不能得解脱之道，若知無我則無貪欲，無貪欲故便得解脱。若計有我則有貪愛，既有貪愛遍於生死，云何能得解脱之道？復次，若言生死有初始者，此初身者，為從善惡而得此身？為不從善惡自然有耶？若從善惡而得身者，則不得名初始有身。若不從善惡得此身者，此善惡法云何而有？若如是者，汝法則為半從因生半不從因，如是說者有大過失。我佛法無始，故無罪咎。"

于時親友語憍尸迦："有縛則有解，汝說無我則無有縛，若無有縛誰得解脱？"憍尸迦言："雖無有我猶有縛解。何以故？煩惱覆故則為所縛，若斷煩惱則得解脱，是故雖復無我猶有縛解。"(《大正藏》卷四第 260 页)

【评说】佛家认为破除我执则可消除贪欲，消除了贪欲就没有了烦恼，即得到解脱。

【原文】諸婆羅門復作是言："若無我者，誰至後世？"時憍尸迦語諸人言："汝等善聽！從於過去煩惱諸業，得現在身及以諸根，從今現在復造諸業，以是因緣得未來身及以諸根。我於今者，樂說譬喻以明斯義。譬如穀子，眾緣和合故得生芽，然此種子實不生芽，種子滅故芽便增長，子滅故不常，芽生故不斷；佛說受身亦復如是，雖復無我，業報不失。"

諸婆羅門言："我聞汝說無我之法洗我心垢，猶有少疑今欲諮問。若無我者，先所作事云何故憶而不忘失？"答曰："以有念覺與心相應，便能憶念三世之事而不忘失。"又問："若無我者，過去已滅現在心生，生滅既異，云何而得憶念不忘？"答曰："一切受生，識為種子入母胎田，愛水潤漬身樹得生，如胡桃子隨類而生，此陰造業能感後陰，然此前陰不生後陰，以業因緣故便受後陰，生滅雖異相續不斷。如嬰兒病，與乳母藥，兒患得愈，母雖非兒，藥之力勢能及於兒。陰亦如是，以有業力便受後陰憶念不忘。"(《大正藏》卷四第 260 页)

【评说】佛家认为，多期生命轮回中，由识传递前世所造业。

"如婴儿病，与乳母药，儿患得愈，母虽非儿，药之力势能及于儿"，记载了佛陀时代一种特殊的给药方式。婴儿患病需要服药时，乳母先服药，然后婴儿吮吸含药的乳汁即可治病。

【原文】憍尸迦言："汝今云何乃爾深解佛之功德？"親友答言："我聞此法，是故知佛無量功德，如沈水香黑重津膩，以是因緣燒之甚香遠近皆聞。如是我見如來定慧身故，便知世尊有大功德。我於今者雖不覩佛，見佛聖跡則知最勝，亦如有人於花池邊見象足跡則知其大，覩因緣論雖不見佛，知佛聖跡功德最大。"(《大正藏》卷四第 260 页)

【评说】沈，古同沉。沈水香即沉香，是名贵香料。

卷 第 二

(五)

【原文】說是偈已，優婆塞復作是言："今者此人具諸貪欲瞋恚愚癡，仙聖所行無有少分。是故當知，夫少欲者不在錢財多諸寶物。何以知之？如頻婆娑羅王富有國土象馬七珍，猶名少欲。所以者何？雖有財寶心不貪著樂於聖道，以是之故，雖復富有七珍盈溢，心無希求名為少欲。雖無財寶希求無厭，不得名為少欲知足。"即說偈言：

"若以無衣食，　倮形尼乾等，

造作諸勤苦，　以為苦行者；
餓鬼及畜生，　貧窮諸衰惱，
斯等處艱難，　亦應名苦行。
彼人亦如是，　徒為自疲勞，
形雖作苦行，　而心懷貪著，
希求無厭足，　不名為少欲。
雖復具眾物，　心無所染著，
修行樂聖道，　是乃名少欲。
譬如諸農夫，　以穀種田中，
貪收多果實，　不名為少欲。
身如惡癰瘡，　將適須眾具，
意求於道故，　是名少欲者。
為治惡癰瘡，　少受資生具，
心不貪後有，　是真名少欲。
心意不諂曲，　亦不求名利，
雖有資生具，　名聞具實德，
能有如斯事，　是乃真少欲。"(《大正藏》卷四第 263-264 页)

【评说】佛家认为，判断一个人欲望大小的标准不是其拥有财富的多少，而是其对物资的态度，只有内心对物质无贪求才是少欲。

(六)

【原文】爾時比丘問婆羅門："汝今何故舉手向日，臥灰土上裸形噉草，晝夜不臥翹足而立，行此苦行為何所求？"婆羅門答曰："我求國王。"此婆羅門於後少時身遇病患，往問醫師療疾之方。醫師報言："宜須食肉。"(《大正藏》卷四第 264 页)

【评说】佛陀时代因苦行导致身体虚弱，医生建议食肉补充营养。

卷　第　三

(一五)

【原文】我昔曾聞，有一國王名曰難陀，是時此王聚積珍寶規至後世，嘿自思惟："我今當集一國珍寶，使外無餘。"貪聚財故，以自己女置婬女樓上，勅侍人言："若有人齎寶來求女者，其人并寶將至我邊。"如是集斂一國錢寶，悉皆蕩盡聚於王庫。時有寡婦，唯有一子，心甚敬愛，而其此子見於王女儀容瓌瑋姿貌非凡，心甚耽著，家無財物無以自通，遂至結病，身體羸瘦氣息微惙。(《大正藏》卷四第 272 页)

【评说】男子因思慕美貌女子不可得而患病。

【原文】若人臨終，喘氣麤出喉舌乾燋，不能下水言語不了，瞻視不端筋脈斷絕，刀風解形支節舒緩，機關止廢不能動轉，舉體酸痛如被針刺。(《大正藏》卷四第 273 页)

【评说】描写了人临终时的躯体情况：呼吸粗重、口干舌燥、不能说话、不能饮水、关节不能运动、四肢松弛、浑身疼痛。

卷 第 五

（二三）

【原文】我昔曾聞，有一比丘次第乞食至大婆羅門家。時彼家中遇比丘已，屋棟摧折打破水瓮，㹀牛絕靷四向馳走。時婆羅門即作是言："斯何不祥？不吉之人來入吾家，有此變怪。"比丘聞已即答之言："汝頗見汝家內諸小兒等，胦瘦腹脹面目腫不？"婆羅門言："我先見之。"比丘復言："汝舍之中有夜叉鬼，依汝舍住吸人精氣，故令汝家諸小兒等有斯疹疾，今此夜叉以畏於我恐怖逃避，以是令汝樑折瓮破㹀牛絕靷。"婆羅門言："汝有何力？"比丘答言："我以親近如來法教有此威力，故令夜叉畏我如是。"婆羅門復作是言："云何名為如來法教？"于時比丘次第為說佛法教誡，令婆羅門夫婦聞已心意解悟，俱得須陀洹果。（《大正藏》卷四第280页）

【评说】夜叉鬼吸人精气可导致小儿瘦弱、腹部及面目肿大，反映了佛陀时代的鬼神致病说。

卷 第 六

（三二）

【原文】我昔曾聞，有一多聞比丘住阿練若處，時有寡婦數數往來此比丘所，聽其說法。于時學問比丘於此寡婦心生染著，以染著故所有善法漸漸劣弱，為凡夫心結使所使，與此婦女共為言要。婦女言："汝今若能罷道還俗，我當相從。"彼時比丘即便罷道。（《大正藏》卷四第288页）

【评说】此段经文是佛陀时代寡妇改嫁的记载。

（三五）

【原文】是故智者，當作真實，不應虛偽。（《大正藏》卷四第290页）

【评说】佛家主张真诚待人待物不可虚伪，与中国传统美德以诚待人一致。

（三八）

【原文】復次，離諸難亦難，得於人身難，既得離諸難，應當常精勤。（《大正藏》卷四第291页）

【评说】在六道轮回中，只有因缘具足才能得到人身，并且通过修行可以获得解脱。

卷 第 七

（四三）

【原文】爾時大眾咸見世尊隨尼提後，時彼眾中有一比丘作是念言："如來入城不於豪貴

并卑賤家而從乞食，但隨尼提。何故如是？此必有緣。”復自念言：“此事可解。”即說偈言：

“此必功德器，　為佛所追隨，
如珠落糞穢，　撓攪而覓取。
如來錄其心，　不擇貴與賤，
不求種姓真，　妙勝作是說。
譬如醫占病，　看病腹鞕軟，
隨患投下藥，　亦不觀種族。
如來以平等，　觀察心堅軟，
亦不擇種姓，　與藥下煩惱。”（《大正藏》卷四第295页）

【评说】“譬如医占病，看病腹硬软，随患投下药，亦不观种族”，佛家主张为医者应不分种族，平等施治。

【原文】“我不必為貴撰擇賢王等，亦度下賤優波離等。我不齊為大富長者須達多等，亦度貧窮須賴多等。我不齊為大智舍利弗，亦為鈍根周利槃特等。我不齊為少欲知足摩訶迦葉，亦為多欲婆難陀等。我不齊為耆舊宿德優樓頻螺迦葉，亦為幼稚須陀耶等。我不齊為憍慢婆迦賴等，亦為極惡鴦掘摩羅手捉劍者。我不齊為多智男子而為說法，亦為淺智女人而為說法。我不齊為出家之眾而作真濟，亦為極惡在家之人而為說法。我不齊為少欲之人而為說法，亦為在家幼子五欲自恣說四真諦。我不齊為放捨眾務逋多梨說，亦為經理國事多諸世務頻婆娑羅王等說。我不齊為斷酒之人說，亦為極醉郁伽等說使得道跡。我不齊為樂修定離越等說離生死法，亦為失子狂亂心婆私吒說。我不齊為賢德等優婆塞種中生者說法，亦為邪見弟子阿須拔提等說。我不齊為盛壯羅吒和羅說法，亦為衰老羅拘羅等說。我不齊為宿舊婆拘羅說得羅漢，亦為七歲沙彌須陀延說使得羅漢。我不齊為十六波羅延心中難問答所疑，亦為六十聚落嬰愚貪欲求女人者說。我不齊為滿願子等大論牛王辯才無盡者說，亦為淺智達摩地那比丘尼說，使得深智，能解大丈夫有所問難。我不齊為富貴大王夫人彌拔提等說使得道果，亦為下賤僮使鳩熟多羅等說使得道跡。我不齊為貞婦毘舍佉說，亦為婬女蓮華等說。我不齊為大德辯才女人瞿曇彌等說，亦為七歲沙彌尼至羅能摧伏外道者說。”爾時世尊即說偈言：

“依我佛法中，　速疾應出家，
因智得甘露，　不由種族姓。
四大及以空，　貴賤等同有，
無智則不得，　不必在種姓。”（《大正藏》卷四第296页）

【评说】佛陀主张众生平等，所以从不选择弘法的对象，为一切愿意听法的人说法。

卷 第 八

（四五）

【原文】復次，治身心病唯有佛語，是故應勤聽於說法。（《大正藏》卷四第297页）

【评说】马鸣菩萨认为佛法是治疗心身疾病的有效方法。

【原文】我昔曾聞，漢地王子眼中生瞙遍覆其目，遂至闇冥無所覩見，種種療治不能瘳除。時竺叉尸羅國有諸商估來詣漢土，時漢國王問估客言："我子患目，爾等遠來頗能治不？"估客答言："外國有一比丘名曰瞿沙，唯彼能治。"時王聞已即大資嚴，便送其子向竺叉尸羅國，到彼國已至尊者瞿沙所，而作是言："吾從遠方故來療目，唯願哀愍為我治眼。"爾時尊者許為治眼，多作銅盞賦與大眾，語諸人言："聞我說法有流淚者置此椀中。"因即為說《十二緣經》。眾會聞已啼泣流淚，以椀承取聚集眾淚向王子所。尊者瞿沙即取眾淚置右掌中，而說偈言：

"我今已宣說，　甚深十二緣，
能除無明闇，　聞者皆流淚。
此語若實者，　當集眾人淚，
人天夜叉中，　諸水所不及，
以洗王子眼，　離障得明淨。
尋即以淚洗，　膚翳得消除。"

爾時尊者瞿沙以淚洗王子眼得明淨已，為欲增長大眾信心，而說偈言：

"佛法極真實，　能速除翳障，
此淚亦能除，　如日消冰雪。"(《大正藏》卷四第 297-298 页)

【评说】记载了一种眼病：翳膜覆眼，不能视物，普通方法无法治疗。

卷第九

(五二)

【原文】爾時婆多梨說是偈已，慚愧自責，三月之中恥不見佛。自恣時近，晝夜愁惱而自燒然，羸瘦毀悴失於威德。(《大正藏》卷四第 306 页)

【评说】婆多梨日夜愁苦烦恼造成身体羸弱，面色憔悴。佛陀时代已认识到情绪状态会影响躯体健康。

【原文】如來善知時非時等，及苦責數悉皆通達。佛告婆多梨："設有阿羅漢臥於糞穢污埿之中，我行背上。於意云何？彼阿羅漢有苦惱不？"婆多梨言："不也。世尊！""汝若得阿羅漢、阿那含、斯陀含、須陀洹，終不違教。由汝凡夫愚癡空無所有，喻如芭蕉中無有實，廣說如修多羅。"時人謂婆多梨得阿羅漢，聞佛說已知婆多梨是具縛凡夫，諸比丘皆生不信。聞彼不得阿羅漢，如此貴族出家若不獲得阿羅漢者，云何卑賤種姓尼提出家得阿羅漢？佛欲使漏盡者便得漏盡，若不欲使漏盡便不得漏盡。佛知諸比丘心念，告諸比丘："若修奢摩他、毘婆舍那必能盡漏，若不修者不能得漏盡。若知若見已，雖生卑賤得羅漢果。如婆多梨不知不見，雖生勝族而不得阿羅漢。是故如來平等說法而無偏黨。"(《大正藏》卷四第 306 页)

【评说】佛陀强调众生平等，认为修行证悟与种姓无关，出身低贱者精进修行可以证得罗汉果，出生高贵者不加修行不能得到解脱。

卷 第 十

(五七)

【原文】我昔曾聞,有一人因緣力故發心出家,欲求解脱即詣僧坊,值佛教化不在僧坊。彼人念言:“世尊雖無,我當往詣法之大將舍利弗所。”時舍利弗觀彼因緣,過去世時少有厭惡修善根不?既觀察已,乃不見有少許善根,一身既無,乃至百千身中都無善根。復觀一劫又無善根,乃至百千劫亦無善根。尊者舍利弗語彼人言:“我不度汝。”彼人復至餘比丘所,比丘問言:“汝為向誰求索出家?”彼人答言:“我詣尊者舍利弗所,不肯度我。”諸比丘言:“舍利弗不肯度汝,必有過患,我等云何而當度汝?”如是展轉詣諸比丘都不肯度,猶如病者大醫不治,其餘小醫無能治者。(《大正藏》卷四第311页)

【评说】“大医”“小医”,说明佛陀时代行医者已存在医术高低之分。

(五八)

【原文】如狗患頭瘡,　蛆虫所唼食,
良醫用油治,　既不識他恩,
反更向醫吠。　佛以禪定油,
熱以智威德,　除我結使虫,
我為無明盲,　不知為益己,
大悲故自來,　反更生觸惱。
一切諸天等,　尚應生供養,
於法自在者,　今聽我懺悔。
我先謂苦行,　獲一切種智,
愚癡盲瞑故,　翳障生是心。
我今聞所說,　發除無智膜,
今始真實知,　自餓非真法。
世尊示世間,　趣向解脱道;
外道論少義,　莊嚴諸言辭,
所說辭美妙,　多姦而諂偽,
欺誑於世間,　愚癡自纏縛。
善逝言辭廣,　照了無不解。(《大正藏》卷四第314页)

【评说】用油涂抹治疗狗头生疮,是佛陀时代有关治疗动物疾病的记载。

(五九)

【原文】復次,眾生造業各受其報。(《大正藏》卷四第314页)

【评说】有因必有果,佛陀强调每个人都会因为自己身口意的造作遭受相应的结果。

(六〇)

【原文】我昔曾聞,有一比丘詣檀越家,時彼檀越既嚼楊枝以用漱口,又取牛黄用塗其額，捉所吹貝戴於頂上，捉毘勒果以手擎舉，以著額上用為恭敬。比丘見已而問之言："汝以何故作如是事？"檀越答言："我作吉相。"比丘問言："汝作吉相有何福利？"檀越答言："是大功德汝今試看，所云吉相能使應死者不死，應鞭繫者皆得解脫。"比丘微笑而作是言："吉相若爾，極為善哉！如是吉相為何從來為出何處？"檀越答言："此牛黃者乃出於牛心肺之間。"比丘問言："若牛黃者能為吉事，云何彼牛而為人等繩拘穿鼻耕駕乘騎，鞭撻錐刺種種撾打，飢渴疲乏耕駕不息？"檀越答言："實有是事。"比丘問言："彼牛有黃尚不自救，受苦如是，云何乃能令汝吉耶？"即說偈言：

"牛黃全在心，　不能自救護，
況汝磨少許，　以塗額皮上，
云何能擁護？　汝宜善觀察。"(《大正藏》卷四第 315 页)

【评说】嚼杨枝漱口，是佛陀时代清洁口腔的一种方法。牛黄，佛陀时代认为它生长在牛心肺间，是一种吉祥之物。

卷第十一

(六一)

【原文】我昔曾聞，佛在舍衛國，時波斯匿王請佛及僧，於九十日夏坐安居，集諸牛群近佛精舍犛乳供佛。時有千婆羅門貪牛乳故，共牧牛人行止相隨。時牧牛人聞婆羅門誦韋陀上典，悉皆通利善了分別，或有婆羅門但有空名實無知曉，又有明知呪術不解韋陀，有明知韋陀不知呪術。

……

爾時牧人作如是言："我等應當用決定解。"復作是念："今我牧牛有何智力而用決了？我等亦可決定解知，云何可知？"又言："我等雖復牧牛可分別知，彼生王宮智能技術一切皆學，不應知彼牧牛之法。我今當問牧牛之事，其必不知。"即說偈言：

"韋陀與射術，　醫方及祠祀，
天文并聲論，　文筆根本論。
立天祀之論，　諸論之因本，
辭辯巧言論，　善學淫泆論。
求覓財利論，　清淨種姓論，
一切萬物論，　十種名字論。
算數計校論，　圍碁博弈論，
原本書學論，　音樂倡伎論。
吹貝歌法論，　舞法笑法論，
欺抃及庠序，　舉動花鬘論。
如是等諸論，　悉皆善通達。
按摩除疲勞，　善別摩尼價，
善別衣帛法，　綵色及蠟印，
機關與胡膠，　射術計合離。

又善知裁割，　刻雕成眾像，
文章與書畫，　無不悉通達。
又復善能知，　和香作華鬘，
善知占夢法，　善知飛鳥音。
善知相男女，　善知象馬法，
又善知鼓音，　及以擊鼓法。
善知鬬戰法，　善知不鬬戰，
調馬弄稍法，　善知跳躑法。
善知奔走法，　善知濟度法，
如是等諸法，　無事不明練。”(《大正藏》卷四第316-317页)

【评说】韦陀，今作吠陀，古印度婆罗门教经典，里面有大量医药学内容，佛教多有沿用。

卷第十二

(六四)

【原文】爾時大王手自捉刀欲割股肉，輔相大臣號泣諫諍不能令止，城內諸人亦各勸請，不隨其語割於股肉。親近諸人亦各返顧不忍見之，婆羅門各掩其目不忍能觀，宮中婇女舉聲悲哭。天、龍、夜叉、乾闥婆、阿脩羅、緊那羅、摩睺羅伽等，在虛空中各相謂言：“如此之事信未曾有。”爾時大王身體軟弱，生長王宮未曾遭苦，舉身毒痛迷悶殞絕，而自勸喻，即說偈言：

“咄心應堅住，　如此微小苦，
何故乃迷悶？　汝觀諸世間，
百千苦纏逼，　無歸無救護，
無有覆育者，　悉不得自在。
唯有汝心者，　當為作救濟，
何故不自責，　橫生苦惱想？”(《大正藏》卷四第322页)

【评说】用刀割肉，“迷闷殒绝”，与今所谓疼痛性休克相似。

(六五)

【原文】復次，應近善知識，近善知識者結使熾盛能得消滅。(《大正藏》卷四第323页)

【评说】“应近善知识”，佛家强调亲近知识渊博、品德高尚、精进修行之人。

【原文】爾時彼王以瞋忿故語比丘言：“汝得羅漢耶？”答言：“不得。”“汝得阿那含耶？”答言：“不得。”“汝得須陀洹耶？”答言：“不得。”“汝得初禪、二禪乃至四禪耶？”答言：“不得。”爾時彼王聞是語已甚大忿怒，語尊者言：“汝非離欲人，何緣與此宮人共坐？”即勅左右執此比丘，剝脫衣服唯留內衣，以棘刺杖用打比丘。時宮人等涕泣白王：“彼尊者無有罪過，云何撾打乃至如是？”王聞是語倍增瞋忿撾打過甚。爾時尊者，先是王子，身形柔軟不更苦痛，舉體血流，宮人覩之莫不涕淚。尊者娑羅那受是撾打遺命無幾，悶絕躄地，良久乃穌，身體遍破如狗喇嚙，譬如有人蟒蛇所吸已入於口，實難可免，設還出口取活亦難。娑羅那從難得出亦復如是,張目恐怖又懼更打,舉身血流不能著衣,抱衣而走,四望顧視,猶恐有人復來捉己。(《大正藏》卷四第 323-324 页)

【评说】婆罗那受酷刑,遍体鳞伤,"闷绝躄地",出现疼痛性休克样病变。

卷第十三

(六六)

【原文】時彼國中有長者子與婬女通,專念欲事情不能離,一切諸花盡在佛塔,為欲所盲,即入迦葉佛塔盜取一花持與婬女。時長者子知佛功德,為欲所狂造此非法,即生悔恨婬欲情息,既至明日生於厭惡,作是念言:"我為不善,盜取佛花與彼婬女。"即時悔熱,身遍生瘡,初如芥子,後轉增長無有空處,即說偈言:

"我今作不善,　違犯諸佛教,
捨離於慚愧,　是則無敬心,
違於善逝語,　非是佛弟子。
一切諸人民,　不敢違王教,
然我獨毀犯,　國制及信法,
我今無羞耻,　實同彼禽獸。
福田中最勝,　不過世尊塔,
然我愚癡故,　盜花為鄙事。
云何此手臂,　即時不墮落?
又復此大地,　云何不陷沒,
而能載於我?　怪哉欲所燒,
焚滅諸善行,　為欲所迷惑,
入於闇藪中。　為結賊所劫,
今我為欲使,　不觀其果報,
盜花以自嚴,　久受地獄苦。
倍生悔恨心,　其身轉燋然。"

爾時彼人身所生瘡,尋即壞破甚為臭穢。是時彼人父母兄弟皆來瞻視,即與冷藥療治其病,病更增劇,復命良醫而重診之,云:"須牛頭栴檀用塗身體,爾乃可愈。"時彼父母即以貴價買牛頭栴檀用塗子身,遂增無除。爾時彼人涕泣驚懼,白父母言:"徒作勤苦,然子此病從心而起,非是身患。"父告子言:"云何心病?"子即用偈以答父言:

"鄙褻成可耻,　不宜向父說,
然今病所困,　是以離慚愧。
盜取尊塔花,　持用與婬女,
已作斯惡事,　後還得悔心。
晝則欲日炙,　夜即得悟心,
若蒙悔過者,　喻如冷水澆。
我今身心熱,　後受地獄苦,

猶如腐朽樹，　火從其內然，
我今亦如是，　心火從內發。
冷水優尸羅，　青蓮真珠貫，
瞿麥摩羅等，　及與諸栴檀，
若用如是等，　塗於外身體，
終不能得差。　憂熱從內起，
應當用塗心，　塗身將何益?
將我詣塔中，　為我設供養，
此病必除愈。　父母及兄弟，
即共舉其床，　往詣佛塔所，
身體轉增熱，　氣息垂欲絕。”

爾時父母兄弟諸親舉床到已，彼人專念迦葉如來三藐三菩提，涕泣盈目，以己所持栴檀之香，悲哀向塔，而說偈言：

“大悲救苦厄，　常說眾善事，
我為欲迷惑，　盲冥無所見，
我於真濟所，　造作諸過惡。
塔如須彌山，　我癡故毀犯，
現得惡名稱，　後生墮惡道。
不觀佛功德，　今受此惡報，
即以得現果，　後必受熱惱。
明者以慧眼，　離苦除諸欲，
我今懷憂愁，　誠心歸命佛。
諸所造過患，　願當拔濟我，
如人跌傾倒，　依地而得起。”

爾時父母及諸眷屬讚言：“善哉！善哉！汝今乃能作是讚歎，唯佛世尊能除汝病。”即說偈言：

“汝今於佛所，　應生信解心，
唯佛大功德，　乃能拔濟汝。
譬如入大海，　船破失財寶，
身既不沈沒，　復還獲財利。”

時長者子諸親既覩瘡壞爛臭穢，厭惡生死，即以華香塗香末香用供養迦葉佛塔，復以牛頭栴檀以畫佛身；身瘡漸差發歡喜心，熱患盡愈。爾時長者子以得現報，生歡喜心知其罪滅，即說偈言：

“如來一切智，　解脫諸結使，
迦葉三佛陀，　能濟諸眾生。
佛是眾生父，　為於諸世界，
而作不請友。　唯有佛世尊，
能有此悲心。　我今於佛所，
造作大過惡，　願聽我懺悔。

内心發誓願，　唯垂聽我說，
為欲所逼迫，　失意作諸惡。
使我離愛欲，　及以結使怨。
諸根不調順，　猶如慵戾馬，
願莫造惡行，　常獲寂滅迹。
以牛頭栴檀，　供養於佛塔，
身常得此香，　莫墮諸惡趣。”(《大正藏》卷四第 326-327 页)

【评说】记载了一种“疮病”，刚发病时小如芥子，最后发遍全身，疮破秽臭不堪，用冷药、牛头栴檀涂抹无效。经文认为该病是心病，偷取礼佛舍利塔之花赠与淫女后羞愧难当而起，所以只有用各种名贵香料供养佛舍利塔消除内心的恐惧后，疮病自愈。

(六七)

【原文】時尸利毱多說是偈已，即還其家，施設供具，於飯食中盡著毒藥，於中門內作大深坑，滿中盛伽陀羅炭使無烟焰，又以灰土用覆其上，上又覆草。(《大正藏》卷四第 328 页)

【评说】佛陀时代已有在食物中下毒药害人的行为。

卷第十四

(六九)

【原文】如人鬼入心，　癡狂毀罵醫，
醫師治於鬼，　不責病苦人。
結使亦如鬼，　無明所覆故，
能生貪瞋癡，　但當除煩惱，
何須責彼人？　若我成菩提，
名稱遍三界，　諂偽諸結使，
念定勤精進，　以滅於結使，
以智錐鑱利，　斷絕彼諸結，
必當令乾竭，　燒滅使無餘。
我將來必當，　苦惱殘滅之。(《大正藏》卷四第 336-337 页)

【评说】佛陀时代人们常常认为人的精神病变是由鬼神造成的。

卷第十五

(七一)

【原文】作是念已逃避入林，有一老婆羅門迷失道路到彼林間，菩薩問言：“汝以何故來至此林？”婆羅門言：“我欲見王。”菩薩問言：“何故見王？”婆羅門言：“我今貧困又多債負，聞王好施，故來乞索用以償債。遠離貧苦，更無所歸，唯望王恩拯救於我。”菩薩語言：“汝並歸去，此間無王何所歸誠？”婆羅門聞是語已，迷悶躃地。(《大正藏》卷四第 339 页)

【评说】本段经文记载了强烈的刺激可致人晕厥。

（七三）

【原文】說是偈已往夫人所，語夫人言：“今當遣人來到汝邊，汝好莊嚴如帝釋幢夫人。”答言：“當奉王教！”時王以蒲萄漿與彼依王活者，送與夫人。既遣之已作是思惟：“稱業力者今應當悔作如是語。”作是念已未久之間，彼業力者著好衣服來至王邊。（《大正藏》卷四第340页）

【评说】葡萄浆，是佛陀时代的一种食物，似葡萄汁。

（七六）

【原文】我昔曾聞，難提拔提城有優婆塞，兄弟二人並持五戒。其弟爾時卒患脇痛氣將欲絕，時醫診之，食新殺狗肉并使服酒，所患必除。病者白言：“其狗肉者，為可於市買索食之，飲酒之事，願捨身命終不犯戒而服於酒。”其兄見弟極為困急，買酒語弟：“捨戒服酒以療其疾。”弟白兄言：“我雖病急，願捨身命，終不犯戒而飲此酒。”（《大正藏》卷四第342页）

【评说】胁痛可食用新杀的狗肉和酒治疗。

（七七）

【原文】此即是與酒，　飲酒之因果，
瞋恚是癡因，　瞋恚而黑濁，
能令顏色變。　以是因緣故，
瞋為瘦黑因，　飲酒顏色濁，
此二俱能瘦。　目連見餓鬼，
汝先自飲酒，　亦教人飲酒，
說言無罪報，　是故今現在，
已獲餓鬼身，　花報已如是，
果報方在後。（《大正藏》卷四第343页）

【评说】饮酒会使人面色浑浊不清。

（七八）

【原文】我昔曾聞，花氏城中有二王子，逃走歸投末投羅國。時彼國中有一內官字拔羅婆若，為附傭國主，供養眾僧手自行食。眾僧食已遣人斂草上殘食持詣宮中，向食作禮然後乃食。餘者分張與所親愛。“食彼殘食能破我患。”是故先取食之，授與二王子。王子食已心惡賤故出外即吐，而作是言：“出家之人種種雜姓，我等今者食其殘食。食已吐棄，然後除過。”時附傭主聞是事已作如是言：“此二嬰愚極為無知。”（《大正藏》卷四第344页）

【评说】佛陀时代有修行者通过食用别人的残食来破除我执。

（八一）

【原文】復次，我昔曾聞，有一老母背負酥瓨，在路中行，見菴摩勒樹即食其菓，食已患渴，尋時赴井乞水欲飲。時汲水者即便與水，以先食菴摩勒菓之勢力故，謂水甜美味如石蜜，語彼人:"我以酥㼚易汝㼚水。"爾時汲水人即隨其言與一㼚水,老母得已負還歸家。既至其舍,先所食菴羅摩熱力已盡,取而飲之,唯有水味更無異味。即聚親屬咸令嘗之,皆言:"是水有朽敗爛繩汁涇臭穢極為可惡,汝今何故持來至此?"既聞斯語自取飲嘗,深生悔恨:"我何以故,乃以好酥貿此臭水?"(《大正藏》卷四第 345 页)

【评说】食用菴罗摩勒果后饮用臭味之水不觉有异,可见佛陀时代已观察到食用某种物品后会影响味觉。

(八二)

【原文】以何因緣而說此喻?為於倒見愚惑之眾,譬如蒼蔔油香用塗頂髮,愚惑不解,我頂出是香。(《大正藏》卷四第 346 页)

【评说】佛陀时代有用蒼蔔油涂发的习俗。

(八三)

【原文】復次,猫生兒以小漸大,猫兒問母:"當何所食?"母答兒言:"人自教汝。"夜至他家隱甕器間,有人見已而相約勅:"酥乳肉等極好覆蓋,雞雛高舉莫使猫食。"猫兒即知,雞酥乳酪皆是我食。(《大正藏》卷四第 346 页)

【评说】佛陀时代的食物有鸡酥、乳酪。

(八四)

【原文】復次,曾聞有一國王身遇疾患,國中諸醫都不能治。時有良醫從遠處來治王病差,王大歡喜作是思惟:"我今得醫力,事須厚報。"作是念已微遣侍臣,多齎財物,詣於彼醫所住之處,為造屋宅養生之具,人民田宅象馬牛羊奴婢僕使,一切資產無不備具。所造既辦王便遣醫使還其家。時彼遠醫見王目前初無所遺,空手還歸,甚懷恨恨。既將至家,道逢牛羊象馬都所不識,問是誰許?並皆稱是彼醫名,是彼醫牛馬。遂到家已,見其屋舍壯麗嚴飾,床帳氍氀毾㲪金銀器物,其婦瓔珞種種衣服。時醫見已甚生驚愕,猶如天宮。問其婦言:"如此盛事為何所得?"婦答夫言:"汝何不知?由汝為彼國王治病差故,生報汝恩。"夫聞是已深生歡喜作是念言:"王極有德,知恩報恩,過我本望。由我意短,初來之時以無所得情用恨然。"以此為喻,義體今當說。醫喻諸善業,王無所與喻未得現報身無所得,如彼醫者初不見物謂無所得心生恨恨,如彼今身修善見未得報,心生恨恨我無所得。既得至家者,猶如捨身向於後世。見牛羊象馬群,如至中陰身,見種種好相,方作是念:"由我修善見是好報,必得生天。"既至天上,喻到家中見種種盛事,方於王所生敬重心,知是報恩者,檀越施主。得生天已,方知施戒受如此報,始知佛語誠實不虛,修少善業獲無量報。(《大正藏》卷四第 347 页)

【评说】佛陀时代国王重赏良医的记载。

贤 愚 经

元魏凉州沙门慧觉等在高昌郡译

卷 第 二

（八）波斯匿王女金刚品第八

【提要】佛陀在舍卫国祇树给孤独园为波斯匿王说因缘果报。

【原文】一時佛在舍衛國祇樹給孤獨園。爾時波斯匿王最大夫人，名曰摩利，時生一女，字波闍羅，晉言金剛，其女面類極為醜惡，肌體麤澁猶如駝皮，頭髮麤強猶如馬尾。（《大正藏》卷四第 357 页）

【评说】记载了一个女子的丑陋外貌：皮肤粗糙如驼皮、头发粗硬如马尾。

（一四）降六师品第十四

【提要】佛陀在王舍城竹园时，与一千二百五十名比丘周游毗舍离、拘睒弥、越祇、特叉尸利婆罗奈、迦毗罗卫、舍卫等国，显神通降伏富兰那等六名邪师所亲弟子，并为洴沙王说因果报应。

【原文】是時化醫，即往雪山，取諸藥草，擔還王宮，以乳煎之，與大夫人。夫人嫌臭，情又不信，化醫歸天，後不肯服；餘小夫人，盡共分服，服未經久，尋覺有娠。各以情事白大夫人。夫人聞已，情乃憂悔，即問："所服有餘殘不?"答言："已盡。"復問："前草今者在不?"答言："猶在。"尋勅取乳，更用重煎，持與夫人，夫人便服；服之數日，亦覺有娠。（《大正藏》卷四第 364 页）

【评说】记载了佛陀时代一种特殊的煎药方式：用乳煎药。

【原文】乃往過去無量難計阿僧祇劫，此閻浮提，有一大國，名波羅湴，國有仙山，名曰律師。時仙山中，有一辟支佛，身有風患，當須服油，至油師家，從其乞索。（《大正藏》卷四第 365 页）

【评说】佛陀时代服油治疗风病。

卷 第 三

（一五）锯陀身施品第十五

【提要】佛陀在罗阅祇耆阇崛山为阿难说提婆达多中伤佛陀的前世因缘。

【原文】一時佛在羅閱祇耆闍崛山中。爾時世尊！身有風患，祇域醫王，為合藥酥，用三十二種諸藥雜合，令佛日服三十二兩。時提婆達常懷嫉妬，心自高大望與佛齊，聞佛世尊服於藥酥，情中貪慕，欲同佛服，復勅祇域："當與我合。"爾時祇域，復與合之，因語之言："日服四兩。”提婆達問：“佛服幾兩?”祇域答言：“日三十二兩。”提婆達言：“我亦當服三十二兩。”祇域答言：“如來身者，不與汝同，汝若多服，必更為患。”提婆達言：“我若服之，自足能消，我身佛身，有何差别？但與我服。”即習效佛，日日亦服三十二兩，藥在體中流注諸脈，身力微弱不能消轉，舉身支節，極患苦痛，呻吟嗅呼，煩憒宛轉。世尊憐愍，即遥申手以摩其頭，藥時即消痛患即除。病既得愈，看識佛手，因而言曰：“悉達餘術，世不承用，復學醫道，善能使知。”(《大正藏》卷四第 366 页)

【评说】佛陀患风病，医生(祇域医王)采用三十二种药物合成的药酥治疗；提婆达多亦患此病不听医生劝告超剂量服药，导致肢体关节疼痛，内心烦愦不安。可见佛陀时代的药物学水平达到了一个相当高的水平，已经认识到超量服药的危害，主张因人给药。

(一六) 微妙比丘尼品第十六(丹本此品在第四卷为第十九)

【提要】佛陀在舍卫国祇陀精舍时，微妙比丘尼为五百出身高贵的比丘尼说自己皈依佛陀的经过，强调淫欲的危害。

【原文】爾時有梵志子，聰明智慧，聞我端正，即遣媒禮，娉我為婦，遂成室家，後生子息。夫家父母，轉復終亡。我時妊娠，而語夫言：“今我有娠，穢污不淨，日月向滿，儻有危頓，當還我家見我父母。”夫即言善。遂便遺歸，至於道半，身體轉痛，止一樹下，時夫别臥，我時夜產，污露大出，毒蛇聞臭，即來殺夫。我時夜喚數反無聲，天轉向曉，我自力起，往牽夫手，知被蛇毒，身體腫爛，支節解散。我時見此，即便悶絕。(《大正藏》卷四第 367 页)

【评说】记载了孕妇夜晚野外分娩，恶露流于地、毒蛇循味而来、啮咬其夫、其夫中毒而死的情形。

【原文】乃往過世，有一長者，財富無數，無有子息，更取小婦，雖小家女，端正少雙，夫甚愛念，遂便有娠。十月已滿，生一男兒，夫妻敬重，視之無厭。大婦自念：“我雖貴族，現無子息可以繼嗣；今此小兒，若其長大，當領門戶，田財諸物，盡當攝持。我唐勞苦，積聚財產，不得自在。”妬心即生，不如早殺，内計已定，即取鐵針，刺兒顖上，令沒不現。兒漸痟瘦，旬日之間，遂便喪亡。(《大正藏》卷四第 368 页)

【评说】记载了用铁针刺小儿囟门致其死亡的案例。

卷 第 四

(二二) 摩诃斯那优婆夷品第二十一(丹本无此品)

【提要】佛陀在舍卫国祇洹精舍，针对女子摩诃优波斯那割股肉施于患病比丘一事，制定不得食三不净肉的戒律。

【原文】爾時世尊，為諸大眾說五戒法，所謂不殺得長壽，不盜得大富，不邪婬得人敬愛念，不妄語得言見信用，不飲酒得聰明了達。(《大正藏》卷四第 373 页)

【评说】佛陀阐述了信守五戒的好处：长寿、大富、受人敬爱、信用、聪明了达。

【原文】時優婆夷，歡喜踊躍，自思惟言：“佛於百劫，精勤苦行，唯為我耳，以佛恩故，乃

使鬼王為我姊妹。”便不寢寐，天垂欲曉，方得少眠。（《大正藏》卷四第373页）

【评说】兴奋过度导致入睡困难。

【原文】時優波斯那，即起洗手，告語家屬及諸隣比：“汝應作食，汝應燃火，汝應取水，汝應敷席，汝應取花。”如是種種，分部訖已，即自取藥，擣末擣和。（《大正藏》卷四第374页）

【评说】可见药物也是供养出家人的物品。

【原文】白已禮足而退，次第觀諸比丘所止宿處，最後見有一病比丘臥草窟中，即問：“大德！何所苦患？”比丘答言：“道路行來，四大不調，困苦少賴。”優婆夷言：“大德所患，便宜何食？”答言：“醫處當服新熱肉汁。”

……

時優婆夷倍增憂惱，念：“病比丘已受我請，而我設當不供所須，或能失命，便是我咎；當設何計？”念是事已，重自思惟：“往昔菩薩，以一鴿故，猶自屠割，不惜身肉；況此比丘，於鴿有降，我寧不可愛自己身肉而不濟？”彼作是念已，將一可信常所使人，却入靜室，淨自洗身，踞坐床上，勑使人言：“汝今割我股裹肉取。”爾時使人如教，即以利刀割取。當割肉時，苦痛逼切，悶絕躄地。時婢即以白氎纏裹。既取肉已，合諸藥草，煮以為臛，送疾比丘。比丘受是信心檀越所送食已，疾即除愈。（《大正藏》卷四第374-375页）

【评说】记载了佛陀时代用新鲜肉煮药草治疗疾病。

【原文】夫婆羅門，于時不在，行遠問言：“摩訶斯那，為何所在？”答：“某房中。”其夫往見，顏色變異，不與常同，即便問言：“汝今何緣，憔悴乃爾？”對曰：“我今為病所侵。”其夫憂愁，尋集諸醫，診其所患。醫集問言：“汝有何疾？所疾發動，其來久如？有休間不？”答言：“我病一切時痛，如今疼苦無復休間。”時醫察脈，不知所痛，默然還出。（《大正藏》卷四第375页）

【评说】记载了佛陀时代医师诊察疾病的过程：询问病情、察脉。

【原文】爾時如來，放大光明，諸遇佛光觸其身者，狂者得正，亂者得定，病者得愈。時優波斯那，遇佛光已，苦痛即除。爾時舍神，以水洗瘡，以藥塗之，平復如故。（《大正藏》卷四第376页）

【评说】刀割之伤用水清洗，敷药后可愈合。

（二三）出家功德尸利苾提品第二十二（丹本此品在第七卷三十三）

【提要】佛陀在摩伽陀国王舍城迦兰陀竹园度百岁长者尸利苾提出家修行，弟子目连显神通为其说法。

【原文】諸比丘言：“彼舍利弗智慧第一，尚不聽汝，我等亦復不聽汝也。譬如良醫，善知瞻病，捨不療治，餘諸小醫，亦悉拱手，當知是人，必有死相。”（《大正藏》卷四第377页）

【评说】佛陀时代已经认识到医生的诊疗水平存在很大的差异，良医认为无法治疗的疾病，普通医生更毫无办法。

卷 第 六

(三一)月光王头施品第三十(丹本此品却在五卷为二十八)

【提要】佛陀在毗舍离菴罗树园时,舍利弗不忍见佛陀般涅槃,征得佛陀同意先行般涅槃。

【原文】時舍利弗聞于世尊當般涅槃,深懷歎感,因而說曰:"如來涅槃,一何疾耶?世間眼滅,永失恃怙。"又白佛言:"我今不忍見於世尊而取滅度,今欲在前而入涅槃。唯願世尊!當見聽許。"如是至三。世尊告曰:"宜知是時,一切賢聖,皆常寂滅。"時舍利弗,得佛可已,即整衣服長跪膝行,繞佛百匝,來至佛前,以若干偈,讚歎佛已,捉佛兩足敬戴頂上,如是滿三,合掌侍佛,困而言曰:"我今最後,見於世尊。"叉手肅敬却行而去。將沙彌均提,詣羅閱祇,至本生地。到已即勑沙彌均提:"汝往入城,及至聚落,告國王大臣舊故知識諸檀越輩,來共取別。"爾時均提禮師足已,遍行宣告:"我和上舍利弗,今來在此,欲般涅槃,諸欲見者宜可時往。"爾時阿闍世王,及國豪賢檀越四輩,聞均提語,皆懷慘悼異口同音,而說是言:"尊者舍利弗!法之大將,眾生之類之所親仰。今般涅槃,一何疾哉?"各自馳奔,來至其所,前為作禮,問訊已竟,各共白言:"承聞尊者,欲捨身命至于涅槃,我曹等類,失於恃怙。"時舍利弗,告眾人言:"一切無常,生者皆終,三界皆苦,誰得安者?汝等宿慶,生值佛世,經法難聞,人身難得,念懃福業,求度生死。"如是種種,若干方便,廣為諸人,隨病投藥。爾時眾會,聞其所說,有得初果乃至三果,或有出家成阿羅漢者,復有誓心求佛道者,聞說法已,作禮而去。(《大正藏》卷四第 387-388 页)

【评说】"广为诸人,随病投药",舍利弗根据每个人的烦恼分别授以对治的方法。此处的病当为烦恼即精神上的痛苦。

【原文】於時邊表,有一小國,其王名曰毘摩斯那。聞月光王美稱高大,心懷嫉妬,寢不安席,即自思惟:"月光不除,我名不出。當設方便請諸道士,慕求諸人,用辦斯事。"……時毘摩斯那益增愁憒,即出廣募周遍宣令:"誰能為我得月光王頭,共分國半治,以女妻之。"爾時山脇有婆羅門,名曰勞度差,聞王宣令來應王募。王甚歡喜,重語之言:"苟能成辦,不違信誓。若能去者,當以何日?"婆羅門曰:"辦我行道糧食所須,却後七日便當發引。"時婆羅門作呪自護,七日已滿,便來辭王,王給所須,進路而去。

……

婆羅門言:"一切外物,雖用布施,福德之報,未為弘廣;身肉布施,其福乃妙。我故遠來,欲得王頭。若不辜逆,當見施與。"王聞是語,踊躍無量。婆羅門言:"若施我頭,何時當與?"王言却後七日當與汝頭。爾時大月大臣,擔七寶頭,來用曉謝,腹拍其前,語婆羅門言:"此王頭者,骨肉血合,不淨之物,何用索此?今持爾所七寶之頭,以用貿易。汝可取之,轉易足得終身之富。"婆羅門言:"我不用此,欲得王頭,合我所志。"時大月大臣,種種諫曉永不迴轉,即時憒感,心裂七分,死於王前。

……

時婆羅門,便從地起,還更取刀,便斫王頭,頭墮手中。(《大正藏》卷四第 388-389 页)

【评说】“即时愤感，心裂七分，死于王前”，愤怒异常可导致猝死。

【原文】爾時天地，六反震動，諸天宮殿，搖動不安，各懷恐怖，怪其所以。尋見菩薩，為一切故，捨頭布施，皆悉來下，感其奇特，悲淚如雨，因共讚言：“月光大王，以頭布施，於檀波羅蜜，今便得滿。”是時音聲，普遍天下。彼毘摩羨王聞此語已，喜踊驚愕，心擗裂死。（《大正藏》卷四第390页）

【评说】“彼毘摩羡王闻此语已，喜踊惊愕，心擗裂死”，狂喜导致猝死。

（三二）快目王眼施缘品第二十七

【提要】佛陀在舍卫国祇树给孤独园为比丘说其前身须提王为盲婆罗门施眼的故事。

【原文】一時佛在舍衛國祇樹給孤獨園。爾時世尊，大眾圍遶，而為說法，城中人民，樂聽法者，往至佛所，前後相次。時城中有盲婆羅門，坐街道邊，聞多人眾行步駛疾，即問行人：“此多人眾，欲何所至？”行人答曰：“汝不知耶？如來出世，此難值遇，今在此國，敷演道化。我等欲往聽其說法。”此婆羅門，而有一術，眾生之中，有八種聲，悉能別識，知其相祿。何謂八種？一曰烏聲，二曰三尺烏聲，三曰破聲，四曰鴈聲，五曰鼓聲，六曰雷聲，七曰金鈴聲，八曰梵聲。其烏聲者，其人受性，不識恩養，志不廉潔。三尺烏聲者，受性凶暴，樂為傷害，少於慈順。其破聲者，男作女聲，女作男聲，其人薄德貧窮下賤。其鴈聲者，志性勳了，多於親友，將接四遠。其鼓聲者，言辭辯捷，解釋道理，必為國師。其雷聲者，智慧深遠，散析法性，任化天下。金鈴聲者，巨富饒財，其人必積千億兩金。其梵聲者，福德彌高，若在家者，作轉輪聖王，出家學道，必得成佛。（《大正藏》卷四第390页）

【评说】佛陀时代已有根据人的声音判断其性格的方法。

【原文】謀未及就，事已發露，王合兵眾，欲往誅討。時勞陀達，知王欲收，即便乘疾馬，逃走而去，兵眾尋逐。彼勞陀達，素善射術，又知人身著射應死處凡有十八，兵眾雖逮，不敢能近，逕得徹到富迦羅拔國。（《大正藏》卷四第391页）

【评说】佛陀时代已观察到人身上有十八处地方中箭即亡。

（三四）富那奇缘品第二十九

【提要】佛陀在舍卫国祇树给孤独园时，放钵国长者之子富那奇出家的经过。

【原文】爾時長者，遇疾困篤，數召諸醫，瞻養其病，看視醫師，甘饍盡供。醫貪利養，欲遣殘病，逆懷姦詐，更與餘藥，使病不瘥。（《大正藏》卷四第393页）

【评说】佛陀时代已有贪求财富的医师故意拖延治疗周期以获得更多财物。

（三五）尼提度缘品第三十

【提要】佛陀在舍卫国祇树给孤独园度清扫粪便为生的尼提出家修行。

【原文】一時佛在舍衛國祇樹給孤獨園。爾時舍衛城中，人民眾多，居止隘迮，廁溷尠少，大小便利，多往出城。或有豪尊，不能去者，便利在器中，雇人除之。（《大正藏》卷四第397页）

【评说】佛陀时代城邦中已有专人负责粪便的收集清理。

卷　第　七

（三七）梨耆弥七子品第三十二（丹本此品在第四卷为第二十）

【提要】佛陀在舍卫国祇树给孤独园为阿难说毗舍离三十二子的前世故事。

【原文】時王夫人，欻得篤疾，召問諸醫治病所由。中有醫言："當須海渚粳米作食，食之爾乃可差。"……時梨耆彌，即送與王，尋用作食，以與夫人。夫人食已，病得除愈。王甚歡喜，大與賞賜。（《大正藏》卷四第400页）

【评说】海渚粳米可治疗疾病。

【原文】當於是日，其毘舍離，請佛及僧就家供養，見王送函，謂為致供來相助辦，便欲開看。世尊告曰："且住勿解，須待食竟。"食飽已訖，便命令坐，為其說法。"此身無常苦空無我，生多危懼，不得久立，眾惱纏縛，辛酸難計，恩愛別離互相悲戀，唐困身識，於道無益。唯有智者，能解此惡。"時毘舍離，霍然情悟，得阿那含道，歡喜合掌，白世尊言："唯垂矜愍！見賜四願：一者諸病比丘，給足湯藥隨病飲食。二者看病比丘亦給其食。三者遠來比丘，先供養之。四者遠行比丘，給辦糧餉。所以者何？諸病比丘，由無湯藥好飲食故，其病難差，或復沒命。瞻病比丘，由無食故，當捨乞食，早晚無時，病人所須或能差錯，違心恚怒，病則難愈，以是之故，當施其食。諸有他方遠來比丘，初到異土，未有知識，若行乞食，或值惡狗，或逢弊人，儻能瞋恚，傷損毀辱，以是之故，當先與食。遠去比丘，當須伴侶，由無糧餉，或不逮伴，道路遐險，多諸毒獸，設當獨涉或致危難。我以是故，當供給之。"（《大正藏》卷四第401页）

【评说】佛陀时代已经认识到缺乏必要的药物和饮食不利于疾病的痊愈。

卷　第　八

（三九）盖事因缘品第三十四（丹本为三十八）

【提要】佛陀在罗阅祇竹林精舍为阿难说其前生刹罗伽利王时的故事。

【原文】時辟支佛，患身不調，往問藥師。藥師語曰："汝有風病，當須服乳。"時彼國中，有一薩薄，名曰阿利耶蜜羅，晉言聖友。時辟支佛，往告其家，陳病所由，從其乞乳。薩薄歡喜，便請供養，日給其乳，經於三月。三月已竟，身病得差……（《大正藏》卷四第404页）

【评说】佛陀时代服乳治疗风病。

卷　第　九

（四二）善事太子入海品第三十七（丹本此品却在九卷为四十二）

【提要】佛陀在罗阅祇耆阇崛山中为阿难说自己的前生迦良那伽梨太子的故事。

【原文】波婆伽梨，起入林中，林中有樹，其刺極利，即取兩枚，各長尺五，持來兄邊，兄眠甚重，一手捉刺，當其眼宕，刺令沒刺，收寶而去。太子苦痛，高聲急喚："波婆伽梨！波婆伽

梨！此中有贼。"唤經數返無有應者。

爾時樹神語太子言："波婆伽梨，是汝之賊，刺汝眼竟，持汝珠去。"於是太子宛轉辛苦，匍匐而行，漸小前進，到梨師跋陀國。至於澤宕，值五百頭牛來到其邊，有一牛王，見於太子，憐敬兼懷，出舌舐之，餘牛悉集，愕住共視。時牧牛人，來前試看，乃覩太子臥在于地，見其眼中，有是長刺，觀其形相，又知非凡，即為拔刺，將至住處，常以酥乳，著其瘡中，飲食供給，隨其瞻養。復經數時，眼瘡漸差，主人承事，未曾懈廢。(《大正藏》卷四第413页)

【评说】用酥乳治疗眼睛外伤。

卷第十一

(五二) 无恼指鬘品第四十五(丹本为五十一)

【提要】佛陀在舍卫国祇树给孤独园度化鸯仇摩罗出家。

【原文】有一仙人，住仙山中，時駁足王，恒常供養，日日食時，飛來入宮，不食餚饍，粗食麤供。偶值一日仙人不來，天神知之，化作其形，欲來入宮。宮神猶識，不聽前人。遙在門外，白王求通，王聞仙人在外索現，怪其所以，急勑聽入。是時宮神，聞王有教即休不遮。徑前得入，坐於仙人常坐之處，辦如常食，以用供養。時化仙人，不肯就食，即語王言："此食麤惡，又無肉魚，云何可噉?"王即白言："大仙自來，恒食清素，故令不辦肉魚餚饍。"化仙又告："自今已後，莫設麤供，但肉為食。"即如語辦，食已還去。後到明日，舊仙飛來，為設餚饍種種諸肉，仙人瞋恚，怨憒於王。王言："大仙昨日勑如是作。"仙人語言："昨日有患，斷食一日，不來是間，誰語汝曹？但相輕試，故復爾耳。令王是後十二年中，恒食人肉。"(《大正藏》卷四第425页)

【评说】佛陀时代已有断食治病的方式。

卷第十二

(五五) 檀弥离品第四十八(丹本为五十五)

【提要】佛陀在王舍城竹园之中，度拘萨国长者之子檀弥离出家证道。

【原文】時王子流離，被純熱病，至為困悴，諸醫處藥，須牛頭栴檀用塗其身，當得除愈。(《大正藏》卷四第430页)

【评说】记载了用牛头栴檀涂抹身体治疗热病。

【原文】彌離夫人，在其殿上，所坐之床，用紺琉璃，更有妙床，請王令坐。彌離夫人，眼即淚出。王問之言："何以淚出？不相喜耶?"夫人答言："王來大善！但王衣服，有微烟氣，令我淚出，非是相憎。"(《大正藏》卷四第431页)

【评说】衣服上的烟气刺激使人流泪。

杂宝藏经(有九缘)

元魏西域三藏吉迦夜共昙曜译

卷　第　一

(二)王子以肉济父母缘

【提要】佛陀在舍卫国时为阿难说前世供养父母的故事。

【原文】睒摩迦父時語婦言:“我眼瞤動,將非我孝子睒摩迦有衰患不?”婦復語夫:“我乳亦惕惕而動,將非我子有不祥事不?”時盲父母,聞王行聲索索,心生恐怖。(《大正藏》卷四第 448 页)

【评说】佛陀时代有父母与孩子之间存在心灵感应的说法。

(九)鹿女夫人缘

【提要】佛陀在王舍城祇耆阇崛山中为诸比丘说鹿女夫人的故事,强调供养父母与供养贤圣同样重要。

【原文】佛在王舍城耆闍崛山中,告諸比丘:“有二種法,能使於人疾得人天,至涅盤樂。有二種法,能使於人速墮三惡,受大苦惱。”

“何等二法,能使於人疾得人天,至涅盤樂?”

佛言:“一者供養父母,二者供養賢聖。”(《大正藏》卷四第 452 页)

【评说】佛陀认为,供养父母与供养贤圣一样重要。

卷　第　三

(三四)二辅相谗构缘

【提要】佛陀在王舍城时,提婆达多毒害佛陀未成。

【原文】佛在王舍城,提婆達多,作種種因緣,欲得殺佛,然不能得。時南天竺國,有婆羅門來,善知呪術,和合毒藥。(《大正藏》卷四第 464 页)

【评说】佛陀时代婆罗门阶层掌握咒术和药物之学。

【原文】惡意自知有罪,便走向毘提醯王所,作一寶篋,盛二惡蛇,見毒具足,令毘提醯王,遣使送與彼國國王并及斯那:“二人共看,莫示餘人。”王見寶篋,極以嚴飾,心大歡喜,即喚斯那,欲共發看。斯那答言:“遠來之物,不得自看,遠來菓食,不得即食。何以故?彼有惡人,或能以惡來見中傷。”王言:“我必欲看。”慇懃三諫,王不用語。復白王言:“不用臣語,王自看之,臣不能看。”王即發看,兩眼盲冥,不見於物。斯那憂苦,愁悴欲死,遣人四出,遍歷諸國,遠覓良藥。既得好藥,以治王眼,平復如故。(《大正藏》卷四第 464-465 页)

【评说】因中蛇毒致盲者经药物治疗后恢复视力。

卷 第 六

(七五) 差摩释子患目归依三宝得眼净缘

【提要】佛陀在释氏园时,因差摩眼病令阿难授其净眼修多罗(咒语)。

【原文】差摩釋子以患眼故,有種種色,不得見之。差摩釋子,即念世尊:“南無與眼者,南無與明者,南無除闇者,南無執炬者,南無婆伽婆,南無善逝。”

佛以淨天耳過於人耳,聞其音聲,語阿難言:“汝去,今以章句,擁護差摩釋,為作救作守作牧,滅除災患,為四眾,作利作益作安樂住。”

爾時世尊,為差摩釋說淨眼修多羅:“多折他施利彌利棄利醯醯多。以此淨眼呪,使差摩釋眼得清淨,眼瞙得除。若是風翳,若是熱翳,若是冷翳,若是等分翳,莫燒,莫煮,莫腫,莫痛,莫痒,莫流淚,戒實,苦行實,仙實,天實,藥實,呪句實,因緣實,苦實,習實,滅實,道實,阿羅漢實,辟支佛實,菩薩實。如是稱差摩釋名,餘人亦如是稱名,便得眼淨,得眼淨已,使闇除,使瞙除。若是風翳,若熱翳,若是冷翳,若等分翳,莫燒,莫煮,莫腫,莫痛,莫痒,莫流淚。阿難!如是章句,如是六佛世尊,我今第七,亦作是說,四天王亦說是呪,帝釋亦說,梵王并諸梵眾,亦隨歡喜。”

“阿難!我不見若天,若人,若魔,若梵,若沙門眾,若婆羅門眾,若人,若天,三說是章句,若翳,若闇,若瞙,若腫,若眼青,若眼中瑕出,若是天作,若是龍作,若夜叉作,若阿修羅作,若究槃茶作,或餓鬼作,或毘舍作,或毒所作,或惡呪作,或蠱道作,或毘陀羅呪作,或是惡星作,或諸宿作。”(《大正藏》卷四第 478-479 页)

【评说】佛陀传授净眼修多罗(咒语),主治各种眼病。

(七八) 长者请舍利弗摩诃罗缘

【提要】摩诃罗不听从舍利弗劝告,不辨情况妄诵咒语处处挨打。

【原文】佛言:“爾時估客得王女者,舍利弗是。割截耳鼻者,摩訶羅是。宿緣如此,非但今日。自今已後,諸比丘等!若欲說法呪願,當解時宜,應修習布施,持戒,忍辱,精進,禪定,智慧,憂悲喜樂,宜知是時及以非時,不得妄說。”(《大正藏》卷四第 480 页)

【评说】佛陀主张要因时因地因人说法,值得我们效法。

卷 第 七

(七九) 婆罗门以如意珠施佛出家得道缘

【提要】佛陀在舍卫国为南天竺婆罗门说金刚珠的来历和用处,并度其出家。

【原文】佛言:“此珠磨竭大魚腦中出,魚身長二十八萬里,此珠名曰金剛堅也。有第一力耐,使一切被毒之人,見悉消滅,又見光觸身,亦復消毒。第二力者,熱病之人,見則除愈,光觸其身,亦復得差。第三力者,人有無量百千怨家,捉此珠者,悉得親善。”……仙人答言:“此樹名金頂,若人被毒,垂命欲死,此樹下坐,即得消滅。熱病之人,依此樹者,亦復得除。以此樹葉觸人身者,所有毒氣,及與熱病,悉皆得除。”(《大正藏》卷四第 480-481 页)

【评说】佛陀时代用磨竭鱼脑珠、金顶树叶治疗热病、解毒。

（八〇）十力迦叶以实言止佛足血缘

【提要】佛陀的脚被迦陀罗刺刺伤出血。

【原文】爾時如來，被迦陀羅刺刺其脚足，血出不止，以種種藥塗，不能得差。諸阿羅漢，於香山中，取藥塗治，亦復不降。十力迦葉，至世尊所，作是言曰："若佛如來，於一切衆生，有平等心，於羅睺羅、提婆達多等無有異者，脚血應止。"即時血止，瘡亦平復。比丘歎言："種種妙藥，塗治不止，迦葉實言，血則尋止。"（《大正藏》卷四第 481 页）

【评说】佛陀的脚被迦陀罗刺刺伤出血，用药涂抹不愈。

（八二）佛为诸比丘说利养灾患缘

【提要】佛陀在舍卫国为一万二千比丘说贪图利养的危害。

【原文】佛語諸比丘："利養者是大災害，能作障難，乃至羅漢，亦為利養之所障難。"比丘問言："能作何障？"佛言："利養之害，破皮，破肉，破骨，破髓。云何為破？破持戒之皮，禪定之肉，智慧之骨，微妙善心之髓。"（《大正藏》卷四第 481 页）

【评说】佛陀阐述了贪图物质享受的危害，指出对于一个出家修行之人，持戒是外显的行为（皮），禅定是修行的主要内容（肉），智慧是修行的指针，善心是修行的精髓。

（八五）长者以好蜜浆供养行人得生天缘

【提要】佛陀在舍卫国时，须达长者用好水、好蜜供养佛陀和行人。

【原文】昔舍衛國，有一長者，於祇洹林，求空閑地，欲造房舍。須達長者，遍已作竟，無復空處，便於祇洹大門之中，以好淨水，用種種蜜種種之麨作漿，供給一切行人。九十日後，佛亦受之。（《大正藏》卷四第 482 页）

【评说】佛陀时代已有个人慈善活动。

（九四）月氏国王与三智臣作善亲友缘

【提要】月氏國王栴檀罽尼吒停止攻伐，精勤修行。

【原文】時月氏國有王，名栴檀罽尼吒，與三智人，以為親友，第一名馬鳴菩薩，第二大臣，字摩吒羅，第三良醫，字遮羅迦，如此三人，王所親善，待遇隆厚，進止左右。……第三良醫，復白王言："大王若能用臣語者，使王一身之中，終不橫死，百味隨心，調適無患。"王如其言，未曾微病。（《大正藏》卷四第 484 页）

【评说】佛陀时代医术高明的医生社会地位极高。

卷　第　九

（一〇九）妇女厌欲出家缘

【提要】美貌女子出家修行的故事。

【原文】昔有一婦女，端政殊妙，於外道法中出家修道。時人問言："顏貌如是，應當在俗，何故出家？"女人答言："如我今日，非不端政，但以小來厭惡婬欲，今故出家。我在家時，

以端政故，早蒙分處，早生男兒，兒遂長大，端政無比，轉覺羸損，如似病者。我即問兒病之由狀，兒不肯道，為問不止，兒不獲已，而語母言：'我正不道，恐命不全；正欲具道，無顏之甚。'即語母言：'我欲得母以私情欲，以不得故，是以病耳。'母即語言：'自古以來，何有此事？'復自念言：'我若不從，兒或能死，今寧違理，以存兒命。'即便喚兒，欲從兒意。兒將上床，地即劈裂，我子即時生身陷入，我即驚怖，以手挽兒，捉得兒髮。而我兒髮，今日猶故在我懷中。感切是事，是故出家。"(《大正藏》卷四第492页)

【评说】关于佛陀时代已有恋母情结的记载。

卷 第 十

(一一六) 优陀羡王缘

【提要】尊者迦栴延为优陀羡王大臣说善恶必极。

【原文】王素善相，見夫人舞，覩其死相，尋即捨琴，慘然長歎。(《大正藏》卷四第495页)

【评说】佛陀时代已有根据面相判断人的死期的记载。

杂 譬 喻 经

后汉月支沙门支娄迦谶译

【提要】国王萨和檀舍自身肉救治病人。

(六)

【原文】昔有一病人，眾醫不能治差，徑來投國王，王名薩和檀，以身歸大王："慈願治我病。"王即付諸師，勅令為治病。諸醫啟王："此藥不可得。"王問諸師曰："其藥名何等？""世無五毒人其肉中作湯，服此便得差。何等為五毒？一者無貪婬心，二者無瞋恚心，三者無愚癡心，四者無妬嫉心，五者無尅虐心。若有此人者，其病便愈。"王告諸師曰："此人來歸我，唯我無此毒。"即割身上肉與之令合湯，病者服愈便發摩訶衍。(《大正藏》卷四第500页)

【评说】记载了佛陀时代以人肉入药的习俗，与当今医学认知不符。

杂 譬 喻 经

失译人名附后汉录

卷 上

【提要】菩萨如乳母哺育婴儿以善巧方便度人。

（一）

【原文】 菩薩度人，譬若巧乳母養子，有四事：一者洗浴使淨、二者乳哺令飽、三者臥寐安穩、四者抱持出入恒使歡喜。以此四事長養其子令得成就。菩薩亦復如是，有四事育養眾生：一者以正法洗浴心垢、二者以經法飲食使飽、三者禪定三昧隨時興立、四者以四恩饒益一切恒令歡喜。以此四事勸誨一切，長育眾生使得至道。（《大正藏》卷四第502页）

【评说】 此段经文描述了抚养婴儿的原则。

旧杂譬喻经

吴天竺三藏康僧会译

【提要】 旧杂譬喻经是一部集经，采用譬喻的方法说明佛法。

卷　上

（二）

【提要】 以孔雀追逐青雀之喻，说明痴毒的危害。

【原文】 時國王夫人有疾，夜夢見孔雀王，寤則白王："王當重募求之。"王命射師："有能得孔雀王來者，賜金百斤；婦以女女之。"諸射師分布諸山，見孔雀從一青雀，便以蜜麨處處塗樹。孔雀日日為青雀取食，如是玩習，人便以蜜麨塗己身，孔雀便取蜜麨，人則得之。語人言："我以一山金相與，可捨我。"人言："王與我金并婦，足可自畢已。"便持白王。孔雀白大王："王重愛夫人故相取，願乞水來呪之，與夫人飲澡浴，若不差者相殺不晚。"王則與水令呪，授與夫人飲，病則除。宮中內外諸有百病，皆因此水悉得除愈，國王人民來取水者無央數。（《大正藏》卷四第511页）

【评说】 佛陀时代有使用念过咒语的水治疗疮疡的习俗。

（六）

【提要】 论说了贪图享乐的危害。

【原文】 昔有羅漢，與沙彌於山中行道，沙彌日日至道人家取飯。道經歷堤基上行，崎嶇危嶮常蹭地覆飯污泥土，沙彌取不污飯著師鉢中，取污飯澡洗食之，如是非一日。師曰："何因澡棄飯味？"答曰："行乞去時晴還雨，於堤基蹭地覆飯。"師默然禪思之，知是龍嬈沙彌，便起到堤上，持杖叩擻之。龍化作老翁來，頭面著地。沙門言："汝何因嬈我沙彌乎？"答曰："不敢嬈，實愛其容貌耳。"龍言："何以日見其行？"師曰："行乞飯。"龍言："從今日為始，願日日於我室食，畢我壽命。"沙門默然受請。還語沙彌："汝往乞，止彼食，勿復持飯來。"沙彌日日於彼食，後見師鉢中有兩三粒飯，香美非世間飯，問和上曰："於天上飯乎？"師默不應。沙彌便伺師知於何許飯，便入床下持床足，和上坐禪定意，床相隨俱飛到龍七寶殿上，龍及婦諸婇女，俱為沙門作禮，

復為沙彌作禮。師乃覺呼出:“正汝心勿動,此非常之像,何因污意?”飯已即將還,語之:“彼雖有殿舍七寶婦人婇女,故為畜生耳。汝為沙彌,雖未得道,必生忉利天上,勝彼百倍,勿以污意。”語沙彌言:“此百味飯入口即化成蝦蟆,意惡吐唾,逆反已乃却,飯不復入。二曰婦女端正無比,欲為夫婦禮,化成兩蛇相交。三曰龍背有逆鱗,沙石生其中,痛乃達心胸。龍有此三苦,汝何因欲之?”沙彌不應,遂晝夜思想,於彼不食,得病而死。(《大正藏》卷四第 511-512 页)

【评说】沙弥贪图欲乐不得,思虑过甚而亡。

(九)

【提要】佛陀强调精进修行的重要性。

【原文】時有一大姓,貧無以供佛者,白言:“願比丘眾有欲得藥者,某悉當給之。”時有一比丘,身體有疾,大姓以一甘果與之食,比丘得安隱除愈。(《大正藏》卷四第 512 页)

【评说】记载了甘果(具体不详)可以治疗疾病。

(十三)

【提要】佛家强调斋戒的重要性。

【原文】師曰:“一日持齋,有六十萬歲糧,復有五福:一曰少病,二曰身安隱,三曰少婬意,四曰少睡臥,五曰得生天上常識宿命所行也。”(《大正藏》卷四第 513 页)

【评说】佛陀时代认为,斋戒可以减少疾病、安稳心身、减少淫欲和过多的睡眠。

(一五)

【提要】天帝讲述“四谛”的重要性。

【原文】天帝化作四姓身體語言乘車來還,勅外人有詐稱四姓驅逐捶之。四姓晚還,門人罵詈令去。天帝盡取財物大布施,四姓亦不得歸,財物盡,為之發狂。(《大正藏》卷四第 513 页)

【评说】记载了佛陀时代一人因失去财物而愤怒不已,失去控制。

(一八)

【提要】讲述人大多贪图男女之乐。

【原文】昔有國王持婦女急,正夫人謂太子:“我為汝母,生不見國中,欲一出,汝可白王。”如是至三。太子白王,王則聽,太子自為御車,出群臣於道路,奉迎為拜夫人,出其手開帳,令人得見之。太子見女人而如是,便詐腹痛而還。夫人言:“我無相甚矣。”太子自念:“我母當如此,何況餘乎?”夜便委國去,入山中遊觀。時道邊有樹,下有好泉水,太子上樹,逢見梵志獨行來入水池,浴出飯食,作術吐出一壺,壺中有女人,與於屏處作家室。梵志遂得臥,女人則復作術,吐出一壺,壺中有年少男子,復與共臥已便吞壺。須臾梵志起,復內婦著壺中,吞之已,作杖而去。太子歸國白王:“請道人及諸臣下,持作三人食,著一邊。”梵志既至言:“我獨自耳。”太子曰:“道人當出婦共食。”道人不得止,出婦。太子謂婦:“當出男子共食。”如是至三,不得止,出男子共食已便去。王問太子:“汝何因知之?”答曰:“我母欲觀國中,我為御車,母出手令人見之。我念女人能多欲,便詐腹痛還。入山見是道人藏婦腹中當有姦,如是女人姦不可絕,願大工赦宮中自在行來。”王則勅後宮中,其欲行者從志也。師曰:“天下不可信女人也。”(《大正藏》卷四第 514 页)

【评说】佛陀时代社会上有轻视女人的陋习。

（一九）

【提要】论述了深入思考的重要性。

【原文】昔有二人從師學道，俱去到他國。於道路見象迹，一人言："此母象懷雌子，象一目盲，象上有一婦人懷女兒。"一人言："爾何知？"曰："以意思知也。汝不信者，前到當見之。"二人俱及象，悉如所言，至後象與人俱生如是。一自念："我與俱從師學，我獨不見要。"後還白師："我二人俱行，此人見一象迹，別若干要而我不解，願師重開講我，不偏頗也。"師乃呼一人問："何因知此？"答曰："是師所常道者也。我見象小便地，知是雌象，見其右足踐地深，知懷雌也，見道邊右面草不動，知右目盲。見象所止有小便，知是女人，見右足蹈地深，知懷女，我以纖密意思惟之耳。"師曰："夫學當以意思惟乙密乃達之也。夫簡略者不至，非師之過也。"（《大正藏》卷四第 514 页）

【评说】强调细心观察的重要性，值得医学工作者思考。

卷　下

（四二）

【提要】佛陀强调比丘要知足，坚持经行等修行活动。

【原文】明日沙門復來，小婦則出取鉢，以不淨著鉢中，以飯置上授還沙門。沙門持去，於山中適欲飯，見不淨則澡洗鉢，後不敢復往。小婦口中及身體則俱臭，人見皆走避，後壽終墮沸屎地獄，如是展轉三惡道數千萬歲，罪畢得為人，常思欲食大便不得，腹中絞痛。後為人婦，夜起盜食大便。如是數數，夫怪之，便往尋視，見婦食屎。（《大正藏》卷四第 517 页）

【评说】记载了一种异食癖：食粪便。

（五八）

【提要】佛陀度化性行刚憋之人。

【原文】昔有一國人民熾盛，男女大小廣為諸惡，性行剛憋兇暴難化。佛將弟子到其隣國，五百羅漢心自貢高，摩訶目揵連前白佛言："我欲詣彼度諸人民。"佛即聽之。往說經道，言當為善，若為眾諸惡其罪難測。覆一國人皆共搥罵不從其教，於是復還。舍利弗謂目揵連："欲教諸人當以智慧如更見毀。"舍利弗白佛："我欲詣彼勸度人民。"佛復聽往。為說經戒，復不從用而被唾辱。摩訶迦葉及尊弟子，合五百人以次遍往，不能度之咸見輕毀。阿難白佛："彼國人惡不受善教多所折辱，辱一羅漢其罪不訾，況乃違戾爾所人教，當獲重罪虛空不容。"佛言："此罪雖為深重，菩薩視之靜為無罪。"佛遣文殊師利，往度脫之。即到其國，都讚歎言："賢者所為何乃快耶？"詣其王所皆面稱譽，各令大小人人聞知，言某勇健、某復仁孝、某有膽慧，隨其所在應意嘆譽，皆歡喜不能自勝，言："此大人所說神妙，知我志操，何一快善。"眾人各持金寶香花，散菩薩上，咸持好疊錦綵衣服、甘脆美味飲食餚膳，供奉菩薩，皆發無上平等度意。（《大正藏》卷四第 520 页）

【评说】面对个性刚强、不服管教的人，由于教化方法不同，结果也不同：摩诃目犍教人行善，强调行恶当受无穷恶报，舍利弗要求严格守戒，两种方法都引起了众人的愤怒；文殊师

利则指出每个人的优点，博得大家的好感，愿意接受教化。可见因人施教的重要性。

（六一）

【提要】佛陀为目连、舍利弗讲述七岁儿童礼敬佛陀的前世缘因。

【原文】天從佛教晨夜自歸，却後七日天即壽盡，來下生於維耶離國，作長者子，在母胞胎日三自歸，始生墮地亦跪自歸。其母娩娠又無惡露，母旁侍婢怖而棄走，母亦深怪，兒墮地語，謂之熒惑，意欲殺之，退自念言："我少子怪，若殺此兒父必罪我。徐白長者，殺之不晚。"（《大正藏》卷四第522页）

【评说】佛陀时代已观察到妇女生产时当有恶露。

杂譬喻经

比丘道略集

（一〇）

【提要】兄弟两人前后世学道的经过。

【原文】長者兒始年三歲，便持布施為作弟子，至四歲乳母抱詣師所住寺，寺在山上累石作道，乳母抱兒不堅失手落地，頭側石上腦出而死。（《大正藏》卷四第525页）

【评说】记载了乳母失手，三岁乳儿落地头破脑裂夭亡。

（一六）

【提要】以医师医治病获奖责的故事，阐明业报真实不虚。

【原文】昔有一大國王，身得重病十二年不差，一切大醫無能治者。時邊方小國統屬大王，有一醫師善能治病，王即召來令治已病，未久之間即蒙除降。（《大正藏》卷四第526页）

【评说】记载了佛陀时代已有医术高超的医师。

（一七）

【提要】以众人独醉国王独醒的故事，强调了定心的重要性。

【原文】外國時有惡雨，若墮江湖河井城池水中，人食此水，令人狂醉七日乃解。（《大正藏》卷四第526页）

【评说】记载了佛陀时代饮一种天降雨水后人会狂醉。

（二一）

【提要】以外道六师贪图供养致人死亡的故事，阐明贪心的危害。

【原文】六師便為居士婦按腹，按腹欲令落之。按腹不止，居士婦遂命終，而兒不死，宿命福德故也。（《大正藏》卷四第527页）

【评说】记载了采用按腹的方式堕胎酿成孕妇死亡的恶果。

（二三）

【提要】以热马屎治鞭伤的故事，强调智慧的重要。

【原文】昔有田舍人暫至都下，見被鞭持熱馬屎塗背，問言："何故若是？"其人答："令瘡易愈而不作瘢。"（《大正藏》卷四第 527 页）

【评说】热马屎涂鞭伤处可促进愈合不留瘢痕。

（三四）

【提要】以医王耆域善以药物治疗疾病的故事，阐明因人制宜传法的原则。

【原文】天下草木皆可為藥，直不善別者故不知耳。昔有聖醫王名曰耆域，能和合藥草作童子形，見者歡喜眾病皆愈。或以一草治眾病，或以眾草治一病，天下之草無有不任用者，天下之病無有不能治者。（《大正藏》卷四第 529 页）

【评说】记载了古印度的大医王耆域，医术高明，善于用各种药物治疗疾病。"天下草木皆可为药"，说明佛陀时代已广泛用植物治疗疾病。

众经撰杂譬喻

比丘道略集

姚秦三藏法师鸠摩罗什译

卷　上

（九）

【提要】佛陀以方便法门度化悭贪长者。

【原文】昔有慳貪長者，佛欲度之，先遣舍利弗為說布施之福種種功德。長者慳貪都無施意，見日欲中，語舍利弗："汝何不去？我無食與汝。"舍利弗知不可化，即還佛所。佛復遣目連，神足返化而為說法。長者復言："汝欲得我物故作此幻術。"目連知其不可化，即還佛所。於是佛必破其慳貪自造其家，長者見佛自來，為作禮將佛入座。佛方便種種說法，語長者言："汝能行五大施不？"長者白佛："我小施猶尚不能，況復大施！"長者白佛："云何五大施？"佛言："五大施者，不得殺生，汝能作不？"長者思惟："不殺生者，乃不用我財物又無所損。"即白佛言："我能！"以是次第為說乃至不飲酒，皆言："能作！"於是佛即為長者種種說法五戒義："若能持此五戒，便為作五大施竟。"即大歡喜，欲以一張不好氎施佛，即入庫求，無不好者，便以一張而奉施佛。庫中餘氎盡相隨來，至於佛前。佛知長者施心不定，語長者言："天帝釋與阿修羅共鬬，心不定故三返不如，後以定心故大破阿修羅軍。"長者聞已，知佛大聖深知人意，信心清淨，佛為說法，即得須陀洹道。（《大正藏》卷四第 533 页）

【评说】记载了佛陀和弟子为吝啬之人说法的经过，舍利弗叙说了布施的好处，目连显示的神通都没有成功，佛陀针对吝啬之人的特点，不要求他布施财物，而是要求他将遵守"五

戒”作为大布施，长者欣然接受。佛陀以巧妙的方式吸引悭贪长者转变认知，慢慢觉悟。悭贪长者转变的过程突出了佛陀因人传法的妙处。

（一六）

【提要】以阿耆达王转世为蛇的故事，阐明嗔心的危害。

【原文】是以臨命之人，傍側侍衛者不可不護病者心也。（《大正藏》卷四第535页）

【评说】佛陀时代已经认识到照料临终之人时要特别关照他们的心理状态，强调了临终关怀的重要性。

卷　下

（四〇）

【提要】佛陀为嗜酒老人说人为恶罪多。

【原文】昔佛在世時，出祇洹七里有一老公健飲酒，弟子阿難往諫喻：“今佛在此宜當往見。”老公言：“我聞佛在此，意欲往見佛，佛善授人五戒不得飲酒，我不得飲酒如小兒不得乳便當死，我不堪是故不往也！”（《大正藏》卷四第541页）

【评说】记载了佛陀时代已有饮酒成癖者，即酒精依赖者。

百　喻　经

尊者僧伽斯那撰

萧齐天竺三藏求那毘地译

【提要】运用喻言故事阐释佛法。

卷　第　一

（一）愚人食盐喻

【原文】譬彼外道聞節飲食可以得道，即便斷食或經七日或十五日，徒自困餓無益於道。如彼愚人，以鹽美故而空食之，致令口爽，此亦復爾。（《大正藏》卷四第543页）

【评说】不改变错误认知只追求外在行为是无法解决人生烦恼的。

（二）愚人集牛乳喻

【原文】愚人亦爾，欲修布施，方言待我大有之時，然後頓施。未及聚頃，或為縣官水火盜賊之所侵奪，或卒命終不及時施，彼亦如是。（《大正藏》卷四第543页）

【评说】布施是一种善行，任何时候均应奉行，不仅仅是财产丰盛时才能做的事。

（一〇）三重楼喻

【原文】是時木匠即便經地壘墼作樓。愚人見其壘墼作舍，猶懷疑惑不能了知，而問之言:“欲作何等?”木匠答言:“作三重屋。”愚人復言:“我不欲下二重之屋,先可為我作最上屋。”木匠答言:“無有是事,何有不作最下重屋而得造彼第二之屋?不造第二云何得造第三重屋?”愚人固言:“我今不用下二重屋,必可為我作最上者。”時人聞已便生怪笑,咸作此言:“何有不造下第一屋而得上者?”譬如世尊四輩弟子,不能精勤修敬三寶,懶惰懈怠欲求道果,而作是言:“我今不用餘下三果,唯求得彼阿羅漢果。”亦為時人之所嗤笑,如彼愚者等無有異。(《大正藏》卷四第544页)

【评说】只有在一、二层的基础上才能建造三层楼,强调修行必须循序渐进、精进不懈怠。

(一二)煮黑石蜜浆喻

【原文】其猶外道不滅煩惱熾然之火,少作苦行臥蕀刺上,五熱炙身而望清涼寂靜之道,終無是處,徒為智者之所怪笑,受苦現在殃流來劫。(《大正藏》卷四第544页)

【评说】不调控内心的欲望只是通过苦行,怎么能解除烦恼呢?

(一五)医与王女药令卒长大喻

【原文】昔有國王產生一女,喚醫語言:“為我與藥立使長大。”醫師答言:“我與良藥能使即大,但今卒無,方須求索。比得藥頃,王要莫看,待與藥已然後示王。”於是即便遠方取藥經十二年,得藥來還與女令服,將示於王,王見歡喜即自念言:“實是良醫,與我女藥能令卒長。”便勅左右賜以珍寶。(《大正藏》卷四第545页)

【评说】记载了一位深具智慧的医家,巧妙施治的过程。

卷 第 二

(二六)人効王眼瞤喻

【原文】此人即便後至王所,見王眼瞤便効王瞤。王問之言:“汝為病耶?為著風耶?何以眼瞤?”(《大正藏》卷四第547页)

【评说】古印度时代有人认为,眼瞤动可能是风邪引起。

(三四)送美水喻

【原文】昔有一聚落,去王城五由旬,村中有好美水。(《大正藏》卷四第548页)

【评说】佛陀时代已认识到水质有好坏之分。

卷 第 三

(五三)师患脚付二弟子喻

【原文】譬如一師有二弟子,其師患脚,遣二弟子人當一脚隨時按摩。(《大正藏》卷四第551页)

【评说】某种脚病可以按摩治疗。

（六二）病人食雉肉喻

【原文】昔有一人病患委篤，良醫占之云："須恒食一種雉肉可得愈病。"而此病者市得一雉，食之已盡更不復食。醫於後時見，便問之："汝病愈未？"病者答言："醫先教我恒食雉肉，是故今者食一雉已盡更不敢食。"醫復語言："若前雉已盡，何不更食？汝今云何正食一雉望得愈病？"（《大正藏》卷四第552页）

【评说】委笃（行走不利）可食雉肉治疗。

（六五）五百欢喜丸喻

【原文】昔有一婦荒婬無度，欲情既盛嫉惡其夫，每思方策規欲殘害，種種設計不得其便。會值其夫聘使隣國，婦密為計造毒藥丸，欲用害夫，詐語夫言："爾今遠使，慮有乏短，今我造作五百歡喜丸，用為資糧以送於爾，爾若出國至他境界，飢困之時乃可取食。"（《大正藏》卷四第552页）

【评说】本段经文是佛陀时代用毒药害人的记载。

卷　第　四

（七二）俺米决口喻

【原文】昔有一人至婦家舍，見其擣米，便往其所偷米唵之。婦來見夫欲共其語，滿口中米都不應和，羞其婦故不肯棄之，是以不語。婦怪不語，以手摸看謂其口腫，語其父言："我夫始來卒得口腫，都不能語。"其父即便喚醫治之。時醫言曰："此病最重，以刀決之可得差耳。"即便以刀決破其口，米從中出其事彰露。（《大正藏》卷四第554页）

【评说】佛陀时代医生已采用手术治疗疾病。

（八〇）倒灌喻

【原文】昔有一人，患下部病，醫言："當須倒灌乃可差耳。"便集灌具欲以灌之。醫未至頃便取服之，腹脹欲死不能自勝。醫既來至，怪其所以，即便問之："何故如是？"即答醫言："向時灌藥，我取服之，是故欲死。"醫聞是語深責之言："汝大愚人不解方便。"即便以餘藥服之方吐下，爾乃得差。（《大正藏》卷四第555页）

【评说】下部病，据文意似为大便不畅，可灌肠泻之。可见佛陀时代已认识到疾病不同治疗方法也应不同。

（八五）妇女患眼痛喻

【原文】昔有一女人，極患眼痛，有知識女人問言："汝眼痛耶？"答言："眼痛。"（《大正藏》卷四第556页）

【评说】记载了眼痛的病症。

法 句 经

法句譬喻经

晋世沙门法炬共法立译

【提要】 以譬喻的方式阐述佛教义理。

卷 第 一

无常品第一

【原文】 時有梵志女,年十四五,端正聰辯,父甚憐愛,卒得重病即便喪亡,田有熟麥為野火所燒,梵志得此憂惱愁憒失意恍惚,譬如狂人不能自解。(《大正藏》卷四第576页)

【评说】 亲人去世,因悲伤过度出现神志失常。

【原文】 佛告蓮華:"人有四事不可恃怙。何謂為四? 一者少壯會當歸老,二者強健會當歸死,三者六親聚歡娛樂會當別離,四者財寶積聚要當分散。"(《大正藏》卷四第576页)

【评说】 佛陀认为,强壮、健康、亲友、财富都不会永久存在,教诫人们摆脱对物质的贪着。

教学品第二

【原文】 昔佛在舍衛國祇樹精舍。佛告諸比丘:"當勤修道除棄陰蓋,心明神定可免眾苦。"(《大正藏》卷四第577页)

【评说】 佛陀主张只有改变错误认知,保持精神意识的稳定,才能消除烦恼。此说与《内经》"主明则下安"相通。

【原文】 時有一年少比丘,為人頑愚質直踈野,未解道要,情意興盛思想於欲,陽氣隆盛不能自制,以此為惱不獲度世。坐自思惟:"有根斷者,然後清淨,可得道迹。"即至檀越家從之借斧,還房閉戶脫去衣服,坐木板上欲自斫陰。"正坐此陰令我勤苦,經歷生死無央數劫,三塗六趣皆由色欲,不斷此者無緣得道。"佛知其意愚癡乃爾,道從制心心是根源,不知當死自害墮罪長受苦痛。於是世尊往入其房,即問比丘:"欲作何等?"放斧著衣禮佛自陳:"學道日久未解法門,每坐禪定垂當得道為欲所蓋,陽氣隆盛意惑目冥,不覺天地。諦自責念事皆由此,是以借斧欲斷制之。"佛告比丘:"卿何愚癡不解道理? 欲求道者先斷其癡然後制心,心者善惡之根源。欲斷根者先制其心,心定意解然後得道。"

於是世尊即說偈言:

"學先斷母,率君二臣,廢諸營從,是上道人。"

佛告比丘:"十二因緣以癡為本,癡者眾罪之源。智者眾行之本,先當斷癡然後意定。"佛說

是已，比丘慚愧即自責言："我為愚癡迷惑來久，不解古典使如此耳，今佛所說甚為妙哉！"內思正定安般守意，制心伏情杜閉諸欲，即得定意，在於佛前逮得應真。(《大正藏》卷四第577页)

【评说】将情欲萌动责之为阴器是毫无用处的！佛陀强调制心，即必须从意识上摆脱对情欲的贪着，才能根本消除情欲。

多闻品第三

【原文】佛告長者："人生世間，橫死有三：有病不治為一橫死，治而不慎為二橫死，憍恣自用不達逆順為三橫死。如此病者，非日月天地先人君父所能除遣，當以明道隨時安濟。一者四大寒熱當須醫藥，二者眾邪惡鬼當須經戒，三者奉事賢聖矜濟窮厄。德威神祇福祐群生，以大智慧消去陰蓋，奉行如此現世安吉終無抂橫，戒慧清淨世世常安。"(《大正藏》卷四第579页)

【评说】佛陀认为，横死(不正常死亡)的原因有三种：有病不治、治疗方法不正确、生活起居不正常。

"四大寒热当须医药"，主张有病须治。

【原文】於是長者聞佛說法，心意疑結爠然雲除，良毉進療委心道德，四大安靜眾患消除，如飲甘露，中外怡懌身安心定，得須陀洹道，宗室國人莫不敬奉。(《大正藏》卷四第579页)

【评说】"良医进疗委心道德"，医术精湛的医生治疗疾病常常注重心理层面的开导。

慈仁品第七

【原文】時王母病瘦頓著床，使諸醫師不蒙湯藥，遣諸毉女所在請求，經年歷歲未得除差。更召國內諸婆羅門得二百人，請入令坐供設飲食而告之曰："吾大夫人病困經久，不知何故乃使如此？卿等多智，明識相法天地星宿，有何不可具見告示？"諸婆羅門言："星宿倒錯陰陽不調故使爾耳。"王曰："作何方宜使得除愈？"婆羅門言："當於城外平治淨處，郊祠四山日月星宿，當得百頭畜生，種種各異類，及一少兒，殺以祠天。王自躬身將母至彼，跪拜請命，然後乃差。"……佛告大王："善聽一言。欲得穀食當行耕種，欲得大富當行布施，欲得長命當行大慈，欲得智慧當行學問；行此四事，隨其所種還得其果。夫富貴之家，不貪貧賤之食，諸天以七寶為宮殿，衣食自然，豈當捨甘露之飡來食麤穢也？祠祀婬亂以邪為正，殺生求生去生道遠，殺害眾命欲救一人，安得如此？"(《大正藏》卷四第581-582页)

【评说】佛陀时代古印度婆罗门教盛行，疾病难愈时常宰杀动物甚至人祠天以期病愈。

"杀生求生去生道远"，佛陀认为杀生祠天是极其错误的，强调"欲得长命当行大慈"，只有慈悲为怀多行善事才能延年益寿。慈悲心的确有益于身心健康，已为现代心身医学证实。

双要品第九

【原文】王與夫人播迸，晨夜至舍夷國，中道飢餓，王噉蘆菔腹脹而薨。(《大正藏》卷四第583页)

【评说】芦菔食后不能消化致人死亡。芦菔，即萝卜。

卷 第 二

明哲品第十四

【原文】昔有梵志其年二十，天才自然，事無大小過目則能，自以聰哲而自誓曰："天下技術要當盡知，一藝不通則非明達也。"於是遊學無師不造，六藝雜術，天文地理，醫方鎮壓山崩地動，摴蒱博弈妓樂博撮，裁割衣裳文繡綾綺，厨膳切割調和滋味，人間之事無不兼達。(《大正藏》卷四第 587 页)

【评说】"医方镇压山崩地动"，可见医术是古印度婆罗门教的重要组成部分。

【原文】於是其人五體投地，稽首問曰："願聞調身，其有要乎？"佛告梵志："五戒十善、四等六度、四禪三解脱，此調身之法也。夫弓船木匠六藝奇術，斯皆綺飾華譽之事，蕩身縱意生死之路也。"(《大正藏》卷四第 587 页)

【评说】佛陀认为，调身的方法为"五戒""十善""四等六度""四禅三解脱"。此处调身指佛家的修行方法。

【原文】時有長者得重病，當須此牛頭栴檀香二兩合藥，求不能得。(《大正藏》卷四第 588 页)

【评说】牛头栴檀可入药。

述千品第十六

【原文】昔佛在舍衛精舍教化時，羅閱祇國有一人，為人凶愚不孝父母，輕侮良善不敬長老，居門衰耗常不如意，便行事火欲求福祐。事火之法，日適欲沒燃大火聚，向之跪拜，或至夜半火滅乃止。(《大正藏》卷四第 590 页)

【评说】佛陀时代古印度拜火教盛行。

【原文】佛告之曰："汝之所事，彌是妖邪魑魅魍魎，禱祀如山罪如江海，殺生求福去福遠矣。正使百劫懃苦盡殺，普天猪羊持用禱祀，罪如須彌福無芥子，徒自費喪豈不惑哉？又卿為人不孝父母、輕易賢善、不敬長老，憍慢貢高三毒熾盛，罪釁日深何緣得福？若能改心禮敬賢者，威儀禮節供奉長老，棄惡信善修己崇仁，四福日增世世無患。何等為四？一者顏色端正，二者氣力豐強，三者安隱無病，四者益壽終不枉橫。行之不懈亦可得道。"(《大正藏》卷四第 590 页)

【评说】佛陀认为，行善去恶者能够获得四种益处：容颜端正、身体强壮、无病、长寿。

恶行品第十七

【原文】有一惡名曰耶利，白瑠璃王："王本為皇子，時至舍夷國外家舍，看到佛精舍中，為諸釋種子所呵，罵詈無有好醜。爾時見勑：'若我為王，便啟此事。'今時已到，兵馬興盛宜當報怨。"即勑嚴駕引率兵馬，往伐舍夷國。佛有第二弟子名摩訶目揵連，見琉璃王引率兵士

伐舍夷國以報宿怨，今當伐殺四輩弟子，念其可憐便往到佛所，白佛言："今琉璃王攻舍夷國，我念中人當遭辛苦，我欲以四方便救舍夷國人：一者舉舍夷國人著虛空中，二者舉舍夷國人著大海中，三者舉舍夷國人著兩鐵圍山間，四者舉舍夷國人著他方大國中央，令琉璃王不知其處。"佛告目連："雖知卿有是智德，能安處舍夷國人，萬物眾生有七不可避。何謂為七？一者生，二者老，三者病，四者死，五者罪，六者福，七者因緣。此七事，意雖欲避不能得自在。如卿威神可得作此，宿對罪負不可得離。"於是目連禮已便去，自以私意取舍夷國人知識檀越四五千人，盛著鉢中，舉著虛空星宿之際。琉璃王伐舍夷國，殺三億人已引軍還國。於是目連往到佛所為佛作禮，自貢高曰："琉璃王伐舍夷國，弟子承佛威神，救舍夷國人四五千人，今在虛空皆盡得脫。"佛告目連："卿為往看鉢中人不也？"曰："未往視之。"佛言："卿先往視鉢中人眾。"目連以道力下鉢，見中人皆死盡，於是目連悵然悲泣愍其辛苦，還白佛言："鉢中人者今皆死盡，道德神力不能免彼宿對之罪。"佛告目連："有此七事，佛及眾聖神仙道士，隱形散體皆不能免此七事。"（《大正藏》卷四第590-591页）

【评说】佛陀认为对于每个人来说，生、老、病、死、罪、福、因缘不可避免，强调每个人都要对自己的行为负责，他人无法替代。

刀仗品第十八

【原文】昔有一國名曰賢提，時有長老比丘，長病委頓羸瘦垢穢，在賢提精舍中臥，無瞻視者。佛將五百比丘往至其所，使諸比丘傳共視之，為作糜粥，而諸比丘聞其臭處皆共賤之。佛使天帝釋取湯水，佛以金剛之手洗病比丘身體，地尋震動燿然大明，莫不驚肅。（《大正藏》卷四第591页）

【评说】佛陀以身作则关心、照料患病比丘。

卷第三

喻老耄品第十九

【原文】佛告諸婆羅門："世有四事人不能行，行者得福不致此貧。何謂為四？一者年盛力壯慎莫憍慢，二者年老精進不貪婬泆，三者有財珍寶常念布施，四者就師學問聽受正言。如此老公不行四事，謂之有常不計成敗，一旦離散，譬如老鵠守此空池，永無所獲。"（《大正藏》卷四第593页）

【评说】年壮时不要傲慢无礼、年老时要精进修行、富裕要经常布施、请教他人时听从正确的教导，佛陀的主张至今仍应遵循。

安宁品第二十三

【原文】佛言："比丘！汝等所論不究苦義，天下之苦莫過有身！飢渴寒熱、瞋恚驚怖、色欲怨禍皆由於身。夫身者眾苦之本，患禍之元，勞心極慮憂畏萬端，三界蠕動更相殘賊，吾我縛著生死不息，皆由於身。欲離世苦，當求寂滅，攝心守正怕然無想，可得泥洹，此為最樂。"（《大正藏》卷四第595页）

【评说】佛陀认为，人世间最大的痛苦的原因是执著于有一个固定不变的"我"，因此产生了对饥渴寒热、嗔恚惊怖、色欲怨祸的分别心，从而痛苦不堪。

广衍品第二十九

【原文】彼時國王名波斯匿，為人憍慢放恣情欲，目惑於色、耳亂於聲、鼻著馨香、口恣五味、身受細滑，食飲極美初無厭足，食遂進多恒苦飢虛，厨膳不廢以食為常。身體肥盛乘輿不勝，臥起呼吸但苦短氣，氣閉息絕經時驚覺，坐臥呻吟恒苦身重，不能轉側以身為患，便敕嚴駕往到佛所。侍者扶持問訊，却坐叉手，白佛言："世尊！違遠侍覲諮受無階，不知何罪身為自肥？不能自覺何故使爾？每自患之，是以違替不數禮覲。"佛告大王："人有五事令人常肥：一者數食，二者喜眠，三者憍樂，四者無愁，五者無事。是為五事喜令人肥。若欲不肥，減食麤燥，然後乃瘦。"（《大正藏》卷四第 598 页）

【评说】佛陀总结了肥胖的原因：一日多餐、睡眠多、恣情玩乐、不动脑、不劳作。

象品第三十一

【提要】佛陀以象为喻为罗云说应当摄身、口、意；为弟子说调一切人的方法。

【原文】佛告居士："吾亦有三事，用調一切人，亦以自調得至無為。一者至誠制御口業，二以慈貞伏身剛強，三以智慧滅意癡蓋。持是三事度脱一切，離三惡道自致無為，不遭生死憂悲苦惱。"（《大正藏》卷四第 600 页）

【评说】佛陀指出，用至诚心来调控言语、慈悲心降服争强好胜、智慧消除冥痴。

卷　第　四

喻爱欲品第三十二之二

【原文】時有年少比丘入城分衛，見一年少女人端正無比，心存色欲迷結不解，遂便成病食飲不下，顏色憔悴委臥不起。（《大正藏》卷四第 602 页）

【评说】男子因暗念美少女，思虑过度而致病。

【原文】時有遊蕩子二人共為親友，常相追隨一體無異，二人共議欲作沙門，即便相將來至佛所，為佛作禮長跪叉手，白佛言："願欲作沙門，唯見聽許。"佛便受之，即作沙門。佛令二人共止一房。二人共止，但念世間恩愛榮樂，更共咨嗟情欲形體，說其姿媚專著不捨念不止息，不計無常污露不淨，以此欝悑病生於內。（《大正藏》卷四第 603 页）

【评说】身虽出家，但内心仍然思恋世间男女之乐，情志不遂郁而得病。

【原文】佛告大王："妖蠱女人有八十四態，大態有八，慧人所惡。何謂為八？一者嫉妬，二者妄瞋，三者罵詈，四者呪詛，五者鎮厭，六者慳貪，七者好飾，八者含毒，是為八大態。"（《大正藏》卷四第 603 页）

【评说】佛陀总结了心地不善行为不端女子的特点主要有八种：嫉妒、容易嗔怒、辱骂他人、背后诅咒、以势欺人、吝啬、喜欢打扮、恶毒心。

【原文】而此女子獨守悲歌，其聲妖亮，聽者莫不頓車止馬，迴旋蹀躡而欲趣之，盤桓不去皆坐聲響。時此比丘分衛行還，道聞歌聲，側耳聽音五情逸豫，心迷意亂貪著不捨，想是女人必大端正，思想欲見坐起言語，便旋往趣，未到中間意志怳惚，手失錫杖肩失衣鉢殊不自覺。(《大正藏》卷四第 604 页)

【评说】某种歌声能使人沉溺其中丧失理智。

出 曜 经

姚秦凉州沙门竺佛念译

【提要】本经是一部集经，以无常、爱、无放逸、放逸、念、戒、学、诽谤、行、信、沙门、道、利养、忿怒、惟念、杂、水、华、马喻、恚、如来、闻、广演、泥洹、观、恶行、霎要、乐、心意、梵志等为品名，将佛陀及弟子不同时期、不同地点说法的内容分别归入其中。

卷 第 一

无常品第一之一

【原文】初夜集阿毘曇竟，後夜便說出曜，而說此偈："睡眠覺寤，何以故說，睡眠覺寤？如世尊等，正覺所說：'夫睡眠者，損命愚惑，有所傷壞，不成果證，沒命無救，不至明處。所以然者，如人覺寤，便能修德，造立善本，躭著睡眠，便失此法，故謂愚惑。'"

時座中復有說者："如佛所言：'若有眾生，覺寤之中，所念眾事，於睡眠中，澹然無想。'世尊告諸比丘：'寧睡不覺，此云何通？'是故佛說除去睡眠常念覺寤，如佛說偈，睡眠覺寤，宜歡喜思，言歡者內心踊躍，喜怡歡樂善心生焉，是故稱說宜歡喜思。"(《大正藏》卷四第 611 页)

【评说】佛陀认为过多的睡眠会影响修行，有妨身心健康。

【原文】爾時世尊天眼清淨無瑕穢，觀見二人成其果證，因宿本緣，亦欲示現後學之徒，使將來世現其大明，正法久存無能中滅，便自稱慶而說此偈。諸有形器者，或有手脚臂肘腰臗髀髆、膝踝足跟髑髏支節，各在異處，是故說曰諸有形器。散在諸方者，猶木無識，本所愛樂不去心懷，莊嚴文飾香花脂粉芬熏其身，今皆散落，各在異處。骨色如鴿者，本所眾生億百千數，而見愛念觀無厭足，如今億百千眾所見薄賤，覩皆怖懅身毛為竪，是故說曰骨色如鴿。(《大正藏》卷四第 612 页)

【评说】人死后骸骨的颜色为鸽子白。

【原文】昔佛在舍衛國祇樹給孤獨園。爾時尊者阿難，到時著衣持鉢入舍衛城分衛，遙見門外有眾男子作倡伎樂而自娛樂。尊者阿難入城乞食訖欲還出城，見此伎人忽已命終，眾人舁舉號哭相向。時尊者阿難便生此念："奇哉變怪無常對至，何其速乎？我向晨朝入城乞食，見此男子五樂自娛，像如天子，如今受對取無常耶？"時尊者阿難出舍衛城祇洹精舍，收攝衣服淨洗手足，至世尊所，頭面禮足在一面立。爾時尊者阿難長跪叉手前白佛言："唯然世尊！我向晨朝著衣持鉢入城乞食，見有男子作倡伎樂五欲自娯，便入城乞，還出在外，見此男子忽已命終，眾人舁舉號哭相向。時我，世尊！便生此念：'奇哉變怪無常對至，何期速乎？我向晨朝入城乞食，見此男子五樂自娯，像如天子，如今受對，取無常耶？'我今所見甚為奇特，未曾所覩。"世尊告曰："汝今，阿難！有何奇特？我曾所覩乃為奇特，出過汝今所見者上。我曾昔日到時著衣持鉢，入舍衛城分衛乞食。時我，阿難！見有男子在祇洹門外作倡伎樂五欲自娯，時我入城乞食訖還出城外，見此男子作倡伎樂如本不誤。我見奇特出汝者上。"爾時阿難即白佛言："此是常儀，有何奇特？"佛告阿難："命速於風，逝難制御，汝今方言，有何奇耶？"(《大正藏》卷四第613页)

【评说】佛陀时代已有猝死的记载。

【原文】前所覩者夜則不見者，晨朝所見眾生之類數千百眾，暮則不見，諸有眾生思惟校計善根具足，意不錯亂，則自覺知命如琢石閃現已滅，誰當興意貪著此乎？唯有無聞凡夫愚人，乃興此心生貪著意。昨所瞻者今夕則無，如昨所見進止行來，設彼有念思惟善本殖眾功德，心便勇猛能自改悔，內自興發不可樂想，是故說曰，晨所覩見夜則不現，昨所瞻者今夕則無也。我今少壯無所恃怙，如有愚人無所聞知，自怙強壯氣力熾盛，苟得自縱隨其所如不顧後慮。自稱端正顏貌殊特，餘者卑賤非我等友，色力財富出眾人表，既自盛壯獨步無侶，所願者得無能拒逆，所欲自恣不避豪強，亦復不思無常對至，不覩生死苦惱之患，是故說曰，我今少壯無所恃怙。少壯亦死男女無數，正使無數眾生之類，男女大小受形分者，氣力殊特財富無數，所欲自恣年皆盛壯，於人世間壯者命終多於老者皆為無常，所見蹈藉，然彼終者先在世時不修功德，諸善之本無所恃怙，從今世至後世流馳五趣無有懈息，是故說曰，少者亦死男女無數。在胎自敗初出亦殤，既生子壞孩抱而喪，諸老少壯乃中間人，漸漸以次如果待熟。(《大正藏》卷四第613页)

【评说】"于人世间壮者命终多于老者皆为无常"，佛陀时代已观察到年轻体壮者的死亡率也较高。"在胎自败初出亦殇，既生子坏孩抱而丧"，是新生儿出生就夭折的记载。

【原文】昔惡生明王嚴駕翼從詣後園遊觀，眾菓樹木行列相當，彼國常禮，菓熟乃食，終不噉生。(《大正藏》卷四第614页)

【评说】佛陀时代已有不食未成熟果实的卫生习俗。

【原文】昔日有人善能織罽，兼有一息意常惰嬾，數勸語公："作應舒遲，何必速疾？此功適訖後更無作。"父告其子："此功雖訖，更有餘務。"如是語公往來數十，兒神識錯，尋於父前肝裂命終。(《大正藏》卷四第614页)

【评说】记载了一种死亡的原因：肝裂。

卷第二

无常品第二

【原文】彼佛去世後人壽二萬歲，有佛出世，名曰迦葉如來、至真、等正覺，十號句義。彼

佛去世後人壽百歲，我今出世，名釋迦文如來、至真、等正覺，十號句義。比丘當知，極壽百歲出者無幾，壽百歲者時時乃有，是故說曰，所造功勞永世乃獲。古人積德，壽命無量眾行備具，亦無疾病凶疫惡氣，人壽八萬四千歲，時有三疾患：一曰所欲，二曰飢渴，三曰衰老。如今，比丘！五濁鼎沸，世人壽極短，四百四病纏裹人體。（《大正藏》卷四第616页）

【评说】“寿百岁者时时乃有”，佛陀时代已有寿命百岁的长寿之人；“一曰所欲，二曰饥渴，三曰衰老”，欲望过度、缺少食物、自然衰老是导致疾病的原因。

【原文】佛告比丘：“夫人處世，所行不同，所見亦異，一日過去，人命隨滅，雖壽百年，臥消其半。”（《大正藏》卷四第616页）

【评说】人的一半寿命是在睡眠中度过的。

【原文】如尊者滿願至時持鉢正服，入弗迦羅國。時有餓鬼倚城門立，比丘滿願問餓鬼曰：“汝今在此何所求索?”鬼報彼曰：“汝今見我耶?”比丘報曰：“我先見矣。”鬼復語曰：“我夫入城于今未還，故於此立，自待夫主耳。”比丘問曰：“汝夫入城為何所求?”時鬼報言：“今此城中有大長者患癰積久，今日當潰膿血流溢，夫主將來二人共食以濟其命。”（《大正藏》卷四第616页）

【评说】记载了佛陀时代的一种疾病：痈积。

【原文】昔佛在舍衛國祇樹給孤獨園。佛告諸比丘：“有四夜，睡眠者少覺寤者多。云何為四？女與男想，睡眠者少覺寤者多；男與女想，睡眠者少覺寤者多；三曰盜賊，睡眠者少覺寤者多；比丘求定勤修正法，睡眠極少覺寤者多。三覺夜長修正法，比丘不覺夜長，罷惓道長、愚生死長，莫知正法。”（《大正藏》卷四第616页）

【评说】“女与男想，睡眠者少觉寤者多；男与女想，睡眠者少觉寤者多”。佛陀指出男女思慕异性会难以入睡。

【原文】時諸大眾聞佛所說，心開意悟興功立德，拯濟窮乏持齋修戒，歲三月六未始有闕，四事供養，衣服、飯食、床座臥具、病瘦醫藥，須衣與衣須食與食，財寶七珍，金銀珍寶、車璩馬瑙、真珠虎珀，有求索者不逆其意，遠來久住經過人者皆悉供給，華香脂粉亦用給與無所悋惜。（《大正藏》卷四第617页）

【评说】佛陀时代的慈善事业中，施医送药已是重要组成部分。

【原文】佛告梵志：“有三因緣，使眾生類轉微轉薄遂成減損，於人間世不見熾盛。云何為三？於是梵志！今世眾生貪欲無道、慳嫉堅固、習邪倒見。時彼眾生為此三事所見染污，風雨非時災害毒流，所種穀子各失時節，轉不成熟。若彼眾生所食之物或生或熟，饒諸疾疹疫氣縱橫，死者填路不可稱計，是謂梵志最初因緣，使今世眾生轉微轉薄遂成減損，於人間世不見熾盛。風雨非時災害縱橫，所種穀子失時不收，轉不成熟苗亦不生，人民飢饉餓死者眾……”（《大正藏》卷四第618页）

【评说】“风雨非时，灾害纵横，所种谷子失时不收，转不成熟，苗亦不生，人民饥馑饿死者众”，自然灾害导致粮食欠收，人口减少。“若彼众生所食之物或生或熟，饶诸疾疹疫气纵横，死者填路不可称计”，粮食欠收，人们进食不当，疾病瘟疫流行，人口减少。

【原文】 佛說此已告目連曰:"吾患脊痛還詣靜室,汝今專意與梵志論,兼與來會永除狐疑。"(《大正藏》卷四第 618 页)

【评说】 佛陀背痛以禅坐调养。

【原文】 爾時有一孤母而喪一子,得此憂惱愁憒失意恍惚倒錯,譬如狂人意不開悟。(《大正藏》卷四第 618 页)

【评说】 因丧子悲痛过甚,母亲出现短暂的精神失常。

【原文】 昔佛在羅閱城迦蘭陀竹園所。時,彼城中疫氣災害毒出縱横,人民死亡不可稱限。(《大正藏》卷四第 619 页)

【评说】 佛陀时代已有瘟疫流行、城市中人口大量死亡的记载。

【原文】 比丘! 我時至後園觀看,見有病人,形羸吐逆臥大小便,蠅[illegible]其身,水腹痿黄臭穢難近。時我,比丘! 問彼御者:"斯是何人?"御者對曰:"病人也。""何謂為病?"對曰:"病者風差火錯心無歡樂,眾疹集聚食則不消,惡聞人聲,故謂為病。"(《大正藏》卷四第 619 页)

【评说】"形羸吐逆卧大小便,蝇[illegible]其身,水腹痿黄臭秽难近",记载了一种疾病的表现:形体消瘦、腹膨大萎黄、呕吐、大小便失禁、苍蝇叮扰、臭不可闻。

【原文】 昔佛在舍衛國祇樹給孤獨園。爾時眾多比丘白世尊曰:"如來今日年已耆老,肌膚舒緩不與常同。"(《大正藏》卷四第 620 页)

【评说】 佛陀证悟宇宙、人生真理,贵为人天导师,依然会出现机体的衰老。

【原文】 昔佛在羅閱城迦蘭陀竹園所。爾時尊者阿難著衣正服,偏露右臂長跪叉手白佛言:"世尊! 今觀如來形變色微,諸根舒緩形狀轉朽,眼根耳鼻舌身諸根不與常同。"佛告阿難:"如是如是,如汝所言。所謂老者,能使極妙殊特之容變為異色,諸根具滿能使缺漏,與病結伴與死並流;色力豪貴財富盈溢能使闕滅,身體平正內理充滿,能使僂步憑杖而行;髮如紺青亦如蜜王猶如純黑,能使變白髮落不住;眼如牛眴白黑分明,能使目中生膚睆瞖;額如油光晃昱照曜,能使面皺狀如皮焦;齒如白珂亦如白雪新穀牛乳,如烏賊魚絕白胞滿,上下齊平觀無厭足,能使凋落虫齲疼痛。取要言之,於揵沓和、阿須倫、迦留羅、甄陀羅、摩休勒、人及非人,能使衰耗無少壯心,痛中之苦莫甚於老。是故說曰,咄嗟老至,色變作耄,少時如意,老見蹈藉。如來世尊以三十二相而自纏絡,八十種好莊嚴其身,圓光七尺無冥不照,八種音聲遠震十方,猶為老病所見蹈藉,況處凡夫得免此乎?"(《大正藏》卷四第 620-621 页)

【评说】"目中生肤睆瞖",眼睛出现白色翳状物,类似今之白内障;"虫齲",龋齿。

卷 第 三

无常品下

【原文】 昔佛在舍衛國祇樹給孤獨園,為天人龍鬼眾生之類廣演法教。時,國王波斯匿母

年過百二十，卒得重病，非醫藥所療，神祇不能救，不經日夜遂便命終。(《大正藏》卷四第621页)

【评说】世间存在无药可治的疾病。

【原文】昔佛在迦惟羅國尼拘類園中。彼國人民，恒自恃怙豪族富貴軀力強壯，所行自由誇無儔匹。彼有一人，族姓最強，身生瘡痍膿血流溢，晝夜不息臭穢不淨，見皆掩鼻，疼痛苦惱，眾人見者無不厭患。(《大正藏》卷四第623页)

【评说】记载了名为疮痍的一种疾病：溃破流脓血不止、味臭秽、疼痛难忍。

【原文】是時，世尊遍觀比丘皆悉受請，即取鑰母開一房門，見一比丘抱患頓篤，臥大小便不能轉側。爾時世尊知而問曰："汝有何患，臥著床褥大小便利，不能轉側?"時彼比丘受性質直內無姦宄，報世尊曰："受性闇鈍恒懷懈慢，初不勸佐瞻視餘人，是故今日無看我者，今實孤窮所怙無處。"爾時世尊躬抱出在門外，除去不淨揃浣坐具，復取淨水用洗其身，便與著衣敷新坐具還臥房中，如來躬自舒手為枕，告比丘曰："汝不加懃求增上法，未獲者獲、未得者得，未受果證令受果證，設不用意受此法者，便當更受劇是苦惱。"爾時世尊漸與說極妙法，無數方便勸使勇猛思惟道德，即從座起還閉房門，詣普會講堂，勑語侍者："汝今速集舍衛城中諸現在比丘即詣普會講堂。"比丘已集，世尊告曰："汝等比丘！無父無母無弟無兄，亦無姊妹，亦復無有宗族五親，不相瞻視各相捐棄，此非其宜，便為外道異學梵志所見嗤笑：'瞿曇沙門乃無毫釐慈心，視人形命如視瓦石，死者孤窮無瞻養者。'我法齊整上下和順，汝設爾者便屈於彼。自今已始，弟子侍師事如父母至死不捨，師看弟子視如己息，隨時將息至死不捨，師徒相慈恩流永劫，所有什物平等分布，設無什物當詣廣施之家勸令修福。若少知識當詣賈家分衛乞食，好者給病、惡者自食。其瞻病者則瞻我身，所獲功德亦無差降。"(《大正藏》卷四第623页)

【评说】一比丘因平时不关心他人，故患病后无人照料。佛陀亲自为其清洁身体，并为众人规定了僧团中彼此相处的原则：弟子视师为父母，师视弟子如己息(子女)；所有什物平分，化缘来的好食物给病者、差的食物自食。这些原则体现了佛陀的慈悲心，顺应了人伦道德，值得今人效法。

【原文】昔有居士，財富無數，家裏庫藏七寶充滿，金銀珍寶、車璩馬瑙、真珠虎珀七珍具足，奴僮僕從、象馬車乘、穀儲倉庫一以無乏，唯闕無息以繫後嗣。彼以子故求禱諸神，或跽舍神城神阡陌諸神，或跽諸神先祖父母、山神樹神天地神，下至墓堆穢惡之神，盡向跪拜，意不充願亦不生子，晝夜愁憂漸以生疾。(《大正藏》卷四第624页)

【评说】此处无子忧愁过度而致病的记载与中医学情志致病说相合。

【原文】猶王太子栴陀羅女，身珮香瓔，顏貌端正，像如天女，意欲納娶。其王報曰："夫王者法不娶外類，不與細民為婚，常與長者居士共婚。"太子白王："設不與婚此女者，今當自殺，不堪生世。"王聞此語如食遇噎，既不入腹又不得吐。(《大正藏》卷四第625页)

【评说】"王闻此语如食遇噎，既不入腹又不得吐"，因言语刺激出现咽喉部的症状，食之不下、吐之不出，类似中医学中的梅核气。

【原文】如是經日，夫婦二人忽然失明，目無所覩，夫婦相戀恐為人所欺，夫恐失婦、婦恐

失夫，坐共相守不遠斯須。時諸五親遠方求醫，將至失明夫婦所，拊藥治目尋得開明。（《大正藏》卷四第626页）

【评说】佛陀时代已有用药治疗失明的记载，惜所用药物失佚。

卷 第 四

欲品第二

【原文】有一婦人抱兒持瓶詣井汲水，有一男子顔貌端正，座井右邊彈瑟自娱。時彼女人欲意偏多躭著彼人，彼人亦復欲意熾盛躭著女人，女人欲意迷荒，以索繫小兒頸懸於井中，尋還挽出小兒即死，愁憂傷結呼天墮淚，（《大正藏》卷四第627页）

【评说】女子被男色所迷惑，打水时误将小儿当做水桶投入井中而死。此处故事强调了淫欲的危害。

【原文】昔有一人姦婬不止，父母所生唯此一子，夜非人時天陰雷電，帶刀持箭至他婬女村中。時母覺知，即捉曉諭："今夜冥暗陰曀雷電，設不果者便為人所害，吾宿尠德唯有一子，會遇惡者吾無所恃。"子報母曰："子要當去，不得復住。"母知意正便向兒拜。"今暮且住，須明日乃往。"兒語母曰："速放我去，若違我情當取母殺。"母報兒言："寧取我殺，不忍見汝為他所害。"兒復語母："可時放我，及闇至彼，若不見聽正爾殺母。"母語兒曰："死死不放汝。"兒即拔刀取母刺殺，不慮後世殃罪深重，即至彼家打門微喚，女人應曰："汝是何人？"其人以頌報曰：

"婬恚諸根羸，　為想所謬誤，
不慮眾事業，　為愚闇覆蓋。
念汝取母害，　折伏猶汝奴，
翹立在門外，　如客附使役。"

爾時女人復遙見問曰："審殺母耶？"報曰："審殺。"女人問曰："何故殺母？"男子報曰："母不見放來至此間。"女人報曰："不須入家裹。"是時，女人以頌報曰：

"咄嗟背恩養，　害母種罪災，
何忍見汝顏？　宜速遠吾家。
父母抱育養，　為子歷眾苦，
害母行地上，　地不陷汝殺。
立身無慈仁，　加害諸親族，
我是外種類，　豈能恩德將？"

爾時彼男子復報曰："由汝害母造無邊罪，小見寬恕見為開門，暫得言談便復還家。"女人報曰："聽我偈言：

"寧入投炭鑪，　從山投幽谷，
生把七步蛇，　不與愚從事。"

是時，二人各各共相别離。男子還家，道逢惡寇為賊所害，死入阿鼻地獄，受罪無數劫。婬之為病受殃無量，以微積大漸致燒身，自陷於道亦及他人，不至究竟，猶自飲毒復飲他人。是故說曰，婬不可從。（《大正藏》卷四第627页）

【评说】男子杀害阻止他与情人相见的母亲，最后被寇贼所杀，此故事突出了淫欲的危害。

【原文】好樂生憂者，作倡伎樂五欲自娛，為王所嫌，欲奪樂器，緣此起憂。或為王所使遠適他方，於中生憂。或抱久病，纏綿著褥於中失明，恐喪命根便生畏懼，緣此樂器以致喪身。(《大正藏》卷四第 627 页)

【评说】记载了因忧虑过度而失明的案例。

【原文】佛告諸比丘："云何比丘！我曾與汝說諸乞食，比丘遊在人間便得覩極妙之色，耳聞極妙之音，鼻嗅極妙之香，身近極妙細滑？云何比丘！心為輕飄？汝等方念色聲香味細滑之法，猶如熾火焰極隆盛，復以脂酥而益之倍復增益，汝等倍益色聲香味細滑之法。諸有比丘能自禁制，在外乞求心恒懷懼：'受他信施為可易不？令諸檀越奔趣四方，勞情役思乃得財貨，信有後世減割布施；我今尠德恐不消化。'觀彼檀越當施之時，意欲受信施如不欲受想，自觀己身如抱重病想，施物如藥想，念空閑處如遭死亡想，意常繫念修諸善本，觀諸婦女如塚墓想，如是比類人間乞求。"(《大正藏》卷四第 628-629 页)

【评说】佛陀教导弟子控制欲望的方法：把别人施舍的物品当作药物，把自己看作重病之人，把女性看成坟墓。

【原文】欲生無漏行者，欲亦是善亦是不善，欲善者或是有漏、或是無漏。無漏欲者滅一切愛，此中不說有漏。意願常充滿者，一切諸善之法，普充滿體中。於欲心不縛者，心於彼心不染著亦無所污，是故說曰，於欲心不縛。上流一究竟者，即阿那含是。所以然者，因說阿那含果，因說五下分結，因說斷欲愛，此亦復說上流一究竟。(《大正藏》卷四第 629 页)

【评说】佛陀认为，摆脱了欲望的束缚即证得了阿那含果。

【原文】昔佛在舍衛國祇樹給孤獨園。有一男子居業貧匱多乏財貨，躬自困苦勞功役力，周遍四方而乃獲寶。所獲無量從遠歸家，與父母五親共相娛樂，在大眾中而自誇說："吾今獲寶價直數億，今當娉娶豪族女，人中盛壯不肥不瘦不白不黑，婦女姿態一以備悉。"既自端正面如桃華色，復以香華脂粉莊嚴其身，日共娛樂不能捨離，餚饌飲食日日不同，殺害眾生不可稱計，縱情放恣獨勝無匹，會復遇疾即便命終。見婦去世心迷意亂，遂致狂顛遊諸街巷，稱怨而行。(《大正藏》卷四第 630 页)

【评说】因妻子去世，悲痛过度，出现精神、行为失常。

【原文】作此教勅已即取命終，即生舍衛城中處盲梼陀婦腹中，經八九月出生在外，生盲無目。(《大正藏》卷四第 630 页)

【评说】新生儿先天失明，其母亦为盲人，恐有遗传之虞。

卷第五

爱品第三

【原文】以欲網自弊者，網者覆弊人目損智不明，不能出要至無為道，網者不能專意思惟校計，以無明自覆弊。以愛蓋自覆者，以愛自纏裹求出無期，猶如剛火灰覆不現，無智之士，以脚蹈踐燒足乃覺。愛所覆蓋亦復如是，猶如刀劍仰向，無目之士，以手把持即自被傷。諸眾生類亦復如是，以愛結自覆，不觀善不善法，緣是興起憂悲苦惱，輪轉生死不離五道，是故說曰，以愛蓋自覆也。自恣縛於獄者，諸有自恣不順正教，為愛縛所縛；不自恣者，便離於縛。如魚入於獄者，猶如魚獵執羅網捕魚，以入羅網無有出期。此眾生類亦復如是，捨於善法，習於穢濁，不要之道，如來說法，時會眾生大眾之中，有如魚入於獄求出無有期。此眾生類亦復如是，為愛結所纏，不能得至泥洹無為之道，時彼獵人聞佛說頌，各自驚愕："如來說法，不為餘人正為我等。"各自悔責，改所修習更不為惡，是故說曰，猶魚入於獄。諸佛常所說法，接有緣眾生不唐舉義，猶如醫師，審病根原，而後授藥。是時師瞻知病輕重，相顏視色然後授藥，當授藥時，不增不減處中瞻視。所以然者，恐病不除。諸佛世尊為人說法亦復如是，觀察眾人心意所趣，知病輕重然後說法，使得開解，心無減少要處中說，除諸結使。觀眾生心，須一偈者便說一偈，須五句者與說五句，須一句半者與說一句半。(《大正藏》卷四第 633 页)

【评说】"犹如医师，审病根原，而后授药"，强调了治病求本，根据病的根原用药；"当授药时，不增不减处中瞻视。所以然者，恐病不除"，注重药物的剂量，不多不少，以药到病除为原则。可见，佛陀时代医疗原则已相当先进。

【原文】夫從愛潤澤者，此愛流溢，如泉出水漏，諸色聲香味細滑法，憶本所造五樂自娛，是故說曰，夫從愛潤澤。夫為潤澤，酥麻膏油不為潤澤，如此所潤，可以灰土澡盡除去膏油。愛欲潤澤者，唯有諸佛世尊出現於世，以智慧刀乃能割斷，是故說曰，愛為潤澤。思想為滋蔓者，火之熾熱不過於思想，火所燒瘡可以藥療，思想火被燒不可療治。若有殺父殺母、不與取婬逸，作眾罪過，諸佛世尊所不能療治，是故說曰，思想為滋蔓。老死是用增者，生有分身憂，老有四百四病痛，死有刀風惱，是故說曰，老死是用增。(《大正藏》卷四第 633 页)

【评说】"思想火被烧不可疗治"，认知出了问题无药可医；"火所烧疮可以药疗"，佛陀时代已有治疗烧伤的记载；"灰土澡尽除去膏油"，当时已认识到可用泥灰土除去油污。

【原文】貪欲著世間者，難捨難離懷抱不忘。世間者，五陰亦名世間，受盛亦名世間，是故說曰，貪欲著世間。憂患日夜長者，常有憂患、有熱惱、有疾痛。(《大正藏》卷四第 634 页)

【评说】欲望过度会导致忧思、疾病，佛陀强调控制欲望的重要性。

【原文】饑渴者，世人饑渴，可以水漿以濟其命，或食草根菓蓏，或以消息服氣，或以藥草神呪，可得延壽。(《大正藏》卷四第 635 页)

【评说】"或以消息服气"，一种特殊的修炼术；"以药草神呪，可得延寿"，已认识到可用药物延长寿命。

【原文】昔佛在舍衛國祇樹給孤獨園。時，有守園人瞻守官園，當園中間生一毒樹，諸有男女入園遊觀停息此樹下者，或頭痛欲裂，或腰脊疼痛，或即於樹下便命終者。(《大正藏》卷四第 635 页)

【评说】记载了佛陀时代的一种毒树，如人近距离接触则会中毒，轻者剧烈头痛、腰背痛，重者身亡。

【原文】雖復不死，被瘡極重，痛不可言，各相扶持劣得到舍，求諸膏藥以傅其瘡。(《大正藏》卷四第 636 页)

【评说】佛陀时代已有敷膏药治疗疮病的医疗手段。

无放逸品第四上

【原文】昔一比丘行滿德充，六時行道無毫釐減失，初夜中夜後夜精懃汲汲斯須不惓。如是經久，胸滿結氣得心痛患，眾醫療治竟不除差便忽命終。（《大正藏》卷四第637页）

【评说】禅修时如方法不正确亦会得病，甚或丧命。“初夜中夜后夜精勤汲汲斯须不倦。如是经久，胸满结气得心痛患”，记载了比丘禅修用力过猛而患心痛症，无药可施而亡。所以禅修时应如佛陀所言当行中道，既不过分精进，也不懈怠放逸。

【原文】昔尊者大目揵連躬自度二弟子初出家學道，一者從瀚浣家出，二者從鐵作家出。時，大目揵連漸教二人曰：“先告鐵師當習此禪法，善念思惟不淨惡露觀。”次告浣衣者曰：“汝今習安般守意。”此二人等晝夜精懃所願不果，經十二年不能得之。時，尊者舍利弗知彼二人所願不獲，語目連曰：“汝訓弟子不以正行，訓當用法乃訓放逸，汝今未了應時法行。此浣衣出家者，當以說不淨觀，所以然者，其人意淨意潔來久，若當聞說不淨觀者，心即解脫無所罣礙。復當與彼鐵作比丘者，教訓以安般守意，所以然者，其人恒習手執韛囊了氣多少，然後心意乃得悟覺。”時，目揵連隨舍利弗語訓二弟子，即得開悟。（《大正藏》卷四第637页）

【评说】因大目健连教授的方法没有针对性，其弟子迟迟没能开悟。后根据舍利弗的建议，根据职业、秉赋、性格特征分别授以适宜的方法，弟子很快开悟。

因人制宜的原则同样适用于医疗活动、心理治疗中。

【原文】發行不放逸，約己自調心，慧能作錠明，不反入冥淵。發行不放逸者，發行用心不惓，雖復發行意怯弱者不為發行，但有勇猛所願必果，是故說曰發行。不放逸者，心雖精懃猶有放逸，不能成辦無上道果，是故說曰，不放逸也。約己自調心者，約己者，戒具清淨，調心者，執意不亂終無邪念。是故說曰，約己自調心。慧能作錠明者，處在彈指之間成辦四事。云何四事？除去無明，燒五陰形，然生脂膏，永滅愛本。猶如慧明彈指之頃，成此四事亦復如是，成辦四事除去無明，燒五陰形，然生脂膏，永滅愛本。賢聖道明亦復如是，彈指之頃成辦四事，除去無明，然生脂膏，永滅愛本，燒五陰形。不為愚者所屈，以其成就賢聖道明故，以有道明，眾邪外道，不能傾動其心，是故說曰，不反入冥淵也。（《大正藏》卷四第638页）

【评说】佛陀时代强调修行有两个原则：发行不放逸、约己自调心。发行不放逸，意志坚强立志不放逸。约己自调心，约己者，在外遵守戒律；调心者，在内摒弃一切杂乱、不正的念头。只有从动机、认知、行为三个方面同时着手调整，才能达到心身健康的目的。

卷　第　六

无放逸品第四下

【原文】彼修行人亦復如是，心但念善身不行者不至彼岸，是故說曰，正念常興起也。行淨惡易滅者，身行清淨口行清淨意行清淨。何者不淨者？四顛倒是，無常謂有常是一顛倒，苦謂曰樂是二倒，不淨謂淨是三倒，無我謂我是四倒，與此四倒不相應者是謂為淨，是故說曰，行淨惡易滅。諸結使盡身體清涼而無熱惱，亦名為惡滅。自制以法壽者，所以言制者，制身口意，以法養壽非為非法，以法求壽非為非法，是故說曰，自制以法壽也。不犯善名增者，名稱聞於八表，德量徹于十方，其有聞者莫不篤信承受其教者，是故說曰，不犯善名增也。（《大正藏》卷四第 638 页）

【评说】"制身口意，以法养寿非为非法，以法求寿非为非法"，从身口意即行为、言语、意识三方面进行调控，才能真正达到心身自在的目的。由此可见，必须采取正确的方法才能达到健康长寿的目的，反之则背道而驰，戕害生命了。

【原文】不與放逸會者，夫放逸人所修行業動生患禍，以惡知識為徒侶，以十惡法以為援助，實非親欵，像如朋友，佯涕墮淚謀圖其罪，辭為甘美內如劍戟。如此放逸之人，常當遠離不與從事，先甘後苦聖人不習，是故說曰，不與放逸會。（《大正藏》卷四第 639 页）

【评说】恶知识，是表面上像朋友一样言语动听，其实内心邪恶，怀着不可告人目的的人。我们在生活中要学会鉴别、远离恶知识。

【原文】定則無放逸者，禪定攝思內外清徹，經七大、七禪睡、禪毱法杖撿心坐禪，隨時進趣不失禪法。云何名定？所謂定者，意不退還日進不却，三七二十一日寂然無想。大七者，七七四十九日，於中精勤意不錯亂，便得禪定。意亂失次，復從一始至七大。七禪睡者，以珂著頭上，以繩屬耳，睡則自寤。禪策者，禪師手執禪策伺，於睡者以毱往擊，得策轉擊餘者，用自覺寤。法杖，復以杖寤於餘者，展轉相寤求於禪定。是故說曰，定則無放逸也。（《大正藏》卷四第 639 页）

【评说】简单介绍了禅修的方法，有三七二十一日之坐禅和七七四十九日之大七坐禅。禅睡，坐禅之人用珂著头、绳系耳，使自己免于昏睡。禅策，禅师用禅策击打使坐禅之人不昏睡。

【原文】昔阿育王弟善容，出城遊獵入深山中，見諸梵志裸形暴露以求神仙，勞神苦體望獲梵福，服食樹葉，其精進意勇猛者，日服一葉，劣軟弱日服七葉，或有服六五四三二一。食七葉者服七合水，六者六合，五合三二一亦復如是。若不得水七過吸風，六者六吸五者五吸，四三二一亦復如是。其中梵志或臥荊棘刺或臥灰土，或臥石上或臥於杵。王弟善容問梵志曰："汝等在此行道，何患最盛？"梵志報曰："王子當知！在此行道更無餘患，唯有群鹿至此兩兩合同，我等欲意即時熾盛不能禁制。"（《大正藏》卷四第 641 页）

【评说】佛陀时代苦行盛行，许多人想通过苦行获得解脱。

虽是苦行之人但目睹鹿两两交配顿生淫欲，可见克制淫欲的不易。

【原文】多聞比丘亦復如是，自不隨順正法言教，能勸進他行四事供養，衣被飲食床臥之具病瘦醫藥，復勸進人奉戒修福，行善得報習罪受殃，此多聞比丘不隨沙門禁律，為諸梵行所見嗤笑。（《大正藏》卷四第 643 页）

【评说】衣被、饮食、床卧、医药也是出家人的资生物资，由此可见佛陀对于疾病持积极治疗的态度。

卷　第　七

放逸品之二

【原文】菩薩勤苦苦行已經六年，便自校計："身中我今氣力羸劣，夫成無上等正覺道，不以苦行勞身然後成道。我今宜可飲食人間之食，食秔米蜜麨膏油塗身。"（《大正藏》卷四第 644 页）

【评说】秔米、蜜麨是佛陀时代普通人的食物。

卷　第　八

念品第六

【原文】昔佛在舍衛國祇樹給孤獨園。時，有外道梵志素少子息，唯有一子卒便命終，晝夜追憶不能飲食，脫衣露形在塚啼哭，恒憶亡兒行來進止處所。（《大正藏》卷四第 649 页）

【评说】梵志因独子死亡悲伤过度，不思饮食，出现裸行啼哭的意识障碍。

【原文】昔佛在舍衛國祇樹給孤獨園。時有梵志大種稻田，唯有一子在田守衛，時天大雹雨，傷殺稻子并殺其兒。（《大正藏》卷四第 650 页）

【评说】佛陀时代冰雹伤人致死。

【原文】云何邊城裏四食充滿，外寇不能得攻？復次邊城饒薪多水，除其內人與外通者，是謂成就初食，外寇不能得其便。復次邊城豐饒穀米庫藏充滿，除其內人與外通者，是謂邊城成就二食，外不寇能得便。復次邊城饒稻麥豆，除其內人與外通者，是謂邊城成就三食，外寇不能得其便。復次邊城饒諸熟食，油酥脂膏魚脯乾肉，是謂邊城成就四食。（《大正藏》卷四第 652 页）

【评说】佛陀时代民众的食物种类有谷、麦、豆、油酥、脂膏、鱼脯、肉干。

【原文】為人所愛敬者，人之行全則名顯，外來為數千萬人所見尊奉，言從語用為人摽首，斯由積行無虧損故，是故說曰，為人所愛敬。皆由己所造者，人修善行求免厄難，受人信施衣被飰食床臥具病瘦醫藥，則不損耗於禁律法，內有真誠外能消化，是故說曰，皆由己所造也。（《大正藏》卷四第 654 页）

【评说】佛陀认为，出家人接受他人施舍的衣被、饮食、床卧、医药不违反戒律，这些物资是维持生命活动的必需品。

卷　第　九

戒品第七

【原文】戒終老安者，持戒之人雖復年耆老朽，天龍神祇常隨護助，阿須倫、迦留羅、真陀羅、摩休勒、人與非人，鳩槃荼、匹奢遮、羅殺鬼，如此等類常護長老持戒之人，晝夜禁衛如影隨形，是故說曰，戒終老安也。(《大正藏》卷四第 655 页)

【评说】 遵守一定的戒律(从世俗的角度来说是行为准则)，可以使人保持稳定的心态，达到心身健康的目的。

【原文】 食知自節者，量腹而食，亦不畜積亦不貪餮。尊者曇摩難提說曰："多食致患苦，少食氣力衰，處中而食者，如稱無高下。"尊者僧迦羅刹造立《修行經》亦作是說："猶如多捕眾鳥藏在大器，隨時瞻視養食以時，毛尾既長隨時剪落，選其肥者日用供厨。中有一鳥內自思维：'若我食多肥則致死，若餓不食復致喪身。宜自料量，少食損膚衣毛悅澤，當從籠出。'如其所念即便少食，衣毛悅澤便從其願。"彼修行人亦復如是，內自校計，如我多食便自瞢瞢不得修道，不獲思维善法，諸惡法日夜滋甚，貪欲瞋恚愚癡皆由多食，不獲至竟。佛契經說多食之人有五苦患。云何為五？一者大便數，二者小便數，三者饒睡眠，四者身重不堪修業，五者多患食不消化。多食之人有此五苦，自墜苦際不至究竟，是故佛說食知自節也。悟意令應者，晝夜警悟係意在禪，若睡欲至，時當舒一脚垂於床下，若睡纏綿不解，當垂兩脚到於床下，若睡重當經行，經行睡重者以水灑面，若復不解，仰觀星宿以寤其志，初夜中夜後夜令無懈怠。是故說曰，寤意令應。(《大正藏》卷四第 655 页)

【评说】 佛陀认为，过多的饮食会导致五种病态：大便和小便次数多、贪睡、肥胖、消化不良。昙摩难提则认为多食固然不好，少食也会令人气力衰弱，所以应该"食知自节者，量腹而食"，既不多食，也不少食，这才是中道的饮食原则。

佛陀还介绍了坐禅时控制睡眠的方法：有睡意时，将一脚垂于床下；若睡意不除，两脚都垂于床下；仍不解，离开禅床，经行；经行无效，用水洗脸；洗脸亦无效，则抬头仰望星空，使自己从困顿中清醒。

【原文】 慧者立禁戒者，戒不移動，善住牢固亦不可移，慧者除去愚闇，終不處在愚惑之中，猶如猛將身被重鎧，手無劍者則不能剋定強敵，有劍無鎧者亦復不能降彼強敵。若使猛將身被重鎧手執利劍，前後固嶮與賊共戰，必有所辦則無狐疑。修行之人亦復如是，身被戒鎧心無慧劍者，則不能壞結使原首，正使有慧身無戒鎧，則不能壞其結使。若彼猛將身被戒鎧心執慧劍，前後固嶮與結使共戰，必能果辦。是故說曰，慧者立禁戒也。專心習智者，以慧鍊心尋究諸垢，猶如鑛鐵數入百鍊之爐，柔可為剛偽可為真，猶如大海日夜沸動，濁滓下沈變成寶珍。人亦如是，晝夜役心不止便獲果證。是故說曰，專心習智也。比丘無熱惱者，雖復天地融爛，形處其中終不熱惱無所傷損。何以故？比丘立根得力，志不退還所願必果。比丘者，壞諸結使永盡無餘，身被袈裟手執應器，到時詣家正慚愧顏，獲施無麤細，願及滅度，故曰比丘。是故說曰，比丘無熱惱也。可果盡苦際者，盡其苦原永滅無餘，更不復涉歷苦難，從是苦滅功福日滋，是故說曰，可果盡苦際。

以戒降心，　守意正定，
內學止觀，　無忘正智。

以戒降心者，常係心不失，亦不遊蕩縱逸，是故說曰，以戒降心也。守意正定者，定有三品，或善不善無記，護善定者，不使不善定得伺其便，恒念思惟："吾今已獲正定，要究竟原本，何緣使不善定錯亂其間？"是故說曰，守護正定也。內學止觀者，常念係心念明，除去闇冥為

示炬錠，觀察愛根推尋癡本，止而不生，是故說曰，內學止觀。無忘正智者，智之所照無往不在，心念智隨，如兩牛共一軛，猶如漏盡通役形輕重，以身持心以心持身，身心已應所適無礙石壁皆過，斯為鍊心入微鍊微入身，心念形隨無所觸礙。是故說曰，無忘正智也。（《大正藏》卷四第 656 页）

【评说】戒，是稳定不变的行为准则，用以规范人的外在行为，长期奉行就可以内化为自觉意识，维持内心的安稳状态。“以身持心以心持身”，外显的行为和内隐的精神意识互相影响，改变了身（行为）或心（精神意识），相应的心（精神意识）或身（行为）相应也会发生变化，佛陀的说法与中医学的心身合一说相合。

【原文】昔佛在羅閱祇迦蘭陀竹園所。爾時尊者大迦葉在耆闍崛山中，然大迦葉生長豪族，身體柔軟食則甘細不曾麤𪍿，意所開化多愍貧窮，至貧家乞得食麤惡，食便生疾，內風變動遂成暴下。（《大正藏》卷四第 657 页）

【评说】记载大迦叶出生富贵之家，平时饮食精细无比。出家后托钵至贫穷之家乞得粗随之食，食后腹泻不止。

【原文】昔有二比丘在深山中學，一人多聞，一人寡淺。時少聞者持戒完具，所誦經文唯有一句，日日諷誦更不求受。時虛空神及山林神日日稱善，“願樂欲聞道人所說。”時彼多聞比丘，以已所知眾妙之義甚深經句高聲諷誦，山林諸神默然不對，亦不唱善。時多聞比丘，尋懷恚怒語彼山神：“今此晚學比丘，所學淺薄唯誦一句，天便稱善哉！我今多聞義理甚深，采拾眾經言詞妙語，與汝誦習，然諸天神亦不應對亦不稱善。”天神報曰：“比丘不自責，方復責我。此少聞比丘言與行相應，汝今比丘雖誦三藏，行與經違。佛所演《出曜》，亦有此偈：

‘說法雖微少，　一意專聽受，
此名護法人，　除去婬怒癡。’”

“此比丘與法相應，雖未盡婬怒癡方便令盡。汝雖多聞，晝夜習婬怒癡貪，著色聲香味細滑法。此少聞比丘晝夜禪思念不分散，是故恒與稱善。汝雖多聞意不專一，是故不稱善。”時彼比丘聞諸天語，即懷慚愧自恥所作。“山神由尚見我穢行，況神通得道而不觀見耶？我今自改思惟妙智，不復興念著婬怒癡。”如其所行言行相應，諸天日日稱善無量。（《大正藏》卷四第 658-659 页）

【评说】佛家强调修行者要“言行相应”，即言行一致，方能获得他人尊敬。

卷　第　十

学品第八

【原文】護身為善哉者，能一意守護身，諸天世人稱歎其德，天龍鬼神八部之眾盡歎其德，晝夜祐助勸成究竟，是故說護身為善哉也。護口善亦然者，若有習非弊惡之業，或被罵詈為人所毀，執心護口終不還報，諸天世人皆共稱善，是故說護口善亦然也。護意為善哉者，若人杖捶割截形體復被罵詈，彼執行人持心潔淨不興恚怒，諸天世人皆稱其善，是故說護意為善哉也。護一切亦然者，於身口意外諸餘行謹慎攝護，是故說護一切亦然也。比丘護一切者，執行比丘護身意及餘外行，威儀禮節悉皆備具，是故說比丘護一切也。能盡苦原際者，以具此行豈當趣惡道耶？盡斷地獄畜生餓鬼道，人中苦人中痛能悉斷之，是故說能盡苦原際。（《大正藏》卷四第662页）

【评说】 佛家修行强调从身、口、意即行为、语言、意识三方面着手，三者缺一不可。从心理学角度看，身、口、意的协调统一是心身健康的标志之一。

【原文】 佛契經說："後千歲末正法欲沒盡時，有七穢行顯布於世。云何為七？一者若有人百歲持戒，彈指之頃為惡知識所壞。二者久行慈心，彈指之頃為瞋恚所壞。三者薄賤威儀不隨其教。四者互相是非諍於勝負。五者在國城村落，鬪亂彼此傳東至西。六者貪著利養遂致疫病。七者從凡夫至羅漢，皆被毀辱而取滅度。"（《大正藏》卷四第662-663页）

【评说】 "贪著利养遂致疫病"，佛陀预言未来由于人类贪图物质享受将会造成疫病流行。

诽谤品第九

【原文】 昔佛在羅閱祇城耆闍崛山。時，尊者舍利弗、大目犍連，食時著衣持鉢正其威儀，下靈鷲山頂入城乞食。食後還出羅閱祇城，未至其所，道逢暴雨，雷電霹靂，道側有神寺，房舍深邃，先有放牛女人於此止住。時，舍利弗、目犍連入寺便住，不見女人；女人遙見舍利弗等，即便失精墮地。（《大正藏》卷四第664页）

【评说】 记载了女子因目睹俊美男子动情不已，淫液大泄的生理现象。

【原文】 即其夜，瞿波利舉身生疱大如芥子，轉如胡豆，漸如桃杏，亦如鼻羅菓等，瘡遂壞敗，膿血流出臭穢難近，身壞命終入阿浮度地獄中，千具犁牛而耕其舌。（《大正藏》卷四第664页）

【评说】 记载了一种疮病，发病时疮像芥子大，逐渐长大，最后溃破流脓血而亡的经过。

【原文】 夫士之生者，出母胞胎宿行不同意性殊異，猶如有人手執利斧，入山斬伐林木華菓藥草毀壞成功。（《大正藏》卷四第665页）

【评说】 佛陀时代已认识到虽一母同胞，彼此间的性格差异很大。

【原文】 好以口會鬪者，夫人處世罪苦萬端，或因婬嫉致惱，或因博戲致恚，罪心已固不慮後緣，出言招禍以滅身本，漸當入泰山地獄餓鬼畜生，涉諸苦難無有窮已；雖得為人諸根不具，聾盲瘖瘂為人所輕；或在邊地佛後，皆由口過身受殃罪。猶木生火還自焚燒，口為禍門，舌為殃本，二事機發，敗毀形命。是故說，好以口會鬪。是後皆無安者，眾生處在欲界，為顛倒所惑，愚無慧明，為愛縛所繫，憍慢纏身慳嫉心深，不達五識身樂，不知苦之所興，永處闇冥不求燈明，是故說，是後皆無安也。（《大正藏》卷四第665页）

【评说】 "聋盲瘖瘂为人所轻"，佛陀时代已有先天聋哑盲人的记载。

卷 第 十 一

诽谤品第九之余

【原文】 是故說曰，是以言語者，必使己無患也。亦不剋眾人者，或有狂夫妄讒良善，使

彼興恚以致喪身。言說真誠不譏彼短則無所剋，是故說曰，亦不剋眾人也。是為能善言者，人修善行言必有驗，或說泥洹趣要正路，順從佛教種天之福，是故說，是為能善言也。

言使投意可，　亦令得歡喜，
不使至惡意，　出言眾悉可。

言使投意可者，人之處世當習方俗，或相顏而出語，或聽彼進趣而後報，恒適彼人意良宜得所，或現威怒怯怕時人，或現羸弱伏從於人，將護其意令彼得所。是故說曰，言使投意可也。亦令得歡喜者，出言向人必使有益，前人聞者倍用歡喜，不被罵詈來彼罵辱，是故說曰，亦令得歡喜也。不使至惡意者，不施怨於人造不善行，亦不種地獄餓鬼畜生之行。造惡業者，當受三報，是故說曰，不使至惡意也。出言眾悉可者，與人從事恒當謙恭卑下，正使言論得勝，當自鄙不如，是故說曰，出言眾悉可也。(《大正藏》卷四第 667 页)

【评说】佛陀主张与人交流时必须注意以下原则："必使己无恚也，亦不剋众人者"，不要让自己和他人产生负性情绪；"人之处世当习方俗"，要运用他人能够明白的话语表达；"出言向人必使有益"，交流时应该给他人带来益处。

言语是人与人交流的主要媒介，佛陀的教导值得效仿。

行品第十

【原文】昔有居士戒勅家人以雉為食，先持雉肉著釜中，然後方覓火煮之，不覺蛇墮釜中。居士食法，要當問師，師曰："此不可食。"不從師教，遂便食之。經宿蛇毒內發，方更問師，師曰："不從我命，知當如何？"爾時醫師向彼而說頌曰：

"貪味遂食毒，　不從吾往言，
為毒之所困，　後乃自覺悟。"(《大正藏》卷四第 670 页)

【评说】某种蛇有毒，人食后中毒发病。

【原文】戲笑為惡者，善惡之行皆有輕重，身口意造非獨一類，或依己身戲笑為惡，觸嬈眾生不安其所，或以瓦石刀器共相傷害，或合會彼此由致鬬訟，猶如世人好喜鬬羊鬬雞、鬬駝鬬牛鬬人鬬象。或以罵詈來往，見以歡喜不能自勝，若其壽終啼哭受苦。是故說，戲笑為惡，已作身行，號泣受報，隨行罪至也。(《大正藏》卷四第 671 页)

【评说】佛陀时代已有斗羊、斗鸡、斗驼、斗牛、斗象的记载。

【原文】昔有異國生即應草，若以彼草著乳中者，即成為酪不移時節。(《大正藏》卷四第 671 页)

【评说】记载了一种植物即应草，将其置入牛乳中，乳可转化为奶酪。

卷 第 十 三

沙门品第十二

【原文】所謂沙門者，昔有愚人志性遊蕩，不別是非好惡，見數十人舁死者出城，復值眾人以香華散於死屍。時彼愚人還家寢臥，先有欝金華裹懸於屋棟，繩解華散墮於愚人上，愚人舉聲喚家室告曰:“吾今已死,何不舁我捐棄?”家人問曰:“汝云何為死?”報曰:“汝不見華散我身上乎?”家室答曰:“不以華散身上謂以為死,所謂死者無出入息,身如枯木,風去火棄神識斷去,身體剛強無所復任,如斯比者乃謂為死。汝雖言死,像死而不死。”(《大正藏》卷四第681页)

【评说】佛陀时代认为,死亡的标准是:没有呼吸,神识出离躯体。

【原文】猶如梵志,良師達鑑審病根原,隨病所生而投其藥,便得瘳愈終無錯謬。此亦如是,以賢聖道觀病根原而投其藥,身中結使永得除盡。或有比丘內自思惟:“如來出現於世,大慈大悲廣被眾生,何須勞苦躬自行道,為結使所逼不能得度?若使如來普慈一切,自當為我演說道教,何故不獨與我除去結使?”爾時世尊知彼心中所念,是故說,吾已說道也。愛箭為射者,我先覺知,後與人說。猶如醫師,先學方略審病根原,毫釐不失然後投藥。此亦如是,先成道果,知己結使永盡無餘,然後與人說結使病一一分別,乃投道藥永無塵曀,以無上利箭射彼結使。(《大正藏》卷四第683页)

【评说】佛陀认为,医师一定要学习治疗的方略,寻找到疾病的根源,然后施以药物才能取效。

卷第十四

道品之二

【原文】佛說是得道者,夫言世界,皆有三義:一者陰世,二者器世,三者眾生世。陰世者,所謂五盛陰是;器世者,三千大千剎土是;眾生世者,謂有形之類乃至四生,皆名眾生世。(《大正藏》卷四第685页)

【评说】佛陀把世界分为三类:五盛阴,即人类的身心;器世,三千大千世界;众生世,一切生命现象。

卷第十五

利养品下

【原文】夫欲安命者,安命有二事:一為身命,二智慧命。有身命則有慧命,設無身命何有慧命?如是,行人常當自護將育慧命。是故說,夫欲安命也。息心自省者云何?息心而自省已,所謂省己者,戒聞施惠是為妙法,若在第一義,便逮須陀洹果、斯陀含果、阿那含果、阿羅漢果。是故說,息心自省也。(《大正藏》卷四第689-690页)

【评说】佛陀阐述了身命和慧命的关系:身命(躯体)是慧命(精神)的基础,只有在保养身命(躯体)的前提下才能实现慧命(精神)的超越。

【原文】“所謂食者,食本有五:穄、粟、麲、麥麲、麥頭麩,正根本食者粳米為首。”種種飲食者,惡生畏王請一比丘,勅太官:“與比丘精細飲食令如吾食。”比丘食已辭王出外。王問比丘:“飲食訖耶?”答曰:“已訖。”王意自念:“比丘所食必當麤惡,觀色不悅必然不疑。”重請明

日更食。比丘辭還精舍，明日更來。王躬自斟酌若干甘饌食彼比丘已，問比丘曰："云何道士！食為甘美耶?"比丘答曰："如食所食。"王內興恚："吾躬自具食，道士故言如食所食。"王復重請比丘，明日更食以苦酒煮蟟豆食之，食已問曰："云何道士！食為甘美耶?"答曰："如食所食。"王問道士："食好飲食亦言如食所食，得斯惡食亦言如食所食。將有何故？願聞其意。"比丘答曰：

"如笮瞻蔔華，　出油用膏車，
臭脂膏致遠，　豈貴好以醜?
百味食續命，　支形得行道，
苦酒蟟豆食，　全命何假彼。"(《大正藏》卷四第690页)

【评说】佛陀时代的饮料有甘蔗汁、黑石蜜汁、蒲桃汁、石蜜汁；食物有穄、粟、麨、麦麨、麦头麨、粳米，亦有苦酒煮蟟食用的饮食习惯。

【原文】同伴報曰："汝何愚惑乃至如此？此南山頂有草名遮羅波羅，其有人被呪術鎮壓者，食彼藥草即還服形。"(《大正藏》卷四第690页)

【评说】人被诅咒后可用遮罗波罗草解之。

【原文】非食命不濟者，一切眾生有形之類，依食得全其命。或有貪著飲食，以其貪故傷害眾生數千萬眾。復有眾生心無慳悋，於諸飲食不大慇懃。所以然者，皆由起八大人念，飲食知足取支形命。是故說，非食命不濟也。孰能不揣食者，人得飲食便有出入息，神識得定進經行道。雖有四食，揣食為先，進趣行來皆能成辦。是故說，孰能不揣食也。夫立食為先者，彼修行人意常觀食，食從何來？為從何去？一一分別由食成果。是故說，夫立食為先也。(《大正藏》卷四第693页)

【评说】饮食是维持生命的必要物资。

卷第十六

忿怒品第十五

【原文】時，彼乞士第一夫人垂垂欲產，內生此心，語其夫曰："我向生念，願得四種兵眾圍我數匝，得好幃帳而寢其中，洗利刀汁欲得飲之。君能辦不?"(《大正藏》卷四第693页)

【评说】记载了佛陀时代的一种饮料：洗利刀汁。

【原文】爾時調達像如如來，告舍利弗、目連曰："吾患脊痛小欲安睡，卿等二人與聖眾說法。"(《大正藏》卷四第696页)

【评说】佛陀脊痛的记载。

【原文】不可怨以怨者，是時世尊告諸來會："吾自追憶無數劫已來，怨能息怨，人身難得，佛世難遇，猶如優曇鉢華時時乃有，難得為人出家學道亦不可果。汝等已得人身，諸根不缺堪任受化，何為於正法中共相諍競?"是故說，不可怨以怨，終已得休息也。行忍得息怨，此名如來法者，夫人行忍寂默為首，聽彼已報聞彼罵已還以罵報，如是之比怨終不息，弱名忍強亦名為勝，是故說，行忍得息怨，此名如來法也。（《大正藏》卷四第697页）

【评说】佛陀认为，以怨抱怨、怨终不息，主张行忍息怨。

【原文】若得親善友者，或有眾生禮儀成就於行不缺，義味成就忍行成，就皆由朋友成就身行，是故說，若得親善友。共遊於世界者，如此善友，從劫至劫共相追隨不以為苦，是故說，共遊於世界也。不積有遺餘者，夫人意等不計財貨，亦復不選擇知親，正使朋友出在卑賤，善色惡色若好若醜不得選擇，是故說，不積有遺餘也。專念同其意者，發心起行齊同其善篤信向佛，是故說，專念同其意也。

設不得親友，　獨遊無伴侶，
廣觀諸方界，　獨善不造惡。

設不得親友者，所謂親友者，行齊德同俱造於善乃名親友，不造善行者不名為親友。如世常言，人無有伴侶如驢牛俱，修不善行不得名為善友，是故說，設不得親友也。獨遊無伴侶者，寧獨遊處快修善行，不以弊惡與人共俱，是故說，獨遊無伴侶也。廣觀諸方界者，人欲觀化觸類所見漸以益智，聞語不惑，是故說，廣觀諸方界也。獨善不造惡者，是以智士樂靜不居亂鬧。（《大正藏》卷四第697页）

【评说】佛陀主张与品行高尚的朋友交往，若周围没有这样的朋友应该洁身自好（“独游无伴侣”）。该主张仍适用于当今社会。

【原文】忍辱勝怨者，兩劍所俟必有傷損，遇毒毒治必死不疑，唯有忍者能去其怨，是故說，忍勝怨也。善勝不善者云何？卿等頗聞火之稟性有冷義耶？對曰無之。此亦如是，怨欲息怨終不可得。何者能息？唯有善者乃能息耳。是故說，善勝不善也。（《大正藏》卷四第697页）

【评说】佛陀主张以善胜不善，用忍对制怨。

“遇毒毒治必死不疑”，中毒后用毒药治疗必死无疑，与中国传统中的“以毒攻毒”迥异。

【原文】學無朋類者，夫人廣學當憑善知識，從初發意至得道，皆憑善知識乃得成就；若遇惡友行必遇惡。是故說，學無朋類也。不得善友者，或復學人遇惡知識，晝夜鬬訟行惡為業，是故說，不得善友也。寧獨守善，不與愚諧者，設無朋類，當自建意，念在閑靜去離憒亂，設聞鬬訟者，常當遠離心不願樂，是故說，寧獨守善，不與愚諧也。（《大正藏》卷四第697-698页）

【评说】佛陀强调与善知识为友的重要性，在没有善知识的情况下，“宁独守善”，远离不善之人，在闲静处独自省察。

卷第十七

惟念品第十六

【原文】出息入息念者，安者謂息入，般者謂息出。彼修行人，當善觀察二甘露門：一者

安般，二者不淨觀。或有行人但修安般或修不淨觀，彼修安般者，思惟分別出息入息，息長亦知息短亦知，息熅亦知息冷亦知。意若錯亂復從一始，從頭至足分別了知，設復錯者復從一始，如是經歷返覆數過自知意至，吾今捉息皆得自在。欲使氣息從左耳出，如意不難，從左耳入亦復如是，從右耳出入，或從鼻出入皆能隨意，最後迴息從頂上出，隨意者成數息法，設不成者腦蓋發壞即取命終。(《大正藏》卷四第698页)

【评说】安般，是从呼吸入手的修行方式，若修行不当，会酿成“脑盖发坏即取命终”的恶果。

【原文】昔有婬逸之人，意專女色不能去離覺寤，思女姿顏欲與言語交通，眠寐夢想容貌携手共遊，時婦遇疾，骨消肉盡形骸獨立。爾時彼家恒有知識道人往返，其婦白道人曰：“我今所患日夜困羸，將其意故欲陳我情，為可爾不？”時道人曰：“但說無苦，設有隱匿之事，我當覆藏不使彰露。”婦人白言：“我夫稟性婬欲偏多，晝夜役嬈不容食息，由是生疾恐不自濟。”時彼道人告婦人曰：“若汝夫主近汝身者，便以此語其夫曰：‘須陀洹法禮應爾耶？’”後果如所言，夫主來近婦尋語曰：“夫為須陀洹道，為應爾耶？”夫聞婦言甚懷慚愧內自思惟：“我將不審是須陀洹乎？”即便息意在閑靜處思惟校計，成斯陀含、阿那含果。自知已得道迹，便不復與女人從事。婦人問夫：“汝今何故永息欲心不與吾從事？”夫告婦曰：“吾審見汝已，何由復共往反？”婦語其夫：“汝言審見我，我有何咎？我恒貞良不犯女禮，何以見罵乃至於斯？”婦人即集五親宗族，告語之曰：“今我夫主意見踈薄，永息親情不復交通，復見罵詈稱言見我，今於眾前便可說之。”夫言：“且止！須我引證乃得自明。”夫主還歸彩畫好瓶，成滿糞穢牢蓋其口，香華芬熏，還至彼眾告其婦曰：“審愛我不？若愛我者，可抱弄此瓶如愛我身。”婦隨其語抱瓶翫弄意不捨離。夫主見婦已愛著此瓶，即打瓶破，臭穢流溢蛆蟲現出，復語婦曰：“汝今故能抱此破瓶不耶？”婦答曰：“我寧取死，終不能近此破瓶，寧入火坑投於深水，高山自投於下，頭足異處，終不能近此瓶。”夫告其婦：“前言見汝，正見此事耳。我觀汝身劇於此瓶，從頭至足分別思维三十六物，有何可貪？”(《大正藏》卷四第699页)

【评说】丈夫性欲极强，妻子因不堪交合而得病。记载了女性因性生活过度而致病的病例。

【原文】答曰：“猶如以水漬，穀萌芽得生。”(《大正藏》卷四第700页)

【评说】谷类有水才能发芽。

杂品第十七

【原文】彼時去國界不遠有梵志子，名曰無害，常追逐師友，讀梵志經典，所事師者耆舊長老年過八十，所納妻婦，年幼少壯顏貌端正，女之禮節威儀備舉，無害梵志子，亦復端正丈夫姿顏世無雙比。時彼女人婬欲熾盛，即捉梵志子無害手：“吾敬卿德，欲與情交，宜可爾不？”無害聞之，以手掩耳：“我寧喪命終不敢聽。”女答之曰：“夫人飢渴給以食飲豈不篤意耶？我今婬火熾盛，須卿婬水滅之，豈不適我情耶？設當由汝喪我命根者，於此經典何用學為？”無害答曰：“我從母意犯梵志法死入地獄，豈不枉乎？”時彼無害自拙走出門外。時梵志婦蓬頭亂髮以土自坌，裂壞衣裳坐地號哭。(《大正藏》卷四第703页)

【评说】妇人的性欲无法满足，出现躯体症状。

卷第十八

杂品之二

【原文】莫輕小惡，以為無殃者，人為惡行雖小不可輕，蚖蚰雖小螫嚙人身，毒遍其身以喪命根，毒藥雖微人來得食見毒便死。此亦如是，為惡雖小妨人正行，不至究竟不慮於後當受其報，日復一日不肯改更，不念遠離惡遂滋長，是故說，莫輕小惡，以為無殃也。水滴雖微，漸盈大器者，猶如大器仰承水漏，滴滴相尋溢滿其器，是故說，水滴雖微，漸盈大器也。凡罪充滿，從小積成者，愚人習行從小至大，日日翫習不覺殃至，是故說，凡罪充滿，從小積成。(《大正藏》卷四第707页)

【评说】佛陀强调，小恶如同毒药亦能置人死地，所以不能为之。此说与中国传统文化中“勿以恶小而为之”颇为吻合。

【原文】莫輕小善，以為無福者，如有善人詣彼塔寺禮拜求福，或上明燃燈燒香掃灑，作倡伎樂懸繒幡蓋，從一錢始，復勸前人使發施心，一摶已上供養聖眾，或以楊枝淨水供給清淨，或脂燈續明。如此小小亦不可輕，依彼心識獲報無量，如然一燈除舍闇冥，不知冥之蹤跡，如燒極微妙香，盡除臭穢不知所在，利劍雖小能斷毒樹。此亦如是，善行雖微能除重罪，往來人天不更苦惱，從此適彼受福無量現在可知，滴滴不絕遂滿大器，勇者行福漸漸成就。是故說，凡福充滿，從纖纖積。(《大正藏》卷四第707页)

【评说】佛陀认为，小善亦能除重罪应当尽力为之。此说与中国传统文化中“勿以善小而不为”吻合。

【原文】水人調船者，治牢固轂，治諸孔不使漏水，使眾生類從此岸得至彼岸；弓匠修治筋角調和得所，火炙筋被用不知折。是故說，水人調船，弓師調角也。巧匠調木者，墨縷拼直高下齊平，意欲造立宮室成就，是故說，巧匠調木。智者調身者，恒以正教不毀法律，搜求義味，求上人法，是故說，智者調身也。(《大正藏》卷四第707-708页)

【评说】佛陀以譬喻的方式说明要想解除烦恼，必须从调身开始。

【原文】忍心如地者，猶如此地亦受於淨亦受不淨，地亦不作是念：“我當捨是受是。”智者執行亦復如是，若人嘆譽不以為歡，有毀辱者不懷憂慼，見善不喜聞惡不怒。是故說，忍心如地也。不動如安明者，猶如安明獨處眾山，不為暴風所傾動。賢聖之人亦復如是，不為闕四事心有增減，是故說，不動如安明也。澄靜如清泉，智者無亂者，猶如澄靜泉表裏清徹，不為小流所嬈濁，智者如是，內既無非外姦不入，心如金剛不可沮壞，是故說，猶如澄泉，智者不亂也。(《大正藏》卷四第708页)

【评说】佛陀强调内心安定的重要性，拥有如“犹如安明独处众山”的良好心态，才能面对人生中的各种问题，即使缺乏衣食住药等资生物资，仍然可以不动如山。

卷第十九

华品第十九

【原文】昔佛在舍衛國祇樹給孤獨園。爾時世尊與無央數眾說法，前後圍繞。時有一人，信心堅固，捨家妻子捐棄五親，出家學道求為沙門。爾時彼人在大眾中，心念宿舊五欲自娛，憶女顏貌如現目前，陰便動起；心懷慚愧，即詣靜處以刀斷之，血流溢出迷悶不自覺知。爾時世尊告大眾曰："汝等觀此愚人，應獲而不獲，不斷而便斷之。夫欲斷者，當斷結使諸縛，何乃斷此形相？"由是如來頻說三偈：

"斷林勿斷樹，　林中多生懼，
未斷林頃，　增人縛著。
斷林勿斷樹，　林中多生懼，
心縛無解，　如犢戀母。"

未斷林頃，增人縛著，未斷結使縛著諸想，心使流馳不能專一，是故說，未斷林頃，增人縛著也。心縛無解者，如苦行人常樂山藪，所以然者，皆由彼山得成道故，是故說，心縛無解。猶犢戀母者，猶如新生犢子，其心終不離母，此眾生類亦復如是，眾結未盡為狐疑所追逐，是故說，如犢戀母也。

當自斷戀，　如秋池華
息跡受教，　佛說泥洹。

當自斷戀，如秋池華者，愛之染神病無端緒，猶如蓮華色鮮且好，其有見者莫不愛樂，及秋華萎，人心皆離不復貪樂，是故說，當自斷戀，如秋池華。息跡受教者，息跡者賢聖人，受正教誡初無差違，善法日增惡法日退。何以故？以佛說泥洹樂，泥洹中無苦惱眾患切身，是故說，佛說泥洹樂也。(《大正藏》卷四第708-709页)

【评说】一离家修行的比丘因情欲萌动无法遏制，无奈之下以刀断命根(阴茎)。佛陀认为，性欲产生的根本原因是内心的躁动，妄想通过断除阴器的方法来灭绝性欲是不会取效的。

【原文】昔佛在舍衛國祇樹給孤獨園。爾時世尊一日一夜六時觀察，頗有眾生應從佛度，反更墜他凡夫地，則於佛法有大闕減。以天眼見舍衛城裏，有一旃陀羅兒。客除糞以自存命。爾時世尊，到時著衣持鉢入舍衛城分衛，以次漸漸至彼旃陀羅家。時客除糞者，遙見世尊來，內懷慚恥，即避世尊更詣餘巷，如來忽然復往逆之。其人自念："吾擔糞穢臭惡不淨，今日何由得覲世尊？"復欲避走，詣一澤地，索斷瓶破穢污淨地，恐地主瞋意欲馳走。佛遙喚曰："吾今故為汝來，復欲何趣？"其人報曰："身體穢污，不敢親近尊顏，是故欲避之耳。尊今當知，早喪父母，五親凋落無有妻息，孤窮單立，客除糞以自存活。不審世尊何所教誡？乃能慈愍與罪人共語。"爾時世尊告曰："汝隨我來，欲度卿為沙門。"其人白佛言："云何世尊！地獄餓鬼畜生亦得為道乎？"爾時世尊告彼人曰："吾今永世以來修無數行求成佛道，正為罪苦人耳。"爾時世尊即以神力，手執其人上昇虛空，往至恒水側沐浴彼人身體香潔，復以神力接至祇洹精舍，勅諸比丘："將此人度為沙門。"受教即度為沙門。其人已得為道，內自思惟："吾出寒賤，幸有微福得染道味，今不自求求於道者，後墮凡細復劇於今。”即自勸勵精勤日新，未經旬日便得須陀洹果、斯陀含果、阿那含果、阿羅漢果，六通清徹涌沒自由，即詣一大方石，當中央坐補納故衣。(《大正藏》卷四第710页)

【评说】佛陀力主众生平等，度客除粪者(以清除粪便为生)出家修行。

马喻品第二十

【原文】雖為常調者，猶如調馬人少來知馬進趣，良善駑鈍悉皆了知，某者易調、某者難調，某者性急、某者性緩，能別此者乃謂善察，是故說，雖為常調也。如彼新馳者，復知惡馬不可調御，方始教習乘走東西，未經旬日復得調良，若志固不可調者，即付外人馱薪負草，是故說，如彼新馳也。亦最善象者，最善象者意伏心調，身體麤澁獸中最大，為人所愛觀者無厭，是故說，亦最善象也。不如自調者，人能自調御除非去邪，為諸天世人、諸佛世尊、神通得道者所見敬，是故說，不如自調也。

彼不能乘， 人所不至，
唯自調者， 乃到調方。

彼不能乘，人所不至者，不能乘此乘至無畏境，亦復不能乘此乘至安隱處，復不能乘此至無災患處，是故說，彼不能乘也。唯自調者，乃到調方者，人能自調御，識神速到安隱處，不調者能使調，不正者能使正，永處無為，不復經歷憂悲喜怒，是故說，唯自調者，乃到調方。

彼不能乘， 人所不至，
唯自調者， 滅一切惡。

彼不能乘，人所不至者，不能乘此乘去離地獄餓鬼畜生，亦復不能超越八難，是故說，彼不能乘，人所不至也。唯自調者，滅一切惡者，人能自調眾善普會，於諸結使最得自在，盡能滅地獄餓鬼畜生蹤跡，是故說，唯自調者，滅一切惡。

彼不能乘， 人所不至，
唯自調者， 脫一切苦。

彼不能乘，人所不至者，乘此乘不能盡苦原本從此岸至彼岸。何以故？乘者非至竟乘、非第一義乘。是故說，彼不能乘，人所不至也。唯自調者，脫一切苦，永盡於苦無復生死，是故說，唯自調者，脫一切苦也。

彼不能乘， 人所不至，
唯自調者， 得至泥洹。

彼不能乘，人所不至者，不知蹤跡，況當知泥洹有可見耶？此事不然，是故說，彼不能乘，人所不至也。唯自調者，得至泥洹，解知泥洹亦自虛寂，專意一向無他異念，是故說，唯自調者，得至泥洹。

常自調御， 如止奔馬，
自能防制， 念度苦原。

常自調御者，念自調御去惡即善，如契經說，佛告呪那曰：“自不調御意不專一故，調御餘者，此事不然，欲得調人，先當自調。”是故說，常自調御也。如止奔馬者，如彼調馬人，調和奔逸馬避危就安，是故說，如止奔馬也。自能防制，念度苦原者，眾行已具便不履苦越過苦表。何者苦表？滅盡泥洹是，彼無復眾苦熱惱，是故說，自念防制，念度苦原也。

自為自衛護， 自歸求自度，

是故躬自慎，　如商賈良馬。(《大正藏》卷四第 712 页)

【评说】佛陀认为自调即自己主动调御，改变纠正自己的错误认知和不良行为，达到安隐状态，能去恶就善，所以是最值得称赞的。告诫大家想度化他人，必须先自调。

卷 第 二 十

恚品第二十一

【原文】降恚勿令起者，恚熾如火當念速滅，若令滋長者多所傷敗，恚生則禍至，猶人把火逆風自燒身，是故說，降恚勿令起也。欲生當制之者，欲心適生即求方便令不生，如彼毒蛇方欲出穴，即當制御令不暴逸，欲心如是，即生便滅使不滋長，是故說，欲生當制之也。漸斷無明根者，無明者世間之大冥，覆蔽心識不得開舒，當求方便以勇猛心斷根不生，是故說，漸斷無明根也。修諦第一樂者，行者所以不速成道，猶其婬怒癡染污身心，此三結使由四諦斷，不獲諦人不能除此三事，從無數世以來未曾獲無為樂，得四諦者爾乃為樂，是故說，修諦第一樂。(《大正藏》卷四第 713 页)

【评说】佛陀认为，当恚等不良情绪刚萌动之时就必须灭除。

【原文】斷恚得善眠者，夫人瞋恚晝夜不睡，如遇蛇嚙、如病發動、如失喪財貨，此恚之相貌。人無瞋恚不見眾惱，安臥睡眠天曉不悟，如服甘露心識淡然，是故說，斷恚得睡眠也。恚盡不懷憂者，人懷恚怒現在前時，晝夜愁慼如喪親親、如失財寶，恚已得除無復愁憂苦惱，是故說，恚盡不懷憂也。恚為毒根本者，毒中根者莫過於恚，人當恚盛，覆諸功德不得露現，是故說，恚為毒根本也。甘甜為比丘者，已拔毒根本無復毒栽更生美藥，如彼甘露去諸穢惡，是故說，甘甜為比丘也。賢聖能悉除，斷彼善睡眠者，所謂賢聖者諸佛弟子，眾惡悉除諸善普會，滅恚生本更不造新，意不興念念此恚想，善得睡眠無復憂慮，是故說，賢聖能悉除，斷彼善睡眠也。(《大正藏》卷四第 713 页)

【评说】佛陀时代已认识到恚怒、忧愁能导致睡眠障碍。

【原文】舉眾輕之者，或有一人為眾所輕，其中有黠慧者便能忍之。何以故？彼人單弱無所歸趣，豈復在是一人當興瞋恚？是故說，舉眾輕之，有力者忍也。夫忍為上，宜常忍羸者，忍為第一力，世間無過者，雖神通鑒照成道相好皆是忍力，達明今世後世徹照無外亦由忍力，是故說，夫忍為上，宜常忍羸。(《大正藏》卷四第 714 页)

【评说】佛陀认为，忍是内心强大者的行为，所以提倡忍。

我品第二十四

【原文】自勝為上者，夫人在世，能自降伏精神不錯，復為天、龍、鬼神、揵沓和、阿須倫、迦留羅、旃陀羅所見供養，天魔波旬雖統六天，亦不能得其便，是故說曰，自勝為上也。如彼眾生者，如彼修行人，既自慕學，復能使人執行，此心內不興垢外塵不入，乃應淨清無為處，是故說曰，如彼眾生也。自降之士，眾行具足者，人有十名號亦不同，或言眾生，我人壽命有形之類，皆名眾生，如斯之輩能自降伏不生外想，實諦第一義，無形不可見，欲求無為道者，念自降伏，不生十八本，持不漏諸界，斯亦復名自降之士。諸根具足，功德備具，隨時行道不失時節，是故說曰，自降之士，眾行具足也。(《大正藏》卷四第 723 页)

【评说】佛陀强调超越生死在于自胜。首先，内心清净无欲才能不受外界世界的干扰，从而解除烦恼。

【原文】先自正己，然後正人者，夫人修習自守為上，晝則教誡夜則經行，孜孜汲汲終日匪懈，然後訓誨眾生安處大道。如佛契經所說，佛告均頭：“如人己自沒在深泥，復欲權宜拔挽彼溺者，此事不然。猶人無戒欲得教誡前人者，亦無此事。廣說如契經。”如器完具所盛不漏，人神淡泊堪受深法，亦能教化一切眾生，其聞法者莫不信樂，是故說曰，先自正己，然後正人，夫自正者，乃謂為上也。(《大正藏》卷四第 723 页)

【评说】佛陀认为，教化他人必须“先自正己，然后正人者”，只有自己身口意去恶行善，道貌岸然，才能起到良好的示范作用，催人奋进。

【原文】為己或為彼，多有不成就者，人之習行以己所修邪見之業，復以己智授彼使學，此則墜墮不至無為，如復有人己身專正習正受行，以己所見教訓前人，受者信解不唐其功。是故說曰，為己或為彼，多有不成就也。其有覺此者，明人所習當究本行，如佛所說，不能自利焉能利人？習行之人當念觀察，思惟非常苦空非身，悉解非有彼無我空，豈有身也？是以聖人示人軌則，導以微教布見切禁。是故說曰，其有覺此者，正己乃訓彼也。(《大正藏》卷四第 723-724 页)

【评说】“不能自利焉能利人”，佛陀强调只有亲身实践、观察、思维人生、宇宙真谛的人，才能教化他人。

卷第二十二

广演品第二十五

【原文】雖誦千章，不義何益者，夫人在世多誦廣學，不曉義理亦復不了味義句義，猶如有人多負草木至百千擔，正可勞苦無益時用。是故說曰，雖誦千章，不義何益也。寧解一句，聞可得道者，如昔有士，多貯財貨饒諸穀食，意欲遠遊，便以家穀糶之易寶，積珍無量，後復以珍寶多易好銀，意復嫌多，便以好銀轉博紫磨金，意復嫌多，時以好金轉無價如意摩尼寶，所願畢果終不差違。此亦如是，雖多學問，不解句義，解一義者，所獲必剋。是故說曰，寧解一句，聞可得道也。(《大正藏》卷四第 724-725 页)

【评说】佛陀强调对经文的理解，如果不解其意，仅是重复口诵意义不大。

【原文】雖復壽百歲，不知生滅事者，人在世間無明自纏不能得解，計百年之中積罪無量，亦復不知生者滅者，雖得出家為道，在如來法中不了生滅，恒在凡夫之地，不至無為也，斯非比丘沙門之業，遠如來藏不近佛篋，是故說曰，雖復壽百歲，不知生滅事也。不如生一日，曉了生滅事者，人之在世觀達諸法一一虛無，生者不知所以生，滅者不知所以滅，一一別之能知根本，臨死之日亦不畏懼無所怖難，所生之處神識不錯，遭賢遇聖聞法得度，是故說曰，不如一日中，曉了生滅事也。(《大正藏》卷四第 725 页)

【评说】佛家强调超越生死，不看重躯体存活的年限，所以虽寿至百岁，但不明白生死的道理仍无意义。

【原文】無信懷憎嫉，鬪亂彼此人者，夫人在世信心不固，亦復不信佛法聖眾、真如四諦苦習盡道，積財至天猶不可恃怙，捨壽之日財不自隨，皆由今身不惠施故不造功德，畢故不造新。猶如有鳥素貪肉食，山樹有葉其像肉色，晝夜伺捕延頸仰望，在樹像肉墮即為葉，迷惑所纏不自覺寤，如是不息喪命於彼。所以然者？皆由貪心不自改更故。此間聞語傳至於彼，設從彼聞復傳於此，鬪亂彼此使不成就，意中興嫉轉生塵垢，是故說曰，無信懷憎嫉，鬪亂彼此人也。智者所屏棄者，智人知禮節避嫌遠疑，不處惑亂之中，彈指之頃不與從事，況當至竟與共遊乎？所謂智者，明古知今博通眾事，防慮未然所行不左，心口相應言無有失，分別深義意不倒錯，從一句義演布無數，愚者所惑，是故說曰，智者所屏棄也。愚習以為樂者，設復有人，善心勸諫誘進童蒙，訓之以道使見道門，不從其教反更疑惑，以地獄為堂室，不慮後世殃禍之根，教行惡業不從善教，轉復墮落地獄餓鬼畜生之中，是故說曰，愚習以為樂。（《大正藏》卷四第 727 页）

【评说】佛家认为，贪心是根本烦恼之一。

【原文】智人所學意志捷疾，聞一知萬豫達未然，隨時之行亦不錯謬，悉能分別亦無滯礙，猶舌甞味，甜酢鹹淡悉能知之；學人所習究暢本末別白黑法，知病所興知病所滅，斯非顛倒斯是顛倒，皆能別了投之聖藥，是故說曰，智者斯須間，承事賢聖人，一一知真法，如舌知眾味也。略說其事，彼不解慧愚人所習，唯有智者能究其事，彼無眼目，所謂愚者是也；眼目者，賢聖眼目是也，唯有智者而有此耳。彼不知真法，三耶三佛說，所謂不知真法者，愚者是也。（《大正藏》卷四第 729 页）

【评说】“知病所兴知病所灭，斯非颠倒斯是颠倒，皆能别了投之圣药”，佛陀主张根据不同烦恼的特点，施以不同的应对方法。

卷第二十三

泥洹品第二十七

【原文】是故說曰，無病第一利也。（《大正藏》卷四第 732 页）

【评说】世人都以无病即健康作为最大的利益。

【原文】斷愛除其欲者，愛之為病眾患之本，以拔愛本枝葉不滋，於中自拔永斷無餘，欲本自滅更不復生，由愛生欲流，猶如駛河漂溺生類，億千萬眾喪其命根不得全濟，河竭之後眾生往來無形傷害，是故說曰，斷愛除其欲，竭河無流兆也。能明此愛本，是謂名苦際者，愛為形質、欲為枝葉、癡為潤津，若彼學人思维妙觀，能斷此者超越苦際，是故說曰，能明此愛本，是謂名苦際也。（《大正藏》卷四第 734 页）

【评说】佛家认为，爱是一切烦恼（众患）的根本原因（源头），欲望是产生其上的枝叶。

【原文】無身滅其想者，是身無牢為磨滅法，是身不堅必當離散，唯有五分法身乃謂牢固，意從想生，想興萬病，能滅其想乃應道真，是故說曰，無身滅其想也。諸痛得清涼者，此眾生類流轉生死之海，江湖四瀆投之無厭，斯由痛本以受其困，眾生相殘共相殺害，皆由於痛而致此患，唯有智者不造其痛，是故說曰，諸痛得清涼也。眾行永休息者，人之受識由行而生，行以滋長以成萬病，善行趣善惡行趣惡，智人習行不造行本，是故說，眾行永休息也。識想不復興者，識想流馳興病萬端，是以聖人攝識不散，人之興識多起癡根，以三百藥滅百識，晨用百藥，中用百藥，暮用百藥，而滅識想；復以無漏聖行頂忍之法而滅識想，是故說曰，識想不復興也。有依便有動，有動便無滅，已無滅則知無厭，以知無滅則不見去來今，以無去來今則無生死，以無生死愁憂苦惱，由此苦陰生諸眾病，斯由習興眾結，纏裹。人之修行必有所依，所謂依者，山河石壁有形之類，目所覩者皆謂依也，能滅此者乃應第一義，於第一義不見來往周旋，以無來往周旋則無生死；不解此者則興塵勞，生老病死日日滋長，從是生憂愁惱萬端，尋之不見其緒，展轉相生成其五陰苦形，能滅此者唯有泥洹之道也。或有比丘有生有實有為，或有比丘無生無實無為，比丘不為無為者亦不有生，設不有生不有實不有為者，則因生因實因有為而說無為也。設當眾生無此患者，如來終不說滅盡泥洹之樂。(《大正藏》卷四第734页)

【评说】“意从想生，想兴万病”。佛家认为，人有了作为的认知，所以思绪纷扰，心神不宁，导致疾病丛生；“是以圣人摄识不散，人之兴识多起痴根，以三百药灭百识，晨用百药，中用百药，暮用百药，而灭识想”，因为愚痴不明(不正确的认知)产生了纷扰复杂的思惟，所以证悟了宇宙真理的人(圣人)告诉大家控制思惟的各种方法；此处“三百药”泛指控制思惟活动的方法。

【原文】眾生之類悠悠在世，皆由於食，人不得食無以行道，是故說曰，非食命不濟也。孰能不揣食者，覺此非常知食所出審諦無疑，受者施行非有狐疑，是故說曰，孰能不揣食也。食之為物生死滓濁之法，有形則累其食，是故說曰，夫立食為先也。佛告諸比丘：“我知諸入非地非水非火非風，所以非識非空非不用非識非有想無想，非今世後世，非及日月所照處，如斯之類非緣所及。其中倒見之人求日解脫，尼揵子等自相教訓求解脫者，要當入六十肘百由延，其人此室者便得解脫。”佛觀此義已欲斷生死狐疑，欲遮尼揵子顛倒之想故說此事，欲斷後世狐疑故故說斯事。“日月不俱明，邪正不競興，此事明矣。是故比丘！我亦不說周旋往來生死起滅，此謂苦際之本也。”(《大正藏》卷四第735页)

【评说】“众生之类悠悠在世，皆由于食”，食物是维持生命活动的基本物资；“人不得食无以行道”，拥有生命才可能去修行、证悟人生、宇宙真谛。

【原文】知節不知節者，節為有為之行，不知節者久抱疹患，不容思惟道，六情閉塞不通道義，是故說曰，知節不知節也。(《大正藏》卷四第735页)

【评说】节者，节制之意。不懂得节制，情绪经常波动，容易罹患各种疾病。

卷第二十四

观品第二十八

【原文】知慚壽中上者，人之處世不知慚愧無所畏難，猶如暴逸之牛無所畏難，彼愚騃人亦復如是，出意造行無所畏忌，是故說曰，知慚壽中上也。鳶以貪掣搏者，猶如飛鳶貪餮無

厭，掣搏人物無有忌度，眾生之類亦復如是，貪著財色無有厭足，是故說曰，鳶以貪掣搏。力士無畏忌者，如彼力人無所畏難，在大眾中恣意所作無有及者，其有呵諫來勸喻者，尋懷瞋恚斷其命根，是故說曰，力士無畏忌也。斯等命促短者，夫人處世輕人貴己，但執顛倒迷惑不寤，侵三尊物強梁自恃，如斯之類命不久停，是故說曰，斯等命促短也。

知慚不盡壽，　恒求清淨行，
威儀不缺漏，　當觀真淨壽。

知慚不盡壽者，彼慚愧之人，於諸衣食不大慇懃，所得財貨分布與人，麤衣惡食不著莊飾，唯存命於世無所榮冀，是故說曰，知慚不盡壽也。恒求清淨行者，所行清淨不造邪部，身口意淨應無上行，亦知外淨出言適前無所傷害，是故說曰，恒求清淨行也。威儀不缺漏者，收攝諸根不使流逸，是故說曰，威儀不缺漏。當觀真淨壽者，進止行來出口言語，飲食取以養其壽，是故說曰，當觀真淨壽也。(《大正藏》卷四第 736 页)

【评说】“饮食取以养其寿”，饮食只是用来维持生命的，所以佛家对寿命的长短有着自己独特的观点；“知惭不尽寿者”，拥有惭愧心的人，他们存活在世上的目的是证悟生命的真谛，所以疏于饮食，不注重躯体存活时间的长短；“知惭寿中上者”，此类人毫无惭愧心，表面上看应该有较长的寿命，但由于鄙视他人，无所不为，“斯等命促短也”，所以寿命也很短促。

【原文】人出胞胎由前世因緣，多病少病形貌好醜，是故說曰，如是當觀身，眾病之所因，病與愚合會，焉能可恃怙？(《大正藏》卷四第 738 页)

【评说】佛家认为，今世的疾病和外貌的美丑是由前世的业(身、口、意的造作)决定的。

【原文】著欲染於欲者，群徒在世志趣不同，或有少欲或欲意偏多，欲偏多者不達賢之法，是故說曰，著欲染於欲也。不究結使緣者，貪嫉慳結病中之重者，入骨徹髓醫所不療，積財億萬不肯惠施，至其壽終不能持一錢自隨；其有眾生修行貪嫉者，身無威神遂致貧窮，宗親不和為人所輕，是故說曰，不究結使緣也。(《大正藏》卷四第 739 页)

【评说】佛家认为，贪嫉悭等原因导致的心病不是普通的医师所能治疗的。

【原文】猶若不觀苦者，如彼學人不見苦空非身無我，亦不分別於諸行陰，便為墮落；自觀身中污穢不淨，從頭至足無一可貪，我自我有色自我色，亦不分別色之本末，是故說曰，猶若不觀苦，常當深自觀也。以解苦根源，是謂明妙觀者，所解苦空無常非身之義，身之為患流溢萬病，行人思惟意不亂錯，深知病之根源，身寄於世四大合成，從無數劫以來不覩大明，斯由癡惑所纏裹故，我今以脫不造彼緣。是故說曰，以解苦根源，是謂明妙觀也。(《大正藏》卷四第 741 页)

【评说】“身之为患流溢万病”，由于人们执著暂时存在的“身”，期望“身”永恒不变，所以酿生了众多的烦恼和疾病，身心失去了自在。

卷第二十五

恶行品第二十九

【原文】諸惡莫作者，諸佛世尊教誡後人三乘道者，不以脩惡而得至道，皆習於善自致道跡，是故說曰，諸惡莫作也。諸善奉行者，彼修行人普脩眾善，唯自瓔珞具足眾德，見惡則避恒脩其善，所謂善者，止觀妙藥燒滅亂想。是故說曰，諸善奉行。自淨其意者，心為行本招致罪根，百八重根難解之結纏裹其心，欲怒癡盛憍慢慳嫉種諸塵垢，有此病者則心不淨，行人執志自練心意使不亂想，如是不息便成道根，是故說曰，自淨其意也。是諸佛教者，如來演教禁戒不同，戒以檢形義以攝心，佛出世間甚不可遇，猶如優曇鉢花億千萬劫時時乃有；是故如來遺誡教化，聖聖相承以至今日，禁誡不可不脩，惠施不可不行，吾所成佛王三千者，皆由禁誡惠施所致也。是故說曰，是諸佛教。(《大正藏》卷四第 741 页)

【评说】佛家的宗旨是诸恶莫作、诸善奉行，两者的基础是在内主动改变认知、控制欲望(自净其意)，在外通过规范自己的行为(守戒)来控制自心。

【原文】人欲練其神，要當數修琢者，舊學之人外虛內實，或有潛隱山藪，或有佯狂遊世，行雖不同所濟等一，此不取形器，此純練精神定意不錯，行人權現千轉百化，要設方便導引眾生至百練室；所謂室者，泥洹虛寂無為城是。是故說曰，人欲練其神，要當數彫琢也。智者易彫飾，乃名世之雄者，捷疾利根之人出言成律，必欲所度得四辯才，義辯法辯辭辯應辯，義辯法辯者此二攝內法，辭辯應辯者此二攝外法。是故說曰，智者易彫飾，乃名世之雄也。能親近彼者，安隱無憂惱者，人執威儀進止去來周旋往返，皆執威儀不失其節，猶如眾花競敷香氣遠布；履行之人亦復如是，戒聞施德諸總持門定意不散者，能親近此無所違失，便能成就無漏聖行。是故說曰，能親近彼者，安隱無憂惱。(《大正藏》卷四第 743 页)

【评说】佛门的修行重在调控精神意识状态，“当数修琢者”，这是一个反复施行的过程。

【原文】人之為惡，後自受報者，夫人為惡自招禍患，非有父母兄弟宗族代受其罪；自不為惡後不受報，如此之人，生則遇聖當受其福，非父母兄弟代獲其慶，意自清潔不累於人，自行清淨自受其報。是故說曰，人之為惡，後自受報，已不為惡，後無所憂也。(《大正藏》卷四第 743 页)

【评说】佛家强调，每个人必须对自己不善的行为承担后果(业报)，任何人都不能替代。

【原文】猶如調達在羅閱城，興謀害心，後事彰露舉國聞知，時王阿闍世語調達曰：“汝宜出國，不須住此，十六大國莫不聞知。云何此有調達造作眾惡，起傷害心向於如來?”調達聞已內懷憂慼，心不自寧便還本國，宿怨不盡為恚結所纏，唐突菩薩宮內，語瞿夷曰：“我今取汝拜為第一夫人，不審聖女為可爾不?”瞿夷聞之語調達曰：“前汝右手吾欲把之。”調達尋舒手使把，扼腕骨碎五指血出，當時迷悶良久乃穌。(《大正藏》卷四第 744 页)

【评说】“扼腕骨碎五指血出，当时迷闷良久乃稣”，腕骨骨折造成疼痛性休克。

【原文】先當制善心，攝持惡根本者，善心具足勿令分散，執意在前如擎油鉢，戰戰兢兢如避劫燒，當以無常苦空非身，除心穢垢沐浴使淨，是故說曰，當先制善心，攝持惡根本也。由是興福業，心由樂於惡者，人不行善作後世資糧者，命終燒身之患，日夜為惡不能自改，是故說曰，由是興福業，心由樂於惡也。(《大正藏》卷四第 745 页)

【评说】佛家认为，养心的原则是扬善心、遏恶心。

卷第二十六

霎要品第三十

【原文】 不以柔和言，名稱有所至者，世多有人與人言談，內懷姦宄外如現愚，是故說曰，不以柔和言，名稱有所至也。人有善顏色，乃懷巧偽心者，往昔波斯匿王園觀遊戲，見二梵志苦形學道，仰事日月祭祀水火。王見此人學道志苦，尋往佛所白世尊言："向行遊觀見二梵志，苦形學道至為難及亦無儔匹。"佛告王曰："人之脩德持戒完具欲得知者，要當同止觀察威儀尋省來語，然後乃知有戒無戒。"王聞斯語內懷慚愧，即從坐起頭面禮足辭退而去，還至宮殿告語傍臣："汝速詣彼喚二梵志在我後園，吾觀察之，審有苦行求於道德？為虛稱詐逸行不合已？"臣受其教即喚在園，王自樓上遙觀其行，知彼巧偽詐稱為道，重懷慚愧思心自悔，信心隆盛貪樂佛道，即令國界人民之類："其有供事外學異道者，皆受誅戮不得從容。"王至佛所頭面禮足，悔本不及，自今以往，四事供養恭敬三寶，盡其形壽不違此誓。是故說曰，人有善顏色，乃懷巧偽心也。

……

不以色從容，蹔覩知人意者，世多有人顏色從容，與人言談辭義辯美，然內心虛偽心口相違，雖名為人性行不均，外如賢士內懷毒行，雖暫相見賢愚不別，猶夜覩火遙見光明，若當往捉便燒其手，此亦如是，雖有顏色內懷熾焰，是故說曰，不以色從容，蹔覩知人意也。世多違行人，遊蕩在世界者，當來愚人巧詐滋繁，漸漸遂至謗賢毀聖，姦宄萬端幻惑世人，與人言談顏色不正，出言成章辯聰無礙，堪在大眾為無軌事，眾人覩者莫不拭目，是故說曰，世多違行人，遊蕩在世界也。如彼虛偽鍮，其中純有銅者，巧詐之人多諸方略，以烟熏銅色勝真金，誑惑世人貪取財貨，是以如來引此為喻，如彼偽鍮獲世重利；姦宄之人亦復如是，甘言美辭誘進檀越，獲致供養四事不乏，衣被飲食床褥臥具病瘦醫藥，雖獲其供養，後當償之，報受洋銅，經歷苦惱罪積未畢，是故說曰，如彼虛偽鍮，其心純有銅也。獨遊無畏忌，內穢外不淨者，如彼姦宄之人，多將翼從人間遊處，眾人見者莫不興敬，如賊暴虐多壞村落，然後乃知非是真人也。是故說曰，獨遊無畏忌，內穢外不淨也。(《大正藏》卷四第 748-749 页)

【评说】"内怀奸宄外如现愚"，人世间内心奸诈却伪装老实的人太多了！他们往往与人交流时反应灵敏、滔滔不绝("出言成章辩聪无碍")，但仔细审视却发现他们神情有异("颜色不正")，显然是口是心非。所以佛陀指出判断一个人善恶的标准是行动而不是言语。

【原文】 貪餮不自節，三轉隨時行者，如彼愚惑之人，為人標首受人供養，自養其形身體肥盛不能轉側。(《大正藏》卷四第 749 页)

【评说】 长期饮食不节制，造成身体肥胖、行动不便。

【原文】 波斯匿王宿殖德本福響自應，於後園中，自然生甘蔗之樹，流出甘漿晝夜不絕，於彼園中自然生一株粳米，垂穗數百取之無盡。王受其福食之無厭，身體肥重喘息苦極不能轉側。(《大正藏》卷四第 749 页)

【评说】 过度饮食造成身体超重动辄气喘、行动不利。

【原文】自是以始常以為法，王轉減食身體輕便，進止行來無所患苦。（《大正藏》卷四第749页）

【评说】控制饮食可以减肥，运动轻便。

【原文】於食知止足，有信執精進者，行人執意得無漏信，多食瞪夢不容入定。（《大正藏》卷四第749页）

【评说】饮食过多会使人迷迷糊糊不清醒。

【原文】空閑甚可樂者，所以聖人論此語者，欲使行人速獲其法，閑靜之中意得專一，思维挍計不移時節，意念嚮應如人呼聲，是故說曰，空閑甚可樂也。（《大正藏》卷四第750页）

【评说】佛家强调，空闲有助于修行，令人精神专一。比说与中国传统文化中的重静相通。

【原文】賢聖之人心不可移動，意欲所規必剋不難，猶若眾山競出好藥，隨意取之分別毒害，是故智者說眾德具足，是故說曰，難移難可動，如彼重雪山也。（《大正藏》卷四第750页）

【评说】佛陀时代已观察到不同环境出产药物不同，功用不同。

【原文】諸有平等說，法法共相觀者，夫人處世觀察是非，法法成就無有高下，是故說曰，諸有平等說，法法共相觀也。（《大正藏》卷四第751页）

【评说】佛家认为，观察世界的方法都是平等的，没有高下之分。

卷第二十七

乐品第三十一

【原文】如彼有人得雜毒之食，得而享之，不知食中有毒，毒氣流熾不便其身。（《大正藏》卷四第753页）

【评说】记载了因进食了夹有毒物的食品而中毒的现象。

【原文】夫經行之人獲五功德。云何為五？一者堪任遠行，二者多力，三者所可食噉自然消化，四者無病，五者經行之人速得禪定。（《大正藏》卷四第755页）

【评说】经行，是佛家修行的一种方式，指往返行走于一定之地。它能增长耐力气力，帮助消化，减少疾病，有助于入定。经行具有明显的健身作用，值得效法。

卷第二十八

心意品第三十二

【原文】時，有國王頭素少髮加復有瘡，又且脚著履屣，自恃豪尊以氍褁頭入內聽經。（《大正藏》卷四第760页）

【评说】记载了一种表现为头发少、头面发疮的疾病。

【原文】如人瘡痍以膏傅之，所以傅者，欲使新者不增、故者除愈。(《大正藏》卷四第 763 页)

【评说】记载了疮疡病外敷膏药治疗的原则：控制病灶大小，促进愈合。

卷第二十九

沙门品第三十三

【原文】愛之為病多所危害，欲界愛者其事有二：一者食愛，二者欲愛。色界無色界禪味愛。是故說曰，以斷於愛根。(《大正藏》卷四第 767 页)

【评说】贪爱之心在不同的生命形式中表现不一：欲界(人间)是贪念食物和男女之情；在色界和无色界则是贪念禅乐。

【原文】所謂熱惱者，一者欲熱惱，二者瞋恚熱惱，三者愚癡熱惱，三熱惱中恚最為上，火所焚燒從欲界乃至初禪地；三毒熾火燒欲界至無色界，能滅此三毒界者，乃為第一無為之樂。是故說曰，諸不有熱惱，又斷不善根，比丘勝彼此，如蛇脫故皮。

斷欲不遺餘，　如拔不牢固，
比丘勝彼此，　如蛇脫故皮。

人之著欲無不喪命。所以然者？皆由意斷心惑之所致。是以聖人先制婬欲。是故說曰，斷欲不遺餘，如拔不牢固，比丘勝彼此，如蛇脫故皮。略說其要，貪欲瞋恚愚癡憍慢，亦復如是。(《大正藏》卷四第 768 页)

【评说】佛家认为，清除欲、嗔恚、愚痴三种烦恼是人生最大的快乐。人贪着欲望会戕害生命，所以控制欲望必从节制淫欲着手。

【原文】擊人得擊罵人得罵，皆由不忍致此患害，夫能忍者戰中為上，忍為良藥能愈眾病，若有罵者默然不對。是故說曰，見罵見擊，默受不怒，有忍辱力，是謂梵志。(《大正藏》卷四第 770 页)

【评说】佛家强调忍是治愈各种烦恼的良药。

卷第三十

梵志品之二

【原文】心之無形亦無窠窟，非是世人肉眼所見，依止五陰，陰散則離非有形質，心之難化猶木鑽鋼。是以聖人遺教後生，欲降伏心者，晨用百藥中用百藥暮用百藥，空無想願止觀滅盡，用療心病使得除愈，能具此者故曰梵志。(《大正藏》卷四第 774 页)

【评说】此处心非肉体之心，而是指精神意识。改变一个人的精神意识是相当困难的一个过程。佛家的观点与我国传统文化中“心病还须心药医”之说相合。

譬 喻 经

佛说医喻经

西天译经三藏朝奉大夫试光禄卿传法大师赐紫臣施护奉诏译

【提要】佛陀在舍卫国以医为喻,为众比丘说苦、集、灭、道"四圣谛"。

【原文】如是我聞:

一時世尊在舍衛國中,與苾芻眾俱。是時世尊,告諸苾芻言:"汝等當知,如世良醫,知病識藥,有其四種,若具足者,得名醫王。何等為四?一者識知某病,應用某藥;二者知病所起,隨起用藥;三者已生諸病,治令病出;四者斷除病源,令後不生;是為四種。

云何名為識知某病,應用某藥?謂先識知如是病相,以如是藥,應可治療,令得安樂。

云何名為知病所起,隨起用藥?謂知其病,或從風起、或從癀起、或從痰起、或從癊起、或從骨節起、或積實所起;知如是等病所起處,隨用藥治,令得安樂。

云何名為已生諸病,治令病出?謂知其病應從眼出,或於鼻中別別治療而出,或煙薰水灌鼻而出,或從鼻竅引氣而出,或吐瀉出,或於徧身攻汗而出,乃至身分上下,隨應而出;知如是等病可出處,善用藥治,令得安樂。

云何名為斷除病源,令後不生?謂識知病源如是相狀,應如是除,當勤勇力現前作事,而善除斷,即使其病後永不生,令得安樂。如是等,名為四種知病識藥。

如來、應供、正等正覺,亦復如是,出現世間,宣說四種無上法藥。何等為四?謂苦聖諦、集聖諦、滅聖諦、道聖諦。如是四諦,佛如實知,為眾生說,而令斷除生法。苦本生法斷故,而老病死憂悲苦惱,諸苦永滅。如來、應供、正等正覺為是利故,宣說如是無上法藥,令諸眾生得離諸苦。諸苾芻,又如轉輪聖王,四兵具足,故得如意自在,如來、應供、正等正覺亦復如是。"

佛說此經已,諸苾芻眾,歡喜信受。(《大正藏》卷四第802页)

【评说】佛陀指出,良医的标准有四条:采用不同的药物治疗不同的疾病("识知某病,应用某药"),针对疾病的不同原因投以不同的药物("知病所起,随起用药"),采用不同治疗方法驱除病疾("已生诸病,令后不生"),根治疾病("断除病源,令后不生")。总之,良医必须"识病知药"。

佛陀时代已经认识到疾病的原因繁多:风、癀、疾、癊、骨节、积实等。掌握了丰富的治疗手段:烟熏、水灌鼻、吐、泻、发汗等。

汉文《大藏经》经集部涉医文献的辑录与研究

目　录

贤劫经

本愿经

所问经

禅　经

三昧经

法相经

璎珞经

金光明经

如来藏经

楞 伽 经

解深密经

福田经

缘生经

业道经

名数经

杂经

贤劫经

贤劫经

(亦名《飏陀劫三昧晋曰贤劫定意经》)
西晋月氏三藏竺法护译

卷第一

【提要】佛陀在舍卫国祇树给孤独园为喜王菩萨说诸法本三昧、十六文字总持之门、菩萨定意四事、三昧定。

行品第二

【提要】佛陀在舍卫国祇树给孤独园为喜王菩萨说十六文字总持之门。

【原文】何謂十六?一曰無;二曰度;三曰行;四曰不;五曰持;六曰礙;七曰作;八曰堅;九曰勢;十曰生;十一曰攝;十二曰盡;十三曰蓋;十四曰已;十五曰住;十六曰燒……識念無數所更歷劫,常持諸法滅一切病,淨除結網逮斷狐疑,速成正覺諮嗟光顯,普入一切諸法聖慧,能以方便擿去惱熱,講說諸法已身奉行。(《大正藏》卷十四第4-5页)

【评说】佛陀指出诵念十六字总持可以除去疾病。

【原文】慈念十方皆降歸佛,勿有惡心誹謗法師,念法無惡,惟愍其人用懷毒心,墮于惡趣三塗之難。傷之愚惑横生毒害還自危身,猶如樹木風起相揩,忽然火生還自燒形,毒蛇含毒日日增多還自害身,鐵生眾垢自葬其形。愚闇閉塞心不開解,不念菩薩法師之恩,反生害心逆其師父,欲危滅之貪妬懷嫉,一時自可放心自大,不顧大難甚憐傷。(《大正藏》卷十四第5-6页)

【评说】经文中"害人终害已"的观点与中国传统文化中"多行不义必自毙"的含义相似。

四事品第三

【提要】佛陀在舍卫国祇树给孤独园为喜王菩萨说菩萨定意四事。

【原文】菩薩復有四事,得斯定意。何謂為四?一曰、觀眾邪迷六十二見,猶豫沈吟墮於羅網如鳥自投,貪小小利不覺自害;二曰、九十六種迷惑之徑自造癡冥,猶如蜚蛾自投燈火,已溺三塗五趣周旋輪轉無際不能脫身,惟有諸佛眾大菩薩,乃能濟之;三曰、外眾蓋業符呪害人,菩薩愍之,如狂溺水然後乃悔當何所及;四曰、如射獵師彈射眾鳥,羅網捕魚積其罪蓋,無數億載墮三惡趣,捨身之安而往救之,為宣罪福生死之患,示無為業,或復顯之無上正真各使得安;是為四。(《大正藏》卷十四第6页)

【评说】"外众盖业符呪害人",说明佛陀时代已有用符咒害人的记载。

法师品第四

【提要】佛陀在舍卫国祇树给孤独园为喜王菩萨说三昧定。

【原文】佛言:"菩薩行道,以大慈悲護於十方,及化他人諸不逮者,以六度無極四等四恩六通善權化眾生類,所度無底使長安隱,各捨家業興隆道法,為雨甘露宣傳經典,猶如良醫以藥療眾風寒熱病三合之病悉為消除。心有四病:一曰、貪婬;二曰、瞋恚;三曰、癡冥;四曰、吾我。以慧正義刈斯四病悉消無餘,致十種力四無所畏。譬如日出眾冥消滅不知所去,以善權慧振大聖燿照于三界,五陰六衰十二牽連,自然為消不知所趣。猶月在冥消夜眾闇自然為明。菩薩如是,以道慧明處生死界,三垢之穢心無所著,開化終始無窮之患,逮得三昧無所從生,度脫一切。猶若大海出諸珍琦殊異之寶,其入採者靡不充備各得盈滿。菩薩如是,入大乘海擇取開士玄妙之法,嚴治道場三脫之門,周旋三世救濟危厄。猶轉輪王典主四域天下戴仰。菩薩如是,周流一切生老病死,具四等心化此四病永使無餘,終始朽亡忽然沒盡不知所處。"……佛爾時頌曰:

"菩薩行大慈,　常自調其心,
并化他眾生,　所開度常安,
醫療風寒熱,　菩薩消三毒,
日出眾冥盡,　導化消牽連。
……"(《大正藏》卷十四第8-9页)

【评说】佛陀认为,风寒热病需要良医处方用药才能得以治愈,但是心病(贪淫、嗔恚、痴冥、我执)需要通过智慧(慧正义)来消除,若要断除心病应当以慈、悲、喜、护四等心来化导。

【原文】於是,喜王菩薩心中悲喜即說頌曰:

"我以知是業,　從意好道義,
不輕如是明,　咨嗟於世護,
捐棄其身命,　求是佛至道,
於後恐懼世,　持是三昧定。
若無央數劫,　在於地獄中,
樂持是三昧,　常當忍是苦。
請一切眾生,　說法無所冀,
布施眾財物,　行愍諸群生。
假使身命肉,　骨髓血脈斷,
終不行懈怠,　後世所生處,
習在空閑居,　棄一切所有,
慈遍眾生類,　疾者給醫藥。
不曾學此業,　如返邪之行,
當修是真言,　從斯經中教。
常奉無放逸,　隨佛之所誨,
眾生故忍之,　我等之伴類。
獨處若眾中,　所宿無所畏,
不貪求利養,　頒宣尊佛道。"(《大正藏》卷十四第10页)

【评说】佛陀要求众生布施财物的同时,也要给予病人医药。可见,佛陀主张患病应当积极治疗。

卷 第 三

【提要】佛陀在舍卫国祇树给孤独园为喜王菩萨说一心智慧及一心报。

神通品第十

【提要】佛陀在舍卫国祇树给孤独园为喜王菩萨说一心智慧。

【原文】何謂無報度無極有六事？其所救濟，不受報應乃至滅度，猶如大蓋有所覆護，菩薩所修如是無極，如江河沙眾生得度，是曰布施；所奉法行諸漏已盡，至不退轉攝受普護，是曰持戒；所志仁和未曾有恨逮致佛道，是曰忍辱；所以勤修捨棄身命，一切萬物供養三寶，是曰精進；所修禪定在佛樹下，宣歎頌偈遵承法觀以此行護，是曰一心；所遵聖明不論道慧，猶如海中舍和樹葉香美療病，菩薩如是，以道德香化於一切使發大道心，是曰智慧；是為六……

何謂除塵來淨度無極有六事？若有損耗使增功德，療諸疾疫普令安隱，是曰布施；若在弊礙不能自濟，為作救護令心開解，是曰持戒；若有師父尊長罵詈，供敬歸命不懷瞋恨，是曰忍辱；其所勤修在胎心正，治眾病疾將護開化及諸比丘、比丘尼、清信士、清信女，是曰精進；若母疾病瞻視給使，與諸可乏醫藥飲食，是曰一心；若以聖明為無數眾而決狐疑，各得開達奉無上真，是曰智慧；是為六。(《大正藏》卷十四第 23-24 页)

【评说】瞻病、给药、疗疾、供给饮食都可以帮助修行者定心定力，获得智慧。舍和树叶为一种可以治疗疾病的植物叶子，具体不详。

三十二相品第十一

【提要】佛陀在舍卫国祇树给孤独园为喜王菩萨说三十二相与一心报。

【原文】佛告喜王菩薩："何謂諦住安平止度無極有六事？遍從平地舉足前行追慕三昧，是曰布施報；若建立安勸化眾人，不更惱害終始無患，是曰持戒報；一切眾人不能動搖，心不起恨意和顏悅色，是曰忍辱報；所立其意奉開士法，不以有勞徑前不退，是曰精進報；顯發慕樂無上正真，令眾生安敷演禪思，是曰一心報；說其報應所生之處，常見諸佛諮受大道，是曰智慧報；是為六。"

"何謂來千輪度無極有六事？若以致來眾物所有，若干種輪持用布施致千輻相報，是曰布施報；若以各各奇異殊特好妙顏色，身在其中無所破壞，是曰持戒報；若生異品若干種香，心不以著無增減意，是曰忍辱報；其勤修者堅持其志，猶有術師執持太屏，若因浮筏徑浮渡江及安眷屬，是曰精進報；若演光明普耀遠近，通於十方由得自在，是曰一心報；若振大光一切蒙荷，悉得聖明眾冥消索，是曰智慧報；是為六。"

"何謂肌軟細度無極有六事？若書文字斯非恬怕，以用開化一切眾生示以罪福，是曰布施報；其依言教奉仰真正，不為虛偽而懷來義，是曰持戒報；其以具足眾德之本，來妙神明心不起滅，是曰忍辱報；若諦超越眾惡之瑕，致眾開士來相化導，是曰精進報；若無恚恨獲致功勳，和顏悅色踊躍存法心無所著，是曰一心報；在於生死所生安和化眾愚冥，是曰智慧報；是為六。"

"何謂足下平度無極有六事？若足下平所至無難，足下所蹈蟲蛾永安，是曰布施報；其舉足時心無瘡病，行不犯法其心仁和，是曰持戒報；若舉足時庠序安隱，性不卒慌亦不惶懅，是曰精進報；其舉足時福致弘曠，猶如虛空用救眾生，是曰一心報；其足底滿功福熾盛而無邊際，是曰智慧報；是為六。”

“何謂長指度無極報有六事？其指長好，宿德所致無有曲穢，是皆所施報應之功德，是曰布施報；其指纖好，漸稍相應而不邪亂，宿命行安，是曰持戒報；應是功德指長順調晃妙柔軟，是曰忍辱報；德行相應指長微妙，漸稍細滑無麁文理，是皆精進報；指長吉祥，見者悅然無不吉利，此者皆是一心之報；其指光澤，隨次和順正齊不亂，是智慧報；是為六。”

“何謂手足縵中度無極有六事？手足滿平而縵中者，前世之時若有所施滿足與之，是布施報；其指平正建立安隱，無有不正視之心悅，是持戒報；手足無瑕清淨極姝本行仁和，是忍辱報；佛者手足紫金色者不受塵土，往昔勤修不以懈怠，是精進報；手足柔軟而無麁惡光澤甚好，是一心報；其手足鮮赫赫明好，與眾超異見莫不歡喜，是智慧報；是為六。”

“何謂膝平度無極有六事？其膝興正，因稍轉上普具有異，德行殊絕見莫不敬，是布施報；其膝安和不相切摩，是持戒報；手足牖好而不進退咸宜有常，是忍辱報；宜則仁慈行步舉足安和庠序亦不卒暴，是精進報；蓋修平正亦無偏邪常行寂然，是曰一心報；覩者悉歡光像分明，是智慧報；是為六。”

“何謂寂藏度無極有六事？其寂藏安和光色赫燿而不現體，是布施報；其寂以清潤澤一切皆使蒙荷，是持戒報；其毛右旋，各各齊正而不邪行，是忍辱報；其德巍巍在所至到化變度人，是精進報；其演光明無所不照多所安隱，是一心報；使他人見瑞應懷來無上聖明，是智慧報；是為六。”

“何謂臍深度無極有六事？其行日進稍至玄深乃志大道，是布施報；其威神德淡然無畏心不懷難，是持戒報；其奉柔潤深至平和，是忍辱報；其行具足不以恐怖，是精進報；亦如好華柔軟和安，精專不迷，是一心報；其臍無毀，長益一切行不損減，是智慧報；是為六。”

“何謂毛一一生度無極有六事？其毛上向，右旋清正順理獨立，是布施報；其髮紺色，光光明好見無不喜，是持戒報；毛柔軟細滑澤晃然，是忍辱報；其色潤澤不受垢塵，是精進報；毛色柔好各各右旋，是一心報；各各待立而不卒暴，不相切摩各各齊正，是智慧報；是為六。”

“何謂紫金色度無極有六事？其色如火中金，是布施報；其柔潤色不為麁獷，是持戒報；清淨無瑕色踰日月，是忍辱報；其光晃昱照於遠近，是精進報；其無垢塵以為清明，是一心報；其光柔妙色和燿好，是智慧報；是為六。”

“何謂師子胸臆度無極有六事？其身漸滿而不缺減，是布施報；身盛妙好有巍巍德，是持戒報；身以堅強無能犯者，是曰忍辱報；眾所觀仰視無厭足，是精進報；其身弘廣猶如難逮，是曰一心報；身無能壞堅如金剛，是曰智慧報；是為六。”

“何謂常善次度無極有六事？其身所行具足充滿，是曰布施報；尊不可逮吉祥以滿，是曰持戒報；端政絕好有見樂喜，是忍辱報；其行德業平等滿者，是曰精進報；計其相好色若雜珍師工作好畫，是曰一心報；柔潤光明清淨無瑕，是曰智慧報；是為六。”

“何謂長臂報度無極有六事？其身香勳而無斷絕普聞一切，是曰布施報；真住正安而不可動，是持戒報；和順庠序堅固不起其心和調，是忍辱報；若以自致其臂長姝與眾超異，是精進報；行步庠序臂長出膝天人所奉，是一心報；現身柔潤光明赫赫照於一切，是智慧報；是為六。”

“何謂牖髀度無極有六事？若以身髀牖順雅好心慈志和，是布施報；獨立坦然無能牽掣常得自在，是持戒報；善能分別處所至安而無禍難，是忍辱報；以身齊正肢體漸牖，是精進報；

威光巍巍無見頂相，是一心報；一切眾生目所觀仰莫不愛敬，是智慧報；是為六。”

“何謂腦合充滿度無極有六事？以漸覺滿功德成就，是布施報；心諦堅住常懷和安，是持戒報；淨如明珠而自焰者，是忍辱報；若以平等而興治行無有懈廢，是精進報；身口柔和其心安隱，是一心報；和潤無數毀莫能壞者，是智慧報；是為六。”

“何謂鉤鎖度無極有六事？見眾求者常和悅豫，是布施報；漸以覺悅消眾不達，是持戒報；其德各各若干普同，善相依因道法成行，是忍辱報；若有所說咸共默然，悉和等受適見奉行，是精進報；其光紺青煌煌照遠，是一心報；若令世間一切眾生所縛眾厄自得解脫，見無厭足，是智慧報；是為六。”

“何謂牙齒白淨度無極有六事？齒極白淨編合不疏，是布施報；柔潤白好而無點污，是持戒報；以順次第猶白蓮華平等安隱，是忍辱報；齒堅白要而無雜黑，是精進報；所施建立弘安無危，是一心報；身以潤澤柔軟光光，覩其明曜未曾厭足，是智慧報；是為六。”

“何謂牙齒齊平度無極有六事？下齒齊平不以邪傾，是布施報；上下柔澤悉以無麁，是持戒報；次第合緻間無所受，是忍辱報；其齒牖平亦無高下，是精進報；齒不毀損堅固強好，是一心報；下齒正上上齒正下，安隱牢固見莫不歡，是智慧報；是為六。”

“何謂四十齒度無極報有六事？其四十齒具足而悉平正不減，是布施報；齒不邪傾正齊如水，是持戒報；齒妙殊特與眾不同，是忍辱報；其齒通利間無所礙等定不疎，是精進報；齒生吉祥見無不利，是一心報；齒甚堅固不可動搖可悅人意，是智慧報；是為六。”

“何謂廣長舌報度無極有六事？為菩薩時耳聽經典擇說至言，是布施報；去舌上垢乃傳佛語淨口宣義，是持戒報；口說平均不為偏黨，是忍辱報；舌極廣長色如蓮華光明赫赫，是精進報；其相生妙各各別異，是一心報；舌如百葉光色奇好晃昱遠燿，是智慧報；是為六。”

“何謂梵聲報度無極有六事？行菩薩道頒宣經典，高舉唱音令眾人聞了了無疑，是布施報；音嚮可愛聞莫不喜，是持戒報；若干品音所宣各各，是忍辱報；未曾有音和不可逮，是精進報；音常和調言辭安隱而不斷絕，是一心報；一切音好哀合和雅動眾人心，是智慧報；是為六。”

佛言：“復次，喜王！將順身心常使和安，是布施報；其以身行身口心定寂然安和，是持戒報；若以十善興發所生，志在天人使為道業，是忍辱報；教告一切開化眾會無所犯負，是精進報；悲和之音柔潤嚮哀告於眾生，是一心報；音宣法化決眾狐疑莫不解悅，是智慧報；是為六。”

“何謂味中上味度無極有六事？若以食膳一切所供，其味殊特可眾人意，是曰布施報；其所惠與，食者得安快而無患，是曰持戒報；受者和同，與檀越心無諍訟意，是曰忍辱報；所施供具多少使平令身無疾，是曰精進報；食膳極妙於口甘美而無穢臭，是曰一心報；不熱不冷其味和適而好輕柔，是曰智慧報；是為六。”

“何謂師子頰車度無極有六事？其背廣平師子形獨步三界，是布施報；猶如蓮華光澤色妙，行如師子，是持戒報；若如師子轉進而前無所畏難，是忍辱報；所以顯現大神巍巍尊妙殊特，是精進報；其餘所宣歡悅一切眾生所敬，是一心報；其目見者莫不自歸，面色喜悅覩德奉敬而無厭足，是智慧報；是為六。”

“何謂眼如牛如月懷來以度無極有六事報？其眼細妙引長而好如月初生，是布施報；其目分明善諦巍巍無一短乏，是持戒報；其目晃明柔軟鮮好殊絕難比，是忍辱報；面無怯弱光明澤潤，是精進報；顏貌妙好身形平正如日初出，是一心報；光如日月照于八方上下闇冥無能逮明，是智慧報；是為六。”

“何謂目紺青色度無極有六事？若有見佛心中悅喜，以一心歸而敬眼視，是布施報；眼之所覩而目寂定無一不正，是持戒報；目微妙好無能訶者遠近皆伏，是忍辱報；眼之所視亦無傷害多所加益，是精進報；遠見玄逈解一切結，是一心報；所見無厭不可得底所覩平等，是智慧報；是為六。”

“何謂鼻如鸚鵡度無極有六事？鼻如鸚鵡隆平正妙，是布施報；常以寂定無有邪非，是持戒報；鼻好潤澤燿如明珠，是忍辱報；柔軟諦忍仁和威儀莫不奉仰，是精進報；眾人所見敬愛無已而無厭足，是一心報；意捨所念受不可猗，不存諸香以道為香，是智慧報；是為六。”

“何謂頂髻相度無極有六事？其髻團圓自然興起光明昱昱，是布施報；髻髮紺色煒煒難量而各右旋，是持戒報；髻曜赫赫光明所照不可得際，是忍辱報；肉髻充滿無有邪非竚立而安，是精進報；滑澤迴旋安諦相斷不相雜錯，是一心報；振曜光光所照無限，是智慧報；是為六。”

“何謂如來肉髻度無極有六事？髮生青色如無上紺，滑澤燿燿踰琉璃光，是布施報；髮毛右旋各順本根而不相猗，是持戒報；其身清淨塵垢不著，猶如蓮華不著塵水，是忍辱報；第三十二上下諸天無能覩頂，是精進報；三界眾生莫不樂見威德遠顯，是一心報；言若天雨不能污之，淨如虛空音猶雷震，是智慧報；是為六。”

“何謂出遊步度無極有六事？其獨步出而無罣礙，是布施報；若棄捐非能一心者，志行弘安乃名佛子，是持戒報；無央數天往見奉敬伏地自歸，是忍辱報；能自護已目無所著，是精進報；勇高遊騰神足無極，是一心報；一切所有能惠不恪宣暢道訓，是智慧報；是為六”。（《大正藏》卷十四第25-28页）

【评说】经文指出，三十二相是行持布施、忍辱、持戒、精进、智慧、一心的果报。

卷　第　七

【提要】佛陀在舍卫国祇树给孤独园为喜王菩萨说诸如来所出之地众生的寿命。

千佛兴立品第二十一

【提要】佛陀在舍卫国祇树给孤独园为喜王菩萨说诸如来所出地众生的寿命及说经集会的人数。

【原文】爾時，喜王菩薩復白佛言：“善哉！世尊！願說賢劫諸佛名號，及佛父母、佛子、侍者，上首聖尊諸弟子等，舍利光明、壽命長短，比丘眾會、法立年數，種姓佛教經法流布，所可度脫諸天人民，使會者聞心開意悅皆發道心，多所哀念，多所安隱，愍傷諸天及十方人一切眾生。又將來世諸菩薩施，以得聽受是經法已，益加樂學志願尊法為顯大明。唯垂大哀，重為散意令三界蒙。”

佛告喜王菩薩：“今當說之，諦聽！善思！唯諾啟受。”喜王菩薩與諸大眾受教，專精一心皆聽。”

佛言：“拘留孫如來、至真、等正覺所生土地，城名仁賢。王所治處，姓曰迦葉。父曰祠祀施，梵志種所生，母字維耶妙勝，子曰上勝。侍者名覺意，智慧弟子維頭，神足曰抄兒。其佛身光照四十里，一會說經四萬比丘、二會七萬、三會六萬，皆成聲聞。佛在世時人壽四萬歲，

正法住世八萬歲，舍利并合作一大寺。”

“拘那含牟尼如來、至真所生土地，城名上被。梵志種父名施尊，母字上妙，子曰澤明集。侍者曰吉善，智慧弟子曰最上，神足曰不舍。佛在世時人壽三萬歲，一會說經七萬比丘、二會六萬、三會五萬，皆得羅漢。其佛光明照二十里，正法存立千歲，舍利并合興一大寺。”

“迦葉如來所生土地，城名神氏，佛光照十里。梵志種，父名梵施，母字經業，子曰導師。侍者曰普友，上首智慧弟子名開明，神足曰坻舍。佛在世時人壽二萬歲，一會說經二萬比丘、二會萬八千、三會萬六千，皆得道證。正法存立七萬歲，舍利并合興一大寺。”

“喜王聽之！今我能仁所生土地，城名迦維羅衛。君子種姓瞿曇，其光圓照七尺，父曰白淨，母字極妙，子曰羅雲。侍者曰阿難，智慧上首弟子字舍利弗，神足弟子曰目連。今世人壽百歲或長或短，一會說經千二百五十比丘眾，皆得道證。舍利普布八方上下。正法存立五百歲，像法存立亦五百歲。”

“慈氏如來所生土地，城名妙意，王者所處，其佛威光照四十里。梵志種，父名梵乎，母字梵經，子曰德力。侍者曰海氏，智慧上首弟子號慧光，神足曰堅精進。佛在世時人壽八萬四千歲，一會說經九十六億、二會九十四億、三會九十二億，皆得阿羅漢。舍利并合共興大寺，正法存立八萬歲。”

“師子如來所生土地，城名曰華土，其佛光明照四十里。君子種父名勇師子，母字江音，子字大力。侍者曰善樂，上首神足弟子曰雨氏，智慧弟子曰慧積。佛在世時人壽七萬歲，一會說法百億比丘、二會九十億、三會八十億聲聞集矣，皆得道證。正法存立億歲，舍利普流八方上下。”

“光炎如來所生土地，城名星宿主，其佛光明照二千里。君子種父名善意，母字妙華，子字以時。侍者曰長喜，上首神足弟子名雷吼，智慧弟子曰尊教。其佛在世時人壽九萬歲，一會百千億、二會九十九億、三會九十八億，皆得道證。正法存立八萬五千歲，舍利普流八方上下。”

“牟尼柔仁如來所生土地，城名曰上華，王所治處，其佛光明照四十里。父名大山，母字須滿光，子曰上寶。侍者曰尊上，上首神足弟子曰超施，智慧弟子曰快意。佛在世時人壽六萬歲，一會八十姟、二會七十億、三會五十億，皆得羅漢。正法存立一千歲，舍利普流八方上下。”

“華氏如來所生土地，城名曰蓮華，王所治處，其佛光明照三百二十里。梵志種父名尊名，母曰妙華，子曰智根。侍者曰樂道，上首神足弟子名無害，智慧弟子名法力。一會說法弟子六百億、二會三十五億、三會三十四億，皆得道證。佛在世時，人壽五十萬歲，正法存立具足千歲，舍利普流遍布八方上下。”

“次復有佛，同號華氏如來，所生土地城名甚大廣，其佛光明照四十里。梵志種，父名華髮，母字法主，子字曰鮮潔。侍者曰心念，上首神足弟子曰忻樂，智慧弟子曰善忻喜。其佛在世時人壽九億歲，一會說法十四億弟子共集、二會十五億、三會十六億，皆得道證。正法存立十億歲，舍利普流八方上下。”

“善目如來所生土地，城名造賢，王所治處，其佛光明照四百八十里。梵志種，父名珍寶，母字言談，子名宿王。侍者曰世愛，上首神足弟子曰師子步，智慧弟子曰無量意。佛在世時人壽七萬歲，一會說法三十姟弟子共集、二會說法二十八姟、三會說法三十六姟，皆得道證。正法存立一億歲。”

“從是已來第一初興諸如來計斯十一佛，隨其眾生所行純熟而開化之，其餘諸佛皆各如是十一也，廣布舍利八方上下。”

“其導師如來所生土地，城名最錦，王所治處，其佛光明照千三百六十里。梵志種，父字無難，母字愍傷，子曰愛光。侍者曰大汎流，上首智慧弟子名曰上首，神足弟子曰是愍。佛在世時人壽千億歲，一會弟子說法七十姟集、二會六十姟、三會五十姟，皆得道證。正法存立九萬二千歲，舍利普流八方上下。”

“大多如來所生土地，城名俗人，王所治處，其佛光明照三千里。君子種，父名內進，母字捨嫉，子曰照明。侍者曰善思，上首智慧弟子名無難音，神足弟子曰歲無青。佛在世時人壽四十億歲，一會說經百千姟諸弟子集，從是已後不可復計，正法存立億歲，舍利普流八方上下。”

“大力如來所生土地，城名寶威，其佛光明照千二百里。梵志種，父名所選，母字甚威，子曰師子步。侍者曰愛子，上首神足弟子善住，智慧弟子曰尊施。佛在世時人壽四萬歲，一會說經弟子一姟人來集、二會二姟、三會一姟，皆得道證。正法存立八萬四千歲，舍利并合集立一大寺。”

“宿王如來所生土地，城名紫金，王所治處。梵志種，其佛光明照四千里，父名施光，母字善意，子曰供養。侍者名勤力，上首智慧弟子名熾盛音，神足弟子名建立。一會說經弟子百億人集、二會九十億、三會八十億，皆得道證。正法存立千歲，舍利普流八方上下。”

“修藥如來所生土地，城名談主，王所治處，其佛光明照四十里。君子種，父名善寂，母字所樂，子曰須彌幢。侍者曰華氏，上首智慧弟子曰尊法，神足弟子曰福力。佛在世時人壽七萬七千歲，一會說法七十億弟子集、二會六十九億、三會六十八億，皆得道證。正法存立六萬歲，舍利普流八方上下。”

“名稱英如來所生土地，城名清威，君子種，其佛光明照百二十里。父名光焰，母字談言，子字上華。侍者曰眼受，上首智慧弟子字智力，神足弟子曰師子力。一會說經三十三姟弟子集、二會三十二姟、三會三十一姟弟子集，皆得道證。正法存立二億歲，舍利并合興一大寺。”

“大光如來所生土地，城名安樂，其佛光明照千六百里。君子種，父名金剛，母字伏施，子曰良田。侍者寂意，上首智慧弟子名道眾，神足弟子曰堅刃。佛在世時人壽百千歲，一會說經八十億三千萬弟子集、二會復倍、三會六姟，皆得道證。正法存立三萬歲，舍利普流八方上下。”

“照明如來所生土地，城名安隱法，其佛光明照三百六十里。君子種，父名名稱，母字善供，子曰奉行。侍者曰上善郡，上首智慧弟子曰善賢，神足弟子曰流江。佛在世時人壽五百歲，一會說經六十二姟弟子集、二會六十一姟、三會六十姟弟子，皆得道證。正法存立四萬八千歲，舍利普流八方上下。”

“日藏如來所生土地，城名華主，王所治處，其佛光明照八萬里。梵志種，父名富有，母字妙華，子曰焰光。侍者曰慧上，上首智慧弟子名智兵，神足弟子曰剛兵。佛在世時其人壽七十億歲，一會說經百千比丘集、二會百億、三會如塵，皆得道證。正法存立三十億歲，舍利并合興一大寺。”

“月氏如來所生土地，城名上寶，王所治處，其佛光明照三百二十里。君子種，父名清部，母字藥子，子曰滿宿。侍者曰供味，上首智慧弟子曰智最，神足弟子曰因法供。佛在世時人壽六千歲，一會說經二千二百億弟子集、二會千四百億、三會千八百億、四會一千四百億，皆

得道證。正法存立萬一千歲，舍利并合興一大寺。”

“光照如來所生土地，城名音乘，其佛光明照二千六百四十里。君子種，父名福施，母字法主，子曰聞上。侍者曰善辯，上首智慧弟子曰雨音，神足弟子曰慧上。佛在世時人壽百千歲，一會說經七十萬弟子集、二會八十萬、三會九十萬，皆得道證。正法存立十萬歲，舍利普流八方上下。”

“善照如來所生土地，城名光焰，王所治處，其佛光明照六百四十里。梵志種，父名日暉，母字月氏，子曰大神妙。侍者曰多堅，上首智慧弟子名慧施，神足弟子字所在吉。佛在世時人壽八萬五千歲，一會說經五百億弟子集、二會四百億、三會三百億，皆得道證。正法存立四萬五千歲，舍利普流八方上下。”

“無憂如來所生土地，城名智慧，其佛光明照四百里。君子種，父名執華，母字法氏，子曰執光。侍者曰樂音，上首智慧弟子曰雨積，神足弟子曰勝施。佛在世時人壽百千歲，一會說經二姟弟子集、二會一姟、三會九十五億，皆得道證。正法存立十三萬歲，舍利并合興一大寺。”

“威神如來所生土地，城名閻浮上，其佛光明照三百二十里。梵志種，父名賢天，母字愛施，子曰明焰。侍者曰見敬，上首智慧弟子曰取英，神足弟子曰度世。佛在世時人壽三萬三千歲，一會說經八十億弟子集、二會七十八億、三會七十六億，皆得道證。正法存立七十七億歲，舍利并合興一大寺。”

“焰光如來所生土地，城名鐙氏，其佛光明照千佛土。梵志種，父名敬法，母字蓮華氏，子曰月行。侍者曰通慕音，上首智慧弟子曰德首，神足弟子曰斯施。佛在世時人壽萬四千歲，一會說法十六億弟子集、二會十七億、三會十八億，皆得道證。正法存立二十一十萬歲，舍利普流八方上下。”

“執華如來所生土地，城名造福，王所治處，其佛光明照三千二百里。君子種，父名白蓮華，母字施德，子曰福首。侍者曰好顏，上首智慧弟子名無量土，神足弟子曰重王。佛在世時人壽七萬歲，一會說經九十億弟子集、二會九十九億、三會八十八億，皆得道證。正法存立億歲，舍利普流八方上下。”

“勳光如來所生土地，城名蓮華，王所治處，其佛光明照二千四百里。君子種，父名光照，母字德至，子曰法辯。侍者曰福供，上首智慧弟子曰瑠璃藏，神足弟子曰極施。佛在世時人壽三百歲，一會說經十六億弟子集、二會十二億、三會十八億，皆得道證。正法存立億歲，舍利普流八方上下。”

“現義如來所生土地，城名導御郡，王所治處，其佛光明照二千四百八十里。梵志種，父名柔郡，母字敬天，子曰德稱。侍者曰梵音，上首智慧弟子曰訓戒意，神足弟子曰勝施。佛在世時人壽百歲，一會說經六十二姟弟子集、二會七十姟、三會八十姟，皆得道證。正法存立億歲，舍利普流八方上下。”

“錠燿如來所生土地，城名寶錦，王所治處，其佛光明照二千里。君子種，父名寶施，母字焰味，子曰寶藏。侍者曰意悅，上首智慧弟子曰無能當，神足弟子曰大力。佛在世時人壽五萬歲，一會說經七十萬弟子集、二會九十萬、三會百萬弟子，皆得道證。正法存立二十萬歲，舍利并合興一大寺。”

“興盛如來所生土地，城名威光，其佛光明照四十里。梵志種，父名善興，母字快意，子曰勝友。侍者曰師子力，上首智慧弟子曰光憂施，神足弟子曰山積。佛在世時人壽四萬歲，一會說法一億弟子集、二會二億、三會三億，皆得道證。正法存立九萬歲，舍利普流遍於十方。”

“賢氏如來所生土地，城名專吉，王所治處，其佛光明照三千八十里。梵志種，父名栴施，母字閻上，子曰雄施。侍者曰月愛，上首智慧弟子曰海氏，神足弟子曰龍力。佛在世時人壽七萬歲，一會說經二百三十萬弟子集、二會三百五十萬、三會三百八十萬弟子，皆得道證。正法存立十萬歲，舍利并合興一大寺。”

“善樂如來所生土地，城名善富，其佛光明照四百里。梵志種，父名土尊，母字月辭，子曰法自由。侍者曰世愛，上首智慧弟子曰雷音，神足弟子曰施華。佛在世時人壽三萬六千歲，一會說經三十億弟子集、二會二萬八千、三會二萬七千弟子，皆得道證。正法存立百千歲。舍利普流遍於十方。”

“頂髻施如來所生土地，城名清天，其佛光明照四千里。梵志種，父名重王，母字披其私，子曰山施。侍者曰月天，上首智慧弟子曰樂慧，神足弟子曰魔所供。佛在世時人壽五千歲，一會說經六十二億弟子集、二會六十一億、三會六十億弟子，皆得道證。正法存立七萬七千歲，舍利并合興一大寺。”

“眉間如來所生土地，城名悅天，其佛光明照四千里。梵志種，父名國重，母字習施，子曰正施。侍者曰月天，上首智慧弟子曰慧施，神足弟子曰供柔。佛在世時人壽五萬歲，一會說經六十二億弟子集、二會六十一億、三會六十億。正法存立七萬歲，舍利并合興一大寺。”

“堅固如來所生土地，城名福音，其佛光明照四千里。梵志種，父名樹王，母字施珊瑚，子曰施世。侍者曰首力，上首智慧弟子曰月英，神足弟子曰動光。佛在世時人壽萬二千歲，一會說經百千弟子集、二會九萬、三會八萬弟子，皆得道證。正法存立二萬八千歲，舍利普流遍布十方。”

“首威如來所生土地，城名寶氏，其佛光明照四百里。君子種，父名柔華，母字法氏，子曰愛英。侍者曰堅進，上首智慧弟子曰施斷，神足弟子曰人力。佛在世時人壽百歲，一會說經百億弟子集，皆得道證。正法存立億歲，舍利普流遍於十方。”

“難勝如來所生土地，城名療吉，王所治處，其佛光明照四十億里。君子種，父名清天，母字福氏，子曰月寂。侍者曰誠愛，上首智慧弟子曰寶上，神足弟子曰雷音。佛在世時人壽八億歲，一會說經三十姟弟子集、二會五十姟、三會八十姟弟子，皆得道證。正法存立八十億歲，舍利普流八方上下。”

“德幢如來所生土地，城名善柔，王所治處，其佛光明照二百里。梵志種，父名供友，母字居世，子曰金剛集。侍者曰寶愛，上首智慧弟子曰日藏，神足弟子曰承御。佛在世時人壽億歲，一會說經三十萬姟弟子集、二會五十萬姟、三會六十萬姟弟子，皆得道證。正法存立三億歲，舍利并合興立一大寺。”

“閑靜如來所生土地，城名寶妙，其佛光明照三千四十里。君子種，父名曰越步，母字無所進，子曰月訓。侍者曰琉璃藏，上首智慧弟子曰力天，神足弟子曰喜愛。佛在世時人壽百千歲，如前諸如來所現造業，其餘諸佛亦復如是，所度等無有異，是故斯會正法存立五十萬歲。其佛土地皆寶合成，悉有眾珍咸生寶樹，有衣服樹周流遍國，國土人民所生無有眾難三惡之趣，舍利普布周流十方。”

“堅重如來所生土地，城名佳妙，其佛光明照二十里。梵志種，父名寶上，母字寶光，子曰持地。侍者曰寂意，上首智慧弟子曰音十里，神足弟子曰吉利。其佛在世時人壽三千歲，一會說經法百千弟子集，皆得道證。一會無二，正法存立七萬七千歲，舍利普流遍布十方。”

“梵音如來所生土地，城名光威，其佛光明照三千三百二十里。梵志種，父名上最，母字至誠氏，子曰福威。侍者曰蓮目，上首智慧弟子曰雪色，神足弟子曰施炎。佛在世時人壽九萬歲，一會說經八十六億弟子集、二會九十億、三會百億，皆得道證。正法存立三千歲，舍利并合興一大寺。”

“次賢如來所生土地，城名華茂，其佛光明照二百四十里。君子種，父名福愛，母字安養，子曰時節施。侍者曰造義，上首智慧弟子曰日月，上首神足弟子曰上金。其佛在世時人壽五十萬歲，一會說經七十億弟子集、二會七十八億、三會八十億，皆得道證。正法存立四萬歲，舍利并合興一大寺。”

“無本如來所生土地，城名俗所敬，其佛光明照四百里。梵志種，父名海氏，母字棄垢，子曰四眼。侍者曰降根，上首智慧弟子曰善思義，神足弟子曰響審。其佛在世時人壽八萬歲，一會說經七萬二千五百人皆得羅漢、二會七萬六千三百、三會七萬五千人，皆得道證。正法存立八萬歲，舍利普流周遍十方。”

“光興如來所生土地，城名金光，其佛光明照二千刹土。君子種，父名光焰，母字寶施，子曰樂德。侍者曰月華，上首智慧弟子曰極音，神足弟子曰自在。佛在世時人壽五億歲，一會說經五十億百千弟子集、二會四十億百千、三會三十億百千，皆得道證。正法存立七億百千歲，舍利普流遍布十方。”

“大明山如來所生土地，城名寶淨，其佛光明照三千二百里。梵志種，父名月盛，母字日施，子曰善蓋。侍者曰寶共，上首智慧弟子曰若干覺，神足弟子曰智愛。佛在世時人壽八千歲，一會說經七十億弟子集、二會八十億、三會九十億，皆得道證。正法存立九萬二千歲，舍利并合興一大寺。”

“金剛如來所生土地，城名善行威，其佛光明照百四十里。君子種，父名明珠光，母字青蓮目，子曰壽命。侍者曰海氏，上首智慧弟子曰堅施，神足弟子曰尊友。佛在世時人壽百千歲，一會說經四十億弟子集、二會三十億、三會三十二億，皆得道證。正法存立千歲，舍利普流遍布十方。”

“憶識如來所生土地，城名旃陀氏，其佛光明照三千三百六十里。梵志種，父名華氏，母字焰光，子曰寶捨。侍者曰意樂，上首智慧弟子曰無畏，神足弟子曰石王。佛在世時人壽億歲，一會說經七十姟弟子集、二會六十六姟、三會五十姟，皆得道證。正法存立二億歲，舍利并合興一大寺。”

“無畏如來所生土地，城名甚和柔，其佛光明照三千六百里。君子種，父名施光，母字善目，子曰思夷華。侍者曰月氏，上首智慧弟子曰重王，神足弟子曰天氏。佛在世時人壽百千歲，一會說經八十姟弟子集、二會七十八姟、三會七十六姟，皆得道證。正法存立億歲，舍利普流遍布十方。”

“寶氏如來所生土地，城名次堅，其佛光明照百二十里。梵志種，父名棄嫉，母字福施供，子曰施供藥。侍者曰集施，上首智慧弟子曰無能當，神足弟子曰強步。佛在世時人壽萬八千歲，一會說經四十億弟子集、二會三十八億、三會十六億，皆得道證。正法存立七萬歲，舍利并合興一大寺。”

“蓮華目如來所生土地，城名華郡，其佛光明照千二百八十里。君子種，父名上華，母字妙顏，子曰大愛。侍者曰無憂華，上首智慧弟子曰智光，神足弟子曰重施。佛在世時人壽八千歲，一會說經七億弟子集、二會三十四億、三會四十億，皆得道證。正法存立五十六億歲，舍利普流遍布十方。”

“力將如來所生土地，城名上賢，其佛光明照二百一十里。君子種，父名力天，母字施安，子曰滿明。侍者曰護法，上首智慧弟子曰勝王，神足弟子曰善安。佛在世時人壽萬六千歲，一會說經六十萬弟子集、二會五十萬八千、三會七十五萬二千，皆得道證。正法存立千歲，舍利并合興一大寺。”

“華光如來所生土地，城名善月華，其佛光明照三千一百二十里。梵志種，父名愛見，母字星宿，子曰堅證。侍者曰覺氏，上首智慧弟子曰義氏，神足弟子曰詳幢。佛在世時人壽二萬二千歲，一會說經三十億弟子集、二會三十二億、三會亦三十二億，皆得道證。正法存立五萬歲，舍利普流遍布十方。”

“伏愛如來所生土地，城名上財，其佛光明照三百二十里。君子種，父名時氏，母字賢首，子曰訓寂。侍者曰愍傷，上首智慧弟子曰善宿，神足弟子曰思夷華。佛在世時人壽百千歲，一會說經九百億弟子集、二會八十億、三會七十億，皆得道證。正法存立五十萬歲舍利普流八方上下。”

“大威如來所生土地，城名富祠，其佛光明照二百里。梵志種，父名寶藏，母字威氏，子曰照上。侍者曰善多，上首智慧弟子曰焰光，神足弟子曰紫藏。佛在世時人壽五千歲，一會說經七萬弟子集、二會七萬五千、三會八萬人，皆得道證。正法存立二萬一千歲，舍利并合興一大寺。”

“梵氏如來所生土地，城名上味，其佛光明照百二十里。梵志種，父名愛無憂，母字旃陀氏，子曰勝兵。侍者曰甚調，上首智慧弟子曰進士，神足弟子曰金剛結。佛在世時人壽萬二千歲，一會說經億弟子集，止有是一會，皆得道證。正法存立萬四千歲，舍利并合興一大寺。”

“無量曜如來所生土地，城名神祇，其佛光明照三千八百里。君子種，父名尊音，母字月光，子曰欣善。侍者曰善兵，上首智慧弟子曰樂響，神足弟子曰焰光。佛在世時人壽八萬歲，一會說經二百億弟子集、二會四百億、三會六百億，皆得道證。正法存立亦八萬歲，舍利普流八方上下。”

“龍施如來所生土地，城名寶錦，其佛光明照二十里。君子種，父名持勝，母字法氏，子曰福力。侍者曰寶城，上首智慧弟子曰閻最，神足弟子曰雄天。佛在世時人壽七萬六千歲，一會說經八萬弟子集、二會七萬八千。三會七萬五千人，皆得道證。正法存立千歲，舍利并合興一大寺。”

“堅步如來所生土地，城名上賢，其佛光明照二百里。君子種，父名師子髮，母字那羅施，子曰法音。侍者曰善應，上首智慧弟子曰寶施，神足弟子曰月施。佛在世時人壽億歲，一會說經百億弟子集、二會九十億、三會九十八億，皆得道證。正法存立五萬歲，舍利普流遍布十方。”

“不虛見如來所生土地，城名逮受，其佛光明圓照七尺。君子種，父名清施，母字柔甘具，子曰焰味。侍者曰閻吼，上首智慧弟子曰安明友，神足弟子曰伊沙羅。佛在世時人壽百歲，一會說經九十六億弟子集、二會九十八億、三會百億，皆得道證。正法存立千歲，舍利普流遍布十方。”

“精進施如來所生土地，城名治波，其佛光明照四十里。梵志種，父名賢吼，母字首意，子曰無憂天。侍者曰大神便，上首智慧弟子曰樂尊，神足弟子曰月首。佛在世時人壽千歲，一會說經八十姟弟子集，皆得道證。正法存立三千歲，舍利并合興一大寺。”

“賢力如來所生土地，城名得樂志，其佛光明照四百里。君子種，父名寶威，母字福意，子曰常施。侍者曰石樂，上首智慧弟子曰慧殊，神足弟子曰海意。其佛在世時人壽六千歲，一會說經八百萬億弟子集，皆得道證，由得自在。正法存立二萬一千歲，舍利普流遍布十方。”

“欣樂如來所生土地，城名財富，其佛光明照百六十里。梵志種，父名梵天，母字供首，子曰大威。侍者曰行步安，上首智慧弟子曰多福，神足弟子曰樂目。佛在世時人壽八萬四千歲，一會說經七十三億弟子集、二會七十二億、三會七十一億，皆得道證。正法存立九千歲，舍利普流遍布十方。”

“不退沒如來所生土地，城名長威，其佛光明照三千八百里。君子種，父名醫王，母字宿首，子曰華天。侍者曰力勝，上首智慧弟子曰稱無量，神足弟子曰勇步。佛在世時人壽二萬一千歲，一會說經六十億弟子集、二會五十八億、三會五十六億，皆得道證。正法存立九千歲，舍利并合興一大寺。”

“師子幢如來所生土地，城名烏扇迦，其佛光明照三百六十里。君子種，父名法幢。母字福友，子曰貴施。侍者曰大神，上首智慧弟子曰愛施，神足弟子曰勤詣。佛在世時人壽二萬八千歲，一會說經二十二億弟子集、二會二十一億、三會二十億，皆得道證。正法存立八千歲，舍利普流遍布十方。”

“勝知如來所生土地，城名寶焰，其佛光明照四百里。君子種，父名日藏，母字華目，子曰樂成。侍者曰法氏，上首智慧弟子曰修成，神足弟子曰善法。佛在世時人壽八萬歲，一會說經三十六億弟子集、二會三十七億、三會三十八億，皆得道證。正法存立六百萬歲，舍利并合興一大寺。”

“法氏如來所生土地，城名愛天，梵志種，其佛光明照二百八十里。父字莫勝，母字聞氏，子曰勝天根。侍者曰日施，上首智慧弟子曰大樂，神足弟子曰施藥。佛在世時人壽億歲，一會說經八億弟子集、二會七億、三會六億，皆得道證。正法存立一億歲，舍利普流遍布十方。”

“喜王如來所生土地，城名所在吉，其佛光明照三千二百里。君子種，父名最上，母字首歸悅，子曰念閻吼。侍者曰和安，上首智慧弟子曰寶上，神足弟子曰執人天。佛在世時人壽五千歲，一會說經四十億弟子集、二會三十八億、三會三十七億，皆得道證。正法存立百千歲，舍利并合興一大寺。”

“妙御如來所生土地，城名寶藏，其佛光明照四十里。君子種，父名曰施，母字寶氏，子曰德光。侍者曰海身，上首智慧弟子曰行妙施，神足弟子曰上施。一會說經九十億弟子集、二會九十八億、三會百億，皆得道證。佛在世時人壽億歲，正法存立三億歲，舍利普流遍布十方。”

“敬英如來所生土地，城名世樂，其佛光明照二十里。梵志種，父名豐世，母字欣樂，子曰外氏。侍者曰尊鎧，上首智慧弟子曰安上，神足弟子曰退施。佛在世時人壽百千歲，一會說經五十億弟子集、二會四十八億、三會四十六億，皆得道證。正法存立一億歲，舍利并合興一大寺。”

“妙天如來所生土地，城名善意，其佛光明照千二百里。梵志種，父名真末，母字法意，子曰月上。侍者曰威英，上首智慧弟子曰愛首，神足弟子曰無憂。一會說經七十億百千弟子集、二會六十億百千、三會五十億百千，皆得道證。正法存立二萬歲。佛在世時人壽四萬歲，舍利普流遍布十方。”

“多勳如來所生土地，城名香氏，其佛光明照三百六十里。君子種，父名受施，母字威首，子曰威神。侍者曰青蓮，上首智慧弟子曰無垢施，神足弟子曰施興忻樂。一會說經十四億弟子集、二會十六億、三會十八億，皆得道證。佛在世時人壽二萬五千歲，正法存立五萬歲，舍利并合興一大寺。”

“眾香手如來所生土地，城名福香，其佛光明照千二百八十里。君子種，父名首樂，母字妙華，子曰寶上光。侍者曰誠英，上首智慧弟子曰愛月，神足弟子曰勝力。一會說經六十六億弟子集、二會六十四億、三會六十二億，皆得道證。佛在世時人壽七萬歲，正法存立亦七萬歲，舍利普流遍布十方。”

“順觀如來所生土地，城名度閻，其佛光明照四十里。梵志種，父名施顏，母字寶趣，子曰所生。侍者曰意悅，上首智慧弟子曰施明，神足弟子曰意錦。一會說經七十億弟子集。二會六十八億、三會六十六億，皆得道證。佛在世時人壽九十億歲，正法存立九十億歲，舍利普流遍布十方。”

“雨音如來所生土地，城名宿愛，其佛光明照千七百六十里。梵志種，父名明施，母字威首，子曰其法。侍者曰甚諦，上首智慧弟子曰月藏，神足弟子曰力步。一會說經七十億弟子集、二會七十五億、三會八十億，皆得道證。佛在世時人壽九萬歲，正法存立百千歲，舍利并合興一大寺。”

“善思如來所生土地，城名無量寶，其佛光明照二十里。梵志種，父名念堅，母字福祇，子曰華施。侍者曰力施，上首智慧弟子曰無喻，神足弟子曰捨嫉。一會說經百千萬弟子集、二會八十萬、三會七十萬，皆得道證。佛在世時人壽千歲，正法存立八萬四千歲，舍利普流遍布十方。”

“快意如來所生土地，城名快見，其佛光明照五百六十里。君子種，父名宿天，母字威氏，子曰華氏。侍者曰俱退，上首智慧弟子曰普施，神足弟子曰超步。一會說經二十八億弟子集、二會二十五億、三會亦二十五億，皆得道證。佛在世時人壽三萬歲，正法存立六萬歲，舍利普流遍布十方。”

“離垢如來所生土地，城名城威，其佛光明照四十里。梵志種，父名首藏，母字華辭，子曰智威。侍者曰無限，上首智慧弟子曰有志，神足弟子曰郡氏。一會說經八十萬弟子集。二會九十萬、三會百萬，皆得道證。佛在世時人壽六萬五千歲，正法存立二萬歲，舍利普流遍布十方。”

“名聞如來所生土地，城名無憂，其佛光明照四千里。君子種，父名最上，母字威施，子曰上首。侍者曰法住，上首智慧弟子曰石氏，神足弟子曰愛垢。一會說經百億弟子集，二會九十億三會八十億，皆得道證。佛在世時人壽七萬歲，正法存立二十萬歲，舍利普流遍布十方。”

“大稱如來所生土地，城名好園，其佛光明照八百八十里。梵志種，父名首積，母字日施，子曰勝離意。侍者曰聞義思，上首智慧弟子曰密郡，神足弟子曰斷施。一會說經五百億弟子集、二會三百億、三會二百億，皆得道證。佛在世時人壽八萬歲，正法存立五萬歲，舍利普流遍布十方。”

“明珠髻如來所生土地，城名照郡，其佛光明照百二十里。君子種，父名覺喜，母字思夷氏，子曰思兵。侍者曰無量寂，上首智慧弟子曰寶威，神足弟子曰逮致。一會說經九百億弟子集二會千億、三會千二百億，皆得道證。佛在世時人壽九萬歲，正法存立億歲，舍利普流遍布十方。”

“堅強如來所生土地，城名安思，其佛光明照千國土。君子種，父名神氏，母字樹言，子曰炎樂。侍者曰明珠味，上首智慧弟子曰樂諧，神足弟子曰甚調。一會說經千三億弟子集、二會三十八億、三會五億，皆得道證。佛在世時人壽三萬歲，正法存立九萬歲，舍利并合興一大寺。”

“師子步如來所生土地，城名清白氏，其佛光明照千三百二十里。君子種，父名若干塵，母字妙藥，子曰不陀留。侍者曰意行，上首智慧弟子曰多豐，神足弟子曰與護。一會說經百七十八萬弟子集、二會百二十萬、三會百四十萬，皆得道證。佛在世時人壽萬八千歲，正法存立七億歲，舍利普流遍布十方。”

“神樹如來所生土地，城名上閻浮，其佛光明照億里。君子種，父名樹王，母字意英，子曰愛俗。侍者曰施曜，上首智慧弟子名藥解，神足弟子曰二財。一會說經四十八億弟子集、二會三百五十億、三會三百三十億，皆得道證。佛在世時人壽萬八千歲，正法存立七十萬歲，舍利并合興一大寺。”

“輒勝如來所生土地，城名藥氏，其佛光明照三百六十里。君子種，父名見敬，母字財施，子曰勇施。侍者曰法與，上首智慧弟子曰了相，神足弟子曰大根名聞。一會說經七十六億弟子集、二會七十四億、三會七十二億，皆得道證。佛在世時人壽八萬歲，正法存立六百千歲，舍利普流遍布十方。”

“智慧如來所生土地，城名賢施，其佛光明照四百四十里。君子種，父名釋施，母字蜜威，子曰梵天。侍者曰法稱，上首智慧弟子曰根意，神足弟子曰尊氏。一會說經四十億弟子集、二會三十億、三會二十億，皆得道證。佛在世時人壽三千歲，正法存立一萬歲，舍利并合興一大寺。”

“善住如來所生土地，城名閑威，其佛光明照四百里。梵志種，父名護無害，母字樂音，子曰具或。侍者曰覺嫉，上首智慧弟子曰上與，神足弟子曰執鎧。一會說經四萬六千弟子集、二會二萬五千、三會四萬三千，皆得道證。佛在世時人壽五百萬歲，正法存立八萬歲，舍利并合興一大寺。”

“虛空如來所生土地，城名愛居，其佛光明照百二十里。君子種，父名根施，母字天豪，子曰水天。侍者曰智結，上首智慧弟子曰上意，神足弟子曰法首。一會說經九十億弟子集，二會八十億、三會七十億，皆得道證。佛在世時人壽千歲，正法存立萬二千歲，舍利普流遍布十方。”

“無量覺如來所生土地，城名善蓋，其佛光明照三百八十里。梵志種，父名生明眼母字龍施子曰妙好。侍者曰賢天，上首智慧弟子曰心音，神足弟子曰大枝步。一會說經七十億、二會五十億、三會四十億，皆得道證。佛在世時人壽億歲，正法存立六十億歲，舍利普流遍布十方。”

“善顏如來所生土地，城名威氏，其佛光明照五百二十里。君子種，父名樂音，母字樂氏，子曰所在吉。侍者曰上與，上首智慧弟子曰福慧，神足弟子曰無懼。一會說經七億弟子集，二會九億、三會十億，皆得道證。佛在世時人壽三千歲，正法存立萬六千歲，舍利并合興一大寺。”

“聖慧如來所生土地，城名善清白，其佛光明照五百六十里。梵志種，父名伊師檀母字離塵，子曰勇猛。侍者曰名阿難，上首智慧弟子曰意行，神足弟子曰須達。一會說經二十二億弟子集、二會二十一億、三會二十億，皆得道證。佛在世時人壽二萬八千歲，正法存立六萬歲，舍利并合興一大寺。”

“光明如來所生土地，城名琉璃光，其佛光明照三千三百二十里。君子種，父名愛敬母字意樂，子曰愛光。侍者曰園觀，上首智慧弟子曰樂愛，神足弟子曰調友。一會說經八十二億弟子集、二會八十七億、三會八十六億，皆得道證。佛在世時人壽萬歲，正法存立三千歲，舍利普流遍布十方。”

“堅誓如來所生土地，城名日遊，其佛光明照四十里。梵志種，父名天愛，母字善意音，子曰尊寶。侍者曰柔音，上首智慧弟子曰言施，神足弟子曰柔軟。一會說經百億弟子集、二會九十七億、三會九十五億，皆得道證。佛在世時人壽一億歲，正法存立四十億歲，舍利并合興一大寺。”

“吉祥如來所生土地，城名母愛，其佛光明照二百八十里。梵志種，父名錦王，母字華元，子曰無量手。侍者曰養友，上首智慧弟子曰法事，神足弟子曰勝友。一會說經五十億弟子集、二會八十二億、三會八十六億，皆得道證。佛在世時人壽五萬歲，正法存立億歲，舍利普流遍布十方。”

“誠英如來所生土地，城名愛響，其佛光明照四十里。梵志種，父名福外，母字賢氏。子曰愛名稱。侍者曰尊友，上首智慧弟子曰月賢，神足弟子曰樹目。一會說經八十億弟子集、二會七十億、三會六十億，皆得道證。佛在世時人壽一億歲，正法存立八億歲，舍利并合興一大寺。”

“青蓮如來所生土地，城名甚華威，其佛光明照四百八十里。君子種，父名總持，母字忻施。子曰功福。侍者曰難勝，上首智慧弟子曰樂法，神足弟子曰藥氏。一會說經十萬弟子集、二會九萬九千、三會九萬八千，皆得道證。佛在世時人壽五百歲，正法存立萬五千歲，舍利并合興一大寺。”

“鉤鏁如來所生土地，城名集賢，其佛光明照三百里。君子種，父名愛目，母字施善志，子曰仁賢。侍者曰明珠結，上首智慧弟子曰學友，神足弟子曰若干月。一會說經六十億弟子集、二會五十億、三會九十億，皆得道證。佛在世時人壽一萬二千歲，正法存立三萬歲，舍利普流遍布十方。”

“安氏如來所生土地，城名意樂，其佛光明照百二十里。梵志種，父名無量寶，母字豐盛氏，子曰地施尊。侍者曰堅強，上首智慧弟子曰月曜，神足弟子曰師子。一會說經九十六億弟子眾、二會九十四億、三會九十二億，皆得道證。佛在世時人壽八萬四千歲，正法存立亦八萬四千歲，舍利普流遍布十方。”

“慧業如來所生土地，城名福富，其佛光明照四百里。君子種，父名無憂，母字愛海，子曰和善覺。侍者曰善施，上首智慧弟子曰現在聖，神足弟子曰福愛。一會聖聚不可計億、二會八百億、三會七百億，皆得道證。其佛在世時人壽八萬姟歲，正法存立五億，佛散舍利如布醫藥。”(《大正藏》卷十四第50-58页)

【评说】经文记载了仁贤、上被、神氏、迦维罗卫、妙意、华土、星宿主、上华王所治处，莲华王所治处，甚大广、造贤王所治处，最锦王所治处，俗人王所治处，宝威、紫金王所治处，谈主王所治处，清威、安乐、安隐法、华主王所治处等如来所生之地上，众生的寿命长短有别，但不难看出这种差异与当地说经集会的人数密切相关，据经文内容来看，当时人数越多的地方，当地众生的寿命也越长。

佛说八吉祥神呪经

吴月氏优婆塞支谦译

【提要】佛陀在罗阅祇耆阇崛山中为诸比丘讲八吉祥神咒经。

【原文】聞如是:一時,佛在羅閲只耆阇崛山中,與千二百五十比丘俱,菩薩千人皆彌勒等。

佛告賢者舍利弗及諸比丘:"皆一心聽!"

佛告賢者舍利弗:"東方去是一恒沙,有佛名安隱囑累滿具足王如來、至真、無所著、最正覺,今現在説法,其世界名曰滿所願聚。

去是二恒沙,有佛名紺琉璃具足王如來、無所著、最正覺,今現在説法,其世界名曰慈哀光明。

去是三恒沙,有佛名勸助衆善具足王如來、無所著、最正覺,今現在説法,其世界名曰歡喜快樂。

去是四恒沙,有佛名曰無憂德具足王如來、無所著、最正覺,今現在説法,其世界名曰一切樂入。

去是五恒沙,有佛名藥師具足王如來、無所著、最正覺,今現在説法,其世界名曰滿一切珍寶法。

去是六恒沙,有佛名曰蓮華具足王如來、無所著、最正覺,今現在説法,其世界名曰滿香名聞。

去是七恒沙,有佛名算擇合會具足王如來、無所著、最正覺,今現在説法,其世界名曰一切解説音聲遠聞。

去是八恒沙,有佛名解散一切縛具足王如來、無所著、最正覺,今現在説法,其世界名曰一切解脱。"

佛告賢者舍利弗:"此諸佛如來、無所著、過四道不受、最正覺,其國土清净,無五濁、無愛欲、無意垢。若有善男子、善女人,聞此八佛及國土名,受持奉行諷誦,廣爲他人解説其義者,終不愚痴,口之所言,無有失誤,相好具足,無所缺減,無央數年不爲乏少。

是人終不墮太山地獄、餓鬼、畜生中也,是人終不望取羅漢、辟支佛道而般泥洹,必當逮得無上平等之道,常遇陀鄰尼,常行菩薩道,得功德無量。

第一四天王常擁護之,不爲縣官所拘録,不爲盜賊所中傷,不爲天龍、鬼神所觸嬈,閲叉鬼神、蠱道鬼神、若人、若非人,皆不能害殺得其便也,除其宿命不請。

若有疾病、水火、烏鳴、惡夢、諸魔所嬈,恐怖衣毛竪時,常當讀是八吉祥神呪經呪之,即得除愈。"

是時,佛説偈言:

"若有持是經,　八佛國土名,
不墮三惡處,　疾得無上道。
自覺發道意,　見佛即開解,
中外常歡喜,　供養心恭敬。
億劫阿僧只,　行惡悉消除,

持是八吉祥，　速得明解教。
供事是經者，　千葉華中生，
珍寶爲其出，　色像好無上。
人聞是尊經，　尊敬信樂者，
奉持諷誦讀，　清净無放逸。
女人信是經，　敬慎無諛諂。
棄女爲男子，　聰明常黠慧，
奉持八佛名，　出入賊不害。
刀兵水火毒，　諸邪不能幹，
愛樂奉是經，　諸魔不得便。
鬼神諸官屬，　無能嬈亂者，
飛行到諸刹，　所在大豐樂。
心意正無邪，　見佛大歡喜，
所生常遇佛，　等心奉事之。
一切衆惡除，　疾得泥洹道，
精進無懈怠，　去離諸緣着。
爲人樸直儒，　奉持八佛名，
勇猛降衆魔，　其力如金剛。
端正相好具，　一切莫能當，
布施無慳貪，　巨億萬家生。
盗賊及怨家，　自然皆消除，
疾病縣官事，　烏鳴諸惡夢，
持是八佛名，　呪之即除愈。
奉持是經者，　彌勒菩薩等，
第一四天王，　常共擁護之。
所願皆可得，　踴躍大歡喜，
一心信樂者，　福德亦如是。”

爾時，諸菩薩：颰陀和菩薩、羅憐那竭菩薩、橋日兜菩薩、那羅達菩薩、須深彌菩薩、摩訶須和薩和菩薩、因只達菩薩、和輪調菩薩，是八人求道已來無央數劫，於今未取佛，願言：“使十方天下、人民皆得佛道。若有急疾，皆當呼我八人名字，即得解脱；壽命欲終時，我八人便當飛往迎逆之。”

諸菩薩彌勒等、第一四天王，皆白佛言：“吾當擁護持八吉祥神呪經者，與我并力令諸疾病皆得除愈。”

佛説經已，舍利弗、彌勒菩薩，及諸比丘、天龍、鬼神、阿須倫王，皆大歡喜樂聞。（《大正藏》卷十四第72-73頁）

【评说】佛陀说：“若有疾病、水火、乌鸣、恶梦、诸魔所娆，恐怖衣毛竖时，常当读是《八吉祥神咒经》咒之，即得除愈”，“若有急疾，皆当呼我八人名字，即得解脱；寿命欲终时，我八人便当飞往迎逆之。”以咒语治疗疾病是一种特殊的治疗方法，从某种意义上来说其治疗原理与中国传统的祝由疗法类似，可以说是一种自我暗示的宗教心理疗法。

佛说八阳神呪经

西晋月氏三藏竺法护译

【提要】佛陀在王舍城灵鸟山中为舍利弗讲八阳神呪经。

【原文】聞如是:一時,佛在王舍城靈鳥山中,時與大比丘衆千二百五十人、菩薩千人俱,皆如彌勒菩薩等。

佛告舍利弗:"東方去是過一恒沙,有佛刹,佛號快樂如來、無所著、等正覺,今現在説法,國土名不可勝。

舍利弗!東方去是過二恒沙有佛刹,佛號月英幢王如來、無所著、等正覺,今現在説法,國土名歡樂。舍利弗!東方去是過三恒沙有佛刹,佛號等遍明如來、無所著、等正覺,今現在説法,國土名喜愛。

舍利弗!東方去是過四恒沙有佛刹,佛號分别過出清净如來、無所著、等正覺,今現在説法,國土名内噲。

舍利弗!東方去是過五恒沙有佛刹,佛號等功德明首如來、無所著、等正覺,今現在説法,國土名無狐疑。

舍利弗!東方去是過六恒沙有佛刹,佛號本草樹首如來、無所著、等正覺,今現在説法,國土名無毒螫。

舍利弗!東方去是過七恒沙有佛刹,佛號過寶蓮華如來、無所著、等正覺,今現在説法,國土名蓮華香。

舍利弗!東方去是過八恒沙有佛刹,佛號寶樂蓮華快住樹王如來、無所著、等正覺,今現在説法,國土名甘音聲稱説。

復次,舍利弗!諸佛如來清净國土,彼方無五濁、無愛欲、無女人、無意垢、無呪詛、無相擇。

復次,舍利弗!諸佛如來,若有善男子、善女人,聞是八佛名者,受持諷誦讀奉行者,終不墮三惡道,除五不中止罪。

復次,舍利弗!是善男子、善女人,若有持是八佛名及國土名者,受持諷讀奉行之者,以是功德,若發菩薩心,所生處常遇陀鄰尼、常遇相好、常遇相音、常遇右轉福。是善男子、善女人,奉行是八佛教令,如其正行者,女人所生處轉爲男子。

復次,舍利弗!諸佛如來,是善男子、善女人,以平旦净澡漱、正衣服,晝夜各三時奉讀是經,得功德無量,第一四天王常擁護。是善男子、善女人,若在縣官中當讀是經、若在怨家中當讀是經、若在盗賊中當讀是經、若在水火中當讀是經、若在海水中逢風浪恐怖當讀是經、若在軍兵對鬪中當讀是經、若爲蠱毒所中當讀是經、若聞惡鳥鳴若惡夢當讀是經、若爲龍神所中當讀是經、若爲諸魔所中恐怖毛起者當讀是經、若有急恐病疫疾痛者,持是八陽呪經呪之,立得除愈。"

是時,佛説要偈:

"是土無如來,　持是國土名,

一切衆惡除，　疾得登正道。
所生常値佛，　見覺大歡喜，
照是世上尊，　等心供事之。
百劫以無數，　着常當離之，
疾逮泥洹道，　奉是諸佛名，
今現諸如來，　奉行明教名。
爲人樸直軟，　在在見所生，
端正相好具，　巨億萬家生。
勇猛好布施，　爲人不慳貪，
女人聞是要，　踴躍大歡喜，
去離女人身，　所生爲男子。
諸兵不敢害，　蠱道亦不幸，
縣官及盜賊，　終不害是人。
五魔不能嬈，　將帥及官屬，
奉行是經者，　不能中得便。”

爾時，第一四天王、彌勒菩薩等，白佛言：“我曹當共擁護持是八陽呪經一切學者，我曹當并力擁護，病者令愈。”

佛説：“如是。”

第一四天王、彌勒菩薩等比丘衆，及諸天龍、鬼神、人民、阿須倫，聞經歡喜，爲佛作禮而去。

八菩薩名：

第一名颰陀和菩薩、第二名羅那鄰竭菩薩、第三名憍日兜菩薩、第四名那羅達菩薩、第五名須深菩薩、第六名因抵達菩薩、第七名摩訶須和薩和菩薩、第八名和輪調菩薩，是八人求道以來其劫無數，今未取佛。

是八人本俱學道時，俱願八方、上下人民皆共使得佛。若有急者，當使呼我八人名字，即自得解除。若壽欲盡時，我八人便當飛行往迎之。願持此一字之功德，願一切人皆如八菩薩快也。（《大正藏》卷十四第 73-74 頁）

【评说】佛陀提出：“若有急恐病疫疾痛者，持是八阳呪经呪之，立得除愈。”以咒语治疗疾病是一种特殊的治疗方法，从某种意义上来说其治疗原理与中国传统的祝由疗法相似，可以说是一种自我暗示的宗教心理疗法。

佛说灭十方冥经

西晋月氏国三藏竺法护译

【提要】佛陀在迦维罗卫释氏精庐尼拘类树下为释童子说拥护之法。

【原文】時面善悦憂慼低頭，佛以預知，故而問言：“童子所奏，而早出城，心懷憂灼，顔色慘慼。”

面善悦白佛言："唯天中天！今我二親身不安和，横為人非人所見侵嬈，晝夜寤寐不得寧息，出入行步亦見逼惱。又我之身雖處大國，遭此困厄窮苦無賴，竊自思维不知何計，不審當設何等方便？假遇怨賊，或遭非人妖蠱姦邪，無以防護。唯願世尊，告示以法，隨時救濟，令無嬈害。"

佛告面善悦："諦聽！諦受！善念持之，當為汝說擁護之法。"

時，釋幼童子受教而聽。

佛言："東方去此，過于八千那術佛土，有世界名拔眾塵勞，其佛號等行如來、至真、等正覺，今現在說經法。人若東行，先當稽首歸命供養於東方佛，則無恐懼莫敢侵嬈。所欲遊行，有所興作，悉當如願，志未曾亂，如心所念，輒得成就。"

佛時頌曰：

"先奉最正覺，　等行大聖人，
然後東向行，　爾乃無恐懼。"

佛告童子："南方去此，過于十億百千佛土，有世界名消冥等要脫，其佛號初發心念離恐畏歸超首如來、至真、等正覺，今現在說經法。若欲南行，當遙稽首歸命彼佛爾乃發進，一心專念意不離佛，則無恐懼不遇患難。"

佛時頌曰：

"已離於眾想，　童子當修是，
若行至南方，　不復遇恐懼。"

佛告童子："西方去此，如恒河沙諸佛剎土，有世界名善選擇，其佛號金剛步跡如來、至真、等正覺，今現在說經法。若欲西行，先當講說思惟，本淨之法永無所見，無起無滅寂然清淨，先當稽首禮於彼佛，一心歸命爾乃發進，則無恐懼不逢患難。"

佛時頌曰：

"諸法無所生，　亦無有所滅，
曉了知此者，　則為無恐畏。"

佛告童子："北方去此，過二萬佛土，有世界名覺辯，其佛號寶智首如來、至真、等正覺，今現在說經法。若欲北行、設在家居，稽首作禮歸命彼佛，爾乃發進，則無恐懼不遇患難。"

佛時頌曰：

"若在於家中，　一切諸居業，
所有賫北行，　則無所畏懼。"

佛告童子："東北方去此，過于百萬億佛土，有世界名持所念，其佛號壞魔慢獨步如來、至真、等正覺，今現在說經法。又彼如來詣佛樹下，適一心坐，化于三千大千世界諸魔官屬及諸魔天，悉勸立之於不退轉，當成無上正真之道。是為如來詣樹下時之所感動。若詣東北方，當遙稽首歸命彼佛，然後乃進，所在獲安，則無所畏。"

佛時頌曰：

"始從初發意，　則降伏魔兵，
心常念此佛，　尋便無恐懼。"

佛告童子："東南方去此，過二恒河沙等佛土，有世界名常照曜，其佛號初發心不退轉輪成首如來、至真、等正覺，今現在說經法。其如來本為菩薩時，常興眾行不退轉輪義，布施、持戒、忍辱、精進、禪定不亂、成就智慧，是為如來本為菩薩時之所感動。若東南行，先當稽首五體投地，一心歸命，然後乃進，則無恐懼。”

佛時頌曰：

“先五體作禮，　然後乃出家，
　在欲所至到，　則不逢賊害。”

佛告童子：“西南方去此，過于八萬佛土，有世界名覆白交露，其佛號寶蓋照空如來、至真、等正覺，今現在說經法。若西南行，先當稽首彼方如來，以華遙散念於無相，然後乃進，則無恐懼。”

佛時頌曰：

“供養等正覺，　以華而奉散，
　用無相之心，　則無有恐懼。”

佛告童子：“西北方去此，過六恒河沙佛之剎土，有世界名住清淨，其佛號開化菩薩如來、至真、等正覺，今現在說經法。其佛國土清淨無穢，亦無愛欲、無有女人，離於五欲。若西北行，先禮彼佛，自歸悔過淨修梵行，然後出家，則無恐懼。”

佛時頌曰：

“先當修梵行，　然後出于家，
　安隱不遇賊，　所在無眾難。”

佛告童子：“下方去此，過九十二姟佛之剎土，有世界名念無倒，其佛號念初發意斷疑拔欲如來、至真、等正覺，今現在說經法。若欲坐時、若夜臥時，念斯如來稽首自歸，常以普慈念救眾生，然後坐臥，則無恐懼，所願必果。”

佛時頌曰：

“普慈念眾生，　定坐若臥眠，
　於夢若寤寐，　則無有恐懼。”

佛告童子：“上方去此，過六十恒河沙等佛土，有世界名離諸恐懼無有處所，其佛號消冥等超王如來、至真、等正覺，今現在說經法。若從坐起，常禮彼佛自歸供養，常懷慈心愍於眾生，然後起行，則無恐懼，在所至奏，則獲吉安，用是念故，常得擁護。”

佛時頌曰：

“常懷慈等心，　愍於眾生類，
　用哀群生故，　則無有恐懼。”

佛告童子：“汝當諦受此諸佛名，奉持思惟懷抱在心，所欲至到，則無危難。”

面善悅釋種童子前白佛言：“我已奉受此諸佛名，懷抱在心思维奉行，其事無量，自立己心，我見十方無所蔽礙。如今向者世尊所說，宣傳經道及諸佛名，皆如所聞，審諦無異。”（《大正藏》卷十四第 105-106 页）

【评说】佛陀为释族童子说东、南、西、北、东南、东北、西南、西北、上、下十方佛名号。指出，如果能够思惟念持这些佛号，可以消除内心的恐惧，也可以避免外界的侵害。此种方法在某种意义上与现代心理治疗方法的暗示疗法有类似之处。

佛说佛名经

三藏菩提流支在胡相国秦太上文宣公第译

卷 第 一

【提要】佛陀在舍婆提城祇树给孤独园为诸比丘说过去未来现在诸佛名字。

【原文】如是我聞：一時佛在舍婆提城只樹給孤獨園，與大比丘衆千二百五十人俱。爾時世尊四衆圍遶，及天龍夜叉干闥婆、阿修羅、迦樓羅、緊那羅、摩睺羅伽、人非人等。爾時世尊告諸大衆："汝當諦聽，我爲汝説過去未來現在諸佛名字。若善男子善女人，受持讀誦諸佛名者，是人現世安隱遠離諸難及消滅諸罪，未來當得阿耨多羅三藐三菩提。若善男子善女人，欲消滅諸罪，當净洗浴着新净衣，長跪合掌，而作是言：

南無東方阿閦佛　南無火光佛　南無靈目佛　南無無畏佛　南無不可思議佛　南無燈王佛　南無放光佛　南無光明莊嚴佛　南無大勝佛　南無成就大事佛　南無實見佛　南無堅王花佛

歸命東方如是等無量無邊諸佛。

南無南方普滿佛　南無威王佛　南無住持疾行佛　南無黠慧佛　南無稱聲佛　南無不厭見身佛　南無師子聲佛　南無不空見佛　南無起行佛　南無一切行清净佛　南無莊嚴王佛　南無大山王佛

歸命南方如是等無量無邊諸佛。

南無西方無量壽佛　南無師子佛　南無香積王佛　南無香手佛　南無奮迅佛　南無虚空藏佛　南無寶幢佛　南無清净眼佛　南無樂莊嚴佛　南無寶山佛　南無光王佛　南無月出光佛

歸命西方如是等無量無邊佛。

南無北方難勝佛　南無月光佛　南無栴檀佛　南無自在佛　南無金色王佛　南無月色栴檀佛　南無普眼見佛　南無普照眼見佛　南無輪手佛　南無無垢佛

歸命北方如是等無量無邊佛。

南無東南方治地佛　南無自在佛　南無法自在佛　南無法慧佛　南無法思佛　南無常法慧佛　南無常樂佛　南無善思惟佛　南無善住佛　南無善臂佛

歸命東南方如是等無量無邊佛。

南無西南方那羅延佛　南無龍王德佛　南無寶聲佛　南無地自在佛　南無人王佛　南無妙聲佛　南無黠慧佛　南無妙香華佛　南無天王佛　南無常清净眼佛

歸命西南方如是等無量無邊佛。

南無西北方月光面佛　南無月光佛　南無月幢佛　南無勇猛佛　南無日光面佛　南無日藏佛　南無日光莊嚴佛　南無花身佛　南無波頭摩藏佛　南無波頭摩須佛　南無師子聲王佛　南無善住意佛

歸命西北方如是等無量無邊佛。

南無東北方寂諸根佛　南無寂滅佛　南無大將佛　南無净勝佛　南無净妙聲佛　南無

净天供養佛　南無善化佛　南無化佛　南無善意佛　南無善意住持佛

歸命東北方如是等無量無邊佛。

南無下方實行佛　南無疾行佛　南無黠慧佛　南無堅固王佛　南無金剛齊佛　南無師子佛　南無奮迅佛　南無如實住佛　南無成功德佛　南無功德得佛　南無善安樂佛　南無天金剛佛

歸命下方如是等無量無邊佛。

南無上方無量勝佛　南無雲王佛　南無雲功德佛　南無無量稱名佛　南無聞身王佛　南無大功德佛　南無大須彌佛　南無降伏魔王佛

歸命上方如是等無量無邊佛。

南無未來普賢佛　南無彌勒佛　南無觀世自在佛　南無得大勢至佛　南無虛空藏佛　南無無垢稱佛　南無成就義佛　南無實聲佛　南無大海佛　南無無盡意佛

歸命未來如是等無量無邊佛。

善男子善女人。受持讀誦是諸佛名。現世安隱遠離諸難。及消滅諸罪。未來畢竟得阿耨多羅三藐三菩提。

南無無垢光佛　南無樂莊嚴思惟佛　南無無垢月幢稱佛　南無華光佛　南無火光佛　南無寶上佛　南無無畏觀佛　南無遠離諸畏驚怖佛　南無師子奮迅力佛　南無金光明王佛

若善男子善女人。十日讀誦思惟是佛名。必遠離一切業障。

南無一切同名佛。所謂。南無日龍奮迅二佛。

南無一切同名日龍奮迅佛　南無六十功德寶佛　南無一切同名功德寶佛　南無六十二毘留羅佛　南無一切同名毘留羅佛　南無八萬四千名自在幢佛　南無一切同名自在幢佛　南無三百大幢佛　南無一切同名大幢佛　南無五百净聲王佛　南無一切同名净聲王佛　南無五百波頭摩王佛　南無一切同名波頭摩王佛　南無五百日聲佛　南無一切同名日聲佛　南無五百樂自在聲佛　南無一切同名樂自在聲佛　南無五百日佛　南無一切同名日佛　南無五百普光佛　南無一切同名普光佛　南無五百波頭摩上王佛　南無一切同名波頭摩上王佛　南無七百法光莊嚴佛　南無一切同名法光莊嚴佛　南無千法莊嚴王佛　南無一切同名法莊嚴王佛　南無千八百稱聲王佛　南無一切同名稱聲王佛　南無三萬散花佛　南無一切同名散花佛　南無三萬三百稱聲王佛　南無一切同名稱聲王佛　南無八萬四千阿難陀佛　南無一切同名阿難陀佛　南無千八百寂滅佛　南無一切同名寂滅佛　南無五百歡喜佛　南無一切同名歡喜佛　南無五百威德佛　南無一切同名威德佛　南無五百上威德佛　南無一切同名上威德佛　南無五百日王佛　南無一切同名日王佛　南無千雲雷聲王佛　南無一切同名雲雷聲王佛　南無千日熾自在聲佛　南無一切同名日熾自在聲佛　南無千離垢聲自在王佛　南無一切同名離垢聲自在王佛　南無千勢自在聲佛　南無一切同名勢自在聲佛　南無千功德蓋幢安隱自在王佛　南無一切同名功德蓋幢安隱自在王佛　南無千閻浮檀佛　南無一切同名閻浮檀佛　南無千無垢聲自在王佛　南無一切同名無垢聲自在王佛　南無千遠離諸怖聲自在王佛　南無一切同名遠離諸怖聲自在王佛　南無二千駒鄰佛　南無一切同名駒鄰佛　南無二千寶幢佛　南無一切同名寶幢佛　南無八千堅精進佛　南無一切同名堅精進佛　南無八千威德佛　南無一切同名威德佛　南無八千然燈佛　南無一切同名然燈佛　南無十千迦葉佛　南無一切同名迦葉佛　南無十千清净面蓮華香積佛　南無一切同名清净面蓮華香積佛　南無十千莊嚴王佛　南無一切同名莊嚴王佛　南無十千星宿佛　南無一切

同名星宿佛　南無一萬八千莎羅王佛　南無一切同名莎羅王佛　南無一萬八千莎羅自在王佛　南無一切同名莎羅自在王佛　南無一萬八千普護佛　南無一切同名普護佛　南無四萬願莊嚴佛　南無一切同名願莊嚴佛　南無三千毘盧舍那佛　南無一切同名毘盧舍那佛　南無三千放光佛　南無一切同名放光佛　南無三千釋迦牟尼佛　南無一切同名釋迦牟尼佛　南無三萬日月太白佛　南無一切同名日月太白佛　南無六萬波頭摩上王佛　南無一切同名波頭摩上王佛　南無六萬能令衆生離諸見佛　南無一切同名能令衆生離諸見佛　南無六十百千萬成就義見佛　南無一切同名成就義見佛　南無無量百千萬名不可勝佛　南無一切同名不可勝佛　南無二億拘鄰佛　南無一切同名拘鄰佛　南無三億弗沙佛　南無一切同名弗沙佛　南無六十億大莊嚴佛　南無一切同名大莊嚴佛　南無八十億實體法决定佛　南無一切同名實體法决定佛　南無六十億莎羅自在王佛　南無一切同名莎羅自在王佛　南無十八億實體法决定佛　南無一切同名實體法决定佛　南無十八億日月燈明佛　南無一切同名日月燈明佛　南無百億决定光明佛　南無一切同名决定光明佛　南無二十億日月燈明佛　南無一切同名日月燈明佛　南無二十億妙聲王佛　南無一切同名妙聲王佛　南無二十百億雲自在王佛　南無一切同名雲自在王佛　南無三十億釋迦牟尼佛　南無一切同名釋迦牟尼佛　南無二十億千怖畏聲王佛　南無一切同名怖畏聲王佛　南無四十億那由他妙聲佛　南無一切同名妙聲佛　南無億千樂莊嚴佛　南無一切同名樂莊嚴佛　南無億那由他百千覺花佛　南無一切同名覺花佛　南無六十頻婆羅遠離諸怖畏佛　南無一切同名遠離諸怖畏佛　南無須彌山微塵數一切功德山王勝名佛　南無一切同名功德山王勝名佛　南無十佛國土不可説億那由他微塵數普賢佛　南無一切同名普賢佛　南無過去未來現在諸佛　南無栴檀遠離諸煩惱藏佛　南無功德奮迅佛　南無勝奮迅佛　南無修寂静佛　南無上寂静佛　南無住虛空佛　南無降伏諸魔怨佛　南無百寶佛　南無難勝光佛　南無自在作佛　南無日作佛　南無無垢光佛　南無自在觀佛　南無金光明師子奮迅佛　南無無垢威德佛　南無觀自在佛　南無金光普曜佛　南無金光明師子奮迅佛　南無無量光佛　南無釋迦牟尼佛　南無静去佛　南無寂静上佛　南無普光明積上功德王佛　南無普現見佛　南無金剛功德佛　南無不動佛　南無普賢佛　南無普照佛　南無實法上决定佛　南無無畏王佛　南無無垢王佛　南無樂説莊嚴思維佛　南無無垢月幢稱佛　南無拘蘇摩莊嚴光明作佛　南無出火佛　南無寶上佛　南無無畏觀佛　南無師子奮迅力佛　南無遠離怖畏毛竪稱佛　南無金剛牟尼佛　南無飲甘露佛　南無金剛光王佛　南無善見佛　南無屍棄佛　南無毘舍浮佛　南無拘留孫佛　南無難勝佛　南無阿閦佛　南無盧舍佛　南無阿彌陀佛　南無尼彌佛　南無寶光炎佛　南無彌留佛　南無自在佛　南無寶精進月光莊嚴威德聲自在王佛　南無遠離一切諸畏煩惱上功德佛　南無初發心念斷疑發解斷煩惱佛　南無斷諸煩惱暗三昧上王佛　南無金剛堅强消伏壞散佛　南無寶炎佛　南無大炎積佛　南無栴檀佛　南無手上王佛　南無寶上佛　南無善住智慧王無障佛　南無火光慧滅昏闇佛　南無象增上佛　南無截金剛佛　南無天王佛　南無一切義上王佛　南無三昧喻佛　南無念王佛　南無光明觀佛　南無一切所依王佛　南無善護幢王佛　南無發趣速自在王佛　南無寶炎佛　南無積大炎佛　南無栴檀香佛　南無手上王佛　南無寶上佛　南無善住慧王無障佛　南無大智意佛　南無寶藏佛　南無放炎佛　南無迦葉佛　南無多羅住佛　南無智來佛　南無能聖佛　南無過一切憂惱王佛　南無一切功德莊嚴佛　南無成就一切義佛　南無無畏王佛　南無一切衆生導師佛　南無不動光觀自在無量命尼彌寶炎彌留金剛佛　南無火奮迅通佛　南無善寂慧月聲自在王佛　南無清净月輪

佛　南無住阿僧只精進功德佛　南無無盡意佛　南無寶幢佛　南無光明無垢藏佛　南無火奮迅通佛　南無雲普護佛　南無師子奮迅通佛　南無彌留上王佛　南無智慧來佛　南無護妙法幢佛　南無金光明師子奮迅王佛　南無普照積上功德王佛　南無善住如意積王佛　南無普現佛　南無釋迦牟尼佛　南無無量光佛　南無放炎佛　南無栴檀香佛　南無無垢慧深聲王佛　南無斷一切障佛　南無無量光明佛　南無作功德佛　南無普香上佛　南無不可勝奮迅聲王佛　南無降伏憍慢佛　南無毘婆屍佛　南無屍棄佛　南無毘舍浮佛　南無拘留孫佛　南無拘那含牟尼佛　南無迦葉佛　南無釋迦牟尼佛　南無成就一切義佛　南無能作無畏佛　南無寂静王佛　南無阿閦佛　南無盧至佛　南無阿彌多佛　南無尼彌佛　南無住法佛　南無寶炎佛　南無彌留佛　南無金剛佛　南無持法佛　南無勇猛法佛　南無妙法光明佛　南無法月面佛　南無安住法佛　南無法幢佛　南無法威德佛　南無法自在佛　南無善住法佛　南無法寂佛　南無善智力佛　南無彌勒等無量佛　南無毘婆屍佛南無屍棄佛　南無毘舍浮佛　南無拘留孫佛　南無拘那含牟尼佛　南無迦葉佛　南無釋迦牟尼佛　南無阿彌陀佛　南無照佛　南無勝色佛　南無樂意佛　南無大導師佛　南無大聖天佛　南無那羅延佛　南無樹提佛　南無慈他佛　南無毘盧遮那佛　南無栴檀佛　南無具足佛　南無化現佛　南無善化佛　南無世自在佛　南無人自在佛　南無摩酰那自在佛　南無勝自在佛　南無十力自在佛　南無毘頭羅佛　南無離諸畏佛　南無離諸憂佛　南無能破諸邪佛　南無散諸邪佛　南無破异意佛　南無智慧岳佛　南無寶岳佛　南無彌留岳佛　南無降魔佛　南無善才佛　南無堅才佛　南無堅奮迅佛　南無堅精進佛　南無堅莎羅佛　南無堅心佛　南無勇猛破障佛　南無破諍佛　南無實體佛　南無曇無竭佛　南無尼屍陀佛　南無波羅羅堅佛　南無普光佛　南無普賢佛　南無勝海佛　南無功德海佛　南無法海佛　南無虛空寂佛　南無虛空功德佛　南無虛空庫藏佛　南無虛空心佛　南無虛空多羅佛　南無無垢心佛　南無功德林佛

南無放光世界中現在説法。虛空勝離塵無垢塵平等眼清净功德幢光明花波頭摩琉璃光寶香象身勝妙羅網莊嚴頂無量日月光明照莊嚴願上莊嚴法界善化無障礙王佛。

彼佛世界中。有菩薩名無比。彼佛授記。不久得阿耨多羅三藐三菩提。號種種光花寶波頭摩金色身普照莊嚴不住眼放光照十方世界幢王佛。

若有善男子善女人，信心受持讀誦彼佛及菩薩名，是善男子善女人，超越閻浮提微塵數劫得陀羅尼，一切諸惡病，不及其身。”(《大正藏》卷十四第 114-117 頁)

【评说】佛陀提出，善男子、善女人如果能够有信念地读诵佛名和菩萨名，就可以远离一切疾病，由此说明信念对人的重要性。

佛说佛名经

【提要】佛陀在舍婆提城祇树给孤独园为大比丘众千二百五十人说过去、未来、现在诸佛名字。

卷　第　一

【原文】第三厭離者，相與當觀生死之中，唯有無常苦空無我不净。虛假如水上泡，速起

速滅。往來流轉猶若車輪，生老病死八苦交煎無時暫息。衆等相與但觀自身，從頭至足其中但有三十六物，發、毛、爪、齒、膿、囊、涕、唾，生熟二藏、大腸、小腸，脾、腎、心、肺、肝、膽，　胃、肪膏、腦膜、筋脈、骨髓，大小便利，九孔常流。是故經言，此身衆苦所集一切皆不净物。何有智慧者而當樂此臭肉身也？生死既有如此種種惡法甚可患厭。(《大正藏》卷十四第188頁)

【评说】在本段经文中，佛陀提出人体有三十六物：发、毛、爪、齿、脓、囊、涕、唾，生熟二脏、大肠、小肠，脾、肾、心、肺、肝、胆、胰、胃、脂肪、筋脉、骨髓、大小便、九孔。这些物质构成了人体的肉身。

卷第十三

【原文】弟子等！自從無始已來至于今日，所有現在及以未來，人天之中無量餘報，流殃宿對隆殘百疾六根不具罪報懺悔。人間邊地邪見三惡八難罪報懺悔；人間多病消瘦促命夭枉罪報懺悔；人間六親眷屬不能常得相保相守罪報懺悔；人間親友凋喪愛別離苦罪報懺悔；人間怨家聚會愁憂怖畏罪報懺悔；人間水火盗賊刀兵危嶮驚懼恐怯罪報懺悔；人間孤獨困苦流離波迸已失國土罪報懺悔；人間牢獄繫閉幽執側立鞭撻拷楚罪報懺悔；人間公私口舌更相羅染更相誹謗罪報懺悔；人間惡病連年累月不差，枕臥床席不能起居罪報懺悔；人間冬温夏疫毒厲傷寒罪報懺悔；人間賊風腫滿否塞罪報懺悔；人間為諸惡神伺求其便欲作禍祟罪報懺悔；人間有鳥鳴百怪飛屍邪鬼為作妖異罪報懺悔；人間為虎豹豺狼水陸一切諸惡禽獸所傷罪報懺悔；人間自結自刺自殺自害罪報懺悔；人間自憂自惋自勒自瞋自喜罪報懺悔；人間投坑赴火自沈自墜罪報懺悔。人間無有威德名聞罪報懺悔；人間衣服資生不得稱心罪報懺悔；人間行來出入有所云為值惡知識為作留難罪報懺悔。如是現在未來人天之中，無量禍横災疫厄難衰惱罪報懺悔。弟子等！今日至誠向十方佛尊法聖眾前披肝露心求哀懺悔。

願弟子等，承是懺悔所生功德。願生生世世身相具足，猶如羅睺羅常值佛法僧恒聞妙法，壽命天地等，不為百病之所纏，六親眷屬常得相保護，怨賊刀兵永恒去離，自然衣服箱篋常盈，百味香飯盂中恒滿，牢獄閉所化作天堂，口舌相非變成和合，連年之病永去身心，疫毒諸災恒離意首，妖怪魍魎及以飛鳥虎豹豺狼、水陸諸禍一切等厄皆去無餘，或自割刑或自瞋喜，如是等罪願從今已去，乃至成佛已來永相去離。

願弟子等，不為諸惡道之所受報，唯生大悲救護一切眾生，使皆盡性廣化諸類俱登正覺。(《大正藏》卷十四第235-236頁)

【评说】佛陀提出，人在世上所受苦难众多，需要忏悔才可以免受恶报。人世苦难中包括多病消瘦、恶病连年不愈、不能起卧休息、冬天温病夏天疫毒、贼风肿满等身体上的疾病，亲属不能相守、亲友离别、怨家聚会、危险惊惧害怕、孤独困苦流离奔波等内心的痛苦。

卷第十六

【原文】第三厭離者，相與當觀生死之中，唯有無常苦空無我不淨虛假，如水上泡速起速滅，往來流轉猶若車輪，生老病死八苦交煎無時暫息，眾等相與但觀自身從頭至足，其中但有三十六物，髮毛爪齒膿囊涕唾生熟二藏，大腸小腸脾腎心肺肝膽，　胃肪膏腦膜筋脈骨髓，大小便利九孔常流。是故，經言："此身眾苦所集，一切皆不淨物。何有智慧者，而當樂此臭肉身也？"生死既有如此種種惡法，甚可患厭。(《大正藏》卷十四第248页)

【评说】与本经卷第一似为同经异译。在本段经文中，佛陀提出人体有三十六物：发、毛、爪、齿、脓、囊、涕、涶，生熟二脏、大肠、小肠，脾、肾、心、肺、肝、胆、胰、胃、脂肪、筋脉、骨髓、大小便、九孔，包括脏腑、组织、皮肤附属物、排泄物等。

卷第二十八

【原文】弟子等！自從無始已來至于今日，所有現在及以未來人天之中，無量餘報流殃宿對，癃殘百疾六根不具罪報懺悔；人間邊地邪見三惡八難罪報懺悔；人間多病痟瘦促命夭枉罪報懺悔；人間六親眷屬不能常得相保相守罪報懺悔；人間親友凋喪愛別離苦罪報懺悔；人間怨家聚會愁憂怖畏罪報懺悔；人間水火盜賊刀兵危嶮驚懼恐怯罪報懺悔；人間孤獨困苦流離波迸亡失國土罪報懺悔；人間牢獄繫閉幽執側立鞭撻拷楚罪報懺悔；人間公私口舌更相羅染更相誹謗罪報懺悔；人間惡病連年累月不差枕臥床席不能起居罪報懺悔；人間冬溫夏疫毒厲傷寒罪報懺悔；人間賊風腫滿否塞罪報懺悔；人間為諸惡神伺求其便欲作禍祟罪報懺悔；人間有鳥鳴百怪飛屍邪鬼為作妖異罪報懺悔；人間為虎豹豺狼水陸一切諸惡禽獸所傷罪報懺悔；人間自結自刺自殺自害罪報懺悔；人間自憂自惋自勒自瞋自喜罪報懺悔；人間投坑赴火自沈自墜罪報懺悔；人間無有威德名聞罪報懺悔；人間衣服資生不得稱心罪報懺悔；人間行來出入有所云為值惡知識為作留難罪報懺悔。如是現在未來人天之中，無量禍橫災疫厄難衰惱罪報懺悔。弟子！今日至誠向十方佛尊法聖眾前，披肝露心求哀懺悔。

願弟子等，承是懺悔所生功德，願生生世世身相具足，猶如羅睺羅常值佛法僧，恒聞妙法，壽命天地等，不為百病之所纏，六親眷屬常得相保護，怨賊刀兵永恒去離，自然衣服箱篋常盈，百味香飯盂中恒滿，牢獄閉所化作天堂，口舌相非變成和合，連年之病永去身心，疫毒諸災恒離意首，妖怪魍魎及以飛鳥虎豹豺狼，水陸諸禍一切等厄皆去無餘；或自割刑或自瞋喜，如是等罪願從今已去，乃至成佛已來永相去離。願弟子等，不為諸惡道之所受報，唯生大悲救護一切眾生，使皆盡性廣化諸類俱登正覺。(《大正藏》卷十四第294页)

【评说】与本经卷十六似为同经异译。佛陀提出，人在世上所受苦难众多，需要忏悔才可以免受恶报。人世苦难中包括多病消瘦、恶病连年不愈、不能起卧休息、冬天温病夏天疫毒、贼风肿满等身体上的疾病，亲属不能相守、亲友离别、怨家聚会、危险惊惧害怕、孤独困苦流离奔波等内心的痛苦。

卷第三十

佛说罪业报应教化地狱经

【提要】佛陀在舍婆提城祇树给孤独园为大比丘众一千二百五十人说过去、未来、现在诸佛名字。

【原文】如是我聞。一時佛在王舍城耆闍崛山中，與菩薩摩訶薩及聲聞眷屬俱。比丘比丘尼優婆塞優婆夷，及諸天龍鬼神等皆悉集會。爾時信相菩薩白佛言："今有地獄餓鬼畜生

奴婢貧富貴賤種類若干，唯願世尊具演説之。凡有衆生聞佛説法，如孩兒得母，如病得醫，如裸得衣，如暗得燈。世尊説法利益衆生亦復如是。”

爾時世尊觀時已至，知諸菩薩勸請殷勤，則放眉間白毫相光照於世界，地獄休息苦痛安寧。爾時一切受罪衆生尋佛光明來詣佛所，遶佛七匝至心作禮，勸請世尊，敷演導化令此衆生得蒙解脱。

爾時信相菩薩，爲諸衆生而作發起白佛言：“世尊，爾時衆生爲諸獄卒剉碓斬身，從足斬之乃至其頂斬之以訖，巧風吹活而復斬之。何罪所致？”佛言：“此人前世坐不信三尊，不孝父母，屠兒魁膾，斬害衆生，故獲斯罪。”“復有衆生身體頑痹，眉須墮落，舉身洪爛，鳥栖鹿宿，人迹斷絶，沾污親族。人不嬉見，名之癩病。何罪所致？”佛言：“以前世時坐不信三尊，不孝父母，破壞塔寺，剥脱道人，斫射賢聖，傷害師長。常不返報復背恩義，常行猪犬淫溢所尊，不避親疎，無有慚愧，故獲斯罪。”“復有衆生，身體長大，聾騃無足，宛轉腹行，唯食泥土以自活命。爲諸小蟲之所唼食，常受此苦不可堪處。何罪所致？”佛言：“以前世時爲人自用，不信好言善語，不孝父母，反戾時君。若爲帝王大臣四鎮方伯州郡令長宫禁守護，恃其威勢，侵奪民物無有道理，使人窮苦故獲斯罪。”“復有衆生，兩目盲瞎覩無所見。或觸樹木或墮溝坑，於時死已更復受身亦復如是。何罪所致？”佛言：“以前世時坐不信罪福障佛光明，縫鷹眼合籠係衆生。皮囊盛頭不得所見，故獲斯罪。”“復有衆生，吃慨喑啞口不能言。若有所説不能明瞭。何罪所致？”佛言：“以前世時坐誹謗三尊，輕毁聖道，論他好惡求人長短。强誣良善憎嫉賢人，故獲斯罪。”

“復有衆生，腹大頸細不能下食，若有所食變爲膿血，何罪所致？”佛言：“以前世時偷盗僧食，或爲大會施設肴饌，故取麻米屏處食之，悋惜己物但貪自有，常行惡心與人毒藥，氣息不通故獲斯罪。”“復有衆生，常爲獄卒燒熱鐵釘貫之百節針之已訖，自然火生焚燒其身悉皆燋爛，何罪所致。”佛言：“以前世時坐爲針師，傷人身體不能差病，誑他取物徒令痛苦，故獲斯罪。”“復有衆生，常有鑊中，牛頭阿婆手捉鐵叉，牽着鑊中煮之令爛，還則吹活而復煮之，何罪所致？”佛言：“以前世時屠殺衆生，湯灌滅毛不可限量。故獲斯罪。”

“復有衆生，在大城中熫烺齊心，四門雖開到則閉之。東西馳走不能自免。爲火燒盡何罪所致？”佛言：“以前世時焚燒山澤决穴陂池，使諸衆生没溺而死，故獲斯罪。”“復有衆生常在雪山中，寒風所吹皮肉剥裂，何罪所致？”佛言：“以前世時横道作賊剥脱人衣，冬月隆寒令他凍死，剫剥牛羊苦痛難堪，故獲斯罪。”

“復有衆生，常在刀山劍樹之上。若有所捉則便傷割支節斷壞。何罪所致？”佛言：“以前世時屠殺爲業烹害衆生，刀割剥刺骨肉分離，頭脚星散懸於高格秤量而賣，或復生懸痛不可堪，故獲斯罪。”“復有衆生，五根不具。何罪所致？”佛言：“以前世時飛鷹走狗彈射鳥獸，或破其頭或斷其足生滅頭翼，故獲斯罪。”

“復有衆生，癵癖背瘻腰髖不遂，脚跛手折不能行步，何罪所致？”佛言：“以前世時爲人痆克行道安鏘，或施射科陷墜衆生前後非一，故獲斯罪。”“復有衆生，或嗔或痴或狂或騃，不別好醜，何罪所致？”佛言：“以前世時飲酒醉亂犯三十六失，後得痴身如似醉人，不別尊卑故獲斯罪，好弓刀騎乘爲夷人，好殺獵爲豺狼，好着馭花入精舍中後爲戴角蟲，好着長裙後作長尾蟲，喜惡口者後作狗，惡口讒刺人及多嗔恚者後爲虵虺，好惡聲後爲鵄梟，喜禍語後爲野狐。”

目連見一人身衆生舉體無皮形如肉段乘空而行。佛言：“過去自墮其胎已墮地獄故受斯苦。”目連見一衆生舉身無皮純一肉段，乘空而行烏鵶隨而啄食。佛言：“過去生中爲屠兒者。已墮地獄猶受斯苦。”

目連見一衆生以銅鐵羅網自纏其身，火常熾盛還燒其體乘空而行。佛言："過去生中爲捕魚師。地獄餘罪今受此身。網鳥網兔亦復如是。"

目連見一大身無頭衆生，兩邊生目胸前生口，身常流血諸蟲咂食痛徹骨髓。佛言："過去生中好斷蟲獸頭，已地獄受苦今得此身。"目連見一大身衆生舉身生毛毛利如刀，其毛火燃燒割其體。佛言："過去生中刀劍傷一切之命，地獄餘報續受斯苦。"(《大正藏》卷十四第 301-302 頁)

【评说】佛陀从前世今生因果报应的角度解释一些怪病，如癞病、腹大颈细不能下食、癵癖背膢腰髋不遂等等，劝导人们向善。

五千五百佛名神呪除障灭罪经

大隋北印度三藏阇那掘译

【提要】佛陀在王舍大城者阇崛山中说佛名神咒除障灭罪。

卷 第 三

【原文】南無月上如來　南無作光明菩薩

多緻他(一)達唎達唎(二)陀囉膩(三)䏔(女一反)陀膩(四)阿婆夜羯邏閉(五)迦辣波鞞伽帝(六)暗(烏臘反)米履多(米已下三字疾急道七)迦辣波(八)胡多貰膩(九)阿難多目企十閉(十)阿難多斫芻伽帝(十一)唵(重聲長引)婦(十二)莎呵(十三)

善男子！此陀羅尼章句，恒河沙諸佛世尊所說、住持、隨喜，為令墮諸惡趣眾生生利益故。善男子！若有菩薩受持此陀羅尼，彼人超越八種恐怖，所謂：無邊地獄恐怖、無邊畜生恐怖、無邊餓鬼恐怖、無邊受胎恐怖、無邊生恐怖、無邊老恐怖、無邊病恐怖、無邊死恐怖。十方諸佛皆念彼人，命終之時，心不錯亂，面對諸佛。受生當得無盡之身，亦復得於調伏諸根。(《大正藏》卷十四第 330 页)

【评说】此段经文认为，陀罗尼章句(咒语)可以帮助人们超越八种恐惧，包括地狱、畜生、恶鬼、受胎、生、老、病、死的恐惧。

卷 第 四

【提要】佛陀在王舍大城者阇崛山中说佛名神咒除障灭罪。

【原文】南無一切趣清淨王如來

多緻他　輸達儞輸達儞薩婆波頗毘輸達儞輸悌　毘輸悌　薩婆達摩毘輸悌　莎呵

若有善男子、善女人，常能受持此如來名號，精勤憶念，不忘失者，即得現見一切諸法，盡諸業障及盡諸惡，以佛真實住持力故，當於十四俱致世中，常憶宿命，乃至菩提，善根亦不窮盡。(《大正藏》卷十四第 334 页)

【评说】此段经文认为，陀罗尼章句(咒语)可以帮助众生消除业障减少恶行。

【原文】南無香象光王如來

多緻他　揭誓揭誓　揭誓延悌唎　莎呵

爾時，勝聚菩薩白佛言："若有善男子、善女人，持此香象光王如來名號者，彼於十三俱致歲中，身出香氣不曾休息，亦不廢忘菩提之心。"(《大正藏》卷十四第 334 页)

【评说】此段经文认为，念持香象光王如来名号可以使身体不断散发出香味。

【原文】南無花相如來

多緻他　布濫閉　布濫閉　蘇(引)　布濫閉　莎呵

此陀羅尼多有功能。以陀羅尼呪華二十一遍。如所備具向如來塔中散之。彼人所有心願皆得滿足。復盡一切業障。(《大正藏》卷十四第 334 页)

【评说】此段经文认为，陀罗尼咒(咒语)可以满足众生心中所愿。

佛说百佛名经

隋天竺三藏那连提耶舍译

【提要】佛陀在舍卫国祇树给孤独园为大众说百佛名字。

【原文】如是我聞。一時佛在舍衛國只樹給孤獨園。與大比丘比丘尼優婆塞優婆夷、大菩薩衆及大諸天、帝釋天王、大梵天王、四天大王、天龍夜叉干闥婆、阿修羅、迦樓羅、緊那羅、摩睺羅伽　非人等。無量百千大衆，前後圍遶，恭敬供養尊重讚嘆。爾時世尊，爲諸大衆宣說妙法。時尊者舍利弗，即從坐起整理衣服，右膝着地合十指掌而白佛言："唯願世尊，演說十方現在世界諸佛名號。所以者何，若有善男子善女人，聞是現在諸佛名者，生大功德，發阿耨多羅三藐三菩提心，得不退轉，亦當速成阿耨多羅三藐三菩提。"

爾時佛告舍利弗："善哉善哉。汝今爲欲利益安樂諸大衆故，覆護憐愍諸衆生故，令諸衆生所求滿故，欲令一切生歡喜故，亦爲未來諸菩薩等增善根故。善哉善哉。生善覺觀作如是問。如是問者皆是如來威神之力。舍利弗。汝今諦聽。若有善男子善女人，聞是現在諸佛名號，能受持者，一切魔衆於是人所不得其便，一切惡人亦不得便。獲得無量無邊甚深功德，隨所生處具菩薩行，得宿命通顔容端正衆相具足，常得親近供養諸佛。乃至速成阿耨多羅三藐三菩提。何以故？舍利弗。若有聞是諸佛名號，受持讀誦恭敬禮拜書寫供養展轉教他，所得功德無量無邊。"爾時世尊，即說偈言：

"若能持此佛名者　此人不爲刀所傷
毒不能害火不燒　亦不墮於八難中
得見大智金色光　三十二相諸法王
既得見於諸佛已　無量供養彼諸佛
其目不盲不赤黄　身不傴曲不一眼
得那羅延大力身　受持佛名報如是
常得天龍及夜叉　干闥婆等所供養
怨家惡人不能害　受持佛名報如是

汝今諦聽舍利弗　如我所説微妙語
若有聞此佛名者　則得近於菩提道
是故汝今至心聽　十方世界大法王
能拔衆生煩惱刺　譬如藥樹除衆病
愚痴盲瞑凡夫等　施與菩薩智慧眼
又如行施勝菩薩　無量千億恒沙界
於中悉滿閻浮金　晝夜六時無休息
施與大悲大導師　又以栴檀滿百剎
幡蓋衣服如恒沙　無量千萬億劫中
一心而以用布施　復於一佛國土中
滿中建立諸佛塔　於十劫中而供養
如恒河沙等諸佛　又造高塔如須彌
其塔悉以七寶成　如是遍滿十千剎
其數三十有六億　以赤栴檀及真珠
造作傘蓋供養具　一一傘蓋能遍覆
百佛世界等諸國　真珠旒蘇齊佛剎
其數猶如恒河沙　於空復造金傘蓋
其數亦如恒河沙　色如紫磨真金像
各各遍照三千界　一一塔中設供養
無量無邊無數劫　如上所作諸功德
不及能發菩提心　如是能發菩提心
住不放逸清净戒　不及能持此佛名
如是能持此佛名　又能憐愍諸衆生
所在諸方廣流布　教令受持佛名者
彼於一切衆生中　爲作福田猶如來"

爾時佛告舍利弗："若有一心受持讀誦憶念不忘此佛名者。所生貪慾嗔恚愚痴諸怖畏等即得除滅。未生貪慾嗔恚愚痴諸怖畏者能令不生。"爾時世尊，即説佛名：

"南無月光佛　南無阿閦佛　南無大莊嚴佛　南無多伽羅香佛　南無常照曜佛　南無栴檀德佛　南無最上佛　南無蓮花幢佛　南無蓮華生佛　南無寶聚佛　南無阿伽樓香佛　南無大精進佛　南無栴檀德佛　南無海佛　南無鉅海佛　南無幢德佛　南無梵德佛　南無大香佛　南無大生佛　南無寶輞佛　南無阿彌陀佛　南無大施德佛　南無大金柱佛　南無大念佛　南無言無盡佛　南無常散花佛　南無大愛佛　南無師子香勝佛　南無養德佛　南無帝釋火炎佛　南無常樂德佛　南無師子華德佛　南無寂滅幢佛　南無戒王佛　南無普德佛　南無普德像佛　南無無憂德佛　南無優波羅香佛　南無大地佛　南無大龍德佛　南無清净王佛　南無廣念佛　南無蓮花德佛　南無舍花佛　南無龍德佛　南無花聚佛　南無香象佛　南無常觀佛　南無正作佛　南無善住佛　南無尼瞿嚧陀王佛　南無無上王佛　南無月德佛　南無栴檀林佛　南無日藏佛　南無德藏佛　南無須彌力佛　南無摩尼藏佛　南無金剛王佛　南無威德佛　南無無壞佛　南無善見佛　南無精進德佛　南無大海佛　南無覆娑羅樹佛　南無跋瑳德佛　南無佛天佛　南無師子幢佛　南無毘頭德佛　南無無邊德佛

南無德智佛　南無厚德佛　南無花幢佛　南無象德佛　南無精進德佛　南無龍德佛　南無德生佛　南無寶聚佛　南無德婆瑳子佛　南無論義佛　南無普見佛　南無寶多羅佛　南無普舍佛　南無大供養德佛　南無大網佛　南無斷一切衆生疑王佛　南無寶德佛　南無普蓋佛　南無大蓋佛　南無勝德佛　南無千供養佛　南無寶蓮花奮迅佛　南無厚德佛　南無智幢佛　南無寶月德佛　南無尼瞿嚧陀婆瑳王佛　南無常德佛　南無普蓮花佛　南無平等德佛　南無龍護救濟佛

此諸佛名等　能救護世間
初夜誦一遍　思念佛而眠
中夜誦一遍　後夜亦復然
如是晝三時　於初中後分
一時誦一遍　精勤不放逸
誦此佛名故　常得見好夢
惡鬼及惡人　不能得其便
是故此佛名　能救護世間
一切天樂神　夜叉鳩盤荼
羅刹諸鬼神　不能起障礙
於此百佛名　常能念持者
一切諸魔事　不能得其便
爾時天帝釋　三十三天王
整理身衣服　胡跪而合掌
白佛言世尊　我等常衛護
受持佛名者　及四天大王
亦常護於彼　受持佛名者
唯除必定業　不可得救護
一切天人中　無能加惡者
爾時一切智　出大微妙聲
八種和雅音　善美衆樂聞
普告諸大衆　速受此佛名
於十方世界　所在廣流佈
而作大法施　斷除衆生疑
大聖釋迦文　演說此法時
三百諸比丘　悉得諸漏盡
復有比丘尼　其數有四十
一切漏法盡　逮得阿羅漢
復有優婆塞　其數滿五千
住勝歡喜心　獲果須陀洹
復有優婆夷　其數千一百
皆遠離塵垢　而得法眼凈
復有大天王　無量千萬衆

於法王法中　得清净法眼
如彼恒河沙　分之爲三分
菩薩如一分　悉獲無生忍
三千大千刹　是時六震動
諸山及高峯　大地皆震吼
於上虚空中　雨諸天妙花
天龍非人等　喜聲悉遍滿
爾時帝釋天　目連離波多
蛇奴劫賓那　摩訶迦旃延
及摩訶迦葉　漚樓頻迦葉
乃至那迦葉　富樓彌多羅
善吉不見空　阿難陀跋提
沓婆摩羅子　如是等大衆
二萬五千人　同聲白佛言
釋師子法王　我盡精進力
皆悉無有餘　以諸神通力
於無量世界　化作無量身
過無量佛刹　常説此佛名
亦如佛所説　爾時佛世尊
爲令衆見故　示現大神通
現無量億刹　以佛神通力
見釋師子王　處處而遍滿
説此修多羅　亦如過去佛
所説無差别　佛告諸大衆
我於無量劫　久善修神通
於無上佛法　决定莫生疑
安隱衆生故　速説此佛名
令諸衆生等　永離生死苦”

爾時佛告慧命舍利弗:“若有善男子善女人聞佛名已,深信清净發菩提心,愛樂受持晝夜精勤,讀誦書寫廣爲他説,得無量無邊廣大功德,得不退轉乃至速成阿耨多羅三藐三菩提,一切衆魔不能嬈亂。”佛説是經已,慧命舍利弗、釋梵四王、比丘、比丘尼、優婆塞、優婆夷、天龍夜叉干闥婆阿修羅等。一切大衆聞此法已,皆大歡喜。(《大正藏》卷十四第 354-355 頁)

【评说】佛陀提出,善男子、善女子听闻诸佛名号,如果能够受持、读诵、恭敬礼拜、书写供养、展转教他,可以获得无量功德。如果能够一心受持读诵、忆念不忘,所生贪欲、嗔恚、愚痴、诸怖畏等即得除灭。

现在贤劫千佛名经

（亦名《集诸佛大功德山》）
阙译人名，今附梁录

【提要】佛陀为喜王说诸佛名字。

【原文】南無過現未來，十方三世，盡虛空界，一切諸佛，歸命懺悔："至心懺悔！弟子等，今已總相懺悔一切諸業，今當次第更復一一別相懺悔，若總、若別、若麁、若細、若輕、若重、若説、不説，品類相從，願皆消滅。別相懺者，先懺身三，次懺口四，其餘諸障，次第稽顙。身三業者，第一殺害，如經所明，恕已可爲喻，勿殺勿行杖。雖復禽獸之殊，保命畏死，其事是一，若尋此衆生，從無始已來，或是我父母、兄弟六親眷屬，以業因緣輪迴六道，出生入死改形易報，不復相識，而今興害，食噉其肉傷慈之甚，是故佛言："設得餘食，當如饑世食子肉想，何況食噉此魚肉耶。"又言："爲利殺衆生，以錢納諸肉，二俱是惡業，死墮叫呼地獄。"故知，殺害及以食噉，罪深河海，過重丘岳。然弟子等，無始已來，不遇善友，皆由此業。是故經言："殺害之罪，能令衆生，墮於地獄、餓鬼受苦。若在畜生，則受虎豹、豺狼、鷹鷂等身，或受毒蛇、蝮蝎等身，常懷惡心，或受麞鹿、熊羆等身，常懷恐怖。若生人中，得二種果報，一者多病、二者短命。殺生食噉，既有如是，無量種種諸惡果報。是故弟子，今日至誠，歸依諸佛。"（《大正藏》卷十四第378頁）

【评说】佛陀从因果报应的角度劝导人们向善，因为常怀恶心，杀害众生，会导致疾病缠身，甚至早亡。

本 愿 经

佛说药师如来本愿经

隋天竺三藏达摩笈多译

【提要】佛陀在毗舍离国乐音树下为众人说药师如来的十二个大愿，以及从各种非正常死亡情况中得到解脱的方法。

【原文】或復有人忽得惡夢，或見諸惡相，或怪鳥來集，於其住所百怪出現，此人若能以種種衆具，供養恭敬彼藥師琉璃光如來者，一切惡夢、惡相、不吉祥事皆悉隱没，或有水怖、火怖、刀怖、毒怖、懸嶮之怖，惡象、師子、虎狼、熊羆、毒蛇、惡蝎、蜈蚣、蚰蜒如是等怖，憶念供養彼如來者，一切怖畏皆得解脱。若他國侵擾、賊盗反亂如是等怖，亦應念彼如來恭敬尊重。(《大正藏》卷十四第 403 页)

【评说】经文指出，供养药师琉璃光如来佛可以消除做恶梦后惊恐不安等症状，可以视作一种心理治疗方法。

【原文】救脱菩薩言：大德阿難！若有患人欲脱重病，當爲此人七日七夜受八分齋，當以飲食，及種種衆具，隨力所辦，供養比丘僧，晝夜六時，禮拜供養彼世尊藥師琉璃光如來，四十九遍讀誦此經，然四十九燈，應造七軀彼如來像，一一像前各置七燈，一一燈量大如車輪，或復乃至四十九日光明不絶，當造五色彩幡長四十九尺。(《大正藏》卷十四第 404 页)

【评说】本段经文讲述的是帮助重病患者痊愈所采取的供养方法。

【原文】救脱菩薩言：阿難！汝豈不聞如來所説九横死耶？是故教以呪藥方便；或有衆生，得病非重，然無醫藥及看病人，或復醫人療治失所，非時而死，是爲初横；第二横者，王法所殺；第三横者，遊獵、放逸、淫醉無度，爲諸非人害其魂魄；第四横者，爲火所燒；第五横者，爲水所溺；第六横者，入師子、虎豹、諸惡獸中；第七横者，飢渴所困，不得飲食，因此致死；第八横者，厭禱、毒藥、起屍鬼等之所損害；第九横者，投岩取死，是名如來略説大横有此九種，其餘復有無量諸横。(《大正藏》卷十四第 404 页)

【评说】佛陀将非正常死亡分为九种：第一类是病轻却得不到医药、或庸医误治、或不信正法，受到恐吓求助鬼神终至死亡；第二类是触犯刑法获死刑；第三类是放逸无度邪神饿鬼所侵；第四类是丧身火灾；第五类是溺亡；第六类是恶兽吞食；第七类是坠崖而死；第八类是遭受诅咒或中毒而亡；第九类是饥饿所困致死。

药师琉璃光如来本愿功德经

大唐三藏法师玄奘译

【提要】佛陀在广严城乐音树下为曼殊室利说药师琉璃光如来的十二大愿以及化解各

种疾病和死亡的方法。

【原文】一時，薄伽梵游化諸國，至廣嚴城，住樂音樹下。與大苾刍衆八千人俱，菩薩摩訶薩三萬六千，及國王、大臣、婆羅門、居士、天、龍、藥叉、人、非人等，無量大衆，恭敬圍遶，而爲説法。

爾時，曼殊室利法王子，承佛威神，從座而起，偏袒一肩，右膝着地，向薄伽梵，曲躬合掌，白言：世尊！惟願演説如是相類諸佛名號，及本大願殊勝功德，令諸聞者業障銷除，爲欲利樂像法轉時諸有情故。

爾時，世尊贊曼殊室利童子言：善哉！善哉！曼殊室利！汝以大悲，勸請我説諸佛名號、本願功德，爲拔業障所纏有情，利益安樂像法轉時諸有情故。汝今諦聽，極善思惟，當爲汝説。曼殊室利言：唯然！願説，我等樂聞。

佛告曼殊室利：東方去此過十殑伽沙等佛土，有世界名净琉璃，佛號藥師琉璃光如來、應、正等覺、明行圓滿、善逝、世間解、無上士、調御丈夫、天人師、佛、薄伽梵。曼殊室利！彼佛世尊藥師琉璃光如來，本行菩薩道時，發十二大願，令諸有情，所求皆得。

第一大願：願我來世得阿耨多羅三藐三菩提時，自身光明，熾然照曜無量無數無邊世界，以三十二大丈夫相、八十隨好，莊嚴其身；令一切有情，如我無异。

第二大願：願我來世得菩提時，身如琉璃，内外明徹，净無瑕穢，光明廣大，功德巍巍，身善安住，焰網莊嚴，過於日月；幽冥衆生，悉蒙開曉，隨意所趣，作諸事業。

第三大願：願我來世得菩提時，以無量無邊智慧方便，令諸有情，皆得無盡所受用物，莫令衆生有所乏少。

第四大願：願我來世得菩提時，若諸有情行邪道者，悉令安住菩提道中；若行聲聞獨覺乘者，皆以大乘而安立之。

第五大願：願我來世得菩提時，若有無量無邊有情，於我法中修行梵行，一切皆令得不缺戒，具三聚戒。設有毁犯，聞我名已，還得清净，不墮惡趣。

第六大願：願我來世得菩提時，若諸有情，其身下劣，諸根不具，醜陋、頑愚、盲、聾、瘖、瘂、攣、躄、背僂、白癩、癲狂、種種病苦；聞我名已，一切皆得端正黠慧。諸根完具，無諸疾苦。

第七大願：願我來世得菩提時，若諸有情，衆病逼切，無救無歸，無醫無藥，無親無家，貧窮多苦，我之名號，一經其耳，病悉得除，身心安樂，家屬資具，悉皆豐足，乃至证得無上菩提。

第八大願：願我來世得菩提時，若有女人，爲女百惡之所逼惱，極生厭離，願舍女身；聞我名已，一切皆得轉女成男，具丈夫相，乃至证得無上菩提。

第九大願：願我來世得菩提時，令諸有情，出魔羂網，解脱一切外道纏縛；若墮種種惡見稠林，皆當引攝置於正見，漸令修習諸菩薩行，速证無上正等菩提。

第十大願：願我來世得菩提時，若諸有情，王法所録，縲縛鞭撻，係閉牢獄，或當刑戮，及餘無量灾難凌辱，悲愁煎迫，身心受苦；若聞我名，以我福德威神力故，皆得解脱一切憂苦。

第十一大願：願我來世得菩提時，若諸有情，飢渴所惱，爲求食故造諸惡業；得聞我名，專念受持，我當先以上妙飲食，飽足其身；後以法味，畢竟安樂而建立之。

第十二大願：願我來世得菩提時，若諸有情，貧無衣服，蚊虻寒熱，晝夜逼惱；若聞我名，專念受持，如其所好，即得種種上妙衣服，亦得一切寶莊嚴具，華鬘涂香，鼓樂衆伎，隨心所玩，皆令滿足。

曼殊室利！是爲彼世尊藥師琉璃光如來、應、正等覺，行菩薩道時，所發十二微妙上願。

復次，曼殊室利！彼世尊藥師琉璃光如來，行菩薩道時所發大願，及彼佛土功德莊嚴，我若一劫，若一劫餘，説不能盡。然彼佛土，一向清净，無有女人，亦無惡趣，及苦音聲。琉璃爲地，金繩界道，城、闕、宫、閣、軒、窓、羅網，皆七寶成。亦如西方極樂世界，功德莊嚴，等無差别。於其國中，有二菩薩摩訶薩：一名日光遍照，二名月光遍照，是彼無量無數菩薩衆之上首，悉能持彼世尊藥師琉璃光如來正法寶藏。是故，曼殊室利！諸有信心善男子、善女人等，應當願生彼佛世界。

爾時，世尊復告曼殊室利童子言：曼殊室利！有諸衆生，不識善惡，唯懷貪悋，不知布施及施果報，愚痴無智，闕於信根，多聚財寶，勤加守護；見乞者來，其心不喜，設不獲已而行施時，如割身肉，深生痛惜。復有無量慳貪有情，積集資財，於其自身尚不受用，何况能與父母、妻子、奴婢、作使，及來乞者？彼諸有情，從此命終，生餓鬼界，或傍生趣。由昔人間，曾得暫聞藥師琉璃光如來名故，今在惡趣，暫得憶念彼如來名，即於念時，從彼處没，還生人中，得宿命念，畏惡趣苦，不樂欲樂，好行惠施，讚嘆施者，一切所有悉無貪惜，漸次尚能以頭目手足，血肉身分，施來求者，况餘財物。

復次，曼殊室利，若諸有情，雖於如來受諸學處，而破尸羅；有雖不破尸羅，而破軌則；有於尸羅、軌則，雖得不壞，然毁正見；有雖不毁正見，而棄多聞，於佛所説契經深義不能解了；有雖多聞而增上慢，由增上慢覆蔽心故，自是非他，嫌謗正法，爲魔伴黨。如是愚人，自行邪見，復令無量俱胝有情，墮大險坑。此諸有情，應於地獄、傍生、鬼趣，流轉無窮。若得聞此藥師琉璃光如來名號，便舍惡行，修諸善法，不墮惡趣，設有不能舍諸惡行，修行善法，墮惡趣者，以彼如來本願威力，令其現前暫聞名號，從彼命終還生人趣，得正見精進，善調意樂，便能舍家趣於非家，如來法中，受持學處，無有毁犯；正見多聞，解甚深義，離增上慢，不謗正法，不爲魔伴，漸次修行諸菩薩行，速得圓滿。

復次，曼殊室利！若諸有情，慳貪嫉妬，自贊毁他，當墮三惡趣中，無量千歲受諸劇苦；受劇苦已，從彼命終，來生人間，作牛、馬、駝、驢，恒被鞭撻，飢渴逼惱；又常負重，隨路而行。或得爲人，生居下賤，作人奴婢，受他驅役，恒不自在。若昔人中，曾聞世尊藥師琉璃光如來名號，由此善因，今復憶念，至心歸依。以佛神力，衆苦解脱，諸根聰利，智慧多聞，恒求勝法，常遇善友，永斷魔羂，破無明㲉，竭煩惱河，解脱一切生、老、病、死，憂悲、苦惱。

復次，曼殊室利！若諸有情，好憙乖離，更相鬪訟，惱亂自他，以身語意，造作增長種種惡業，展轉常爲不饒益事，互相謀害。告召山林樹冢等神；殺諸衆生，取其血肉，祭祀藥叉羅刹婆等；書怨人名，作其形像，以惡呪術而呪詛之；厭媚蠱道，呪起屍鬼，令斷彼命，及壞其身。是諸有情，若得聞此藥師琉璃光如來名號，彼諸惡事，悉不能害。一切展轉皆起慈心，利益安樂，無損惱意及嫌恨心；各各歡悦，於自所受生於喜足，不相侵凌，互爲饒益。

復次，曼殊室利！若有四衆：苾芻、苾芻尼、鄔波索迦、鄔波斯迦，及餘净信善男子、善女人等，有能受持八分齋戒，或經一年，或復三月，受持學處，以此善根，願生西方極樂世界無量壽佛所，聽聞正法，而未定者。若聞世尊藥師琉璃光如來名號，臨命終時，有八菩薩，乘神通來，示其道路，即於彼界種種雜色衆寶華中，自然化生。或有因此生於天上，雖生天中，而本善根亦未窮盡，不復更生諸餘惡趣。天上壽盡，還生人間，或爲輪王，統攝四洲，威德自在，安立無量百千有情於十善道；或生刹帝力、婆羅門、居士大家，多饒財寶，倉庫盈溢，形相端嚴，眷屬具足，聰明智慧，勇健威猛，如大力士。若是女人，得聞世尊藥師如來名號，至心受持，於後不復更受女身。

爾時，曼殊室利童子白佛言："世尊！我當誓於像法轉時，以種種方便，令諸净信善男子、善女人等，得聞世尊藥師琉璃光如來名號，乃至睡中亦以佛名覺悟其耳。世尊！若於此經受持讀誦，或復爲他演説開示；若自書，若教人書；恭敬尊重，以種種花香、涂香、末香、燒香、花鬘、瓔珞、幡蓋、伎樂，而爲供養；以五色彩，作囊盛之；掃灑净處，敷設高座，而用安處。爾時，四大天王與其眷屬，及餘無量百千天衆，皆詣其所，供養守護。世尊！若此經寶流行之處，有能受持，以彼世尊藥師琉璃光如來本願功德，及聞名號，當知是處無復横死；亦復不爲諸惡鬼神，奪其精氣；設已奪者，還得如故，身心安樂。"

佛告曼殊室利："如是！如是！如汝所説。曼殊室利！若有净信善男子善女人等，欲供養彼世尊藥師琉璃光如來者，應先造立彼佛形像，敷清净座而安處之；散種種花，燒種種香，以種種幢幡莊嚴其處；七日七夜，受持八分齋戒，食清净食，澡浴香潔，着新净衣，應生無垢濁心，無怒害心，於一切有情，起利益安樂，慈、悲、喜、舍，平等之心，鼓樂歌讚，右遶佛像。復應念彼如來本願功德，讀誦此經，思維其義，演説開示。隨所樂願，一切皆遂：求長壽得長壽，求富饒得富饒，求官位得官位，求男女得男女。若復有人，忽得惡夢，見諸惡相，或怪鳥來集，或於住處，百怪出現；此人若以衆妙資具，恭敬供養彼世尊藥師琉璃光如來者，惡夢惡相，諸不吉祥，皆悉隱没，不能爲患。或有水、火、刀、毒、懸崄、惡象、師子、虎、狼、熊、羆、毒蛇、惡蝎、蜈蚣、蚰蜒、蚊虻等怖；若能至心憶念彼佛，恭敬供養，一切怖畏皆得解脱。若他國侵擾，盗賊反亂；憶念恭敬彼如來者，亦皆解脱。"

"復次，曼殊室利！若有净信善男子、善女人等，乃至盡形不事餘天，惟當一心歸佛、法、僧，受持禁戒，若五戒、十戒、菩薩四百戒、苾刍二百五十戒、苾刍尼五百戒，於所受中或有毁犯，怖墮惡趣，若能專念彼佛名號，恭敬供養者，必定不受三惡趣生。或有女人，臨當産時，受於極苦；若能至心稱名禮讚，恭敬供養彼如來者，衆苦皆除。所生之子，身分具足，形色端正，見者歡喜，利根聰明，安隱少病，無有非人，奪其精氣。"

爾時，世尊告阿難言："如我稱揚彼佛世尊藥師琉璃光如來所有功德，此是諸佛甚深行處，難可解了，汝爲信不？阿難白言：大德世尊！我於如來所説契經，不生疑惑；所以者何？一切如來身語意業，無不清净。世尊！此日月輪，可令墮落；妙高山王，可使傾動，諸佛所言，無有异也。世尊！有諸衆生，信根不具，聞説諸佛甚深行處，作是思惟：云何但念藥師琉璃光如來一佛名號，便獲爾所功德勝利？由此不信，反生誹謗；彼於長夜，失大利樂，墮諸惡趣，流轉無窮。佛告阿難：是諸有情，若聞世尊藥師琉璃光如來名號，至心受持，不生疑惑，墮惡趣者，無有是處。阿難！此是諸佛甚深所行，難可信解；汝今能受，當知皆是如來威力。阿難！一切聲聞、獨覺，及未登地諸菩薩等，皆悉不能如實信解；惟除一生所係菩薩。阿難！人身難得，於三寶中，信敬尊重，亦難可得；得聞世尊藥師琉璃光如來名號，復難於是。阿難！彼藥師琉璃光如來，無量菩薩行；無量善巧方便；無量廣大願；我若一劫，若一劫餘而廣説者，劫可速盡，彼佛行願，善巧方便，無有盡也。"

爾時，衆中有一菩薩摩訶薩，名曰救脱，即從座起，偏袒右肩，右膝着地，曲躬合掌而白佛言："大德世尊！像法轉時，有諸衆生，爲種種患之所困厄，長病羸瘦，不能飲食，喉脣乾燥，見諸方暗，死相現前；父母、親屬、朋友、知識，啼泣圍遶。然彼自身，卧在本處，見琰魔使，引其神識，至於琰魔法工之前；然諸有情，有俱生神，隨其所作，若罪若福，皆具書之，盡持授與琰魔法王。爾時，彼王推問其人，算計所作，隨其罪福而處斷之。時，彼病人親屬、知識，若能爲彼歸依世尊藥師琉璃光如來，請諸衆僧，轉讀此經，然七層之燈，懸五色續命神幡，或有是處，彼識得還。如在夢中，明瞭自見；或經七日，或二十一日，或三十五日，或四十九日，彼識還時，如從夢覺，皆自憶知善不善業所得果報。由自證見業果報故，乃至命難，亦不造作諸惡之業。是故，净信善男子、善女人等，皆應受持藥師琉璃光如來名號，隨力所能，恭敬供養。”

爾時，阿難問救脱菩薩曰：“善男子！應云何恭敬供養彼世尊藥師琉璃光如來續命幡燈，復云何造？救脱菩薩言：大德！若有病人，欲脱病苦，當爲其人，七日七夜，受持八分齋戒，應以飲食及餘資具，隨力所辦，供養苾刍僧；晝夜六時，禮拜供養彼世尊藥師琉璃光如來；讀誦此經四十九遍；然四十九燈；造彼如來形像七軀，一一像前各置七燈，一一燈量大如車輪，乃至四十九日，光明不絶；造五色彩幡，長四十九搩手，應放雜類衆生至四十九；可得過度危厄之難，不爲諸横惡鬼所持。”

“復次，阿難！若刹帝力灌頂王等，灾難起時，所謂人衆疾疫難，他國侵逼難，自界叛逆難，星宿變怪難，日月薄蝕難，非時風雨難，過時不雨難。彼刹帝力灌頂王等，爾時應於一切有情起慈悲心，赦諸係閉；依前所説供養之法，供養彼世尊藥師琉璃光如來。由此善根，及彼如來本願力故，令其國界即得安隱：風雨順時，谷稼成熟；一切有情無病歡樂；於其國中，無有暴虐藥叉等神惱有情者；一切惡相，皆即隱没；而刹帝力灌頂王等，壽命色力，無病自在，皆得增益。阿難！若帝後、妃主、儲君、王子、大臣、輔相、中宫婇女、百官、黎庶，爲病所苦，及餘厄難；亦應造立五色神幡，然燈續明，放諸生命，散雜色華，燒衆名香，病得除愈，衆難解脱。”

爾時，阿難問救脱菩薩言：“善男子！云何已盡之命而可增益？救脱菩薩言：大德！汝豈不聞如來説有九横死耶？是故勸造續命幡燈，修諸福德；以修福故，盡其壽命，不經苦患。阿難問言：“九横云何？救脱菩薩言：若諸有情，得病雖輕，然無醫藥及看病者，設復遇醫，授以非藥，實不應死而便横死。又信世間邪魔、外道、妖孽之師，妄説禍福，便生恐動，心不自正，卜問覓禍，殺種種衆生，解奏神明，呼諸魍魎，請乞福佑，欲冀延年，終不能得；愚痴迷惑，信邪倒見，遂令横死，入於地獄，無有出期，是名初横。二者，横被王法之所誅戮。三者，畋獵嬉戲，耽淫嗜酒，放逸無度，横爲非人奪其精氣。四者，横爲火焚。五者，横爲水溺。六者，横爲種種惡獸所噉。七者，横墮山崖。八者，横爲毒藥、厭禱、呪詛、起屍鬼等之所中害。九者，飢渴所困，不得飲食而便横死。是爲如來略説横死，有此九種。其餘復有無量諸横，難可具説。”

“復次，阿難！彼琰魔王主領世間名籍之記。若諸有情，不孝五逆，破辱三寶，壞君臣法，毁於信戒，琰魔法王，隨罪輕重，考而罰之。是故我今勸諸有情，然燈造幡，放生修福，令度苦厄，不遭衆難。”

爾時，衆中有十二藥叉大將，俱在會坐，所謂：

“宫毘羅大將，　伐折羅大將，
迷企羅大將，　安底羅大將，
頞儞羅大將，　珊底羅大將，
因達羅大將，　波夷羅大將，
摩虎羅大將，　真達羅大將，
招杜羅大將，　毘羯羅大將。”

此十二藥叉大將，一一各有七千藥叉以爲眷屬，同時舉聲白佛言：世尊！我等今者，蒙佛威力，得聞世尊藥師琉璃光如來名號，不復更有惡趣之怖。我等相率，皆同一心，乃至盡形歸佛法僧，誓當荷負一切有情，爲作義利饒益安樂。隨於何等村城、國邑、空閒林中，若有流佈

此經，或復受持藥師琉璃光如來名號，恭敬供養者，我等眷屬衛護是人，皆使解脱一切苦難；諸有願求，悉令滿足。或有疾厄求度脱者，亦應讀誦此經，以五色縷，結我名字，得如願已，然後解結。

爾時，世尊贊諸藥叉大將言："善哉！善哉！大藥叉將！汝等念報世尊藥師琉璃光如來恩德者，常應如是利益安樂一切有情。"

爾時，阿難白佛言："世尊！當何名此法門？我等云何奉持？佛告阿難：此法門名説藥師琉璃光如來本願功德；亦名説十二神將饒益有情結願神呪；亦名拔除一切業障；應如是持。時薄伽梵説是語已，諸菩薩摩訶薩，及大聲聞，國王、大臣、婆羅門、居士，天、龍、藥叉、揵達縛、阿素洛、揭路荼、緊捺洛、莫呼洛伽，人、非人等，一切大衆，聞佛所説，皆大歡喜，信受奉行。"(《大正藏》卷十四第404頁)

【评说】本经说的是药师琉璃光如来关于疾病和死亡的十二大愿。认为，患者若能思惟念持佛法号、供养药师琉璃光如来佛，可有助于缓解各种疾病，甚至痊愈。经文中提到的九种非正常死亡(横死)的情况，是佛教对于死亡性质的界定。认为通过适当的供养方式，可以帮助人们从疾病和死亡中解脱出来。

药师琉璃光七佛本愿功德经

大唐三藏沙门义淨于佛光内寺译

【提要】佛陀在广严城乐音树下为曼殊室利法王子等众菩萨说药师琉璃光七佛发愿的功德。

卷　上

【原文】佛告曼殊室利："東方去此，過四弶伽河沙佛土，有世界名曰無勝，佛號善名稱吉祥王如來、應、正等覺、明行圓滿、善逝、世間解、無上丈夫、調御士、天人師、佛、世尊，有無量億衆，不退菩薩之所圍遶，安住七寶勝妙莊嚴師子之座，現在說法。曼殊室利！彼佛國土清淨嚴飾，縱廣正等百千踰繕那，以贍部金而為其地，平正柔軟，氣如天香；無諸惡趣及女人名，亦無瓦礫、沙石、棘刺；寶樹行列，花果滋繁；多有浴池，皆以金銀、真珠、雜寶而為砌飾。曼殊室利！彼國菩薩皆於七寶蓮花化生。是故，淨信善男子、善女人，皆當願生彼佛國土。

曼殊室利！彼佛如來、應、正等覺，從初發心行菩薩道時，發八大願。云何為八？

第一大願：願我來世得無上菩提時，若有衆生，為諸病苦逼切其身，熱病、諸瘧、蠱道、厭魅、起屍鬼等之所惱害；若能至心稱我名者，由是力故，所有病苦悉皆消滅，乃至證得無上菩提。

第二大願：願我來世得菩提時，若有衆生，盲聾、瘖瘂、白癩、瘨狂，衆病所困；若能至心稱我名者，由是力故，諸根具足，衆病消滅，乃至菩提。

第三大願：願我來世得菩提時，若有衆生，為貪、瞋、癡之所纏逼，造無間罪及諸惡行，誹謗正法，不修衆善，當墮地獄，受諸苦痛；若能至心稱我名者，由是力故，令無間罪及諸業障，悉皆消滅，無有眾生墮惡趣者，常受人天殊勝安樂，乃至菩提。

第四大願：願我來世得菩提時，若有眾生，少乏衣食、瓔珞、臥具、財貨、珍寶、香花、伎樂；若能至心稱我名者，由是力故，所乏資生皆得充足，乃至菩提。

第五大願：願我來世得菩提時，若有眾生，或被枷鎖繫縛其身，及以鞭撻，受諸苦惱；若能至心稱我名者，由是力故，所有苦楚皆得解脫，乃至菩提。

第六大願：願我來世得菩提時，若有眾生，於險難處，為諸惡獸，熊羆、師子、虎豹、豺狼、蚖蛇、蝮蠍之所侵惱，欲斷其命，發聲大叫，受大苦時；若能至心稱我名者，由是力故，所有恐怖皆得解脫，諸惡獸等悉起慈心，常得安樂，乃至菩提。

第七大願：願我來世得菩提時，若有眾生，鬪諍言訟，因生憂惱；若能至心稱我名者，由是力故，鬪訟解散，慈心相向，乃至菩提。

第八大願：願我來世得菩提時，若有眾生，入於江海，遭大惡風吹其船舫，無有洲渚而作歸依，極生憂怖；若能至心稱我名者，由是力故，皆得隨心，至安隱處，受諸快樂，乃至菩提。

曼殊室利！是謂彼佛、如來、應、正等覺，行菩薩道時，所發八種微妙大願。又彼世尊，從初發心，常以定力成就眾生、供養諸佛、嚴淨佛土，菩薩眷屬悉皆圓滿。此之福德，不可思議，一切聲聞及諸獨覺，縱經多劫，說不能盡，唯除如來、補處菩薩。曼殊室利！若有淨信男子、女人，若王、大臣、長者、居士，心悕福德，斷諸煩惱，稱彼佛名，讀斯經典，於彼如來至心尊重，恭敬供養，所有一切罪惡業障及諸病苦，悉皆消滅，諸有願求，無不隨意，得不退轉，乃至菩提。”(《大正藏》卷十四第 409-410 页)

【评说】吉祥王如来在初发心行菩萨道时所发的八大愿，其中第一愿为消除热病、诸疟、蛊道、厌魅、起尸鬼等恼害，第二愿为消除众生盲聋、瘖痖、白癞、癫狂等众病。从病名可知，佛陀时代的疾病已包含心理和躯体两类。

【原文】復次，曼殊室利！東方去此，過五殑伽河沙佛土，有世界名曰妙寶，佛號寶月智嚴光音自在王如來、應、正等覺，有無量億菩薩圍繞，現在說法，皆演大乘微妙深義。

曼殊室利！彼佛如來，從初發心行菩薩道時，發八大願。云何為八?

第一大願：願我來世得菩提時，若有眾生，為營農業及商賈事，令心擾亂，廢修菩提、殊勝善法，於生死中不能出離，各各備受無邊苦惱；若能至心稱我名者，由是力故，衣服、飲食、資生之具，金銀、珍寶，隨願充足，所有善根皆得增長，亦不捨離菩提之心，諸惡道苦咸蒙解脫，乃至菩提。

第二大願：願我來世得菩提時，於十方界，所有眾生，若為寒熱、飢渴逼身，受大苦惱；若能至心稱我名者，由是力故，先世罪業悉皆消滅，捨諸苦惱，受人天樂，乃至菩提。

第三大願：願我來世得菩提時，於十方界，若有女人，貪婬煩惱常覆其心，相續有娠，深可厭惡，臨當產時，受大苦惱；若我名字暫經其耳，或復稱念，由是力故，眾苦皆除，捨此身已，常為男子，乃至菩提。

第四大願：願我來世得菩提時，若有眾生，或與父母、兄弟、姊妹、妻子、眷屬及諸親友，行險難處，為賊所侵，受諸苦惱；暫聞我名，或復稱念，由是力故，解脫眾難，乃至菩提。

第五大願：願我來世得菩提時，若有眾生，行於闇夜，作諸事業，被惡鬼神之所惱亂，極生憂苦；暫聞我名，或復稱念，由是力故，從闇遇明，諸惡鬼神起慈悲意，乃至菩提。

第六大願：願我來世得菩提時，若有眾生，行鄙惡事，不信三寳，智慧尠少，不修善法，根、

力、覺、道、念、定、總持，皆不修習；若能至心稱我名者，由是力故，智慧漸增，三十七品悉皆修學，深信三寶，乃至菩提。

第七大願：願我來世得菩提時，若有眾生，意樂鄙劣，於二乘道，修行而住，棄背無上勝妙菩提；若能至心稱我名者，捨二乘見，於無上覺得不退轉，乃至菩提。

第八大願：願我來世得菩提時，若有眾生，見劫將盡，火欲起時，生大憂怖，苦惱悲泣，由彼前身惡業力故，受斯眾苦，無所歸依；若能至心稱我名者，所有憂苦悉皆消滅，受清涼樂，從此命終，於我佛土蓮華化生，常修善法，乃至菩提。（《大正藏》卷十四第 410 页）

【评说】宝月智严光音自在王如来在初发心行菩萨道时发八大愿，包括灭除众生寒热、饥渴逼身的苦恼，贪淫烦恼、临产时的苦恼，以及饿鬼所致忧苦等。所涉病名已包含精神心理疾病和躯体疾病。

【原文】復次，曼殊室利！東方去此，過十殑伽河沙佛土，有世界名淨琉璃，佛號藥師琉璃光如來、應、正等覺。

曼殊室利！彼佛世尊，從初發心行菩薩道時，發十二大願。云何十二？

第一大願：願我來世得菩提時，自身光明照無邊界，三十二相、八十隨好，莊嚴其身，令諸有情如我無異。

第二大願：願我來世得菩提時，身如琉璃，內外清徹，光明廣大，遍滿諸方，焰網莊嚴，過於日月，鐵圍中間，幽冥之處，互得相見，或於此界，闇夜遊行，斯等眾生見我光明，悉蒙開曉，隨作眾事。

第三大願：願我來世得菩提時，以無量無邊智慧方便，令諸有情所受用物，皆得無盡。

第四大願：願我來世得菩提時，若諸有情，行邪道者，悉令遊履菩提正路，若行聲聞、獨覺乘者，亦令安住大乘法中。

第五大願：願我來世得菩提時，若諸有情，於我法中修行梵行，一切皆令得不缺戒，善防三業，無有毀犯、墮惡趣者。設有毀犯，聞我名已，專念受持，至心發露，還得清淨，乃至菩提。

第六大願：願我來世得菩提時，若諸有情，諸根不具、醜陋頑痹、聾盲瘖瘂、攣躄背僂、白癩瘨狂，種種病苦之所纏逼；若聞我名，至心稱念，皆得端嚴，眾病除愈。

第七大願：願我來世得菩提時，若諸有情，貧窮困苦，無有歸趣，眾病所逼，無藥無醫；暫聞我名，眾病消散，眷屬增盛，資財無乏，身心安樂，乃至菩提。

第八大願：願我來世得菩提時，若有女人，為女眾苦之所逼切，極生厭離，願捨女身；若聞我名，至心稱念，即於現身，轉成男子，具丈夫相，乃至菩提。

第九大願：願我來世得菩提時，令諸有情出魔羂網，復有種種邪見之徒，皆當攝受，令生正見，漸令修習諸菩薩行，乃至菩提。

第十大願：願我來世得菩提時，若諸有情，王法所拘，幽禁牢獄，枷鎖鞭撻，乃至極刑，復有眾多苦楚之事，逼切憂惱，無暫樂時；若聞我名，以我福德威神力故，皆得解脫一切憂苦，乃至菩提。

第十一大願：願我來世得菩提時，若諸有情，飢火所惱，為求食故，造諸惡業；若聞我名，至心稱念，我當先以上妙飲食，隨意飽滿，後以法味，令住勝樂，乃至菩提。

第十二大願：願我來世得菩提時，若諸有情，身無衣服，蚊虻、寒熱之所逼惱；若聞我名，至心稱念，隨其所好，即得種種上妙衣服、寶莊嚴具、伎樂香華，皆令滿足，離諸苦惱，乃至菩提。

曼殊室利！是為藥師瑠璃光如來、應、正等覺，行菩薩道時，所發十二微妙上願。（《大正藏》卷十四第413页）

【评说】药师琉璃光如来在初发心行菩萨道时发十二大愿，其中第六大愿为消除丑陋、顽痹、聋盲瘖痖、挛躄背偻、白癞瘨狂等种种病苦，第七大愿为使贫穷困苦又无医无药的病患痊愈。从这些疾病名可见，佛陀时代的疾病既包含精神心理疾病，又包括各种躯体疾病。

卷 下

【原文】復次，曼殊室利！彼藥師琉璃光如來得菩提時，由本願力，觀諸有情，遇眾病苦，瘦瘧、乾消、黃熱等病，或被厭魅、蠱道所中，或復短命，或時橫死，欲令是等病苦消除，所求願滿。時，彼世尊入三摩地，名曰滅除一切眾生苦惱，既入定已，於肉髻中出大光明，光中演說大陀羅尼呪曰：

"南謨薄伽伐帝　鞞殺社窶嚕　薜琉璃鉢喇婆　曷囉闍也　呾他揭多也　阿囉喝帝　三藐三勃陀也呾姪他唵　鞞殺逝鞞殺逝　鞞殺社三沒揭帝　莎訶"

爾時，光中說此呪已，大地震動，放大光明，一切眾生，病苦皆除，受安隱樂。曼殊室利！若見男子、女人，有病苦者，應當一心為彼病人清淨澡漱，或食、或藥、或無蟲水，呪一百八遍，與彼服食，所有病苦悉皆消滅。若有所求，至心念誦，皆得如意，無病延年，命終之後，生彼世界，得不退轉，乃至菩提。是故，曼殊室利！若有男子、女人，於彼藥師琉璃光如來，至心慇重、恭敬供養者，常持此呪，勿令廢忘。

復次，曼殊室利！若有淨信男子、女人，得聞如上七佛、如來、應、正等覺所有名號，聞已誦持，晨嚼齒木，澡漱清淨，以諸香花、末香、燒香、塗香，作眾伎樂，供養形像；於此經典，若自書，若教人書，一心受持，聽聞其義；於彼法師，應修供養，一切所有資身之具，悉皆施與，勿令乏少。如是便蒙諸佛護念，所求願滿，乃至菩提。（《大正藏》卷十四第414页）

【评说】经文详细记载了药师世尊消除疾病的过程：首先入定（"灭除一切众生苦恼"），其次放大光明演说大陀罗尼咒（咒语的一种）。此外，经文还说明了诵咒疗病的具体方法：为病人持诵此咒时，首先必须洗澡嗽口，保持身口的清净，涂香焚香，然后对着病人吃的食物，或药汤药丸，或无垢的清净水持咒一百零八遍，最后给予病人服食。

【原文】爾時，眾中有一菩薩摩訶薩，名曰救脫，即從座起，偏袒右肩，右膝著地，合掌向佛，白言："世尊！於後末世像法起時，若有眾生，為諸病苦之所逼惱，身形羸瘦，不能飲食，喉脣乾燥，目視皆暗，死相現前，父母、親屬、朋友、知識，啼泣圍繞。身臥本處，見彼琰魔法王之使，引其神識，將至王所。然諸有情，有俱生神，隨其所作善惡之業，悉皆記錄，授與彼王，王即依法問其所作，隨彼罪福，而處斷之。是時，病人親屬、知識，若能為彼歸依諸佛，種種莊嚴，如法供養。而彼神識，或經七日，或二七日，乃至七七日，如從夢覺，復本精神，皆自憶知善、不善業所得果報，由自證見業報不虛，乃至命難亦不造惡。是故，淨信男子、女人，皆應受持七佛名號，隨力所能，恭敬供養。"（《大正藏》卷十四第415页）

【评说】这段经文的主要精神是，善根薄弱的病人，其家属为其皈依药师七佛如来后神识得以复苏，痊愈后不再造作恶业。可见，药师七佛如来不仅帮助众生治愈身病，对约束个

人行为亦大有裨益。

【原文】爾時，具壽阿難問救脱菩薩言："善男子！云何已盡之命而可增益？"

救脱菩薩言："大德！仁豈不聞如來説有九横死耶？由是世尊為説呪藥，隨事救療，然燈造幡，修諸福業，以修福故，得延壽命。"

阿難問言："九横云何？"

救脱菩薩言："一者，若諸有情，得病雖輕，然無醫藥及看病者，設復遇醫，不授其藥，實不應死，而便横死；又信世間邪魔外道、妖孽之師，妄説禍福，便生恐動，心不自正，卜問吉凶，殺諸眾生，求神解奏，呼召魍魎，請福祈恩，欲冀延年，終不能得，愚迷倒見，遂令横死，入於地獄，無有出期。二者，横為王法之所誅戮。三者，畋獵嬉戲，耽婬嗜酒，放逸無度，横為非人奪其精氣。四者，横為火焚。五者，横為水溺。六者，横為種種惡獸所噉。七者，横墮山崖。八者，横為毒藥、厭禱、呪詛、起屍鬼等之所中害。九者，飢渴所困，不得飲食，而便横死。是為如來略説横死有此九種，其餘復有無量諸横，難可具説。"(《大正藏》卷十四第416页)

【评说】横死，指遭遇意外而死亡。佛经对众生横死状况作了分类，共有九类：第一类是病轻却得不到医药、或庸医误治、或不信正法、受到恐吓求助鬼神终至死亡；第二类是触犯刑法获死刑；第三类是放逸无度、邪神饿鬼所侵；第四类是丧身火灾；第五类是溺亡；第六类是恶兽吞食；第七类是坠崖而死；第八类是遭受诅咒或中毒而亡；第九类是饥饿所困致死。

佛说弥勒大成佛经

姚秦龟兹国三藏鸠摩罗什译

【提要】佛陀在摩伽陀国波沙山预言未来世弥勒佛降生的情况。

【原文】告舍利弗："若於過去七佛所，得聞佛名，禮拜供養，以是因緣，淨除業障。復聞彌勒大慈根本，得清淨心，汝等今當一心合掌，歸依未來大慈悲者，我當為汝廣分別説。彌勒佛國從於淨命，無諸諂偽，檀波羅蜜、尸羅波羅蜜、般若波羅蜜，得不受不著。以微妙十願大莊嚴，得一切眾生起柔軟心，得見彌勒大慈所攝，生彼國土，調伏諸根，隨順佛化。"

"舍利弗！四大海水面，各減少三千由旬，時閻浮提地縱廣正等十千由旬，其地平淨如流璃鏡。大適意華、悦可意華、極大香華、優曇鉢花、大金葉華、七寶葉華、白銀葉華，華鬚柔軟狀如天繒；生吉祥菓，香味具足，軟如天綿。叢林樹華，甘果美妙，極大茂盛，過於帝釋歡喜之園，其樹高顯，高三十里。城邑次比，雞飛相及，皆由今佛種大善根，行慈心報，俱生彼國。智慧威德，五欲眾具，快樂安隱，亦無寒熱風火等病，無九惱苦，壽命具足八萬四千歲，無有中夭，人身悉長一十六丈，日日常受極妙安樂，遊深禪定以為樂器。唯有三病：一者飲食，二者便利，三者衰老；女人年五百歲爾乃行嫁。"(《大正藏》卷十四第429页)

【评说】经文记载了佛陀时代弥勒佛国人的健康状况良好，无寒热风火等病、无九种苦恼，平均寿命较长。只有饮食、大小便、衰老所致的三种病。表现出了当时的人民对美好生活的向往。

【原文】時世人民若年衰老，自然行詣山林樹下，安樂淡泊，念佛取盡，命終多生大梵天上及諸佛前。（《大正藏》卷十四第 429 页）

【评说】弥勒佛国的人民在衰老后临死前的心理状态尤为良好，平淡无欲。隐指只有对生死有正确的认知才能平静地面对死亡。

【原文】爾時，摩訶迦葉踊身虛空，作十八變，或現大身滿虛空中；大復現小如葶藶子，小復現大；身上出水，身下出火；履地如水，履水如地，坐臥空中，身不陷墜；東踊西沒，西踊東沒，南踊北沒，北踊南沒，邊踊中沒，中踊邊沒，上踊下沒，下踊上沒；於虛空中，化作琉璃窟；承佛神力，以梵音聲，說釋迦牟尼佛十二部經。大眾聞已，怪未曾有。八十億人遠塵離垢，於諸法中不受諸法，得阿羅漢；無數天人發菩提心，繞佛三匝，還從空下，為佛作禮，說有為法皆悉無常。辭佛而退，還耆闍崛山，本所住處；身上出火，入般涅槃。收身舍利，山頂起塔。（《大正藏》卷十四第 433-434 页）

【评说】此处经文提到的葶苈子，是一味能泻肺、行水、除痰、定喘的中药。

所问经

文殊师利问菩萨署经

后汉月氏三藏支娄迦谶译

【提要】佛陀在佛会中为舍利弗讲文殊师利闻怛萨阿竭署因缘法名。

【原文】“何所是學者?”

佛言:“用摩呵僧那僧涅故說,亦不念是彼中間,一切無有求,是為怛薩阿竭署。其有想行者,是故非署,如是者為自貢高而賤他人;其慳貪嫉妬不應是署;其有諛諂不慚愧者、妄語者,皆不應是署;其有不愛樂眾者、其欲獨有者、若樂惡者、不喜人安隱者,其有所念呼為有。其有二心者,謂好惡無有異作思想者、離深法者、念不中事者、求利害者。若求乞瓦鉢、震越、床臥具、病瘦醫藥,若欲求飲食,離於迦羅蜜,親附於惡師,於本佛所無功德者,常有怖懼於本際。欲於世事轉相克識所作,但求名字,而無至者;愛樂於五所欲,有所作悕望得者,所以如是者,不能在山間空閑寂靜有慈心之意,離於哀心常在魔事。離信佛戒者,所作悉不隨其法教,常喜亂心、不安隱心,其心狂亂、其心多端,用是故,離於好心、離於微妙之心、離於盡心。但念佛色身、但念欲見法、但欲見比丘僧,離五陰功德、離四大功德、離六衰功德、離十二因緣功德、離念一切人之功德,其有是心者,悉不應怛薩阿竭署,其有不諛諂常質朴,念諸深法。”(《大正藏》卷十四第437页)

【评说】佛陀提出,如果为了疾病康复或者求医问药而走歪门邪道,就会偏离正道,应当时刻保持内心的宁静。

佛说文殊悔过经

西晋月支国三藏竺法护译

【提要】佛陀在罗阅祇耆阇崛山中为诸菩萨及众生说忏悔的重要性。

【原文】文殊師利復曰:“當自悔言:‘我前世時志於下劣,所遊土地而興誓願,毀呰大乘、遏斷正教、勸從邪徑、誹謗正法佛所頒宣深妙之典,若干種教抑制法輪使不通流。若身自犯、設教他人,勸助非法、破壞塔寺、敗亂聖眾、散縣聚落、毀大國土;若危城邑,謀圖帝主,害於種姓內外親屬;若復傷殘他人身體,令生瘡瘢,危其命根;閉於牢獄,若教人殺;其心迷荒,常懷狐疑,教人猶豫、說他罪殃,使不順戒、處於邪見,從異道教、反其正行;自懷怨心,亂他人意,令必瞋恚。所作過罪——若身自犯及教他人——皆從十方自首悔過,佛世光明唯蒙見濟,改往修來,不敢藏匿。’”(《大正藏》卷十四第442-443页)

【评说】佛陀认为,自身犯罪和教唆他人犯罪都需要忏悔。

【原文】處在一切世間之法,所作身事、所可興發皆成佛身;處在一切法界之中,亦無所處化於眾生。一切所行作佛慧業，從其人民志性所願，應病與藥而開化之。一切諸香則能變為佛之德馨，熏為道事；一切諸味則能化成成習義味，一切細滑柔和，內性入人義業；一切諸法皆以訓導，使成導法開化眾生。（《大正藏》卷十四第 447 页）

【评说】佛陀认为，教化众生应当根据众生的志性愿望进行开化，就像医生根据病人病情给予相应的药物进行治疗一样。

佛说文殊师利净律经

西晋月氏国三藏竺法护译

【提要】佛陀在罗阅祇耆阇崛山中与无央数百千之众眷属围绕而为说经。

【原文】天子又問："塵勞云何而蒙度脫？為實為虛？"

答曰："猶如有人臥出夢中，毒蛇螫之，其人若痛不能堪任，尋時便服除毒之藥，其毒即滅痛瘱休息。於天子意所趣云何？其人審為毒蛇所螫，為虛事乎？"

答曰："為虛，不可言實。"

又問："設使虛者，何故被毒而蒙藥除？"

答曰："如虛妄夢，夢虛不實而被於毒，毒除亦然亦無所除。"（《大正藏》卷十四第 451 页）

【评说】有人梦中被毒蛇咬伤痛苦不能忍受，醒来后服用了解毒药痛楚就消除了。佛陀指出，梦是虚幻的，梦中被毒蛇咬伤亦是虚幻的，醒来服用解毒药身体上的痛苦解除了，可以说是毒解除了，但实际上并没有蛇毒的存在，可以说"无毒可解"。

佛说文殊师利现宝藏经

西晋月氏三藏竺法护译

【提要】佛陀在迦利罗讲堂上为无央数百千之众周匝说经。

【原文】文殊師利曰："唯，迦葉！譬如有人得熱病，其人作種種譋言囈語，或有人見譋言：此人得鬼神病。便有良醫，來飲病人湯藥，其疾即愈，不復譋言囈語。於迦葉意云何？寧有鬼神及天從其人身中出不乎？"答曰："不也，以飲湯藥故其病得愈。"

文殊師利曰："如是，迦葉！其醫於彼，而多有所益耶！"答曰："唯然。"文殊師利曰："如是，迦葉！世間人憙欺詐者則為熱病，起貪著心無有我，謂有我想流墮生死。是故諸佛世尊，有大慈悲具足之行現出世間，為斷二事及諸想行，以善權法令入法門，為除我想無他想又斷欺詐，為眾人說法，為除一切想，令不復樂入吾我及他人想，得度無極而致無為。於迦葉意云何？彼寧有吾我人壽命般泥洹者不乎？"答曰："無也。"（《大正藏》卷十四第 460 页）

【评说】病人得了热病后出现胡言乱语的情况，有人认为这是得了鬼神病，但是病人在服用了良医开具的汤药后不再呓语。佛陀认为，这并不是鬼神从人身体中离开了，而是因为服用了汤药疾病才痊愈了。

文殊师利问菩提经

(一名《伽耶山顶经》)

姚秦龟兹三藏鸠摩罗什译

【提要】佛陀在摩伽陀国伽耶山祠为诸菩萨说诸法性相。

【原文】爾時世尊,入諸佛甚深三昧,如實諦觀諸法性相,而作是念:"我得阿耨多羅三藐三菩提、得一切智慧,除諸重擔、度三有險道,滅無明、得真明,拔邪箭、斷渴愛,成法船、擊法鼓、吹法蠡、建法幢,轉生死種,示涅槃性,閉塞邪道,開於正路,離諸惡業,示於福田。我今當觀,誰得阿耨多羅三藐三菩提,為以身得?為以心得?

若以身得,身則無知、無作,如草木瓦石,四大所造從父母生,以衣服、飲食、臥具、澡浴而得存立,必歸敗壞無常磨滅。而是菩提,但有名字世俗故說,無形、無色、無定、無相、無向、無入、無道,過諸言說出於三界,無見、無聞、無覺、無知,亦無所得、亦無戲論,無問、無示、無有文字、無語言道。

若以心得,心從眾緣生,眾緣生故空如幻,無處、無相、無性,亦無所有,於是中得菩提者,所用法得阿耨多羅三藐三菩提,是法皆空但有名字,以世俗故而有言說,是皆憶想分別,實無所有,無有根本,亦無體相。無受、無著、無染、無離,一相所謂無相。是故於此法中,無有得者。無所用法,亦無菩提。如是通達,是則名為阿耨多羅三藐三菩提。"(《大正藏》卷十四第481-482页)

【评说】阿耨多罗三藐三菩提,即无上正真道意。它不是躯体能够得到的,也不是心能够得到的。因为身体终会败坏,心由缘聚而生、缘散而散,二者无常幻灭,没有根本、没有体相,所以心身都不能得到它;而菩提(觉悟、智慧)也只是一个名称而已,也是虚无的,得到的也是虚无的,所以无所谓得到或没有得到。如果知晓了这个道理,才是真正的阿耨多罗三藐三菩提。

【原文】天子言:"文殊師利!菩薩有幾心,能攝因、能攝果?"

文殊師利言:"天子!諸菩薩有四心,能攝因、能攝果。何等為四?一者初發心,二者行道心,三者不退轉心,四者一生補處心。初發心,為行道心作因緣;行道心,為不退轉心作因緣;不退轉心,為一生補處心作因緣。

復次,天子當知,初發心如種穀田中,行道心如穀子增長,不退轉心如華果始成,補處心如花果有用。又初發心如車匠集材,行道心如斫治材木,不退轉心如安施材木,一生補處心如車成運致。又初發心如月新生,行道心如月五日,不退轉心如月十日,一生補處心如月十四日,如來智慧如月十五日。又初發心能過聲聞地,行道心能過辟支佛地,不退轉心能過不定地,一生補處心安住定地。又初發心如學初章,行道心如學第二章,不退轉心如能以章為用,一生補處心如通達深經。又初發心從因生,行道心從智生,不退轉心從斷生,補處心從果生。又初發心因勢力,行道心智勢力,不退轉心斷勢力,補處心果勢力。又初發心如病者求藥,行道心如分別藥,不退轉心如病服藥,補處心如病得差。又初發心法王家生,行道心學法王法,不退轉心能具足學法王法;補處心學法王法能得自在。"(《大正藏》卷十四第482页)

【评说】经文中将摄因果的“四心”比喻成疾病的各个阶段：发初心似患病之初求医问药；行道心似处方用药；不退转心似患病服药；补处心似疾病痊愈。

佛说象头精舍经

隋天竺三藏毘尼多流支译

【提要】佛陀在伽耶城象头精舍与文殊师利问答演说正法。

【原文】文殊師利言：“天子！菩薩摩訶薩有四種發心，從因得果。何等為四？一者、初發心，二者、係念修行，三者、不退，四者、與善同生。因初發心，而得係念；因修係念，得不退轉；因不退轉，與善同生。

復次，天子！初發心者，猶如種子種之良田；係念修行，猶如苗生；修行不退，猶如莖、幹、枝葉增長；與善同生，猶如華果結實、成熟。發心、係念修行、不退、與善同生，亦復如是。

復次，天子！初發心人，猶如車匠，善知眾木；繼念修行，猶如合木；修行不退，猶如車成；與善同生，猶如載用。發心、繼念修行、不退、與善同生，亦復如是。

復次，天子！初發心者，猶如初月；繼念修行，如五日月、乃至七日月；修行不退，如十日月；與善同生，如十四日月；如來智慧滿足、無缺，如十五日月。發心、繼念修行、不退、與善同生，亦復如是。

復次，天子！初發心人，過聲聞地；第二發心，過辟支佛地；第三發心，過不定地；第四發心，得於定地。

復次，天子！如噁、啊等音，悉是一切字之根本，初發心者，亦復如是，悉是一切善之根本；如學文字，得少分智，繼念修行，亦復如是；得少分智，猶如算師總計無量，知其分齊，不退轉心，亦復如是；知心不退，譬如有人明解經論，與善同生，善心明了，亦復如是。

復次，天子！初發心者，繼念善因；第二發心，繼念智慧；第三發心，繼念禪定；第四發心，繼念於果。

復次，天子！初發心者，受持善因；第二發心，受持智慧；第三發心，受持禪定；第四發心，受持於果。

復次，天子！初發心者，善因成就；第二發心，智慧成就；第三發心，禪定成就；第四發心，正果成就。

復次，天子！初發心者，因善入道；第二發心，因智入道；第三發心，因禪入道；第四發心，因果入道。

復次，天子！初發心者，如醫識藥；第二發心，善知藥分；第三發心，隨病授藥；第四發心，令得服行。”(《大正藏》卷十四第 488 页)

【评说】本段经文佛陀用比喻的方式说明了四种“发心”：初发心如同医生认识药物；第二发心，如同医生知道药物的属性和分别；第三发心，如同医生辨证论治，因病给药；第四发心，如同医生让病人服用了药物，使疾病痊愈。四种“发心”因果相关，如同医生辨证论治的过程，按部就班，循序渐进。

【原文】“復次，善男子！菩薩摩訶薩發十種清淨行。何等為十？一者、自發身業清淨行，二者、發一切眾生身業清淨行，三者、自發口業清淨行，四者、發一切眾生口業清淨行，五者、自發意業清淨行，六者、發一切眾生意業清淨行，七者、發一切眾生清淨平等行，八者、發一切眾生外清淨平等行，九者、發諸佛清淨智行，十者、發淨佛國土成就眾生行——若有眾生，遇諸疾病，給施醫藥，令得安樂；具煩惱者，以無為智，而教化之，令離三界；悉令滿足，功德智慧，無為之道——是名菩薩具足十種清淨之行。”（《大正藏》卷十四第488页）

【评说】经文中提出了十种“清净行”：第一种，自发身业清净行；第二种，发一切众生身业清净行；第三种，自发口业清净行；第四种，发一切众生口业清净行；第五种，自发意业清净行；第六种，发一切众生意业清净行；第七种，发一切众生清净平等行；第八种，发一切众生外清净平等行；第九种，发诸佛清净智行；第十种，发净佛国土成就众生行。佛陀提出，如果众生有疾病应当给予医药使其安乐，如果众生有烦恼应当教化他们，使他们得到满足、功德、智慧，这就是菩萨具有的十种清净行。

文殊师利问经

梁扶南国三藏僧伽婆罗译

【提要】佛陀在王舍城耆阇崛山中回答文殊师利菩萨所问。

卷　　上

菩萨戒品第二

【提要】佛陀在王舍城耆阇崛山中为文殊师利菩萨说菩萨戒。

【原文】“不以自身作惡，亦不教他。不得為利養故，讚歎他人。若為己殺，不得噉。若肉如材木、已自腐爛，欲食得食。文殊師利！若欲噉肉者，當說此呪：

‘多姪哋（此言如是）　阿捺摩阿捺摩（此言無我無我）　阿視婆多阿視婆多（此言無壽命無壽命）　那舍那舍（此言失失）　陀呵陀呵（此言燒燒）　婆弗婆弗（此言破破）　僧柯慄多弭（此言有為）　莎呵（此言除殺去）’

此呪三說乃得噉肉。飯亦不應食。何以故？若無思惟，飯不應食。故何況當噉肉？”

爾時文殊師利復白佛言：“世尊！若得食肉者，《象龜經》《大雲經》《指鬘經》《楞伽經》等諸經，何故悉斷？”

佛告文殊師利：“如深廣江，不見彼岸，若無因緣，則不得渡。若有因緣，汝當渡不？”

文殊師利白佛言：“世尊！我當渡，我當渡，或以船、或以筏、或以餘物。”

佛復告文殊師利：“以眾生無慈悲力，懷殺害意，為此因緣故斷食肉。文殊師利！有眾生樂糞掃衣，我說糞掃衣；如是乞食，樹下坐、露地坐、阿蘭若塚間，一食過時不食，遇得住處三衣等，為教化彼，我說頭陀。如是，文殊師利！若眾生有殺害心，為彼心故，當生無數罪過，是故我斷肉。若能不懷害心、大慈悲心，為教化一切眾生故，無有過罪。”（《大正藏》卷十四第

492-493 页）

【评说】佛陀说明了是否应当断肉食的具体情况：如果毫无慈悲心，胸怀恶意，起杀害心，就应当断肉食；若心怀慈悲，无恶意与杀害心，食肉就不能算是罪过。经文还记载了佛教有食肉前念三遍咒语的要求。

【原文】不得噉蒜。若有因緣得噉，若合藥治病則得用。

不得飲酒。若合藥醫師所說多藥相和，少酒多藥得用。

不得服油及塗身等，若有因緣得用，得用乳酪、生酥、熟酥、醍醐，我先噉乳糜，為風痰冷故。（《大正藏》卷十四第 493 页）

【评说】佛教对食用大蒜、饮酒、服用油脂类食物以及用油涂抹身体都有明确的规定。蒜、酒、乳糜只能在治病用药时才能掺和使用，以酒浸药应当做到酒少药多。

有余气品第七

【提要】佛陀在王舍城耆阇崛山中为文殊师利菩萨说二十四气。

【原文】佛告文殊師利："有餘故名起者，譬如香氣。所言氣者，有二十四種業氣：見處氣、染氣、色染氣、有染氣、無明染氣，行氣、識處氣，名色氣、六入氣、觸氣、受氣、愛氣、取氣、有氣、生氣、老氣、病氣、死氣、憂氣、悲氣、苦氣、惱氣、疲極氣、依氣，此謂二十四氣。身、口、意餘，此謂業氣。斷見、常見此謂見處氣；著衣鉢等此謂染氣；十種色意此謂色染氣；無色界此謂有染氣；不清淨智、有障礙智、不遍知智，此謂無明氣；若身、口、意種種覺，此謂行氣；憶一切色有苦、樂、不苦不樂想如是分別，此謂識處氣；堅、濕、熱、輕、動一切悉有，此謂名色氣；眼色、耳聲、鼻香、舌味、身觸、意法，此謂六入氣；冷熱、堅濕、飢渴、暖滑，此謂觸氣；苦、樂、不苦不樂受，此謂受氣；姓名、國土、欲界、色界、無色界，苦惱、飢渴等，於彼不知足，此謂愛氣；欲取、見取、戒取，此謂取氣；欲有、色有、無色有，此謂有氣；於後苦地必當生，此謂生氣；諸根衰壞，此謂老氣；種種疾患，此謂病氣；涅槃想、死想，此謂死氣；身體枯燥，此謂憂氣；號叫、啼泣，此謂悲氣；體煩熱故，此謂苦氣；過苦故，此謂惱氣；身心困弊，此謂疲極氣；有怖畏、無所歸，此謂依氣。文殊師利！此謂二十四氣。文殊師利！諸佛世尊無歸依，氣是歸依處。何以故？唯有如來為眾生所依，一切眾生非歸依處。世尊非有相，無思量、無積因，聲聞聞法，佛不聞法。何以故？無所不知故。"（《大正藏》卷十四第 495-496 页）

【评说】本段经文提出了二十四气的概念。佛陀认为，二十四气为见处气、染气、色染气、有染气、无明染气、行气、识处气、名色气、六入气、触气、受气、爱气、取气、有气、生气、老气、病气、死气、忧气、悲气、苦气、恼气、疲极气、依气。气为人之根本，与人身体相关的有诸如种种疾患之病气、身体枯燥之忧气、号角啼哭之悲气、身体烦热之苦气、身心困弊之疲极气等。

字母品第十四

【提要】佛陀在王舍城耆阇崛山中为文殊师利菩萨说字母及陀罗尼字。

【原文】"度老死聲者，老者，身體消滅，柱杖羸步，諸根衰耗，此謂老；死者，諸根敗壞。何故名死？更覓受生處，彼行業熟，此謂為死。云何老死差別？諸根熟名老，諸根壞名死，先老後死此謂老死。度此老、死，此謂為度。度有何義？過度義，到彼岸、自在、不更生義，此謂

度老死聲。”(《大正藏》卷十四第499页)

【评说】佛陀提出,老死声的概念:老即是身体消减、瘦弱衰败;死即是身体根本败坏;从老过渡到死,即是老死声。

卷　下

杂问品第十六

【提要】佛陀在王舍城耆阇崛山中回答文殊师利菩萨所问如何回答外道谤佛非一切智。

【原文】佛告文殊:“我今問汝,如有醫師,明識眾生有風痰熱病,其病未起,為逆治不?”

“不也,世尊!”

“文殊師利!是師知病不?”

“如是,世尊!”

“文殊師利!我亦如是。知諸眾生多貪、多瞋,有多愚癡,長壽、短壽,惡業、善業。佛雖先知,非時不說。文殊師利!此女人孫陀利及栴遮摩尼,過去世時,常殺眾生,起不善業,常誹謗聖人,入阿鼻獄。文殊師利!眾生惡業不由我造。若眾生堪聞法,我為彼說;若不堪聞,我則不說。文殊師利!如人病重不可療治,醫師捨去,不與少藥。如來亦爾,知此二人不可教化,是故默然不逆記說。文殊師利!若可記者,我則為記。如我記弟子,得聲聞、獨覺及得菩薩,或不記說當得三乘。何以故?以不定故。文殊師利!於汝意云何?若人誹謗虛空,虛空當云何答?”

文殊師利言:“虛空無語言。何以故?虛空無故。”

“如是,文殊師利!如來與虛空等,虛空無語言,如來亦無語言。文殊師利!有五濁惡世。云何為五?劫濁、眾生濁、命濁、煩惱濁、見濁。云何劫濁?三災起時,更相殺害,眾生飢饉,種種疾病,此謂劫濁。云何眾生濁?惡眾生、善眾生,下、中、上眾生,勝、劣眾生,第一眾生、不第一眾生,此謂眾生濁。云何命濁?十歲眾生、二十、三十、四十、五十、六十、七十、八十、九十歲、百歲、二百歲、四百歲、八百歲,乃至千歲,有長短故,此謂命濁。云何煩惱濁?多貪、多瞋、多癡,此謂煩惱濁。云何見濁?邪見、戒取見,取常見、斷見、有見、無見、我見、眾生見,此謂見濁。如是五濁,如來悉無。”

佛說此祇夜:

“如來如虛空,云何有言語?

如來無五濁,是故不逆記。”

爾時文殊師利白佛言:“世尊!未來邪見人,當誹謗佛說如是言:若使如來是一切智,何故待眾生作罪,然後制戒?”

佛告文殊師利:“如此即是一切智相。若我逆制戒,人當謗我。何以故?我不作罪,云何強說?此非一切智。何以故?我無罪過故。如來無慈悲心,不饒益、不攝受眾生!如人無子,而說有子,某時當生。空有此言,云何可信!何以故?不真實故。若真見生子,則生信心。如是,文殊師利!所未作罪,人天不見,云何逆制戒?要須見罪,然後乃制。文殊師利!譬如醫師知風、痰、熱等發起所由,亦知有藥對治此病。有人勇健身無疾病,如此之人須師治不?”

文殊白佛:"彼不須治。彼若病生,師即為治,世間讚說是第一師。"

"如是,文殊師利!一切聲聞、一切眾生,有宜制戒、有不宜者。我知一切眾生心之所行,未作罪者,我則不制;若已作過,我則制戒。我若如此,則世間不謗。文殊師利!眾生之中有下、中、上,如來制戒亦復如是。文殊師利,如種大麥及麻豆等,牙始生時,已堪用不?"

文殊師利言:"不堪用也。何以故?以未熟故。"

佛告文殊師利:"一切眾生善根未熟,亦如是不堪制戒。文殊師利!如拘物頭花、優鉢羅花始生之時,日光所照,能令開不?"

文殊師利言:"不能開也。何以故?以新生故。"

佛告文殊師利:"善根未熟亦如是,如來如是不得制戒。何以故?非時節故。若非時制戒,眾生不受,言:我無罪,何故制戒?文殊師利!如種穀未熟,為可取不?"

文殊師利言:"不可取也。世尊!非時尚未有花,何況得米及以糠穭?"

"文殊師利!我未制戒亦復如是,諸弟子無所犯,無犯戒果。是故,文殊師利!我不逆制戒。"

佛說此衹夜:

"無罪逆制戒,　眾生不信受,
是故見有罪,　爾時乃制戒。
譬如芽莖時,　未便有果實,
諸比丘無罪,　不制戒亦然。"(《大正藏》卷十四第503-504页)

【评说】佛陀用比喻的方法向文殊师利说明为何不逆制戒。佛陀喻己为医师,喻众生多贪、多嗔,多愚痴,长寿、短寿,恶业、善业为风、痰、热病。以医师明知众生有风、痰、热病,病未发起之时,虽然知道疾病的存在,也不需要去治疗为喻,阐明如果不是恰当的时机,佛陀就不为众生说法。

经文也记载了佛陀时代医师治病时如果发现疾病极为严重,无法治愈,就不再继续治疗,也不会给予药物。

"譬如医师知风、痰、热等发起所由,亦知有药对治此病",可见佛陀时代已经主张医师治病应当知晓引发风、痰、热的因由,也需要熟知对治疾病的药物。

嘱累品第十七

【提要】佛陀在王舍城耆阇崛山中回答文殊师利菩萨所问出家与在家的区别、使用诸花的咒语与用途。

【原文】爾時文殊師利白佛言:"世尊!諸供養餘花,用治眾病或消惡毒,其法云何?若供養佛餘花、般若波羅蜜花、佛足下花、菩提樹花、轉法輪處花、塔花、菩薩花、眾僧花、佛像花,其法云何?世尊!用此花有幾種呪法?世尊!一切諸花云何入佛花中?世尊!用此花法,為有一種、為有多種?此呪為有一種、為有多種?"

佛告文殊師利:"各各花,各各呪,一一花呪一百八遍。

誦佛花呪曰:

'南無佛闥寫冶莎呵'

般若波羅蜜花呪曰:

'那末柯盧履(民旨反)波若波羅蜜多裔莎訶'

佛足花呪曰：

‘那莫波陀制點耽鹽莎訶’

菩提樹花呪曰：

‘南無菩提逼力龕嵐莎訶’

轉法輪處花呪曰：

‘南無達摩斫柯羅夜莎訶’

塔花呪曰：

‘那莫蹫跛耶莎訶’

菩薩花呪曰：

‘南無菩提薩埵冶莎訶’

眾僧花呪曰：

‘那莫僧伽冶莎訶’

佛像花呪曰：

‘那莫波羅底耶莎訶’

文殊師利！呪經如是，汝當受持。”

復告文殊師利：“用此花法，若比丘、比丘尼、優婆塞、優婆夷，若能信修行，應當早起清淨澡漱，念佛功德恭敬此花，不以足蹈及跨花上，如法執取安置淨器。若人寒、熱，冷水摩花以用塗身；若頭額痛亦皆以塗；若吐利出血或腹內煩痛，以漿飲摩花，當服此花飲；若口患瘡，以暖水摩花，唅此花汁。若人多瞋，或以冷水或以沙糖以摩此花，飲服花汁。若多貪染，以灰汁摩花塗其隱處，復以冷水摩花塗其頂上，貪結漸消，常為一切人所愛敬。若天雨不止，於空閑處以火燒花，令雨即止；若天亢旱，在空閑處以花置水中，復呪冷水更灑花上，天即降雨。若牛馬象等本性不調，以花飼之即便調伏。若諸果樹花實不茂，以冷水牛糞摩取花汁以灌其根，不得踐蹹，花實即多。若田中多水苗稼損減，擣花為末以散田中，即得滋長。若高原陸地無有水處，請四比丘於其處布花，一日之中百八遍誦呪，次復一日更以新花布先花上，又誦呪一百八遍，如是乃至七日掘便得水。若國多疾病以冷水摩花，塗螺鼓等吹擊出聲，聞者即愈。若敵國怨家欲來侵境，以水摩花，在於彼處用灑散之，即得退散。若於高山有磐石處，眾多比丘於石上摩花，摩花既竟相與禮拜，久後石上自生珍寶。若人愚癡取所供養花，數有百種下至七種，擣以為末以犛牛酥，先誦呪百八遍，和以為丸如彈丸大，日服一丸，服丸之時，亦誦呪百八遍，漸得聰明利根，一日之中能誦百偈。若人有所作，取優鉢羅花、拘物頭花、分陀利花、欝波羅花等，若水陸生花，花有百種先以供養，後以水摩，隨其所須或塗或散，悉皆有果。若得百種花，末以為散，水和為丸；若惡重病，摩其瘡上其病即愈。若癰、若癎、若有諸毒，或服此丸或以塗傅，病即得除。若人常患氣瘷，身體消減，以大小麥汁摩於此花，塗其身上即便充悅。復以末利花汁，和花散為丸塗其額上，一切怨家見生愛念。

文殊師利！此花呪法：

‘南無佛闍寫冶莎呵　那末柯蘆履般若波羅蜜多裔莎訶　那莫波扡制點耽鹽莎訶　南無菩提逼力龕嵐莎訶　南無達摩斫柯羅夜莎訶　那莫鍮跛耶莎訶　南無菩提薩埵野莎訶　那莫僧伽野莎訶　那莫波羅底耶莎訶’

一一呪誦百八遍，此呪章句，汝於處處當說。如佛花法，餘花亦如是。”(《大正藏》卷十四第508-509页)

【评说】 经文中记载用佛余花、般若波罗蜜花、佛足下花、菩提树花、转法轮处花、塔花、菩萨花、众僧花、佛像花等供养完佛的花朵疗治疾病的具体过程、使用方法和功效。具体方法为：晨起洗漱干净后，念佛功德，不要将脚旋放在花上，也不要用脚踩踏花朵，将花放在干净的器皿里，再根据不同的疾病进行调配。

患寒热病或额头痛，用冷水摩花，涂抹身体；吐利出血，腹中烦疼，用浆饮摩花，服食；患口疮，用温水摩花，口含花汁；多贪染，用灰汁摩花，涂隐处，用冷水摩花，涂头顶；患愚痴，以花末合犊牛酥，制丸，每日一丸；患重病、痈、疖，以优钵罗花、拘物头花、分陀利花、郁波罗花、若水陆生花等百种花，先以供养，后以水摩，制成丸散，涂抹疮处；患气癞，身体消减，以大小麦汁摩花，涂抹身体，再以茉莉花汁和花散制丸，涂抹额头。

佛说妙吉祥菩萨所问大乘法螺经

西天译经三藏、朝散大夫、试光禄卿、明教大师臣法贤奉诏译

【提要】 佛陀在舍卫国为妙吉祥菩萨说大福德。

【原文】 假使十方盡虚空界，所有卵生、胎生、濕生、化生……(《大正藏》卷十四第 517 页)

【评说】 有情生命产生的四种形式：卵生、胎生、湿生、化生。卵生是指由壳而生；胎生即腹生；湿生即因缘生，由寒热和合而生；化生是指依过去业力而生。

【原文】“復次，妙吉祥菩薩！如來八十種好所有福德，而以挍量無數百千俱胝那由他倍，是即如來手足之下相文福德之量。如是各各相文，皆有八十種好，顯現手足之下。”

頌曰：

“傘蓋幢吉祥，　鬘鉤冠寶杖，
寶瓶象馬虎，　金翅摩竭魚，
龜魚及孔雀，　迦陵頻伽鳥，
命命佐沙鳥，　拶俱囉鴛鴦，
鸚鵡鵝鳩麥，　大藥提努牛，
羖羊龍牛王，　寶山吉祥果，
播那波鹿王，　摩尼寶利劍，
金剛杵弓旗，　三叉犁鉞斧，
擣杵箭罥索，　虞拏與彌伽，
梵天帝釋主，　持國天水天，
廣目多聞天，　大仙吉祥日，
火天月風天，　蓮花萬字相，
莎悉帝迦好，　訥哩嚩賢座，
鏡拂憍尸迦，　童子童女天，
鼓螺蜜哩誐，　手釧及鈴鐸，
耳環與指環，　軍拏羅羅多，

妙花王樹王，　眾中釋師子，
如是等八十，　一一俱名好，
出現手足下。”(《大正藏》卷十四第 517 页)

【评说】“八十种好”是微细隐秘难见的佛菩萨之身所具有的好相,也是区别佛、菩萨与轮转法王的依据之一。佛陀的色身是功德蕴,是由广大的福德累积的。

【原文】佛告妙吉祥菩薩:“所有如是八十種好一切福德,如是挍量無數百千俱胝那由他倍,是即如來身分之中一大丈夫相福德。如是佛身三十二大丈夫相,一一各有如前福德,於佛身中分明出現。”

頌曰:

“烏瑟膩沙相，　螺髻髮紺青，
滋潤而右旋，　額廣而平正，
眉間白毫光，　皮膚妙柔軟，
目廣青蓮葉，　齒密而齊整，
四十悉具足，　四牙俱鋒利，
白類如珂雪，　腮臉并胸臆，
上半如師子，　舌相而廣長，
身形妙圓滿，　如尼拘陀樹，
身毛順右旋，　臍輪淨深隱，
雙股俱平正，　兩腨如鹿王，
二足下平滿，　手足俱柔軟，
十指而纖長，　俱有網鞔相，
行步而直進，　舌常得上味，
善相屬著身，　七處皆平滿，
足下而平正，　常現千輻輪，
如是大丈夫，　三十二種相。”

佛告妙吉祥菩薩:“如是三十二大丈夫相,於此三十二相所有福德,而以挍量阿僧祇不可思議、不可稱量,無等等、不可說不可說倍數,為緣熟度眾所願圓滿福德,是故如來說因緣成熟所度之眾而為法螺。”(《大正藏》卷十四第 517-518 页)

【评说】“三十二相”是显而易见的外在表相,是在阿僧祇劫中累积的福德资粮所成就的。可见,美好的外表并不是出生就有的,而是需要通过自身不断修正内心的认识与想法,规范自身心身行为来获得的。

佛说维摩诘经

吴月氏优婆塞支谦译

【提要】长者维摩诘有疾,佛陀请文殊师利前往问疾。

【原文】佛復告文殊師利(漢言濡首):"汝詣維摩詰問疾。"

文殊師利白佛言:"世尊！彼維摩詰雖優婆塞,入深法要,其德至淳,以辯才立智不可稱,一切菩薩法式悉聞,諸佛藏處無不得入,進御眾魔降之以德,務行權慧非徒戲食。然,猶復求依佛住者,欲於其中開度十方。"於是,眾菩薩大弟子,釋梵四天王皆念:"今得文殊師利與維摩詰二人共談,不亦具足大道說哉!"即時,八千菩薩、五百弟子、百千天人,同意欲行。於是,文殊師利與諸菩薩大弟子,及諸天人眷屬圍遶,俱入維耶離大城。

長者維摩詰心念:"今文殊師利與大眾俱來,吾將立空室合座為一座,以疾而臥。"文殊師利既入其舍,見其室空,除去所有,更寢一床。維摩詰言:"勞乎,文殊師利！不面在昔,辱來相見。"

文殊師利言:"如何,居士！忍斯種作疾,寧有損不至增乎？世尊慇懃致問無量,興起輕利遊步強耶？居士！是病何所正立？其生久如,當何時滅？"

維摩詰言:"是生久矣。從癡、有愛,則我病生。用一切人病,是故我病;若一切人得不病者,則我病滅。所以者何？欲建立眾人故,菩薩入生死為之病,使一切人皆得離病,則菩薩無復病。譬如長者,有一子得疾,以其病故,父母諸父為之生疾;其子病愈,父母亦愈。菩薩如是,於一切人愛之若子,彼人病我則病,彼不病則不病。又言,菩薩病何所立？菩薩病者,以大悲立。"

文殊師利言:"何以空無供養？"

維摩詰言:"諸佛土與此舍,皆空如空。"

又問:"何謂為空？"

答曰:"空於空。"

又問:"解一為空？"

答曰:"空無與之,為空空。"

又問:"空復誰為？"

答曰:"思想者也,彼亦為空。"

又問:"空者當於何求？"

答曰:"空者當於六十二見中求。"

又問:"六十二見當於何求？"

答曰:"當於如來解脫中求。"

又問:"如來解脫者當於何求？"

答曰:"當於眾人意行中求。又仁所問:'何無供養？'一切眾魔皆是吾養,彼諸轉者亦吾養也。所以者何？魔行者受生死,生死者則菩薩養;彼轉者受諸見,菩薩於諸見不傾動。"

文殊師利言:"居士！所疾,為何等類？"

答曰:"仁者！我病不現不可見。"

又問:"云何是病？與身合？意合乎？"

答曰:"我病身合者,身為地;意合者,意為幻法。"

又問:"四種:地種、水種、火種、風種,何等種病？"

答曰:"是種者,一切人所習也。云何,文殊師利！菩薩觀諸疾意,又以何習於有疾菩薩？"

文殊師利言:"於非常身不以泥洹,常現不婬;在身有苦,不以泥洹安而喜之;現於非身為

眾人導；身之空寂，不以永寂，為現本作。恒悲彼疾，不自計疾，以識宿命，導利人物，而無所惑，念善本修淨，命不望彼，常精進，為醫王滅眾病，是為菩薩能與疾者相習。"

文殊師利又問："何謂菩薩有疾其意不亂？"

維摩詰言："菩薩疾者，意知是前未近之罪，住欲處故，是病皆為不誠之思，在眾勞故。又，問疾者自於其法，都不可得。所以者何？如是病者，但倚四大。又此諸大，為都無主，是所倚亦無我。是病無我，專著兩無專著。得病本者，必知精進無我人想，為起法相。身為法數，法起則起，法滅則滅。法轉轉不相念、不相知，起者不言我起，滅者不言我滅。知法想者，將養其意，而無所住。若以法想，受報大止，已離病者，我不為是。何謂斷病？謂我作非我作悉斷。何謂是我作非我作斷？謂己自無欲。何謂己自無欲？謂內無習行。何謂內無習行？謂等不動不可動。何謂為等？謂我等泥洹等。所以者何？此二皆空。何名為空？所言為空。二者如是，凡聖道成，皆從平等，病亦不異。何謂所受亦空？謂已曉了不覺諸痛，不盡於痛，以取證際，如是二者為諸痛。長一切惡道已竟，近一切人興大悲哀，吾為眾人作自省法，觀以除其病而不除法，亦不除其本病所生，知其根本而為說法。何謂為本？謂始未然。未熾然者，則病之本。何謂不然？於三界而不然。其不然何用知？謂止心。止心者，以不得也，非不然也。何以不得？二見不得，謂內見、外見是無所得。此，文殊師利！為疾菩薩其意不亂，雖有老死，菩薩覺之。若不如是，己所修治為無惠利。譬如勝怨乃可為勇，如是兼除老死苦者，菩薩之謂也。菩薩若病，當作是觀：'如我此病非真非有，亦是眾人非真非有。'已觀如是，不墮妄見，以興大悲，彼必來者，為斷其勞，以合道意為彼大悲。所以者何？菩薩墮妄見，其大悲者，有數出生，不墮妄見。大悲菩薩不以數生，彼生為脫，為脫所墮，為脫出生，為脫受身。能為彼人說佛說法，是其誓也。如佛言曰：'其自安身，不解彼縛，不得是處而自安身，又解彼縛，斯得是處。'故曰已脫菩薩其行不縛。何謂縛？何謂解？菩薩禪定以縛諸我，以道縛我。縛者，菩薩以善權生五道解彼受。菩薩無權執智縛，行權執智解，智不執權縛，智而執權解。彼何謂無權執智縛？謂以空、無相、不願之法生，不治相及佛國以化人，是無權執智之縛也。何謂行權執智解？謂修相及佛國開化人，而曉空、無相、不願之法生，是行權執智之解也。何謂智不執權縛？謂以見行勞望受，立修行一切德善之本，是智不執權之縛也。何謂智而執權解？謂斷諸見行勞望之受，以殖眾德之本，而分布此道，是智而執權之解也。彼有疾菩薩已如是下此法，設身有病，觀其無常、為苦、為空、為非身，是為智慧。又身所受，不以斷惡生死，善利人民，心合乎道，是為權行。又若身病知異同意，彼過非新，則觀其故，是為智慧。假使身病，不以都滅，所當起者，是為權行。是，文殊師利！為疾菩薩其意不亂，亦不高住。所以者何？若高住者，是愚人法；以卑住者，是弟子法。故菩薩住不高不卑，於其中無所處，是菩薩行；不凡夫行，不賢夫行，是菩薩行；在生死行，不為污行，是菩薩行；觀泥洹行，不依泥洹，是菩薩行；行於四魔，過諸魔行，是菩薩行；博學慧行，無不知時之行，是菩薩行；於四諦行，不以諦知行，是菩薩行；觀無生行，不謂難至，是菩薩行；在緣起行，於諸見而無欲，是菩薩行；在諸人眾無勞望行，是菩薩行；在閑居行，不盡身意，是菩薩行；於三界行，不壞法情，是菩薩行；為空無行，一切眾事清德皆行，是菩薩行；行六度無極，為眾人意行而度無極，是菩薩行；行六神通，不盡漏行，是菩薩行；受道之行，不興小道，是菩薩行；以止觀知魔行，不滅迹行，是菩薩行；於弟子緣一覺所不應不現行，不為毀佛法行，是菩薩行。"說是語時，八千天人發無上正真道意，文殊師利童子甚悅。

賢者舍利弗心念："無床座，是菩薩大弟子當於何坐？"

維摩詰知其意，即謂言："云何賢者，為法來耶？求床座也？"

舍利弗言："居士！我為法來，非利所安。"

維摩詰言："唯，賢者！其利法者，不貪軀命，何況床座。唯，舍利弗！夫利法者，非有色、痛、想、行、識求，非有陰、種、諸入之求，非有欲、色、無色之求。唯！舍利弗！夫求法者，不著佛求，不著法求，不著眾求。又，舍利弗！夫求法者，無知苦求，無斷習求，無造盡證惟道之求。所以者何？法無放逸，有放逸法，當知苦習，當為盡證以惟致道；斯求法者，無放逸之求也法。舍利弗！無有塵、離婬塵，其染污者，即為在邊；斯求法者，無婬樂之求也法。舍利弗！無有壃界，在壃界者，則有分數；斯求法者，無壃界之求也。法無不淨，在不淨者，於法有取有放；斯求法者，無取放之求也。法無巢窟，有法者則為有窟；斯求法者，無窟倚之求也。法無有想，在占想者，則為堅識；斯求法者，無占想之求也。法無有漏，在流法者，為一切近；斯求法者，無一切之求也。法無見聞、無念、無知，於法有見聞念知者，則為已別；斯求法者，為無見聞之求也。是故，舍利弗！求法者，一切法唯無求也。"說是語時，五百天人諸法法眼生。（《大正藏》卷十四第525-526页）

【评说】文殊师利前往维摩诘处问疾，二人就疾病产生的原因进行了一番探讨。地、水、火、风是患病的外因，贪欲、嗔恚、邪见等各种烦恼是患病的内因。只有心身调和、断除客尘烦恼，以高尚的德性来约束自己才能做到无疾病之忧。本段经文记述了三十六条菩萨所行，以此来约束众生的身心，如果能做到三十六条菩萨行，必将远离疾厄之苦。

维摩诘所说经

姚秦三藏鸠摩罗什译

卷　中

问疾品第五

【提要】长者维摩诘有疾，佛陀请文殊师利前往问疾。

【原文】爾時佛告文殊師利："汝行詣維摩詰問疾。"

文殊師利白佛言："世尊！彼上人者，難為訓對。深達實相，善說法要，辯才無滯，智慧無礙；一切菩薩法式悉知，諸佛祕藏無不得入；降伏眾魔，遊戲神通，其慧方便，皆已得度。雖然，當承佛聖旨，詣彼問疾。"

於是眾中諸菩薩、大弟子、釋、梵、四天王等，咸作是念："今二大士，文殊師利、維摩詰共談，必說妙法！"即時八千菩薩、五百聲聞、百千天、人皆欲隨從。

於是文殊師利與諸菩薩、大弟子眾及諸天、人，恭敬圍繞，入毘耶離大城。

爾時長者維摩詰心念："今文殊師利與大眾俱來！"即以神力空其室內，除去所有及諸侍者；唯置一床，以疾而臥。

文殊師利既入其舍，見其室空，無諸所有，獨寢一床。時維摩詰言："善來，文殊師利！不來相而來，不見相而見。"

文殊師利言:“如是!居士!若來已,更不來;若去已,更不去。所以者何?來者無所從來,去者無所至,所可見者,更不可見。且置是事,居士!是疾寧可忍不?療治有損,不至增乎!世尊慇懃致問無量,居士是疾,何所因起?其生久如?當云何滅?”

維摩詰言:“從癡、有愛,則我病生。以一切眾生病,是故我病;若一切眾生病滅,則我病滅。所以者何?菩薩為眾生故入生死,有生死則有病;若眾生得離病者,則菩薩無復病。譬如長者,唯有一子,其子得病,父母亦病。若子病愈,父母亦愈。菩薩如是,於諸眾生,愛之若子;眾生病則菩薩病,眾生病愈,菩薩亦愈。又言是疾,何所因起?菩薩病者,以大悲起。”

文殊師利言:“居士此室,何以空無侍者?”

維摩詰言:“諸佛國土亦復皆空。”

又問:“以何為空?”

答曰:“以空空。”

又問:“空何用空?”

答曰:“以無分別空故空。”

又問:“空可分別耶?”

答曰:“分別亦空。”

又問:“空當於何求?”

答曰:“當於六十二見中求。”

又問:“六十二見當於何求?”

答曰:“當於諸佛解脫中求。”

又問:“諸佛解脫當於何求?”

答曰:“當於一切眾生心行中求。又仁所問:‘何無侍者?’一切眾魔及諸外道,皆吾侍也。所以者何?眾魔者樂生死,菩薩於生死而不捨;外道者樂諸見,菩薩於諸見而不動。”

文殊師利言:“居士所疾,為何等相?”

維摩詰言:“我病無形不可見。”

又問:“此病身合耶?心合耶?”

答曰:“非身合,身相離故;亦非心合,心如幻故。”

又問:“地大、水大、火大、風大,於此四大,何大之病?”

答曰:“是病非地大,亦不離地大;水、火、風大,亦復如是。而眾生病,從四大起,以其有病,是故我病。”

爾時文殊師利問維摩詰言:“菩薩應云何慰喻有疾菩薩?”

維摩詰言:“說身無常,不說厭離於身;說身有苦,不說樂於涅槃;說身無我,而說教導眾生;說身空寂,不說畢竟寂滅;說悔先罪,而不說入於過去;以己之疾,愍於彼疾;當識宿世無數劫苦,當念饒益一切眾生;憶所修福,念於淨命,勿生憂惱,常起精進;當作醫王,療治眾病。菩薩應如是慰喻有疾菩薩,令其歡喜。”

文殊師利言:“居士!有疾菩薩云何調伏其心?”

維摩詰言:“有疾菩薩應作是念:‘今我此病,皆從前世妄想顛倒諸煩惱生,無有實法,誰受病者!所以者何?四大合故,假名為身;四大無主,身亦無我;又此病起,皆由著我。是故於我,不應生著。’既知病本,即除我想及眾生想。當起法想,應作是念:‘但以眾法,合成此身;起唯法起,滅唯法滅。又此法者,各不相知,起時不言我起,滅時不言我滅。’彼有疾菩薩為滅法想,當作是念:'此法想者,亦是顛倒,顛倒者是即大患,我應離之。'云何為離?離我、我所。云何離我、我所?謂離二法。云何離二法?謂不念内外諸法行於平等。云何平等?謂我等、涅槃等。所以者何?我及涅槃,此二皆空。以何為空?但以名字故空。如此二法,無決定性,得是平等;無有餘病,唯有空病;空病亦空。是有疾菩薩以無所受而受諸受,未具佛法,亦不滅受而取證也。"

"設身有苦,念惡趣眾生,起大悲心,我既調伏,亦當調伏一切眾生;但除其病,而不除法,為斷病本而教導之。何謂病本?謂有攀緣,從有攀緣,則為病本。何所攀緣?謂之三界。云何斷攀緣?以無所得,若無所得,則無攀緣。何謂無所得?謂離二見。何謂二見?謂內見外見,是無所得。文殊師利!是為有疾菩薩調伏其心,為斷老病死苦,是菩薩菩提。若不如是,己所修治,為無慧利。譬如勝怨,乃可為勇。如是兼除老病死者,菩薩之謂也。"

"彼有疾菩薩應復作是念:'如我此病,非真非有,眾生病亦非真非有。'作是觀時,於諸眾生若起愛見大悲,即應捨離。所以者何?菩薩斷除客塵煩惱而起大悲。愛見悲者,則於生死有疲厭心。若能離此,無有疲厭,在在所生,不為愛見之所覆也。所生無縛,能為眾生說法解縛,如佛所說:'若自有縛,能解彼縛,無有是處!若自無縛,能解彼縛,斯有是處。'是故菩薩不應起縛。何謂縛?何謂解?貪著禪味,是菩薩縛;以方便生,是菩薩解。又無方便慧縛,有方便慧解;無慧方便縛,有慧方便解。何謂無方便慧縛?謂菩薩以愛見心莊嚴佛土、成就眾生;於空、無相、無作法中,而自調伏,是名無方便慧縛。何謂有方便慧解?謂不以愛見心莊嚴佛土、成就眾生,於空、無相、無作法中,以自調伏,而不疲厭,是名有方便慧解。何謂無慧方便縛?謂菩薩住貪欲、瞋恚、邪見等諸煩惱,而植眾德本,是名無慧方便縛。何謂有慧方便解?謂離諸貪欲、瞋恚、邪見等諸煩惱,而植眾德本;迴向阿耨多羅三藐三菩提,是名有慧方便解。文殊師利!彼有疾菩薩,應如是觀諸法,又復觀身無常、苦、空、非我,是名為慧;雖身有疾,常在生死,饒益一切,而不厭倦,是名方便。又復觀身,身不離病,病不離身,是病是身,非新非故,是名為慧;設身有疾,而不永滅,是名方便。"

"文殊師利!有疾菩薩應如是調伏其心,不住其中,亦復不住不調伏心。所以者何?若住不調伏心,是愚人法;若住調伏心,是聲聞法。是故菩薩不當住於調伏、不調伏心,離此二法,是菩薩行。在於生死,不為污行;住於涅槃,不永滅度,是菩薩行;非凡夫行,非賢聖行,是菩薩行;非垢行,非淨行,是菩薩行;雖過魔行,而現降眾魔,是菩薩行;求一切智,無非時求,是菩薩行;雖觀諸法不生,而不入正位,是菩薩行;雖觀十二緣起,而入諸邪見,是菩薩行;雖攝一切眾生,而不愛著,是菩薩行;雖樂遠離,而不依身心盡,是菩薩行;雖行三界,而不壞法性,是菩薩行;雖行於空,而植眾德本,是菩薩行;雖行無相,而度眾生,是菩薩行;雖行無作,而現受身,是菩薩行;雖行無起,而起一切善行,是菩薩行;雖行六波羅蜜,而遍知眾生心、心數法,是菩薩行;雖行六通,而不盡漏,是菩薩行;雖行四無量心,而不貪著生於梵世,是菩薩行;雖行禪定解脫三昧,而不隨禪生,是菩薩行;雖行四念處,而不永離身受心法,是菩薩行;雖行四正勤,而不捨身心精進,是菩薩行;雖行四如意足,而得自在神通,是菩薩行;雖行五根,而分別眾生諸根利鈍,是菩薩行;雖行五力,而樂求佛十力,是菩薩行;雖行七覺分,而分別佛之智慧,是菩薩行;雖行八聖道,而樂行無量佛道,是菩薩行;雖行止觀助道之法,而不畢竟墮於寂滅,是菩薩行;雖行諸法不生不滅,而以相好莊嚴其身,是菩薩行;雖現聲聞、辟支佛威儀,而不捨佛法,是菩薩行;雖隨諸法究竟淨相,而隨所應為現其身,是菩薩行;雖觀諸佛國土永寂如空,而現種種清淨佛土,是菩薩行;雖得佛道轉于法輪,入於涅槃,而不捨於菩薩之道,是菩薩行。"

說是語時，文殊師利所將大眾，其中八千天子皆發阿耨多羅三藐三菩提心。（《大正藏》卷十四第 544-546 页）

【评说】文殊师利前往维摩诘处问疾，二人就疾病产生的原因进行了一番探讨。地、水、火、风是患病的外因，贪欲、嗔恚、邪见等各种烦恼是患病的内因。只有心身调和、断除客尘烦恼，以高尚的德性来约束自己才能做到无疾病之忧。本段经文记述了三十六条菩萨所行，以此来约束众生的身心。如果能做到三十六条菩萨行，必将远离疾厄之苦。

说无垢称经

大唐三藏法师玄奘奉诏译

卷 第 一

【提要】广严城大菩萨无垢有疾，佛陀请妙吉祥前往问疾。

【原文】爾時，佛告妙吉祥言："汝今應詣無垢稱所慰問其疾。"

時妙吉祥白言："世尊！彼大士者難為酬對，深入法門善能辯說，住妙辯才覺慧無礙。一切菩薩所為事業皆已成辦，諸大菩薩及諸如來祕密之處悉能隨入，善攝眾魔，巧便無礙。已到最勝無二無雜法界，所行究竟彼岸，能於一相莊嚴法界說無邊相莊嚴法門。了達一切有情根行，善能遊戲最勝神通，到大智慧巧方便趣。已得一切問答決擇無畏自在，非諸下劣言辯詞鋒所能抗對。雖然，我當承佛威神詣彼問疾，若當至彼隨己力能與其談論。"

於是，眾中有諸菩薩及大弟子、釋梵、護世、諸天子等咸作是念："今二菩薩皆具甚深廣大勝解，若相抗論，決定宣說微妙法教。我等今者為聞法故，亦應相率隨從詣彼。"是時眾中八千菩薩、五百聲聞、無量百千釋梵、護世、諸天子等，為聞法故皆請隨往。

時妙吉祥與諸菩薩、大弟子眾、釋梵、護世及諸天子，咸起恭敬頂禮世尊，前後圍繞出菴羅林詣廣嚴城，至無垢稱所欲問其疾。

時無垢稱心作是念："今妙吉祥與諸大眾俱來問疾，我今應以己之神力空其室內，除去一切床座、資具及諸侍者、衛門人等，唯置一床現疾而臥。"時無垢稱作是念已，應時即以大神通力令其室空除諸所有，唯置一床現疾而臥。

時妙吉祥與諸大眾俱入其舍，但見室空無諸資具、門人、侍者，唯無垢稱獨寢一床。

時無垢稱見妙吉祥唱言："善來，不來而來、不見而見、不聞而聞。"

妙吉祥言："如是，居士！若已來者不可復來，若已去者不可復去。所以者何？非已來者可施設來、非已去者可施設去，其已見者不可復見、其已聞者不可復聞。且置是事。居士所苦寧可忍不？命可濟不？界可調不？病可療不？可令是疾不至增乎？世尊慇懃致問無量。居士此病少得痊不？動止氣力稍得安不？今此病源從何而起？其生久如當云何滅？"

無垢稱言："如諸有情無明有愛生來既久，我今此病生亦復爾。遠從前際生死以來，有情既病，我即隨病；有情若愈，我亦隨愈。所以者何？一切菩薩依諸有情久流生死，由依生死便即有病；若諸有情得離疾苦，則諸菩薩無復有病。譬如世間長者居士唯有一子，心極憐愛，見常歡喜無時暫捨。其子若病，父母亦病；若子病愈，父母亦愈。菩薩如是，愍諸有情猶如一子。有情若病，菩薩亦病；有情病愈，菩薩亦愈。”

又言：“是病何所因起？”

“菩薩疾者從大悲起。”

妙吉祥言：“居士！此室何以都空，復無侍者？”

無垢稱言：“一切佛土亦復皆空。”

問：“何以空？”

答：“以空空。”

又問：“此空為是誰空？”

答曰：“此空無分别空。”

又問：“空性可分别耶？”

答曰：“此能分别亦空。所以者何？空性不可分别為空。”

又問：“此空當於何求？”

答曰：“此空當於六十二見中求。”

又問：“六十二見當於何求？”

答曰：“當於諸佛解脱中求。”

又問：“諸佛解脱當於何求？”

答曰：“當於一切有情心行中求。又，仁所問：‘何無侍者？’一切魔怨及諸外道皆吾侍也。所以者何？一切魔怨欣讚生死、一切外道欣讚諸見，菩薩於中皆不厭棄，是故魔怨及諸外道皆吾侍者。”

妙吉祥言：“居士此病為何等相？”

答曰：“我病都無色相，亦不可見。”

又問：“此病為身相應？為心相應？”

答曰：“我病非身相應，身相離故；亦身相應，如影像故。非心相應，心相離故；亦心相應，如幻化故。”

又問：“地界、水、火、風界，於此四界何界之病？”

答曰：“諸有情身皆四大起，以彼有病是故我病；然此之病非即四界，界性離故。”

無垢稱言：“菩薩應云何慰喻有疾菩薩令其歡喜？”

妙吉祥言：“示身無常而不勸厭離於身、示身有苦而不勸樂於涅槃、示身無我而勸成熟有情、示身空寂而不勸修畢竟寂滅、示悔先罪而不說罪有移轉，勸以己疾愍諸有情令除彼疾、勸念前際所受眾苦饒益有情、勸憶所修無量善本令修淨命、勸勿驚怖精勤堅勇、勸發弘願作大醫王療諸有情身心眾病令永寂滅，菩薩應如是慰喻有疾菩薩令其歡喜。”

妙吉祥言：“有疾菩薩云何調伏其心？”

無垢稱言：“有疾菩薩應作是念：‘今我此病皆從前際虛妄、顛倒、分别煩惱所起業生，身中都無一法真實，是誰可得而受此病？’所以者何？四大和合假名為身，大中無主，身亦無我。此病若起要由執我，是中不應妄生我執。當了此執是病根本，由此因緣應除一切有情我想，安住法想。應作是念：‘眾法和合共成此身生滅流轉，生唯法生、滅唯法滅。’如是，諸法展轉相續互不相知，竟無思念，生時不言我生、滅時不言我滅。

有疾菩薩應正了知如是法想：‘我此法想即是顛倒。’夫法想者即是大患，我應除滅，亦當除滅一切有情如是大患。云何能除如是大患？謂當除滅我我所執。云何能除我我所執？謂

離二法。云何離二法？謂內法外法畢竟不行。云何二法畢竟不行？謂觀平等無動、無搖、無所觀察。云何平等？謂我涅槃二俱平等。所以者何？二性空故。此二既無，誰復為空？但以名字假說為空；此二不實，平等見已無有餘病，唯有空病。應觀如是，空病亦空。所以者何？如是空病畢竟空故。有疾菩薩應無所受而受諸受，若於佛法未得圓滿，不應滅受而有所證，應離能受所受諸法。若苦觸身應愍險趣一切有情，發趣大悲除彼眾苦。

有疾菩薩應作是念：‘既除己疾，亦當除去有情諸疾。’如是，除去自他疾時，無有少法而可除者，應正觀察疾起因緣，速令除滅，為說正法。何等名為疾之因緣？謂有緣慮。諸有緣慮皆是疾因，有緣慮者皆有疾故。何所緣慮？謂緣三界。云何應知如是緣慮？謂正了達此有緣慮都無所得，若無所得則無緣慮。云何絕緣慮？謂不緣二見。何等二見？謂內見、外見。若無二見則無所得，既無所得緣慮都絕，緣慮絕故則無有疾，若自無疾則能斷滅有情之疾。

又，妙吉祥！有疾菩薩應如是調伏其心：唯菩薩菩提能斷一切老、病、死苦。若不如是，己所勤修即為虛棄。所以者何？譬如有人能勝怨敵乃名勇健；若能如是永斷一切老、病、死苦乃名菩薩。

又，妙吉祥！有疾菩薩應自觀察：‘如我此病，非真、非有；一切有情所有諸病亦非真、非有。’如是觀時，不應以此愛見纏心於諸有情發起大悲，唯應為斷客塵煩惱於諸有情發起大悲。所以者何？菩薩若以愛見纏心於諸有情發起大悲，即於生死而有疲厭；若為斷除客塵煩惱於諸有情發起大悲，即於生死無有疲厭。菩薩如是為諸有情處在生死能無疲厭，不為愛見纏繞其心；以無愛見纏繞心故，即於生死無有繫縛；以於生死無繫縛故，即得解脫；以於生死得解脫故，即便有力宣說妙法，令諸有情遠離繫縛、證得解脫。世尊依此密意說言：‘若自有縛，能解他縛無有是處；若自解縛，能解他縛斯有是處。’是故，菩薩應求解脫，離諸繫縛。

又，妙吉祥！何等名為菩薩繫縛？何等名為菩薩解脫？若諸菩薩味著所修靜慮解脫等持等至是則名為菩薩繫縛，若諸菩薩以巧方便攝諸有生無所貪著是則名為菩薩解脫；若無方便善攝妙慧是名繫縛，若有方便善攝妙慧是名解脫。

云何菩薩無有方便善攝妙慧名為繫縛？謂諸菩薩以空、無相、無願之法而自調伏，不以相好瑩飾其身、莊嚴佛土、成熟有情，此諸菩薩無有方便善攝妙慧，名為繫縛。云何菩薩有巧方便善攝妙慧名為解脫？謂諸菩薩以空、無相、無願之法調伏其心，觀察諸法有相、無相修習作證，復以相好瑩飾其身、莊嚴佛土、成熟有情，此諸菩薩有巧方便善攝妙慧，名為解脫。

云何菩薩無有方便善攝妙慧名為繫縛？謂諸菩薩安住諸見，一切煩惱纏縛隨眠，修諸善本而不迴向正等菩提，深生執著，此諸菩薩無巧方便善攝妙慧，名為繫縛。云何菩薩有巧方便善攝妙慧名為解脫？謂諸菩薩遠離諸見，一切煩惱纏縛隨眠，修諸善本而能迴向正等菩提，不生執著，此諸菩薩有巧方便善攝妙慧，名為解脫。

又，妙吉祥！有疾菩薩應觀諸法身之與疾悉皆無常、苦、空、無我，是名為慧；雖身有疾常在生死，饒益有情曾無厭倦，是名方便。又，觀身心及與諸疾展轉相依，無始流轉生滅無間，非新、非故，是名為慧；不求身心及與諸疾畢竟寂滅，是名方便。

又，妙吉祥！有疾菩薩應如是調伏其心，不應安住調伏不調伏心。所以者何？若住不調伏心是凡愚法，若住調伏心是聲聞法。是故，菩薩於此二邊俱不安住，是則名為菩薩所行。

若於是處，非凡所行、非聖所行，是則名為菩薩所行；若處觀察生死所行而無一切煩惱所行，是則名為菩薩所行；若處觀察涅槃所行而不畢竟寂滅所行，是則名為菩薩所行；若處示現四魔所行而越一切魔事所行，是則名為菩薩所行；若求一切智智所行而不非時證智所行，是則名為菩薩所行；若求四諦妙智所行而不非時證諦所行，是則名為菩薩所行；若正觀察內證所行而故攝受生死所行，是則名為菩薩所行；若行一切緣起所行而能遠離見趣所行，是則名為菩薩所行；若行一切有情諸法相離所行而無煩惱隨眠所行，是則名為菩薩所行；若正觀察無生所行而不墮聲聞正性所行，是則名為菩薩所行；若攝一切有情所行而無煩惱隨眠所行，是則名為菩薩所行；若正欣樂遠離所行而不求身心盡滅所行，是則名為菩薩所行；若樂觀察三界所行而不壞亂法界所行，是則名為菩薩所行；若樂觀察空性所行而求一切功德所行，是則名為菩薩所行；若樂觀察無相所行而求度脫有情所行，是則名為菩薩所行；若樂觀察無願所行而能示現有趣所行，是則名為菩薩所行；若樂遊履無作所行而常起作一切善根無替所行，是則名為菩薩所行；若樂遊履六度所行而不趣向一切有情心行妙智彼岸所行，是則名為菩薩所行；若樂觀察慈悲喜捨無量所行而不求生梵世所行，是則名為菩薩所行；若樂遊履六通所行而不趣證漏盡所行，是則名為菩薩所行；若樂建立諸法所行而不攀緣邪道所行，是則名為菩薩所行；若樂觀察六念所行而不隨生諸漏所行，是則名為菩薩所行；若樂觀察非障所行而不希求雜染所行，是則名為菩薩所行；若樂觀察靜慮解脫等持等至諸定所行而能不隨諸定勢力受生所行，是則名為菩薩所行；若樂遊履念住所行而不樂求身受心法遠離所行，是則名為菩薩所行；若樂遊履正斷所行而不見善及與不善二種所行，是則名為菩薩所行；若樂遊履神足所行而無功用變現自在神足所行，是則名為菩薩所行；若樂遊履五根所行而不分別一切有情諸根勝劣妙智所行，是則名為菩薩所行；若樂安立五力所行而求如來十力所行，是則名為菩薩所行；若樂安立七等覺支圓滿所行，不求佛法差別妙智善巧所行，是則名為菩薩所行；若樂安立八聖道支圓滿所行而不厭背邪道所行，是則名為菩薩所行；若求止觀資糧所行，不墮畢竟寂滅所行，是則名為菩薩所行；若樂觀察無生滅相諸法所行而以相好莊嚴其身，成滿種種佛事所行，是則名為菩薩所行；若樂示現聲聞、獨覺威儀所行而不棄捨一切佛法緣慮所行，是則名為菩薩所行；若隨諸法究竟清淨、本性常寂、妙定所行，非不隨順一切有情種種所樂威儀所行，是則名為菩薩所行；若樂觀察一切佛土其性空寂，無成、無壞，如空所行，非不示現種種功德、莊嚴佛土、饒益一切有情所行，是則名為菩薩所行；若樂示現一切佛法轉於法輪入大涅槃佛事所行，非不修行諸菩薩行差別所行，是則名為菩薩所行。”

說是一切菩薩所行希有事時，是妙吉祥所將眾中八億天子聞所說法皆於無上正等菩提發心趣向。（《大正藏》卷十四第567-570页）

【评说】妙吉祥前往无垢处问疾，二人就疾病产生的原因进行了一番探讨。地、水、火、风是患病的外因，贪欲、嗔恚、邪见等各种烦恼是患病的内因。只有心身调和、断除客尘烦恼，以高尚的德性来约束自己才能做到无疾病之忧。本段经文记述了三十六条菩萨所行，以此来约束众生的身心。如果能做到三十六条菩萨行，必将远离疾厄之苦。

佛说大方等顶王经

（一名《维摩诘子问》）

西晋月氏三藏竺法护译

【提要】佛陀在维耶离奈氏树园为善思说顶王经。

【原文】佛告善思:“若有菩薩疾欲永安,逮無上正真之道,為最正覺者,便當消除有常想、安想、苦想、眾生之想、人壽命想,分别解了無所著行,悉無所猗。作是慕業,逮成無上正真之道也。佛往宿世行菩薩業時,作是行道以,便懷來慧無能得法,乃曰佛道。”時佛頌曰:

“解常想猶幻,　計常致生死,

常無常虛無,　求業無所有。”(《大正藏》卷十四第590页)

【评说】佛陀认为,如果想要远离疾病、永远安宁,必须消除常想、安想、苦想、众生之想、人寿命之想,了解无上正道,行菩萨道也,达到觉悟的境界,才能解脱生死。

持人菩萨经

西晋月氏三藏竺法护译

【提要】佛陀在王舍城加邻竹园中,为无央数百千之众眷属说经,其间与持人菩萨问答。

卷　第　三

三十七品第九

【提要】佛陀在王舍城加邻竹园中为持世菩萨说晓了道义。

【原文】何謂自觀痛痒想法?於斯菩薩自觀身行察如真諦,無常苦空非身之要,身為瘡病,危厄眾害以用樂習,動搖遊去荒穢不淨。以觀如是,若干瑕疵滿是身中,九品瘡孔夙夜流出,臭處不淨猶如便廁。諦觀如是,無如毛髮可樂可取,不淨穢濁皮覆其肉,筋纏裹之從罪福成,積聚眾著便有盛陰。何謂積聚?何謂盛陰?皆宿世緣有是盛陰,由本倚慕虛偽覆之,沐浴文飾,謂是我身,由是積聚。(《大正藏》卷十四第633-634页)

【评说】此段经文描述了疮病的痛苦:满身瑕疵皮肤不全,疮孔有脓液流出并有臭味。

【原文】佛告持人:“何謂菩薩觀身痛痒?若有菩薩察身三痛:樂痛、苦痛、不樂不苦痛。計其痛痒不知所趣,無去無來唯從虛無,因緣合成受罪福報,由顛倒興。知痛本無,因思想立,作是觀者不得痛痒,無去來今不見處所。其過去痛了空無我亦無我所,無常堅固悉顛倒法。過去痛空惔怕無想,當來現在亦復俱然,乃知痛痒不得成立,無形可獲各自分離。其痛痒者無有起者,亦無所滅,亦無處所無內無外,愚冥凡夫由從顛倒而生痛痒,罪福報應適合便離,故曰痛痒悉空慌惚虛詐之法。”

“以如是知,從痛因緣得心處所,痛會有竟必歸滅盡,不見痛痒所合聚處。心自念言:‘痛痒則空,自然無形不見所生。痛無所生,亦無有滅,無有成想。以無有成想已無有相,相無所生。’普觀如是,身所痛痒則無所猗。解知痛痒真諦本無,以斷痛痒離諸入痛,不與其合不著痛痒,眾行寂然速求方便,逮三昧定。菩薩察行痛痒如是,見行以了則覩十方。”(《大正藏》卷十四第634页)

【评说】此段经文提出了“痛因缘得心处所”。三痛为:乐痛、苦痛、不乐不苦痛。痛从心所得，痛苦无法忍耐时，心中自念："痛痒则空，自然无形不见所生。痛无所生，亦无有灭，无有成想。以无有成想已无有相，相无所生。"这是一种心理安慰疗法，用来缓解身体上无法除去的痒痛。

持世经

姚秦龟兹三藏鸠摩罗什译

【提要】佛陀在王舍城迦兰陀竹园为持世菩萨说菩萨四法、五净智力、五阴、四念处、十八性、十二入、十二因缘、五根、八圣道分、世间出世间、有为无为法，并说过去诸佛本事。

卷第一

五阴品第二之一

【提要】佛陀在王舍城迦兰陀竹园为持世菩萨说五阴。

【原文】持世！何謂菩薩分別五陰方便？菩薩摩訶薩正觀五取陰，所謂無明陰是五取陰，苦陰是五取陰，癡陰是五取陰，病陰癰陰，如箭入身陰是五取陰。菩薩分別觀察選擇色取陰。云何為分別觀察選擇色取陰？是色取陰從四大生，假名為色取陰，是色陰無有自性，但以四大和合，假名為色陰。色陰無有作者，無使作者，無作無起無出，名為色陰。但以先業因緣四大所攝，數名色陰，非陰是色陰，譬如虛空，陰實無生相。若說虛空陰，是中無有法生，但有名字，故名為虛空陰。凡夫於此無陰陰相，以顛倒心故，無實實相貪著我五陰我所五陰，我色陰我所色陰，如是貪著。是諸凡夫貪著色已，於色中依止我我所，有色受色取色著色依色，受行種種惡不善業。我等不應隨凡夫學，我等應勤修集助菩提法，今應正觀色陰。（《大正藏》卷十四第 646 页）

【评说】五蕴是佛教对众生心身结构的直接表述，人由五蕴和合而成。色阴由地、水、火、风四大依因缘聚合所造，色阴为虚幻无常的，所以是虚空的。贪着色阴会导致种种不善业，佛家教导众生不要执著于无常的身体。

卷第三

十二入品第四

【提要】佛陀在王舍城迦兰陀竹园为持世菩萨说"十二入"。

【原文】持世！所謂入者，是諸凡夫無知見者煩惱所入門。眼是色門，以生愛恚故。色是眼門，以生愛恚故。耳鼻舌身意是法門，以生愛恚故。法是意門，以生愛恚故。如是十二入，與愛恚共合故不知實相。持世！菩薩摩訶薩於此中善知諸入性，知是諸入實相故，不為愛恚所制。持世！菩薩摩訶薩善知諸入如是。（《大正藏》卷十四第 655 页）

【评说】佛陀认为，眼睛是接触外在色相的门户，会导致各种烦恼，耳、鼻、舌、身也是接

触外在声音、味道等事物的门户，同样会导致爱恚等各种烦恼。这种观点类似于中国传统文化中道家“五色令人目盲，五音令人耳聋，五味令人口爽，驰骋畋猎令人心发狂，难得之货令人行妨”的思想。

十二因缘品第五

【提要】佛陀在王舍城迦兰陀竹园为持世菩萨说十二因缘。

【原文】持世！何謂菩薩摩訶薩善觀擇十二因緣？菩薩摩訶薩觀擇十二因緣，所謂無有故說名無明，於無明中無法故說名無明，不知明故說名無明。云何不知明？不知無明決定法不可得，是名無明。何以故？說無明因緣諸行，諸行無所有，而凡夫起作故，說無明因緣諸行。從行起故有識生，是故說諸行因緣識。名色二相，是故說識因緣名色。從名色生六入，是故說名色因緣六入。從六入生觸，是故說六入因緣觸。從觸生受，是故說觸因緣受。從受生愛，是故說受因緣愛。從愛生取，是故說愛因緣取。從取生有，是故說取因緣有。從有生生，是故說有因緣生。從生有老死憂悲苦惱聚集，是故說生因緣老死憂悲苦惱聚集。如是大苦惱聚，於此中為集何法？但知顛倒與明相違，無明聚為後身愛，依止喜染求處處生，則是愛集。

持世！世間如是，為十二因緣所繫縛，盲無眼故，入無明網墮黑闇中。無明為首故，具足起十二因緣。諸菩薩如是思惟觀無明實相，知無明空故本際不可得。何以故？無明無故本際無，智者觀非際是本際，則不分別本際，斷憶想分別故。不貪著無明，知一切法無所有，是法不爾如所說。若說一切法無所有，即是說知見不明，能通達一切法無所有，是為即得明。於此中更無餘明，但知見無明是名為明。云何為知見無明？所謂一切法無所有，一切法無所得，一切法虛妄顛倒，一切法不爾如所說，是名知見無明。知見無明即為是明。何以故？明無所有故。

無明因緣諸行者，諸法無所有，凡夫入無明闇冥中，狂惑作諸行業，是行業無形無處，是無明不能生行業，無法而起作故，說無明因緣諸行業。諸行業無有聚集，若是處若彼處來諸行業，亦非過去亦非未來亦非現在，無明無明性空，行業行業性空，諸行業無所依，但依無明起諸行業。諸行業不依無明，無明不依行業，無明不知無明，行業不知行業，如是無明諸行業，以顛倒故從無明生，此中不得無明，不得諸行業，不得無明性，不得諸行業性，但以闇冥數名闇冥。以是無明闇冥故，分別說行業從無所有法而起作故，無明行業皆無所有。

行業因緣識者，識不依行業，亦不離行業生識，行業亦不生識。何以故？行業不知行業，行業亦無持來者，但顛倒眾生從行業生識，是識不在行業內，不在行業外，亦不在中間。是識無有生者，亦無使生者，但緣行業相續不斷故有識生。智者求識相不可得，亦不得識生，識亦不知識，識亦不見識，識不依識。

識因緣名色者，名色不依識，亦不離識生名色，是名色亦不從識中來，但緣識故。凡夫闇冥貪著名色，識亦不至名色。智者於此求名色，不可得不可見，是名色無形無方，從憶想分別起，是名色相識因緣故有，識性尚不可得，何況從識緣生名色？若決定得是名色性者，無有是處。

名色因緣六入者，是六入因名色起，名在身中，故有出入息利益身及心心數法，是六入皆虛誑無所有，從分別起有顛倒用。

六入因緣觸者，是觸依色而有，觸不觸色。何以故？色無所知，與草木瓦石無異，但從六入起故分別說觸。何以故？六入尚虛妄無所有，何況從六入生觸？觸空無所有，從憶想顛倒起，是觸無方無處，觸空以無觸性故，觸不知六入，六入亦不知觸。

觸因緣受者，是受不在觸內，不在觸外，不在中間，是觸亦不餘處持受來，而從觸起受，是觸尚虛妄無所有，何況從觸生受？諸受無一決定相，諸受皆無所有，從顛倒起有顛倒用。

受因緣愛者，是受不於餘處持愛來，受亦不與愛合，受亦不知愛不分別愛，愛亦不知受不分別受，愛不與受合。是愛亦不依受，亦不離受有愛，受中尚無受相，何況受因緣生愛？愛不在受內不在受外不在中間，愛亦不在愛內亦不在愛外亦不在中間，愛中愛相不可得，是愛但從虛妄憶想顛倒相應故名為愛。是愛非過去未來現在，是愛非以縛相故起，是愛亦非縛相，但以因緣相續不斷故，說受因緣愛。智者知見是愛無處無方，空無牢堅，虛妄無所有。

愛因緣取者，愛不於餘處持取來，愛不與取合，愛亦不能生取，有愛故說名取，隨因緣和合故說。取不與愛合亦不散，愛不與取合亦不散，取不在愛內不在愛外亦不在中間，愛尚無有，何況愛因緣生取？諸取決定相不可得。智者知見是取虛妄無所有，取中無取相，是取非過去未來現在，取不在取內不在取外不在中間，是取但從顛倒起，因本緣生，今眾緣故有取。無有法若合若散，是取無有根本，無一定法可得。凡夫受是虛妄取，是諸行皆虛妄故。世間為取所繫縛，智者通達是取虛妄空無牢堅，無有根本，無一定法可得。

取因緣有者，是取不持有來，是取不能生有，而說取因緣有，是有不在取內不在取外不在中間。有不依止取，取不與有合亦不散，但以眾緣和合故說取因緣有。取不能生有，取不分別有，取尚虛妄無所有，何況從取因緣生有？有無有持來者，有中有不可得，有不在內有不在外有不在中間，是有非過去未來現在。智者通達是有虛妄，顛倒相應無合無散。有無所知無所分別，是有無處無方，是有無前際無後際無中際，是有非有故、非無故，但隨順十二因緣故說是有。智者通達有相空、無牢堅。

有因緣生者，是有不持生來，生亦不與有合亦不散，是生不在有內不在有外不在中間。有不能生生，亦不離有有生，但示十二因緣相續，說有因緣生。有與生非緣非不緣，有尚不可得，何況從有生生？智者通達是生不依於有生，生中無生相，生中無自性，生中無根本，無一定法可得。智者通達是生無性無所有，但示十二因緣和合相續，故說有因緣生。生無有法若合若散，生不在有內不在有外亦不在中間，是生非過去非未來非現在，是生前際後際中際不可得，是生根本不可得，智者通達從眾因緣生，顛倒相應、虛妄無所有、如幻化相。

生因緣老死憂悲苦惱者，是生不持老死憂悲苦惱來，生亦不能生老死憂悲苦惱。老死憂悲苦惱，不在生內不在生外不在中間。老死憂悲苦惱，亦不依生，以生故老死憂悲苦惱可說，但示眾因緣生法故。生不與老死憂悲苦惱合亦不散，生中生尚不可得，何況生因緣老死苦惱？老死苦惱中老死苦惱不可得。何以故？老死苦惱不在老死苦惱內，亦不在外亦不在中間。老死苦惱非過去非未來非現在，老死苦惱不與老死合亦不散，但顛倒相應眾緣和合，具足十二因緣，故說生因緣老死苦惱。老死苦惱無所依止，老死苦惱決定相不可得，老死苦惱前際後際中際不可得。智者通達老死苦惱，虛妄無所有、顛倒相應、無有根本、不作不起不生。

如是觀十二因緣法，不見因緣法，若過去若未來若現在，亦不見因緣相。但知因緣是無緣，無生無相無作無起無根本，從本已來，一切法無所有故。通達是十二因緣，亦見是十二因緣無有作者受者。若法所從因生，是因無故是法亦無，菩薩隨無明義故，一切法不可得。入如是觀中，無緣即是十二因緣，此中無所生。菩薩觀十二因緣是虛妄生，隨順無明義，通達十二因緣。若法無者是法亦無，是故說隨順無明義，通達十二因緣，無明是不生不作不起、無根

本、無一定法、無緣無所有。菩薩爾時不分別是明是無明,無明實相即是明,因無明故一切法無所有,一切法無緣無憶想分別,是故隨順無明義,通達十二因緣。(《大正藏》卷十四第655-657页)

【评说】"十二因缘"是佛教描述心身现象一切活动的理论,它指出一切心身活动因果相续,因中有果,果中有因。无明是一切烦恼的总称,是产生恶业的根由,是导致不良心身状态的根结所在;行指依无明所造的业;识是过去业力的载体,泛指为精神活动;名色即胎相初成,是心身现象的总称;六入由名色而来并逐渐完备,胎儿长成具备视觉、听觉、嗅觉、味觉及触觉等功能;触指出胎后六根与外境接触;受即为对接触到的外境产生的情绪;爱即为对外境产生贪染;取是对爱染欲境的趋求;有是依业力所生的未来果报;生即未来再次受报五蕴身;老死即未来五蕴身老死。佛陀主张众生去除贪嗔痴等无明烦恼,从根本上灭除导致心身恶性循环的因由。缘起学说的建立,不仅仅只是为了说明心身活动的现象,更是为了提供一条可以促进心身之间积极互动的途径。

四念处品第六

【提要】佛陀在王舍城迦兰陀竹园为持世菩萨说四念处。

【原文】如是正觀身時又復思惟:"是身非我非彼,不得自在不得隨意作是不作是,是身無根本,無一定法可得,是身性空無一決定相。是身虛妄所起,繫於機關作法,從本業因緣起,不應於身中生我我所想,我等不應惜身壽命。"

菩薩如是觀時,不得身若合若散,不見有所從來、去有所至、有所住處。不分別是身若過去、若未來、若現在,則不依止身命,不貪惜身若我若我所,常離身受。是菩薩觀身空無我無我所,是身中我我所不可得故,是身相不可得。是菩薩若不得身相,即不願身入,身不起作道。云何為入?是身無有作者無有起者,是身不作不起相,從眾因緣生,是因緣能和合身,而是因緣亦虛誑無所有,顛倒相應空無牢堅。亦以是因緣故是身得生,是因緣亦無生無相。如是觀身即入身無生相中,入已觀身無相,以無相相觀身,知是身無相,相不可得故無生。是身過去相未來相現在相不可得。何以故?是身無根本,無一定法可得,是身若此若彼不可得。如是觀時,知身無所從來亦無所去,即入身不生不滅道。

持世!菩薩摩訶薩如是願身觀身入如實相,於身欲染則能除斷,疾令其念正住身中,是名順身觀身。

持世!何謂菩薩摩訶薩順受觀受?菩薩摩訶薩觀苦受、樂受、不苦不樂受。見是三受,無所從來亦無所去,但虛妄緣合,本業果報所持顛倒相應,知諸受虛妄,從憶想分別起。菩薩如是觀諸受,不得過去受,不得未來受,不得現在受。是菩薩見過去諸受空,無我無我所,無常無牢堅,無不變異相。如是觀是過去諸受空相,寂滅相無相相,觀未來諸受空,無我無我所,無常無牢無堅,無不變異相。觀未來諸受空相,寂滅相無相相。

是菩薩如是觀時作是念:"諸受無決定相,無有根本無一定法,不相似故,新新生滅無有住時。"菩薩作是念:"是諸受無作亦無作者,但凡夫顛倒相應心中起三種受,屬本業因,今世緣合故有是諸受,是諸受皆空無有牢固,虛妄之法猶如空拳。"如是觀受,心住一處。

菩薩爾時得通達諸受集沒滅相,見諸受不合不散,又受中不見受,作是念:"諸受空,性空故。"即通達諸受無生相。此諸受無生無滅無有成相,是諸受皆無相無成相。如是思惟,受諸受時皆能不著,如實知見諸受相,離諸所受,於此諸受亦無所依,於諸受中心皆放捨,則疾得捨三昧。持世！菩薩摩訶薩如是順受觀受。

持世！何謂菩薩摩訶薩順心觀心？菩薩摩訶薩觀心生滅住異相。如是觀時作是念："是心無所從來亦無所去，但識緣相故生，無有根本無一定法可得，是心無來無去無住異可得。是心非過去未來現在，是心識緣故從憶念起，是心不在內不在外不在中間。是心無一生相，是心無性無定，無有生者無使生者，起雜業故說名為心。能識雜緣故說名為心，念念生滅相續不斷故，說名為心，但令眾生通達心緣相故。心中無心相，是心從本已來不生不起性常清淨，客塵煩惱染故有分別。心不知心亦不見心。何以故？是心空，性自空故，根本無所有故。是心無一定法，定法不可得故。是心無法若合若散，是心前際不可得，後際不可得，中際不可得，是心無形無能見者，心不自見，不知自性。但凡夫顛倒相應，以虛妄緣識相故起。是心空無我無我所，無常無牢無堅，無不變異相。"如是思惟，得順心念處。是人爾時不分別是心是非心，但善知心無生相，通達是心無生性。何以故？心無決定性，亦無決定相。智者通達是心無生無相，爾時如實觀心生集沒滅相，如是觀時，不得心若集相若滅相，不復分別心滅不滅，而能得心真清淨相。

菩薩以是清淨心，客塵所不能惱。何以故？菩薩見知心清淨相，亦知眾生心清淨相，作是念："心垢故眾生垢，心淨故眾生淨。"如是思惟時，不得心垢相，不得心淨相，但知是心常清淨相。持世！菩薩摩訶薩如是順心觀心。(《大正藏》卷十四第 658 页)

【评说】只有体悟到身心的无常性以及变异性，才能对物我有一个正确的理解，不至于偏执。

宝授菩萨菩提行经

西天译经三藏朝散大夫试光禄卿明教大师臣法贤奉诏译

【提要】佛陀在广严城大林间时为宝授菩萨说使人清净的"五种宝"和修行应常思念的"四种宝"。

【原文】爾時妙吉祥菩薩告寶授菩薩言："云何說為菩提？"

寶授菩薩言："離諸語言，名為菩提。"

妙吉祥言："汝當云何作如是說？"

寶授菩薩言："法本無言，故作是說。"(《大正藏》卷十四第 703 页)

【评说】佛家认为，在证悟人生的意义时不能被语言束缚，强调自心的领悟。

【原文】寶授菩薩言："當如是說。不斷貪慾瞋恚，不捨愚癡，不斷煩惱乃至五蘊六處等。又復於智慧愚癡不生疑惑，不心念佛、不思惟法、不供養眾亦不持戒。不於朋友而求寂靜，乃至諸難亦不越度。妙吉祥！當為初地菩薩說如是法，令如是學。於意云何？亦復不應於是諸法而有住相，若住相者是為住法，彼即愚迷起生滅法。若於是法說無疑惑，即於法界知其性也。若能如是了法性者，是得名為說菩提也。妙吉祥！若有菩薩聞斯法已不驚不怖，當知是為得不退轉。"

爾時會中有八苾芻，忽聞說此無相正法，心不愛樂，出於法會，吐血命終，皆墮阿鼻大地

獄中。(《大正藏》卷十四第703页)

【评说】此段经文,记载了剧烈的精神刺激导致人吐血而亡的案例。

佛说除盖障菩萨所问经

西天译经三藏朝散大夫试鸿胪少卿传梵大师赐紫沙门臣法护等奉诏译

【提要】佛陀在象头山中与除盖障菩萨问答谈论佛理。

卷　第　三

【提要】佛陀在象头山中为除盖障菩萨说戒行、十种忍辱、十种精进。

【原文】"復次,善男子!云何是離諸煩惱燒然戒行?謂若菩薩或貪火燒然,或瞋火燒然,或癡火燒然,或餘煩惱之火燒然,或餘諸受用侵害火燒然。若欲不燒然者,當起貪之對治,及應遠離貪所起緣。何謂貪之對治?即不淨觀是貪對治。不淨觀者,謂自身中諸不淨物,髮毛爪齒涎淚涕唾,淡癊垢汗大小便利,皮膚血肉骨髓肪膏,腦膜筋脈脾腎心肺,肝膽腸胃胞及肚肱,凡如是等諸不淨物,菩薩應當作此觀想起是思惟:"世間所有彼愚癡者,不明解者,造不善者,尚能了知諸如是等不淨物已,不處貪心;況智者乎?"此為菩薩多種不淨之觀是貪對治。(《大正藏》卷十四第709页)

【评说】这段经文提出,贪火、嗔火、痴火、烦恼之火、受用侵害火使人无法安宁。不净观对治贪火。人如果看到自身不净之物,如毛发、齿爪、涎泪、涕唾、大小便、皮肤、血肉、脂肪、筋膜、心肺、肝胆等,就可对治贪念。

卷　第　四

【提要】佛陀在象头山中为除盖障菩萨说十种善法及贪、嗔、痴三种不善法。

【原文】貪有三種上、中、下品。上品貪者,若身若心極其分位,而生染著無離貪心,由染著故於一切處不生慚愧。何者是無慚?謂獨止一處作是思惟,而起尋求諸所欲事,稱讚欲境自現有德,是為無慚。何者是無愧?由彼貪欲因緣,於父母等前違背很戾及生惱害,於餘師尊之所亦無恥忸,自現有德,是為無愧。以是因緣,命終之後墮惡趣中,此名上品貪。中品貪者,謂若親近諸欲境時,自初至末雖復暫有所成,旋起離貪之心即生變悔,此名中品貪。下品貪者,謂若親近諸欲境時,或身相觸或共語言,或瞻視間,旋起即滅,此名下品貪。總要而言,一切濟命受用資具,有所欲者皆名下品貪。

瞋有三種,上、中、下品。上品瞋者,隨於所起諸瞋境中,生極瞋恚而復暴惡,遍造五無間罪。或隨造一無間罪,或謗正法,凡如是等總聚五無間罪,算分數分及譬喻分,乃至烏波尼殺曇分,皆不能及,由此因緣,身壞命終墮大地獄。若或暫得生於人間,身相黑色其目赤惡,性多恚暴,此因緣故,還墮地獄,此名上品瞋。中品瞋者,隨於諸瞋境中若暫起已,或微分造不善罪業即速變悔,旋起對治而令止息,此名中品瞋。下品瞋者,謂於親愛和合境中,隨以瞋緣輒生輕謗，雖復暫起於刹那間即生變悔，旋起對治而令息滅此名下品瞋。

癡有三種，上、中、下品。上品癡者，謂一切處若行若止，悉無善作亦無憂戚，不生變悔，此名上品癡。中品癡者，若起少分不善之業，雖有所成即速變悔，於同梵行人所懺謝其罪，不現己德，此名中品癡。下品癡者，謂於如來所制戒中不越性罪，違犯初篇戒學之罪，此名下品癡。(《大正藏》卷十四第712-713页)

【评说】佛陀将贪、嗔、痴分别细分为上中下三品。其中下品贪，指仅对维持生命活动的基本物质有贪着；中品贪，指在欲界(人世间)有所成就但有离弃之心；上品贪，指心生染著，即使在父母、师长面前也无惭愧心。下品嗔，在和亲近的人相处时起了嗔心即刻悔恨，采用对治法消除嗔心；中品嗔，嗔心产生后做了轻微的不善行为后立刻悔悟而中止；上品嗔，起了嗔心后异常暴怒，随之做了很多恶劣的行为。下品痴，行为只是轻微违反了佛陀的戒律；中品痴，违反戒律即刻悔悟，向同道忏悔；上品痴，对自己的恶行毫无悔悟。

贪、嗔、痴上、中、下三品的划分中，归于下品者反而是层次最高的，可见佛陀的划分法与日常分类方法相异。

卷第十一

【提要】佛陀在象头山中为除盖障菩萨说修十种法、善知空境界、善修无相之行、得诸愿离著、得慈身具足、悲身具足、善修喜行、善修舍行等。

【原文】“善男子！譬如有人為大醫師，善療眾病，國中第一無有倫比，然其國中不知是人，明善方藥具醫勝得。時彼醫師，見有疾苦所逼惱者即起是念：‘是人疾苦不善方藥，我今應當為其治療。’是時，醫師詣病人所語其人言：‘我是醫師，明練方術，善知眾病及病所因，汝之病惱善為治療。’時彼病人聞是言已，即於醫師起信重心而作依仗。醫師即時為其治療，病得除愈。

善男子！於汝意云何？而彼醫師於病人前說已能解，為自讚邪？”

除蓋障菩薩白佛言：“不也。世尊！”

佛言：“善男子！如來亦復如是，為大醫王，善療有情諸煩惱病，知病所因施大法藥，而諸有情為無明等諸煩惱病之所逼迫，如來見已即詣其前，稱說如來具勝功德。令諸有情為其病苦所逼惱者，聞說如來勝功德已，能生清淨信重之心，以佛如來而為依仗。是故如來勝大醫王，為彼病者施大法藥，使諸有情煩惱重病咸得銷滅。

善男子！何等是大法藥？所謂多貪有情作不淨觀，多瞋有情作慈悲觀，愚癡有情作緣生觀。以是緣故，乃見如來自讚勝得。”(《大正藏》卷十四第732页)

【评说】佛陀时代已有善治病的大医师，而佛陀因善于治疗“有情诸烦恼病”(人们的心理疾病)而被誉为大医王。佛陀对应治疗心理疾病的方法称为大法药：不净观治贪病、慈悲观治嗔病、缘起观治痴病。

卷第十四

【提要】佛陀在象头山中为除盖障菩萨说修十种法、得一坐法、常受一食、善住阿兰若处、常树下坐、常观骨锁之想、能常坐、成瑜伽行。

【原文】復次，善男子！菩薩若修十種法者，得一坐法。何等為十？一者、一坐菩提場中，諸魔驚怖而永不動；二者、證出世定而永不動；三者、具出世慧而永不動；四者、得出世智而永不動；五者、證悟空性而永不動；六者、如實覺了諸法而永不動；七者、得聖道法而永不動；八者、住於實際而永不動；九者、證真如性而永不動；十者、成一切智智而永不動。善男子！此一坐者是謂一切智座，亦名法座，是故菩薩一登其座而永不動，是即名為一坐之法。善男子！菩薩若修如是十種法者，得一坐法。（《大正藏》卷十四第738-739页）

【评说】一坐法，即为禅坐法，长时间禅坐可以获得特殊的心身状况。

【原文】又，善男子！菩薩若修十種法者，常樹下坐。何等為十？一者、不得極近聚落依樹下坐；二者、不得極遠聚落依樹下坐；三者、不於棘刺叢林樹下而坐；四者、不於藤蔓纏縛樹下而坐；五者、不於枯葉樹下而坐；六者、不於有獼猴處樹下而坐；七者、不於有飛鳥處樹下而坐；八者、不於惡犬住處樹下而坐；九者、不於近道路處樹下而坐；十者、不於惡人住處樹下而坐。何以故？菩薩若能離如是處依樹下坐，即身得輕安心生適悅。善男子！菩薩若修如是十種法者，常樹下坐。（《大正藏》卷十四第739页）

【评说】禅坐时应该注意环境，如果选择在树下禅坐，应该回避离人群过近过远的树、棘刺藤蔓缠绕的树、枯叶多的树、有猕猴出现的树、有鸟巢的树、有恶犬出没的树、道路边的树。

佛说阿难问事佛吉凶经

后汉安息国三藏安世高译

【提要】佛陀向阿难解释有的人富贵吉祥、家庭和美，有的人疾病缠身、衰落孤独的原由。

【原文】有人事佛，不值善師，不見經教，信意不堅，亦有戒名違犯正律；既無形像，亦不燒香然明作禮，恒懷瞋恚，惡口罵詈，六齋不持，殺生趣手；不敬佛經，持著雜物弊篋之中，或著妻子床上不淨之處，或持掛壁無有床坐棚閣，與世書無異。若有疾病了不念佛，便呼巫師卜問祠祀，請乞邪神，天神離遠不得善護，妖魅日進，惡鬼屯門，令之衰耗所向不諧。現世罪人非佛弟子，死入泥犁百毒掠治，魂神痛酷不可得言。愚人瞢不能自思，先行無功還怨天地，責聖咎天迷謬乃爾，甚為愚癡，遂為三塗所見綴縛。（《大正藏》卷十四第754-755页）

【评说】佛陀指出，人生病之后不坚持念佛，而是请巫师卜问、向邪神乞求，致使妖魅恶鬼纠缠，导致疾病不能痊愈、生命耗损而终。

佛说阿难四事经

吴月支国居士支谦译

【提要】佛陀在拘夷那竭国对阿难解说佛灭度后得福得度的四种方法。

【原文】國中多有盜賊，水火災異，變生毒氣，流布疾病縱橫，悉是海中龍神鬼王之所為也，故得此毒重病憂惱。此諸鬼神龍者，皆是世人所為，射獵屠殺魚網中毒死者。其魂神或墮海中為龍，或為有力太神化生之類，皆知宿命，忿怒宿怨，因作霧露吐惡毒氣，雨其國中。其時人民，或中毒死者，或但得病者，有相塗污者，皆由世人所作。不仁殘殺物命，展轉相怨；手自殺者，中毒即死；助其喜者，皆更困病；或相塗污，不相塗污者，皆由食肉，有相分者、不相分者。聽聰之士，覺知殺罪追人不置，以己度彼，正等無異。如此奉行，佛之弘道，行四等心，慈悲喜護，福自歸身。若彼殺家，以肉與己，慎莫食之。不食之者，雖處惡世、盜賊災變、毒氣之時，雖處其中，不相塗染。其帝王人民富有盈穀；孤獨鰥寡，衣食不充，疾病困篤，無以自濟，當給醫藥，糜粥消息，令其得愈，命不橫盡。當明此人宿命行惡，不信三尊，背真向偽，慳貪所致，罪福分明，慎莫為惡；亦當慈心，以佛經法，教訓愚癡，令持經道。若活一人，使病得愈，示之善道，令持五戒，終身清潔，與侍佛身，其福正等，是謂三事也。(《大正藏》卷十四第757页)

【评说】经文指出，流行疾病的产生多与海中龙神鬼王有关。这些龙神鬼王是被射猎、屠杀、渔网、施毒等手段杀害的生命的魂神堕入海中而成，因为积累的怨忿化作恶毒气吐出，散布于国中，致使疫病流行。可见，佛陀时代已认识到人与自然界的变化息息相关，自然灾害虽然是自然界中发生的异常现象，但与人类滥杀密切相关，自然灾害引发的疾病与人类自身的行为不无关系。所以众生只有信奉三尊、奉持五戒、行善积德、心怀慈悲，才有可能避免死后堕入畜牲道，少生疾病；以慈悲喜护之心对待万物、减少杀戮，才是减少自然灾害与疾病的根本方法。这种观点与现代尊重自然、善待自然、遵循自然界的发展规律有类似之处。

佛说阿难分别经

乞伏秦沙门释法坚译

【提要】佛陀为阿难说信奉佛法与不信、杀害别人与被杀害的分别。

【原文】……若疾病者，狐疑不信，便呼巫師，卜問解奏，祠祀邪神，天神遠離，不得善護，妖魅日進，惡鬼屯門，令之衰耗，所向不諧。(《大正藏》卷十四第758页)

【评说】佛陀认为，患病后求助巫师为其占卜、祠祀邪神的行为不能使疾病痊愈。

罗云忍辱经

西晋沙门法炬译

【提要】佛陀为罗云解说“忍”的功德。

【原文】師徒俱還。飯竟澡鉢，洗手漱口，俱到佛所，稽首佛足。鶖露子退坐，具以本末，向佛陳之。世尊告曰：“夫惡心之興，興己之衰。輕薄者命終，至于夜半，當入無擇地獄之中。獄鬼加痛，毒無不至。八萬四千歲，其壽乃終。魂神更受含毒蟒身，毒重還害其身。

終而復始，續受蝮形，常食沙土，萬歲乃畢。以瞋恚意向持戒人，故受毒身；以沙土投鉢中，故世世食沙土而死。罪畢乃出，得生為人。母懷之時，常有重病，家中日耗，生兒頑鈍，都無手足。其親驚怪，宗家皆然，曰：‘斯何妖？來為不祥。’即取捐之，著于四衢。路人往來無不愕然，或以瓦石擲，或以刀杖，皆擊其頭，蹈腦窮苦，旬月乃死。死後魂神即復更生，輒無手足，頑鈍如前，經五百世，重罪乃畢。後乃為人，常有頭痛之患。”（《大正藏》卷十四第769页）

【评说】经文记载了各种怀有恶心所得的恶报。有的入地狱中受苦刑，寿终后化为蟒身，受蟒蛇之毒侵害，直到八万多岁才结束；有的以嗔恚态度对待持戒人，将沙土投到钵中，会世世食沙土而死，直到罪罚结束，转世为人。这类人的母亲在孕期时经常生病，其出生后愚顽鲁钝，没有手足，被人遗弃，经历五百世，重罪才能结束。以后转世为人，也常常患头痛病。

【原文】世尊重曰：“鶖露子！夫人處世不惟忍者，所生之處，不值佛世、違法遠僧，常在三塗，終而復始，輒有劫數。若蒙餘福得出為人，稟操常愚、虐自隨，乃心嫉聖、謗毀至尊，為人醜陋，眾所惡憎，生輒貧窮，仕不得官，願與意違，天神聖賢所不祐助。夜常惡夢，妖怪首尾，飛禍縱橫，所處不寧，心常恐怖。斯之所由，由不忍伏惡心，故使然耳。忍惡行者，所生常安，眾禍消滅。願輒如志，顏貌煒曄，身強少病，財榮尊貴，皆由忍辱慈惠濟眾之所致也。忍之為福，身安親寧，宗家和興，未嘗不歡。智者深見，迮伏其心。心者誤人，破家危身，王法所戮，地獄燒煮，或為餓鬼，亦為畜生，皆心之過也。”（《大正藏》卷十四第769页）

【评说】人们在娑婆世间经常没有容忍之心，远离佛法，就会有灾劫，不仅不能实现愿望，得不到天神祐护；而且会经常做恶梦，长期处于恐怖不安的状态。如果能做到遇事常“忍”，就会平安和睦，身体强健少病。以现代的观点来看，“忍”或可以帮助人们处理较为激烈的负性情绪，不至于冲动。

【原文】世尊又曰：“寧以利劍貫腹截肌，自投火中；慎無履惡。寧戴須彌，迮毀其命，投于巨海，魚鱉所吞；慎無為惡矣。不知其義，慎無妄言。佛之明法，與俗相背，俗之所珍，道之所賤。清濁異流，明愚異趣，忠佞相讐，邪常嫉正。故嗜欲之人，不好我無慾之行也；寧吞然炭，無謗三尊，忍之為明，踰於日月。龍象之力，可謂盛猛，比之於忍，萬萬不如一。七寶之燿，凡俗所貴，然其招憂，以致災患。忍之為寶，終始獲安。布施十方，雖有大福，福不如忍。懷忍行慈，世世無怨，中心恬然，終無毒害。世無所怙，唯忍可恃。忍為安宅，災怪不生；忍為神鎧，眾兵不加；忍為大舟，可以渡難；忍為良藥，能濟眾命；忍者之志，何願不獲。若欲願為飛行皇帝典四天下，第二天帝釋，及上第六天，壽命無極身體香潔，所願自然。猶若家物取之即得。志願清淨沙門四道，求之可得，在己所向。吾今得佛，諸天所宗，獨步三界，忍力所致。”（《大正藏》卷十四第769-770页）

【评说】佛陀告诫人们不要行恶，并强调了“忍”的重要性及果报。“忍为良药，能济众命”，“忍”是一种有效的心理治疗方法，可以救治人们的性命。

比丘听施经

东晋天竺三藏昙无兰译

【提要】佛陀在舍卫国祇树给孤独园中为比丘听施讲佛法。

【原文】佛言："曾有二人，俱出在道，其一人曉道徑，其一人不曉道徑。不曉道徑者，便往問曉道徑者言：'我欲至某聚鄉郡縣國，願語我道所由。'曉道徑者便言：'汝從是道，直右行前，當有兩道，捨左道上右道，直右行須臾前當見溪谷；溪谷上亦當復有兩道，捨左道上右道，直右行須臾當見叢樹；叢樹上亦當復有兩道，捨左道上右道，直右行須臾稍稍便得若所欲至聚鄉郡縣國。'"

佛言："我上頭所譬喻說，當知是一切所說，亦當諦觀此所說。上頭所說，不曉道徑者，謂世間邪道，亦復謂諸所受邪者所說。上頭曉道徑者，謂如來不著正覺，亦復謂諸所受正覺者。"

"所說左道者，謂諸惡人三惡念：一者、欲念；二者、亂念；三者、賊害念；亦復謂邪見、邪念、邪說、邪意、邪行、邪方便、邪志、邪定。"

"亦說右道者，謂三善念：一者、出家念；二者、不亂念；三者、不賊害念；亦復謂正見、正念、正說、正意、正行、正方便、正志、正定。"

"所謂兩道者，謂人所疑；所說溪谷者，謂瞋恚；所說叢樹者，謂五樂：一者、眼樂色，愛欲可以好色貪著；二者、耳樂聲；三者、鼻樂香；四者、舌樂味；五者、身樂細軟，愛欲可以好色貪著。所說聚鄉郡縣國者，謂無為德。"

佛告聽施："是諸佛事，我以悲心故說，是其欲度脫者，我已愍傷之。今彼是若事，當以寂靜樹下，空閑一處，一心體行，若山澤塚間，當以果蓏為食，比丘莫貪欲，於世間居後悔之，是諸佛行，亦諸佛教。"(《大正藏》卷十四第 773 页)

【评说】佛陀用寓言故事向听施及诸比丘解说了正与邪的关系，在面对嗔恚、五乐时应能割舍，一心向道，不能贪恋嗜欲。

佛说蓱沙王五愿经

吴月支国居士支谦译

【提要】佛陀在王舍国鷂山中为弗迦沙解说六事为人身、四事坚制人的佛法。

【原文】佛言："合此六事，能成為人身。人身凡六事有所覺知。人志用十八事轉動人意。凡有四事，道人所當奉行；奉行已，志不復轉；志不復轉者，便得道；得道已，不復生，不復老，不復病，不復於今世死，亦不復於後世死，亦不復愁，亦不復憂，亦不復怒，亦不復思，亦不復愛。是為度世之道。"(《大正藏》卷十四第 780 页)

【评说】人由六事合成，如果奉行四事，坚志不移便能得道。得道的人，超脱生死，没有愁忧喜怒。

【原文】請解六事合名為人。熟聽之！一者地，二者水，三者火，四者風，五者空，六者心。何等為地？地有二品：身地、外地。何等為身地者？謂髮、毛、爪、齒、皮、肉、筋、骨、脾、腎、肝、肺、腸、胃。身中諸堅者皆為地。身地、外地同合為地。身地、外地非我地，適無所復貪愛知者。當熟思惟是以自解。

何等為水？水有二品：身水、外水。何等為身水者？謂淚、涕、唾、膿、血、汗、肪、髓、腦、小便。身中諸軟者皆為水。身水、外水同合為水。身水、外水非我水，適無所復貪愛知者。當熟思惟以自解。

何等為火？火有二品：身火、外火。何等為身火者？謂身中溫熱、腹中主消食。中熱身諸者皆為火。身火、外火同合為火。身火、外火非我火，適無所復貪愛知者。當熟思惟以自解。

何等為風？風有二品：身風、外風。何等為身風者？謂上氣風、下氣風、骨間風、腹中風、四支風、喘息風。身中諸起者皆為風。身風、外風同合為風。身風、外風非我風，適無所復貪愛知者。當熟思惟以自解。

何等為空？空有二品：身空、外空。何等為身空者？謂眼空、耳空、鼻空、口空、喉空、腹空、胃空、食所出入空。是為身空。身空、外空同合為空。身空、外空非我空，適無所復貪愛知者。當熟思惟以自解。

智者學道，能自別知身中五分。餘一分者心。心清淨無欲，自念："我清潔如是"。若願欲上第二十五空慧天，恐於二十五天上壽數千劫不得脫。若復願上第二十六識慧天，壽復倍於二十五天上，恐復不得脫。若復願欲上第二十七無所念慧天，壽復倍二十六天上，恐復不得脫。若復願欲上第二十八無思想天，壽八十四千萬劫，恐復不得脫。志便厭苦，壽久不得脫，便取泥洹道。(《大正藏》卷十四第780页)

【评说】经文详细解说了"六事合为人"。人由六事即地、水、火、风、空、心和合而成。地指发、毛、爪、齿、皮、肉、筋、骨、脾、肾、肝、肺、肠、胃等实质脏器组成；水指泪、涕、唾、脓、血、汗、肪、髓、脑、小便等液体物质；火指温热、消食等功能，风指出入体内的功能；身空指眼、耳、鼻、口、喉、腹、胃、食物摄入排出的通道等；心指智慧、思想等。人即由此六事组成。

【原文】何等為六事各合者？謂目合於色，耳合於聲，鼻合於香，舌合於味，身合於細滑，心合於知。是為六合。

何等為志十八轉者？謂目為好色轉，為惡色轉，為中色轉；耳為好聲轉，為悲聲轉，為惡聲轉；鼻為好香轉，為惡香轉，為臭香轉；舌為美味轉，為惡味轉，為無味轉；身為細軟轉，為麁堅轉，為寒溫轉；心為善事轉，為惡事轉，為世事轉。為志十八轉。(《大正藏》卷十四第780页)

【评说】眼、耳、鼻、舌、身、心能分别感知外界的色、声、香、味、粗细、寒温与善恶。

佛说净饭王般涅槃经

宋居士沮渠京声译

【提要】佛陀在王舍城耆阇崛山中为众比丘说净饭王涅槃的经过。

【原文】時,舍夷國王名曰淨飯——治以正法,禮德仁義,常行慈心——時被重病,身中四大,同時俱作,殘害其體,支節欲解,喘息不定,如駃水流。輔相宣令國中明醫,皆悉集會,瞻王所疾,隨病授藥,種種療治,無能愈者,瑞應已至,將死不久。

時王煩躁,轉側不停如少水魚,夫人、婇女見其如是,益更愁惱。(《大正藏》卷十四第781页)

【评说】净饭王受地、水、火、风四大残害,出现喘息、烦躁、肢体欲解离等症状。

佛说谏王经

宋安阳侯沮渠京声译

【提要】佛陀在舍卫国祇树给孤独园为不离先尼国王说待民“四意”,以及不可得止的“四件事”。

【原文】當以四意待於國民。何謂為四?隨時廩與,和意與語,所有珍寶與民共之,占視老病及諸鰥寡。王如是者,國中和平即得其福,壽終上天所願自然。王不可以常得自在,人皆敬畏以之為樂,名象、好馬、寶車、賢臣,群寮百官導從前後,內藏珍寶倉庫百物,皆當腐壞無長存者。

年少會老,強健必病,含血之類皆當歸死,珍寶、妻子、家室內外不可常得,如人夢見殿舍、好園、樹木、花果、池水、流泉,遊戲其中快樂無極,寤則霍然莫知所在,覩世所有皆如人夢。(《大正藏》卷十四第785-786页)

【评说】佛陀认为,国王应当瞻视病人及鳏寡,因为“年少会老,强健必病,含血之类皆当归死”,即人身为血肉之躯,既有年少时、也将老去;既有强壮时,也有生病之时;在最终都会死去,不会长久。

【原文】人有四事不可得止:老至體枯、病來心惱、身死神去、所有珍寶皆當棄捐不可得保,此四一至不可得離,無避逃處,非口所能守請陳謝,不可財許求哀得解。是時,所有名象、良馬、珍寶、壯士、群臣、百官護導前後,孰能為王排却之者?王寧見師子,獸中最猛,遙見群鹿意欲所取,便前搏撮裂食其肉,如斯之痛安可言乎?命如師子取群鹿時,人命欲終身體不寧,血脈為消面色為變,命日欲促,五藏不治不思飲食,雖有神呪、良醫、善藥不能使愈。口為妄語,其所索者家室恣之,身體皆痛如被掠治,手足抂攘骨節欲解,口乾息極羸瘦困劣,不能起居坐臥須人;若得良藥糜粥甘食人當含之,必復苦極筋脈欲絕,但有出氣無復報入,脣燥乾焦,正氣竭盡邪氣在處;舌稍却縮面目無色,耳鼻閉塞不聞聲香,手足拘攣筋急,口噤欲言不能,手或把空莫索邊傍,白汗目淚流出相續,心意著痛識轉消滅無所復知,熅去身冷魂神去矣。所有珍寶、父母、兄弟、妻子,內外知識、奴婢皆當棄捐,隨行獨去不知所到,世間雖樂不得久留。(《大正藏》卷十四第786页)

【评说】人生避免不了老、病、死、财产散离。人在临死前会出现身体不安、血脉消减、面色改变、不思饮食,神咒、良医、善药都没有办法使其痊愈;此后会出现恣意妄言、身体疼痛、手足抂攘骨节欲解、口干、呼吸不畅、羸瘦疲倦、坐卧不能自主,若经过医治,也会出现呼多吸

少、嘴唇干燥、舌头缩小、面目无色、耳鼻闭塞、手足拘挛筋急、口噤语言不利、撮空理线、汗出、流泪、知觉减退的情况。这是佛陀时代有关人临死前出现的各种变化的细致观察与系统描述。

如来示教胜军王经

大唐三藏法师玄奘奉诏译

【提要】佛陀在室罗筏住誓多林给孤独园为憍萨罗主胜军大王说应当以正法治国。

【原文】如是，大王！世有四種大怖畏事，各來磨滅一切眾生，難以決勇而可逃避，難以勢力而能抗拒，難以呪術財貨藥物而能禁止。

云何四種大怖畏事？大王當知！一者、老來逼害，磨滅眾生少壯；二者、病來逼害，磨滅眾生調適；三者、死來逼害，磨滅眾生壽命；四者、衰來逼害，磨滅眾生興盛。(《大正藏》卷十四第787页)

【评说】佛陀认为，人生最为恐惧的四件事是老、病、死、衰。这四件事不是依靠勇气、势力、财物、咒术、药物就可以抵挡的，所以我们对此应当建立正确的认知。

【原文】大王當知！譬如有人勇健多力毒箭所中，一切威猛皆悉摧滅。如是，大王！一切眾生剛強佷戾，死箭所中無復勢力、無復救護、無所歸依、無所投竄，臨欲捨命解支節時，血肉枯竭心胸熱惱，焦渴所逼張口大息，手足紛亂無所堪能，無有勢力涎涕交流，大小便利穢污身體，六根閉塞喉顙哽噎喘息逾急，良醫拱手棄諸妙藥。其所飲噉美味珍饌無不悉捨，偃臥床枕臨往異趣淪沒無際，生老病死無常瀑流，至臨終位餘命無幾，業有力故後有現前。甚大怖畏琰魔王使，廣大黑闇夜分所吞，出息入息最後將滅，唯獨一身無有第二及餘伴侶，奄背此生歸於後世。是大移轉趣大叢林，入大黑闇遊大曠野，泛大溟海業風所飄，往無標記冥寞方所，當於爾時無異救護、無異歸依、無異投竄，唯除正法。大王！彼於爾時，唯有正法能為救護、能為宮室、能作歸依，是所奔趣是所投竄，能拔眾生出生死苦。

大王當知！譬如有人寒苦所逼，唯有煖火日光衣等，所能止息而可獲安；熱苦所逼唯林泉等；若涉遠道唯清涼陰；若渴所逼唯清冷水；若飢所逼唯多美膳，若病所逼惟良醫藥及供侍者；若怖所逼惟強伴侶。如是，大王！一切眾生死箭所中，無復勢力、無復救護、無所歸依、無所投竄，臨欲捨命解支節時，血肉枯竭心胸熱惱，焦渴所逼張口太息，手足紛亂無所堪能，廣說乃至彼於爾時唯有正法，能為救護、能為宮室、能作歸依，是所奔趣是所投竄，能拔眾生出生死苦。所以者何？(《大正藏》卷十四第788页)

【评说】经文记载了人中箭毒后临死前的情形：血肉枯竭、心胸热恼、焦渴、张口大息、手足纷乱、无力、涎涕交流、大小便利秽污身体、六根闭塞、喉颡硬噎、喘息促急。佛陀认为，死苦可以通过佛法治疗，因为佛法是拔除生死苦患的根本方法。

佛说胜军王所问经

西天译经三藏朝奉大夫试鸿胪卿传法大师臣施护奉诏译

【提要】佛陀在舍卫国祇树给孤独园为胜军王说“四种法”“四大畏怖”及“十二因缘”。

【原文】大王！又如四方有四大山從空而來，彼山高廣一一堅牢墮於閻浮，而此地中所有一切草木叢林，皆悉摧滅而無有餘，彼有力者不能為救。大王！此諸世間有四大怖而來逼迫，亦復如是，一切眾生無所逃避，有大力者不能為救。四怖者何？一者、邪行怖；二者、老怖；三者、病怖；四者、死怖。大王！邪行若生壞滅正行，老怖若來壞少年相，病怖若來壞安樂法，死怖若來壞滅壽命。大王！又如師子為獸中王，若入獸群取一獸食，彼所取獸何能逃避，入師子腹滅無有餘。大王！無常大力於諸眾生，亦復如是。（《大正藏》卷十四第 789 页）

【评说】佛陀认为，人生最为恐惧的四件事是老、病、死、衰。这四件事不是依靠勇气、势力、财物、咒术、药物就可以抵挡的。

【原文】大王！諸世間人將趣命終，先染病苦如中毒箭氣力劣弱，筋骨肢節皆悉疼痛，皮肉乾枯手足戰動穢惡流溢，眼耳鼻舌身等諸根不能發識，諸境不現，唯見自造不善業境現在其前生大怖畏，無所依怙誰為救者？父母眷屬徒共圍繞，名醫良藥不能為療，上味飲食不能食噉，於念念中起無常怖，彼出入息漸漸微細，如是病怖方始起心念作善業，微出其聲告父母言：“我今大怖，惡境現前，壽命將斷，父母為我作諸利益，施佛及僧願垂救護。”如是言已，於剎那間其命即斷，此處既謝他處復生，隨自作業受諸果報。

大王當知，世間眾生若善不善、若勝若劣，從自因生果無所失，作善業者是所歸趣是所依怙，臨命終時不生怖畏，此處緣謝生於他處受勝果報。是故，大王！汝今應當捨世間法離諸染著，修出世行趣善法門，於念念中作無常想，若如是者，於善法中乃名精進。

復次，大王！如世間人入大火聚，須以方便即能息滅；處熱惱中，須假清淨而方醒寤；受飢渴時，假以飲食方能救濟；染病苦時，假以良藥即能除愈；於危難中，得有力者諸善知識乃脫諸難；受貧困時，得大財寶方能拯濟；入戰陣時，須被勇猛堅固鎧甲方得戰勝；於一切處，無依無怙孤獨苦惱，得其親友方為依止。

大王！出世善法亦復如是，於諸世間同彼上說，飲食良藥親友等類，能為依止能為救護。大王！若人不修出世善法都無所託，臨命終時自生怖畏誰為救者，捨此報已自受其苦誰為拯拔，以是事故，我如實說。（《大正藏》卷十四第 789-790 页）

【评说】经文记载了人染病后临死前的情形：气力劣弱、筋骨肢节疼痛、皮肉干枯、手足战动、秽恶流溢、眼耳鼻舌身等失去知觉。

【原文】是故，大王！當須速捨諸世間法，常念修行出世間法。何以故？大王當知，彼生滅法皆由無明為因緣故，所謂無明緣行、行緣識、識緣名色、名色緣六處、六處緣觸、觸緣受、受緣愛、愛緣取、取緣有、有緣生、生緣老死憂悲苦惱，如是即一大苦蘊集。若無明滅即行滅，行滅即識滅，識滅即名色滅，名色滅即六處滅，六處滅即觸滅，觸滅即受滅，受滅即愛滅，愛滅即取滅，取滅即有滅，有滅即生滅，生滅即老死憂悲苦惱滅，如是即一大苦蘊滅，是故……

(《大正藏》卷十四第791页)

【评说】经文指出，世间生死悲忧等诸多烦恼皆由无明起，依次为行、识、名色、六处、触、受、爱、取、有、生、老死。前者为后者生起之因，前者若灭，后者亦灭。

佛说旃陀越国王经

宋居士沮渠京声译

【提要】佛陀在舍卫国祇树给孤独园讲述旃陀越国王听信婆罗门谗言杀害小夫人及其腹中之子，其子侥幸存活，精进修行证得罗汉道，回国点化父亲的故事，以及国王、小夫人、须陀、婆罗门等人的宿世因缘。

【原文】時有國王，號名旃陀越，奉事婆羅門道，王治國政輒任用諸婆羅門。

王小夫人，特見珍重，時兼娠。諸夫人憎嫉之，以金賜婆羅門，令譖之於王言："此人凶惡，若其生子，必為國患。"

王聞之，甚愁憂不樂，問婆羅門言："當如之何？"

婆羅門言："唯當并殺之耳。"

王言："人命至重，何可殺之？"

報言："若不殺者，必有亡國喪身之憂，禍不細也。"

王便聽用其言，遂見枉殺，便葬埋之。

兒後於塚中生，其母半身不朽，兒得飲其湩，乃至三年，其塚崩陷，兒後得出，與鳥獸共戲，暮即還塚中宿。

兒時年六歲，佛以普慈，念其勤苦與鳥獸同群，即化為沙門，被服往呼，問之言："汝是誰家子？居在何處？"

兒歡喜報言："我無家居，但栖宿此塚中耳，今乞隨道人去。"

佛言："汝隨我去，何等為乎？"

兒報言："我今善惡，終當隨道人。"

佛便將其到祇洹中，見諸比丘威儀法則，意甚樂之，便白佛言："我欲乞作比丘。"

佛即聽之，以手摩其頭，髮墮，袈裟自然著身，名為須陀，從佛受尊戒，勤意精進，心不懈怠，七日便得羅漢道。

佛語須陀："從佛受尊戒，拔欲之根本，生死得自在，今宜往度彼旃陀越王。"

須陀承佛教，頭面著地，為佛作禮，往到其國，住在宮門，請見於王。臣下白王言："外有道人，乞欲見王。"

王聞之即出，與相見，問言："我大有所憂者，當如之何？"

道人言："何所憂耶？"

王言："我年已長，且欲過時，國無續嗣，為之愁憂。"

道人聞王語，初不應之，獨笑而已。王便恚言："我與道人語，初不答我，而反獨笑，即欲治殺之。"

須陀知其意，便輕舉飛翔，上住空中，分身散體出入無間。王見其威神變化，即恐怖悔過言:“我實愚癡,不別真偽,唯願大神一還,令我得自歸命。”

須陀即從空中下住王前,謂王言:“若能自歸甚善,當自歸於佛,佛是我大師,三界之尊,度脫眾生。”

王便勑群臣,嚴駕當到佛所,須陀便以道力,如申臂頃,將王及人民,俱到佛所,頭面著地,為佛作禮,歸命三尊,乞受五戒,為優婆塞。

佛告王言:“欲知比丘須陀者,是王昔所用婆羅門言譖,殺兼娠者子也。母死之後,子於塚中生,塚中母半身不朽,得飲其湩,乃至六年,今隨我為道,乃致於此。”(《大正藏》卷十四第791-792页)

【评说】经文记载了妊娠妇女死后半身没有腐败并产子,子饮死母乳汁存活六年后因坟塚崩陷得以逃离的故事。

佛说五王经

失译人名今附东晋录

【提要】佛陀在祇桓精舍为普安王等五王宣讲生、老、病、死、恩爱别、所求不得、怨憎会、忧悲恼八苦。

【原文】諸王歡喜,各詣佛所,皆稽首作禮,退坐一面。大王胡跪,叉手白佛言:“我等今得為人,鈍闇無智,但深著世樂,不知罪福,願佛為弟子等,說其苦諦。”

佛言:“卿等善聽!當為汝說。人生在世,常有無量眾苦切身,今粗為汝等略說八苦。何謂八苦?生苦、老苦、病苦、死苦、恩愛別苦、所求不得苦、怨憎會苦、憂悲惱苦,是為八苦也。

何謂生苦?人死之時,不知精神趣向何道,未得生處,並受中陰之形,至三七日父母和合,便來受胎。一七日如薄酪;二七日如稠酪;三七日如凝酥;四七日如肉臠;五皰成就,巧風入腹,吹其身體;六情開張,在母腹中,生藏之下,熟藏之上。母噉一杯熱食,灌其身體,如入鑊湯;母飲一杯冷水,亦如寒氷切體;母飽之時,迫迮身體,痛不可言;母饑之時,腹中了了,亦如倒懸,受苦無量。至其滿月,欲生之時,頭向產門,劇如兩石挾山;欲生之時,母危父怖,生墮草上,身體細軟,草觸其身,如履刀劍,忽然失聲大呼。此是苦不?”

諸人咸言:“此是大苦。”

“何謂老苦?父母養育,至年長大,自用強健,擔輕負重,不自裁量,寒時極寒,熱時極熱,饑時極饑,飽時極飽,無有節度;漸至年老,頭白齒落,目視睆睆,耳聽不聰,盛去衰至,皮緩面皺,百節痠疼,行步苦極,坐起呻吟,憂悲心惱,識神轉滅,便旋即忘,命日促盡,言之流涕,坐起須人。此是苦不?”

大王答曰:“實是大苦。”

“何謂病苦?人有四大和合而成其身。何謂四大?地大、水大、火大、風大。一大不調,百一病生,四大不調,四百四病,同時俱作。地大不調,舉身沈重;水大不調,舉身膖腫;火大不調,舉身蒸熱;風大不調,舉身掘強,百節苦痛,猶被杖楚。四大進退,手足不任,氣力虛竭,坐起須人,口燥脣燋,筋斷鼻坼,目不見色,耳不聞聲,不淨流出,身臥其上,心懷苦惱,言輒悲哀,六親在側,晝夜看視初不休息,甘饍美食,入口皆苦。此是苦不?”

答言："實是大苦。"

"何謂死苦？人死之時，四百四病，同時俱作，四大欲散，魂魄不安。欲死之時，刀風解形，無處不痛，白汗流出，兩手摸空，室家內外，在其左右，憂悲涕泣，痛徹骨髓，不能自勝。死者去之，風去氣絕，火滅身冷，風先火次。魂靈去矣，身體侹直，無所復知。旬日之間，肉壞血流，膖脹爛臭，甚不可道，棄之曠野，眾鳥噉食，肉盡骨乾，髑髏異處。此是苦不？"

答言："實是大苦。"

"何謂恩愛別苦？室家內外，兄弟妻子，共相戀慕，一朝破亡，為人抄劫，各自分張，父東子西，母南女北，非唯一處，為人奴婢，各自悲呼，心內斷絕，窈窈冥冥，無有相見之期。此是苦不？"

答言："實是大苦。"

"何謂所求不得苦？家有財錢，散用追求，大官吏民，望得富貴，勤苦求之，求之不止，會遇得之，而作邊境令長。未經幾時，貪取民物，為人告言，一朝有事，檻車載去，欲殺之時，憂苦無量，不知死活何日。此是苦不？"

答曰："實是大苦。"

"何謂怨憎會苦？世人薄俗，共居愛欲之中，共諍不急之事，更相殺害，遂成大怨，各自相避，隱藏無地，各磨刀錯箭挾弓持杖，恐畏相見，會遇迮道相逢，各自張弓澍箭，兩刀相向，不知勝負是誰，當爾之時，怖畏無量。此是苦不？"

答曰："實是大苦。"

"何謂憂悲惱苦？人生在世，長命者乃至百歲，短命者胞胎傷墮。長命之者，與其百歲，夜消其半，餘有五十年；在醉酒疾病，不知作人，以減五歲；小時愚癡；十五年中，未知禮儀；年過八十，老鈍無智，耳聾目冥，無有法則，復減二十年；已九十年，過餘有十歲之中，多諸憂愁，天下欲亂時亦愁，天下旱時亦愁，天下大水亦愁，天下大霜亦愁，天下不熟亦愁，室家內外多諸病痛亦愁，持家財物治生恐失亦愁，官家百調未輸亦愁，家人遭縣官事閉繫牢獄未知出期亦愁，兄弟、妻子遠行未歸亦愁，居家窮寒無有衣食亦愁，比舍村落有事亦愁，社稷不辦亦愁，室家死亡無有財物、殯葬亦愁，至春時種作無有犁牛亦愁，如是種種憂悲，常無樂時，至其節日，共相集聚，應當歡樂，方共悲涕相向。此是苦不？"

答曰："實是大苦。"

爾時，五王及諸群臣，會中數千萬人，聞說諸苦諦，心開意悟，即得須陀洹道，皆大歡喜，作禮而去。（《大正藏》卷十四第796-797页）

【评说】佛陀认为，人生在世避免不了生、老、病、死、恩爱别、所求不得、怨憎会、忧悲恼这八大苦。前四者主要是生理层面的苦，后四者主要是心理层面的苦。

生苦是指神识入胎后随母体感受寒热饥饱、分娩压迫时产生的痛苦。经文以比喻的手法详细描述了胚胎的形态：一七日的时候像薄酪，二七日的时候像稠酪，三七日的时候像凝酥，四七日的时候像肉脔。

老苦是指人体在衰变时产生的痛苦。经文描写了衰老的一些征兆：头白齿落，目视𥉂𥉂，耳听不聪，盛去衰至，皮缓面皱，百节酸疼，行步苦极，坐起呻吟，忧悲心恼，识神转灭，健忘、流涕、坐起不能自主。

病苦是指因地水火风四大增损引起的病痛苦患。一大不调会生一百一疾病，四大不调则有四百四疾病。地大不调，身体沉重；水大不调，全身膖肿；火大不调，遍身蒸热；风大不调，全身强硬，骨节苦痛酸楚。四大增损会出现手足不利，气力虚竭，不能自主坐卧，纳呆，口燥唇樵，筋断鼻坼，目盲，耳聋，伴有排出物，心情忧闷苦恼。

死苦是五阴坏灭之苦，即神识离开所受之身的痛苦。临死前形体即将解离，遍身疼痛，痛彻骨髓，汗出，撮空理线，忧悲涕泣；死时，气绝身冷，魂灵离去，身体挺直，没有知觉；死后肉坏血流，膖胀烂臭，众鸟敢食，肉尽骨干，髑髅异处。

恩爱别苦是指与自己亲近的人别离产生的痛苦，包括父母、妻子、兄妹等。

所求不得苦是指愿望不能实现，欲望没有满足的痛苦。

怨憎会苦是指与怨憎者相遇的苦痛。

忧悲恼苦是指对自身心身以及外事外物产生执著导致的苦患。

佛说长者子懊恼三处经

后汉安息国三藏安世高译

【提要】佛陀在舍卫国祇树给孤独精舍度化丧子之长者及长者妇。

【原文】時，長者婦歸命三寶奉受五戒，晨夜精進，不敢懈怠，便得懷軀。婦人黠者有五事應知：一者、知夫婿意；二者、知夫婿念不念；三者、知所因懷軀；四者、别知男女；五者、别善惡。是長者婦，報長者言："我已懷軀。"長者歡喜，日日供養衣被飲食，極使精細，十月已滿，便生得男。(《大正藏》卷十四第800页)

【评说】长者妇怀孕后知道了丈夫的意愿、念想、怀孕因由、胎儿性别、善恶，这种变化是孕妇在孕期的一种特殊体验，可能是胎儿对母体产生的影响。

佛说须摩提长者经

(一名《会诸佛前亦名如来所说示现众生》)

吴月支国居士支谦译

【提要】佛陀在舍卫国祇洹精舍为死者须摩提亲眷及大众说形体终将败坏、无法轮回。

【原文】爾時世尊告長者父母、宗親、知識及諸大眾："汝等曾見有生不老、不病、不死者不?"

是諸人等白佛言："世尊！未曾見也。"

佛復告諸大眾："汝等欲離生、老、病、死、憂、悲、苦、惱者，莫復念是恩愛之縛；標心正見，歸命三寶。所以者何？於諸世間無過佛者，能導盲冥、愚癡之眾。於諸商主及諸醫王有相好中無與佛等。所以然者？如來身者即是藥王，佛所說法即為良藥。"

爾時世尊即說偈言：

"十方世界中，　生者無不死，
生死往來道，　唯法能除滅。
無有十方剎，　命終能濟者，
唯佛能除斷，　是故歸命佛。"(《大正藏》卷十四第805-806页)

【评说】佛陀指出，生死是人生的自然过程，有生必有死，不可避免。

【原文】復告大眾:"汝等知有生、老、病、死,今世、後世、精神輪轉更受形不?"

諸人答言:"不知,世尊!"

佛言:"汝等當知!眾生以此四事因緣繫縛,精神輪轉五道,不知生所從來,死所趣向。"

爾時世尊而說偈言:

"無常計有常, 不淨計有淨,
實苦而言樂, 無我計有我;
眾生生死中, 深著於倒見,
千萬億劫中, 不知生死本。
若有人能解, 真實大法者,
能知此非常, 最為大苦本。
若人見垢濁, 斷除三毒本,
必能得成就, 無上之大法。"(《大正藏》卷十四第806页)

【评说】佛陀认为,生老病死不过是某一期生命的必经过程。生命的形成包括了精神和形体,当精神轮转到下一期,形体却不再随精神轮转,新的形体同样也将经历生老病死。

【原文】復告大眾:"地不至後世,水、火、風、亦不至後世。所以者何?地無覺、無知,四大無識。地即虛偽四大合成,以是因緣不至後世。"

爾時世尊而說偈言:

"一切諸法中, 無形無有色,
亦無有所覺, 虛妄無真實。
四大假合成, 柔弱無堅強,
欲令至後世, 終無有是處。"

復告大眾:"眼不至後世,耳、鼻、舌、身、意亦不至後世。所以者何?眼空、無我、無常、無有、暫住。設欲令止,不可得也。有緣則生,緣散則滅。生無所從來,去無所至。耳、鼻、舌、身、意亦復如是。諸人當知!此六情者,緣會則有,緣散則無。譬如寄客不得久住。又如負債之人計日償債,日畢則去,終無住期;去則便空,竟不可得,無有往來。此六情者亦復如是。"(《大正藏》卷十四第806页)

【评说】地、水、火、风四大不会随着精神的轮转进入到下一期生命活动当中,因为这一期生命的形体是因缘聚合而成,当这一期生命结束,合成形体的"四大因缘"散而败坏,形体就随之幻灭;下一期生命的形体又将由地、水、火、风"四大因缘"聚合而成。所以形体终究是假合的、无常的、不真实的,眼耳鼻舌身意也是如此。

私 呵 昧 经

(一名《菩萨道树》)

吴月氏优婆塞支谦译

【提要】佛陀在王舍国竹园为私呵昧及众比丘说起菩萨意。

【原文】私呵昧白佛言:“以起意者,為有幾意喜?”

佛言:“以起菩薩意者,有六意喜。何等為六?一者以得喜意不離佛;二者受決語人正道;三者作醫王主治人生、老、病、死;四者我作將,從生死脫人於五道;五者我作海中大船師主,度脫海流人;六者我在冥中作大明主,破壞愚癡。是為六意喜。”(《大正藏》卷十四第810页)

【评说】佛陀将医治众生生老病死作为起菩萨意的六意喜,可见其对医疗的重视。

佛说光明童子因缘经

西天译经三藏朝奉大夫试光禄卿传法大师赐紫臣施护奉诏译

卷 第 一

【提要】佛陀在王舍城迦兰陀竹林精舍时善贤长者听信外道言造杀害业。

【原文】是時,善賢長者靜在一處,審自思惟:“我今一切不能顧惜而悉棄捨,宜設計謀壞所妊子。”作是思惟已,善賢長者即持毒藥,塗摩妻腹。

是時,長者左邊摩藥,子轉右邊,右邊摩藥,子轉左邊,乃至遍腹,無處容受,塗摩毒藥,其妻以故,即趣命終。善賢意謂:“母既命終,子亦隨滅,而後無人壞我家族,亦復無人得證聖果。”

爾時長者,既見其妻已趣命終,即時涕淚號泣。隣人親屬,來相慰問善賢長者:“汝妻何以忽然命終?”長者報言:“因懷妊故,而忽命終。”親屬隣人來相問已,各還自舍。(《大正藏》卷十四第855页)

【评说】此段经文记载了善贤长者听信外道之言,用毒药涂抹妻子腹部杀害妻子及其腹中胎儿的经过。

金色童子因缘经

译经三藏朝散大夫试鸿胪卿光梵大师赐紫沙门臣惟淨等奉诏译

卷 第 一

【提要】金色童子入胎、出生、出家求法的经过。

【原文】聖子入胎,奇相斯現,時商主妻身中自然具有最上色相威光,悅意香風時來吹觸。是時,國城賢女之家皆生智者,復有五種獨異之相。何等為五?一者、能知人所愛樂;二者、能知人不愛樂;三者、知時;四者、能知時中微細;五者、能知入胎藏事。入胎藏事者,謂入胎時能知所生是男是女,若是男者於胎藏中依右而住,若是女者於胎藏中依左而住。

是時,其妻心生歡喜,謂夫主言:“君應當知,我觀于今所懷聖子,胎藏分位漸增成長,依右而住,其後當生決定是男。”夫主聞已,加復欣悅。(《大正藏》卷十四第865页)

【评说】“若是男者于胎藏中依右而住，若是女者于胎藏中依左而住”，或可看作是佛陀时代区分腹中胎儿性别的一种方法。

【原文】爾時，商主之妻胎藏漸成，預知其相，處于高閣安隱之所，善養護之。寒即隨寒而妙資養，熱即隨熱而妙資養，方藥攝治飲食順度，苦醋甘辛鹹淡之味悉無過極，六味調均離諸愆失。復以瓔珞莊嚴其身，猶如天女，而常遊戲歡喜園中，若座若床高低隨易，或履地時無諸硬澁，亦不少聞不悅意聲。乃至其後胎中分位成熟圓滿，或滿八月、或滿九月，生一童子，色相殊麗人所樂觀，端正嚴好支體成滿，身有金色光相艷赫，諸分具足悅目適心。眾共瞻覩，金黃色衣自然覆體，旃檀香風遍觸其身，口中復出優鉢花香。（《大正藏》卷十四第865-866页）

【评说】这段经文记载了佛陀时代妊娠妇女保健原则：寒热适宜、饮食有度、六味均匀、方药调摄。

【原文】是時，商主即為金色童子選八女人命為其母：二為養育；二為洗濯；二為乳哺；二為戲翫。由是速疾長養成立，如淨蓮花淤泥中出，漸當教習童子藝能，若書、若算，及諸事業：一為安布書算印記；二為安布諸所用具；三布衣服；四安布馬；五布乘輿；六布珍寶；七布童男；八布童女。如是八種廣安布已，悉令觀矚驗其所好。而後，童子藝業成立語言明利，信心清淨志意賢善，自利利他具大威德，善修悲行成就法欲，愛念眾生智慧明了，善解文論，如是童子功業圓備。（《大正藏》卷十四第866页）

【评说】这段经文记载了佛陀时代婴幼儿养护的内容包括养育、洗濯、乳哺、戏玩等。

卷 第 三

【提要】日照商主妻子以及城中女人知道金色童子可能殒命后的变化。

【原文】時諸人眾說伽陀已。城中復有諸女人眾，於此童子極生愛念，是中或有一類女人，以別離苦所逼惱，故宛轉于地，或有女人拊膝傷痛，或有女人心識癡迷，一一皆如離散親子受大苦惱。

是時，王舍城中內外所有一切人眾，以此童子將期命殞，咸生別離逼切之苦，互相叫唱聲言雜亂，戰怖憧惶，悲苦無救。（《大正藏》卷十四第870页）

【评说】因看到爱念的男子可能死去，众多女子产生别离苦、拊膝伤痛、心识痴迷等不同反应。

【原文】時日照商主舍中有一童女，因適衢市竊聞其事，即時悲泣速還自舍，詣金色童子母所。到已，趨前舉身投地，是時金色童子之母疑惑迷亂，即發問言：“汝有何事，宜今速說？”童女白言：“尊母當知，金色童子執縛其臂膾宰監逐，眾皆謂言：‘於自園中殺彼迦尸孫那利女，非久即詣棄屍林中，命將殞謝。’四衢巷陌一切人眾，咸悉聞知。”

時童子母聞是語已，憂苦極深悶絕躃地，以水灑面，良久乃蘇，從地而起，唱如是言：“苦哉！我子！苦哉！我子！”即時戰怖驚惶失次，拊膝軫悲頭髮蓬亂，自舍而出奔，詣四衢及諸巷陌，以子別離憂苦所逼，力劣心疲舉聲叫唱，凡所見者皆發問言：“我子金色童子今何所在？

苦哉！今時不見我子。汝諸仁者，願賜救護！願賜救護！令我于今得見其子。”如是悲泣，周遍街巷隨處而住。

……

時童子母發苦切言，告諸人已，未見子間，又復唱言：“苦哉！云何不見我子？”是時舉身自投于地，盤桓宛轉地中跳躑，如魚出水在枯涸地，踧踖周慞不遑安處，心如割切悲復增悲，猶如新生犢子失其牛母，多種驚惶，危逼唱言：“苦哉！我之子！苦哉！意所樂。苦哉！善忍者！苦哉！大孝人！苦哉！多願求所獲之愛子！苦哉！妙相人所樂觀。苦哉！身支圓滿具足。苦哉！艶赫金色之身。苦哉！人眾悦目瞻覩。苦哉！眾中開熙怡目。苦哉！聰利有智之者，廣出無畏悦意善言。苦哉！廣有悲愍心者，法欲具足愛念眾生。苦哉！最上煥耀家族。苦哉！我之族中明炬。苦哉！我心所愛樂者。苦哉！我之心中大寶。苦哉！我之集真實者。苦哉！我之妙甘露眼。苦哉！我之相續深愛。苦哉！我之族中大寶。苦哉！苦哉！云何如是掌法之官不審伺察，而置我子將殞命耶？”(《大正藏》卷十四第 870 页)

【评说】这段经文记述了金色童子之母因听到儿子可能殒命的消息后，受到别离苦所逼迫出现惊怖失措、伤痛不已的情绪变化。

佛说摩邓女经

后汉安息国三藏安世高译

【提要】佛陀在舍卫国祇树给孤独园为追求阿难的摩邓之女说不净观，此女最终证得阿罗汉道，其后讲述了阿难、摩邓之女、摩邓三者的前世因缘。

【原文】……佛言：“汝愛阿難何等？”女言：“我愛阿難眼、愛阿難鼻、愛阿難口、愛阿難耳、愛阿難聲、愛阿難行步。”佛言：“眼中但有淚、鼻中但有洟、口中但有唾、耳中但有垢、身中但有屎尿臭處不淨。其有夫妻者，便有惡露，惡露中便有子，已有子便有死亡，已有死亡便有哭泣，於是身有何益？”女即自思念身中惡露，便自正心，即得阿羅漢道。(《大正藏》卷十四第 895 页)

【评说】佛陀为摩邓之女说阿难不净的身体，来引导其观照自身不净。

佛说摩登女解形中六事经

失译附东晋录

【提要】佛陀在舍卫祇阿难邠坻阿蓝为追求阿难的摩邓之女说不净观，此女最终证得阿罗汉道，其后讲述了阿难、摩邓之女、摩邓三者的前世因缘。本经与《佛说摩邓女经》为同经异译。

【原文】女還到佛所言：“我已剃頭髮。”佛言：“汝愛阿難何等？”女言：“我愛阿難眼、愛阿難鼻、愛阿難口、愛阿難聲、愛阿難行步。”

佛言："眼中有淚，鼻中有涕，口中有唾，耳中有垢，身中有屎尿皆臭處。其作夫妻者，便有惡處中便生子，有子便有死亡，死亡有哭淚，此於身有何等益？"

女即自思惟，惡露形中，所有正心，則得阿羅漢道，以得阿羅漢。

佛語女："起至阿難所。"女慚愧低頭，長跪於佛前言："實愚癡故逐阿難，今我心已開，如冥中有燈火；如乘船船壞得岸；如盲人得扶；老人得持杖行，今佛與我道，我心中開如是。"（《大正藏》卷十四第 896 页）

【评说】佛陀通过心身两个方面为摩邓之女说法，使其正心：首先，为摩邓之女说阿难不净的身体，来引导其观照自身不净；同时指出爱会引发不尽烦恼，于身无益。

佛说㮈女祇域因缘经

后汉安息国三藏安世高译

【提要】佛陀在罗阅祇国为众菩萨、比丘讲述㮈女及其子祇域的前世因缘，以及祇域习医、行医的经过。

【原文】佛在世時，維耶梨國，國王苑中，自然生一㮈樹，枝葉繁茂，實又加大，既有光色，香美非凡。王寶愛此㮈，自非中宮尊貴美人，不得啖此㮈果。國中有梵志居士，財富無數，一國無雙，又聰明博達，才智超群，王重愛之，用為大臣。

王請梵志飯食，食畢以一㮈實與之。梵志見㮈香美非凡，乃問王曰："此㮈樹下，寧有小栽可得乞不？"王曰："大多小栽，吾恐妨其大樹，輒除去之，卿若欲得，今當相與。"即以一㮈栽與梵志。

梵志得歸種之，朝夕溉灌，日日長大，枝條茂好，三年生實，光彩大小，如王家㮈。

梵志大喜，自念："我家資財無數，不減於王，唯無此㮈，以為不如，今已得之，為無減王。"即取食之，而大苦澁，了不可食。

梵志更大愁惱，乃退思维："當是土無肥潤故耳。"乃捉取百牛之乳，以飲一牛，復取此一牛乳，煎之為醍醐，以灌㮈根。日日灌之，到至明年，實乃甘美，如王家㮈。而㮈樹邊，忽復生一瘤節，大如手拳，日日增長，梵志心念："忽有此瘤節，恐妨其實。"適欲斫去，恐復傷樹，連日思维，遲徊未決。而節中忽生一枝，正指上向，洪直調好高出樹巔，去地七丈，其杪乃分作諸枝，周圍旁出，形如偃蓋，花葉茂好，勝於本樹。（《大正藏》卷十四第 896-897 页）

【评说】将㮈树栽种在不同地方结出的㮈果有美味香甜与苦涩难食的区别，可能与土质有关。结出苦涩㮈果的㮈树经以牛乳制醍醐浇灌㮈根，变得美味可口。以牛乳制醍醐浇灌㮈根可看作是培植㮈树的一种特殊方法。

【原文】梵志怪之："不知枝上當何所有？"乃作棧閣，登而視之。見枝上偃蓋之中，乃有池水，既清且香，又有眾華，彩色鮮明。披視華下，有一女兒，在池水中，梵志抱取，歸養長之，名曰㮈女。至年十五，顏色端正，天下無雙，宣聞遠國。

有七國王，同時俱來，詣梵志所，求娉㮈女，以為夫人。梵志大恐怖，不知當以與誰？乃於園中，架一高樓，以㮈女著上，出謂諸王曰："此女非我所生，自出於㮈樹之上，亦不知是天、龍、鬼神女耶？鬼魅之物？今七王求之，我設與一王，六王當怒，不敢愛惜也。女今在園中樓上，諸王便自平議，有應得者便自取去，非我所制也。”(《大正藏》卷十四第 897 页）

【评说】经文记载了㮈树生㮈女的神奇故事。

【原文】瓶沙王從伏瀆中入，登樓就之共宿，明晨當去。㮈女白曰：“大王幸枉威尊，接逮於我，今復相捨而去，若其有子，則是王種，當何所付？”……

瓶沙王去後，遂便有娠。時㮈女勅守門人言：“若有求見我者，當語言我病。”後日，月滿生一男兒，顏貌端正，兒生則手持針藥囊。梵志曰：“此國王之子，而執醫器，必醫王也。”

……

梵志將此小兒，還付㮈女，名曰祇域。至年八歲，聰明高才，學問書疏，越殊倫匹，與隣比小兒遊戲，心常輕諸小兒，以不如己。諸小兒共罵之曰：“無父之子，婬女所生，何敢輕我？”祇域愕然，默而不答。便歸問母曰：“我視子曹皆不如我，而反罵我，言：‘無父之子。’我父今者，為在何許？”母曰：“汝父者，正瓶沙王是也。”祇域曰：“瓶沙王乃在羅閱祇國，去此五百里，何緣生我？若如母言，何以證之？”母則出印鐶示之曰：“此則汝父鐶也。”

祇域省之，見有瓶沙王印文，便奉持此鐶往到羅閱祇。徑入宮門，門無訶者，即到王前，為王作禮，長跪白王言：“我是王子，㮈女所生，今年八歲，始知是大王種類，故持鐶印信，遠來歸家。”

王見印文，覺憶昔之誓，知是其子，愴然矜之，以為太子。涉歷二年，後阿闍世王生，祇域因白王曰：“我初生時，手把針藥囊，是應當為醫也。王雖以我為太子，非我所樂；王今自有嫡子生矣，應襲尊嗣，我願得行學醫術。”(《大正藏》卷十四第 897 页）

【评说】这段经文记载了祇域出生时手持医器的神奇故事，以及长大后舍弃太子位志愿学医之事。

【原文】王則聽之，王曰：“汝不為太子者，不得空食王祿，應學醫道。”王即命勅國中諸上手醫，盡術教之，而祇域但行嬉戲，未曾受學。諸師責誚之曰：“醫術鄙陋，誠非太子至尊所宜當學，然大王之命不可違廢。受勅已來，積有日月，而太子初不受半言之方，若王問我，我何以對？”

祇域曰：“我生而有醫證在手，故白大王捐棄榮號求學醫術，豈復懈怠煩師督促？直以諸師之道無足學者故耳。”便取本草藥方針脈諸經，具難問師，師窮無以答，皆下為祇域作禮，長跪叉手曰：“今日益知太子神聖，實非我等所及也。向所問諸事，皆是我師歷世疑義所不能通，願太子具悉說之，開解我曹生年之結。”祇域便為解說其義，諸醫歡喜皆更起，頭面作禮，承受其法。(《大正藏》卷十四第 897-898 页）

【评说】这段经文记载了祇域熟知医学知识，国中医师都不能比及。“本草药方针脉诸经”，或是佛经汉译时依据中国当时的情况将佛陀时代的医学书籍大概分为本草类、药方类、针脉类等。

【原文】爾時，祇域即自念言：“王勅諸醫，都無可學者，誰當教我學醫道？時聞彼德叉尸羅國，有醫姓阿提梨，字賓迦羅，極善醫道，彼能教我。”

爾時，祇域童子即往彼國，詣賓迦羅所白言：“大師！我今請仁者以為師範。”從學醫術，

經七年已，自念言："我今習學醫術，何當有已？"即往師所白言："我今習學醫術，何當有已？"

時師即與一籠器及掘草之具："汝可於德叉尸羅國面一由旬，求覓諸草，有非是藥者持來。"

時祇域即如師勑，於德叉尸羅國面一由旬，求覓非是藥者，周竟不得非是藥者，所見草木一切物善能分別，知有所用處無非藥者。彼即空還，往師所白如是言："師今當知，我於德叉尸羅國求非藥草者，面一由旬，周竟不見非藥者，所見草木盡能分別，所入用處。"

師答祇域言："汝今可去，醫道已成。我於閻浮提中，最為第一；我若死後，次復有汝。"（《大正藏》卷十四第898页）

【评说】这段经文记载了祇域前往德叉尸罗国向阿提梨宾迦罗学医的过程。祇域能分辨各种草药并熟知其功效。

【原文】於是，祇域便行治病，所治輒愈，國內知名。後欲入宮，於宮門前，逢一小兒擔樵，祇域望視，悉見此兒五藏、腸胃，縷悉分明。祇域心念："本草經說有藥王樹，從外照內見人腹臟，此兒樵中得無有藥王耶！"

即往問兒："賣樵幾錢？"兒白："十錢。"便雇錢取樵，下樵置地，闇冥不見腹中。祇域更心思维："不知束中何所為是藥王？"便解兩束，一一取之，以著小兒腹上，無所照見，輒復更取，如是盡兩束樵；最後有一小枝，裁長尺餘，試取以照，具見腹內。祇域大喜，知此小枝定是藥王，悉還兒樵。兒既已得錢，樵又如故，歡喜而去。（《大正藏》卷十四第898页）

【评说】这段经文记载了祇域获得药王树的经过。药王树是一种能照见他人五脏、肠胃的神奇树木。

【原文】婆迦陀城中，有大長者，其婦十二年中常患頭痛，眾醫治之而不能差。

時祇域聞之，即往其家語守門人言："白汝長者，有醫在門外。"時守門人即入白："門外有醫。"

長者婦問言："醫形貌何似？"答言："是年少。"彼自念言："老宿諸醫治亦不差，況復年少？"即勑守門人語言："我今不須醫。"

守門人即出語言："我已為汝白長者，長者婦言：'今不須醫。'"祇域復言："汝可白汝長者婦，但聽我治，若差者隨意與我物。"

時守門人復白之："醫作如是言：'但聽我治，若差隨意與我物。'"長者婦聞已，自念言："若如是無所損。"勑守門人喚入。

時祇域入詣長者婦所，問言："何所患苦？"答言："患如是如是。"復問："病從何起？"答言："從如是如是起。"復問："病來久近？"答言："病如許時。"彼問已語言："我能治汝。"彼即取好藥，以酥煎之，灌長者婦鼻，病者口中酥唾俱出。

時病人即器承之，酥便收取，唾別棄之。時祇域見已，心懷愁惱："如是少酥不淨，猶尚慳惜，況能報我？"病者見已，問祇域言："汝愁惱耶！"答言："實爾。"問言："何故愁惱？"答言："我自念言：'此少酥不淨，猶尚慳惜，況能報我？'以是故愁耳。"

長者婦答言："為家不易，棄之何益？可用燃燈，是故收取。汝但治病，何憂如是？"彼即治之，後病得差。時長者婦，與四十萬兩金，并奴婢車馬。

時祇域得此物已，還王舍城，詣無畏王子門，語守門人言："汝往白王言：'祇域在外。'"守門人即入白王，王勑守門人喚入。祇域入已，前頭面禮已，在一面住，以前因緣，具白無畏王子言："以今所得物，盡用上王。"王子言："且止不須，便為供養已，汝自用之。"此是祇域最初治病。（《大正藏》卷十四第898页）

【评说】经文记载了祇域初次行医治病的过程。祇域治疗一妇人头痛，先问症状、次问病因、再问病程，可见佛陀时代的问诊已经较为详细，医师已认识到问诊在治病过程中的重要性。

"彼即取好药，以酥煎之"，佛陀时代有以酥煎药的记载，以酥煎药是当时一种较为常见的煎药方法。"灌长者妇鼻，病者口中酥唾俱出"，佛陀时代已有灌鼻给药的记载。

【原文】爾時拘睒彌國，有長者子，輪上嬉戲，腸結腹內，食飲不消，亦不得出，彼國無能治者。

彼聞摩竭國有大醫善能治病，即遣使白王："拘睒彌長者子病，祇域能治，願王遣來。"

時瓶沙王喚祇域問言："拘睒彌長者子病，汝能治不？"答言："能！""若能，汝可往治之。"時祇域乘車，詣拘睒彌。

祇域始至，長者子已死，伎樂送出。祇域聞聲即問言："此是何等伎樂鼓聲？"傍人答言："是汝所為來，長者子已死，是彼伎樂音聲。"

祇域善能分別一切音聲，即言語："使迴還，此非死人。"語已，即便迴還。

時祇域即下車，取利刀破腹，披腸結處，示其父母諸親語言："此是輪上嬉戲，使腸結如是，食飲不消，非是死也。"即為解腹，還復本處，縫皮肉合，以好藥塗之，瘡即愈，毛還生，與無瘡處不異。（《大正藏》卷十四第898页）

【评说】经文记载了祇域治疗肠结病的过程。拘睒弥长者子因肠结饮食不能消化出现昏死的症状，祇域通过开腹手术将肠还归本处，缝合后涂上药，不久痊愈。

【原文】爾時，國中有迦羅越家女，年十五臨當嫁日，忽頭痛而死。祇域聞之往至其家，問女父曰："此女常有何病，乃致夭亡？"父曰："女小有頭痛，日月增甚，今朝發作，尤甚於常，以致絕命。"

祇域便進，以藥王照視頭中，見有刺蟲，大小相生乃數百枚，鑽食其腦，腦盡故死，便以金刀披破其頭，悉出諸蟲，封著甖中。以三種神膏塗瘡：一種者補蟲所食骨間之瘡；一種生腦；一種治外刀瘡。告女父曰："好令安靜，慎莫使驚，十日當愈，平復如故，到其日我當復來。"

祇域適去，女母便更啼哭曰："我子為再死也，豈有披破頭腦當復活者？父何忍使人取子那爾。"父止之曰："祇域生而把針藥，棄尊榮位，行作醫師，但為一切命，此乃天之醫王，豈當妄耶！囑語汝言：'慎莫使驚。'而汝今反啼哭，以驚動之，將令此兒不復得生。"母聞父言，止不復哭，共養護之，寂靜七日。

七日晨明，女便吐氣而寤，如從臥覺曰："我今者了不復頭痛，身體皆安，誰護我者？使得如是。"父曰："汝前已死，醫王祇域故來護汝，破頭出蟲以得更生。"便開甖出蟲示之，女見太便驚怖，深自慶幸："祇域神乃如是，我促得報其恩。"父曰："祇域與我期言：'今日當來。'"

於是須臾祇域便來，女歡喜出門迎，頭面作禮，長跪叉手曰："願為祇域作婢，終身供養，以報更生之恩。"祇域曰："我為醫師，周行治病，居無常處，何用婢為？汝必欲報恩者，與我五百兩金，我亦不用此金，所以求者，凡人學道法當謝師，師雖無以教我，我甞為弟子，今得汝

金，當以與之。”女便奉五百兩金以上祇域。祇域受以與師，因白王：“暫歸省母，到維耶梨國。”(《大正藏》卷十四第 899 页)

【评说】经文记载了祇域治疗刺虫所致头痛的过程。祇域首先询问病症，再以药王树照视患者头颅；随后采用开颅取虫的方法治疗患者头疾，并用三种膏药涂疮，一种用来补虫所食骨间之疮、一种用于生脑、一种用于治疗外刀伤。患者经过治疗，七日后苏醒，头痛的症状消失。

【原文】爾時，國中復有迦羅越家男兒，好學武事，作一木馬，高七尺餘，日日學習，騙上初學。適得上馬，久久益習，忽過去失據，落地而死。祇域聞之，便往以藥王照視腹中，見其肝反戾向後，氣結不通故死。復以金刀破腹，手探料理，還肝向前畢，以三種神膏塗之，其一種補手所獲持之處；一種通利氣息；一種生合刀瘡。畢囑語父曰：“慎莫令驚，三日當愈。”父承教勅，寂靜養視。

至於三日兒便吐氣而寤，狀如臥覺即便起坐，須臾祇域亦來。兒歡喜出門迎，頭面作禮，長跪白言：“願得為祇域作奴，終身供養，以報再活之恩。”祇域曰：“我為醫師，周行治病，病者之家爭為我使，當用奴為？我母養我勤苦，我未有供養之恩報母，卿若欲謝我恩者，可與我五百兩金，以報母恩。”於是取金以上㮈女，還歸羅閱祇國。祇域治此四人，馳名天下，莫不聞知。(《大正藏》卷十四第 899 页)

【评说】经文记载了祇域治疗一坠马昏死患者的经过。祇域凭借药王树照见患者腹内，发现患者昏死是肝反戾向后，导致气结不通所致；祇域以刀破腹，将肝移到原位，并以三种膏药涂抹手术部位，一种补手所获持之处、一种通利气息、一种生合刀疮。患者三日后苏醒。

【原文】又南有大國，去羅閱祇八千里，瓶沙王及諸小國皆臣屬之。其王病疾，積年不差，恒苦瞋恚，睚眥殺人，人舉目視之亦殺，低頭不仰亦殺，使人行遲亦殺，疾走亦殺。左右侍者，不知當何措手足；醫師合藥，輒疑恐有毒亦殺之。前後所殺，傍臣宮女及醫師之輩，不可勝數。病日增甚，毒熱攻心，煩懣短氣，如火燒身。聞有祇域，即為下書，勅瓶沙王徵召祇域。

祇域聞此王多殺醫師，大以恐怖，瓶沙又怜其年小恐為所殺，適欲不遣，畏見誅伐，父子相守，晝夜愁憂，不知何計。

爾時，瓶沙王乃將祇域俱往佛所，頭面禮足，而白佛言：“世尊！彼王惡性恐殺醫師，為可往不?”佛告祇域：“汝宿命時與我約誓，俱當救護天下，我治內病，汝治外病。今我得佛，故如本願會生我前。此王病篤，遠來迎汝，如何不往？急往救護之，趍作方便，令病必愈，王不殺汝。”

祇域便承佛威神，往到王所，診省脈理，及以藥王照之，見王五藏及百脈之中血氣擾擾，悉是蛇蟒之毒周匝身體。

祇域白王：“王病可治，治之保愈，然宜入見太后諮議合藥，若不見太后，藥終不成。”王聞此語，不解其故，意甚欲怒，然患身病，宿聞祇域之名，故遠迎之，冀必有益，且是小兒，知無他奸，忍而聽之。即遣青衣黃門，將入見太后。

祇域白太后：“王病可治，今當合藥，宜密啟其方，不可宣露，宜屏左右。”太后即逐青衣黃門去。

祇域因白太后：“省王病，見身中血氣悉是蛇蟒之毒，似非人類，王為定是誰子？太后以實語我，我能治之；若不語我，王病則不可愈。"

太后曰："我昔於金柱殿中晝臥，忽有物來厭我上者，我時恍惚，若夢若覺，狀如魘夢，遂與通情。忽然而寤，見有大蟒，長三丈餘，從我上去，則覺有軀。王實是蟒子也，我羞恥此，未曾出口。童子今乃覺之，何若神妙！若病可治，願以王命委囑童子，今者治之，當用何藥？"

祇域曰："唯有醍醐耳。"太后曰："咄！童子慎莫導醍醐，而王大惡聞醍醐之氣，又惡聞醍醐之名，前後坐口導醍醐而死者，數千百人。汝今導此，必當殺汝。以此飲王，終不得下，願更用他藥。"

祇域曰："醍醐治毒，毒病惡聞醍醐是也。王病若微及是他毒，為有餘藥可以愈之。蟒毒既重，又已遍身體，自非醍醐終不能消。今當煎煉化令成水，無氣無味，王意不覺，自當飲之。藥下必愈，無可憂也。"便出，見王曰："向入見太后，已啟藥方，今當合之，十五日當成。今我有五願，王若聽我，病可即愈，若不聽我，病不可愈。"

王問："五願盡何等事？"

祇域曰："一者、願得王甲藏中新衣未歷軀者與我；二者、願得令我獨自出入門無呵者；三者、願得日日獨入見太后及王后，莫得禁呵我；四者、願王飲藥當一仰令盡，莫得中息；五者、願得王八千里白象，與我乘之。"

王聞大怒曰："兒子何敢求是五願？促具解之，若不能解，今棒殺汝。汝何敢求我新衣？為欲殺我，便著我衣，詐作我身耶？"

祇域曰："合藥宜當精潔齋戒，而我來日久，衣被皆塵垢故，欲得王衣以之合藥。"

王意解曰："如此，大佳！汝何故欲得自出入宮門令無禁呵？欲因此將兵來攻殺我耶？"

祇域曰："王前後使諸師醫，皆嫌疑之，無所委信，又誅殺之，不服其藥，群臣皆言王當復殺我。而王病已甚，恐外人生心作亂。若令我自出入不見禁呵，外人大小皆知王信我，必服我藥病必當愈，則不敢生逆亂之心。"

王曰："大佳！汝何故日日獨入，見我母及我婦？欲作婬亂耶？"

祇域曰："王前後殺人甚多，臣下大小各懷恐怖，皆不願王之安隱，無可信者今共合藥，因我顧眄之間，便投毒藥，我所不覺，則非小事。故思惟可信者，恩情無二，唯有母與婦，故敢入見太后王后，與共合藥，當煎十五日乃成故，欲日日入伺候火齊耳。"

王曰："大佳！汝何故使我飲藥，一仰令盡，不得中息？為欲內毒恐我覺耶？"

祇域曰："藥有劑數，氣味宜當相及，若其中息，則氣不相繼。"

王曰："大佳！汝何故欲得我象乘之？此象是我國寶，一日行八千里，我所以威伏諸國，正怙此象。汝欲乘之，為欲盜以歸家，與汝父攻我國耶？"

祇域曰："乃南界山中有神妙藥草，去此四千里，王飲藥宜當即得此草，重復服之，故欲乘此象詣往採之，朝去暮還，令藥味相及。"王意大解，皆悉聽之。

於是祇域煎煉醍醐，十五日成，化如清水，凡得五升，便與太后王后俱捧藥出，白王："可服，願被白象預置殿前。"王即聽之。

王見藥但如清水，初無氣味，不知是醍醐，又太后、王后身自臨合，信其非毒，便如本要一飲而盡。祇域便乘象，徑去還羅閱祇國。

爾時，祇域適行三千里。祇域年小力膂尚微，不堪疾迅，頭眩疲極，便止息臥。

到日過中，王噫氣出聞醍醐臭，便更大怒曰："小兒敢以醍醐中我，怪兒所以求我白象，正欲叛去？"

王有勇士之臣名曰烏，神足步行能及此象，即呼烏曰："汝急往逐取兒來，生將以還，我欲目前捶殺之。汝性常不廉，貪於食，故名為烏，此醫師輩多喜行毒，若兒為汝設食，慎莫食也！"

烏受勑便行，及之於山中，曰："汝何故以醍醐中王，而云是藥？王故令我追呼汝還，汝急隨我還，陳謝自首庶可望活，若故欲走，今必殺汝終不得脫。"

祇域自念："我雖作方便求此白象，復不得脫，今當復作方便，何可隨去？"乃謂烏言："我朝來未食，還必當死，寧可假我須臾，得於山間啖果飲水，飽而就死乎！"

烏見祇域小兒，畏死懼怖言辭辛苦，怜而聽之曰："促食當去，不得久留。"

祇域乃取一梨，喫食其半，以毒藥著爪甲中，以分餘半，便置於地；又取一杯水，先飲其半，又行爪下毒於餘水中，復置於地。乃歎曰："水及梨皆是天藥，既清香且美，其飲食此者，令人身安，百病皆愈，氣力兼倍，恨其不在國都之下，百姓當共得之，而在深山之中，人不知也，便進入山索求他果。"

烏性既貪，不能忍於飲食，又聞祇域歎為神藥，亦見祇域已飲食之，謂必無毒，便取餘梨食之，盡飲餘水，便下痢，痢如注水，躃地而臥，起輒眩倒，不能復動。

祇域曰："王服我藥，病必當愈，然今藥力未行，餘毒未盡，我今往者，必當殺我。汝無所知，起欲得我以解身負，故使汝病，病自無苦，慎莫動搖，三日當差；若起逐我，必死不疑。"便上象而去。

祇域則過墟聚，語長伍曰："此是國王使，今忽得病，汝等急往，舁取歸家，好養護之，厚其床席，給與糜粥，慎莫令死，死者王滅汝國。"語畢便去，遂歸本國。

長伍承勅，迎取養護，三日毒歇下絕，烏便歸見王，叩頭自陳曰："我實愚癡，違負王教，信祇域言，飲食其餘水果，為其所中，下痢三日，始今旦差，自知當死。"

比烏還三日之中，王病已差，王自追念："悔遣烏往行。"見烏來還，且悲且喜曰："賴汝不即將兒來，當我恚時必當捶殺，我得其恩，命得生活，而反殺之，逆戾不細。"即悔前後所枉殺者，悉更厚葬，復其家門賜與錢財。思見祇域，欲報其恩，即遣使者，奉迎祇域。祇域雖知王病已差，猶懷餘怖不復欲往。

爾時，祇域復詣佛所，接足頂禮，白佛言："世尊！彼王遣使來喚，為可往不？"

佛告祇域："汝本宿命已有弘誓，當成功德何得中止？今應更往，汝已治其外病，我亦當治其內病。"

祇域便隨使者去，王見祇域甚大歡喜，引與同坐，把持其臂曰："賴蒙仁者之恩，今得更生，當何以報？當分國土以半相與，宮中婇女，庫藏寶物悉當分半，幸願仁者受之。"

祇域曰："我本為太子，雖實小國亦有民人珍寶具足，不樂治國故求為醫，當行治病，當用土地婇女寶物為？皆所不用。王前聽我五願，外病已愈，今若聽一願，內病可復除愈。"

王曰："唯聽仁教，請復聞一願之事。"

祇域曰："願王請佛從受明法。"因為王說佛功德巍巍特尊。王聞大喜曰："今欲遣烏臣以白象迎佛，可得致不？"

祇域曰："不用白象，佛解一切，遙知人心所念。但宿齋戒清淨，供具燒香，遙向佛作禮，長跪白請，佛必自來。"王如其言。佛明日與千二百五十比丘俱來，飯食已畢，為王說經。王意開解，便發無上正真道心，舉國大小，皆受五戒，恭敬作禮而去。（《大正藏》卷十四第899-901页）

【评说】祇域与佛陀一同治疗国王因蛇毒缠身，毒热攻心、气血妄动、心智狂乱所致的心身疾病，祇域治疗身病，佛陀治疗心病。国王实为人蛇之子，素体喜怒易躁，由于遍身蛇毒、日久出现烦闷短气、身体灼热的症状，又因久病不愈，心生嗔恚，出现动辄杀人的癫狂行为。祇域通过五愿巧妙地用醍醐治愈了国王身体内的蛇毒，并提出另一愿，即听佛授法可以除去国王心病，随后佛陀为国王说经讲法，国王得以开解，发无上正真道心，受持五戒，心病得以痊愈。祇域与佛陀治疗国王疾病的原则是心身同治，可见佛陀时代已经认识到疾病包含心身两方面的因素，心病与身病都需要积极治疗。此外，经文还记载了一种使乌下痢三日的毒药，食用这种毒药后会出现下痢如注水、眩倒、难以动弹的症状。

【原文】佛言："此女非婬女，其宿命有大功德，已供養三億佛。昔曾又與須漫、波曇女，俱為姊妹，㮈女最大，須漫次之，波曇最小，生於大姓家，財寶饒富，姊妹相率，供養五百比丘尼，日日施設飲食，及作衣服，隨所無乏，皆悉供之，盡其壽命。三人常發誓言：'願我後世逢佛，得自然化生，不由胞胎，遠離穢垢。'今如本願，生值我時。

又昔雖供養比丘尼，然其作豪富家兒，言語嬌溢，時時或戲笑比丘尼曰：'諸道人於邑日久，必當欲嫁。迫有我等供養撿押，不得放恣情意耳。'故今者受此餘殃，雖日讚經道，虛被婬謗。此五百弟子，時亦并力相助供養同心歡喜，今故會生，果復相隨。

祇域爾時為貧家作子，見㮈女供養，意甚慕樂，而無資財，乃常為比丘尼掃除，掃除潔淨已，輒發誓言：'令我能掃除天下人身病穢如是快耶！'

㮈女憐其貧窮，又加其勤力，常呼為子。其比丘尼有疾病時，常使祇域迎醫及合湯藥，曰：'令汝後世與我共獲是福。'祇域迎醫所治悉愈，乃誓曰：'願我後世為大醫王，常治一切身四大之病，所向皆愈。'皆宿日因緣，今故為㮈女作子，皆如本願。"王聞佛語，乃長跪悔過，却期後日。

佛明日便與諸比丘，到㮈女園，具為說本願功德。三女聞經開解，并五百弟子，同時歡喜，出家修行，精懃不懈，皆得阿羅漢道。(《大正藏》卷十四第 901-902 页)

【评说】佛陀为众比丘说㮈女、祇域前世因缘，以及祇域誓愿为医，除去众生身病的因缘。

佛说奈女耆婆经

后汉安世高译

【提要】佛陀在罗阅祇国为众菩萨、比丘讲述㮈女及其子祇域的前世因缘，以及祇域习医、行医的经过。本经和《佛说㮈女祇域因缘经》为安世高先后译出的不同版本，本经较为简略。

【原文】佛在世時，維耶離國王苑中，自然生一奈樹，枝葉繁茂，實又加大，既有光色，香美非凡。王實愛此奈，自非宮中尊貴美人，不得噉此奈果。

其國中有梵志居士，財富無數，一國無雙，又聰明博達，才智超群，王重愛之，用為大臣。

王請梵志，飯食畢，以一奈賞與之。梵志見奈香美非凡，乃問王曰："此奈樹下，寧有小栽可得乞不?"王曰："大多小栽，吾恐妨其大樹，輒除去之。卿若欲得，今當相與。"即以一奈

栽與。

梵志得歸種之，朝夕灌溉，日日長大，枝條茂好，三年生實，光彩大小，如王家奈。梵志大喜，自念："我家資財無數，不減於王，唯無此奈，以為不如，今已得之，為無減王。"即取食之，而大苦澁，了不可食。

梵志更大愁惱，乃退思惟："當是土無肥潤故耳。"乃捉取百牛之乳，以飲一牛，復取一牛乳，煎為醍醐，以灌奈根。日日灌之，到至明年，實乃甘美，如王家奈；而樹邊忽復生一瘤節，大如手拳，日日增長。梵志心念："忽有此瘤節，恐妨其實；適欲斫去，復恐傷樹。"連日思维，遲迴未決，而節中忽生一枝，正指上向，洪直調好，高出樹頭，去地七丈，其杪乃分作諸枝，周圍傍出，形如偃蓋，華葉茂好勝於本樹。(《大正藏》卷十四第902页)

【评说】将榇树栽种在不同地方结出的榇果有美味香甜与苦涩难食的区别，可能与土质有关。结出苦涩榇果的榇树经以牛乳制醍醐浇灌榇根，变得美味可口。以牛乳制醍醐浇灌榇根可看作是培植榇树的一种特殊方法。

【原文】梵志怪之："不知枝上當何所有？"乃作棧閣，登而視之。見枝上偃蓋之中，乃有池水，既清且香，又如眾華，彩色鮮明。披視華下，有一女兒，在池水中。梵志抱取，歸長養之，名曰奈女。至年十五，顏色端正，天下無雙，宣聞遠國。

有七國王，同時俱來，詣梵志所，求娉奈女以為夫人。梵志大恐怖，不知當以與誰，乃於園中，架一高樓，以奈女著上，出謂諸王曰："此女非我所生，自出於奈樹之上，亦不知是天、龍、鬼神女耶？鬼魅之物？今七王俱來求之，我設與一王，六王當怒，不敢愛惜也。女今在園中樓上，諸王便自共議，有應得者，便自取去，非我所制也。"(《大正藏》卷十四第902页)

【评说】经文记载了榇树生榇女的神奇故事。

【原文】奈女後生得男兒，兒生之時，手中抱持針藥囊出。梵志曰："此國王之子，而執持醫器，必是醫王。"名曰耆婆。

至年八歲，聰明高才，學問書疏，越殊倫匹，與比隣小兒遊戲，心常輕諸小兒，以不如己。諸小兒共罵之曰："無父之子，婬女所生，何敢輕我？"

耆婆愕然，默而不答。便歸問母曰："我視子曹皆不如我，而反罵我言：'無父之子。'我父今者，為在何許？"母曰："汝父者正萍沙王是也。"耆婆曰："萍沙王乃在羅閱祇國，去此五百里，何緣生我？若如母言，何以為證？"母即出印鐶示之曰："此則汝父鐶也。"

耆婆省之，見有萍沙王印文，便奉持此鐶，往到羅閱祇國。徑入宮門，門無訶者，即到王前為王作禮，長跪白王言："我是王子，奈女所生，今年八歲，始知是大王種類，故持指鐶印信，遠來歸家。"

王見印文，憶昔日之誓，知是其子，悵然憐之，以為太子。涉歷二年後，阿闍世王生，耆婆因白王曰："我初生時手持針藥囊，是應當為醫也。王雖以我為太子，非我所樂；王今自有嫡子生矣，應襲尊嗣，我願得行學醫術。"王即聽之。(《大正藏》卷十四第902-903页)

【评说】经文记载了祇域出生时手持医器的神奇故事，以及长大后舍弃太子位志愿学医之事。

【原文】王曰："汝不為太子者，不得空食王祿，應學醫道。"王即命勑國中諸上手醫，盡術教之。而耆婆但行嬉戲,未曾受學,諸師責謂之曰:"醫術鄙陋,誠非太子至尊所宜當學,然大王之命,不可違廢。受勑以來積有日月,而太子初不受半言之方,王若問我,我當何對?"

耆婆曰:"我生而有醫證在手,故白大王捐棄榮豪,求學醫術,豈復懈怠須師督促?直以諸師之道無足學者故耳。"便取本草藥方針脈諸經,具難問師。師窮無以答,皆下為耆婆作禮,長跪叉手曰:"今日密知太子神聖,實非我等所及也。向所問諸事,皆是我師歷世疑義所不能通,願太子具悉說之,開解我等生年之結。"耆婆便為解說其義,諸醫歡喜,皆悉更起,頭面作禮,承受其法。(《大正藏》卷十四第903页)

【评说】经文记载了祇域熟知医学知识,国中医师都不能比及。"本草药方针脉诸经",或是佛经在汉译过程中依据中国当时的情况,将佛陀时代的医学书籍大概分为本草类、药方类、针脉类等。

【原文】於是耆婆便行治病,所治輒愈,國內知名。後欲入宮,於宮門前,逢一小兒擔樵,耆婆望視,悉見此兒五臟腸胃縷悉分明。耆婆心念:"本草經說,有藥王樹,從外照內見人腹臟。此兒樵中,得無有藥王耶?"即往問兒:"賣樵幾錢?"兒曰:"十錢。"便雇兒十錢,兒下樵置地,則更闇冥不復見其腹中。耆婆心更思惟:"不知束中何者為是藥王?"便解兩束,一一取之以著兒腹上,無所照見輒復更取;如是盡兩束樵,最後有一小枝裁長尺餘,試取以照,即復具見腹內,耆婆大喜,知此小枝定是藥王,悉還兒樵。兒即已得錢,樵又如故,歡喜而去。(《大正藏》卷十四第903页)

【评说】经文记载了祇域获得药王树的经过。药王树是一种能照见他人五脏、肠胃的神奇树木。

【原文】爾時,國中有迦羅越家女,年十五,臨當嫁日,忽頭痛而死。耆婆聞之,往至其家問女父:"此女常有何病,乃至致死?"父曰:"女小有頭痛疾,日月增甚,今朝發作尤甚於常,以致絕命。"

耆婆便進,以藥王照視頭中,見有刺蟲,大小相生,乃數百頭,鑽食其腦,腦盡故死。便以金刀,劈破其頭悉出諸蟲,封著甖中。以三種神膏塗瘡,一種者補蟲所食骨間之傷;一種生腦;一種治外刀瘡。告女父曰:"好令安靜慎莫使驚,七日當愈平復如故,到其日,我當復來。"

耆婆適去,女母便啼哭曰:"我子為再死也,豈有劈破頭醫腦,當復活者?父何忍命他人取子那爾?"父止之曰:"耆婆生而把持針藥,棄國尊位,行作醫師,但為一切人命故耳,此乃天之醫王,豈當妄耶!囑語汝言:'慎莫使驚。'而汝今反啼哭,以驚動之,將令此兒不復得生耶!"母聞父言,止不復哭,供養護之,寂靜七日。

七日晨明,女便吹氣而寤,如從臥覺曰:"我今者了不復頭痛,身體皆安。誰護我者,使得如是?"父曰:"汝前已死,醫王耆婆,故來護汝,破頭出蟲,以得更生。"便開甖出蟲示之。女見便大驚怖,深自僥倖曰:"耆婆神乃如是,我以何報其恩?"父曰:"耆婆與我期言:'今日當來。'"於是須臾耆婆便來,女大歡喜,出門奉迎,頭面禮足,長跪叉手曰:"願為耆婆作婢,終身供養,以報更生之恩。"

耆婆曰:"我為醫師,周行治病,居無常處,何用婢為?汝必欲報恩者,與我五百兩金。我亦不用此金,所以求者,凡人學道,法當謝師。師雖無以教我,我現曾為弟子,今得汝金當以與之。"女便奉五百兩金以上耆婆,耆婆便受以與師,因白王:"暫歸省母,到維耶離國。"(《大

正藏》卷十四第903页）

【评说】经文记载了祇域治疗刺虫所致头痛的过程。祇域首先询问病症，再以药王树照视患者头颅；随后采用开颅取虫的方法治疗患者头疾，并用三种膏药涂疮，一种用来补虫所食骨间之疮、一种用于生脑、一种用于治疗外刀伤。患者经过治疗，七日后苏醒，头痛的症状消失。

【原文】國中復有迦羅越家男兒，好學武事，作一木馬，高七尺餘，日日習學，騙上初學。適得上馬，久久益習，忽過去失踞，躄地而死。

耆婆聞之，便往以藥王照視腹中，見其肝反戾向後，氣結不通故死。復以金刀破腹，手探料理，還肝向前畢，以三種神膏塗之，其一種補手所攫持之處；一種通利氣息；一種主合刀瘡。畢囑語其父曰："慎莫令驚，三日當愈。"

父承教勅，寂靜養視，至於三日，兒便吐氣而寤，狀如臥覺，即便起坐。須臾耆婆亦來，兒歡喜出門迎，頭面作禮，長跪白言："願為耆婆作奴，終身供養，以報再活之恩。"

耆婆曰："我為醫師，周行治病，病者之家，爭為我使，何用奴為？我母養我勤苦，我未有供養之恩報母。卿若欲謝我恩者，可與我五百兩金，以報我母恩。"於是取金以上奈女，還歸羅閱祇國。耆婆活此兩人，馳名天下，莫不聞知。（《大正藏》卷十四第903-904页）

【评说】经文记载了祇域治疗一坠马昏死患者的经过。祇域凭借药王树照见患者腹内，发现患者昏死是肝反戾向后，导致气结不通所致；祇域以刀破腹，将肝移到原位，并以三种膏药涂抹手术部位：一种补手所获持之处、一种通利气息、一种生合刀疮；患者三日后苏醒。

【原文】又南方有大國，去羅閱祇八千里，萍沙及諸小國皆臣屬之。其王疾病，積年不瘥，恒苦瞋恚，睚眥殺人，人舉目視之亦殺，低頭不仰亦殺，使人行遲亦殺，疾走亦殺。左右侍人，不知當何措手足。醫師合藥，輒嫌有毒亦殺之。前後所殺，宮女傍臣，及醫師之輩，不可稱數。病日增甚，毒熱攻心，煩滿短氣，如火燒身。聞有耆婆名，即為下書，勅萍沙王，徵召耆婆。

耆婆聞此王多殺醫師，大以恐怖，萍沙又憐其年小，恐為所殺，適欲不遣，畏見誅伐。父子相守，晝夜憂愁，不知何計。爾時，萍沙王乃將耆婆，俱往問佛。

佛告耆婆："汝宿命時，與我約誓，俱當救護天下人病。我治内病，汝治外病，今我得佛，故如本願，會生我前。此王病篤，遠來迎汝，如何不往？急往救護之，好作方便，令病必愈，王不殺汝。"

耆婆便承佛威神，往到王所，診省脈理，及以藥王照之，見王五臟及百脈之中血氣擾擾，悉是蛇蠆之毒周匝身體。

耆婆白王："王病可治，治之保愈，然宜得入見於太后，諮議合藥，若不見太后，藥終不成。"

王聞此語，不解其故，意甚欲怒，然患身病，宿聞耆婆之名，故遠迎之，冀必有益，且是小兒知無他奸，忍而聽之，即遣青衣黃門，將入見太后。

耆婆白太后："王病可治，今當合藥，宜密啟其方，不得宣露，宜願屏左右。"太后即遣青衣黃門去。耆婆因問太后："向省王病，見王身中血氣，悉是蛇蠆之毒，似非人類，王為定是誰子？太后以實語我，我今能治；若不語我，我則不治，病不得愈。"

太后曰："我昔曾於金柱殿中晝臥，忽有物來壓我身上，我時恍惚若夢若覺，狀如魘夢，遂與情通。忽然而寤，見有大蟗長三尺餘從我上去，則覺有胎，王實是此蟗子也。我羞恥此，未曾出口，童子今乃覺之，何若神妙！若病可治，願以王命，委囑童子；今者治之，當用何藥？"

耆婆曰："唯有醍醐耳。"太后曰："咄！童子慎莫道此醍醐，而王大惡聞醍醐之氣，又惡聞醍醐之名，前後坐口道醍醐而死者，數百千人，汝今道此必當殺汝；以此飲王，終不得下，願更用他藥。"

耆婆曰："醍醐治毒，毒病惡聞醍醐是也。王病若微及是他毒，為有餘藥可以愈之。蟗毒既重，又已匝王身體，自非醍醐終不能消。今當煎鍊化令成水，無氣無味，王意不覺，自當飲之，藥下必愈，無可憂也。"便出見王曰："向入見太后，已啟藥方，今當合之，十五日當成。今我有五願，王若聽我，病即可愈；若不聽我，病不得愈。"

王問："五願盡何等事？"

耆婆曰："一者、願得王甲藏中新衣未歷軀者與我著之；二者、願令我得獨自出入宮門門無訶者；三者、願得日日獨入見太后及王皇后，莫禁訶我；四者、願王飲藥，當一時令盡，莫得中息；五者、願得王八千里白象與我乘之。"

王聞大怒曰："鼠子！何敢求是五願？促具解之，若不能解，今打殺汝。汝何故求我新衣？為欲殺我，便著我衣，詐作我身耶？"

耆婆曰："合藥宜當精潔齋戒，而我來日經久，衣服皆被塵垢，固欲得王衣著之以合藥也。"

意便解曰："如此，大佳！汝何故復欲自出入宮門令無禁訶？欲因此將兵來攻殺我耶？"

耆婆曰："王前後使諸醫師，皆嫌疑之，無所委信，又誅殺之，不服其藥。群臣大小，皆言王當復殺我，而王病已甚，恐外人生心作亂。若令我自出入不見禁訶，外人大小皆知王信我，必服我藥，病必當愈，則不敢生逆亂之心也。"

王曰："大佳！汝何故欲日日獨入，見我母及見我婦？欲作婬亂耶？"

耆婆曰："王前後殺人甚多，臣下大小各懷恐怖，皆不願王之安隱，無可信者。今共合藥，因我顧眄之間，便投於毒藥，我所不覺，即非小事。因思维天下可信者，恩情無二，唯有母與婦，固欲入見太后皇后，與共合藥當煎，十五日乃成，固欲日日得入伺候火劑耳。"

王曰："大佳！汝何故使我飲藥一時令盡，不得中息？為欲內毒恐我覺耶？"

耆婆曰："藥有劑數，氣味宜當相及，若其中息，則氣不相繼。"

王曰："大佳！汝何故欲得我白象乘之？此象是我國寶，一日行八千里，我所以威伏諸國，正怙此象；汝欲乘之，為欲盜以歸家，與汝父攻我國耶？"

耆婆曰："乃南界山中，有神妙藥草，去此四千里，王服藥宜當即得此草，重復服之。固欲乘此白象詣往採之，朝去暮還，令藥味相及也。"王意大解，皆悉聽之。

於是，耆婆煎鍊醍醐，十五日成，化如清水，凡得五升，便與太后皇后，俱捧藥出，白王："可服，願鞁白象，預置殿前。"王即聽之。

王見藥，但如清水，初無氣味，不知是醍醐，又太后、皇后身自臨合，信其非毒，便如本約，一服而盡。

耆婆便乘象，徑歸其本國。適行三千里，耆婆年小力勢尚微，不堪疾迅，頭眩疲極，便止山間臥息。

到日過中，王噫氣出，聞醍醐臭，便大怒曰："小鼠子以醍醐中我，我怪鼠子所以求我白

象，正欲以叛去耳。”

王有勇士之臣，名曰為烏，唯烏神足步行，能及此象。即呼烏曰：“汝急往逐取鼠來，生將以還，我自目前捶殺之。汝性常不能廉，貪於飲食，故名為烏。此醫師輩，多喜行毒，若鼠為汝設食，慎莫食之！”

烏受勅便行，及之於山中，烏曰：“汝何故以醍醐中王，而言是藥？王故令我追呼汝還，汝急隨我還，陳謝自首，庶可望活。汝若欲走，今必殺汝，終不得脫。”

耆婆自念：“我雖作方便求此白象，復不得脫，今當復作方便，何可隨去？”乃謂烏曰：“我朝來未食，還必當死，寧可假我須臾，得於山間噉果飲水，飽而就死乎！”

烏見耆婆小兒畏死懼怖，言辭辛苦，矜而聽之曰：“促食當去，不得久留。”

耆婆乃取一梨，齧食其半，以毒藥著爪甲中，以分餘半，便置於地；又取一盃水，先飲其半，又行爪下毒於餘水中，復置於地。乃歎曰：“此水及梨，皆是天藥，既清香且美，其飲食此者，令人身安，百病皆愈，氣力兼倍。恨其不在國都之下，百姓當共得之，而在深山之中，人不知也，便進入山，索求他木果。”

烏性既貪，不能忍於饑渴，又聞耆婆歎為神藥，亦見耆婆已飲食之，謂必無毒，便取餘梨噉，盡飲餘水，即便下痢，痢如注水，躄地而臥起輒眩倒，不能復動。

耆婆往語之曰：“王服我藥，病必當愈。然今藥力未行，餘毒未盡，我今往者必當殺我。汝無所知，起欲得我以解身負，固使汝病。病自無苦，慎莫動搖，三日當瘥；若遂起逐我，必死不疑。”便上象而去。

耆婆則過墟聚，語伍長曰：“此是大國王使，今忽得病，汝等急往舁取歸家，好養護之，厚其床席，給與糜粥，慎莫令死，若令死者，王滅汝國。”語畢便去，遂歸本國。

伍長承勅，迎取養護，三日毒歇下絕。烏便歸見王，叩頭自陳曰：“我實愚癡，違負王教，信耆婆言，飲食其餘果水，為毒所中，下痢三日，始今旦瘥，自知當死。”

比烏還三日之中，王病已瘥，王自追念，悔遣烏行，見烏來還，且悲且喜曰：“賴卿不即將兒還，當我恚時必當捶殺。我得其恩，命得生活，而反殺之，逆戾罪不細也。”即悔前後所枉殺者，悉更厚葬，復其家門賜與錢財。思見耆婆欲報其恩，即遣使者奉迎耆婆。耆婆雖知王病已瘥，猶懷餘怖，不欲復往。耆婆復詣佛所，接足頂禮，白佛言：“世尊！彼土遣使來喚，可往不？”

佛告耆婆：“汝本宿命，已有弘誓，當成功德，何得中止？今應更往。汝已治其外病，我亦復當治其內病。”

耆婆便隨使者去，王見耆婆，而大歡喜，引與同坐，把持其臂曰：“賴蒙仁者之恩，今得更生，當何以報？當分國土以半相與，宮內婇女，庫藏寶物，悉當分半，幸願仁者受之。”

耆婆曰：“我本為太子，雖是小國，亦有人民珍寶具足，不樂治國故求為醫，當行治病，當用土地婇女寶物為？皆所不用。王前聽我五願，外病得愈，若重復聽我一願，內病可復除愈。”

王曰：“唯聽仁教，請復聞一願之事。”

耆婆曰：“願王請佛，從受明法。”便為王說佛之功德巍巍特尊。

王聞大喜曰：“今欲遣烏臣白象迎佛，可得致不？”耆婆曰：“不用白象也，佛解一切，遙知人心所念，但宿齋戒清淨，供具燒香，遙請向佛作禮，長跪白請，佛必自來。”王如其言。

佛明日與千二百五十比丘俱來，飲食已畢，為王說經，王意開解，便發無上正真道心，舉

國大小，皆受五戒，各各恭敬，作禮而去。（《大正藏》卷十四第 904-905 页）

【评说】祇域与佛陀一同治疗国王因蛇毒缠身，毒热攻心、气血妄动、心智狂乱所致的心身疾病，祇域治疗身病，佛陀治疗心病。国王实为人蛇之子，素体喜怒易躁，由于遍身蛇毒、日久出现烦闷短气、身体灼热的症状，又因久病不愈，心生嗔恚，出现动辄杀人的癫狂行为。祇域通过五愿巧妙地用醍醐治愈了国王身体内的蛇毒，并提出另一愿即听佛授法可以除去国王心病，随后佛陀为国王说经讲法，国王得以开解，发无上正真道心，受持五戒，心病得以痊愈。祇域与佛陀治疗国王疾病的原则是心身同治，可见佛陀时代已经认识到疾病包含心身两方面的因素，心病与身病都需要积极治疗。此外，经文还记载了一种使乌下痢三日的毒药，食用这种毒药后会出现下痢如注水、眩倒、难以动弹的症状。

【原文】"耆婆時為貧家作子，見奈女供養，意甚慕樂，而無資財，乃常為比丘尼掃除，潔淨已輒發念言：'令我能掃除天下人身病穢，如是快耶！'奈女矜其貧窮，又加勤力，常呼為子。其比丘尼有疾病，常使耆婆迎醫及合湯藥，曰：'令汝後世與我共獲是福。'耆婆迎醫，所治悉愈，乃誓曰：'願我後世為大醫王，常治一切人身四大之病，所向皆愈。'宿日因緣，今故為奈女作子，皆如其本願。"王聞佛言，乃長跪悔過，却期後日。（《大正藏》卷十四第 906 页）

【评说】佛陀为众比丘说㮈女、祇域前世因缘，以及祇域誓愿为医，除去众生身病的因缘。

五母子经

吴月氏国居士支谦译

【提要】小沙门在山中为其师讲述自己前世分别投生为五位妇人儿子的经历。

【原文】昔者有阿羅漢在山中奉行道業。有一小兒年始七歲，大好道法，辭母出家，求作沙彌，隨大沙門，於山中學道，給師所須，誦經行道，時無有懈。至年八歲得慧眼，能通視無極；耳能徹聽，天上、天下所為善惡，皆聞知之；身能飛行，所在至到能分一身及人自化，無所不作；自知宿命，所從來生，及人民、蚑行、蠕動之類所經歷善惡之道，皆悉知之。先世宿命為五母子時，便坐自笑。

其師問："何等而笑？"

沙彌答言："無所笑也。"

師曰："是山中亦無歌唱、伎樂，汝笑嗤我耳？"

沙彌答言："不敢笑師，但自笑耳。我一身為五母作子。母皆為我晝夜啼哭，感傷愁毒，不能自止；常念子憂思，未常忽忘。我自念一身而憂毒五家，以是笑耳，不敢笑師。

我與第一母作子時，竝隣亦復生子，與我同日而生。其子出入行步，我母見之，便悲念：'我子在者，亦當出入行步如是。'愁毒淚下如雨，悲言念子。

我為第二母作子時，我短命又早死。我母見人乳兒，便念乳我，悲哀涕泣，言念我子。

我為第三母作子時，我年十歲，復少死。母臨食悲哭泣淚，言念：'我子在者，亦當與我共食。捨我死去，使我獨食。'哽咽言念我。

復為第四母作子時，我薄命先死。我等輩娶婦，我母見之，即念：'我子在者，亦當為子娶

婦。'言:'我何負蒼天而殺我子!'

復為第五母作子時,我始年七歲,好道辭家,捨母隨師,入山求道,得羅漢道。我母日日啼哭言:'我生一子,隨師學道,不知所在,飢飽寒溫,不知生死,不復相見。'愁毒言念我子。

是五母適共一會,各各言亡我子,相對啼哭,不能相止。是我一身一魄,展轉而與五母腹中作子,固疑惑人,而使眾悲哭發狂,但共念我一身耳,各欲自殺,是故笑耳。

發念世間凡人,不知死當有所至生,皆共言死耳。凡人何能知死當有生,作善自得其福,作惡得其殃,不有所遺人。在世間皆為惡業,無所畏難,死後當入泰山地獄中,苦痛極哉,後悔無所復及。

我厭世間勤苦,故辭父母,入山精進求道。今我目見畜生、餓鬼、地獄中代之恐怖。今被蒙佛恩,得聞經法。今我日夜憐傷五母不能自脫反憂,我所求願皆以得,念世間人展轉相生,亦復相笑,無有休息。身皆歸土,魂當所作,隨其善惡,皆不能自拔。斷其恩愛,能離貪欲,可得度脫。我以不復與生死會,我恨身以斷,如人不種,當泥洹道最樂,長復與勤苦。"(《大正藏》卷十四第 906-907 页)

【评说】五位母亲忧伤各自孩子早夭或离家,悲哭发狂,苦痛至极,出现轻生的念头,这些反应都是由于社会因素引发的情志障碍。若要改善情绪障碍,应当建立正确的认知。

五 母 子 经

吴优婆塞支谦译

【提要】小沙门在山中为其师讲述自己前世分别投生为五位妇人儿子的经历。本经与上经原文同,但译者不同。

【原文】昔者有阿羅漢在山中奉行道禁。有一小兒年始七歲,大好道,棄家去作沙門,隨師在山中,從師學法,精進不懈。年八歲便得四通:一者眼能徹視,二者耳能徹聽,三者能飛行變化,四者自知宿命所從來生。坐自思念,即見先世宿命所更,為五母作子。時即還自笑。

師問言:"若何以笑?我是山間無倡樂、歌舞,用何等故笑?"

沙彌言:"我不敢笑師。自視我一身有五母,皆為我晝夜啼哭,感傷愁毒,常言念子,未曾忽忘。我自念一身愁毒五家,用是故笑耳,不敢笑師。

我為第一母作子時,比隣有與我同時生者。我死後,同日生者出入行步,我母見之,便言:'我子在者,亦當出入行步!'如是即愁憂,感痛念我。

復為第二母作子,生不久復死。我母見人有乳養子者,便感痛念我,愁憂啼哭我。

復為第三母作子,不久復死。我母臨飯,淚出念我言:'子在者,當與我共飯。為那棄我死去!'便愁憂念我。

復為第四母作子,不久復死。我同時等輩娉娶者,母即復念我言:'子不死,今亦當復娶婦!'復啼哭愁感我。

復為第五今見在母作子,捨家學道。母日啼哭言:'我亡子不知所在、飢寒、生死,不復相見!'忼愾悲痛念我。

今五母共會,各言亡子,相對啼哭。我念一人魂神,為五母作子,令五母啼哭念我。我用是故笑耳。

世間人不知有後世生，但言死耳。人作善自得其福，作惡自得其殃。人在世間喜怒自恣，無所畏惡。後苦痛不可言，入惡道中，悔無所及。

我厭世間故，去父母求道。我視地獄、畜生、餓鬼、貧窮代其恐怖。我得師恩，受佛經戒，今以度脫。我念是五母不能得脫，反憂我故身。我所願者，皆已竟。世間人展轉相憂哭無休止時。身但作土耳，魂神空去，隨其施行，不能自斷，拔其根株，便可得脫，但日積惡，是癡所為。我今不復與生死同伍，如人不種，但當泥洹，泥洹快樂。”為師說是語，前作禮已，便飛去。（《大正藏》卷十四第 907 页）

【评说】五位母亲忧伤各自孩子早夭或离家，悲哭发狂，苦痛至极，出现轻生的念头，这些反应都是由于社会因素引发的情志障碍。若要改善情绪障碍，应当建立正确的认知。

佛说龙施菩萨本起经

西晋月氏三藏竺法护译

【提要】佛陀在维耶离奈女树园为众比丘、菩萨、天人讲述龙施菩萨前世为毒蛇时修行的故事。

【原文】時有毒蛇，見般遮旬晝夜誦經，心大歡悅，前詣般遮旬所，稽首作禮。取草用掃，含水灑地，供事道人，不敢懈慢。常在左側聽經不離，般遮旬所說經毒蛇輒悉諷誦。

如是數月之中轉向冬寒，樹木、華果遂復欲盡。般遮旬心念言：“冬寒以至，華果以盡，無所依怙。我今當還，止於人間。”便取衣鉢，即欲發去。毒蛇時見，悲泣淚出，白道人言：“欲何至乎？”道人答曰：“寒冷且至，亦無屋舍，華果復盡，無以自活，故相捨去，欲入郡國。”

毒蛇聞之，益甚悲哀，白道人言：“道人在此，如依太山，晝夜樂法，其心不傾。今捨我去，無所恃怙。願見愍傷我身可憐！”道人答曰：“吾有四大，常當衣食，以自住立。今此山中亦無供具，雖有慈心，不能自在。”

毒蛇白曰：“今此山中樹木參天，泉水流行，百鳥嚶嚶，甚可娛樂。何為捨焉？唯願道人勿見棄捐。今雖當去，欲從其後，奉侍道人，不敢住留，在此愁思，但有死憂。”（《大正藏》卷十四第 910 页）

【评说】这段经文认为，人由地、水、火、风四大基本元素构成，人的生存离不开衣食。“今此山中亦无供具，虽有慈心，不能自在”，说明身体健康是精神意识活动的基础。

【原文】道人答曰：“卿為毒蛇，眾人所憎。見者欲害，無有愛樂。或於道中虎、狼、毒蟲、蜚鳥、走獸共害汝身。今實悢悢無有已已，雖有是心不得自在。願卿住此，思道念德，精進自守，忍諸困厄！若前強健，後年復會。”道人悲泣，收淚而去。

毒蛇涕零，不能自止。貪見道人無有極已，便即上樹，遙望道人；觀視若行，察其所避；道人不現，轉復上行；適復不現，上盡樹頭，遙望道人，遂遠不現。毒蛇益悲，自責悔言：“身罪所致，失善道人。前世愚癡，多犯眾惡——婬泆、瞋恚、闇冥、放逸、懈怠、無知，不奉精進，迷亂不止，其心不一；不值佛世，遠離正法，失大智慧，違遠至明；從苦入苦，離波羅蜜，墮於五道蟲

蛾、蚤虱。今受蛇身，為人所憎，皆是身過，不由他人。天上世間豪貴無常，何況我此含毒之身？展轉生死，譬如車輪。"

爾時毒蛇自說瑕惡，身意靜然，但還自責："今此危身不足貪惜，不顧軀命，此無所著。"便從樹上自投於下，未及至地，墮樹岐間，身絕兩分，便即命過，生兜術天，得見光明，即自思維，便識宿命："我在世時身為毒蛇，奉侍道人，行正遠邪，精進不懈，伏惡心魔，視其身命，譬如土沙。知命非常，自投樹下。於彼壽終，來生此上。"便於天上從諸玉女及與天子各持香華散毒蛇上，便自說言："今此蛇身雖為毒惡，於我大厚，終不為薄。精進行法，心無所著。絕其壽命，得上為天。今故來下，欲報其恩。"便復行詣般遮旬所，稽首作禮，供養華香，嗟歎功德，皆共稱譽："今此道人無有等侶，行大慈悲，無有親踈，教授一切，令離三塗。本為毒蛇，視如赤子，憂念一切。此功德大，欲報其恩，何時能達？"適說是已，便還去上兜術天。（《大正藏》卷十四第 910-911 页）

【评说】前世愚痴、淫失、嗔恚、暗冥、放逸、懈怠、无知、不精进、迷乱，致使今生受为蛇身，但若离恶去善，精进不怠，了知生命无常，心无所著，即可得正道而解脱。

佛说老女人经

吴月氏优婆塞支谦译

【提要】佛陀在堕舍罗为前世之母说因缘是诸法成灭的根本。

【原文】老女人言："生從何所來，去至何所？老從何所來，去至何所？病從何所來，去至何所？死從何所來，去至何所？色、痛癢、思想、生死、識從何所來，去至何所？眼、耳、鼻、口、身、心從何所來，去至何所？地、水、火、風、空從何所來，去至何所？"

佛言："善哉！問是大快。生無所從來，去亦無所至；老無所從來，去亦無所至；病無所從來，去亦無所至；死無所從來；去亦無所至；色、痛痒、思想、生死、識無所從來，去亦無所至；眼、耳、鼻、口、身、心無所從來，去亦無所至；地、水、火、風、空無所從來，去亦無所至。諸法皆如是。"

"譬如兩木相揩，火出還燒木；木盡火便滅。"

佛問老女人："是火從何所來，去至何所？"

老女人言："因緣合便得火，因緣離散火便滅。"

佛言："諸法亦如是，因緣合乃成，因緣離散即滅。法亦無所從來，去亦無所至。目見色即是意，意即是色。二者俱空，無所有成，滅亦如是。譬如鼓，不用一事成。有皮，有𩌏，有人持桴打鼓，鼓便有聲。是聲亦空，當來聲亦空，過去聲亦空。是聲亦不從皮，亦不從𩌏，亦不從桴、從人手出，合會諸物乃成鼓聲，聲從空盡空。萬物亦爾，本淨無所有因作法，法亦無所有。譬如雲起陰霧便雨，不從龍身出，亦不從龍心出，皆龍因緣所作乃致此雨。諸法亦無所從來，去亦無所至。譬如畫師先治壁板素，便和調諸彩，自在所作。是畫不從壁板素出，亦不從人手出。隨意所作，各各悉成。生死亦如是，各自隨所作行。譬禍生、泥犁、天上、人間亦爾。有餘是者不著，著便有。"

老女人聞之，大歡喜言："蒙佛恩，得法眼。雖身羸老，今得開解。"（《大正藏》卷十四第

911-912 页）

【评说】其核心意思是，世间万物与诸法因缘合则成，因缘离则灭。

佛说转女身经

宋罽宾三藏昙摩蜜多译

【提要】佛陀在王舍城耆阇崛山为众生讲述无垢光菩萨礼问佛法，佛陀为其阐明女身种种苦恼以及得离女身之法，并劝众生发菩提心。

【原文】爾時會中有婆羅門，名須達多，其妻淨日身懷女胎，在眾中坐。其所懷女雖處胎中，諸根具足不雜垢穢，一心合掌向佛聽法，欲有所問。爾時尊者阿泥盧豆已得不增減明淨天眼過於人眼，見淨日身中所懷之女，諸根具足不雜垢穢，一心合掌向佛聽法，欲有所問。爾時尊者阿泥盧豆見是事已，白佛言："世尊！是淨日所懷之女，諸根具足不雜垢穢，一心合掌向佛聽法，欲有所問。"（《大正藏》卷十四第 915 页）

【评说】经文中记载了腹中女胎合掌听经的神奇故事。或可视作胎教的一种方式。

【原文】爾時世尊放大光明，普照三千大千世界，悉令周遍。復以神力，令此眾會皆見此女在母胎中，諸根具足不雜垢穢，一心合掌向佛聽法，欲有所問。爾時世尊出一切眾生樂聞之音，其音清淨，所謂易解聲、質直聲、清淨聲、可適耳根無過失聲、能令身心生歡樂聲、離諸煩亂如淨月聲、美妙相續不斷絕聲、不麁強聲、善入人心能去貪欲瞋恚愚癡之聲、令人歡喜信樂之聲、過梵音聲、如雷震聲、如天樂聲、如師子吼演法之聲、於百千萬億阿僧祇那由他劫積集善根果報之聲，以如是等和雅音聲，而告女言："汝為何事而來聽受，欲有所問？"

佛威神故，女在胎中而白佛言："世尊！有諸眾生貪著我見，虛妄分別從顛倒生——無有眾生起眾生相，無我計我，無命無人、無有長養，計命人長養——為如是等諸眾生故，欲有所問。

復有眾生貪著我見，於一乘道不能解了，欲為開悟一乘道故。

復有眾生為無明有愛之所覆繫，不能解了明解脫法，欲令解了明解脫故。

復有眾生為貪欲、瞋恚、愚癡盲冥之所覆蔽，不能進求空、無相、無作三解脫門，欲令修證三解脫故。

復有眾生墮四顛倒，無常計常，苦謂為樂，無我見我，不淨見淨，欲為解說四諦法故，所謂是苦，是苦集，是苦滅，是苦滅道。

復有眾生為五蓋所覆，不修五根，欲令具足五根法故。

復有眾生貪依六入，不證六通，欲為解說六通法故。

復有眾生樂七識住，不能曉了七菩提分，欲為解說七覺法故。

復有眾生行八邪道，不能解了八聖道分，欲為解說聖道分故。

復有眾生心懷九惱，不能得入九次第定，欲為解說諸禪解脫三摩提故。

復有眾生住十惡業，不能勤修十善業道，欲令滿足十善道故。

復有眾生墮於邪聚或不定聚，於無漏法便為非器，欲令曉了正聚法故，欲令眾生成就善

根，而自調伏，隨所願求而為說法。世尊！我今為如是等諸因緣故，向佛聽法欲有所問！”（《大正藏》卷十四第915-916页）

【评说】佛陀为避免不信佛法的人诽谤佛法，用神力使在场所有众生看见净日腹中的女胎，善巧方便说法。

【原文】爾時一切眾會歎未曾有，而作是言：“如來之法甚為希有！菩提薩埵雖處胎中，饒益眾生法言不廢。若善男子、善女人有見聞者，其誰不發阿耨多羅三藐三菩提心！”

爾時此女以佛神力，猶如後邊身菩薩，從母右脇忽然化生。此女福慧因緣力故，令其母身無諸惱患，平復如故。其女生已未久之間，地大震動，雨眾天華，一切樂器不鼓自鳴，陸地生華大如車輪，種種莊嚴、色香、妙好悅可人心，有百千葉，黃金為莖，白銀為葉，馬瑙為鬚，赤真珠臺，女在上立，身形猶如二三歲兒，顏貌端政，甚可愛敬，皆從前世善果報生。（《大正藏》卷十四第916页）

【评说】经文记载了女胎出生时的情况。

“女在上立，身形犹如二三岁儿”，可见，佛陀时代已有新生儿出生时形体超过正常婴儿的记载。在佛教看来，女胎出生的形式属于化生，唯依业力。

【原文】復次，善女！若有女人能如實觀女人身過者，生厭離心，速離女身，疾成男子。女人身過者，所謂欲、瞋、癡心并餘煩惱重於男子；又此身中有一百戶虫，恒為苦患、愁惱因緣。是故女人煩惱偏重，應當善思觀察：此身便為不淨之器，臭穢充滿，亦如枯井、空城、破村，難可愛樂，是故於身應生厭離。又觀此身猶如婢使，不得自在，恒為男女、衣服、飲食、家業所須之所苦惱，必除糞穢、涕唾不淨；於九月中懷子在身，眾患非一，及其生時受大苦痛，命不自保，是故女人應生厭離女人之身。又復女人雖生在王宮，必當屬他盡其形壽，猶如婢使隨逐大家，亦如弟子奉事於師，又為種種刀杖、瓦石、手拳打擲，惡言罵辱，如是等苦不得自在，是故女人應於此身生厭離心。又此女身常被繫閉，猶如蛇、鼠在深穴中不得妄出。又女人法制不由身，常於他邊稟受飲食、衣服、花香、種種瓔珞嚴身之具、象、馬、車乘，是故應當厭離女身。又此女身為他所使，不得自在，執作甚多——擣藥、舂米，若炒、若磨大小豆麥，抽毳、紡疊——如是種種苦役無量，是故女人應患此身。

欲求永離如是眾苦，當以此法教示餘人，常念如來所言誠實，讚歎出家，能報佛恩；當發此心，願離女身，速成男子，於佛法中出家修道，不復貪求花鬘、瓔珞、遊戲、園林、衣服、飲食嚴身之具。當觀：自身及侍立眷屬，猶如機關木人，筋牽屈申，舉下而已；此身虛偽，血肉所成，不久壞滅；此身如廁，九孔流出種種不淨；此身愚小之人於中起著，而恒四大所成；此身諸陰猶如怨家；此身虛偽中無堅實，如空聚落；此身無主，從父母生，復以行業而嚴飾之；此身不淨，純盛臭穢；此身即是屎尿之器，不久棄捐，無可貪處；此身歸死，出息、入息必當斷故；此身無我，如草木、瓦石；此身無作者，從因緣生；此身是眾鳥、狼、狗、野干之食，棄塜間故；此身是苦聚，四百四病之所困故；此身恒為風寒、冷熱等分眾病之所壞散，恒以藥力得存立故；此身不知恩，以飲食養之無止足故；此身無知，內無作者故；此身是後邊，必當死故。是故女人應當如是觀察此身，生厭離心，修行善法。

修善行時，若得新好花果可食之物，先奉諸佛、菩薩無上福田、師長、父母，然後自食。應作是念：“如我今者以新花果，施與尊重清淨福田，願離穢故女人之身，更得新好男子之身。”

當佛說此法時，會中五百比丘尼皆發阿耨多羅三藐三菩提心，而作是言："我等所有善根，願離女身，速成男子。"爾時會中有七十五諸居士婦，聞說此法心大歡喜，即持身上所著瓔珞以散佛上。佛神力故，所散瓔珞即於空中當佛頂上，化成七十五四柱寶臺，端嚴殊妙，甚可愛樂。臺中悉有眾寶之座，各有如來而坐其上，與比丘僧、菩薩大眾，前後圍遶，自然顯現。（《大正藏》卷十四第919页）

【评说】此段经文可看作是佛教对女性身体的系统认识：四大所成，无常败坏；身体不净，纯为秽器；此身苦聚，疾病缠著，以药维持；饮食养身，常难满足。以此告诫女众应当厌离此身。从经文中可以看出，佛陀时代的社会普遍存在对女性的歧视。

"所谓欲、瞋、痴心并余烦恼重于男子""是故女人烦恼偏重，应当善思观察"，佛陀时代已经认识到女性的负性情绪要多于男性。

"于九月中怀子在身，众患非一，及其生时受大苦痛，命不自保"，佛陀时代已观察到难产的现象。

"又此女身为他所使，不得自在，执作甚多——捣药、舂米，若炒、若磨大小豆麦，抽毳、纺叠——如是种种苦役无量"。捣药，可见佛陀时代已有平民百姓尤其是妇女制药的记载；抽毳，即抽取棉中的丝线，纺布是佛陀时代妇女的主要劳作之一。

"此身虚伪，血肉所成，不久坏灭"，佛陀认为身体无常，终至败坏。

"此身如厕，九孔流出种种不净"，"九不净"是指大小便、眼耳鼻分泌物、汗、涎、唾。

"此身是苦聚，四百四病之所困故；此身恒为风寒、冷热等分众病之所坏散，恒以药力得存立故"。佛陀指出，身体是苦的集合，包含四百四疾病，风寒、冷热是常见的致病因素，身体的维持需要依靠药物。

【原文】無垢光菩薩語尊者舍利弗："誠如所言！諸菩薩摩訶薩大誓莊嚴，欲利益成就一切眾生，甚為希有！譬如阿伽樓樹所有華葉，但出阿伽樓香。如是諸菩薩摩訶薩乃至發一心之善，皆為阿耨多羅三藐三菩提，恒出佛法功德之香。"（《大正藏》卷十四第921页）

【评说】阿伽楼树，佛陀时代的一种树木，能够散发出阿伽楼香。

顺权方便经

（一名《转女菩萨》）

西晋月支三藏竺法护译

卷　上

沙门法品第一

【提要】佛陀在王舍城灵鹫山讲述须菩提入城乞食问长者之女沙门法义。

【原文】其女答曰："今須菩提，故復懷抱分衛想乎？斷思食耶？"

須菩提答曰："姊欲知之，食想已斷，又有是身父母遺體，在胞胎中飲食養之，而至成長，

習之來久不可離食。”(《大正藏》卷十四第922页)

【评说】佛陀时代已认识到饮食在胎儿以及婴儿出生后成长过程中的重要性。

卷　下

假号品第四

【提要】佛陀在王舍城灵鹫山讲述须菩提入城乞食为长者之女详说善权方便。

【原文】於時族姓子，謂尊者須菩提：“仁者何時當就食乎？且觀今時日在何所？”

須菩提答曰：“族姓子！今不是時不應飯食，在餘佛國亦不得時。”

時族姓子，即如其像三昧正受顯示神足，使日還東如日早食，謂須菩提：“賢者且觀！其時極早，是故賢者，恣安所審坐自服食。”(《大正藏》卷十四第927页)

【评说】佛教主张按时进食，认为早食应当在中午前。

佛说梵志女首意经

西晋月氏三藏竺法护译

【提要】佛陀在波罗奈鹿苑仙人所止处为首意说十二缘起法。

【原文】佛告阿難：“爾見梵女首意，以末栴檀、華香、擣香，供養散佛乎？其心誓願逮轉法輪。”(《大正藏》卷十四第940页)

【评说】经文中记载了用于供佛的三种香料：末栴檀、华香、捣香。

佛说心明经

西晋月氏国三藏竺法护译

【提要】佛陀在王舍城灵鹫山为梵志说布施虽小，福德甚大的道理。

【原文】時梵志婦執爨炊飯，見光照身身得安隱，解悍無量，心自念言：“今此光耀，不似日月釋梵、四王諸天之明，躬荷熙怡不能自勝。”還顧見佛端正殊好，如星中月奇相巍巍，眾好具足諸根澹泊，無有衰入建最上寂，得第一定如日初出現于山崗，如轉輪王臨幸大殿補臣翼從，又若帝釋顯據忉利，猶梵天王於第七尊，如高山雪冏灼普現，倍加踊躍，重自惟忖：“今得覩佛及佛弟子，誠副宿願，欲以食饌奉進正覺，隱察愚夫不信道德，志在邪疑六十二見，見妄所施必興結恨，宿命愆咎失雄猛男，嬰墜女像羈制於人，欲施聖尊不得由己，宜順護意當如之何？”便即箄飯取汁一杓以用上佛。佛之威神，鉢中自然有百味食，佛時達嚫，口歎頌曰：

“假以馬百疋，　金銀挍鞍勒，
　用惠施於人，　不如杓飯汁。

設以七寶車，　載滿諸珍琦，
杓飯汁施佛，　其福過於彼。
若施白象百，　明珠瓔珞飾，
供佛一杓汁，　其福超彼上。
如聖轉輪王，　普賢玉女后，
端正無有比，　七寶瓔珞身。
如是之妙類，　其數各有百，
悉以配施人，　不如一杓汁。"

於時，梵志靜住而聽，聞佛所歎，心懷疑惑，前問佛言："一杓飯汁何所直也，而乃稱讚？若干寶施象馬車乘，不可呰毀，而云不如杓飯汁施，斯之飯汁不直一錢，然乃咨嗟若干億倍，孰當信哉？"

於是，世尊尋即顯露廣長之舌，以覆其面上至梵天，告梵志曰："吾從無數億百千劫，常行至誠六度無極，施諸所安有而不惜乃獲斯舌，寧以妄語能致之乎？吾欲問，卿至誠答之。曾頗往返舍衛羅閱，中路有樹名尼拘類，蔭庇人眾五百乘車乎？"

對曰："唯然，有是樹，我所見也。"

世尊又問："其子大如？"

答曰："形如芥子。"

佛告梵志："卿真兩舌，實如芥子，樹何巨乎？"

對曰："審爾，不敢欺也。"

佛又告曰："種如芥子，生樹廣大，地之生殖適無所置所覆彌廣，乃況如來、無上至真等正覺，無量福會普勝者哉！戒、定、慧、解脫、解脫知見事，大慈弘哀無所不濟，以饌供獻功祚難計。"梵志默然無以加報。（《大正藏》卷十四第 942 页）

【评说】佛陀将种子比作饭汁、将种子长成大树护荫大众比作布施一杓饭汁的福德，以此教诫梵志不应当因为布施小而不行，与我国传统文化中"不以善小而不为"的思想相近。

佛说妇人遇辜经

乞伏秦沙门圣坚译

【提要】佛陀在舍卫国祇树给孤独精舍为众比丘讲述因受到众亲人横死的巨大刺激而致神智失常的妇人听到佛陀所说法后，得以开解的故事。

【原文】時有一人無婦，往詣舍衛國，娶婦本國，自有兩子，大子七歲，次子孩抱，母復懷軀，欲向在產。

天竺禮俗，婦人臨月，歸父母國。時夫婦乘車載二子，當詣舍衛，中路食息并牧牛。時有毒蛇，纏繞牛脚，牛遂離圈，其夫取牛，欲得嚴發，見牛為毒蛇所殺，蛇復捨牛，復纏夫殺。婦遙見之，怖懼戰慄，啼哭呼天，無救護者。

日遂欲冥，去道不遠，有流河水，水碓有家居，婦迫日冥，懼為賊所劫，棄車將二子到水畔，留大子著水邊，抱小子渡水。適到水半，狼食其子，子叫呼母，母時還顧見子，為狼所噉，

驚惶怖懼，失抱中子，隨水墮流。母益懊惱，迷惑失志頓躓水中，墮所懷子。遂便渡水，問道行人："我家父母，為安隱不?"

行人答曰："昨家失火，皆燒父母，悉盡無餘。"

又問行人："我夫家姑妐為安隱不?"

行人答曰："昨有劇賊，傷害其家，姑妐皆死，無完在者。"

其母聞之，愁憂怖懼，心迷意惑，不識東西，脫衣裸形，迷惑狂走。道中行人，見大怪之，謂得邪病，鬼神所嬈乎，或謂愁憂迷惑失志，或有唾賤捨避之走，或有憐傷愍念哀之。

時佛在舍衛祇樹給孤獨精舍。時婦馳走，而往趣之，過祇樹園。

爾時，世尊大會說法，四輩弟子，諸天龍神，十方一切，皆悉聽經。諸佛之法，盲者見佛，皆得眼目，聾者得聽，啞者能言，疾病除愈，尪劣強健，被毒不行，心亂得定。

時婦見佛，意即得定，不復愁憂，自視裸形，慚愧伏地。佛呼阿難："取衣與婦。"即時受教，則取衣與婦。著衣竟，稽首佛足，却坐一面。佛即說經，為現罪福："人命無常，合會有別，生者有死，無生不終，一切本空，自作起滅，展轉五道，譬如車輪，已解本無，不復起分。"

婦聞佛言，心開意解，即發無上正真道意，即時得立不退轉地，愁憂除愈，如日無雲。(《大正藏》卷十四第944页)

【评说】经文中记载了一名妇女因亲人横死受到刺激导致神志失常的案例。佛陀为妇人说生命无常、因缘聚散、生死皆空等佛法后，妇人的心理疾病得以痊愈。可见，佛法治疗心理疾病确实有良效。

差摩婆帝授记经

元魏北印度三藏菩提流支译

【提要】佛陀在王舍城耆阇崛山为差摩婆帝授记。

【原文】時王夫人差摩婆帝，既蒙世尊現自授記，聞已歡喜，起勝上心生決定意，多奉世尊佉陀尼食、蒲闍尼食、娑陀尼食，事事豐足，如是并奉彌勒菩薩摩訶薩食。

爾時，世尊既食，食已離鉢洗手。既洗手已，為王夫人差摩婆帝復更說法，示已教已，勸已導已，令歡喜已，與授記言："差摩婆帝！汝於未來過無量劫當得作佛，號曰功德寶勝如來、應、正遍知、明行足、善逝、世間解、無上士、調御丈夫、天人師、佛、世尊。汝佛世界第一清淨，無有惡道苦惱之事，心喜心樂莊嚴殊妙，第一清淨菩薩住處。如是嚴淨佛之世界，汝當得之。"(《大正藏》卷十四第946页)

【评说】经文记载了佛陀为差摩婆帝授记的过程。

"世尊既食，食已离体洗手"。可见，佛陀倡导良好的卫生习惯。

优婆夷净行法门经

僧右录云安公凉土异经附北凉录

卷　　上

修行品第一

【提要】佛陀在舍卫国弥伽罗母婆罗园为毗舍佉母说修习优婆夷净行法门。

【原文】佛說偈已，毘舍佉母心大歡喜，更增上問："世尊！於不淨法門云何心住，疾離煩惱，通達六門？"

佛告毘舍佉："有三十二法門，於不淨中心所樂住，疾離煩惱，便通六門。何者三十二法門？謂身中有髮、毛、爪、齒、皮、肉、筋、骨、肪、膏、髓、腦、心、腎、肝、膽、大腸、小腸、脾、肺、肚、胃、膿、血、痰、汗、涕、唾、涎、淚、屎、尿不淨。毘舍佉！是為三十二不淨之觀，令心樂住淨行法門，疾捨煩惱，得通六門。"

爾時世尊重說偈言：

"猶如江流，　聚入大海，
於法門中，　流觀亦爾。
善觀麁細，　淨以不淨，
無上智法，　佛悉通達。"（《大正藏》卷十四第953页）

【评说】佛陀以"三十二不净"观对治烦恼。"三十二不净"所包含的内容体现了佛教朴素的人体观。

优婆夷净行法门经修学品第二

【提要】佛陀在舍卫国弥伽罗母婆罗园为毗舍佉母说初学菩萨应当修学五十学法、六种光明、大人之相、等相。

【原文】佛說偈已，毘舍佉母心大歡喜，更增上問："世尊！大人之相凡有幾種，初學菩薩云何修學？"

佛言："大人之相有三十二，菩薩所修有二十行，與大人相合，得成二道，無有餘也。何謂二道？若在家者，得作轉輪聖王，王四天下，降伏諸國，七寶隨從：一、金輪寶，二、白象寶，三、白馬寶，四、摩尼寶，五、玉女寶，六、藏臣寶，七、主兵寶，復有千子勇健威猛，能伏怨敵，盡大海際，以法降伏，不用兵仗。若出家者，得成為佛，天上、人中最尊第一，具三十二大人之相。何者三十二相？所謂：身黃金色、圓光一尋猶如融金、梵身方直、項後日光、頂有肉髻、其髮紺青、佛身圓滿如尼俱律樹、眉間毫相如兜羅綿、上下俱眴、目睫紺青、舌能覆面、梵音八種如迦陵頻伽聲、口四十齒、齒白齊密、師子頰、皮膚細薄不受塵垢、一一孔一毛生、紺色細軟、皆起右旋、師子臆、胸有卍字、七合處滿、手足合鞔網、指纖長、手內外握、立手過膝、陰馬藏、脚膞直、鹿腨腸、奩底相、千輻輪、足跟長，是名三十二大人之相身。"（《大正藏》卷十四第954-955页）

【评说】佛陀概括指出了"三十二相"的特征。"三十二相"是佛教健康生命观的最高表现。

卷　下

优婆夷净行法门经瑞应品第三

【提要】佛陀在舍卫国弥伽罗母婆罗园为毗舍佉母说菩萨处胎出生时的十六种奇特法及三十二瑞象。

【原文】爾時世尊說此偈已，毘舍佉母歡喜踊躍，而白佛言："世尊！菩薩處胎初生之時，有幾奇特、微妙之相現於世間？"

佛告毘舍佉："菩薩生時有十六種奇特瑞相。何謂十六種相？所謂菩薩捨兜率天身，憶念分明而處母胎，是為一未曾有奇特之法。

菩薩捨天身已處胎之時，自然光明照於世間，世界中間幽冥之處，日月星光所不能照，悉皆大明，其中眾生各得相見，咸作是言：'此中云何忽生眾生，一切世間梵、魔、沙門、婆羅門，所有光明無能及者！'又復三千大千世界六種震動，諸須彌山震動不停，是為二未曾有奇特之法。

菩薩處胎，有四天子執持威儀，四方侍衛守護菩薩及菩薩母，不令世間人、非人等之所惱害，是為三未曾有奇特之法。

菩薩處胎，能令其母自然持戒，不殺、盜、婬、妄語、飲酒，是為四未曾有奇特之法。

菩薩處胎，其母清淨無有欲心，外人見之亦不生染，是為五未曾有奇特之法。

菩薩處胎，常令其母大得利養，色、香、味、觸自然而至，是為六未曾有奇特之法。

菩薩處胎，母常安樂，無諸疾病、飢渴、寒熱、疲極之患，菩薩亦然。菩薩胎中母常見之，譬如真摩尼毘琉羅寶，八楞清淨，內外明徹，一切具足，以五色縷而以貫之，明眼之人執在手中，見珠八楞及五色縷，青、黃、赤、白了了分明。菩薩處胎亦復如是，母見其身、頭、目、手、足一切身分，悉皆無有障礙，是為七未曾有奇特之法。

毘舍佉！菩薩生七日已，其母命終生兜率天，受天快樂，是為八未曾有奇特之法。

凡人受胎或九月日，或至十月而便產生；菩薩不爾，要滿十月然後乃生，是為九未曾有奇特之法。

世間女人臨欲產時，身體苦痛，或坐或臥不安其所，然後乃生。菩薩生時其母安樂，無諸疾惱，歡喜遊戲，舉手立生，是為十未曾有奇特之法。

菩薩出胎天人承接，後為世人之所捧持，是為十一奇特之法。

世人受已，有四天子捧接、敬受，置於母前，心大歡喜，俱發聲言：'善哉，夫人！生大威德勇健之子。'是為十二奇特之法。

菩薩初生無有水血及以胎膜諸不淨物，其身清淨如摩尼珠，以加私國氎而以裹之，不相染著。何以故？彼此淨故。菩薩初生亦復如是，清淨無染如摩尼珠，其母鮮淨亦如彼氎，是為十三奇特之法。

菩薩生時，於虛空中自然而有二飛流水：一、冷，二、暖，浴菩薩身，是為十四奇特之法。

菩薩生已北行七步，爾時空中自然白傘覆菩薩身，行七步已遍觀十方，發師子吼，唱如是言：'一切世間，唯我為上，天、人中尊，我為最大，從此生盡，無復後生！'是為十五奇特之法。

菩薩生時於三千大千世界，一切眾生蠕動之類皆大歡喜，是為十六奇特之法。

毘舍佉！是名如來處胎初生有十六種奇特之法。”

爾時世尊，而說偈言：

“兜率天命終，　下生於人間，
處胎及初生，　清淨無所染。
十六種奇特，　微妙未曾有，
胎中及生時，　不與眾生共。
生時無迷惑，　名聞最第一，
現相非一種，　佛生瑞如此。”（《大正藏》卷十四第 960-961 页）

【评说】经文记载了菩萨现世处胎出生时的十六种奇特现象。其中，第一、二奇特法体现了个人对环境的影响；第三至八、第十奇特法主要内容是胎儿对母亲身心两方面的影响；第九、十三奇特法则是胎儿自身所具备的特质：满十月生、无血水胎膜不净物。

佛说八师经

吴月支国居士支谦译

【提要】佛陀在舍卫国祇树给孤独园为异学梵志耶句说促使自己成就佛道的百位老师分别是杀者、盗者、邪淫者、恶口者、嗜酒者、年老者、病瘦者、死者。

【原文】佛言：“三謂邪婬，犯人婦女。或為夫主、邊人所知，臨時得殃，刀杖加刑；或為王法收繫著獄，酷毒掠治，戮之都市。死入地獄，臥之鐵床；或抱銅柱，獄鬼然火，以燒其身。地獄罪畢，當更畜生。若復為人，閨門婬亂，違佛、遠法，不親賢眾，常懷恐怖，多危少安。吾見是故，不敢邪婬。是吾三師。”

佛時頌曰：

“婬為不淨行，　迷惑失正道，
精神魂魄馳，　傷命而早夭，
受罪頑癡荒，　死復墮惡道；
吾用畏是故，　棄家樂林藪。”（《大正藏》卷十四第 965 页）

【评说】佛陀认为，淫邪会使人迷惑，影响人的精神，最终导致早死。

【原文】佛言：“五謂嗜酒。酒為毒氣，主成諸惡——王道毀，仁澤滅，臣慢上，忠敬朽，父失禮，母失慈，子凶逆，孝道敗，夫失信，婦奢婬，九族諍，財產耗——亡國危身，無不由之。酒之亂道，三十有六。吾見是故，絕酒不飲。是吾五師。”

佛時頌曰：

“醉者為不孝，　怨禍從內生，
迷惑清高士，　亂德敗淑貞。
吾故不飲酒，　慈心濟群生，
淨慧度八難，　自致覺道成。”（《大正藏》卷十四第 965 页）

【评说】佛陀认为，酒为毒气，可使人产生不正当行为和负性情绪。

【原文】佛言:“六謂年老。夫老之為苦,頭白,齒落,目視𥉂𥉂,耳聽不聰,盛去衰至,皮緩,面皺;百節痛疼,行步苦極,坐起呻吟,憂悲惱苦;識神轉滅,便旋即忘;命日促盡,言之流涕。吾見無常,災變如斯,故行求道,不欲更之。是吾六師。”

佛時頌曰:

“吾念世無常,　人生要當老,
盛去日衰羸,　形枯而白首,
憂勞百病生,　坐起愁痛惱;
吾用畏是故,　棄家行學道。”(《大正藏》卷十四第965页)

【评说】佛陀描述了人老后的状态:头发变白、牙齿脱落、视物不清、听力下降、皮肤松弛、皱纹横生、骨节疼痛、行动困难、忧愁苦恼、神识转灭、口流涎唾。

【原文】佛言:“七謂病瘦。肉盡骨立,百節皆痛,猶被杖楚;四大進退,手足不任;氣力虛竭,坐臥須人;口燥,脣燋,筋斷,鼻坼;目不見色,耳不聞音;不淨流出,身臥其上;心懷苦惱,言輒悲哀。今覩世人年盛力壯,華色暐曄,福盡罪至,無常百變。吾覩斯患,故行求道,不欲更之。是吾七師。”

佛時頌曰:

“念人衰老時,　百病同時生,
水消而火滅,　刀風解其形,
骨離筋脈絕,　大命要當傾;
吾用畏是故,　求道願不生。”(《大正藏》卷十四第965-966页)

【评说】佛陀对病弱者作了细致描述:肉尽骨立,百节皆痛,犹被杖楚;四大进退,手足不利;气力虚竭,坐卧不能自主;口燥,唇焦,筋断,鼻裂;目不见色,耳不闻音;不净流出,身卧其上;心怀苦恼。

【原文】佛言:“八謂人死。四百四病同時俱作;四大欲散,魂神不安;風去息絕,火滅身冷,風先火次,魂靈去矣;身體挺直,無所復知;旬日之間肉壞血流,膖脹爛臭,無一可取;身中有蟲,還食其肉;筋脈爛盡,骨節解散,髑髏異處,脊、脅、肩、臂、髀、脛、足、指各自異處;飛鳥、走獸競來食之。天、龍、鬼神、帝王、人民、貧富、貴賤無免此患。吾見斯變,故行求道,不欲更之。是吾八師。”

佛時頌曰:

“我惟老病死,　三界之大患,
福盡而命終,　氣絕於黃泉,
身爛還為土,　魂魄隨因緣;
吾用畏是故,　學道昇泥洹。”(《大正藏》卷十四第966页)

【评说】佛陀对人死时的状态作了细致描述:四大坏散,风去火灭,接着魂灵离去、身体僵直没有知觉;十日之内肉坏血流、膨胀臭烂、体内之虫食体、筋脉烂尽、骨节离散、骨骼异处,飞鸟走兽来食。

佛说孙多耶致经

吴月支国居士支谦译

【提要】佛陀在舍卫城祇树给孤独园为梵志孙多耶致说水浴不能除心垢的义理。

【原文】佛知梵志心之所存，告諸沙門曰："夫人為行，有二十一惡，不得美食、好衣：志在婬泆；志在瞋恚；志在愚癡；志在睡臥；志在凝結，謂無應儀；志在貢高；志在憍慢；志在嫉妬；志在慳貪；志在兇虐，無惻隱心；志在虛偽，內外相違；志在不慚，內無愧心；志在穢行，不自羞鄙；志在彼惡而不自見；志在婬泆，言不歎貞；志在交話，讒成二惡；志在會鬪，不釋兩諍；志在無禮，自可不謙；志在遂非，不受賢諫；志在不孝，滅慈好逆；志好邪道，供奉妖蠱，家財虛竭，令親困窮，不覺非常，不歸三尊，美食、好衣從欲奢華。以斯二十一惡，穢亂其心。猶潔污垢，染之為色，萬無一益。懷斯眾惡，死入地獄、餓鬼、畜生，其痛難量。"(《大正藏》卷十四第 966 页)

【评说】佛陀为诸沙门说众生想要美食、好衣而不得时产生的二十一种恶行。

【原文】沙門覩佛明戒，棄故自新，練情滅欲，內外清淨。又如淨潔，染即成色，為眾所觀。沙門覩明，行高智足。天下供奉衣、食、殿舍，受之無尤，施者福大。進行禪定，獲溝港、頻來、不還、應儀，人亦聞之。沙門雖未得道，明佛經義，執心端正，孝順經教，弘慈普育，潤逮群生，恕己安彼，視怨若子。見女人來，待之以妹。若覩窮苦，當念地獄、餓鬼、畜生，願令群生身安意喜，得逢三寶，垢除冥滅，心淨見明，還於本無，永康無極。志行如斯，美食、好衣終始無罪。群生本性，貪婬、瞋恚、愚癡、嫉妬，濁中之濁、冥中之冥者。沙門心開受明，癡垢都寂。雖處穢世，猶蓮華居夫泥中，泥不能染華，受施無罪。夫懷三毒、十惡不除，恣心從欲，諂欺求潤，不奉佛戒，寧吞熱鐵，飲洋銅。斯死須臾穢濁受施，死入太山，飲銅，食炭，其年難計矣。

梵志前白佛言："吾欲去浴，有溪名好首。夫入中浴者，意之穢垢，隨水流漂。自聞父教，吾日三浴。"

佛告梵志："斯土多溪，人入中浴可得獲度苦乎？千浴之人可除身垢，奈心垢何？吾諸沙門斷求念空，不願三界，心垢寂滅，以得淨道。汝從何師？受法水浴，去心垢乎？"

對曰："吾父云爾。"

佛言："若父得道不？"

對曰："不也。"

佛言："吾道從心出，心端，志淨，乃得道耳。"

梵志長跪陳白："吾向拄杖吐舌，但為狂愚耳。今聞佛經，心始醒寤。猶冥中有燈火，始今有目矣。乞為沙門，願佛哀納！"(《大正藏》卷十四第 966 页)

【评说】尽管一日三浴，依然不能净除心垢，原因在于心垢从心出，只有心端、志净，心垢才能自除。

佛说黑氏梵志经

吴月支国居士支谦译

【提要】佛陀在罗阅祇城时，黑氏梵志为临终前将遇恶缘恐堕地狱界之事向佛陀求教，佛陀以“放舍”对治梵志的疑惑与不安。

【原文】佛於是頌曰：

“仁當捨其本，　亦當捨其末，
　中間無處所，　乃度生死原。
　內無有六入，　外衰不得前，
　放置於六情，　乃成無為疾。”(《大正藏》卷十四第 967 页)

【评说】放舍，是为了让人了知无我、心本如幻的道理。

【原文】黑氏梵志聞佛所說，心自念言：“不見吾我，則了心無。心者本無，應病與藥，鄙心開解。如盲得目，聾者得聽，真為普見，審一切智。今已值佛，德不可訾。”

尋即來下，稽首佛足，退住一面。佛應心本而分別說，顯示道場，演三脫門。

於時輒住不退轉地，無一憂患，歎佛功德，而諸頌曰：

“光明踰日月，　智慧猶大海，
　大慈無極哀，　十方悉欣戴。
　眾生流三界，　無數億萬載，
　應病授法藥，　宣暢大辯才。
　雖現入生死，　周旋無往來，
　勸化令精進，　罪福無能代。
　努力勤精進，　勿為欲所災，
　降衰四魔除，　道成無罣礙。”(《大正藏》卷十四第 967 页)

【评说】这段经文论述了根据病人的病因施予相应的治疗方法。佛陀通过解说解脱生死的法门来对治梵志对堕入地狱界的恐惧。

长爪梵志请问经

大唐三藏法师义淨奉制译

【提要】长爪梵志向佛陀请教世与业的相关问题。

【原文】爾時，有一長爪梵志，來詣佛所，策杖而立，問言：“喬答摩！汝曾實作如是宣說，世由自業，業為能授，業為生處，業為親族，業為所依耶！”

佛告婆羅門：“我作是說，世由自業，業為能授，業為生處，業為親族，業為所依。”

婆羅門曰：“若如是者，沙門喬答摩！先作何業，令汝獲得金剛不壞堅固之身？”

佛告婆羅門:“我於前生,遠離殺害有情命根,由彼業力,今獲斯果。”

“沙門喬答摩!先作何業,令汝獲得手指纖長網縵為相?”

佛告婆羅門:“我於前生,遠離偷盜他人財物,由彼業力,今獲斯果。”

“沙門喬答摩!先作何業,令汝獲得具足色力諸根圓滿?”

佛告婆羅門:“我於前生,遠離女人欲染之事,由彼業力,今獲斯果。”

“沙門喬答摩!先作何業,令汝獲得出廣長舌,自覆其面?”

佛告婆羅門:“我於前生,遠離妄語詭誑於人,由彼業力,今獲斯果。”

“沙門喬答摩!先作何業,令汝獲得威儀庠序,如師子行?”

佛告婆羅門:“我於前生,遠離諸酒放逸之處,由彼業力,今獲斯果。”

“沙門喬答摩!先作何業,令汝獲得微妙相好,莊嚴其身?”

佛告婆羅門:“我於前生,遠離歌舞倡艷之事,由彼業力,今獲斯果。”

“沙門喬答摩!先作何業,令汝獲得上妙香氣,芬馥其身?”

佛告婆羅門:“我於前生,遠離香花瓔珞莊飾,由彼業力,今獲斯果。”

“沙門喬答摩!先作何業,令汝獲得受用金剛勝妙之座?”

佛告婆羅門:“我於前生,遠離高床大床驕恣之物,由彼業力,今獲斯果。”

“沙門喬答摩!先作何業,令汝獲得四十牙齒鮮白齊平?”

佛告婆羅門:“我於前生,遠離非時飲噉諸食,由彼業力,今獲斯果。”

“沙門喬答摩!先作何業,令汝獲得頂上肉髻圓滿姝好?”

佛告婆羅門:“我於前生,於三寶、二師沙門、婆羅門、父母、尊長,應恭敬處,五輪著地,以無慢心虔誠致禮,由彼業力,今獲斯果。”

時婆羅門,見佛為說因果不虛,白言:“喬答摩!此名何福?云何受持?”

佛言:“此名八支淨戒,若能一日一夜,或復長時,從師受持,獲果如是。”(《大正藏》卷十四第968页)

【评说】佛陀从因果业力的角度对健康身心的由来作了详细的解释。

持心梵天所问经

(一名《庄严佛法诸义》,又名《佛说等御诸法经》)

西晋月氏三藏竺法护译

卷 第 一

四法品第二

【提要】佛陀在王舍城加邻竹园为持心梵天说“四事”法。

【原文】又有四事,威儀安詳而不卒暴。何等四?無利、無譽、無名、無苦,是為四。(《大正藏》卷十五第3页)

【评说】人能够威仪安详而不猝死的四件事:无利、无誉、无名、无苦。

卷第二

问谈品第六

【提要】佛陀在王舍城加邻竹园为大迦叶、明网菩萨、持心梵天等说族姓子生如来家成最正觉。

【原文】佛告迦葉:"明網菩薩所遊佛土,則所遊處開化度脫無數眾生。迦葉!為見諸族姓子蒙光者乎?"答曰:"已見。"

世尊告曰:"假使三千大千世界滿中芥子,斯數可知別其多少;明網菩薩所開化人立于佛道,不可計量。迦葉!欲知明網菩薩,假使眾生見其光明,以權方便而說經法。"

"又復,迦葉!聽我所說,此族姓子國土差特,名德嚴淨明網處所。明網菩薩,六百七十萬阿僧祇劫,過是數已當得作佛,號普明變動光王如來、至真、等正覺、明行成為、善逝、世間解、無上士、道法御、天人師,為佛、世尊。世界名等集殊勝。適詣佛樹則得為佛。其佛國土,無有諸魔及諸魔天,一切皆志無上正真之道。其佛國土以妙栴檀而為土地,世界平正猶如手掌若網縵也。其界眾生身體柔軟,土地和良安隱豐熟,一切眾寶合成佛國,無沙礫石荊棘之穢,無有惡趣勤苦之患,亦無八難不閑之劇。"

"其佛境域悉生蓮華,斯諸蓮華悉以寶成,其華甚香,若干種色。世界廣大,東西南北不可稱限。普明變動光王如來,有無央數諸菩薩眾隨其音聲,佛法聖眾威神變化,已光莊嚴逮總持藏,辯才無閡智慧名德,獲大神通降伏眾魔,志意所遊常知羞恥,精修聖明以慧教化。"

佛言:"迦葉!又彼佛土不生女人,一切菩薩生寶蓮華,自然長大。斯諸菩薩以禪為食,屋宅經行床榻臥具、宮殿浴池園觀產業,譬若天上。其普明變動光王如來,所講經法無文字說,唯諸菩薩蒙佛光明適照其身,即便逮得不起法忍,光明消竭婬怒癡垢,又其餘明至他佛界,消滅眾生色欲之塵令無瑕疵,斯等順律。"(《大正藏》卷十五第 13 页)

【评说】该段经文是对佛国土地理、环境、社会等各方面的描述。

"彼佛土不生女人",可见佛陀时代的社会存在对女性的歧视。

"菩萨以禅为食",对修行者来说,禅像食物一样不可缺少。

【原文】又問:"云何具諸通慧?"

大聖告曰:"眼不受色,耳不受聲,鼻不受香,口不受味,身不受細滑,意不受法,其無有內,亦無有外,而不所由,亦無所受,亦不自念,具足周辯諸通之慧。已具足此,名曰諸通慧。"

"眼不著色,耳聲鼻香舌味身更意法,而無所著。以故如來慧無罣閡,所見無限達諸通慧,則復不受諸通慧也。所以者何?若欲成就諸通慧器,則不成器而無有器,已無有器則曰暴露,已能平等暴露行者,為諸通慧斯無所受。猶如,梵天!一切所為悉依猗空,空無所倚,一切悉達無所不知,而志求猗諸通之慧,如諸通慧無所猗求。"

又問世尊:"諸通慧者為何謂耶?何因名曰諸通慧乎?"

世尊答曰:"諸通慧者,假託名耳。悉無所著普了眾行,無有聲聞緣覺之事,名諸通慧;探一切念而療治之,名諸通慧;而皆分別諸所至趣,名諸通慧;智不可限曉眾生行,名諸通慧;分識一切隨時而順有所學,不復學緣覺之慧,無所不達應時現教,名諸通慧;等療隨行順不失時，名諸通慧；曉知諸藥所可療者，名諸通慧；滅除眾病，名諸通慧；拔諸罣閡猗著根原，名諸通慧；常三昧定，名諸通慧；了一切法無有疑網，名諸通慧；究竟普達靡所不知，開暢世間度世之慧，名諸通慧；綜練分别，所說周備，一切敏達，梵天！是故名諸通慧。"

於是，持心梵天白世尊曰："至未曾有，天中之天！諸佛世尊而無有心，因慧名心心本清淨，如來至真究盡曉了眾生心行。唯然，大聖！若有族姓子、族姓女聞諸通慧，其誰不發無上正真道乎？乃致斯類無量之德，興發殊特。"(《大正藏》卷十五第 15 页)

【评说】诸通慧要具备眼、耳、鼻、口、身、意六根都无所受，一切空无所倚的状态才能达到。

"探一切念而疗治之，名诸通慧""等疗随行顺不失时，名诸通慧；晓知诸药所可疗者，名诸通慧；灭除众病，名诸通慧；拔诸罣阂猗著根原，名诸通慧"，在六根都无所受、一切空无所倚基础上达到了"诸通慧"，可以了知众生的疑虑与行为，能熟知医药，疗治众生疾病，尤其是心理疾病。

谈论品第七

【提要】佛陀在王舍城加邻竹园为持心梵天、溥首童真说诸法无二，不应起二见。

【原文】爾時，梵志大姓之子名曰普行，問溥首曰："何謂清信士，而歸命佛歸命法歸命眾?"

答曰："設族姓了不興二見，斯清信士則歸命佛，應歸命法及與聖眾，不自見身不覩他人，亦不見佛不自觀己，亦不見法則不觀己，不見聖眾則不觀己，不興諸見，則清信士為歸命佛及法聖眾。"

"設清信士不入志慕如來之色，亦不志于痛痒行識，亦無造行亦無所知，志趣如來，是則名曰歸命於佛。而於諸法無所想念，而於諸法無所同像亦無比類，是則名曰為歸命法。於諸有形而無所猗，亦不志樂於有形者，亦不志樂於無形者，是名曰歸命聖眾。若清信士不得於佛，亦不得法及與聖眾，則為歸命佛法聖眾。"(《大正藏》卷十五第 17 页)

【评说】溥首认为，清信士不应当执著于有形或无形二见。

卷　第　四

授现不退转天子别品第十五

【提要】佛陀在王舍城加邻竹园为现不退转天子授记。

【原文】於時世尊說此頌曰：

"……

當得佛道，　開度黎元，
斯為眾寶，　譬如巨海。
當供養此，　常福德田，
此為良土，　上妙醫王。
療治一切，　諸疹疾者，
便為救濟，　受歸度脫。"(《大正藏》卷十五第 28-29 页)

【评说】这是关于医术精妙的医生疗治诸多疾病以救济众生的描述。

建立法品第十六

【提要】佛陀在王舍城迦邻竹园为持心梵天、普首童真说一切诸法无所倚住、无所建立。

【原文】於是，持心梵天問普首童真曰："願勸如來、至真、等正覺，令此經典於後末世五濁俗時建立流演。"

普首答曰："於梵天意所趣云何？如來豈為班宣申暢於此法乎？欲令如來建立法耶？"報曰："不也。"

"是故，梵天！一切諸法無所建立，亦無有念亦無言說，故無流演亦無所護。其欲建立斯經典者，則為欲成立虛空矣！設使菩薩歸趣斯典非為順法，菩薩普入一切徑路而無諍訟。又菩薩者，於諸眾會假現名耳，說經法者則當如茲不為聽經。所以者何？無所聞者乃為聽經。"

又問："普首！此為何謂？無所聞者為聽經乎？"答曰："眼耳鼻口身意，無所流聞乃為聽經；其有染污於諸入者則無所聞，便在於色聲香味細滑欲法，斯等聽經則為虛妄。"（《大正藏》卷十五第30页）

【评说】如果眼、耳、鼻、口、身意、仍染着于色声香味细滑欲法，那么，即使听经也是虚妄、毫无用处的。

思益梵天所问经

姚秦龟兹国三藏鸠摩罗什及译

卷 第 一

序品第一

【提要】佛陀在王舍城迦兰陀竹林为网明菩萨说思益梵天是诸正问第一，并宣讲诸法空寂的道理。

【原文】爾時思益梵天與萬二千菩薩俱，頭面禮佛足，右遶三匝，合掌向佛，以偈讚曰：

"世尊大名稱，　普聞於十方，
所在諸如來，　無不稱歎者。
有諸餘淨國，　無三惡道名，
捨如是妙土，　慈悲故生此。
佛智無減少，　與諸如來等，
以大慈本願，　處斯穢惡土。
若人於淨國，　持戒滿一劫，
此土須臾間，　行慈為最勝。
若人於此土，　起身口意罪，
應墮三惡道，　現世受得除。
生此土菩薩，　不應懷憂怖，
設有惡道罪，　頭痛即得除。

此土諸菩薩，　若能守護法，
世世所生處，　不失於正念。
若人欲斷縛，　滅煩惱業罪，
於此土護法，　增益一切智。
……"（《大正藏》卷十五第 34 页）

【评说】若人生于佛国净土可以有助于除去头痛、减灭烦恼、不失正念、增益智慧。

四法品第二

【提要】佛陀在王舍城迦兰陀竹林为思益梵天说"四事"法。

【原文】佛告思益梵天："菩薩有四法，堅固其心而不疲倦。何等四？一者，於諸眾生起大悲心；二者，精進不懈；三者，信解生死如夢；四者，正思量佛之智慧。菩薩有此四法，堅固其心而不疲倦。"（《大正藏》卷十五第 35 页）

【评说】使内心坚固而不疲劳的方法有四种：对众生起大慈悲、精进不懈怠、了透生死、正思量佛智慧。

【原文】梵天！菩薩有四法，善求法寶。何等四？一者，於法中生寶想，以難得故；二者，於法中生藥想，療眾病故；三者，於法中生財利想，以不失故；四者，於法中生滅一切苦想，至涅槃故。是為四。（《大正藏》卷十五第 35 页）

【评说】"于法中生药想，疗众病故"，通过修习佛法，治疗疾病。可见，佛法可看作治疗众多疾病的良药。

分别品第三

【提要】佛陀在王舍城迦兰陀竹林为网明菩萨、思益梵天、舍利弗及众比丘等说分别法问为邪问。

【原文】"世尊！誰為樂人？"

佛言："無貪著者。"

"世尊！誰無貪著？"

佛言："知見五陰者。"（《大正藏》卷十五第 37 页）

【评说】了知五阴，即对五蕴阴有一个正确的认知，就可以没有贪着。

【原文】"世尊！何謂菩薩能行禪定？"

佛言："能除身心麁相。"（《大正藏》卷十五第 37 页）

【评说】禅定可以帮助人们除去身心粗相。

粗相即六粗相，分别是智相、相续相、执取相、计名字相、起业相、业系苦相。

卷　第　三

谈论品第七（丹菩萨无二品第十二）

【提要】佛陀在王舍城迦兰陀竹林为思益梵天、文殊师利等说法无二性，不应起二见。

【原文】爾時有摩訶羅梵天子，名曰等行，問文殊師利："何謂優婆塞歸依佛、歸依法、歸依僧?"

答言："優婆塞不起二見——不起我見、不起彼見，不起我見、不起佛見，不起我見、不起法見，不起我見、不起僧見——是名歸依佛、歸依法、歸依僧。又優婆塞不以色見佛，不以受、想、行、識見佛，是名歸依佛。優婆塞於法無所分別，亦不行非法，是名歸依法。若優婆塞不離有為法見無為法，不離無為法見有為法，是名歸依僧。又優婆塞不得佛、不得法、不得僧，是名歸依佛、歸依法、歸依僧。"(《大正藏》卷十五第48页)

【评说】不起二见包括不起我与他之见、不起自身色与识之见、不起法与非法之见，是皈依佛、法、僧的基础。

志大乘品第十(丹大乘行品第十七)

【提要】佛陀在王舍城迦兰陀竹林为诸菩萨说菩萨发菩提心的要义。

【原文】於諸眾生類，　其心常平等。
諸法念念滅，　其性常不住，
於中無罵辱，　亦無有恭敬。
若節節解身，　其心終不動，
知心不在內，　亦復不在外。
身怨及刀杖，　皆從四大起，
於地水火風，　未曾有傷損。
通達於此事，　常行忍辱法，
菩薩行如是，　眾生不能動。
勇猛勤精進，　堅住於大乘，
是人於身心，　而無所依止。
雖知生死本，　其際不可得，
為諸眾生故，　莊嚴大誓願。(《大正藏》卷十五第53页)

【评说】身体的败坏从根本上来说是"四大"的败坏，但"四大"皆为无常，那么身体也是无常的，无常之身并不存在实际上的伤损。人的身心本就无所依住，所以即使身体败坏，心也不会有所忧愁。

卷第四

授不退转天子记品第十五(丹师子吼品第十九)

【提要】佛陀在王舍城迦邻竹园为不退转天子授记。

【原文】迦葉！又如大海，鹹不可飲；此諸菩薩亦復如是，諸魔外道不能吞滅。(《大正藏》卷十五第58页)

【评说】佛陀时代已经认识到海水太咸，不应当饮用。

诸天叹品第十七(丹如来神咒品第二十三)

【提要】佛陀在王舍城迦邻竹园为文殊师利说咒术章句。

【原文】一切眾生中慈說聖諦，梵天所讚歎！諸賢聖所讚歎！此中住召一切諸神，南無諸佛，當成就是呪術。

文殊師利！是為呪術章句。若菩薩摩訶薩欲行此經者，當誦持是呪術章句。應一心行，不調戲、不散亂；舉動進止悉令淨潔；不畜餘食，少欲知足；獨處遠離，不樂憒閙，身心遠離；常樂慈悲，以法喜樂；安住實語，不欺誑人；貴於坐禪，樂欲說法；行於正念，常離邪念；常樂頭陀細行之法；於得、不得無有憂喜；趣向涅槃，畏厭生死；等心憎愛、離別異相；不恪身命及一切物，無有貪惜；威儀成就，常樂持戒；忍辱調柔，惡言能忍；顏色和悅，無惡姿容；先意問訊，除去憍慢，同心歡樂。(《大正藏》卷十五第 60 页)

【评说】佛陀对诵持咒术章句者的道德品质和行为规范作了极高的要求。

【原文】文殊師利！此諸法師住如是法，誦是呪術，即於現世得十種力。何等為十？得念力，不忘失故；得慧力，善擇法故；得行力，隨經意故；得堅固力，行生死故；得慚愧力，護彼我故；得多聞力，具足慧故；得陀羅尼力，一切聞能持故；得樂說辯力，諸佛護念故；得深法力，具五通故；得無生忍力，速得具足薩婆若故。文殊師利！若法師能住是行、誦持呪術，現世得是十力。(《大正藏》卷十五第 60 页)

【评说】诵咒术得十种力：念力、慧力、行力、坚固力、惭愧力、多闻力、陀罗尼力、乐说辩力、深法力、无生忍力。

佛说须真天子经

西晋月氏三藏竺法护译

卷 第 一

问四事品第一

【提要】佛陀在舍卫国祇树园给孤独精舍为众比丘、菩萨、天子等说“四事”章句。

【原文】復次，天子！菩薩有四事行，所作堅強，得不怯弱。何等為四？一者，精進不轉；二者，身所行淨及淨他人；三者，其意純淑，得至於道；四者，不厭惓於佛法而得成就。是為四事，菩薩所作堅強，得不怯弱。

佛爾時歌頌曰：

“得堅住於精進，　立中正無兩際，
常清淨無垢濁，　身意行口亦爾，
所作為常純淑，　以是故乘佛義，
於請益不厭惓，　常思念於佛法。
此四事法之上，　是則為微妙持，
若有堅住法者，　便當得道行徑，
於內外皆已了，　悉逮得道之節，

在於此三處中， 為法王今不久。"(《大正藏》卷十五第97页)

【评说】能使人坚强而不怯弱的四件事：精进不转、身行净及净及他人、意志纯淑、不厌倦佛法。

【原文】復次，天子！菩薩有四事行，得恭敬順，行佛、世尊教。何等為四？一者，心常在道，究竟不離；二者，所聞受持，念未曾忘；三者，所許如言，有求不逆；四者，習於空無，入一切法。是為四事，得菩薩恭敬順，行佛、世尊教。

佛爾時歌頌言：

"身更諸苦痛， 道意終不轉，
得聞入法要， 是則大導師。
心口有所許， 身行亦如言，
習諸空無慧， 入眾智黠法。
奉行如法教， 得離婬怒癡，
不懈不中止， 無恚亦無懊。
十方稱名譽， 歌歎其功德，
若應順此教， 法慧無過者。"(《大正藏》卷十五第98页)

【评说】对佛陀要保持心身等同的恭敬。

【原文】復次，天子！菩薩有四事行，得承法教，道利一切。何等為四？一者，受空身住，能為眾會廣說大法；二者，已自調心，去離婬欲而得泥曰，復令會者調心止欲，說泥洹法；三者，自身所作滿足至道，復令一切立摩訶衍；四者，自身求法，已暢眾妙，復教於人，令求索法。是為四事，菩薩得承法教，導利一切。

佛爾時歌頌曰：

"教授於人， 令受空要，
調心止欲， 得住泥曰。
有德至尊， 及大神足，
以法布施， 示人覺乘。
所為已具， 至於道心，
於眾立人， 使至大乘。
常求於法， 便合義力，
為眾說法， 亦不增減。"(《大正藏》卷十五第98页)

【评说】教授佛法要令受教者领会空的要义；教授者自身要调己心、止己欲，同时要以法布施，自身在布施的过程中融汇义理，并将自己所得示予受教者。可见，佛陀时代对教授佛法者有相当高的要求，对现代的教育亦有所启迪。

【原文】復次，天子！菩薩有四事行，得不可及神通之慧。何等為四？一者，日日修梵四淨之行；二者，常止宿於空閑之處；三者，深入於法忍；四者，身心而等慧。是為四事，菩薩得不可及神通之慧。

佛爾時歌頌言：

“日修梵行，　以自興立，
常樂空閑，　處於清淨。
已入深法，　便至於道，
身心平等，　自致得慧。
已合如是，　於行如等，
於五神通，　為已得達。
飛到十方，　住諸佛前，
多所育養，　於一切人。”(《大正藏》卷十五第98页)

【评说】佛陀认为，达到不可及神通的智慧需要做到四件事，除勤修、止宿空闲、深入法忍外、身心等慧也是相当重要的部分。

【原文】復次，天子！菩薩有四事行，得不為俗法之所沾污。何等為四？一者，若得利、若樂、若有名、若歎譽，不以喜悅；二者，若無利、若苦、若無名、若謗毀，亦不以憂；三者，依受五陰，護養一切；四者，若得受陰者，示現空聚處。是為四事，菩薩得不為俗法之所沾污。

佛爾時歌頌言：

“若有利及名譽，　便已得一切樂，
有如是稱歎者，　心亦不以為喜。
若無利無名苦，　有智者不以憂，
如蓮華無沾污，　於世行亦如是。
若受陰用是義，　以將護養一切，
已能滅盡諸陰，　計念之若如幻。
於世行隨其法，　不為俗所沾污，
令一切得樂義，　以戒德為塗香。”(《大正藏》卷十五第99页)

【评说】佛陀教诫天子不为世俗所染的四件事：不以有利、乐、名、誉而喜，不以无利、乐、名、誉而忧，依五阴护养一切的同时，又要了知五阴本空的道理。前两件事与我国传统文化中“不戚戚于贫贱，不汲汲于富贵”“不以利移，不以患改”所表达的思想类似。

【原文】復次，天子！菩薩有四事行，得忍辱力，心無恚怒。何等為四？一者，待遇一切人如父母愛其子，亦如自身無異；二者，若得苦痛、撾捶、割剝，計無有身而不愁憂；三者，已得解空，離諸所見；四者，身所行惡常自責悔，他人所作見而不證。是為四事，菩薩得忍辱力，心無恚怒。

佛爾時歌頌言：

“視一切如身，　若父母愛子，
常持大慈意，　照育諸人民。
若有起恨心，　則覺隨而滅，
已解了於空，　能為第一忍。
若身有短惡，　常深自責悔，
及見他瑕穢，　終不證其闕。
一切諸人民，　吾當盡度脫，

在於夜夢中，　未曾起恚心。”(《大正藏》卷十五第100页)

【评说】使菩萨得忍辱力，心无恚怒的四件事：第一，对他身与自身不起分别心；第二，改变自己对身体的认知，了知身体本就幻灭无常，使痛苦、忧愁无所倚住；第三，了知空义，离开诸见；第四，常常悔责自身恶行。

【原文】復次，天子！菩薩有四事行，堅其本要，會得至佛。何等為四？一者，如口所言，身、意不異；二者，已受持要；三者，心已安隱，得住於道；四者，意得堅強，若如金剛。是為四事，菩薩堅其本要，會得至佛。

佛爾時歌頌言：

“口之所言，　所作亦爾，
若已敬愛，　奉持正要。
為已安住，　於此道意，
其身堅強，　譬若金剛。
如是則為，　四事法行，
智黠之人，　常修是事。
意不猶預，　為已得定，
已堅其要，　會得至佛。”(《大正藏》卷十五第101页)

【评说】菩萨坚持不懈得以证道的四件事：口身意高度一致、奉持正要、心安于道、意志坚定。

卷　第　二

答法议品第二

【提要】文殊师利为须真天子详说“三十二事”章句法。

【原文】天子復問：“云何菩薩知巧便根？”

答曰：“於六情悉見諸情之本故。”(《大正藏》卷十五第102页)

【评说】从“六情”洞见所有情的根本。六情，是指以眼、耳、鼻、舌、身、意等六根所具有的情识。

【原文】天子復問：“文殊師利！法無所有亦無所要，云何仁者說純淑法議乎？”

答言：“善哉，善哉！如卿所語，誠無有異。無所有者，此則純淑法議。所以者何？無身口意所作，是則法之純淑也。所以然者？天子！法無巢窟故。有巢窟者，身與意而異，則為非時之心施。”

天子復問：“云何得知非時之心？”

答言：“天子！有身為六衰相所繫而計有常，則知非時之心。知法求名著音聲響而隨邪徑，則知非時之心。知法及僧受道果證，則知非時之心。知愛欲本邪相施與，則知非時之心。知戒而離寂靜，則知非時之心。畢三惡道得出為人，志在天福，則知非時之心。其意不調而欲布施，則知非時之心。意無寂滅，則知非時之心。意有猗怙而欲忍辱，則知非時之心。不淨其意而欲精進，則知非時之心。多念喜忘禪思不定，則知非時之心。自大貢高忽於智慧，則知非時之心。住於我所而欲行慈，則知非時之心。志於猶豫而欲行哀，則知非時之心。行墮四諍而欲行喜，則知非時之心。住於有身而欲行護，則知非時之心。無身痛痒意而欲念法不應止，則知非時之心。知諸起滅不應斷，則知非時之心。身意相猗不應神足，則知非時之心。以六情猗於五根，則知非時之心。以所見力依於五力，則知非時之心。知七法無覺意，則知非時之心。念愛欲貪不應八直，則知非時之心。於苦智而有疑，則知非時之心。於習而有疑，則知非時之心。於滅盡而有疑，則知非時之心。齋俗所有欲入於道，則知非時之心。如是，天子！受持淨心用專著故，則知非時之心。”

天子復問：“云何得知是時之心？”

答言：“天子！心等如虛空，則知是時之心。”（《大正藏》卷十五第 102-103 页）

【评说】文殊师利菩萨详细解说了二十八种非时之心，并解释了相对应的是时之心。非时之心，即认为法有所着，身与意有异的心。是时之心即心无所着的状态，是口、身、意保持高度一致之心。从经文中可以看出，是时之心和非时之心分别是心身协调和不协调的两种状态。

卷　第　三

菩萨行品第七

【提要】文殊师利菩萨为须真天子解说精进行、四果位及涅槃。

【原文】爾時須真天子復問文殊師利：“何謂菩薩為精進行？願為說之，吾等欲聞。”

文殊師利答言：“天子！無所行是為甚清淨所敬之行。皆已得住是菩薩行，於諸所有無所缺減，於空閑所作應意已辦。意存於道是不忘行，心意平等是施與行，心意已調是為戒行，心意已寂是為忍辱行，意不懈惓是精進行，身意靜默是禪思行，於法界行不著所有是智慧行，不為不可是慈心行，一切不有是大哀行，愛欲非我、所為已空是則喜行，廓然無念是則護行，不願天人是寂定行，了知眾事是苦智行，計陰如幻知緣起行，無黠等類是滅知行，分部以滅是道慧行，不樂合聚是因慧行，了知陰然是緣慧行，於義決律是俱會行，無處所義、默無所語是依法行，法界無所壞是依滅行，名色無所有是依報行，如音如響依上義行，示現具好依身慧行，身情嚴好具依經空行，有罪自悔是依戒行，知人心是天眼行，罪淨是耳聰行，戒甚淨是知他心行，眾罪已畢是宿世行，計三塗等是神足行，心得自在是堅強行，無所壞敗是為要行，不動不搖是安造行，不震不駭是為等行，常念無怙是虛空行，觀而悉知是為幻行，莊嚴相是夢行，邊幅相是炎行，不聚相是影行，不貪相是響行，義決律相是野馬行，恍惚相是空行，身分部相是無想行，意分部相是不願行，三界分部相是無相逢行，相逢分部相是降伏魔行，心意識不有不相是不斷三寶金剛行，一切增益是行之相。如是之心，天子！菩薩行道之行。”（《大正藏》卷十五第 106-107 页）

【评说】文殊师利菩萨为须真天子详细解说精进行。

佛说魔逆经

西晋三藏竺法护译

【提要】佛陀在舍卫国祇树给孤独园为众比丘说文殊师利菩萨降服魔王波旬令其口说真法的故事。

【原文】又問:"何所欣樂? 志性如何?"

答曰:"愛樂深奥,志性柔和,不懷自大。"

又問:"何謂比丘不懷自大?"

答曰:"假使比丘不自見身,自然志求專一大乘;了身自然而於自然不貪己身,不住於二。如是比丘不懷自大,求捨無明;無冥恩愛不志明脱;明脱自然,曉了無明;因愛癡冥,皆悉無本。是為比丘不懷自大。"

文殊復謂其天子曰:"假使比丘離於貪婬,解欲本際;離欲清淨,解於貪欲;行無本際,離瞋恚本;曉瞋恚本,離於瞋恚;本悉清淨,本末鮮明;離愚癡本,了於愚癡;捨於愚冥,本悉清淨;曉了愚癡無有根原。如是比丘不懷自大。"

文殊師利復謂天子:"假使比丘不了衆苦,不斷於習而不造證,於諸所習不行徑路;曉了衆苦而無所生,入于四諦。設使於苦無所生者則無有習;已無有習則無盡滅;設使於苦無所生者,則於彼人無行徑路。"

爾時魔波旬心懷憂慼,泣淚如雨而説此言:"若此經典所流布處,諸魔波旬不得其便。設有受持,斷絕魔事。"魔説此語則便没去。(《大正藏》卷十五第 117 页)

【评说】文殊师利菩萨认为,想要断除比丘贪淫、嗔恚、愚痴,首先应当让他们从根本上理解贪嗔痴及造成贪嗔痴的根源是无明,了知无明,舍弃无明,比丘就不会自大了。

佛说四天王经

宋凉州沙门智严共宝云译

【提要】佛陀在舍卫国祇树给孤独园为众比丘说四天王巡查众生善恶的故事,主张持戒、行善、敛摄情欲、斋戒,以此增加善业。

【原文】佛告諸弟子:"慎爾心念,無愛六欲;漱情去垢,無求為首;内以清淨,外當盡孝;以四等心奉養所生;晨入尊廟,稽首悔過;朝稟暮誦,思經妙義;以佛重戒治心穢病;齋肅靜處,數息禪定;反流盡源,以求道真;壽命猶電,恍惚即滅。"(《大正藏》卷十五第 118 页)

【评说】本段经文是佛陀对众生行为准则、道德素养的一个总纲性要求。

"以佛重戒治心秽病"。佛陀认为,佛教重戒可以治疗众生心秽病。

"寿命犹电,恍惚即灭"。佛陀时代对寿命的认识:人的寿命相当短暂。

【原文】若有不濟衆生之命、穢濁盜竊、婬犯他妻、兩舌惡罵、妄言綺語、厭禱呪詛、嫉妬恚癡、逆道不孝、違佛違法、謗比丘僧、善惡反論，有斯行者，四王以聞，帝釋及諸天僉然不悅，善神不復營護之，即令日月無光，星宿失度，風雨違時。

以現世人欲其改往修來，洗心齋肅；首過三尊，四等養親；忠于帝王，慈心諫諍；盡誠無欺，反前修來；捐穢濁之操，就清淨之道。

若有改邪行就正真者，帝釋及四王靡不歡喜。日月即清明，星宿有常；風雨順時，毒氣消歇；天降甘露，地出澤泉；水穀滋味，食之少病；華色奕奕，壽命益長；生不更牢獄，死得上生天上。福德所願，自然飛行；存亡自在，項有日光；食自消化，無有便利之患；身中香潔，口氣苾芬。今日、月、星宿即諸天宮宅也！七寶殿堂懸處虛空，在意所志。壽終下生侯王之家，顏容煒燁，見者心歡，逢佛值法、賢聖，相連力行，不與罪會，必得泥洹。斯皆五戒、十善、撿情執欲、六齋使然！（《大正藏》卷十五第 118 页）

【评说】该段经文记载了众生行恶，会使日月无光、星宿失度，风雨违和；当众生行善去恶时，日月清明、星宿有常、风雨调和、天降甘露，且水谷美味，食之不易生疾病。反映了佛陀时代朴素的天人相应观。

持五戒、行十善、敛摄情欲、斋戒可以增加善业，使天和人处于和谐的状态；于个人心身而言，可使精神奕奕、延年益寿、身体香洁、口气苾芬、饮食消化、大小便通利。

天请问经

大唐三藏法师玄奘奉诏译

【提要】佛陀在室罗筏国住誓多林给孤独园时，彼天就自己的疑问向佛请教的故事，经文以问答的形式论述了佛教“无生第一乐”的基本义理。

【原文】爾時彼天以妙伽他而請佛曰：

“云何利刀劍？　云何磣毒藥？
　云何熾盛火？　云何極重暗？”

爾時世尊亦以伽他告彼天曰：

“麁言利刀劍，　貪欲磣毒藥，
　瞋恚熾盛火，　無明極重暗。”

……

天復請曰：

“誰為最安樂？　誰為大富貴？
　誰為恒端嚴？　誰為常醜陋？”

世尊告曰：

“少欲最安樂，　知足大富貴，
　持戒恒端嚴，　破戒常醜陋。”

天復請曰：

“誰為善眷屬？　誰為惡心怨？
　云何極重苦？　云何第一樂？”

世尊告曰：

“福為善眷屬， 罪為惡心怨，
地獄極重苦， 無生第一樂。”

天復請曰：

“何者愛非宜？ 何者宜非愛？
何者極熱病？ 誰是大良醫？”

世尊告曰：

“諸欲愛非宜， 解脫宜非愛，
貪為極熱病， 佛是大良醫。”(《大正藏》卷十五第124页)

【评说】佛陀教诫众生粗陋的言语比刀剑还要锋利，贪欲比毒药还毒，嗔恚好比炽烈的火焰，无明则似极重的黑暗，众生应当远离；少欲知足才会安乐富贵。经文试图说明，佛陀是治疗负性情绪最好的医生。

佛为胜光天子说王法经

大唐沙门释义淨奉诏译

【提要】佛陀在室罗伐城逝多林给孤独园为胜光王说为王治国之法。

【原文】爾時，憍薩羅國王勝光天子，嚴駕侍從，出室羅伐，往逝多林，欲禮世尊，恭敬供養，承事親近。既至林所，下車整衣，詣大師處。遙見如來坐於樹下為眾說法，顏貌端正，調伏諸根，意樂寂靜住增上定，人中龍象，如師子王，亦如牛王，如善智馬，人中最上，如白蓮華，如池湛寂，如妙高山安處大海，具三十二相、八十種好，如妙金幢形色充遍，亦如白日千光晃耀，如盛月輪，眾星圍遶。

時，王見已，生大歡喜，身毛遍竪，得未曾有。灌頂大王有五盛事，所謂如意髻珠、白蓋、白拂、寶履、寶劍，悉皆棄捨，著常人服，從以大臣，安詳正念，諸根寂靜，偏露右肩，整理衣服，曲躬合掌，至世尊所，禮佛雙足，布上妙華，燒眾名香。為供養已，右繞三匝，退坐一面。(《大正藏》卷十五第125页)

【评说】“三十二相”、“八十种好”是佛教认为的健康心身的最高表现形式。

“生大欢喜，身毛遍竖，得未曾有”，描写了因情绪激动，致使遍身毛发竖立的现象。可见，佛陀时代已经认识到精神情绪的变化会引起躯体的相应改变。

【原文】復次大王！一切諸法體性空虛，無常滅壞。譬如有人，於夜夢中，見好園圃，山河人眾，茂林清泉，堂舍樓閣皆可愛樂，及其睡覺，一無所見。大王當知！所紹王位及以壽命，諸有勝樂，自在尊貴，五欲歡娛，象馬車步、父母兄弟、男女妃后、所有國人乃至臣妾，金銀珍寶、衣服飲食及諸庫藏，命終之際悉皆棄捨。此等眾事，皆是無常滅壞之法，事難保守，體是動搖，終歸離散；可怖畏處，能生苦惱，無我、我所，亦無主宰。常應觀察，勿為放逸。

復次，大王！譬如大樹，初生葉華，次當結實，果既熟已，漸當墮落；青葉次黃，後悉零墜，終至皆盡，唯有空樹。其樹乾枯，有大火至，熾然猛焰，不久燒盡。

復次，大王！譬如日月，有大威力，具大光明，能令黑闇悉皆除盡，此亦不久終歸磨滅。大王！如是當觀無常、無我滅壞之事，應生怖懼。而作國王當以法化，勿行非法，常修眾善，不隨惡行。（《大正藏》卷十五第125-126页）

【评说】佛陀为胜光王说体性空虚的基本教义，并以大树为喻进一步阐说躯体无常，终究离散，犹如大树，终至尽灭；作为国王，应当以法化众，常修众善。

【原文】復次，大王！譬如四面各有大山，從四方來，堅固一段，無有空缺，上陵大虛，下磨地界，於中所有草木、叢林及諸生類，無一飛走能得免者，無有壯夫而為拒敵，亦無能以呪、藥、財物可令迴去。大王！人間四山亦復如是，謂老、病、死及以失勢。大王！老若來時，令人衰悴；疾病若至，能生苦惱；死期現前，必當命斷；勢若失時，滅其威力。

復次，大王！如師子王，駿疾多力，爪牙鋒利，入鹿群中，隨意取食，無能為礙，此諸獸類被他所憎，無有自在。大王當知！一切眾生被死箭射，無有豪強，無歸無護；命欲斷時，骨節離解，血肉乾燥，口不能言，手足撩亂，勢力都盡；涎唾、便利遍污其身，眼等六根悉皆閉塞，喉中氣逆，飲食不通；念念之間後識將盡，無始時來生老病死，苦海流轉隨業而去；即於此時命根將斷，隨所作業皆悉現前，琰摩使人甚可怖畏，黑闇長夜無能違逆；出入之息溘然而盡，獨行無侶，所向慞惶。捨此人間，趣於後世，將墜大坑，入深闇處；惟涉險道，無復資糧；業風所吹，不知前路，爾時厄難無別歸依，於此時中隨業受報。（《大正藏》卷十五第126页）

【评说】佛陀认为，众生皆不能免于一死，并描述了死亡时的生命现象：骨节离解，血肉干燥，不能说话，手足撩乱，无力；涎唾、便利不能自主，污染全身，眼等“六根”全都闭塞，喉中气逆，饮食不通；神识渐离。

【原文】復次大王！嘉晨令節，嚴駕出城，往詣芳林，縱情遊賞，象馬車步，前後陪隨，意樂乘騎，無不遂念，諸臣侍從，雉扇嚴儀，幰帳高懸，復持金蓋，鼓樂並奏，鈴鐸和鳴，人皆敬奉如天帝釋。若福命盡，琰摩使來，收錄精神將至王所，隨分判斷，無能免者！惟有殘骸置之於地，父母妻子及以國人，咸共悲號，椎胸懊惱，靈輿送殯，詣彼屍林，或燒、或埋、或沈於水，飛禽走獸、魚鼈黿鼉，聞其肉氣，爭來飡食，骨成塵粉，與地無殊。大王當知！一切眾生稟識之類悉皆如是，終為無常之所滅壞，體難保信，念念遷移，諸煩惱身無可愛樂。誰有智者不生厭離？

是故大王！當觀如是身為患本，無常所隨，鎮被死王之所驅逼。知是事已，當為法王，不應恣情起貪、瞋、癡，行於惡事。何以故？大王！我不說有愚癡凡夫，於五欲境——色、聲、香、味、觸——恒多積聚，常樂親近，如是之人能生厭足。大王！誰於欲境能發厭心？謂賢聖人起勝智慧，現在前時方生厭足，漸當遠離證妙涅槃。（《大正藏》卷十五第126页）

【评说】一切众生皆不免无常坏灭，身是患本，无常相随。佛陀认为，胜光王应当专心佛法，渐离五欲，修行善事，证得涅槃。

佛说嗟袜曩法天子受三归依获免恶道经

西天中印度摩伽陀国那烂陀寺三藏传教大师赐紫沙门臣法天奉诏译

【提要】 佛陀在舍卫国祇树林给孤独园为众比丘讲述嗟袜曩法天子受三归后免于堕入恶道的故事。

【原文】 是時有一天子，名嗟襪曩法，天報將盡，唯餘七日，而乃先現五衰之相，身無威德，垢穢旋生，頭上花鬘，咸悉萎萃，諸身分中臭氣而出，兩腋之下悉皆汗流。時嗟襪曩法由是之故，不樂本座，宛轉於地，悲哀啼泣，而作是言："苦哉！苦哉！曼那吉爾池；苦哉！苦哉！洗浴之池；苦哉！苦哉！寶車與麁惡歡喜雜林等，如是諸園苑，不復更遊戲；苦哉！苦哉！跛里耶多羅迦花，永不採摘，雜寶柔軟之地，永不履踐；苦哉！苦哉！天眾妓女端嚴殊妙，常所侍衛，今相捨離。"(《大正藏》卷十五第129页)

【评说】 经中描述了人死亡前七日出现的五种衰亡相：身无威德，垢秽旋生；头上花鬘萎靡；腋下出汗；身上产生臭气；不乐于本座。

佛说海龙王经

西晋月氏国三藏竺法护译

卷 第 三

女宝锦受决品第十四

【提要】 大迦叶与海龙王之女宝锦讨论女身是否可以成佛道。

【原文】 迦葉問女："佛法當於何求？"

答曰："當於六十二見中求。"

又問："六十二見當於何求？"

答曰："當於如來解脫中求。"

又問："如來解脫者當於何求？"

答曰："當於五逆中求。"

又問："五逆當於何求？"

答曰："當於度知見求。"

又問："此言何謂？"

女答曰："無縛無脫、無取無捨，此為本淨，是為諸法之深教言，非若干言。"

又問女："是之言教，不違如來言乎？"

女答曰："是真諦言，不為違失如來之教。所以者何？如如來之道而無所得，亦不可持，亦無言說。一切所言皆音聲耳，曉了道本亦無音聲。唯仁者！解道寂然無跡，以名跡自愛跡。”

迦葉又問：“假使道無跡，如是比相，云何成最正覺？”

答曰：“亦不從身、亦不從意得最正覺。所以者何？身心自然乃成道耳！其自然者都無所覺，吾則是道，不以為道成最正覺。”（《大正藏》卷十五第150页）

【评说】从自然的心身出发才能得正觉之道。

卷 第 四

金翅鸟品第十六

【提要】佛陀为四金翅鸟王说食四种食会堕恶处。

【原文】爾時海中諸龍及龍妻息欣然大悦，自投佛前同音說言：“如來所語終無有二，至誠不虛，授我等決，至無為度。吾等今日住於大海，歸命佛法及諸聖眾，奉受禁戒，恭順如來反復之義。如來現在，數數往造，見佛稽首，聽采法義；般泥洹後，供養舍利，一切眾具而以奉事世尊舍利。”

於是四金翅鳥王聞佛所建立，惶懅速疾往詣佛所前稽首足：“何故世尊奪吾等食？”

佛言：“都有四食坐趣三處。何等四？一曰網獵禽獸、殘害群畜、殺生抂命以為飲食，是趣惡處。二曰執帶兵杖、刀矛斫刺、逼迫格射、劫奪他財以用飲食，是趣惡處。三曰慳貪諛諂、憒亂犯禁、邪見巧欺而以得食，是趣惡處。四曰非師稱師、非世尊稱世尊、墮邪稱正、非寂志稱寂志、非清淨稱清淨、非梵行自稱梵行、自稱詐求而以得食。是為四食，坐趣地獄、餓鬼、畜生三惡之處。吾所說法除此四食，不當以此養身、害眾生命。所以者何？一切眾生各自愛命，無自憎者，以是之故，欲自護身當護他人，安隱眾生。明者如是，不以危逼人，所不當作慎勿為也！”（《大正藏》卷十五第151页）

【评说】这段经文告诉人们，以下四种途径所获得的食物不能食用：猎杀所得、劫夺所得、欺贪所得、诈求所得。

法供养品第十八

【提要】佛陀为海龙王及其子受现说法供养。

【原文】佛告阿闍世王：“其護天轉輪聖王，夢聞此已，寤自驚怪：‘吾供養佛四百二十萬歲，佛說經法章句各異，初未曾聞如此偈經，是佛說邪？魔所云乎？’即踧偈文而諷誦之。時光淨照耀如來行遊諸國，聖王即與八萬四千王及八萬四千后、國中臣民，其諸往者各八萬四千，俱往追佛，欲決斯疑。即逮見佛，稽首足下，敬問無量，即白佛言：‘吾供養佛四百二十萬歲，佛說經法若干種義。我昨夜夢，夢中見佛說此二偈，寤甚驚怪，未從如來聞此偈教，不審佛所歎乎？魔所說耶？今故遠來欲決此疑！唯願世尊分別說之！’佛告護天：‘是吾所讚，非魔之所云。’王又白佛言：‘我奉事世尊若干億歲，供養衣食無所乏少，為我說經章句各異，爾時何故不歎此義？’佛即以偈答王曰：

‘人心羸劣未有識，　初習福事未見深，
不可為說微妙法，　心中驚疑或作却。
以解罪福信佛法，　心堅意固不迴動，

乃可為說菩薩事， 爾乃解至無極慧。’”(《大正藏》卷十五第 154 页)

【评说】佛陀根据众生不同的心理素质，授以不同的佛法。

十善业道经

大唐于阗三藏实叉难陀奉制译

【提要】佛陀在娑竭笋龙宫为龙王宣讲十大善业的果报。

【原文】爾時世尊告龍王言：“一切眾生心想異故，造業亦異，由是故有諸趣輪轉。龍王！汝見此會及大海中，形色種類各別不耶？如是一切，靡不由心造善不善身業、語業、意業所致。而心無色，不可見取，但是虛妄諸法集起，畢竟無主，無我、我所。雖各隨業，所現不同，而實於中無有作者。故一切法皆不思議，自性如幻。智者知已，應修善業，以是所生蘊、處、界等，皆悉端正，見者無厭。

龍王！汝觀佛身，從百千億福德所生，諸相莊嚴，光明顯曜，蔽諸大眾。設無量億自在梵王，悉不復現；其有瞻仰如來身者，莫不目眩！汝又觀此諸大菩薩，妙色嚴淨，一切皆由修集善業福德而生。又諸天龍八部眾等大威勢者，亦因善業福德所生。今大海中所有眾生，形色麁鄙，或大或小，皆由自心種種想念，作身、語、意諸不善業，是故隨業各自受報。汝今當應如是修學，亦令眾生了達因果，修習善業。汝當於此正見不動，勿復墮在斷、常見中！於諸福田歡喜、敬養，是故汝等亦得人天尊敬、供養。”(《大正藏》卷十五第 157 页)

【评说】大海中各种生命的形色种类各不相同的原因是其自心念想不同，做了身、口、意各种不善业。

【原文】復次，龍王！若離瞋恚，即得八種喜悅心法。何等為八？一、無損惱心；二、無瞋恚心；三、無諍訟心；四、柔和質直心；五、得聖者慈心；六、常作利益安眾生心；七、身相端嚴，眾共尊敬；八、以和忍故，速生梵世；是為八。若能迴向阿耨多羅三藐三菩提者，後成佛時，得無礙心，觀者無厭。(《大正藏》卷十五第 158 页)

【评说】远离嗔恚会获得八种喜悦心法：无损恼心，无嗔恚心，无诤讼心，柔和质直心，得圣者慈心，常作利益安众生心，身相端严、众共尊敬，以和忍故、速生梵世。

禅　　经

佛说大安般守意经

后汉安息三藏安世高译

【提要】佛陀在越祇国舍羇瘦国说以观呼吸(安那般那)为主的禅修方法以及在修习过程中的注意事项。本经似论,在词义上多有引申发挥。

康僧会序

【原文】夫安般者,諸佛之大乘,以濟眾生之漂流也。其事有六,以治六情。情有內外:眼、耳、鼻、舌、身、心,謂之內矣;色、聲、香、味、細滑、邪念,謂之外也。經曰諸海十二事,謂內外六情之受邪行,猶海受流;餓夫夢飯,蓋無滿足也。心之溢盪,無微不浹;怳惚髣髴,出入無間;視之無形,聽之無聲;逆之無前,尋之無後;深微細妙,形無絲髮。梵釋仙聖所不能照明,默種于此化生乎。彼非凡所覩,謂之陰也,猶以晦曀種夫深芬,闓手覆種,孳有萬億,旁人不覩其形,種家不知其數也。一朽乎下,萬生乎上,彈指之間,心九百六十轉;一日一夕,十三億意。意有一身,心不自知,猶彼種夫也。是以行寂,繫意著息,數一至十;十數不誤,意定在之;小定三日,大定七日,寂無他念,怕然若死,謂之一禪。

禪,棄也,棄十三億穢念之意。已獲數定,轉念著隨,蠲除其八。正有二意,意定在隨,由在數矣!垢濁消滅,心稍清淨,謂之二禪也。

又除其一,注意鼻頭,謂之止也。得止之行,三毒、四走、五陰、六冥,諸穢滅矣,煚然心明踰明月珠。婬邪污心,猶鏡處泥穢垢污焉;偃以照天,覆以臨土;聰叡聖達,萬土臨照。雖有天地之大,靡一夫而能覩,所以然者,由其垢濁。眾垢污心,有踰彼鏡矣!若得良師剗刮瑩磨,薄塵微曀,蕩使無餘;舉之以照,毛髮面理,無微不察;垢退明存使其然矣!情溢意散念,萬不識一矣。猶若於市,馳心放聽,廣採眾音;退宴在思,不識一夫之言。心逸意散,濁翳其聰也。若自閑處,心思寂寞,志無邪欲,側耳靖聽,萬句不失,片言斯著,心靖意清之所由也。行寂止意,懸之鼻頭,謂之三禪也。

還觀其身,自頭至足,反覆微察;內體污露,森楚毛竪,猶覩膿涕。於斯具照天地人物,其盛若衰,無存不亡。信佛三寶,眾冥皆明,謂之四禪也。

攝心還念,諸陰皆滅,謂之還也;穢欲寂盡,其心無想,謂之淨也。得安般行者,厥心即明,舉明所觀,無幽不覩。往無數劫,方來之事,人物所更,現在諸剎,其中所有;世尊法化、弟子誦習,無遐不見,無聲不聞;怳惚髣髴,存亡自由;大彌八極,細貫毛氂。制天地,住壽命;猛神德,壞天兵;動三千,移諸剎。八不思議,非梵所測;神德無限,六行之由也。(《大正藏》卷十五第163页)

【评说】康僧会在序中对安般禅法的目的、内容、方法进行了概述。其对初禅到四禅的论述,与其他经论所述有所不同。

卷　上

【原文】佛在越祇國舍羈瘦國，亦說一名遮匿迦羅國。時佛坐行安般守意九十日，佛復獨坐九十日者，思惟校計，欲度脫十方人及蜎飛蠕動之類。復言我行安般守意九十日者，安般守意，得自在慈念意；還行安般守意已，復收意行念也。

安為身，般為息，守意為道。守者為禁，亦謂不犯戒；禁者，亦為護；護者，遍護一切無所犯。意者，息意，亦為道也。安為生，般為滅，意為因緣，守者為道也。安為數，般為相隨，守意為止也。安為念道，般為解結，守意為不墮罪也。安為避罪，般為不入罪，守意為道也。安為定，般為莫使動搖，守意莫亂意也。

安般守意，名為御意至得無為也。安為有，般為無。意念有，不得道；意念無，不得道；亦不念有亦不念無，是應空定，意隨道行。有者謂萬物，無者謂疑，亦為空也。安為本因緣，般為無處所。道人知本無所從來，亦知滅無處所，是為守意也。

安為清，般為淨，守為無，意名為，是清淨無為也。無者謂活，為者謂生，不復得苦，故為活也。安為未，般為起。已未起，便為守意；若已意起，便為守意；若已起，意便走，為不守，當為還，故佛說安般守意也。安為受五陰，般為除五陰，守意為覺因緣，不隨身口意也。

守意者，無所著為守意，有所著不為守意。何以故？意起復滅故。意不復起為道，是為守意。守意莫令意生，生因有死，為不守意；莫令意死，有死因有生，意亦不死，是為道也。

安般守意有十黠，謂數息、相隨、止觀、還淨四諦，是為十黠成，謂合三十七品經為行成也。

守意，譬如燈火，有兩因緣：一者、壞冥；二者、見明。守意：一者、壞癡；二者、見黠也。守意，意從因緣生，當緣因緣莫著，是為守意也。守意有三輩：一者、守令不得生；二者、已生當疾滅；三者、事已行當從後悔，計億萬劫不復作也。守與意各自異，護十方一切覺對不犯是為守，覺彼無為是為意，是守意也。

守意中有四樂：一者、知要樂；二者、知法樂；三者、為知止樂；四者、為知可樂；是為四樂。法為行，得為道。守意六事為有內外：數、隨、止是為外，觀、還、淨是為內。隨道也，何以故？念息相隨，止觀還淨，欲習意近道故。離是六事，便隨世間也。數息為遮意，相隨為遮意，止為定意，觀為離意，還為一意，淨為守意。用人不能制意，故行此六事耳。(《大正藏》卷十五第 163-164 页)

【评说】此段经文说明本经产生的因缘，对“安般守意”进行了本土化的阐释和引申，并说明了修习“安般守意”禅法的益处。

【原文】何以故數息？用意亂故。何以故不得？用不識故。何以故不得禪？用不棄習盡證行道故也。數息為地，相隨為犁，止為軛，觀為種，還為雨，淨為行，如是六事，乃隨道也。數息斷外，相隨斷內，止為止罪，行觀却意，不受世間為還，念斷為淨也。意亂當數息，意定當相隨，意斷當行止，得道意當觀，不向五陰當還，無所有當為淨也。多事當數息，少事當相隨，家中意盡當行止，畏世間當觀，不欲世間為還，念斷為淨也。

何以故數息？不欲隨五陰故。何以故相隨？欲知五陰故。何以故止？欲觀五陰故。何以故觀陰？欲知身本故。何以故知身本？欲棄苦故。何以故為還？厭生死故。何以故為淨？分别五陰不受故。便隨黠慧八種道得，别為得所願也。行息時為隨數，相隨時為隨念，止時為隨定，觀時為隨淨，還時為隨意，淨時為隨道，亦為隨行也。

數息為四意止，相隨為四意斷，止為四神足念，觀為五根、五力，還為七覺意，淨為八行也。得息不相隨，不為守意；得相隨不止，不為守意；得止不觀，不為守意；得觀不還，不為守意；得還不淨，不為守意；得淨復淨，乃為守意也。已念息，惡不生，復數者，為共遮意，不隨六衰故。行相隨為欲離六衰，行止為欲却六衰，行觀為欲斷六衰，行還為欲不受六衰，行淨為欲滅六衰。已滅盡，便隨道也。

數息欲遮意，息中有長短，當復遮是長短意也。何以故守意？欲止惡故。惡亦可守，亦不可守。何以故？惡已盡，不當復守也。

數息有三事：一者、當坐行；二者、見色當念非常不淨；三者、當曉瞋、恚、疑、嫉、念過去也。數息亂者，當識因緣所從起，當知是內意。一息亂者是外意過，息從外入故；二息亂者是內意過，息從中出故。三、五、七、九屬外意，四、六、八、十屬內意。嫉、瞋恚、疑，是三意在內；殺、盗、婬、兩舌、惡口、妄言、綺語，是七意及餘事屬外也。得息為外，不得息為內。息從意生，念息合為一，數息至盡數，為一亦非一，意在外，息未盡故。譬如數錢，意在五，數為一也。數息所以先數入者，外有七惡，內有三惡，用少不能勝多，故先數入也。數息不得者，失其本意故。本意，謂非常、苦、空、非身。失是意墮顛倒故，亦為失師。師者，初坐時，第一入息得身安便次第行；為失其本意，故不得息也。數息，意常當念非常、苦、空、非身，計息出亦滅，入亦滅。已知是得道，疾當持非常恐意。得是意，即得息也。入息、出息所以異者，出息為生死陰，入息為思想陰；有時出息為痛痒陰，入息為識陰。用是為異，道人當分别是意也。入息者為不受罪，出息者為除罪，守意者為離罪。入息者為受因緣，出息者為到因緣，守意者為不離因緣也。數息不得，有三因緣：一者、罪到；二者、行不互；三者、不精進也。入息短，出息長，無所從念為道意，有所念為罪；罪惡在外，不在內也。數息時，有離意為喘息長，得息為喘息短，不安行息為長，定為短。念萬物為長息，無所念為短息。未至十息，壞復更數為長息，得十息為短息。得息為短，何以故？止不復數故。得息亦為長，何以故？息不休，故為長也。喘息長自知，喘息短自知：謂意所在為自知長短，意覺長短為自知，意不覺長短為不自知也。(《大正藏》卷十五第164-165页)

【评说】数息是安般禅法的入门技巧。数息的目的在于遮意，即终止乱想纷纷的心理活动，为下一阶段修习创造必要的基础。经文中介绍了数息的操作方法。

【原文】道人行安般守意欲止意，當何因緣得止意？聽說安般守意，何等為安？何等為般？安名為入息，般名為出息，念息不離，是名為安般。守意者，欲得止意。在行者、新學者，有四種安般守意行，除兩惡十六勝，即時自知，乃安般守意行，令得止意。何等為四種？一為數，二為相隨，三為止，四為觀。何等為兩惡？莫過十息，莫減十數。何等為十六勝？即時自知喘息長；即自知喘息短；即自知喘息動身；即自知喘息微；即自知喘息快；即自知喘息不快；即自知喘息止；即自知喘息不止；即自知喘息歡心；即自知喘息不歡心；即自知內心念萬物已去不可復得，喘息自知；內無所復思，喘息自知；棄捐所思，喘息自知；不棄捐所思，喘息自知；放棄軀命，喘息自知；不放棄軀命，喘息自知。是為十六即時自知也。

問：何等為莫過十數、莫減十數？報：息已盡未數是為過，息未盡便數是為減。失數亦惡，不及亦惡，是為兩惡。至二息亂為短息，至九息亂為長息，得十息為快息。相隨為微，意

在長便轉意:"我何以故念長?"意在短,即時覺不得令意止,止為著。放棄軀命者,謂行息。得道意,便放棄軀命;未得道意,常愛身故,不放棄軀命也。息細微為道,長為生死,短息動為生死,長於道為短,何以故?不得道意,無知見,故為短也。數息為單,相隨為複,止為一意,觀為知意,還為行道,淨為入道也。數時為念,至十息為持,是為外禪;念身不淨隨空,是為內禪也。禪法惡來不受,是名為棄。閉口數息,隨氣出入,知氣發何所,滅何所。意有所念,不得數息;有遲疾、大小,亦不得數;耳聞聲亂,亦不得數也。數息,意在息,數為不工,行意在意乃為止。數息,意但在息,是為不工。當知意所從起、氣所滅,是乃應數因緣盡,便得定意也。守意者,念出入息,已念息不生惡,故為守意。息見因緣生,無因緣滅;因緣斷,息止也。數息為至誠,息不亂為忍辱。數息氣微,不復覺出入,如是當守一念止也。息在身,亦在外,得因緣息生,罪未盡故有息;斷因緣,息不復生也。

數息以為隨第二禪。何以故?用不待念故,為隨第二禪也。數息為不守意,念息乃為守意。息從外入息未盡,息在入意,在盡識,在數也。十息有十意為十絆,相隨有二意為二絆,止為一意為一絆。不得息數為惡意不可絆;惡意止,乃得數,是為和調可意絆也。已得息棄息,已得相隨棄相隨,已得止棄止,已得觀棄觀,莫復還;莫復還者,莫復數。息亦使意,意亦使息也;有所念為息使意,無所念為意使息也。息有四事:一為風,二為氣,三為息,四為喘。有聲為風,無聲為氣,出入為息,氣出入不盡為喘也。數息斷外,相隨斷內,數從外入為斷外,亦欲離外因緣,數從中出為欲離內因緣。外為身離,內為意離;身離、意離是為相隨,出、入息是為二事也。數息為欲斷內外因緣。何等為內、外?謂眼、耳、鼻、口、身、意為內,色、聲、香、味、細滑、念為外也。行息為使意向空,但欲止餘意。何以為向空?息中無所為故也。數息意走不?即時覺者,罪重意輕,罪引意去疾,故不覺也。行道已得息,自厭息意,欲轉不復欲數,如是為得息。相隨止觀亦爾也。知出入息滅,滅為得息相;知生死不復用,為得生死相。已得四禪,但念空為種道栽。

行息已得定,不復覺氣出入,便可觀。一、當觀五十五事;二、當觀身中十二因緣也。(《大正藏》卷十五第165页)

【评说】通过数息把握呼吸出入的状态,可以让注意力渐渐集中,达到止意的效果。根据止意程度的深浅不同,可以大致分为四个层次,分别以初禅至四禅命名。当通过安般禅法得定后,就可以进入观禅的修习了。

【原文】問:息出入,寧有處不?報:息入時是其處,出息時是其處。數息身坐,痛痒、思想、生死、識止不行,是為坐也。念息得道,復校計者,用息無所知故。

問:念息得道,何以為無所知?報:意知息,息不知意,是為無所知。人不能得校計意,便令數息,欲令意定。雖數息,但不生惡。無有黠智,當何等行得黠慧?從一至十,分別定亂,識對行藥;已得定意,便隨黠慧,得校計為墮觀也。

問:何等為數?報:數者謂事。譬如人有事更求,是為數罪。道人數福,何以故正為十?一意起為一,二意起為二,數終於十,至十為竟,故言十數為福。復有罪者,用不能壞息,故為罪;亦謂意生死不滅,墮世間已,不斷世間事為罪也。六情為六事,痛痒、思想、生死、識,合為十事,應內十息;殺、盜、婬、兩舌、惡口、妄言、綺語、嫉妬、瞋恚、癡,應外十息,謂止不行也。

問:何等為十六事?報:十事者謂數,至十六者,謂數、相隨、止、觀、還、淨,是為十六事,為行不離,為隨道也。

問:數息念風為隨色,何以應道?報:行意在數不念色,氣盡便滅,墮非常、知非常為道也。道人欲得道,要當知坐、行二事:一者為坐,二者為行。

問:坐與行為同、不同?報:有時同,有時不同。數息、相隨、止、觀、還、淨,此六事有時為坐,有時為行。何以故?數息意定是為坐,意隨法是為行;已起意不離為行,亦為坐也。

坐禪法,一不數二,二不數一。一數二者,謂數一息未竟便言二,是為一數二,如是為過精進;二數一者,謂息已入二甫言一,是為二數一,如是為不及精進。從三至四、五至六、七至八、九至十,各自有分部,當分別所屬;在一數一,在二數二,是為法行,便墮精進也。

有三坐墮道:一為數息坐,二為誦經坐,三為聞經喜坐,是為三也。坐有三品:一為味合坐,二為淨坐,三為無有結坐。何等為味合坐?謂意著行不離,是為味合坐。何謂為淨坐?謂不念為淨坐。何等為無有結坐?謂結已盡為無有結坐也。息有三輩:一為雜息,二為淨息,三為道息。不行道,是為雜息;數至十息不亂,是為淨息;已得道,是為道息也。息有三輩:有大息,有中息,有微息。口有所語,謂大息止;念道,中息止;得四禪,微息止也。

問:佛何以教人數息守意?報:有四因緣;一者、用不欲痛故;二者、用避亂意故;三者、用閉因緣,不欲與生死會故;四者、用欲得泥洹道故也。譬喻說日無光明者,有四因緣:一者、用有雲故;二者、用有塵故;三者、用有大風故;四者、用有烟故。數息不得,亦有四因緣:一者、用念生死校計故;二者、用飲食多故;三者、用疲極故;四者、用坐不得更罪地故。此四事來皆有相:坐數息,忽念他事失息意,是為念校計相;骨節盡痛,不能久坐,是為食多相;身重意瞪瞢,但欲睡眠,是為疲極相;四面坐,不得一息,是為罪地相。以知罪,當經行;若讀經文坐,意不習罪,亦禍消也。

道人行道當念本。何等為本?謂心意識是為本。是三事皆不見,已生便滅,本意不復生,得是意為道意;本意已滅,無為痛更因緣生便斷也。定意日勝,日勝為定意。有時從息得定意,有時從相隨得定意,有時從止得定意,有時從觀得定意,隨得定因緣直行也。

行息亦墮貪,何以故?意以定便喜故。便當計出息、入息、念滅時,息生,身生;息滅,身滅。尚未脫生死苦,何以故?喜已計,如是便貪止也。數息欲疾,相隨欲遲;有時數息當安徐,相隨時當為疾。何以故?數息意不亂當安徐,數亂當為疾,相隨亦同如是也。第一數亦相隨,所念異,雖數息,當知氣出入,意著在數也。數息,復行相隨。止觀者,謂不得息;前世有習,在相隨止觀。雖得相隨,止觀當還從數息起也。數息意不離,是為法離,為非法數息,意不隨罪,意在世間,便墮罪也。數息為不欲亂意故,意以不亂復行相隨者,證上次意知為止。止與觀同,還與淨同也。行道得微意當倒意者,謂當更數息。若讀經已,乃復行禪微意者,謂不數息及行相隨也。(《大正藏》卷十五第 165-166 页)

【评说】问答部分是对安般禅法修习者的答疑记录。本段经文通过问答阐发佛陀教导的安般守意禅法所应之机,回应修习者对数息过程中具体细节提出的疑惑。

【原文】佛有六潔意,謂數息、相隨、止、觀、還、淨,是六事能制無形也。息亦是意,亦非意。何以故?數時,意在息為是;不數時,意息各自行,是為非意。從息生意已,止無有意也。人不使意,意使人。使意者,謂數息、相隨、止、觀、還、淨。念《三十七品經》,是為使意;人不行道,貪求隨欲,是為意使人也。

息有垢,息垢不去,不得息。何等為息垢?謂三冥中最劇者,是為息垢。何等為三冥?謂三毒起時,身中正冥,故言三冥。三毒者:一為貪婬,二為瞋恚,三為愚癡。人皆坐是三事

死，故言毒也。數息時，意在數息；未數時，有三意：有善意、有惡意、有不善不惡意。

欲知人得息相者，當觀萬物及諸好色，意不復著，是為得息；相意復著，是為未得，當更精進。行家中意欲盡者，謂六情為意家，貪愛萬物皆為意家也。相隨者，謂行善法，從是得脫，當與相隨；亦謂不隨五陰、六入、息與意相隨也。

問：第三止何以故止在鼻頭？報：用數息、相隨、止、觀、還、淨，皆從鼻出入，意習故處，亦為易識，以是故著鼻頭也。惡意來者斷為禪，有時在鼻頭止，有時在心中止；在所著為止。邪來亂人意，直觀一事，諸惡來，心不當動，心為不畏之哉也。止有四：一為數止，二為相隨止，三為鼻頭止，四為息心止。止者，謂五樂六入，當制止之也。

入息至盡鼻頭止，謂惡不復入至鼻頭止；出息至盡著鼻頭，謂意不復離身行向惡，故著鼻頭；亦謂息初入時，便一念向不復轉，息出入亦不復覺，是為止也。止者，如如出息、入息，覺知前意出，不覺後意出。覺前意為意相觀，便察出入息見敗，便受相畏生死，便却意，便隨道意相也。莫為相隨者，但念著鼻頭，五陰因緣不復念，罪斷意滅，亦不喘息，是為止也。莫為相隨者，謂莫復意念出入，隨五陰因緣，不復喘息也。

第四觀者，觀息敗時，與觀身體異息，見因緣生，無因緣滅也。心意受相者，謂意欲有所得，心計因緣會當復滅，便斷所欲不復向，是為心意受相也。以識因緣為俱相觀者，謂識知五陰因緣，出息亦觀，入息亦觀；觀者謂觀五陰，是為俱觀。亦應意意相觀，為兩因緣，在內斷惡、念道也。觀出息異、入息異者，謂出息為生死陰，入息為思想陰；有時出息為痛痒陰，入息為識陰。隨因緣起便受陰，意所向無有常，用是故為異，道人當分別知。是亦謂出息滅，入息生；入息滅，出息生也。無有故者，謂人意及萬物，意起已滅，物生復死，是為無有故也。非出息是入息，非入息是出息；非謂出息時意不念入息，入息時意不念出息，所念異故言非也。中信者，謂入道中、見道因緣、信道，是為中信也。

第五還棄結者，謂棄身七惡；第六淨棄結者，為棄意三惡，是名為還。還者，為意不復起惡；惡者，是為不還也。還身者，謂還惡。得第五還，尚有身亦無身。何以故？有意有身，無意無身，意為人種，是名為還。還者，謂意不復起惡；起惡者，是為不還，亦謂前助身，後助意。不殺、盜、婬、兩舌、惡口、妄言、綺語，是為助身；不嫉、瞋恚、癡，是為助意也。還五陰者，譬如買金得石，便棄捐地不用；人皆貪愛五陰，得苦痛便不欲是，為還五陰也。何等為便見滅盡處，謂無所有是為滅處。

問：已無所有，何以故為處者？無所有處有四處：一者、飛鳥以空中為處；二者、羅漢以泥洹為處；三者、道以無有為處；四者、法在觀處也。

出息、入息受五陰相者，謂意邪念，疾轉還正以生覺斷，為受五陰相。言受者，謂受不受相也。以受五陰相，知起何所，滅何所。滅者，為受十二因緣，人從十二因緣生，亦從十二因緣死；不念者，為不念五陰也。知起何所、滅何所，謂善惡因緣起便復滅，亦謂身，亦謂氣生滅。念便生，不念便死，意與身同等，是為斷生死道。在是生死間，一切惡事皆從意來也。今不為前、前不為今者，謂前所念已滅，今念非前念；亦謂前世所作，今世所作，各自得福；亦謂今所行善，非前所行惡；亦謂今息非前息，前息非今息也。

為生死分別者，為意念生即生，念滅即滅。故言生死，當分別萬物及身。過去、未來福為索盡。何以故？盡以生便滅，滅便盡；已知盡，當盡力求也。

視上頭無所從來者，謂人無所從來，意起為人；亦謂人不自作來者，為有所從來；人自作自得，是為無所從來也。生死當分別者，謂知分別五陰，亦謂知分別意生死。人意為常，知無有常，亦為分别也。

後視無處所者，為今現在不見罪人在生死，會當得，無有脱於罪故。言後視無有處所，未得道迹不得中命盡，謂已得十五，意不得中死；要當得十五，意便墮道，亦轉上至阿羅漢也。中得道亦不得中命盡，為息意身，凡三事，謂善惡意要當得道迹，亦復中壞；息死復生，善意起復滅，身亦不得中死也。

何等為淨？謂諸所貪欲為不淨，除去貪欲是為淨。何等為五陰相？譬喻火為陰，薪為相也。從息至淨，是皆為觀；謂觀身相隨止觀還淨，本為無有。内意數息，外意斷惡因緣，是為二意也。（《大正藏》卷十五第 166-167 页）

【评说】经文通过对数息、相随、止、观、还、净六个阶段进行详细说明，令修习者明确各阶段的操作步骤细节和标准。

【原文】問：何以故不先内外觀身體，反先數息、相隨、止、觀、還、淨？報：用意不淨故不見，身意已淨，便悉見身内外道。

行有十九行，用人有十九病故，亦有十九藥。觀身念惡露，是為止貪婬藥；念四等心，是為止瞋恚藥；自計本何因緣有，是為止愚癡藥；安般守意，是為多念藥也。

内外自觀身體。何等為身？何等為體？骨肉為身，六情合為體也。何等為六情？謂眼合色，耳受聲，鼻向香，口欲味，細滑為身，衰意為種，栽為癡，為有生物也。

内外身體所以重出者何？謂人貪求，有大小，有前後。謂所欲得當分别觀，觀者見為念，念因見觀者為知也。身體止者，坐念起，起念意不離，在所行意所著為識，是為身觀止也。出息、入息念滅時，何等為念滅時？謂念出入氣盡時，意息滅。出息、入息念滅時，譬如畫空中，無有處生死，意道意俱爾也。出息、入息念滅時，亦不説息，意息説滅時。出息、入息念滅時，物從因緣生，斷本為滅時也。

内外痛痒見觀者，為見痛痒所從起，便觀是，為見觀也。内外痛痒者，謂外好物為外痒，外惡物為外痛；内可意為内痒，内不可意為内痛。在内為内法，在外因緣為外法；亦謂目為内，色為外；耳為内，聲為外；鼻為内，香為外；口為内，味為外；心為内，念為外。見好細滑，意欲得，是為痒；見麁惡意，不用是為痛。俱墮罪也。痛痒觀止者，若人臂痛，意不作痛，反念他一切身痛如是，以意不在痛，為止痛；亦可念，亦不可念，念痛無所著。自愛身，當觀他人身；意愛他人身，當自觀身，亦為止也。

内外痛痒所以重出者何？謂人見色愛有薄厚，其意不等觀，多與少異故。重分别觀道，當内觀有癡，當外觀以自證也。身心痛痒各自異，得寒熱、刀杖痛極，是為身痛；得美飯、載車、好衣，身諸所便，是為身痒。心痛者，身自憂，復憂他人及萬事，是為心痛；心得所好及諸歡喜，是為心痒也。意相觀者，有兩因緣，在内斷惡念道。一者，謂五樂六衰當制斷之。觀者自觀身，身不知麁細，以得乃覺，是為意意相觀。意意相觀，息亦是意，數亦是意；數時觀息，為意意相觀也。意觀止者，欲婬制，不為欲瞋恚制，不怒欲癡制，不作欲貪制，不求諸惡事，一切不向，是為觀止；亦謂以知《三十七品經》，常念不離為止也。出息、入息盡定便觀者，盡謂罪盡，定謂息止意。定觀者，謂觀止還淨也；盡止者，謂我能説是、曉是、遍更是，是為盡止也。所起息，若布施作福一切善法，已起便滅，更意念耶？向習罪行亦無數，古世今世，意不如是相隨；他人亦爾，已知覺，當斷已斷，為内外意意觀止也。

内外法法者，内法謂身，外法謂他人；有持戒法，有不持戒法，是為内外法法也。内法謂

行黠不離《三十七品經》,一切餘事,意不墮中,行道得道,是為內法。外法謂墮生死,謂生死行,便得生死。不脫一切,當斷已斷,為內外法觀止也。法觀止者,一切人皆自身為身,諦校計非我身。何以故?有眼有色,眼亦非身,色亦非身。何以故?人已死,有眼無所見,亦有色無所應。身如是,但有識亦非身。何以故?識無有形,亦無所輕止,如是計眼、耳、鼻、舌、身、意亦爾,得是計為法觀止,亦謂不念惡為止。念惡為不止,何以故?意行故也。

卷　下

【原文】出息入息自覺,出息入息自知;當時為覺,以後為知;覺者謂覺息長短,知者謂知息生滅、麁細、遲疾也。出息入息覺盡止者,謂覺出入息欲報時為盡,亦計萬物身生復滅。心者,謂意止也。見觀空者,行道得觀,不復見身。便墮空無所有者,謂意無所著;意有所著因,為有斷六入,便得賢明。賢謂身,明謂道也。知出何所、滅何所者,譬如念石出、石入,木石便滅。五陰亦爾,出色入痛痒,出痛痒入思想;出思想入生死,出生死入識,已分別是,乃墮《三十七品經》也。

問:何等為思惟無為道?報:思為校計,惟為聽,無謂不念萬物,為者如說行,道為得,故言思惟無為道也。思為念,惟為分別白黑。黑為生死,白為道。道無所有,已分別無所有,便無所為,故言思惟無為道。若計有所為、所著,為非思惟。思亦為物,惟為解意;解意便知十二因緣事。亦謂思為念,惟為計也。斷生死得神足,謂意有所念為生,無所念為死。得神足者,能飛行故,言生死當斷也。

得神足有五意:一者、喜;二者、信;三者、精進;四者、定;五者、通也。四神足念不盡力得五通,盡力自在向六通,為道人四神足,得五通盡意可得六通盡意,謂萬物意不欲也。一、信;二、精進;三、意;四、定;五、黠,是五事,為四神足。念為力者,凡六事也。從信為屬四神足念,從喜、從念精進、從定、從黠,是為屬五根也。從喜定,謂信道;從力定,謂精進;從意定,謂意念定;從施定,謂行道也。為種故有根,有為之事皆為惡,便生想,不能得勝。謂得禪是因為力,亦謂惡不能勝善意。滅復起,故為力。力定者,惡意欲來,不能壞;善意故,為力定也。

道人行道未得觀,當校計得觀。在所觀意不復轉,為得觀。止惡一法,為坐禪;觀二法,有時觀身,有時觀意,有時觀喘息,有時觀有,有時觀無,在所因緣當分別觀也。止惡一法,觀二法,惡已盡,止觀者為觀道。惡未盡不見道,惡已盡,乃得觀道也。止惡一法為知惡,一切能制不著意為止,亦為得息想隨止。得息想隨止,是為止惡一法。惡已止,便得觀故。為觀二法,為得四諦,為行淨。當復作淨者,識苦棄習,知盡行道,如日出時淨,轉出十二門故。經言:從道得脫也。去冥見明,如日出時,譬如日出多所見,為棄諸冥。冥為苦,何以知為苦?多所罣礙,故知為苦。何等為棄習?謂不作事。何等為盡證?謂無所有。道者,明識苦、斷習、盡證、念道。識從苦生,不得苦,亦無有識,是為苦也。盡證者,謂知人盡。當老病死證者,知萬物皆當滅,是為盡證也。譬如日出作四事:一、壞冥,謂慧能壞癡;二、見明,謂癡除獨慧在;三、見色萬物,為見身諸所有惡露;四、成熟萬物,設無日月,萬物不熟;人無有慧癡,意亦不熟也。上頭行俱行者,所行事已行,不分別說,謂行五直聲,身心并得行也。

從諦念法,意著法中;從諦念法,意著所念是便生是,求生死得生死,求道得道。內外隨所起意,是為念法。意著法中者,從四諦自知意生,是當得,是不生,是不得,是便却,意畏不敢犯。所行所念常在道,是為意著法中也。是名為法,正從諦本起,本著意。法正者,謂道法。從諦，謂四諦。本起著意者，謂所向生死萬事，皆本從意起。便著意，便有五陰所起。意當斷，斷本五陰便斷。有時自斷不念，意自起為罪，復不定在道為罪，未盡故也。意著法中者，諦意念萬物，為墮外法中，意不念萬物，為墮道法中。五陰為生死法，《三十七品經》為道法。意著法中者，謂制五陰不犯，亦謂常念道不離，是為意著法中也。

所本正者，所在外為物本，為福所；在內總為《三十七品經》，行道非一時端故。言所本者，謂行《三十七品經》法，如次第隨行，意不入邪為正，故名為所本正。所本正，各自異行，以無為對本，以不求為對正；以無為為對無為，以不常為對道，以無有為對亦無有所、亦無有本、亦無有正，為無所有也。定覺受身，如是法道，說謂法定。道說者，謂說所從因緣得道。見陰受者，為受五陰。有入者，為入五陰中。因有生死陰者，為受正；正者，道自正，但當為自正心耳。人行安般守意，得數，得相隨，得止，便歡喜，是四種。譬如鑽火見煙，不能熟物，得何等喜？用未得出要故也。

安般守意有十八惱，令人不隨道：一為愛欲，二為瞋恚，三為癡，四為戲樂，五為慢，六為疑，七為不受行相，八為受他人相，九為不念，十為他念，十一為不滿念，十二為過精進，十三為不及精進，十四為驚怖，十五為強制意，十六為憂，十七為怱怱，十八為不度意行愛，是為十八惱。不護是十八因緣不得道，以護便得道也。不受行相者，謂不觀三十二物，不念《三十七品經》，是為不受行相。受他人相者，謂未得十息，便行相隨，是為受他人相。他念者，入息時念出息，出息時念入息，是為他念。不滿念者，謂未得一禪，便念二禪，是為不滿念。強制意者，謂坐亂，意不得息，當經行、讀經，以亂不起，是為強制意也。精進為黠，走是六事中，謂數息、相隨、止、觀、還、淨，是為六也。何等為喘？何等為息？何等為氣？何等為力？何等為風？制者，為意息，為命守，為氣，為視聽風，為能言語，從道屈伸力，為能舉重瞋恚也。要從守意得道，何緣得守意？從數轉得息，息轉得相隨，止觀還淨亦爾也。

行道欲得止意，當知三事：一者、先觀念身本何從來，但從五陰行有，斷五陰不復生；譬如寄託須臾耳，意不解，念九道以自證。二者、自當內視心中隨息出入。三者、出息入息念滅時。息出小輕念滅時，何等為知無所有？意定便知空，知空便知無所有。何以故？息不報便死，知身但氣所作，氣滅為空，覺空墮道也。故行道有三事：一者、觀身；二者、念一心；三者、念出入息。復有三事：一者、止身痛痒；二者、止口聲；三者、止意念行，是六事疾得息也。要經言：一念謂一心，近念謂計身，多念謂一心，不離念謂不離念。身行是四事，便疾得息也。坐禪數息，即時定意，是為今福；遂安隱不亂，是為未來福；益久續復安定，是為過去福也。坐禪數息不得定意，是為今罪；遂不安隱亂意起，是為當來罪；坐禪益久遂不安定，是為過去罪也。亦有身過、意過：身直數息不得，是為意過；身曲數息不得，是為身過也。坐禪自覺得定意，意喜為亂意，不喜為道意。坐禪念息已止便觀，觀止復行息。人行道，當以是為常法也。

佛說有五信：一者、信有佛有經；二者、去家下頭髮求道；三者、坐行道、四者、得息；五者、定意。所念不念為空，難不念為空。何以故念息？報曰：息中無五，色貪、婬、瞋恚、愚癡、愛欲，是亦為空也。可守身中意者，謂意在身觀，是為身中意。人不能制意，故令數息，以黠能制意，不復數息也。

問：何等為自知？何等為自證？報：謂能分別五陰是為自知，不疑道是為自證也。

問曰：何等為無為？報：無為有二輩：有外無為，有內無為。眼不觀色，耳不聽聲，鼻不受香，口不味味，身不貪細滑，意不志念，是為外無為；數息、相隨、止、觀、還、淨，是為內無為也。

問：現有所念，何以為無為？報：身口為戒，意向道行，雖有所念，本趣無為也。

問:何等為無?何等名為?報:無者,謂不念萬物;為者,隨經行指事稱名,故言無為也。(《大正藏》卷十五第167-170页)

【评说】通过修习安般禅法可以净意,净意之后便可进入观禅的修习。此处经文列举观禅中的身观、痛痒观、内外法观,指出在观禅阶段,仍然可以结合出入息的练习加深定的程度。经文中还列举了妨碍安般禅法修习的十八类原因,提供了解决建议,并对"无为"的概念进行阐释。

【原文】問:設使宿命對來到,當何以却?報:行數息、相隨、止、觀、還、淨,念《三十七品經》能却。

難:宿命對不可却,數息行《三十七品經》何以故能却?報:用念道故消惡。設使數息、相隨、止、觀、還、淨不能滅惡,世間人皆不得道;用消惡,故得道。數息、相隨、止、觀、還、淨,行《三十七品經》尚得作佛,何況罪對,在十方積如山,精進行道,不與罪會。

問曰:經言作是何以故不會?報:用作是故也。數息為墮十二品。何謂十二品?數息時,墮四意止;息不亂時,為墮四意念斷,得十息;有時為墮四神足,是為墮十二品也。

問:何等為念《三十七品經》?報:謂數息、相隨、止、觀、還、淨,行是六事,是為念《三十七品經》也。行數息,亦為行《三十七品經》。

問:何以故為行《三十七品經》?報:數息為墮四意止。何以故?為四意止,亦墮四意斷,用不待念,故為四意斷;亦墮四神足,用從信,故為神足也。數息為墮信根,用信佛意喜,故生信根;亦墮能根,用坐行,故為墮能根;亦墮識根,用知諦,故為識根;亦墮定根,用意安,故為定根;亦墮黠根,用離癡意解結,故為黠根也。數息亦墮信力,用不疑,故為信力;亦墮進力,用精進,故為進力;亦墮念力,用餘意不能攘,故為念力;亦墮定力,用一心,故為定力;亦墮黠力,用前分別四意止、斷、神足,故為黠力也。

數息亦墮覺意。用識苦,故為覺意;亦墮法識覺意,用知道因緣,故為法覺意;亦墮力覺意,用棄惡,故為力覺意;亦墮愛覺意,用貪樂道,故為愛覺意;亦墮息意覺,用意止,故為息意覺;亦墮定覺意,用不念,故為定覺意;亦墮守覺意,用行不離,故為守覺意也。

數息亦墮八行,用意正,故入八行。定意、慈心、念淨法,是為直身;至誠語、軟語、直語、不還語,是為直語。黠在意,信在意,忍辱在意,是為直心。所謂以聲息,是為十善墮道行也。數息亦墮直見,用諦觀,故為直見;亦墮直行,用向道,故為直行;亦墮直治,用行《三十七品經》,故為直治;亦墮直意,用念諦,故為直意;亦墮直定,用意白淨,壞魔兵,故為直定,是為八行。何等為魔兵?謂色、聲、香、味、細滑,是為魔兵。不受是為壞魔兵。(《大正藏》卷十五第170页)

【评说】本段经文将三十七品摄于数息观中,此处"堕"作归属解。通过这种归属强调数息观的修习已统摄种种修行,令修习者能够保持专一的态度,不好新骛奇、半途而废。

【原文】三十七品應斂,設自觀身,觀他人身,止婬,不亂意,止餘意;自觀痛痒,觀他人痛痒,止瞋恚;自觀意,觀他人意,止癡;自觀法,觀他人法,得道,是名為四意止也。避身為避色,避痛痒為避五樂,避意為避念,避法不墮願業治生,是名為四意念斷也。識苦者,本為苦,為苦者,為有身。從苦為因緣起者,所見萬物。苦習者,本為苦,從苦為因緣生。盡者,萬物皆當敗壞。為增苦習,復當為墮八道中。道人當念是八道,是名為四,為四收苦,得四神足念也。信佛意喜，是名為信根。為自守行法，從諦身意受，是名能根，為精進；從諦念遂諦，是名識根，為守意；從諦一意，從諦一意止，是名定根，為正意；從諦觀諦，是名黠根，為道意，是名為五根也。

從諦信不復疑，是名信力；棄貪行道從諦自精進，惡意不能敗精進，是名進力；惡意欲起當即時滅，從諦是意無有能壞意，是名念力；内外觀從諦以定，惡意不能壞善意，是名定力；念四禪從諦得黠，惡意不能壞黠意，是名黠力。念出入盡復生，是名為五力也。從諦念諦，是名為覺意。得道意，從諦觀諦，是名法名法識覺意；得生死意，從諦身意持，是名力覺意；持道不失為力，從諦足喜諦，是名愛覺意；貪道法行道行道法，從諦意得休息，是名息意，覺已息安隱，從諦一念意，是名定覺意；自知意，以安定從諦自在，意在所行從觀，是名守意覺；從四諦觀意，是名為七覺意也。

從諦守諦，是名直信道；從諦直從行諦，是為直從行念道；從諦身意持，是名直治。法不欲墮四惡者，謂四顛倒。從諦念諦，是名直意不亂意；從諦一心意，是名直定。為一心上頭，為三法意行，俱行以聲身心，如是佛弟子八行，是名四禪，為四意斷也。第一行為直念，屬心，常念道；第二行為直語，屬口，斷四意；第三行為直觀，屬身，觀身内外；第四行為直見信道；第五行為直行，不隨四惡，謂四顛倒；第六行為直治，斷餘意；第七行為直不墮貪欲；第八行為直定正心，是為八行。佛、辟支佛、阿羅漢所不行也。

第一行為直念。何等為直念？謂不念萬物，意不墮是中，是為直念；念萬物，意墮中，為不直念也。四意止者：一意止為身念息，二意止為念痛痒，三意止為念意息出入，四意止為念法因緣，是為四意止也。

道人當念是四意止：一者、為我前世愛身，故不得脱；二者、今有劇怨家。何以故？所欲者愛生，當斷已斷，為外身觀止也。四意止者，意止者，意不在身為止意，不在痛痒為止意，不在意為止意，不在法為止意。隨色誠便生，是為不止也。

問：人何以故不墮四意止？報：用不念苦、空、非身、不淨故，不墮四意止。若人意常念苦、空、非身、不淨，行道者常念是四事不離，便疾得四意止也。

問：何等為身意止？謂念老、病、死，是為身意止。何等為痛痒意止？謂所不可意，是為痛痒意止。何等為意意止？謂已念、復念，是為意意止。何等為法意止？謂往時為行，還報為法，亦謂作是得是，是為法意止也。

四意止有四輩：一者、念非常意止；二者、念苦身意止；三者、念空有意止；四者、念不淨樂意止，是為四意止。一切天下事皆墮身痛痒、墮法，都盧不過是四事也。四意止者：一者、但念息不邪念；二者、但念善不念惡；三者、自念身非我所，萬物皆非我所，便不復向；四者、眼不視色，意在法中，是名為四意止也。

道人當行四意止：一者、眼色，當校計身中惡露；二者、意歡喜念樂，當念痛痒苦；三者、我意瞋他，人意亦瞋；我意轉他，人意亦轉，便不復轉意；四意者，我意嫉他，人意亦嫉；我念他人惡，他人亦念我惡，便不復念，是為法也。身意止者，自觀身，觀他人身。何等為身？欲言痛痒是身，痛無有數；欲言意是身，復非身有過去，意未來意；欲言法是身，復非身有過去未來法；欲言行是身，行無有形，知為非身。得是計，為四意止也。意不墮色念，識亦不生，耳、鼻、口、身亦爾。意不在身為心，意不在痛痒，意不在念，意不在法為心也。

問：誰主知身意痛痒者？報：有身，身意知；痛痒，痛痒意知；意意，意意知；有飢，飢意知；有渴，渴意知；有寒，寒意知；有熱，熱意知。以是分別知也。身意起身意，痛痒意起痛痒意，

意意起意意，法意起法意。四意止，謂意念惡，制使不起，是為止也。四意止亦隨四禪，亦隨四意止。隨四意止為近道，不著惡便善意生；四禪為四意定，為止意也。

行道有四因緣：一、止身；二、止痛痒；三、止意；四、止法。止身者，謂見色念不淨；止痛痒者，謂不自貢高；止意者，謂止不瞋恚；止法者，謂不疑道人行。四意止，意起念生，即時識對行藥，得一意止，便得四意止也。

四意定：一者、自觀身，亦復觀他人身；二者、自觀痛痒，亦復觀他人痛癢；三者、自觀心，亦復觀他人心；四者、自觀法因緣，亦復觀他人法因緣。如是身，一切觀內外因緣、成敗之事，當念我身，亦當成敗，如是是為四意定也。人欲止四意，棄為外，攝為內；已攝意為外，棄為內也。觀他人身，謂自觀身不離他，便為觀他人身苦，觀他人身為非痛痒，意法亦爾也。自貪身，當觀他人身；念他人身，便自觀身，如是為意止。

問：意見行何以為止？報：意以自觀身貪，便使觀他人身，為意從貪轉故應止；若意貪他人身，當還自觀身也。

有時自身觀，不觀他人身；有時當觀他人身，不當自觀身；有時可自觀身，亦可觀他人身；有時不可自觀身，亦不可觀他人身。自觀身者，為校計觀他人身，意不止，須自念身為著，便轉著他人身。觀他人身為見色、肥、白、黛眉、赤脣，見肥當念死人脹，見白當念死人骨，見眉黑當念死人正黑，見朱脣當念血正赤。校計身諸所有，以得是意便轉，不復愛身也。

觀有內外，嫉、恚、疑當內觀，貪、婬當外觀。貪當念非常敗，婬當念對所有惡露。如自觀身婬，當念四斷意也。觀有兩輩：一者、觀外；二者、觀內。觀身有三十六物，一切有對皆屬外；觀無所有為道，是為內觀也。觀有三事：一者、觀身四色，謂黑、青、赤、白；二者、觀生死；三者、觀九道。觀白見黑為不淨，當前聞以，學後得道；未得道，為聞得別，為證得，為知也。觀有四：一者、身觀；二者、意觀；三者、行觀；四者、道觀，是為四觀。譬如人守物，盜來便捨物；視盜人已得觀，便捨身觀物也。

觀有二事：一者、觀外諸所有色；二者、觀內謂無所有。觀空已得四禪，觀空無所有，有意、無意、無所有，是為空，亦謂四棄得四禪也。欲斷世間事，當行四意止，欲除四意止，當行四意斷。人墮貪，貪故行。四神足飛，但有五根無有五力，不能制，但有五力無有五根，不生。得四神足，尚轉五力，能制上次十二品。四意斷，不作現在罪，但畢故罪，是為四意斷也。畢故不受新，為四意止，故畢新止，為四意斷，故竟新斷，為四神足。知足不復求守意，意為畢，生為新，老為故，死為身體壞敗為盡也。四意斷，謂常念道。善念生便惡念斷，故為斷息道；善念止便惡念生，故為不斷也。四意斷者，意自不欲向惡是為斷，亦謂不念罪斷也。

四神足：一者、身神足；二者、口神足；三者、意神足；四者、道神足。念飛，念不欲滅，不隨道也。四伊提鉢，四為數，伊提為止，鉢為神足。欲飛便飛，有時精進坐七日便得，或七日，或七歲也。得神足可久在世間，不死有藥：一者、意不轉；二者、信；三者、念；四者、有諦；五者、有黠，是為神足藥也。得四神足，不久在世間，有三因緣：一者、自厭其身臭惡，故去；二者、無有人能從受經道，故去；三者、恐怨惡人誹謗得罪，故去也。神足九輩，謂乘車馬，步疾走，亦為神足；外戒堅亦為神足；至誠亦為神足；忍辱亦為神足也。行神足當飛意。

問：何為飛意？報：有四因緣：一者、信；二者、精進；三者、定；四者、不轉意。何等為信？信飛行。何等為精進？飛行。何等定？飛行。何等為不轉意？謂著飛行不轉意也。身不欲行道，意欲行便行，神足如是，意欲飛即能飛也。

五根，譬如種物，堅乃生根，不堅無有根。信為水雨，不轉意為力，所見萬物為根，制意為力也。信根中有三陰:一為痛痒,二為思想,三為識陰。定根中有一陰,謂識陰也。

五根、五力、七覺意,中有一陰者,中有二陰者,中有三陰者,有四陰者,皆有陰。

問:是道行,何緣有陰?報:以泥洹無陰,餘皆有陰也。七覺意,上三覺屬口,中三覺屬身,下一覺屬意。何等為覺?念念為覺,念念為得,覺得是意,便隨道也。外七覺意為墮生死,內七覺意為隨道。內七覺意者,謂《三十七品經》;外七覺意者,謂萬物也。覺者為識事,便隨覺意也。有覺意便隨道覺,有覺意墮罪覺。《三十七品經》便正意,是為隨道;覺善惡,是為墮罪也。

問:何等為從諦身意持報?謂身持七戒,意持三戒,是為身意持也。從諦意得休息,從四諦意因緣休;休者為止,息為思,得道為受思也。貪樂道法,當行道為愛覺意,持道不失為力覺意,已得十息身安隱為息覺意,自知已安為定覺意。身意持,意不走為持,從諦自在,意在所行,謂得四諦。亦可念四意止,亦可四意斷,亦可四神足,亦可五根、五力、七覺意、八行,是為自在意。

在所行從諦觀者,為《三十七品經》要。是為守意覺者,謂諦不復受罪也。八行有內外,身為殺、盜、婬,聲為兩舌、惡口、妄言、綺語,意為嫉、妬、癡。是上頭三法,為十事在外,五道在內也。從諦守諦,從為神,守為護,謂法不犯罪。諦為道,知非常、苦、空、非身、不淨為直見;非常人計為常,思苦為樂,空計為有,非身用作身,不淨計為淨,是為不直見也。何等為直見?信本因緣,知從宿命有,是名為直見。何等為直治?分別思惟,能到善意,是為直治。何等為直語?守善言,不犯法,如應受言,是名為直語也。何等為直業?身應行不犯行,是名為直業也。何等為直治?隨得道者教戒行,是名為直治也。何等為直精進?行行無為,晝夜不中止,不捨方便,是名為直精進方便也。何等為直念?常向經戒,是名為直念。何等為直定?意不惑亦不捨行,是名為直定。如是行,令賢者八業行具,已行具足,便行道也。八直有治、有行,行八直,乃得出要,身不犯戒,是為直治。慧、信、忍辱是為行身,意持是名為直治。謂無所念為直,有所念為不直也。

十二部經都皆墮《三十七品經》中,譬如萬川四流,皆歸大海。《三十七品經》為外,思惟為內。思惟生道故為內;道人行道,分別《三十七品經》,是為拜佛也。《三十七品經》亦墮世間,亦墮道。諷經口說是為世間,意念是為應道。持戒為制身,禪為散意。行從願,願亦從行。行道所向,意不離;意至佛,意不還也。

亦有從次第行得道,亦有不從次行得道。謂行四意止、斷、神足、五根、五力、七覺意、八行,是為從次第。畏世間惡,身便一念從是得道,是為不從次第。道人能得三十七品行意,可不順從數息、相隨、止也。身口七事,心、意、識各有十事,故為三十七品。四意止、斷、神足屬外,五根、五力屬內,七覺意、八行得道也。泥洹有四十輩,謂《三十七品經》并三向,凡四十事,皆為泥洹。

問:數息為泥洹,非報數息、相隨,鼻頭止意有所著,不為泥洹,泥洹為有不?報:泥洹為無有,但為苦滅,一名意盡。

難:泥洹為滅。報:但善惡滅耳。

知行者,有時可行四意止,有時可行四意斷,有時可行四神足,有時可行五根、五力、七覺意、八行。諦者,為知定亂。定為知行,亂為不知行也。

問:何以故正有五根、五力、七覺意、八行?報:人有五根,道有五根;人有五力,道有五力;人有七使,道有七覺意;行有八直,應道八種。隨病說藥,因緣相應。眼受色、耳聞聲、鼻

向香、口欲味、身貪細滑，是為五根。何以故名為根？已受當復生，故名為根，不受色、聲、香、味、細滑，是為力，不墮七使為覺意，已八直為應道行。五根堅意，五力為不轉意，七覺為正意，八行為直意也。

問：何等為善意？何等為道意？報：謂四意止、斷、神足、五根、五力，是為善意；七覺意、八行，是為道意。有道善，有世間善。從四意止至五根、五力，是為道善；不婬、兩舌、惡口、妄言、綺語、貪、瞋、癡，是為世間善。諦見者，知萬物皆當滅，是為諦見；萬物壞敗，身當死，以不用為憂，是為諦觀。意橫意走，便責對得制，是為除罪；諸來惡不受為禪。

一心內意十二事智慧，七為數，八為相隨，九為止，十為觀，十一為還，十二為淨，是為內十二事；外復十二事，一為目，二為色，三為耳，四為聲，五為鼻，六為香，七為口，八為味，九為身，十為細滑，十一為意，十二為受欲，是為外十二事也。術闍者為智，凡有三智：一者、知無數世父母、兄弟、妻子；二者、知無數世白黑、長短，知他人心中所念；三者、毒以斷，是為三也。沙羅惰怠者，為六通智：一為神足，二為徹聽，三為知他人意，四為知本所從來，五為知往生何所，六為知索漏盡，是為六也。（《大正藏》卷十五第 170-173 页）

【评说】以上经文是对三十七品的详细阐述，从三十七品的角度重述了安般禅法修习时的要点，置于文末有提纲挈领的作用。

阴 持 入 经

后汉安息国三藏安世高译

【提要】本经解说“五阴”“六入”及“三十七品”等概念，各取五蕴（阴）、十八本持、十二入为名称。虽然冠以经名，实则为作者总结佛经相关内容所集的释论。

卷　　上

【原文】佛經所衐，亦教誡，皆在三部，為合衐。何等為三？一為五陰，二為六本，三為所入。

五陰為何等？一為色，二為痛，三為想，四為行，五為識；是為五陰。

色陰名為十現色入，十現色入為何等？一、眼，二、色，三、耳，四、聲，五、鼻，六、香，七、舌，八、味，九、身，十、樂；是為十現色入。是名為色種。

痛種為何等？痛種為身六痛：一、眼知痛，二、耳知痛，三、鼻知痛，四、舌知痛，五、身知痛，六、心知痛；是為身六痛，名為痛種。

思想種為何等？思想種為身六思想：一、色想，二、聲想，三、香想，四、味想，五、更想，六、法想；是為身六思想，名為思想種。

行種為何等？衐種名為身六更：一、色所更，二、聲所更，三、香所更，四、味所更，五、觸所更，六、法所更；是為身六更，是名為行種。

識種為何等？識種名為身六識：眼識、耳識、鼻識、舌識、身識、心識；是為身六識，是名為識種。

名為五陰種，當知是。是從何知？為非常、苦、空、非身。從是知亦有二知：一為慧知，二為斷知。從慧知為何等？為非常、苦、空、非身，是為從慧知。從斷知為何等？愛欲已斷是為從斷知。

陰貌為何等？積為陰貌，足為陰貌；譬如物種名為物種，木種名為木種，火種名為火種，水種名為水種，一切五陰亦如是。(《大正藏》卷十五第173页)

【评说】以上经文解释"五蕴"的概念，蕴即集合、范畴。本段经文主要说明佛教将人的生命现象(包括生理心理活动)归纳为五种范畴。

【原文】有十八本持，十八本持為何等？一、眼，二、色，三、識，四、耳，五、聲，六、識，七、鼻，八、香，九、識，十、舌，十一、味，十二、識，十三、身，十四、更，十五、識，十六、心，十七、法，十八、識，是名為十八本持。

已知是，從何知？為非常、苦、空、非身，是為知。從是知亦有二知：一為、從慧知，二為、從已斷知。從慧知為何等？為非常、苦、空、非身，是為從慧知。從斷知為何等？愛欲已斷是為從斷知。彼為具足，具足為何等？或言無有餘具足，已無有餘，令眼明見明。

一衜者，說是已為斷眼本、耳本，遍說如是，為本持；譬是人為多熱，如是名遍，譬喻是為具足。

亦有十二入，何等為十二？自身六，外有六。自身六，為何等？一為眼、耳、鼻、舌、身、心，是為自身六入。外有六，為何等？色、聲、香、味、更、法，是為十二入。

一切從何知？為非常、苦、空、非身，是從是知，亦有二知：一從慧知，二從斷知。從慧解知為何等？為非常、苦、空、非身，是為從慧知。從斷知為何等？愛欲已斷是為從斷知。

何等為入？解從是致名為入，從入解；譬從金入名為金地，從銀入名為銀地，如是各各應是譬喻所從所入，是從是有，如是從所意念，有行罪苦法如是。從所致，是名為從是入。亦有從是入，譬如王有入所有名，是亦如是。

為有四諦：苦、習、盡、道。苦名為要，語身亦念；習名為要，癡亦所世間愛；盡名為要，慧亦解脫；道名為要，止亦觀。(《大正藏》卷十五第173页)

【评说】"十八本持"与"十二入"都是对与生俱来的生命活动所依赖的基本生理功能的分类。本持每三个为一系列，如眼、色、识，即指眼器官、眼所观察的对象、视觉心理活动。"十二入"则是"十八本持"去除"识"所余下的部分，即在产生心理活动前的感官过程。还解说了获得"知"的两种途径，一是由慧，二是由断。即由智慧活动所得及由修习所得的经验。"四谛"是指佛教所认识到的四条道理：苦、习、尽、道。其中苦是指生理及心理的一切痛苦；习是指这些痛苦来自于"痴爱"的习性；尽是指通过智慧解脱可以摆脱这些痛苦；道是指解脱的方法为止和观。

【原文】亦有《三十七品經》法：四意止、四意斷、四神足、五根、五力、七覺意、賢者八種道行，是為《三十七品經》法。過去佛亦有是，現在佛亦有是，未來佛亦有是。辟支佛亦從是得度世道，佛弟子亦從是，是為度世無為道。

四意止為何等？或見比丘，自身身身相觀行止，外身身身相觀衜止，內外身身身相觀行止，盡意念以却世間癡心不便；自痛痛痛相觀衜止，外痛痛痛相觀衜止，內外痛痛痛相觀衜止。盡意念以却世間癡心不便；自意意意相觀衜止，外意意意相觀衜止，內外意意意相觀衜

止，盡意念以却世間癡心不便；自法法法相觀衍止，外法法法觀衍止，內外法法法相觀衍止，盡意念以却世間癡不便。

何等為從四意正斷？或比丘有未生弊惡意法發，方便令不生，勸意不捨方便，衍精進攝制意，捨散惡意，是為一斷意；已生弊惡意發，清淨法欲斷，勸意求方便，衍精進攝制意，捨散惡意，是為二斷意；未生清淨法勸意發，方便令生，衍精進攝制意，捨散惡意，是為三斷意；已生清淨法，令止不忘、令不減、令衍，不啻令衍足發方便，衍精進攝制意，捨散惡意，是為四意正斷。

何等為四神足？或有比丘，為欲定斷生死，隨行增神足，惡生死猗，却欲猗盡猗，是為一神足精進定；斷生死，隨行增神足，惡生死猗，却欲猗盡猗，從不便意生遣離去，是為二神足；意定斷生死，隨行增神足，惡生死猗，却欲猗盡猗，從不便意生遣離去，是為三神足；戒定斷生死，隨行增神足，惡生死猗，却欲猗盡猗，從不便意生遣離去，是為四神足。

四意止、四意斷、四神足，為已說具。(《大正藏》卷十五第 173-174 页)

【评说】以上经文介绍了四意止、四意断、四神足的概念。它们是修行的基本方法和原则。

【原文】何等為五根？信根、精進根、念根、定根、慧根，是名為五根。彼根應何義根為根義？屬為根義，可喜為根義，不為同事為根義，是名為根義。

何等為五力？信力、精進力、念力、定力、慧力，是名為五力。彼力應何義？無有能得壞為力義，有所益為力義，有膽為力義，能得依為力義，是名為力義。

有七覺意，何等為七覺意？一、念覺意，二、法分別觀覺意，三、精進覺意，四、愛可覺意，五、猗覺意，六、定覺意，七、護覺意；是名為七覺意。

有得道者八種道衍，何等為八？一、直見，二、直衍，三、直語，四、直治，五、直利，六、直方便，七、直意，八、直定；是名為八道衍。

八種道衍為墮合三種：一、戒種，二、定種，三、慧種。彼所直語、直業、直治，是名為戒種；彼所直方便、直念、直定，是名為定種；彼所直見、直衍，是名為慧種。皆從是教誡，令不啻教誡、令不啻教意、令不啻慧教誡。

彼戒種比丘，為拔瞋恚亦蕜本、為散瞋恚結、為合恚瘡、為識苦痛、為度欲界。

彼定種比丘，為拔慳蕜本、為散欲結、為合欲瘡、為知樂痛、為度色界。

彼慧種比丘，為拔癡蕜本、為散癡結、為合憍慢瘡、為知不樂不苦痛、為得度無有色界。是為三種比丘。止為拔三蕜本、散三蕜使、合四瘡、知三痛、度三界。(《大正藏》卷十五第 173 页)

【评说】以上经文介绍了"五根""五力""七觉意""八道行"，它们是修行者必须培养的素质以及将修行原则贯彻于从个人精神到生活的八个层面。从各人的表现不同又可以归摄为戒、定、慧三种类型。

【原文】何等為十二種？從求如求等生，從癡因緣令有衍，從衍令有識，從識令有名字，從名字令有六入，從六入令有致，從致令有痛痒，從痛痒令有愛，從愛令有受，從受令後有，從有令有生，從生令有老死憂悲苦，不可心致癌，如是具足苦種，為致習。癡已盡便衍盡，已衍盡便識盡，已識盡便名字盡，已名字盡便六入盡，已六入盡便致盡，已致盡便痛痒盡，已痛痒盡便愛盡，已愛盡便受盡，已受盡便有盡，已有盡便生盡，已生盡便老死盡，已老死盡，憂悲苦不可心行便盡，如是具足苦種便得盡。

彼癡名為不知四諦如有，不解不見、不相應不受、不解不解根，是名為癡。

彼癡因緣�為何等？為六望受。何等為六？色聲、香、味、觸、法。是為身六望受，是名為衍。

彼衍因緣識為六身識，眼、耳、鼻、舌、身、心，是名為六身識。

彼識因緣名字，字為色，名為四不色陰，痛想衍識是為名。色為四大本，謂地、水、火、風是。上為名，是四為色，是二相連共為名字。

彼名字因緣身六入受：眼、耳、鼻、舌、身、心，是名身六入受。

彼六入因緣身六思望：眼、耳、鼻、舌、身、心，是名為身六思望。

彼思望因緣身六痛：眼、耳、鼻、舌、身、心，是名為身六痛。

彼痛因緣六身愛：色愛、聲愛、香愛、味愛、觸愛、法愛，是名為六身愛。

彼愛因緣受為四受：一、欲受，二、見結受，三、戒願受，四、身結衍受，是名為四受。

彼受因緣有為三有：一、欲界，二、色界，三、無色界，是名為三有。彼有因緣生，為上五陰、六持、六入。已有如有，生聚，已往墮致分別根，已入得有，是名為生死。

為何等名？為人人所在，在所往。已往壞已過，死時是命，亦根已閉塞，是為死。上本為老，後要為死，是故名為老死。

癡相為何等？為冥中見冥。如有不解，令從是致墮行相處。

衍相為何等？為令後復有，是為衍相。上從是發起，令從是致墮識處。

識相為何等？為識物、識事，是為識相，令從是致墮名字處。

名字相為何等？為俱猗，是為名字相，令從是致墮六入處。

六入相為何等？為分別根，是為六入相，令從是致墮思望處。

思望相為何等？為相會更生，是為思望相，令從是致墮痛處。

痛相為何等？為更覺，是為痛相，令從是致墮愛處。

愛相為何等？為發往，是為愛相，令從是致墮受處。

受相為何等？為受持，是為受相，令從是致墮有處。

有相為何等？令墮若干處，是為有相，令從是致墮生處。

生相為何等？為已有五陰，是為生相，令從是致墮老處。

老相為何等？為轉熟是為老相，令從是致墮死處。

死相為何等？為命根盡，是為死相，令從是致墮苦處。

苦相為何等？為身急，是為苦相，令從是致墮不可處。

不可相為何等？為心意急，是為不可相，令幹從是致墮悒悒憂。

悒悒相為何等？為憂五陰，令從是致墮愁瘂處。

悲愁相為何等？口出聲言，令致悲行瀄，瀄為瘂，瘂亦為瀄。

九絕處，為一切惡衍令部伴，從流行。（《大正藏》卷十五第 174-175 页）

【评说】此处经文介绍“十二种”，又译为“十二缘起”。这是佛教认为生命现象由微至著、由先至后进行的十二个阶段。

【原文】為有二本從有結罪，為三惡本，亦有四倒。

彼二本罪行為何等？一為癡，二為墮有愛，名為二本。

三悪本為何等？一為貪欲，二為瞋恚，三為癡惑，是名為三悪本。

有四倒，四倒為何等？非常念常，是為思想倒、為意倒、為見倒，是為一倒；計苦為樂、非身為身、不淨為淨、思想意見倒，如上說，是名為四倒。

彼癡名為不解四諦：不慧、不見、不相應、不解受為行，是為癡。

彼有愛為何等？為所世間欲發往不捨，是為有愛，是名為二本。彼欲貪本為何等？為所在所種貪，為奇珍寶，為奇財產，為奇嚴事，為有嫉在奇。貪可貪欲，可往愛相，愛哀相，往不捨，是為貪悪本。

是本為誰？為所有貪，為身非法�，口非法衎，心非法行，亦餘俱相連。悪種所作，意念是法本，是故名為貪悪本。

彼瞋恚非法本為何等？為在人為在衎，恚相恚，不忍不識，因緣瞋瞋恚發評諍，念不可，說不可，所念說不好令意却，是為恚非法本。是本為誰？為非法本，所身罪、所言罪、所心罪，亦餘所相連意念，為是法本，是故為瞋，名為非法本。

彼癡惑非法本為何等？不知四賢者諦如有，不解不見、不相應不解，受非法，或隨或受、或在或不識、或癡冥在冥。蔽覆令冥、令無眼、令慧壞，知盡不能致無為度世，是癡惑非法行本。是本為誰？為惑非法，身衎作、口衎作、心衎作，亦所共相助非法，意所念非法本，是名為惑非法本。

彼當知，倒亦當知，所倒當知，從所倒當知是。

彼有一倒，從一倒為四倒，從所有為三倒。何等為一倒？為對或受，非常為常，苦為樂，非身為身，不淨為淨，是為一倒。

何等為四倒？所有身、痛、意、法，是為四倒。

何等為三倒？一為想，二為意，三為見，是為三倒。

使彼所可意根相連著，若色若像為受想，是為欲想。

以為有欲想，相隨久不斷，在意念是為欲念種。

若彼所想分別受，是名為想倒。

彼惑意不如有受，所從不應受解，是名為意倒。

所以受不捨在意，念在色，不淨意計淨，聽可意念已快所見受往，是名為見倒。

彼所見已為相分別，應當為十二倒。何等為十二？在身有三，在痛有三，在意有三，在法有三。有四想倒，意倒亦有四，見倒亦有四；亦為在入因緣相會色，令為十二倒。身三、痛三、意三、法三合為十二倒。為如是六，為七十二倒。

從本得因緣，起隨因緣，多少無有量，不可數，在人無有數，無有數倒。

彼五陰為四身有，從所有色陰是屬身；從有痛陰是屬痛身；從有識陰是屬意身；從有想陰亦行陰，是屬法身。從有是五陰，令受四身因緣有。

彼身不淨計淨，是為身倒；彼痛苦計為樂，是為痛倒；彼意非常計為常，是為意倒；彼法不為身計為身，是為法倒。為欲正四倒故，佛為現四意止為說分別。

彼為身身相觀衎止，為不淨意念淨倒得解；彼為痛痛相觀為苦計為樂倒得解；彼為意意相觀非常計為常倒得解；彼為法法相觀非身計為身倒得解。

彼冥中冥如有不解是為癡相；令墮所倒處，欲得往是為愛相；令從是受色為身，故令欺奇，是為貪相；令墮不與取，所可不如意是為恚相；令墮殺處，為不解事，是為癡惑相；令受邪墮邪處，為作彼所行法不却受相是為；令墮有常想，不知身、軀、物為更相會相，令計樂想為墮身處，為不解所法相為有身想；令墮是為是我所處為墮，受色像相，令計是為淨想；令從是墮，不攝守根處，是為九品。為已分別，為一切不可衎非法伴已說。竟是，多聞者能解，不多聞者卒不解；是為慧人能解，不慧卒不解；是衎者能解，不隨行不解。（《大正藏》卷十五第175-176页）

【评说】以上经文解释种种“倒”，即各种错误的认知和行为的类型，根据个人情况不同，“倒”也有无数种，需要根据个人条件纠正。

【原文】有九絕處，令一切淨法部墮聚合。何等為九？一、止，二、觀，三、不貪，四、不恚，五、不癡，六、非常，七、為苦，八、非身，九、不淨，是為九。

彼止名為意止，在處能止、已止、正止、攝止、不失止、不志、心寂然，一一向念是名為止。

何等為觀？觀名為了陰、為了持、為了入、了名字、了從本生、了從本法已生、了苦、了習、了盡、了道衎、了從善衎從是法生，了增復增、了白黑，了是可隨、不可隨。如有分別，為挓、不挓、為下、復下、為念、復念、為思觀、為識、為慧、為眼、為謀、為滿、為解、為慧、為明、為欲、為光、為敢不離、為觀法、為覺意、為直見、為道種，是名為觀。

亦有若干二輩觀：一為淨觀，二為不淨觀，三為清淨觀，四為不清淨觀，五為黑觀，六為白觀，七為可行觀，八為不可衎觀，九為罪衎觀，十為殃福觀，十一為縛觀，十二為解脫觀，十三為有所益觀，十四為失無所益觀，十五為往觀，十六為還觀，十七為受罪觀，十八為除罪觀，是故名為觀。

亦為二因緣令有是說止，為一切天下人有二病。何等為二？一為癡，二為愛。是二病故，佛現二藥。何等為二？一為止，二為觀。若用二藥為愈二病，令自證。貪愛欲，不復貪念，意得解脫，癡已解，令從慧得解脫。

卷　下

【原文】彼愛欲藥為何等？為止。愛已解，意亦解，意已解，病便愈。

彼癡藥為何等？為觀。癡已却解，從慧解脫為病愈。

如是佛說，如是二法，當知一為字，二為色。二法當捨：一為癡，二為愛。

二法當自知：一為慧，二為解脫。二法可衎：一為止，二為觀。

彼止已行令識色，已識令愛得捨，愛已解意便得解脫，自證知。止已行滿足便得捨癡，已得捨癡便從慧得解脫，自證知。

若比丘已二法自知字亦色，已二法捨癡亦愛，如是齊是便無所著，應行畢。欲度世，是為尚有餘無為未度，已無為竟，命已竟畢，便為苦盡，令後無苦。

彼以有是陰，亦持亦入，已盡止寂然，從後無陰亦持亦入，無相連不復起，是為無餘。已得度世無為，畢是為二無為種。

彼不貪清淨本為何等？為三界中不得、不望、不求，是名為不貪清淨本。

是本為誰？為不貪身清淨、言清淨；亦餘相連清淨法意所念為本，是為不貪清淨本；亦有清淨本，佛說為八種行，是清淨本。彼為三清淨道種，是為不貪本。何等為三？一為、直方便治。二為、直念。三為、直定。是為三清淨道種本，是故名為不貪清淨本。

彼無恚不犯法本為何等？若忍所衔，未來為不出恚忍因緣，為不恚不恚不受殃，無恚無瞋亦不瞋，無怨亦不想怨，是為無恚不犯法本。是故名為無恚不犯法本。

亦有三清淨道種：一、無恚不犯法本為正語，二為正業，三為正致利。是為三清淨道種，是故名為無恚不犯法本。

彼不惑清淨本為何等？為從慧見四諦如有，如有應受清淨，不愚不惑，不隨惑亦不墮惑。慧明明相見，從清淨法，是為不惑清淨本。

是本為誰？為不惑清淨，所身衔、所言衔、所心衔，亦所相連清淨法，為意思惟相念所法本。

亦為從二清淨道種，為不惑本：一為直見，二為直衔。是為從二清淨道種本。是故名為不惑清淨本，是為三清淨、為八種道，已份在所隨應非常，為如是。

彼非常想為何等？一切所行是非常想，所想計知是為受，是為非常想。

亦從有世間八法。何等為八？有利無利、名聞不名聞、有論議無論議、若苦若樂。為意不墮不受，從若干思不受，止護觀，思惡得止，是名為非常想。

彼苦想為何等？為一切世間行，是為苦所想覺知受，是名為苦想。

從是要為何等？望苦想為已習、已增，所念已多，為貪已足，為不墮貪，為意不受不墮，相牽不墮、不念。若干意護觀為已，惡為得止，從是思望致是要。

彼非身想為何等？為一切法不計身不墮身，為想知想受，是名為非身想。

從是為何等？望致非身想已，為念思，為已增，令是是自計我，為是為意不受捨若干態，不受跓為觀，癡惡得止，是為從是要致。

彼惡不淨想為何等？為一切世間衔為不淨，所想自知受，是名為不淨想。

從是想為何等？望致不淨想已，為念為思為已增，令世間五樂意却捨意，不牽不受不復墮，若干念以得護，為行惡得跓，是為從是要致。彼為四思想念行，何以故？令知五陰，故佛說是分別，見彼不淨想衔，為令色陰從是解，彼苦想衔，令痛陰從是解，彼非身想衔，令思想陰亦衔陰從是解。

彼非常想衔，令識陰從是解。

彼從止衔，令愛從是解。

彼從觀衔，令癡從是解。

彼從不貪，為捨貪。

彼從不恚為捨恚。

彼從不惑為捨癡。

彼從非常想，令解有常。

彼從苦想，為解樂想。

彼從非身想，為解身想。

彼從不淨想，為解淨想。

彼從止攝意能得還，是為止想，令從是止禪。

彼從一切法寂然，能得解受，是為觀想，令止跓一切知。

從欲能得還想，是為不貪相，令還不與取止。

已後不復生癡，是為無有恚想，令從殺還得止。識事亦物是為不惑相，為令得止，止所世間、所行為、所法能受相，是為非常想。

令知從生，亦知從滅，識為是處。

為世間㣺，作世間更，所所識想是為苦，為所思想，是為痛種處。

一切所法不住想，是為非身想，是為思想。

是已見身屍已壞，青膖為受是相，是為不淨思想。

從是為悔却，令寂然止。是為九品處，已分別說。

見為一切無為部，說具足是為誰？知多聞、少聞不為慧者。不慧不為常意在經，為意相連生。為從不分別觀；令不得非常想，不受非常想；令從是墮五樂；令五樂覆蓋，從所應㣺失；令不解苦想；令墮五陰受入；令為意計是身。若干本非一本，不捨不觀，令不墮非身想，為意在顏色。

樂計是身為淨，不計是皮肌覆，令不墮不淨想，不住受、止。是想不信令無有想，不受喜。為從是四種已除，墮得無為種處。(《大正藏》卷十五第 176-177 页)

【评说】"九绝处"，是指九种能够令人获得解脱的要素，本段经文对其进行详细解说。绝，指的是断绝痛苦。它们分别是：止、观、不贪、不恚、不痴、非常、为苦、非身、不净。它们可分为三类，止观是修行形式，不贪不嗔不痴是精神品质，非常、苦、非身、不净是四种认知。

【原文】佛說信根，比丘欲見知，當求在四溝港種為清淨法，不捨方便相，令致清淨，從清淨發起令墮四意止。

佛說精進根，比丘欲見知，當在四意斷。過去所更，相念不忘，為從不忘發生墮四意止。

佛說念根，比丘欲見知，當觀在四意止。為一意想，是為定從不惑起，令墮四禪處。

佛說是比丘欲知定根，當知在四禪，從本校計為慧，如有能得持，從是發起令墮四諦。

佛說慧根，比丘欲見，當在四諦。為有四輪：好郡縣居輪、依慧人輪、自本正願輪、宿命有福輪。彼為道德共居相，是為好郡縣居，令得賢者依止處，以得道德依猗相，是為依慧人。從是為墮有正願處，以得正願相，是為身正願，令墮福處。從清淨行有所入相，是名為福，令致墮五樂處。(《大正藏》卷十五第 177 页)

【评说】"五根"与"三十七品"中的其他内容并非并列，它们是从不同角度归纳的修行原则，时有互相发明的情况。

【原文】彼為戒法十一本：一為色持戒無悔，二為已不悔令得喜意，三為已有喜令愛生，四為已意得愛為身得猗，五為已身得猗便得樂，六為已意得樂便得正止，七為已意得正止便知如有，八為已知如有便寂然，九為已寂然便得離，十為已得離便得解脫，十一為已得解脫便見慧。有慧便知生死已盡，道㣺已畢，所作㣺已竟，不復還受苦。

戒相為何等？至命盡持戒，令從是致無悔。身不增罪相為無悔，從是致喜令得喜處。可意相為喜，令致愛處。喜足相為處，令致有猗處。從㣺為是為得猗相，令致樂處。已無瘂為樂相，令從是致定處。意隨使不忘為定相，令致如有慧處不惑；如有相隨相，是為寂然處。若知非身是為寂然相，令從是致相別離處。不近會為相別離，為從是致解脫。已為非行法不受殃，是為解脫相，令致解脫慧見。

為有四道德地，何等為四？為四行者福。彼若如有知智，是為見地；為得道迹，是為得道福；彼如有如有知是為惡却離，是名為薄地，為有往來福；彼以惡却為不用，是名為相離地；彼已相離，是為不復還福，是名為欲竟地，無所著。

亦行者福是何義？為道弟子有八種道行，是名為行者。為是是福，是故名為行者福。何以故？為行清淨為名，是為清淨福，是為道德。有八種清淨道行，為是是福，是故名為清淨福。

彼為應得道迹，云何已諦相應道，弟子便斷三縛結？彼為三縛結為何等？一為知身非身，二為無疑，三為不貿易行戒。已斷是三縛結，道弟子便墮道迹，不復墮惡道、畢竟道七更天上，亦人間已更，所在往來便斷苦，從苦得解，是名為見地，為得道迹福。

彼何等為令意墮是身，亦知是身？癡為以不聞，為世間人不見覺者，亦不從聞者、受教戒聞者，亦為未分別。現正法為意念，是色為身。遍覩色為身，是色亦為身，色亦是我身，痛想行識，亦如上說。已如是得觀，便受五樂，令為受是身，為墮身，令意念我為是，我為以是著，相連不得自在，牽相隨如是有所忍，所可為意為可受，已受見隨行，是為邪見，墮受是身。

彼為見是五邪，令墮疑無有。何等為五？若為所色為見，是身比前，更、想、行、識亦爾，是為五邪見，令墮無有。後有餘十五，令墮常。如是見是身已斷，便六十二邪見已捨；令不墮常、非常。已非常、常為捨，便道弟子無倒邪見，但為度世。

直見為何等，令不墮邪見身？若道弟子為聞，為直見，見通經家，為已受度世無為；為已解度世法，不復見是色為身，遍睹色為身。是色亦為身色，色亦是我身，痛想行識已不見，如是便解三結使。何等為三？一為不見是身，二為不恚，三為不疑。

已如是，道弟子為無疑，在佛亦無疑，為信為喜為佛，如是如來、無所著、正覺，慧行已足為樂，為世間已解，無有過，是法馭法隨為師，為教天上天下，為佛最上。是得信不疑，為隨是法行，為在法無結無疑、為信為喜。

佛說是法，現可學可致，現自更見，已解為慧。為是所貪飢渴相近已斷，隨已斷，空無所應得。愛已壞、已離已盡，為無為。以是第二。

無結、無疑，得法隨法行，為同學聚、為無結無疑，已有受有喜。如是受得道弟子，為學聚，正受行為如應受。戒已立，定已定，慧已得解脫，已成解脫慧，已現已致，是為佛弟子行者。

聚為四人，從行四雙，名為八人道行。為世間所重所尊，為無所比，可祠可事可恭，為福地無過，是天亦人所事，是為第三。

已為無疑法，隨法行一切行為苦。已無疑結，已受已喜，從愛為習，苦亦從愛習。已無疑結、已受已解，已喜已愛盡，是為苦盡；便無疑無結，已得是受，便得喜已愛盡，是為苦盡。無疑結，已解受便得喜，為八種道行。

從是受行令苦盡，便不疑，不疑不復結，墮解得喜。

若本有疑不解，在佛不解，在法不解，在行者聚；若本有疑，在苦在習、在盡在道，行所惑所不解，隨志所疑惑。是如是云何是瘡？為是已解本已斷，樹不復住，已散不復現，從來本法不復生。

彼持行戒轉摸貿為二輩：一為渴愛墮，二為不解避。持行戒轉模貿，為意向從是行戒攝守，從是當為得天亦天比，當為天上，彼字為甲，玉女當為是俱相樂共居。如是望，如是可，如是思，結相見意向，是為渴愛。

雖持行戒，為墮摸貿，彼為不解持行戒。轉摸貿為何等？戒行者為轉貿。戒轉貿為何等？為意生從戒得淨，從戒得解脫，從戒得要，為從苦樂得度，或意生從願得度，是為不解持行戒轉摸貿。

何因緣為不解轉摸貿？意生從被服，亦從願得度世，從苦樂得却離，為從是二業被服，亦願為摸。何等為摸？為是二戒被服願，意計從是得解脱，從是得要，從是得過苦樂，從是苦樂為得無為。從是不正計法，不從是解脱，意計從是解脱，不正計為是正，隨是行如是有，忍可意望結見，是從是為解，是為不解持戒轉摸貿，是為二結。

得道弟子已捨，為無有本已斷。樹已拔不復現，從後不復生，是法便為已淨。戒如得道戒，隨�不為破、不為穿、不為失、不為悔。但有增如，慧者可，無有能奪，為得從是致定，是為三縛結。

道弟子為已斷，已墮道迹，不復墮惡法，必度世，在七往來天上亦人中；往來期畢，便得出苦要。(《大正藏》卷十五第 177-179 页)

【评说】持戒被佛教修行视为基础。佛教认为持戒可以令修习者较容易保持“无悔”的精神状态，由此可以逐渐进入“喜”“爱”“猗”“乐”，达到“正止”“知如有”“寂然”的状态，从而“离”苦得“解脱”，拥有“智慧”，获得佛教修行的最高成就。其中“爱”等所指的是禅修过程中的精神状态，并非世俗之“爱”。

【原文】有四相應，何謂四相應？一為已解相應，二為已斷捨相應，三為自證相應，四為增滿相應。彼道德弟子，從苦為已解相應；從習為已斷捨相應；從盡為自證相應；從道為增滿相應。彼為止觀俱隨行，一處一時一意。

本來有是有意，令為作四事。何等為四？一為苦，從苦已解為苦相應。二為習，從習已斷捨為習相應。三為盡，從盡自證為盡相應。四為道，從道增滿令道相應。何以故從苦已解相應？何以故從習已斷捨相應？何以故從盡已自證相應？何以故從道已增滿相應？為有譬喻。如水中沫行上至竟，為有四衎。從是岸邊，致度岸邊，度就，斷脈。是亦如是，止觀雙俱行，一處一時一意，上要至竟，為成四事。譬如日出，上至竟，為現作四事：致明、壞冥、現色、現竟。譬如船渡，捨是岸邊、致渡岸邊、致物、斷脈。止觀亦如是，雙發行，為一處一時一意，上要至竟，為作四事：為解苦如應相燭，為斷習如應相應，為盡自證如應解相應，為衎道要如應相應。何以故？為苦從更解相應；習從斷解相應；盡從苦證解相應；道衎要解相應。止觀亦如是，雙相連行，一處一時一意，止要至竟，為衎竟四事：為苦更，為習斷，為盡自證，為衎道滿。

譬如然燈燭，上至竟為作四事：為作明、為去冥、為現色、為却疑。止觀亦如是，為作四事：為識苦、為斷集、為盡自證、為衎道滿。譬如然燈上至竟，為有四義：為現明、為去冥、為現色、為盡膏炷。止觀亦如是，雙隨行，一處一時一意止至竟，為作四事：為識苦苦相應，為斷習習相應，為盡自證盡相應，為衎道滿道相應。

何以故為識苦苦相應？何以故為斷習習相應？何以故為盡自證盡相應？何以故為衎道滿道相應？為從誰應？為從止觀。

何等為應？應云何持？意繫觀。已意繫觀，便見五陰苦，彼所意繫是為止，已見五陰為苦是為觀。

彼所為五陰相近，可發往欲著，願得相往不捨習所，是已斷已盡。止觀道亦如是，令是道德四諦，一處一時一意上至竟，為令四諦相應。

如是道，道德弟子為是法相法，已應是名為見地；已得道脈，至道迹跓，為復止觀，令是欲恚使縛為復除。得道弟子為往來受，以是衎足，已從往來便壞苦本，是為薄地；便已竟往來福

已來得在德止;復增止觀,令餘愛欲恚所使為畢捨,欲恚未畢捨,使結令畢已畢,為得道弟子,便解下五結已畢。

何等為五?一為見身是非,二為解疑,三為不惑不貿戒,四為不望,五為不恚,是為五結。已畢,便得道弟子,不復還世間,彼度世不復還是世間,是名為却地,是為不還福。已致得止不還福,復增翅止觀,令為解捨上五結。

何等為五?一為色欲,二為不色欲,三為癡,四為憍慢,五為不解。已上五�足,為已捨五結,便無所著,已度世無有漏,已竟從正得解脫,是為畢地。無所著尚有妙無為,為捨畢已,世間命根盡,亦世間苦盡,不復生苦。彼以為是陰持入已盡寂然,不有陰持入,不相連不復發,是名為已畢無為。為已說諦相應、亦說份相應、亦說地、亦說福說斷,說罪說離、說二無為,為一切如是說。佛已更度世畢,若人欲度世,當衍是彼。

何等為九次第思惟正定?為四禪,亦無色正四定,亦已盡畢定,為九次第正定。

彼第一禪已捨五種,隨正五種。已捨五種為何等?為五蓋:一、愛欲,二、瞋恚,三、睡眠,四、不了悔,五、為疑。是為五種。上禪已捨。

彼愛欲蓋為何等?愛欲名為所為,五樂愛著,發往可求,隨願發不捨使發起,是名為愛欲蓋。

彼瞋恚蓋為何等?為若人為發行挓,[illegible]恚相恚非法本所使所從起,是名為瞋恚蓋。

彼睡瞑蓋為何等?睡為身跓、為意跓,為身止、為意止,為身癡、為意癡,為身重、為意重,為身不便、為意不便,為身不使、為意不使,是為睡。瞑為何等?為意相,從令瞑動相動,令不作事,是為瞑。上頭為睡,後為瞑,是共名為睡瞑蓋。

彼不了悔蓋為何等?為身不止。悔為何等?為所念可不可不得悔。是上頭為不了,後為悔,是共名為不了悔蓋。

彼疑蓋為何等?若不信佛、不信法、不信衍者聚,不解苦、習、盡、道比,結使亦從發,是名為疑蓋。

亦有五疑:有縣聚疑、有發教疑、有道分別疑、有欲衍定疑、有得道福疑。如是是為說定疑,是為五蓋。

蓋說為何等?蓋為却對,為却一切清淨法。却云何?愛欲為却清淨,瞋恚為却等意,睡為却止,瞑為却精進,五樂為却衍亦止,結為却不悔,疑為却慧,不知本從起,為却解明。(《大正藏》卷十五第179-180页)

【评说】习定修慧的各阶段在精神状态上都会有所反映,可资参考。其中符合正确修行的经验,即此处种种“相应”;“五下结”“五上结”“五盖”等,则描述应去除的负面因素。

佛说禅行三十七品经

后汉安息国三藏安世高译

【提要】佛陀在舍卫国祇树给孤独园赞叹修行三十七品。他告诉弟子,能够偶尔修习就会获得很大的益处,更何况长时间持续修习。由此鼓励弟子精进修行。

【原文】聞如是,一時佛遊於舍衛國祇樹給孤獨園。佛言:“諸比丘!若能彈指間,惟行自身身止觀，外身身止觀，內外身身止觀，分別念解世間癡惱，是為精進，為如佛教，非是愚癡食人施，何況能多行者，撮取其要；若彈指間，止觀痛，若止觀意及止觀法，內外分別念，解世間癡惱，皆如上說，何況多行者；是故可念行四意止。”

佛言：“諸比丘！若彈指間，惟行未生惡法不令生，勸意治行，精進攝意，是為精進行禪，為如佛教，不是愚癡食人施，何況多行者，攝取其要；若彈指間，惟行已生惡法即得斷，若惟行未生善法便發生，及已生善法立不忘，增行得滿，勸意治行，精進攝意，皆如上說，何況多行者；是故可念行四意斷。”

佛言：“諸比丘！若彈指間，惟行欲定斷生死，惟神足，是為最精進行禪，為如佛教，不是愚癡食人施，何況多行者，攝取其要；若彈指間，惟行精進定，若惟行意定及戒定斷生死，惟神足，皆如上說，何況多行者；是故可念行四神足。”

佛言：“諸比丘！若彈指間，惟行信根，以見四喜之事，不離佛亦法與眾及戒，是為精進行禪，為如佛教，不是愚癡食人施，何況多行者，撮取其要；若彈指間，惟行精進根，以見四意斷；若惟行念根，以見四意止；若惟行定根，以見四禪；若惟行慧根，以見四諦，皆如上說，何況多行者；是故可念行五根。”

佛言：“諸比丘！若彈指間，惟行信力，從得四喜之事，令無能壞，是為精進行禪，為如佛教，非是愚癡食人施，何況多行者；若彈指間，惟行精進力，若念力，若定力，若慧力，皆如上說，何況多行者；是故可念行五力。”

佛言諸比丘：“若彈指間，惟行念覺意，以念所當念，以愛念，以正念，為善法念，得志不忘，是為精進行禪，為如佛教，不是愚癡食人施，何況多行者，撮取其要；若彈指間，惟行法解覺意，其意經經分別解、隨順解；若惟行精進覺意，其身精進，意亦精進；若惟行愛覺意，知所當愛，令意得喜；若惟行止覺意，令身休止，意亦休止；若惟行定覺意，令意住念亦住，志不亂，不邪念；若惟行護覺意，為護行知所念，知安身，令見道護惡念，安隱行事，事皆如上說，何況多行者；是故可念行七覺意。”

佛言：“諸比丘！若彈指間，惟行正見，以知古知始知終，知內知外，知苦知習知盡知道，知佛知法知比丘眾，知學行事如六合，所習所取，歡喜變失，及其歸趣，知不貪之德，是為正見，為精進行禪，為如佛教，不是愚癡食人施，何況多行者，撮取其要；若彈指間，惟行正思，為思出家、思不諍、思不殺；若惟行正語、不妄語、不兩舌、不惡口、不形笑；若惟行正命，不以貪生活，不恚生活，不以癡生活；若惟行正業，不殺、不盜竊、不邪婬；若惟行正治，以修治四意斷之事；若惟行正念，以受行四意止，亦惟行正定，以思念四禪事，事皆同如上說，其彈指間功德如是，何況多行者；是故可念行八正道。”佛說是已，皆歡喜受。（《大正藏》卷十五第180-181页）

【小结】“三十七品”内容如经中所述，它们互相含摄，归纳了早期佛教对修行者各个方面的要求和指导，是佛教修行的纲领。

禅行法想经

后汉安息国三藏安世高译

【提要】本经记述释迦牟尼称赞思惟死亡的修行方法，指出其重要性。

【原文】聞如是：

一時，佛遊於舍衛祇樹給孤獨園。佛告："諸比丘！"比丘受教，從佛而聽。

佛言："諸比丘！若以彈指間，思惟死想，念有身皆死，是為精進行禪，為如佛教，不是愚癡食國人施也，何況多行者！取要言之，若念不淨想、穢食想、一切世間無有樂想、無常想、無常為苦想、苦為非身想、非身為空想、棄離想、却婬想、滅盡想、無我想；身死為蟲食想、血流想、膖脹想、青腐想、糜爛腥臭想、髮落肉盡想、一切縛解想、骨節分散想、骨變赤白枯黑亦如鳩色想、骨糜為灰想、世間無所歸想、世間無牢固想、世間為別離想、世間闇冥想、世間難忍想、世為費耗不中用想、世為災變可患厭想、一切世間歸泥洹想。

諸比丘，若以彈指間念此諸想之事，皆為精進行，為奉佛教，不是愚癡食人施也，何況能多行！是故可念行法想。"

佛說是已，皆歡喜受。(《大正藏》卷十五第181页)

【小结】本经总括佛陀所说思惟死亡的方法，包括无常观与不净观。经文中详细列举的种种想都是两种观的不同阶段。通过经常思考自身的无常可以引起修行者的紧迫感，促人精进；通过不净观的修习可以暂时克制欲望，并获得初步的定力，与无常观相配合可以令人持续不懈地努力修行。

修行道地经

西晋三藏竺法护译

【提要】本经虽以经命名，实则为论，全经共分三十品，分别为：集散品、五阴本品、五阴相品、分别五阴品、五阴成败品、慈品、除恐怖品、分别行相品、劝意品、离颠倒品、晓了食品、伏胜诸根品、忍辱品、弃加恶品、天眼见终始品、天耳品、念往世品、知人心念品、地狱品、劝悦品、行空品、神足品、数息品、观品、学地品、无学地品、无学品、修行品、缘觉品、菩萨品。从各品题目即知其论述内容囊括从观察五蕴至修行得果的佛教修行过程。

从集散品至弃加恶品，主要解释佛教修行的宗教目的和应掌握的知识；天眼见终始品至神足品介绍修行所得神通；数息品至无学品介绍修行方法及所得成就；最后三品则分析三种佛教修行者的特性。《阅藏知津》认为，修行、缘觉、菩萨三品中已显示出《法华经》的思想。每一品的内容都分正文和偈颂两部分，偈颂内容是对正文的概括，以便于记忆。

卷　第　一

集散品第一

【原文】何謂無行？何謂為行？云何修行？云何修行道？其無行者，謂念淫怒欲害親屬，諸天國土弊友毀戒，習惡麁言聽于不善，不好學問自輕自慢，興有著想起邪計常，貪樂有身所居之處，習近女色放逸懈怠，而著情欲不離怒癡，多緣眾求人捨遠避，縱恣自是放心睡疑，失于精進常懷恐怖，根門不定追逐眾事，多於言語無有節度，思樂長路反論邪說，樂說戾事順逐非法，遠于道義是謂無行；此於無為而不可行。於是頌曰：

“瞋恚貪欲念害命　常有樂身不淨想
邪智反順若干瑕　佛說是輩不可行”

何謂可行？不起瞋恚不念加害，親近善友奉戒清淨，言輒以道受教學問，不自輕慢念計無常，苦空非身處於可居，不習女色除其放逸，當志精進滅於塵勞，少食知節救攝身行，宿夜覺悟斂心不忘，無有狐疑不懷恐怖，寂定根門無有眾緣，所說輒正平等解脫，樂于閑居所觀如諦，所未獲法當以懷來，諸可逮法堅持不忘，歡心採取法化之要，於諸衣食而知止足，志存經道而無厭極，習計非常，不樂世間穢食諸想也。無為之道所為寂然，如是輩法近於無為，是謂可行。行在何許？謂之泥洹。於是頌曰：

“戒淨志樂無我想　唯聽經義隨善友
所見審諦如教行　佛說此則無為道
諸可所趣眾法念　定若干意無苦厭
是為講說德所聚　攝定諸根是謂行”

何謂修行？云何為行？謂能順行，修習遵奉，是為修行；其修及習，是謂為行。

何謂修行道？專精寂道是為修行道。其彼修行而有三品：一曰凡夫，二曰學向道，三無所學也。所謂凡夫修行，新學舊學未成，為此輩說修行道經；其不學者，以為通達，何所復論。彼所以謂，修行道地經寂然而觀。云何寂觀？趣於沙門四德之果。云何四德？謂為有餘泥洹之界。云何有餘？謂其當至無為之界。云何當至無為之界？謂眾苦本一切除盡。是故行者欲捨一切劇苦之惱，常當專精不興異行，不傷教禁修建寂觀；假使行者毀戒傷教，不至寂觀，唐捐功夫。譬如有人鑽木求火，數數休息而不專一，終不致之，既不獲火唐勞其功；其懈怠心欲求無為，譬猶亦然。於是頌曰：

“常得寂然行於定　當捨憍慢及輕戲
以奉修行莫毀失　譬如冥夜開目行
如是行者見所趣　智慧若斯精進前
奉于正化未曾懈　乃致靜漠無為道
徹靚眾玄微妙事　觀採大德所說教
此經洪訓名寂觀　吾鈔眾經以演說”（《大正藏》卷十五第 182 页）

【评说】本品围绕“何谓无行？何谓为行？云何修行？云何修行道？”这四个问题展开，论述佛教价值观，从对无行（不可行）与为行（可行）的分类解释了佛教对各种人类行为的判断标准，提出佛教自身的见解，并将行的概念与宗教目标结合，设定修行道的终极目标即可行的终点是“众苦本一切除尽”。

修行道地经五阴本品第二

【原文】修行道者，當復觀身五陰之本。色、痛、想、行、識，是謂五陰也。譬如有城若干家居，東西南北合乃為城。色亦如是，亦不一色為色陰也；痛、想、行、識亦復如此。非但一識名為識陰，彼有十人，或色觀法，是為色陰也。八百痛樂名之痛陰，想、行、識陰各有八百，乃名為陰。解五陰本亦當如斯。於是頌曰：

“色痛想行識　五陰之所起
譬如有大城　若干家名色

非一色為色　凡有十色人
痛樂有八百　想行識亦爾
慧人解此法　若干乃名陰
分別知非一　行者之所念”

修行道地经五阴相品第三

【原文】其修行者當解五陰相。云何各知五陰之相？有光明為色，有像相亦復為色，手所獲持亦名為色，若示他人亦復是色也。習樂為痛，不樂、不苦亦復是痛，是為痛想也。識相為想，若男、若女及餘眾物，是曰思想。有所造作名之為行，若作善行、若作惡行，亦不善惡，是謂為行。曉想為識，善、不善、亦非有善亦非不善，曉是為識。如是各了五陰之相。於是頌曰：

“色者不安多瑕穢　佛說經教實如應
如其所言隨順行　分別五陰若干相”

修行道地经分别五阴品第四

【原文】其修行者當分別了五陰行本。何謂曉了五陰之本？譬如四衢墮貫真珠，有人見之，意中欣然欲往斂取。其人目見真珠之貫謂應色陰，愛樂可意是謂痛陰，初始見之識是貫珠名為想陰，其人生意欲取貫珠是為行陰，分別貫珠是為識陰，如是五陰。如是五陰，如一貫珠一時俱行，造若干行，若從心出，如一貫珠同時俱興，退從五陰。一切諸人亦復如是，目所見色五陰皆從，如是耳聲、鼻香、舌味、身更、心法，心中四陰為無色陰。如是為別五陰之本。於是頌曰：

“無極之德分別說　如其所講經中義
貪欲者迷不受教　吾今順法承其講”（《大正藏》卷十五第183页）

【评说】佛教将人的生命现象归纳为“色、痛、想、行、识”五个范畴。用五阴（蕴）本品与五阴（蕴）相品介绍佛教的“五蕴”概念，并以譬喻说明这五个范畴的相互关系。

修行道地经五阴成败品第五

【原文】修行道者當知五陰成敗之變。何謂當知五陰成敗？譬若如人命欲終時，逼壽盡故，其人身中四百四病前後稍至，便值多夢而覩瑞怪，而懷驚恐；夢見蜜蜂、烏鵲、鵰鷲住其頂上，覩眾住堂在上娛樂，身所著衣青、黃、白、黑，騎亂駝馬而復嗚呼；夢枕大狗，又枕獼猴，在土上臥；夢與死人、屠魁、除溷者共一器食，同乘遊觀；或以麻油及脂醍醐自澆其身，又服食之，數數如是；見蛇纏身，倒掣入水；或自覩身歡喜踊躍，拍髀戲笑；或自覩之華飾墮灰，以灰坌身復取食之；或見蟻子，身越其上；或見嚼鹽，狗犬、獼猴，所見追逐各還嚙之；或見娶婦，又祠家神，見屋崩壞，諸神寺破；夢見耕犁，犁墮鬚髮；或時牙齒而自墮地，又著伍白衣；或見己身倮跣而行，麻油塗身，宛轉土中；夢服皮草弊壞之衣；夢見他人乘朽敗車，到其門戶欲迎之去；或見眾花甲煎諸香，親屬取之以嚴其身，先祖為現顏色青黑，呼前捉挫，數作此夢；遊丘塚間拾取華瓔，及見赤蓮華落在頸，墮大河中為水所漂；夢倒墮水五湖九江，不得其底；或見其身入諸叢林，無有華果，而為荊棘鉤壞軀體，以諸瓦石鎮其身上；或見枯樹都無枝葉，夢緣其上而獨戲樂，在於廟壇而自搏舞；或見叢樹，獨樂其中欣欣大笑，折取枯枝束負持行；或入冥室，不知戶出；又上山嶽巖穴之中，不知出處；復見山崩，鎮己身上，悲哭號呼；或見群象忽然來至，躡蹈其身；夢見土塵坌其身首，或著弊衣行於曠野；夢見乘虎而暴奔走，或乘驢狗而南遊行；入於塚間收炭爪髮，自見其身戴於枯華，引入大山，閻王見問。於是頌曰：

“處世多安樂　命對至乃怖
為疾所中傷　逼困不自在
心熱憂惱至　見夢懷恐懼
猶惡人見逐　憂畏亦如是”

其人心覺已，心懷恐怖身體戰慄，計命欲盡，審爾不疑：“今吾所夢自昔未有。”以意懅故，衣毛為竪，病遂困篤震動不安，譬如猛象、群眾普至踏蹈芭蕉，病轉著床其譬如是；窮迫無計便求歸醫，昆弟、族親見困如此，遣人呼醫，所可遣人；體多垢穢，衣被弊壞，或手爪長戴裂繖蓋，其足履決木跂屣破，乘朽壞車，顏色正黑兩眼復青，而數以手摩拉鬚髮；所可駕牛，或青或黑，又有正白。急急呼醫捉來上車。於是頌曰：

“人行遊觀時　唯樂無益事
放恣於所欲　未曾念於醫
體適有疾病　困篤著床席
然後乃請醫　欲令療其疾”（《大正藏》卷十五第 184 页）

【评说】“心怀恐怖身体战栗，计命欲尽，审尔不疑‘今吾所梦自昔未有。’以意懅故，衣毛為竖”，记载了人恶梦后惊恐过度的身心反应。

【原文】於時其醫以意察之，病者必死。所以者何？見此怪應，視來呼人服色、語言、持壞繖蓋、鬚爪毛亂，又其日惡，若四日、六日、十二日、十四日，以此日來者皆為不祥，醫即不喜，以觝星宿，失於良時，神仙先聖所禁之日。醫心念言：“雖值此怪星宿吉凶，或可治療。所以者何？雖有病者方便消息，本命未盡想當除愈，若對至者不能令差。以是言之，不必在善日星宿吉凶，是故慧人，不從曆日而求良時。神仙常言：‘當求方便。’或風寒病，命未盡者，儻有橫死，是者可治。設命應盡，無如之何；雖爾，往而治之，猶勝不行。”醫念此已，即起欲去。於是頌曰：

“譬如有二人　俱發行入海
或有到彼岸　或而中斷絕
墮于疾病海　其譬亦如是
儻時從病差　而有更死者”

於是其醫，已到病家，則有惡怪，便聞殉聲，亡失、焚燒、破壞、斷截、剝撥、掣出、恐殺、曳去、發行、拘閉，當以占之，不可復療，以為死已。南方狐鳴，或聞烏梟聲，或見小兒以土相坌，而復裸立相挽頭髮，破甖瓶盆及諸器物；見此變已，前省病人，困劣著床。於是頌曰：

“醫則占視病者相　驚怖惶惶而不安
或坐或起復著床　煩懣熱極如燒皮”

醫覩如是，便心念言：“如吾觀歷諸經本末，是則死應：面色惶懅，眼睫為亂，身體萎黃，口中涎出，目冥昧昧，鼻孔騫黃，顏彩失色，不聞聲香，脣斷舌乾，其貌如地，百脈正青，毛髮皆竪，捉髮搯鼻，都無所覺，喘息不均，或遲或疾。”於是頌曰：

“面色則為變　毛髮而正竪

直視如所思　舌強怪已現
病人有是應　餘命少少耳
疾火之所圍　如焚燒草木”

復有異經，說人終時，諸怪之變：設有洗沐，若復不浴；設燒好香、木櫁、栴檀、根香、花香，此諸雜香，其香實好，病者聞之，如燒死人骨、髮、毛、爪、皮膚、脂、髓、糞除之臭也，又如梟、鷲、狐狸、狗、鼠、蛇、虺之臭也。病者聲變，言如破瓦，狀如咽塞，其音或如鶴、鴈、孔雀、牛、馬、虎、狼、雷、鼓之聲；其人志性，變改不常，或現端政，其身柔軟，或復麁堅，身體數變，或輕、或重而失所願。此諸變怪，命應盡者，各值數事，不悉具有。於是頌曰：

“覩見若干變　眾惱趣逼身
志懷於恐怖　遭厄為若斯
人性敗如此　身變不一種
猶如竹葦實　自生自然壞”(《大正藏》卷十五第 184 页)

【评说】此段经文指出，人将死时会出现反常现象：不愿意沐浴，觉得名贵香料焚烧时发出的馨香恶臭无比，发出的声音也变了，像破瓦声，性格也与以往迥异。

【原文】今我所學，如所聞知，人臨死時，所現變怪：口不知味，耳不聞音，筋脈縮急，喘息不定；體痛呻吟，血氣微細，身轉羸瘦，其筋現麁；或身卒肥，血脈隆起，頰車垂下，其頭戰掉，視之可憎，舉動舒緩；其眼童子，甚黑於常，眼目不視，便利不通，諸節欲解，諸根不定；眼口中盡青，氣結連喘。諸所怪變，各現如此。於是頌曰：

“其病惱無數　血脈精氣竭
如水囓樹根　當愍如拔栽”(《大正藏》卷十五第 184 页)

【评说】此段经文指出，人将死出现的生理变化：食不知味、听力下降、筋脉拘紧、呼吸急迫、浑身疼痛、身体消瘦、面部肌肉松弛、头颅颤动、动作缓慢、视力下降、瞳仁特别黑、大小便不畅等。

【原文】於時醫心念言：“有如此病，必死不疑。”古昔良醫，造結經文，名曰：於彼除恐、長耳灰掌、養言長育、急教多髯、天又長蓋、大首退轉、燋悴大白、最尊路面、調牛、岐伯、醫徊、扁鵲，如是等輩，悉療身病。於是頌曰：

“於彼之等類　尊法梵志仙
正救所有果　及餘王良醫
此為主成敗　博知能度厄
愍以經救命　猶如梵造法”

復有其醫，主治耳目，名曰：眼眴動搖、和闘鈴鳴、月氏英子、箧藏善覺、調牛目金、秃梟力氏、雷鳴，是上醫名，主治耳目。於是頌曰：

“眼眴醫之等　造合藥分明
除疾之瑕冥　如日滅諸冥”(《大正藏》卷十五第 184-185 页)

【评说】佛陀时代已有专治耳目疾病的医师。

【原文】復有瘡醫，治療諸瘡，名曰：法財稚弟、端政辭約、黃金言談，是為瘡醫等。於是頌曰：

“其有能療治　百種之瘡痍
能除眾厄疾　如以脚平地
法財所以出　於世造經書
正為治瘡病　令眾離患難”(《大正藏》卷十五第 185 页)

【评说】佛陀时代已有专治疮病的医师。

【原文】復有小兒醫，其名曰：尊迦葉耆域、奉慢速疾，是等皆治小兒之病。於是頌曰：

“譬如有蒼頭　捐務除貢高
故生於世俗　愍傷治小兒
此尊迦葉等　行仁以正法
哀念童幼故　則作於醫經”(《大正藏》卷十五第 185 页)

【评说】佛陀时代已有专治小儿疾病的医师。

【原文】復有鬼神醫，名曰：戴華、不事火，是等辟除鬼神來嬈人者。於是頌曰：

“諸宿轉周行　人生猶亦然
主有所恐怖　而多有危害
造立是經者　悉為解其患
如佛以正法　除愚令見明”

正使合會此上諸醫，及幻蠱道并巫呪說，不能使差，令不終亡。於是頌曰：

“造作罪塵勞　勤苦懷眾惱
病痛亂其志　名垢命日促
為病所漂沒　死證見便怖
天帝諸神等　不救安況吾”(《大正藏》卷十五第 185 页)

【评说】佛陀时代巫医使用咒说治病。

【原文】醫心念言：“曼命未斷，當避退矣!”便語眾人：“今此病者，設有所索飯食美味，恣意與之，勿得逆也！吾有急事而相捨去，事了當還。”故興此緣，便捨退去。於是頌曰：

“命欲向斷時　得病甚困極
與塵勞俱合　罪至不自覺
怪變自然起　得對陰熱極
正使執金剛　不能濟其命”

是時病家大小男女，聞醫所說，便棄湯藥及諸呪術，家室、眷屬、宗黨、比隣、親厚、知識，悉來聚會，圍遶病者，悲哀啼哭，觀念病困。譬如屠家群中捕猪，牽欲殺之，餘猪悉聚驚怖，側耳聽聲，惶懅愕視；譬如猛虎群中搏牛，餘牛見之，驚怖而走，或入山巖，或投深谷，又入樹間，跳騰哮吼；譬如魚師持網捕魚，餘魚見之，怖散沈竄石岸草底；又如蒼鷹臨其眾鳥，有所𪉫取，餘鳥見之各散飛去。其人如是，無常對至，其身壞散，家室、親屬念當別離，悲哀若斯。命臨欲斷，閻王使者自然來至，其到見縛鐵箭所射，上生死船罪所牽引，即欲發去。家室繞之，放髮悲慟，塵坌其面目，哀泣歎息，涕淚流面，皆言：“痛哉！奈何相捨?”椎胸欝悒，稱歎病者若

干德行，心懷懊惱。於是頌曰：

“人其疾苦困　身冷消離熱
室家悉聚會　舉聲而悲哀
造業更苦樂　如蜂採華味
心遂受憂感　并惱一宗門”

其人疾病如是身中刀風起，令病者骨節解。有風名科，斷諸節解；有風名震，令筋脈緩；有風名破骨，消病人髓；有風名減，變其面色，眼、耳、鼻、口、咽喉皆青，出入諸孔斷絕破壞，剫剝其身；復有一風名曰止脇，令其身內及膝、肩、脇、背、脊、腹、齊、大小之腸、肝、肺、心、脾并餘諸藏，皆令斷絕；有風名旋，令其肪血及大小便、生藏熟藏，所食不通，寒熱悉乾；有風名節間，令諸支節，或縮或伸，而舉手足欲捉虛空，坐起煩憒，有時笑戲，又復大息，其聲懇惻，節節以斷，筋脈則緩，髓腦為消，目不見色，耳不聞聲，鼻不別香，口不知味，身冷氣絕，無所復識，心下尚煖，魂神續在，挺直如木，不能動搖。於是頌曰：

“其刀風起時　身動多不安
眾緣普皆至　悉不自覺知
身遭若干惱　命乃為窮盡
譬如弓弩弦　緩急不可用”（《大正藏》卷十五第185页）

【评说】佛陀时代认为，风是影响健康的重要原因，风病具体分为：科，令人关节解离；震，令人筋脉松弛；破骨，令人骨髓空虚；减，令人面色、眼、耳、鼻、口、咽发青；止胁，损伤膝、肩、内脏；旋，令人大小便不通；节间，令人神智异常。

【原文】爾時彼人其心周匝所有四大，皆為衰落，微命雖在如燈欲滅。此人心中有身意根，其生存時所為善惡，即心念本殃福吉凶，今世、後世所可作為，心悉自知，奉行善者面色和解，其行惡者顏貌不悅。其人心喜，面色則好，當知所歸，必至善道；其面色惡，心念不善，則趣惡道。如有老人而照淨鏡，皆自見形，頭白、面皺、齒落、瘖痍、塵垢、黑醜、皮緩、脊僂、年老戰疢；設見如是，還自羞鄙，閉目放鏡；吾已去少！衰老將至，心懷愁憂，已離安隱，至於窮極。素行惡者，臨壽終時，所見惡變，愁慘恐怖，深自剋責：“吾歸惡道，定無有疑。”亦如老人照鏡，見身知為衰至。於是頌曰：

“金寶等所作　巧拙成不同
設有行惡者　沈沒於深淵
已沒雖更生　顧視無所依
如為水所漂　臨死亦若斯”

其有行善，為有三輩，攝身、口、意，淨修眾德，以法為財，臨壽終時，心懷喜踊：“吾定上天。”譬如賈客遠行治生，得度厄道多獲財利，還歸到家心悅無量；又如田家犁不失時，風雨復節多收五穀，藏著篅中意甚歡喜；如困病得愈得畢償債，中心踊躍亦復如是。猶蜂採花以用作蜜，積德亦爾，其意大悅：“我定上天！”於是頌曰：

“其有學正士　積累行真法
以度於眾患　自致得明道
譬如閑居者　高山望其下
彼人命盡時　見善道若斯”

爾時其人命已盡者，身根識滅，便受中止；譬若如稱，隨其輕重或上或下，善惡如是。神離人身住於中止，五陰悉具無所乏少。死時五陰不到中止，中止五陰亦不離本也；譬以印章以用印泥，印不著泥亦不離之；如種五穀苗生莖實，非是本種亦不離本；如是人死精神魂魄，不齊五陰亦不離本也。隨本所種各得果報，其作德者住善中止，履行惡者在罪中止，唯有道眼乃見之耳。

處於中止而有三食：一曰觸軟，二曰心食，三曰意識。在中止者，或住一日極久七日，至父母會隨其本行，或趣三塗、人間、天上。行惡多者，在中止中，見大火起，圍遶其身，猶如野火焚燒草木，塵雨其形，見烏、鵰、鷲、惡人之類，爪齒皆長面目醜陋，衣服弊壞頭上火然，各執兵仗為所撾棒，矛刺刀斫心懷恐懼；欲求救護遙見叢樹，走往趣之，爾時即失，中止五陰。入刀劍樹泥犁之中，墮地獄者，神見若此。於是頌曰：

“迷惑如醉象　違失聖法教
染濁如潦水　心憒亂若斯
常捐於正道　放心入邪徑
此人遭眾苦　命終墮地獄”

行小惡者，見火煙塵繞滿其身，及為師子、虎、狼、蛇虺、群象所逐，又見故渠、泉源、深水、崩山、大澗，心懷怖懅，赴趣其中，爾時即失，中止五陰。墮畜生處，見是變者，知受獸身。於是頌曰：

“習癡捨慧便　或醉墮冥道
惡口常麁言　喜行撾捶人
又為犯罪殃　樂為不善事
如是無慈者　生於畜獸中”

罪若微者，周匝四面有熱風起，身體欝蒸自然飢渴，遙見人來皆持刀杖、矛戟、弓箭而圍遶之，望見大城意欲入中；適發此心，即失中止所受五陰。生於薜荔，其見如是變，當知墮餓鬼中。於是頌曰：

“剛弊喜譖人　遠戒不順法
犯禁穢濁事　貪饕而獨食
墮於膿血處　飢餓煩惱極
當知此輩人　定入為餓鬼”

清修德善，涼風四來其風甚香，若干種熏雨其身上，諸妓樂音相和而鳴，瞻視園觀、樹木、花果，而悉茂盛；發意欲往，即時便失，中止五陰，精神自然上忉利天。於是頌曰：

“習法歸聖道　種福業生天
妓樂以自娛　遊諸花樹間
美豔玉女眾　端正光從容
常觀心欣悅　居止太山頂”

行不淳一，或善或惡，當至人道。父母合會，精不失時，子應來生。父母德想而俱同時等，其母胎通無所拘礙，心懷喜躍而無邪念，則為柔軟而不憹悷，無有疾疹堪任受子；不為輕慢亦無反行，順其正法不受濁污，即捐一切瑕穢之塵。其精不清亦不為濁，中適不強，亦不腐敗，亦不赤黑，不為風寒眾毒雜錯，與小便別，應來生者，精神便趣。心自念言：“設是男子不與女人共俱合者，吾欲與通。”起瞋怒心恚彼男子，志懷恭敬念於女人，瞋喜俱作，便排男子欲向女人；父時精下，其神忻歡，謂是吾許。爾時即失中止五陰，便入胞胎。父母精合，既在胞

胎倍用踊躍，非是中止五陰，亦不離之。人於胞胎是為色陰，歡喜之時為痛樂陰，念於精時是為想陰，因本罪福緣得入胎，是為行陰，神處胞中則應識陰，如是和合名曰五陰。（《大正藏》卷十五第186-187页）

【评说】“五蕴成败”是指出生和死亡的生命现象。在本段经文中罗列佛教所归纳的人在临终时所可能经历的种种感受。在佛教看来，这些感受的好坏取决于人在整个生命过程中行为的性质。即不可行的事情做得多，临终往往痛苦；如果可行的事做得多，临终则能安详。佛教还认为，根据行善行恶的程度不同，不仅临终情况有好坏，还会影响到下一世所处的环境。

在本段经文例举的情况中包括了临终时的幻觉、弥留之际的动作、人的相状等，有经验的医师会根据不同情况对家属作出相应解释，并安排后续事宜。文中还提到了“调牛、岐伯、医徊、扁鹊，如是等辈，悉疗身病”，应是在翻译时入乡随俗的处理。经文中已有医生的简单分类：治身病、治疮疡、治小儿、治鬼神等。

【原文】尋在胎時，即得二根，意根、身根也。七日住中，而不增減；又二七日，其胎稍轉，譬如薄酪；至三七日，似如生酪；又四七日，精凝如熟酪；至五七日，胎精遂變，猶如生酥；又六七日，變如息肉；至七七日，轉如段肉；又八七日，其堅如坏；至九七日，變為五皰，兩肘、兩髀及其頸項，而從中出也；又十七日，復有五皰，手腕、脚腕及生其頭；十一七日，續生二十四皰，手指、足指、眼、耳、鼻、口，此從中出；十二七日，是諸胞相，轉成就；十三七日，則現腹相；十四七日，生肝、肺、心及其脾、腎；十五七日，則生大腸；十六七日，即有小腸；十七七日，則有胃處；十八七日，生藏、熟藏起此二處；十九七日生髀及蹲、腸、骸、手掌、足趺、臂節、筋連；二十七日，生陰、臍、乳、頤、項、形相。二十一七日，體骨各分，隨其所應，兩骨在頭，三十二骨著口，七骨著項，兩骨著髀，兩骨著肘，四骨著臂，十二骨著胸，十八骨著背，兩骨著臏，四骨著膝，四十骨著足，微骨百八與體肉合，其十八骨著在兩脇，二骨著肩，如是身骨，凡有三百而相連結，其骨柔軟如初生瓠；二十二七日，其骨稍堅，如未熟瓠；二十三七日，其骨轉堅，譬如胡桃，此三百骨，各相連綴，足骨著足、膝骨著膝、踝骨著踝、髀骨著髀、臏骨著臏、脊骨著脊、胸骨著胸、脇骨著脇、膂骨著膂，項、頤、臂、腕、手、足諸骨轉相連著，如是聚骨猶若幻化，又如合車骨為垣牆，筋束、血流、皮肉塗裹，薄膚覆之，因本罪福，果獲致此，無有思想依其心元，隨風所由牽引舉動。於是頌曰：

“其五骨積聚　隨心輕放恣
在身現掣頓　猶如牽拽蛇
前世所造行　善惡所興法
譬如人行路　或平或荊棘”

二十四七日，生七百筋，連著其身；二十五七日，生七千脈，尚未具成；二十六七日，諸脈悉徹，具足成就，如蓮華根孔；二十七七日，三百六十三筋皆成；二十八七日，其肌始生；二十九七日，肌肉稍厚；三十七日，纔有皮、有像；三十一七日，皮轉厚堅；三十二七日，皮革轉成；三十三七日，耳、鼻、脣、指、諸膝節成；三十四七日，生九十九萬毛孔，髮孔猶尚未成；三十五七日，毛孔具足；三十六七日，爪甲成。三十七七日，其母腹中，若干風起，有風開兒耳、目、鼻、口；或有風起，染其髮毛，或端正，或醜陋；又有風起，成體顏色，或白、赤、黑，有好、有醜皆由宿行；在此七日中，生風寒熱，人小便通。於是頌曰：

“是身筋纏裹　諸血脈所成
不淨盛腐積　水洗諸漏孔

虛覆心使然　巧偽而合成
機關如木人　求之甚難得”

三十八七日，在母腹中，隨其本行，自然風起。宿行善者便有香風，可其身意柔軟無瑕，正其骨節令其端正，莫不愛敬也；本行惡者則起臭風，令身不安不可心意，吹其骨節令僂邪曲，使不端正又不能男，人所不喜也；是為三十八七日。九月不滿四日，其兒身體、骨節，則成為人。於是頌曰：

“人在身九月　則具諸體脈
骨節皆成就　滿足無所乏
腹中漸自辦　稍稍而成長
期至悉具足　如月十五日”

其小兒體而有二分：一分從父，一分從母。身諸髮、毛、頰、眼、舌、喉、心、肝、脾、腎、腸、血，軟者從母也；爪、齒、骨、節、髓、腦、筋、脈，堅者從父也。於是頌曰：

“人體相連綴　皆由父母生
若干之節解　因緣化成立
依而致顏色　悉當為衰耗
眾材合起車　計體猶亦然
作前有二事　立身譬若斯
因從父母報　然後乃得生”

其小兒在母腹中，處生藏之下、熟藏之上，男兒背外而面向內，在左脇也；女子背母而面向外，處在右脇也。苦痛臭處污露不淨，一切骨節縮不得伸，捐在革囊腹綢纏裹，藏血塗染所處逼迮，依因屎尿瑕穢若斯。其於九月此餘四日，宿有善行，初日、後日發心念言：“吾在園觀亦在天上。”其行惡者謂：“在泥犁世間之獄。”至三日中，即愁不樂，到四日時，母腹風起，或上或下，轉其兒身，而令倒懸，頭向產門。其有德者，時心念言：“我投浴池，水中遊戲，如墮高床華香之處也！”其無福者，自發念言：“吾從山墮，投於樹岸、溝坑、溷中，或如地獄、羅網、蕀上、曠野、石澗、劍戟之中！”愁憂不樂。善惡之報，不同若此。於是頌曰：

“如投燒熱火　亂煙來圍繞
放逸果所致　處形若沸湯
苦樂之所由　皆因罪福成
在在生所作　受身各如是”

其小兒身既當向產，又墮地時外風所吹，女人手觸煖水洗之，逼迫毒痛猶如瘡病也。以是苦惱恐畏死亡，便有癡惑是故迷憒，不識本來去至何所也。適生在地，血纏臭處，鬼魅來繞，姦邪所中，飛屍所觸，蠱道、癲鬼，各伺犯之。如四交道墮一段肉，烏鵄、雕狼各來諍之，諸邪魅鬼欲得兒便，周匝圍饒亦復如是。宿行善者邪不得便，設宿行惡眾邪即著。兒初生時因母乳活，稍稍長大因食得立。於是頌曰：

“在於胞胎時　遭若干苦惱
既生得為人　其痛有百千
諸根已成就　因出危脆身
有生必老死　是為最不真”（《大正藏》卷十五第 187-188 页）

【评说】继上段经文介绍了临终情况后，本段继续说明生命的诞生。文中以七日为单

位，粗略描述了胎儿在各阶段的发育情况，具体的发育步骤与当代医学的认识存在不同之处，原因在于这些描述有些是从实际观察获得的，也有一些是当时人们的猜测。如认为“身诸发、毛、颊、眼、舌、喉、心、肝、脾、肾、肠、血，软者从母也；爪、齿、骨、节、髓、脑、筋、脉，坚者从父也”以及“男儿背外而面向内，在左胁也；女子背母而面向外，处在右胁也”等，就明显与现代认知相左。

【原文】兒已長大揣哺養身，適得穀氣其體即時，生八十種蟲。兩種在髮根：一名舌舐，二名重舐。三種在頭，名曰：堅固、傷損、毀害。一種在腦，兩種在腦表：一名蛸味，二水秏擾，三名憒亂。兩種在額：一名卑下，二名朽腐。兩種在眼：一名舌舐，二名重舐。兩種在耳：一名識味，二名現味英。兩種在耳根：一名曰赤，二名復赤。兩種在鼻：一名曰肥，二名復肥。兩種在口中：一名曰搖，二名動搖。兩種在齒中：一名惡弊，二名凶暴。三種在齒根，名曰：喘息、休止、捽搣。一種在舌，名曰甘美。一種在舌根，名曰柔軟。一種在上齗，名曰來往。一種在咽，名為嗽喉。兩種在瞳子：一名曰生，二名不熟。兩種在肩：一名曰垂，二名曰復垂。一種在臂，名為住立。一種在手，名為周旋。兩種在胸：一名額坑，二名廣普。一種在心，名為班駁。一種在乳，名曰湩現。一種在臍，名為圍繞。兩種在脇：一名為月，二名月面。兩種在脊：一名月行，二名月貌。一種在背胸間，名為安豐。一種在皮裏，名為虎爪。兩種在肉：一名消膚，二名燒樹。四種在骨，名為：甚毒、習毒、細骨、雜毒。五種在髓，名曰：殺害、無殺、破壞、離骸、白骨。兩種在腸：一名蜣蜋，二名蜣蜋嘍。兩種在細腸：一名兒子，二名復子。一種在肝，名為嚚喋。一種在生藏，名曰皺攸。一種在熟藏，名為太息。一種在穀道，名為重身。三種在糞中，名曰：筋目、結目、編髮。兩種在尻：一名流下，二名重流。五種在胞，名為：宗姓、惡族、臥寐、不覺、護汁。一種在髀，名為擿杖。一種在膝，名為現傷。一種在踝，名為鹹嗎。一種在足指，名為燋然。一種在足心，名為食皮。是為八十種蟲，處在人身，晝夜食體。於是頌曰：

“從頭髮下至足　遍中蟲消食人
計念之為瑕穢　譬喻比如濁水
從己生反自殘　如刀怨患害人
常來齧傷其身　若流水侵兩岸”(《大正藏》卷十五第188页)

【评说】记载了佛陀时代认为人体身上有八十种虫，从现代角度来看应是微生物和寄生虫。

【原文】其人身中，因風起病，有百一種，寒、熱、共合，各有百一，凡合計之，四百四病，在人身中。如木生火，還自燒然；病亦如是，本因體興，反來危人。及身中表八十種蟲，擾動其身，令人不安，豈復況外諸苦之惱也！計身如是，常有憂患，凡夫之士自謂為安，不聞不解。所以者何？不見諦故。於是頌曰：

“髮毛諸爪齒　心肉皮骨合
精血寒熱生　髓腦脂生熟
諸寒涕唾淚　大小便常漏
非常計不淨　愚者謂為珍”

計念人身，覆以薄皮，如合棗奈，皮甚薄少耳！以為蓋之，人而不知，假使脫皮如困鈍肉，何可名之為是人身？骨節相拄如連鐵鎖，諦見如是尚不足蹈，況復親近而目視之！於是以偈而歎頌曰：

“計本為瑕穢　譬如臭爛屍
亦如諸塵垢　體蟲俱復然
亦如畫好像　會當歸腐敗
以諦見本無　安可附近之”

計人在世所作禍福，不盡其壽，亦有中夭而死傷者。譬如陶家作諸瓦器，或始破者，向欲刀治坏時破者，或塼上破、或下時破、或著地破、或拍時破、或坏燥破、或陶中破、或熟破者、或移時破者、或用破者，設使不用久久會破也！人亦如是，有初發意向來未至死者，或有二根胎如生酪，有如熟酪、息肉、段肉，具足六情，或不具足而有死者；向欲生時，又適墮地；一日、百日、一歲、十歲學業死者；二十、三十、四十、五十，從一歲死至到百歲，雖復長壽會當歸盡也！如是五陰計本皆空，展轉相依，須臾有起、須臾有滅，舉足、下足而皆無常。愚癡之人，不聞不知反計有身，從少至老皆謂我所，呼為一種，不知非常之變也！

修行道者思惟計之，從是致是，無是則無。何謂從是致是者？因本之行所作殃福，故致死亡而在中止。至于胞胎精神處之，形如薄酪、息肉、段肉，稍至堅肉因有六根，六根具足則便出生，從少小身及至中年，乃到老、病當復歸死，其五陰轉於生死之輪，常如川流無有休息，一切皆空譬如幻化，如是顛倒至于老、病、死。譬如有大城西門失火，從次燒之乃到東門，皆令灰燼，計東門火非是初火也！然其燋燃不離本火也！人亦如是，從本因緣隨其禍福，當觀如此從是有是也！何謂無是則無也？無有凶福及餘塵勞則不歸死，已不歸死不在中止，設無中止何從有生？已不有生，其老、病、死何由而有也？計生死流本末如此，修行道者當觀五陰所從成敗。於是頌曰：

“明識諸慧義　心淨如月盛
秉志而專一　愍哀三界人
如蓮花於水　甘美柔軟上
口之所宣說　聽者則欣達
分別演本起　了之歸滅盡
能仁悉究竟　以愍眾生故
吾從佛經中　省採而鈔取
因佛之講說　故造修行經”（《大正藏》卷十五第188-189页）

【评说】此段经文描述了佛陀时代人们根据生活经验，假想的与人伴生的八十种虫。说明当时人们已经观察到多种寄生于人体表及体内的寄生虫。这种认识的产生与当时恶劣的卫生条件有关，也部分来源于对死后尸体的观察。

对于疾病，当时的人们认为有风、寒、热、共合的区别，各有一百一种，共计四百四种病，反映了当时朴素的疾病观。

卷　第　二

慈品第六

【原文】修行道者當棄瞋恚，常奉慈心；或有行者但口發願令眾生安，不曉何緣救濟使

安？雖有此言柔軟安隱，不為慈心平等定故。修行道者莫為口慈，或修行者發意念慈，欲安一切眾生之類，有此慈心亦為佳耳，非是道德具足之慈也！欲行大道，莫興此慈。於是頌曰：

“設使學道士　心口言念慈
則自尠安隱　亦獲薄福祐
譬如師治箭　失墮火燒之
安能使其箭　成就而可用”

修行道地，建大弘慈，當何行之？設修行者在於暑熱，求處清涼然後安隱；在氷寒處，求至溫暖然乃安隱；如飢得食，如渴得飲；如行遠路疲極甚困，而得車乘然後安隱；如見住立而得安坐；如疲極者得臥安隱；如人裸形得衣弊蓋；如身有垢沐浴澡洗，心大忻歡隱定寂然。若干種苦各得所便，身志踊躍得諸安故，執心不亂所可愛敬，親親恩愛父母、兄弟、妻子、親屬、朋友、知識，皆令安隱；一切眾生諸苦惱者，亦復如我身得安隱，十方人民悉令度脫身心得安，欲使二親宗族中外，悉令安隱。次念凡人等加以慈，普及怨家無差特心，皆令得度如我身安。設使前念十方人民，中念怨家其心儻亂，初始之心不能頓等怨家及友中間之人者，當作是觀：我所懷結憎於怨家，此心已過今已棄捨，更甚愛之念如父母及身妻子，亦如宗親敬之如是，不復懷恨。察其本源五道生死，或作父母、家室、妻子、兄弟、朋友，但其久遠不復識念，以是之故不當懷怨。於是頌曰：

“當發行慈心　念怨如善友
展轉在生死　悉曾為親族
譬如樹生華　轉成果無異
父母妻子友　宗親亦如是”（《大正藏》卷十五第 189 页）

【评说】佛陀认为，苦行不利于证道，所以修行者应该选择合适的环境，如暑天应在清凉处，酷冷天应在温暖处。

【原文】修行道者心自念言：“假使瞋恚向於他人，則為自侵也！如木出火還自燒身；若如芭蕉，生實便枯，如騾懷駒，還自危身。吾亦如是，設懷瞋恚自侵猶然。有起瞋恚向他人者，儻用此罪，墮於蛇虺或入惡道。”諦觀如是，不當懷惡，若憎於人當發慈哀。於是頌曰：

“其有從瞋恚　怨害向他人
後生墮蛇虺　或作殘賊獸
譬如竹樹劈　芭蕉騾懷妊
還害亦如是　故當發慈心”

其修道者當行等慈，父母、妻子、兄弟、朋友及與怨家，無遠無近，等無憎愛，及於十方無量世界，普以慈向未曾增減。有如此行乃應為慈。於是頌曰：

“其行慈心者　等意無憎愛
不問於遠近　乃應為大慈
等心行大哀　乃至三界人
行慈如是者　其德踰梵天”（《大正藏》卷十五第 190 页）

【评说】修行者应当慈悲为怀，平等对待所有人。

【原文】其修道者成具慈心，火所不燒，刀刃不害，毒亦不行，眾邪不得便。於是頌曰：

“刀刃不能害　縣官及大怨
邪鬼諸羅刹　蛇虺雷霹靂
師子并象虎　及餘諸害獸
一切不敢近　無能中傷者”

修道習慈行當如是。夜寐安隱，寤已歡然，天人宿護未曾惡夢，顏色和悅衣食不乏。生於梵天所在之處，常端正好，眼目白黑分明，身體柔軟少於疾病，而得長壽諸天恭敬；所趣得道佛所稱歎，消於塵勞逮不退轉，以獲安隱至無餘界，而得寂度皆由慈心。於是頌曰：

“其有行慈者　端正衣食豐
眾人皆宗仰　長壽明如日
臥覺行止安　神天悉擁護
生梵諸天敬　世尊所稱歎”

是故修道當行慈心。於是頌曰：

“其行慈心向一切　除諸瞋害是謂慈
今吾已現眾德本　觀察佛經而抄說”(《大正藏》卷十五第 190 页)

【评说】慈品论述可行应行之事，指出行慈有自他两利。其中既有合理的推论，也有夸大的部分。认为行慈者受天人护佑，不受伤害，反映了人们对善行的推崇。

修行道地经分别相品第八

【原文】其行道者，心設自念：“在於生死不可稱計，習婬、怒、癡已來甚久，人命既短又復懈怠，安能一生除盡諸瑕乎？”若有此念，當作是觀：譬如故舍初無居者，若干之歲冥不燃燈，執火而入冥即消索也！雖為久習塵垢眾毒，以有智慧諸瑕則滅。所以者何？智慧力強愚癡劣故。於是頌曰：

“欲求道義莫懈怠　以得法利離衰耗
承佛光明之智慧　除婬怒癡悉永盡”

誰能奉斯順道如是？唯有信者、精進、智慧，無諂有志，爾乃順行。何謂為信？見知萬物皆歸無常，所可受身悉為憂苦，三界悉空，一切諸法計皆無我，解如此者是謂為信。於是頌曰：

“其行修道者　計知世不安
萬物盡非常　其受身皆苦
三界悉為空　一切法無我
所在能受行　是故謂有信
設有吾我想　則為顛倒人
能解了悉空　即當知是佛
獲致甘露道　覺了如是者
無有能動搖　此乃謂為信”

修行道者，何謂精進？假使行者專精空無，心不捨離，是謂精進。設野火燒稍來近座，并燒衣服上及首目，心當念言：“火燒我頭，正使燋燃骨肉皮肌，令我身死終不捨行。所以者何？雖燒吾身為不足言，其內體中婬、怒、癡火，展轉生死三惡道中，燒我身來無央數世，未得究竟至於道德；雖燒一身不足為救，但當力濟婬、怒、癡火，已得滅度不復退還，已無有身，則無內外諸火之患。此婬、怒、癡不可輕滅，譬如以糠欲消銅鐵，終不能也！”執心堅強一切方便，乃

可除盡婬、怒、癡病。於是頌曰：

“其有專精於道德　當爾之時莫惜身
譬如有象洗其身　沐浴適淨復臥土
假使急厄來及已　雷電霹靂不以驚
譬如萎華人不惜　捐棄塵勞當如是”

修行道者，何謂智慧？曉了寂定時，知當觀時，知察慧時，知受法時，了知定意正受之時，亦知遲疾從定起時；分別己心所有善惡，譬如良醫知腹中病也！當制其心莫令放恣，譬如健象墜向溝井，將養之者，以御抑之，不令墮落，修行道者制斷外著，亦當如是。知心因緣，諸想所奉，譬如明者知食所便，又如宰人知君主意，所嗜可否也！了知方便，一切解脫，進止所趣，猶如金師別金好醜。

設行道者離於明智，不了道趣心懷恐懼，以是為非，以非為是，則不成慧；其行道者設得一禪至第二禪，則自畏懼謂為失禪，不知轉寂也！心自念言：“咄哉！迷設。”本有善應，而念反失，心便移走也！在歡喜悅離於定意，則自限心而不得前，懷疑如此便為失禪，謂成不成，謂不成為成。云何了知禪定之意？專心秉志入第一禪心在滅定，適作是行入第二禪。所以迷者，久習俗事，未知正諦及諸漏盡，用不了諦，志在所漏故也！求第二禪不能制心，則不具禪，是故行者當知此非也！設行者明，不作是迷，則不失禪，斯謂智慧。於是頌曰：

“假使曉了身諸法　則知其意所歸趣
方便制止心所趣　譬如鐵鉤調白象
其有明了解定意　分別寂觀亦如是
常以智慧無猶豫　住於道德如法教”

修行道者云何不邪？謂不諛諂，其心質直，專精行道，敦信守誠。設使在行而不為行，諸所塵勞不可之事，悉向法師說其瑕疹。譬如病者而有疾苦，悉當為醫至誠說之。法師觀察行者志意，應所乏短為其說法。於是頌曰：

“行者懷質直　其心無諛諂
承受法師教　斷諸塵勞垢
安隱善清淨　專精勤修道
奉經如佛教　遵法猶戰鬪”（《大正藏》卷十五第191页）

【评说】分别相品对“信者、精进、智慧、无谄有志”等有利于修行的品质进行了描述，鼓励人们培养相应的品质，为修行服务。

“譬如病者而有疾苦，悉当为医至诚说之”，佛陀时代已经认识到病人必须如实将自己所有与疾病相关的情况都告诉医生，毫不隐瞒，这是治疗有效的前提条件。

【原文】假使行者情欲熾盛，為說人身不淨之法。有三品教：一曰身骨如鎖，支拄相連；二曰適受法教，便觀頭骨；三曰已了是觀，復察額上，係心著頭。

假使瞋怒而熾多者，為說慈心，慈有四品：一曰父母宗親，二曰中間之人無大親踈，三曰凡人眾庶，四曰以得是行等施慈心。護於怨家仁心具足，則除九惱及與橫瞋。分別此義，雖有親厚則遠離之。何謂九惱而橫瞋者？一曰心自念言：“此人本曾侵枉我。”二曰：“此人後儻侵我。”三曰：“今復欺我。”四曰：“過去之時，枉我親友。”五曰：“後儻復侵我親友。”六曰：“於今現復欺我親友。”七曰：“其人前時敬我怨家。”八曰：“後儻復敬。”九曰：“於今現復敬之。”雖有是心悉當棄捨。何能令人不侵己身？但當自守不侵人耳！是我宿罪不善之報，致此惡果也！吾親友本亦有罪，故致此患也！及吾怨家素與彼人宿舊親親，又有福德令人敬耳！三品九惱不足懷恨。

何謂横瞋？未曾相見，見便恚之。即當思惟："此人未曾侵抂我身，今亦無過復且無失，何故懷惡視他人乎！其發惡心横加於人，還自受罪，譬如向風揚塵還自坌身也！"修行道者不能滅恚令不起者，此輩之人不入道品，如坏盛水不能致遠也！能制恚者如水澆火，則無所害，是應修行入於道律；以是之故雖遭苦惱，刀鋸截身，莫起瞋恚，如燒枯樹無有恨心，況復瞋恚向精神者！於是頌曰：

"等觀於己身　凡人怨無異
棄捐諸九惱　立志不横瞋
制心不懷恨　如枯樹無恚
修行道地者　如是無瑕穢"

修行道者設多愚癡，當觀十二因緣分别了之；從生因緣而有老死，設不來生則無終始。於是頌曰：

"不癡則無生　已除老死患
覩本無有始　何從致衰盡
原因六情興　多亂故致癡
從癡有結網　轉成愚冥癡"

修行道者設多想念，則為解説出入數息，喘息已定，意寂無求。於是頌曰：

"數息求止及相隨　覩正諦想心便止
本性淨者奉如是　獨坐多想不成行"

修行道者設多憍慢，為説此義：人有三慢，一曰言我不如某，二曰某與我等，三曰我勝於某。有念是者，為懷自大，當作此計：城外塚間，棄捐骨鎖，頭身異處，無有血脈，皮肉消爛，當往觀此貧富、貴賤、男女、大小、端正、醜陋，枯骨正等，有何殊别？本末終時，肉衣、皮裹、血潤、筋束，衣服、香花、瓔珞其身，譬如幻化巧風所合，因心意識周旋而行，至於城郭、國邑、聚落，出入進止。作是觀已，無有憍慢。本無觀者見於塚間及一切人，等而無異。於是頌曰：

"其有豪富貴　乘駕出城遊
及散棄塚間　計之等無異
閑居處樹下　若有作是觀
執心而行道　慢火不能燒"（《大正藏》卷十五第 191-192 页）

【评说】本段经文针对修行者自身的不同情况，指出相应的修行方法："假使行者情欲炽盛，为说人身不净之法"；"假使瞋怒而炽多者，为说慈心"；"修行道者设多愚痴，当观十二因缘分别了之"；"修行道者设多想念，则为解说出入数息，喘息已定，意寂无求"；"修行道者设多骄慢，为说此义……譬如幻化巧风所合，因心意炽周旋而行。"

【原文】法師説經，觀察人情，凡十九輩。以何了知？分别塵勞，爾乃知之。何謂十九？一曰貪婬，二曰瞋恚，三曰愚癡，四曰婬怒，五曰婬癡，六曰癡恚，七曰婬怒愚癡，八曰口清意婬，九曰言柔心剛，十曰口慧心癡，十一者言美而懷三毒，十二者言麁心和，十三者惡口心剛，十四者言麁心癡，十五者口麁而懷三毒，十六者口癡心婬，十七者口癡懷怒，十八者心口俱

癡，十九者口癡心懷三毒。於是頌曰：

“其有婬怒癡　合此為三毒
兩兩而雜錯　計便復有四
口柔復有四　口癡言癡四
世尊之所說　人情十九種”

何而知人有貪婬相？文飾自喜調戲性急，志操怱怱性如獼猴而多忘誤，智詐淺薄無有遠慮，舉動所為不顧前後，造作不要多事恐怖，多言喜啼易詐易伏，安隱易解十耐勤苦，得小利入大用歡喜，忘失小小而甚憂感，聞人稱譽歡喜信之，伏匿之事悉為道說，體溫多污皮薄身臭，毛髮稀踈多白多皺，不好長鬚白齒起行，喜淨潔衣好著文飾，莊嚴其身喜於薄衣，多學伎術無所不通，數行遊觀常喜含笑，綺飾奉戒性和敬長，見人先問巧黠妍雅，性不佷戾慚愧多慈，分別好醜取與交易，柔和多哀多所恩惠，於諸親友放捨施與，所有多少不與人爭，所惠廣大，觀顧身形所作遲緩，了知世法悉能決斷，若見好人敬而重之，覺事翻疾，工於言語黠慧言和，多有朋友不能久親，少於瞋恚尊敬長老，臥起行步而不安詳，雖學于法愛欲財物，親屬朋友捨不堅固，結友不久，聞色欲事即貪著之，說其惡露尋復厭之，易進易退。以是之故為貪婬相。於是頌曰：

“卒暴輕舉如獼猴　常歡喜笑又喜啼
得利大喜失甚憂　多於言語易降伏
志惑怱怱而驚恐　自喜易詐信人語
志性多忘無遠慮　好按戒法而有慧
貪視於色志善施　綺顧其身敬朋友
舒緩體溫為多污　喜信慚軟而有勇
於法財色及親友　不可便踈尋即悔
諸所造學即能得　雖疾知之速忘失
花飾莊嚴其衣服　所作不要而敬老
智者敬之有學志　通達能明而和解
常喜出城行遊觀　美於言語亦樂聽
利口便辭能分別　所處臥坐不忍久
柔軟性至誠　輕事不顧後
志卒不耐苦　朋友好惠施
憎長鬚喜短　自喜然而臭
巧黠多皺白　奉戒慧無礙
見人先問訊　衣薄面齒淨
有慈易從事　起行不惜財
別知人行慈　易教不佷戾
佛說性如是　為應貪婬相”

當何以觀瞋恚之相？解於深義不卒懟恨，若怒難解無有哀心，所言至誠惡口麁elan，普懷狐疑不尋信之，喜求他短多瘖少寐，多有怨憎結友究竟，仇讎難和所受不忘，無有怨驚人怖不懼，多力反復不能下屈，多憂難訓，身體長大、肥項、大頭、廣肩、方額、好髮，勇猛性強難伏，所可聽受遲鈍難得，既受得之亦復難忘，若失法財所欲親友，永無愁顧難進難退。以是知之為瞋恚相。於是頌曰：

“志性剛強深解義　普疑於人求長短
少於睡眠難屈伏　性曚難學亦難忘
能忍勤苦叵觸近　無所畏錄不卒瞋
身口相應難諫曉　勇猛有力而剛強
少恐尠友多怨憎　少安有反身廣大
所可作為不追悔　棄法財反不顧念
一捨所親不思之　未曾還變亦不伏
勤力精進修大事　佛說是輩為瞋相”

云何察知愚癡之相？謂性柔軟喜自稱譽，無有慈哀破壞法橋，常而閉目面色憔悴，無有黠慧愛樂冥處，數自歎息懈惰無信，憎於善人常喜獨行，寡見自大作事猶豫，不了吉凶不別善惡，若有急事不能自理，又不受諫，不別善友及與怨家，作事反戾弊如虎狼，被服弊衣身體多垢，性不自喜，鬚髮蓬亂不自整頓，多憂嗜臥多食無節，人倩使之而不肯作、不倩不使而更自為，當畏不畏、不當畏者然反畏之，當憂反喜、當喜反憂，應哭而笑、應笑而哭，設有急事使之不行，適去呼還不肯反顧，常遭勤苦強忍塵勞，有所食噉不別五味，言語多笑喜忘重語，嚙舌舐脣然而噤齗，行步臥起未曾安隱，舉動作事無所畏難、不知去就。佛說是輩為愚癡相。於是頌曰：

“弱顏愚無慈　強額而自舉
眼目不視眴　燋悴數歎息
獨行然無信　嫉賢及懈息
常憂多狐疑　不別諸善惡
體面多塵垢　不知善惡語
作事多憒閙　不能自究竟
所倩使不肯　不使而反行
當畏而不畏　不畏而反畏
應喜而反憂　應憂而反喜
當哭而反笑　當笑而反哭
貪飲食無飽　不別反怨讎
志性喜佷戾　無慧遭苦惱
鬚髮常蓬亂　無信喜居冥
不別知五味　多臥如虎狼
寡見而貢高　齧舌而舐脣
弄口而喜齗　所語而多笑
臥處而不安　諸急事難進
呼還而突前　性爾為癡相”

何謂婬怒癡相？向所說婬、怒、癡是也！婬癡、怒癡相亦如是。其與一切塵勞合者，是謂婬怒癡相。於是頌曰：

“其處於塵勞　與婬怒俱合
當觀婬怒相　是為癡無慧

一切前所說　貪欲諸垢穢
有婬怒愚行　則知不離癡”

何謂口欲心欲者？語言柔軟順從不違，身所不欲不加於人，言念輒善安隱可意。譬如好樹，其華色鮮果實亦美，口欲心欲亦復如此。於是頌曰：

“其語常柔和　順從言可人
言行而相副　心身不傷人
譬如好花樹　成實亦甘美
佛尊解說是　心口之婬相”

何謂口欲心怒者？口言柔軟而心懷毒，如種苦樹，其花色鮮成果甚苦，言柔懷毒亦復如是。於是頌曰：

“其口言柔軟　而心懷毒害
視人甚歡喜　相隨而可親
口言而柔順　其心內含毒
如樹華色鮮　其實苦若毒”

云何知口欲心癡者？言語柔和其心冥冥，不能益人亦不欺損。譬如畫瓶，視表甚好裏空且冥，口欲心癡亦猶如此。於是頌曰：

“口言有柔和　而心懷冥癡
當知此輩人　口婬而心愚
觀其口如慧　心中冥如漆
外好如畫瓶　其內空且冥”

何謂口欲而心怒癡？所言柔軟念善尠少，性不調順，或復念惡、有時不念，善惡不别，其性難知。譬如甜藥雜以鹹苦不可分别，其有口欲而心怒癡，亦復如此。於是頌曰：

“其有口言欲　心懷諸怒癡
譬如醍醐蜜　雜以辛苦鹹”

何謂口麁而心婬者？語言剛急中傷於人，衆所憎惡不欲見之，無有敬者；譬如父母訶教子孫，雖口剛急而心猶愛；譬如瘡醫破洗人瘡，當時大痛，久久除愈心甚歡喜。其有口剛而心婬者亦復如是。於是頌曰：

“有現口言急　而心懷婬欲
譬如夏日熱　其光照冷水”

何謂口剛而心怒者？口言麁尠，所可懷念，無有慈善不欲人利。譬如苦藥復和以毒，設飲病人吐之不服，設飲消時則害人命，其口剛急而心怒者亦復如是。於是頌曰：

“其口言急無親敬　心念弊惡而懷毒
常喜侵枉於他人　當觀此輩行雜毒”

何謂口麁而心癡者？言常剛急惡加於人，舉動所作心不自覺，不念人善亦不念惡。譬若有賊拔刀恐人而不能害，如是行者知為口急而心愚癡。於是頌曰：

“口言剛急心不害　喜恐於人無所加
譬如拔刀無所施　口麁心癡亦如是”

何謂口麁心懷三毒者？口言剛急或善於人，又復加惡，乍念不善亦不能惡。譬如大吏捕得盜賊，其下小吏恐責其辭，又復有吏誘進問之，其次小吏鞭杖拷之，又復有吏不問善惡亦不拷責，是謂口麁而懷三毒者。於是頌曰：

“口言而剛急　其心懷三毒
志性如是者　不善不為惡
行跡若斯者　名之中間人
勤苦及安隱　是事雜錯俱”

何謂口癡而心欲者？無所别知，人與共語都無所解，不曉善惡義所歸趣；心常自念：“當何以益加於人也！”至於趣事，如所思念不失本要。譬如冥夜興雲降雨，其口癡心欲亦復如此。於是頌曰：

“其有口癡而心婬　口所言說不了了
如龍興雲而不雷　口癡心婬亦如是”

云何為口癡心剛？不能施善亦不加惡，常心念言：“以何方便中傷於人？”設得便者輒危害人。譬如以灰覆於炭火，行人躡上便燒其足，口癡心怒亦復如是。於是頌曰：

“口癡而心剛　不柔無惡言
常懷惡加人　不念人善利
所言不了了　藏惡在於心
如灰覆炭火　設躡燒人足”

何謂口癡而心懷冥？不能以善加施於人，亦不加惡，心亦不念他人善惡，無所增損。所以者何？無勢力故。譬如火滅以灰覆之，若持枯草及燥牛屎，積著其上手觸足蹈，無所能燒而不成熟。所以者何？無所堪任。口癡心冥亦復如是。於是頌曰：

“其口有癡愚　而心懷闇冥
都不能念惡　亦不能念善
不能成辦事　亦不不為能
如暴中炊煮　無所能成熟”

何謂口癡心懷三毒？口無所犯不益於人，少所中傷晝夜思念：“以何方便中傷於人？”又復心念：“云何饒人？”或心念言：“不損益人。”譬如故瓶盛淨不淨，而蓋其口不見其裹，發口則現，口癡心懷三毒亦復如此。於是頌曰：

“作性喜反戾　口言不了除
而懷婬怒癡　盛滿以臭穢
譬如大故瓶　受諸淨不淨
不能益於人　亦都無所損”

其為法師，以此十九事，觀察人情而為說法。其婬相者云何解說？為講法言：“習欲多者墮於地獄、餓鬼之中，然後得出復作婬鳥、鸚鵡、青雀及鴿、鴛鴦、鵝、鶩、孔雀、野人、獼猴；設還作人，多婬放逸輕舉卒暴。仁當察此曼及人身，觀知罪垢，惡露不淨，莫習婬欲。”於是頌曰：

“其多習婬色　憍慢速目燒
在人若畜生　地獄餓鬼中
生彼還自害　塵勞火見燒
欲令解脫此　隨行故說是”

設多瞋者隨其行跡，而為說法：“犯眾瞋恚墮於地獄、餓鬼之道，從惡處出當作毒獸、鬼

魅、羅刹、反足、女鬼、溷鬼之類，又作師子、虎、狼、蛇虺、毒蟲、蚑虻、蚑蜂、百足之蟲；設從此道還在世間，形貌醜陋人所不媚，常當短命而多疾病，身體不完。以是之故，殃罪分明。常奉慈心，除其瞋恚。”於是頌曰：

“人多懷瞋恚　眾共所憎惡
坐是墮惡道　多病不安隱
墮鬼及毒獸　既作人下賤
能行慈心者　即除瞋恚冥”

設多愚癡為說此法：“曚冥興盛，死墮地獄、餓鬼之路，若在畜生則作癡獸，謂牛、羊、狐、犬、騾、驢、猪豚之屬；設還人道，性不決了，少眼根弱，當多疾病六情不完，生於夷狄野人之中，從冥入冥。”以是教之觀十二緣，除愚冥本。於是頌曰：

“多習愚癡者　諸根不完具
生於牛羊中　然後墮地獄
假使修學人　願度此惡道
欲得脫其冥　當觀十二緣”

設多婬怒當行二事：觀其不淨，又奉慈心。若多婬癡為講二事：空無及慈。設怒癡盛，為說二事：導以慈心，并了癡本。於是頌曰：

“行慈觀不淨　攻治婬怒癡
教色諸愚者　十二緣不明
若人瞋恚盛　及癡甚除冥
當為講慈心　十二因緣本”

若有口婬而心欲者，為說無常空寂之義也；心怒口恚唯講慈仁也；口癡心冥講十二緣。其餘四種眾病備具：一者口婬心懷三毒，二者口怒婬恚癡具，三者口愚內懷三垢，四者有人淳懷三毒。其解法師，當為此輩說法教化，令其寂然觀因緣本。所以者何？是輩種類塵勞淳厚，積諸罪殃而自纏裹，雖為現法不見聖諦，唯當教之諷誦勸進，緣是之故專在誦務，塵勞轉薄，雖不獲道，可得上天。於是頌曰：

“其有行犯婬　而心瞋恚癡
當教諷誦經　及勸使為福
塵勞雖興盛　緣是除罪蓋
因斯之方便　然後得生天”

譬如有人修治樹園，地高下之，坵墟平之，溉灌以時，拔去荊棘、穢草、蘆葦，邪生諸曲、橫出不理皆落治之，棄著垣外令其順好；樹木無礙，根生滋茂，皆悉護之令不折傷。以是之故，樹木轉大花實興盛。其修行者受法師教，除婬怒癡欲想諸穢，以是之故，行遂長成至于得道。於是頌曰：

“其樹木曲戾　邪出不順生
荊棘諸瑕穢　悉落治令政
以若干方便　修理乃得成
修行治法樹　奉經亦如是
除諸婬怒癡　受師百千教
滅去諸瑕穢　如園師修樹”（《大正藏》卷十五第 192-195 页）

【评说】"法师说经，观察人情"，佛教中具有师资者在接纳弟子时也要根据一定的标准进行判断鉴别。此事粗分有"贪淫相""瞋恚相""愚痴相"三种，三相在一个人身上的多寡有无又可以组合成众多情况。经文中指出，"其为法师，以此十九事，观察人情而为说法"。说明说法要有针对性，因人而异。这个原则值得心理治疗师效法。

卷 第 三

修行道地经离颠倒品第十

【原文】修行道者或懷懈怠，謂法微妙難曉難了不可分别。當識苦本，斷除諸習，證於盡滅，修念道術。譬如有人而取一髮破為百分，還續如故令不差錯，是事甚難不乎？答曰："甚難！甚難！"可以幻化諸藥神呪續髮如故，泥洹之道不以此事而成立也！雖不能致於道證者，當有方便。於是頌曰：

"常健精進向脫門　欲覺了此難復難
勤力勸樂而無退　如深穿地得泉水"

當作是觀："速疾成就莫如泥洹，不從他求自因心致，從他人得乃為難耳！由己勤獲何所難乎？"當作斯計，唯以諦觀誘進其心，如誘小兒呼之至前，來取手物而食噉之；小兒來至，一一擘指而無所得。世人如是所見顛倒，無常謂常，苦謂為樂，非身謂有身，空謂為實。捨四顛倒作本無觀，爾乃為順佛之教誡。於是頌曰：

"人不曉本無　常計樂謂淨
譬如以捉捲　用以誘小兒
於是人顛倒　而有吾我想
當為現光曜　如冥中燃燈"

吾有頭髮不能常久，亦非淨潔，弗安無我；以是觀之一切皆然。勸發其心如明眼人，執炬而行入於空室，觀之無人亦無所覩，審諦見者亦復如是。察色之本，見無常、苦、無吾、非身，虛妄見者而反自縛。解空觀者有何難乎？現可見聞得道迹者、往還、不還及無所著，得平等覺。此等斯人，吾亦是人；此等成道，我身何故獨不獲乎？修行道者勸心如是，捨四顛倒專於行地。於是頌曰：

"髮毛爪骨肉　及諸像色形
眾來惑心法　五陰之所亂
無常苦不安　無我不清淨
身如空丘舍　明者觀如是"

修行道地经晓了食品第十一

【原文】爾時修行當觀飯食。設百種味及穢麥飯，在於腹中等無有異，舉食著口嚼與唾合，與吐適同；若入生藏，身火煮之，體水爛之，風吹展轉；稍稍消化，墮於熟藏，堅為大便，濕為小便，沫為涕唾，藏中要味以潤成體；此要眾味流布諸脈，然後長養髮、毛、爪、齒、骨、髓、血、肉、肪、膏、精氣、頭腦之屬，是外四大養內五根，諸根得力長於心法，起婬、怒、癡。欲知是者，是揣食之本，由是而起。於是頌曰：

“計無央數諸上味　墮住腹中而無異
於體變化等不淨　故行道者不貪食”

雖當飯食不求於肥，趣欲支命。……修行道者亦計如是，食趣安身令體不重，食適輕便少於睡眠，坐起、經行、喘息安隱，尠大小便，身依於行，婬、怒、癡薄。

其修行者當作是觀：“吾不貪身除諸情欲，此身非要骨鎖相支，今此身中但盛不淨無有堅固。”

……其行道者亦復解此，曉知五陰皆為怨賊，趣以衣食將養其體令不危害，夙夜專精如救頭然，非以懈廢得成道德，至於無為，度于三界始終之患。

修行道地经伏胜诸根品第十二

【原文】其修行者婬、怒、癡薄，設不習塵無所嬈害，未成道德非見聖諦自謂獲矣！如是行者自誡心意，放之在於色、聲、香、味、細滑之念，著於五陰，所作未辦。設心不隨五陰蓋者，則知得道；若其心亂隨諸情欲，即還恐懅當更精進。如牧牛者牧牛于澤，其牛犇突踐他禾穀，牧牛者恐怖其主覺之，牽將歸家以杖捶治。明日復出還在牧上，陽如不視，知復犯他禾稼不也？時牛心念：“牧者不見。”復食他苗。其主見之便復撾榜，牛後恐畏不敢復犯。行者如是自誡五根不隨情欲，則知道成也！若從六衰即還自制，觀三塗之苦生死之難，晝夜精勤勝前萬倍，所未獲者當令成就，已得成就令不放逸。

修行道地经忍辱品第十三

【原文】設使有人撾罵行者，爾時修道當作是觀：“所可詈詈但有音聲，諦惟計之皆為空無，適起即滅。譬如文字其名各異，一一計字無有罵聲；譬如一盲目無所見，正使百盲亦無所覩。罵亦如此，一字不成，正百千字亦悉空無。”設使父母、家室、親里，共稱譽我亦復皆空。當作是觀：“譬如夷狄異音之人，雖來罵我，譬如風響，是聲皆空。”

修行道地经弃加恶品第十四

【原文】假使行者坐於寂定，人來撾捶，刀杖瓦石以加其身。當作是觀：“名色皆空，所捶、可捶悉無所有，本從何生？誰為瞋者？向何人怒？我宿不善得致此患。設無名色無緣遭厄，我若欲瞋報其人者，眾怨甚多不可悉報；譬如毒蛇及與百足，蚤蝨、蚊虻、蚑蜂之屬，是輩嬈人無以加報。假使能除外諸憂患，安能辟除其內體中四百四病、八十種蟲！以是之故當伏內心，滅諸垢穢寂定其志，故謂修行。”(《大正藏》卷十五第198-200页)

【评说】以上五品中离颠倒品批判了妨碍修行持续开展的想法；晓了食品的益处主张简单饮食，将其作为必需品而不是享受来对待；伏胜诸根品说明收摄“六根”的必要性；忍辱品与弃加恶品指导修行者处理来自外部的干扰。以上这些要求都属于修行前的准备阶段。

修行道地经天眼见终始品第十五

【原文】其修行者假使睡眠，當念無常不久趣死。想於眾苦生死之惱，澡手盥面瞻視四方，夜觀星宿以自御心，棄捐懈怠不思臥寐；若睡不止當起經行，假令不定當移其坐。想欲見明，雖心中冥，思惟三光令內外明。於是頌曰：

“當念生死苦　觀罪覩四方

省視外光影　內心求照明
滅壞睡眠冥　若日消除闇
如是雖閉目　所見踰開者”

其修行者，常思見明，晝夜無異；分別大小、是非、所趣，遠行普學無所不博。思惟如是，則得道眼所見平等，無有彌延及淨居天。於是頌曰：

“雖為眠目常如開　禪定所見踰天眼
普視世間眾生類　徹達天上無不見”

其修行者已成道眼，悉見諸方三惡之處。譬如霖雨一旦晴除，有明眼人住於山頂，觀視城郭、郡國、縣邑、聚落、人民、樹木、花實、流水、源泉、師子、虎、狼、象、馬、羊、鹿及諸野獸，行來進止皆悉見之。於是頌曰：

“譬如明鏡及虛空　霖雨已除日晴明
有淨眼人住高山　從上視下無不見
又觀城郭及國邑　其修行者亦如是
覩見世間及禽獸　地獄餓鬼眾生處”

修行如是覩三千界，見人生死善惡所趣，是之名曰所達神通。於是頌曰：

“雖有甘露無上味　見三千世德踰彼
其修行道隨佛教　疾得神通無罣礙
佛皆普見一切淨　愍傷眾人故說此
決終始根令速度　以無極義而分別”

修行道地经天耳品第十六

【原文】其修行者適成天耳，便得徹聽亦無煩憒。譬如有人掘地求藏，本規索一并得餘藏；行者如是，本求天耳徹聽隨從，悉聞天上世間之聲。於是頌曰：

“計彼修行者　興法以善權
精勤得天眼　覩天上世間
徹聽自然生　所聞亦無限
如人地求藏　自然得餘寶”

譬如夜半眾人眠寐，一人獨覺上七重樓，於寂靜時聽省諸音，妓樂歌舞、啼泣悲哀、撾鼓之聲；修道所見亦復如是，心本寂靜，遙聽地獄啼嘑酸苦，見聞餓鬼及與畜生、天上、世間妓樂之音，是為天耳神通之證。於是頌曰：

“如夜眾庶皆眠寐　一人起上七重樓
靜心而聽一切人　妓樂歌舞之音聲
其修道者亦如是　天耳徹聞諸音聲
其在三界諸形色　悉曉了知其語言
從無央數大經義　我得其餘服甘露
譬如人病服良藥　今演世尊天眼教”

修行道地经念往世品第十七

【原文】假使修行，心自念言：“吾從何來致得人身？”以天眼視明心徹覩，本生為人若在

非人？譬如有人，從一縣邑復至一縣，識前往反坐起之處也！修行如是，自念本生所歷受身、名姓、好惡、壽命長短、飲食、被服，皆悉識之。彼沒生此，此終生彼，如是之比，知無央數所更生死。是號曰識本宿命神通。於是頌曰：

"以天眼覩曰修行　知無數劫所歷生
皆見過去可受身　譬如乘船自照面
佛所生處悉識念　吾觀諸經而鈔取
是為號曰昔所更　以慧之心採至要"

修行道地经知人心念品第十八

【原文】其修行者以天眼視人及非人，是非、善惡、端政醜陋，徹覩心行所明窈冥，喜瞋恚者其心如斯，志和悅者當所趣矣。於是頌曰：

"天眼之徹視　見諸人非人
覩察眾顏色　亦覩心所念
知其意本元　何緣獲此行
其修道悉省　懷瞋及和悅"

譬如有人坐於江邊，見水中物魚、鼈、黿、鼉及無央數異類之蟲。修行如是，覩眾生心所念善惡，了了無疑，是名神通知他人心所念善惡。於是頌曰：

"覺眼明了心清淨　　因修道行而獲斯
知他心念所思想　　猶如見樹根枝葉"

譬如賈客欲得水精之珠，便入江海則得此寶，并獲真珠、金剛、珊瑚、硨磲、馬瑙。修行如是，棄于睡眠專心在明，則得天眼并獲天耳、神足，自知己所從來，見他人本，是故修行當習覺明。於是頌曰：

"如以一事入江海　而獲無數大珍寶
修行如是除睡眠　天眼聽飛識本末
修行若斯志寂定　今吾所宣如佛教
見無量色踰天眼　覩眾生心念是非
其忍辱力踰於地　柔軟安和過於水
秉志堅固如須彌　越於人民超虛空
深慧過於江　如海無瞋恨
其德莫能及　願稽首最勝
其心而懷道　諸天所嗟歎
執心而一定　非以為歡喜
彼調柔等意　非以所增減
明德無輕戲　吾願稽首禮"

假使修行心有輕戲，便當思惟愁慼之法："會當歸死未得度脫，無常之法非歡喜時，所有恩愛會當別離。"於是頌曰：

"無數諸川流　滿若耶氾水
未度死河法　耗亂反歡喜
無量之恩愛　不久當別離

非常之惡對　各追隨罪福”(《大正藏》卷十五第 200-201 页)

【评说】天眼、天耳、念往世、知人心念等，都是禅定修行到一定阶段体验到的心理现象，它们大多是基于禅修锻炼到一定程度后对外界事物更敏锐的感知。佛教善于利用这些精神现象强化修行者的修行意愿。

卷　第　四

劝悦品第二十

【原文】假使修行發羸弱心，心自念言："我得善利，脱乎八難，得閑居自在。吾已逮遇一切智師而有歸命，其法無欲，眾僧具成；吾已梵行種道，而有成者，或向道者。眾人墮邪我順正道，餘人行反吾從等行；今吾不久為法王子，天上、人間難戒德香，不匿其功德得不惱熱，爾乃安隱服解脱味，日當飽滿獲救濟安，度於惡路無有恐懼，乘于寂觀入八道行，到無恐難趣泥洹城。"以是自勸，遵奉精勤。於是頌曰：

"修行設羸弱　常僥遇法利
吾得歸世尊　正法及眾僧
方便歡喜心　以勸羸弱意
常專思遵奉　是謂為修行
初學及道成　人雜如叢樹
以離於邪徑　便立在正路
戒德以為香　譬如林樹熏
忽然而解脱　得道則普現
而從佛生經法樹　因眾要鈔如採華
正法須臾有懈怠　欲令自勉故説是"(《大正藏》卷十五第 205 页)

【评说】本品介绍修行者的自我鼓励。这种力量来源于佛教所设定的世界观与价值观，完全接受它们的修行者能从中获取精神上的动力。

修行道地经行空品第二十一

【原文】設修行者有吾我想而不入空，則自剋責："吾衰無利用心罣礙，不順空慧樂吾我想。"憂慼自勉誘心至空，或誡其志誘之向之，因至本無三界皆空，萬物無常。有是計者，諫進其心令不放逸。於是頌曰：

"其不解空有我想　志則動起如樹搖
勸誘厥心向空無　不久當獲至本淨"

……其修行者亦當如是，誘進道心，使解空無除吾我想，因是習行遂入真空。於是頌曰：

"譬如王有俳　身遭重憂喪
陽笑除憂慼　心遂歡喜悦
修行亦如是　稍誘心向空
照耀近慧明　志定不動轉"

是故行者當順空教設誡其心，或中亂者起吾我想，則自思惟："譬如有人合集草木以用作

栰，欲渡廣河，其水急暴漂而壞栰。吾誘進心從來積日，勤苦叵言亂志卒起，違其專精有吾我想。”於是頌曰：

“譬如合集草木栰　山川江河漂之壞
愛欲之河急如是　意念于寂則向空”

“譬如夏月熱燋草木，得霖雨時，便復茂生五穀豐盛；吾思惟空則無吾我，設不思惟便興身想。”於是頌曰：

“譬如於彼霖雨時　諸枯草木悉茂生
設使修行思惟空　則捐吾我無想念”

修行自念：“吾所以坐，欲求滅度，實事叵求，設有我者可方求之，而我本空無有吾我。今欲分別身之本無，我何所是？寧有身乎？”於是頌曰：

“其處我想解乃覺　常諦觀之為本無
設使隨俗不自了　若如冥中追于盲”

其修行者退自思惟：“有身成我，衣食供養有餘與他，是為吾我，計本悉空。假使有難，先自將護然後救他；若捨身已，復有餘患，則當追護；人一切貪皆由身興，無復他討。是故知之，身為吾我。”於是頌曰：

“諸貪財色皆為身　設有恐難先自護
永不顧人唯慕己　是故俗人為吾我”

修行自念：“當觀身本六事合成。何謂為六？一曰地，二曰水，三曰火，四曰風，五曰空，六曰神。”何謂為地？地有二事：內地、外地。於是頌曰：

“地水火風空　　魂神合為六
身六外亦六　　佛以聖智演”（《大正藏》卷十五第205-206页）

【评说】在禅修中，观察身无吾我，以获得对“空”的感悟。佛教认为人的痛苦来自于对“吾我”的执著，因此修行就是反其道而行，去除这种执著。佛教认为组成人身的元素可以归纳为地、水、火、风、空、神，因此只要分别认识到这六类事物中无我，就可以破除执著。

【原文】何謂身地？身中堅者，髮毛、爪齒、垢濁、骨肉、皮革、筋連、五臟、腸胃、屎穢不淨。諸所堅者是謂身地。於是頌曰：

“人身積之若干種　髮毛爪齒骨皮肉
及餘體中諸所堅　是則謂為內身地”

彼修行者便自念言：“吾觀內地是我身不？神為著之與內合乎？身合為異吾我別乎？”當觀剃頭下鬚髮時，著於目前一一分髮，百反心察何所吾我？設一毛我，安置餘者？若毛悉是，斯亦非應為若干身。又除鬚髮從小至長亦難計量，若持著火燒其髮時，身便當亡。髮從四生：一曰因緣，二曰塵勞，三曰愛欲，四曰飲食。計是非身則無吾我，鬚髮眾緣合我適有。一髮墮地，設投於火，若捐在廁，以足蹈之於身無患，在於頭上亦無所益；以是觀之，在頭在地，等而無異。於是頌曰：

“頭上雖多髮　增減亦無異
設除及與在　亦不以為憂
諦觀察是已　則無有吾我
是故分別了　各各無有身”（《大正藏》卷十五第206页）

【评说】"发从四生：一曰因缘，二曰尘劳，三曰爱欲，四曰饮食"，佛陀时代已认识到饮食与头发的生长密切相关。

【原文】假使彼髪為吾我者，如截葱薤後則復生。以是計之，當復有我。所以者何？其葱薤者自毀自生，一切皆空非吾無我。假使鬚髪與神合者，如水乳合猶尚可別，設使鬚髪有吾我者，初在胎中受形識時，都無髪毛，爾時吾我為在何許？後因緣生，以是知之，髪無吾我，髪生不生，若除、若在，計無有身。以是觀之，草苗及髪一無有異。於是頌曰：

"假使鬚髪有吾我　便當可見如葱薤
身猶芻草剉斬之　觀體與草等無異"

其修行者思惟如是："本無有吾，今不見我。"曉了若斯不懷狐疑，如髪無我一切亦然。髪毛、爪齒、骨肉、皮膚悉無所屬，諦觀如是，地無吾我，我不在地。於是頌曰：

"身髪種類無吾我　分別體內百千段
於中求之無有身　譬如入水而求火"

其修行者心自念言："吾求內地都無吾我，當察外地。儻有吾我，依外地耶？"何謂外地？與身不連，麁強堅固離於人身，謂為土地、山巖、沙石、瓦木之形，銅、鐵、鉛、錫、金、銀、鍮石、珊瑚、虎魄、車磲、馬瑙、琉璃、水精、諸樹、草木、苗稼、穀物，諸所積聚。於是頌曰：

"山巖石瓦地樹木　及餘諸所有形類
其各離身眾殖生　是則名曰外地種"

其修行者觀於外地，則知內地無有吾我。所以者何？內地增減則有苦安；尚無有身，何況外地當有體耶？設有破壞斷截燒滅，墾掘剝裂不覺苦痛，寧可謂之有吾我乎？故外內地皆無所屬，等而無異。於是頌曰：

"譬如內地無吾我　何況在外而有者
以觀無我等無異　省之同空而不別"(《大正藏》卷十五第206页)

【评说】以上经文是对内外地的观察。

【原文】何謂為水？水為在我，我為在水？水有二事：內水、外水。何謂內水？身中諸軟，濕膩、肪膏、血脈、髓腦、涕淚、涎唾、肝膽、小便之屬，身中諸濕是謂內水。於是頌曰：

"肝膽諸血脈　及汗肪之屬
涕淚諸小便　身中諸濕者
散體有柔軟　與神不相連
通流遍身中　是謂為內水"

其修行者，涕唾在前諦觀視之：以木舉之我著此乎？假使依是日日流出，棄捐滅沒將定在外，不計是我，亦不護之。假使木擎有吾我者，盛著器中以何名之？如是觀者諦知無身。所以者何？計於形體無有若干，以此之比水種眾多，水則無我，內外亦爾。於是頌曰：

"假使我如水　水消我則滅
如身水稍長　我者亦應爾
如棄體中水　不貪計是身
諦觀如是者　則無有吾我"

其修行者復更省察：已見內水無有吾我，當觀外水為有我耶？我依水乎？何謂外水？不

在己者，根味、莖味、枝葉花實之味，醍醐、麻油、酒漿、霧露、浴池、井泉、溝渠、澇水、江河、大海、地下諸水，是謂外水。於是頌曰：

“地上諸可名水者　及餘眾藥根莖味
與身各別不相連　是則謂之為外水”

其修行者諦觀外水分別如是。而身中水尚無吾我，有所增減令身苦痛，何況外水而有身乎？設有取者於己無損，若有與者於身無益。以是觀之，此內外水等而無異。所以者何？俱無所有。於是頌曰：

“身中諸水無吾我　設有苦樂及增減
如是外水豈有身　苦樂增減而無患”（《大正藏》卷十五第 206-207 页）

【评说】以上经文是对内外水的观察。

【原文】今當觀察諸火種：火有我耶？我著火乎？何謂為火？火有二事：內火、外火。何謂內火、身中溫暖諸熱煩滿，其存命識消飲食者，身中諸溫此為內火。於是頌曰：

“身中諸煖消飲食　溫和存命諸熱者
是則體分及日光　斯謂名之為內火”

其修行者當作等觀：身中諸溫或熱著頭，或在手足、脊脇、腹背。如是觀者各各有異，計人身一不應有我，諦視如是則無所屬，是為內火。於是頌曰：

“分別計人身　心察火無我
所處若干種　各各不見我”

其修行者便自思惟：“吾求內火則無有身，當觀外火為有我乎？我依火耶？”何謂外火？與身不連，謂火及炎溫熱之屬，日月星宿所出光明，諸天神宮、地岸、山巖、鑿石之火，衣服、珍琦、金銀、銅鐵、珠璣、瓔珞及諸五穀、樹木、藥草、醍醐、麻油、諸所有熱是謂外火。於是頌曰：

“日月炎火及星宿　下地諸石光熱者
及餘一切諸溫暖　是則名曰為外火”

其修行者思惟外火所覩如是，則知外火不可稱數。火有二事：有所燒煮、火在草木不焚草木。所處各異，設外火中有吾我者，則不別異。以故知之外火無身，亦不在彼，內火、外火俱而無異。所以者何？等歸于空。於是頌曰：

“所以有此火　唯燒熱炊熟
山巖諸石子　所積聚如是
各各所在異　熾然不一時
外火無若斯　是故知無我”（《大正藏》卷十五第 207 页）

【评说】以上经文是对内外火的观察。

【原文】今當觀察：諸所風氣為有我耶？我在風耶？何謂為風？風有二事：內風、外風。何謂內風？身所受氣上下往來，橫起脇間、脊、背、腰風，通諸百脈骨間之風，掣縮其筋力風；急暴諸風興作動發則斷人命，此謂內風。於是頌曰：

“載身諸風猶機關　其斷人命眾風動
喘息動搖掣縮體　是則名曰為內風”

其修行者當作是觀：“此內諸風，皆因飲食不時節起及餘因緣；風不虛發，風若干種，步步之中各各起滅，於彼求我而不可得。以是言之，求於內風而無吾我。"於是頌曰：

"人身動風及住風　計若干種從緣起
此各殊異非有我　是故內風而無身"

其修行者心自念言："今求內風則無有我，當復察外。"何謂外風？不與身連，東西南北暴急亂風、飄風、冷熱多少微風、興雲之風、旋嵐動風、成敗天地及持水風，是謂外風。於是頌曰：

"四方諸風及寒熱　旋嵐之風亦成敗
持雲塵清并飄風　是則名曰為外風"

其修行者觀風如是，則自念言："外風不同，或大或小或時中適；或時盛熱持扇自扇，若有塵土而拂拭之；急疾飄風，則逝驚人；旋嵐之風立在虛空，天地壞時拔須彌山，兩兩相搏皆令破壞，舉下令上，飄高使墮，相撐碎壞皆使如塵。計身有一無有大小，外風既多又復大小，觀內、外風等無差特。所以者何？俱無所屬。"於是頌曰：

"若使執扇除汗暑　人身中風及旋嵐
虛空眾風亦無我　是則名曰為外風"(《大正藏》卷十五第 207 页)

【评说】以上经文是对内外风的观察。

【原文】其修行者皆能分別了此四大；雖爾未捨，不解身空所在作為，輒計有身亦言有吾。以觀本無，計內四種及外四種俱等無異。色、痛、想、行、識則為猗內亦無所猗。所以者何？其心意識而不在內，痛、想、行、識亦不與身四大相連。於是頌曰：

"當觀察此四種分　其無慧者常懷疑
色痛行識不連內　安當相著外四種"

其修行者假使狐疑，當觀本原能解其根，則知如審。譬如種樹而生果實，非是本子亦不離本；一切如是，因獲四大，如有五陰，則在胞胎成心精神，形如濁酪則生息肉，稍稍而成小兒之身，從少小身便至中年。是若干種本從胎起，既成就身，非初合身亦不離初，始從胎精稍稍成形，至于中年精神所處，四大種之變漸漸日長；以觀本無則無有我，等無差特四種法爾，精神所處漸漸成軀，其無精神亦轉長大。於是頌曰：

"內由心生實　如樹從子出
心如樹因果　外種亦如是
其身法亦然　因心念眾想
厥外種無意　安能有眾想"

譬如外種或有出金，後有工師或出銅鐵、或出鉛錫、或出銀者，或出鍮石、車磲、馬瑙、琉璃、水精、珊瑚、虎魄、碧英、金剛、金精眾寶，其於外種出如是輩琦璝珍異。計身內種胎中始生，若二肉搏名為眼相，其目中光有所見者名曰為睛，目中黑瞳因于內睛得見外形，內外相迎然後為識。識何所興？謂痛、想、行；若如從目生痛、想、行，耳、鼻、口、意亦復如是。內外諸種等亦無異，從內諸種心痛、想、行，本從內起不由于外。於是頌曰：

"有護於外種　用出金銀故
內種亦如是　二肉搏成眼
從眼根覩色　因色而成識
由心起眾想　內自在號識"

其修行者儻有是疑：所謂內種頗有踰者，所謂內中之內。或自覺言：“朦瞑之人不聞不了，其心反耶入於貢高，所見身者則是吾所，我為有體我或在內，觀他人身亦如是也！所覩如斯不能起踰。佛解人身四大，五陰及諸衰入，因號之身。我所、他人，計此內外凡俗言耳！如俗所言吾欲從之，設不從者儻有諍訟，學道之人未曾計形。”於是頌曰：

“我寧有勝乎　能超內我耶
愚騃亦如是　無慧隨邪見
言語有增減　凡俗所說耳
智慧除如是　分別無特異”

其修行者見知了了成清淨慧，設使內種是我所者，常得自在當制訶之，進退由人所以知之。無我者何不得自在？感於衰老鬚髮自白，爪長、齒落、面皺、皮緩，顏色醜變、筋脈為緩，肉損、傷骨、風寒熱至，相錯不和膿血濁亂，計外四大亦復如是。或有掘地山崩谷壞，地、水、火、風或增或損。用不自在是故無身，由此知之，內外諸種無吾非我。於是頌曰：

“生老病死至　猶尚不自在
外地亦如此　崩掘常增減
內眾事成身　外種亦若干
如實正諦觀　則知無吾我”

修行自念：“我心云何？”從久遠來，四大悉空反謂我所。譬如夏熱清淨無雲，遊於曠澤遙見野馬，當時地熱如散炭火，既無有水，草木皆枯，及若沙地日中炎盛。或有賈客失眾伴輩，獨在後行上無傘蓋，足下無履體面汗出，脣口燋乾熱炙身體，張口吐舌劣極甚渴，四顧望視其心迷惑，遙見野馬意為是水，謂為不遠似如水波，其邊生樹若干種類，梟、鴈、鴛鴦皆遊其中。“我當至彼自投坑底，復出除身垢熱及諸劇渴、疲極得解。”爾時彼人念是已後，盡力馳走趣於野馬，身劣益渴遂更困頓，氣乏心亂即復思惟：“我謂水近，走行有里，永不知至，此為云何？本之所見實是何水？吾自惑乎？”遂復進前，日轉晚暮，時向欲涼不見野馬，無有此水，心即覺之：“是熱盛炎之所作耳！吾用渴極，遙見野馬，反謂是水。”於是頌曰：

“遙見日盛炎　謂是流水波
以渴困極故　意想呼是河
時暮遂向涼　更諦察視之
乃知是野馬　吾惑謂為水”

修行自念：“吾本亦然，渴於情欲追之不息，著終始愛還自燋然，迷守疑想、癡網所蓋，野馬見惑；吾從久遠唐有是心，貪著于我謂是吾所。今已覺了所覩審諦，身所想見斯已除矣！”今覩六分無有吾我，觀一毛髮永不見有，況於體中毛孔諸物；解身一毛有若干說，況當講論一切地乎！於是頌曰：

“自觀其身謂有我　愚渴見炎亦如是
知此六分非我所　有是心者諸合德”

其修行者當復思惟：“愚者不明，發心生想是吾斯我。”彼意所念，眾想邪行；初起謂念，後起謂行；思是然後，心中風動令口發言，倚四大身計吾有我。是事皆空無吾、無我，唯是陰種諸入之根，是故有身因號名人。男子、丈夫、萌類、視息，載齒之種志從內動，因風有聲令舌而言。譬如大水高山流下，其震動暢逸行者聞之；亦如深山之嚮，呼者即應；人舌有言本從心起，亦猶如是。於是頌曰：

“依倚諸種想眾法　本從邪思起意念
因長成身有言說　出若干義如山川”

其修行者當復自念：“是四種身無吾、無我，轉相增害。”

……

修行如是等觀此義：“吾本自謂地、水、火、風四事屬我，今諦察之，已為覺知，是為怨家骨鎖相連。所以者何？身水增減，令發寒病有百一苦，本從身出還自危己也！若使身火復有動作，則發熱疾百一之患，本從身出還復自危也！風種若起，則得風病百一之痛也！地若動者眾病皆興。是為四百四病俱起也！是四大身皆是怨讎，悉非我許誠可患厭，明者捐棄未曾貪樂。”於是頌曰：

“火本在於木　相揩還自然
四種亦如是　不和危其身
明人常諦觀　省察其本原
是內四大空　此怨何為樂”(《大正藏》卷十五第207-209页)

【评说】分别观察地水火风中“无我”之后，还要分析“有我”这种错误认知的产生原因以及执著它们所带来的痛苦。

【原文】其修行者自思惟念：“吾觀四種，實非我所。當觀空種為何等類？空者有身？身為有空？”何謂空種？空有二事：內空、外空。何謂內空？身中諸空，眼、耳、鼻、口、身、心、胸、腹、腸胃、孔竅臭穢之屬，骨中諸空眾脈瞤動；是輩名為內空也！於是頌曰：

“如蓮華諸孔　體空亦如斯
骨肉皮動瞤　身內空無異”

其修行者當作斯觀：“身中諸孔皆名曰空，不從此空而起想念，不與空合。所以者何？意從心起，意意相續本從對生，其意法者當自觀心，觀他人心，心無亦空，無所依倚；以三達智察去、來、今皆無所有，若干方便省於內空永不見身，是故內空而無吾我。”於是頌曰：

“觀於內種何所在　永不得我如毛塵
是故身空心意識　譬如冥影但有名”

其修行者當作是觀：“已見內空悉無所有，當復觀外為何等類？為有我？我依之耶？”何謂外空？不與身連，無像色者，而不可見，亦不可獲，無有身形不可牽制，不為四種之所覆蓋；因是虛空分別四大，而依往反出入進退，上下行來，屈申舉動，下深上高；風得周旋火起山崩，日月星宿周匝圍繞，得因而行是為外空。於是頌曰：

“不見其色像　能忍無罣礙
眾人因往還　屈申及動作
眾水所通流　日月風旋行
山崩若火起　是謂為外空”

其修行者諦觀如是：“而身內空尚非吾所，況復外空而云我乎？”執心專精，內外諸空等無有異。所以者何？無有苦樂故也！不可捉持無有想念，已無心意，無有苦樂，不當計我。於是頌曰：

“是身中諸空　計體了無我
何況於外空　當復計有所

察於内外空　悉等無差異
以不與苦樂　離於諸想念”(《大正藏》卷十五第 209-210 页)

【评说】以上经文观察内外空。此处的“空”是指无填充的空隙、空间等，不是佛教的“空”。佛教的空性是指变异性。

【原文】今當觀察：心神之種，心有我，我依心神耶？何謂心神？心神在内不在外，心依内種得見外種而起因緣。神有六界：眼、耳、鼻、口、身、心之識也！彼修行者當作是知：目因色明，猶空隨心，以是之故便有眼識。於是頌曰：

“因内諸種大　及外眾四分
如兩木相鑽　火出識如斯
耳鼻身口意　分别成六事
色為罪福主　是名曰諸識”

其眼識者不在目裹，不在外色，色不與眼而合同也，亦不離眼。從外因色，内而應之，緣是名識。於是頌曰：

“譬如取火燧　破之為百分
而都不見火　觀火不離木
其諸識之種　計之亦若斯
因六情有識　察之不可分”

……

其修行者作是思惟：“譬如彼琴，興若干功爾乃成聲；眼亦如是，無風寒熱，其精明徹，心不他念，目因外明，所覩色者無有遠近，色無細微亦不覆蓋。識非一種，因是之緣便有眼識。”於是頌曰：

“如琴若干而得成　聲從耳聞心樂之
無有眾病目睛明　設無他念名眼識”

所從因緣起眼識者，其緣所合無常、苦、空、非我之物，因從眼識而致此患。設有人言：“有常樂命，是我所者。”是不可得，此為虛言，安可自云：“眼識我所。”以是知之，身無眼識也！眼識無常，心諸所想亦復如是。審諦觀者知其根本，一切諸法皆非我所。譬如御車摘取芭蕉之樹一葉，謂之為堅，在手即微，次第擿取至其根株無一堅固，亦不有要安能令剛也！修行如是，從初發意時，觀其毛髮：“為是我所？為在他所？”審觀如是，察其髮頭，一切地種、水、火、風、空，并及精神視察無身。

……

其修行者當作是觀：“吾未解道，計有吾我，恩愛之著，普護身色，老病將至，無常對到，忽盡滅矣！今適捨色心無所樂，以智慧法分别散壞四大、五陰。今已解了，色、痛、想、行、識諸入之衰，皆非我所，如今五陰非身所有，過去、當來、現在亦然。”其觀生死以如是者，便能具足得至脫門，欲求空者順行若斯。於是頌曰：

“其有習欲者　不捨恩愛著
普自將護身　如人奉敬親
若離於情欲　如月蝕光伏
知身如沙城　不復計吾我”

其修行者見三界空，不復願樂有所向生。何謂無願而向脫門？所有境界婬怒癡垢，假使起者制而不隨，是謂無願而向脫門。無想如是。已了是者，謂三脫門。其修行者所以專精，唯欲解空。於是頌曰：

“三界不見我　所覩皆為空
安能復求生　一切不退還
設心常思念　無想無願空
如在戰鬪中　降伏除怨賊
觀五陰本無　依倚在人身
過去及當來　現在亦如是
積聚勤苦身　一切悉敗壞
明者觀五陰　如水之泡沫
若得無想願　覩三界皆空
致三脫安隱　悉度眾苦惱
見吉祥不遠　如掌中觀文
是謂為沙門　無有終始患
省察覺佛諸經法　為求解脫永安隱
義深廣演說總哀　令行者解多講空”(《大正藏》卷十五第 210-211 页)

【评说】以上经文观察神识的作用。佛教对于心理活动的观察存在一定局限性，从观察内外的分析方法来看是将神识作为有实质的事物来看待的。

卷 第 五

神足品第二十二

【原文】其修行者，或先得寂而後入觀，或先得觀然後入寂；習行寂寞適至於觀便得解脫，設先入觀若至寂寞亦得解脫。何謂為寂？其心正住，不動不亂而不放逸，是為寂相；尋因其行心觀正法，省察所作而見本無，因其形相是謂為觀。譬如賣金，有人買者，見金已後不言好醜，是謂為寂；見金分別知出某國銀銅雜者，識其真偽紫磨黃金，是謂為觀。如人刈草，左手獲草，右手鎌刈，其寂然者如手捉草，其法觀者如鎌截之。於是頌曰：

“其心無瑕穢　不動名曰寂
若心遍省者　斯號謂法觀
手捉草應寂　鎌截之為觀
以是故寂然　微妙得解脫”

其修行者，觀人身骸在前在後等而無異，開目閉目觀之同等，是謂為寂；尋便思维，頭頸異處手足各別，骨節支解各散一處，是謂為觀。此骨鎖身因四事長，飲食、愛欲、睡眠、罪福之所緣生，皆歸無常、苦、空、非身，不淨朽積悉無所有，是謂為觀。取要言之，見而不察是謂為寂，分別其無是謂為觀。於是頌曰：

“見諸骨鎖不察省　心不濁亂是謂寂
分別其體頭手足　發意欲省是謂觀”

其修行者，何因專精求入寂然？無數方便而逮於寂，今取要言而解說之。因二事致：一惡露觀；二曰數息，守出入息。何謂為不淨觀？初當發心慈念一切皆令安隱，發是心已，便到塚間坐觀死人，計從一日乃至七日，或身膖脹其色青黑，爛壞臭處為蟲見食，無復肌肉，膿血見洿，視其骨節筋所纏裹，白骨星散甚為可惡，或見久遠若干歲骨，微碎在地色如縹碧；存心熟思，隨其所觀行步進止，臥起經行懷之不忘，若詣閑居寂無人處，結跏趺坐，省彼塚間所見屍形，一心思维。於是頌曰：

“欲省惡露至塚間　往到塚間觀死屍

在於空寂無人聲　自觀其身如彼屍”

其修行者，設忘此觀復往重視，還就本坐作無常觀，出入進止未曾捨懷，夙夜不懈一月一秋，復過是數專精不廢，經行、坐起、寢覺、住止，若獨若眾常不離心，疾病強健當以著志，不但以此無常、苦、空、非身為定也。所觀如諦不從虛妄。於是頌曰：

“察因緣觀若忘者　重到塚間觀視之

不但專觀無常苦　不轉其心省如見”

如在塚間所見屍形，一心思念初不忘捨，觀身亦然；觀死人形及吾軀體等無差特，若見他人男女大小，端正好醜裸形衣被，莊校瓔珞若無嚴飾，一心察之死屍無異，用不淨觀得至為寂。爾時修行常察惡露，譬如眾流悉歸于海。於是頌曰：

“我身死屍及大小　見其惡露等無異

心常專精未曾捨　譬如眾流入巨海”

爾時修行心自念言：“已是自在，心不違我，不復為惑。”即時歡喜以能甘樂致於奇特，竪立秉志不復隨欲；若見女人，謂是骨鎖非為好顏，察知審諦本所習欲以為瑕穢，離於情色不造眾惡，是第一禪。棄捐五蓋具足五德，離諸思想，遠眾欲惡不善之法，其心專念靜然一定，而歡喜安行第一禪，是謂為寂淡然之法。求之若此因惡露觀。於是頌曰：

“志自在如弓　心心相牽挽

觀女人皮骨　制意不隨欲

離瑕心清淨　身脫於眾惡

在世得自在　歡喜得禪定”

是第一禪續在穿漏諸漏未盡，如是行者住第一禪故為凡夫；計佛弟子故立在外，未盡應入室；如外仙人遠離於欲終始不斷，非佛弟子。修行如是，求第一禪甚亦難致，其餘三禪稍前轉易，譬如學射，遙立大准，習久乃中，習不休息工則析毛；初學一禪精勤乃致，其餘三禪學之則易。於是頌曰：

“其學第一禪　精勤甚難致

其餘三禪者　方便遂易坐

譬如學射法　初始甚難中

已能中大准　閉目破一毛

若第一禪寂然致　故是凡夫當訶教

非佛弟子在界外　已離愛欲似仙人”

其修行者，已得自在順成四禪，欲得神足，觀悉見空，省諸節解，眼、耳、鼻、口、項、頸、脇、脊、手、足、胸、腹及諸毛孔若如虛空。作是觀已，自見其身解解連綴如蓮花本，猶根諸孔觀如虛空，然後見身譬如革囊；漸察如是，便離形想唯有空想；已得空想無復色想，或習空想續見其體，但無所著也！欲覩身者則自見之，欲不覩者則亦不見；欲覩虛空則而見之，欲不覩者則亦不見。體心俱等，意在其內如乳水合，心不離身身不離心，堅固其志，以心舉身令去其座專心在空，如人持稱，令稱鎚等，正安銖兩，斤平已後手舉懸稱。修行如是，自擎其形專心念空。於是頌曰：

“其有修行者　神足飛如天
觀身諸骨節　毛孔皆為空
已離不計吾　專念想樂空
如大稱量物　舉身亦如是”

其修行者，習行如是便得成就，初舉身時去地如蟣，轉如胡麻，稍如大豆，遂復如棗。習舉如此至于梵天，乃到淨居諸天之宮，通徹須彌無所拘礙；入地無間出而無孔，遊於空中坐臥行住，身上出火身下出水，身上出水身下出火；從諸毛孔現若干光，五色之耀如日明照；能變一身以為無數，化作牛、馬、龍、象、騾、驢、駱駝、虎、狼、師子無所不現；發意之頃，普遊佛界旋則尋逮，是神足界通達之變。是神足者因四禪致，其四禪者因不淨觀、數息致之，是故修行當念惡露、數息思定。於是頌曰：

“因習學輕舉　如風無罣礙
身踊至梵天　悉觀諸天宮
飛行在虛空　如雲無禁制
入地如入水　在空如處地
從身自出火　若如日光明
身下雨其水　如月降霜露
專精得神足　自在無所礙
欲得捫梵天　自恣何況餘
欲至他方界　輕舉即能到
釋擲金剛疾　往返亦如是
自在而變化　能見無數形
如釋娛樂幻　樂神足亦然
遊于佛經甘露池　亦如大象入華泉
總說其義如本教　故歎詠是致神足”(《大正藏》卷十五第211-213页)

【评说】神足品描述了修行者以不净观和无常观为主，修习止观之后，渐次获得初禅至四禅的能力，并展现神足的神通。文中指出：“是神足者因四禅致，其四禅者因不净观、数息致之，是故修行当念恶露、数息思定。”

修行道地经数息品第二十三

【原文】其修行者自惟念言：“何謂無漏至第一禪？何謂名之世尊弟子？”若修行者在禪穿漏，當發是心：“我得一禪故為穿漏，以穿漏行第一之禪得生梵天；在上福薄，命若盡者，當墮地獄、餓鬼、畜生及在人間。”計此之輩雖在梵天，諦視比丘，不免惡道、凡夫之類也。所以者何？未解脫故。於是頌曰：

“設使始學得漏禪　其修行穿如漏器
雖生梵天當復還　如雨綵衣其色變”

……

其修行者自惟念言："從梵天還當歸惡道，在胞胎中，處熟藏上生藏之下，垢污不淨五繫所縛。"於是頌曰：

修行得漏禪　獲此適中半
則生在梵天　不能久常安
心中念如是　命盡歸惡道
如人假出獄　限竟還受考

……

修行自念："我身假使得無漏禪，爾乃脫於勤苦畏道，號曰佛子。所在飲食不為癡妄，以脫猶豫在于正道，得第一禪，徑可依怙入正見諦。"於是頌曰：

已得第一禪　無垢廣在行
猶終始難脫　當精進得道

修行自念："觀眾善惡乃致一禪，本從骨鎖而獲之耳！其形無常、苦、空、非身，因四事生。"於是頌曰：

其第一禪因身致　解四大成一心行
無常苦空脫吾我　觀如是者常精進

修行思惟所用察心，其心之本亦復非常、苦、空、非身，以四事成，皆從因緣轉相牽引，而由禍福心想依之，形歸無常、苦、空、非我，從四事成；如我受斯五陰之體空無所有，十二因連，去、來、今者亦復如是。欲界諸陰，色界、無色之界，陰想若斯，悉為羸弱，見三界空，其根本深及邪無正，震動然熾。覩無陰者皆為寂然，志在恬怕趣於無為，無他之念逮於泥洹。爾時心行和順不剛，修行於是以見審諦便成阿那含，不復動還，究竟解脫欲界之苦。於是頌曰：

其心思想悉和順　志所依倚因厭身
了五陰本去來今　皆見空無謂聖賢

修行自念："我身長夜為五陰蓋，臭處、不淨所見侵欺。"譬如摶掩兇逆之子，取瓶畫之，中盛不淨封結其口，以花散上、以香熏之，與田家子："汝持此瓶至某園觀，中盛石蜜及好美酒，住待吾等，我各歸家辦作供具相從飲食，堅持莫失，顧卿勞價。"田家子信，抱瓶歡喜，心自念言："今當自恣飲食娛樂。"至其園觀不得令蠅而住其上，遂待經時過日中後，腹中飢渴怪之不來，憂慼難言。日欲向暮，上樹四望不見來者，下樹復持，須留眾人遂至黃昏，心自念言："度城門閉，眾人不來，今此石蜜美酒畫瓶已屬我矣！當以賣之可自致富，先應嘗視。"便淨澡手開發瓶口，則見瓶中皆盛不淨，爾乃知之："諸博掩子定侵欺我。"修行如是，已覩聖諦乃自曉了，從久遠來為是五陰所侵欺。於是頌曰：

先死載眾身　五陰所侵期
常更歷苦樂　謂有我人壽
修行五樂欺　然後自見侵
如人得畫瓶　發之知不淨

……

其修行者亦復如是，患厭愛欲，發污露觀，求致寂然。於是頌口：

其修行者已離欲　厭於五樂亦如是
如人見婦病眾瘡　無央數疾臥著床

【评说】在禅修之前，修行者首先要调整心态，收摄心理活动，唤起修行动机，以最佳的精神状态开始禅修。

【原文】何謂修行數息守意求於寂然？今當解說數息之法。何謂數息？何謂為安？何謂為般？出息為安，入息為般；隨息出入而無他念，是謂數息出入。何謂修行數息守意能致寂然？數息守意有四事行，無二瑕穢，十六特勝。於是頌曰：

"其修行者欲求寂　當知安般出入息
無有二瑕曉四事　當有奇特十六變"

何謂四事？一謂數息，二謂相隨，三謂止觀，四謂還淨。於是頌曰：

"當以數息及相隨　則觀世間諸萬物
還淨之行制其心　以四事宜而定意"

何謂二瑕？數息或長或短是為二瑕。捐是二事。於是頌曰：

"數息設長短　顛倒無次第
是安般守意　棄捐無二瑕"

何謂十六特勝？數息長則知，息短亦知，息動身則知，息和釋即知，遭喜悅則知，遇安則知，心所趣即知，心柔順則知，心所覺即知，心歡喜則知，心伏即知，心解脫即知，見無常則知，若無欲則知，觀寂然即知，見道趣即知。是為數息十六特勝。於是頌曰：

"別知數息之長短　能了喘息動身時
和解其行而定體　歡悅如是所更樂
曉安則為六　志行號曰七
而令心和解　身行名曰八
其意所覺了　因是得歡喜
制伏心令定　自在令順行
無常諸欲滅　當觀此三事
知行之所趣　是十六特勝"

何謂數息？若修行者坐於閑居無人之處，秉志不亂數出入息，而使至十從一至二，設心亂者當復更數一二至九，設心亂者當復更數，是謂數息。行者如是晝夜習數息，一月一年至得十息心不中亂。於是頌曰：

"自在不動譬如山　數出入息令至十
晝夜月歲不懈止　修行如是守數息"

數息已定當行相隨。譬如有人前行，有從如影隨行；修行如是，隨息出入無他之念。於是頌曰：

"數息意定而自由　數息出入為修行
其心相隨而不亂　數息伏心謂相隨"

其修行者已得相隨，爾時當觀。如牧牛者住在一面遙視牛食；行者若茲，從初數息至後究竟，悉當觀察。於是頌曰：

"如牧牛者遙往察　群在澤上而護視
持御數息亦如是　守意若彼是謂觀"

其修行者已成於觀，當復還淨。如守門者坐於門上，觀出入人皆識知之；行者如是，係心

鼻頭，當觀數息，知其出入。於是頌曰：

“譬如守門者　坐觀出入人
在一處不動　皆察知人數
當一心數息　觀其出入意
修行亦如是　數息立還淨”

何謂數長？適未有息而預數之，息未至鼻而數言二，是為數長。於是頌曰：

“尚未有所應　而數出入息
數一以為二　如是不成數”

何謂數短？二息為一。於是頌曰：

“其息以至鼻　再還至於臍
以二息為一　是則為失數”

何謂數息而知長？其修行者，從初數息，隨息遲疾而觀察之，視忖其趣；知出入息、限度知之，是為息長。數息短者亦復如是。於是頌曰：

“數息長則知　息還亦如是
省察設若此　是謂息長短”

何謂數息動身則知？悉觀身中諸所喘息；入息亦如是。何謂數息身和釋即知？初起息時，若身懈惰而有睡蓋，軀體沈重則除棄之，一心數息；數息還入亦復如是。何謂數息遭喜即知？若數息時歡喜所至；息入如是。何謂數息遇安即知？初數息時則得安隱；息入如是。何謂數息心所趣即知？起數息想，觀諸想念；入息如是。何謂心柔順數息即知？始起息想，分別想念而順數息；息入亦爾。何謂心所覺了數息即知？初起息想，識知諸觀而數息；息入如是。何謂數息歡悅即知？始數息時，若心不樂，勸勉令喜以順出息；入息如是。何謂心伏出息即知？心設不定，強伏令寂而以數息；入息如是。何謂心解脫即知？若使出息意不肯解，化伏令度而數出息；入息如是。何謂數息見無常即知？見諸喘息皆無有常是為出息；入息如是。何謂出息無欲即知？見息起滅，如是離欲，是為觀離欲出息即知；入息如是。何謂觀寂滅數息即知？其息出時觀見滅盡，是為觀寂出息即知；入息如是。何謂見趣道數息即自知？見息出滅處，覩是以後心即離塵，以離無欲棄於三處志即解脫，將護此意是為數息。出息入息如是，為十六將勝之說。

行者所以觀出入息，用求寂故令心定住，從其寂然而獲二事：一者凡夫，二者佛弟子。何謂凡夫而求寂然？欲令心止住，除五陰蓋。何故欲除諸蓋之患？欲獲第一禪定故。何故欲求第一之禪？欲得五通。何謂佛弟子欲求寂然？所以求者欲得溫和。何故求溫和？欲致頂法；見五陰空悉皆非我所，是謂頂法。何故求頂法？以見四諦，順向法忍。何故順求法忍？欲得世間最上之法。何故求世最上之法？欲知諸法悉皆為苦，因得分別三十七道品之法。何故欲知諸法之苦？欲得第八之處。何以故？志第八之地，其人欲致道跡之故。

何謂凡夫數息因緣得至寂然？心在數息，一意不亂無有他念，因是之故，從其數息得至寂然，從其方便諸五陰蓋皆為消除。爾時其息設使出入，常與心俱緣其想念；入息如是。若出入息觀察所趣是謂為行，心中歡喜是謂忻悅，其可意者是謂為安，心尊第一而得自在是為定意，始除五蓋心中順解從是離著。何謂離著？遠於眾想愛欲不善之法行也！如是念想歡喜安隱，心得一定除斷五品，具足五品因其數息，緣致五德得第一禪。已得第一禪習行不捨，一禪適安堅固不動，欲求神通志于神足，天眼洞視、天耳徹聽，知從來生、知他心念恣意自在。

譬如金師，以紫磨金自在所作瓔珞、指環、臂釧、步瑤之屬，如意皆成；已得四禪自在如是，此為五通。

何謂佛弟子數出入息而得寂然？其修行者坐於寂靜無人之處，斂心不散，閉口專精觀出入息，息從鼻還轉至咽喉，遂到臍中，從臍還鼻。當省察之，出息有異、入息不同，令意隨息，順而出入，使心不亂，因是數息志定獲寂。於是中間永無他想，唯念佛、法、聖眾之德，苦、習、盡、道四諦之義，便獲欣悅，是謂溫和。如人吹火熱來向面，火不著面但熱氣耳！其火之熱不可吹作，當作是知溫和如斯。

何謂溫暖法？未具足善本，凡有九事：有微柔和、下柔和、勝柔和，有中、有中中、有勝中，有上柔和、有中上、有上上柔和。知彼微柔和、下柔和，是謂溫和之善本也！其中下、中中、中上是謂法頂之善本也！其下上、中上、上上柔和是謂為諦柔和法忍。上中之上是謂俗間之尊法也！是九事善本之義，故是俗事諸漏未盡。修行若得溫和之行，執數息想因此專念，息若還者意隨其息，無他之念；若息出者知息往反，心入佛、法及在聖眾，苦、習、盡、道如在溫和。

其心轉勝是謂頂法。若如有人住高山上觀察四方，或上山者或有下者，或入聖道或入凡夫地。其修行者已得頂法，入凡夫地甚可憂之。譬如山水流行瀑疾起曲橫波，有人欲渡，入水而泅欲至彼岸，迴波制還令在中流，既疲且極遂沈波水沒在其底；其人心念定死不疑，岸邊住人代之憂慼。修行如是，已得明師，夙夜覺悟結跏趺坐，麁衣惡食坐於草褥，困苦其身；作行如是反為生死流波所制，投于恩情不能專一，沒於終始眾想流池，安得道明？是故行者當代憂愁。譬如導師多齎財寶，歷度曠野嶮厄之路，臨欲到家卒遇惡賊亡失財物，眾人悒悒也！當為修行懷憂如是。譬如田家耕種五穀，子實茂盛臨當刈頃，卒有雹霜傷殺穀實，唯有遺草，其人憂愁；修行如是，已得頂法，入凡夫地當為悒悒。

得頂法已而復墮落，或遇惡友念於愛欲，不淨為淨、淨為不淨，喜遠遊行不得專精，或遇長疾或遇穀貴，飢匱困厄不繼糊口，或念家事、父母、兄弟、妻息、親屬，或坐不處憒閙之中。已得頂法未成道果，衰老將至心遂迷惑，忽得困病命垂向盡，曾所篤信佛法、聖眾、苦、習、盡、道永不復信；當習于定而反捨之，當觀不觀精進更懈，本所思法永不復起，以是之故從其頂法而退墮落。

何謂頂法而不退還？如曾所信日信增益，如本定心遂令不動，所觀弗失，常察精進轉增于前，所思念法專精不捨，以是之故不退頂法。

修行如是，因其專精而心想一，各各思维究竟之法，初未曾動不念新故，如是即知出息有異、入息不同；出入息異令其心生，見知如此無所畏想，是謂為中中之上而得法忍。心無所想而作是觀："前意、後意未曾錯亂，分別察心云何往反？"是謂上中之下柔順法忍。設使其心，愛於專思志不移亂，是謂上中柔順之法。其忍何所趣順？趣順四諦如審諦住，心以如是遂至清淨，是謂為信；雖爾獲此未成信根。以得是信，身口心強，是謂精進；尚未能成精進之根。志向諸法，是謂有心；未成念根。以心一志，是謂定意；未成定根。其觀諸法分別厥義，是謂智慧；未成慧根。計是五法，向于諸根，未成道根；有念有想尚有所在，而見有邊未成定意。是謂上中之上世俗尊法。(《大正藏》卷十五第 215-218 页)

【评说】以上经文介绍数息观的整体内容，描述了修习过程中的操作步骤、各阶段征象以及要点。

【原文】其修行者當知了之，色起滅處，痛、痒、法、意。觀起滅本，察其因緣過去、當來；

行無願定，隨入脫門察生死苦；計斯五陰即是憂患，無有狐疑。爾時則獲解苦法忍。

已見苦本，便見慧眼，除于十結。何謂為十：一曰貪身，二曰見神，三曰邪見，四曰猶豫，五曰失戒，六曰狐疑，七曰愛欲，八曰瞋恚，九曰貢高，十曰愚癡。棄是十結已獲此心，則向無漏入於正見，度凡夫地住于聖道，不犯地獄、畜生、餓鬼之罪，終不橫死，會成道跡，無願三昧而行正受，已向脫門。未起惡法則不復生，諸惡自盡；未起法念當使興發，所興善法令具足成；心已如足隨其所欲，是謂自恣；令志專一，是謂自在定意。從是次第信、念、精進、觀察、護命，是謂為信；思惟其行，是謂自恣三昧；專精于道而獲神足，假使修行身、口、心強，是謂精進定意之法。志專心識，是謂意定。欲入道義，是謂察誡定意。以是之緣致四神足。已獲神足，是謂信根；身心堅固，謂精進根；所可思法，是為意根；其心專一，是謂定根；能分別法而知所趣，是謂智慧根。以是之故具足五根。

其信溫和，是謂信力，精進力、意力、寂意力、智慧力亦復如是。

成就五力能及諸法，則心覺意；分別諸法，是謂精求諸法覺意；身心堅固，是謂精進覺意；心懷喜踊得如所欲，是謂忻悅覺意；身意相依，信柔不亂，是謂信覺意；其心一寂，是謂定覺意；其心見滅婬、怒、癡垢，所志如願，是護覺意。以是之故七覺意成。

設使別觀諸法之義，是謂正見；諸所思惟無邪之願，是為正念；身意堅固，是為正方便；心向經義，是為正意；其心專一，是為正定。身意造業是三悉淨，爾乃得成八正道行。此八正道中，正見、正念、正方便，計是三事屬觀；其正意、正定是二事則屬寂然。是觀、寂二，如兩馬駕一車乘行。

若無漏心不專一法，遍入三十七品之法，以是具足此三十七法，便解知苦；如是之比，即得第二無漏之心。

爾時思惟："如今欲界五陰有苦，色界、無色界同然無異。"是謂知苦隨忍之慧則成就，建第三無漏之心。

已得是行，用見苦故，除十八結已，過色界，超無色界，順宜慧者即得第四無漏之心。

已獲四無漏心，便度三界勤苦之瑕，即自了之："吾已度患，無有眾惱，為得度苦。"則自思惟："苦本何由？恩愛之本而生著網，從久已來習此恩愛遭患于今，永拔愛根則無眾惱。"已難恩愛欣樂可意，何從而有？是謂解習斷除法忍，是為第五無漏之心。

除於欲界諸所習著，則捐七結，便為知拔欲界諸患，是謂第六無漏之心。

修行自念："色界之本，本從何興？諦觀其元，從欲而起。"樂出恩愛可意而悅，是為第七無漏之心。

以有此行度於色界，其無色界十二諸結心隨習慧，是為第八無漏之心。是謂八義佛之初子。

爾時心念："吾見三界以除苦習，於欲無愛，是謂安隱。"則樂寂滅可意甘之，是為滅盡法慧之忍，斯為第九無漏之心。

已獲此義見本滅盡，於欲界除七結之縛，是為第十無漏之心。

則自念言："若不著色及無色界，此謂為寂。"是為第十一無漏之心。

則除十二諸結之疑，已度此患即得滅盡之慧，是為第十二無漏之心。

爾時自念："得未曾有！"如佛、世尊解法乃爾，因斯道義，知欲界苦，則棄捐之。知從習生，則離於習，得至盡滅，因此得入法慧道忍，是為第十三無漏之心。

爾時以道覩於欲界則棄八結，去是然後會當獲此興隆法慧，是為第十四無漏之心。

應時心念得未曾有，以是道行解於色界、無色之苦，而除諸習證於盡滅，是為第十五無漏之心。

道從其志除十二結，於色、無色界除是結已，則興道慧，是為第十六無漏之心。

應時除盡八十八諸結，當去十想結。所以者何？如從江河取一滞之水，究竟道義如江河水，其餘未除如一滞水，即成道跡會至聖賢。七反生天、七反人間，永盡苦本。其修行者，以是之比拔眾惱根，斷生死流，心則欣悅；已度三塗不犯五逆，離於異道遇其所知，不從外道悕望榮冀。眾祐之德不更終始，七反之患未曾犯戒，見無數明晝夜歡喜。譬如有人避飢饉地至豐賤國，脫嶮得安，繫獄得出，如病除愈心懷喜踊。修行如是，因安般守意則得寂滅，欲求寂然習行如是。於是頌曰：

"覺了睡眠重懈怠　分別身中息出時

修行息入念還得　是謂身息成其行"(《大正藏》卷十五第 218-219 页)

【评说】通过禅修得到一定的心理省察能力后，可以利用这种能力检验自己的身心活动，进一步理解生命现象。

卷　第　六

观品第二十四

【原文】其修行者，何謂為觀？若至閑居獨處樹下，察五陰本見如審諦。苦、空、無常、非身之定，色、痛、想、行、識身則本無，五十五事無可貪者亦無處所。於是頌曰：

"以行忍辱得法觀　察五陰本所從興

覩見過去來現在　分別喻說五十五"

何謂五十五事？是身如聚沫不可手捉，是身如海不厭五欲，是身如江歸於淵海趣老病死，是身如糞明智所捐，是身如沙城疾就磨滅，是身如邊土多覩怨賊，是身如鬼國無有將護，是身如骨背肉塗血澆，是身如髓筋纏而立，是身如窮士淫怒癡處，是身如曠野愚者為惑，是身如嶮道常失善法，是身如塼冢百八愛所立，是身如裂器常而穿漏，是身如畫瓶中滿不淨，是身如溷九孔常流，是身如水瀆悉為瑕穢，是身如幻以惑愚人不識正諦，是身如蒜燒毒身心，是身如朽屋敗壞飲食，是身如大舍中多蟲種，是身如孔淨穢出入，是身如萎華疾至老耄，是身如露不得久立，是身如瘡不淨流出，是身如盲不見色本，是身如宅四百四病之所居止，是身如注漏諸瑕穢眾垢所趣，是身如篋毒蛇所處，是身如空拳以欺小兒，是身如塚人見恐畏，是身如蛇瞋火常燃，是身如癲國十八結所由，是身如故殿死魅所牽，是身如銅錢外現金塗皮革所裹，是身如空聚六情所居，是身如餓鬼常求飲食，是身如野象懷老病死，是身如死狗常覆蓋之，是身如敵心常懷怨，是身如芭蕉樹而不堅固，是身如破船六十二見為之所惑，是身如婬蕩舍不擇善惡，是身如朽閣傾壞善想，是身如喉痺穢濁在內，是身無益中外有患，是身如塚而無有主為婬怒癡所害，是身無救常遭危敗，是身無護眾病所趣，是身無歸死命所逼，是身如琴因絃有聲，是身如鼓皮木裹覆計之本空，是身如坏無有堅固，是身如灰城風雨所壞歸老病死。以是五十五事觀身瑕穢，是身欺詐懷無反覆，不信親厚哀之反捨無有親踈；譬如夢、幻、影、嚮、野馬忽然化現；若如怨家常恭敬之，奉事供給而求可意，沐浴、櫛梳、飲食、衣被、安床、臥具隨所便宜，牽人向窮、老、病、死患。於是頌曰：

“常飲食此身　五欲令自恣
求安如親友　諦省是怨仇
無救無所護　常懷無反復
牽人至患害　入生老病死”

人死已後，皆當爛壞，犬獸所食，或有見燒枯骨散地。因無數法，當觀斯身，譬如癰瘡，若如箭鏃在體不拔，猶若死罪都市之處。察體眾惱，生在終沒；有所貪著，名曰為色；觀身為軟，所遭安危，名曰痛痒；有所了知，名曰為想；心念為行；分別諸趣，名曰為識。於是頌曰：

“計之眼色主所觀　是身獲致因本緣
柔軟之等以成行　以無色心察眾德”

……無想之陰、痛痒、行、識，所更為軟，想、行、識然。於是頌曰：

“如江河邊地　沙中有行足
以見象遊跡　如有群象過
如是計細滑　至于法識念
多所而照現　起滅之因緣”

如是無色眾想之念，皆依倚色，然後有色法；譬如兩束葦相倚立。於是頌曰：

“無色多所倚　有色依無色
如枝著連樹　名色亦如是”

其無色法依有色分別，有色則亦無倚無色之著。如先有鼓然後出聲，聲之與鼓各異不同，鼓不在聲聲不在鼓；名色如是各異不合，轉相依倚乃有所成。其無色陰不得自在，非己力興。……色法如是，非獨能立；無色亦然，展轉相依。於是頌曰：

“思惟諸法非獨成　其有色法無色然
在於世間轉相依　譬如盲跛相騎行”

其名色者轉相依倚，譬如鼓音，如弓絃箭，而相恃怙不合不別。萬物如是，從因緣成，無有力勢不得自在，悉從緣起見事乃興。修行若斯，而察法本知有起滅，本無所有忽自然現，則復滅沒；無生則生，無起則起，皆歸無常。於是頌曰：

“五陰常屬空　依倚行羸弱
因緣而合成　展轉相恃怙
起滅無有常　興衰如浮雲
身心想念法　如是悉則壞”

其修行者，常以四事觀其無常：一曰所生一切萬物皆歸無常，二曰其所興者無有積聚，三曰萬物滅盡亦不耗滅，四曰人物悉歸敗壞亦不盡滅。以是之故，不生者生，不盡者盡。見諸萬物，當作是察起滅存亡；以斯觀者無所不知，悉能覩見靡所不了。於是頌曰：

“人物雖有生　不積聚不滅
亦不捨眾形　雖沒而不滅
雖終相連續　皆從四因緣
觀萬物如是　超越度終始”

假使修行專自思念：“東西南北所有萬物皆歸無常，擾動不安，適起便滅莫不趣空；始生已來，無常之事，老、病、死患常逐隨身。”作是觀者，不著三處，不樂四生，無住五識。其心不入九神所居，設使更生則除三結：一曰貪婬，二曰犯戒，三曰狐疑。則成道跡趣於無為，譬如流江會歸于海。於是頌曰：

“觀萬物動起　念之悉當過
愛欲之所縛　一切皆無常
欲得度世者　悉捨諸欲著
是名曰道跡　流下無為然”

其修行者所觀如是，自察其身則是毒蛇。……修行如是，已逮道諦，見一切形皆猶毒蛇，以是之故得至于觀；欲求觀者當作是察。於是頌曰：

“譬如熾火然　人遽出要器
反挾於蚖篋　謂是珍寶物
發篋見弊惡　毒蚖盛滿中
其時便即棄　爾乃知非寶
修行計如是　諦觀計本無
以解於四諦　覩身如四蚖
作是行諦觀　常思念道德
以逮得無為　除苦乃獲安
自度入脫門　免他諸瑕穢
是故分別說　觀察無常法”(《大正藏》卷十五第 219-220 页)

【评说】如何观察内外身心活动，佛教总结出了五十五事，“苦、空、无常、非身之定，色、痛、想、行、识身则本无，五十五事无可贪者亦无处所”。五十五事是五十五种体现空性无常的比喻，可以加深修行者的感悟。

修行道地经学地品第二十五

【原文】其修行者已得道跡，見諸五樂皆歸無常，不能盡除。所以者何？用見色、聲、香、味、細滑之念。於是頌曰：

“已得成就為道跡　思智慧解五樂無
覩愛欲界如怯馬　心不著色續未斷”

……道跡如是，本長夜習在愛欲瑕，須臾之間離於情欲，適見好色婬意為動。所以者何？諸根小制未得盡定。於是頌曰：

“已見色欲本所習　雖使解義至道跡
頭戴想華續聞香　如江詣海志欲然”

道跡自念：“我身不宜習于婬欲如餘凡夫。”說情欲穢樂於無欲，滅盡然熾，習污露觀晝夜不捨。習如是者，婬、怒、癡尠，得往來道，一返還世，斷勤苦原。已得往還，於諸愛欲無起清淨，婬怒癡薄，心尚未斷因有惱患。……若見外形端正殊好，婬意為動；設說惡露瑕穢不淨，婬意為滅。於是頌曰：

“變化人身如脫鎧　作婬鬼形詣塚間
便噉死屍如食飯　夫爾乃知是羅刹”

得往還道者，心自念言：“吾於欲界三結已薄，其餘尠耳！逮望聖諦見愛欲之瑕，多苦少安不宜習欲。如凡眾庶志在情欲，若如蒼蠅著於死屍。吾何方便除婬、怒、癡，令滅無餘，得盡漏禪，然後安隱如淨居天？”於是頌曰：

“已得於往還　修行一反生
则見欲不可　習之未永斷
婬欲火雖熾　不能危其心
以作惡露觀　增欲如羅刹”

……

爾時修行作惡露觀，永脱色欲及諸怒癡，諦見五陰所從起滅，滅盡為定。知見如是，便斷五結而無陰蓋，得不還道。不退還世，以脱愛欲，無有諸礙婬鬼之患。於是頌曰：

“以脱愛欲疾病困　常惡露觀除諸患
永離恐畏遠苦安　成不還道等第三”

……

爾時修行樂於禪定省于愛欲，如彼估客惡不淨水。……修行已得不還之道，亦復如是，見諸生死五道所樂，猶小兒戲也，轉更精進欲脱終始，不樂求生。於是頌曰：

“譬如有小兒　在地弄不淨
年遂向長大　捨戲轉樂餘
修行亦如是　求獲度三界
爾時遂精進　具足成四道”

……

當求一心至無學地，諦見無著。於是頌曰：

“佛愍眾生演　能濟一切苦
吾察佛諸經　歎說無學地”（《大正藏》卷十五第 220-222 页）

【评说】学地，是指修行者还处于修行道中，需要通过种种观察坚持修行。这种观察是对修行动机的强化。

修行道地经无学地品第二十六

【原文】其修行者已在學地不樂終始，已無所樂不貪三界，超色、無色，斷一切結；志念、根、力及諸覺意，見滅為寂是謂永定。覩觀如是，離色、無色，遠戲、自大。於是頌曰：

“心已住學地　曉了諸學意
制於生死畏　滅恐無所樂
眾患盡無餘　所見如審諦
除戲及自大　消癡亦如是”

修行自念：“當知今時已成羅漢得無所著，諸漏永盡修潔梵行，所作已辦棄捐重擔，逮得己利生死則斷，獲平等慧超出溝塹，鋤去穢草無有穿漏，成聖賢幢已度彼此。”於是頌曰：

“修行住學地　不動成聖道
已逮得己利　度苦常獲安
盛熱山源竭　永盡無流水
奉敬離調戲　是謂無所著”

已斷五品為人中上。於是頌曰：

“已斷於五品　具足成六通
蠲除諸塵勞　如水浣衣垢

而離生死患　依度得安隱
是謂為政士　最上無塵埃”

斯謂阿羅漢得無所著，應服天衣處于神宮，遊居紫殿飲食自然，百種音樂常以樂之，歡喜踊躍便從坐起，口宣揚言：“今者吾身為十力子，逮得是者，天上、世間一切眾祐；其奉敬者，增益天種損阿須倫。”於是頌曰：

“巍巍四德成六通　忍辱之慧求最上
順於佛教致究竟　是故講說無學地”（《大正藏》卷十五第 223 页）

【评说】本品描述已经完成修行者的身心状态。

修行道地经无学品第二十七

【原文】其修行者住於有餘泥洹之界，畢故不造不復受身，而心專一未曾放逸，在諸色、聲、香、味、細滑，離一切著無復取捨，窮盡苦根。於是頌曰：

“已得度無為　永都無所欲
立於有餘地　畢故不造新
不在色聲香　諸味細滑斷
譬之若蓮花　不著于塵水
諸根為已定　不隨諸入惑
如金不雜鐵　永與生死別
無有因緣著　爾乃長安隱
是謂閑居行　滅盡勤苦根”

……修行如是，設至無餘泥洹之界而滅度者，漸漸免苦，是故此經名曰修行。於是頌曰：

“若如以鎚鍛燒鐵　火焰忽出便復滅
其修行法亦如是　以得滅度不知處
譬如天雨而有泡　其泡適壞不知處
設有行者得滅度　永不可知其所湊
諸天神仙龍人民　不見度者何所至
其修行者非常空　聰明智慧得滅度
假令行者以獲斯　計于甘露莫踰是
爾乃覺了長安隱　已得滅度令無餘
其佛世尊說是喻　如鎚鍛鐵火炎出
以漸向於滅度者　永不可知神所趣
已得滅度道　平等解如是
佛智慧明者　其神安不動
已濟諸瑕穢　生死自大離
獲致彼無欲　清淨淡如淵”

其有奉行是道地教，漸得解脫至於無為。於是頌曰：

“其求無為欲滅度　永離濁亂逮甘露
當講說斯修行經　從佛之教冥獲炬
其有說此經　假使有聽者

佛當示其路　常安無窮極”

學如是者便得究竟，修行道地心如虛空，五通自然不懼終始，永若燈滅。（《大正藏》卷十五第 223 页）

【评说】本品描述修行终点的情况。

道　地　经

天竺须赖拏国三藏僧伽罗刹汉言眾护造后汉安息国三藏安世高译

【提要】本经为《修行道地经》略出，内容相同，而文更精简。本经虽以经命名，实则为论，全经共分“三十品”，分别为：集散品、五阴本品、五阴相品、分别五阴品、五阴成败品、慈品、除恐怖品、分别行相品、劝意品、离颠倒品、晓了食品、伏胜诸根品、忍辱品、弃加恶品、天眼见终始品、天耳品、念往世品、知人心念品、地狱品、劝悦品、行空品、神足品、数息品、观品、学地品、无学地品、无学品、修行品、缘觉品、菩萨品。从各品题目即知其论述内容囊括从观察五蕴至修行得果的佛教修行过程。

从集散品至弃加恶品，主要解释佛教修行的宗教目的和应掌握的知识；天眼见终始品至神足品介绍修行所得神通；数息品至无学品介绍修行方法及所得成就；最后三品则分析三种佛教修行者的特性。《阅藏知津》认为，修行、缘觉、菩萨三品中已显示出法华经的思想。每一品的内容都分正文和偈颂两部分，偈颂内容是对正文的概括，以便于记忆。

散种章第一

【原文】何等為不可行？何等為可行？何等為行者？何等為地者？

不可行者，名為念欲、念瞋恚、念侵、念國不念死，隨惡知識，不持戒、不受慧、不攝意、不受教，行不問；自斯身念、色想念，常樂想淨；自計身不慧，郡縣居、羸人並居；念色瞢瞢，不離貪；多欲、多恚、多癡、多因緣、多食；捨行、貪身欲、睡眠、忘意、疑過，精進失精進，畏怖不攝根，多事、多說、多業、多作事；久倒教，倒意計。是亦如是，今世法從道或離道，是名為不可行。

是何以不可行？離無為故，從後縛束說，瞋恚欲殺，常身樂淨受想，不慧不隨，從若干惡，佛說是不可行。

何等為可行？念出，不念瞋恚、不念殺，近明知識，持戒淨，不多食事；問自身不斯念非、念不好；念苦、念不淨，不念身好；不郡縣居、不羸人共居；不瞢瞢；自守少惱、少事、少食；不捨方便；伏身捨睡眠，意在行正，守意無有疑；精進在行，離驚怖攝根門；少說在諦，行受諦教、修諦意，喜在空澤中，行如有觀。未得好法便致法，已致便護；多喜欲聞經，所身故用足，但不足法，行知當死；不樂世間德，厭食可無為，亦如是輩行法，從應致無為。是名為可行。

何以為是可行？從是致無為，從後縛束說戒淨，墮信不念身，斂受法事。聽者諦見，不侵若干，是應無為。得道者，佛說法念若干種意，定無有苦，無有疲，已說功德聚，攝根伏身應可行。

行者為何等意，近事如應行？行者為習，行者近習，是為行習。是行者三輩：未得道者，學者,不學者。

何等為道地?行者所行是為行者地。未得行道者為何等?本起次行,居前說是行。如是說竟,學者不學者亦已說。

道行地名為止觀。何用是止觀?但未得四德故,欲致是四德;何用欲致是四德?從是欲致無為故。何因緣致無為?不欲有餘為故。何以不欲有餘為?但欲除一切苦故。

是故行者欲除一切苦,當常莫離、莫犯、莫穿立止觀。若行者穿,便不得止,亦不得觀,空亡苦行。譬如人求火便鑽木,上鑽著下木便鑽,時時中止,時時鑽止,如是未曾得火,但自勞倦。道譬如是,從後現說:設觀法行者中,得疲意厭,行者除行,莫穿莫疲,倦者從行,便失行。譬如夜極,冥人冥中閉目行,何時當見明?若行者行不穿,慧者如是,日出開目行,便稍稍慧,人得無為種,通經者若干,更經通者觀經教,便說止觀,餘經散說。(《大正藏》卷十五第231页)

【评说】本章论述佛教价值观,从对无行(不可行)与为行(可行)的分类解释了佛教对各种人类行为的判断标准,并将行的概念与宗教目标结合,设定修行道的终极目标即可行的终点。

道地经知五阴慧章第二

【原文】當知身體本為五種所成——色種、痛痒種、思想種、行種、識種。如若干戶東方郡字,如若干戶南方郡字,如若干戶西方郡字,如若干戶北方郡字,亦非一舍名為郡。是譬色,亦非一色為色種,若干色為色種;痛痒、思想、行、識亦如是。

色在十入,文亦從法,受入是為色種,百八痛是痛種,百八思想為思想種,百八行為行種,百八識為識種,如是當知五種從後現。

譬說不相連著,但本癡故;不聞佛言,或習癡故。譬如樹葉著枝,癡惡行著五種、成聚五種,意計是身。

道地经随应相具章第三

【原文】已開化行道者,亦當知五種各應相,種相色,視相亦色,手篌把亦色;更痛為痛相,樂苦亦不樂亦不苦更痛,是為痛相;識相為思想,若女人若男子亦餘,是為思想;所作是為行,若好行若惡行,若不好行若不惡行,是為行相;識相為識,好不好亦非不好亦非好識,是為識相。如是五種各自有相。

道地经五阴分别现止章第四

【原文】所然持甘露種澆五盛陰,為五陰薪,從慧明却壞惡火。從三界禮我施禮,為持甘露滅三毒者,從五陰鑽,所生隨應,持智慧意滅惡火意,三界中尊敬者,我亦尊敬意叉手。自從慧智力,慧者自得,如自得知,佛便教弟子所說應行。聽說從是意定,五陰分別見,為從慧力所守者,知清淨自佛,從所意知便現事者,是佛所說應行見行可知。聽說意從是定分別五陰。行道者當知分別五陰。行者當那分別知五陰?譬如四衢中墮一貫真珠裹,一人當見已見,便喜愛意喜欲得珠,人見意在珠,是為色陰種;所喜可意是為痛痒種;若上頭如是名為貫珠,是為思想種;若意生欲取貫珠,是為行種;從是知,為識種。如是五種意在一貫珠俱行,便若干作行亦自行,如是在一貫珠,一時俱行,五陰更如是。

眼所見色并俱行五行，更耳聞聲、鼻聞香、口更味、身更麁細，身中四陰無有色種生，如是五陰種，各自分別知。（《大正藏》卷十五第 231-232 页）

【评说】知五阴慧章、随应相具章、五阴分别现止章三章介绍佛教的“五蕴”概念，并以譬喻说明这五个范畴的相互关系。

道地经五种成败章第五

【原文】佛言：“行道者當知，五陰出入成敗。譬如人命欲盡在呼吸，欲死便四百四病中前後次第稍發；便見想生恐畏怖，夢中見蜂啄木，烏鵶啄頂腦。一柱樓上自樂見著衣，青黃赤白自身著，見騎馬人牧駝有聲。持箒作枕，聚土中臥。死人亦擔死人，亦除溷人，共一器中食；亦見是人共載車行，麻油污泥污足亦塗身；亦見是時時飲；亦見墮網中獵家牽去。或見自身嘻喜觀喜咷；或見道積藁子自過上；或見斂鹵鹽錢；或見被髮胆裸女人，自身相牽；或有灰傅身亦食；或見狗亦獼猴相逐恐；或見自身滅欲娶嫁。或時見人家中神壞；或時見馬來掻鬚髮；或時見齒墮地；或時見擔死人衣，自著身；或時自身胆裸為塗膩；或見聚土自身轉；或時見革及旃著衣行；或時自見家中門，弊壞車來到，多載油花香。亦見昆弟近自身，嚴先祖人現麁恐顏色，欲來取是取共行。或時塚間行，遽捨花嬰頸；或時見自身，倒墮河水中；或時見墮五湖九江不得底；或時見入菅茅中，裸身相割自敷轉。或時上樹無有蓏、無有華、無有華戲；或時、在壇上舞；或時樹間行獨樂大美，亦持若干幹樹破聚薪；或時入舍，闇冥不得門出；或時上山嶄巖悲大哭；或時鳥棁呑足亦蹈；或時塵坌頭；或時虎遮斷，亦狗猴亦驢，南方行入塚間，見聚炭髮毛分骨擣碎幹華，自身見入鹽王。見鹽王使問，從後現說：‘世間已得多樂，根墮或身墮，畏命欲去，不得自在，病追促病已促，意便動，命盡憂近，便見夢令入大怖。’

人便意中計：‘我命欲盡，如是夢，身所見。’便意怖，便身殘。譬如鳥蹋棁己身近，極苦相著，便欲自歸醫。己親屬昆弟見病劇，便遣使到醫舍。呼使者行便有是相，不潔惡衣、長爪亂鬚髮、載壞弊車、著穿弊履；顏色黑眼青，車中駕白牛馬，自手摩拉鬚髮。呼醫已，急駕車使上，從後縛束。但坐惡樂意，不計好樂、不念醫病，已壞身便墮罪器，即遣呼，醫便念：‘病痛不得復活。何以故？’趣使得相有如是像，跓被服、語言、車蓋、鬚髮衣；亦如是諱日來呼，若四、若六、若九、若十二、若十四來至到，復觸忌諱日，人所不喜醫，復何血忌上相四激反支來喚？是亦不必日時漏刻星宿。須臾疑人取相。何以故？或時是惡日時漏刻，有是人行方便，能治病痛，病痛有時不能得治，是故不必在時日漏刻。故慧人不亦喜用歷日。仙人常勸：‘當為求方便治，至死若病痛橫有病，可能得活，若命盡但說去。計如是可至病痛舍，從後束結；說俱入海水，或到或中壞，病亦比海，或愈或死。’

醫便行至病痛家，聞聲不可意，亡燒斷破刺撥刮刷，出殺去發滅蝕，燒斷破刺撥刮刷，出殺去發滅蝕不可治已死，視南方，復見烏鵶巢有聲；復見小兒俱相坌土；復胆裸相挽頭髮，破瓶盆瓦甌；亦見空器舍不著意。

行至病者舍，入見病著人，病更惱。從彼舍來說，醫便視病，相遽驚怖驚坐起，著病無有力，不得自在。見如是，便念：‘如是經中說死相見，顏色不如，皮皺行，身如土色，舌延出，或語言忘，見身重骨節不隨，鼻頭曲戾、皮黑咤幹，喉舌如骨色，不復知味。口燥毛孔赤，筋脈不了了，被髮髮竪，牽髮不復覺，直視背臥，驚怖顏色轉，面皺，髮竪熟視，或語若干說。如經說：‘餘命不足道，譬如樹間失火，亦如六相，無說所聞見。’若有沐身未浴身時，譬栴檀香；或時如蜜香；或時多核香；或時那替香；或時根香；或時皮香；或時華香；或時蓏香；或時霍香；或時宿命從行相，筋香、髪香、骨香、肌肉盟血香、大便香；或時鵄香；或時烏香；或時蚖香；或時猪香；或時狗香；或時狖香；或時鼠香；或時蛇香；或時譬如有人。或時啄木聲；或時瓦聲；或時謚聲；或時惡聲；或時鴈聲；或時孔雀聲；或時鼓聲；或時馬聲；或時虎聲。亦有說熟死相中，譬如人死時有死相，為口不知味，耳中不聞聲，一切卷縮，脈投血肉，濁頰車張，上頭掉影無有明，臀肉竪，眼黑色黑，大小便不通，節根解，口中上腭青雙噦計。如是病痛相，不可治，設鷊鵲亦一切良醫，并祠祀盡會，亦不能愈是。'

便醫意念：'是病痛命求絕，應當避已。'便告家中人言：'是病所未所思欲，當隨意與莫制禁，我家中有小事，事竟當遠。'屏語病者家人言：'不可復治。'告已便去。

病痛家已聞醫語，便棄藥，所事方便便止。親屬知識比隣共會，還繞病困者，悲哀哭視，譬如牛為屠家所殺，餘牛見死牛恐自及，跳場驚怖走入山樹間呌喚；復譬如猪為屠家所殺，餘猪見驚怖畏効死，便聳耳直視；復如魚為捕魚墮網者，餘魚見驚怖，沈走入沙石間槃藻中藏；復譬如飛鳥聚行，一鳥為鷹鷂所得，餘鳥驚分散分走。如是昆弟親屬知識隣里，見哀離别視命欲斷，地獄使者已到將入獄，在斯便轉死，箭已射已，生死索行罪便牽往過世。親屬已還收髪草纙，若忼慨聲滿口不止，出悲語見愛念，若干種胞頤漾洟出，呼當奈何！

病者不復久，内見風起名刀風，令病者散節；復一風起名遽風，令病者斷結；復一風起名鍼風，令病者筋緩；復一風起名破骨風，令病者骨髓傷；復一風起名藏風，令病者眼耳鼻孔皆青，髪毛出入一切是孔令壞斷拔捨；復一風起名復上風，令病者內身，膝脇肩背胸腹臍小腹，大腸小腸肝肺心脾腎，亦餘藏令斷截；復一風起名成風，令病者青血、肪膏，大小便生熟熱寒謚，令幹從處却；復一風起名節間居風，令病者骨骼直掣振，或時舉手足，或把空，或起或坐，或呻號或哭或瞋。已散節，已斷結，已筋緩，已骨髓傷，已精明等去，裁身有餘在，心已冷如木，已棄五行，并心中羸羸，裁有餘微。譬如燈滅有餘明，裁心有餘但有微意，識是人本所行好醜罪福，心便見。今世若有好行意便喜，若惡即時慚；得好處者意喜，墮惡處者意即愁慚。譬如人照淨鏡盡見面像，髪白皮皺生體垢塵，或齒墮或塵齒見身從老，屢如是即自慚，閉目放鏡不欲見，以放鏡憂愁，我已壯去，老到顔色醜，樂已去。如是素行惡，在意從惡行，便憂愁悔受苦惱不可意，自責：'今我墮惡處為無有疑。'若如行者行三好，若干守行願，最好行者多好，即時喜多喜意可自喜：'我今上天亦好處。'譬如賈客，從謚道得脫出，得多利，歸家到門喜；亦譬如田家願，獲五穀著舍中；亦如病痛得愈安隱；亦如負債已償；素行好亦如是合好行；譬如蜜蜂便意生我已到好處。

即時，身精識滅，中便有陰，譬如稱一上一下，如是捨死受生種，譬如種禾根生雙。如是中時，滅識即時中生五陰，具足不少，死陰亦不中得五陰往，亦不離死五陰，為有中五陰。有但死五陰，故中五陰生。譬如人持印，印好埿，埿中便有印，像印亦不往至埿，埿亦不離印像。譬如種生根，種亦非根，根亦不離種；人神亦如是，小大如法，從生往至中，從是本會有。

好行者中得好五陰，惡行者得惡中，得陰者為天眼行，中止者為三食：樂、念、識。中止者或住一日，或住七日止，到父母會，亦所墮處從中止。當到所墮即死時，已生中陰，便生千思，或見念便癡生。

最惡行者便自然大火邊；亦若干百千烏鵄鷹鷂共會；亦見人惡爪面齒被服然頭，為手中行若干種毒，身自見遠叢樹，便意生入中，便中陰滅，生所墮處，即時不久便見刀葉樹墮中，是名為地獄。

五陰生入罪，咸所惡行，便見猛煙塵火風雨來著身；復見象師子虎蚖自恐身；亦見丘井亦

合後，亦止絕崖岸。生意入中，便捨中陰身，已意生便滅中陰墮處生，即時不久到畜生。後現行極癡無有禮，持惡意向父母，常喜可麁言、瞋恚、縛捶、行惡，是人不與取，便墮畜生。

罪輕減便生熱風，命飢惱身刀矛鑽繞，還人亦見大坑，意生當入。是即意生，便滅中陰，受所墮處陰，便即時墮餓鬼，如是墮名為餓鬼。從有說行，兩賤賊人共語，亦讒失誡誣妄論議，一切食不避惡不淨，從善還不行法語，便墮盟血唾涌泥，是名為墮餓鬼處。

行最好者得最善樂，亦得香風吹，若干種華見自散身，若干種伎樂聲相隨，若干種樹在園中。意生即入，時意已生便中陰滅，所應墮陰受生，便即時受上天身。如是墮天上，有福行者墮應上天，已有不離法是為墮天種。

若墮人中，從本行受殃福，父母亦聚會，夙行應男從生，福亦止等。同時父母收精胞門不堅，從風熱寒，亦不染亦不邪曲；亦不屢亦不謚；亦不汁思飯、不起、不慢、不殺胞門；亦不像栗、不像輪；亦不像狸亦不像麥；中央亦不像自剛鐵，中央亦不像錫，中央一切門無有惡精；亦不薄亦不厚；不亦腐亦不黑，亦不赤亦不黄，乘色亦不散；亦不風血寒熱雜，亦不小便合精。神已止精，神念往意生欲，却男自身代共樂贏人。贏人便惡父喜母，已喜不喜增意生，當却是男欲獨與贏人共樂，已即跓胞門，意生已却男。我已贏行禮，父母即時墮精，神便到意生為是我精，即可意喜生，已喜生中跡滅，便在精血生。

識在精中復生愛中，愛識不墮精，但從本復生愛識，精是兒身，所愛在精生，是為痛痒種；已知為精，為精者為思想種所本；行念為生死種；已知精為識種；是為五種要。即時得兩根：身根、心根。

精已七日不減，二七日精生，薄如酪上酥肥。三七日精凝，如久酪在器中。四七日精稍堅，如酪成。五七日精變化，如酪酥。六七日如酪酥，變化聚堅。七七日變化聚堅藏，譬如熟烏麸。八七日變化滅烏麸，譬如磨石子。九七日在磨石子上生五腄：兩肩相、兩髖相、一頭相。十七日亦在磨石子上生四肘：兩手相、兩足相。十一七日亦在磨石子上生二十四肘：十在手指相，十在足指相，四在耳、目、鼻、口止處相。十二七日是肘為正。十三七日為起腹相。十四七日心脾腎肝心生。十五七日大腸生。十六七日小腸生。十七七日胃生。十八七日生處、肺處、熟處。十九七日髀膝足臂、掌節、手足趺約。二十七日陰臍、乳頸、項形。二十一七日為骨髓應分生，九骨著頭，兩骨著頬，三十二骨著口，七骨著咽，兩骨著肩，兩骨著臂，四十骨著腕，十二骨著膝，十六骨著脇十八骨著脊，二骨著喉，二骨著臗，四骨著脛，十四骨著足，百八微骨生肌中；如是三百節從微著身，譬如瓠。二十二七日骨稍堅，譬如龜甲。二十三七日精復堅，譬如厚皮胡桃。是為三百節連相著，足骨連腨腸，腨腸連臗骨，臗骨連背，脊腰骨連肩，肩連頸脰，頸脰連頭頤，頭頤連齒。如是是骨聚魄礧骨城，筋纏、血澆、肉塗革覆，福從是受，靡不知痛痒，隨意隨風作俳掣。二十四七日為七千筋纏身。二十五七日生七千脈，尚未具成。二十六七日諸脈悉徹具足成就，如蓮花根孔；二十七七日三百六十節具。二十八七日肉栽生。二十九七日肉稍堅滿。三十七日皮膜成臘。三十一七日皮膜稍堅。三十二七日脽脭肌生。三十三七日耳鼻腹脾脂，節約診現。三十四七日身中皮外生九十九萬孔。三十五七日九十九萬孔，稍稍成現。三十六七日爪甲生。三十七七日母腹中若干風起，或風起令目鼻口開已開入；或復風塵起，令髮毛爪生，端正亦不端正；或復風起盛肌色，或白或黑、或黄或赤、好不好，是七口中腦血肪膏髓，熱寒涕大小便道開。三十八七日母腹中風起，令得如宿命行好惡：若好行者便香風起，可身意令端正可人；惡行者令臭風起，使身意不安不可人，骨節不端正，或朦或僂或琬或魋，人見可是。三十八七日為九月不滿四日，骨節皆具足。

兒生宿行有二分：一分從父，一分從母。或時毛髮舌咽臍心肝脾眼尻血從母；或爪甲骨大小便脈精，若餘骨節從父。宿行從母受生，熟在下、生在上。兒在左脇，背向前，腹向後；女在右脇，腹向前，背向後。止處臭惡露，一切骨節卷縮在革囊，在腹內血著身，在外處大便肥長。

九月餘有四日，一日二日中，若宿行好，便意生我在園中，意計若在天上；若惡行者，意生我在獄止。二日意在三日中，即腹中樂。三日意在四日中，一日一夜母腹中上下風起，兒從是風倒頭向下，足在上，墮母胞門中。宿行好，於母胞門中意生墮池水，池水中戲，復意生在高床上，若香華中；宿命行惡者，意生從山墮樹上、墮岸上、墮坑中、墮溷中、墮蒺藜中、墮網中、墮茅中、墮刀矛欄中，從行憂惱忽忽，亦從喜從樂名聞。好惡行，自縛身，在所到，自更得便出。

既為胞門所纏裹，產戶急笮墮地中風，復為人溫湯所洗，手麁身遍痛如瘡，從是便忘宿行、腹中所更。已生，從血臭故，便聚為邪鬼魄飛屍，各魑魅，蠱彪魖行，父亦如是。譬如四街有一臠肉，為鵄鳶烏鵲眾鳥所爭，各自欲得耶！環繞嬈人如是。有宿行好耶，不能得著；宿行惡耶，能得著。

生未久，母便養乳，稍稍大，便飲食，已能飲食，八十種蟲生身中：二種髮根生，三種著頭，一種著腦，二種著中腦，三種在額，二種著眼根，二種著耳，二種著耳根，二種著鼻根，二種著口門，二種在齒，二種在齒根，一種在舌，一種著舌根，一種著口中上嘌，一種在咽，二種在膝下，二種著臂根，二種在手，一種著肘，二種著脾，一種著心，一種著乳根，一種著脊根，二種著脇，二種著背，一種著臍根，一種著皮，二種著肉，四種著骨，五種著髓，二種著大腸，二種著小腸，一種在熱處，一種在寒處，一種在大便道，三種在大腸根，二種著臏根，五種著陰根，一種著指節約，一種在脛，一種在膝頭，一種在足蹲。

如是八十種蟲著身中，日夜食身，身便生寒熱風病各百一，雜餘病復有百一，如是并四百四病在身中。譬如木中出火還燒木，病亦從身生，如是但壞身無有異，如是從內壞病亦中，勿復問從外惱，常壞惱今世。現在身常著衰，世間人不聞者，意計身傑，但不至誠見故。髮毛、爪齒、心肉肌骨、清血熱惱、生熟、涕唾、屎尿從身流，非常亦不淨，癡人計為淨。都盧兒撥肌合裁，如一酸棗為裹著身，從如是酸棗肌。癡不聞者，世間人得調身，自壞墮惱，譬如魚但見餌，不見鈎不見網；復譬如小兒舐利刀蜜，但嗜甜不見刀刃；復譬如金錯塗銅賣，欺人，癡人不覺，以為鈍金故，買為自侵。如是世間人，或見如酸棗肌裹身，從受若干惱不覺。如是酸棗肌發去，但有肉骨血在，人足踐蹋常惡不敢視，誰敢抱持者？

素行殃福已盡，或時橫命盡。如陶家作器，或時在拘；或從羈；或從行輪；或已行；或在幹流時，入竈火燒時；或已熟出時；或給用時，要會當壞。人身亦如是，或從墮腹中；或不成根去；或不具根去；或臨生時去；或適生去，在學業時去；或時從十六至三十、八十、百歲；或不啻久久，要會當死。陰如是定不久，有生輒滅，舉足滅、下足滅。世間人不聞者，自計小時、身壯時、身老時，身為是我身，與行道者意異。行道者從是有是，從無有是無有是。

何等為從是有是？從罪行有死中，從中識墮業薄，從薄凝，從凝稍堅六根，從六根便生，從生兒身，從兒身壯長，從壯長得老病死身，如是常隨。如是世間輪不斷，無所屬、空、如幻，逐不止；譬如火起城中，火風吹，舍舍相燃，第一舍火非第二舍火，亦不啻。但為上舍已燃，次舍復燃，如是轉延。生死亦如是，是因緣無有，是亦無有是，是滅是亦滅。

何等為無有是亦無有是？素行殃福無有死，中亦無有。已無有中，當那得往？已不得

往,當那得生?已不得生,當那得老病死?生死如流水,不行生死業便止。行道者當知,是五陰本從生滅。”(《大正藏》卷十五第232-235页)

【评说】五阴成败指生命现象中的诞生与死亡。本章的前半部分解说临终时的幻觉、弥留之际的动作、人的相状等,有经验的医师会根据不同病人的情况对家属作出相应解释,并安排后续事宜;后半部分说明生命的诞生与成长。文中以七日为单位,粗略描述了胎儿在各阶段的发育情况,具体的发育步骤与目前的认识有不同之处,原因在于这些描述有些是从实际观察获得的,也有一些是当时人们的猜测。文中提到的八十八虫是人们根据当时对寄生虫的认识所作的猜测,多有与现代医学不符之处。

经文中先说死亡而后叙诞生,是为了于通过这种安排说明死后轮回的世界观。

道地经神足行章第六

【原文】或時行者居前止便得觀?或時行者當得止,觀居前得止。若行者止意已得,應從觀得解;若行者觀已足,當應從止得解。

止觀相云何?若意在使一因緣止止不動,不或念餘,是應止相;若在止處,偏分別偏去,如相觀思维,如有受、是應觀相。譬如買金家,見金不觀試,如是應止,若持金試知是金,某國某處雜銅不真,知石色好醜、長短、圓方、濡亦餘病,觀譬如是。譬如人刈芻,左手把芻,右手持鎌便斷芻。彼譬如把芻是應止,如斷芻是應觀。

譬如行者見髑髏熟諦視,若如開目見、閉目亦見亦爾無有異,是應止。若分別觀頭骨異、頷骨異、齒骨異、頸骨異、臂手脇胭膝足骨,如是觀如是見骨連,從四因緣致有。何等為四?食、禮、行合、骨見,非常苦空非身,從不淨生無所有,是應觀。要聽,止觀相不分别,是為止;分别是為觀止意。

行者持何等行,得止意?報:若干因行止意。聽說要止意,二因緣方便行得止意:一者念惡露,二者念安般守意。惡露行云何?是間行者等意,念一切人令安隱,便行至父樹,便行至觀死屍,一日者至七日者,膖脹者、青色者、如盟者、半壞者、肉盡者、血洗者、骨骨連者、筋纏者,若白若解散四面,無有數手破,譬如鴿色。彼行者自在取一,敷意令知,不久意著止,令意在敷處熟諦觀,若自知,如今是敷處,是間在又處自見,遠在所見亦如是。是空處一處便正坐便見,如敷因緣在地所見,隨亦如是。便行無有聲處,無有說處,人空處一處便正坐,便見如上久處,令意見念無有異。若行者從敷因緣失不受,念意不生,便復往至父樹,令意受敷因緣相,令意坐,亦引不離,念常在前;若行者意敷因緣,出入遠行常在意止不遠離已,晝夜在心,令半月、一月、一歲,復不啻令行不失行。令行時、止時、坐獨坐時,多眾中共坐時、病疲時、有力時,連隨常念敷意因緣在前住,令敷因緣念,如是非常若空非身不淨無所有,令如本因緣敷意行,念無有異。

若已意在敷處得自在,便持響自身觀,若見死屍亦自身等,無有異便。若見男子、若見羸人、若見老、若壯、若少年;若不端正、若胆裸、若著衣、若莊嚴、若彼亦爾,如敷念處。若意念所在,所在一切無有異,便已應從念惡露得止意。是時意隨行,念不離,行增滿,譬如河入海。(《大正藏》卷十五第235-236页)

【评说】神足行章描述了修行者以不净观和无常观为主的止观禅修,并说明其中细节。

道地经五十五观章第七

【原文】行道者當為五十五因緣自觀身:是身為譬如沫不能捉;是身為譬如大海,不厭不足五樂；是身為譬如大河，日願至死海；是身為譬如大便，慧人不欲故；是身為譬如沙城，疾壞散去；是身為譬如會壞城，多怨家；是身為譬如化城，不自有亦不可取；是身為譬如骨關肉血塗；是身為譬如弊壞車，筋纏故；是身為譬如家猫，貪恚癡聚；是身為譬如荒澤中，常癡失亡；是身為譬如忘，善意常忘失；是身為譬如榆，百八愛行；是身為譬如破瓶常漏；是身為譬如畫瓶，內雜最惡滿；是身為譬如清溷，九門故；是身為譬如衅血，人所惡故；是身為譬如幻，癡計諦；是身為譬如疥；是身為譬如意，著苦故；是身為譬如腐穀舍，飲食壞故；是身為譬如大窟，多蟲多蟲止；是身為譬如骨嚾，罪如滿狐猴不失；是身為譬如不熟器，疾壞故；是身為譬如一囊兩口，淨入不淨出；是身為譬如幹垢，裳衣幹；是身為譬如車，常行至葬地；是身為譬如露霧，不久止；是身為譬如瘡，上漏；是身為譬如盲，不知諦；是身為譬如處，四百四病；是身為譬如坑，一切不淨聚；是身為譬如地孔，虺止會；是身為譬如空把，為癡人所欺；是身為譬如塚間，常可畏可怖；是身為譬如虎師子共居，瞋恚忽然；是身為譬如顛疾盛，八十八結行故；是身為譬如恒常塗，畏死；是身為譬如銅塗金，肌覆故；是身為譬如空聚，常中細六衰；是身為譬如餓鬼，常求食飲；是身為譬如畏處，常老病死；是身為譬如腐髑髏，為常衣洫；是身為譬如怨家，常成事逢惡因緣；是身為譬如迦陀樹皮，皮中央無所有，癡人意是為最重；是身為譬如度，載多胎小；是身為譬如腐囊，腥臭；是身為譬如深冥，六十二疑不自守；是身為譬如喜妬，不可不得不受；是身為譬如腐垣壁，從惡念因緣；是身為譬如結垢，內有惡；是身為譬如不意，常著外衰；是身為譬如無所依，如無所依舍，愛不愛磣一切；是身為譬如不可近，近常破碎；是身為譬如無有能護，時時為病磣一切；是身為譬如無有自歸，死來時不得離故。(《大正藏》卷十五第236页)

【评说】佛教总结出了“五十五事”来观察内外身心活动。“苦、空、无常、非身之定，色、痛、想、行、识身则本无，五十五事无可贪者亦无处所”。“五十五事”是五十五种体现空性无常的比喻，可以加深修行者的感悟。

小道地经

后汉天竺三藏支曜译

【提要】本经解说禅修者修习呼吸禅法时如何达到“息”的状态，以及实现佛教修行终极目标的方法。本经名为经，实为论。

【原文】道人求息，所以不得息者，有四因緣。何等為四？一者、怙其善，不曉護戒自欲身；二者、以不護戒便黠意不生，以黠意不生便不知身，以不知身意便惑；三者、不解經，以不解經便不了了，以不了了意便疑；四者、不數校計命福日盡，心自可。用是四因緣故不得息。

道人求息，欲得息者，要當知坐行二事：一者、喘；二者、息。亦在二因緣：一者、為生；二者、為死。何等為喘？何等為息？所起意生為喘，意止為息。何等為生？何等為死？意滅為生，意起為死。要當先知是因緣，當那得分別知因緣所從起盡。

事在四對。何等為四？一者、不知食、多食、不學、不制，貪味過足；二者、意隨色，不諦校計多求自欲，為種苦本；三者、瞥意蓋起，多睡眠失本念耶，向夢中種栽；四者、疑惑便惡日增，便兩舌墮非，妄瞋恚，身口不相應。為是故，不墮禪棄，當那得近禪？

常數思惟喘息生滅起盡，當持何等意思惟分別？亦在四因緣：一者、近善知識；二者、識受語不妄；三者、貪誦經，晨夜習意；四者、守戒莫離法。息易得。

身有四病：或時地多，身不得安；或時水多，身不得安；或時火多，身不得安；或時風多，身不得安。此四得安，乃得身止。

意有四病：一者、癡多，意不得止；二者、瞋恚多，意不得止；三者、婬多，意不得止；四者、疑多，意不得止。四事不安，意不得止。

息亦有四病：或時多求，息不得止；或時念多，息不得止；或時歡喜多，息不得止；或時喘多，息不得止。道人行道，離是因緣，便得定意。

若身臃腫疥瘡肥盛，欲坐身不得安；或時食多，便火起，身不得安；或時飲多，便水起，身重目澁，身不得安；或時食多已復食，貪味過足，不學不制，便風起不得安，亦謂少食。

若癡多，不宜數入眾人群聚，當先誦經，不宜多聞好自守。若瞋恚多，不宜居家若少所有。若婬多，不宜觀伎樂及諸好色。若疑多，不宜數聞好言善語，常自守思惟責對。若求多，常當念不常，坐起著意。若念多，常當行證我所念皆為苦本。若歡喜多，計不得久，苦在後，當病制。若喘欬多，常當和心，不宜數出麁語，坐作罪。道人行道不識是因緣，終不近道；當能制此，黠意稍增，道易得。

道人求向道，要當知過去念事以過去，莫復念。何以故？復知為種故。譬如種穀，種稻便念當收稻，種豆便念當收豆。何以故？為生故。念亦如是，以種念便生，一切聚在十方，待殃福當受要，不得脫苦。墮殺便種殺，栽盜為種盜，栽婬為種婬，栽兩舌為種兩舌，栽惡口為種惡口，栽妄言為種妄言，栽綺語為種綺語，栽嫉為種嫉，栽瞋恚為種瞋恚，栽疑為種疑栽為。是故數數為念復增念，難得離苦。

當持何離是眾苦？要當禪棄，為不復種是十惡故，雖有餘種會當盡。何以故？譬如種穀，雖多得收，不復種種，但稍稍飯。雖久，飯不止，會有盡時。禪棄亦爾。何以故？不復種故。以墮禪棄，罪稍稍滅。何以故？稍稍禪棄為福，福以生，萬惡皆竟。但種道栽念，道以生便有黠，以有黠便能活人，亦能自活。

道人求向佛道，今世欲曉了知行意者，要在三念：有過去念、未來念、現在念；有福念、有罪念。或時，若讀經行禪，忽念久事曾為人所辱，若侵入墮好色，便因念生意，為作頭足，復增罪不能自制，從是因緣得罪為苦本，是為過去罪念。或時，從禪中若讀經，忽生善念，念素所行苦樂，思惟知不常，是為過去福念。

或時安靜，忽亂念生，念作非常，便失本念。貪婬多求，便作不死念，是為未來罪念。或時，若得安靜，便善念念栽，當從是因緣增黠，是為未來福念。

端在家居自守持戒，便邪念生，當作是念，多畜六畜更增憂失戒，是為現在罪念。以自家居自守持戒，復增善念常欲離，是為現在福念。

求向佛道，當先曉是罪福，乃可增黠。若求羅漢，一切斷，是為求向佛道。但欲增福多黠求羅漢，但欲墮禪滅惡，其黠在後。求佛增福要當多聞；黠要當諷經。欲知其要在護戒，護戒便能解經，便能福人亦能自福。

道人求向佛道，今世欲解菩薩行意者，要當復知是三戒：第一、當知持戒亦守戒；第二、當知不犯戒亦能戒；第三、當知戒曉戒能戒亦護戒。第一當知持戒者，若人有妻子，居家常齋不失，是為持戒；一身無妻子，自守不邪向，是為守戒。第二當知不犯戒者，若人眼視耳聽，能不墮聲色亦餘一切，是為不犯戒。為道寒苦，復為人所辱，能不失本念，是為耐戒，亦應忍辱。

第三當知戒者，知某人持某戒，是為知戒。曉戒者，知某人樂道，為父母宗親知識所非嫉，不數數於眾人中曉說戒。能戒者，當知人能應何業，隨力所任授與，能使不失，若增若減應病與藥，是為能戒。護戒者，一切當護，附順當得其意，離惡知識當有護意，欲說十方人非人。若在伎樂、若在婬色，能教多少說善言，能不亂意，復令有福，是為護戒。求向佛道菩薩行業者，要當知是，乃能脫人亦能自脫，復能業人亦能自業。(《大正藏》卷十五第 236-237 页)

【评说】风、喘、气、息四种呼吸状态是佛教判断禅修者所处境界的标准，息的状态是禅修中呼吸活动所要达到的目标。本经分析了不得息的原因，并根据修行者可能出现的状态，提供了相应的得息的指导。本经的后半部分阐释了求向佛道的修行者应当了解的修行原则。

首先是注重躯体的调摄："身有四病：或时地多，身不得安；或时水多，身不得安；或时火多，身不得安；或时风多，身不得安。此四得安，乃得身止。"人由地、水、火、风四大组成，无论哪一大出现偏颇，四大失去平衡就会造成躯体疾病的发生。

所以"若身臕肿疥疮肥盛，欲坐身不得安"，过分肥胖易生疥疮；"或时食多，便火起，身不得安"，进食过量，会影响健康；"或时饮多，便水起，身重目涩，身不得安"，饮水过量，会引起眼皮肿；"或时食多已复食，贪味过足，不学不制，便风起不得安"，贪图美味躯体不适，应该节制。

其次是心理的调摄："意有四病：一者、痴多，意不得止；二者、瞋恚多，意不得止；三者、淫多，意不得止；四者、疑多，意不得止。四事不安，意不得止。"痴、嗔恚、淫、疑这些不正确的精神意识活动同样会扰乱人的宁静，不利于修行。如果出现痴、嗔恚、淫、疑，必须采取相应的方法对治。若出现痴的状态，"不宜数入众人群聚，当先诵经"，不要到人群聚集的地方去，先诵经；若出现嗔恚的状态，"不宜居家若少所有"，应该离开产生嗔心的环境；若出现旺盛的情欲，"不宜观伎乐及诸好色"，不要观看歌舞和漂亮的异性；若出现疑的状态，"不宜数闻好言善语，常自守思维责对"，不要去听各种各样的说法，而要内守静思。

禅 要 经

失译人名在后汉录

【提要】禅要经诃欲品一卷，本经为论，除第一品外其余部分似亡佚。诃欲品解说修习禅定前如何退欲。

诃欲品第一

【原文】行者求道欲修定時，爾時法師應隨根相行四攝道，示教利喜、廣淨信戒。淨信戒已，次除六欲。所謂：色欲、形容欲、威儀欲、言聲欲、細滑欲、人相欲。著上五欲，令觀可得不淨之相。著人相欲，令觀骨人分分斷相。觀彼全尸，能斷二欲：威儀欲、言聲欲。若觀壞屍，悉斷六欲。

可得不淨，有二種觀：一即死屍臭爛不淨，我身不淨亦復如是。如是觀已、心生厭患。取是相已，至閑靜處，山澤塚間、空舍樹下，自觀不淨，處處可得。繫心身中不令馳散。二者聞

法憶想。分别自觀身中三十六物：髮、毛、爪、齒、涕、淚、涎、唾，汗、垢、肪䏶、皮、膜、肌、肉，筋、脈、髓、腦、心、肝、脾、腎，肺、胃、腸、肚、胞膽、痰、癊，生藏、膿、血、屎、尿、諸蟲。臭穢不淨聚以為身，往來五道熾然眾苦，猶如浮屍隨流東西，所至之處物皆可偲。

又念我身，以骨為柱、以肉為泥、筋纏血澆，如瘡如毒，皮毛九孔以為門戶，腸胃胞膜以為庫藏，妬慢惡心謂以為身，貪求無厭猶如溪壑。是故行者除三欲想，受信施時，如火毒想，救諸蟲想，繫死屍想，涎沫、齒垢、污滋味想，我無空慧壞白淨想，貪愛因緣成惡露想。如是思惟，慚愧具足，能度生死、為世福田。

若觀骨人，二足甲骨、指骨、趺骨、踝骨、脛骨，膝骨髀骨、胯骨、腰骨，脊骨、頸骨、頭骨、頷骨，兩手甲骨、指骨、掌骨，腕骨、臂骨、肘骨、膊骨，胸骨、心骨、齒骨、肋骨。左右思维皆如目見，所著外身亦如是觀。三百二十骨相拄在內，皮囊九孔惡漏於外。如是觀身，猶如死屍為鬼所起，行來語默常是死屍，即於我身作死屍想、青瘀想、膖脹想、膿爛想、破壞想、血塗想、食殘想、蟲出想、骨鎖想、分離想、腐敗想、世界眾生無可樂想。

若心恐怖，應作因緣虛妄空觀，猶如幻化無所有觀，第一義空清淨智觀。若心懈怠，當自責言："老病死苦甚為至近，命如電逝須臾難保！人身難得、善師難遇、佛法欲滅、正言似反，如曉時燈雖有無用！惡人出家助俗毀法，貪婬邪濁令道衰酢，惡法增長大闇將至，破定因緣眾患甚多。內諸煩惱、外魔魔民，鬼疫行災世間空荒，惡對揚謗諸惱萬端，八苦輪迴晝夜無捨，我身可哀屬當斯禍。於煩惱賊未有微損，於禪定法未有所得，雖服法衣猶思欲味，內實虛空俗人無異，諸惡趣門一切皆開，諸善法中未入正定，於諸惡法未畢不作。我今云何著是屎囊而生憍恣，不能精勤制伏其心？如此弊身賢聖所呵，不淨可偲九孔流出。若貪此身與畜生同，死投大黑闇，當復何依？今得人身不能出要，若生惡趣，解脫何由？"

如是鞭心，還攝本處，又時勸發，令心喜悅。"解脫法王慧命常住，神通光明恒照五道。直說道教易解易行。既是我師，我得歸命，香華讚嘆，心安喜悅。如依天帝遊空無畏，諸大菩薩、阿羅漢等，皆我同伴。以能伏心如猫制鼠，諸根調順，六通自在。我亦如是，應自伏心，求出生死。如囚在獄，四顧牢密，唯有廁孔更無異路；如人中毒唯糞能治，更無餘藥。"思惟是已、諦觀不淨，復作是念："初習行時心多進退，八法惡風吹破我心；我若得道心安若山，上妙五欲尚不能壞，何況弊欲？"如大目連得羅漢已，婦將伎人盛自莊飾欲壞目連。目連爾時為說偈言：

"汝身骨幹立　皮肉相纏裹
不淨內充滿　無一是妙物
皮囊盛屎尿　九孔常流血
如鬼無所直　何足以自貴
汝身如行廁　薄皮以自覆
智者所棄遠　如人捨廁去
若人知汝身　如我所惡厭
一切皆遠離　知人避屎坑
汝身自嚴飾　香花以瓔珞
凡愚所貪愛　智者所不惑
汝是不淨聚　集諸穢惡物
雖服珍妙衣　如莊嚴廁舍

汝脇肋著脊　如椽依梁棟
五藏在復內　不淨如屎篋
我觀汝不淨　猶如五色糞
飾以珠瓔珞　外好如畫瓶
若人欲染空　終始不可著
汝欲來嬈我　如蛾自投火
一切諸欲毒　我今已滅盡
五欲已遠離　魔網已壞裂
我心如虛空　一切無所著
正使天欲來　不能染我心
墮俗生世苦　命速猶電光
老病死時至　對來無豪強
無親可恃怙　無處可隱藏
天福尚有盡　人命豈久長
最脆不過命　如風吹浮雲
浮雲壞甚速　形命不久連
身死魂靈散　當知非我身
勉時力精進　難得不過人
生死不斷絕　貪欲嗜味故
養怒益丘塚　唐受諸辛苦
身臭如死屍　九孔流不淨
如廁蟲樂糞　愚貪身無異
雖明在宮中　五欲色味間
志意不甘樂　常思幽隱禪
晝夜觀膖脹　有天叉手言
時至今可行　眾伎皆睡眠
世間不足樂　恒與憂惱俱
恩愛正合會　當復之別離
家室轉相哭　不知死所趣
慧人見苦諦　是故行學道
世間歡日少　憂惱甚太多
安由得此苦　自作不由他
俗人樂恩愛　道以為怨家
富貴是苦本　如鳥墮網羅
人命甚速駛　五馬不能追
殘命日滅盡　各各自思维
恩愛正合會　夫盛當有衰
是故自拔出　得道當來歸”(《大正藏》卷十五第 237-239 页)

【评说】本经是围绕不净观禅法展开的解释。文中将人的欲望概括为“色欲、形容欲、威

仪欲、言声欲、细滑欲、人相欲”六种，分别以不净观的不同阶段所对应的观法进行克制和消除。

此观法的核心在于通过观察尸体获得“死尸臭烂不净，我身不净亦复如是”的认知，对自己生起“厌患”感。这种“厌患”可以成为修行者的动机。

在修行过程中有些禅修者会产生恐惧的心理，对于这种情况，“应作因缘虚妄空观，犹如幻化无所有观，第一义空清净智观”；若心中懈怠，则以生死无常观制造压迫感，时时鞭策自己。除了利用“厌患”“压迫”等负面心理之外，文中还提到“令心喜悦”的方法，即想象自己与已获得佛教成就者同伴同行，“我亦如是”，以心生“自信”。

总之，本经介绍了不净观的修习方法，以及在修行中调整心理状态的技巧。从本经可以看出，佛教认为通过合理运用正性或负性的心理技巧，可以使修行者长期维持符合要求的修行状态。

佛说内身观章句经

失译人名在后汉录

【提要】全文以偈颂形式为主解说身观的修习步骤，便于修习者记忆。

【原文】一切一其心　皆聽美言訓
佛所從得道　且聽我彼經
彼空亦不斷　有行皆非常
夫行不敗壞　佛以講授經
深微難見事　非章原之句
通彼能敷演　是以故為師
從本以存本　有造法之積
從慧以除棄　上士所講說
所從因緣有　有行皆無有
亦有前世除　無知彼諸行
亦如欲演身　日親之所講
大災患無數　皆以歸流身
刪定如本文　所演眾要言
靡麗五字句　明誓以勸勉
以頌文具足　偶字音商備
若花實雜糅　皆聽彼我誨
身非人非命　不丈夫非士
若體若不艷　斯事都無彼
夫身造而有　以有即敗亡
無強皆歸命　如沫蹈踐碎
無強則無常　無常即無樂

無常亦為苦　非身身非我
身非常亦苦　非彼應為身
若體艷我有　身都無可有
若以都無體　有存亦有亡
慧者以本末　何彼已有體
若以無主者　不得以自由
有校計若此　何彼體我有
斯體身為空　體我有為虛
應因緣為有　非身逝心造
非眾人身造　亦非自身造
都無身有造　亦身無不造
以身無造者　從彼為得諦
亦非都骨節
從前世方來　亦非天造身
非神所化城　非無行無本
無因為自有　是身有所由
有事亦有物　有本有所起
稍稍為生有　本以癡亦愛
心與愛有漏　亦有縛亦結
行二品為漏　斯為本亦餘
世與受因緣　以由彼斯身
以漸能致有　初始有精沫
精沫為轉凝　足為生兩兩
以兩為轉厚　以序有四體
為生頭第五　若干骨積聚
從行為用成　頭九為髑髏
頞頗為二骨　齒根三十二
齒三十二骨　頸為與耳本
鼻為與上腭　心與頸曨喉
凡為骨八十　頰車與頸四
咽亦為骨四　左臂與右臂
凡有骨五十　若其斯左脇
應有十三肋　亦斯右脇然
應有肋十三　斯為四十八
三三三相連　二為二相連
其餘不相連　身者以為彊
如束葦無彊　脊膂三十二
尻與腰為三　若其斯左髀
骨為二十五　右髀為亦然

為骨二十五　肩髀有骨四
凡三百二十　敷演名之諦
佛以日斷嗣　彼叚悉以聚
諸根為以縫　非瘡而裹之
肉血以塗搽　如木機關縷
為如幻師幻　骨機關亦然
以筋纏縛成　合聚骨若此
以為是形體　愚者莫不著
智者而不著　生革以隱蔽
九孔為大瘡　周匝為滲漏
不淨腐臭處　口啄如為孔
滿之以諸穀　是身為若此
以進若干腑　毛髮與爪齒
塵埃亦皮革　骨節亦骨髓
為凡筋與脈　胃與心亦脾
大腸亦小腸　肝與肺亦腎
脂膭亦大便　淚與唾亦汗
鼻涕膏亦血　寒熱肪小便
膍之與膍膜　皆以沈沒彼
如泥塗老牛　如其成不知
身之內與外　夫城骨與牆
肉血為塗嚴　為怨所破壞
恒為以內外　彼央若干百
以為貪其肉　其外亦災害
皆以多尤彼　斯身腐敗壞
譬如久故城　晝夜供侍之
壞如已復壞　如坎與空聚
恒盜賊俱止　取之欺殆人
身為毒虺穴　夫毒虺劇毒
恒于身居止　喜怒毒奸弊
孚不和大毒　正使滿百歲
恒以和安隱　忿則無反復
須臾復不安　斯身為災禍
嫌而有恐畏　如虎遊荒澤
有畏多恐怖　諸念為以仰
為一切苦器　亦為諸劇事
斯身主為受　沈於苦之法
一切諸病宅　為老死之法
身為增恩愛　苦以寒與熱

或風而不和　是則病如生
為敗壞諸根　失疾賊害人
老死笮厄人　如雪聚得火
疾而為解釋　斯若此無數
身之多災禍　吾所演一切
未能已備具　要以為諸苦
腐身為不實　多因緣以成
大耶以為軀(《大正藏》卷十五第 239-240 页)

【评说】偈颂首先通过批判印度传统文化中关于人体的认知，来说明佛教所认知的身体的由来与组成，在分析中引入“因缘有”的概念，指出“世与受因缘，以由彼斯身，以渐能致有，初始有精沫”，进入对人体结构的具体剖析。

在佛教观念中，人身是“肉血以涂搽，如木机关缕”，遂主张通过认识“身之多灾祸”，转向心灵追求。

十一因缘章

【原文】佛言：“行者有十一因緣，滅道制令人不墮惡道，當不識者，謂萬物。一為大會，謂人眾；二者多食，謂諸美，亦謂過飽；三者為多行，謂多業；四為多喧，謂多語；五為多睡眠；六為會聚，謂禪中；七為習行，謂多事；八為愛身；九為輕，謂非法語；十為貪，謂多欲；十一為不好善處居，謂惡人中。行道者當斷是十一因緣，得道疾。”(《大正藏》卷十五第 240 页)

【评说】本章缀于本经之后，尚不清楚二者的关系。从内容上来说，十一因缘章总结妨碍修行的十一种原因，主张节欲内敛，以“得道疾”。

法　观　经

西晋月氏国三藏竺法护译

【提要】法观经实则为论，是对佛陀所教的数息观、身观禅修方法的总结。

【原文】佛言：“第一、何以故數息？用息輕易知故。以世間人皆貪身，未能捨身守意，又身中事難分別，皆不信本無意不止。何以有故說空意？顛倒習息見有無，故先說息；稍稍解人意，上頭為數，已得行為第一禪。”

佛言：“坐禪當三定。何等為三定？一者、身定；二者、口定；三者、意定。痛痒止為身定，聲止為口定，意念止為意定。念止者，為受行常念道；聲止者，斷四惡；痛痒止者，為不墮貪。意在止已，身定、口定、意定，當立戒身意持。持者，為一切無所犯，又身意持名為治。治者，意持意行三十七品經故。”經言：“所不識，所不能止，為息中不識，意去時不能止意去。如是當精進，行出力守，政坐、叉手、低頭、持意，內著心中，墮自生滅。當識意去時，已識當能止，便不墮蓋。蓋在戲疑聽六根，如是為不可。”佛言：“數息意今息數不互，何意念意為互行。”(《大正藏》卷十五第 240 页)

【评说】以上略述数息观的修习方法。其中有“经言”等对佛经的引用，能证明本经成于

佛经集结之后，实则为论。

【原文】佛言："已三定，戒應律，為道法，愛行道。"故經言："貪道法行道，已坐行道。上夜後夜，驚意守食，時至禺中，日西至夕，名為四守。當精不離，是為勤力。夜半、日出、日中、晡時，是名為四正。讀經，經行，旋塔內外；自觀身體，內視五滅，外從頭至足，從足至頭，一一觀視，斯何等有？皆當臭敗，節節解墮。本無所有來作，去亦滅盡無所有。反覆迴念，用數心，意復不解。眼見死人，諦念從頭至足，若坐、若起、若飯食，常念著心中，用堅其心，是為數念。出息入息念滅時，已覺息滅盡時無所有；校計思惟，知人物皆當復盡。意止已定，便知空。"故經言："一者、勤力；二者、數念；三者、思惟。"

佛言："自觀身，有時當觀他人身，當觀身者為校計。當觀他人身者，為自觀身意著，當觀他人身死敗。有時可自觀身，亦可觀他人身。可自觀者，為自觀身意不著；可觀他人身，亦為觀他人身意不著。有時不可自觀身，亦不可觀他人身。不可自觀身者，為自見身肥白好；不可觀他人身，亦為見他人身肥白好、端正、膩眉、赤絜。見肥當念膖脹，見白念死人骨，見膩眉念死人欲壞時色轉青黑，見赤絜念血皆當壞敗，何等可貪？

是意自觀身有三十二物者，計髮、毛、爪、齒、骨、皮肉、五藏十一事，屬地；淚、涕、唾、膿血、肪髓、汗、小便七事，屬水；溫熱、主消食二事，屬火；風有十二事；是三十二物皆從地、水、火、風出。何等為地？人生從穀精氣，穀為地，意為種，精氣為水雨，便合生身故。求一衣一食是為養氣護主。人身為本無，故滅盡無常，得道便知身非身。念身不久，要當死敗；意為人種，便守意一心。癡人不守意，護魂神，但養四柯，為色味所欺。謂身是我計，不知惡一切從身起；飯食貪味，便墮苦；往來生死不脫，卒逢惡對，魂神空去，趣善惡之道；身死墮地，日夜消腐。亦本無所有，但意行，故化成身；死皆歸土，萬物亦爾，皆當過去，是為非常。

人不自計，多念萬端，皆不為一，以是為苦，身死索棄；萬物亦爾。滅是為已復生，生復苦，便作善惡行種栽，未知所趣，是為非身。道人行道當為斷。人不知四非常，終不得道。以自計身，視諸死敗，知人物皆無所有，意便守止，得行歡喜；已得行，心便安。不離五者，其心一是道。"

佛言："念身，觀頭髮、腦。念髮本無所有來，作為化成皆當腐落；腦如凝米粥，皆當臭敗；眼但有窌水，皆汁出空埳；耳但有肉，垢皆穿漏；鼻口涕唾，皆流棄消壞；舌、咽喉、肺、肝、心，心中惡血；肝、膽、膈、脾著胃；腎著脊；胃中有未消食；大腸有屎；小腸泡有尿。發便腹少增減，身死氣盡，皆當膖脹壞爛，腸、胃、屎、尿相澆潰，臭處可惡。下有尻肉、兩脛、兩足，肌肉稍盡，筋脈壞敗，骨鎖節節解墮。脛鋌確政，白髀骨如車輻。尻骨與脊骨相連，脊與肋骨相連，肩骨與肘臂手相連，皮革消腐，節節解墮。頸骨與髑髏相連，肉血消盡，磨磨但有骨。氣出不報為死人，身侹正直不復搖，風去身冷，火去黃汁從九孔流出，水去死不復食，地去三四日，色轉正青，膿血從口鼻耳目中出正赤，肌肉壞敗骨正白，久久轉黑作灰土。視郭外臭死人，死人骨如是，自身亦如是，皆當滅盡是為空。出息盡時便知空，知空便知身空。何以故？知命近在息空故。"

佛言："是意當先觀思惟，滅念待自意便守意。意不出身為道人，待在外為萬物。念在內為思，識欲滅念待，當念物非常敗，皆非我所，我亦非物主。意念死時，持何等去？持善、持一、必持經，多作多樂故。"佛言："是汝物持去，其餘一切，皆非我所。意當識念：何等恩愛會當別離，各自消腐，念之但亂人意，墮人罪，要當還身守淨，趣泥洹道。

佛從一心至九道，念四色皆當消滅。謂人死四、五日，欲臭壞，色轉正青；五日、六日，膿血從口、鼻、耳、目中出正赤；後肌肉壞敗，腸胃生蟲還自食，皮革消腐，骨顔正白，久久轉黑作灰土。明地、水、火、風空，皆非我所意。汝從無數世以來，亦為人作妻子、奴婢，亦作畜生、牛、馬、蟲、象，勤苦重負，亦為人所屠、剝、膾、炙。今為人，復所人作妻子、奴婢，亦取畜生屠、剝、膾、刺、斫，自在身死，皆當復受。行道人！汝寧見死人不？氣絕便無所知，身挺正直便臭壞可惡，諦念便畏不欲見。何以故不怖一心？一心令人上天得泥洹道。佛知九道皆空，無所有故，還就一心。行道人急滅念，待無所他知，便至拘深國，行拘深俱在所，見用不在故不見。”

佛言：“意欲貪念非常敗，婬當念對，瞋恚念等心，愚癡念本，一切行非常，無為安隱。人不知非常，終不去貪，亦不離薜荔道。世間所有如夢耳，夢飯食見好，寤便不見。世間所有如是，生便死，適成便壞，要皆歸空，當何等可貪？人有妻子、財產亦爾。何以故？人治生得錢利時，若家室合會喜樂，譬如飛鳥聚會，亦皆無常，一旦別離，亦便不見。正使有憂恐萬苦，意在生死中，為日積罪。黠人自約少欲，趣求一衣一食，從定意行，不求地止，常還身守淨，斷求念空。”

問曰：“行道守意根本從何起？”

佛言：“天地成後，人從十五天上來下，壽無有夭逝，生死五道從六衰起。人生心意本自善，無有貪愛、痛痒、思想、生死、識，為耳、目、鼻、口所欺。目光視色，耳聲音，鼻知香，口知味，身知寒溫粗細，心為作十事，成五陰；意為識合，為六衰；因作善惡行種栽，從是便有老、病、死，生五道。求道欲斷生死故，自守意，止目色，止耳聲，止鼻香，止口味，止身如，斷六衰，行觀懷心念，坐禪滅意識。得道者，五陰悉滅；知本無，便念空想、空徑向泥洹。問所以守意者？意為識主行故惡，六衰為禍行，種五道根本。道人精思，自守四意，欲止無邪，念識思想走。何道人欲滅念識思想，當一切行非常，斷身十事。身、口、意三者，從五陰六衰乃至三定者，口無所知為口定，身無所知為身定，意無所復念為意定。”

佛言：“道有四要，界持啟封乃得出。何等為四？一為識苦，不復向萬物，是為得出三惡道啟；二者、知身非身，便壞身不復愛，是為從人得出門第六天上啟；三者、知非常意，不復向，是為得出十八天啟；四者、知空滅空，是為得出二十八天啟。空滅乃為墮道故。”經言：“行道覺者得出，謂覺苦空非身非常。得出者，謂得出四要界，得第一禪。上七天無有身景。何以故？行道壞身故。”（《大正藏》卷十五第 240-242 页）

【评说】以上经文说明身观的修习方法。身观常常与不净观同时并修，但二者有所不同。身观的侧重点在于以感悟空性无常无我为目标；而不净观则主要以观察人身腐败所引起的感官刺激，来强化“厌离”感，达到离贪的目的，如文中“见肥当念膖胀，见白念死人骨，见腻眉念死人欲坏时色转青黑，见赤絮念血皆当坏败，何等可贪”。由于目标不同，两种观法在具体观察的对象上有所区别。修习身观的作用在于脱离人身的束缚，即“行道坏身故”。

身 观 经

西晋月支国三藏竺法护译

【提要】释迦牟尼在舍卫国祇树给孤独园中对比丘弟子解说身观，令其认知“身不净”。

【原文】聞如是：

一時，佛在舍衛國祇樹給孤獨園。是時佛告諸比丘："是身有肌膚髓血肉，含滿屎溺，自視身見何等好？常有九孔惡病；常不淨常流，可足慚。常與冤家合，為至老死；亦與病俱，何以不惡？身會當墮、會當敗，以棄屍地中不復用，為狐狼所噉，何以見是不慚？誰說貪婬？如佛言：少可多罪，自心觀是。如屠杅屠机為骨聚；如然熾火；如毒藥痛為旋，癡人喜，為喜不自知。何以不畏羅網？貪婬為癡，財錢穀金銀牛馬奴婢，人為命故求。命在呼吸，本命亦自少，極壽百餘歲；亦苦合會。觀是，誰為可者？

如時過去，便命稍少，命日俱盡；如疾河水，如日月盡，命疾是過去，人命去不復還，如是為不可得。人死時命去，設使若干財，索天下奇物亦一切有，死時對來亦不樂；亦不可厭；亦不可樂；亦不可自樂無餘。但可自作善。所自作善，所應自然。若以知會當死，當有何等樂？

人可墮貪婬，設使久壽；設使亡去會當死。何以意愛俱樂？何以故？不念自靜，極意受悅。兒已死啼哭，不過十日，過十日已後，便稍忘之。愛兒婦亦爾！為家室親屬知識亦爾！

以勤苦治生致財物，自愛身命綺好，人死時皆棄所有，身僵在地，下入於土，但為陰去，生隨行受形人；譬如樹果實已見，如是為有人意墮有中，天下一切果物，一人得不自足，若得一分，當那得自厭無有數？三十五樂自樂遍之，當為有何等益？

人已逢苦索受罪人意，為是所好，謂有所益，不欲受靜索為毒虮自身，如少多亦爾！如多少亦爾！如病為大小亦苦；譬如骨無有肉，狗得齩之不厭。如是欲狗習，是亦難得，已得當多畏之。是習所不久，人亦墮惡。如人見夢，已寤不復得，貪婬亦如是。劇夢如夢為有樂，如黑虮如鉤餌肉；如樹果實，實少味多，亡為增結，為惡作本，道家常不用。

是人在天上舍樂，亦天上色樹；亦在端正好苑園；亦得天上玉女。已得天人，不厭天上五樂，今當那得厭天下樂耶？

為取二百日骨，骨百二十段為筋纏；為九孔常漏；為六十三種；為百病極；為肉血和；為生革肌；為中寒熱風；為屎溺為千蟲，皆從身起，中亦有千孔。亦有劇，為親已壞他，為從是不淨出；從鼻中涕出；從口漾唾出；從腋下汗流出；從下孔處屎溺出，如是皆從身出劇。塚間死人，誠可惡劇。舍後可惡處，身所有不淨如是，為不淨種，為從是本來如金塗餘物，為衣故香粉脂澤赤絮紺黛；為癡人見是為是意亂。如畫瓶赤如坑覆草，人所抱愛後會悔。"

比丘聞經跪拜受，道教如是。（《大正藏》卷十五第 242 页）

【小结】本经从人身寿命无常、身中屎溺不净、为身忍受诸苦等方面解说佛教对人身的负面认知。通过对人身的贬抑，将佛教信众的注意力转移到对"心"的探索上，将对心理需求的满足拔高到生理需要的满足之上，以此转换佛教信众的认知模式。

应该指出，佛教并不是一味贬抑人身，在需要肯定人身的情况下，依然会通过提倡人身难得、身体珍贵，教人珍惜生命和身体。但无论如何提倡，其主旨都服务于重精神轻身体的佛教价值观，偶尔的提倡仅是对过度苦行的矫正。

禅秘要法经

后秦弘始年鸠摩罗什等于长安逍遥园译

【提要】禅秘要法经是对佛陀在不同场合回答弟子关于禅法修习疑问的合集。请问者有摩诃迦绨罗、难陀、禅难提、盘直迦、阿祇达、迦叶、阿难等人，所问禅法涉及不净观、四大观、空观、身念处、观佛三昧、数息观、无常观等，并介绍了各阶段禅修稳定的标志及佛教对此的认识。

卷　上

【提要】佛陀在王舍城迦兰陀竹园为弟子说“不净”观、“四大”观。

【原文】佛告迦絺羅難陀：“汝受我語，慎莫忘失。汝從今日修沙門法。沙門法者，應當靜處敷尼師壇，結跏趺坐，齊整衣服，正身端坐，偏袒右肩，左手著右手上，閉目以舌拄腭，定心令住不使分散。先當繫念著左脚大指上，諦觀指半節，作泡起想，諦觀極使明了。然後作泡潰想，見指半節極令白淨，如有白光。見此事已，次觀一節，令肉劈去，見指一節極令明了，如有白光。”佛告迦絺羅難陀：“如是名繫念法。”迦絺羅難陀聞佛所說，歡喜奉行。

“觀一節已，次觀二節。觀二節已，次觀三節。觀三節已，心漸廣大，當觀五節。見脚五節如有白光，白骨分明。如是繫心諦觀五節，不令馳散；心若馳散，攝令使還。如前念半節，念想成時，舉身煖熅心下熱。得此想時，名繫心住。心既住已，復當起想，令足趺肉兩向披，見足趺骨極令了了，見足趺骨白如珂雪。此想成已，次觀踝骨，使肉兩向披，亦見踝骨極令皎白。次觀脛骨，使肉褫落，自見脛骨皎然大白。次觀膝骨，亦使皎然分明。次觀髖骨，亦使極白。次觀脇骨，想肉從一一脇間兩向褫落，但見脇骨白如珂雪，乃至見於脊骨極令分明。次觀肩骨，想肩肉如以刀割，從肩至肘、從肘至腕、從腕至掌、從掌至指端，皆令肉兩向披，見半身白骨。見半身白骨已，次觀頭皮。見頭皮已，次觀薄皮。觀薄皮已，次觀膜。觀膜已，次觀腦。觀腦已，次觀肪。觀肪已，次觀咽喉。觀咽喉已，次觀肺腧。觀肺腧已，見心、肺、肝、大腸、小腸、脾、腎、生藏熟藏。

四十戶蟲在生藏中，戶領八十億小蟲，一一蟲從諸脈生，孚乳產生，凡有三億，口含生藏。一一蟲有四十九頭，其頭尾細猶如針鋒。此諸蟲等二十戶是火蟲，從火精生。二十戶是風蟲，從風氣起。是諸蟲等，出入諸脈遊戲自在。火蟲動風、風蟲動火，更相呼吸以熟生藏。上下往復，凡有七反。此諸蟲等各有七眼，眼皆出火。復有七身，吸火動身以熟生藏。生藏熟已，各復還走入諸脈中。

復有四十戶蟲，戶領三億小蟲，身赤如火。蟲有十二頭，頭有四口，口含熟藏。脈間流血，皆觀令見。見此事已，又見諸蟲從咽喉出。又觀小腸、肝、肺、脾、腎，皆令流注入大腸中，從咽喉出墮於前地。此想成已，即見前地，屎尿臭處，及諸蚘蟲更相纏縛，諸蟲口中流出膿血，不淨盈滿。

此想成已，自見己身如白雪人，節節相拄。若見黃黑，當更悔過。既悔過已，自見己身骨上生皮，皮悉褫落聚在前地，漸漸長大如鉢多羅。復更長大，似如瓮堈，乃至大如乾闥婆樓，或大或小隨心自在。又漸增長猶如大山，而有諸蟲唼食此山，流出膿血，有無數蟲遊走膿裏。復見皮山漸漸爛壞，唯有少在，諸蟲競食。有四夜叉忽從地出，眼中出火，舌如毒蛇，而有六頭。頭各異相：一者如山、二者如猫、三者如虎、四者如狼、五者如狗、六者如鼠。又其兩手猶如獼猴，其十指端一一皆有四頭毒蛇，一者雨水、二者雨土、三者雨石、四者雨火。又其左脚似鳩槃荼鬼，右脚似於毘舍闍鬼，現醜惡形甚可怖畏。時四夜叉，一一荷負九種死屍，隨次行列住行者前。”

佛告迦絺羅難陀:“是名不淨想最初境界。”佛告阿難:“汝持是語,慎莫忘失。為未來眾生,敷演廣說此甘露法三乘聖種。”(《大正藏》卷十五第243-244页)

【评说】在本段经文中,对不净想每一阶段所观想的内容都有细致描述。经文记叙“不净想最初境界”的观法,主要以层层观想皮肉筋骨和身中虫等,对这些人体组织的认识反映了在本经产生及翻译的时代人们对人体的观察还停留在粗浅的水平。

【原文】佛告阿難:“諦聽諦聽,善思念之。第二觀者,繫念額上。諦觀額中如爪甲大,慎莫移想。如是觀額令心安住,不生諸想,唯想額上。然後自觀頭骨,見頭骨白如頗梨色。如是漸見舉身白骨皎然白淨,身體完全,節節相拄。復見前地諸不淨聚,如上所說。不淨想成時慎莫棄身,當教易觀。易觀法者,想諸節間白光流出,其明熾盛猶如雪山。見此事已,前不淨聚夜叉吸去。復當想前作一骨人極令大白。此想成已,次想第二骨人。見二骨人已,見三骨人。見三骨人已,見四骨人。見四骨人已,見五骨人,如是乃至見十骨人。見十骨人已,見二十骨人。見二十骨人已,見三十骨人。見三十骨人已,見四十骨人。見四十骨人已,見一室內滿中骨人,前後左右行列相向,各舉右手向於行者。是時行者,漸漸廣大見一庭內滿中骨人,行行相向,白如珂雪,各舉右手向於行者。心復廣大,見一頃地滿中骨人,行行相向,各舉右手向於行者。心漸廣大,見一由旬滿中骨人,行行相向,各舉右手向於行者。見一由旬已,乃至見百由旬滿中骨人,行行相向,各舉右手向於行者。見百由旬已,乃至見閻浮提滿中骨人,行行相向,各舉右手向於行者。見一閻浮提已,次見弗婆提滿中骨人,行行相向,各舉右手向於行者。見弗婆提已,次見瞿耶尼滿中骨人,行行相向,各舉右手向於行者。見瞿耶尼已,見欝單越滿中骨人,行行相向,各舉右手向於行者。見四天下滿中骨人已,身心安隱,無驚怖想。心漸廣大,見百閻浮提滿中骨人,行行相向,各舉右手向於行者。見百閻浮提已,見百弗婆提滿中骨人,行行相向,各舉右手向於行者。見百弗婆提已,次見百瞿耶尼滿中骨人,行行相向,各舉右手向於行者。見百瞿耶尼已,次見百欝單越滿中骨人,行行相向,各舉右手向於行者。見此事已,身心安樂,無驚怖想。心想利故,見娑婆世界滿中骨人,皆垂兩手伸舒十指,一切齊立向於行者。于時行者見此事已,出定入定恒見骨人,山河石壁、一切世事,皆悉變化猶如骨人。

爾時行者見此事已,於四方面見四大水,其流迅駛、色白如乳,見諸骨人隨流沈沒。此想成時,復更懺悔。但純見水涌住空中,復當起想令水恬靜。”

佛告阿難:“此名凡夫心想白骨白光涌出三昧,亦名凡夫心海生死境界相。我今因迦絺羅難陀,為汝及未來一切眾生等說是白骨白光涌出三昧門,為攝亂心渡生死海。汝當受持,慎勿忘失。”

爾時世尊說此語已,即現白光三昧一一相貌,皆令阿難悉得見之。爾時阿難聞佛所說,歡喜奉行。此名白骨觀最初境界。

佛告阿難:“此想成已,更教餘想。教餘想者,當自觀身作一白骨人,極使白淨,令頭倒下入臗骨中,澄心一處極使分明。此想成已,觀身四面,周匝四方皆有骨人。此想成已,即於前地作一白骨人,如似己身,亦復倒頭入臗骨中。想一成已,次當想二。想二成已,次當想三。想三成已,次當想四。想四成已,次當想五。想五成已,乃至想十。如是滿一房內,見諸骨人皆悉倒頭入臗骨中。見一房內已,乃至見於百房之內,是諸骨人皆悉倒頭入臗骨中。見百房已,見一由旬,滿中骨人,皆悉倒頭入臗骨中。見一由旬已,乃至見無量諸白骨人,皆悉倒頭入髖骨中。此想成已，見諸骨人各各縱横悉在前地，或見頭破、或見項折、或見顛倒、或見繚戾、或見腰折、或見伸脚、或見縮脚、或見脚骨分為二分、或見頭骨倒入胸中、或見頭骨偃仰掣縮，紛亂縱横悉在前地，周匝上下滿一室內。此想成已，乃至見於無量無邊諸白骨人紛亂縱横，或大或小、或破或完。如此眾事，皆當住心諦觀極令分明。"

佛告阿難："是時行者見此事已，當自思惟：'前骨完具，今者破散縱横紛亂不可記錄。此白骨身猶尚無定，當知我身亦復無我。'諦觀是已，當自思惟：'正有縱横諸雜亂骨，何處有我及與他身？'爾時行者思惟無我，身意泰然安隱快樂。"

佛告阿難："此想成已，復當更教令心廣大，使彼行人見一閻浮提縱横亂骨。見諸骨外周匝四面有大火起，焰焰相次燒諸亂骨，見諸骨人節節火起。如是火相，或有眾火猶如流水，明炎熾盛流諸骨間。或有眾火猶如大山，從四面來。此想成已極大驚怖，出定之時身體蒸熱。還當攝心如前觀骨，觀一白骨人極令明了。是時行者入定之時不能自起，要當彈指然後得起。此想成者，當自起念而作是言：'我於前世無數劫來造熱惱法，業緣所牽，故使今者見此火起。'復當作念：'如此火者從四大有，我身空寂四大無主。此大猛火横從空起，我身他身悉皆亦空。如此火者從妄想生，為何所燒？我身及火二皆無常。'"

佛告阿難："行者應當至心諦觀如是等法，觀空無火亦無眾骨。作此觀者，無有恐懼，身意恬安倍勝於前。"爾時阿難聞佛所說，歡喜奉行。此想成者名第二觀白骨竟。(《大正藏》卷十五第 244-245 页)

【评说】"不净想最初境界"之后是"第二观白骨"，可以继续观修"凡夫心想白骨白光涌出三昧，亦名凡夫心海生死境界相"及该观想的"余想"，主要内容以观想白骨为主，通过广大其数目增强观想能力。之后再观察诸骨火起毁骨销身"观空无火亦无众骨"，转悟"我身及火二皆无常"。文末"白骨观最初境界"之名或是集经者所加，以总结观法性质。

【原文】佛告阿難："觀第二白骨竟已，復當更教繫念法。繫念法者，先當繫心著左足大指上，一心諦觀足大指，使肉青黑津膩，猶如日光炙於肥肉。漸漸至膝，乃至於髖。觀左足已，觀其右足亦復如是。觀右足已，次當觀腰，至背至頸，至項至頭，至面至胸，舉身支節一切身分皆亦津黑，猶如日光炙於肥肉，不淨流溢如屎尿聚。諦觀己身，極使分明。想一成已，復當想二。想二成已，復當想三。想三成已，復當想四。想四成已，復當想五。想五成已，復當想十。想十成已，見一室內滿中津黑，猶如日光炙於肥肉，如屎尿聚。諸不淨人，行列縱横滿一室內。見一室已，復見二室。見二室已，乃至見無量眾多不淨人，四維上下皆悉充滿娑婆世界。此想成已，行人自念：'我於前世，貪婬愚癡不自覺知，盛年放逸貪著情色無有慚愧，隨逐色聲香味觸法。今觀我身不淨流溢，他身亦爾。何可愛樂？'見此事已，極自厭身，慚愧自責。出定之時，見諸飲食如屎尿汁，甚可惡厭。

次教易觀。易觀法者，當更起想念。想念成時，見其身外諸不淨間，周匝四面忽然炎起。如熱時焰，其色正白，如野馬行，映諸不淨。爾時行者見此事已，當大歡喜。以歡喜故，身心輕軟，其心明朗快樂倍常。"佛告阿難："是名第三慚愧自責觀。"

爾時阿難聞佛所說，歡喜奉行。此想成者，名第三津膩慚愧觀竟。(《大正藏》卷十五第 245 页)

【评说】"系念法"即将注意力集中某处的止禅修法。此处所教"系念法"在"不净想最初境界"与"白骨观最初境界"两观中都已出现，从上下经文内容来看，前二观法或从他处辑录，

因具有总论性质故列于文首。

“第三惭愧自责观”，集者命为“第三津腻惭愧观”，本观又回到观不净的主题，通过观察自身与他人汗出脏腻如屎尿等令人反感厌恶的景象来诱导厌离感的产生。

【原文】佛告阿難：“此想成已，復當更教繫念住意左脚大指上，令諦觀脚大指節，起膖脹想。見膖脹已，起爛壞想。見爛壞已，起青黑赤白諸膿血想。是諸膿血，極使臭處，難可堪忍。如是漸漸至膝至髖，皆令膖脹爛潰不淨。觀左脚已，右脚亦然。如是漸漸，至腰、至背、至頸、至項、至頭、至面、至胸，舉身支節一切膖脹，皆悉爛壞，青黑赤白諸膿流出，臭惡雜穢不可堪處。想一成已，復更想二。想二成已，復更想三。想三成已，復更想四。想四成已，復更想五。想五成已，乃至想十。想十成已，見一室内周匝上下諸膖脹人，皆悉爛壞，青黑赤白諸膿悉皆流出，雜穢臭處不可堪忍。復當更想一由旬。想一由旬已，乃至想百由旬。想百由旬已，乃至見三千大千世界，周匝上下、地及虛空一切彌滿，膖脹爛壞，青黑赤白諸膿流出，雜穢充滿不可堪處。”

佛告阿難：“爾時行者見此事已，自觀己身不淨充滿，觀於他身亦復如是。當作想念：‘我此身者甚可患厭，眾多不淨彌滿一切。’諦觀是已，畏生死患，其心堅固深信因果。出定入定恒見不淨，欲求厭離捨棄此身。作此想時，自見己身舉體皮肉如秋葉落。見肉墮地在前地已，即大動心，心生驚怖，身心震掉不能自寧，身氣熱惱，如熱病人為渴所逼。出定之時，如人夏日行於曠野渴乏無水，身體疲極。此想成已，乃至食時，見所食物如膖死屍，見所飲漿猶如膿血。此想成已，極大厭身。觀於身內及於身外，求淨不得。”

佛告阿難：“復當更教令其易想，莫使棄身唐無所得。易觀法者，當於遠處臭穢之外作一淨物，教其繫心想一淨物，心眼明了即欲往取。如是漸漸，所見廣遠諸不淨外，有諸淨地如琉璃地，見此淨處即便欲往。轉復廣遠，意不能達。”佛告阿難：“爾時當教如此行人而作是言：‘汝所見事是不淨想，此不淨想而雜穢物。當知此想從顛倒起，皆由前世顛倒行故而得此身。如此身者，種子根本皆為不淨。汝今實見此不淨不？雖見不淨、於外見淨，當知此淨及與不淨不可久停，隨逐諸根憶想見是。此不淨身屬諸因緣，緣合則有、緣離則無。爾所見事亦屬緣想，想成則有、想壞則無。如此想者，從五情出、還入汝心，諸欲因緣而有此想。此不淨想，來無所從、去無所至。汝當一一諦觀不淨，求索彼我了不可得。世尊說我及他皆悉空寂，何況不淨！’如是種種呵責其心，教令觀空，見髮毛爪齒一切悉無，豁然捨諸不淨之物，如前住意還觀骨人。”

佛告阿難：“汝持是語，慎莫忘失此不淨觀及易想法。”爾時阿難聞佛此語，歡喜奉行。此想成時，名第四膖脹膿血及易想觀竟。（《大正藏》卷十五第 245-246 页）

【评说】“第四膖胀脓血及易想观”包括两部分，一是观察肢体膨胀坏烂，二是观想不可到达的洁净处。利用人厌脏好净的心理帮助观想，最后再通过“教令观空，见发毛爪齿一切悉无，豁然舍诸不净之物”，以观想帮助认知模式的转换。

不净观中，对于肢体变色坏烂及四散等形貌的描述，都来自于当时人观察野外尸林弃尸所得的认识。尸林野坟等是早期佛教修行的主要场所。

【原文】佛告阿難：“此想成已，次當更教繫念一處，端坐正受，諦觀右脚大指上，令指上皮㩗㩗欲穿，薄皮厚皮内外映徹。其薄皮内有一薄膜，亦當諦觀，如是漸漸至膝至髖。左脚亦然。至腰至背、至頸至項、至頭至面至胸，舉身皆爾。薄皮厚皮內外映徹，携携欲穿如被吹者，其皮膖脹不可具說。身諸毛中一一毛孔，百千無量諸膿雜汁，猶如雨滴從毛孔出，疾於震雨。內外俱流，膿血盈滿，不淨之極難可堪忍。猶如膿池，亦如血池，諸蟲滿中。此想成已，當觀胸裏舉身是蟲，猶如蟲聚。復當更觀左脚大指膖脹膿潰，青膿、黃膿、赤膿、黑膿、紅膿、綠膿、白膿，爛潰交横與屎尿雜，復有諸蟲遊戲其中，穢惡臭處不可堪忍。厭患此身，不貪諸欲、不樂受生。此想成時，見大夜叉身如大山，頭髮蓬亂如棘刺林，有六十眼猶如電光，有四十口，口有二牙，皆悉上出猶如火幢，舌似劍樹吐至于膝，手捉鐵棒，棒似刀山，如欲打人。如是眾多其數非一。見此事時，極大驚怖身心皆動。如此相貌，皆是前身毀犯禁戒、諸惡根本，無我計我、無常計常、不淨計淨，放逸染著貪受諸欲，於苦法中横生樂想，於空法中起顛倒想，於不淨身起於淨想，邪命自活不計無常。此想成時，復當更教：'汝莫驚怖。如此夜叉，是汝惡心猛毒境界，從六大起、六大所成。汝今應當諦觀六大。此六大者，地、水、火、風、識、空。如此一一汝當諦推：汝身為是地耶？為是水耶？為是火耶？為是風耶？為是識耶？為是空耶？如是一一諦觀此身，從何大起？從何大散？六大無主，身亦無我，汝今云何畏於夜叉？如汝心想，來無所從、去無所至。想見夜叉，亦復如是。但安意坐，設使夜叉來打汝者，歡喜忍受，諦觀無我，無我法中無驚怖想。但當正心結加趺坐，諦觀不淨及與夜叉。'作一成已，復當作二，如是漸漸乃至無量，一一諦觀皆令分明。"

佛告阿難："汝好受持觀薄皮不淨法，慎莫忘失。"爾時阿難聞佛所說，歡喜奉行。此想成時，名第五觀薄皮竟。(《大正藏》卷十五第 246-247 页)

【评说】"第五观薄皮"是以皮肤为主要观察对象，结合皮肤的病理变化诱导厌离，并由观空转变认知。具体方法类似于膨胀及津腻观等。

【原文】佛告阿難："此想成已，復當更教繫念著右脚大指上，當諦觀脚指使脚膖脹，從脚至頭如吹皮囊，膖脹津黑青瘀難堪，滿中白蟲如粳米粒。蟲有四頭，蠢蠢相逐，更相唼食。肌肉骨髓皆生諸蟲，一切五藏蟲皆食盡，唯有厚皮在其骨外。其皮厚薄猶如繒練，諸蟲出入如穿竹葉，內外携携其皮欲穿。眼中躁癢，有無數蟲穿眼欲出，生眼眶間。身分九孔亦復如是。諸蟲爾時，從厚皮出、入薄皮中，皮遂穿盡，蟲皆落地。其數眾多，不可稱計，作一大聚猶如蟲山。在行者前，更相食噉、或相纏繞。爾時行者見眾多蟲已，復當繫念諦觀一蟲，使此一蟲噉諸蟲盡，既噉蟲已一蟲獨在。其心漸大，見向一蟲大如狗許，身體困頓、鼻曲如角，嗅行者前，其眼正赤，如燒鐵丸。見此事已極大驚怖，當自憶念：'我身云何忽然乃爾作如此事？先見諸蟲更相食噉，今見此蟲形體醜惡何甚可畏！'此想成時當自觀身：'我此諸蟲，本無今有、已有還無。如此不淨從心想生，來無所從、去無所至，亦非是我亦非是他。如此身者，六大和合因緣成之，六大散滅身亦無常。向者諸蟲，來無所從、去無所至。我身、蟲聚，當有何實？蟲亦無主，我亦無我。'作是思惟，時所見蟲，眼當漸漸小。見此事已身心和悅，恬然安樂倍勝於前。"

佛告阿難："汝好受持是厚皮蟲聚觀法，慎莫忘失。"阿難聞佛所說，歡喜奉行。此想成已，名第六厚皮蟲聚觀竟。(《大正藏》卷十五第 247 页)

【评说】"第六厚皮虫聚观"观法类似于以上"薄皮观"。

【原文】佛告阿難："復當住意繫念一處，諦觀右脚大指上，從足至頭好諦觀之。當使皮肉都盡，腸胃腹肝、肺心脾腎，一切五藏悉落墮地，唯有筋骨共相連持。殘膜著骨，其色極赤，

或如淤泥、或如濁水。作濁水想，持用洗皮。從足至頭皆使如是，自觀己身極令分明。觀己身已，於現前地復作一身，使在前立，如己無異。想一成已，復當想二。想二成已，復當想三。想三成已，復當想四。想四成已，復當想五。想五成已，乃至想十。想十成已，見一室内周匝上下，滿中皆是赤色骨人，或有淤泥色者、或有濁水色者，以濁水洗皮。如是眾多，漸漸廣大，滿一由旬。想一由旬已，想二由旬。想二由旬已，漸漸廣大想百由旬。想百由旬已，乃至見三千大千世界，滿中赤色骨人，或有淤泥色者、或有濁水色者，以濁水洗皮。周匝上下，縱橫彌滿。"

佛告阿難："汝今諦觀此赤色相，慎莫忘失。"爾時阿難聞佛所說，歡喜奉行。此想成時，名第七極赤淤泥濁水洗皮雜想竟。(《大正藏》卷十五第 247 页)

【评说】"第七极赤淤泥浊水洗皮杂想"是观察附骨筋膜等结缔组织，此想广大所观部分类似白骨观。

【原文】佛告阿難："復當更教繫心住意，觀左脚大指，從足至頭，如新死人其色萎黃，當觀己身亦復如是。見萎黃已，當令黃色變成青赤。此想成時，見於前地有一新死人，其色黃赤。見一已見二，見二已見三，見三已見四，見四已見五。見五已心想利故，恒見己身如新死人。如是想成，見一切人滿閻浮提如新死人。此想成已，轉復廣大，見三千大千世界滿中新死人，自見己身及以他身等無有異。此想成時，心意惙然，貪欲轉薄。"

佛告阿難："汝好諦觀是新死想，慎莫忘失。"爾時阿難聞佛所說，歡喜奉行。此想成時，名第八新死想竟。(《大正藏》卷十五第 247 页)

【评说】"第八新死想"，是观想新死尸体形色，在不净观的其他观修方法中，该观法常作为最初阶段的观法，以尸体逐渐腐烂化骨作为贯穿不净观的线索，最后终于白骨观。

【原文】佛告阿難："復當更教繫念住意，諦觀左脚大指上，從足至頭，使心不散見身諸骨，一一分明，共相支拄亦相連持，無有破者。毛髮爪齒皆悉具足，皎然大白。見己身已，往復反覆想令白淨。想一身已，復想二身。想二身已，復想三身。想三身已，復想四身。想四身已，復想五身，乃至於十。想十身已，見一室内，周匝上下悉是骨人，毛髮爪齒皆悉具足，白中白如珂雪。見一室已，復見百室。見百室已，見一閻浮提。見一閻浮提已，乃至見三千大千世界，滿中骨人，毛髮爪齒皆悉具足，其色極白，白如珂雪。此想成時，心意恬安，歡喜倍常。"

佛告阿難："汝好諦觀具身骨想，慎莫忘失。"爾時阿難聞佛所說，歡喜奉行。此想成時，名第九具身骨想竟。(《大正藏》卷十五第 247 页)

【评说】"第九具身骨想"类似于前"第二观白骨"的部分观法，是"系念法"系列的观白骨阶段。

【原文】佛告阿難："復當更教繫心住意，諦觀右足大指兩節間，令心專住無分散意，觀兩節使相離去，唯角相拄。觀兩節已，從足至頭皆令如是，使節節解，唯角相拄。從頭至足有三百六十三解，一一諦觀，令節節各解。若不足者，安心諦觀，令節節各解，唯角相拄。觀己身已，當觀他身。觀見一已觀見二，觀二已觀見三，觀三已觀見四，觀四已觀見五。觀五已，乃至觀見無量諸白骨人，節節各解，唯角相拄。見此事已，復見四方眾多骨人亦復如是。得此觀時，當自然見諸骨人外，猶如大海恬靜澄清。其心明利，見種種雜色光圍繞四邊。見此事已,心意自然安隱快樂,身心清淨無憂喜想。"

佛告阿難:"汝好諦觀此節節解想,慎莫忘失。"阿難聞佛所説,歡喜奉行。得此觀者,名第十節節解觀竟。(《大正藏》卷十五第247-248页)

【评说】"第十节节解观"是观想白骨散乱,次第上承接白骨观。

【原文】佛告阿難:"此想成已,復當更教繫念住意,諦觀右脚大指兩節間,令節相離如三指許,作白光想持用支拄。若夜坐時作月光想,若晝坐時作日光想,連持諸骨莫令解散。從足至頭三百六十三解,皆令相離如三指,許以白光持不令散落。晝日坐時以日光持,若夜坐時以月光持,觀諸節間皆令白光出。得此觀時,當自然於日光中見一丈六佛,圓光一尋,左右上下亦各一尋。軀體金色,舉身光明炎赤端嚴,三十二相、八十種好皆悉炳然。一一相好分明得見,如佛在世等無有異。若見此時,慎莫作禮,但當安意諦觀諸法。當作是念:'佛説諸法無來無去,一切性相皆亦空寂。諸佛如來是解脱身,解脱身者則是真如,真如法中無見無得。'作此想時,自然當見一切諸佛。以見佛故,心意泰然恬怕快樂。"

佛告阿難:"汝今諦觀是流光白骨,慎莫忘失。"爾時阿難聞佛所説,歡喜奉行。得此觀者,名第十一白骨流光觀竟。(《大正藏》卷十五第248页)

【评说】"第十一白骨流光观"是继白骨观后的另一方向,通过观想白骨流光、日中佛像的方法,可以从不净白骨观转向色遍观与观佛三昧。

【原文】佛告阿難:"得此觀已,復當更教繫心住意,諦觀脊骨。於脊骨間,以定心力作一高臺想,自觀己身如白玉人結加趺坐,以白骨光普照一切。作此觀時極使分明。坐此臺已,如神通人住須彌山頂,觀見四方無有障閡,自見故身了了分明,見諸骨人白如珂雪,行行相向,身體完具無一缺落,滿於三千大千世界。此名白光想成。次見縱骨,亦滿三千大千世界。復見橫骨,亦滿三千大千世界。見青色骨人,行行相向,滿三千大千世界。復見黑色骨人,行行相向,滿三千大千世界。復見膖脹人,行行相向,滿三千大千世界。復見膿爛人,復見膿血塗身人,滿三千大千世界。復見爛壞舉身蟲出人,滿三千大千世界。復見薄皮覆身人,滿三千大千世界。復見皮骨相離人,滿三千大千世界。復見赤如血色人,滿三千大千世界。復見濁水色人,滿三千大千世界。復見淤泥色人,滿三千大千世界。復見白骨人,毛髮爪齒共相連持,滿三千大千世界。次見三百六十三節解,唯角相拄,如此骨人滿三千大千世界。次見節節兩向解離相去三指許間有白光人,滿三千大千世界。次見散白骨人,唯有白光共相連持,滿三千大千世界。如是當見眾多白骨人,數不可説。得此觀時,當起想念:'我此身者從四大起枝葉種子,乃至如是不淨之甚,極可患厭。如此境界從我心起,心想則成、不想不見。當知此想是假觀見、從虛妄見,屬諸因緣。我今當觀諸法因緣。云何名諸法因緣?諸法因緣者,從四大起。四大者,地水火風。'復當觀是風大從四方起,一一風大猶如大蛇,各有四頭,二上二下,眾多耳中皆出是風。此觀成時,風變為火。一一毒蛇吐諸火山,其山高峻甚可怖畏,有諸夜叉住火山中,動身吸火毛孔出風。如是變狀遍滿一室。滿一室已,復滿二室。滿二室已,漸漸廣大,滿一由旬。滿一由旬已,滿二由旬。滿二由旬已,滿三由旬。滿三由旬已,轉復廣大滿閻浮提,見諸夜叉在火山中,吸火負山,毛孔出風,周慞馳走遍閻浮提。復驚夜叉以逼行者。見此事時心大驚怖,求易觀法。易觀法者,先觀佛像。於諸火光端,各作一丈六佛像想。此想成時,火漸漸歇變成蓮華,眾多火山如真金聚內外映徹,諸夜叉鬼似白玉

人。唯有風大，迴旋宛轉吹諸蓮華。無數化佛住立空中，放大光明如金剛山。是時諸風靜然不動。時四毒蛇口中吐水，其水五色，遍滿一床。滿一床已，復滿二床。滿二床已，次滿三床，如是乃至遍滿一室。滿一室已，次滿二室。滿二室已，次滿三室，如是乃至遍滿十室。水滿十室已，見五色水色色之中各有白光，如頗梨幢，有十四重，節節皆空，白水涌出停住空中。此想成時，行者自見身內心中有一毒龍，龍有六頭，繞心七匝，二頭吐水、二頭吐火、二頭吐石，耳中出風。身諸毛孔各生九十九毒蛇。如是諸蛇，二上二下。諸龍吐水，從足下出，流入白水。如是漸漸滿一由旬皆見是事。滿一由旬已，復滿二由旬。滿二由旬已，滿三由旬，如是乃至滿閻浮提。滿閻浮提已，是時毒龍從臍而出，漸漸上向入於眼中，從眼而出住於頂上。爾時諸水中有一大樹，枝葉四布遍覆一切。如此毒龍不離已身，吐舌樹上。是龍舌上有八百鬼，或有鬼神，頭上戴山、兩手如蛇、兩脚似狗。復有鬼神，頭似龍頭，舉身毛孔有百千眼，眼中火出，齒如刀山，宛轉在地。復有諸鬼，一一鬼形有九十九頭，各有九十九手。其頭形狀極為醜惡，似狗野干、似狸似猫、似狐似鼠。是諸鬼頸各負獼猴。是諸惡鬼遊戲水中，或有上樹騰躍透擲。有夜叉鬼頭上火起，是諸獼猴以水滅火，不能制止，遂使增長。如是猛火，從其水中頗梨幢邊忽然熾盛，燒頗梨幢如融真金，焰焰相次繞身十匝，住行者上如真金蓋，有諸羅網，彌覆樹上。此真金蓋足滿三重。爾時地下忽然復有四大惡鬼，有百千耳，耳出水火，身毛孔中雨諸微塵，口中吐風充滿世界。有八萬四千諸羅刹鬼，雙牙上出高一由旬，身毛孔中霹靂火起。如是眾多，走戲水中。復有虎狼師子豺豹鳥獸，從火山出，遊戲水中。見是事時，一一骨人滿娑婆界，各舉右手。時諸羅刹，手執鐵叉擎諸骨人，積聚一處。爾時復有九色骨人，行行相次，來至行者所。如是眾多，百千境界不可具說。”

佛告阿難：“此想成時，名四大觀。汝好受持，慎勿忘失。”爾時阿難聞佛所說，歡喜奉行。此想成時，名第十二地大觀火大觀風大觀水大觀，亦名九十八使境界。（《大正藏》卷十五第248-249页）

【评说】“第十二地大观火大观风大观水大观”，主要观察地水火风四大种。观不净并不是该观的主要内容，但为了承续上下，需要通过观不净转换至“当知此想是假观见、从虚妄见，属诸因缘。我今当观诸法因缘”，引出四大观。

在上座部佛教中，四大观较为朴素，直接选取自然界中的四大现象进行观察。本经所载的四大观有浓厚的鬼神色彩，有简单的情节顺序，说明四大观至此已有一定程度的流变。

【原文】佛告阿難：“此想成已，復當更教繫念住意，諦觀腰中脊骨，想諸脊骨白如珂雪。見脊骨已，見舉身骨節節相拄，轉復明淨白如頗梨。見一一骨支節大小，一一皆明，如頗梨鏡。火大風水地大，是諸境界皆於一節中現。此想成時，見下方地，從於床下漸漸就開。見一床下地已，復見二床下地。見二床下地已，復見三床下地。見三床下地已，漸見一室內。見一室內已，次見二室內。見二室內已，漸見三室內。見三室內已，復見一庭中地，漸漸就開。見此事時應當諦觀，乃至下方無有障閡。下方風輪中有諸風起，向諸夜叉，皆吸此風。吸此風已，身諸毛孔生鳩槃茶。一一鳩槃茶吐諸山火，滿大千世界。是諸山間忽然復有無量妙女，鼓樂絃歌至行者前。羅刹復來。爭取食之。行者見已，極大驚怖不自勝持。出定之時，恒患心痛，頂骨欲破。攝心入定，如前悉見四大境界。見此境界已，四大定力故，自見身體白如玉人，節節上火起、節節下水流，耳中風出、眼中雨石。見此事已，於其前地有十蚿蛇，其身長大五百由旬，有千二百足，足似毒龍。身出水火，宛轉於地。此想成時，但當至心懺悔先罪。出定之時不得多語，於寂静處一心繫念，唯除食時。復當懺悔，服諸酥藥，然後方當易此觀法。”

佛告阿難:“此觀名為第二四大觀。汝好受持，慎勿忘失。”爾時阿難聞佛所說，歡喜奉行。此想成時，名第十三結使根本觀竟。(《大正藏》卷十五第249页)

【评说】“第二四大观”又名“第十三结使根本观”，此观的意义在于忏悔先罪。从两段描述“行者见已，极大惊怖不自胜持。出定之时，恒患心痛，顶骨欲破”和“此想成时，但当至心忏悔先罪。出定之时不得多语，于寂静处一心系念，唯除食时。复当忏悔，服诸酥药，然后方当易此观法”推测，此观法也有可能是对观想修行出现偏差的治疗。

【原文】佛告阿難:“此想成已，當更易觀。易觀法者，火大動時應起山想。當想諸山猶如冰霜，為火所融。如是猛火極大熾盛。火熾盛時，身體蒸熱。復更想龍，令雨諸石以掩猛火。復當想石，使碎如塵。龍復吐風，聚諸微塵積至成山，無量林木荊棘叢刺皆自然生。爾時白水，五色具足，流諸刺間。如是諸水住山頂上，猶如積水凝然不動。”此想成已，名第十四易觀法。

佛告阿難:“若有比丘、比丘尼、優婆塞、優婆夷，三昧正受者，汝當教是易觀法，慎勿忘失。此四大觀，若有得者，佛聽服食酥肉等藥。其食肉時洗令無味，當如飢世食子肉想:‘我今此身若不食肉，發狂而死。’是故佛於舍衛國勅諸比丘，為修禪故，得食三種清淨之肉。”爾時阿難聞佛所說。歡喜奉行。(《大正藏》卷十五第249页)

【评说】“第十四易观法”是在四大之间转换而观的观法。“此四大观，若有得者，佛听服食酥肉等药”，佛陀允许能成功观修四大观的修行者食用“三种清净之肉”，即三净肉，指符合“眼不见杀;耳不闻杀;不为己所杀”三个条件的肉。说明长期禅修需要通过摄入肉类补充营养物质。

【原文】佛告阿難:“教易觀已，復當更教如前繫念住意，諦觀脊骨，復使白淨過前數倍。於二節間以明淨故，得見一切諸穢惡事。此想成時，當自觀身作一骨人，節節之中白淨明顯，如頗梨鏡。閻浮提中一切骨人，及四大觀所有境界，皆於一節中現。見此事已，見諸骨人從東方來，向於行者，行行相次，數如微塵。如是東方滿娑婆世界諸白骨人，皆行行相次，來向行者;南西北方、四維上下亦復如是。復有青色骨人，行行相次，來向行者，滿閻浮提。漸漸廣大，乃至東方滿娑婆世界;南西北方、四維上下亦復如是。復有淤泥色骨人，行行相次，來向行者，滿閻浮提。漸漸廣大，乃至東方滿娑婆世界;南西北方、四維上下亦復如是。復有濁水色骨人，行行相次，來向行者，滿閻浮提。漸漸廣大，乃至東方滿娑婆世界;南西北方、四維上下亦復如是。復有赤色骨人，行行相次，來向行者，滿閻浮提。漸漸廣大，乃至東方滿娑婆世界;南西北方、四維上下亦復如是。復有紅色骨人，行行相次，來向行者，滿閻浮提。漸漸廣大，乃至東方滿娑婆世界;南西北方、四維上下亦復如是。復有膿血塗身骨人，行行相次，來向行者，滿閻浮提。漸漸廣大，乃至東方滿娑婆世界;南西北方、四維上下亦復如是。復有黃色骨人，行行相次，來向行者，滿閻浮提。漸漸廣大，乃至東方滿娑婆世界;南西北方、四維上下亦復如是。復有綠色骨人，行行相次，來向行者，滿閻浮提。漸漸廣大，乃至東方滿娑婆世界;南西北方、四維上下亦復如是。復有紫色骨人，行行相次，來向行者，滿閻浮提。漸漸廣大，乃至東方滿娑婆世界;南西北方、四維上下亦復如是。復有那利瘡色骨人，於諸節間，

二節流出十六色，諸惡雜膿，行行相次，來向行者，滿閻浮提。漸漸廣大，乃至東方滿娑婆世界；南西北方、四維上下亦復如是。此想成時，行者驚怖，見諸夜叉欲來噉己。爾時復當見諸骨人，節節火起、焰焰相次，遍滿娑婆世界。復見骨人頂上涌出諸水，如頗梨幢。復見骨人頭上，一切眾火化為石山。是時諸龍耳出諸風，吹火動山。是時諸山。旋住空中。如窯家輪。而無分閡。見此事已，極大驚怖。以驚怖故，有一億鬼，擔山吐火，形狀各異，來至其所。"

佛告阿難："若有比丘，正念安住修不放逸，見此事時當教諸法空無我觀。出定之時亦當勸進令至智者所問甚深空義。聞空義已，應當自觀：'我身者，依因父母不淨和合，筋纏血塗，三十六物污露不淨，屬諸業緣，從無明起。今觀此身無一可愛，如朽敗物。'作是思惟，時諸骨人皆來逼己，當伸右手以指彈諸骨人，而作是念：'如此骨人，從虛妄想強分別現。我身亦爾，從四大生，六入村落所共居止，何況諸骨從虛妄出。'作是念時，諸白骨人碎散如塵，積聚在地如白雪山。眾多雜色骨人，有一大虺忽然吞食。於白雪山上有一白玉人，身體端嚴，高三十六由旬，頸赤如火。眼有白光。時諸白水并頗梨幢，悉皆自然入白玉人頂。龍鬼蛇虺、獼猴師子狸猫之屬，悉皆驚走，畏大火故尋樹上下，身諸毛孔九十九蛇悉在樹上。爾時毒龍宛轉繞樹，復見黑象在樹下立。見此事時，應當深心六時懺悔，不樂多語，在空閑處思諸法空。諸法空中無地無水亦無風火，色是顛倒從幻法生，受是因緣，從諸業生。想為顛倒，是不住法。識為不見，屬諸業緣，生貪愛種。如是種種諦觀此身，地大者從空見有，空見亦空，云何為堅想地？如是推析何者是地？作是觀已，名觀外地。一一諦觀地大無主。作是想時，見白骨山復更碎壞猶如微塵，唯骨人在於微塵間，有諸白光共相連持。於白光間復生種種四色光明，於光明間復起猛火燒諸夜叉。時諸夜叉為火所逼悉走上樹，未至樹上黑象踏蹴，夜叉出火燒黑象脚。黑象是時作聲鳴吼，如師子吼音，演說若空無常無我，亦說此身是敗壞法不久當滅。黑象說已與夜叉戰，夜叉以大鐵叉刺黑象心，黑象復吼，一房地動，是時大樹根莖枝葉一時動搖。龍亦吐火欲燒此樹，諸蛇驚張各申九十九頭以救此樹。是時夜叉復更驚起，手執大石欲擲黑象。黑象即前以鼻受石，擲置樹上。石至樹上，狀似刀山。是夜叉奮身大踊，身諸毛孔出諸毒龍。龍有四頭，吐諸烟焰，甚可怖畏。此想成時，自見己身，身內心處深如坑井，井中有蛇吐毒上下現於井上。有摩尼珠，以十四絲繫懸在虛空。時彼毒蛇仰口吸珠，了不能得，失捨躄地迷悶無知，是時口火還入頂中。行者若見此事，當起懺悔。乞適意食調和四大，極令安隱。當坐密屋無鳥雀聲處。"

佛告阿難："若比丘、比丘尼、優婆塞、優婆夷得此觀者，名得地大觀。當勤繫念，慎莫放逸。若修不放逸行，疾於流水當得頂法。雖復嬾惰，已捨三塗惡道之處，捨身他世生兜率天，值遇彌勒，為說苦空無常等法，豁然意解。成阿那含果。"

佛告阿難："汝今諦受地大觀法，慎勿忘失，為未來世一切眾生敷演廣說。"爾時阿難聞佛所說，歡喜奉行。得此觀者，名第十四地大觀竟，亦名分別四大相貌，復名見五陰麁相。有智慧者亦能自知結使多少。四念處中名身念處，唯見身外，未見身內。身念處境界四分之中，此是最初。得此觀者，身心悅樂，少於諍訟。

佛告阿難："此想成已，次當更觀身外火，從因緣有，有緣則起、緣離則滅。如此眾火，來無所從來、去無所至，恍忽變滅終不暫停。作是思惟時，外火即滅更不復現。復當思惟：'外諸水等江河池流，皆是龍力變化所成，我今云何橫見此水？此諸水等，來無所從來、去無所至。'作是思惟時外水不現。復當起念：'此風者與虛空合，諸龍鳴吼，假因緣有。如此想者，亦不在內、亦不在外、不在中間，顛倒心故橫見此事。'作是思惟時外風不起。復當更繫念思惟身内脊骨，見身内骨白如珂雪，一一節間三十六物穢惡不淨皆於中現。或見身皮猶如皮囊，盛諸不淨，無量瘭疽、百千癰疾悉在其中，諸膿流出滴滴不絕，當在骨人頭上極可厭患。或見身內，五藏悉皆走入於大腸中，大腸膖脹爛潰難堪。爾時行者以定力故，出定入定見一切人及與己身同不淨聚，見諸女人身如蟲狗穢惡不淨，自然當得不貪色想。”

佛告阿難：“此想成時，名第十四觀外四大，亦名漸解學觀空。”佛告阿難：“汝持佛語，慎勿忘失。”爾時阿難聞佛所說，歡喜奉行。（《大正藏》卷十五第 249-251 页）

【评说】“第十四观外四大，亦名渐解学观空”，前半部分所观内容与“四大观”相似，都是对外在自然山川火风的观想，有所不同的是每个观想结束时都归为无常、苦、空、无我。

【原文】佛告阿難：“此想成已，復當更教繫念，諦觀身內地大。身內地大者，骨齒爪髮腸胃腹肝心肺諸堅實物，悉是地大精氣所成，外地無常。所以知之，譬如大地，二日出時大地焦枯，三日出時江河池沼悉皆枯竭，四日出時大海三分減二，五日出時大海枯盡，六日出時大地焰起，七日出時大地然盡。外地猶爾，勢不支久，況身內地當復堅牢？爾時行者應自思惟：‘今我此身，髮是我耶？爪是我耶？骨是我耶？身諸五藏為是我耶？’如是諦觀身諸支節都無有我。自觀諸骨，一一諦觀：‘此骨者從何處生？父母和合赤白精時、如乳時、如泡時、如是歌羅邏時、如安浮陀時，如是諸時何處有骨？當知此骨本無今有、已有還無。此骨者，同虛空相。外地無常，內地亦爾。’作是思惟時諦觀己身，一切諸骨自然破散猶如微塵。入定觀骨，但見骨處、不見骨相。出定見身，如前無異。復當更觀身內諸火，從外火有。外火無常，無有暫停。我今身火何由久熱？作是觀時，觀諸骨上一切火光悉滅不現。復當更觀身內諸水，我此諸水因外水有。外水無常，勢不支久。內水亦爾，假緣而有，何處有水及不淨聚？外風無常，勢不支久，從因緣生、還從緣滅。今我身內所有諸風，假偽合成、強為機關，何處有風？從妄想起，是顛倒見。作是思惟時，不見身內諸龍，耳中所有諸風悉滅不現。如是種種諦自思惟，何處有人及地水火風？觀此地是敗壞法，觀此火猶如幻。又觀此風從顛倒起，觀此水從虛妄想現。作是觀時，行者見身猶如芭蕉，中無堅實，或自見心如水上泡，聞諸外聲猶如谷聲。作是觀時，見諸骨上一切火光、見白光水、見諸龍風悉在一處。觀身靜寂，不識身相，身心安隱，恬怕悅樂。如此境界，名第十五四大觀竟。”（《大正藏》卷十五第 251 页）

【评说】“第十五四大观”所观察的是“内四大”，即组成人身的四大元素，悟无我身，“行者见身犹如芭蕉，中无坚实，或自见心如水上泡，闻诸外声犹如谷声”，达到“观身静寂，不识身相，身心安隐，恬怕悦乐”的身心状态。

卷　中

【提要】佛陀在王舍城迦兰陀竹园为弟子说四大观、空观、身念处；在王舍城祇树给孤独园为弟子说观像三昧数息观；在舍卫国多罗聚落为槃直迦说四大相应观。

【原文】佛告阿難：“汝今至心受持此四大觀法，慎勿忘失，為未來世一切眾生當廣演說。”爾時阿難聞佛所說，歡喜奉行。“作此觀時，以學觀空故，身虛心勞，應服酥及諸補藥，於深禪定應作補想觀。補想觀者，先自觀身，使皮皮相裹猶如芭蕉，然後安心自開頂上想。復當勸進釋梵護世諸天，使持金瓶盛天藥。釋提桓因在左、護世諸天在右，持天藥灌頂，舉身盈滿。晝夜六時恒作此想。若出定時，求諸補藥，食好飲食，恒坐安隱，快樂倍常。修是補身經

三月已，然後更念其餘境界。禪定力故，諸天歡喜。時釋提桓因為說甚深空無我法，讚歎行者，頭面敬禮。以服天藥故，出定之時顏色和悅，身體潤澤如膏油塗。見此事者，名第十六四大觀竟。”(《大正藏》卷十五第 251 页)

【评说】“补想观”是观想天人授药补养因禅修而疲惫的身心，“然后安心自开顶上想。复当劝进释梵护世诸天，使持金瓶盛天药”“若出定时，求诸补药，食好饮食，恒坐安隐，快乐倍常”。此观法似乎一改早期佛教崇尚头陀简衣节食的修行理念，不仅定中想象天人赐予天药，在出定后也食用补药好食，结合观中有“释提桓因为说甚深空无我法”的内容，可能反映了印度教对佛教的影响。

【原文】佛告阿難:“此想成已，復當更教繫念住意，令觀外色。一切色者從何處生? 作此觀時，見外五色如五色光，圍繞己身。此想現時，自觀身胸，胸骨漸漸明淨如頗梨鏡，明顯可愛。復見外色，一一眾色明如日光。得此觀時，四方自然生四黑象，黑象大吼踏眾色滅。如是眾色，在地者滅;於虛空中，玄黃可愛倍復過常。爾時大象以鼻繞樹，四象四邊欒拔此樹不能傾動。復有四象以鼻繞樹，亦不能動。爾時行者見此事已，出定之時應於靜處，若在塚間、若在樹下、若阿練若處，覆身令密。應當靜寂更求好藥以補己身。如上修習補身藥法復經三月，一心精進，如救頭然，心不放逸。於所受戒不起犯心，晝夜六時懺悔諸罪。復更思惟身無我空，如前境界一一諦觀極令明了。此想成時，胸骨漸明，猶如神珠內外映徹。心內毒蛇復更踊身騰住空中，口中有火，欲吸摩尼珠，了不能得。如前失捨，自撲於地，身心迷悶望見四方。爾時諸象復更奔競來至樹所。時諸夜叉羅刹、惡獸諸龍蛇等俱時吐毒，與黑象戰。爾時黑象以鼻繞樹，聲吼而挽。象挽樹時，諸龍夜叉吐毒前戰不肯休息。爾時地下有一師子，兩眼明顯似如金剛，忽然踊出與諸龍戰，爾時諸龍踊住空中。象故挽樹終不休息，地漸漸動。是時行者地動之時，當觀此地從空而有，非堅實法。如此地者，如乾闥婆城、如野馬行，從虛妄出，何緣而動? 作是思惟時，自分己身胸骨乃至面骨漸漸明淨，見諸世間一切所有皆悉明了。得此觀時，如執明鏡自觀面像。行者爾時見諸身外一切眾色及諸不淨，亦見身內一切不淨。此想成時，名第十七身念處觀。”

佛告阿難:“汝好受持此身念處灌頂章句，慎勿忘失，開甘露法門，為未來世一切眾生當廣演說。”爾時阿難聞佛所說，歡喜奉行。(《大正藏》卷十五第 251-252 页)

【评说】“第十七身念处观”，所观内容与四念处修法中的“身念处”不同，纯是想象而无观察。

【原文】佛告阿難:“此想成已，復當更教繫念思惟諦觀面骨。自見面骨如白玉鏡，內外俱淨，淨如明鏡。漸漸廣大，見舉身骨白如頗梨鏡，內外俱淨，一切眾色皆於中現。須臾見身如白玉人，復見澄清如毘琉璃，表裏俱空，一切眾色皆於中現。復見己身如白銀人，唯薄皮在，皮極微薄，薄於天劫貝，內外映徹。復見己身如閻浮檀那金人，內外俱空。復見己身如金剛人。見此地時，黑象倍多，以鼻繞樹，盡己身力不能令動。爾時眾象吼聲震烈，驚動大地。大地動時，有金剛山從下方地出，住行者前。爾時行者，見已四邊有金剛山，復見前地猶如金剛，復見諸龍尋樹上下，吐金剛珠，樹遂堅固，象不能動。唯五色水從樹上出，仰流樹枝，從於樹端下流葉間乃至樹莖，亦流金剛山間，布散彌漫滿於大地、金剛地下乃至金剛山。此五色水放五色光，或上或下遊行無常。爾時黑象從金剛山出，欲吸此水。諸龍吐毒與大象戰。爾時諸蛇入龍耳中，并力作勢共黑象戰。爾時黑象盡力蹴掣，亦無奈何。見此事時，諸水光明皆作伎樂，或有變化狀如天女，歌詠作伎甚可愛樂。此女端正，天上人間無有比類，其所作樂及妙音聲，忉利天上亦無此比。如是化女作諸技術，數億千萬不可具說。見此事時慎勿隨著，應當繫心念前不淨。出定之時，應詣智者問甚深空義。爾時智者應為行者說無我空。爾時行者復應繫念如前，自觀身骨，自見胸骨明淨可愛，一切不淨皆於中現。見此事已當自思惟：'如我今者，髮是我耶？骨是我耶？爪是我耶？齒是我耶？色是我耶？受是我耶？想是我耶？識是我耶？一一諦觀，無明是我耶？行是我耶？識是我耶？名色是我耶？六入是我耶？觸是我耶？受是我耶？愛是我耶？取是我耶？有是我耶？生是我耶？老死是我耶？若死是我者，諸蟲唼食、散滅壞時，我是何處？若生是我者，念念不住，於此生中無常住想，當知此生亦非是我。若頭是我，頭骨八段，解解各異，腦中生蟲。觀此頭中而實無我。若眼是我，眼中無實，地與水合，假火為明、假風動轉，散滅壞時，烏鵲等鳥皆來食之，瘭蛆諸蟲所共唼食。諦觀此眼，若心是我，風力所轉無暫停時。亦有六龍舉此心中，有無量毒心為根本。推此諸毒及與心性，皆從空有，妄想名我。如是諸法，地水火風、色香味觸及十二緣，一一諦推，何處有我？觀身無我，云何有我所？我所者，為青色是我？黃色是我？赤色是我？白色是我？黑色是我。此五色者，從可愛有，隨縛著生、欲水所染，從老死河生、從恩愛賊起、從癡惑見。如此眾色，實非是我。惑著眾生橫言是我，虛見眾生復稱我所。一切如幻，何處有我？於幻法中，豈有我所？'作是思惟時，自見身骨明淨可愛，一切世間所希見事皆於中現。復見己身如毘琉璃人，內外俱空。如人戴琉璃幢仰看空中，一切皆見。爾時行者於自身內及與身外，以觀空故，學無我法。自見己身兩足如琉璃筒，亦見下方一切世間所希見事。此想成時，行者前地明淨可愛，如毘琉璃極為映徹。持戒具者，見地清淨如梵王宮。威儀不具，雖見淨地，猶如水精。此想成時，有無量百千無數夜叉羅刹皆從地出，手執白羊角龜甲白石打金剛山。復有諸鬼，手執鐵槌打金剛山。是時山上有五鬼神，千頭千手，手執千劍與羅刹戰。毒蛇毒龍皆悉吐毒圍繞此山。復有諸女作妓歌詠，作諸變動護助此山。若見此事，當一心觀。諸女現時，當觀此女猶如畫瓶中盛臭處不淨之器，從虛妄出，來無所因、去亦無處。如此相貌，是我宿世惡業罪緣故見此女。此女人者，是我妄想，無數世時貪愛因緣，從虛妄見。應當至心觀無我法，我身無我、他身亦然，今此所見屬諸因緣，我不願求。我觀此身，無常敗壞亦無我所，何處有人及與眾生？作此思惟已，一心諦觀空無我法。觀無我時，上方琉璃地際，有四大鬼神自然來至，負金剛山，時諸夜叉羅刹亦助此鬼破金剛山。時金剛山漸漸頹毀，經於多時泯然都盡，唯金剛地在。爾時諸象及諸惡鬼并力挽樹，樹堅難動。見此事已復更歡喜，懺悔諸罪。懺悔罪已，如前繫念觀琉璃人。琉璃地上，於四方面生四蓮華。其華金色，亦有千葉，金剛為臺。有一金像結加趺坐，身相具足，光明無缺，在於東方；南西北方亦復如是。復自見琉璃身益更明淨，內外洞徹無諸障礙，身內身外滿中化佛。是諸化佛各放光明，其光微妙如億千日顯赫端嚴。遍滿一切三千大千世界滿中化佛，一一化佛有三十二相八十種隨形好，一一相好各放千光，其光明盛如和合百千日月。一一光間有無數佛，如是漸漸復更增廣，數不可知。一一焰間復更倍有無數化佛，是諸化佛迴旋宛轉入琉璃人身中。爾時自見己身如七寶山，高顯可觀，復更嚴顯如雜寶須彌山。山映顯在金剛地上，時金剛地復更明顯，如焰摩天紫紺摩尼珠。身轉復明淨，如無數諸佛光明，化成寶臺亦入琉璃人頂。復見前地，在鐵圍山，滿中諸佛結加趺坐，處蓮華臺地及虛空，中間無缺。一一化佛身滿世界，是諸化佛不相妨礙。復見鐵圍諸山淨如琉璃，無障礙想。見閻浮提，山河石壁、樹木荊棘，一切悉是諸妙

化佛。心漸廣大，見三千大千世界，虛空及地一切悉是微妙佛像。是時行者但觀無我，慎勿起心隨逐佛像。復當思惟：'我聞佛說，諸佛如來有二種身：一者生身、二者法身。今我所見，既非法身又非生身。是假想見，從虛妄起。諸佛不來，我亦不去。云何此處忽生佛像？'說是語時，但當自觀己身無我，慎勿隨逐諸化佛像。復當諦觀，今我此身，前時不淨，九孔膿流，筋纏血塗，生藏熟藏，大小便利，八萬戶蟲，一一蟲復有八十億小蟲以為眷屬。如此之身，當有何淨？作是思惟時，自見己身猶如皮囊。出定亦見身內無骨、身皮如囊，亦觀他身猶如皮囊。見此事時，當詣智者問諸苦法。聞苦法已，諦觀此身屬諸因緣，當有生苦。既受生已，憂悲苦惱、恩愛別離、與怨憎會，如是種種是世間苦法。今我此身不久敗壞，在苦網中，屬生死種。風刀諸賊隨從我身，阿鼻地獄猛火熾然當焚燒我，駝驢猪狗一切畜生及諸禽獸，我悉當經受諸惡形。如此諸苦名為外苦。今我身內自有四大毒龍無數毒蛇，一一蛇有九十九頭，羅剎惡鬼及鳩槃荼諸惡鬼等集在我心。如此身心極為不淨，是弊惡聚，三界種子萌芽不斷，云何我今於不淨中而生淨想？於虛妄物作金剛想？於無佛處作佛像想？一切世間諸行性相，悉皆無常不久磨滅。如我此身，如彈指頃亦當敗壞，用此虛想於不淨中假偽見淨。作是思惟時，自見己身淨如琉璃，皮囊諸相自然變滅，觀身及我了不能得。但見四方有諸黑象蹊踏前地，前地金剛一切摧碎。見地樹荄，乃至下方，眾荄甚多不可稱數。爾時黑象如前以鼻繞樹，無量諸龍及諸夜叉與黑象共戰。狂象蹴踏是諸鬼神，悶絕躄地。於虛空中有諸鬼神，其數眾多，手捉刀輪，佐助黑象欲拔此樹。如是多時，樹一根動。此樹動時，行者自見繩床下地自然震動。日日如是，滿九十日，如是應當乞好美食及諸補藥。以補身體。安隱端坐，復如前法。如前所見，從初境界一一諦觀，往復反覆經十六反，極令明淨。既明淨已，復還繫念，觀身苦空無常無我，悉亦皆空。作是思惟時，觀身不見身、觀我不見我、觀心不見心。爾時忽然見此大地，山河石壁一切悉無。出定之時，如癡醉人，應當至心修懺悔法，禮拜塗地，放捨此觀。禮拜之時，未舉頭頃，自然得見如來真影，以手摩頭，讚言：'法子！善哉善哉！汝今善觀諸佛空法。'以見佛影故，心大歡喜，還得醒悟。爾時尊者摩訶賓頭盧，與五百阿羅漢，飛至其前，廣為宣說甚深空法。以見五百聲聞比丘故，心大歡喜，頭頂懺悔。復見尊者舍利弗、摩訶目揵羅夜那，及千二百五十聲聞影，爾時復見釋迦牟尼佛影。見釋迦牟尼佛影已，復得見過去六佛影。是時諸佛影，如頗梨鏡明顯可觀，各伸右手摩行者頂。諸佛如來自說名字，第一佛言：'我是毘婆尸。'第二佛言：'我是尸棄。'第三佛言：'我是毘舍。'第四佛言：'我是拘樓孫。'第五佛言：'我是迦那含牟尼。'第六佛言：'我是迦葉毘。'第七佛言：'我是釋迦牟尼佛，是汝和上。汝觀空法，我來為汝作證；六佛世尊現前證知。'見佛說是語時，見佛色身了了分明，亦見六佛了了分明。爾時七佛各放眉間白毫大人相光，光明大盛，照娑婆世界及琉璃身皆令明顯。爾時諸佛現此相時，身諸毛孔放大光明，化佛無數，遍滿三千大千世界，地及虛空純黃金色。是諸世尊，中有飛行者、中有作十八變者、中有經行者、中有入深禪定者、中有默然安住者、中有放大光明者，唯大和上釋迦牟尼佛，為於行者說四真諦，分別苦空無常無我諸法空義。過去六佛亦復分別十二因緣，或復演說三十七道品，讚歎聖行。爾時行者見佛聞法，心生歡喜。應時自思惟：'諸佛世尊有二種身。今我所見，見佛色身，不見如來解脫知見五分法身。'作是思惟時，復更懺悔慇懃不懈，晝夜六時恒修三昧，應作是念：'此色身，如幻、如夢、如焰、如旋火輪、如乾闥婆城、如呼聲響。是故佛說一切有為法，如夢幻泡影，如露亦如電。如是諸法等，我今一一應當諦觀極令了了。'作是觀時，化佛不現；若有少在復更觀空，以觀空故化佛即滅，唯七佛在。爾時七佛與諸聲聞眷屬大眾，廣為行者說三十七助聖道法。聞此法已，身心歡喜，復更諦觀苦空無常無我等法。作是觀時，狂象大吼挽樹令動。樹初動時，見一房地六變震動。復有夜叉刺黑象殺，眾多黑象死臥在地，不久爛潰，白膿黑膿、青膿黃膿、綠膿紫膿、赤膿赤血，流污在地。復有蜣蜋諸蟲遊集其上，復有諸蟲眼中出火燒蜣蜋殺。爾時下方金剛地際有五金剛輪，有五金剛人在其輪間，右手執金剛劍、左手執金剛杵，以杵擣地、以劍斫樹。見此事時，大地漸動，見城內地六種震動。見一城已，復見二城。漸漸廣大，見一踰闍那。見一踰闍那已，復更廣大，普見三千大千世界一切地動。動時東踊西沒、西踊東沒、南踊北沒、北踊南沒、中踊邊沒、邊踊中沒。此地動時，見大樹荄，乃至金剛際。時金剛人以刀斫之，令樹荄絕。樹荄絕時，諸龍諸蛇皆悉吐焰尋樹而上。爾時復有眾多羅剎積薪樹上。時金剛人，以金剛杵擣樹枝折。擣此樹時，一杵乃至八萬四千杵，樹枝方折。爾時杵端自然出火，燒此樹盡，唯有樹心。如金剛錐，從三界頂，下至金剛際，不可傾動。是時行者得此觀時，出定安樂。出定入定，心恒靜寂，無憂喜想。復懃精進晝夜不息。以精進故，世尊釋迦牟尼與過去六佛當現其前，為說甚深空三昧、無願三昧、無作三昧。聞已歡喜，隨順佛教，諦觀空法，如大水流，不久當得阿羅漢道。"

佛告阿難："此不淨想觀，是大甘露，滅貪婬欲，能除眾生結使心病。汝好受持，慎勿忘失。若佛滅度後，比丘、比丘尼、優婆塞、優婆夷，聞此甘露灌頂聖法，能攝諸根，至心繫念，諦觀身分，心不分散，斂心使住經須臾間。此人命終，得生天上。若復有人隨順佛教，繫念諦觀一爪一指，令心安住，當知此人終不墮落三惡道中。若復有人，繫念諦觀，見舉身白骨。此人命終，生兜率陀天，值遇一生補處菩薩號曰彌勒。見彼天已，隨從受樂。彌勒成佛，最初聞法，得阿羅漢果，三明六通，具八解脫。若復有人，觀此不淨得具足者，於此身上見佛真影，聞佛說法，得盡諸苦。"

爾時阿難即從坐起，整衣服，為佛作禮，叉手長跪白佛言："世尊！此法之要，云何受持？當何名此法？"佛告阿難："此名'觀身不淨雜穢想'，亦名'破我法觀無我空'。汝好受持，為未來世濁苦眾生貪婬多者，當廣分別。"

……

得此觀者，名十色不淨，亦名分別諸蟲境界。是最初不淨門。有十八方便，諸境界性不可具說。入三昧時，當自然得此第十八一門觀竟。(《大正藏》卷十五第 252-255 页)

【评说】以上内容都被归类为"不净想观"，"名十色不净""是最初不净门"实际上已经包括了身观、不净观、空观、忏悔法、观佛等观修方法，内容奇诡驳杂而不成系统，或许是根据前人自身经验串联所成，为集经者收录于此。

【原文】爾時世尊告禪難提及勅阿難："汝等當教未來眾生罪業多者，為除罪故，教使念佛。以念佛故，除諸業障、報障、煩惱障。念佛者當先端坐，叉手閉眼、舉舌向齶，一心繫念，心心相注使不分散。心既定已，先當觀像。觀像者，當起想念，觀於前地極使白淨，取相長短壁方二丈，益使明淨猶如明鏡。見前地已，見左邊地亦使明淨，見右邊地亦使明淨，及見後地亦使明淨，使四方地悉平如掌。其一一方各作二丈地想，極使明淨。地既明已，還當攝心觀於前地，作蓮華想。其華千葉，七寶莊嚴。復當作一丈六金像想，令此金像結加趺坐，坐蓮華上。見此像已，應當諦觀頂上肉髻。見頂上肉髻髮紺青色，一一髮舒長丈三，還放之時右旋宛轉。有琉璃光住佛頂上。如是一一孔一毛旋生，觀八萬四千毛皆使了了。見此事已，次觀像面，像面圓滿如十五日月，威光益顯，分齊分明。復觀額廣平正眉間毫相，白如珂雪、如頗

梨珠，右旋宛轉。復觀像鼻，如鑄金鋌、似鷹王嘴，當于面門。復觀像口，脣色赤好，如頻婆羅菓。次觀像齒，口四十齒，方白齊平。齒上有印，印中出光，如白真珠。齒間紅色，流出紅光。次觀像頸，如琉璃筒，顯發金顔。次觀像胸德字萬字，眾相印中極令分明，印印出光五色具足。次觀佛像，臂如象王鼻，柔軟可愛。次觀像手，十指參差，不失其所。手內外握，手上生毛，如琉璃光。毛悉上靡，如赤銅爪，爪上金色。爪內紅色，如赤銅山與紫金合。次觀合曼掌，猶如鵝王，舒時則現，似真珠網；攝手不見。觀像手已，次觀像身，方坐安隱如真金山，不前不却，中坐得所。復觀像脛，如鹿王腨，臃直圓滿。次觀足趺，平滿安庠，足下蓮華千輻具足，足上生毛如紺琉璃，毛皆上靡。脚指齊整，參差得中。爪色赤銅，於脚指端亦有千輻相輪，脚指網間猶如羅文，似鴈王脚。如是諸事，及與身光、圓光、項光，光有化佛、諸大比丘、眾化菩薩。如是化人如旋火輪，旋逐光走。如是逆觀者，從足逆觀乃至頂髻；順觀者，從頂至足。如是觀像，使心分明，專見一佛像。見一像已，復當更觀得見二像。見二佛像時，使佛像身成瑠璃出眾色光，焰焰相次如燒金山，化像無數。見二像已，復見三像。見三像已，復見四像。見四像已，復見五像。見五像已，乃至見十像。見十像已，心轉明利，見閻浮提齊四海內。凡夫心狹不得令廣，若廣大者，攝心令還，齊四海內，以鐵圍山為界。見此海內滿中佛像，三十二相八十隨形好皆使分明。一一相好有無數光。若於眾光見一一境界雜穢不淨，從罪報得。復應更起掃兜婆塗地，造作淨籌，謙卑下下，修諸懺悔。復當安心正念一處，如前觀像，不緣餘事，諦觀像眉間。觀像眉間已，次第觀其餘諸相，一一相好皆使分明。若不分明，更復懺悔作諸苦役，然後攝心如前觀像。見諸佛像身色端嚴，三十二相皆悉具足，滿四海內皆坐華上。見坐像已，復更作念：'世尊在世，執鉢持錫，入里乞食，處處遊化，以福度眾生。我於今日，但見坐像、不見行像。宿有何罪？'作是念已，復更懺悔。既懺悔已，如前攝心繫念觀像。觀像時，見諸坐像一切皆起，巨身丈六，方正不傾，身相光明皆悉具足。見像立已，復見像行，執鉢持錫，威儀庠序，諸天人眾皆亦圍繞。復有眾像，飛騰虛空放金色光滿虛空中，猶如金雲、復似金山，相好無比。復見眾像，於虛空中作十八變，身上出水、身下出火，或現大身滿虛空中，大復現小如芥子許，履地如水、履水如地，於虛空中，東踊西沒、西踊東沒、南踊北沒、北踊南沒、中踊邊沒、邊踊中沒、上踊下沒、下踊上沒，行住坐臥隨意自在。見此事已，復當作念：'世尊在世，教諸比丘右脇而臥。我今亦當觀諸像臥。'尋見諸像牒僧伽梨，枕右肘，右脇而臥。脇下自然生金色床，金光栴檀、種種雜色眾妙蓮華以為敷具，上有寶帳垂諸瓔珞。佛放大光滿寶帳內，猶如金華、復似星月，無量寶光猶如團雲處空明顯，中有化佛彌滿虛空。見臥像已，復當作念：'過去有佛名釋迦牟尼，唯獨一身教化眾生，住在此世四十九年，入大涅槃而般涅槃，猶如薪盡火滅永滅無餘。我今心想，以想心故見是多像。此多像者，來無所從、去無所至，從我心想妄見此耳。'作是念時，漸漸消滅，眾像皆盡，唯見一像獨坐華臺結加趺坐。諦觀此像，三十二相八十種好皆使明了。見此像已，名觀像法。"

佛告禪難提及勅阿難："佛滅度後，若比丘、比丘尼、優婆塞、優婆夷，欲懺悔者、欲滅罪者，佛雖不在，繫念諦觀形像者，諸惡罪業速得清淨。觀此像已，復當更觀從像臍中便放一光。其光金色，分為五支：一光照左、一光照右、一光照前、一光照後、一光照上。如是五光，光光之上皆有化佛，佛相次第滿虛空中。見此相時，極使明了。復見化佛，上至梵世，彌滿三千大千世界。於三千大千世界中見金色光，如紫金山，內外無妨。見此事時，心意快然，見前坐像如佛真影。見佛影已，復當作念：'此是影耳。世尊威力、智慧自在，現作此事。我今應當諦觀真佛。'爾時尋見佛身微妙如淨琉璃，內有金剛。於金剛內有紫金光，共相映發，成眾相好。三十二相八十種好猶如印文,炳然明顯,微妙清淨不可具說。手執澡瓶住立空中,瓶內盛水狀如甘露,其水五色,五光清淨,如琉璃珠柔軟細滑,灌行者頂滿於身中。自見身內水所觸處,八十戶蟲漸漸萎落。蟲既萎已,身體柔軟,心意悅樂。當自念言:'如來慈父以此法水上味甘露而灌我頂。此灌頂法,必定不虛。'爾時復當更起想念:'唯願世尊為我說法。'罪業除者,聞佛說法。佛說法者,說四念處、說四正勤,說四如意足、五根、五力,說七覺、說八聖道,此三十七法一一分別為行者說。說此法已,復教觀苦空無常無我。教此法已,以見佛故,得聞妙法,心意開解如水順流,不久亦成阿羅漢道。業障重者,見佛動口,不聞說法,猶如聾人無所聞知。爾時復當更行懺悔。既懺悔已,五體投地,對佛啼泣,經歷多時修諸功德,然後方聞佛所說法。雖聞說法,於義不了。復見世尊以澡瓶水灌行者頂,水色變異,純金剛色從頂上入,其色各異,青黃赤白,眾穢雜相亦於中現。水從頂上入,直下身中,從足跟出,流入地中。其地即時變為光明,大如丈許,下入地中,如是漸深直到水際。到水際已,復當作意,隨此光去。復觀此水,水下淳空。復更當觀空下有紺琉璃地,琉璃地下有金色地,金色地下有金剛地,金剛地下復見虛空。見此虛空,豁然大空都無所有。見此事已,復還攝心,如前觀一佛像。爾時彼佛,光明益顯不可具說,復持澡瓶水灌行者頂,水相光明亦如上說。如是七遍。"

佛告禪難提:"此名觀像三昧,亦名念佛定,復名除罪業,次名救破戒。令毀禁戒者不失禪定。"佛告阿難:"汝好受持此觀佛三昧灌頂之法,為未來世一切眾生當廣分別。"

佛說是語時,尊者禪難提,及諸天眾、千二百五十比丘,皆作是言:"如來世尊於今日為諸眾生亂心多者說除罪法。唯願世尊更開甘露,令諸眾生於佛滅後得涅槃道。"禪難提比丘,聞佛說此觀佛三昧,身心歡喜,應時即得無量三昧門,豁然意解,成阿羅漢,三明六通,皆悉具足。佛告阿難:"此想成者,名第十九觀佛三昧,亦名灌頂法。汝好受持,慎勿忘失,為未來世一切眾生分別廣說。"佛說此語時,諸比丘眾聞佛所說,歡喜奉行。(《大正藏》卷十五第255-256页)

【评说】"观像三昧,亦名念佛定,复名除罪业,次名救破戒",通过一心观想佛像以达到宗教修持的目的。观像灭罪、灌顶除障等事,都是后期婆罗门教义掺入佛教之后形成的观念,早期佛教中无佛像,修行也不需要灌顶,这些仪式和方法都是为迎合信众需要而创设的。

【原文】佛告阿難:"貪婬多者,雖得如此觀佛三昧,於事無益,不能獲得賢聖道果。次當更教自觀己身,令如前法還作骨人,使皎然大白猶如雪山。復當繫念住意在臍中、或在腰中,隨息出入,一數二隨、或二數三隨、或三數四隨、或四數五隨、或五數六隨、或六數七隨、或七數八隨、或八數九隨、或九數十隨,終而復始,隨息往反至十復捨數而止。爾時心意恬靜無為,自見身皮猶如練囊。見此事已,不見身骨、不知心處。爾時復當更教起想,還使身內,心意身體支節如白玉人。既見此已,復當繫念在腰中脊骨大節上,令心不散。爾時復當自然見身上有一明相,大如錢許,漸漸廣大,如摩伽大魚耳,周遍雲集。復似白雲,於白雲內有白光明,如頗梨鏡,光明漸盛舉體明顯。復有白光,團圓正等,猶如車輪,內外俱明,明過於日。見此事時,復更如前,一數二隨、或二數三隨、或三數四隨、或四數五隨、或五數六隨、或六數七隨、或七數八隨、或八數九隨、或九數十隨,或單或複,修短隨意。如是繫念在於密處,使心不散。復當繫念,如前更觀腰中大節。觀大節時,定心不動,復自見身更益明盛,勝前數倍,如大錢許。倍復精進,遂更見身明倍增長,如澡罐口,世間明物無以為譬。見此明已,倍懃精進

心不懈退，復見此明當於胸前如明鏡許。見此明時，當懃精進如救頭然慇懃不止，遂見此明益更增盛，諸天寶珠無以為譬。其明清淨無諸瑕穢，有七種色光，光七寶色，從胸而出入於明中。此相現時，遂大歡喜自然悅樂心極安隱，無物可譬。復更精進心不懈息，見光如雲繞身七匝，其一一光化成光輪，於光輪中自然當見十二因緣根本相貌。若不精進懈怠懶惰、犯於輕戒乃至突吉羅罪，見光即黑猶如牆壁，或見此光猶如灰炭，復見此光似敗故衲，由意縱逸輕小罪故，障蔽賢聖無漏光明。”

佛告阿難：“此不淨觀灌頂法門，諸賢聖種勑諸比丘、比丘尼、優婆塞、優婆夷，若有欲修諸賢聖法，諦觀諸法苦空無常無我因緣，如學數息使心不亂，當勤持戒一心攝持，於小罪中應生慇重慚愧懺悔，乃至小罪慎勿覆藏。若覆藏罪，見諸光明如朽敗木。見此事時即知犯戒，復更慚愧懺悔自責，掃兜婆塗地、作諸苦役，復當供養恭敬師長父母，於師父母視如佛想極生恭敬，復從師父母求弘誓願而作是言：‘我今供養師長父母。以此功德，願我世世恒得解脫。’如是慚愧修功德已，如前數息，還見此光明顯可愛，如前無異。復當更繫念，諦觀腰中大節，念心安定無分散意。設有亂心，復當自責慚愧懺悔。既懺悔已，復見臍光七色具足猶如七寶，當令此光合為一光鮮白可愛。見此事已，如前還教繫念思惟，觀白骨人白如珂雪。既見白骨人已，復當更教繫念住意在骨人頂，見骨人頂自然放光，其光大盛似如火色，長短麁細正共稍等，從其頂上顛倒下垂，入頂骨中從頂骨出，入頸骨中從頸骨出，入胸骨中從胸骨出，還入臍中從臍中出，即入脊骨大節中，入大節中已光明即滅。光明滅已，應時即有一自然大光明雲，眾寶莊嚴、寶華清淨、色中上者，中有一佛，名釋迦牟尼，光相具足，三十二相八十種隨形好。一一相好放千光明，此光大盛，如億千萬日明赫炎炎。彼佛亦說四真諦法，光相炳然住行者前，以手摩頭。化佛復教言：‘汝前身時，貪欲瞋恚愚癡因緣，隨逐諸惡，無明覆故令汝世世受生死身。汝今應當觀汝身內諸萎悴事、身外諸火一切變滅。’作是語已，如前還教不淨觀法，觀身諸蟲一切萎落。見此事已，復當起火燒諸蟲殺。蟲既不死，復自見身如白頗梨自然鮮白。見白骨已，從頭出光，其光大小麁細如稍，令長丈五，復當作念使頭却向，復當作意使頭却向，令身皆倒，以頭拄脊骨，對臍大節。見此事已，復當諦觀，使白骨人與光同色。既同色已，見其光端有種種色菓。見是菓已，復見眾光從菓頭出。有白色光，其光大盛，如白寶雲。是諸骨人其色鮮白，與光無異。復見諸骨摧折墮落，或有頭落地者、或有骨節各各分散，或有全身白骨，猶如猛風吹於雨雪聚散不定、譬如掣電隨現隨滅。此諸骨人，墮地成聚猶如堆阜，似腐木屑集聚一處。行者自觀見於阜上有自然氣出，至於虛空，猶如烟雲，其色鮮白，彌滿虛空。右旋宛轉，復還雲集併在一處。見此事時，復當教作一骨人想。見此骨人身有九色，九畫分明，一一畫中有九色骨人，其色鮮明不可具說。一一骨人復當皆使身體具足映顯前骨人中，使不妨礙。作是觀已，復當自觀一一色中猶如琉璃，無諸障蔽。於其色中九十九色，一一色復有九色眾多骨人。是諸骨人有種種相，其性不同，不相妨礙。見此事已，應勤精進滅一切惡。見此事已，前聚光明雲猶如坏器來入其身，從臍中入。既入臍已，入脊骨中。入脊骨已，自見已身與本無異，平復如故。出定入定，以數息故，恒見上事。見此事時，復當還教繫心住意在本臍光中，不令心散，爾時心意極大安隱。既安隱已，復當自學審諦分別諸聖解脫，爾時復當見過去七佛為其說法。說法者，說四真諦、說五受陰空無我所。是時諸佛與諸賢聖恒至行者前，教種種法，亦教觀空無我無作無願三昧，告言：‘法子！汝今應當諦觀色聲香味觸，皆悉無常不得久立，恍忽如電即時變滅，亦復如幻，猶如野馬、如熱時焰、如乾闥婆城、如夢所見覺不知處、如鑿石見光須臾變滅、如鳥飛空跡不可尋、如呼聲響無有應者。汝今亦當作如是觀，三界如幻亦如變化。'於此即見一切身內及與身外，空無所有，如鳥飛空無所依止，心超三界。觀諸世間須彌巨海，皆不久停，亦如幻化。自觀己身不見身相，便作是念：'世界無常，三界不安，一切都空。何處有身？及眼所對此諸色欲及諸女人，從顛倒起，横見可愛，實是速朽敗壞之法。夫女色者，猶如枷鎖，勞人識神。愚夫戀著，不知厭足、不能自拔，不免杻械、不絕枷鎖。'行者既識法相、知法空寂，此諸色欲猶如怨賊，何可戀惜？復似牢獄堅密難捨。我今觀空，厭離三界，觀見世間如水上泡斯須磨滅，心無眾想。得知世法是重患累，凡夫迷惑至死不覺，不知眾苦戀著難免，縱情狂惑無所不至。我今觀此狂惑女色，如呼聲響亦似鏡像，求覓叵得。觀此女色為在何處？妄見衰害欺諸凡夫，為害滋多。今觀此色，猶如狂華隨風零落，出無所從、去亦無所至，幻惑無實，愚夫樂著。今觀此色，一切無常，如癩病人良醫治差。我今觀苦空無常，見此色相皆無堅實。念諸凡夫甚可愍傷，愛著此色，敬重無厭，耽愚惑著甘樂無窮，為諸恩愛而作奴僕，欲稍刺己痛徹心髓，恩愛枷鎖撿繫其身。如是念已，復觀一切都皆空寂。此諸婬欲、諸色情態皆從五陰四大而生。五陰無主、四大無我，性相俱空，何由而有？作是觀時，智慧明顯，見身大明如摩尼珠無有妨礙，似金剛精青白明顯，如鹿突圍得免獵師危害之苦。觀於五陰性相皆淨，觀六大如鳥高翔身無所寄，以吞色鉤俛仰得度，離諸女色更不起情，自然超出諸婬欲海。一切結使，猶如眾魚競走隨逐墮黑闇坑。無明老死，為智慧火之所焚燒。觀色雜穢陋惡不淨，猶如幻惑無有暫停，永離色染不為色縛。"

佛告阿難："若有比丘、比丘尼、優婆塞、優婆夷，貪婬多者，先教觀佛令離諸罪，然後方當更教繫念，令心不散。心不散者，所謂數息。此數息法是貪婬藥，無上法王之所行處，汝好受持，慎勿忘失。此想成者，名第二十數息觀竟。"(《大正藏》卷十五第 256-258 页)

【评说】"第二十数息观"，同本经所集其他禅法相似，在数息前后都有不净白骨观的配合，体现了此禅观教授者的个人特色，是从对治贪淫入手。

【原文】佛告槃直迦："汝從今日，常止靜處，一心端坐，叉手閉目，攝身口意，慎勿放逸。汝因放逸，多劫之中久受勤苦。汝隨我語，諦觀諸法。"時槃直迦隨順佛語，端坐繫心。佛告槃直迦："汝今應當諦觀脚大指節，令心不移。使指節上漸漸疱起，復令膖脹，復當以意令此膖脹漸大如豆。彼當以意使膖脹爛壞，皮肉兩披，黃膿流出，於黃膿間血流滂滂。一節之上，飢膚爛盡，唯見右脚指節白如珂雪。見一節已，從右脚漸漸廣大乃至半身，膖脹爛壞，黃膿流血。令半身肌皮皆兩向披，唯半身骨皎然大白。見半身已，復見全身一切膖脹，都已爛壞，膿血可惡，見諸雄蟲遊戲其中。如是種種亦如上者。觀見一已，復見二。見二已，復見三。見三已，復見四。見四已，復見五。見五已，乃至見十。見十已，心漸廣大，見一房中。見一房中已，乃至見一天下。見一天下已，若廣者，復攝令還如前觀。一觀已，復當移想繫念，諦觀鼻頭。觀鼻頭已，心不分散。若不分散，如前觀骨。復當自想身肉肌皮，皆父母和合不淨精氣所共合成，如此身者種子不淨。復當次教繫念觀齒，人身中唯此齒白，我此身骨白如此齒。心想利故，見齒長大猶如身體。爾時復當移想，更觀額上，使額上白骨白如珂雪。若不白者，復當易觀教作九想，廣說如九想觀法。作此觀時，若鈍根者，過一月已至九十日諦觀此事，然後方見；若利根者，一念即見。見此事已，復更教觀腰中大節白骨。見已即如前應觀種種色骨人。此法不成，復當教慈心觀。慈心觀者，廣說如慈三昧。教慈心已，復教更觀白骨。若見餘事，慎勿隨逐，但令此心了了分明，見白骨人如白雪山。若見餘物，起心滅除，當作是念：'如來世尊教我觀骨。云何乃有餘想境界？我今應當一心觀骨。'見白骨已，令心澄靜無諸外

想，普見三千大千世界滿中骨人。見此骨人已，一一皆滅，如前觀苦。”

爾時槃直迦比丘聞佛說此語，一一諦觀，心不分散，了了分明，應時即得阿羅漢道，三明六通，具八解脫。自念宿命所習三藏，了了分明亦無錯謬。爾時世尊因此愚癡貢高槃直迦比丘，制此清淨觀白骨法。佛告迦栴延：“此槃直迦愚癡比丘，尚以繫念成阿羅漢。何況智者而不修禪?”爾時世尊見此事已，為說偈言：

“禪為甘露法　定心滅諸惡
慧殺諸愚癡　永不受後有
愚癡槃直迦　尚以定心得
何況諸智者　不勤修繫念”

爾時世尊告迦栴延及勑阿難：“汝今應當受持佛語，以此妙法普濟群生。若有後世愚癡眾生、憍慢貢高邪惡眾生，欲坐禪者，從初迦絺羅難陀觀法，及禪難提觀像之法，復當學此槃直迦比丘所觀之法。然後自觀己身，見諸白骨白如珂雪。時骨人還來入身，悉見白骨流光散滅。見此事已，行者自然心意和悅恬靜無為。出定之時，頂上溫暖，身毛孔中恒出諸香。出定入定恒聞妙法。續復自見身體溫暖、悅豫快樂、顏貌熙怡、恒少睡眠、身無苦患。得此暖法，恒自覺知，心下溫暖、心常安樂。若後世人欲學禪者，從初不淨乃至此法。得此觀者，名和暖法。”

佛告阿難：“佛滅度後，若有比丘、比丘尼、優婆塞、優婆夷，於濁世中欲學正受思维者，從初繫念觀於不淨乃至此法，是名暖法。若得此法，名第二十一暖法觀竟。”

佛告阿難：“汝今持此迦栴延子所問暖法，慎勿忘失。”(《大正藏》卷十五第 258-259 页)

【评说】通过修习不净观可得暖相，“得此暖法，恒自觉知，心下温暖、心常安乐”，有此征象是暖法有成的标志，故此处标示以二十一暖法观。然而“暖”其实是修行到一定阶段自然发生的现象，并不是某一种观修方法。由此反映出作此标示者并不理解这一差别。

【原文】爾時阿難白佛言：“世尊！後世眾生若有能受持是三昧者，一心安隱得於暖法，此人云何當自覺知?”

佛告阿難：“若有諦觀諸結使相，從初不淨乃至此法，自覺身心皆悉溫暖，心心相續，無諸惱恚、顏色和悅，此名暖法。復次阿難！若有行者得暖法已，次當更教繫念在諸白骨間皆有白光。見白光時，白骨散滅。若餘境界現在前者，復當攝心還觀白光，見諸白光炎炎相次遍滿世界。自觀己身復更明淨，頗梨雪山不得為比。自見骨人各各雜散。作此觀時，定心令久。心既久已，當自見頂上有大光明猶如火光，從腦處出。”佛告阿難：“若見此事，便當更教，從頭至足反覆往復凡十四遍。作此觀已，出定入定恒見頂上火出如真金光，身毛孔中亦出金光如散粟金，身心安樂，如紫金光明。還從頂入。此名頂法。若有行者得此觀時，能得頂觀。”

佛告阿難：“汝好受持是頂觀法，廣為未來一切眾生說。”爾時阿難聞佛所說，歡喜奉行。得此觀者，名第二十二觀頂法竟。(《大正藏》卷十五第 259 页)

【评说】“顶法”也是修行有成的征象，主要是指智慧和见解的高妙，与实在的“脑处”“顶上”并无关系。

【原文】佛告阿難：“此想成已，復當更教繫念觀諸白骨，令諸散骨如風吹雪聚在一處，自然成積白如雪山。若見此事,得道不難。若有先身犯戒者、今身犯戒者,見散骨積猶如灰土,或於其上見諸黑物,復當懺悔,向於智者自說已過。既懺悔已,見骨積上有大白光,乃至無色界。出定入定恒得安樂,本所愛樂漸漸微薄。復當更觀,如前覆尋,九孔膿流不淨之物皆令了了,心無疑悔。復當如上骨間生火燒諸不淨,不淨已盡,金光流出還入於頂。此光入頂時,身體快樂,無以為譬。得此觀者,名第二十三觀助頂法方便竟。復當更教繫念住意,自觀已身猶如草束。出定之時,亦見已身猶如芭蕉皮皮相裹,復當自觀眾芭蕉葉,猶如皮囊。身內如氣,亦不見骨。出定入定恒見此事身體羸劣,復當更教令自觀身還聚成一,如乾草束,見身堅強。既見堅強,復當服酥,飲食調適。然後觀身還似空囊,有火從內燒此身盡。燒身盡已,入定之時恒見火光。觀見火已,見於四方一切火起。出定入定身熱如火,見此火大從支節起,一切毛孔火從中出。出定之時,亦自見身如大火聚,身體烝熱不能自持。爾時四方有大火山,皆來合集在行者前。自見已身與眾火合。此名火想。復當令火燒身都盡。火既燒已,入定之時,觀身無身,見身悉為火所燒盡。火燒盡已,自然得知身中無我,一切結使皆悉同然,不可具說。此名火想真實火大第二十四火大觀竟。"

佛告阿難:"汝好受持是火大無我觀。此火大觀,名智慧火燒諸煩惱。汝好受持,為未來世一切眾生當廣敷演。"爾時阿難聞佛所說,歡喜奉行。

佛告阿難:"若有行者得火大觀已,復當更教繫念思惟,令繫念鼻端,更觀此火從何處起?觀此火時,自觀已身悉無有我,既無有我,火自然滅。復當作念:'我身無我,四大無主。此諸結使及使根本,從顛倒起,顛倒亦空。云何於此空法之中橫見身火?'作是觀時,火及與我求覓無所。此名火大無我觀。"佛告阿難:"汝好受持此火大觀,為未來世一切眾生當廣分別敷演解說。"阿難聞佛所說,歡喜奉行。是名第二十五觀竟。

佛告阿難:"我見火滅時先從鼻滅,然後身體一時俱滅身內心火,八十八結亦俱得滅。身中清涼,調和得所,深自覺悟,了了分明決定無我。出定入定恒知身中無有吾我。此名滅無我觀竟。"(《大正藏》卷十五第 259-260 页)

【评说】以上介绍第二十三助顶法、第二十四火大观、第二十五火大无我观。如前所述,编集者对"顶法"二字望文生义,所述观法执头"顶"为观想对象,想象种种事物变化等,或许是将前人理解直接载入文中。至于"火大"及"火大无我"二观,与之前四大观中的内容相似,是重复收录。

【原文】佛告阿難:"復當更教觀灌頂法。觀灌頂者,自見已身如琉璃光超出三界。見有真佛,以澡瓶水從頂而灌,彌滿身中。身彌滿已,支節亦滿,從臍中流出。在於前地,佛常灌水,爾時世尊灌頂已即滅不現。臍中水出,猶如琉璃,其色如紺琉璃光,光氣遍滿三千大千世界。水出盡已,復當更教繫念:'願佛世尊更為我灌頂。'爾時自然見身如氣,麁大甚廣超出三界。見水從頂入,見身麁大與水正等,滿於水中。復自見臍猶如蓮華,涌泉流出,彌滿其身,繞身如池。有諸蓮華,一一蓮華七色光明,其光演說苦空無常無我等法,聲如梵音悅可耳根。此相現時,復當更教,叉手閉目一心端坐,從於頂上自觀身內不見骨想。出定入定,自見已身如琉璃甖。復當起念,使自己心四大毒龍想。見己心內如毛孔開,有六種龍,一一龍有六頭,其頭吐毒,猶如風火彌漫池中。在蓮華上一一華光,流入龍頂,光入頂時龍毒自歇,唯有大水滿其身內。此想成時,名觀七覺華。雖見此想,於深禪定猶未通達,復當更教如上數息,使心安隱恬然無念。此想成時,名四大相應觀。"

佛告阿難："汝好受持是七覺意四大相應觀，慎莫忘失，普為未來一切眾生當廣分別，為諸四眾敷演解說。"爾時阿難聞佛所說，歡喜奉行。"復當更教繫念住意，諦觀水大，從毛孔出彌漫其身。出定入定見身如池，其水綠色。如此綠水，似山頂泉，從頂而出、從頂而入。見有七華，純金剛色，放金色光。其金色光中有金剛人，手執利劍斬前六龍。復見眾火從龍口出，遍身火然。眾水枯竭，火即滅盡。水火滅盡已，自見己身漸漸大白猶如金剛。出定入定，心意快樂猶如酥灌，如服醍醐身心安樂。復當更教繫念觀他觀外境界。以外想故，自然見有一樹生奇甘菓，其菓四色，四光具足。如此菓樹如琉璃樹，彌漫一切。見此樹已，普見一切四生眾生，飢火所逼，一切來乞。見已歡喜，生憐愍心，即起慈心。見此乞者，如己父母受大苦惱：'我今云何當救拔之?'作是念已，即自觀身如前還為膿血、復為肉段，持施飢者。是諸餓鬼爭取食之。食之既飽，四散馳走。"

卷　下

【提要】佛陀在舍卫国为弟子说四大观法及数息观。

【原文】"爾時復當自觀己身及以他身。我身他身從顛倒起，實無我所。若有我者，云何忽然見此餓鬼來在我邊？爾時復見無量餓鬼，其身長大無量無邊，頭如太山、咽如絲髮，飢火所逼叫喚求食。見此事已，當起慈心以身施鬼。餓鬼得已，嚼食其體，即便飽滿。見是事已，復當更教觀眾多餓鬼。見諸餓鬼繞身四匝，如前以身食諸餓鬼。見此事已，復教攝身使心不散，自觀己身是不淨聚。作是觀時，尋自見身膿血諸肉皆段段壞聚在前地，見諸眾生爭取食之。既見此事，復當自觀其身，從諸苦生、從諸苦有，是敗壞法不久磨滅，餓鬼所食。作是相時，忽見身內心處有猛火，燒前池上一切蓮華，及諸餓鬼眾惡醜形，及與池水泯然都盡。見此事已，復當更教諦觀己身，如前完具身體平復。復當更觀己身一切毛孔，以慈心故血變成乳，從毛孔出。在地如池眾乳盈滿。復見眾多餓鬼至此池上，以宿罪故不得乳飲。爾時慈心視鬼如子，欲令飲乳，以鬼罪故乳變成膿。斯須之間復更慈心，以慈心故身毛孔中一切乳出，勝前數倍。念諸餓鬼，飢苦所逼何不來飲？爾時餓鬼其形長大數十由旬，舉足下足如五百乘車聲，來至行者前，唱言：'飢飢。'爾時行者即以慈心施乳，令飲餓鬼。飲時至口變化為膿，雖復為膿，以行者慈心故即得飽滿。見鬼飽已，復自觀身，即自見身足下火出，燒前眾生及以諸樹泯然都盡。爾時若見眾多異類，復還繫念諦觀己身，使心不動寂寞無念。既無念想，當發誓願：'願後世生，不受後有，不樂世間。'作此誓已，尋見前地猶如琉璃，見琉璃下有金色水，自見己身與地正等、與水色同。其水溫暖，水中生樹如七寶樹，枝葉蓊欝。上有四菓，菓聲如鈴，演說苦空無常無我。聞此聲已，自見己身沒於水中往趣樹所。諦自觀身，頂上水出，彌漫琉璃池中。忽然之頃復有火起，火中生風，猶如琉璃。復見頂上，從頂堅強至乎脚足，猶如金剛。復有火起，燒金剛盡，溫水枯涸。尋更觀身，我前見身內池中忽然有樹，枝葉具足，樹端有菓，其聲如鈴，演說苦空無常無我清淨之法。如此妙菓，有好音聲，香味具足。我今宜食。作此想已，即仰攀樹，取菓食之。纔得一菓，其味甘美無物可譬。既食菓已，見樹乾枯，其餘三菓尚有光明。食菓之後，身心恬澹無憂喜想。自觀心識是敗壞法，從諸苦有。諸苦根本，識為因緣。今觀此識，如水上泡無有暫停。四大無主、身無有我、識無依止。如是諸法，復七七四十九遍諦觀心識是敗壞法。爾時自見己身白如珂雪，節節相柱。復當更教，自以右手摩觸此身，見身如塵、骨末如粉，如粉塵地。尋復更教觀身如氣，從數息有，身如氣囊無有暫停。

復當更教，尋自觀身如前，還為一白骨人。見骨人已，自觀己身如前還散猶如微塵，如人以粉用塗於地。尋見地上有青色骨人，復如前觀，末此青色骨人以用塗地。復更觀身如青微塵，塵變成骨人，其骨盡黑，復當如前以末塗地。復自觀身猶如黑地，見黑地中有四黑蛇，眼赤如火。蛇來逼身，吐毒欲害，不能為害，即變為火自燒己身。爾時空中有自然聲，恒說苦空無常無我等法。見此事時，一一毒蛇八十八頭為火所焚。見此事時，空中自然有水灑毒蛇身，眾火盡滅，八十八頭一切都消。出定之時，覺身安樂恬怕無為。復當更教，自觀己身無高大想，尋復見身自然高大，明顯可觀如七寶山，自見己心如摩尼珠。爾時復當如上觀空。作觀空時，自覺己身和悅柔軟快樂無比，前蓮華上七寶色光流入己心，在摩尼珠中滿足十過，七支七色皆悉具足。自觀身空亦無眾想，爾時頂上有自然光，似金色雲亦如寶蓋、色復似銀，從頂上入覆摩尼珠光上。出定入定恒見此事，見此事者，自然不殺、不盜、不邪婬、不妄語、不飲酒。”

佛告阿難：“佛滅度後，四部弟子比丘、比丘尼、優婆塞、優婆夷作此觀者，名第二十六正觀，亦名得須陀洹道。若得此觀，要當審實，使身自然離五種惡，合修多羅、不違毘尼、隨順阿毘曇。此名須陀洹果相。”爾時阿難聞佛所說，歡喜奉行。(《大正藏》卷十五第 260-261 页)

【评说】上述观想冠以“七觉意四大相应观”“第二十六正观，亦名得须陀洹道”的名称是名不副实，其内容为观想灌顶、水大观、不净观、白骨观、慈心观、空观等杂糅而成。对于理解研究禅法无参考价值。

【原文】佛告阿難：“若有行者得此觀者，宜當密藏勿妄宣傳，但當一心勤行精進。勤行精進已，復當更教諦觀地大。地大觀法亦如上說。觀地大已，次教觀水大。觀水大者，自觀己身身中諸水，身如琉璃剛強難壞。若見自身悉皆是水，當教易觀。若復見身盡成琉璃，亦教易觀觀於地大，使琉璃身猶如微氣，見水從眼中現。若見此事，名細微四大觀。復當更教從頭已上使水滿中，見水從眼中出，亦不墮地。自見己眼如水上沫亦滿水中。若見此事，頭水不溫不冷調和得所。水若溫者，是假偽觀。水色澄清，不溫不涼。次當更教觀腰已上水不溫不冷。復觀咽喉如琉璃筒，水入胸中，次下至腹乃至髀膝，莫令入臂，使水澄清如頗梨精色。若覺水溫乃是真觀。此想成已，復教通徹四支諸節，水皆滿中，如琉璃器持用盛水。漸漸廣大，見滿一床，外人亦見。若見此水清冷乃是真水，若見餘相不名真實。入水光三昧，漸漸廣大滿一室內，水皆澄清如琉璃氣，漸漸廣大遍滿三千大千世界。見此事時，當於靜處一心安坐，勅諸同學皆使清淨不令憒鬧。爾時復當見水上紫焰起，當自憶想：‘此水從何處起？云何當盡？若言我是水者，我身無我，前已觀無我。今從無法中，水從何起？’作是念時，水性如氣，漸漸從頂上沒，水稍稍盡，唯身皮在。自見己身極為微薄，無物可譬，如微塵草束。復見身內忽然有火，燒身都盡。觀身無所，永無有我，我及眾生一切都無。爾時行者，心意恬怕，極為微細，無物可譬。此想成時，名第二十七真無我觀，亦名滅水大想，亦名向斯陀含。其餘微細賢聖法界微妙難勝，不可具說。行者坐時修諸三昧，得無我三昧時，當自然見佛。”

佛告阿難：“汝今好受持是真實水大微妙境界，廣為未來一切眾生敷演廣說。”爾時阿難聞佛所說，歡喜奉行。

佛告阿難：“得此觀已，復當更教水大觀法。此水大觀極為微細，使此水大與火大合，見身如氣、如琉璃影，觀臍四邊火焰俱起，見於火焰猶如日映。若見臍上有火光起，或有從鼻中出、或有從口中出，耳眼隨意出入。若見此事，見一切火從毛孔出。火出之後，有淥色水尋從火後。自見身中，水上火下、火上水下，觀身無身。此想成時，見身水火不溫不冷，身心寂爾

安住無礙。此名斯陀含果，亦名境界實相。見此事時，出定入定恒不見身。入定之時，外人亦見水火從毛孔出、從毛孔入。貪婬多者，見火從頂上入、從身根出，然後遍滿身體；水亦復然。復當自觀頭上火，如閻浮檀那金光雲蓋，或見身下如七寶華，心中恬靜安隱快樂，世間樂事無以為譬。出定之時身亦安樂，令外眾生見已禪定三昧安隱金光金色。帝釋諸天恭敬禮拜竝言：'大德！汝今苦盡，必定當成斯陀含果。'聞已歡喜，修身禪定，心無繫礙安隱快樂，遊戲無我三昧中，亦漸入空三昧門，無願無作諸三昧等悉現在前。如此微妙善勝境界，行者坐時於禪定中自然分別。若鈍根者，大師世尊現前為說。以見佛故，聞法歡喜，應時即得斯陀含道。復當至心覆尋前觀，經二十五反，極令明利。"

佛告阿難："汝好持此第二十九水大觀，慎勿忘失。得此觀者，亦名斯陀含，亦名善往來往宿世善根業因緣故遇善知識清淨法行，汝乃當得此斯陀含道。"爾時阿難聞佛所說，歡喜奉行。(《大正藏》卷十五第 261-262 页)

【评说】此段以观水大为主题，其观法与前述"火大观""火大无我观"类似，而编集者以种种名字与佛教设立的果位相结合，如"第二十七真无我观……亦名向斯陀含"，"第二十九水大观……亦名斯陀含"，应当指出这种结合在其他经论中未见。佛教果位的标志并非以某观为准，而是从所去除的烦恼束缚来判断的。

【原文】佛告阿難："若有比丘、比丘尼、優婆塞、優婆夷，若得此微妙水大觀已，復當更教安隱微妙最勝奇特火大觀法。作此觀時，自見臍中微妙火光，床如蓮華，其色光明如和合百千萬億閻浮檀那金。見此事已，復當更教觀身內火。觀內火時，自見心火常有光明，過於百千萬億明月神珠，心光清淨亦復如是。出定入定如人持明火珠行，慮恐他見，唯自心中明了如是，他人不見。漸漸大明，見身猶如頗梨明鏡，見心亦如明月神珠。慮他人見，他人其實不見此事。入定之時，以心明故，見三千大千世界麁相，見閻浮提須彌山及大海水悉皆了了，復見大海水中摩尼珠王，其摩尼珠王焰出諸火。見此事已，爾時見佛為其廣說九次第定。九次第定者，九無閡、八解脫。如此等觀不須豫受，佛現前故，佛自為說。其利根者，聞佛說法九無礙道中，應時即得阿羅漢道，超越阿那含地，如好白氎易染為色。若鈍根者，復當更教風大觀法。風大觀法者，見一切風極為微細、細中細者，可以心眼見而不可具說。風復雜火、火復雜風，水入火中、風入水中、火入風中，風火水等各隨毛孔如意自在。或復有風，十色具足，如十寶光，從身毛孔出、從頂上入，從臍中出、從足下入，一切身分中出、從眉間入，從眉間出、從一切身分入。如此種種無量境界，賢聖光明、賢聖種子、諸賢聖法，皆從此風大中起、從此風大中入。此風大觀，具足相貌微妙境界，唯阿羅漢能廣分別，不可具說，行者坐時當自然見。若見此事，練諸煩惱成阿那含。此風大觀，名第三十阿那含相應境界相。"

佛告阿難："汝好受持是阿那含相應最勝境界風大觀法，慎勿忘失。"爾時阿難聞佛所說，歡喜奉行。(《大正藏》卷十五第 262-263 页)

【评说】"风大观，名第三十阿那含相应境界相"，延续以上四大配四果的形式，此处将风大观配以阿那含位。

【原文】……時彼國中有一長者名日月音，自在無量，唯有一子，忽遇熱病，風大入心，狂亂無智，手執利劍走入巷陌殺害眾生。時彼長者愛念子故，手擎香爐至四城門外燒香散華，發大誓願而作是言："世間若有神仙聖人醫師呪師能救我子狂亂病者，一切所有悉用奉施。"

爾時太子出城遊戲，見大長者修於慈心為子求願，心生歡喜而作是言：“此大長者勤修慈心普為一切，而長者子遇大重病；願諸神仙必興慈悲，來至此處救長者子。”語頃即有一大仙人，從於雪山騰虛而至，名曰光味，至長者所告長者言：“汝子所患從熱病起，因熱病故生大瞋恚，心脈悉開風大入心是故發狂。如此病者，如仙經說，風大動者當須無瞋善男子心血以用塗身、須善人髓服如大豆，可得除愈。”爾時長者聞仙人說，即於路中頂禮太子白言：“地天大仙人說我子所患，當用慈心無瞋人血及以骨髓乃可得差。我今正欲自刺我身出血食子、破骨出髓持與令服。唯願太子聽許此事。”

爾時太子告言：“長者！我聞佛說，若有眾生苦惱父母，墮大地獄無有出期。云何長者自破身體欲令子差？且忍須臾，當為長者作大方便。”爾時長者聞太子勅，心大歡喜，禮太子足，還至家中。象負其子送與太子，太子見已醍醐灌之。

爾時仙人告太子言：“設以此藥灌此男子經九十日，終不可差；要得慈心無瞋人血。”爾時太子內自思惟：“除我身外，其餘眾生皆當起瞋。我今為此救諸病苦、濟生死命，誓求佛道，於未來世若得成佛，亦當施此法身常命。”作此誓已，即刺身以血塗彼大長者子、破骨出髓與之令服。長者子服已，病得除愈。……

佛告迦葉：“此阿祇發比丘，乃往過去風大動故發狂無知，是故今者入四大定，於風定中心疑不行。設使此人入風大定、觀四大者，頭破七分、心裂而死。當教此人修於慈心。”（《大正藏》卷十五第 263-264 页）

【评说】本段经文记述日月音长者子热病发作、狂乱无智的情况。当时认为此病病因为“风大入心”，应当以“无瞋善男子心血以用涂身，须善人髓服如大豆，可得除愈”。该故事宣扬太子布施自身的事迹，宣扬布施精神。本经引用此故事，主要是为说明四大不调者不宜入定观四大，而应“教此人修于慈心”。

【原文】佛告阿祇達：“諦聽諦聽，當善思之。如來今者因汝阿祇達，普為未來世一切眾生廣說從阿那含至阿羅漢，於其中間所有微細一切境界，當自分別。若風病多者入風大定時，因風大故喜發狂病，當教觀佛。教觀佛者，教觀如來十力、四無所畏、十八不共法、大慈大悲、三念處法。觀此法時，自然得見無量色身、微細妙相好。或有諸佛飛騰空中作十八變，或有諸佛一一相好，普現無量百千變化。見此事時，當起恭敬供養之心，作香華想普散諸佛。然後復當自思维言：‘我今身中五陰四大皆悉無常、生滅不住，結使枝條及使根本皆悉無常。我所念者，念佛十力、四無所畏、十八不共、大慈大悲，如是功德莊嚴色身，猶如寶瓶盛如意寶珠，寶珠力故映飾此瓶，珠無我所、瓶亦無住。但為眾生，佛亦如是，無有色性及與色像，解脫清淨。云何我今諦觀如來十力，是處非處力乃至漏盡力，十八不共法、大慈大悲，云何更見無量色像？’作此想已，見真金像滿娑婆世界，行住坐臥四威儀中皆說苦空無常無我。雖見此事，復當起意想：‘是諸佛皆是戒、定、慧、解脫、解脫知見、十力、四無所畏、十八不共法、大慈大悲、三念處如此功德所共合成，云何有色？’作此想時一一諦觀，令一切佛身心無礙亦無色想。自見己身如空中雲，觀五受陰無諸性相，豁然歡喜。復還見身如蓮華聚，周匝遍滿三千大千世界。見諸坐佛坐已華上，為說甚深空無我無願無作聖賢十四境界門。”

佛告阿祇達：“若有行者見此事已，當教慈心。教慈心者，敬觀地獄。爾時行者即見十八地獄，火車爐炭、刀山劍樹受苦眾生，皆是己前身父母宗親眷屬，或是師徒、諸善知識。見一一人，阿鼻地獄猛火燒身。或復有人，節節火然、或上劍樹、或踏刀山、或投鑊湯、或入灰河、

或飲沸屎、或噉熱鐵丸、或飲融銅、或臥鐵床、或抱銅柱、或入劍林碎身無數、或挑眼無數、持熱銅丸安眼眶中。或見餓鬼身形長大數十由旬,噉火噉炭、或飲膿血變成融銅,舉體火起、足跟銅流。或見闇冥鐵圍山間滿中眾生,狀如羅刹,更相食噉。見諸夜叉,裸形黑瘦,雙牙上出,頭上火然,首如牛頭,角端雨血。復見世間虎狼師子諸惡禽獸更相噉食,復見一切諸畜生苦。或見阿修羅,割截耳鼻受諸苦事。復見三界一切眾生,為欲所使,悉受苦惱。觀無想天,猶如電幻,不久當墮大地獄中。舉要言之,三界二十五有一切眾生,皆有三塗苦惱之業。

爾時行者觀見三界受苦眾生,其心明了如觀掌中,深起慈悲生憐愍心。見諸眾生宿行惡業故受惡報,見此事已,悲泣雨淚欲生救護,盡其心力不能救濟。爾時心中極生憐愍,厭患生死、不願久處,心生驚怖,如人捉刀欲來害己。見此事已更起慈悲,欲拔苦者無奈之何!爾時行者內自思維:'是諸眾生因於無明,無明緣行,行緣識,識緣名色,名色緣六入,六入緣觸,觸緣受,受緣愛,愛緣取,取緣有,有緣生,生緣老死憂悲苦惱。'

爾時行者內自思惟:'此無明者,從何處來,孚乳產生遍滿三界?'觀此無明,假於地大而得成長,依於風大而得動搖,因於地大體堅不壞,火大照育,水成眾性。如是動作,風性不住、水性隨流、火性炎盛、地性堅鞭。此四大性,二上二下。諸方亦二,東方者成色陰性、南方者成受陰性、西方者成想陰性、北方者成行陰性、上方者成識陰性。此五受陰,依無明有,從觸受生。樂觸因緣生於諸受,受因緣生愛取有,有因緣故生於三界九十八使及諸結業,纏縛眾生無有出期。如是諸業,從無明有、依癡愛生。此無明者,本相所出,從何而生,遍布三界,於諸眾生為大纏縛?我今應觀無明識相從何處起。'此無明者,為是地大?為離地大?為與地合?為從地生?為從地滅?地性本空,推地無主,云何無明起癡愛想緣行而有?而此諸行及愛取有,為從風起?為從水生?為火所照?如此四大,一一諦觀。此諸大者,實無性相,同如實際。云何牽諸眾生纏在三界,為大煩惱之所燒然?'作此思惟已,怖畏生死、患生天樂,觀諸天宮,如夢如幻、如露如電、如呼聲響。普見一切三界眾生,猶如環旋受苦無窮。見此事已愁憂不樂,世間如駛水流,求涅槃道,刹那刹那頃欲求解脫。爾時復當更教數息,一數二隨、二數三隨、三數四隨、四數五隨、五數六隨、六數七隨、七數八隨、八數九隨、九數十隨、十數百隨、百數千隨,隨息多少攝氣令住。

爾時自見己身如百千萬億蓮華,一切萎脆,四面風來吹去萎華變成琉璃,如琉璃器自見其心如大華樹,從下方金剛際乃至三界頂,上有四菓。其菓微妙如如意珠,有六種光,遍照三千大千世界。行者見此事時,見金剛地際乃至上方三界之頂滿中諸佛,與大弟子眷屬圍繞。或有諸佛飛騰虛空,身上出水、身下出火,身下出水、身上出火,東踊西沒、西踊東沒、南踊北沒、北踊南沒、中踊邊沒、邊踊中沒。或現大身滿虛空中,大復現小如芥子許,變現自在隨意無礙。或見諸聲聞入四大定,身如火聚,諸火焰端猶如金筒盛眾色水。復見己身如彼入定。爾時當教行者而作是言:'汝所見者,雖是多佛及諸聲聞,汝今應觀此諸世尊,是無相身、是大解脫、是無學果。應當善攝汝心,如前數息。'此數息法有十六科,不可具說。"(《大正藏》卷十五第 264-265 页)

【评说】承续上文,为因风大发狂者说观佛像法及慈心观。观修完毕后以数息住心。

【原文】"爾時行者既數息已,心意恬怕,寂然無見。復當更教觀心蓮華猶如華樹,樹上有菓如摩尼珠,現六種光。其光明顯,從三界頂照於下方金剛地際。見心華樹荄垂欲絕,然深無量。爾時當觀諸佛法身。諸佛法身者,因色身有。色身者譬如金瓶,法身者如摩尼珠。

應當諦觀色身之內，十力、四無所畏、十八不共法、大慈大悲、無礙解脫，神智無量絕妙境界，非眼所見、非心所念。‘一切諸法，無來無去、不住不壞，同如實際。凡夫愚癡，為老死大賊之所追逐，妄見顛倒。以顛倒故，墮落三塗愛欲河中，為駛水所漂、沒溺三界。我今云何同凡夫行，妄想見佛。我大和上釋迦牟尼佛，往昔之時，頭目髓腦、國城妻子持用布施，百千苦行求解脫法；今者已得超越生死住大涅槃，寂滅究竟更不復生。如過去佛法住常樂處，亦無去來現在諸智，身心不動恬怕無為。如此智慧所成就身，當有何想？云何變動？我今見者，從妄想現，屬諸因緣，故是顛倒色相之法。’作是思惟時，一切諸佛及諸賢聖，寂然隱身更不復現；唯一佛在，有四大弟子以為侍者。”

爾時釋迦牟尼世尊，為於行者更說四大清淨觀法，告言：“法子！過去三世諸賢聖等，觀此行時，自然皆觀風大觀法。觀風大者，先觀身內，從心華樹生一微風。如是微風，漸漸增長遍滿身體。滿身體已，從毛孔出滿一房內。滿一房已，見此微風滿一庭內。滿一庭已，復見漸漸滿一頃地。滿一頃已，復更增廣滿一由旬。滿一由旬已，滿二由旬。滿二由旬已，滿三由旬。滿三由旬已，滿四由旬。滿四由旬已，滿五由旬。滿五由旬已，如此漸漸廣大滿十由旬。微風纔動，漸漸廣大遍滿三千大千世界，上至於頂、下至金剛際，遍此諸處已，還從頂入，令其心樹一切華葉漸漸萎落，自見己身如頗梨鏡表裏映徹。

爾時復當教觀水大。觀水大者，先觀身內心華樹端出一微水如琉璃氣，漸漸增廣似白色雲遍滿身內。滿身內已，從六根出。頂上涌出，繞身七匝如白雲行。滴滴雨水其水柔軟，盈滿一床。滿一床已，漸漸廣大滿一房內。滿一房已，滿一庭中。滿一庭已，滿一城中。滿一城已，滿十頃地。滿十頃已，滿百頃地。滿百頃已，滿一由旬。水色正白，如白琉璃光。其氣微細，過於凡夫眼根境界。漸漸廣大滿二由旬。滿二由旬已，滿三由旬。滿三由旬已，滿四由旬。滿四由旬已，滿五由旬。滿五由旬已，漸漸廣大滿十由旬。滿十由旬已，漸漸廣大滿百由旬。滿百由旬已，漸漸廣大滿一閻浮提。滿一閻浮提已，漸漸廣大遍滿三千大千世界，上至三界頂、下至金剛際。如是水相，其氣如雲，還從頂入。

見此事已，復更教觀火大。觀火大者，自觀身內心華樹端諸華葉間有微細火，猶如金光。從心端出，遍滿身內。從毛孔出，漸漸廣大，遍滿一床。滿一床已，滿一房內。滿一房已，漸漸廣大滿一庭中。滿一庭已，滿一城中。滿一城已，滿十頃地。滿十頃地已，滿百頃地。滿百頃地已，滿一由旬。火色變白，如真珠光更復鮮白，頗梨雪山不得為比。紅光照錯，以成文章。漸漸廣大滿二由旬。滿二由旬已，滿三由旬。滿三由旬已，滿四由旬。滿四由旬已，滿五由旬。滿五由旬已，漸漸廣大滿百由旬。滿百由旬已，漸漸廣大滿閻浮提。滿閻浮提已，漸漸廣大遍滿三千大千世界，上至三界頂、下至金剛際，還從頂入。

見此事已，復當更教觀於地大。觀地大者，自見身內心樹諸華漸漸廣大，如金剛雲遍滿身內。滿身內已，復滿一床。滿一床已，遍滿一房。滿一房已，遍滿一庭。滿一庭已，遍滿一城。滿一城已，漸漸廣大遍滿十頃。滿十頃已，遍滿百頃。滿百頃已，滿一由旬。滿一由旬已，其色變青，漸漸廣大遍滿二由旬。滿二由旬已，滿三由旬。滿三由旬已，滿四由旬。滿四由旬已，滿五由旬。滿五由旬已，漸漸廣大滿百由旬。滿百由旬已，漸漸廣大滿閻浮提。滿閻浮提已，漸漸廣大遍滿三千大千世界，上至三界頂、下至金剛際，還從頂入。

見此事已，復當更教還觀地大。觀此地大，如金剛雲難可摧碎，當云何滅？作此觀時，見佛世尊釋迦牟尼坐金剛座，與尊弟子眷屬五百，坐行者前，異口同音讚歎滅諦。聞此語已，當觀地大從因緣起，無明所持。無明無性，癡愛無主，虛偽因緣，假名無明，愛取有等皆屬此相。

作此思惟時，見自心内眾華樹端漸漸火起燒金剛雲，一一雲於諸葉間與火合體遍滿身内。滿身内已，地火俱動遍滿一床。滿一床已，遍滿一房。滿一房已，遍滿一庭。滿一庭已，遍滿一城。滿一城已，漸漸廣大遍滿十頃。滿十頃已，遍滿百頃。滿百頃已，滿一由旬。滿一由旬已，滿二由旬。滿二由旬已，滿三由旬。滿三由旬已，滿四由旬。滿四由旬已，滿五由旬。滿五由旬已，漸漸廣大滿百由旬。滿百由旬已，漸漸廣大遍滿閻浮提。地火二大其性各異，更相鼓動，遍滿三千大千世界，上至三界頂、下至金剛際，還從頂入。

見此事已，復當更教觀於風大。觀風大者，自觀身内心華樹間出紫色風，水大隨入滅此風色同為水色，風動水涌遍滿身内，漸漸廣大遍滿一床。滿一床已，滿一房内。滿一房已，遍滿一庭。滿一庭已，遍滿一城。滿一城已，漸漸廣大遍滿一由旬。滿一由旬已，風水二性其性各異，風吹此水如琉璃沫其色焰熾，更相鼓動，遍滿二由旬。滿二由旬已，滿三由旬。滿三由旬已，滿四由旬。滿四由旬已，滿五由旬。滿五由旬已，漸漸廣大滿百由旬。滿百由旬已，漸漸廣大遍滿閻浮提。滿閻浮提已，漸漸廣大遍滿三千大千世界，上至三界頂、下至金剛際。

見此事已，自見己身身諸毛孔一切火起，此火光炎遍滿三界出三界外，如真金華，華上有菓，菓葉相次。彼菓光中演說四諦及十二因緣度生死法。復見身内一切水起，其水溫潤，從毛孔出流布三界無不遍滿。水色出光照三界頂，入火光菓中。復見身内一切風起遍滿身内，從毛孔出漸漸廣大，駛速飄疾遍滿三界，化為金雲，入火光菓中。復有地氣極為微薄，彌滿四大。見此事已，復當更教諦觀五陰。觀於色陰。此色陰者依地大有，地大不定從無明生，無明因緣妄見名色。觀此色相虛偽不真亦無生處，假因緣現。因緣性空，色陰亦然。受想行識性相皆空，中無堅實。觀此五陰，實無因緣亦無受有。如此四大，云何增長遍滿三界？作此思维時，見一切火從一切毛孔出，遍滿三界，還從一切毛孔入。復見一切地大猶如金剛雲，從一切毛孔出，遍滿三界，還從一切毛孔入。復見水大猶如微塵，從一切毛孔出，遍滿三界，還從一切毛孔入。復見風大其勢羸劣，從一切毛孔出，遍滿三界，還從一切毛孔入。如是四大，從毛孔出、從毛孔入，往復反覆經八百遍。

見此事已，如前數息已，閉氣而住經一七日。爾時自然見此大地漸漸空。見一床下漸漸空，見一房漸漸空。見一房已，見一庭地漸漸空。見一庭已，見一城地漸漸空。見一城已，見十頃地漸漸空。見十頃已，見百頃地漸漸空。見百頃已，見一由旬地漸漸空。見一由旬已，見二由旬地漸漸空。見二由旬已，見三由旬地漸漸空。見三由旬已，見四由旬地漸漸空。見四由旬已，見五由旬地漸漸空。見五由旬已，乃至見十由旬地漸漸空。見十由旬已，乃至見百由旬地漸漸空。見百由旬已，乃至見閻浮提八千由旬地漸漸空。見閻浮提已，見弗婆提地十千由旬漸漸空。見弗婆提已，見瞿耶尼地三萬由旬漸漸空。見瞿耶尼已，見欝單越地四萬由旬漸漸空。見欝單越已，見須彌山四大海水山河石壁四天下中一切所有見堅鞕物，一切悉皆漸漸空。見四天下已，心遂廣大，遍滿三千大千世界，諸堅鞕物，大地山河石壁，一切悉空，心無所寄。爾時自然見金剛際，有十四金剛輪。從金剛輪下，自然上踊，更相振觸，至行者前。爾時心樹諸妙花端自然火起，燒諸華葉樹上四果，墮行者頂，從頂而入住於心中。爾時此心豁然明了，見障外事。復有六象，其正色黑，踏大地壤，吸飲諸水。風吹象殺，象耳出火，燒象都盡。四大毒蛇，走上樹端。見有一人似大力士，拔此大樹，下至金剛際、上至三界頂令樹動搖。行者心中四明珠果復出大火，燒樹荄絕，是時大樹散如微塵。”

行者見已，我今觀於水火風等及與水大，一切無常，須臾變滅。當自觀我身内四大，火起無窮，地水風等亦復如是。此無明相，空無所有、假偽顛倒，猶如霜炎屬於三界，緣於癡愛，三十三億念生法九百九十轉，次第念麁相，結使九十有八，枝條種子彌覆三界。為是眾結，受生無數，或墮地獄，猛火焚身；或為餓鬼，吞飲融銅、噉熱鐵丸，百千世中不聞水穀；或為畜生，駝驢猪狗數不可知；人中受苦，眾難非一。如是眾多，從癡愛得。今觀癡愛，性無所有。作是思惟時，釋迦牟尼佛放金色光，與諸聲聞眷屬圍繞，告行者言：'汝今知不？色相虛寂，受想行識亦復如是。汝今應當諦觀空無相無作無願三昧。空三昧者，觀色、色性及一切諸法，空無所有。如是眾空，名空三昧。無願三昧者，觀涅槃性寂滅無相。觀生死相，悉同如實際。作此觀時，不願生死、不樂涅槃。觀生死本際空寂，觀涅槃性相皆同入空，無有和合，是名無願三昧。無作三昧者，不見心、不見身及諸威儀有所修作，不見涅槃有起性相，但見滅諦通達空無所有。'爾時行者聞佛世尊說是空無相無願三昧，身心靜寂，遊三空門，猶如壯士屈申臂頃，應聲即得超越九十億生死洞然之結，成阿羅漢，不受後有、梵行已立、知如道真，豁然意解無復餘習，漏盡慧通自然而得，其餘五通要假修得。六通義廣說如阿毘曇。"

爾時世尊為阿祇達說是賢聖空相應心境界，分別十一切入相已，默然安隱入無諍三昧，放眾色光普照世尊。是時會中，二百五十比丘，心意開解成阿羅漢。五十優婆塞，破二十億洞然結，成須陀洹。天人大眾聞佛所說，皆大歡喜。(《大正藏》卷十五第 265-267 页)

【评说】数息住心后，文中记载佛陀教授了"四大清净观法"，之后继续"观空无相无作无愿三昧"。以上详细介绍本经编集者提供的观修内容。

【原文】復次阿難："佛滅度後現前無佛，四部弟子求解脫者，得不淨觀，當密藏祕勿令他知。譬如有人貧窮孤獨，生濁惡世屬無道王。彼貧窮人掘地求水，宿世因緣忽遇伏藏大獲珍寶。怖畏惡王，密藏此寶不令他知，但於屏處取此珍寶，以供妻子密受快樂。佛滅度後，四部弟子得禪樂者，亦復如是，當密藏之，不得廣說。若廣說者，犯大重罪。復次阿難！譬如長者獨有一子，遇大重病，鬚眉落盡。爾時長者內自思惟：'我今衰禍。唯此一子，遇此重病。當何處求覓良醫?'作此語已，大出財寶，募訪良醫。長者宿福，忽遇一醫多知經方。長者白言：'唯願大師起大慈悲。我有一子，遇患多時。唯願大師救療此患。設得愈病，今我家中大有財寶，猶如北方毘沙門天王。若子得差，唯除我身，一切奉上不敢違逆。'時彼良醫告長者言：'汝今能造七重閣室極令深密，然後可令汝子服藥。服此藥已，不得見人，不向他說。輕四百日，兒乃可差。'"(《大正藏》卷十五第 269 页)

【评说】本段经文记述了一种"秘藏求效"的思想，即方药应当保密，声张则不能灵验。很显然这种说法是迷信，常被用于骗术。从经文中的描述可见，长者子"遇大重病"，长者爱子心切"大出财宝，募访良医"，后"忽遇一医多知经方"，此医嘱咐"服此药已，不得见人，不向他说。轻四百日，儿乃可差"。姑且不论大重病在服药四百日后是否能得痊愈，仅从该方需四百日验效及该医来历，即可判断此医及药不可信用。

以譬喻反观本经内容，若本经编集者实有此意，则本经所载禅法的真实性就如譬喻故事中的秘方一般大打折扣，本经也不再是一部记述多种禅法的禅经集，而是一部揶揄佛教嘲笑佛教的伪经。本经所录禅法与正统禅法的差异似乎可以从这一点得到解释。

坐禅三昧经

（坐禅三昧法门经）

姚秦三藏鸠摩罗什译

【提要】本经是集结多种禅法的禅学论著，以总分结构介绍了禅法的教授原则和选择标准，并介绍了多种禅法。包括治贪欲法门、治嗔恚法门、治愚痴法门、治思觉法门、治等分法门、重罪人法门、四禅四空四等五通法、四念止法、大乘念佛等法。

【原文】學禪之人初至師所，師應問言："汝持戒淨不？非重罪惡邪不？"若言："五眾戒淨，無重罪惡邪。"次教道法。若言："破戒。"應重問言："汝破何戒？"若言："重戒。"師言："如人被截耳鼻不須照鏡，汝且還去，精懃誦經，勸化作福，可種後世道法因緣，此生永棄。譬如枯樹，雖加溉灌不生華葉及其果實。"若破餘戒，是時應教如法懺悔。若已清淨，師若得天眼、他心智，即為隨病說趣道之法；若未得通，應當觀相，或復問之："三毒之中何者偏重？婬欲多耶！瞋恚多耶！愚癡多耶！"

云何觀相？若多婬相：為人輕便，多畜妻妾，多語多信，顏色和悅，言語便易，少於瞋恨，亦少愁憂。多能技術，好聞多識，愛著文頌，善能談論，能察人情，多諸畏怖。心在房室，好著薄衣，渴欲女色，愛著臥具，服飾香華，心多柔軟，能有憐愍，美於言語，好修福業，意樂生天，處眾無難。別人好醜，信任婦女，欲火熾盛，心多悔變，憙自莊飾，好觀綵畫，慳惜己物，僥倖他財，好結親友，不憙獨處。樂著所止，隨逐流俗，乍驚乍懼，志如獼猴，所見淺近，作事無慮，輕志所為，趣得適意，憙啼憙哭。身體細軟，不堪寒苦，易阻易悅，不能忍事，少得大喜，少失大憂，自發伏匿。身溫汗臭，薄膚細髮，多皺多白，剪爪治鬚，白齒趣行，憙潔淨衣。學不專一，好遊林苑，多情多求，意著常見。附近有德，先意問訊，憙用他語，強顏耐辱，聞事速解，所為事業，分別好醜，愍傷苦厄，自大好勝，不受侵欺，憙行施惠，接引善人，得美飲食，與人共之，不存近細，志在遠大，眼著色欲，事不究竟，無有遠慮。知世方俗，觀察顏色，逆探人心，美言辯慧，結友不固，頭髮稀疎，少於睡眠，坐臥行立，不失容儀。所有財物，能速救急，尋後悔惜，受義疾得，尋復憙忘。惜於舉動，難自改變，難得離欲，作罪輕微。如是種種，是婬欲相。

瞋恚人相：多於憂惱，卒暴懷忿，身口麁獷，能忍眾苦，觸事不可，多愁少歡，能作大惡，無憐愍心，憙為鬪訟。顏貌毀悴，皺眉眄睞，難語難悅，難事難可。其心如瘡，而宣人闕，義論強梁，不可折伏，難可傾動，難親難沮，含毒難吐。受誦不失，多能多巧，心不懶墮，造事疾速，持望不語，意深難知。受恩能報，有能聚眾，自伏事人，不可沮敗，能究竟事，難可干亂，少所畏難，譬如師子，不可屈伏，一向不迴，直造直進。憶念不忘，多慮思惟，誦習憶持，能多施與，小利不迴，為師利根。離欲獨處，少於婬欲，心常懷勝，愛著斷見，眼常惡視。真實言語，說事分了，少於親友，為事堅著，堅憶不忘，多於筋力，肩胸姝大，廣額齊髮。心堅難伏，疾得難忘，能自離欲，憙作重罪。如是種種，是瞋恚相。

愚癡人相：多疑多悔，懶墮無見，自滿難屈，憍慢難受，可信不信，非信而信。不知恭敬，處處信向，多師輕躁，無羞搪突，作事無慮，反教渾戾。不擇親友，不自修飾，好師異道，不別善惡，難受易忘，鈍根懈怠。訶謗行施，心無憐愍，破壞法橋，觸事不了，瞋目不視，無有智巧，多求悕望，多疑少信。憎惡好人，破罪福報，不別善言，不能解過，不受誨喻，親離憎怨，不知禮節，憙作惡口。鬚髮爪長，齒衣多垢，為人驅役，畏處不畏，樂處而憂，憂處而喜，悲處反笑，笑處反悲，牽而後隨，能忍苦事，不別諸味，難得離欲，為罪深重。如是種種，是愚癡相。

若多婬欲人，不淨法門治；若多瞋恚人，慈心法門治；若多愚癡人，思惟觀因緣法門治；若多思覺人，念息法門治；若多等分人，念佛法門治。諸如是等種種病，種種法門治。（《大正藏》卷十五第 270-271 页）

【评说】“诸如是等种种病，种种法门治”，佛教修心的原则与中医辨病施治思想颇为吻合。观察来者的情况，“师若得天眼、他心智，即为随病说趣道之法；若未得通，应当观相，或复问之”，已获得佛教修行成就者可以运用神通观察，没有获得成就者要察言观色并仔细询问。文中列举多淫相、恚相、愚痴相三种基本相的特征，并指示对应的法门“若多淫欲人，不净法门治；若多瞋恚人，慈心法门治；若多愚痴人，思惟观因缘法门治；若多思觉人，念息法门治；若多等分人，念佛法门治”。

第一治贪欲法门

【原文】婬欲多人習不淨觀，從足至髮不淨充滿，髮毛爪齒、薄皮厚皮、血肉筋脈、骨髓肝肺、心脾腎胃、大腸小腸、屎尿洟唾、汗淚垢坋、膿腦胞膽、水微膚、脂肪腦膜，身中如是種種不淨。復次不淨漸者：觀青瘀膖脹、破爛血流、塗漫臭膿、噉食不盡、骨散燒焦，是謂不淨觀。

復次多婬人有七種愛：或著好色、或著端正、或著儀容、或著音聲、或著細滑、或著眾生、或都愛著。若著好色，當習青瘀觀法，黃赤不淨色等亦復如是！若著端正，當習膖脹身散觀法；若著儀容，當觀新死血流塗骨觀法；若著音聲，當習咽塞命斷觀法；若著細滑，當習骨見及乾枯病觀法；若愛眾生，當習六種觀；若都愛著，一切遍觀，或時作種種更作異觀。是名不淨觀。

問曰：“若身不淨如臭腐屍者，何從生著？”

若著淨身，臭腐爛身亦當應著；若不著臭身，淨身亦應不著。二身等故。若求二實，淨俱不可得，人心狂惑為顛倒所覆，非淨計淨。若倒心破，便得實相法觀，便知不淨虛誑不真。復次死屍，無火無命無識、無有諸根，人諦知之，心不生著；以身有暖、有命有識、諸根完具，心倒惑著。復次，心著色時謂以為淨，愛著心息即知不淨。若是實淨應當常淨，而今不然。如狗食糞謂之為淨，以人觀之甚為不淨，是身內外無一淨處。若著身外，身外薄皮舉身取之，纔得如棕是亦不淨，何況身內三十六物？復次，推身因緣種種不淨，父母精血不淨合成，既得為身常出不淨，衣服床褥亦臭不淨，何況死處？以是當知，生死內外都是不淨(此下經本至二門初)。

復次，觀亦有三品：或初習行、或已習行、或久習行。若初習行，當教言作破皮想，除却不淨，當觀赤骨人，繫意觀行，不令外念；外念諸緣，攝念令還。若已習行，當教言想却皮肉，盡觀頭骨，不令外念；外念諸緣，攝念令還。若久習行，當教言身中一寸心却皮肉，繫意五處：頂、額、眉間、鼻端、心處。如是五處住意觀骨，不令外念；外念諸緣，攝念令還，常念觀心，心出制持。

若心疲極，住念所緣，捨外守住。譬如獼猴被繫在柱，極乃住息。所緣如柱，念如繩鎖，心喻獼猴。亦如乳母，常觀嬰兒不令墮落。行者觀心亦復如是，漸漸制心令住緣處。

若心久住是應禪法，若得禪定即有三相：身體和悅柔軟輕便，白骨流光猶如白珂，心得靜住。是為觀淨。是時便得色界中心，是名初學禪法得色界心。心應禪法即是色界法，心得此

法，身在欲界，四大極大，柔軟快樂，色澤淨潔，光潤和悅，謂悅樂。二者、向者骨觀白骨相中，光明遍照淨白色。三者、心住一處是名淨觀，除肉觀骨故名淨觀。如上三相皆自知之，他所不見。上三品者，初習行，先未發意；已習行，三四身修；久習行，百年身學。（《大正藏》卷十五第 271-272 页）

【评说】治贪欲法门即不净观。从不净观观法概述、七种爱着的对应观法、不净观修习者初习久练的不同到不净观的后续禅法，全面介绍不净观禅法。

第二治瞋恚法门

【原文】若瞋恚偏多，當學三種慈心法門：或初習行、或已習行、或久習行。

若初習行者，當教言慈及親愛。云何親及願與親樂？行者若得種種身心快樂，寒時得衣，熱時得涼，飢渴得飲食，貧賤得富貴，行極時得止息，如是種種樂願親愛得，繫心在慈不令異念；異念諸緣，攝之令還。若已習行，當教言慈及中人。云何及中人而與樂？行者若得種種身心快樂，願中人得，繫心在慈，不令異念；異念諸緣，攝之令還。若久習行，當教言慈及怨憎。云何及彼而與其樂？行者若得種種身心快樂，願怨憎得，得與親同，同得一心，心大清淨，親中怨等，廣及世界，無量眾生，皆令得樂，周遍十方，靡不同等。大心清淨，見十方眾生皆如自見，在心目前，了了見之，受得快樂，是時即得慈心三昧。

問曰："親愛中人願令得樂，怨憎惡人云何憐愍復願與樂？"

答曰："應與彼樂。所以者何？其人更有種種好清淨法因，我今云何豈可以一怨故而沒其善？復次思维：'是人過去世時或是我親善，豈以今瞋更生怨惡？我當忍彼，是我善利。'又念行法，仁德含弘，慈力無量，此不可失。復思惟言：'若無怨憎何因生忍？生忍由怨，怨則我之親善。'復次瞋報最重，眾惡中上無有過是，以瞋加物其毒難制，雖欲燒他實是自害。復自念言：'外被法服，內習忍行，是謂沙門，豈可惡聲縱此變色憋心？復次，五受陰者，眾苦林藪受惡之的，苦惱惡來何由可免？如刺刺身，苦刺無量，眾怨甚多，不可得除，當自守護，著忍革屣。'如佛言曰：

'以瞋報瞋　　瞋還著之
瞋恚不報　　能破大軍
能不瞋恚　　是大人法
小人瞋恚　　難動如山
瞋為重毒　　多所殘害
不得害彼　　自害乃滅
瞋為大瞑　　有目無覩
瞋為塵垢　　染污淨心
如是瞋恚　　當急除滅
毒蛇在室　　不除害人
如是種種　　瞋毒無量
常習慈心　　除滅瞋恚
是為慈三昧門'"（《大正藏》卷十五第 272 页）

【评说】治嗔恚多者当习慈心法门。慈心法门以慈及怨憎、慈及中人、慈及亲友的难易差别区分久行初习。在渐进式的慈心修习中改变对他人的认知。

第三治愚痴法门

【原文】若愚癡偏多，當學三種思惟法門：或初習行、或已習行、或久習行。

若初習行，當教言生緣老死，無明緣行。如是思惟，不令外念；外念諸緣，攝之令還。若已習行，當教言行緣識、識緣名色、名色緣六入、六入緣觸、觸緣受、受緣愛、愛緣取、取緣有。如是思惟，不令外念；外念諸緣，攝之令還。若久習行，當教言無明緣行、行緣識、識緣名色、名色緣六入、六入緣觸、觸緣受、受緣愛、愛緣取、取緣有、有緣生、生緣老死。如是思惟，不令外念；外念諸緣，攝之令還。

問曰："一切智人是有明，一切餘人是無明，是中云何無明？"

答曰："無明名一切不知。此中無明能造後世有，有者無、無者有，棄諸善、取諸惡，破實相、著虛妄。如無明相品中說：

'不明白益法　不知道德業
而作結使因　如火鑽燧生
惡法而心著　遠棄於善法
奪眾生明賊　去來明亦劫
常樂我淨想　計於五陰中
苦習盡道法　亦復不能知
種種惱險道　盲人入中行
煩惱故業集　業故苦流迴
不應取而取　應取而反棄
馳闇逐非道　蹴株而蹶地
有目而無慧　其喻亦如是
是因緣滅故　智明如日出'

如是略說，無明乃至老死亦如是。"

問曰："佛法中因緣甚深，云何癡多人能觀因緣？"

答曰："二種癡人：一、如牛羊；二、種種邪見、癡惑闇蔽，邪見癡人。佛為此說，當觀因緣以習三昧。"(《大正藏》卷十五第272-273页)

【评说】以观因缘治愚痴人。此处愚痴是指持"邪见"者。观察因缘也有难易差别。最初教导"生缘老死"和"无明缘行"。佛教认为这两个因缘是生命现象的首尾，具有根本性。随着观察经验的丰富渐次增加因缘环节，直到能够完整观察十二缘起。

第四治思觉法门

【原文】若思覺偏多，當習阿那般那三昧法門。有三種學人：或初習行、或已習行、或久習行。若初習行，當教言一心念數，入息出息，若長若短，數一至十。若已習行，當教言數一至十，隨息入出，念與息俱，止心一處。若久習行，當教言數、隨、止、觀、轉觀、清淨。阿那般那三昧，六種門十六分，云何為數？一心念入息，入息至竟數一，出息至竟數二。若未竟而數為非數，若數二至九而誤，更從一數起。譬如算人，一一為二、二二為四、三三為九。

問曰："何以故數？"

答曰："無常觀易得故、亦斷諸思覺故、得一心故。身心生滅無常，相似相續難見；入息出

息生滅無常，易知易見故。復次，心繫在數，斷諸思諸覺。思覺者：欲思覺、恚思覺、惱思覺、親里思覺、國土思覺、不死思覺。欲求淨心入正道者，先當除却三種麄思覺，次除三種細思覺，除六覺已，當得一切清淨法。譬如採金人，先除麄石砂，然後除細石砂，次第得細金砂。”

問曰：“云何為麄病？云何為細病？”

答曰：“欲、瞋、惱覺是三名麄病；親里、國土及不死覺是三名細病，除此覺已，得一切清淨法。”

問曰：“未得道者結使未斷，六思覺強從心生亂，云何能除？”

答曰：“心厭世間，正觀能遮而未能拔，後得無漏道，能拔結使根本。何謂正觀？

見多欲人求欲苦　得之守護是亦苦
失之憂惱亦大苦　心得欲時無滿苦
欲無常空憂惱因　眾共有此當覺棄
譬如毒蛇入人室　不急除之害必至
不定不實不貴重　種種欲求顛倒樂
如六神通阿羅漢　教誨欲覺弟子言：
‘汝不破戒戒清淨　不共女人同室宿
欲結毒蛇滿心室　纏綿愛喜不相離
既知身戒不可毀　汝心常共欲火宿
汝是出家求道人　何緣縱心乃如是
父母生養長育汝　宗親恩愛共成就
咸皆涕泣戀惜汝　汝能捨離不顧念
而心常在欲覺中　共欲嬉戲無厭心
常樂欲火共一處　歡喜愛樂不暫離’
如是種種呵欲覺，如是種種正觀除欲覺。”

問曰：“云何滅瞋恚覺？”

答曰：

“從胎中來生常苦　是中眾生莫瞋惱
若念瞋惱慈悲滅　慈悲瞋惱不相比
汝念慈悲瞋惱滅　譬如明闇不同處
若持淨戒念瞋恚　是人自毀破法利
譬如諸象入水浴　復以泥土塗坌身
一切常有老病死　種種鞭笞百千苦
云何善人念眾生　而復加益以瞋惱
若起瞋恚欲害彼　未及前人先自燒
是故常念行慈悲　瞋惱惡念內不生
若人常念行善法　是心常習佛所念
是故不應念不善　常念善法歡樂心
今世得樂後亦然　得道常樂是涅槃
若心積聚不善覺　自失已利并害他
是謂不善彼我失　他有淨心亦復沒

譬如阿蘭若道人　舉手哭言賊劫我”

“有人問言誰劫汝？答言財賊我不畏，我不聚財求世利，誰有財賊能侵我？我集善根諸法實，覺觀賊來破我利；財賊可避多藏處，劫善賊來無處避。如是種種呵瞋恚，如是種種正觀除瞋恚覺。”

問曰：“云何除惱覺？”

答曰：“眾生百千種　諸病更互恒來惱
死賊捕伺常欲殺　無量眾苦自沈沒
云何善人復加惱　讒謗謀害無慈仁
未及傷彼被殃身　俗人起惱是可恕
此事世法惡業因　亦不自言我修善
求清淨道出家人　而生瞋恚懷嫉心
清冷雲中放毒火　當知此惡罪極深
阿蘭若人興嫉妬　有阿羅漢他心智
教誡苦責汝何愚　嫉妬自破功德本
若求供養當自集　諸功德本莊嚴身
若不持戒禪多聞　虛假染衣壞法身
實是乞兒弊惡人　云何求供養利身
飢渴寒熱百千苦　眾生常困此諸惱
身心苦厄無窮盡　云何善人加諸惱
譬如病瘡以針刺　亦如獄囚考未決
苦厄纏身眾惱集　云何慈悲更令劇
如是種種呵惱覺，如是種種正觀除惱覺。”

問曰：“云何除親里覺？”

答曰：“應如是念：世界生死中自業緣牽，何者是親，何者非親？但以愚癡故，橫生著心計為我親，過去世非親為親，未來世非親為親，今世是親過去非親。譬如鳥栖，暮集一樹，晨飛各隨緣去。家屬親里亦復如是，生世界中，各各自異心，緣會故親，緣散故踈，無有定實，因緣果報，共相親近。譬如乾沙，緣手團握，緣捉故合，緣放故散。父母養子，老當得報，子蒙懷抱養育故應報，若順其意則親，若逆其意是賊。有親不能益而反害，有非親無損而大益，人以因緣故而生愛，愛因緣故而更斷。譬如畫師作婦女像還自愛著，此亦如是，自生染著，染著於外。過去世中汝有親里，今世於汝復何所作？汝亦不能益過去親，過去親不益汝，兩不相益，空念之為是親非親，世界中不定無邊。如阿羅漢教新出家戀親弟子言：‘如惡人吐食更欲還噉，汝亦如是！汝已得出家，何以還欲愛著，是剃髮染衣、是解脫相？汝著親里不得解脫，還為愛所繫，三界無常流轉不定，若親非親，雖今親里久久則滅，如是十方眾生迴轉，親里無定是非我親。’人欲死時無心無識，直視不轉，閉氣命絕如墮闇坑，是時親里家屬安在？若初生時先世非親，今強和合作親，若當死時復非親，如是思維，不當著親。如人兒死，一時三處父母俱時啼哭，誑天上父母妻子，人中亦為誑，龍中父母亦為誑，如是種種正觀除親里覺。”

問曰：“云何除國土覺？”

答曰：“行者若念是國土，豐樂安隱多諸好人，恒為國土覺繩所牽，將去罪處。覺心如是，若有智人不應念著。何以故？國土種種過罪所燒時節轉故，亦有飢餓身疲極故，一切國土無

常安者。復次，老病死苦無國不有，從是間身苦去、得彼處身苦，一切國土去無不苦。假有國土安隱豐樂，而有結惱心生苦患，是非好國土；能除雜惡國土、能薄結使令心不惱，是謂好國土。一切眾生有二種苦：身苦。心苦。常有苦惱，無有國土無此二惱。復次有國土大寒，有國土大熱，有國土飢餓，有國土多病，有國土多賊，有國土王法不理。如是種種國土之惡心不應著，如是正觀除國土覺。"

問曰："云何除不死覺？"

答曰："應教行者，若好家生、若種族子，才技力勢勝人，一切莫念。何以故？一切死時，不觀老少貴賤、才技力勢。是身是一切憂惱諸因緣，因自見少多壽，若得安隱，是為癡人。何以故？是謂憂惱因。依是四大、四大造色，如四毒蛇共不相應，誰得安隱者？出息期入，是不可信。復次人睡時欲期必覺，是事難信。受胎至老，死事恒來，求死時節言常不死，云何可信？譬如殺賊，拔刀、注箭常求殺人，無憐愍心。人生世間死力最大，一切無勝死力強者，若過去世第一妙人無能脫此死者，現在亦無大智人能勝死者，亦非軟語求、非巧言誑可得避脫；亦非持戒精進能却此死。以是故當知，人常危脆不可怙恃，莫信計常我壽久活，是諸死賊常將人去，不付老竟然後當殺。

如阿羅漢教諸覺所惱弟子言：'汝何以不知厭世入道？何以作此覺？有人未生便死，有生時死者，有乳餔時、有斷乳時、有小兒時、有盛壯時、有老時，一切時中，間死法界。譬如樹華，華時便墮，有果時墮，有未熟時墮。是故當知，勤力精進求安隱道，大力賊共住不可信。此賊如虎巧覆藏身，如是死賊常求殺人。'

世界所有空如水泡，云何當言待時入道？何誰能證言汝必老可得行道？譬如嶮岸大樹上有大風，下有大水崩其根土，誰當信此樹得久住者？人命亦如是，少時不可信。父如穀子，母如好田，先世因緣罪福如雨澤，眾生如穀，生死如收刈。種種諸天子人王智德，如天王佐天鬪破諸阿須倫軍，種種受樂，極高大明，還沒在黑闇。以是故，莫信命活，言我今日當作此，明後當作是。如是正觀種種，除不死覺。

如是先除麁思覺，却後除細思覺，心清淨生得正道，一切結使盡，從是得安隱處，是謂出家果。心得自在，三業第一清淨，不復受胎，讀種種經多聞，是時得報果。如是得時，不空破魔王軍，便得第一勇猛名稱。世界中煩惱將去，是不名健；能破煩惱賊，滅三毒火，涼樂清淨，涅槃林中安隱高枕，種種禪定、根、力、七覺，清風四起，顧念眾生沒三毒海，德妙力如是，乃名為健。如是等散心，當念阿那般那，學六種法斷諸思覺，以是故念數息。"

問曰："若餘不淨、念佛、四等觀中，亦得斷思覺，何以故獨數息？"

答曰："餘觀法寬難失故，數息法急易轉故。譬如放牛，以牛難失故，守之少事，如放獼猴易失故，守之多事，此亦如是！數息心數不得少時他念，少時他念則失數，以是故初斷思覺應數息。"

已得數法，當行隨法，斷諸思覺，入息至竟，當隨莫數一；出息至竟，當隨莫數二。譬如負債人，債主隨逐，初不捨離。如是思惟是入息，是還出更有異？出息是還入，更有異？是時知入息異、出息異。何以故？出息暖、入息冷。

問曰："入出息是一息。何以故？出息還更入故。譬如含水水暖，吐水水冷，冷者還暖，暖者還冷故。"

答曰："不爾！內心動故有息出，出已即滅。鼻口引外則有息入，入故息滅，亦無將出亦無將入。復次，少、壯、老人，少者入息長，壯者入出息等，老者出息長，是故非一息。復次，臍邊風發相似相續，息出至口鼻邊，出已便滅。譬如橐囊中風，開時即滅。若以口鼻因緣引之則風入，是從新因緣邊生。譬如扇，眾緣合故則有風。是時知入出息因緣，而有虛誑不真、生滅無常。如是思惟，出息從口鼻因緣引之而有，入息因緣心動令生，而惑者不知以為我息。”

息者是風，與外風無異，地、水、火、空亦復如是！是五大因緣合故生識，識亦如是，非我有也！五陰、十二入、十八持亦復如是！如是知之，逐息入息出，是以名隨。

已得隨法當行止法。止法者，數隨心極，住意風門，念入出息。

問曰："何以故止？"

答曰："斷諸思覺故，心不散故。數隨息時，心不定、心多劇故；止則心閑少事故，心住一處故。"

念息出入，譬如守門人門邊住，觀人入出。止心亦爾！知息出時，從臍、心、胸、咽至口、鼻。息入時從口、鼻、咽、胸、心至臍。如是繫心一處，是名為止。

復次心止法中住觀。入息時五陰生滅異，出息時五陰生滅異，如是心亂便除却，一心思维令觀增長，是名為觀法。

捨風門住離麁觀法，離麁觀法知息無常，此名轉觀。觀五陰無常，亦念入息出息生滅無常。見初頭息無所從來，次觀後息亦無跡處，因緣合故有，因緣散故無，是名轉觀法。

除滅五蓋及諸煩惱，雖先得止觀，煩惱不淨心雜，今此淨法心獨得清淨。復次，前觀異學相似行道念息入出，今無漏道相似行善有漏道，是謂清淨。復次，初觀身念止分，漸漸一切身念止，次行痛心念止，是中非清淨，無漏道遠故。今法念止中，觀十六行念入出息，得煖法、頂法、忍法、世間第一法，苦法忍乃至無學盡智，是名清淨。

是十六分中，初入息分六種安那般那行，出息分亦如是！一心念息入出若長若短，譬如人怖走上山，若擔負重、若上氣，如是比是息短；若人極時得安息歡喜，又如得利、從獄中出，如是為息長。一切息隨二處：若長、若短處，是故言息長息短。是中亦行安那般那六事，念諸息遍身，亦念息出入，悉觀身中諸出息入息，覺知遍至身中乃至足指，遍諸毛孔如水入沙；息出覺知從足至髪，遍諸毛孔亦如水入沙。譬如橐囊入出皆滿，口鼻風入出亦爾！觀身周遍見風行處，如藕根孔亦如魚網。復次，非獨口鼻觀息入出，一切毛孔及九孔中，亦見息入息出。是故知息遍諸身，除諸身行，亦念入出息。

初學息時，若身懈怠、睡眠、體重，悉除棄之！身輕柔軟隨禪定心受喜，亦念息入出，除懈怠、睡眠、心重，得心輕柔軟，隨禪定心受喜。

復次入息念止中竟，次行痛念止，已得身念止，實今更得痛念止實受喜。復次已知身實相，今欲知心心數法實相，是故受喜，亦念息入出愛樂；亦念息入出是喜增長，名為樂；復次初心中生悅，是名喜，後遍身喜是名樂。復次初禪、二禪中樂痛名喜，三禪中樂痛名受樂。受諸心行，亦念息入出。諸心生滅法、心染法心不染法、心散法心攝法、心正法心邪法。如是等諸心相名為心行。心作喜時亦念息入出，先受喜，自生不？故作念心故作喜。

問曰："何以故故作喜？"

答曰："欲治二種心：或散心、或攝心。如是作心得出煩惱，是故念法心作喜。"

復次，若心不悅勸勉令喜，心作攝時亦念息入出，設心不定強伏令定。如經中說："心定是道，心散非道。"心作解脫時亦念息入出，若意不解強伏令解。譬如羊入蒼耳，蒼耳著身，人為漸漸出之。心作解脫諸煩惱結，亦復如是！是名心念止作解脫。

觀無常亦念息入出，觀諸法無常、生滅、空、無吾我，生時諸法空生，滅時諸法空滅，是中

無男、無女、無人、無作、無受，是名隨無常觀。

觀有為法出散亦念息入出無常，是名出散。諸有為法現世中出，從過去因緣和合故集，因緣壞故散，如是隨觀，是名出散觀。

觀離欲結亦念息入出，心離諸結，是法第一，是名隨離欲觀。

觀盡亦念息入出，諸結使苦在在處盡，是處安隱，是名隨盡觀。

觀棄捨亦念息入出，諸染愛煩惱身心五陰諸有為法棄捨，是第一安隱。如是觀是名隨法意止觀，是名十六分。（《大正藏》卷十五第 273-276 页）

【评说】思觉是指对心中所思所想的觉知，此处是指不由自主的联翩浮想。这些浮想共有六种，粗细各三，“欲、瞋、恼觉是三名粗病；亲里、国土及不死觉是三名细病”，“如是先除粗思觉，却后除细思觉，心清净生得正道，一切结使尽，从是得安隐处，是谓出家果”。除去思觉，心即清净，由此心中安隐，可以很快获得佛教的精神成就。

除思觉法门，本经首推阿那般那观出入息法，原因在于“余观法宽难失故，数息法急易转故”，意为其他的观法由于对象粗大，即使心不专注也难以察觉，无法在练习中快速培养专注力。观出入息法要时时保持专注，一旦走神就会出错，是多种磨练专注力的禅观法中最有效的方法。

观出入息以除思觉，原理有二：一是容易感受到无常，“入息出息生灭无常，易知易见故”，无常感恰能压服乱想；二是“心系在数，断诸思诸觉”，因专心计数，自然无暇乱想。

由观出入息法可以转向无常观与四念处等其他观法。所以此法是初学禅修者最常用的入手方法。

第五治等分法门

【原文】第五法門治等分行，及重罪人求索佛，如是人等當教一心念佛三昧。念佛三昧有三種人：或初習行、或已習行、或久習行。

若初習行人，將至佛像所，或教令自往諦觀佛像相好，相相明了，一心取持。還至靜處，心眼觀佛像，令意不轉，繫念在像，不令他念；他念攝之，令常在像。若心不住，師當教言：“汝當責心：‘由汝受罪，不可稱計，無際生死，種種苦惱，無不更受。若在地獄，吞飲洋銅，食燒鐵丸；若在畜生，食糞噉草；若在餓鬼，受飢餓苦；若在人中，貧窮困厄；若在天上，失欲憂惱。常隨汝故，令我受此種種身惱心惱、無量苦惱。今當制汝，汝當隨我。我今繫汝一處，我終不復為汝所困更受苦毒也。汝常困我，我今要當以事困汝。’”如是不已，心不散亂，是時便得心眼見佛像相光明，如眼所見無有異也。如是心住，是名初習行者思維。

是時當更念言：“是誰像相？則是過去釋迦牟尼佛像相。如我今見佛形像，像亦不來我亦不往。”如是心想見過去佛，初降神時震動天地。有三十二相大人相：一者、足下安平立。二者、足下千輻輪。三者、指長好。四者、足跟廣。五者、手足指合縵網。六者、足趺高平好。七者、伊尼延鹿蹲。八者、平住手過膝。九者、陰馬藏相。十者、尼俱盧陀身。十一者、一一孔一一毛生。十二者、毛生上向而右旋。十三者、身色勝上金。十四者、身光面一丈。十五者、皮薄好。十六者、七處滿。十七者、兩腋下平好。十八者、上身如師子。十九者、身大好端直。二十者、肩圓好。二十一者、四十齒。二十二者、齒白齊密等而根深。二十三者、四牙白而大。二十四者、頰方如師子。二十五者、味中得上味。二十六者、舌大廣長而薄。二十七者、梵音深遠。二十八者、迦蘭頻伽聲。二十九者、眼紺青色。三十者、眼睫如牛王。三十一者、頂髮肉骨成。三十二者、眉間白毛長好右旋。

復次八十種小相：一者、無見頂。二者、鼻直高好孔不現。三者、眉如初生月紺琉璃色。四者、耳好。五者、身如那羅延。六者、骨際如鉤鎖。七者、身一時迴如象王。八者、行時足去地四寸而印文現。九者、爪如赤銅色薄而潤澤。十者、膝圓好。十一者、身淨潔。十二者、身柔軟。十三者、身不曲。十四者、指長圓纖。十五者、指紋如畫雜色莊嚴。十六者、脈深不現。十七者、踝深不現。十八者、身潤光澤。十九者、身自持不委陀。二十者、身滿足(三月受胎二月生)。二十一者、容儀備足。二十二者、住處安(如牛王立不動)。二十三者、威振一切。二十四者、一切樂觀。二十五者、面不長。二十六者、正容貌不撓色。二十七者、脣如頻婆果色。二十八者、面圓滿。二十九者、響聲深。三十者、臍圓深不出。三十一者、毛處處右旋。三十二、者手足滿。三十三者、手足如意(舊言內外握者是)。三十四者、手足文明直。三十五者、手文長。三十六者、手文不斷。三十七者、一切惡心眾生見者皆得和悅色。三十八者、面廣姝。三十九者、面如月。四十者、眾生見者不怖不懼。四十一者、毛孔出香風。四十二者、口出香氣眾生遇者樂法七日。四十三者、儀容如師子。四十四者、進止如象王。四十五者、行法如鵞王。四十六者、頭如磨陀羅果(此果不圓不長)。四十七者、聲分滿足(聲有六十種分，佛皆具足)。四十八者、牙利。四十九者、(無漢名故不得出也)。五十者、舌大而赤。五十一者、舌薄。五十二者、毛純紅色色淨潔。五十三者、廣長眼。五十四者、孔門滿(九孔門相具足滿)。五十五者、手足赤白如蓮華色。五十六者、腹不見不出。五十七者、不凸腹。五十八者、不動身。五十九者、身重。六十者、大身。六十一者、身長。六十二者、手足滿淨。六十三者、四邊遍大光，光明自照而行。六十四者、等視眾生。六十五者、不著教化不貪弟子。六十六者、隨眾聲滿不減不過。六十七者、隨眾音聲而為說法。六十八者、語言無礙。六十九者、次第相續說法。七十者、一切眾生目不能諦視相知盡。七十一者、視無厭足。七十二者、髮長好。七十三者、髮好。七十四者、髮不亂。七十五者、髮不破。七十六者、髮柔軟。七十七者、髮青毘琉璃色。七十八者、髮絞上。七十九者、髮不稀。八十者、胸有德字手足有吉字。

光明徹照無量世界，初生行七步，發口演要言，出家勤苦行，菩提樹下，降伏魔軍，後夜初明，成等正覺，光相分明，遠照十方，靡不周遍，諸天空中，弦歌供養，散華雨香，一切眾生，咸敬無量，獨步三界，還顧轉身，如象王迴，觀視道樹，初轉法輪，天人得悟，以道自證得至涅槃。

佛身如是，感發無量，專心念佛，不令外念；外念諸緣，攝之令還。如是不亂，是時便得見一佛、二佛乃至十方無量世界諸佛色身，以心想故皆得見之，既得見佛又聞說法言。或自請問，佛為說法解諸疑網。既得佛念，當復念佛功德法身，無量大慧，無崖底智，不可計德。多陀阿伽度(多陀秦言如。阿伽度言解，亦言實語，又言諸餘聖人安隱道來佛如是來；復次更不來後有中也) 阿犁(魯迷反)呵(阿犁秦言賊。呵言殺。佛以忍辱為鎧、精進為堅牢、禪定為弓、智慧為箭，殺憍慢等賊，故名殺賊) 三藐(無灼反)三佛陀(三藐秦言真實。三佛陀言一切覺。覺苦因習、涅槃因道，正解見四實不可轉，了盡無餘，故言真實覺一切) 鞞伽(除夜反)遮羅那(鞞伽秦言明。遮羅那言善行。明三明也，行清淨之行，以之獨成無師大覺，故言明善行也)三般那(秦言滿成) 宿伽陀(秦言善解，亦名善自得，又言善說無患) 路伽憊(皮拜反)(路加秦言智。智者知世因知盡道，故名世智。世智知世也) 阿耨多羅(秦言無上。善法聖智示導一切，大德無量，梵魔眾聖莫有及者，何況能過佛尊德大？故言無上) 富樓沙曇藐(富樓沙秦言大丈夫。曇藐言可言、可化丈夫、調御師。佛以大慈大悲大智故，有時軟美

語、有時苦切語，或以親教，以此調御令不失道，故名佛為可化丈夫、調御師法也） 舍（賒音）多（都餓反）提婆魔㝹舍喃（奴甘反）（秦言天人師。盡能解脫一切人煩惱，常住不退上法） 佛婆伽婆（過去未來現在，行不行知行盡不盡，一切諸法菩提樹下一切了了知，故名佛婆伽婆。言：有大名聲。復次婆名女根。婆名吐。永棄女根，故女根吐也）。

爾時，復念二佛神德，三四五佛乃至無量盡虛空界，皆悉如是。復還見一佛，能見一佛作十方佛，能見十方佛作一佛。能令一色作金、銀、水精、毘琉璃色，隨人意樂悉令見之。

爾時惟觀二事：虛空佛身及佛功德，更無異念，心得自在意不馳散，是時得成念佛三昧。

若心馳散念在五塵，若在六覺者，當自勗勉剋勵其心，強制伏之！如是思惟人身難得、佛法難遇，故曰："眾明日為最、諸智佛為最。"所以者何？佛興大悲，常為一切故，頭目髓腦救濟眾生，何可放心不專念佛而孤負重恩？若佛不出世，則無人道、天道、涅槃之道；若人香華供養，以骨、肉、血、髓起塔供養，未若行人以法供養得至涅槃。雖然猶負佛恩，設當念佛空無所獲，猶應勤心專念不忘，以報佛恩，何況念佛得諸三昧智慧成佛，而不專念？

是故行者常當專心令意不散，既得見佛請質所疑，是名念佛三昧。除滅等分及餘重罪。（《大正藏》卷十五第 276-277 页）

【评说】等分行指品行中贪淫、愚痴、嗔恚俱有而平均，所以称为等分，这是大多数人的心理状态。因此对于大多数人而言，主要教导念佛三昧。念佛三昧即观想佛像、感念佛德，是培养佛教信仰的方法。因为念佛中也包含摄心、观想等事，所以念佛也可以获得止观的成就。

【原文】爾時，行者雖得一心，定力未成，猶為欲界煩惱所亂，當作方便，進學初禪，呵棄愛欲。云何呵棄？觀欲界過，欲為不淨，種種不善；當念初禪，安隱快樂。

觀欲云何知欲無常？功德怨家，如幻如化，空無所得，念之未得，癡心已亂，何況已得，婬欲纏覆？天上樂處，猶不常安，何況人中？人心著欲，無有厭足，如火得薪，如海吞流。如頂生王，雖雨七寶、王四天下、帝釋分座，猶不如足。如那睺沙（姓也），轉金輪王，為欲所逼，墮蟒蛇中。又如仙人，食果衣草，隱居深山，被髮求道，猶復不免，欲賊所壞。欲樂甚少，怨毒甚多。著欲之人，惡友相近，善人疎遠。欲為毒酒，愚惑醉死；欲為欺誑，走使愚人，疲苦萬端，不得自在。唯有離欲，身心安隱，快樂無極。欲無所得，如狗齩枯骨。求欲勤勞，極苦乃得，得之甚難，失之甚易。如假借須臾，勢不得久，如夢所見，恍惚即滅。欲之為患，求之既苦，得之亦苦，多得多苦。如火得薪，多益多熾，欲如摶肉，眾鳥競逐。以要言之！如蛾赴火，如魚吞鉤，如鹿逐聲，如渴飲鹹水。一切眾生，為欲致患，無苦不至。是故當知，欲為毒害，當求初禪，滅斷欲火。行者一心精懃信樂，令心增進，意不散亂，觀欲心厭，除結惱盡，得初禪定；離欲盛火得清涼定，如熱得蔭，如貧得富。是時便得，初禪喜覺，思惟禪中，種種功德，觀分別好醜，便得一心。

問曰："修行禪人，得一心相，云何可知？"

答曰："面色悅澤，徐行靖正，不失一心，目不著色，神德定力，不貪名利，擊破憍慢，其性柔軟，不懷毒害，無復慳嫉，直信心淨，論議不諍，身無欺誑，易可與語；柔軟慚愧，心常在法，懃修精進，持戒完具，誦經正憶，念隨法行，意常喜悅，瞋處不瞋；四供養中，不淨不受，淨施則受，知量止足；寤起輕利，能行二施，忍辱除邪，論議不自滿，言語尠少；謙恪恭敬上中下座，善師善知識常親近隨順；飲食知節，不著欲味，樂獨靜處，若苦若樂，心忍不動，無怨無競，不喜鬭訟。如是等種種相，得知一心相。”

此覺、觀二事，亂禪定心，如水澄靜，波蕩則濁，行者如是，內已一心，覺觀所惱，如極得息，如睡得安。是時次第無覺無觀，生清淨定，內淨喜樂，得入二禪。

心靜默然，本所不得，今得此喜。是時心觀，以喜為患，如上覺觀，行無喜法，乃離喜地，得賢聖所說樂，一心諦知念護得入三禪。

已棄喜故，諦知憶念樂護，聖人言樂護，餘人難捨，樂中第一，過此以往，無復樂也。是故一切聖人，於一切淨地中，說慈為第一樂。樂則是患。所以者何？第一禪中心不動轉，以無事故，有動則有轉，有轉則有苦，是故三禪以樂為患。復以善妙捨此苦樂，先棄憂喜除苦樂意，護念清淨得入第四禪。不苦不樂護清淨念一心，是故佛言："護最清淨第一，名第四禪。"以第三禪樂動故，名之為苦，是故四禪除滅苦樂，名不動處。

漸觀空處，破內外色想，滅有對想，不念種種色想；觀無量空處，常觀色過；念空處定上妙功德。習念是法，逮得空處。

念無量識處，觀空處過，念無量識處功德。習念是法，逮得識處。

念無所有處，觀識處過，念無所有處功德。習念是法，便得無所有處。

念非有想非無想處，若一切想其患甚多，若病若瘡，若無想，是愚癡處。是故非有想非無想，是第一安隱善處。觀無所有處過，念非有想非無想功德，習念是法，便得非有想非無想處。

或有行者！先從初地乃至上地，復於上地習行慈心，先自得樂破瞋恚毒，次及十方無量眾生。是時便得慈心三昧。悲心憐愍眾生之苦，能破眾惱，廣及無量眾生。是時便得悲心三昧。能破不悅，令無量眾生皆得喜悅。是時便得喜心三昧。能破苦樂，直觀十方無量眾生，是時便得護心三昧。二禪亦復如是，三禪四禪除喜。

次學五通，身能飛行變化自在。行者一心欲定、精進定、一心定、慧定。一心觀身，常作輕想，欲成飛行，若大若小(以欲定過為大，以欲定減為小)，此二俱患，精進翹懃，常能一心，思维輕觀，如能浮人，心力強故，而不沈沒；亦如猿猴，從高上墮，心力強故，身無痛患。此亦如是，欲力、精進力、一心力、慧力，令其廣大，而身更小，便能運身。

復次觀身空界。常習此觀，欲力、精進力、一心力、慧力極為廣大，便能舉身。如大風力，致重達遠，此亦如是！初當自試，離地一尺二尺，漸至一丈，還來本處。如鳥子學飛，小兒學行，思维自審，知心力大，必能至遠。學觀四大，除却地大但觀三大，心念不散，便得自在，身無罣礙，如鳥飛行。當復學習，遠作近想，是故近滅遠出。

復能變化諸物，如觀木地種，除却餘種，此木便變為地。所以者何？木有地種分故。水、火、風、空，金銀寶物，悉皆如是。何以故？木有諸種分故。是初神通根本。

四禪有十四變化心：初禪二果：一者、初禪。二者、欲界。二禪三果：一者、二禪。二者、初禪。三者、欲界。三禪四果：一者、三禪。二者、二禪。三者、初禪。四者、欲界。四禪五果：一者、四禪。二者、三禪。三者、二禪。四者、初禪。五者、欲界。餘通如《摩訶衍論》中說。(《大正藏》卷十五第277-278页)

【评说】以上经文简要介绍"四禅"及"五通"的修习。禅修者进修"四禅八定"必不可少，可以由粗入细地破除烦恼。因烦恼层层消减微细，故"四禅八定"可得层层安乐，这种对安乐的向往也是鼓励禅修者坚持进取的动机。

【原文】世尊弟子習學五法門志求涅槃，有二種人：或好定多，以快樂故。或好智多，畏苦患故。定多者，先學禪法，後學涅槃。智多者，直趣涅槃。直趣涅槃者，未斷煩惱亦未得禪，專心不散直求涅槃，越愛等諸煩惱，是名涅槃。

身實無常、苦、不淨、無我，以身顛倒故常、樂、我、淨。以是故事事愛著其身，是則底下眾生。行者欲破顛倒故，當習四念止觀：觀身種種，多諸苦患。從因緣生故無常，種種惱故苦，身有三十六物故不淨，以不得自在故無我。習如是觀，觀內身、觀外身、觀內外身，習如是觀，是謂身念止。

身實相如是！何故於此，而起顛倒愛著此身？諦思惟念，身邊樂痛，以愛樂痛故著此身，當觀樂痛實不可得。云何不得因衣食故致樂？樂過則苦生，非實樂故。如患瘡苦，以藥塗治，痛止為樂。以大苦故，謂小苦為樂，非實樂也。復次以故苦為苦，新苦為樂。如擔重易肩，而以新重為樂，非實常樂也。如火性熱，無暫冷時。若是實樂，不應有不樂。

或曰："外事是樂，因緣不必是樂，或時樂因、或時苦因。若使心法與愛相應，爾時是樂；與恚相應，爾時是苦；與癡相應，不苦不樂。以此推之，可知有樂無樂。"

答曰："無也。婬欲不應是樂。何以故？若婬欲在內，不應外求女色，外求女色當知婬苦。若婬是樂，不應時時棄，若棄不應是樂。於大苦中，以小苦為樂也。如人應死，全命受鞭，以是為樂。欲心熾盛，以欲為樂，老時厭欲，知欲非樂。若實樂相，不應生厭。如是種種，因緣欲樂相，實不可得，樂失則苦。佛言：'樂痛應觀苦，苦痛應觀樂，如箭在體，不苦不樂應觀生滅無常。'是謂痛念止。"

當知心受苦樂、受不苦不樂。云何心？是心無常，從因緣生故。生滅不住，相似生故，但顛倒故，謂是為一。本無今有，已有還無，是故無常。觀知心空。云何為空？從因緣生，有眼有色，可見憶念，欲見如是等，和合眼識生。如日愛珠，有日有珠，有乾草牛屎，眾緣和合，於是火生。一一推求，火不可得，緣合有火。眼識亦爾，不住眼中，亦非色中住，不兩中間住，無有住處，亦復不無。是故佛言："如幻如化"。現在心觀過去心，或苦、或樂、或不苦不樂，心各各異各各滅，有欲心、無欲心亦如是，各各異各各滅，觀內心、觀外心、觀內外心亦如是。是名心念止。

復次觀心為屬誰？觀想、思惟、念欲等諸心相應法不相應法，諦觀其主，主不可得。何以故？從因緣生故無常，無常故苦，苦故不自在，不自在故無主，無主故空。前別觀身、痛、心法不可得，今更總觀四念止中主不可得，離此處求亦不可得。若常不可得，無常亦不可得；若常應當常苦常樂，亦不應忘；若常有神者，無殺惱罪，亦無涅槃；若身是神，無常身滅，神亦應滅，亦無後世，亦無罪福。如是遍觀無主，諸法皆空不自在，因緣合故生，因緣壞故滅，如是緣合法，是名法念止。

若行者得法念止，厭世間空老病死法，都無少許常樂我淨，我於此空法復何所求？應當入涅槃最善法中住。建精進力，得深舍摩陀故（深舍摩陀者，住心一處名也，此土無是名）。是時得深舍摩陀，住第四法念止中，觀諸法相，皆苦無樂，無樂是實，餘者妄語。苦因愛等諸煩惱及業，是非天、非時、非塵等種種妄語中生，是煩惱及業出生，此苦是苦。（《大正藏》卷十五第 278-279 页）

【评说】"四念止"，又称"四念处""四念住"，包括身念止、痛念止、心念止、法念止。"四念止"即在禅修的静心状态中分析身、痛、心、法四个范畴无"神"无"主"，"如是遍观无主，诸法皆空不自在，因缘合故生，因缘坏故灭"，在这种观修中能很快认同佛教的缘起性空教义。

【原文】入涅槃時一切滅盡，非色、無色界及世界始世界始(外道謂一切有法之初，色為世界始，外道謂涅槃也。以此有始，能化作萬物，即名造化也)等種種妄語，能滅此苦。正見等八直是涅槃道，非餘外道苦行，種種空持戒、空禪定、空智慧。何以故？佛法中戒、定、慧三法合行能入涅槃，譬如人立平地，持好弓箭，能射殺怨賊，三法合行亦如是！戒為平地，禪定為快弓，智慧為利箭，三事備足，能殺煩惱賊，以是故外道輩不得涅槃。

行者是時作四法緣，觀緣如射博。觀苦四種：因緣生故無常，身心惱故苦，無一可得故空，無作無受故無我。觀習四種：煩惱有漏業和合故集，相似果生故因，是中得一切行故生，非相似果相續故緣。觀盡四種：一切煩惱覆故閉，除煩惱火故滅，一切法中第一故妙，世間過去故出。觀道四種：能到涅槃故道，不顛倒故正，一切聖人去處故跡，得脫世愁惱故離。如是觀者得無漏相似法，名為煖法。云何名煖？常懃精進故名煖法。諸煩惱薪，無漏智火燒，火欲出初相，名為煖法，譬如鑽火，初鑽煙出，是名煖，是為涅槃道初相。

佛弟子中有二種人：一者、多好一心求禪定，是人有漏道。二者、多除愛著好實智慧，是人直趣涅槃入煖法中。有煖相者深得一心，實法鏡到無漏界邊(鏡中像似面，界邊非中故以為喻)。行者是時大得安隱，自念："我定當得涅槃，見此道故。"如人穿井得至濕泥，知當得水不久；如人擊賊賊已退散，自知得勝意中安隱；如人怖死，人欲知活不？當先試之以杖打身，若隱胗脈起者，知是有煖，必可得活；亦如聽法人思惟喜悅心著，是時心熱，行者如是有煖法，故名為有煖，亦名能得涅槃分善根。是善根法有十六行四諦，緣六地中一智慧一切無漏法基，野人能行安隱(於無漏踈，故名為野人，案梵本爾，先言凡夫人，非)，是名有煖法。

增進轉上，更名頂法，如乳變為酪。是人觀法實相，我當得苦脫，心愛是法是為真法，能除種種苦患及老病死。是時，思惟此法誰說？是佛世尊！從是得佛寶中信心清淨大歡喜悅。若無此法，一切煩惱誰當能遮？我當云何得實智慧少許明？從是得法寶中信心清淨大歡喜悅。若我不得佛弟子輩好伴，云何當得實智慧少許明？從是得僧寶中信心清淨大歡喜悅。是三寶中得一心清淨合實智慧，是頂善根，亦名頂法，亦名能得涅槃分善根。如《波羅延經》中說：

"佛寶法僧寶　誰有少信淨
是名頂善根　汝曹一心持"

云何為少信？於佛、菩薩、辟支佛、阿羅漢邊為少，於野人邊為多；復次，此可破可失，是故名少。如《法句》說：

"芭蕉生實死　竹生實亦然
騾有子則死　小人得養死
破失非利故　小人得名譽
白淨分失盡　乃至頂法墮"

復次，未斷諸結使，未得無漏無量慧心，以是故名少。

復次。懃精進一心入涅槃道中，更了了觀五陰、四諦十六行。是時，心不縮不悔不退，愛樂入忍，是名忍善根。忍何等？隨四諦行，是名為忍。是善根三種：上、中、下三時。

云何名忍？觀五陰無常、苦、空、無我，心忍不退，是名忍。

復次，觀諸世間盡苦空無有樂，是苦因習愛等諸煩惱，是習智緣盡，是名上法，更無有上。八直道能令行人得至涅槃，更無有上。如是信心不悔不疑，忍是名忍。是中更有忍，種種結使、種種煩惱疑悔，來入心中不能令破，譬如石山種種風水不能漂動，是故名忍，是事得名真

好野人。如佛說《法句》中：

“世界正見上　誰有得多者
乃至千萬歲　終不墮惡道”

是世間正見，是名為忍善根。

是人多增進，一心極厭世界行，欲了了四諦相，作證趣涅槃，如是一心中，是名世間第一法。一時住四行：無常、苦、空、無我，觀一諦，苦法忍共緣故。何以故？觀欲界五受陰，無常、苦、空、無我，是中心忍入慧，亦是相應心心數法，是名苦法忍。身業、口業及心不相應諸行，現在未來世一切無漏法初門，是名苦法忍(法無漏法忍信受也)。

次第生苦法智。苦法忍斷結使，苦法智作證。譬如一人刈，一人束，亦如利刀斫竹得風即偃，忍智功夫故，是事得辦。欲界繫見苦，斷十結得得，爾時異等智得，無漏智未得，無漏慧得。是時成就一智(等智未來成就)，第二心中成就法智、苦智等智，過第三心、第四心成就四智：苦智、法智、比智、等智。習、盡、道法智中，一一智增，離欲人知他心智成就增；苦比忍、苦比智斷十八結，是四心苦諦能得。習法忍、習法智斷欲界繫七結；習比忍、習比智斷色、無色界繫十三結。盡法忍、盡法智斷欲界繫七結；盡比忍、盡比智斷色、無色界繫十二結。道法忍、道法智斷欲界繫八結；道比忍、道比智斷色、無色界繫十四結。道比智是名須陀般那(下子上子)，實知諸法相。(《大正藏》卷十五第 279-280 页)

【评说】暖、顶、忍、世间第一，是佛教对深入禅观者所呈现出的征象的标示。但它们都不是具体的外在形貌，而是修行者在长期生活中表现出来的品质。

【原文】是十六心能，十五心中利根名隨法行，鈍根名隨信行。是二人未離欲，名初果向。先未斷結，得十六心，名須陀般那。若先斷六品結，得十六心，名息忌陀伽迷(秦言一來)。若先斷九品結，得十六心，名阿那迦迷(秦言不來)。先未離欲，斷八十八結故，名須陀般那；復次無漏果善根得得，故名須陀般那。利根名見得，鈍根名信愛。思惟結未斷，餘殘七世生，若思惟結三種斷，名家家三世生。聖道八分、二十七品名流，流向涅槃，隨是流行，故名須陀般那，是為佛初功德子。惡道得脫，三結斷，三毒薄，名息忌陀伽迷。復次欲界結九種(上上、上中、上下、中上、中中、中下、下上、下中、下下)，見諦斷、思惟斷。

若凡夫人，先以有漏道，斷欲界繫六種結，入見諦道十六心中，得名息忌陀伽迷。若八種斷，入見諦道第十六心中，一種名息忌陀伽迷果向呵那伽迷。

若佛弟子得須陀般那，單斷三結，欲得息忌陀伽迷，是思惟斷欲界繫九種結、六種斷，是名息忌陀伽迷八種斷；是名一種息忌陀伽迷果向阿那伽迷。

若凡夫人先斷欲界繫九種結，入見諦道第十六心中，名阿那伽迷；若得息忌陀伽迷進，斷三種思维結，第九解脱道，名阿那伽迷。

阿那伽迷有九種：今世必入涅槃阿那迦迷，中陰入涅槃阿那迦迷，生已入涅槃阿那伽迷，懃求入涅槃阿那伽迷，不懃求入涅槃阿那伽迷，上行入涅槃阿那伽迷，至阿迦尼吒入涅槃阿那伽迷，到無色定入涅槃阿那伽迷，身證阿那伽迷行向阿羅漢阿那伽迷。色、無色界九種結，以第九無礙道金剛三昧破一切結，第九解脱道盡智修一切善根，是名阿羅漢果。

是阿羅漢有九種：退法、不退法、死法、守法、住法、必知法、不壞法、慧脱、共脱。濡智濡進行五種法退，是名退法。利智利進行五種法不退，是名不退法。濡智濡進利，厭思惟自殺身，是名死法。濡智大進自護身，是名守法。中智中進、不增不減處中而住，是名住法。少利智懃精進，能得不壞心解脫，是名必知法。利智大進，初得不壞心解脫，是名不壞法。不能入諸禪，未到地中諸漏盡，是名慧解脫。得諸禪亦得滅禪諸漏盡，是名共解脫。

有阿羅漢，一切有為法常厭滿足，更不求功德，待時入涅槃。有阿羅漢，求四禪、四無色定、四等心、八解脫、八勝處、十一切、入九次第、六神通，願智阿蘭若那三昧（秦言無諍。阿蘭若言無事，或言空寂。舊言須菩提常行空寂，行非也，自是無諍行耳！無諍者將護眾生，不令起諍，於我耳起諍，如舍利弗、目連夜入陶屋中宿，致拘迦離起諍者是也），超越三昧熏禪三解脫門及放捨（放捨者，三脫門，空、無願、無相。空無願無相，即十二門念，反著者也），更作利智懃精進，入如是諸禪功德，是名得不退法、不壞法。

若佛不出世，無佛法無弟子時，是時離欲人辟支佛出。辟支佛有三種：上、中、下。下者本得須陀般那、若息忌陀伽迷。是須陀般那於第七世生人中，是時無佛法，不得作弟子；復不應八世生，是時作辟支佛。若息忌陀伽迷二世生，是時無佛法，不得作弟子；復不應三世生，是時作辟支佛。有人願作辟支佛，種辟支佛善根，時無佛法，善根熟，爾時厭世出家得道，名辟支佛，是名中辟支佛。有人求佛道，智力進力少，以因緣退（如舍利弗是也），是時佛不出世，無佛法亦無弟子，而善根行熟，作辟支佛，有相好若少若多，厭世出家得道，是名上辟支佛。

於諸法中智慧淺入，名阿羅漢；中入名辟支佛；深入名佛。如遙見樹，不能分別枝；小近能分別枝，不能分別華、葉；到樹下盡能分別知樹枝、葉、華、實。聲聞能知一切諸行無常，一切諸法無主，唯涅槃善安隱。聲聞能如是觀，不能分別深入深知；辟支佛少能分別，亦不能深入深知；佛知諸法分別究暢，深入深知也。

如波羅奈國王，夏暑熱時處高樓上坐七寶床，令青衣磨牛頭栴檀香塗身，青衣臂多著釧，摩王身時釧聲滿耳，王甚患之！教次第令脫，釧少聲微，唯獨一釧寂然無聲。王時悟曰："國家、臣民、宮人、婇女，多事多惱亦復如是！"即時離欲獨處思惟，得辟支佛。鬚髮自落、著自然衣，從樓閣去，以己神足力出家入山。如是因緣，中品辟支佛也。（《大正藏》卷十五第 280-281 页）

【评说】以上经文介绍佛教中个人修行所能获得不同成就的区别和关系。"于诸法中智慧浅入，名阿罗汉；中入名辟支佛；深入名佛"，这是声闻乘佛教的果位体系，并未提及菩萨。菩萨乘在下文有专门介绍。

【原文】若行者求佛道入禪，先當繫心專念十方三世諸佛生身，莫念地水火風、山樹草木、天地之中有形之類，及諸餘法一切莫念。但念諸佛生身處在虛空，譬如大海清水中央金山王須彌；如夜闇中然大火；如大施祠中七寶幢。佛身如是，有三十二相、八十種好，常出無量清淨光明，於虛空相青色中，常念佛身相如是，行者便得十方三世諸佛悉在心目前一切悉見三昧。若心餘處緣，還攝令住念在佛身，是時便見東方三百千萬千萬億種無量諸佛。如是南方、西方、北方、四維、上下，隨所念方，見一切佛。如人夜觀星宿，百千無量種星宿悉見。

菩薩得是三昧，除無量劫厚罪令薄、薄者令滅。得是三昧已，當念佛種種無量功德，一切智、一切解、一切見、一切德，得大慈大悲自在，自初出無明㲉，四無畏、五眼、十力、十八不共法，能除無量苦，救老死畏，與常樂涅槃。佛有如是等種種無量功德，作是念已自發願言："我何時當得佛身、佛功德，巍巍如是？"復作大誓："過去一切福、現在一切福，盡持求佛道，不用餘報。"復作是念："一切眾生甚可憐愍，諸佛身功德巍巍如是，眾生云何更求餘業而不求佛？"譬如貴家盲子墮大深坑，飢窮困苦食糞食泥。父甚愍之，為求方便，拯之於深坑，食之以上饌。行者念言："佛二種身功德甘露如是，而諸眾生墮生死深坑，食諸不淨。以大悲心，我當

拯濟一切眾生，令得佛道度生死岸，以佛種種功德法味悉令飽滿，一切佛法願悉得之。聞誦持問、觀行得果，為作階梯，立大要誓被三願鎧，外破魔眾內擊結賊，直入不迴。如是三願比無量諸願，願皆住之，為度眾生得佛道故。"如是念、如是願，是為菩薩念佛三昧。

行菩薩道者，於三毒中若婬欲偏多，先自觀身：骨肉皮膚、筋脈流血，肝肺腸胃、屎尿涕唾，三十六物、九想不淨，專心內觀不令外念；外念諸緣，攝之令還。如人執燭入雜穀倉，種種分別豆、麥、黍、粟無不識知。復次觀身六分：堅為地分、濕為水分、熱為火分、動為風分、孔為空分、知為識分。亦如屠牛，分為六分，身首四支，各自異處。身有九孔，常流不淨，革囊盛屎，常作是觀，不令外念；外念諸緣，攝之令還。若得一心，意生厭患，求離此身，欲令速滅，早入涅槃。是時當發大慈大悲，以大功德，拔濟眾生，興前三願："以諸眾生，不知不淨，起諸罪垢，我當拔置於甘露地。復次，欲界眾生樂著不淨如狗食糞，我當度脫至清淨道。復次，我當學求諸法實相，不有常不無常、非淨非不淨，我當云何著此不淨？觀不淨智從因緣生，如我法者當求實相，云何厭患身中不淨而取涅槃？當如大象度駛流水窮盡源底，得實法相滅入涅槃，豈可如獼猴諸兔畏怖駛流趣自度身？我今當學如菩薩法，行不淨觀除却婬欲，廣化眾生令離欲患，不為不淨觀所厭沒。"

復次，既觀不淨則厭生死，當觀淨門繫心三處：鼻端、眉間、額上。當於是中，開一寸皮，淨除血肉，繫心白骨，不令外念；外念諸緣，攝之令還，著三緣中，恒與心鬪。如二人相撲，行者若勝，心則不如，制之令住，是名一心。

若以厭患，起大悲心，愍念眾生，為此空骨，遠離涅槃，入三惡道，我當懃力，作諸功德，教化眾生，令解身相空，骨以皮覆，實聚不淨，為眾生故，徐當分別此諸法相。有少淨想，心生愛著；不淨想多，心生厭患；有出法相，故生實法。諸法實相中，無淨無不淨，亦無閉亦無出，觀諸法等，不可壞不可動，是名諸法實相(出過羅漢法也)。

行菩薩道者，若瞋恚偏多，當行慈心，念東方眾生，慈心清淨，無怨無恚，廣大無量，見諸眾生，悉在目前。南西北方、四維上下，亦復如是。制心行慈，不令外念；外念異緣，攝之令還。持心目觀，一切眾生，悉見了了，皆在目前。若得一心，當發願言："我以涅槃，實清淨法，度脫眾生，使得實樂。"行慈三昧，心如此者，是菩薩道。住慈三昧，以觀諸法，實相清淨，不壞不動，願令眾生，得此法利。以此三昧，慈念東方一切眾生，使得佛樂，十方亦爾！心不轉亂，是謂菩薩慈三昧門。

問曰："何不一時總念十方眾生？"

答曰："先念一方，一心易得，然後次第，周遍諸方。"

問曰："人有怨家，恒欲相害，云何行慈，欲令彼樂？"

答曰："慈是心法，出生於心，先從所親；所親轉增，乃及怨家，如火燒薪，盛能然濕。"

問曰："或時眾生，遭種種苦，或在人中、或地獄中，菩薩雖慈，彼那得樂？"

答曰："先從樂人，取其樂相，令彼苦人，得如彼樂。如敗軍將，怖懼失膽，視彼敵人，皆謂勇士。"

問曰："行慈三昧有何善利？"

答曰："行者自念：'出家離俗，應行慈心。'又思维言：'食人信施，宜行利益。'如佛所言：'須臾行慈，是隨佛教，則為入道，不空受施。'復次身著染服，心應不染，慈三昧力，能令不染；復次我心行慈，於破法世我有法人，非法眾中我有法人，如法無惱，慈定力故。菩薩行道，趣甘露門，種種熱惱，慈涼冷樂。如佛所言：'人熱極時，入清涼池樂。'復次被大慈鎧、遮煩惱箭，慈為法藥、消怨結毒，煩惱燒心、慈能除滅；慈為法梯，登解脫臺；慈為法船，渡生死海，貧善法財，慈為上寶；行趣涅槃，慈為道糧；慈為駿足，度入涅槃；慈為猛將，越三惡道。能行慈者，消伏眾惡，諸天善神，常隨擁護。”

問曰：“若當行人得慈三昧，云何不失而復增益？”

答曰：“學戒清淨，善信倚樂，學諸禪定，一心智慧，樂處閑靜，常不放逸，少欲知足，行順慈教，節身少食，減損睡眠，初夜後夜，思惟不廢，省煩言語，默然守靜，坐臥行住，知時消息，不令失度，致疲苦極，調和寒溫，不令惱亂，是謂益慈。

復次，以佛道樂涅槃之樂與一切人，是名大慈。行者思惟：‘現在未來，大人行慈，利益一切，我亦被蒙，是我良祐，我當行慈，畢報施恩。’復更念言：‘大德慈心，愍念一切，以此為樂，我亦當爾，念彼眾生，令得佛樂、涅槃之樂，是為報恩。’

復次慈力，能令一切，心得快樂，身離熱惱，得清涼樂；持行慈福，念安一切，以報其恩。復次慈有善利，斷瞋恚法，開名稱門，施主良田，生梵天因，住離欲處，除却怨對，及鬪諍根。諸佛稱揚，智人愛敬，能持淨戒，生智慧明，能聞法利，功德醍醐，決定好人，出家猛力，消滅諸惡。罵辱不善，慈報能伏，結集悅樂，生精進法，富貴根因，辦智慧府，誠信庫藏，諸善法門，致稱譽法，敬畏根本，佛正真道。

若人持惡向，還自受其殃。五種惡語：非時語、非實語、非利語、非慈語、非軟語。是五惡語不能傾動，一切毒害亦不能傷，譬如小火不能熱大海（此下應出優填王持五百發箭）。如《昆羅經》中優填王阿婆陀那說，有二夫人：一名無比，二名舍迷婆帝。無比誹謗舍迷婆帝。舍迷婆帝有五百直人，王以五百箭欲一一射殺之。舍迷婆帝語諸直人，在我後立。是時舍迷婆帝入慈三昧，王挽弓射之，箭墮足下。第二箭還向王脚下。王大驚怖，復欲放箭。舍迷婆帝語王言：‘止止。夫婦之義是故相語，若放此箭當直破汝心。’王時恐畏，投弓捨射，問言：‘汝有何術？’答言：‘我無異術。我是佛弟子，入慈三昧故也！’

是慈三昧略說有三種緣：生緣、法緣、無緣。諸未得道，是名生緣。阿羅漢辟支佛，是名法緣。諸佛世尊，是名無緣，是故略說慈三昧門。”

行菩薩道者，於三毒中若愚癡偏多，當觀十二分，破二種癡：內破身癡，外破眾生癡。思維念言：“我及眾生俱在厄難，常生、常老、常病、常死、常滅、常出，眾生可憐，不知出道，從何得脫？”一心思惟，生老病死從因緣生。當復思惟何因緣生？一心思惟，生因緣有、有因緣取、取因緣愛、愛因緣受、受因緣觸、觸因緣六入、六入因緣名色、名色因緣識、識因緣行、行因緣無明。如是復思惟，當何因緣滅生老死？一心思惟，生滅故老死滅、有滅故生滅、取滅故有滅、愛滅故取滅、受滅故愛滅、觸滅故受滅、六入滅故觸滅、名色滅故六入滅、識滅故名色滅、行滅故識滅、癡滅故行滅。

此中十二分，云何無明分？不知前、不知後、不知前後，不知內、不知外、不知內外，不知佛、不知法、不知僧，不知苦、不知習、不知盡、不知道，不知業、不知果、不知業果，不知因、不知緣、不知因緣，不知罪、不知福、不知罪福，不知善、不知不善、不知善不善，不知有罪法、不知無罪法，不知應近法、不知應遠法，不知有漏法、不知無漏法，不知世間法、不知出世間法，不知過去法、不知未來法、不知現在法，不知黑法、不知白法，不知分別因緣法，不知六觸法，不知實證法。如是種種不知不慧不見，闇黑無明，是名無明。

無明緣行。云何名行？行有三種：身行、口行、意行。云何身行？入息出息是身行法。所以者何？是法屬身，故名身行。

云何口行？有覺有觀，是作覺觀已，然後口語，若無覺觀則無言說，是謂口行。云何意行？（痛名世界人所著三種痛，痛應為受，受則隨界受苦樂，上界所無，故宜言受想出家所患也）。痛想是意法，繫屬意故，是名意行。復次欲界繫行、色界繫行、無色界繫行。復次善行、不善行、不動行。云何善行？欲界一切善行，亦色界三地。云何不善行？諸不善法。云何不動行？第四禪有漏善行及無色定善有漏行。是名行。

行因緣識。云何名識？六種識界：眼識乃至意識，是名六識。

識因緣名色，云何為名？無色四分：痛、想、行、識，是謂名。云何為色？一切色四大及造色，是謂色。云何四大？地、水、火、風。云何地？堅重相者地，濡濕相者水，熱相者火，輕動相者風。餘色可見，有對無對是名造色。名色和合，是謂名色。

名色因緣六入。云何六入？內六入：眼內入乃至意內入，是名六入。

六入因緣觸。云何觸？六種觸界：眼觸乃至意觸。云何眼觸？眼緣色生眼識，三法和合，是名眼觸，乃至意觸亦如是！

觸因緣受。云何受？三種受：樂受、苦受、不苦不樂受。云何樂受？愛使。云何苦受？恚使。云何不苦不樂受？癡使。復次樂受生樂，住樂滅苦；苦受生苦，住苦滅樂；不苦不樂受，不知苦不知樂。

受因緣愛。云何愛？眼觸色生愛，乃至意觸法生愛。

愛因緣取。云何取？欲取、見取、戒取、我語取。

取因緣有。云何有？三種有：欲有、色有、無色有。下從阿鼻大泥梨。上至他化自在天，是名欲有，及其能生業。云何色有？從下梵世上至阿迦尼吒天，是名色有。云何無色有？從虛空乃至非有想非無想處，是名無色有。

有因緣生。云何生？種種眾生處處生出，有受陰得持得入得命，是名生。

生因緣老死。云何老？齒落、髮白、多皺、根熟、根破、氣噎，身僂拄杖行步，陰身朽故，是名老。

云何死？一切眾生處處退、落、墮、滅、斷、死，失壽命盡，是名死。先老後死，故名老死。

是中十二因緣，一切世間非無因緣邊、非天邊、非人邊，非種種等邪緣邊出。菩薩觀十二因緣，繫心不動不令外念；外念諸緣攝之令還。觀十二分生三世中：前生、今生、後生。菩薩若得心住，當觀十二分空無有主。癡不知我作行，行不知我從癡有，但無明緣故行生。如草木種從子芽出，子亦不知我生芽，芽亦不知從子出，乃至老死亦復如是！是十二分中，一一觀知無主無我，如外草木無主，但從倒見計有吾我。

問曰："若無吾我、無主、無作，云何去來言說死此生彼？"

答曰："雖無吾我，六情作因、六塵作緣、中生六識，三事和合故觸法生，念知諸業，由是去來，言說從是有生死。譬如日愛珠，因日、乾牛屎，和合方便故火出。五陰亦爾，因此五陰生，後世五陰出，非此五陰至後世，亦不離此五陰得後世五陰，五陰但從因緣出。譬如穀子中芽出，是子非芽亦非餘芽邊生，非異非一，得後世身亦爾！譬如樹未有莖節、枝葉、華實，得時節因緣華葉具足，善惡行報亦復如是！種子壞故非常、非一；芽、莖、葉等生故不斷不異；死生相續亦復如是！"

行者謂法無常、苦、空、無我，自生自滅。知因愛等有，知因滅是盡，知盡是道。以四種智知十二分，是正見道。眾生為縛著所誑，如人有無價寶珠，不別其真，為他欺誑。是時菩薩發大悲心，我當作佛，以正真法化彼眾生，令見正道。（《大正藏》卷十五第 281-283 页）

【评说】佛教僧团因对发心的理解不同产生了修行观念的分歧，进而分为声闻乘和菩萨乘。从发心来说，声闻乘主张以个人修行解脱为主，而后出的菩萨乘则主张"为度众生得佛道"。

因发心不同，菩萨乘修行者的禅观训练中也出现了大量体现菩萨精神的观想内容，以此显示菩萨心怀广大的特征。

【原文】問曰："如《摩訶衍般若波羅蜜》中言：'諸法不生不滅，空無所有，一相無相，是名正見。'云何言無常等觀名為正見？"

答曰："若《摩訶衍》中說'諸法空無相'，云何言無常、苦、空等不實？若言不生不滅空是實相者，不應言無相。汝言前後不相應。復次佛說四顛倒，無常中常顛倒亦有道理，一切有為無常。何以故？因緣生故。無常因、無常緣，所生果云何常？先無而今有，已有便無。一切眾生皆見無常，內有老、病、死，外見萬物凋落，云何言無常不實？"

問曰："我不言有常為實、無常為不實，我言有常、無常俱是不實。何以故？佛言：'空中有常、無常，二事不可得，若著此二事，是俱顛倒。'"

答曰："汝言不與法相應。何以故？言無法，云何復言二俱顛倒？一切空無所有，是為實不顛倒。若我破有常著無常，我法應破而不實，我有常顛倒，破故觀無常。何以故？無常力能破有常，如毒能破餘毒，如藥除病，藥亦俱去，當知藥妙能除病故。若藥不去，後藥為病，此亦如是！若無常法著，應當破，不實故。我不受無常法，云何破？佛言：'苦是四真諦中言實苦，誰能使樂？苦因是實因，誰能令非因？苦盡是實盡，誰能令不盡？盡道是實道，誰能令非道？如日或可令冷，月或可令熱，風可令不動，是四真諦終不可動轉。'汝於《摩訶衍》中不能了，但著言聲。《摩訶衍》中諸法實相，實相不可破、無有作者。若可破可作，此非摩訶衍。如月初生，一日二日其生時甚微細，有明眼人能見，指示不見者。此不見人但視其指，而迷於月。明者語言：'癡人！何以但視我指？指為月緣，指非彼月。'汝亦如是！言音非實相，但假言表實理。汝更著言聲，闇於實相。"（《大正藏》卷十五第283-284页）

【评说】"无常力能破有常，如毒能破馀毒，如药除病，药亦俱去，当知药妙能除病故。若药不去，后药为病"，这是以药事喻佛法，义同佛教筏喻，体现佛教"去执"的思想。

【原文】行若得如是正知見，觀十二分，和合為因果二分：果時十二分為苦諦，因時十二分為習諦，因滅是盡諦，見因果盡是道諦。四種觀果：無常、苦、空、無我。四種觀因：集、因、緣、生。

問曰："果有四種但名苦諦，餘者無諦名也？"

答曰："若言無常諦復疑，苦諦亦疑，無我諦亦疑，一種難處。復次，若言無常諦無咎，空非我諦亦無咎。若無常苦空無我諦，於說為重故，是故於四說一。"

問曰："苦有何異相，於三中獨得名？"

答曰："苦是一切眾生所厭患，眾生所怖畏，無常不爾！或有人為苦所逼，思得無常，無有欲得苦者。"

問曰："有人欲得捉刀自殺，針炙苦藥入賊，如是種種非求苦也？"

答曰："非為欲得苦，欲存大樂，畏苦故取死。苦為第一患，樂為第一利，以是故離實苦得快樂，是故佛以果分，獨名苦諦，非無常、空、無我諦。"

是於四諦中了了實智慧不疑不悔，是名正見。思维是事種種增益故，是名正覺。除邪命攝四種邪語，離餘四種邪語，攝四種正語，除邪命攝身三種業，除餘三種邪業，名正業。離餘

種種邪命，是名正命。如是觀時精進，是正方便。是事念不散，是名正念。是事思惟不動，是名正定。正覺如王，七事隨從，是名道諦。

是事一心實信不動，是名信根。一心精懃求道，是名精進根。一心念不忘失，是名念根。心住一處亦不馳散，是名定根。思惟分別無常等覺，是名慧根。是名增長得力，是名五力。

問曰："八正道中皆說慧念定等，根力中何以重說?"

答曰："隨入行時初得小利，是時名為根。是五事增長得力，是時得名為力。"

初入無漏見諦道中，是功德名八正道。入思惟道時，名七覺意。初入道中觀念身痛心法常一心念，是名四念止。如是得善法味四種精懃，是名四正懃。如是欲精進定慧初門，懃精進求如意自在，是名四神足。雖名四念止、四正懃、四神足、五根等，皆攝隨行時初後少多行地緣，各各得名。譬如四大，各各有四大，但多得名。若地種多，水火風少處，名為地大。水火風亦如是！如是三十七品中各各有諸品，如四念止中有四正勤、四神足、五根、五力、七覺、八道等。

如是觀十二分、四諦行、四念止、四正懃、四神足、五根、五力、七覺意、八正道，其心安樂。復以此法度脫眾生，一心誓願精進求佛。是時心中思惟觀念："我了了觀知此道，不應取證。"有二事力故未入涅槃：一者、大悲不捨眾生，二者、深知諸法實相。諸心心數法從因緣生，我今云何隨此不實？當自思惟，欲入深觀十二因緣，知因緣是何法。復更思惟，是四種緣：因緣、次第緣、緣緣、增上緣。五因為因緣，除過去現在阿羅漢最後心，餘過去現在心心數法，是次第緣。緣緣、增上緣，緣一切法。復自思惟言："若法先因緣中有，則不應言是法因緣生；若無，亦不應言因緣中生；生有半無亦不應因緣生；云何有因緣？若法未生，若過去心心數法失，云何能作次第緣？若佛法中妙法無緣涅槃，云何為緣緣？若諸法實無性，有法不可得；若因緣果生，因此有彼，是說則不然；若因緣中各各別、若和合一處，是果不可得，云何因緣邊出果？因緣中無果故。若因緣中先無果而出者，何以不非因緣邊出果？二俱無故。果屬因緣，因緣邊出，是因緣不自在屬餘因緣，是果屬餘因緣。云何不自在？因緣能生果，是故果不從因緣有，亦不從非因緣有，則為非果。果無故，緣與非緣亦無也！"

問曰："佛言十二因緣，無明緣諸行，汝云何言無因果?"

答曰："先以被答，不應更難，若難者更當答。佛言眼因色緣癡邊生邪憶念，癡是無明，是中無明，何所依住？若依眼邪？若色中、若識邪？不應依眼住。若依眼住，不應待色，常應癡。若依色住，不應待眼。是則外癡，何豫我事？若依識住，識無色、無對、無觸、無分、無處。無明亦爾，云何可住？是故無明非內、非外、非兩中間，不從前世來，亦不住後世，非東西南北、四維上下來，無有實法，無明性爾。了無明性，則變為明，一一推之，癡不可得。云何無明緣行？如虛空不生不滅、不有不盡，本性清淨。無明亦如是，不生不滅、不有不盡，本性清淨，乃至生緣老死亦爾。"

菩薩如是觀十二因緣，知眾生虛誑繫在苦患，易度耳。諸法若有實相難可得度，思惟如是則破愚癡。

若菩薩心多思覺，常念阿那波那，入時出時數一乃至十，一一心不令馳散。菩薩從此門得一心，除五蓋欲行。

菩薩見道應行三種忍法：生忍、柔順法忍、無生忍。云何生忍？一切眾生或罵或打或殺，種種惡事，心不動轉、不瞋、不恚，不唯忍之而更慈悲，此諸眾生求諸好事願一切得，心不捨放。是時漸得解諸法實相，如氣熏著。譬如慈母愛其赤子乳哺養育，種種不淨不以為惡，倍加憐念欲令得樂。行者如是，一切眾生作種種惡、淨不淨行，心不增惡不退不轉。復次十方

無量眾生,我一人應當悉度使得佛道,心忍不退、不悔、不却、不懈、不厭、不畏、不難,是生忍中一心繫念。三種思惟不令外念,外念諸緣攝之令還,是名生忍。

云何柔順法忍?菩薩既得生忍,功德無量,知是功德福報無常,是時厭無常自求常福,亦為眾生求常住法。一切諸法,色無色法、可見不可見法、有對無對法、有漏無漏、有為無為、上中下法,求其實相。實相云何?非有常非無常、非樂非不樂、非空非不空、非有神非無神?何以故非有常?因緣生故。先無今有故,已有還無故,是故非有常。云何非無常?業報不失故,受外塵故,因緣增長故非無常。云何非樂?新苦中生樂想故,一切無常性故,緣欲生故,是故非樂。云何非不樂?樂有受故,欲染生故,求樂不惜身故,是非不樂。云何非空?內外入各各受了了故,有罪福報故,一切眾生信故,是故非空。云何非不空?和合等實故,分別求不可得故,心力轉故,是故非不空。云何非有神?不自在故,第七識界不可得故,神相不可得故,是故非有神。云何非無神?有後世故,得解脫故,各各我心生不計餘處故,是故非無神。如是不生不滅、不不生不不滅、非有非無、不受不著,言說悉滅、心行處斷,如涅槃性,是法實相。於此法中信心清淨,無滯無礙,軟知軟信軟進,是謂柔順法忍。

云何無生法忍?如上實相法中,智慧、信、進增長根利,是名無生法忍。譬如聲聞法中煖法、頂法,智慧、信、精進增長得忍法,忍者忍涅槃、忍無漏法,故名為忍。新得、新見,故名為忍。法忍亦如是。時解脫阿羅漢不得無生智,增進廣利轉成不時解脫得無生智。無生法忍亦如是,未得菩薩果得無生法忍,得菩薩真行果,是名菩薩道果。是時得般舟三昧,於眾生中得大悲,入般若波羅蜜門。爾時諸佛便受其號,墮生佛界中,為諸佛所念,一切重罪薄,薄者滅,三惡道斷,常生天上人中,名不退轉。到不動處,末後肉身盡入法身中,能作種種變化,度脫一切眾生,具足六度供養諸佛,淨佛國土教化眾生,立十地中功德成滿,次第得阿耨多羅三藐三菩提,為菩薩禪法中初門。

行者定心求道時　常當觀察時方便
若不得時無方便　是應為失不為利
如犢未生𤛓牛乳　乳不可得非時故
若犢生已𤛓牛角　乳不可得無智故
如鑽濕木求出火　火不可得非時故
若折乾木以求火　火不可得無智故
得處知時量己行　觀心方便力多少
宜應精進及不宜　道相宜時及不宜
若心調動不應勇　如是勇過不得定
譬如多薪熾大火　大風來吹不肯滅
若能以定自調心　如是動息心得定
譬如大火大風吹　大水來澆無不滅
若人心軟復懈怠　如是厭沒不應行
譬如少薪無焰火　不得風吹便自滅
若有精進勇猛心　如是轉健得道疾
譬如小火多益薪　風吹轉熾無滅時
若行放捨止調縮　設復發捨失護法
譬如病人宜將養　若復放捨無得活

若有捨想正等心　宜時懃行得道疾
譬如有人乘調象　如意至湊無躓礙
若多婬欲愛亂心　是時不應行慈等
婬人行慈益癡悶　如人冷病服冷藥
婬人心亂觀不淨　諦觀不淨心得定
行法如是相應故　如人冷病服熱藥
若多瞋恚忿亂心　是時不應觀不淨
瞋人觀惡增恚心　如人熱病服熱藥
若人瞋怒行慈心　行慈不捨瞋心滅
行法如是相應故　如人熱病服冷藥
若多愚癡心闇淺　不淨行慈悲行法
二行增癡無益故　如人風病服麨藥
人心癡闇觀因緣　分別諦觀癡心滅
法行如是相應故　如人病風服膩藥
譬如金師排扇炭　用功非時失橐法
忽忽急橐不知時　或時水澆或放捨
金融急橐則消過　未融便止則不消
非時水澆金則生　非時放置則不熟
精進攝心及放捨　應當觀察行道法
非時方便失法利　若非法利為非利
譬如藥師三種病　冷熱風病除滅故
應病與藥佛如是　婬怒癡病隨藥滅(《大正藏》卷十五第 284-286 页)

【评说】以上经文分别法义,从菩萨乘角度说“三十七品”及菩萨修“阿那波那”法。前述观息出入法译作“阿那般那”,此处“般”作“波”,前后不一,本处经文无前文“阿罗汉、辟支佛、佛”果位体系,或提示本经中“行菩萨道者”相关内容为后来补入。从内容来看,菩萨乘的观修内容与之前的相关禅法没有多少区别,唯在观想结末时需靠“念彼众生,令得佛乐、涅槃之乐,是为报恩”等引导思想,升华动机。

文末七言偈颂总结“因病予药”原则,“得处知时量己行,观心方便力多少,宜应精进及不宜,道相宜时及不宜”,对自他都要有所了解。偈中以“冷病服冷药”“冷病服热药”“热病服热药”“热病服冷药”“风病服麨药”“病风服膩药”的正治误治关系等比喻淫、怒、痴三病与不净观、慈心观、因缘观的正误对应,反映了基本的辨病论治思想。

菩萨诃色欲法经

后秦三藏鸠摩罗什译

【提要】本经为短论,论证女色之恶无益于修行。

【原文】女色者,世間之枷鎖,凡夫戀著,不能自拔。女色者,世間之重患,凡夫困之,至死不免。女色者，世間之衰禍，凡夫遭之，無厄不至。行者既得捨之，若復顧念，是為從獄得出，還復思入；從狂得正，而復樂之；從病得差，復思得病。智者怒之，知其狂而顛蹶，死無日矣！

凡夫重色，甘為之僕，終身馳驟，為之辛苦。雖復鈇質寸斬，鋒鏑交至，甘心受之，不以為患。狂人樂狂，不是過也。行者若能棄之不顧，是則破枷脫鎖，惡狂厭病，離於衰禍，既安且吉，得出牢獄，永無患難。

女人之相，其言如蜜，而其心如毒，譬如：停淵澄鏡，而蛟龍居之；金山寶窟，而師子處之；當知此害不可近。室家不和，婦人之由；毀宗敗族，婦人之罪。實是陰賊，滅人慧明；亦是獵圍，尠得出者。譬如高羅，群鳥落之，不能奮飛；又如密網，眾魚投之，刳腸俎肌；亦如暗坑，無目投之，如蛾赴火。是以智者知而遠之，不受其害；惡而穢之，不為此物之所惑也。（《大正藏》卷十五第286页）

【评说】认为女色妨碍修行，诱惑世人，这是外归因式的分析。佛教其实更关注内在的原因，将这种障碍归结为由自身的贪欲而起，此观点并未在本论中体现。或是因为本论所针对的人群尚不善于内省，故本论侧重于行为上的制止，“当知此害不可近”。

另外，本论也反映出佛教颇受古印度社会中传统的男尊女卑思想的影响。

禅法要解

姚秦三藏鸠摩罗什等于长安逍遥园译

【提要】禅法要解，是对禅修体系的解说及其中关键概念的分析辨别。《要解》以问答的形式对不净观、净观、除五盖、初禅至四禅、四无量心、四空定、四谛观的禅法进阶顺序一一论述。

卷　上

【提要】本卷详细解说了不净观、一禅相、二禅相、三禅相、四禅相、净观、四无量心。

【原文】行者初來欲受法時，師問五眾戒淨已，若婬欲多者，應教觀不淨。不淨有二種：一者惡厭不淨、二者非惡厭不淨。何以故？眾生有六種欲：一者著色、二者著形容、三者著威儀、四者著言聲、五者著細滑、六者著人相。著五種欲者令觀惡厭不淨，著人相者令觀白骨人相，又觀死屍若壞若不壞，觀不壞斷二種欲：威儀、言聲，觀已壞悉斷六種欲。習不淨有二種：一者觀死屍臭爛不淨，我身不淨死屍一等無有異也。如是觀已心生惡厭，取是相已，至閑靜處，若樹下、若空舍，以所取相自觀不淨，處處遍察繫心身中不令外出，若心馳散還攝緣中；二者雖不眼見，從師受法憶想分別，自觀身中三十六物不淨充滿，髮、毛、爪、齒、涕、淚、涎、唾、汗、垢、肪、𦙁、皮膜、肌肉、筋、脈、髓、腦、心、肝、脾、腎、肺、胃、腸、肚、胞、膽、痰、癊、生藏、膿、血、屎、尿、諸蟲，如是等種種不淨聚，假名為身。自觀如是，所著外身亦如是觀。若心厭惡婬欲，心息則已，若心不息當勤精進，呵責其心作是念言：“老病死苦其為至近，命如電逝，人身難得、善師難遇，佛法欲滅如曉時燈，有破定法眾患甚多，內諸煩惱、外有魔民，國土飢荒、內

外老病，死賊其力甚大壞習禪定，我身可畏，於諸煩惱賊中未有微損，於禪定法中未有所得，雖服法衣，內實空虛俗人無異，諸惡趣門一切皆開，諸善法中未入正定，於諸惡法未能必不為惡，我今云何著是屎囊而生懈怠，不能精勤制伏其心？如此弊身賢聖所呵，不淨可惡九孔流出，而貪著此身，與畜生同死，俱投黑闇甚所不應。”如是鞭心思惟自責，還攝本處。又時亦復應令心悅，作是念言：“佛是一切智人，直說道教易解易行，是我大師，如是不應憂畏，如依大王無有怖畏；諸阿羅漢所作已辦，是我同伴，已能伏心如奴衷主，心已調伏具種種果六通自在，我亦應自伏其心求得此事，唯有此道無復異路。”如是思惟已還觀不淨，復自欣歡作是念言：“初習道時，諸煩惱風吹破我心，我欲得道，上妙五欲尚不能壞，何況弊者？如長老摩訶目揵連得阿羅漢道，本婦將從伎樂、盛自莊嚴飾，欲壞目連。目連爾時說偈言：

“汝身骨幹立　皮肉相纏裹
不淨內充滿　無一是好物
韋囊盛屎尿　九孔常流出
如鬼無所直　何足以自貴
汝身如行廁　薄皮以自覆
智者所棄遠　如人捨廁去
若人知汝身　如我所厭惡
一切皆遠離　如人避屎坑
汝身自嚴飾　華香以瓔珞
凡夫所貪愛　智者所不惑
汝是不淨聚　集諸穢惡物
如莊嚴廁舍　愚者以為好
汝脅肋著脊　如椽依棟住
五藏在腹內　不淨如屎篋
汝身如糞舍　愚大所保愛
飾以珠瓔珞　外好如畫瓶
若人欲染空　終始不可著
汝欲來嬈我　如蛾自投火
一切諸欲毒　我今已滅盡
五欲已遠離　魔網已壞裂
我心如虛空　一切無所著
正使天欲來　不能染我心”

行者如是思惟決定堅固，住心本緣不畏眾欲。若利根者，一心精勤，遠至七日心得定住；中根者，乃至三七；鈍根者，久久乃得。如攢酪成酥，必可得也。若不任習行，是身雖復久習種種方喻，空無所得，譬如攢水終不成酥。（《大正藏》卷十五第286-287页）

【评说】观不净以退欲定心，“观不坏断二种欲：威仪、言声，观已坏悉断六种欲”。修行前人的欲望较强烈，主要表现在对形体、容颜、仪态、声音、细滑感受等的留念，执著于有“我”。此时可以采用“观不净”来对治。

观不净有两种方法：其一，观尸体，人刚死亡时，尸体尚未腐烂，但平时的庄严、声音均不存在，令修行者初步领悟到“假有”，随着目睹尸体逐渐臭烂不堪，心生厌恶，最后尸体化为一具白骨，让人领悟到根本没有“我”的真实存在；其二，观自身，思惟自身内部结构，其中充满了痰、脓、血、屎、尿、寄生虫等不洁之物，生起对人身的厌恶感。可以说，观不净是禅修前的准备活动，通常来说不可或缺。

【原文】問曰：“何事不中？”

答曰：“若犯禁戒不可懺者，若邪見不捨、若斷善根，及三覆障，所謂厚利煩惱、五無間罪、三惡道報，如是等罪不應習行。又摩訶衍中，菩薩利根，有實智慧福德因緣，不同其事，若不任習行，當誦經修福起塔供養，說法教化行十善道。”（《大正藏》卷十五第287页）

【评说】对于无法通过不净观定心的人，可以分两种情况：善良的人可以行其他善事以定心，不善良的人不能定心无法修行。

【原文】問曰：“云何當知得一心相？”

答曰：“心住相者身軟輕樂，瞋恚愁憂諸惱心法皆已止息，心得快樂未曾所得勝於五欲，心淨不濁故身有光明，如清淨鏡光現於外，如明珠在淨水中光明顯照，行者見是相已心安喜悅。譬如渴人掘地求水已見濕泥得水不久，行者如是，初習行時如掘乾土，久而不止得見濕相，自知不久當得禪定。

一心信樂精勤攝心轉入深定，作是念已毀呰五欲，見求欲者甚為可惡，如人見狗不得好食而噉臭糞，如是種種因緣呵欲為過，心生憐愍受五欲者，自心有樂而不知求，反更外求不淨罪樂。行者常應精進，晝夜集諸善法助成禪定，諸障禪法令心遠離。集諸善法者，觀欲界無常、苦、空、無我，如病、如瘡、如癰、如箭入心，三毒熾燃起諸鬪諍、嫉妬烟相甚為惡厭。如是觀者，是名初習禪法。若習法時，中間或有五蓋覆心，即應除滅，如黑雲翳日風力破散。若婬欲蓋起，心念五欲即應思惟：‘我今在道，自捨五欲，云何復念？如人還食其吐，此是世間罪法，我今學道，除剃鬚髮被著法衣，盡其形壽，五欲情願永離永斷，云何還復生著？甚非所宜。’即令除滅，如賊毒蛇不令入室，以其為禍甚深重故。復次五欲之法，眾惡住處。無有反復，初時尚可，久後欺誑受諸苦毒，嫉妬恚怒無惡不作，如囊盛眾刀以手抱觸左右傷壞。復次設得五欲猶不厭足，若無厭足則無有樂，如渴飲漿，未及除渴不得有樂，猶如搔疥，其患未差不可為樂。復次欲染其心不見好醜，不畏今世後世罪報，以是之故除却婬欲。

已却婬欲或生瞋惱，瞋惱心生即應除却。眾生可念：處胎已來無時不苦，眾苦備具，云何更增其惱？如人臨欲刑戮，何有善人重增苦痛？又復行道之人，應捨吾我愛慢等結，雖不障生天而行道之人尚不生念，何況瞋恚拔樂根本。復次如水沸動不見面像，瞋恚心生不識尊卑父母師長，乃至不受佛教。瞋為大病，殘害無道猶如羅刹，當以思惟慈心消滅瞋恚。

婬欲瞋恚既止，若得禪定則為快樂；若未得禪樂，情散愁憒心轉沈重，瞪瞢不了，即知睡眠害心之賊，尚破世利，何況道事？睡眠法者與死無異，氣息為別，如水衣覆水不覩面像，睡眠覆心不見好醜，諸法之實亦復如是。即時除却，應作是念：‘諸煩惱賊皆欲危害，何可安眠？如對賊陣，鋒刃之間不應睡眠。未離老病死患，未脫三惡道苦，於道法中乃至暖法未有所得，不應睡眠。’作是念已，若睡猶不止，即應起行冷水洗面，瞻視四方仰觀星宿，念於三事除滅睡眠不令覆心：一者怖畏，當自思惟，死王大力常欲為害，念死甚近如賊疾來無可恃怙，又如拔刀臨項，睡則斬首。二者欣慰，當作是念：‘佛為大師，所有妙法未曾有也，我以受學。’自幸欣慶，睡心即滅。三者愁憂，當復念言：‘後世展轉受身經歷，苦痛毒害無邊無量。’如是種種因

緣呵睡眠法，如是思惟睡眠則止。

若掉悔蓋起，應作是念：'世人欲除憂、求歡喜故而生掉戲，今我苦行坐禪求道，云何自恣放心掉戲？甚所不應。佛法所重攝心為本，不應輕躁縱心自放。如水波動不見面像，掉戲動心不見好醜。'悔如禪度中說。"

問曰："貪欲恚疑各別為蓋，何故睡眠、掉悔二合為蓋？"

答曰："睡雖煩惱，勢力微薄，眠不助成則不覆心，掉戲無悔不能成蓋，以是故二合為蓋。譬如以繩繫物，單則無力，合而能繫。復次睡眠心法因睡心重，以心重故身亦俱重，因睡微覆眠覆轉增遮壞道法，是故二合為蓋。眠既覺已心不專一，馳念五欲行諸煩惱，是名為掉。譬如獼猴得出羈閉，自恣跳躑戲諸林木。掉亦如是，已念五欲行諸結使，身口意失而生憂悔，作是念言：'不應作而作，應作而不作。'是故掉悔相因二合為蓋。"

問曰："作惡能悔，不應為蓋？"

答曰："如犯戒自悔，從今以往不復更作，如是非蓋。若心作罪常念不息，憂惱亂心故名為蓋。如是種種因緣，呵掉悔蓋。繫心緣中。若心生疑即應令滅。所以者何？疑之為法非如愛慢，今世不生歡心，後世令墮地獄，有疑遮諸善法，如岐路猶豫不知那進，便自止息。行者如是，本所習法疑不復進，即知疑患遮覆正道，當疾除却。復作是念：'佛為一切智人，分別諸法，是世間法是出世間法，是善是不善、是利是害，了了分明，今但受行不應生疑，當隨教法不應拒違。復次佛法妙者，修定智慧如實如法；我無是智，云何自心籌量諸法？如人手執利器，乃可與賊相禦，若無所執而對強敵反以為害；我今未得修定智慧，云何欲籌量諸法實相？是不應然。復次外道非佛弟子故應生疑，我是弟子云何於佛而復生疑？佛常毀呰疑患，是覆是蓋、是遮是礙、自誑之法。如人既知刺客即應除避；疑亦如是，誑惑行者，欲與疑慧而礙實智。譬如病疥搔之轉多身壞增劇，良醫授藥疥痒自止；行者如是，種種諸法而生疑想，隨事欲解疑心轉多，是以佛教直令斷疑，疑生即滅。'如是種種呵疑，當疾除却。行者如是思維除捨五蓋集諸善法，深入一心，斷欲界煩惱得初禪定，如佛經說，行者離欲惡不善法，有覺有觀離生喜樂入初禪。"（《大正藏》卷十五第 287-288 页）

【评说】一心相是得定以后的心理状态，"心住相者身软轻乐，瞋恚愁忧诸恼心法皆已止息，心得快乐未曾所得胜于五欲"。在一心的状态中，会感受到比世俗快乐更强烈的喜乐。在禅定过程中有睡眠、贪淫、嗔恼、怀疑、爱慢等五盖妨碍，经文中分别说明了对治方法，多从认识角度来应对。离五盖后，行者深入一心，能达到初禅。

【原文】問曰："得初禪相云何？"

答曰："如先以正念呵止五欲，未得到地，身心快樂柔和輕軟，身有光明。得初禪相轉復增勝，色界四大遍滿身故柔和輕軟，離欲惡不善一心定故能令快樂，色界造色有光明相，是故行者見妙光明照身內外。行者如是心意轉異，瞋處不瞋、喜處不喜，世間八法所不能動，信敬慚愧轉多增倍，於衣服飲食等心不貪著，但以諸善功德為貴、餘者為賤，於天五欲尚不繫心，何況世間不淨五欲？得初禪人有如是等相。復次得初禪時心大驚喜，譬如貧者卒得寶藏，心大歡喜作是念言：'初夜中夜後夜，精勤苦行習初禪道，今得果報如實不虛，妙樂如是。而諸眾生狂惑頑愚，沒於五欲不淨非樂，甚可憐愍。'初禪快樂內外遍身，如水漬乾土內外霑洽，欲界身分受樂不能普遍，欲界婬恚諸火熱身，入初禪池涼樂第一除諸熱惱，如大熱極入清涼池。

既得初禪，念本所習修行道門，或有異緣，所謂念佛三昧，或念不淨、慈心觀等。所以者何？是行思力令得禪定轉復深入，本觀倍增清淨明了。行者得初禪已進求二禪，若有漏道，於二禪邊地厭患覺觀，如欲界五欲五蓋令心散亂，初禪覺觀惱亂定心亦復如是；若無漏道，離初禪欲，即用無漏初禪呵責覺觀。”

問曰：“如初禪結使亦能亂心，何故但說覺觀？”

答曰：“初禪結使名為覺觀。所以者何？因善覺觀而生愛著，是故結使亦名覺觀，始得初禪未有餘著。復次本未曾得覺觀大喜，以大喜故壞敗定心，以破定故先應除捨。復次欲入甚深二禪定故除却覺觀，為大利故而捨小利，如捨欲界小樂而得大樂。”

問曰：“但說覺觀應滅，不說初禪煩惱耶？”

答曰：“覺觀即是初禪善覺觀也。初禪愛等亦名覺觀，以惡覺觀障二禪道，是故宜滅。以善覺觀能留行者令心樂住，是故皆應當滅。尋復思维，知惡覺觀是為真賊，善覺觀者雖似親善亦復是賊，奪我大利故，當進求滅二覺觀，覺觀惱亂如人疲極安眠眾音惱亂，是故行者滅此覺觀已求二禪，譬如風土能濁清水不見面像，欲界五欲濁心如土濁水，覺觀亂心如風動水，以覺觀滅故內得清淨，無覺無觀定生喜樂入於二禪。”(《大正藏》卷十五第 288 页)

【评说】以上介绍初禅的禅相，及达到初禅后如何修行可以增长定力，深入二禅。用正念(正确的认知)消除贪淫、嗔恼、睡眠、爱慢、怀疑之后，身体渐渐柔软、心中快乐，进入一心定。此时修行者觉得身体内外都笼罩在明亮的光中，世间八法已不能扰乱其心，对饮食衣服等维持生命的物质毫无贪着，进入初禅。进入初禅时，修行者往往会感受到特殊的喜乐，不能留恋初禅时的快乐喜悦观，那会妨碍进一步进入高级的状态，应该按照原来的方法(如念佛三昧、不净、慈心观等)继续修行。

【原文】問曰：“云何是二禪相？”

答曰：“經中說言，滅諸覺觀，若善若無記，以無覺觀動故內心清淨，如水澄靜無有風波，星月諸山悉皆照見，如是內心清淨故，名賢聖默然。三禪、四禪雖皆默然，以二禪初得，為名有覺觀語言因緣，因緣初滅故得名默然。定生喜樂妙勝初禪，初禪喜樂從離欲生，此中喜樂從初禪定生。”

問曰：“二禪亦離初禪結使，何以不言離生？”

答曰：“雖復離結，但依定力多故，以定為名。復次言離欲者則離欲界，言離初禪未離色界，是故不名離生，如是等是二禪相。行者既得二禪，更求深定，二禪定有煩惱覆心，所謂愛慢、邪見、疑等壞破定心，是二禪賊遮三禪門，是故當求斷滅此患以求三禪。”(《大正藏》卷十五第 288-289 页)

【评说】以上介绍二禅的禅相，及达到二禅后如何修行可以增长定力，深入三禅。进入初禅后对身心出现的变化不加关注，渐渐进入一种状态：拥有特殊的感知力，如同澄净的水面，能照见山川星月一切事物，语默缄言，称之为“贤圣默然”。进入二禅也会有爱慢、邪见、疑等扰乱因素，应该灭除这些隐患，向三禅迈进。

值得注意的是，初禅的特殊状态是建立在离欲的基础之上，而二禅的特殊状态是建立在初禅一心定的基础之上。

【原文】問曰：“若爾者，佛何以故說離喜行捨得入三禪？”

答曰：“得二禪大喜，喜心過差心變著喜生諸結使，以是故喜為煩惱之本。又復諸結使無

有利益不應生著，喜是悦樂甚為利益滯著難捨，以是故佛說捨喜得入三禪。”

問曰：“五欲不淨罪，喜則應當捨，是喜淨妙眾生所樂，云何言捨？”

答曰：“先已答生著因緣則是罪門。復次若不捨喜，則不能得上妙功德，以是故捨小得大，有何過也？行者進求三禪，觀喜知患憂苦因緣所可喜樂，無常事變則生憂苦。復次喜為麁樂，今欲捨麁而求細樂，故言離喜更入深定求異定樂。云何三禪相滅喜？捨此妙喜心不悔念，知喜為害，譬如人知婦是羅剎，則能捨離心不悔念，喜為狂惑麁法非妙，第三禪身受樂，世間最樂無有過者，聖所經由，能受能捨無喜之樂，以念巧慧身，則遍受入於三禪。”

問曰：“此說一心念慧，初禪二禪何以不說？”

答曰：“第三禪者，身遍受樂心行捨法，不令心著分別好醜，故言一心念慧。復次三禪中有三過：一者心轉細沒、二者心大發動、三者心生迷悶。行者常應一心念此三過，若心沒時，以精進智慧力還令心起，若大發動則應攝止，若心迷悶應念佛妙法還令心喜，常當守護治此三心，是名一心行樂者入第三禪。”

問曰：“如經，第三禪中二時說樂，何等為二樂？”

答曰：“前說受樂，後說快樂。”

問曰：“有三種樂：受樂、快樂、無惱樂。以何樂故三禪名為第一之樂？”

答曰：“三樂上妙皆勝下地，但以受樂第一，說名樂地，究竟盡故；餘二樂者上地猶有，此中不以為名。”

問曰：“喜樂無喜樂，有何差別？”

答曰：“樂受有二種：一者喜根、二者樂根。喜根喜樂，初禪二禪所攝；樂根無喜樂，三禪所攝。復次欲界初禪樂受，麁者名樂根，細者名為喜根；二禪、三禪樂受，麁者為喜根，細者為樂根。譬如熱極，得清冷水持洗手面，是名為喜；入大涼池舉身沐浴，是名受樂。行者如是，初禪覺觀故樂不遍身，二禪大喜驚故不能遍身，三禪無障礙故樂遍其身，是名差別。復次樂受有四種：欲界六識相應樂，名為喜根亦名樂根；初禪四識相應樂，名為樂根亦名喜根；二禪意識相應樂受名為喜根；三禪離喜故，意識相應樂受，名為樂根。行者既得三禪，知上三樂，一心守護常恐畏忘失，則為是惱；是故樂復為患，當求離樂。譬如人求富貴之樂，求時既苦，得時無厭則復為苦，得已守護亦復為苦。有人以求樂為苦故捨，或有得樂無厭覺苦故捨，或有既得守護為苦故捨。行者患樂亦如是，求初禪樂，以覺觀惱亂故捨，二禪大喜動故捨，三禪知樂無常難守故捨，以是故，當捨此樂求於四禪安隱之地。”

問曰：“行者依禪定樂捨於欲樂，今依何等而捨禪樂？若捨禪樂得何利益？”

答曰：“行者依於涅槃樂能捨禪樂，得三利故，所謂羅漢、辟支佛、佛道，是故捨禪定樂，行於四禪安隱快樂，以三乘道隨意而入涅槃。”(《大正藏》卷十五第 289 页)

【评说】以上介绍三禅的禅相，及达到三禅后如何修行可以增长定力，深入四禅以达到涅槃。

【原文】問曰：“云何知是第四禪相？”

答曰：“如佛說四禪相，若比丘斷樂斷苦先滅憂喜，不苦不樂護念清淨入第四禪。”

問曰：“斷三禪樂應爾，離欲時已斷苦，今何故復言斷苦？”

答曰：“有人言，斷有二種：一別相斷、二總相斷，如須陀洹，以道比智總斷一切見諦結使。是事不然。何以故？佛說斷苦斷樂先滅憂喜，若欲界苦，應說先斷苦憂喜，而不說者，以是故知非欲界苦；以三禪樂無常相故則能生苦，是故說斷苦。又如佛說，樂受時當觀是苦，於三禪樂生時，住時為樂滅時為苦，以是故言斷樂斷苦。先滅憂喜者，欲界中憂，初二禪喜者。”

問曰：“欲界中有苦有憂，離欲時滅，何以但說斷憂，不說斷苦？”

答曰：“離欲時雖斷二事，憂根不復成就，苦根成就，以成就故不得言滅。”

問曰：“若三禪中樂，生住時樂、滅時為苦，今說初禪二禪中喜，何獨不爾？”

答曰：“佛經所說，離三禪時，斷樂斷苦無滅憂喜，初禪二禪不作是說。”

問曰：“佛何因緣不作是說？”

答曰：“三禪中樂，於三界中受樂最妙，心所著處，以其著故無常生苦，以喜麁故不能遍身，雖復有失不大生憂，以是故佛經不說也。不苦不樂者，第四禪中雖有不苦不樂受，捨者捨三禪樂，行不苦不樂受不憶不悔。念清淨者，以滅憂喜苦樂四事故念清淨。”

問曰：“上三禪中不說清淨，此中何以獨說？”

答曰：“初禪覺觀亂故，念不清淨，譬如露地風中然燈，雖有脂炷，以風吹故明不得照；二禪中雖一識攝，以喜大發故定心散亂，是故不名念清淨；三禪中著樂心多，亂此禪定故不說念清淨；四禪中都無此事故言念清淨。復次下地雖有定心，出入息故令心難攝，是中無出入息故心則易攝，易攝故念清淨。復次第四禪名為真禪，餘三禪者方便階梯，是第四禪譬如山頂，餘三禪定如上山道，是故第四禪，佛說為不動處，無有定所動處故，有名安隱調順之處，是第四禪相。譬如善御調馬隨意所至，行者得此第四禪，欲行四無量心隨意易得，欲修四念處修之則易，欲得四諦疾得不難，欲入四無色定易可得入，欲得六通求之亦易。何以故？第四禪中不苦不樂，捨念清淨調柔隨意，如佛說喻，金師調金洋鍊如法，隨意作器無不成就。”（《大正藏》卷十五第 289-290 页）

【评说】以上介绍四禅的禅相，并回顾比较了初禅至四禅心理状态的差异。达到四禅是起功用的基础，因四禅“不苦不乐，舍念清净调柔随意”，才能真正如意修行。

【原文】問曰：“行者云何得慈心無量？”

答曰：“行者依四禪已，念一城眾生願令得樂，如是一國土、一閻浮提四天下、小千國土、二千國土、三千大千國土，乃至十方恒河沙等無量無邊眾生，慈心遍覆皆願得樂。譬如水劫盡時消水火珠滅不復現，大海龍王心大發動，從念生水出海盈漫，及天澍雨遍滿天下，是時天地彌漫無不充溢。行者亦爾，以大慈水滅瞋恚，消慈火珠，慈水發溢漸漸廣大，遍至無量無邊眾生，悉蒙潤澤常出不斷，或聽說法增益慈心，譬如大雨無不周普，行者慈念眾生，令得世間清淨之樂，亦以所得禪定快樂持與眾生，亦以涅槃苦盡之樂乃至諸佛第一實樂，願與眾生，以慈力故，悉見十方六道眾生無不受樂。”

問曰：“如阿毘曇說，何等是慈三昧，觀一切眾生悉見受樂？又經中說慈心三昧，遍滿十方皆見受樂，云何但言願令眾生得樂？”

答曰：“初習慈心願令得樂，深入慈心三昧已，悉見眾生無不受樂。如鑽燧出火，初然細軟乾草，火勢轉大濕木山林一時俱然；慈亦如是，初入觀時，見人受樂願與苦者，慈力轉成悉見得樂。”

問曰：“眾生實無得者，云何皆見得樂而不顛倒？”

答曰：“定有二種：一者觀諸法實相、二者觀法利用。譬如真珠師，一者善知珠相貴賤好醜，二者善能治用。或有知相而不能用，或有治用而不知相，或有知相亦能治用。行者如是，

賢聖未離欲者，能觀法相四真諦等而不能用，不行四無量故，如凡夫離欲行諸功德，能有利用生四無量心，不能觀實相故；如俱解脫阿羅漢等，能觀實相，具禪定故生四無量。四無量者得解之法，以利用故非為顛倒。復次佛法之實無有眾生，云何觀苦者為實，樂者為倒？所謂顛倒，無眾生中而著我相，若常若無常，若邊若無邊等，是為顛倒。行慈之人知眾生假名，如輪等和合名之為車，是故行者，慈心清淨則非顛倒。復次若無眾生以為實者，眾生受樂應是顛倒，而有眾生無眾生皆為是邊，不應但有眾生以為顛倒。復次慈三昧力故，行者皆見眾生無不得樂如一切入觀，禪定力故於緣境界轉青作赤，何況眾生皆有樂相而不見也？如貴賤貧富禽獸之屬，各自有樂互相憐愍，貴者之患貧者所無，貧者之患貴者所無。”

問曰：“餘道可爾，地獄云何？”

答曰：“地獄眾生亦有樂分，遠見刀山灰河，皆謂林水而生樂想，見樹上女人亦生樂想，又我心顛倒故愛樂其身，若欲殺時逃避啼哭、請求獄卒願見放捨，若語赦汝，得脫此苦心亦可樂，如是之等皆有樂分。又復神通力故，行慈之心種種教化令眾生得樂，或隨所有而能與之，及身口行助成利益，如諸佛菩薩深心愛念壞諸惡趣，實令眾生得種種樂，以是故不但願與，亦實令得樂。”

問曰：“行慈者得何功德？”

答曰：“行慈者諸惡不能加，如好守備外賊不害，若欲惱害反自受患。如人以掌拍矛，掌自傷壞矛無所害。五種邪語不能壞心，五種者：一妄語說過、二惡口說過、三不時說過、四惡心說過、五不利益說過。譬如大地不可破壞，種種瞋惱讒謗等不能毀也。譬如虛空不受加害，心智柔軟猶若天衣。復次行者入慈，虎狼毒獸蛇蚖之屬皆不能害，如入牢城無能傷害，得如是等無量功德。”

問曰：“慈德如是，何者名慈法？”

答曰：“愛念眾生皆見受樂，是心相應法行陰所攝名為慈法，或色界繫或不繫，心數法、心共生、隨心行、非色法、非是業、業相應、業共生、隨業行、非報生，是應修、得修、行修，應證、身證、慧證，或思维斷或不斷，或有覺有觀，或無覺有觀，或無覺無觀，或有喜或無喜，或有出入息或無出入息，或賢聖或凡夫，或樂受相應，或不苦不樂受相應，非道品先緣相後緣法，在四禪亦餘地，緣無量眾生故名為無量。清淨故、慈念故、憐愍利益故，名為梵行梵乘，能到梵世名為梵道，是過去諸佛常所行道。”

問曰：“云何修習慈心？”

答曰：“若行者作是念：‘我除剃鬚髮，不在飾好破憍慢相，若稱此者宜應行慈；今著染衣，當應行慈令心不染，食他之食不虛受施。如經所說，若有比丘，漸修慈心則隨佛教，如是不虛食人信施。’復次若出家若在家行者作是念：‘慈心力故，於惡世中安隱無患，於破法眾中獨隨法行，於熱煩惱令心清冷，如近聚落有涼清池。’復次行慈力故，怨家毒害不能復害，如著革屣刺不能傷，行者處於欲界，多瞋怒害，鬪諍怨毒種種諸害，慈心力故無能傷損，譬如力士著金剛鎧執持利器，雖入大陣不能傷壞。復次是慈能利益，利益三種人，凡夫行慈除諸瞋恚，得無量福生於淨果，世間福德無過是者。求聲聞、辟支佛者，欲界多瞋慈力能破，及餘煩惱則亦隨滅，得離欲界漸出三界，如佛所說，慈心共俱近修七覺。大乘發心為度眾生，以慈為本。如是慈心，於三種人無量利益。又習慈初門，又丨六行令速得慈，又使牢固，亦常修行：一者持戒清淨、二者心不悔、三者善法中生喜、四者快樂、五者攝護五情、六者念巧便慧、七者身離心離、八者同行共住、九者若聽若說隨順慈法、十者不惱亂他人、十一者食知自節、十二者少於睡眠、十三者省於言語、十四者身四威儀安隱適意、十五者所須之物隨意無乏、十六者不戲論諸法行。是十六法助慈三昧。悲者觀眾生苦，如地獄、餓鬼、畜生、世間刑徒飢寒病苦等，取其苦相故悲心轉增，乃至樂人皆見其苦。”

問曰：“云何以樂為苦？”

答曰：“樂是無常，樂無厭足從因緣生，念念生滅無有住時，以是故苦。復次如欲天受樂，如狂如醉無所別知，死時乃覺；色無色界眾生，於深禪定愛味心著，命終隨業因緣還復受報，如是眾生當有何樂？於地獄三惡道，是舊住處，天上人中猶如客住，暫得止息，以是因緣故，佛但說苦諦無有樂諦，是故一切眾生無不是苦。眾生可愍不知實苦，於顛倒中而生樂想，今世後世受種種憂惱而無厭心，雖暫得離苦還復求樂作諸苦事，如是思惟，見諸眾生悉皆受苦，是為悲心。餘悲心義如摩訶衍論四無量中說。

喜者行人知諸法實相，觀苦眾生皆為樂相，觀樂眾生皆為苦相，如是諸法無有定相隨心力轉，若諸法無有一定相者，成阿耨多羅三藐三菩提尚無有難，何況餘道？隨意可得故心生歡喜。復次行者作是念：‘我因少持戒精進等便得離欲，逮諸禪定無量功德。’念諸善功德故心生歡喜，譬如賈客齎持少物百千倍利，心大歡喜。復作是念：‘如是法利皆由佛恩，佛自然得道與人演說，隨教修行得如是利益。’是時心念十方諸佛，身有金色相好莊嚴，及十力等無量功德法身，因是念佛心生歡喜。復次佛法於九十六種道中，最為第一，能滅諸苦能趣常樂，心生歡喜。又復分別三種佛法：一者涅槃無量常相，是究竟不壞法；二者涅槃方便八直聖道；三者十二部經宣示八道。如是念法心生歡喜。復次能知如是實相，行於正道離諸邪徑，是為正人，所謂佛弟子眾於一切眾中最為第一。自思惟言：‘我已在此眾中，是我真伴彼能益我。’以是因緣故心生歡喜，願令眾生悉皆歡喜。定力轉成故，悉見眾生皆得是喜。

捨者行人如小懈極心暫止息，但觀眾生一相不觀苦樂，喜相猶如小兒，若常愛念憍恣敗壞，若常苦切怖畏羸瘦，是故有時放捨不愛不憎。行者如是，若常行慈喜心則放逸，以喜樂多故，若常行悲心則生憂惱，以念苦多故，是故行捨莫令苦樂有過。復次行者入道得禪定味，分別眾生好醜，是善是不善，善者恭敬愛念，不善者則生輕慢，如人得大珍寶輕慢貧者，見有寶者恭敬愛念，破是二相故而行捨心。如經中說，修行慈心除破瞋恚，修行悲心除惱眾生，修行喜心除破愁憂，修行捨心除破憎愛。但觀眾生得解脫故隨心所作，如人觀林不觀樹也。又如世人寒時得溫、熱時得涼，資生隨意者，是名為樂；若得官位寶藏歌舞戲笑，是名為喜；若失此眾事者，是名憂苦；若無此三事者，是名為捨。行者亦如是具有四心，自身受樂願及眾生，心既柔軟，見一切眾生悉得是樂；又復見諸天上世間豪貴，取其樂相願及眾生，心既柔軟，見一切眾生悉得是樂；修行慈時心生大喜，以此大喜願與眾生，或從定起禮佛法眾讚歎供養，亦得心喜願與眾生，及取外喜願與眾生，或時自見其苦老病憂惱飢寒困苦，欲令眾生離是苦惱，我能分別籌量，心忍猶尚苦惱，何況眾生無有智慧忍受眾苦，何得不惱？則生悲心。復見外人刑戮鞭撻，又聞經說惡道苦痛，取是苦相觀一切皆苦，而生悲心。捨者自捨憎愛，亦觀眾生無有憎愛，及取外眾生受不苦不樂者，從第四禪乃至非有想非無想處，及欲界無苦無樂時，取是相已觀一切眾生，亦都如是無苦無樂。復次如貴人唯有一子，愛念甚重心常慈愍，世間諸樂願令悉得，自能得者亦皆與之。其子或時遭諸惱患，父甚悲念，若子從因得免，其父大喜，心生喜已，即便放捨任子自長，父得休息。行者如是，於四無量心中，觀諸眾生亦如子想，隨己所有樂事，及取世間種種諸樂，願令得之，慈定力故悉見一切皆是樂者。行人從慈心起，若見眾生受諸苦痛，取是相已而生悲心。悲心力故見諸眾生悉皆受苦，見受苦已願令眾生皆離是

苦，從悲三昧起，若見衆生受樂得道入涅槃者，取是相已而生喜心。欲令彼得而彼自得，心識柔軟悉見衆生皆得歡喜。從此定起，見衆生不苦不樂者、不憂不喜者，取是相已而生捨心，願令衆生不苦不樂、不憂不喜，以善修捨定力故，悉見衆生不苦不樂、不憂不喜，得離煩惱熱。復次若衆生有諸過釁，捨而不問，若恭敬愛著不以為喜，是為捨心，如是等四無量義，如摩訶衍中說。(《大正藏》卷十五第 290-292 页)

【评说】观四无量心是对慈悲喜舍四种心态的修习。本段经文重点介绍了慈心观的修习方法、细节部分的解释以及联系之后的征象。

【原文】淨觀者三品："或初習行，或已習行，或久習行。若初習行，當教言：'破皮却不淨，當觀白骨人，繫意在觀不令外意，外念諸緣攝之令還。'若已習行，當教言：'心却皮肉，具觀頭骨不令外念，外念諸緣攝之令還。'若久習行，却身中一寸皮肉繫意五處：頂上、額上、眉間、鼻端、心處，如是等處住意在骨不令外念，外念諸緣攝之令還。當復觀心，若心疲極捨諸外想注念在緣，譬如獼猴被繫在柱終日馳走，鎖常攝還極乃休息。所緣如柱，念則如鎖，心喻獼猴。亦如乳母，常觀小兒不令墮落，行者觀心亦復如是，漸漸制心令住緣處，若心久住是應禪法。若得禪定即有三相，身悉和悅柔軟輕便，白骨流光猶如白珂，心得靜住是為淨觀，是時便得色界中心，是名初學禪法門。若定得勝心，則不如制之令住，是名一心。若能一寸中住，便得遍却，不得但觀赤骨人。得此觀已，棄赤骨人觀白骨人，不令外念，外念諸緣攝之令還。心若清淨住於骨觀，骨邊白光遍身中出，如天清明日光極淨。此光既出，以心目觀了了見之，因光力故見骨人中相，似諸心心相應法生滅，如毘瑠璃筒中水流，是時心息得樂，婬人欲樂不足喻也。外身觀亦復如是，如是一身觀，次第轉多，乃至閻浮提；復從一閻浮提，還至一寸，心得自住，是為不淨中淨三昧門。復次此身空骨以薄皮覆，有何可樂？甚可患也。"(《大正藏》卷十五第 292 页)

【评说】净观即白骨观，是观想除去皮肉筋血等不净之物，唯观白骨流光相。"心若清净住于骨观，骨边白光遍身中出，如天清明日光极净"，由观一身转而扩大至无数，"是为不净中净三昧门"。这是由观不净转向观净的过程，是对"厌离不净"认知模式的升华。

卷　下

【提要】本卷详细解说了四空定、四谛观、神通观。

【原文】"若行者欲求虛空定，當作是念：'色是種種衆苦具，如鞭杖割截殺害飢寒老病苦等，皆由色故。'思惟如是則捨離色得虛空處。"

問曰："行者今以色為身，云何便得捨離？"

答曰："諸煩惱是色因緣，又能繫色，是煩惱滅故則名離色。復次習行破色虛空觀法則得離色。復次如佛所說，比丘觀第四禪五陰，如病如癰如瘡如刺，無常苦空無我，如此等觀則離第四禪五陰，以餘陰隨色故但言離色。所以者何？色究竟盡故。復次行者觀色，分分破裂則無有色，如身有分，頭足肩臂等各各異分則無有身；如頭眼耳鼻舌口鬚髮骨肉等分分令異，則無有頭；如眼者四大四塵身根眼根丨事和合白黑等，肉團名為眼，各各分別則無有眼，地等諸分各亦如是。"

問曰："眼根四大所造，不可定色，云何分別？"

答曰："四大及四大造淨色和合故名為眼，若除是色則無有眼。又此淨色雖不可見，以有對故有分，有分故無眼。復次能見色者，是名為眼；若除四大及四大造色則無眼。若無眼能見色者，耳亦應為眼。若眼是色法，一切色法有處有分故，應可分別，若可分別則為多眼。若言四大所造眾微塵為眼者，不應一眼；若都非眼亦無一眼。若言微塵為眼者，是亦不然。何以故？若微塵有色則有十方，不名為微塵；若非色者則不名為眼。復次微塵體定有四分：色、香、味、觸，是眼非四事。何以故？眼是內入攝，四為外入攝，以是故不得以諸微塵為眼。如佛說眾事和合見色假名為眼，無有定實；耳鼻舌皮肉骨等亦如是破。是為破內身相。外色宮殿財物妻子等，亦皆如是分別破。如佛告羅陀：'從今日當破散色、壞裂色，令無有色。'能如是分別，是名離色。復次如佛說，若比丘欲離色，度一切色相，滅一切對相，不念一切異相，入無量虛空處。度一切色相者，是可見色；滅一切對相者，是有對不可見色；不念一切異相者，不可見無對色。復次度一切色相者，青黃赤白紅紫等種種色相；滅有對者，聲香味觸等；不念一切異相者，大小長短方圓遠近等。如是離一切色相，得入虛空處。

復次行者繫心身內虛空，所謂口鼻咽喉、眼耳胸腹等，既知色為眾惱，空為無患，是故心樂虛空，若心在色攝令在空，心轉柔軟，令身中虛空漸漸廣大，自見色身如藕根孔，習之轉利，見身盡空無復有色。外色亦爾。內外虛空同為一空，是時心緣虛空無量無邊，便離色想安隱快樂，如鳥在瓶，瓶破得出，翱翔虛空無所觸礙，是名初無色定。

行者如虛空中受想行識，如病如癰如瘡如刺，無常苦空無我，更求妙定則離空緣。所以者何？知是心所想虛空欺誑虛妄，先無今有已有還無。既知其患，是虛空從識而有，謂識為真。但觀於識捨於空緣，習於識觀時，漸見識相相續而生，如流水燈焰，未來現在過去識，識相續無邊無量。"

問曰："何以故佛說識處無邊無量？"

答曰："識能遠緣故無邊，無邊法緣故無邊。復次先緣虛空無邊，若破無邊虛空，識應無邊，行者心柔軟故能令識大乃至無邊，是名無邊識處。"

問曰："是識處具有四陰，何以故但說識處？"

答曰："一切內法識為其主，諸心數法皆隨屬識，若說識者則說餘事。復次欲界中色陰為主，色界中受陰為主，虛空處、識處識陰為主，無所有處想陰為主，非想非非想處行陰為主。復次三法：身、心、心數法。欲界、色界以身為主，心隨身故，若無身已心力獨用。心有二分：一分緣空、一分自緣，是故應有二處：空處、識處。但初破色故虛空受名，破虛空故獨識為名。心數法亦有二分：一分想、一分行，是故亦應有二處：想無所有處、行非想非非想處。復次緣識故得離虛空處，以是故雖有餘陰，但識受名。

行者得識處已，更求妙定，觀識為患，如上說。復次觀識如幻虛誑屬諸因緣而不自在，有緣則生、無緣則滅，識不住情亦不住緣亦不住中間，非有住處非無住處，識相如是。世尊說言：'識如幻也。'行者如是思惟已，得離識處。復次行者作是念，如五欲虛誑，色亦如是；如色虛誑，虛空亦爾；虛空虛誑，識相亦爾。是皆虛誑，而眾生惑著即謂諸法，空無所有是安隱處，作是念已即入無所有處。"

問曰："虛空處、無所有處，有何差別？"

答曰："前者心想虛空為緣，此中心想無所有為緣，是為差別。行者入無所有處已，利根者覺是中猶有受想行識厭患，如先說；鈍根者則不能覺。復次離無所有處因緣有三見：有見、無見、非有見非無見。有見，從欲界乃至識處；無見，即是無所有處；非有非無見，非想非非想

處。是無見應當捨離。何以故？非想非非想雖細尚應捨離，何況無所有處，作是念已離無所有處。”

問曰：“如佛法中亦有空無所有，若是為實，云何言邪見應當捨離？”

答曰：“佛法中為用破著故，說不以為實；無所有處謂為是實，邪見愛著故。是中眾生受定果報已，隨業因緣復受諸報，以是故應捨。名雖相似，其實各異。復次行者作是念：‘一切想地皆麁可患，如病如癰如瘡如箭，無想地則是癡處，今寂滅微妙第一處，所謂非想非無想處。’如是觀已，則離無所有處想地，即入非有想非無想處。”

問曰：“是中為有想為無想？”

答曰：“是中有想。”

問曰：“若有想者，何以但下七地名為想定耶？”

答曰：“此地中想微細不利，想用不了故不名為想。行者心謂是處非有想非無想，是故佛隨其本名，說是名非有想非無想處。鈍根者不覺是中有四陰，便謂涅槃安隱之處，生增上慢，壽八萬劫已還墮諸趣。是中四陰雖微深妙，利根者則能覺知，覺知已患厭作是念：‘此亦和合作法，因緣生法虛誑不實，如病如癰如瘡如箭，無常苦空無我，亦是後生因緣，應當捨離，以其患故當學四諦。’”（《大正藏》卷十五第 292-294 页）

【评说】以上介绍“四空定”。“四空定”是较四禅更为细微深入的定境。佛教认为至四禅境界已经具有证入涅槃的能力，“四空定”的修习能帮助修行者更深刻地观察心理活动的规律。但“四空定”不是涅槃，佛陀提醒修行人不要误认。

【原文】問曰：“捨餘地時，何以不言學四諦？”

答曰：“前以說如病如癰如瘡如箭，無常苦空無我，便為略說四諦，但未廣說。復次餘地無遮無難，凡夫有漏道亦能過故。而此世間之頂，唯有聖人學無漏道乃能得過。譬如繩繫鳥脚，初雖得去繩盡攝還。凡夫人亦如是，雖過餘地，魔王不以為驚；若過有頂之地，魔王大驚如繩斷鳥去。以是故，離餘地時不說四諦。有頂地是三界之要門，欲出要門當學四諦。”

問曰：“云何為四諦？”

答曰：“苦諦、集諦、滅諦、道諦。苦有二種：一者身苦，二者心苦。集亦二種：一者使，二者惱纏。滅亦二種：一者有餘涅槃，二者無餘涅槃。道亦二種：一者定，二者慧。復次苦諦有二種：一者苦諦，二者苦聖諦。苦諦者惱相故，所謂五受陰名為苦諦。苦聖諦者，以知見故修道，是名苦聖諦。集諦有二種。一者集諦，二者集聖諦。集諦者出生相，所謂愛等諦煩惱名為集諦。集聖諦者，以斷故修道，是為集聖諦。滅諦有二種：一者滅諦，二者滅聖諦。滅諦者寂滅相，所謂四沙門果，是名滅諦。滅聖諦者，以證故行道，是為滅聖諦。道諦有二種：一者道諦，二者道聖諦。道諦者出到相，所謂八正道，是名為道諦。道聖諦者，以修故行道，是為道聖諦。

復次諦有二種：總相、別相。總相苦者，五受陰；別相苦者，廣分別色陰受想行識陰。總相集者，能生後身受；別相集者，廣分別愛等諸煩惱及有漏業五受陰因緣。總相滅者，能生後身愛盡；別相滅者，廣分別八十九種盡。總相道者，八聖道；別相道者，廣分別從苦法忍乃至無學道。若不通達四諦者，則輪轉五道，往來生死無休息時。以是因緣故，行者應念老病死等一切苦惱皆由有身，譬如一切草木皆從地出。如經中說，十方眾生所以有身，皆為受苦故生。譬如毒食，若好若醜皆為殺人；若無身心者，死苦則無所寄。如惡風摧折大樹，若無樹者則無所壞。如是略說身心受苦之本,如虛空風之本,木是火之本,地是水之本,身是苦之本。復次如地常是堅相,水常為濕相,火常為熱相,風常為動相,身心常為苦相。所以者何？以有身故,則老病死飢渴寒熱風雨等苦常隨逐之;以有心故,憂愁怖畏瞋惱嫉妬等苦常隨逐之。若知現在身苦,過去苦亦爾,如現在過去身苦,未來亦爾。譬如見今穀種生穀,比知過去未來亦皆如是。又如現在火熱相,比知過去未來火亦熱。如是若無身心,前則無苦、今亦無苦、後亦無苦。當知三世苦痛皆從身心而有,是故應觀苦諦。如是心生厭患,是苦因緣,唯從愛等諸煩惱生,非天非時非自然亦非無因緣,若離煩惱則不有生。當知世間皆從愛等煩惱生,如人造事皆欲以為先,以是故諸煩惱是苦因緣。復次由愛水故受身,若無愛水則不受身,如乾土不能著壁,以水和之則有所著。復次因諸煩惱是故受身種種不同,如多欲者受多欲形,多瞋恚者受多瞋恚形,多癡者受多癡形,煩惱薄者受薄煩惱形,見今果報異故,知昔因緣各別,來世隨煩惱受身差別亦如是隨業受身。若不為瞋恚則不受毒蛇形,一切餘形亦如是。以是故當知愛等諸煩惱一切苦因緣,苦因緣盡故則苦盡涅槃,涅槃名離欲,斷諸煩惱常不變異,是中無生無老無病無死,無愛別離苦怨憎會苦,常樂不退。行者得涅槃滅度時都無所去,名為寂滅。譬如然燈,膏盡則滅不至諸方,是名滅諦。

得涅槃方便道,定分有三種,慧分有二種,戒分有三種,住是戒中修行定慧。所謂於四諦中慧能決了,是名正見;隨正見覺法發起,是為正思惟。是名慧分二種。正定、正念、正精進,是名定分三種。正語、正業、正命,是名戒分三種。住淨戒故,諸煩惱芽不令增長,勢力衰薄,如非時種芽不增長,諸煩惱力來,定分能遮,如大山堰水,水不能破壞。譬如呪術能禁毒蛇,雖復有毒不能害人,定分亦如是。慧能拔諸煩惱根本,如夏水暴漲,岸上諸樹無不漂拔;行此三分八道真直正路,能滅苦因,畢竟安隱常樂無為。

若方便初習其門則有十事:一者心專正,種種外事來壞不能移轉,如四邊風起山不傾動。二者質直,聞師說法不見長短,心無增減隨教無疑,譬如入稠林採木直者易出曲者難出,如是三界稠林,直者易出、曲者難出,佛法中唯直是用、曲者遺棄。三者慚愧,是第一上服最妙莊嚴,慚愧為鉤制諸惡心,有慚有媿真為是人,若無慚媿畜生無異。四者不放逸,一切善法之根本,如世間放逸失諸利事,行者放逸失涅槃利,當知放逸如怨如賊,心常遠離,當知不放逸如君父師長,應遵承不捨。五者遠離,因此遠離成不放逸,若近五欲諸情開發,先常身離聚落,次心遠離不念世事。六者少欲,資生之物心不多求,多求故則墮眾惱。七者知足,有人雖復少欲,樂著好物則敗道心,是故智者趣足而已。八者心不繫著,若弟子檀越知識親里,若問訊迎送多營多事,如是等者毀敗道故不應繫著。九者不樂世樂,若歌舞伎樂,良時好日選擇吉凶,一切世事悉不喜樂。十者忍辱,行者求道時,當忍十事:一蚊虻侵害,二蛇蚖毒螫,三者毒獸,四者罵詈誹謗,五者打擲加害,六者病痛,七飢,八渴,九寒,十熱,如是惱事,行者忍之莫令有勝,常勝此事。

復次如人識知病相,知病因緣,知除病藥,得看病人,隨意所須不久當差。行者如是,知實苦相,知苦因緣,知苦盡道,知得善師同學,如是不久得安隱寂滅。”

問曰:“以得非想非非想處入深禪定,唯有上地結使微薄,心已柔軟,不應種種因緣種種譬喻觀是四諦,似若不信?”

答曰:“非但為有頂者說,總為一切有頂之人,但觀無色界四陰無常苦空無我,如病如瘡如箭入心,無常苦空無我,皆是因緣虛誑作法,觀涅槃上妙安隱快樂,非為作法真實不虛,滅三毒三衰,身心苦滅,常呵四陰及其因緣,則名苦諦集諦,讚歎涅槃及涅槃道,是名盡諦道諦。

行者得四禪、四無色定，心已柔軟，若求五神通，依第四禪則易得，若依初禪二禪三禪雖復可得，求之甚難得亦不固。所以者何？初禪覺觀亂定故，二禪喜多故，三禪樂多故，與定相違，四如意分皆是定相，唯第四禪無苦無樂無憂無喜，無出入息，諸聖所住快樂安隱，是故行者當依第四禪修四如意分。所謂欲定行法成就如意，精進定、心定、思惟定行法成就如意，依是住者無事不得。”(《大正藏》卷十五第294-295页)

【评说】以上介绍“四谛”。“四谛”是总括佛教修行目的与方法的教义。熟悉“四谛”的概念，有利于把握自身情况，理解修行方法，掌握修行原则。

【原文】問曰：“云何欲定行法成就如意？”

答曰：“欲名欲於所求之事，定名一心無有增減，行法名信念巧慧喜樂等助成欲定，因欲為主，得定故名為欲定；精進定、心定、思惟定亦如是。行者觀欲莫令有增有減，莫令內多攝、外多散，柔軟平等調和堪用，猶如彈琴調其緩急，隨作何曲。精進、心、思惟亦爾，如行者學飛，欲飛是名欲；攝諸散心集助行法，是名精進心；能舉身離身心麁重睡掉等，心則輕便，以心輕故能舉其身，是名心；籌量欲精進心多少，能舉身未能壞內外諸色味，是名思惟。依四如意分，能具足一切功德，何況五通！”

問曰：“五神通何者先生？”

答曰：“隨所樂者為先。”

問曰：“若爾者，何以變化神通在初？”

答曰：“五神通多為眾生。所以者何？如慧解脫阿羅漢，既得阿羅漢作是念言：‘有眾生多鈍根者，不信道事輕慢佛法，我得難事漏盡神通，如何不起神通教化眾生而令墮罪？又佛大悲利益眾生，我為弟子，應以神通助益眾生。然諸眾生多以現事而得利益，神變感動貴賤大眾無不傾伏，餘通無有是者。’以是故變化神通在初。”

問曰：“天身火大多故身有光明，亦能昇虛疾去；鬼神風大多故身則輕疾，無所觸礙；龍身水多故心念生水，亦能變動；人身地大多故輕動相少，云何能飛？”

答曰：“以人身地種輕動相少故，求學神通，如天如神何用通為？如地雖重，以水力故地則為動，如是心力故能舉其身。譬如獼猴從高墜落而不傷身，人墮則傷，以獼猴心力輕疾強故無損；當知身通如是，心力強故。又如人能浮，雖在深水而不沈沒，心方便力故能持其身；以是故當知，人身雖重，心力強故身飛虛空。”

問曰：“如是可信云何當學？”

答曰：“若行者住於第四禪，依四如意分，一心攝念觀身處處虛空如藕根孔，取身輕疾相，習之不已，身與心合，如鐵與火合，滅身麁重相，但有輕疾身；與欲、精進、思惟及助行法合，欲等善行力故，身則隨逐如火在鐵輕軟中用。又復色界四大造色，在此身中與身和合，令身輕便隨意能去。如人服藥，令心了了身則輕便。譬如色界四大造色明淨，在此身故眼則明淨。如人學跳，習之轉工絕於餘人，如鳥子學飛漸漸轉遠；身通如是，初得之時，或一丈二丈，漸能遠飛。是變化神通有四種：一者身飛虛空如鳥飛行，二者遠能令近，三者此滅彼出，四者猶如意疾，彈指之頃有六十念，一念中間能越無量阿僧祇恒河沙國土，隨念即至。用是神通身得自在，一身能為多身，多身能為一身，大能為小、小能為大，重若須彌、輕如鴻毛，如是等所作如意。

復次，菩薩得是身通，一念之頃度恒河沙國土，然眾生見菩薩到彼，而菩薩不動於本處，於彼說法教化，此亦不廢。或有天人著常顛倒，可以神通度者，現燒三千大千國土，而眾生見三千大千國土焚燒破壞，而國土無損。有眾生心生憍慢，現作手執金剛杵，從金剛中出火，見者怖畏歸伏禮敬。有人樂著轉輪聖王身，即現轉輪聖王而為說法，或現釋提桓因、或現魔王、或現聲聞辟支佛、或現佛身，隨所樂身而為說法。菩薩或復在虛空中結加趺坐，從身四邊悉放種種光明而為說法。或時眾生樂雜色莊嚴，即為現三千大千國土七寶莊嚴幢幡華蓋百種伎樂，處中說法。或令三千大千國土為一海水，青蓮紅華覆蓋水上，於上說法。或坐須彌山上，以梵音聲說法，普聞諸國。或時眾生不見其形，但聞說法之聲。或作乾闥婆身，伎樂音聲令其心悅，然後說法。或現龍王雷電霹靂，而以說法。如是種種因緣方便，而現神變開引眾生。"

問曰："是神通變化諸物，云何而不虛妄?"

答曰："行者先知諸法虛誑如幻如化，譬如調泥隨意所作，如福德之人尚能夏有雪、冬生華、河不流，又如仙人瞋怒令虎狼師子變為石身，何況神通定力而不變物？復次一切物中各有氣分，取其分相神力廣之，餘者隱沒。如經說，有比丘神力心得自在，見有大木欲令為地即皆是地。所以者何？木有地分故。若水火風亦如是。若作金銀種種寶物，隨意悉作。何以故？木有淨分故。"

問曰："物變如是，化無本末，其事云何?"

答曰："有言虛空中四大所造微塵，化心力故令諸微塵合成化人。譬如人死，或生天上或生地獄，罪福因緣故，和合微塵為化亦如是等是物變化神通相。

若行者欲求天耳，亦以第四禪為本，修四如意分，如上所說，調柔其心，屬念大眾音聲，取種種聲相，所聞之聲常當想念，若心餘緣攝之令還，常當一心修念，即於耳中得色界四大所造清淨之色，是名修習天耳。以是天耳，聞十方無量國土音聲，所謂天聲、人聲、龍聲、阿修羅聲、乾闥婆聲、栴陀羅聲、摩睺勒聲，及畜生、餓鬼之聲，地獄苦痛麁細大小音聲等，皆悉聽聞。菩薩定心轉深，乃聞十方諸佛音聲，從佛聞法而不取相，以法為真法為最上，而依深義不依於語。云何深義？所謂知諸法空、無相、無作，不生邪見。於義亦不得義，不可得中亦無得相，是依深義不依語言。復次行者依了義經不依非了義經。了義經者，若能依義，一切諸經皆是了義，義畢竟空不可說相故。是以諸經皆是了義。若不依義，是人於諸經皆不了義。所以者何？以無深智，隨逐音聲故。是音聲實相亦入深義，俱不可說，是名分別了義經不非了義經。復次行者依智而不依識。何以故？行者知是識相，從因緣和合生，無有自性，無色無對不可見，無知無識虛誑如幻。如是知識相，識即為智，是故依智而不依識。行者雖復生識，若識若智而不生著，知識如相，識即為智相，以是智相為眾生說。復次行者依法不依人。何以故？若佛法中實有人者，無有清淨得解脫者，而一切法無我無人，但隨俗故說有人有我，以是故行者依法不依人。所謂法者諸法之性，法性者無生性，是無生性者畢竟空，是畢竟空者不可說者是。何以故？以語說法，法中無語、語中無法，語則是無語相，一切語言非語言相，以是故經說，無示無說是名佛法。行者以天耳聞諸佛法，若人若法不生著見，若分別二相非為佛法，若無二相則是佛法。行者依止天耳力故，聞甚深之法，以教化眾生，是名天耳神通。

若行者欲得他心智，先自觀心，取心生相、住相、滅相，亦知心垢相淨相、定相亂相等，復觀心所緣垢淨近遠多少等。自取內外心相已然，緣觀眾生色，取欲相心、瞋相心、慢相心、慳相心、嫉相心、憂相心、畏相心、語言音聲種種所作相心等，作是念：'佛如我心，生時住時滅時，彼亦如是。'自知心所緣，他亦如是。我心有如是色相語言所作相，他亦如是。常修學心

相，如是習已得他心通，是時但緣他心、心數法，如明眼者觀淨水中魚，有大小好醜悉皆見之；雖有水覆，以水淨故不以為礙。行者如是，知他心通力故，眾生雖身覆心而能見之，既得心通，或時在大眾說法，先知其心，知是眾生以何深心、行何法、何因緣、有何相、喜何事，知自心清淨故，知眾生心亦可清淨。如淨鏡中隨所有色，若長若短方圓麁細等，如本相現不增不減。所以者何？鏡清淨故。鏡雖不分别而顯其相。行者亦如是，自心清淨故，諸法無一定相，常清淨故。眾生心心數法皆悉知之，若眾中多婬欲者，即知其心，為說離婬欲法，恚癡亦如是。何以故？心實相無染無瞋無癡。若眾中求聲聞乘者，亦知其心而為說法；雖為說法，知法性亦無有小。求辟支佛道者，亦知其心而為說法；雖為說法，知法性亦無有中。若求大乘者，亦知其心而為說法；雖為說法，知法性亦無有大。行者如是，等隨眾生心而為說法，亦不分别心相；雖分别三乘說法，而不壞法性；不壞法性故悉知一切眾生心所行。雖自用心知他心，於彼此心無逆無順，亦知一切眾生心心相續如水流。如知心性，法性亦如是，以他心智知眾生心而為說法，則不害也，是名知他心智神通。

若行者欲知宿命，先自覺知今所經事、向所經事，轉至昨夜、昨日、前日，如是一月，從今歲乃至孩童，譬如行道，到所至處思惟憶念所經遊處。如是習已，善修定力故，憶念生時、處胎時，知某處死、此胎生，知是一世二世三世乃至百世千萬無量億世。以宿命智，自知己身及他恒河沙劫所經由事，悉皆念知。以宿命事教化眾生，作如是言：'我某處，如是姓字、如是生、如是壽命、所經苦樂。'亦說彼所經之事。行者以宿命力故，知是眾生先世罪福因緣，所謂種聲聞因緣、辟支佛因緣、佛因緣，隨其因緣而為說法。復次行者宿命智力故，自知從諸佛種善根不迴向阿耨多羅三藐三菩提，今當迴向阿耨多羅三藐三菩提。行者亦知過去諸法滅時無所去，知未來世諸法生時無所從來。雖知過去世無始，不生無始見；雖觀未來世眾生滅入涅槃，亦不生邊見。行者念宿命時，增益諸善根，及滅無量世罪因緣。何以故？知一切法無新相、無故相。得如是智慧已，觀一切有為法及所經生死苦樂，如夢中所見，以是故於生死中心不生厭，於一切眾生而起悲心，知一切法皆是作相，作是念：'如我千萬億無量劫往來生死，皆為虛妄非實；一切眾生來往生死皆亦如是。若無四大四陰者，是則為實，四大四陰亦畢竟不生。'復次行者以宿命智憶念，曾為轉輪聖王，所受之樂無常磨滅，釋提桓因樂亦無常磨滅，有諸國土清淨莊嚴，及諸菩薩諸佛上妙之色，轉於法輪皆悉無常，何況餘事？念如是已心厭遠離。行者依宿命智入無常空，觀一切諸法皆空無常，而眾生顛倒故著。為是眾生故而生悲心，行是悲心，漸漸得成大悲。得大悲已，十方諸佛念是菩薩、讚歎其德，是名宿命神通。

若行者欲求天眼者，初取明光相，所謂燈火明珠、日月星宿等。取是明相已，若晝日則閉目，夜則無在念上明相如眼所見。常修習明念，繫心在明不令他念，若去攝還心得一處。是時色界四大所造清淨之色在此眼中，是眼名天，以天四大造故，名為天眼，又諸賢聖清淨眼故，名為天眼。行者得是天眼已，諸山樹木、鐵圍、須彌及諸國土，都無障蔽、以無礙眼，能見十方無量阿僧祇諸佛及莊嚴國土。爾時行者能知一切佛為一佛，又見一佛為一切佛，以法性不壞故。如見佛相，自見身相亦如是。自身相淨故，一切法相亦如是。如見佛清淨。弟子亦爾，無有二相。及十方無量國土眾生，若地獄、畜生、餓鬼、人、天，除無色者，生死好醜皆悉見之，皆知十方六道眾生業因緣及果報：是眾生以善業因緣故生天人中，是眾生以不善業因緣故生三惡道中。行者於大眼中得智慧力故，雖見眾生不生眾生想，一切法無眾生想故；雖見業及果報相續，亦入一切法無業無果報中。雖天眼見一切色，以智慧力故亦不取色相，是色悉皆空故。復次若障若不障、近遠上下，無不悉見。行者見色界諸天清淨微形者，而彼不見，

乃至大天亦復不見,如是等種種神通義,如摩訶衍神通義中廣說。”(《大正藏》卷十五第 295-297 页)

【评说】以上介绍佛教的神通观。神通是对达到四禅以后所可能获得的超常心理能力的统称。其实质是由于长期禅修引起大脑认知功能的强化和改变。神通变化对于常人而言神奇难测,但也有其基础和依赖条件,并非完全随心所欲的幻想。

思惟略要法

姚秦三藏罗什法师译

【提要】本论是对禅修方法的汇集,总论部分通过分析形疾与心病的轻重缓急,引出洗除心垢需要依靠正确的修行方法。在分论中依次列举四无量观法、白骨观法、观佛三昧法、法身观法、十方诸佛观法、观无量寿佛法、诸法实相观法、法华三昧观法等佛教常用的禅观方法。

【原文】形疾有三:風、寒、熱病,為患輕微。心有三病,患禍深重,動有劫數受諸苦惱,唯佛良醫能為制藥。行者無量世界長嬰此疾,今始造行,當令其心決定專精不惜身命,如人入賊,心不決定不能破賊,破亂想軍亦復如是。如佛言曰:“血肉雖盡,但有皮筋尚在,不捨精進,如人火燒身衣,但欲救火更無餘念。”出煩惱苦亦復如是,當忍事病苦飢渴、寒熱瞋恨等,當避憒鬧樂住閑寂。所以者何?眾音亂定,如入棘林。

凡求初禪先習諸觀,或行四無量、或觀不淨、或觀因緣、或念佛三昧、或安那般那,然後得入初禪則易。若利根之人直求禪者,觀於五欲種種過患,猶如火坑亦如廁舍;念初禪地,如清涼池如高臺觀,五蓋則除便得初禪。如波利仙人初學禪時,道見死女膖脹爛臭,諦心取相,自觀其身如彼不異,靜處專思便得初禪。佛在恒水邊坐禪,有一寡聞比丘問佛:“云何得道?”佛言:“他物莫取。”便解法空即得道迹,有多聞比丘,自怪無所得而問於佛。佛言:“取恒水中小石,以君遲水淨洗。”比丘如教。佛問:“恒水多?君遲水多?”答:“不可為喻也。”佛言:“不以指洗,雖多無用也。”行者當勤精進,用智定指洗除心垢,若不如是,不能離法也。(《大正藏》卷十五第 297-298 页)

【评说】佛教疾病观秉承于佛教心身观,轻形体重精神,认为“形疾有三:风、寒、热病,为患轻微。心有三病,患祸深重”,风寒热导致的躯体疾病危害小,心病危害巨大,只有佛陀才能医治。其理论基础是心识会流转投生无数世,而身(躯体)仅一世的轮回观。

要治心病应修心,经文指出,先修观再修止,入初禅则易。又以波利仙人、寡闻比丘和多闻比丘的事例说明弃五盖、不取他物、定心一意的重要性。

【原文】四無量觀法:

求佛道者,當先行四無量心。其心無量,功德亦無量。於一切眾生中,凡有三分:一者父母親里善知識等,二者怨賊嫌人常欲惱害者,三者中人不親不怨。行者於此三品人中,慈心視之當如親里,老者如父母,中年如兄弟,少年如兒子,常應修集如是慈心。人之為怨以有惡緣,惡因緣盡還復成親,怨親無定。何以故?今世是怨後世成親,瞋憎之心自失大利,破忍辱

福、失慈心業、障佛道因緣，是故不應瞋憎。怨賊應當視之如其親里。所以者何？是怨賊令我得佛道因緣，若使怨賊無惡於我，我無所忍，是則為我善知識也，令我得成忍辱波羅蜜。怨賊之中得是慈已，於十方眾生慈心愛念。普遍世界，見諸眾生無常變異，有老病死眾苦逼切，蜎蜚蠕動皆無安者而起悲心。若見眾生得今世樂及後世樂，得生天樂賢聖道樂而起喜心。不見眾生有苦樂事，不憂不喜以慧自御，但緣眾生而起捨心，是名四無量心。於十方眾生慈心遍滿故名為無量，行者常應修集是心。若或時有瞋恚心起，如蛇如火在於身上，即應急却。若心馳散入於五欲，及為五蓋所覆，當以精進智慧之力強攝之還。修習慈心，常念眾生令得佛樂，習之不息，便得離五欲、除五蓋、入初禪。得初禪相者喜樂遍身，諸善法中生歡喜樂，見有種種微妙之色，是名入佛道初門禪定福德因緣也。得是四無量心已，於一切眾生忍辱不瞋，是名眾生忍。得眾生忍已，易得法忍。法忍者，所謂諸法不生不滅畢竟空相。能信受是法忍，是名無生忍，得阿耨多羅三藐三菩提記，當得作佛。行者應當如是修習也。（《大正藏》卷十五第298页）

【评说】“四无量观”法是对慈悲喜舍四种心态的修习。本段经文重点介绍了慈心观的修习方法及习练之后的征象。

【原文】不淨觀法：

貪欲、瞋恚、愚癡是眾生之大病，愛身著欲則生瞋恚，顛倒所惑即是愚癡，愚癡所覆故內身外身愛著浮相，習之來久染心難遣，欲除貪欲當觀不淨。瞋恚由外既爾可制，如人破竹初節為難，既制貪欲，餘二自伏。不淨觀者，當知此身生於不淨，處在胞胎，還從不淨中出。薄皮之內純是不淨，外有四大變為飲食充實其內，諦心觀察，從足至髮從髮至足，皮囊之裏無一淨者，腦膜涕唾、膿血屎尿等，略說則三十六，廣說則無量。譬如農夫開倉，種種別知麻米豆麥等。行者以心眼開是身倉，見種種惡露肝肺腸胃諸蟲動食，九孔流出不淨，常無休止。眼流眵淚、耳出結聹、鼻中涕流、口出唌吐、大小便孔常出屎尿，雖復衣食障覆，實是行廁。身狀如此，何由是淨？又觀此身假名為人，四大和合譬之如屋，脊骨如棟、脇肋如椽、骸骨如柱、皮如四壁、肉如泥塗，虛偽假合，人為安在？危脆非真，幻化須臾。脚骨上脛骨接之，脛骨上髀骨接之，髀骨上脊骨接之，脊骨上髑髏接之，骨骨相拄危如累卵。諦觀此身無一可取，如是心則生厭惡。常念不淨三十六物，如實分別，內身如此外身不異。若心不住，制之令還專念不淨。心住相者，身體柔軟漸得快樂。心故不住，當自訶心：“從無數劫來常隨汝故，更歷三惡道中苦毒萬端。從今日去我當伏汝，汝且隨我。”還繫其心令得成就。若極厭惡其身，當進白骨觀，亦可入初禪。行者志求大乘者，命終隨意生諸佛前，不爾必至兜率天上得見彌勒。（《大正藏》卷十五第298页）

【评说】“不净观”是观察人身的种种不净，分别从出生不净、身体不净、身中无我、无一可取等方面详细观察，从而对自身产生极度厌恶，可以进入下一步白骨观的修习。

【原文】白骨觀法：

白骨觀者，除身皮血筋肉都盡，骨骨相拄白如珂雪，光亦如是。若不見者，譬如癩人，醫語其家：“若令飲血色同乳者，便可得差。”家中所有悉令作白，銀栝盛血，語之：“飲乳，病必得差。”癩人言：“血也。”答言：“白物治之，汝豈不見家中諸物悉是白耶？罪故見血，但當專心乳想，莫謂是血也。”如是七日便變為乳，何況實白而不能見？既見骨人，當觀骨人之中，其心生滅相續如綖穿珠，如意所見及觀外身，亦復如是。若心欲住，精勤莫廢，如攢火見烟、掘井見濕，必得不久。若心靜住，開眼閉眼光骨明了，如水澄靜則見面像，濁則不了，竭則不見。（《大正藏》卷十五第298-299页）

【评说】"白骨观"是取白色作为所缘进行专意观想的禅法，是身观的高级观法。其征象是"若心静住，开眼闭眼光骨明了，如水澄静则见面像，浊则不了，竭则不见"，以清晰与否来判断心的止息状态。

【原文】觀佛三昧法：

佛為法王，能令人得種種善法，是故習禪之人先當念佛。念佛者，令無量劫重罪微薄得至禪定。至心念佛。佛亦念之，如人為王所念，怨家債主不敢侵近。念佛之人。諸餘惡法不來擾亂，若念佛者佛常在也。云何憶念？人之自信無過於眼，當觀好像便如真佛。先從肉髻、眉間白毫下至於足，從足復至肉髻，如是相相諦取，還於靜處閉目思惟，繫心在像不令他念。若念餘緣，攝之令還，心目觀察如意得見，是為得觀像定。當作是念："我亦不往，像亦不來，而得見者，由心定想住也。"然後進觀生身便得見之，如對面無異也。人心馳散多緣惡法，當如乳母伺視其子，莫令墜於坑井險道。念則如子，行者如母，若心不住，當自責心："念老病死甚為切近。若生天者，著於妙欲，無有治心善法；若墮三惡道，苦惱怖懅善心不生。今受妙法，云何可不至心專念耶？"又作念言："生在末法，末法垂已欲滅，猶如赦鼓開門放囚，鼓音漸已欲止，門扉已閉一扇，豈可自寬不求出獄。過去無始世界已來，所更生死苦惱萬端，今所受法未得成就，無常死賊須臾叵保，當復更受無央數劫生死之苦。"如是種種鞭心，令心得住。心住相者，坐臥行步常得見佛，然後更進生身、法身。得初觀已，展轉則易。（《大正藏》卷十五第299页）

【评说】"观佛三昧"法，即观想佛陀身相以得定的观法。其方法是"当观好像便如真佛。先从肉髻、眉间白毫下至于足，从足复至肉髻，如是相相谛取，还于静处闭目思惟，系心在像不令他念。若念余缘，摄之令还"，通过长期的观想练习，达到"心目观察如意得见"的程度，称为"观像定"。具有熟练观想的能力后，在生活中可以时时刻刻练习，由此初禅易得，其原因在于观像三昧同时是有相止，与止禅一脉相通。

【原文】生身觀法：

生身觀者，既已觀像，心想成就，撿意入定，即便得見，當因於像以念生身。觀佛坐於菩提樹下，光明顯照相好奇特；或如鹿野苑中坐，為五比丘說四諦法時；或如耆闍崛山放大光明，為諸大眾說波若時。如是隨用一處，繫念在緣不令外散，心想得住即便見佛，舉身快樂樂徹骨髓。譬如熱得涼池、寒得溫室，世間之樂無以為喻也。（《大正藏》卷十五第299页）

【评说】"生身观"法是观佛三昧法的接续，将熟练观想的静态佛像进一步观为动态的生身，演绎佛陀成道的事迹。

【原文】法身觀法：

法身觀者，已於空中見佛生身，當因生身觀內法身，十力、四無所畏、大慈大悲無量善業。如人先念金瓶，後觀瓶內摩尼寶珠，所以尊妙神智無比，無遠無近無難無易，無限世界悉如目前，無有一人在於外者，一切諸法無所不了。常當專念不令心散，心念餘緣攝之令還。復次，

一切愚智當其死時，外失諸根如投黑坑，若能發聲聲至梵天。大力大苦大怖大畏無過死賊，唯佛一人力能救拔，能與種種人天涅槃之樂。復次，一切諸佛，世世常為一切眾生故不惜身命。如釋迦牟尼佛昔為太子時，出遊道見癩人，勅醫令治。醫言："當須不瞋人血飲之，以髓塗之，乃可得差。"太子念言："是人難得，設使有者復不可爾。"即便以身與之令治。若為一切眾生，亦復如是。佛恩深重過於父母，若使一切眾生悉為父母，佛為一分，二分之中常當念佛，不應餘念。如是種種功德，隨念何事，若此定成除斷結縛，乃至可得無生法忍。若於中間諸病起者，隨病習藥。若不得定，六欲天中豪尊第一，飛行所至宮殿自隨。或生諸佛前，終不空也；若人藥和赤銅，若不成金，不失銀也。（《大正藏》卷十五第 299 页）

【评说】"法身观"法是舍有相入无相的观法，以佛陀的功德为观察对象，进一步舍缘，以得到更细微的定。

【原文】十方諸佛觀法：

念十方諸佛者，坐觀東方廓然明淨，無諸山河石壁，唯見一佛結跏趺坐舉手說法。心眼觀察，光明相好晝然了了，繫念在佛不令他緣，心若餘緣攝之令還。如是見者，更增十佛，既見之後復增百千，乃至無有邊際，近身則狹轉遠轉廣，但見諸佛光光相接。心眼觀察得如是者，迴身東南，復如上觀。既得成就，南方西南方，西方西北方，北方東北方，上下方都亦如是。既得方方皆見諸佛，如東方已，當復端坐總觀十方諸佛，一念所緣周匝得見。定心成就者，即於定中十方諸佛皆為說法，疑網雲消得無生忍。若宿罪因緣不見諸佛者，當一日一夜六時懺悔隨喜勸請，漸自得見，縱使諸佛不為說法，是時心得快樂身體安隱。是則名為觀十方諸佛也。（《大正藏》卷十五第 299 页）

【评说】"十方佛观"法是把一佛扩展为无数佛围绕的观想方法，练习的是观想无限空间事物的能力，锻炼的是以注意力、空间想象力为主的思维能力。

【原文】觀無量壽佛法：

觀無量壽佛者，有二種人。鈍根者，先當教令心眼觀察額上一寸，除却皮肉但見赤骨。繫念在緣不令他念，心若餘緣攝之令還。得如是見者，當復教令變此赤骨辟方一寸令白如珂。既得如是見者，當復教令自變其身皆作白骨，無有皮肉色如珂雪。復得如是見，當更教令變此骨身使作琉璃，光色清淨視表徹裏，既得如是見者，當復教令從此琉璃身中放白光明，自近及遠遍滿閻浮，唯見光明不見諸物，還攝光明入於身中。既入之後，復放如初。凡此諸觀從易及難，其白亦應初少後多。既能如是，當從身中放此白光，乃於光中觀無量壽佛。無量壽佛其身姝大光明亦妙，西向端坐相相諦取，然後總觀其身，結跏趺坐顏容巍巍如紫金山。繫念在佛不令他緣，心若餘緣攝之令還，常如與佛對坐不異，如是不久便可得見。若利根者，但當先作明想，晃然空淨，乃於明中觀佛，便可得見。行者若欲生於無量壽佛國者，當作如是觀無量壽佛也。（《大正藏》卷十五第 299-300 页）

【评说】观无量寿佛，本质是观明净相。对于不熟练的钝根者，需要借助相似的物体一步步接近明净相；对于熟练的利根者，直接观想即可。

【原文】諸法實相觀法：

諸法實相觀者，當知諸法從因緣生，因緣生故不得自在，不自在故畢竟空相，但有假名無有實者。若法實有不應說無，先有今無是名為斷。不常不斷亦不有無，心識處滅言說亦盡，是名甚深清淨觀也。又觀婬怒癡法即是實相。何以故？是法不在內不在外。若在內，不應待外因緣生；若在外，則無所住。若無所住亦無生滅，空無所有清淨無為，是名婬怒癡實相觀也。又一切諸法畢竟清淨，非諸佛賢聖所能令爾。但以凡夫未得慧觀，見諸虛妄之法有種種相。得實相者觀之，如鏡中像，但誑人眼，其實不生亦無有滅。如是觀法甚深微妙，行者若能精心思惟，深靜實相不生邪者，即便可得無生法忍。此法難緣，心多馳散，若不馳散或復縮沒，常應清淨其心了了觀察。若心難攝當呵責心："汝無數劫來常應雜業無有厭足，馳逐世樂不覺為苦，一切世間貪樂致患，隨業因緣受生五道，皆心所為，誰使爾者？汝如狂象，蹈籍殘害無有物制，誰調汝者？若得善調則離世患。當知處胎不淨，苦厄逼迮切身猶如地獄。既生在世，老病死苦憂悲萬端不得自在；若生天上，當復墮落。三界無安，汝何以樂著？"如是種種呵責其心已，還念本緣。心想住者，心得柔軟，見有種種色光從身而出，是名諸法實相觀也。

欲生無量壽佛國者，應當如是上觀無量壽佛。又觀諸法實相，又當觀於世間如夢如幻皆無實者，但以顛倒虛妄之法，橫起煩惱受諸罪報。如人見諸小兒共諍瓦石土木，便生瞋鬪。觀諸世間亦復如是，當興大悲誓度一切，常伏其心修行二忍，所謂眾生忍、法忍也。眾生忍者，若恒河沙等眾生種種加惡，心不瞋恚；種種恭敬供養，心不歡喜。又觀眾生無初無後，若有初者則無因緣，若有因緣是則無初，若無初者中後亦無。如是觀時不墮常斷二邊，用安隱道觀諸眾生不生邪見，是名眾生忍。法忍者，當觀諸法甚深清淨畢竟空相，心無罣礙能忍是事，是名法忍。新發意者雖未得是法忍，當如是修習其心。又觀諸法畢竟空相，而於眾生常興大悲，所有善本盡以迴向，願生無量壽佛國，便得往生。(《大正藏》卷十五第 300 页)

【评说】"诸法实相"观，"是名甚深清净观也"，指只要仔细观察一切法，都可以分解至空无所有的地步，"不自在故毕竟空相，但有假名无有实者"。佛教认为这就是最根本的清净，实际上是指一切概念的消亡。

"此法难缘，心多驰散，若不驰散或复缩没，常应清净其心了了观察"，因为这种观察方法非常耗费心力，所观察的对象又需要分析破除至最基本的概念，因此要求有志于此的修习者坚持长期练习。诸法实相观包含观诸法与观实相两个部分，可以包含多种观法。

【原文】法華三昧觀法：

三七日一心精進如說修行，正憶念《法華經》者，當念釋迦牟尼佛於耆闍崛山與多寶佛在七寶塔共坐，十方分身化佛遍滿所移眾生國土之中，一切諸佛各有一生補處菩薩一人為侍，如釋迦牟尼佛以彌勒為侍。一切諸佛現神通力，光明遍照無量國土，欲證實法出其舌相，音聲滿於十方世界。所說《法華經》者，所謂十方三世眾生若大若小，乃至一稱南無佛者，皆當作佛。惟一大乘，無二無三，一切諸法一相一門，所謂無生無滅畢竟空相。唯有此大乘，無有二也。習如是觀者，五欲自斷、五蓋自除，五根增長，即得禪定。住此定中深愛於佛，又當入是甚深微妙一相一門清淨之法。當恭敬普賢、藥王、大樂說、觀世音、得大勢、文殊、彌勒等大菩薩眾，是名一心精進如說修行正憶念《法花經》也。此謂與禪定和合令心堅固，如是三七日中，則普賢菩薩乘六牙白象來至其所，如經中說。(《大正藏》卷十五第 300 页)

【评说】"法华三昧"观，即通过专心一意对照《法华经》文字随文入观，获得禅定。

达摩多罗禅经

东晋天竺三藏佛陀跋陀罗译

【提要】本经名为禅经，是集合禅法偈颂和文字解说的集经。本经第一至第八以偈颂的形式从具体修行方法（方便）和禅修见解引导（胜道）两个层面介绍安那般那禅法（观呼吸）的退、住、胜进、决定四种情况，第九至第十二介绍不净观的退、住、胜进、决定，第十三介绍四界差别观。以上三种禅观方法都归纳为五言偈颂的文体，以方便修行者记忆背诵。

修行四无量三昧第十四，修行观阴分第十五，修行观入分第十六，修行观十二因缘第十七。此四篇文体一变为长文，分别解说四种观法。

卷　上

修行方便道安那般那念退分第一

【原文】我今如所聞，　演說修行地，
方便勝究竟，　如其修所生。
修行於善法，　先當知四種：
退減住升進，　決定諸功德。
修行退減時，　令住法不生，
亦不能升進，　是今當略說。
先當起等意，　習行慈心觀，
須臾止瞋恚，　令暫息不行。
煩惱暫止息，　次當淨尸羅，
尸羅既清淨，　三昧於中起。
三昧已修起，　觀察應不應？
善知應不應，　修向所應作。
既向所應作，　專念繫心處，
已能樂彼處，　正觀依風相。
正觀依風時，　其心猶馳亂，
止心在入息（安般者二種：一見，二觸鈍根不見），
如繫調御馬。　心既止入息，
思维正憶念，　冷暖與輕重，
柔軟麁澁滑。　修行諦覺知，
隨順善調適。　於觸復不了，
是說修行退。　數一以為二，
數二以為一，　至九猶錯亂，
是說修行退。　若於修行退，

更數從初起； 十數滿足者，
遠離諸過行。 不修與過修，
或有異修起， 有此諸過生，
是說修行退。 修行若俱數，
心擽生惑亂， 惑亂若增長，
是說修行退。 氣息不通流，
衝擊於鼻面， 頭頂悉苦痛，
內或絞風起； 息亂失其道，
而彼不知治， 身體極燒熱，
其心生憒亂。 四種既錯亂，
依風極違諍。 修行欲令息，
而不善方便， 不知對治法，
是必疾退減。 修行緣入息，
而反緣出息； 修行緣出息，
而反緣入息。 於二心俱淨，
是應修行果。 寂止定意生，
而復更求數， 有此諸過謬，
是皆修行退。 急喘而安般，
則令念錯亂； 由是錯亂念，
修行心發狂。 其心發狂故，
不知應不應， 於二無分别，
是說修行退。 修行數已成，
息去亦隨去； 去已處處住，
於彼善觀察。 既觀令息還，
還已起清淨。 不善知六種，
是說修行退。 長短悉分别，
遍身盡覺知， 身行漸休息，
一切應決了。 於此不善知，
是令修行退（身念處四勝竟）。 知喜亦知樂，
勤方便意行； 當復制心行，
令不至掉亂（受念處四勝竟）。 次分别知心，
修行正觀察； 又生欣悅心，
還復攝令定。 非是不定心，
定已心解脫（心念處四勝竟）。 善修解脫者，
不令心退沒； 若入退滅分，
則無有解脫。 觀察無常斷，
離欲與滅盡， 出息入息滅，
是名修行勝（此四相似法念處）。 如是十六行，
自在心迴轉。 覺觸之所獲，

見得亦復然。 若於見與觸，
不善識分際； 是過應當知，
無智令修退。 修行上增進，
不應緣於下； 緣下亦如是，
不應上增進。 若見二增進，
心住而等觀， 任之則自成，
還到修行處。

方便道安般念退分第一竟。

修行胜道退分第二

勝念已成就， 懈怠竟沈沒，
是則為退像， 無堪於所求。
不染污無記， 起諸腦惱退，
垢濁熱炎生， 由是失正見。
振掉或關鑰， 浮飄麄澁滑，
是五退滅相， 修行應分別。
望遠絕所悕， 有見已墜落，
還顧覩深嶮， 是皆退滅相。
長病誦止諍， 多業遠遊行，
彼時解脫種， 是五退滅因。
信戒聞捨慧， 於是漸衰退。
身重與惛鈍， 耽睡及沈沒，
是五應當知， 修行退轉相。
恐怯多猶豫， 驚畏不欣樂，
懈怠離所欲， 不迴向修行。
不習、過修習，是二俱為失，
彼時解脫種， 於是修行退。
三昧離相樂， 爾炎皆消盡；
麄澁四大種， 還從身內起。
掉動失正念， 由是意憒亂，
其心不恬靜， 斯從行者生。
一切諸瑞相， 不顯現分明，
修行如是觀， 欲見為甚難。
諸根悉馳縱， 隨欲向所緣；
邪意普流散， 樂著諸境界。
形消意愁慘， 其身皆燒然；
如是燒然者， 是說為憂退。
方便不精勤， 後則生悔恨；
聞所應成就， 欲進劣無能。

不趣喜勝處，　或見勝不取，
皆由無智故，　是說修行退。
自念有越戒，　疑悔及諸覺，
意淡無滋味，　是說修行退。
諸過定意羸，　三昧漸消滅，
心亂蓋所覆，　是說修行退。
心舉調順捨，　不觀時非時，
不了住起緣，　無智故修退。
不知六時行，　六界亦不善，
亦愚六巧便，　是說修行退。
貪欲瞋恚覺，　十想巧方便，
得向諸禪地，　及法心妄解，
一切次第度，　無知故修退。
不觀處非處，　業報及正受，
禪定諸解脫，　淨味愚不了；
諸根到處道，　性欲不分別，
心隨眾雜相，　是悉無知退。
於苦樂速道，　其心不趣向，
如是意迷惑，　必向退轉處。
起住與起緣，　入出及方便，
六法不成就，　是令修行退。
知法亦知義，　知時亦知量，
自知與知眾，　及知福伽羅，
於七愚不了，　是令修行退。
興起諸惡法，　習行卑賤業，
親近不善友，　令是修行退。
錯說違所應，　愛者心樂向，
當知是不久，　必於修行退。
所止處及人，　床臥等眾具，
斯皆非所樂，　近令修行退。
喜隨諸雜相，　損減所修慧；
棄捨所緣處，　心不得真實。
修行捨本相，　散心隨外緣，
雖欲還彼處，　意眾不復樂，
遂失長養分，　其心不一定。
身無復滋潤，　悅樂亦不生；
所依不可樂，　身意俱錯亂；
三昧不復起，　其心永不住；
如是不住心，　必於修行退。

愛見慢增禪，　於緣心味著，
有此累念生，　是說修行退。
身如利刺害，　或復極振掉，
舉體皆煩壯，　如蛇毒充滿，
有此三過惡，　必於修行退。
得未得服行，　他務意不閑，
習近三退法，　是說修行退。
業與煩惱報，　說是三障閡，
亦有解脫障，　是令修行退。
方便想惡行，　三摩提行地，
於彼不觀察，　是令修行退。
方便想諸地，　三昧行及餘，
所聞隨悕望，　則於發趣退。
生時作滅想，　滅時作生想，
二想俱當失，　是則修行退。
若於住法中，　而作生滅想，
興此諸顛倒，　是說修行退。
入時作出想，　出時作入想，
二俱作住想，　是說為顛倒。
欲斷煩惱得，　修行正方便，
由彼得力故，　相似諸相生。
相似相既生，　修行心隨轉，
煩惱即時起，　是說修行退。
退過諸駛水，　漂浪修行者，
隨我力所能，　少量退法海。
無量餘退過，　是深非所惻；
諸深明智者，　自當廣稱說。
勝道中退分竟。(《大正藏》卷十五第 301-303 页)

【评说】以上是退分部分，退即退步，总结了影响安般禅法修习的原因。分为两部分，第一部分是错误的禅修方法，第二部分是错误的修行心态。

修行方便道安般念住分第三

【原文】如我力所能，　演說退過已，
今當說住過，　修行者善聽！
若於入出息，　無見亦無覺，
不解方便求，　是則初門住。
聞慧既已生，　應起思慧念；
不善解次第，　愚癡住所縛。
若數已成就，　息去應隨去；

不知隨順法，　是說修行住。
如佛問比丘：“誰習安般念?”
有一比丘答：“是念我修習。”
“汝有安般念，　不言汝無有，
　復更有勝妙，　牟尼說當修，
　方便道安般。”
念住分第三竟。

修行胜道住分第四

勝道修正觀，　相行念已成；
不善升進法，　是則住所縛。
愛著所緣境，　進業心懈怠，
由是縛所縛，　不能至勝處。
或有不可動，　非軟亦非堅；
或強極牢密，　亦如金剛像；
有此五障閡，　不進亦不退，
是則住縛相，　遠離升進道。
亂光及黑闇，　忍自身不現；
譬燃濁油光，　亦如翳目視。
光明不顯發，　背捨諸喜樂，
寂止息樂分，　彼終不復生。
猶如堅實物，　而有濡相現；
或時修行者，　住相亦復然。
相非隨所欲，　而起隨欲想；
雖欲令隨意，　終不從所樂。
謂相非所留，　而欲強制持，
如是違反念，　則為住所縛。
是想已成就，　當知非所制。
住彼去留相，　能到最勝處。
欲令涌作沒，　或欲高為下，
於去欲使來，　於住不欲住，
滅時欲不滅，　終不如所欲。
修行住生滅，　所行常轉進，
諸法相已成，　終不捨自相，
若不捨自相，　自相則顯現。
薄皮覆不淨，　令不見身穢，
威儀及眾具，　利樂翳身苦。
相似次第生，　前後續無間，
隱蔽非常相，　令不見身變，

施作服用受，　攝持吾我相。
能憶念本事，　隱身非我觀，
是諸相似相，　修行不分別。
於彼起愛樂，　而生功德相，
染著妄想生，　不復樂升進。
不能取勝法，　住過日增長；
非我相似相，　此等不迴轉；
如是不迴轉，　行者癡惑生。
無智住所縛，　繫著於彼處，
樂著生諸過，　是相今當說。
爾炎漸損壞，　分離及交亂，
破散叵和合，　是則住相縛。
於身不巧便，　自生分離想；
交亂或塵碎，　是為住所縛。
守常無異想，　眾色不次生；
種種眾妙想，　亦不次第起。
流出而不住，　其身漸消減；
相或來復去，　修行不增長。
寂止既不生，　於身無長養；
心不起悅樂，　是說不淨捨。
彼不清淨捨，　所見不鮮白，
亦不能升進，　亦復不退轉。
如戲沙門像，　少時生悅樂。
譬如借衣服，　亦如夢所見。
為命不清淨，　諂曲及餘惡，
聚落知識所，　自顯其功德。
覆藏諸過惡，　犯罪不發露；
及餘一切縛，　垢污修行者。
髣髴有事相，　而便起實想；
未熟謂為熟，　未滅想已滅；
方便不等滿，　而欲求升進；
如部含毯苗，　是則住所縛。
業始無方便，　相現堅守持，
過進心矜舉，　如是住所縛。
或有修行者，　而起斷常見；
是見令心亂，　則為縛所縛。
或有修行者，　身身細微觀；
彼為住所縛，　厭心不增長。
厭心不增進，　不能離貪欲；

若不離貪欲，　何從有解脱？
解脱不成就，　終不得漏盡；
不斷諸漏者，　則無實智慧。
於彼身念處，　住相已分别，
受心法念處，　如是應廣説。
修行心不悦，　彼喜亦不生；
身無寂止樂，　當知是住相。
修行所受獲，　信戒聞捨慧；
常守其少分，　是則為住相。
有住縛比丘，　往到阿難所，
迷於所住相，　是今當略説。
得無相三昧，　六年住所縛，
樂欲聞所説，　常隨逐阿難。
不能進所業，　亦復不退轉，
住於住境界，　不得解脱道。
不來亦不去，　解脱已而住，
住已復解脱，　解脱已還縛。
或有修行者，　住在不退地，
微細煩惱起，　而不能覺知，
不覺煩惱故，　不能到勝處。
於地無分别，　亦無有退過，
地諸過不起，　如是止於住；
或於住分中，　而失衆妙相。
衆妙相雖滅，　意猶順彼地；
意順彼地時，　餘分樂相生。
已有少樂故，　心依寂止住，
因其寂止心，　自謂作已作。
安止不具足，　不得具足果；
無智翳心目，　而自謂為智。
修行無智障，　不覺所應用；
覺所應用者，　於地能究竟。
彼住共地中，　種種垢所污，
若使修行者，　成就不共地，
如是知過患，　彼終不為縛。
不識煩惱過，　愚癡無實智；
於禪覺吉安，　猶如象繫樹。
修行觀爾炎，　莫知所起處；
從其所依出，　而自不能知。
不涌亦不沒，　不見相所起；

亦不知滅處，　過亦無過是。
所說諸障礙，　皆是堅住相，
謂不由彼住，　斯非明智說。
興造諸過患，　若干因緣縛；
能用諸對治，　眾妙復顯說。
所尊不恭敬，　亦不捨憍慢；
自隱覆其過，　不向明者說。
我年既衰老，　已為眾所棄，
或能失利養，　令我生苦惱。
心常懷憂畏，　深慮長歎息；
我後當死時，　將欲作何計？
隱過心憂惱，　愚惑作所縛；
橫自生罪累，　失大功德海。
味著現法樂，　貪餮黠無慧，
棄捨後世果，　興此諸過惡。
如是諸住縛，　所起各各異；
修行無怯劣，　能治所應治。
怯劣無方便，　自謂無由進；
是則甚難拔，　如象溺深泥。
如是甚難拔，　懈怠心所欺；
長夜沒住泥，　熱迫而趣死。
業行煩惱報，　為此三障覆；
無智無勢起，　永為住所沒。
久遠積癡冥，　業行諸煩惱，
繫縛斯等類，　迷亂不自在。
習近諸過惡，　遠離善功德，
令其意匆擾，　如箭旋虛空。
蛇毒盛充滿，　蝮蠍惡龍處，
巨海深無底，　無澤大火聚；
盲人近彼遊，　闇往而不見，
修行住所縛，　其過亦如是。
住過多無量，　升進德亦然；
如海無涯底，　是深不可量。
世間無知障，　真實慧為燈；
持燈無放逸，　彼明終不滅。
善說住分過，　縛諸無黠者；
決定知境界，　究竟非我分。
種種過所縛，　是縛非一相；
當知業眾緣，　唯佛能覺了。（《大正藏》卷十五第 303-305 页）

【评说】 住分之“住”是指为“住所缚”，即修行到一定阶段后停滞不进。偈颂也从操作方法、修行态度和见解两方面分析了多种导致自身修行不能进步的原因。

修行方便道升进分第五

【原文】 比丘安般念，　功德住升進，
能令智慧增，　我今次第說。
功德住已進，　進復功德住，
是故說修行，　功德住升進。
修行於鼻端，　繫心令堅住，
專念諦思维，　正觀依風相。
入息與出息，　繫心隨憶念；
憶念若不忘，　是初功德住。
彼功德住已，　復起方便求，
更求功德時，　住則生升進。
升進等起時，　亦生功德住，
是名住已進，　進已功德住。
善解安般相，　功德及諸過，
息輕重冷暖，　軟麄與澁滑。
阿那攝般那，　是攝持諸根，
於彼所緣境，　攝之令寂止；
外散心數法，　攝還義亦然，
持風來入內，　是故說阿那，
心轉於所緣，　止令不復轉，
心於所緣起，　亦復制令滅。
修行觀若增，　制之令從止；
修行若止增，　起之令從觀。
見增則以觸，　觸增則以見，
得證與智證，　二增俱相攝。
修行緣不寂，　意寂止攝來，
身中清涼起，　滅除諸熱惱。
掉踊不靜心，　攝之令寂止，
勤方便迴轉，　其身悉充滿。
長養四大種，　當知從息起；
是種復增益，　行者報四大。
阿那力能起，　寂止善法分；
我所大惡刺，　亦能拔令出。
息短而漸滅，　修行心安靜，
是故佛世尊，　說名為阿那。
復次般那相，　是今當略說。

毛孔諸竅處，　先淨治息道，
前出名般那，　始由入風起。
修行出息時，　諸根隨所緣，
心心法俱順，　是亦說般那。
出息歸於滅，　乃入根本地；
正受及命終，　斯由捨出息。
修行出息滅，　次第阿那生，
滅盡三摩提，　第四禪亦然。
般那既已滅，　次第阿那生，
阿那時悕望，　說阿世婆娑。
我觀彼死者，　定無有是相；
彼息更生者，　觀有如是相，
毒淤堊火蛇，　此相似境界。
出息能攝意，　不令隨所緣；
猶如制象鉤，　名波世婆娑(出息有攝心義)。
捨除顛倒想，　成就真實想，
離自在及常，　唯為空行聚。
本無所從來，　去亦無所至；
去來不可得，　亦不須臾住。
慧智明見此，　離諸知作者；
出息無作者，　見則墮顛倒。
出息已過去，　彼則不可見；
命斷諸息滅，　過去亦復然。
安般諸功德，　出息與入息，
眾物及字義，　我已略說竟。
是種增故說，　未曾相離用，
若為覺想亂，　當習安般念。
已能應於數，　則除內貪著；
於數若隨順，　是則離不順。
志在無亂境，　能攝諸亂想，
先數從一起，　如是乃至十。
修行順此數，　便得功德住，
已得功德住，　則能求升進，
滅一切亂覺，　佛說增上故(數門竟)。
數能滅一切，　覺佛但言滅；
一切不死者，　以增上故也。
內外出入息，　去則心影隨，
決定善觀察，　順是趣涅槃。
修行出入息，　隨到所起處(出入息所起處同在臍)，如是知升進，　能離外貪著(隨門竟)。
安止極風處(極上下風際)，
三摩提等起，　三昧既已起，
便得功德住(止門竟)。　修行正住已，
種種觀察風，　先觀於本處，
謂風所從起。　此處為云那，
為一為二耶？　冷暖悉觀察，
八種如前說。　為總觀諸大？
唯在一種耶？　觀時悉俱有，
以一增上說。　修行觀風大，
造色從彼生，　唯心與心法，
依彼造色起；　非彼造色已，
而復有種大。
諸有入出息，　是風名依種，
報風及長養，　是為三種風。
或說入在前，　出者在於後；
或說出在前，　入者在於後，
皆有因緣故，　彼作如是說。
如其真實義，　慧者乃決定。
於臍處所起，　淨治毛孔道(此報風開毛孔故名出，非出外)；
由此風義故，　彼說出在前。
毛孔已開淨，　入者則在前；
如人初生時，　阿那入故起。
息風最先出，　是故說波那(此是真實義)；
息風諸種大，　割截不生苦。
當知彼非受，　謂受則不然。
以彼修行者，　不患諸斷逼；
是故出入息，　於身復非受。
識命若斷時，　息則不迴轉；
是則眾生數，　必由命根起。
息則是身行，　世尊之所說；
亦名根本依，　眾生所由轉。
是息既已滅，　命則無所依；
以能持命根，　故說眾生數。
阿那般那念，　緣風為境界；
雖曰正思惟，　而非真實行。
一切所修觀，　彼悉緣風起；
於觀有差別，　次第今當說。
阿那般那念，　分別有三種：

所謂從聞起，　思慧與修慧。
於是安般念，　比丘聞慧生，
一切時悉受，　名字為境界。
境界出入息，　正念思慧生；
當知彼緣名，　時或復緣義。
阿那般那念，　所起修禪慧，
悉已捨名觀，　唯緣諸法義。
當知近境界，　無有種種異，
亦非相續緣，　說是等智行。
謂是安般念，　無癡智慧性；
亦名為捨性，　是則佛所說。
當知是慧性，　捨根共俱生。
若使是捨性，　則與餘共起。
欲色二有繫，　無色無身依。
非彼最後禪，　身密無息故。
或謂根本地，　亦復是眷屬。
說言唯眷屬，　非是根本地。
欲使彼捨性，　在於根本地；
阿那般那念，　應當在八地。
所言唯眷屬，　如是說捨根，
知彼安般念，　唯在於五地。
此定在五地，　依是處迴轉；
欲中間未至，　及後二眷屬，
最上頂四禪。　彼雖有捨根，
無有於彼身，　淨治毛孔道。
第四及眷屬，　彼中說二種：
報生與長養，　唯無有依風。
出息與入息，　是風名為依；
以身極厚密，　無依說二種。
佛說出入息，　四禪正受刺；
亦言咽喉處，　明知有所說，
是彼方便故，　亦以禪義攝。
出息與入息，　彼處定無有，
修行觀出息，　上際第四禪。
已極風境界，　於彼正憶念：
云何我是心？　於緣究竟未？
或復更於上，　少進重觀察；
或即於彼住，　不作餘方便。
修行如是觀，　則能除疑惑。

修行極風際，　是處善觀察，
當知如是心，　則名除疑觀(觀門竟)。
於上觀察已，　依風還止住；
觀察所應已，　復起餘所修。
若彼觀風心，　於還善決定；
是說修行者，　迴轉巧方便。
如人遊聚落，　所作訖已歸；
修行如是觀，　喜樂遂增長。
已捨入息念，　安處出息緣；
亦捨出息念，　安處入息緣。
於數已究竟，　息去亦隨去。
如是一切種，　亦名為迴轉。
觀察所應相，　相相而迴轉；
種種眾事觀，　次第轉亦然。
善於迴轉者，　說此迴轉義，
當知是迴轉，　修行智慧處。
從彼方便起，　勝道現生前，
聞慧念已度，　次第思慧生。
已捨欲界行，　然後入修慧；
是悉名迴轉，　世尊之所說。
從彼未至地，　次第入初禪，
乃至第三禪，　其轉亦如是。
第四禪眷屬，　若彼有風者，
是亦應迴轉，　入於根本地。
從彼起巧便，　次第住起緣；
入出與優波，　此六悉迴轉。
捨共方便地，　共地現在前；
捨共方便地，　不共現在前；
捨不共方便，　不共現在前。
緣相方便地，　展轉究竟地，
是名上迴轉，　明智所稱說。
(聖人、凡夫共有法，名為共地。從緣至緣，名為轉諸相。諸方便、諸地次第轉，亦如是也。)
如我智方便，　已說迴轉義；
無垢清淨念，　今當次第說。
如令彼修行，　須臾抑止蓋，
是則為清淨，　不淨非所應。
若已成就數，　能捨內貪著，
此義應當知，　慧者觀清淨。
隨順已成就，　能捨外貪著，

如是正思惟，　智者念清淨。
比丘心已住，　不為亂所亂，
如是不動念，　修行智清淨。
若已於風際，　觀察離疑惑，
不復更求息，　是則為清淨。
念地悉已竟，　所依諸過惡，
不為則清淨，　是說須臾頃。
阿那般那念，　方便道所攝；
功德住升進，　是義我已說。
方便升進第五竟。

修行胜道升进分第六

功德住升進，　及餘方便攝，
修行一切地，　共地不共地。
功德住升進，　彼依勝道起，
種種相行義，　今當說善聽。
梯㨫既已起(心住處名)，　修行心愛樂；
如是愛樂心，　巧便功德住。
慧者善方便，　起意勤修行，
如其功德住，　是則巧方便。
將入微妙境，　勿隨流注想，
慧者攝心住，　如應善受持。
所住妙功德，　澄淨無垢濁，
具足無減少，　清淨安隱住。
淳一普鮮明，　凝定而不動；
是緣由感有，　時過復歸無。
色相次第起，　種種眾相生；
修行正思惟，　身心生喜樂。
於是功德住，　具足攝止觀；
既能起身樂，　心亦正安隱。
自地亦他地，　功德住升進，
是今當略說，　修行廣分別。
修行三摩提，　巧便隨順念；
智者開慧眼，　說名為功德。
心足處安立，　說名功德住；
聖道修對治，　說名功德進。
對治諸聖行，　功德住升進；
隨地過惡心，　所起悉能除。
修行勤精進，　功德利增廣，

信戒聞捨慧，　無貪恚癡根，
欲精進慚愧，　除喜不放逸，
悅樂念定捨，　正智餘善法，
如是一切種，　自地離諸垢。
其功德住立，　即隨地對治，
是由精進力，　助善長養心。
何於彼地中，　種數不攝受；
功德住升進，　自地以廣說。
自地善根力，　他地功德生，
修行最勝義，　此相今略說。
自地既增上，　餘勝淨法生；
當知是功德，　他地而升進。
無量行方便，　一切諸度法，
種種對治相，　他地功德起。
謂於初念處，　三念兼已修；
煖來及頂忍，　世間第一法。
見道思惟道，　無學道亦修；
諸禪與神通，　無量無色定。
正法道品分，　究竟漏盡智；
背捨一切入，　妙願智清淨。
身念善根力，　乃起是諸法；
微妙功德相，　一切隨順生。
若住繫心處，　是則自地相；
其相起在身，　亦現亦復觸。
有時說近果，　有時說非近；
或復有與果，　或空無所與。
所謂近果者，　是相近邊住；
若彼果不近，　當知是相遠。
若使現而觸，　是即與果相；
雖現而不觸，　空相無功德。
譬猶無果樹，　華繁而無實。
如人冷渴逼，　遠見有水火；
彼終不起觸，　但見相亦然。
空無功德故，　於身無快樂；
喜悅極增長，　息樂及寂止，
身心受斯樂，　是說與果相。
功德及餘法，　自地與他地，
升進相迴轉，　四種俱亦然。
一切升進相，　殊妙種種印，

蓮花眾寶樹、　靡麗諸器服、
光炎極顯炤，　無量莊嚴具。
慧說為勝道，　功德住升進，
所起諸妙相，　我今當具說。
修行者諦聽！　於上曼荼邏，
淳一起眾相，　流光參然下，
清淨如頗梨；　其光充四體，
令身極柔軟，　又復從身出。
漸漸稍流下，　隨其善根力，
遠近無定相。　彼成曼荼邏，
勢極還本處。　根本種性中，
其相三階起。　功德住五相，
功德進五相。　不壞功德二，
半壞功德二，　盡壞功德一。
復還繫心處，　住本種性已。
流散遍十方(十相生)，　功德十相上(十相各生十相)，
各復一相現，　又於流散邊，
生諸深妙相；　於彼深妙際，
復生深妙相。　上下輪諸相，
亦復如是現。　於彼三階處，
種種雜相生，　自相各已滅，
唯彼總相住。　諸雜既已無，
寂靜行迴轉，　此三曼荼邏，
境分猶不移。　順本功德住，
自體如前說。　入息三摩提，
遍充滿下方；　出息三摩提，
遍充滿上方。　二俱滿十方，
正受妙甚深，　如是隨意者，
是謂法自在。　清淨繫心處，
無法而不求，　既生有長養，
成就諸功德，　如天曼陀樹，
曼陀池生長。　功德住升進，
種種眾妙相，　是義我已說，
修行善守持。

勝道升進第六竟。(《大正藏》卷十五第305-309页)

【评说】升进分是指能够令修行进步的方法，同样分“方便”“胜道”两部分。前者介绍具体禅修方法，后者是见解上的转进。

修行方便道安般念决定分第七

【原文】 已說升進法，　所攝諸功德；
修行決定分，　是今次第說。
善於出息念，　入息俱亦然。
出入諦思惟，　分别具明了；
此則決定分，　世尊之所說。
一切諸善根，　各各盡自相，
最勝無上智，　說名為決定。
彼諸修行者，　安住決定分，
出息入息時，　正觀無常相。
息法次第生，　展轉更相因；
乃至眾緣合，　起時不暫停。
當知和合法，　是性速朽滅；
法從因緣起，　性羸故無常。
一切眾緣力，　是法乃得生；
虛妄無堅固，　速起而速滅。
非常毒所毒，　其性不久住，
修行如是觀，　此則決定念。
譬如運行天，　息變疾於彼；
決定無常想，　修行趣涅槃。
非出息未滅，　而有入息生；
非入息未滅，　而有出息生；
如是諦觀察，　修行決定分。
麁澁利刺生，　種種苦逼相；
謂息出與入，　一切時迫切。
於息能覺了，　具足眾苦相；
如是諦思惟，　說名為決定。
自相無堅固，　寂滅空無我；
因緣力所起，　從緣起故滅。
捨利有我相，　常住不變易；
如是顛倒行，　一切悉遠離；
唯作真實觀，　是名為決定。
非我無牢固，　亦無有自在；
非彼出入息，　曾有覺知相；
諦知無我故，　是說為決定。
當知是智相，　相似聖行名；
此則為方便，　非彼真實行。
比丘安般念，　雜想覺所亂；

既亂心不悅，　應當從數起。
或從入息數，　或從出思數，
思亂覺觀想，　由是究竟離。
慧者於入息，　繫心行數時，
一入數為一，　不雜數出息，
專念不亂數，　如是乃至十。
捨彼十出息，　從此得決定；
此則說具足，　成就根本數。
更有餘數法，　修行方便起。
若於根本數，　不能起決定，
促息使易覺，　方便令心生。
當捨二出息，　然後數入一；
定意心不亂，　第二數成就。
若於二方便，　猶不起決定，
乃至越十出，　然後數入一。
正念心不亂，　次第至具足，
是說修行者，　十種數成就。
如上十種法，　是則數究竟；
於上更復捨，　增數非修行。
修行如是數，　是則數法成；
成已應當捨，　復進餘方便。
修行於數法，　若復不成就，
應更如前說，　還從初數起。
方便成數法，　便得決定分；
數法已成就，　慧者心隨順。
六種如前說，　修行正方便，
修行於六種，　疾生厭離想，
不樂著生死，　勤憂斷煩惱。
修行心遠離，　一切有為法，
當知是離欲，　清淨決定分。
或說長在前，　或說短在前，
如其決定義，　今當次第說。
謂出息始起，　說言短在前，
是說非所應，　勢漸增進故。
息去漸久遠，　乃至未還間，
當知盡是長，　謂短則不然。
出息漸增長，　未到究竟處，
是中所觀察，　說名長中短。
一心勤方便，　專念正思惟，

增長至究竟，　說名長中長。
觀已風迴轉，　捨離餘求想，
然後得決定，　此則短中長。
入息極短時，　還到所起處，
於是所觀察，　說名短中短。
如是正思惟，　修行善明了，
已得決定分，　復進餘方便。
滿身遍覺知，　出入身行息，
修行如是覺，　則為決定分。
譬如火熾然，　光炎則長遠；
薪盡火將滅，　光炎還漸短；
若更增益薪，　光炎普周遍；
勢盡乃歸滅；　四種風亦然。
或說於長短，　內外互立名；
或二俱長短，　如是種種說。
如彼汲深井，　瓶下轉就遠；
既攝令還上，　訖至復之短。
譬如仰射空，　矢發疾無閡，
其去漸高遠，　勢極還自下。
修行正思惟，　觀察依風相，
初遠然後近，　長短義亦然。
猶如牽旋輪，　屈伸互往來，
往遠名為長，　來近則為短；
息風迭出入，　長短亦復然。
譬彼真諦觀，　先苦而後集；
觀息亦如是，　先長然後短。
若初禪息短，　第二禪息長，
以違正受義，　是說則不然。
於彼初禪中，　息風勢極遠；
第二禪息短，　正受漸差別；
滿身遍覺知，　則依第三禪；
最後身行息，　以離毛孔故。
此說諸三昧，　隨順功德相，
修行安住彼，　不為覺想亂。
何故初禪中，　唯說長無短？
不捨諸所依，　由是故息長。
彼以覺想力，　能令息去長；
第二捨諸依，　勢羸故息短。
甚深修多羅，　佛說山頂泉，

涓流勢不遠，　餘處無來故。
如彼山頂喻，　第二依亦然，
唯從其處起，　是終不能遠。
彼說健士夫，　負重而上山，
竭力令氣奔，　息風急迴轉，
既到安隱處，　其息乃調適；
是喻說彼息，　前短而後長。
所說健士夫，　負重而上山，
以身力方便，　是乃令息長。
如彼劣方便，　不自力負重；
以無力方便，　息微故不遠。
譬如壯夫射，　能令箭極遠；
劣力無方便，　勢弱去則近。
此喻應當知，　是說長短義。
修行細微覺，　一切諦明了，
如是十六分，　悉名為決定。
如方便升進，　分別功德住，
決定安般念，　亦應如是說。
如彼所未說，　諸餘功德住；
是故我當說，　如其決定分。
觀察風所起，　根本極清淨；
修行妙微相，　則於是處現。
於彼究竟處，　摩尼寶三昧；
當知此功德，　方便根本生。
已說妙方便，　根本決定分，
餘深正受相，　一切如前說。
方便決定分竟。

修行方便胜道决定分第八

已說方便道，　所攝決定分；
勝道決定相，　是今我當說。
修行善決定，　繫心處堅固（謂爾炎也）；
身受與心法，　於是正觀察。
說有六種因，　是能成就果，
成壞各三種（成熟熟亦壞也），
修行決定相。　於是六種因，
方便善觀察；　是則能次第，
疾得諸漏盡。　復更有餘因，
種種成壞事；　如是多無量，

我今當略說。　何等為修行？
水種所壞相，　謂七日死屍，
毀變相已現。　彼彼諸死屍，
青黑瘀爛壞；　已壞膿血流，
惡汁相澆漫；　潰漏若分離，
雜惡極臭穢。　是悉水所壞，
內身俱亦然，　乃至劫成敗，
斯由水大力。　水輪極沸湧，
大地皆瀸壞；　從彼三禪際，
周匝水來下；　洪注極漂蕩，
有物皆消盡。　一切情識類，
百穀及藂林，　土地地所生，
悉為水所壞。　眾生水所壞，
是皆依宿業，　如上水災相，
無垢決定說。　此諸一切種，
皆從三昧地，　修行果所起，
當知是決定。　修行善繫心，
安住三摩提，　是能於所緣，
明見彼種相。　此地熟時熟，
(亦義言壞，此地能壞煩惱時見壞相。)
充滿境界海。　修行所見壞，
水大決定相，　火大所壞相，
今當說善聽。　識類非識類，
斯亦如上說。　及自現火然，
一切皆消盡；　乃至劫成敗，
世界悉灰滅。　於彼火輪處，
熾炎大火起；　亦從二禪際，
彌滿悉雨火。　盛火普周遍，
世界俱洞然；　於彼三昧地，
正觀思惟起。　修行見此變，
火壞決定相，
風大所壞相，　今當次第說，
如上諸種類，　悉為風所壞。
大地及須彌，　分散若粉塵，
一切盡磨滅，　是皆風大力。
上際第四禪，　下極風輪界，
災風從彼起，　其中皆散壞。
一切風所壞，　智者見真實；
如是正思惟，　風壞決定相。

云何彼修行，　常起深憂厭？
於前見苦法，　隨憶念不忘。
八苦大地獄，　各增十六分，
彼彼眾苦類，　無量邊地獄，
眾生生彼處，　隨行受眾苦。
我於此惡道，　未離或牽來，
如八大地獄，　誰能盡稱說，
其中無量苦，　難可得邊際。
設人有百頭，　頭各有百舌，
欲說地獄苦，　窮劫不能盡。
如愚黠地經，　唯佛善分別；
我悉能究竟，　無有能測者。
輪迴苦毒海，　往返無量劫，
顛倒不善行，　致此大苦果。
自見宿命時，　是痛曾悉經；
修行憶本苦，　便得順涅槃。
闇冥心增上，　畜生不淨業，
受癡不愛果，　種種苦報身。
九萬九千種，　形類各別異。
空行水陸性，　蚑行蠕動類，
隨業各受生，　宛轉此劇處，
一切諸畜生，　展轉相殘食。
我以愚癡故，　悉增受此苦；
顧此而懷懼，　心與厭患俱。
修行深憂厭，　則於苦決定；
修行已如是，　方便生厭離。
又復自億念：　餓鬼無量苦，
咽細如針孔，　巨身如沃焦，
於此無數劫，　飢渴極熱惱，
見天降甘雨，　欲飲成炭火。
如彼四大海，　深廣無崖底，
飲之令悉盡，　不能止飢渴。
裸形被長髮，　狀燒多羅樹，
於中甚久長，　受此種種苦。
業風飄東西，　吹身令碎折；
亦如狂飇起，　摧破久枯樹。
我積慳貪行，　不習惠施業，
故生餓鬼處，　受此諸苦痛。
三昧境界地，　修行思惟起，

種種別觀察，　便得不放逸。
雖未斷煩惱，　見此眾苦迫，
楚毒深憂懼，　極厭生死苦。
既厭能離欲，　如觀掌中寶；
貪欲既已離，　便速得解脫。
譬如香美食，　其中有蠱毒；
種種生死味，　雜苦亦如是。
亦如篋盛蛇，　有人負自隨；
若能覺棄捨，　不為毒所中。
身亦復如是，　四大為毒蛇；
智者能捨離，　不為彼所害。
如愚執火炬，　急持即自燒；
明人知時捨，　不為火所焚。
樂著生死者，　災炎常熾然；
若能覺捨離，　不為火所焚。
譬諸恐怖處，　亦如被燒舍，
蚖蛇毒嗽聚，　生死畏過是。
譬猶空聚落，　又如彼虛器，
諸法空無我，　真實性亦然。
此三惡道中，　如是苦無量，
雖天有喜樂，　是亦為大苦。
譬彼盛火然，　貪愛熾如是，
久處在天上，　常為欲火焚。
自憶忉利天，　安處善法坐；
天女侍供養，　無量極快樂。
四園列寶樹，　花果妙莊嚴；
隨意五所欲，　一切曾悉受。
時乘白龍象，　遊觀諸浴池；
縱意林流間，　迴顧彌日夕。
食必須陀味，　飲則甘曼陀；
充實無疑患，　受樂如大海。
又處內勝堂，　天女進音樂，
妖艷極姿態，　光色曜心目；
妙音六萬種，　常聞美軟聲；
耳目隨彼轉，　令我心醉冥。
諸天發微歌，　聲與絃管諧，
偃臥聽音樂，　寤寐皆憘悅，
諸根迴五欲，　猶如旋火輪。
須彌山王頂，　安處快自在，

百一眾雜寶，　間錯莊嚴地；
諸天共娛樂，　經歷甚久長。
觸彼五境界，　發動五情根，
一切悉奇特，　皆是快樂因。
諸天共器食，　隨福有差別；
見此異色時，　心則生憂惱。
如是極愁慘，　猶如地獄苦。
食此不淨飯，　低頭內慚恥，
悔責本宿業，　令我致此苦。
諸天阿修羅，　自守貪彼利，
由是興諍怒，　畏死大恐懼。
或為天給使，　或復極貧寠，
我雖生天上，　無異惡道苦。
於彼恒樂處，　衰死二五相；
是相及命終，　爾時最大苦。
方欲恣所樂，　五衰忽然至；
若見是相時，　愁怖不自安。
天眼卒便瞬，　浴已水著身，
一切妙境界，　其心不喜樂。
千種樂自然，　加陵頻伽音；
今則寂無聲，　當知七日死。
玉女悉捨去，　餘天共從事；
見已生熱惱，　命終入地獄。
唯有賢聖人，　了達無常變，
解脫生死苦。　凡夫為燒然，
腋下流汗出，　衣服卒垢膩；
見已大恐怖，　是則淨業盡；
華冠皆鮮嚴，　而今忽萎熟；
身體本光澤，　一朝頓枯悴；
常所愛樂坐，　今惡不復樂；
是五惡瑞現，　當知死時至。
唯有見諦者，　無此諸惡相，
我今說比丘，　於是增厭患（梵本中無此一偈）。
諸天及天處，　衰變不久住；
明智修行者，　見斯無常變。
四寶須彌王，　真金山圍遶，
修行慧眼淨，　見此悉融消。
又諸大鐵圍，　周匝四天下，
消壞非常相，　行者見明了。

修行於天上，　如是觀察已，
復於人道中，　思惟正憶念。
或時犯王法，　斬截身手足，
拷掠極楚毒，　我悉遍經歷。
親戚永別離，　悲戀為墮淚；
設集著一處，　過於四大海。
計我從本來，　人中所受生，
白骨悉積聚，　高廣喻須彌；
流迴三惡道，　楚毒無過者。
人天所受苦，　是亦多無量，
欲廣分別說，　窮劫不能盡。
三昧境界地，　思惟所生果，
觀察善明了，　修行深憂厭。
我雖捨家業，　不能成道果；
自謂為出家，　未出生死獄。
我雖棄恩愛，　名曰捨所生，
而不能免離，　癡愛業父母。
徒自為人子，　不從佛法生；
外假聖法衣，　力不離癡惑。
捨彼五欲利，　依止出家業，
而於佛法中，　不獲少功德。
雖捨內貪著，　而不得出要；
四念未成就，　何從得心樂？
剃髮毀形好，　而不捨憍慢，
空失欲味歡，　不得禪悅樂。
於五無間業，　未能定不起；
譬如無舟梁，　而欲越深水。
未入決定聚，　復無生天業，
無明覆心眼，　永沒生死淵。
應勤業所務，　無有無作果，
作者終不喪，　修行宜善思。
常受人信施，　侵彼肌體分；
謂我有功德，　自顧空無實。
由此利養心，　翳我善功德；
深思剋骨苦，　即時興厭離。
未脫諸惡趣，　顛倒見所縛，
不向平等路，　牟尼一乘道。
得生難得趣，　諸根悉具足，
值佛興于世，　又得聞正法，

而不捨苦器，　未渡貪欲海，
拔刀五惡賊，　是亦未摧滅。
如是正觀時，　修行向解脫；
作是憂厭相，　則便生決定。
身為不淨器，　三十六充滿；
譬如大地種，　生育眾雜類。
身為隱覆聚，　亦常假澡浴，
聚沫撮摩法，　不久必當滅。
譬如毒蛇篋，　四大篋亦然，
八萬蟲中舍，　常共競侵食。
是身為災宅，　四百四病惱；
種種苦不淨，　一切內充滿。
譬如故空舍，　亦如丘塚間，
坏器無堅固，　說身亦復然。
無量眾惡聚，　虛妄非真實，
顛倒起貪著，　長夜嬰楚毒。
將復處胞胎，　數數受生苦，
不見真實法，　生死輪常轉。
始受迦羅邏，　次生泡肉段，
漸厚成肢節，　五種胞胎苦。
幽閉無日獄，　生熟藏所迫；
長養於行廁，　臭悶不淨苦。
出胎受生苦，　輪轉老病死，
一切諸陰起，　三相所迫切。
觀色如聚沫，　受如水上泡，
想如春時炎，　眾行如芭蕉，
識種猶如幻，　虛妄無真實。
逼迫是苦相，　因緣是集相，
寂靜滅盡相，　出要是道相。
於此四聖諦，　修行漸觀察，
思惟十六行，　解脫生死苦。
略說一切法，　自相及共相，
明知決定義，　修行正觀察。
修行然慧燈，　正觀四真諦，
能斷惡趣分，　離諸受胎苦，
不復樂受身，　嬰世之苦惱。
捨除利養行，　獨處修遠離。
已能修厭離，　不味生天樂；
況復著人間，　忍受諸苦痛。

觀種如毒蛇，　陰為五怨賊；
自覺貪欲患，　長夜密侵害。
六根如空聚，　塵賊競來集，
於此內外入，　修行真實觀。
見愛如大河，　涅槃如彼岸；
修行慧眼淨，　觀法空無我。
如是知真實，　不樂處三有。
明見諸法者，　略說三成相，
及前說三壞，　方便勤修習，
次第相行義，　是今當更說。
一色種種觀，　一一四種因，
決定知因果，　究竟身念處。
受與心相應，　觀時惟自體，
因緣果無量，　其相同種性，
修行思惟起，　悉依所依現。
心猶不調馬，　如幻如猨猴，
無量因緣相，　一切現所依。
二陰空無我，　次合觀想色，
想合受與識，　行二亦如是。
次第想色受，　想色識亦然，
分別想受識，　行三同想說。
四五漸和合，　思惟壞自相，
總緣五盛陰，　七處三種觀。
悅樂廣境界，　還滅觀生滅，
一念見真實，　具足法念處。
正觀陰種相，　如化夢水月，
定慧轉增廣，　彼則煖法生。
其心極寂靜，　總見五陰相，
自身欲火燒，　三界盡熾然。
諸相三三昧，　正向解脫門，
初觀四聖諦，　真實十六行。
成就煖法已，　增進真實觀，
見佛身相好，　無量諸功德，
第一寂滅法，　清淨離煩惱。
聖眾功德海，　甚深無崖底，
種種微妙相，　現身及境界。
見已心歡喜，　頂法具足相。
增進生法忍，　五趣現境界。
惡道熾然滅，　遊息清涼處，

中住經生死，　最上唯一心。
先觀無量苦，　次見苦種生，
種轉增廣大，　漸見苦集滅，
滅已然後觀，　八聖平等道。
變滅無常相，　奄溘逼迫苦，
空寂無眾生，　不自在無我。
苦種是因緣，　眾緣合為集；
種生故說起，　興果名為緣。
苦集盡故滅，　滅靜說寂止；
清淨離三有，　覺說為妙出。
徑路是道相，　平直說正義；
進向謂之趣，　乘出故說乘。
四諦十六行，　具足真實歡，
忍法次第生，　世間第一法。
聖行正受地，　得是三決定，
見道思惟道，　次第漸究竟。
一切微妙相，　各各隨地起，
成就實智慧，　具足諸功德。
當知上所說，　修行決定分，
諸有明智者，　應作正方便，
信勤勿懈怠，　常起欲慚愧。
於諸梵行者，　常當愛恭敬；
自守修淨戒，　威儀令安諦。
假使得利養，　少欲知止足；
易滿亦易養，　適身知量食；
亦如人膏車，　不為貪味故。
曉了一切有，　所生悉過患；
思惟善觀察，　三有如火然。
如彼重病人，　信受醫方療；
聞善知識說，　觀察諦思惟。
常以清淨心，　繫身莫放逸；
寂嘿少言說，　宴坐思實義。
丘壙林樹間，　閑居修遠離；
無事樂山巖，　窟中露地坐，
樹下敷草葉，　如是清淨住，
修行內思惟，　勤習無休懈。
專精求己利，　遠離退住過，
必能得升進，　決定功德分，
修行勤方便，　具足諸善根。

我以少慧力，　略說諸法性，
如其究竟義，　十力智境界。（《大正藏》卷十五第 309-314 页）

【评说】以上偈颂介绍安般禅法的“决定分”，即方法的最后阶段和见解的究竟处。

卷　　下

修行方便道不净观退分第九

【原文】如我力所能，　已說安般念，
修行不淨觀，　次第應分別。
不淨方便觀，　思惟念退減，
明智所知相，　是今我當說。
修行初方便，　自於身少分，
背淨開皮色，　觀其所起相。
雖暫壞皮色，　不力勤方便；
淨想還復生，　說名修行退。
不能起所應，　重令皮色壞；
淨想仍不除，　亦名修行退。
修行愛欲增，　應往至冢間，
取彼不淨相，　還來本處坐。
所見諸死屍，　我身亦復然；
一心內觀察，　如彼冢間相。
彼為我作證，　由是得真實，
已得真實相，　不復起邪想。
如是方便修，　慧眼猶不淨；
當知是顛倒，　無智癡冥聚。
若於足指緣，　闇亂心不住，
當於上繫心，　觀察求升進。
於上壞色處，　其心復馳亂；
當力勤精進，　方便離退過。
勿為煩惱染，　令不至解脫，
自勉勤方便，　疾得到涅槃。
自於身壞相，　繫念無分散，
日夜勤修習，　莫令煩惱起。
修行微妙想，　世尊之所說，
常能守護想，　是終不退減。
具足觀內身，　其念已堅固；
次應觀外緣，　漸習令增廣。
於外已周滿，　堅固三摩提，

當知是不久，　次第盡諸漏。
如王無器甲，　安足不堅固，
而欲禦怨敵，　必為彼所害。
修行於自身，　愚癡未決定，
而欲觀外緣，　是必於行退。
我已說比丘，　無黠故修退，
更有餘退過，　今當說善聽。
當知修行退，　沒在癡冥故，
或為盛煩惱，　業行所障蔽。
有人因色欲，　而起煩惱退，
於彼美艷色，　癡愛覆正念。
種種上衣服，　文彩發光澤，
瓔珞莊嚴具，　金銀眾妙寶，
於先俗所樂，　修行還顧戀，
因此動欲想，　當知是必退。
形相計端嚴，　處處著姿好；
一切身肢節，　妄想起貪欲；
身體諸肢節，　細滑柔軟觸；
憶此本所更，　欲火還復熾。
或泣或言笑，　歌舞相顧眄；
綵服貫珠環，　文繡莊嚴具；
來去若容止，　流轉行者心；
顧念是威儀，　欲起令退轉。
有人情欲深，　不專在四種，
愚癡增煩惱，　遇形起婬亂，
是則極惡欲，　疾令修行退。
由是諸愛欲，　迷亂失正念；
相與想明了，　是終不退轉。
諦自見內身，　次外善觀察，
境界廣增滿，　周匝見嶮岸，
不識究竟處，　修行疾退沒。
於身深愛著，　怖異不能進；
修行生疑怖，　是必疾退減。
若欲離疑怖，　於身修厭患，
厭患想已生，　其心猶馳亂；
當知修行者，　是必復還退。
已說諸修行，　不淨方便退；
若於勝道中，　退亦如前說。
方便不淨退分竟。

修行方便不净观住分第十

我已略分别，　不淨退減分，
如其住過相，　今當次第說。
修行煩惱業，　增長內充滿，
不曉知度法，　愚癡縛令住。
自於身少分，　背淨壞皮色，
不知升進法，　煩惱增故住。
或有漸升進，　遍身見壞相，
不能求外緣，　樂觀內身住。
若於外境界，　修行心樂進，
欲去應隨去，　方便勿令住。
未見究竟處，　而便中路止，
癡冥住所縛，　猶如象繫樹。
骨想有堅相，　其體密無間，
不次行眾想，　亦不求升進。
又無厭離心，　亦不能決定，
修行雖成就，　不淨奇特道。
不能起勝想，　令其身柔軟；
若不柔軟身，　流覺則不生；
不能生流覺，　是說修行住。
不淨觀方便道住分竟。

修行方便道不净观升进分第十一

已說不淨觀，　方便道住過；
若於勝道中，　住應如前說；
今當次第說，　不淨升進法。
先總相思惟，　繫念不淨緣；
次住身少分，　正觀察自相。
自在及外緣，　二種說無量。
行者於內身，　自在三摩提，
勤習正方便，　周滿究竟處。
外緣無量者，　境界普周遍，
而於彼正受，　不能數自在。
又自觀內身，　是亦說無量。
謂於自身處，　種種眾多色，
筋連與肉段，　其數各五百；
提賴與揵大，　是皆有六種。
提賴似果，揵大似癰，盡在腹內。

三十六動物，　三百二十骨；
節解九百分，　九十千種脈；
宣氣通諸味，　三萬六千道；
身中諸毛孔，　九十九萬數；
身內侵食蟲，　戶有八十千；
內血外精氣，　是二共和合。
先得迦羅邏，　身根與命根，
是身不淨起，　出自迦羅邏。
結業之所起，　愚惑生樂著；
二種重煩惱，　愛恚癡冥心。
謂初受生時，　興二顛倒想：
於內生愛欲，　於外起瞋恚。
男有如是想，　女則上相違。
不淨迦羅邏，　迦羅邏起泡，
從泡生肉段，　漸厚成支節，
出胎名嬰兒，　轉次為童子，
如是漸增長，　盛壯謂中年，
年逝形枯悴，　朽耄日衰老，
識滅壽命終，　身壞白骨現，
青毀節節離，　消碎盡磨滅，
如是十五種，　修行觀自相。
始從迦羅邏，　次第衰老死；
七日漸毀變，　乃至灰滅盡。
宿世曾修行，　先從迦羅邏；
出生至老死，　次第諦觀察。
白骨青赤相，　肢節皆離散，
骨瑣及羸朽，　腐壞盡磨滅。
彼諸修行者，　思惟不淨念，
有從因觀察，　或果方便學；
成就深妙慧，　能了是相義。
觀察迦羅邏，　乃至一切分，
四大和合淨，　造色五情根。
無量極微種，　一切從彼起；
當復更觀察，　死後次第相。
日日漸變異，　乃至於七日，
無復有來去，　視瞻笑語言，
容止悉已滅，　捨離威儀姿。
死屍漸漸異，　其色日毀變；
青等諸不淨，　如是次第現。

膖脹膿爛潰，　流漫極臭處，
種種諸蟲出，　見已離色欲。
觀察本所著，　已壞食不盡；
離散在處處，　能滅全具欲。
上言端正非其本，　亦應言全具。
自見枯朽骨，　無復滋潤相，
久故極龐澁，　能離細滑欲；
腐碎若塵塺，　磨滅無所有。
成就如是相，　遠離有形欲(有形不必患是眾生)；
五欲亦五壞，　隨病而對治，
相對真實相，　修行正觀察。
色變若離散，　威儀容止滅，
羸朽及磨碎，　是名五種壞。
此則自身中，　無量諸境界；
修行正憶念，　悉能得自在。
已說二無量，　自在及境界；
修行不自在，　亦已分別說。
於是不淨念，　聞思與修慧，
正觀開慧眼，　是說有三種。
作想有二種，　時復不想住；
俱開解思惟，　或時非開解(解即開也)。
第三性無垢，　離垢清淨住；
不想不開解，　是慧修禪起。
起身寂止樂，　餘二則不能；
心亦寂靜樂，　是名為修慧。
滋潤身柔軟，　此則寂靜相；
二俱不柔軟，　當知非寂靜。
彼二不寂靜，　一則安隱住；
是說色有中，　修禪所起慧。
不淨觀一智，　依止十地起；
根本及未至，　亦說欲中間。
依住一界身，　境界於欲色；
化生既命終，　即滅無不淨。
身淨無餘穢，　不能起厭患，
唯觀彼生滅，　變易無常相。
胞胎所生身，　則有死屍形；
於身起淨想，　不淨觀對治。
不求止貪欲，　思惟習厭患；
更有淨對治，　不作厭患想。

方便淨解脱，　智者開慧眼，
謂於不淨緣，　白骨流光出。
從是次第起，　青色妙寶樹，
黃赤若鮮白，　枝葉花亦然。
上服珠瓔珞，　種種微妙色，
是則名修行，　淨解方便相。
於彼不淨身，　處處莊嚴現，
階級次第上，　三昧然慧燈。
從彼一身出，　高廣普周遍，
一切餘身起，　莊嚴亦如是。
此則淨解脱，　方便不淨觀，
若能須臾頃，　修習此勝觀，
是則順佛教，　堪受一切施，
世尊所稱歎，　三界良福田。
說餘一切相，　功德亦復然，
白骨青瘀想，　成就心厭離；
因是不淨念，　方便度諸地。
所謂身念止，　受心法念處，
煖來及頂忍，　世間第一法，
見道及修道，　乃至漏盡智，
因是方便度，　一切功德地。
從初身念觀，　乃至究竟處，
佛說不淨念，　一切諸種子。
世尊說貪欲，　利入深無底，
正受對治藥，　當修厭離想，
一切餘煩惱，　悉能須臾治。
我已說不淨，　方便升進法，
餘有勝道進，　相行如前說。
不淨念升進分第十一竟。

修行方便道不净决定分第十二

不淨升進分，　相義我已說，
今當說修行，　不淨決定分。
不為惡戒縛，　亦非業煩惱，
心不背解脱，　歡喜常志樂。
如是隨順生，　麁澁四大滅。
柔軟寂止樂，　三昧於中起，
從定生智慧，　修行能厭患。
厭想已修起，　則能離有愛；

思惟離有愛，　解脱實智生。
已生解脱智，　於縛得解脱，
從是得無為，　究竟離三有，
是說名修行，　成就決定分。
天王五威相，　觀相壞煩惱，
漏過漸衰薄，　由是究竟滅。
人王有五相，　獸王相亦然；
諸地相明了，　說名為決定。
動身四顧視，　奮威暢大音，
自在獨遊步，　師子王威相。
於此十五相，　修行生決定，
能令彼地中，　一切諸垢滅。
繫念三摩提，　出諸煩惱縛；
惡露不淨想，　能生厭離心。
青瘀等諸想，　修行善決了；
更有餘三想，　明想及觀想，
第三說空想，　修習寂滅慧。
淨色及自身，　所起諸煩惱，
貪欲瞋恚癡，　從是正觀滅。
此一一諸想，　各三想眷屬，
能除貪欲等，　結縛使惱纏。
是諸一切想，　明審善觀察；
是名修行者，　決定不淨想。
久故朽白骨，　踈瘠羸相現，
破碎若塵壓(音昧)，　一切悉磨滅。
從下次第起，　方便壞所依，
淨慧之所說，　修行決定相。
無量深妙種，　一切普周遍，
彼決定真實，　生如金翅鳥，
次起清淨地，　平坦極莊嚴。
勇猛竇師子，　牛王若龍象，
此諸未曾類，　處處決定相。
始因不淨生，　亦從不淨長；
初起迦羅邏，　住於不淨中。
觀彼七日住，　念頃不暫停，
修行善明了，　是則說決定。
如是一切分，　悉能知相義，
明見彼真實，　念念有生滅。
因習諸骨想，　修行覺意生；

能起覺支想，　說名為決定。
彼諸修行者，　分別三種想：
或有始習行，　或已少習行，
或有久修習，　是悉近決定。
隨彼智慧力，　趣向有差別。
初業者始起，　少習心已住，
久學能趣緣，　是說三種修。
初業名始種，　第二為長養，
最後能捨離，　說名為決定。
不淨有二種，　或共或非共，
如前三眷屬，　是離共不淨。
聞思與修慧，　三種不淨念，
於此一切種，　修行諦明了；
善分別離欲，　是說名決定。
不淨決定分第十二竟。(《大正藏》卷十五第 314-317 页)

【评说】以上四分同安般禅法，分退、住、胜进、决定四种情况介绍不净观。

修行观界第十三

【原文】安般不淨念，　退住與升進，
決定真實相，　悉已分別說；
修行界方便，　廣略差別相，
甚深微妙義，　今當次第說。
有因先修習，　安般不淨念，
然後觀諸界，　安樂速究竟；
自以方便度，　此苦難成就。
頂上兩眉間，　繫念令不亂；
寂止潤澤生，　三摩提增長。
所依已柔軟，　三昧安不動；
擾亂不淨心，　智者悉調伏。
已隨調伏心，　安住修行處；
是處起明想，　一切身分現。
初從一髮始，　如其相憶念；
於一見自相，　然後總眾髮。
次第三十六，　自相總亦然；
佛說三十六，　各各有住處。
或時彼諸界，　合聚內觀察；
猶如明眼人，　開倉見五穀。
時復有逆順，　超越次第觀。
一界藉其下，　餘種悉處上，

次第相連持，　一一知其相，
雜色不雜色，　周滿悉觀察。
止心在一處，　境界遍十方；
處處安置已，　依是勤修習。
一髮為百分，　思惟正憶念；
復於一分中，　分别五種界。
次於空界上，　識相别觀察。
修行見無垢，　清淨妙相生，
譬如水上泡，　明淨無障翳。
是處觀諸界，　各各見自相，
水濕地堅強，　風動火燒熱；
虛空無障礙，　别知是識相。
青黃赤白綠，　及與頗梨色，
於此眾雜色，　修行具足觀。
虛空堅固相，　彌廣周遍住，
難沮喻金剛，　金剛慧能壞；
於上曼荼羅，　則有熟相現。
譬如火熾然，　能破彼堅固。
或見生疑怪，　其心大恐怖；
明者能決定，　增益諸功德。
已壞虛空界，　能起升進相，
融壞若流注，　復碎如塵塵；
修行見真實，　則生解脫相。
空界既已壞，　上諸界亦然；
是則壞相上，　有餘壞相起。
若復餘一種，　於上觀諸界，
次第普周遍，　俱壞如前說。
觀察六六種，　六三及四二；
如是六十二，　世尊略說界。
色壞有三種，　刹那世極微；
無色唯二種，　無為無壞相。
修界不淨念，　則能捨貪欲；
順界方便觀，　是治我慢藥。
觀界四無量，　除滅瞋恚毒(一無常頃名刹那)。
阿難說是言：　當修五念處。
世尊告之曰：　更有第六念。
髮毛爪齒骨、　筋肉厚薄皮、
肪脚髓腦膜、　脾腎心肝肺、
胞胃大小腸、　屎尿膿涕唾、

垢污諸血淚、　黃白及痰癊，
三十六不淨。　觀察三種界，
是中濕相水，　火熱地堅強，
諸有形色處，　內外飄動相。
出入息語言，　通利等迴轉；
一切總說五，　是相名風界。
眼耳鼻舌身，　毛孔咽喉空，
山巖室宅中，　內外無障礙；
如是一切種，　悉名為空界。
於彼六情根，　所生諸識種；
如是多無量，　總說名識界。
佛言應當知，　六界非有我。
不觀陰界相，　計我及我所，
一切內外界，　是處意迴轉。
從是意行處，　三受十八種，
六觸及四處，　世尊之所說。
愛慢諸煩惱，　悉於是中起；
是身眾微合，　虛妄空無主；
非我非眾生，　迷惑計真實。
佛告羅睺羅，　觀界悉無常；
如是六種界，　說從六處起。
修習六巧便，　六時各觀一；
色處悉具足，　無色唯識界。
彼種所依處，　相行地境界；
對治與所治，　如實知分數。
身中諸界種，　還自生苦惱；
譬如養毒蛇，　終為彼所害。
四大生造色，　即共造色住；
和合相間錯，　還為四大壞。
不淨方便觀，　先於造色起；
安般方便念，　要從四大始。
若彼修行者，　增廣二方便，
四大及造色，　和合等觀察。
始入根本處，　彼先壞造色；
入已然後觀，　所因四大壞。
定慧漸增廣，　念處具成就；
和合總觀察，　一切悉寂滅。
彼三十六物，　臭穢壞磨滅；
此三與十想，　修行增厭離。

佛說是根本，　能及一切惡。
四十九種法，　三昧於中起，
修行諦觀察，　自身及欲界，
無量不淨種，　穢惡悉充滿。
眾苦所逼迫，　盛火極熾然；
無常變壞相，　見已生厭離。
色界相似種，　微妙相顯現；
深樂求出離，　增進厭患想。
有覺亦有觀，　離欲生喜樂；
寂然入初禪，　內外悉清淨。
所依及境界，　如練真金像；
自身處梵世，　於中極娛樂。
又見五支相，　身及境界現；
第二滅覺觀，　內淨心一處。
從定生喜樂，　四支身內現；
所依及境界，　譬如真珊瑚。
第三處離喜，　行捨念慧除；
身受樂三昧，　五支相明了。
所依青琉璃，　清淨甚微妙；
緣少身無量，　諸根次第起。
第四斷苦樂，　憂喜先已滅；
不苦不樂捨，　念淨三摩提。
如是四支相，　現身及境界；
出息入息滅，　所依極淳白。
過色滅有對，　是說入空處；
過空相識定，　過識無所有。
過是無所有，　非想非非想；
善知諸界相，　不味亦不縛。
清淨四梵行，　高廣無有量；
慈悲普周遍，　喜捨亦復然。
根本四禪中，　修起五神通；
三昧現在前，　繫心觀自身。
作輕及軟想，　漸舉不令動；
境界現在前，　離地如胡麻；
稍進如大麥，　轉次高四指。
此床至彼床，　漸漸能隨意；
飛行及變化，　自在無障礙；
是名修行者，　微妙神通力。
繫心於自身，　禪定現在前；

諦取外音聲，　如其實皆聞。
繫心於自身，　禪定現在前；
觀他心所念，　一心皆悉知。
繫心於自身，　禪定現在前；
自憶念此生，　從胎及中陰；
漸見前身事，　乃至百千劫；
一切諸所更，　如實憶念知。
繫心於自身，　禪定現在前；
觀察衆生類，　生死及形色，
隨其業果報，　中陰五道生。
修行天眼淨，　一切如實見；
根本諸地中，　無量餘功德；
修行心自在，　一切悉具足。
所謂八背捨，　勝處一切入，
背捨相有五，　不淨與淨相、
色相、煩惱、識，略說是五相。
勝處先自身，　内色外少色；
若好若醜一，　外多二亦然。
内無有色想，　外觀少多色；
二俱若好醜，　是前四勝處。
後四内無色，　外青黃赤白，
一切入四大。　四色與空識，
觀外及内身，　一相無差别。
諸辯妙願智，　無諍三摩提；
逆順與超越，　無量三昧門。
明智決定觀，　具足五種滿。
一身二境界，　定相普周遍；
第三憶念滿，　修行喜厭捨；
第四諸地滿，　十處相明了；
三乘根具足，　是説第五滿。
界方便成就，　久遠癡冥滅，
能令意清淨，　無垢如虛空。
如是諸功德，　一切悉究竟。

觀界第十三竟。（《大正藏》卷十五第317-319页）

【评说】“界差别”观，即将组成人身的要素分类为六种基本属性，水、火、地、风、空、识六界，“佛言应当知，六界非有我”“善知诸界相，不味亦不缚”，通过观察四大六界遍寻“我”不得，“四色与空识，观外及内身，一相无差别”，从此悟入空性，获得精神上的成就。

修行四无量三昧第十四

【原文】修行者若欲廣修慈心，先當繫心所緣，漸習令無量。滅除過惡心，不諍競，亦無怨結，無恚清淨。謂於親、中、怨三種，九品眾生，無量無數，安處十方，盡三分際，淳一樂行。唯除國土世界，於眾生世界周普總緣，成就遊行者，修慈方便，先等心思维，總緣一切眾生，令心堅固，滅除瞋恚而起慈心，是名總觀慈無量三昧。

如是總觀，猶為瞋恚所縛者，當於上親修別相慈，次於中親、下親、中人、怨家，次第修習九品慈心，漸離瞋恚，心生愛念，與種種樂具。與是樂已，然後於一切眾生起法饒益心，修三種慈：廣大慈、極遠慈、無量慈。捨除瞋礙，住仁愛心，隨其所應功德善根，一切佛法皆悉與之，謂與種種法樂，修種種慈，先與出家樂，次與禪定正受樂，次與菩提樂，次與寂滅樂。彼修行者本曾所更及所未更，種種樂具，自得、他得，清淨善根，乃至無上寂滅，究竟無為，隨其修行，意所想念，無量法樂等，與眾生相現在前。樂想起已，一一觀察，以相自證，便得決定。猶如明鏡，因物像現；慈三昧鏡，亦因樂事，種種樂相，悉現在前。

或時修行為瞋恚所亂，作是思惟："我從本來，由是瞋恚，多所殺害，興諸罪逆，入於惡道，於大地獄，還受苦毒；或作蜂蠆、蜈蚣、毒蛇、惡龍、害鬼、羅刹，如是種種毒害之類，今不除滅，復見燒迫。"以是方便，能止瞋恚。又復思惟："罵者、受者，彼我無常，須臾不住，二俱過去。惡聲已滅，後起二人無故共諍。又今二人念念即滅，虛妄無實，誰罵誰受？何為顛倒與空共鬪？計我耳根，從虛妄顛倒煩惱業起，彼人舌根，亦復如是，因緣生滅，誰罵誰聞？"修行如是思惟時，瞋恚縛解，能修慈心，離垢清淨。如佛說："修慈者於四念處能得決定，修習增廣，成就無量法門，勝妙道果，不復退還。"是則三種方便大慈。若已離欲，更修淨妙離欲慈心，深心饒益，增廣無量，得真實果。因此功德具足，所願究竟涅槃。所以者何？一切諸佛說慈為無畏，慈為一切功德之母，慈為一切功德鑽燧，慈能消滅凶暴諸惡，是故修行當勤方便，修離欲大慈。

悲無量者，如慈境界怨親中人，悲亦如是，次第修習。如佛言曰："饒益眾生，說名慈心；除不饒益，說名悲心。"若先於眾生起饒益心，以種種樂，具悉施與之，然後觀眾生，唯見受樂，是名慈心；若先觀眾生受無量苦，起除不饒益心，然後見眾生除不饒益；除不饒益已，受種種樂，非與樂也，是名悲心。見淨相是慈，見虛空相是悲；樂行是慈，苦行是悲，是則差別。謂修行者見諸眾生兇暴諍怒、殘賊殺害，共相逼迫，無有覆護。如是見已，而起悲心，為作覆護。又見眾生，斬截身、首、耳、鼻，肢體苦痛無量，無能救者，修行見已，而起悲心。又修行住悲心時，見五趣眾生苦痛熾然，無量燒迫，深起悲心，興救護想。如是修行悲無量善根生時，無量功德相現。若見此眾生受無量苦而不起悲，是則極惡無善根人。如是大悲，一切諸佛，本所修習，由是究竟一切智海；行者若能具足修習，當知不久，必到是處。

喜無量者，謂修行於慈境界，以六思念等諸善功德，無量佛法，及自身成就戒定智慧，一切功德，饒益眾生，自樂他樂，盡皆與之。見一切眾生得法樂已，其心歡喜；其心歡喜，則憂慼滅；憂慼滅已，一向欣悅，踊躍歡喜，念言快哉，永使安樂。於一切眾生歡喜時，見有樂相，輕微明淨，成就此相，名為喜無量三昧。如佛說："修集喜等，乃至識處。"

捨無量者，捨怨親已，等緣中品，此唯是眾生，無有差別。離慈悲喜，唯作眾生行近、境界近相，是故世尊說捨。種種捨各自有相，捨無量不與彼同，謂平等清淨，離苦樂相。捨相似相現，是名捨無量三昧。世尊說修捨無量，乃至無所有處。已略說四無量相，餘種種甚深相，行

者應次第修習。(《大正藏》卷十五第 319-320 页)

【评说】"四无量心"是佛教中调整认知状态的重要修法,在观修中逐渐打开心胸,包容一切,通过改变认知方式,培养慈悲喜舍的心态。

修行观阴第十五

【原文】若修行者,久積功德,曾習禪定,少聞開示,發其本緣,即能思惟,觀察五陰,了達深法,滅除生死;猶如大風飄散重雲,亦斷一切魔所樂法。觀五陰義,今當說。修行者,內自思维,欲渡煩惱海,起離欲,生潤澤,自身快樂,奄溘四大滅。隨順四大生,攝諸亂意,能趣究竟,成就智慧。若根本觀處,堅固明淨,能起三昧,離諸亂想,滅除煩惱,諸微妙相,於是悉現。如淨妙瑠璃,如水淨泡。行者見此明淨無垢相起,善念守持,心不放逸;既不放逸,則熟相起;熟相起已,壞相現;壞相現已,唯起法想,一切寂滅。如是修行法相,具足成就,得增上厭離意;堅固精進,不可動轉,得甚深三昧、堅固三昧、不動三昧。修行住是三昧,能起五種明淨三昧,遍照五道:月光三昧、日光三昧、淨瑠璃三昧、練金光三昧、無垢頗梨三昧。因此五種明淨三昧,復生光耀三昧、遍光耀三昧、無量光耀三昧。

復次,修行者因五種壞相能壞諸緣:一曰穿、二曰剝、三曰裂、四曰壞、五曰滅。以是五壞相,壞一切法。修行五種三昧壞境界,悉清淨已,次復生五種三昧相:師子王三昧、龍王三昧、金翅鳥王三昧、牛王三昧、象王三昧。心無放逸故,起此雄相。修行住此獸王三昧,各隨其類,一切悉攝。又三昧力、男女十相起,隨類相攝,一切眾生,於是悉現。若能分別此諸三昧相而不恐怖,是則名曰於一切諸法自在功德。

復次,修行者於明淨境界觀察陰流從一處出,分為二分。如是觀已,還合為一。一一流中,復見五相;相各別異,布列境界;布列境界已,還合為一。色如聚沫,受如水泡,觀想如炎,行如芭蕉,觀識如幻,是五虛妄,欺誑之相。修行如是觀已,其身安隱,柔軟快樂。復觀流所起處,無垢相現,如水淨泡,漸漸增長,充滿其身。修行心不放逸,專念受持;持已,淨相增廣,周遍覆身,如明淨泡,離諸過惡。更勝妙智生,乃壞是相;是相既壞,彼流流下,遠注無量,如淨頗梨,極知境界;極知境界已,從彼攝還,成曼荼羅。更有異相,充滿本處,然後流至十方無量世界,至十方已,各住自相。爾時修行明見無量色種,猶如山水漂積聚沫;一切受相,如大雨渧泡;種種諸想,如春時焰;行如芭蕉,無有堅實;觀六識種,猶如幻化。如是種種虛妄,但欺誑愚夫,是名修行觀陰自相。觀陰自相已,復以智慧,自照其身,專念觀察。觀察時,見周匝熾然,相起身處,其內有種種雜華、淨妙、珍寶,周匝遶身;又自見身種種雜寶、諸功德相,微妙莊嚴。修行見是諸相已,慧眼開廣,自顧其身,周遍觀察;觀察已,復外觀陰相,盛火熾然,即生厭心,勇猛精進,欲度生死無邊苦海。修行於五陰熾然相厭離已,離欲相、解脫相、涅槃相、一切功德相,次第起現。

復次,修行者具七處觀,觀五陰、苦、集、滅、道。復觀因愛生五陰,厭患出離,如是於真諦中,方便種子慧生。於是七處,善修三種觀義,自相觀成;成就決定堅固已,然後得無垢息止修慧;是慧起已,境界平正,淳一無雜。復次,得勝妙無垢思慧決定觀,五陰興衰,念念磨滅,見真實相。譬如毒飯,食者必死;修行觀五陰三相,所雜亦復如是。一念生,一念苦,即一念時,亦生、亦住、亦滅。彼念生時,即與苦俱生。是故一念,一念即壞。修行觀五陰如是,生滅破壞,虛偽無常過惡,即起無常行、苦行、空寂行、無我行、穿漏法、不實法、速朽法、破壞法。如是無常義,如修多羅廣說,乃至百句。修行盡行如是諸相,知諸法真實,便得解脫。以賢聖地三昧想行，觀此非常相，便起深憂厭，見有為過患，不樂三有。

復次，修行者若觀生則非滅，若觀滅則非生，如是則不生聖行；要一心一相，正向解脫，然後智生，是決定聖行。聖行既起，一切法相寂滅無餘，癡愛煩惱及諸罪垢，能轉苦陰者，皆悉除滅。滅已，其心調伏，是見五陰無我亦無我所。以無常諸行觀察苦陰，觀察苦陰有八苦逼迫，於八苦相成就八行。所謂如病、如癰、如刺、如殺、無常、苦、空、無我，四是聖行，四非聖行，於苦陰決定，觀其真實。如是四諦十六聖行，是則修行煖法初相，於真諦地，得真實慧。觀察苦陰如燒鐵丸，亦無堅固，向涅槃，背生死；不貴有，不樂生。譬如群獸，獵師圍逼，以怖急力故，超勇奔出。修行如是，見生死熾然，大苦圍迫，以厭智力，超出無礙。

復次，修行者思慧生時，煖法種起；息止修慧生時，煖種增長，到煖自地，煖相滿足。息止修慧生時，頂法種起；煖法生時，頂種增長；到頂自地，頂相滿足。煖法生時，忍法種起；頂法生時，忍種增長；到忍自地，忍相滿足。

復次，於五陰悅可，名為煖法。煖法觀五陰，於三寶悅可，名為頂法。頂法觀十八界，於四諦悅可，名為忍法。忍法觀十二入，俱觀三種，隨彼善根，一增上故，說有差别。是一切盡觀真諦，但忍於真實觀增，煖法想增，頂法信觀喜增，忍法智慧增。

復次，修行有三種緣，謂上、下、諸方。三種善根，依此三緣，各一增上，故說(悅可本云出設)。

復次，三種修煖依厭離頂，依觀喜忍，依平等捨，亦隨彼善根一增上，故說當知一種修盡，成就三法。

復次，修行當知！譬如有人有五怨賊，拔刀隨逐，常欲加害；前後五陰轉相煎逼，亦復如是。佛言："欲求阿鼻三磨耶(此是見道名也)，當作達磨摩那斯伽邏。"常觀真實義，以聖行刀斷除陰賊，莫如劣夫，不能執杖，為彼所害。乃至一切賢聖，皆應勤修如是正觀，為現法樂故，為後世作大明故，斷一切苦本故，饒益眾生故。況於凡夫，空無所得，而自放逸，不勤修習。

觀五陰竟。

達磨摩那斯伽邏：達磨，法，謂世間第一法也。摩那斯伽邏，謂一經心，譯者義言思维。(《大正藏》卷十五第 320-321 页)

【评说】观阴(蕴)，即观察五蕴无常，"色如聚沫，受如水泡，观想如炎，行如芭蕉，观识如幻，是五虚妄，欺诳之相"。由粗观五蕴无常至细观五蕴苦集灭道，可以产生佛教所认可的"思慧"；在观修过程中自然获得"修慧"，两者增长的同时暖、顶、忍三法自然满足，最终达成精神成就。

修行观入第十六

【原文】六入各於境界縛無智眾生，貪欲心故，常起淨想。修行當知，於諸根境界，防制非法，攝心所緣，繫令不動，正觀六入。譬如空村，離我我所不定義，是入處義、牽下義，是入處義能將眾生入惡道。又内入相，如燒鐵鏘，如極利劍，亦如利刀。佛言："若觀此相，則能捨離。"復次，觀外入惡賊劫善珍寶。若修行捨正念，開諸入門，馳縱六境；六境惡賊劫奪淨戒，失諸功德。如鳥無兩翼而欲飛空，人無兩足而欲遠遊。修行如是，毀淨戒功德故，止、觀兩翅永不復生，欲出生死是終不能。如破瓶盛水，須臾不住，破戒比丘，亦復如是，三昧法水，念頃不住。如天德瓶守護不壞，常出珍寶，隨意無盡；修行如是，不毀淨戒，則常出生聖功德寶。輕壞德瓶，珍寶即滅；若破戒瓶，則永失法寶。譬人截鼻，照鏡不自喜樂，破戒比丘，亦復如

是，內省其身，心不自悅。百穀藥木，依地而生，諸善功德，悉依淨戒。如栴檀塗身，能除熱惱；淨戒清涼，能止欲火。如如意寶珠，隨所著處，熱時清涼；淨戒如是，於煩惱火中，能息熾然。犯戒比丘自惟罪深，身逝命終，必入惡道，心常憂悔，死時恐怖；淨戒之人，心常歡喜，生無憂悔，死時安樂。淨戒為梯，能升慧堂。戒為莊嚴具，亦為善戍衛；戒能將人至於涅槃；戒為良地，生十善種子。教誡師水，隨時溉灌，信根則生，無漏陰為幹，四如意為芽，慈心為枝條，少欲知足為柯葉，七覺意為華，解脫智為果，寂滅法為甘露。戒香流出，一切普熏。賢聖鳥王，棲宿其間；悲為重陰，清涼廣覆；辯才法師為蜜蜂王，和聲相顧，甞採精味。其樹修直，堅固貞實，無有虛偽、諂曲、腐病，是則名曰功德大樹。諸修行者欲趣涅槃，背三世苦，向解脫城，漸次發行諸善功德，息彼樹下，飲法甘露，止三渴患，其身安隱，能至涅槃。

復次，戒有眾多數，或一、二、三、四，或七，或十二，或二十一。若念念須臾頃，則有無量戒種。道共、定共、俱生戒，正語、正業、正命，與心迴轉。觀此諸戒，其相各別，或淳淨無垢，或輕薄明淨；如是無垢戒相，現於境界。修行於依緣念三處觀察戒相，若塗香柔軟，離垢悅樂，明淨潔白，是所依中相；若其地平廣，妙華寶器，嚴飾之具，眾寶滑澤，是名修行境界中相。譬如犛牛護尾，一毛著樹，守樹而死，不令毛斷。比丘護戒，亦復如是，一微之戒，守死不犯；妙相嚴身，眾好具足，猶如秋月，停照虛空。修行三昧，觀此淨相已，乃至命終，無復憂悔，亦無熱惱，不復恐怖，安悅歡喜，踊躍增長，生寂止樂，麁澁四大滅，如是等名修行憶念中相。復次，三種中更有雜相，嬈亂障礙，失念意不住。請求悔過，不善惡業，守死不為，夢中無犯，增益持戒。佛說："戒為花鬘塗香，莊嚴眾具；香風一方來是世界香，諸万來是戒德香。"或身無手、足、眼、耳、鼻、舌，一切肢節，悉不皃具；或身沒塵埃；或觀察自身，離諸塵垢，澡浴塗身，名衣上服，是名修行。於依緣憶念觀察，尸羅種種，雜相威儀。定共、道共三種戒，悉已於中說此三種戒，更有無量諸深妙相，明智者當廣演說。

修行已觀淨戒，欲破諸入山者，當修二法，所謂止、觀。先當觀離惡悅樂，充滿其身，麁澁四大滅，柔順四大生，趣寂止樂，一心不亂。自於內身繫心於入相，當善守護入相所起處。觀察時，白淨相起，比丘見此相，當善守護，如佛所說。譬如伏雞善護其子，必得成就；比丘修行，亦復如是，專精守護，乃得成就；十二修果，相現分明。修行善守護時，離諸放逸；修果成就，境界淨妙，離諸垢污。明如寶珠，亦如懸水，境界廣滿，身處少分，周遍遠流，然後來還。還已，一相現，復分為二分，還合為一，成曼荼邏境界。安住平正，普現眾相，猶如眾星光耀布列，然後乃壞。壞已，各各流出，還合為一；復周遍遠流，充滿諸方；充滿諸方已，復還安隱堅住；住已，熟相現；熟相現已，有種種眾相，周遍彌廣，微妙器服，諸奇特相悉現。境界內入空聚，外色、聲、香、味、觸及三世三種法，善、不善、無記，一切悉現，觀其真實。

復次，外六入如賊，內六入如空聚，亦說內外入為此彼岸。此十二入諸勝妙相，增廣無量，佛說修多羅中廣說。

復次，修行者，於此境界熟相起，起已復壞，間間有斷離相，斷離相流注極遠，停住一處。如寶瓶盛水，然後還開，漸見寂滅；寂滅已，復有諸餘一切功德相生。諸入門中常雜相流出，各各出已，復於一處，成曼荼邏。曼荼邏上，復有自相起；起已復熟，熟已不久寂滅。然後修行復加專精，更現清淨微妙禪相，現已如前，次第寂滅。

復次，修行於諸入中更有種種妙相，於繫心處決定相起，名髻中明珠喻三昧。修行自觀身作二分，眾寶藏上有寶蓮花；修行自見身在蓮花上，眾寶妙花，莊嚴圍遶。復次，如世尊修多羅說六眾生喻，行者於此具足觀察。所謂眼為狗，走逐五色村；耳為鳥，隨空聲起；鼻為毒蛇；隨逐香穴；舌為野干，貪五味死屍；身為輸收磨羅，常樂入觸海；意為猨猴，常樂遊縱三世法林。若六種眾生，繫著一處，不能自在，各遊所樂。修行如是，以三昧正念，繫縛六根，不令自在馳散所緣，然後以清淨智觀法真實。癡冥凡夫六境中，貪著悕望無量惡法，如是正觀，悉能除滅一切眾生樂著境界，自起障礙，不至涅槃。是故修行欲壞生死、趣涅槃者，當降伏諸根，遠離境界。(《大正藏》卷十五第 321-322 页)

【评说】观“六入”，即守摄眼耳鼻舌身意六种感官，持续照察动静而不涣散。六入分内外，外六入是上述六种感觉器官所对应的感官刺激，内六入即此六感官，“外六入如贼，内六入如空聚”，即拒绝外来刺激，对已觉知的感受不留不执。通过这种观修方法，可以“降伏诸根，远离境界”，以“趣涅槃”。

修行观十二因缘第十七

【原文】已說諸對治及所治，愚癡對治，是應分別。一切諸佛所設緣起，滅除癡冥，生如實智。有甚深微妙隨順功德，今當略說，令諸修行功德增益，滅除愚癡。觀察緣起，遠離斷、常二邊諸想，知因緣和合，有為法生；亦能降伏迷醉外道，牽令隨順，第一空法，慧眼明淨，無明悉滅。修行觀緣起有四種：一名連縛、二名流注、三名分段、四名刹那。

連縛有六種：一曰生、二曰分、三曰趣、四曰生門、五曰刹那、六曰成壞。生者從死陰，次起中陰；中陰次起生陰。中陰眾生，無明昏亂，愚癡所盲，造作有業。中陰眾生，見男女和合，無明增故，生顛倒想，或生害想，或生愛想；欲與女俱者，於男生害心，然後自見與彼和合。爾時欲心迷醉，是名愛起身；見和合不淨，謂為己有，是名慢起身；因母飲食而得增長，令身敷起，是名食起身；四大與迦羅邏俱生得報身，是名四大起身。

結業為方便，二支既過，次第識種生，是名種子識。始處迦羅邏時，其心沈沒，少所識知，識不明利，是名為生得迦羅邏。已識明利故，是名為識，是名生連縛也。分段者，從迦羅邏，次起皰、肉段、堅厚、肢節、嬰兒、童子、盛、壯、衰分、老分次第生，是名分連縛也。趣者，謂遍至諸趣，修行觀諸趣相，是名趣連縛也。生門者，謂四生相續，輪迴不絕，是名生門連縛也。刹那者，觀五陰，念念相續，生滅不斷，是名刹那連縛也。成壞者，一切境界起滅，劫數始終，修行觀此成壞相續，名為成壞連縛也。是則修行觀緣起連縛也。

流注者，謂修行觀刹那流至怛刹那，乃至羅婆摩睺路姤，是名流注迦羅邏分。流注七日，皰、肉段、堅厚，乃至衰老分，是名流注。起分、住分、起緣分、入分、出分、方便分，一切正受，巧便流注，次第起盡，名流注。諸趣迴轉，如旋火輪，是名流注。如是一切無量流注，是則修行觀緣起。流注分段者，修行觀察，從分至分，故說分段能如是知，則於緣起成就。

謂無明增上，猶如盲人無有見相，如大黑冥，遠離光明；或於前無見，或於後無見，是則偏盲；若前後無見，是二俱盲；若離二盲，則捨癡冥，得明淨慧眼。如是苦集滅道，佛法僧寶無知，是名十種癡；十種癡滅，名為十種慧。佛說無明為初因，種三種業。若修行不知無明過患，則種三種業。業起已，從是生識，諸識如幻，種種悉現；從識相續，起名色，於彼一身，而有二相。譬如虛軟沮爛之物，內有諸蟲，令外動搖；亦如野蠶，初作繭膜；名色二相，亦復如是。乃至諸根未成，說為名色二相；諸根既開，名為六入。諸根始開，未有所作，於觸愚癡，不知適與不適。如雨渧注水，水則泡起；情塵生觸，亦復如是，外刺刺身，觸從中起。亦如然燈油炷所成，是名修行觀爾炎觸相。觸相起已，次第生受。譬如水泡，三種相現，若分別諸根，則有五受。受起已，次生渴愛。譬如舌舐蜜塗刀刃，愛增諸煩惱名為取。取次生有，有三種業，業

起當來果，故名為有。已種生而未受，名為未來生，生已熟，謂為老死。二支說未來生時，生相增上。佛說識分、未來識生時，名為生；名色、六入、觸、受，名為老死。前世愛、取、有能集今有故，於此生為過去。愛取是煩惱分，故說為無明；有則是行。現在三支能種來生、過去二枝，轉生死輪。彼眾生輪轉，以無明覆故。八現在，二過去，二未來世差別故，如是分別，當知轉時，一切皆十二。

復次，更有餘分因緣，今當說。從迦羅邏、皰、肉段、堅厚、肢節、嬰兒、童子、壯年、衰分、老死分，於是十種分觀察緣起。復次，於起住起緣入出方便分，乃至餘一切分，悉觀緣起。復次，是事起故是事起，謂彼眼色能起眼識，三事和合，觸生受、想、思，是名修行異種觀緣起。復次，修行方便，觀諸入緣起，以明淨境界，自向觀諸入門；如是見已，各觀自相處，破諸入山，無量積聚；熟相現已，流注十方。極智境界，到彼觀察，明智升進者，修住巧便。爾時聞、思、修慧，熟相、壞相，次第而起，諸餘升進，義如前入處說。復次，是事有故是事有；是事起故是事起。謂修行者，先壞內身，次觀外色；猶如照鏡，因物像現。如是所依相起，外相亦起也。

復次，修行於諸不淨觀其緣起，先於方便處，繫念令堅固，然後於肢節分解，觀其緣起。起明相已，無明相壞。依脚骨、有踌骨、髀骨、跨骨、肩骨、頸骨、頭骨，充滿十方，有漏業相普現，於下諸雜不淨相，階級次第起。

復次，修行觀四因能生眾苦：展轉因、隣近因、周普因、不共因。復次，修行觀果從生因、生從有因、有從取因，如是乃至行從無明因。行是果，亦是因；從因推果，還至老死亦如是。若於無明求因，必大恐怖，而起斷見。無智闇冥，餘明甚微，猶如螢火。如是猶復求因不已，自見唯與大黑闇俱。世尊說言："由不正思惟，眾生若與是俱，則輪轉生死。"無明縛故，有輪常轉。無明為本，餘支所作，各有相現。一切有支輪，無明最自在。自在力所轉，如奴屬其主，是無故是不作，是滅故是不轉，當知餘枝皆如是說。

死有四種：漸漸死、頓死、行盡死、刹那死。又說三種無常：一、刹那無常，二、分段無常，三、種類無常。修行了此無常，則遠離四魔，破壞無明，明相顯現。如明淨燈，能消眾冥，乃至老死滅，諸明相起，亦復如是。破壞無明，諸積聚已，成就一相，淨妙境界。行者身體柔軟光澤，光澤已，身極明淨，如明鏡像；如是相現明淨，觀已身內眾物，各各自相，一切顯現。如是觀成就，名曰於界得度。何以故？有五種癡，五種對治相。一、界，二、入，三、陰，四、卑賤，五、垢污，是名五種癡。或觀界得度，或復觀陰、觀入、觀彼增功德、觀第一義而得度者，是名五種對治也。

復次，修行者入快淨琉璃三昧，於明淨境界觀緣起支。觀緣起枝時，便生易見想如說。阿難白佛言："緣起易見？"佛告阿難："十二緣起甚深無底，難見難知。汝欲毀壞我三阿僧祇劫甚深微妙難得之果，云何欣悅而說是言是深妙觀？我今當度，汝當隨我觀佛境界。佛境界海浮漂，外道無智闇冥，二邊愚癡，離爾炎境界所不能入。聲聞、辟支佛雖能少入，不得其底。"爾時世尊說是語已，即入甚深微妙爾炎住三昧自在正受……

爾時佛以神力示阿難佛之境界已，語阿難言："爾炎中更有無量無邊諸佛境界，佛智所行，如是甚深微妙境界，云何欣悅而言易見？汝智淺不及，謂為易見耳。如上爾炎境界無量諸法現在前已，然後乃壞，一切皆空，清淨寂滅；寂滅已，復觀勝妙。爾炎起佛法身，漸漸廣大，周滿十方；無量法寶，充滿法身。法身光明，無有邊際，不共智慧，所行境界。一切佛法甚深緣起，悉現在前，然後乃壞，一切皆空，清淨寂滅，無有處所；猶如虛空，無所依止。如寶入手，名為得寶；修果如是，名決定相。阿難！如來境界不可思議，我今為汝示少少耳。"阿難見佛境界，歡喜踊躍，白佛言："甚深。世尊！世尊爾炎境界，難得其底。若我先知如來境界如是深妙者，寧使我身碎如胡麻，要當究竟佛法彼岸。

如是一切名修行觀緣起。分段刹那者，三世一刹那，一刹那三世。法未起名未來，起時名現在，已起名過去。一刹那生即一刹那，苦與無常俱故。當知眾行，刹那頃不住，亦無所從來去，亦無所至，雖轉亦無所去，去亦無積聚。一刹那起，一刹那滅；刹那如一念，一念如刹那。前刹那聚已滅，滅時與後起。隨順四緣具足；後刹那起，修行境界。觀一刹那間，有無量微塵；無量微塵，一一刹那，次第相續，猶如連珠。譬如四善射人，俱放四箭。有一人健行，箭未至地，能就空中接取四箭，不令落地。地神迅疾復過於是，虛空神疾過於地神，日月天疾過虛空天，如是健行天疾倍過日月。當知諸行無常，迅過於是，不可譬喻。如修行觀迦羅邏七日住分有無量刹那，當知餘一切分亦如是。如是觀已，離諸愚癡，增益明慧，如是無量，名修行觀緣起刹那。

復次，修行初入正受，名為連縛境界，增長名為流注方便境界，安住名為分段境界，漸滅名為刹那。

復次，已說四種別相觀緣起，佛說總緣起，今當說二支種、二支熟、二支起、二支牽、所種二支、生長二支、成就二支、受二支、作人二支、田二支、寄者二支、所寄二支。受寄者是說名有支。修行觀緣起，或五陰，或四陰。五陰欲色界，四陰無色界。無常、空等諸行，於陰決定真實。決定真實已，決定相現在前。是事有故是事有，是事起故是事起，是事無故是事無，是滅故是不作。譬如有鑽有燧，有人方便煙火，乃出因薪熾然。亦如因樹有蔭，因日有光，因燈有焰，皆從緣起。無明不言，我能生行；行亦不言，我從無明生。當知一切有支皆如是，是空法、寂滅法、無所有法，作者不可得。但有無明諸行和合，有漏法生。受為軸，轉有支輪，生諸結縛。諸結中愛支增，諸縛中取支增，諸使中識支增，諸纏中無明增。向生結增，受生縛增，諸識漂利使增，於境界愚癡煩惱增。如是煩惱業縛能轉生果，有輪常轉漂。無智眾生隨義增故，說有差別，當知諸分皆有結縛使纏。

復次，修行六種觀十二緣起，於十二支隨順義說。謂安般念觀業支、有支，以出息、入息是身行，覺觀是口行，想思是意行，是故安般念是彼對治。界方便觀，觀識支、生支，識增上故處胎，識於諸界增上說七識界，是故界方便觀是彼對治。陰方便觀，觀名色支、老死支，是故陰方便觀是彼對治。破諸入出方便觀，觀六入支、觸支，是故入方便觀是彼對治。緣起方便觀，觀無明支、受支，是故緣起方便觀是彼對治。何以故？受及無明是諸煩惱根本，是故智慧是彼對治；愛、取二支染著淨故，不淨是對治。

復次，修行觀十二緣，或時從因度，或時從果度，或從無明行乃至老死，或觀識乃至老死，或三事和合生觸、觸生受、受生愛、愛生取乃至老死，或從愛、取、有、生、老死，或從老死乃至無明，或觀老死乃至識，如《佛城喻經》說。

復次，修行於四念處觀十二支各增上：身念處觀六入支，受念處觀受支，心念處觀識名色支，法念處總觀餘支。說此義已，而說讚偈曰：

'方便治地行　乃至究竟處
無上法施主　說是傳至今
我從彼勝聞　撰說深妙義
章句莊嚴集　欲令法久住
佛法深無底　修行亦無邊
以我少智力　宣揚無量法

是深非所測　如蚊嘗大海

唯彼已度者　然後乃究竟'”(《大正藏》卷十五第 322-325 页)

【评说】十二因缘观，即观察佛教所认为的生命从中阴投生、胎中发育、生受苦乐及至老死中阴的一系列过程。这一过程可以根据观察分析的粗细程度与关注重点分类为连缚、流注、分段、刹那四种。佛陀认为“十二缘起甚深无底，难见难知”，诸缘互依互用，刹那生灭而本性空寂，是唯有佛才能观察到的境界。

因缘起在一切现象中皆有体现，故禅修者观缘起可根据个人修行侧重不同而有方法上的不同，并且可以配合其他禅法修习，如“安般念观业支、有支，以出息、入息是身行，觉观是口行，想思是意行，是故安般念是彼对治。界方便观，观识支、生支，识增上故处胎，识于诸界增上说七识界，是故界方便观是彼对治。阴方便观，观名色支、老死支，是故阴方便观是彼对治。破诸入出方便观，观六入支、触支，是故入方便观是彼对治。缘起方便观，观无明支、受支，是故缘起方便观是彼对治”“修行于四念处观十二支各增上：身念处观六入支，受念处观受支，心念处观识名色支，法念处总观余支”等。这样修习有事半功倍的效果。

【原文】六十二界：六種、六情、六塵、六識、六界、六覺，謂貪、恚、癡三不淨覺；反是，三淨覺也，苦、樂、不苦不樂、憂、喜、捨六。

三：欲、色、無色界，又色、無色、滅界三世法，軟、中、上法，善、不善、無記法，學、無學、非學、非無學四。二者：食非食、漏無漏，依欲、依出要，有為、無為。

三十六不淨次第：髮、毛、爪、齒、薄皮、厚皮、筋、肉、骨、髓、脾、腎、心、肝、肺、小腸、大腸、胃、胞、屎、尿、垢污、淚、涕、唾、膿、血、黃白痰、癊、肪、删腦、膜。

刹那數：百二十刹那名一怛刹那，六十怛刹那名一羅婆，三十羅婆名一摩睺路妬，三十摩睺路妬名一日一夜。一歲中唯二時二日，三十摩睺路妬晝夜等。

謂羯提月白分，八日八月名羯提，後半月名為白分。陛舍佉月白分，八日二月名陛舍佉，後半月名白分。此二時二日，晝夜各十五摩睺路妬；從是後，羅婆流，或晝減夜增，或夜減晝增，名為流晝夜等，各三十摩睺路妬。

(謂羯提月白分八日，陛舍佉月白分八日。羯提月者，謂七月十六日，至八月十五日，是八月名後半月，名白分；陛舍佉月者，正月十六日，至二月十五日，是二月名後半月，名白分。此二時二日，晝夜各三十摩睺路妬；從是後，羅婆流，或晝減夜增，或夜減晝增，名為流。)(《大正藏》卷十五第 325 页)

【评说】在本经最后附有一组注释，是对文中出现的专有名词所作的解释。包括对人体组织的浅显认识和分类，以及计量单位的转换和历法知识等。

五门禅经要用法

大禅师佛陀蜜多撰

宋罽宾三藏昙摩蜜多译

【提要】本经是五种主要禅法指导的结集，包括安般禅法(呼吸观)、不净观、慈心观、因缘观、念佛法门。

【原文】坐禪之要,法有五門:一者安般;二、不淨;三、慈心;四、觀緣;五、念佛。安般、不淨二門、觀緣,此三門有內外境界;念佛、慈心緣外境界。所以五門者,隨眾生病:若亂心多者,教以安般;若貪愛多者,教以不淨;若瞋恚多者,教以慈心;若著我多者,教以因緣;若心沒者,教以念佛。(《大正藏》卷十五第 325 页)

【评说】介绍本经所收录的内容,简要概述了不同法门所对应的情况,即"随众生病",随病与药。经文点出了五种法门各自的特点。

【原文】若行人有善心已來,未念佛三昧者,教令一心觀佛。若觀佛時,當至心觀佛相好了了,分明諦了已,然後閉目憶念在心;若不明了者,還開目視,極心明了然後還坐。正身正意繫念在前,如對真佛明了無異。即從座起跪白師言:"我房中係念見佛無異。"師言:"汝還本坐,係念額上,一心念佛。"爾時額上有佛像現,從一至十乃至無量。若行人所見多佛從額上出者、若去身不遠而還者,教師當知此是求聲聞人。若小遠而還者,求辟支佛人。若遠而還者,是大乘人。三種所出佛還近身,作地金色,此諸佛盡入於地,地平如掌明淨如鏡。自觀已身明淨如地,此名得念佛三昧境界。得是境界已白師。師言:"是好境界。"此名初門觀也。師復教係念在心然後觀佛。即見諸佛從心而出,手執琉璃杖,杖兩頭出三乘人,光焰有大小。如是出已,末後一佛執杖在心正立而住,末後住佛迴身還入,先去諸佛盡來隨入。若小乘人入盡則止;若大乘人入盡已,悉從身毛孔出滿於四海,上至有頂下至風際,如是照已還來入身如淨琉璃。所以光明還來入身者,欲示勇猛健疾境界相好。如是已即往白師。師言:"此名一切念處,以能生諸定故名為念處。亦初得此法。皆是諸佛弟子所得,非是邪道神仙所見。上杖者,定相也。相光者,智慧相也。此內凡夫境界相也。"

師復更教言:"汝從今捨前二觀,係心在齊。"即受師教,一心觀齊。觀齊不久,覺齊有動相,諦視不亂。見齊有物,猶如鴈卵其色鮮白。即往白師。師言:"汝更視在處。"如師所教,觀已有蓮花,琉璃為莖、黃金為臺,臺上有佛結跏趺坐。第一佛齊中復有蓮花出,上復有佛結跏趺坐。如是展轉相出乃至大海,海邊末後第一佛還入第二佛齊,第二佛還入第三佛齊,如是展轉還入乃至人齊佛。令為一一佛入行人齊中已,行人自身諸毛孔遍出蓮花滿虛空中,猶如垂寶瓔珞。如是出生,見諸蓮花盡入齊。行人爾時身體柔軟輕悅,自見已身明淨如雜寶色,即以所見白師。師言:"大善。汝好用心觀此身成定相也。"師教言:"更觀齊中。"即如教觀,見頂有五色光焰。見已白師。師言:"更觀五光有五瑞相。"如教觀已,見有一佛在光明中結加趺坐,更觀五光中佛有何瑞相?即見佛口中種種蓮花出,出已遍滿大地。更令觀五光中佛一,見佛齊中有五師子出,師子出已食所出諸花已,還入五光中佛齊中。師子入已,五光及佛即從頂入。此名師子奮迅三昧定相也。

行人復觀光入佛身已,行人身作金色。見金色已,見齊中有物,圓如日月白而明淨。見已白師。師言:"更觀。"即見佛出滿腋下,及腰中有佛出,凡四佛出。四佛出已見四佛身,一一佛出無量圓日光,日光甚明淨。因諸日光,見四天下色,上至有頂下至風際悉皆明了,如見掌中無所罣礙。此名白淨解脫境界也。見如此已,還見四佛隨出處還入。四佛入已,復見白焰諸光,前入後出、後入前出,左入右出、右入左出。如是四種出入竟,見自身明淨,及水四邊圓滿淨光。此為名明淨境界。見此光已,名成念佛三昧,在四禪中。(《大正藏》卷十五第 325-326 页)

【评说】以上经文介绍了通过观察念佛时的征象显示弟子根器的方法，一心念佛者“额上有佛像现”，佛去人远近、由观佛入身后是否还出可以标示声闻、辟支、大乘的差别，此处的“观察”，可能是通过询问完成的。因初学念佛全靠意象，如师父未得神通，无法直观了解上述情况。

修行者还可以一心观齐（齐通脐），即集中注意于脐部，在传统气功中与意守神阙或丹田类似。久之觉意守部位有跳动感，继而“见齐有物，犹如鴈卵其色鲜白”，类似道家功法中的筑基初步，之后继续意守生气运行等。此处则观其中有佛，继而随师指引，一一观想，至念佛三昧成。可见不同宗教的修行方法或有共通的物质基础，差别在于存想观照的方法。

【原文】不淨門行者，善心來詣師所，未受法時，師教先使房中七日端坐。若有緣者，覺身及齊有瞤動相，自見己身明了，左足大指爪上有白露如珠。行者從座起，以所覺白師。師教行人行住坐立相。其人內境界多者，視占極高遠，知緣外多。若一心徐步視占審諦者，知緣內。若外緣者，教觀塚間死屍。見已還來在房中坐，自觀己身。念骨若三日不失，次觀房中諸人，漸漸令見白骨，次第相續至於大海。以何相故到大海？緣見水波源。一切骨人及己身盡著瓔珞，復見大水來灌其頂滿於己身，滿己身已令從足指出成血河。此名為厭患三昧也。

復專念前，見一切臥，唯有身在。以白師。師言：“汝自觀分為五分。”所以為五分者，欲知內覺外覺為驗。身若能壞作五分了者，即知今則無有我，一一亦無我，心則若住無我定門。若住定時盡見支節有刀出，諸刀刃皆有明焰出，此名無我智慧境界。

復更係心白骨，自見骨上有明星出，四邊有金丸。星者，明淨境界。金丸者，智慧境界二十五。此名白骨境界滿也。

於十想中略出白骨相也。行人雖見白骨，於男女色故生愛心，欲除愛者應觀三十六物。若觀時應係心額上，係心不久，見有明珠於額而現在前，不令墮落，為心堅住故。所以有此相者，現法流出故。如是不久，教令放已入地，入地已隨而觀之，明淨而下過於地界。所以知者，自見己身及處處見凍凌過於風界。所以知者，身體柔軟過於水界。所以知者，自見己身及處處有水，上有泡出若到風界。所以知者，自見己身猶如虛空珠。若尋空還來，明淨光明隨珠而來。珠若出已入行人齊中，入已見三十六物明了無礙。行人爾時得男女相定滿。

白骨觀法。

白骨觀者，除身肉血筋脈都盡，骨骨相拄，白如珂雪，光亦如是。若不見者，譬如癩人，醫語其人家：“若令飲血，色同乳者，便可得差。”家中所有悉令白，作白銀器盛血，語言：“飲乳，此病必差。”病言：“血也。”答言：“白物治之。汝豈不見家中諸物悉是白物，罪故見血。但當專心乳相，莫念是血也。”如是七日，便變為乳，何況實白而不能見。即見骨人，骨人之中其心生滅相續如綖貫珠。如是所見及觀外身，亦復如是。若心故住精進不廢，如鑽火見烟、穿井見泥得水不久。若心靜住，開眼見骨了了，如水澄清，則見面像；濁則不見。（《大正藏》卷十五第 326-327 页）

【评说】以上介绍不净观，尤其对其中的白骨观作了重点介绍。不净观是通过观想人身种种不净以生起厌患心，因此对应“贪爱多者”。白骨观是不净观的高级修法，从“不净断贪”转向“无我无贪”，“一一亦无我，心则若住无我定门”，白骨观修习久，“见三十六物明了无碍。行人尔时得男女相定满”。

【原文】觀佛三昧，佛為法王，能令人得種種善法，是故坐禪之人先當念佛。佛者能令人無量罪微薄得諸禪定，至心念佛、佛亦念人。為王所念，怨家債主不能侵近；念佛亦爾，諸餘惡法不能嬈亂。若念佛者，佛不在世云何憶念？人之自信無過於眼，當觀好像如見真佛無異。先從肉髻、眉間白毫，下至於足，復至肉髻，相相諦觀。還於靜處閉目思惟，係心在像使不他念，若有餘緣攝之令還。心自觀察如意得見，是為得觀緣定。當作是念："我亦不往，像亦不來，而得見者由心定想住也。"得觀佛定已，然後進觀生身，便得見之如對面無異也。人心馳散多緣惡法，當如乳母看視其子不令作惡。若心不住，當自責心："老病死苦常來逼切。若生天上著於妙欲，無有治心善法。若墮三惡，苦惱怖懅善心不生。今於此身當至心念佛。"復作是念言："生在末世法欲滅盡，猶如打鼓開門放囚，鼓聲漸止門閉一扇，豈不自知不求出獄也。過去無始世界生死已來，所更苦惱萬端。今始受法未得成就，無常死賊常來侵害，經無數劫生死之苦。"如是種種責心令住於相，坐臥行步常得見佛，然後更進生身。得禪定已，展轉則易生身觀。法身觀者，既以觀像心隨想成就，斂意入定即便得見。當因於像以念生身。觀云如坐於菩提樹下，光明顯照相好奇特。又如鹿野苑中為五比丘說四諦法。又如耆闍崛山放大光明為諸大眾說般若時。隨用一處，係念在前不令外散，心想得住即便見佛，舉身快樂貫徹骨髓。譬如熱時得清涼池、寒得溫室，世間之樂無以為喻。法身觀者，已於空中見佛生身，當因生身觀內法身，十力、四無所畏、十八不共法、大慈大悲無量善業。如人先見金瓶，後觀瓶內摩尼寶珠。所以法身真妙神智無比，無近無遠無難無易，無量世界悉如目前，無有一法而不知者，一切諸法無所不了。是故行者當常專念不令心散，若念餘緣攝之令還。復次一切命過者，知當死時先失諸根。如投火坑，發聲至梵天。甚大怖畏無過死賊，唯佛一人力能救拔，與種種人天涅槃之樂。復次一切諸佛，世世常為一切眾生故不惜身命。如釋迦文佛為太子時出遊觀看，見一癩人，即勅醫言："當須不死人血飲之、髓塗之，乃可得差。"太子念言："是人難得。設使有者，復不可害，一差一死。"即便以身與之令治。佛為一切眾生亦復如是，佛恩深重過於父母，假使一切眾生悉為一分，二分之中當念佛，不應餘念。如是種種功德，隨念行事。若此念成，斷除結縛，乃至可得無生法忍。若於中間諸病起者，隨病服藥。若不得定，六欲天中豪尊第一，業行所致宮殿自隨，或生諸佛前無不定也。如人藥和赤銅，若不成金不失於銀也。

觀十方諸佛法

念十方佛者，坐觀東方廓然大光，無諸山河石壁，唯見一佛結加趺坐舉手說法。心明觀察光明相好晝然明了，係心在佛不令他緣，心若餘念攝之令還。如是見者，便增十佛。既見之後，復增百佛千佛乃至無邊身。近者則使轉遠轉廣，但見諸佛光光相接。心明觀察得如是者，迴想東南復如上觀。既得成已，西北方四維上下亦復如是。既向方方皆見諸佛已，當復一時并觀十方諸佛，一念所緣周遍得見。定心成就者，於定中見十方諸佛皆為說法，疑網悉除得無生忍。若有宿罪因緣不見諸佛者，當一日一夜六時懺悔勸請隨喜，漸自得見。縱使勸請不為說法，是人心快樂身體安無患也。(《大正藏》卷十五第 327 页)

【评说】观佛三昧时修行者一心系于佛像，是缘相修止的方法。从佛像转向功德，是从有相转入无相，加深定境的方法。观十方佛，则是拓展观想能力，扩大观想范围的训练方法。

【原文】初習坐禪法

先教注意觀右脚大指上見洪脹，以意發抓却之，令黃汁流如膿血出，肌肉爛盡已唯見白

骨。盡見，應廣教骨觀。若見滿一天下者，宜教大乘。若見近者，宜教小乘。教注意觀鼻頭，憶想人身肌肉皆是父母精氣不淨所成，次觀齒白人身中唯此白骨耳。若見齒長、若額上白者，即觀骨令身皆白，遠近如上。此人隨根深淺，若教時不能卒見白骨者，教如常九想觀，令一月一秋修習，要見白骨乃前。若見眾生教觀慈心觀法，教熟觀白骨，若見餘物，當語前人："此亦好耳，且置是事但觀白骨。"前當若久觀白骨，云："我身中覺煖。"教令續觀。見煖覺已安隱和悅者，此是煖法。次當教以意解白骨，令節節解散。若見餘物，當令且置，但觀白骨解離。久久觀之，若言："我頂上火出。"教令更觀。云："我常見頂上火出。"身中安樂無有亂想，此是頂法。

次教注意令骨白淨已，分散飄落在地如雪在地，或如爛土其上或有白光種種異物。教更觀之。若言："續見如是，身中快樂。"當語："汝本時所愛人，試憶念與作世事。"彼觀已言："我憶念人，見之但變作膿血不淨，甚可惡見。"次教觀身如草束或如空韋囊。若言："我見自身如乾草束或如空韋囊，有火燒盡乃無有我。"教令更觀："汝意起時從何處起？滅時從何處滅觀之？"觀者要言："我見卒覺起時從意起，滅時鼻頭滅。鼻頭滅時，身中和靜，不覺有我，了了分明。"教觀頂上，言："我見身長大，頂上出水滿於身中，令其極滿，齊中出之流在前地。"水出既盡，教更重下水，令身麁大。若言："我見身大，水滿其中，出之水成大池。"教以酥灌頂令入身中。若言："我以酥灌頂，便身廣大。"教諦觀之。若言："觀須臾之間見皮火起，火便熾然滿身中，以水滅之，令火滅盡快得穌息。"教係意觀池。答言："我見池中自然有樹，樹生甘果。"見此果已，若有眾生來飢餓求索，觀者見之，教即起慈，便自觀身。若言："我觀自身盡膿血流出在地，眾生見之便取食之，食之既足各四向而去。"教自觀身及觀他身。若言："便見眾多餓鬼來在身邊，飢餓所逼命如絲髮。"即教以慈心以身施之。若言："我以身施之令得充足。"教復更觀。若言："我見無數眾生遶身四邊。"若見此事，應教自觀身。若言："我自見身不淨膿血在地，眾生見之便取食之。"既飽足已教令諦觀："我見忽然火起，燒諸罪人及其己身，在池水所有悉已都盡。"復教諦觀見處。若言："我見眾生及池中水己身悉平復如故。"觀眾生及其己身。若言："我見自身乳出流下在地，眾生見之不能得食，由罪重故。"教以慈心觀。若言："我須臾之間乳化為膿，眾生飢急便食之，既飽足已便見脚底火然燒諸眾生忽然滅盡。"行人見此事已，應教自發願更不受生。教尋觀前池。若言："我觀見水池，池中蓮花樹枝葉茂盛。見此事已，自身入水叢樹邊坐，自觀身中火出滿於池中，須臾之頃忽然火起，自燒己身及眾生，池水都盡。"尋教更觀。若言："我見池中忽然樹生，枝葉茂盛，出生甘果。行人見之，向樹食果。既飽足已，身心明淨安隱快樂。"教淨觀此池及其己身。若言："須臾之間都已乾枯。"行者見此破壞之相，心懷怖恐，即來白師。師應教身為苦本觀，令觀身使如泡沫。若言："我見自身如泡沫及身出骨，出已便以手摩如麵平以為地。"尋復教觀令身如氣囊。若言："我自觀如氣囊即變骨出，其骨微細摩以塗地，其地青色。"復教觀身。若言："我觀自身微塵及身出骨，其骨絕黑，摩以為地。"教自觀身及觀於地。答言："我觀其池蛇出，身赤如火，蛇來逼身，便變為火自燒其身。如是七反。座中自然有水灑之，蛇身即滅。"教復還觀身及觀於地。若言："我觀須臾之間自然光出高大明好。"尋復觀身。若言："我覺和適心意快樂無有懈息，自然光來遍身滿。"七反教自觀身。若言："我便自見頂上有光似如雲蓋，其色如銀。"具足此事，應於初道，亦名觀火竟。

次觀水大，教令觀身中何處有水？若言："身中盡是水。"教令更觀。若言："我見水眼中現者好。"若不著："汝觀頭已上水何處出？"若言："我見水從眼中，復不墮地。眼如水沫，頭中亦滿。”師當問:“汝見水何似? 出時悉有何相?”答言:“我見頭中不溫不冷。”大好。若言水溫,當知非真,復教更觀,要令水不溫不冷乃是真相。教觀咽胸已下至腹中令見水滿,但莫令入臂脚中。水要頗梨色。若覺水溫,爾乃是真,餘者非真也。次觀身中通臂脚。若言:“我見皆皮囊者相。又見水滿中舍及床座處。”是水冷者爾乃是真,餘者非真。若廣見水者大好。次觀水大從何處盡? 若言:“我見水從我身中消盡,唯有空皮或如草束,火起燒盡了無有我也。”

觀水大竟。

次觀火大,教令觀齊四邊何處有火? 若言:“我見齊上火起。”或言從鼻中出、或言從口中出、或言眼耳中出者,教令更觀。答言:“我見鼻中五色光出其狀如絲,身中不溫不冷。”此則一法,教更觀之。若云:“我見火從頂上出,或言從下道出。”教令更觀。云:“我見火在頭上如雲蓋狀,或言在下如雲狀,身澹愉安隱。”此則一法,教令更觀身。云:“我見火從齊中出,喻如蓮花其色如金者。”大好,教令觀身中火。若言:“我行坐常見火,不但唯坐時也。行時見火,似如人持火行,常在我前大明。乃應他人怪之,而他人實不見,而身常溫。”此是一法,教更久觀之。云:“我見大海水其中有摩尼珠,其珠焰出如火。”此珠則是一法也。

觀火大法竟。

次觀風大,此風大其性細微,非條疏所解故不出。此四大是坐禪根本所由處,雖多見餘相,要向此四觀也。(《大正藏》卷十五第 327-329 页)

【评说】初习坐禅法首先介绍不净白骨观及慈心观,后转入“四大”观。

“不净白骨”观前已介绍。此处慈心观接续不净观,观想布施己身,继续无我的修法。后转入“四大”观,“四大”观是观想人身的水、火、地、风四种性质的事物并一一分析,是禅修的基本通用法门。因为在印度传统观念中人身为四大所成,人身四大的分析对象是每个人现成的,不必借助观佛所需的佛像、观不净所用的尸体等外物。

本经介绍的“四大”观似不同,极重想象,经文中介绍了火大和水大的具体观想方法及成功征象。经文中又指出,在“四大”观中火大和水大是较易观想的,而风大因无形细微,非本经所解。

【原文】初教觀佛,先教坐定意,不令外念諸緣使人。然後將至好像前,令諦觀像相好分明。然後安坐,教以心目觀此像相好。若言:“我見像分明。”是一事。

教自觀身,令身安坐,教還觀佛。若言:“我見一佛至十佛,悉令明了。”是二事。

教令諦自觀身漸安,教還觀佛。若言:“我見十佛至二十佛明了。”是三事。

教自觀身令身轉安淨,教還觀佛。若言:“我見二十佛至五十佛,明了如前。”是四事。

教自觀身令意轉細,教還觀佛。若言:“我見五十佛至百佛,相好如前。”是五事。

教自觀身令心轉細,教還觀佛。若言:“我見百佛至千佛,明了如前。”是六事。

教自觀身令心轉細,還教觀佛。若言:“我見二百佛至四百佛,明了勝前。”是七事。

教自觀身令心轉細,教還觀佛。若言:“我見四百佛至八百佛,相好轉明。”是八事。

教自觀身令心轉細,還教觀佛。若言:“我見八百佛至千佛。”是九事。

從一佛至千佛,諦觀相好極令分明,還自觀身不淨膿血,即教作不淨觀。若見白骨,即作白骨觀。若見苦痛眾生,即作慈心觀。若不見此事,還觀一佛,至心懇惻求哀懺悔。是初學家觀佛法。若趣住地,應廣觀佛。若言:“我見一佛至百千萬乃至眾多佛,相好明了。”是第

十事。

教觀自身令身明淨，教還觀佛，發大誓願心生供養。言：“我見無量諸佛，於佛前自然有花，便取供養悉令周遍。”是十一事。

教自觀身令身明淨，還教觀佛。若言：“我如前見已心生歡喜。”教至心觀佛念欲供養。若言：“我見自然有花樹踊出，上生種種雜色花，自然有人取此好花與我，供養散諸佛上，普使周遍華故不盡。”是十二事。

次教於佛邊坐，自觀己身極令明淨，還教觀從東方始，令意東行見無數佛，意疲乃息。是十三事。

教前境界次東行。若言：“我意東行，見無數佛滿於虛空無有邊際，意乃疲息。復更旋意東行，要有限礙乃住，南西北方亦復如是。”是十四事。

教令自觀身中支節悉已明了。若言：“我見者。”教還觀佛足下。若言：“我見佛足下雜光明，然後還至四方，一切諸佛悉在光上蓮花中。”是十五事。

教發觀佛喜心，諦觀足下。若言：“我見佛足下光出，至於大地無有邊際。”教乘此光觀。若言：“我見苦痛眾生無量無邊，光所照處悉皆安樂。”是十六事。

教觀自身令復轉明淨，教觀一佛齊中。若言：“我見佛齊中光出，遍至四方極遠之處，一切諸佛悉上光住。”是十七事。

教尋光觀。若言：“我見無量人於光中現，悉受決樂。”是十八事。

教自觀身令極明淨，教還觀一佛兩乳。若言：“我見佛兩乳中自然光出，遍至四方，一切諸佛悉在光上。”是十九事。

教尋光觀。若言：“我見此光中有無量人，悉受快樂。”是二十事。

教自觀身見身極明，教還觀一佛眉間。若言：“我見光從眉間出，大如斗許，漸漸麁大，便上向去踊在空中。”教令尋光觀，為隨何光上？意疲乃息，復更尋去。若言：“我尋去，上至無極，到光所盡。”是二十一事。二十二事本闕。

教尋此花佛，從東方始。若言：“我見光著，有無量細微光皆悉如觀。此光頭盡有化佛滿於東方，中間相去或五步。”教續東行觀之。若言：“我行見無量佛。意疲乃息。”教續觀至極遠處更見餘相，乃至南西北方亦復如是。是二十三事。

教自觀身。若言：“我自見身悉明淨喻如聚光。”教令觀佛次第作禮供養。若言：“我見無量諸佛行列，我持眾花次第灑散，供養諸佛悉令周遍。”是二十四事。

教令觀此所供養花。若言：“我見花墮者，在於佛邊便成花帳，行伍次第嚴好微妙，悉皆如是。如是一切諸佛，悉在帳中坐其床上。”是二十五事。

教觀花帳。若言：“我見花帳漸漸高出，踊在空中合成一蓋覆一切佛。”是二十六事。

教觀自身。若言：“我見自身麁大喻如聚光。”教還觀佛次第作禮悉令周遍，仰觀於蓋。若言：“我見上花蓋中，有花臺下向，七寶成，中有花下，以手承取。”教散諸方供養諸佛悉令周遍。是二十七事。

教向佛作禮求願已周，教令至心在於佛邊坐。若言：“我坐須臾頃，見地自然踊出七寶臺色妙香好，便取供養一切諸佛。”是二十八事。

教自觀身極令明，教令明。教令於佛邊坐，觀所供養花。若言：“我見此花在佛足下，便成琉璃之座。次第行伍佛坐上，中間道陌悉皆上寶所成，端直無比。”是二十九事。

教自觀身。若言：“我見身中更有小身，兩重而現，內見外明淨。”教還觀佛。若言：“我見一切諸佛來入一佛身中而不迫迮。"是三十事竟。

觀佛事多，略出三十事以教行者。(《大正藏》卷十五第329-330页)

【评说】上述观佛"三十事"，似应接续在观佛三昧及观十方佛之后，或是错置此处。《阅藏知津》说本经"不次第"，或即是指经文上下没有条理。

【原文】初教慈心觀法，先教懺悔，淨身口意，至心懇惻發弘誓願，然後教坐，便心目自觀己身。若言:"我見自身。"便觀他身。若言:"我見眾生苦痛在前，足下火然，成於火坑焚諸罪人，身體膿爛血流成池，高聲大喚苦痛無量。復見四方有城圍遶。"是名初事。

教發大願生憐愍心諦觀眾生。若言:"我見罪人為火所逼投膿血池，池中膿血便應變為火坑燒諸罪人，苦痛無量便共號哭無寧息處。"二事。

教令諦觀莫懷恐怖誓心救濟，教令人人代之乃至眾多。若言:"我人人代己，將著坑上令得蘇息。"三事。

教諦觀之。若言:"我見諸城門中有無量人，來投火坑復受苦痛，代之令出，將至所安。"四事。

教令諦觀。若言:"我見諸門中人來不止，受無量苦。我以慈心力，便以自手捫摸此門，門便破盡四壁盡破。"五事。

教以慈觀之。若言:"我見諸治罪人心生憐愍，下淚如雨，以手接取灑散火坑，火尋滅盡。"六事。

教更觀之。"見火已滅唯有膿血盛滿大坑，自身出水以著池中，池血消盡其水澄清。"七事。

教令諦觀。若言:"我見池中生大花樹，眾生見此樹便來取之。"教令飲之洗浴令身清淨。八事。

教自上花臺上。若言:"我上花臺已，見下眾生復欲得上，即挽上之著葉中。其花狹小不相容受，我以手摩令花廣大得相容受。"九事。

教自觀身明淨已。若言:"我并見諸罪人飢餓須食，生憐愍心，即於身邊便有飲食，我便與之悉令飽足使得休息，諸人皆言離苦得樂。"十事。

教令諦觀。"花臺增長有數重出，我便尋上至第二重，身安坐已便喚下人悉上花臺快得安住。我生悲心，於是花上所須之物飲食充飽，我以慈心即為說法:'汝由宿世作毒火燒人家種種惡業，今受此報。汝可懺悔，滅除宿罪。'"十一事。

教生善心復登華臺。若言:"我已下重諸人亦上，所須與之令無所乏須，復為說法，天上人間五道報應，令心開解。"十二事。

教尋花上。若言:"我已於花上，為下重諸人復欲得上，我悉上之。復生喜心觀此花中，便有自然金銀珍寶衣裳飲食所須之物，悉給與之。天諸伎樂自然而至，隨意所欲受快樂已，便為說法:'汝等善心始生，果報尋至，封受此果報。'"十三事。

教增喜心乘華而上。若言:"已上華臺頭，在下諸人心生歡喜，尋後而上盡華頭。"復教觀花。若言:"我見華頭。我見華頭生大甘果，香味具足。告諸人言:'樹上有果可取食。'便如所言食得充足，皆言快樂。"十四事。

教觀華中。若言:"我見華中有七寶之臺自然而出，中有經卷名曰智慧。我即宣令一切諸人:'此中有經說三乘法，汝可作禮生恭敬心花香供養。'復欲聽法，我便答言:'燒香散花。'

供養已訖，復欲聽法。我便答言：'我及眾會俱不清淨，如何可聞？法者令身心清淨。'即便受教。我語諸人：'悉令端坐，閉目一心除諸亂想。'我亦如是，須臾之間，身盡明淨心意泰然。我即語之：'今當為汝說此妙法，至心聽受。'即便受教。我為說法，令得聞法。既聞法已，於上空中有自然光明照此華臺，一切諸人便於四方悉令明淨。此諸人等見光歡喜身輕踊躍，尋光而去。"十五事。

教諦觀身。若言："我自見身光出，遶身四邊，其明轉盛，便自以手推此光明遠至四方。有無量人尋光來至，我以慈心便給所須，令得充足無所乏少。便為說法，令得信解歡喜受行，須臾之頃便踊身空中徘徊而去。"十六事。

教諦觀華臺。若言："我見華臺所有悉已去，都不得見，四向清淨。"於此事中境界亦多，略出所有耳。（《大正藏》卷十五第 330-331 页）

【评说】此十六事在初教慈心观部分，设置十六种情境，想象自身以慈心救拔受苦者。

【原文】續教作慈心觀，先教以慈心自觀已身。見已了了，便教觀苦痛眾生。若言："我見四山之中有大地獄，罪人滿中受大苦痛。須臾之頃忽然便有鐵蓋，覆諸罪人令不得現。"初事。

教以慈心發大誓願："我當救濟無量苦惱眾生令得解脫，即起慈心坐鐵蓋上破此鐵蓋。"若言："我以此手破碎鐵蓋漸令破盡，便下向觀見諸罪人受大苦痛。有重鐵輪在人頭上，或在身中、或在足下、或大或小，膿血流出苦痛無量，高聲大哭不可堪忍。復見無量治罪之具治諸罪人，苦痛無量不可具說。"二事。

復教發誓願，益增悲心觀之。若言："我見此罪人，心生憐愍，淚下如雨，諸人小得休息。"三事。

教修慈心，代諸罪人將著高處，便得休息。須臾之間人人如是。四事。

教更觀之。若言："我見地獄四邊高壟起，中有膿血池，池中四處忽然火起燒諸罪人，苦痛難忍號哭稱怨。"若言："我見此事生憐愍心，即於身邊手出清水，四向灑之令火漸滅，小得休息。"五事。

教令更觀。若言："我見山間有無量人來入地獄中，受諸苦痛不可稱計。我見此已心生憐愍，便於池處立桄代諸罪人，將著桄上令得休息。人人如是。"六事。

教諦觀之。若言："我見諸山間人來不絕，受苦不斷。我以慈心力，磨滅此山以為平地。"七事。

教以慈心，於此池上空中而坐，身出少水澍於池中。若言："我於空中坐已，下水澍池中，池中膿血四向出去，其池澄清。須臾之頃於池四面便有火起，燒此膿血悉已都盡。"八事。（《大正藏》卷十五第 331 页）

【评说】以上经文继续教授慈心观观法步骤，设置八种具体情境引导慈心产生。此"八事"与上"十六事"有重复。

【原文】教以悲心，於池上坐四面諦觀。若言："我見鐵輪毒害之具來至我座下成大臺，諸罪人等各至四方安隱之處。我在臺上見下火起舉臺然盡，火四向去燒諸四方，所到皆盡。"九事。

教觀池中。若言："我見池中泉水廣大，乃至四方無邊際，中生蓮華漸漸廣大覆此池上。

教在華中,便四向觀,見池四邊有無量人欲來趣我,我教洗浴令身清淨。身清淨已,於花葉間便開少分,於下水上住於道陌間,令諸人等悉上花臺。"十事。

教觀池四邊。若言:"我見池四邊便有樓閣自然而出,與華相接,令諸人等趣此樓上快得休息。各各自言雖得樂。既止息已,便索飲食。無以與之,於十指頭出雨,雨花為乳,諸人等悉令足飽。"是十一事。

教令觀花臺中。若言:"我見花臺中更有臺出,及四方樓俱更有重,廣大如前。我尋上到已,於華葉間便開少分,設諸梯橙上諸人等。復著臺上四向趣樓,隨來處東向,三方亦爾。復加悲心觀此華中,復有自然所須之物,與四方人令其充足。便為說法:'是身為苦無牢強者,皆由宿世犯五逆罪行惡所致,受此苦痛。今可懺悔。'尋如所言即便懺悔。"是十二事。

教觀華臺。若言:"我華臺中更出重樓閣,我便尋上,到已復作梯橙。諸人上已,各各上樓休息已,我於華上便取飲食衣服所須之物,四向與之令無所少。便為說法,無量利益便生信心,受持齋戒悉令奉行。"十三事。

教令更觀花臺樓閣。若言:"我見花臺樓閣如前生,微妙勝前。我與諸人等如前尋上重已,各共上樓,與諸人等便得充足令無所乏。復為說法,即便受教悉得利益。"十四事。

教生喜心諦觀花中。若言:"我華臺中樓閣如前生重,我與諸人悉共上已,我坐華上心歡喜。須臾之頃見花臺樓皆作金色,七寶合成,於上便有無盡寶藏,衣服飲食微細柔軟箜篌樂器,須隨意所欲得充足已。復為說法,皆悉受行。"十五事。

教更觀華臺中。若言:"我已見花臺中有樹踊出,高樓十丈,枝葉茂盛生香美藥。自上樹頭便下向觀,見下樓閣從下破落至五重,諸人惶怖各言苦哉,便尋花上在諸花中。"十六事。

教生憐愍救濟諸人。若言:"於花葉中挽諸人等上著花頭,便以甘果悉給與之,令無所乏。便為說法,教修禪定滅諸惡,身心得清淨,踊躍無量,飛行虛空隨意而去。"十七事。

教在花上四方遠觀。若言:"我見四方有光明雲蓋來趣我身,於時我身復光出與蓋相接,我以手摩令廣大。"十八事。

教即尋光從東方始。若言:"我尋光東行極遠,於此光中見無量人,光中而來趣花所,如是尋去到光住處,乃自還來花。教次第行伍,給與衣食所須之物令得充足。便為說法,隨意所應歡喜受行,身輕踊躍飛騰空中隨意而去,南西北方亦如是。"十九事。

教觀身令廣大,滿於空中極明淨。"復明見四方無量人來集身邊,我以慈心令入我身中,入我身中已安止。須臾之頃有自然所須之物,隨意應施與諸人等令無所乏,各得充足快樂安隱。便為說法,無量利益,令得開解隨意而去。"二十事。

如是等極多,略受法者說此事耳。形疾有三品,風寒熱病為輕微。心心有三病患體,動有劫數受諸苦惱,唯佛良醫授以法藥,能受行者除生死病。令心決定專心不亂,如人見賊安心定意,牢自莊嚴賊自退散。亂心惡賊亦復如是。如是言曰:"血肉雖盡,但皮筋骨在。"不捨精進,如人燒身但欲救火更無餘計,出煩惱苦亦復如是,當忍五事苦患:飢、渴、寒、熱、瞋恨等。當避憒鬧樂在靜處。所以者何? 眾鬧亂定如入刺林。(《大正藏》卷十五第 331-332 页)

【评说】在详细教授慈心观后,因方法类似,故讲解悲心、喜心的观修方法较简略。

【原文】四無量觀法。求佛道者當行四無量心。其心無量,故功德亦無量。於一切眾生中凡有三品:一者父母親里善知識等,二者怨賊惡人常欲惱害,三者中人不親不怨。行者於此三品人中,慈心觀之當如親里,老者如父、少者如子,常應修習如是慈心。人之為怨以有

惡緣，惡緣盡還成親，親怨無定。何以故？今世是怨、後世成親。瞋恚之惡失大利，失慈心者障礙佛道，是故應於瞋憎怨賊應視之如其親里。所以者何？由是怨賊令我得佛。若使怨賊無惡於我，忍從何生？是則為我善知識，令我得忍辱波羅蜜。於怨賊之中得慈心已，於十方眾生慈心愛念普遍一切，蜎蜚蠕動皆無安者而起悲心也。若見眾生得今世樂、得生天樂、賢聖道樂而起喜心。不見眾生有苦樂事，不愛不喜以慧自御，雖緣眾生而起捨心。是名四無量心。於十方眾生慈遍滿故，名為無量。行者應當修習是心，或時有瞋恚心起，如蛇如火在於身上即應急除。若心馳散入於五欲，及為五蓋所覆，當智慧精進之力攝持令還。修習慈心，常念眾生令得佛樂，習之不息便得離五欲、除五蓋。入初禪相者喜樂遍身，諸善法中生歡喜樂，見有種種微妙之色，是名入佛道初門。禪定福德因緣得上四無量心已，於一切眾生忍辱不瞋，是名眾生忍。得眾生忍已易得法忍。得法忍者，所謂諸法不生不滅畢竟空相。能信受是法忍者，是名無生忍，得阿耨多羅三藐三菩提記。欲得佛道者應當如是修習。

求初禪，先習如是諸觀，或觀不淨、或觀因緣、或念佛三昧、或安般，後得入諸定。求佛道者，先習四無量心，得入初禪則易。若利根人直求初禪者，觀於五欲種種過患，猶如火坑亦如廁屋，念初禪地如清涼池臺觀等，五蓋則除，便得初禪。如後利仙人初學禪時，道見死屍膖脹爛臭，心諦觀之，自見其身如彼不異，靜處專念便得初禪。佛在恒水邊坐禪，有寡聞比丘問佛："云何得道？"佛言："他物莫取。"便解法空，即得道迹。多聞人自怪無所得，而問於佛。佛言："取恒水中小石，以君持水淨洗。"比丘如教。佛問："恒水多、澡瓶水多？"答言："恒水不可為比。"佛言："不以指洗，用水雖多，無益也。行者當勤精進，用智定指洗除心垢。若不如是，不能離苦也。"

不淨觀法，貪瞋癡是眾病之本，愛身著欲則生瞋恚，顛倒所惑即是愚癡所覆故也。於內外身愛著淨想，習之來久深著難遣，欲離貪欲當觀不淨。瞋由外起，雖爾，猶可制之。如人破竹，初節難破。既制貪欲，餘二自息。不淨觀者，當觀此身，生不淨處在胞胎中，從不淨出薄皮覆之內純不淨，然四大變為飲食充實其內。自觀察從頭至足，薄皮裹之內無一淨者，腦膜涕唾膿血屎尿，略說則有三十六物，廣則無量。猶如農夫開倉，善分別麻麥粟豆。行者深觀見此身倉，種種惡露三十六物，如實分別內身如此，當知外身亦不異此。若心住相者，身體柔軟心神快樂。心若不住，當自責心："我從無數劫來隨順汝故，經歷三塗受無窮苦。從今日去，我當供伏汝，汝且隨我。"還攝其心令得成就。若極其身者，當觀白骨，亦可入初禪。行者志求大乘，若命終隨意所欲生諸佛前。若不爾者，必生兜率天，得見彌勒，定無有疑也。

初禪過患，內有覺觀、外有火災。二禪過患，內有喜樂、外有水災。三禪過患，內有喘息、外有風災。四禪地中過患都盡，三災不及。

二十五有：四天下、六欲天、四惡道、四禪地、大梵天、無色界。第四禪地有五阿那含天，合二十五有。（《大正藏》卷十五第 332-333 页）

【评说】本经最后总结初步修行的方法，"求初禅，先习如是诸观，或观不净、或观因缘、或念佛三昧、或安般，后得入诸定。求佛道者，先习四无量心，得入初禅则易"。此观点与鸠摩罗什所译《思惟略要法》中观点相同，文字亦类似。或许本经在集结过程中有所参考。

文末所列初禅过患及"二十五有"，或是录于最后供习禅者参考的注释。

治禅病秘要法

宋居士沮渠京声译

【提要】本作是一部汇集，将《杂阿含经》阿练若杂事中关于治阿练若乱心病的七十二种方法汇集罗列，方便独居修行者参看。其收录的方法包括治乱倒心法、治四大内风法、治噎法、治行者贪淫患法、治利养疮法、治犯戒法、治乐音乐法、治好歌呗偈赞法、治水大猛盛因是得下法、治因火大头痛眼痛耳聋法、治惊怖失心法、治风大法、禅坐初学者不安不得定的对治法等等。所录方法简繁不一，既有反映早期佛教思想的，也有反映后期佛教思想的内容。

卷　上

【提要】佛陀在舍卫国祇树给孤独园为毗琉璃及众生说治疗乱声、恶名、利养、外风、内风之法。

【原文】爾時，舍利弗即從坐起，牽阿難手往詣佛所，繞佛三匝為佛作禮，長跪合掌白佛言："世尊！唯願天尊慈悲一切，為未來世諸阿練若比丘因五種事發狂者——一者、因亂聲，二者、因惡名，三者、因利養，四者、因外風，五者、因內風——此五種病當云何治？唯願天尊為我解說。"

爾時，世尊即便微笑，有五色光從佛口出，繞佛七匝還從頂入，告舍利弗："諦聽諦聽，善思念之，吾當為汝分別解說。"（《大正藏》卷十五第333页）

【评说】舍利弗把导致独居静修者发狂的原因归纳为五种：乱声、恶名、利养、外风、内风，请教佛陀应对之法。此处"病"指广义上的病，即造成妨碍的原因，既包括一般意义上的疾病，也包括令修行难以为继的客观情况及不耐独居等妨碍修行的精神状态。从本集来看，当时独居者因修行不当出现精神症状并不鲜见。

【原文】若有行者行阿練若修心十二，於阿那般那因外惡聲觸內心根，四百四脈持心急故一時動亂。風力強故，最初發狂，心脈動轉五風入咽，先作惡口。應當教是行者服食酥蜜及阿梨勒，繫心一處，先想作一頗梨色鏡，自觀己身在彼鏡中作諸狂事。見此事已，復當更觀而作是言："汝於明鏡自見汝身作狂癡事，父母、宗親皆見汝作不祥之事。我今教汝離狂癡法，汝當憶知。先教除聲。"

"除聲法者，舉舌向腭，想二摩尼珠在兩耳根中，如意珠端猶如乳滴，滴滴之中流出醍醐，潤於耳根使不受聲。設有大聲，如膏油潤終不動搖。"

"此想成已，次想一九重金剛蓋從如意珠王出，覆行者身，下有金剛華，行者坐上。有金剛山，四面周匝繞彼行者，其間密緻靜絕外聲，一一山中有七佛坐，為於行者說四念處。爾時，寂然不聞外聲，隨於佛教，此名除亂法門去惡聲想。"

告舍利弗："汝等行者宜當修習，慎莫忘失（是名治亂倒心法）。

復次，舍利弗！既去外聲已，當去內聲。

內聲者，因於外聲動六情根，心脈顛倒。五種惡風從心脈入，風動心故，或歌、或舞，作種

種變。汝當教洗心觀。

洗心觀者，先自觀心，令漸漸明猶如火珠——四百四脈如毘琉璃，黃金芭蕉直至心邊——火珠出氣，不冷、不熱，不麁、不細，用熏諸脈。想一梵王持摩尼鏡照行者胸。爾時，行者自觀胸如如意珠王，明淨可愛火珠為心。大梵天王掌中有轉輪印，轉輪印中有白蓮花，白蓮華上有天童子手擎乳湩，從如意珠王出以灌諸脈。乳漸漸下至於心端，童子手持二針——一、黃金色，二、青色——從心兩邊安二金花以針鑽之，七鑽之後心還柔軟。

如前，復以乳還洗於心，乳滴流注入大腸中，大腸滿已入小腸中，小腸滿已流出諸乳，滴滴不絕入八萬戶蟲口中，諸蟲飽滿遍於身內，流注諸骨三百三十六節皆令周遍。然後想一乳池，有白蓮花在乳池中生，行者坐上以乳澡浴，想兜羅綿如白蓮華繞身七匝，行者處中。梵王自執己身乳令行者嗽，行者嗽已，梵王執蓋覆行者上，於梵王蓋普見一切諸勝境界，還得本心，無有錯亂。”

佛說此語時，五百釋子比丘隨順佛語一一行之，心即清涼，觀色、受、想、行、識，無常苦空、無我，不貪世間、達解空法，豁然還得本心。破八十億烔然之結，成須陀洹，漸漸修學得阿羅漢——三明、六通、具八解脫。時諸比丘聞佛所說，歡喜奉行（此名柔軟治四大內風法）。（《大正藏》卷十五第 333 页）

【评说】治恶声包括两部分：一是“除乱法门去恶声想”，又名“治乱倒心法”，对应的是修行人发狂辱骂恶口的情况；二是“洗心观”，又名“柔软治四大内风法”，对应的情况是修行者独居时听到种种歌舞声音，即幻听的情况。

“于阿那般那因外恶声触内心根，四百四脉持心急故一时动乱。风力强故，最初发狂，心脉动转五风入咽，先作恶口”，“内声者，因于外声动六情根，心脉颠倒。五种恶风从心脉入，风动心故，或歌、或舞，作种种变”。佛陀指出这种情况是因为禅修时受外界因素干扰所导致幻听的精神失常，其病因是“风”。

佛陀对于独居发狂的修行者简单地作了两种情况的区分，治疗方法则都有赖于发狂者依靠自己的观想能力，从当今精神医学的角度来看，这不是合理有效的治疗途径。

【原文】復次，舍利弗！若行者欲行禪定，宜當善觀四大境界隨時增損。春時應入火三昧，以溫身體。火光猛盛，身體蒸熱，宜當治之。想諸火光作如意珠從毛孔出，焰焰之間作金蓮華，化佛坐上說治病法。以三種珠，一者、月精摩尼，二者、星光摩尼，猶如天星，光白身青，三者、水精摩尼，想此三珠一照頭上、一照左肩、一照右肩。見三珠已，想身毛孔出三珠光極為清涼，身心柔軟，入火三昧不為所壞（是名治火大三昧法）。

復次，舍利弗！秋時應當入地三昧。入地三昧見此地相：百千石山、鐵山、鐵圍山、金剛山從頭至足，三百三十六節各為百千山，山神巖崿，爾時應當疾疾治之。治地大法，想此諸山一一諦觀猶若芭蕉，如是次第，如經十譬，一一諦觀。爾時，但見十方大地如白琉璃，有白寶花，見舍利弗、目連、迦葉、迦旃延坐白金剛窟，履地如水，為行者說五破、五合，說地無常。行者見已，身心柔軟，還得本心（是名治地大法）。

復次，舍利弗！行者入水三昧者，自見己身如大涌泉，三百三十六節隨水流去，見十方地滿中青水或白、或赤，宜當急治。治水法者，先當觀身作摩尼珠，吉祥之瓶、金花覆上，使十方水流入瓶中。此吉祥瓶涌出七花，七莖分明，一一莖間有七泉水、一一泉中有七金花、一一華上有一佛坐，說七覺支（是名治水大法）。

復次，舍利弗！若行者入風三昧，自見己身作一九頭龍，一一龍頭有九百耳、無量口，身毛孔、耳及口如大溪谷皆出猛風，宜急治之。治之法者，當教行者自觀己身作金剛座，從於四面想四金剛輪以持此風。金輪復生七金剛華，華上化佛手捉澡灌，澡灌中有一六頭龍動身吸風，今十方風恬靜不動。爾時，行者復見七佛、四大聲聞，重為解說七覺支，漸入八聖道分(是名治內風大法也)，擁酥觀柔軟四大，漸入聖分爾焰境界。(《大正藏》卷十五第 333-334 页)

【评说】在此段经文中佛陀提出在修习禅定之前，“宜当善观四大境界随时增损”，应当根据自身情况先做准备性质的观修，即此处的治地水火风四大法。其意义在于“柔软四大，渐入圣分尔焰境界”。

【原文】“復次，舍利弗！若有行者四大麁澁——或瞋、或喜，或悲、或笑，或復腹行、或放下風——如是諸病當教急治。

治之法者，先觀薄皮，從半節起見於薄皮，九十九重猶如泡氣；次觀厚皮，九十九重猶如芭蕉；次復觀膜，如眼上翳，九十九重潰潰欲穿；次復觀肉，亦九十九重，如芭蕉葉，中間有蟲細於秋毫，蟲各四頭、四口，九十九尾；次當觀骨，見骨皎白如白琉璃，九十八重，四百四脈入其骨間，流注上下猶如芭蕉；次當觀髓，九十八重，如蟲網絲。

觀諸節已，次觀頭骨，一一髮下有四百四脈直入腦中；其餘薄皮、厚皮、骨與身無異，唯有腦膜十四重，腦為四分，九十八重，四百四脈流注入心。大腸、小腸、脾、腎、肝、肺、心、膽、喉嚨、肺胦、生熟二藏、八萬戶蟲，一一諦觀皆使空虛，皎然白淨，皮皮相裹，中間明淨如白琉璃。

如是一一半節諦觀，使三百三十六節皆悉明了，令心停住；復更反覆一千九百九十九遍。然後當聚氣一處，數息令調，想一梵王手持梵瓶，與諸梵眾至行者前，捉金剛刀授與行者。既得刀已，自剜頭骨——大如馬珂——置左膝上，於梵瓶中生白蓮花，九節、九莖、九重。有一童子隨梵王後從初蓮華出，其身白色如白玉人，手執白瓶，瓶內醍醐。

梵王髻上如意珠中出眾色藥置醍醐中，童子灌之從頂而入，入於腦脈，直下流注至于左脚大拇指半節。半節滿已津潤具足，乃至薄皮，復至一節。如是，漸漸遍滿半身；滿半身已，復滿全身；滿全身已，四百四脈眾藥流注，觀身三百三十六節皆悉盈滿。爾時，行者還取頭骨安置頭上，童子復以青色之藥布其頭上，此藥滴滴從毛孔入。

恐外風入，梵王復教作雪山酥皆令鮮白，醍醐流注如頗梨壁，持用擁身七七四十九遍，復更廣大作醍醐池，白酥為華，行者坐上酥蓋酥窟，梵王慈藥布散酥間。

如是諦觀九百九十九遍，然後復當想第二節。蓮華中有一紅色童子，持赤色藥散於髮間及遍身體一切毛孔，使赤色藥從薄皮入乃至於髓，使心下明，遍體漸漸軟。

第三節中，蓮華復敷，金色童子持黃色藥，散於髮間及遍身體一切毛孔，使黃色藥從薄皮入乃至於髓，使心下青，遍體漸漸增長，復更增長軟。

第四節，毘琉璃童子持青色藥，右手持之，散於髮間及遍身體一切毛孔，使青色藥從薄皮入乃至於髓，使心下赤。

一一毛孔各下一針，從於足下上刺二針。心上作三蓮花，三花之中有三火珠放赤色光，光照於心，令心下漸漸暖。然後兩掌諸節各下三針，隨脈上下調和諸氣，生四百四脈，不觸大腸、腎脈增長。復以五針刺左腸脈。如是，童子調和諸針，以不思議熏、不思議修，挽出諸針置五爪下，以手摩觸遍行者身。

第五節，綠色童子手捉玉瓶，從於糞門灌綠色藥遍大、小腸、五藏諸脈，還從糞門流出此

水。雜穢諸蟲隨水而流，不損醍醐，蟲止水盡。復散綠色乾藥，從於髮間及遍身體一切毛孔，使綠色乾藥從薄皮入乃至於髓，使心下白，遍體漸增柔軟。

第六節，紫色童子捉玫瑰珠瓶，盛玫瑰水遍洗諸脈，令玫瑰水從一切毛孔出，毛下諸蟲皆從水出。復以一琥珀色乾藥，散於髮間及遍身體一切毛孔，使琥珀色乾藥從薄皮入乃至於髓，使心下轉明如白雪光，遍體漸增柔軟。

第七節，黃色童子捉金剛鑽，鑽兩脚下、鑽兩掌、鑽心兩邊，然後持如意珠王摩拭六根，諸根開受最上禪味樂，諸皮脈間如塗白膏，一切柔軟。

第八節，金剛色童子手持二瓶，以金剛色藥灌兩耳中及一切毛孔，如按摩法停調諸節，身如鉤鎖遊諸節間。

第九節，摩尼珠色童子從瓶口出至行者所，內五指置行者口中，其五指端流五色藥。行者飲已，觀身及心乃至諸脈淨若明鏡，頗梨摩尼色不得譬。童子授蓮花莖令行者噉，噉時如噉藕法，滴滴之中流注甘露。食此莖已唯九華在，一一華中有一梵王持梵王床授與行者，令行者坐。坐此床已，七寶大蓋覆行者上，梵王各各說慈法門以教行者。梵王力故，十方諸佛住行者前為說慈悲喜捨，隨根授藥柔軟四大。”

告舍利弗：“汝好持此柔軟四大伏九十八使身內身外一切諸病梵王灌頂擁酥灌法，為四眾說。”

爾時，舍利弗、尊者阿難等聞佛所說，歡喜奉行。(《大正藏》卷十五第334-335页)

【评说】“若有行者四大粗涩——或瞋、或喜，或悲、或笑，或复腹行、或放下风——如是诸病当教急治”，此句承上文，指出四大粗涩不柔软的含义，即精神状态不稳定，以及腹中有气将行未行等。这些表现都是四大未调粗涩的情况，需要用“柔软四大伏九十八使身内身外一切诸病梵王灌顶拥酥灌法”先行调适。从经文中可以看出，这一方法是以逐步观修身体各部位来引导肢体放松的，是一种放松观法。

治噎法

【原文】“復次，舍利弗！若阿練比丘用心大急、數息太麁、眠臥單薄，因外風寒、因動脾管、脾、腎等脈，諸筋起風、逆氣胸塞、節節流水停住胸中，因成激血氣發頭痛、背滿諸筋攣縮，當疾治之。

治之法者，先服肥膩世間美藥，然後仰眠，數息令定，想阿耨達池其水盈滿，滿一由旬，底有金沙、四寶、金輪，生黃金華大如車輪。花中有四寶——獸頭象鼻出水、師子口出水、馬口出水、牛口出水——繞池七匝，阿耨達龍王七寶宮殿在四獸頭間。

龍王頂上如意珠中，龍王力故生一千五百雜色蓮華、青蓮花五百，尊者賓頭盧等五百阿羅漢各坐其上，日暮則合、晝時則開，有七寶蓋在比丘上、有七寶床在蓮華下。五百金色蓮花，淳陀婆等五百沙彌各坐其上，日暮則合、日晝則開，有七寶蓋在沙彌上、有七寶床在蓮華下。五百紅蓮花，尊者優波難陀、和須蜜多等大阿羅漢，或言是大菩薩眷屬五百，各坐其上，日暮則合、日晝則開，有七寶蓋在比丘上、有七寶床在蓮花下，有七寶高臺長八千丈從下方出。

當阿耨達龍王宮前有五百童子在其臺上，身真金色，第一童子名曰闍婆、第二童子名曰善財，第五百童子名灌頂力。

王若欲治噎病者，先念尊者賓頭盧等一千五百人——如上所說——令了了見已，尊者賓頭盧當將是闍婆童子取阿耨達龍王所服白色菴婆陀藥(菴婆陀藥者,味如甘蔗,形似藕根,味亦有似石蜜者)。服此藥已,噎病得差,四大調和,眼即明淨。

若發大乘心者,闍婆善財等五百童子為說大乘法,因是得見跋陀婆羅等十六賢士,亦見賢劫彌勒等千菩薩。因發阿耨多羅三藐三菩提心、具六波羅蜜;發聲聞心者,尊者賓頭盧為說四念處法乃至八聖道分,經九十日得阿羅漢道。"

告舍利弗:"汝好受持此治噎法,慎莫忘失。"

時舍利弗及阿難等聞佛所說,歡喜奉行。(《大正藏》卷十五第 335 页)

【评说】对于禅修中的噎病,经中认为其原因是"用心大急、数息太粗、眠卧单薄,因外风寒、因动脾管、脾、肾等脉,诸筋起风、逆气胸塞、节节流水停住胸中,因成激血气发头痛、背满诸筋挛缩",提供的治疗办法也是观修法。

治行者贪淫患法

【原文】"復次,舍利弗! 若行者入禪定時欲覺起,貪婬風動四百四脈,從眼至身根一時動搖,諸情閉塞動於心風,使心顛狂。因是發狂,鬼魅所著,晝夜思欲如救頭然,當疾治之。

治之法者,教此行者觀子藏。子藏者,在生藏下、熟藏之上,九十九重膜如死猪胞。四百四脈從於子藏,猶如樹根布散諸根;如盛屎囊,一千九百節似芭蕉葉,八萬戶蟲圍繞周匝四百四脈及以子藏;猶如馬腸直至產門,如臂釧形,團圓大小,上圓下尖,狀如具齒。

九十九重,一一重間有四百四蟲,一一蟲有十二頭、十二口。人飲水時,水精入脈布散諸蟲,入毘羅蟲頂直至產門,半月半月出不淨水,諸蟲各吐猶如敗膿;入九十蟲口中,從十二蟲六竅中出,如敗絳汁。復有諸蟲細於秋毫,遊戲其中。

諸男子等宿惡罪故,四百四脈從眼根布散四支,流注諸腸至生藏下、熟藏之上。

肺腴、腎脈,於其兩邊各有六十四蟲。蟲各十二頭,亦十二口,婉綣相著,狀如指環,盛青色膿,如野猪精,臭惡叵堪。至陰藏處分為三支,二支在上,如芭蕉葉有一千二百脈,一一脈中生於風蟲,細若秋毫,似毘蘭多鳥嘴。

諸蟲口中生筋色蟲(此蟲形體似筋,連持子藏,能動諸脈,吸精出入,男蟲青白、女蟲紅赤)七萬八千,共相纏裹,狀如累環,似瞿師羅鳥,眼九十八,脈上衝於心乃至頂髻。

諸男子等,眼觸於色,風動心根,四百四脈為風所使,動轉不停。八萬戶蟲一時張口,眼出諸膿流注諸脈乃至蟲頂,諸蟲崩動狂無所知,觸前女根——男精青白是諸蟲淚、女精黃赤是諸蟲膿。九十八使所熏修法;八萬戶蟲,地、水、火、風,動作作此。"

告舍利弗:"若有四眾著慚愧衣、服慚愧藥、欲求解脫度世苦者,當學此法,如飲甘露。

學此法者,想前子藏乃至女根、男子身分,大小諸蟲張口竪耳、瞋目吐膿。以手反之置左膝端,數息令定,一千九百九十九過觀;此想成已,置右膝端,如前觀之。

復以手反之,用覆頭上,令此諸蟲、眾不淨物先適兩眼、耳、鼻及口,無處不至。

見此事已,於好女色及好男色、乃至天子、天女,若眼視之如見癩人那利瘡蟲、如地獄箭半多羅鬼神狀、如阿鼻地獄猛火熱。應當諦觀自身、他身,是欲界一切眾生身分不淨皆悉如是。"

告舍利弗:"汝今知不? 眾生身根根本種子悉不清淨,不可具說,但當數息一心觀之。若服此藥,是大丈夫、天人之師、調御人主,免欲淤泥,不為使水、恩愛大河之所漂沒、婬泆不祥幻色妖鬼之所嬈害。

當知是人未出生死，其身香潔如優波羅，人中香象、龍王、力士，摩醯首羅所不能及，大力丈夫，天、人所敬。”

告舍利弗：“汝好受持，為四眾說，慎勿忘失。”

時舍利弗及阿難等聞佛所說，歡喜奉行。(《大正藏》卷十五第335-336页)

【评说】治贪淫法所对应的是“行者入禅定时欲觉起，贪淫风动四百四脉，从眼至身根一时动摇，诸情闭塞动于心风，使心颠狂。因是发狂，鬼魅所著，昼夜思欲如救头然”的情况，即思念动欲不能止。经文中提供的对治方法与不净观类似，通过观想男女性器体液等皆为身中虫与脓液等，用对肮脏事物的厌恶感来克制性欲，即经文中总结“众生身根根本种子悉不清净，不可具说，但当数息一心观之”，必要时可配合数息观止心。

治利养疮法

【原文】“復次，舍利弗！若有行者貪火所燒，利養毒箭惡風吹動以射其心。以貪因緣心或顛倒，晝夜六時思念貪方便，如猫伺鼠心無厭足、如七步蛇吐毒覆身。如此惡人利養細滑，五百毒蛇集在身上，刹那刹那頃其心毒火熾然不息。晝夜六時煩惱猛風吹利養薪，在其心內熾然不息，諸蛇競作燒善根芽。以是因緣，狂亂黑鬼猛毒熾盛，見他得利如箭射心、如刺入眼、如釘入耳。諸情閉塞，五百五蛇、四大毒龍、五拔刀賊、六村羅刹一時競作，因是發狂，當疾治之。

治之法者，先當數息，繫心令定，想一丈六像——身紫金色，三十二相——在耆闍崛山七寶窟中坐寶師子座，與諸四眾說除貪法。告言：‘法子！汝觀貪人所著袈裟、六物、眾具，如棘刺林針縫之中，當生劍樹、百千鐵釘、鐵嘴諸蟲啄食其身。融銅鑊湯、鐵鋸、鐵床是汝坐具；沸屎、毒蛇、鐵丸鑊湯、刀林劍戟、百億棘刺、火河流銅、灰漿膿血是汝飲食。’

爾時，世尊說是語已默然無聲，令於行者自見己身臥七重鐵城內，見五羅刹張口兩向，以八十鐵鉗拔舌令出；無量鐵犁狀如劍樹以耕其舌；鐵牛甲間流注融銅，鐵卒身內有百千色膿，膿中諸蟲不可稱數。觀見此事，心驚毛竪。出定入定，見所著衣如膿、屎和血，鐵嘴諸蟲、刀林劍戟以為莊嚴；見所食物猶如蛔蟲，百千小蟲耳生諸膿、屎、尿、諸血，八十嘴蟲、風蟲、火蟲、水蟲、地蟲、地獄蟲，一切諸蟲吐膿、吐毒滿鉢多羅；鐵丸、劍戟以為果蓏。

爾時，世尊而說偈言：

‘生死不斷絕　貪欲嗜味故
養怨入丘塚　唐受諸辛苦
身臭如死尸　九孔流不淨
如廁蟲樂糞　愚貪身無異
智者應觀身　不貪染世間
無累無所欲　是名真涅槃
如諸佛所說　一心一意行
數息在靜處　是名行頭陀’”

告舍利弗：“利養傷身、敗人善根，不可具說，但當數息一心觀之。若服此藥，是大丈夫、天人之師、調御人主，免欲淤泥，不為使水、恩愛大河之所漂沒，貪利不祥之所燒害。當知是人未出生死，其身香潔如優波羅，人中香象、龍王、力士、摩醯首羅所不能及，大力丈夫、天、人所敬。”

告舍利弗："汝好受持，為四眾說，慎勿忘失。"

時舍利弗及阿難等聞佛所說，歡喜奉行。(《大正藏》卷十五第336页)

【评说】治利养欲与治男女色欲的方法类似，都是将所贪的对象想象成令人厌恶痛苦的事物。

汝犯戒法

【原文】"復次，舍利弗！若比丘、比丘尼、式叉摩尼、沙彌、沙彌尼、優婆塞、優婆夷受佛禁戒，身心狂亂猶如猨猴，種植之法未及生長滅枝毀根；七眾亦爾，於佛禁戒戒色未生，犯突吉羅乃至波羅夷，猶如醉象不避好惡、不識諸方，蹈壞一切諸善好物；四眾亦爾，蹈破淨戒青蓮花池，破戒猛盛猶如狂狗，見人、見木、乃至鳥、獸隨逐齧之。

犯戒惡人見佛、羅漢、清淨比丘功德福田，隨逐罵辱、誹謗毀之，自飲毒藥遍體血現，節節火然。狂愚無智，結使猛風動煩惱山——貪婬為眼、瞋為手足、愚癡身體——踐蹈世間，植種惡子，既自種已，復教他人求覓。地獄獄卒、羅剎、牛頭阿傍、劫火惡鬼、劍林之神、閻羅王等十八獄主，常為己作大親友上善知識，必定當與如是獄種晝夜遊處。

此破戒人，諸惡猛火已來入心，為利養故、為名聞故，自稱善好、威德具足，詣阿練若知法者所，猶如幻師幻惑他目。此幻偽人詐行頭陀，破戒惡風吹罪業華常散己上，惡口誹謗，不善心香以熏身心。此人身心猶如伊蘭，似百千蟲狗，雖行禪定，偽現數息所見境界。

始初之時，見黑色佛如黑象脚、見如灰人，見諸比丘頭破脚折、見比丘尼莊嚴花鬘。見諸天象化為獼猴，毛端火然來觸擾已。或見一野狐及一野干有百千尾，一一尾端無量諸蟲、種種雜惡。或見羸瘦駝驢、猪狗、鳩槃荼等。諸惡夜叉、羅剎、魁膾，各持種種武器、惡火打撲比丘，因是發狂——或歌、或舞、臥地糞穢、作種種惡——當疾治之。

治之法者，向諸智者至誠至說，懺悔所作惡不善業。智者應當教此比丘念釋迦牟尼佛，乃至次第念於七佛；念七佛已，念三十五佛；然後復當念諸菩薩、念大乘心。觀於空法深自慚愧，想一一佛捉澡罐水以灌其頂。

復自想身墮阿鼻地獄，十八地獄受諸苦惱，於地獄中稱南無佛、南無法、南無比丘僧，修行六念，諸佛、如來於其夢中放白毫光救地獄苦。見此事已，如負債人心懷慚愧應當償之，一心一意脫僧伽梨、著安多會、詣清淨僧所，五體投地如大山崩，心懷慚愧懺悔諸罪，為僧執事作諸苦役——掃廁、擔糞——經八百日。

然後復當澡浴身體，還著僧伽梨。入於塔中，一心合掌諦觀如來眉間白毫大人相光一日至七日，還至智者所求索懺悔。智者應當告言：'比丘！汝今自觀汝身，猶如金瓶盛四毒蛇——二上、二下——吐毒可畏。復觀一龍六頭繞瓶，龍亦吐毒滴蛇口中，四方大樹從金瓶出遍三界。黑象復來欲拔此樹，四面火起。'見此事已，應當告言：'比丘當知：金瓶者，是地氣也；青色蛇者，從風大生，是風大毒；綠色蛇者，從水大生，是水大毒；白色蛇者，從地大生，是地大毒；黃色蛇者，從火大生，是火大毒；六頭龍者，是汝身中五陰及空。如此身者，毒害不淨，云何縱惡、犯戒不治？'

說此語已，復教掃塔、塗地、作諸苦役，更教觀佛，見佛放金色光以手摩頭。然後方當教不淨觀，不淨門徹無有諸障，然後可與僧中說戒。

欲說戒時應唱是語：'某甲比丘、某甲比丘尼，已八百日行於苦役、七日觀佛眉間白毫，作毒蛇觀、地獄想成。復觀一佛說懺悔法、不淨觀門、無我人鏡，還復通達境界中。佛以澡罐水

灌比丘頂，天神現夢說已清淨。今已慚愧，我所證知，唯願聽許。'

爾時，律師復應以律撿問此人，復教誦戒。經八百遍，然後方與如淨比丘得無有異。"

告舍利弗："若有七眾犯於輕戒，過二夜不懺悔者，是人現身雖行禪定終不獲道。若犯重戒墮大地獄，從地獄出受畜生身，如是具足，足滿三劫然後為人。雖得人身，貧窮、癩病七十七身，不見佛、不聞法、諸根不具。是故，智者若犯佛戒，於突吉羅應生怖畏，如被刀斫，極懷慚愧。何況重戒？若能服此持戒藥者，當知是人最上慚愧忍辱丈夫，無能過者。"

爾時，世尊而說偈言：

"破戒心不淨　猶如偷賊狗
處處求利養　為貪心所殺
當服慚愧藥　忍辱為衣裳
懺悔莊嚴華　熏用善心香
一心觀佛相　除苦無憂苦
亦當念空法　修心觀不淨
是名諸如來　甘露灌頂藥
服者心無憂　可至涅槃岸
如法應修行　非法不應作
今世若過世　行法者得度
隨順佛所說　持戒行頭陀
身心無惡行　疾至於解脫"

爾時，世尊告舍利弗："汝好受此治犯戒藥，慎莫忘失。"

時舍利弗及阿難等聞佛所說，歡喜奉行。(《大正藏》卷十五第 336-337 页)

【评说】戒律是佛教修行的基础，佛教认为在违犯戒律而未忏悔清净的情况下，无法继续禅定和智慧的开发，因此违犯戒律是相当严重的障碍。

经文提供的治犯戒法，是一种自行自助的犯戒弥补观想方法，其步骤是：念七佛，念三十五佛，念诸菩萨，念大乘心，观于空法，想佛捉水灌顶，复想堕狱，称三宝名，蒙光救拔，然后八百日苦役。七日观白毫相，又教作毒蛇观，更作苦役，更观一佛，更修不净观成，又诵戒经八百遍，然后复净。可见，戒律建立和毁犯的基础是认知，在观想中将犯戒所应受的报应一一观想之后，可视作与实际受报等效。

卷　　下

【提要】佛陀在舍卫国祇树给孤独园为众弟子说治乐音乐法、治好歌呗偈法、治水大猛盛因是得下法、治因火大头痛眼痛耳聋法、治入地三昧见不祥事惊怖失心法、治风大法、初学坐者鬼魅所著种种不安不能得定治之法。

治乐音乐法

【原文】"復次，舍利弗！若四部眾樂諸音樂，作倡無厭，因是動風，如縱逸馬、亦如秋狗、似伊尼利鹿王，耽惑愚癡，心如黐膠，處處隨著不可禁制，當疾治之。

治之法者，先想一天女端正無雙，兩手自然有諸樂器，聲萬種音。行者見已，見此天女過於外色百億萬倍、聞此天聲世所無比，因是惑着觀色、聽聲。因是當教觀此女人六情諸根所起境界，數息力故見可愛眼生六毒蛇，從眼根出，入耳根中；復見二蟲，狀如鵄鵂發大惡聲，破頭出腦爭取食之；餘四根中，見猫、見鼠、見狗、野干爭取食之。因是得見一切女色，三十六物污露不淨——子藏蛔蟲為女瓔珞，見女所執諸雜樂器宛轉糞中，諸蟲鼓動作野干鳴，所說妖怪不可聽採，如羅刹哭——因是厭離。詣智者所，說前所作惡不善業，誠心懺悔。智者應當教無常觀。"

告舍利弗："汝好受此治音樂法，慎莫忘失。"

時舍利弗及阿難等聞佛所說，歡喜奉行。

治好歌呗偈谠法

【原文】"復次，舍利弗！若行者好作偈頌美音讚歎，猶如風動娑羅樹葉出和雅音，聲如梵音悅可他耳，作適意辭令他喜樂。因是風嚮，貢高憍慢、心如亂草，隨煩惱風處處不停，起憍慢幢、打自大鼓，弄諸脈零，因是發狂——如癡猨猴採拾花菓，心無暫停，不能數息——當疾治之。

治之法者，先當想一七寶高幢，有乾闥婆在其幢端，身如白玉，動身讚偈，身毛孔中出大蓮華，百千比丘在蓮華上聲萬種音，過於己身百千萬倍，因是漸漸息其憍慢。

智者復應教於行者諦觀幢端，見於幢端頗梨明鏡。諸比丘等恃聲憍慢、心不淨者化為羅刹出大惡聲，火從口出。復有夜叉從四方來，拔舌取心置於幢端，其心戰掉，號哭叫喚如醉象吼，或復細聲如毘舍闍吟。因是復見諸美音聲，如人叫喚稱己父母罵詈無道，因是厭離，耳不樂聞、生厭離想。智者應當教觀八苦，如八苦觀說。"

告舍利弗："汝好受此治歌唄偈讚法，慎莫忘失。"

時舍利弗及阿難等聞佛所說，歡喜奉行。(《大正藏》卷十五第 337-338 页)

【评说】好音乐呗赞与好男女色、好利养等一并为贪欲，故对治法亦类似如前述。

治水大猛盛因是得下

【原文】"復次，舍利弗！若有四眾入水三昧，遍體水出不見身心，猶如大海。出定時，飲食不甘，患心下熱，水脈增動，患下不止，當疾治之。

治之法者，想一金翅鳥，比丘乘上，於大海中遊行無畏，諸龍、羅刹皆悉驚走。鳥取龍食，龍畏怖故，吸水都盡，化為四蛇。金翅鳥王口銜四蛇，比丘坐上求水不得。金翅鳥王眼出火燒蛇，諸蛇驚怖——猶如幻夫所作幻人隱沒不現——入比丘身。從是出定，應服世間斷下之藥，想二火珠，一在胃管溫煖諸脈、一在糞門狀如熱石；想雪山神名欝多伽，身長六丈，白如珂雪，持一香藥名娑呵那伽授與行者。服此藥時，先發無上菩提之心。一服藥已，四百四病終身不動；何況下耶？

若令彼神疾疾來者，當淨澡浴、不食五辛、不飲酒、不噉肉，於靜寂處一心數息、稱彼神名、念彼神像。一日至七日，雪山大神與十二白光神等至行者前，先為說法，後授與藥，復教十二門禪。彼諸神等皆是五地大菩薩也。

若有病者，應先念彼欝多羅伽神，次念勇健神、強力神、雄猛神、智行神、自在神、善臂神、鳩摩羅神、難勝神、白光明神、白光明王神、藥王神等十二白光神。既得見已，於一一神所各問異法門。彼諸神等先令行者得見彌勒菩薩，於彌勒菩薩所見文殊師利等一切諸菩薩及十

方佛。

若此人過去世不犯四重禁、現在世不破四重禁，見諸神時即見道跡。若犯戒者，是諸神王教已懺悔，足滿千日然後得見彌勒菩薩及文殊師利諸大士等，後獲道跡。”

告舍利弗：“若有行者因水致下動四百四病，欲得治者，當疾服是娑呵等藥，除病無患、滅業障海、疾見道跡。是故，汝等善好受持，慎莫忘失。”

時舍利弗及阿難等聞佛所說，歡喜奉行。(《大正藏》卷十五第338页)

【评说】因修习水大观而导致腹泻，症状是“饮食不甘，患心下热，水脉增动，患下不止”，对于这种情况除了以观法对治外，还要节食，“当净澡浴、不食五辛、不饮酒、不噉肉，于静寂处一心数息、称彼神名、念彼神像。一日至七日”。其实这种腹泻也有可能是由于饮食不洁引起的。通过节制饮食，尤其是酒肉五辛等；在一至七日内称念神名神像，是等待人体自然痊愈。古时修行者，无法将超自然因素从认知中排除，故行为虽然合乎医学，但其解释则是超自然的。另外，文中提到的“娑呵”是想象而成的“药”，并非真实药物。这种想象服药的行为或具有安慰剂效应。

治因火大头痛眼痛耳聋法

【原文】“復次，舍利弗！若行者入火三昧，節節火焰，大腸、小腸一時火起燒動火脈。出定時，頭微微痛、諸脈掣縮、眼赤耳聾，因是發病當疾治之。

治之法者，先想一琉璃甕，盛眾色水、生雜寶花，花上皆有百千化佛，諸化菩薩各放白毫照諸火光，令諸火光化為金龍。行者見已即生歡喜，作念想甕——安置火下，花臺在上——已往佛所，以手攀甕，手即清涼，因是舉身投於甕邊為佛作禮。即見化佛放眉間光，雨滴甘露灑散諸節，所滴之處化成琉璃，因灌大腸，大腸、小腸甘露盈滿，火光漸息，生諸寶花，寶華有光，其色紅、白。

復當想一摩醯首羅，乘金色牛、持寶瓶水至行者前，水中眾藥藥名破毒，令行者服。復持一珠名旃陀羅摩尼(宋言月精)置其頂上，流出諸藥灌耳、灌眼、灌鼻，但一見已即得除差。摩醯首羅——是大菩薩，常自遊戲首楞嚴三昧——即從眉間放大光明，化作佛像，五百仙人侍衛世尊，為於行者說甘露門治病之法。”

告舍利弗：“汝好受持，慎莫忘失。”

時舍利弗及阿難等聞佛所說，歡喜奉行。(《大正藏》卷十五第338-339页)

【评说】因观火大旺盛致病，其症状是“头微微痛、诸脉掣缩、眼赤耳聋”，对于这种情况，文中提供了观想清凉甘露治疗的办法。

治入地三昧见不祥事惊怖失心法

【原文】“復次，舍利弗！若行者入地三昧，見四方面黑山，諸山嚴間有無量無邊諸鳩槃茶蹲踞土埵，現醜惡形，身根分端。復有五山，夜叉競來爭取彼山，諸鳩槃茶痛急驚怖，發大惡聲，向行者所。復見諸鬼頭髮蓬亂，捉大鐵棒棒端有山，至行者所。復見夜叉擔山起舞。羅剎持樹至夜叉所，羅剎瞋恚與夜叉鬪。毘舍遮鬼頭戴黑山、口銜死虎。

行者見已，心驚毛竪。以驚怖故，羅剎熾盛，共夜叉鬪，羅剎得勝，截夜叉頭、毘舍遮手足以為瓔珞、鳩槃茶身根以為花鬘，鼓舞前地，狗牙上出如劍樹枝，眼中雨雹、霹靂火起。夜叉復勝，摶撮羅剎，剝其面皮、剜取女根、截鳩槃茶身根、毘舍遮手足用為花鬘，串耳串頸鼓舞前地，動身大叫，發大惡聲甚可怖畏。

復見四大海神所生之母毘牟樓至，仰臥海水——有千頭，各二千手足——挓身四向現其女根、巉嵦可畏，如血塗山。其諸惡毛狀如劍樹，中生一樹如刀山林，百千無量驢耳、牛頭、師子口、馬脚、狼尾、鳩槃荼身根，如是諸鬼等從中而出。復見大龍百千頭，長數十由旬，從中而出。見有一鬼似百獸，形如師子，有一萬脚，甲間無數百千毒蛇，從中而出。復見餓鬼，其形長大十億由旬，吐毒、吐火，擔諸山從中而出。復見千狼，連尾異體，牙如石尖，從中而出。復見千虎，尾亦有頭，合身側行，從中而出。復見龍女，瓔珞嚴身，甚脫人目，從中而出。夜叉取食，狸猫、鼷鼠、獼猴、野干、狐魅、惡鬼、一切惡獸，皆從中出。阿鼻地獄沃焦山神、十八地獄神、九億牛頭阿傍、八十億餓鬼、千億廁蟲、五百億蛔蟲，如是種種諸變狀事，可惡鬼神或持刀山、或捉劍樹、或搖須彌、或動鐵圍、由乾陀山等。

行者自見身滿大地，三百三十六節皆如高山至無色界，齊中出水。四大毒蛇遊戲水中，口中出火；十惡羅刹在火中走，耳中出風、糞門出風，吹動諸山；一切鬼神皆來瞋目節解。

行者因是驚怖，喜發狂病。若見是事，當疾治之。

治之法者，先想一日與日天子乘四寶宮殿作百千伎樂，在黑山上照曜黑山令漸漸明。想一日成已，復想二日。想二日已，復當自觀己身白骨三百三十六節白如雪山，日照雪山；復想頂上有月天子四寶宮殿，百千眷屬捉於月珠置其頭上。此想成已，想第三山上復有一日，如上無異；見此日已，復想頂骨白雪山上如上，復有一月。既見月已，復想第四山上復有一日照此黑山；既見日已，當想己身三百三十六節白骨之山皆角相向(四角皆相對也)，一一角間有一月光。天子手捉兩珠兩向持，如是諸節角角之間皆應停心，十出入息頃諦觀令了了，見一一骨有二十八宿，明淨可愛如七寶珠。

此想成已，復想一金翅鳥王頭戴摩尼珠，搏撮四蛇及與六龍，蛇驚龍走。諸山鬼神一時驚動，狀如黑色——皆是前身破戒果報——當勤懺悔嚴淨尸羅。尸羅淨故，日月光明倍更明顯；若心念惡、口說惡言、犯突吉羅，摩尼珠上則雨黑土、日月坌塵、星宿不行。阿修羅王九百九十九手千頭一時出現，映蔽日、月、星宿不現，此名為退，為惡心刀、惡口火，破戒賊之所劫奪。

若欲服此勝甘露藥，先當持戒淨諸威儀，懺悔業障、惡不善罪。復當繫心繫意端坐一處，數息閉氣，如前觀於三百三十六節，使一一節角角相向。星月之屬亦如上說。心復明利，見一一節間月光如衣、星光如縷，縫持相著；見四日出，四大海水三分減二；見五日出，須彌融盡，大海消竭；見六日出，想此諸山漸漸融盡；見七日出，大地炯然。諸鬼、羅刹飛住空中乃至欲界，火幢隨後；復至色界，火亦隨至；欲往無色界，手脚焦縮落火聚中，聲吼可畏動於大地(入此三昧時，大地稍稍動也如車輪旋)。

當疾持心，想三百三十六節如金剛山，形狀可愛過於須彌，地、水、火、風不能傾動，唯見四蛇含摩尼珠在骨山間。爾時，應當先想佛影，見金剛際，金剛幢端有摩尼鏡，過去七佛影現鏡中。復當諦觀毘婆尸佛眉間白毫、尸棄佛眉間白毫、提舍佛眉間白毫、拘樓孫佛眉間白毫、迦那含牟尼佛眉間白毫、迦葉佛眉間白毫、釋迦牟尼佛眉間白毫，見七佛眉間白毫如頗梨色，水甚清涼，洗諸節間，三百三十六節白毫水洗，皎然大白，色潔鮮妙如頗梨鏡，無物可譬。

因是復見五金剛輪在七寶幢端，從下方出迴旋空中說四諦義。雖見聞此，一心觀於身白骨山，即見釋迦牟尼佛以澡罐水灌其頂上；餘六佛亦爾。

爾時，釋迦牟尼佛告言：‘法子！色、受、想、行、識，苦、空、無常、無我，汝當諦觀。’又為廣

說空、無相、無作、無願，說身空寂、四大無主、五陰無家，畢竟寂滅，同於虛空。因是即悟無常壞世間，觀四真諦；五出入息頃破二十億烔然之結成須陀洹；十出入息頃免諸欲流，成斯陀含；十出入息頃斷諸鈍使、欲色界使、諸結根本，不還欲界，成阿那含；於十息頃遊戲空法，心無繫礙，住三十四心相應、解脫十根本不滅不壞、摧九十八使山。大勇猛將、慧光法幢從四方至，金剛寶座從下方出，共相振觸演說空法；五金剛輪住左膝邊，自然演說九無礙、八解脫法；過去聲聞皆入毘琉璃三昧住立其前；釋迦牟尼佛廣為宣說金剛譬定境界義味。於是，寂然不見身心，入金剛三昧。從金剛三昧起，結使山崩、煩惱根絕、無明河竭、老死奴滅，於生分永盡、梵行已立，如煉真金不受諸欲、所作已辦，是名大阿羅漢。

若發無上菩提心者，初見七佛白毫光照，一一如來白毫光明分為十支，化十寶花、寶樹、寶臺行列在空。時十方佛亦放光、水，如上所說洗諸節間，一一佛白毫光中說十八種慈心法門、說十八種大悲法門、說十八種大喜法門、說十八種大捨法門。漸漸增長教已，修習四無量心；具四無量已，為說十種明心；具明心已，教說色即是空、非色滅空；既觀空已，教菩薩六法；行六法已，修行六念，念佛法身；念佛法身已，起迴向心；迴向成已，立四弘誓不捨眾生；四願成已，具菩薩戒；菩薩戒成已，學修相似檀波羅蜜；檀波羅蜜成已，學修相似十波羅蜜。此想成已，觀內空、外空，於是現前見百千無量諸佛以水灌頂、以繒繫頭，為說空法。因空心悟入菩薩位，是名性地——菩薩最初境界（於此法多生增上慢，宜應識之，此是菩提心初境界相）。”

告舍利弗：“此名治地三昧增上慢滅無明母三毒可畏相，汝好受持，慎莫忘失。”

時舍利弗及阿難等聞佛所說，歡喜奉行。（《大正藏》卷十五第339-340页）

【评说】因入地三昧而惊怖失心，是禅修过程中出现的偏差，观念平时害怕恐惧的事物过于用力。对于这种偏差，佛陀教以观内外空对治。佛教认为有所恐惧的根源在于有执著，所恐惧的无非是自身受到伤害。通过设置一系列观想目标转移注意，及至对内身和外物观空，可以有效地放下执著，恢复理性，有利于克服恐惧心理。

治风大法

【原文】“復次，舍利弗！若行者入風三昧，自見己身九孔之中如大溪谷出五色風。復見己身三百三十六節白如雪山，節節風出諸藹吉支（藹吉支者，起尸鬼也）。諸藹吉支手捉鐵棒，以千髑髏為身瓔珞，與諸龍鬼九十八種，至行者所。行者見已，心驚毛竪，因是發狂或白癩病，當疾治之。

治之法者，先當觀於雪山、香山四大仙人，皆悉盡是大菩薩也。想彼仙人身黃金色，長十六丈，一手捉花、一手捉金剛輪、口銜香藥，遮護行者不令風起。仙人持花、呪水出，龍吸諸風盡，龍身脹大，在地眠臥終不能起。當觀此龍猶如芭蕉，皮支相裹不能喘息。”

爾時，世尊而說呪曰：

“南無佛陀　南無達摩　南無僧伽　南無摩訶梨師毘闍羅闍　藹咄陀達陀　娑滿馱跋闍羅翅（矢馳反）　陀邏崛茶誓茶　遮利遮利　摩訶遮利吁摩利吁摩勒翅（矢馳反）悉耽鞞閻鞞　阿閻鞞利究匊匊翅（矢馳反）薩婆陀羅尼翅（矢馳反）阿扇（叔看反）提摩俱梨應詣吁彌吁彌吁摩吁摩娑禍呵”

爾時，世尊說此呪已，告舍利弗：“如此神呪，過去無量諸佛所說、我今現在亦說此呪、未來彌勒賢劫菩薩亦當宣說。如此神呪功德如自在天，能令後世五百歲中諸惡比丘得淨心意，調和善治四大增損，亦治心內四百四病、四百四脈所起境界、九十八使性欲種子，亦治業障、犯戒諸惡，永盡無餘。此名‘善治七十二種病憂惱陀羅尼’，亦名‘拔五種陰無明根本陀羅尼’，亦名‘現前見一切佛及諸聲聞為說真法破諸結使’。”

爾時，世尊而說偈言：

“法性無所依　觀空亦復然
若能觀四大　不為使所殺
服藥行禪定　誦此陀羅尼
一心念諸佛　結使永不起
煩惱海永盡　恩愛河亦絕
諸欲無所因　自稱是解脫
無患心恬怕　遊戲六神通
亦以陀羅尼　教授於他人”

爾時，世尊說此偈已，告舍利弗：“汝今當知，我涅槃後，未來世中若有比丘、比丘尼、優婆塞、優婆夷，得聞此甚深祕要淨尸羅法及行禪定諸病方藥——此光明王勝幢陀羅尼——當知此人不於一佛、二佛、三、四、五佛種諸善根，久於無量百千佛所修習三種菩提之心，今得聞此甚深祕要。如說修行，當知是人最後邊身，如駛水流，速疾當得四沙門果及菩薩行。”

佛說是語時，五百釋子倍更增進，具六神通；舍衛城中一千首陀羅宿世行禪發狂之者，聞佛所說即生歡喜，得須陀洹；八十億諸天治四大病，身心無患，應時即發無上道心，普雨天花以散佛上及諸大眾。

爾時，會中天龍八部聞佛所說，異口同音而說是言：“如來出世正為治此狂惡邪見羅剎行人，令得本心，如好花幢甚可愛樂。善哉，世尊！如優曇花時乃一現。”

時會大眾以偈讚言：

“日種王太子　甘蔗之苗裔
星光月外甥　摩耶夫人子
生時行七步　足躡動大千
十方諸神應　嘉瑞三十二
棄國如涕唾　坐於畢鉢羅
金剛勝道場　降伏萬億魔
得成菩提道　面淨如滿月
心垢亦永盡　我今一心禮
諸釋中最勝　具勝慈悲者
能令諸眾生　永脫生死苦”

爾時，世尊聞諸四眾說此偈已，復更殷勤申金色手摩舍利弗及阿難頂，付囑是事。

時舍利弗及阿難等并餘大眾聞佛所說，歡喜奉行。(《大正藏》卷十五第 340-341 页)

【评说】因观修风大，入风三昧出现偏差，要靠治“风大”法处理。本法与治“地大惊怖”不同，主要依靠神咒“善治七十二种病忧恼陀罗尼”。以神咒治病，属祝由术。

初学坐者鬼魅所著种种不安不能得定治之法(尊者阿难所问)

【原文】鬼魅所著，見一鬼神——面如琵琶，四眼、兩口，舉面放光——以手擊擽兩腋下

及餘身分，口中唱言：“埠惕埠惕。”如旋火輪、似掣電光，或起、或滅，令於行者心不安所。

若見此者，當急治之。治之法者，教此行人，埠惕來時，一心閉眼，陰而罵之，而作是言：“我今識汝，知汝是此閻浮提中食火、嗅香、偷臘吉支。汝為邪見，喜破戒種。我今持戒，終不畏汝。”

若出家人，應誦戒序；若在家人，應誦三歸、五戒、八戒，鬼便却行，匍匐而去。

爾時，阿難聞此語已，白佛言：“世尊！今此長者子比丘因世尊說治埠惕鬼以免諸惡，不為鬼魅之所縛著。後世比丘——佛涅槃後，過千歲已——欲教比丘、比丘尼、優婆塞、優婆夷數息靜處，念定安般。若諸鬼神為亂道故，化作鼠形，或黑、或赤，掊行者心、搔行者脚、兩手、兩耳，無處不至；或作鳥聲、或作鬼吟、或復竊語；或有狐魅作新婦形莊嚴其身，為於行者按摩調身、說於非法；或現作狗，號哭無度；或作鵰；鷲百類眾鳥，作種種聲，竊語大喚，其音不同；或作小兒，百千為行，十十五五若一、二、三，作種種聲至行者所；或見虻、蠅、蟲、蚤、蛇、蚖，或入耳中如蜂王鳴、或入眼中如迸酪沙、或復觸心作種種亂事。因是發狂，捨離靜處，作放逸行，當云何治？”

佛告阿難：“諦聽諦聽，善思念之，當為汝說。

若有四眾患此鬼者，汝當為說治鬼之法。此埠惕鬼有六十三名，乃是過去迦那含牟尼佛時，有一比丘垂向須陀洹，因邪命故為僧所擯，瞋恚命終自誓為鬼，乃至今日惱亂四眾。壽命一劫，劫盡命終落阿鼻獄。汝等今日宜識名字，一心繫念，莫為所亂。”

爾時，世尊即說曰：“埠惕埠惕是惡夜叉，亦名夢鬼。夢見此時即便失精，當起懺悔：‘埠惕來也。我是過去惡因緣故，遇此破戒賊害惡鬼，我今鞭心束縛諸情不使放逸。’

如此鬼神，住虛空時名虛空鬼、在床褥間名腹行鬼。復有三名：一名深索（沙劇反）迦伏丘那丘泥脂隸覆嗅覆嗅阿摩勒迦沙禍訶，方道鬼、魑魅鬼、魍魎鬼、飡膿鬼、食唾鬼、水神鬼、火神鬼、山神鬼、園林神鬼、婦女鬼、男子鬼、童男鬼、童女鬼、刹利鬼、婆羅門鬼、毘舍鬼、首陀羅鬼、步行鬼、倒行鬼、騎乘鬼、驢耳鬼、虎頭鬼、猫子聲鬼、鳩鴿鬼、車鵂聲鬼、士鵁鳥鬼、角鵄鳥鬼，或復化作八部鬼神、虛耗鬼、八角鬼、白鼠鬼、蓮華色鬼、狐魅鬼、鬼魅鬼、百蟲精魅鬼、四惡毘舍遮鬼、鳩槃荼鬼。如是等醜惡鬼神六十三種，是鬼神名。

鬼為亂時，應當數息極令閑靜，應當至心念過去七佛、稱彼佛名——南無毘婆尸佛、尸棄佛、提舍佛、鳩樓孫佛、迦那含牟尼佛、迦葉佛、釋迦牟尼佛——稱彼佛名已，應當憶持一切音聲陀羅尼。”

即說呪曰：

“阿彌阿彌迦梨奢酸地利腹棄瓮翅偷涕他偷涕他摩訶迦樓尼迦彌多羅菩提薩埵”

“若有亂心為埠惕鬼所惑亂者——或作種種諸幻境界——應當誦持此陀羅尼七佛名字、彌勒菩薩，一心數息誦波羅提木叉經一百遍，此諸惡鬼各各調伏，終不惱亂行道四眾。”

佛告阿難：“汝好持是淨身口意調伏威儀擯惡鬼法，為得增長四部弟子——使不起亂念、得入三昧——當好受持，慎莫忘失。”

爾時，尊者阿難聞佛所說，歡喜奉行。（《大正藏》卷十五第 341-342 页）

【评说】治鬼魅骚扰，有戒者以戒慑服，无戒者以咒慑服。但具体方法都要道破鬼魅的名字。古人认为名称具有神秘力量，因命名的依据是事物最根本的特征，古人认为掌握了事物的真正名称，就有驱使该事物的力量。“我今识汝，知汝是此阎浮提中食火、嗅香、偷腊吉支”“汝等今日宜识名字，一心系念，莫为所乱”。因此，只要知道这些骚扰修行者的鬼魅的名字，就能调伏它们。

【原文】“復次，阿難！若行者坐時，患兩耳滿、骨節疼痛、兩手掌癢、兩脚下痛、心下動項、筋轉眼眩，坐處肶鬼來竊語、或散香花作種種妖怪，當疾治之。

治之法者，先當觀藥王、藥上二菩薩手執金瓶持水灌之。次復當觀雪山神王持一白花至行者所覆其頂上，白光流入潤身毛孔即得柔軟，更無異相。然後復見闍婆童子持仙人花散行者上，一一花間雨諸妙藥潤於毛孔，諸肶疼癢、種種苦痛、音聲細語、諸鬼神輩永盡無餘。

藥王菩薩、藥上菩薩為說平等摩訶衍法，香山、雪山、一切神王、闍婆童子亦隨其根為說種種十二門禪、隨病湯藥、醫方呪術。因是得見尊者賓頭盧及諸羅漢、五百沙彌淳陀婆等，一時悉來至行人所，一一聲聞所說種種治病之法。

或有羅漢隨佛所說，教此比丘剜於頂上使漸漸空，舉身皆空以油灌之；梵天持藥——其藥金色——灌身令滿；菩薩醫王說種種法。若發聲聞心，隨賓頭盧所說得須陀洹；若發大乘心，隨藥王、藥上二菩薩所說，即得諸佛現前三昧。”

佛告阿難：“佛滅度後，四部弟子若欲坐禪，先當寂靜端坐七日，然後修心數息七日。復當服此除病等藥，除聲去肶、定心守意、修心修身，調和諸大令不失時。一心一意不犯輕戒及與威儀，於所持戒如護眼目、如重病人隨良醫教。行者亦爾，隨數數增不令退失，如救頭燃，順賢聖語，是名治病服煖身藥。”

佛告阿難：“汝好受持，慎莫忘失。”

時尊者阿難聞佛所說，歡喜奉行。（《大正藏》卷十五第342页）

【评说】本段介绍观想药王菩萨、药上菩萨治病的方法。对这两尊菩萨的信仰，反映了求医问药是古人宗教生活的重要组成部分，暗示了当时医疗条件差，医疗服务并不普及的社会情况。

三昧经

佛说伅真陀罗所问如来三昧经

后汉月氏三藏支娄迦谶译

【提要】佛陀在罗阅祇耆阇崛山中为提无离等弟子说获得心身自在、慧、悉知人心等的各种"四事"，皈依佛、法、僧可获"八十宝"，为伅真陀罗说修行檀波罗蜜、羼提波罗蜜、禅波罗蜜、般若波罗蜜应该分别奉行的"三十二事"、作法器的"三十二事"、法施后的"三十二事"。

卷　上

【原文】其心譬若須彌，無能譬者。其心如地、水、火、風，亦無所愛、亦無所憎，常有慈心。其身光明無所罣礙。其哀是行，為一切人而作傷心……而作醫王之德，療於老、病、死。(《大正藏》卷十五第348页)

【评说】"其哀是行，为一切人而作伤心"，天下人的痛苦感同身受，也作慈悲；"而作医王之德，疗于老、病、死"。经文认为，佛法可以帮助人超越生死烦恼。

【原文】佛言："菩薩不盡佛、及法、比丘僧，用是三事發心便有八十法寶……其心為一切作藥而愈諸病，是則為寶。"(《大正藏》卷十五第353页)

【评说】此处指皈依佛、法、僧后产生的智慧可治疗各种烦恼(心理疾病)。

卷　中

【原文】其明過於日月星辰，及釋梵之明而不敢當。其明過於三界之上，其明見者，若在冥中見於燈火，莫不歡喜。諸所有明皆悉為蔽，其明無所不明。諸天、龍所有妓樂不從其樂，而可得脫。日益垢濁，其聞佛音莫不得脫，其垢便除。十方諸醫不能除人心之垢，佛則是醫。所語聞者，心垢則除，便得安隱。佛者實尊，尊中之尊，莫能與等者。所語悉淨，無有異，諸所有惡莫不為伏。惟願用時，勞其尊神。(《大正藏》卷十五第355-356页)

【评说】佛陀时代已认识到人类存在躯体和精神两类疾病，"十方诸医不能除人心之垢"，普通医生无法治疗心理疾病；"佛则是医。所语闻者，心垢则除"，佛陀是大医王，他的教导是解除心病的良药。

【原文】菩薩報言："當念：'我作佛時，為一切人作醫王，其病者我當愈之。'以是故能忍辱。其有罵詈、撾捶、欲殺者，其意不起而有悅。"(《大正藏》卷十五第359页)

【评说】此处的"作医王"指治疗心理疾病。

大树紧那罗王所问经

姚秦龟兹三藏鸠摩罗什译

【**提要**】佛陀在王舍城祇阇崛山为众弟子说菩萨成就“四法”所得到的各种庄严的成就、宝住三昧、净檀波罗蜜、净尸波罗蜜、净忍波罗蜜、净进波罗蜜、净禅波罗蜜、净般若波罗蜜、净方便波罗蜜各种“三十二事”。

卷　第　二

【**原文**】緊那羅王！譬如大海為眾流主；如須彌山為眾山王；猶如眾星月為其主。如諸藥草火珠，光明日為其最；一切禽獸師子為最；一切民庶王為其最；三十三天帝釋為最；諸梵天中梵王為最。如是緊那羅王！所有一切出世間法智慧為首，是故說言般若為諸眾經中主，能度諸流是安去道故；是名為炬，照結闇故；是名勇健，除眾怨故；是名醫王，和眾藥故；是名為師，知諸書故；是名為箭，射結的故；是名為力，究竟害纏故；是名大象，拔結樹故；是無違諍，悉平等故；是無鬪諍，無訟訴故；是名不逆，善隨順故；是名無瞋，究竟盡故；是名善知，四聖諦故；是名為念，正念處故；是名為正，能正斷故；是名示現，神足力故；是名為戒，障諸根故；是名降伏，有大力故；是名為覺，善覺知故；是名開示，示正道故；是名為寂，寂靜定故；是名為明，作慧明故；是名作明，離障翳故；是至正處，作照明故；是名除斷，除結塵故；是無波浪，度諸流故；是不可見，過境界故；是無境界，離內外故。是名為空，離見岸故；是名無相，離覺觀故；是名無願，出三界相故。是名一相，無有相故；是虛空相，無相似故；是害愛慢，離魔業故。施無妄想，不依於戒、不住忍辱、不起精進、不染著禪。無言說門，無一切門，方便自造，無我無眾生，度到彼岸，集諸善根，無作無作者，過諸作道。緊那羅王！是則名為出世間寶。諸般若寶，是智慧寶，即是寶住三昧之體。若菩薩得寶住三昧，一切眾寶皆悉來集。（《大正藏》卷十五第373页）

【**评说**】佛陀时代把善于使用各种药物的医师称为医王。

佛说阿阇世王经

后汉月氏三藏支娄迦谶译

【**提要**】佛陀在罗阅祇耆阇崛山中赞扬了文殊师利化身为佛时的言行；文殊师利解答了阿阇世王“生死无生死”等疑问，并为诸同修讲说了陀鏻尼、阿惟越致法轮。

卷　　上

【**原文**】蓮華具足菩薩言：“其不自伏意者，亦不能伏他人意。其能自伏意者，乃能伏他

人意，作是者可至無極慧。”(《大正藏》卷十五第389页)

【评说】只有能控制调摄自己精神意识的人，才能帮助他人调摄精神心理、改善情绪，此原则适用于心理治疗。

【原文】師子步過無懼菩薩言:“其弱劣者不能逮此，是者大士之所作。所以者何？以捨眾惡、以不諛諂、以應質朴，則不貢高、無瞋恚之心，所作不從非法。所以者何？用忠政故則無妬嫉，以無惡心其愚癡若冥，以無此者其身口意以平等，所語如語不失其意，甚尊所作欲成。所以者何？用至誠故俱以法自娛樂。以如法者不貪惜壽命。所以者何？不貪軀命、不捨一切故。所施與無所貪惜，欲令人得其所故。所入者正則非邪道。其貧者為作珍寶藏，其有病者則為作醫，其恐懼者則為作護，其劣者則為作道地，其入邪者則為作政導，其無智者則為作智，一切諸順何所恨起意。大士以度脫此中忍，所受法本如住。作是者乃至無極慧。”(《大正藏》卷十五第389-390页)

【评说】菩萨根据众生的不同情况施以相应救治，为贫穷者提供医药，为恐惧者消除恐惧、提供保护。

佛说未曾有正法经

西天译经三藏朝奉大夫试鸿胪卿传教大师臣法天奉诏译

【提要】佛陀在王舍城鹫峰山时，二十五位大菩萨分别演说趣证佛一切智的见解；妙吉祥菩萨化身为佛说，“一切所行皆悉如化，一切诸法皆幻化相，一切如来皆幻化相”。

卷　第　二

【原文】是時妙吉祥菩薩即於會中不起于座攝菩薩形，化如來像——相好具足與釋迦牟尼佛等無有異——即告辯積菩薩言:“如來在此，汝今當問。”

爾時，辯積菩薩不知化相，謂即如來，前詣佛所而發問言:“世尊！菩薩摩訶薩當云何住？”

化佛答言:“如我所作，菩薩應如是住。”

辯積菩薩言:“如佛、世尊復云何住？”

化佛答言:“佛、世尊者，不行持戒、忍辱、精進、禪定、智慧之法，不著欲界、色界、無色界，不行身業、不發語業、不起意業。如是，於一切處無所行。善男子！一切所行皆悉如化。”

辯積菩薩言:“如佛、世尊亦幻化相耶？”

化佛答言:“如是，如是。菩薩摩訶薩當如是住。”

辯積菩薩即白佛言:“云何世尊亦幻化相耶？”

化佛答言:“不也。善男子！一切諸法皆幻化相。”

辯積菩薩言:“如是，如是。諸法性空，皆幻化相。云何我佛、世尊亦幻化耶？”

化佛答言:“善男子！豈唯此佛是幻化相？所有一切如來皆幻化相。”

辯積菩薩言:“誰為能化者?”

化佛答言:“自業清淨,非有能化及所化者,亦無我、無人,無眾生、無壽命、無士夫、無有識、無補特伽羅,無佛、無異生等相。”(《大正藏》卷十五第431-432页)

【评说】佛教认为,没有永恒不变的事物,如来也是一定条件下的存在。

佛说超日明三昧经

西晋清信士聂承远译

【提要】佛陀在维耶离棕氏树园为普明等弟子说行“八十事”可得超日明三昧。

卷　上

【原文】譬如医王持若干药,各以应病而令服食,风寒热病即使瘳愈。菩萨如是,以佛法药,疗治淫怒痴病,使无有余,其心清净无形无名。犹如猛健大军之主攻讨恶逆,菩萨如是,以大慈悲开化众生,诸周旋者闇昧之人,六十二见诸邪狐疑堕罗网者,及六十二诸非正法,皆令发意,自遵六度大慈大悲众行之要,使至大乘。譬如船师御坚牢船,通度往还一切黎庶,各随彼此。菩萨如是,以勇猛伏三昧之定,度脱无量生死之恼,于声闻现随心开化;于缘觉现从本诲授,示现佛身开三道教,或现大法无极之慧大乘深法,无三恶道亦无三乘。譬如幻师于大众中自现身死火烧兽食,众皆恐怖各各求哀,大馈遗之欲令复身;知得宝多便从地起亦复如故,亦无有死亦无起活。菩萨如是,开化众生生死五道,或发菩萨、或为声闻、或为缘觉、或生天上,忽现泥洹,众人啼哭谓之灭尽,悉现他方;缘觉、声闻亦复如是,谓已灭度,无所复有如火烧灭,亦无处所则归火本。菩萨虽现泥洹与法身合,亦无往来,还复示现随众化度,菩萨大士乃达之耳!解知法身,譬如日照现于水中及郡国县邑丘聚村落,日殿不下亦不转移,在于人间而明悉至不去不来。菩萨如是,现于三界亦无往返周旋也,度脱一切亦无所度,是为勇猛伏三昧也。(《大正藏》卷十五第540页)

【评说】佛陀时代已有医师根据疾病处方用药,佛陀则针对不同的心理疾患教以相应的对治方法。

“医王持若干药,各以应病而令服食,风寒热病即使瘳愈”,医生针对不同的病证使用不同的药物,治疗风寒热等病。“菩萨如是,以佛法药,疗治淫怒痴病,使无有余,其心清净无形无名”,佛法就像药物一样,可以治疗淫怒痴等各种心理疾病,使心神清静。

卷　下

【原文】譬如有人体得重疾欲自疗治,当服顺药反饮毒药,谓攻身病害腹伤藏,不即更服除毒之散,寻能杀人悔无所及。学道之士亦复如是!本发道意为菩萨行,奉四等心慈悲喜护,遵行六度而皆有想有所希望,便堕声闻缘觉之乘;假使适成不乐因出,得至大乘踌躇不了,便住中者即堕小乘。譬如庶人之食,如是转轮圣王食之为毒药也。譬如甘露上味具药,

多所疗治众人之病。菩萨如是！以大乘法，多所疗治于一切人生老病死淫怒痴厄众想之患也。(《大正藏》卷十五第542页)

【评说】经文中以治病方法为喻，来阐述修学佛法的方法。人患重病需要服药，治疗应该针对疾病的特点给予相应的药物，若误服了不对症的药物，就像服用了毒药一般，如果不及时去除就会造成严重后果。修学佛法也是这样，不同的佛法对修习者的要求不一，所以在修习过程中应当注意修习的顺序与方法。

月灯三昧经

高齐天竺三藏那连提耶舍译

【提要】佛陀在王舍城耆阇崛山为众弟子讲述过去世前贤如何证得三昧(正定)的故事，并解说了证得三昧(正定)后的各种福报。

卷 第 八

【原文】時彼比丘四大不調，於右髀上生惡黑瘡難可療治，一切醫師捨之而去。時彼智力王見是比丘病篤困苦，恐其死沒，號泣墮淚，及諸妃后、八萬婇女，并及國土城邑人民、太子、諸官軍、眾將帥、守門防邏，及以奴婢、親從左右并餘大眾，見此比丘悉皆啼泣。

童子！時智力王先有親屬命終生天，於王夢中現面勸化而作是言："此比丘病要須未交童女新血洗之、亦用塗瘡，復取其肉煮之為羹，以種種味而調和之，與飯共食乃可除差；若不得此藥，定難可起。"

爾時，智力王見如是夢，覺已至明，即從臥起入於後宮，集諸宮人具說斯夢："我見是事。誰能施此病比丘藥，令我善知識、說善道者而得除愈？"

童子！爾時一切內外宮人、婇女都無堪者。童子！爾時智意於父王所聞是語已，知病比丘須如是藥，聞已歡喜，身心踊悅，作是思维："如父所言，我今此身未曾交合，施其尊者新血、肉等。我於宮內最為幼年，於此法師阿闍梨所深生敬重，身、口、意淨，求無染智，以身肉、血施無著法師，持己身肉以種種味而調和之。我應為此病比丘藥，令我大師病苦消除得起平復。"

爾時，智意即持利刀——深心住法——割身股肉，其瘡血流，持此新肉調種種味而作羹臛，以金椀盛取身上流血，即奉王勑喚病比丘來入宮內，於父王前置席令坐，血洗瘡已又用塗之，復持此肉調以種種其餘勝味而作美食，為獲福故奉施法師。(《大正藏》卷十五第600页)

【评说】"右髀上生恶黑疮难可疗治"，记载了一种难治的恶黑疮。智力王梦中得到一剂良方，即用处女的鲜血来清洗和涂抹创面，用处女的肉煮成羹与饭一起服下。智力王的女儿按照此法来供养比丘，比丘得以痊愈。此方法或是佛陀时代治疗外科疮疡类疾病的较为特殊的方法之一。人血、人肉药用在中医古籍亦有记载，但与当今医学认识不符，应弃之不用。

佛说首楞严三昧经

后秦龟兹国三藏鸠摩罗什译

【提要】佛陀在王舍城耆阇崛山中为坚意菩萨等弟子说如何修行达到首楞严三昧以及达到首楞严三昧后的境界。

卷　上

【原文】堅意！譬如藥樹名為具足。有人用根病得除愈，莖、節、心、皮、枝葉、花果皆能除愈，若生、若乾、若段段截，悉能除愈眾生諸病。菩薩住首楞嚴三昧亦復如是，於諸眾生無時不益，常能滅除一切眾患，謂以說法兼行四攝諸波羅蜜，令得度脫。若人供養、若不供養、有益無益，而是菩薩皆以法利令得安隱；乃至身死有食肉者，若諸畜生二足、四足及諸鳥獸、人與非人，是諸眾生皆以菩薩戒願力故，死得生天，常無病痛衰惱諸患。堅意！住首楞嚴三昧菩薩，猶如藥樹。(《大正藏》卷十五第633页)

【评说】佛陀时代已认识到植物茎、皮、枝叶、花、果皆能药用。

法相经

佛藏经

（奉入龙华经一名选择诸法）

姚秦龟兹三藏鸠摩罗什译

【提要】佛陀在王舍城耆阇崛山中解答舍利弗对一切诸法无生无灭、无相无为、善恶知识、圣众等方面的疑问。

卷上

【原文】舍利弗！我以世俗因緣假說有我，非第一義。若有人言："我亦復以世俗因緣而說有我。"是人若能通達無生無滅、無相之法，與我所說不相違者，是我弟子。舍利弗！若有人言："如來何故隨世因緣，於無我法而說有人？如來不應為世間故作不實語；又諸經中多說有人，佛所說者不應虛也？"舍利弗！應答是人："佛說諸法皆空無主無性，但是虛妄非第一義，如來不以第一義故，說有我、人。"聖人言說無所貪著，無智慧人無與佛等亦無過者。（《大正藏》卷十五第787页）

【评说】佛陀否认有一个不变的"我"的存在，"我"只是一个诸多因素组合而成的"假我"。

璎珞经

菩萨璎珞经

(一名《现在报》)

姚秦凉州沙门竺佛念译

【提要】 菩萨璎珞经的内容主要是菩萨“五十二阶位”及正定聚、邪定聚、不定聚、净、戒等因行。

卷第一

普称品第一

【提要】 佛陀在摩竭界普胜讲堂为普照菩萨说法璎珞义、菩萨藏。

【原文】 是時,世尊告普照曰:“行菩薩道,當念十德瓔珞其體。身口意法無說人短,於諸同學不興輕慢,心平若空亦無增減,棄諸惡趣不加害人,視彼眾生如己無異,志得由身所知無盡。復以四諦教授眾生,持心寂然令寤使成。復以眾智瓔珞妙門,訓化二乘得至所趣,勸大乘學觀達諸法,修如來行功勳之德,教導以漸不行暴逸。自省己過不識彼短,踰出眾難,常愛樂法,寂定無亂,蠲除諸疑望見之事,有猶豫者使得時寤,不捨道心所造德本。又教化人使不毀戒,常以大哀為人說經,所遊世界不離諸佛,宣示禁戒逮一切智。復以照曜瓔珞莊嚴諸佛寶淨道場,光明瓔珞靡不周遍,悉照三千大千世界,蔽此日月使無光明,正使神妙釋梵四王,所有威光悉不復現。如來至真難測之光,獨明獨顯無有及者,是謂普照!修菩薩道十德瓔珞而自纏裹。常念諸佛供養如來,嗟歎聖教,勸化眾生使入道門。復告眾生發大弘誓,其所趣向聞佛名號,將養萌類願生彼國,志弘大普不懷怯弱,深入聖慧不恥下問,常樂微妙,所言柔和而無自大,好喜隱居除諸貪嫉,見有行者代其歡喜,以功德力瓔珞道樹,報力心力及乳脯力,諸聖所居解脫之力,常以此法育養眾生,慈悲喜護不捨眾生。護諸緣著拔去根本,觀了三世無去來今,善惡報應都無所生,法法自滅法法自生,法不見滅法不見生,心無想念無我人壽,亦無往來無所歸趣,復以空法瓔珞諸根。”(《大正藏》卷第十六第2页)

【评说】 经文指出,菩萨当以十德修行:化导众生,无有分别;乐于寂静;精勤修行;善知法义,蠲除诸疑;信守禁戒;处众无畏;威仪俱足,广宣佛法;身心无倦;常发慈悲心;了知法空,拔出根本。

【原文】 復告眾生發大弘誓,其所趣向聞佛名號,將養萌類願生彼國,志弘大普不懷怯弱,深入聖慧不恥下問,常樂微妙,所言柔和而無自大,好喜隱居除諸貪嫉,見有行者代其歡喜,以功德力瓔珞道樹,報力心力及乳脯力,諸聖所居解脫之力,常以此法育養眾生,慈悲喜護不捨眾生。護諸緣著拔去根本,觀了三世無去來今,善惡報應都無所生,法法自滅法法自生,法不見滅法不見生,心無想念無我人壽,亦無往來無所歸趣,復以空法瓔珞諸根。(《大正

藏》卷第十六第 2 页)

【评说】经文意在劝诫大众为人要柔和不能自大,不要去贪慕富贵嫉妒他人。

菩萨璎珞经识定品第二

【提要】佛陀在摩竭界普胜讲堂为宝王菩萨说修学璎珞戒。

【原文】世尊告曰:"奉遵道法,乃修戒定解脱之慧,勸眾生類篤信於戒,願其志性各充所願,曉了隨宜不失本誓,兼除一切愚惑之心。嚴淨道場具眾品宜,不以麁獷使經其心,志常慕及一生補處。總持正法深遠之藏,意恒遊戲百千三昧,感動變化無以為喻,一切萬物悉皆無常,難得之寶不可恃怙。行權方便而無所住,眾生心惑不解正道,心著吾我不明無常。"(《大正藏》卷第十六第 4 页)

【评说】本段经文所提到的"愿其志性各充所愿"与中医经典著作《黄帝内经》所说的"气从以顺,各从其欲,皆得所愿"有相似的含义,旨在告诉人们如何保持自己身体和心理的良好状态。

菩萨璎珞经庄严道树品第三

【提要】佛陀在摩竭界普胜讲堂为诸菩萨说修行进趣道场庄严佛树的十难得之法。

【原文】七者、菩薩摩訶薩盡觀三千大千剎土,眾生根源高下大小,或與如來心識同趣,本行共合智無增減,大慈大悲瓔珞其身,布施、持戒、忍辱、精進、禪定、智慧、善權方便,十六妙行百千總持,其心廣大不為褊狹,雖見羅漢辟支佛行,心無染著不從彼受,是謂菩薩摩訶薩莊嚴道樹心不退轉。(《大正藏》卷第十六第 5-6 页)

【评说】本段经文指出,修习布施、持戒、忍辱、精进、禅定、智慧、善权方便等一切佛法,都有助于成就菩萨道。

卷 第 二

菩萨璎珞经法门品第五

【提要】佛陀在摩竭界普胜讲堂为族姓子、族姓女说璎珞八万法门及六根璎珞法门。

【原文】復次,族姓子! 復有六事。云何為六? 身行清淨不為眾惡,口亦清淨不說邪業,意修清淨不造眾塵,是謂一法清淨瓔珞。(《大正藏》卷第十六第 21 页)

【评说】本段经文提出了人在日常生活中应该遵守的规范:身、口、意清净一致。

卷 第 五

菩萨璎珞经本末品第十五

【提要】佛陀在摩竭界普胜讲堂为诸菩萨说五阴本末皆空的义理。

【原文】若善男子、善女人,分别五陰何由而生? 何由而滅? 色本無生如今有生,解色非有非無,或有色有,或有色本,過去當來今現在色亦復如是。本無有色不見本色,於過去中不見過去色,於未來中不見未來色,於現在中不見現在色,過去色非現在色非未來色,未來色非過去色非現在色，現在色非過去色非未來色，菩薩摩訶薩盡能分别一一悉知。

復次，善男子、女人！分别痛法解知痛無所起，觀過去痛本無此痛，亦知此痛非有過去，過去痛非未來現在，未來痛非過去現在，現在痛非過去未來。何以故？未來痛本無此痛。若善男子、女人觀現在痛亦非前痛，亦非後痛，非過去痛，非未來痛，痛亦不自知痛，然後乃知本淨末淨。(《大正藏》卷第十六第41-42页)

【评说】佛陀详细解说了五蕴皆空的道理，并指出众生应当了知痛亦皆空的道理。对现代理解病痛有借鉴意义。

菩萨璎珞经无量品第十七

【提要】佛陀在摩竭界普胜讲堂为众生说佛三昧，并为月光照菩萨说修行三禅法。

【原文】"復次，善男子、善女人！復當觀無量四苦。云何為四苦？於閻浮利内觀無量眾生諸苦原本：一者、生苦，知生本末恒念胎厄；二者、老苦，形異色變壯意不存；三者、病苦，一大增則一病增，四大增則四病增，一大滅則一病滅，四大滅則四病滅。云何？族姓子！病為起滅、為不起滅？"

爾時，菩薩名本滅，前白佛言："世尊！四大本滅，非起滅也。"

佛言："族姓子！云何四大本滅非起滅？"

答曰："本無四大，今生非本有，是故本滅非起滅。"

佛言："族姓子！云何為本滅？云何為起滅？"

答曰："本無有形、本無有生，不見苦、不見非苦，是謂本滅；所言起滅者，我心現在，能令此心潛伏不起，是謂起滅。"

佛言："云何？族姓子！過去心現在心，過去心非現在心，現在心非過去心，云何本滅起滅？"

答曰："本者無滅，起者無滅。"

佛言："族姓子！本滅起滅何由而生？"

答曰："無生故生。"

爾時，世尊！歎本滅菩薩曰："善哉，善哉！族姓子！乃能於如來前快作是言：'所謂死苦，臨欲死時，捨身受身中間停住，未知所趣當來過去現在，當於爾時，神便恐怖，是謂死苦。'是謂菩薩於十八明慧成就十四法。"(《大正藏》卷第十六第44-45页)

【评说】经文阐述了生、老、病、死四苦。生苦从受胎到娩出要经历五种苦；老苦是形色与精神的消减；病苦随构成人体的四大基本元素增减；死苦多是由于临死时不知道何处轮回产生的诸多恐惧造成。

卷第九

菩萨璎珞经净智除垢品第二十七

【提要】佛陀在摩竭界普胜讲堂为净一切地菩萨说观他的三昧及佛世界。

【原文】爾時，世尊告淨一切地菩薩曰："若有善男子、善女人，得此三昧定意者，有善權方便教化眾生，復有十事得功德業。云何為十？一者、口氣清淨人多信用；二者、不失本意不

譏彼受；三者、善明算數知六十四變；四者、分別空無形相法；五者、知當來法解脱無緣；六者、於現在法念成證法；七者、憶過去行知以無相；八者、於無相法本無自然；九者、起滅自然不著三世；十者、菩薩定意不失次第。是謂菩薩摩訶薩入定三昧，便能觀察億佛刹土衆生心中所念，有婬怒癡、無婬怒癡，隨其本行而度脱之。”(《大正藏》卷第十六第85页)

【评说】经文阐述了菩萨得三昧定意善巧教化众生的十种功德。

菩萨璎珞经无断品第二十八

【提要】佛陀在摩竭界普胜讲堂为等行菩萨说修行“五法”和“六度”。

【原文】爾時，世尊在於大衆，而說此偈：

“諸佛不思議，　宣暢道亦然，
思惟衆生本，　本末不可覩。
執四聖諦炬，　照彼無明根，
常思無有常，　念除結縛病。
劫數無有窮，　無盡非有盡，
但為衆生惑，　欲知本無心。
夫欲學在先，　聞受深奥法，
亦非二乘行，　所能用測度。
佛本自計誓，　蠲除五道淵，
行盡由等心，　故號人中尊。
佛慧無邊崖，　神智無有量，
不以身苦本，　永除三世難。
諸佛瓔珞法，　自覺無師受，
心定如虚空，　常想樂想緣。
吾從無數劫，　入定不離空，
一意成一道，　故號人中尊。
復於無數劫，　承事諸世尊，
盡生逮無著，　自致最正覺。
諸佛在世化，　正法修道樂，
能淨諸佛國，　不染三有樂。”(《大正藏》卷第十六第86页)

【评说】偈文指出了知无常可对治烦恼缠缚的身心。从心理治疗的角度来说，正确的认知方式是保持身心健康的有效办法。

卷第十一

菩萨璎珞经三世法相品第三十三

【提要】佛陀在摩竭界普胜讲堂为众生说三世法本。

【原文】爾時，世尊告軟首菩薩：“吾昔成佛，積功累行自致如來、至真、等正覺，棄國捐妻不貪榮位，宣布一切諸佛法藏，隨前適化而度脱之。猶如醫王療救衆病，隨病輕重然後投藥。

若有眾生今身現在種過去病，菩薩亦知而救護之；或復眾生身已過去種未來病，菩薩亦知而救護之。”

是時，尊者劫賓㝹白佛言：”世尊！云何善男子、善女人，身處現在種過去病？云何身過去種未來病？云何身在未來種現在病？”

爾時，世尊告劫賓㝹曰：“善哉，善哉！族姓子！於如來前而問斯義，多所利益。何以故？過去當來今現在佛所宣法藏，施為佛事不思議法，莊嚴佛樹進行成佛。”（《大正藏》卷第十六第99页）

【评说】“犹如医王疗救众病，随病轻重然后投药”，说明佛陀时代就已经明确了药量不能随意增减，而是要依据病情的轻重，投以适量的药物。

卷第十三

菩萨璎珞经淨居天品第三十八

【提要】佛陀在摩竭界普胜讲堂为众生说修习贤圣辩才。

【原文】佛復告天子：“若有善男子、善女人成就智者，則能具足一切諸法，復當修於十法。云何為十？一者、親近善知識求為朋友；二者、行大慈悲廣及一切；三者、滿足前人隨意所念；四者、淨一切界斷諸結使；五者、修清淨道為人重任；六者、荷負眾苦不譏彼受；七者、教化愚人訓誨正要；八者、教誨愚惑令信正道；九者、與法相應不譏彼受；十者、一心奉法不與邪部共相參預。是謂，族姓子！若善男子、善女人修持正法得此定意，便能具足一切諸法。”（《大正藏》卷第十六第111页）

【评说】本段经文提出“有善男子、善女人成就智者”所应修为的十件事：近善、行慈悲、满足他人、断结、为人重任、不讥苦众、教导愚人、教诲愚惑、遵法、远邪。

佛说华手经

（亦名《摄诸善根经》）

后秦龟兹国三藏鸠摩罗什奉诏译

卷第一

神力品第二

【提要】佛陀在王舍城迦兰陀竹园为迦叶说断众生疑。

【原文】爾時，三千大千世界所有眾生，皆自見身如真金色，眾生多為欲火所燒，自覺其身婬欲意息；多為瞋恚火所燒者，自覺其身瞋恚意息；多為愚癡火所燒者，自覺其身愚癡意息。普此三千大千世界大地獄中苦惱眾生，以佛神通本願力故，暫得休息。（《大正藏》卷第十六第130页）

【评说】众生若被欲火、嗔恚火、愚痴火缠绕，其身体也会有所表现，与中医学“有诸内必形诸外”之说颇为吻合。

卷 第 六

验行品第二十二

【提要】佛陀在王舍城迦兰陀竹园为舍利弗说三事验菩萨心。

【原文】又，舍利弗！若有人來語菩薩言：“若發阿耨多羅三藐三菩提心者，於己身命不得自在，況復財物！善男子！汝今應當捨離是心，勿於身命不得自在。”菩薩聞是，便貪身命而生退沒，當知此非真菩薩心。若聞斯事，作如是念：“一切眾生戀惜身命，老、病、死來必強侵奪。又以悋惜自身命故，起諸罪業；因罪業故，當墮惡道，乃更不能守護後身。我若貪惜、守護身命，起罪因緣，墮諸惡道，往來生死，與彼愚人有何差別？我今不應護惜身命，但當貪惜如來智慧，守護佛法，為度眾生勤行精進，捨離貪愛諸煩惱等！我今當為無縛、無脫，而與眾生演說諸法。”思惟是已，答彼人曰：“汝言身命不得自在，法自應爾，惜與不惜俱不自在。咄哉，仁者！一切諸法皆空無主，無所依止，但從緣有。”若能如是正觀法者，當知是為得善方便真菩薩心。(《大正藏》卷第十六第 175 页)

【评说】老、病、死不可避免，若执著于身命，将起诸般罪业，堕入恶道。

卷 第 七

得念品第二十三

【提要】佛陀在王舍城迦兰陀竹园说得念王子不被失念魔迷惑。

【原文】王子答曰：“若仁者言生、老、病、死數數受苦，可如所說；若言此身當入泥洹，是則不可。我聞此已，乃於眾生轉增慈悲。眾生可愍，於老、病、死數數受苦。我得阿耨多羅三藐三菩提時，為轉無量老、病、死苦，而為說法，令得永離。仁者希有！大見利益，我聞汝說生死苦時，便於眾生而起大悲救護之心。若我此身即入泥洹，誰當救者？又今於汝聞是事已，轉堅固我大願莊嚴。”(《大正藏》卷第十六第 177 页)

【评说】生、老、病、死是人必须要面对的问题。

毁坏品第二十六

【提要】佛陀在王舍城迦兰陀竹园说毁坏菩萨心的罪报。

【原文】舍利弗！如種藥樹，有人剪伐，不令增長，是人則壞無量眾生療治病法，令多眾生為病所困。如是，舍利弗！若人欲壞是菩薩心、大安樂心、滅除無量眾生苦患大智藥心，當知是人則令無量無數眾生，為諸貪、恚、癡、慢、慳、妬、諂曲、無慚、無愧，諸煩惱病之所侵害，亦令無量阿僧祇眾生失於涅槃安穩住處。(《大正藏》卷第十六第 183 页)

【评说】本段经文中佛陀将菩萨心比喻为药树，若药树遭人剪伐则众生之病将无药疗治，意为若破坏菩萨心，众生的烦恼病将不可除。

【原文】復次，有八大不安法。何謂為八？謂生地獄、餓鬼、畜生是大不安；若得人身，常生邊地，不識善惡，無佛、無法、無聖眾處，是大不安；設得人身生於中國，聾、盲、瘖瘂、癃殘、百疾，是亦名為大不安法；雖生中國，具足人身，常為衰弊，心懷諂曲，虛偽奸詭，是亦名為大不安法；受外道教，好於邪論、邪見、惡行，亦成不淨身、口、意業，諸佛賢聖尚不能救，是亦名為大不安法；若生中國，具足人身，佛得道夜即便命終，不值佛法，是亦名為大不安法。是為輕毀求佛道者，八不安法。(《大正藏》卷第十六第 186-187 页)

【评说】本段经文中记载了聋、盲、喑哑、癃残、百疾等疾病。

宝 云 经

梁扶南三藏曼陀罗仙译

卷 第 一

【提要】佛陀在伽耶山顶为除盖障摩诃萨诸菩萨分别说法。

【原文】云何名菩薩滅一切結使皆悉燋然？貪欲、瞋恚、愚癡及餘纏障一切眾具亦皆燋然。於貪欲處生對治法，能起欲處皆悉除斷。云何是貪欲處？於美色邊能起欲因緣。云何名不淨想？如觀己身髮、毛、爪、齒、皮膚、血、肉、筋、脈、骨、髓、汗、淚、涕、唾、肪、膏、腦、膜、咽、喉、心、膽、肝、肺、脾、腎、腸、胃、百騰、生藏、熟藏、屎、尿、膿汁，菩薩常觀三十六物，若能如是不生貪心。若愚癡、嬰兒、顛狂心亂，見是三十六物猶不起欲想，況復智者諸菩薩等常觀是不淨，云何當復起於欲想？(《大正藏》卷第十六第 213 页)

【评说】经文指出，观想己身三十六不净物，有助于断除贪欲等邪见。

【原文】云何名菩薩淨於三業？云何淨身業？離殺、盜、婬，以是義故名為淨身業。云何淨於口業？離惡口、妄言、兩舌、綺語，是故名為淨於口業。云何淨於意業？除貪、瞋、癡邪見，是名淨於意業。是名為菩薩淨於三業。(《大正藏》卷第十六第 213 页)

【评说】本段经文旨在告诉人们净身、口、意三业(遵守身、口、意的戒律)可帮助断除贪、嗔、痴等邪见。

【原文】云何名菩薩內忍？菩薩飢渴、寒熱、憂悲、疼痛、身心楚切，能自忍受不為苦惱，是名菩薩內忍。(《大正藏》卷第十六第 213 页)

【评说】菩萨内忍，是指菩萨忍受身心的各种苦楚，包括饥渴、寒热、忧悲、疼痛等。

【原文】云何名菩薩誓願忍？菩薩作是念："我先於諸佛前曾作師子吼，發誓願言：'我當成佛，於一切生死淤泥中為拔諸苦眾生。'我今欲拔，不應瞋恚而惱於彼。若我不忍，尚不自度，況利眾生？"善男子！譬如良醫善知治眼，見諸眾生多有患目，或患眼翳、或患眼膜，種種患眼不可稱計。是醫若言："我欲療治眾生眼患。"彼時醫師後自盲冥。

佛言："如此醫師能治他眼不？"

除蓋障菩薩摩訶薩白佛言："不也。世尊！"

佛告除蓋障菩薩摩訶薩："欲除一切眾生無明冥者，應先自除闇障，後及於人。若內無智慧能治他疾，是義不然。以是因緣，當修於忍，不應生瞋，是名菩薩大誓願忍。"(《大正藏》卷第十六第 214 页)

【评说】经文记载了失明的医师不能治愈他人的眼疾，若要医治他人的眼疾，就必须先医治好自己的眼疾。

卷　第　二

【提要】佛陀在伽耶山顶为众生讲述禅波罗蜜十法。

【原文】心猶不善，極生厭惡。多作觀察，勤行方便，斷於不善。何等不善？貪欲、瞋恚、愚癡。貪欲有三種：上、中、下。何者是上貪欲？欲心逼身，正見衰損；離欲心少，離於慚愧。云何離慚愧心？若攝身靜念獨處林野，爾時思惟欲覺增長熾盛，貴於欲覺、讚歎欲覺，以欲覺故，作是思惟時無有愧心。云何無慚？以欲業、欲作、欲因緣，於父母所生懟恨語、於尊重處而無畏難，亦不羞愧自現有德。以是欲故，命終之時墮於惡趣，是名上欲。云何名為中欲？若受欲已，心生厭離、或起悔心，是名中欲。云何名為下欲？若摩觸之時欲想即息、或共言語雖有染想生念即滅、或見欲時欲想亦息，是名下欲。欲者，一切衣服、飲食、供身之具悉名為欲。

瞋恚亦有三種：上、中、下。何者為上瞋？若惱彼時深生忿怒，或作五逆、或五逆中作一一逆、或誹謗正法等。如是之罪非算數譬喻之所能及，身壞命終墮大地獄受罪，餘報得生人中，膚體黑瘦、兩目皆赤、志逞常怒、多懷擾害。以是義故，名為上瞋。云何名為中瞋？所作諸惡速疾變悔，即修對治之法，是名中瞋。云何名為下瞋？或出惡言、或起譏訶、或集微惡業、或時時起發，尋生對治，是名下瞋。

愚癡亦有三種：上、中、下。何者為上癡？作惡不悔、不生慚愧、心無厭時，如是名為上癡。云何名為中癡？身作惡時尋生變悔，於同梵行邊發露懺悔、不顯己德，是名中癡。云何名為下癡？依如來所制非性重罪少有所犯，是故名為下癡。(《大正藏》卷第十六第 215 页)

【评说】贪欲分上、中、下三种：上贪欲，欲心逼身，正见衰损；离欲心少，离于惭愧；中贪欲，若受欲已，心生厌离、或起悔心；下贪欲，若摩触之时欲想即息、或共言语虽有染想生念即灭、或见欲时欲想亦息。可见上贪欲会影响身体健康。

嗔恚亦分上、中、下三种：上嗔，心生怨恼忿恨，或作五种极恶行为，或诽谤正法等；中嗔，造作诸恶后即变悔，能及时修习对治的方法；下嗔，恶言、讥诃、集微恶业，寻生对治。上嗔会导致身体败坏，以致身体瘦弱、肤色漆黑、两目赤红、心生怒恨，甚者或可致人以死。

愚痴亦分上、中、下三种：上痴，造作恶业后不生悔意、不生惭愧；中痴，身作恶时寻生变悔；下痴，少犯重罪。

卷　第　三

【提要】佛陀在伽耶山顶为善男子讲述如日十法。

【原文】如日出時，田夫、耕農，諸作悉起；菩薩日出，信心眾生普皆修善。（《大正藏》卷第十六第222页）

【评说】本段经文中所阐述的日出而作的思想符合中医学所提倡的养生之道。

【原文】佛言："善男子！不知。何以故？下劣眾生業行卑漏，少智、少信，常為不善、諸惡所持，不知如來有大威德。為如此等，是以如來自稱實德，令彼眾生信受修行。善男子！譬如醫師善知醫法，醫所住處多諸病苦，更無餘醫能療治者，是諸人等不知此醫有大威德。是時，良醫觀諸病者不識方藥、亦復不知所不應食。爾時，良醫起大慈悲：'我當療治，除其病苦。'爾時，良醫於眾人前自歎己德而作是言：'我善知是病及知病因、善知藥病，隨應而授。'爾時，眾生於良醫所心生信敬，以信心故便即依憑。爾時，良醫以若干種藥隨授而與，諸人服已病悉除愈。善男子！爾時彼醫是自稱譽不？"

除蓋障菩薩白佛言："不也。世尊！"

佛言："善男子！如來世尊如大醫王，能治眾生煩惱之病，亦知煩惱所因起處，以大法藥而普與之。眾生愚癡，為煩惱所覆，不知如來是大醫王；如來處處於眾生前常自歎說，爾時眾生便生信敬歸依如來。聖主世尊猶如醫王，以大法藥能滅眾生煩惱之病。云何名為是大法藥？貪欲者以不淨治、瞋恚者以慈心治、愚癡者以因緣法治。如是等無量法藥，悉能對治諸煩惱病。善男子！如來見有如是無量利故而自讚歎。善男子！具此十事是名菩薩住於無相。"（《大正藏》卷第十六第226-227页）

【评说】"我善知是病及知病因、善知药病，随应而授"，良医治疗疾病必须要熟知疾病的病因以及治疗疾病的药物。"如来世尊如大医王，能治众生烦恼之病，亦知烦恼所因起处，以大法药而普与之"，佛陀治疗众生的烦恼病，也必须熟知烦恼病的病因以及治疗烦恼病的法药。

卷 第 五

【提要】佛陀在伽耶山顶为众生说"十法事"。

【原文】善男子！菩薩復有十法名為乞食。何等為十？為益眾生令得福故是以乞食，次第乞食、好惡隨時、不生悔恨、小欲知足、乞食得已與人共同、於食好惡不生增減、不生貪著、於食知量、趣向於善、修集善根、離諸取著。云何乞食為益眾生？菩薩乞食，見諸眾生善根鮮少，受乞食法為利益眾生故。若城邑、聚落，到中乞食，繫念不捨，威儀具足，若顧視時終不輕躁，舉動安庠，諸根寂定，諦視目前不過一尋，於佛、法、僧深生信敬，然後乞食。次第乞食，心無算擇，剎利、婆羅門、富貴之家一向次第，食足便止；除惡狗、新生犢母，先破禁戒墮畜生中；若男、若女、童男、童女諸能擾惱者，皆悉不往，可譏嫌處亦皆不往。次第先食，不得生著、不得生瞋。於諸眾生不起憎愛，於好、於惡，其心正等。少欲知足，隨得多少，還至僧坊安置衣鉢，至洗足處。若到佛像、塔寺、眾僧所恭敬供養，乞食之食分作四分：一分與同梵行者、第二分與窮下乞食之者、第三分與諸鬼神、第四分自供身食。"我今食者但念修道，不應於食而起染著，亦不憍逸、貪嗜無厭。作如是食，為存此身、濟其軀命。"是故，於食趣得安身，不使羸乏亦不令肥。何以故？若身羸瘦，妨廢行道；若食厚重，復多睡眠。為行道故，於食知節，不多、不少。勤修精進，除去懈怠，為滿菩提覺支；滿菩提覺支故，我見得滅；我見滅故，能以身肉施於眾生。善男子！具此十事是名菩薩乞食法。（《大正藏》卷第十六第231页）

【评说】乞食四分：与同修净行之人分食；与贫穷饥渴乞食之人分食；与诸鬼神分食；自供身食。

饮食只为维持色身，乞食只为济命存身，不使身体羸瘦、肥胖。“若食厚重，复多睡眠”，佛陀认为饮食会影响睡眠。

【原文】善男子！菩薩復有十法名一受食。何等為十？不貪食，不染著食，以言食足一切不受，蘇油、黑石蜜、阿摩勒汁、甘蔗汁及諸果汁，時非時都不飲食，見他飲食而不生惱，常一受食；菩薩設有患苦，若為命難、善法留難，當爾之時，不生疑悔作藥想服。善男子！具此十事是名菩薩一受食法。(《大正藏》卷第十六第 231 页)

【评说】一受食：每日只作一食。具体要求为不贪食、食足不食、时非时不食、见他食不恼等。经文还记载了一类食物，即非时食：苏油、黑石蜜、阿摩勒汁、甘蔗汁及诸果汁等。

佛说宝雨经

(显授不退转菩萨记)

唐天竺三藏达摩流支译

卷　第　一

【提要】佛陀在伽耶城伽耶山为阿罗汉说菩萨成就十法得尸罗圆满。

【原文】云何菩薩遠離一切纏障熱惱？所謂菩薩不為貪、瞋、癡等毒火所燒，亦復不為闕緣眾具熱惱所燒，以諸菩薩修習貪欲能對除法，及遠離能起貪欲緣故。何者是貪欲對除？何者是起貪愛緣？謂修不淨觀是貪對除，世間妙色是貪起緣。云何修習觀不淨法？謂諸菩薩觀察自身髮、毛、爪、齒、皮膚、血脈、筋肉、骨髓、脾、腎、心、肺、肝、膽、腸、胃、生熟二藏、肪膏、腦膜、洟唾、涎淚、膿、汗、脂、痰、瘡及塵垢、大小便利，流溢種種臭穢不淨。如是觀察不淨體性，深生厭離，不起貪心，設有頑嚚、癡迷、狂亂、幼無了解，見是事時尚不起貪，何況智者！由是菩薩修不淨觀。云何遠離起貪愛緣？謂諸菩薩見於世間端嚴妙相、可愛色像，便生染著，適悅身心，即自思维：“如世尊說：‘愛欲境界猶如幻夢，悟已即無。’云何智者於幻夢境而起貪心！”(《大正藏》卷第十六第 287 页)

【评说】佛陀指出，应当修行“不净”观对治贪欲。“不净”的主要内容是指自身的各组织器官、分泌物、排出物、病变组织等。经文还指出智者应当了知爱欲并不真实。

卷　第　十

【提要】佛陀在伽耶城伽耶山顶为善男子讲述菩萨成就十种法。

【原文】復次，善男子！菩薩成就十種法，能勤修福德。何等為十？一者、於三寶中，隨力供養；二者、於諸有情病患之者，能施醫藥；三者、於一切有情飢渴逼者，能施飲食；四者、於一切有情為寒熱等所侵逼者，能施衣服；五者、於阿遮利耶、鄔波馱耶，心常尊重，恭敬供養；六者、於同梵行，者問訊起居，合掌禮拜，恭敬供養；七者、建立伽藍、樹林、園苑；八者、於時時間能以資財、穀麥等物庫藏所有而行惠施；九者、於其奴婢及傭力者，平等憐愍而養育之；十者、於時時間能尊重、供養持淨戒者及諸沙門、婆羅門等。善男子！菩薩成就此十種法，能勤修福德。(《大正藏》卷第十六第 326 页)

【评说】佛陀时代已有施医药、饮食、衣服、财物、谷麦等慈善行为。

【原文】復次，善男子！菩薩成就十種法，如大藥樹。何等為十？善男子！如大藥樹，能令有情皆得受用。一者、受用其根；二者、受用其莖；三者、受用其枝；四者、受用其葉；五者、受用其花；六者、受用其果；七者、見時受用其色；八者、嗅時受用其香；九者、甞時受用其味；十者、摩時受用其觸。善男子！菩薩如是從初發心乃至成佛，能施彼彼一切有情諸煩惱病種種法藥，令得受用，或受用菩薩施波羅蜜多、或受用菩薩戒波羅蜜多、或受用菩薩忍波羅蜜多、或受用菩薩精進波羅蜜多、或受用菩薩靜慮波羅蜜多、或受用菩薩般若波羅蜜多、或見菩薩身而得勝利、或聞菩薩名而得勝利、或味菩薩功德而得勝利、或復供養菩薩而得勝利。善男子！菩薩成就此十種法，如大藥樹。(《大正藏》卷第十六第 326 页)

【评说】佛陀以大药树比喻佛法。从经文中可以看出，植物的根、茎、枝、叶、花、果等部分及其色、香、味、触都可作药。

大乘百福庄严相经

大唐天竺三藏地婆诃罗再译

【提要】佛陀在舍卫大城普妙宫殿为众生说福聚。

【原文】文殊師利！如是如來身諸隨好，略說其數有八十種。何謂八十？一者首分圓滿、二者髮際嚴好、三者髮色青紺、四者髮香芬馥、五者髮甚柔軟、六者髮不紛亂、七者髮不稀概、八者髮常增長、九者髮本波委、十者髮端螺旋、十一者髮狀華輪、十二者髮如德字、十三者面部平正、十四者毫分充足、十五者眉色青紺、十六者眉不雜亂、十七者兩目美好、十八者兩目修廣、十九者兩目清淨、二十者兩目明朗、二十一者目色紺艷如青蓮花、二十二者耳甚長好、二十三者耳無缺減、二十四者耳無過惡、二十五者鼻修高直、二十六者兩頰滿足、二十七者頰無缺減、二十八者頰無過惡、二十九者牙甚圓正、三十者其牙均等、三十一者脣色赤好如頻婆果、三十二者舌赤柔軟、三十三者聲如雷震、三十四者其音朗徹、三十五者身普滿足、三十六者身肉豐好、三十七者身肉平正、三十八者身肉柔軟、三十九者身漸牗直、四十者身分相稱、四十一者身極圓好、四十二者身無缺減、四十三者其身柔軟、四十四者其身清潔、四十五者其身輕妙、四十六者身不動搖、四十七者身極端嚴、四十八者身無疵穢、四十九者身光破闇、五十者其腹美好、五十一者其腹圓滿、五十二者其腹不現、五十三者其臍深密、五十四者其臍不曲、五十五者臍稱其位、五十六者腋下平滿、五十七者臂肘纖長、五十八者手指圓滿、五十九者手指纖美、六十者手文深好、六十一者手文徑徹、六十二者手文不亂、六十三者手文潤澤、六十四者文無麁細、六十五者文端纖銳、六十六者膝輪圓廣、六十七者足跟牗滿、六十

八者足善按地、六十九者行順於右、七十者行如象王、七十一者行如牛王、七十二者行如鵝王、七十三者行步威猛如師子王、七十四者手足甲端微悉高起、七十五者手足等甲如赤銅色、七十六者手足等甲並皆潤澤、七十七者筋脈不現、七十八者支節密緻、七十九者諸根無染、八十者見者歡喜。文殊師利！如向所說，此八十種是名如來隨好福聚。（《大正藏》卷第十六第331-332页）

【评说】经文详细描述了八十种随形好。

金光明经

金 光 明 经

北凉三藏法师昙无谶译

【提要】佛陀在王舍大城耆阇崛山中为众生说诸佛法性之源、佛寿之长远、金光明忏法之功德等。

卷 第 二

四天王品第六

【提要】佛陀为毗沙门、提头赖吒、毗留勒叉、毗留博叉四天王说未来世供奉金光明经的功德。

【原文】爾時四天王聞是偈已，白佛言："世尊！我從昔來未曾得聞如是微妙寂滅之法，我聞是已心生悲喜涕淚交流，舉身戰動肢節怡解，復得無量不可思議具足妙樂。"以天曼陀羅華、摩訶曼陀羅華，供養奉散於如來上。作如是等供養佛已，復白佛言："世尊！我等四王，各各自有五百鬼神，常當隨逐是說法者而為守護。"(《大正藏》卷十六第 344 页)

【评说】本段经文记载了人听闻佛法后出现涕泪交加、浑身震颤、愉悦的心身反应。

功德天品第八

【提要】功德天向佛宣说其舍弃财物、正念思惟金光明经的志向。

【原文】爾時功德天白佛言："世尊！是說法者，我當隨其所須之物，衣服飲食臥具醫藥及餘資產，供給是人無所乏少，令心安住晝夜歡樂，正念思惟是經章句分別深義。"(《大正藏》卷十六第 345 页)

【评说】衣服、饮食、卧具、医药等物资是维持人生命活动的必需品。

坚牢地神品第九

【提要】地神坚牢向佛陀报告自己供养诵读金光明经的收获。

【原文】閻浮提內藥草樹木、根莖枝葉華果滋茂，美色香味皆悉具足。眾生食已，增長壽命色力辯安，六情諸根具足通利，威德顏貌端嚴殊特；成就如是種種等已，所作事業多得成辦，有大勢力精勤勇猛。(《大正藏》卷十六第 345 页)

【评说】本段经文记载了佛陀时代植物药十分丰富，食之可以延年益寿。

除病品第十五

【提要】佛陀为菩提树神讲述过去世大医家之子流水掌握了高明医术为民治病的故事。

【原文】佛告道場菩提樹神："善女天！諦聽，諦聽！善持憶念，我當為汝演說往昔誓願因緣。過去無量不可思議阿僧祇劫，爾時有佛出現於世，名曰寶勝如來、應供、正遍知、明行

足、善逝、世間解、無上士、調御丈夫、天人師、佛、世尊。善女天！爾時是佛般涅槃後，正法滅已，於像法中，有王名曰天自在光王，修行正法如法治世，人民和順孝養父母。是王國中有一長者名曰持水，善知醫方救諸病苦，方便巧知四大增損。善女天！爾時持水長者家中，後生一子名曰流水，體貌殊勝端正第一，形色微妙威德具足，受性聰敏善解諸論，種種技藝書疏算計無不通達。是時國內天降疫病，有無量百千諸眾生等，皆無免者，為諸苦惱之所逼切。

善女天！爾時流水長者子，見是無量百千眾生受諸苦惱故，為是眾生生大悲心，作是思维：'如是無量百千眾生受諸苦惱。我父長者，雖善醫方能救諸苦，方便巧知四太增損，年已衰邁老耄枯悴，皮緩面皺羸瘦顫掉，行來往反要因几杖，困頓疲乏不能至彼城邑聚落；而是無量百千眾生，復遇重病無能救者，我今當至大醫父所諮問治病醫方祕法，諮稟知已，當至城邑聚落村舍治諸眾生種種重病，悉令得脫無量諸苦。'"

時長者子思惟是已，即至父所頭面著地，為父作禮叉手却住，以四大增損而問於父，即說偈言：

"'云何當知，　四大諸根，
衰損代謝，　而得諸病？
云何當知，　飲食時節，
若食食已，　身火不滅？
云何當知，　治風及熱，
水過肺病　及以等分？
何時動風、　何時動熱、
何時動水，　以害眾生？'
時父長者，　即以偈頌，
解說醫方，　而答其子：
'三月是夏，　三月是秋，
三月是冬，　三月是春，
是十二月，　三三而說。
從如是數，　一歲四時；
若二二說，　足滿六時；
三三本攝，　二二現時，
隨是時節，　消息飲食，
是能益身。　醫方所說，
隨時歲中，　諸根四大，
代謝增損，　令身得病。
有善醫師，　隨順四時，
三月將養，　調和六大，
隨病飲食，　及以湯藥。
多風病者，　夏則發動；
其熱病者，　秋則發動；
等分病者，　冬則發動；
其肺病者，　春則增劇。

有風病者，　夏則應服，
肥膩醎酢，　及以熱食；
有熱病者，　秋服冷甜，
等分冬服，　甜酢肥膩；
肺病春服，　肥膩辛熱。
飽食然後，　則發肺病；
於食消時，　則發熱病；
食消已後，　則發風病。
如是四大，　隨三時發，
風病羸損，　補以酥膩；
熱病下藥，　服訶梨勒；
等病應服，　三種妙藥，
所謂甜辛，　及以酥膩；
肺病應服，　隨能吐藥。
若風熱病，　肺病等分，
違時而發，　應當任師，
籌量隨病，　飲食湯藥。’”

“善女天！爾時流水長者子，問其父醫四大增損，因是得了一切醫方。時長者子知醫方已，遍至國內城邑聚落，在在處處隨有眾生病苦者所，軟言慰喻作如是言：‘我是醫師，我是醫師，善知方藥，今當為汝療治救濟悉令除愈。’

善女天！爾時眾生聞長者子軟言慰喻許為治病，心生歡喜踊躍無量。時有百千無量眾生，遇極重病，直聞是言，心歡喜故，種種所患即得除差，平復如本氣力充實。

善女天！復有無量百千眾生，病苦深重難除差者，即共來至長者子所，時長者子，即以妙藥授之令服，服已除差亦得平復。

善女天！是長者子，於其國內治諸眾生所有病苦悉得除差。”(《大正藏》卷十六第351-352页)

【评说】大医家持水回答了其子关于治病医方秘法的问题。他认为地水火风四大失衡是导致疾病的原因，医术高超者善于调和“六大”(地、水、火、风、空、识)，根据不同的疾病相应调整饮食，投以合适的药物。风病好发于夏季，热病好发于秋季，等分病好发于冬天，肺病往往在春天加剧。不同的疾病需要饮食调养，风病者，夏天要食用肥腻咸酢和热食；热病者，秋天要食用甜品；等分病者，冬天服甜酢肥腻；肺病者，春天食肥腻辛热。

如来藏经

大方等如来藏经

东晋天竺三藏佛陀跋陀罗译

【提要】佛陀在耆阇崛山为大乘弟子用九种比喻说明如来藏的特点。九种比喻分别为萎花中佛、岩树蜂蜜、糌中粳梁、不净处金、贫家宝藏、庵罗果种、弊物中金像、贫女贵胎、模中金像。如来藏是后期佛教所假设的佛性根本，具有常住、妙明、不动、周圆与神妙真如之性质，但平时受烦恼覆蔽不能发挥其特性。如来藏九喻即是通过九种浅显易懂的比喻说明这种观点。

通过巧妙设喻，佛教设立了如来藏的形象和价值，并将佛陀设立为发掘众生如来藏的主导者，构建了以发显如来藏为终极目标的佛教修行观。应该指出，这种修行观是超验的，目前尚无法检验其真实性。

【原文】佛言："善男子！如佛所化無數蓮花忽然萎變，無量化佛在蓮花內，相好莊嚴結加趺坐，放大光明，眾覩希有靡不恭敬。如是善男子！我以佛眼觀一切眾生，貪欲恚癡諸煩惱中，有如來智、如來眼、如來身，結加趺坐儼然不動。善男子！一切眾生雖在諸趣，煩惱身中有如來藏，常無染污、德相備足，如我無異。又善男子！譬如天眼之人觀未敷花，見諸花內有如來身結加趺坐，除去萎花便得顯現。如是善男子！佛見眾生如來藏已，欲令開敷為說經法，除滅煩惱顯現佛性。善男子！諸佛法爾，若佛出世若不出世，一切眾生如來之藏常住不變，但彼眾生煩惱覆故。如來出世廣為說法，除滅塵勞淨一切智。善男子！若有菩薩信樂此法，專心修學便得解脫成等正覺，普為世間施作佛事。"

爾時世尊以偈頌曰：

"譬如萎變花，　其花未開敷，
天眼者觀見，　如來身無染。
除去萎花已，　見無礙導師，
為斷煩惱故，　最勝出世間。
佛觀眾生類，　悉有如來藏，
無量煩惱覆，　猶如穢花纏。
我為諸眾生，　除滅煩惱故，
普為說正法，　令速成佛道。
我已佛眼見，　一切眾生身，
佛藏安隱住，　說法令開現。"（《大正藏》卷十六第 457 页）

【评说】枯萎的花中也有佛，此第一喻说如来藏人人皆有，但平时不显。

【原文】"復次，善男子！譬如淳蜜在巖樹中，無數群蜂圍繞守護。時有一人巧智方便，先除彼蜂乃取其蜜，隨意食用惠及遠近。如是善男子！一切眾生有如來藏，如彼淳蜜在于巖樹，為諸煩惱之所覆蔽，亦如彼蜜群蜂守護。我以佛眼如實觀之，以善方便隨應說法，滅除煩惱開佛知見，普為世間施作佛事。”

爾時世尊以偈頌曰：

“譬如巖樹蜜，　無量蜂圍繞，
巧方便取者，　先除彼群蜂。
眾生如來藏，　猶如巖樹蜜，
結使塵勞纏，　如群蜂守護。
我為諸眾生，　方便說正法，
滅除煩惱蜂，　開發如來藏。
具足無礙辯，　演說甘露法，
普令成正覺，　大悲濟群生。”(《大正藏》卷十六第 457-458 页)

【评说】岩树蜂蜜，此第二喻说如来藏性不显的原因是受烦恼覆蔽，需驱散烦恼后方能显露。

【原文】“復次，善男子！譬如粳糧未離皮糩，貧愚輕賤謂為可棄，除蕩既精常為御用。如是善男子！我以佛眼觀諸眾生，煩惱糠糩覆蔽如來無量知見，故以方便如應說法，令除煩惱淨一切智，於諸世間為最正覺。”

爾時世尊，以偈頌曰：

“譬一切粳糧，　皮糩未除蕩，
貧者猶賤之，　謂為可棄物。
外雖似無用，　內實不毀壞，
除去皮糩已，　乃為王者膳。
我見眾生類，　煩惱隱佛藏，
為說除滅法，　令得一切智。
如我如來性，　眾生亦復然，
開化令清淨，　速成無上道。”(《大正藏》卷十六第 458 页)

【评说】糩中粳粱，此第三喻说如来藏之用平时受烦恼覆盖，脱离烦恼后才能为人所用。

【原文】“復次，善男子！譬如真金墮不淨處，隱沒不現經歷年載，真金不壞而莫能知。有天眼者語眾人言：‘此不淨中有真金寶，汝等出之隨意受用。’如是善男子！不淨處者無量煩惱是，真金寶者如來藏是，有天眼者謂如來是。是故如來廣為說法，令諸眾生除滅煩惱，悉成正覺施作佛事。”

爾時世尊以偈頌曰：

“如金在不淨，　隱沒莫能見，
天眼者乃見，　即以告眾人：
‘汝等若出之，　洗滌令清淨，
隨意而受用，　親屬悉蒙慶。’
善逝眼如是，　觀諸眾生類，
煩惱淤泥中，　如來性不壞。
隨應而說法，　令辦一切事，

佛性煩惱覆，　速除令清淨。”(《大正藏》卷十六第458页)

【评说】不净处金，此第四喻说如来藏本性清净无染，虽受烦恼覆蔽而不染杂烦恼。

【原文】“復次，善男子！譬如貧家有珍寶藏，寶不能言：‘我在於此。’既不自知又無語者，不能開發此珍寶藏，一切眾生亦復如是。如來知見力無所畏，大法寶藏在其身內，不聞不知耽惑五欲，輪轉生死受苦無量。是故諸佛出興于世，為開身內如來法藏，彼即信受淨一切智，普為眾生開如來藏，無礙辯才為大施主。如是善男子！我以佛眼觀諸眾生有如來藏，故為諸菩薩而說此法。”

爾時世尊以偈頌曰：

“譬如貧人家，　內有珍寶藏，
主既不知見，　寶又不能言，
窮年抱愚冥，　無有示語者，
有寶而不知，　故常致貧苦。
佛眼觀眾生，　雖流轉五道，
大寶在身內，　常在不變易。
如是觀察已，　而為眾生說，
令得智寶藏，　大富兼廣利。
若信我所說，　一切有寶藏，
信勤方便行，　疾成無上道。”(《大正藏》卷十六第458页)

【评说】贫家宝藏，此第五喻说明人们自怀宝藏而不知，故自甘贫穷，以此说明人们所处的困境。

【原文】“復次，善男子！譬如菴羅果內實不壞，種之於地成大樹王。如是善男子！我以佛眼觀諸眾生，如來寶藏在無明殼，猶如果種在於核內。善男子！彼如來藏清涼無熱，大智慧聚妙寂泥洹，名為如來、應供、等正覺。善男子！如來如是觀眾生已，為菩薩摩訶薩淨佛智故顯現此義。”

爾時世尊以偈頌曰：

“譬如菴羅果，　內實不毀壞，
種之於大地，　必成大樹王。
如來無漏眼，　觀一切眾生，
身內如來藏，　如花果中實。
無明覆佛藏，　汝等應信知，
三昧智具足，　一切無能壞。
是故我說法，　開彼如來藏，
疾成無上道，　如果成樹王。”(《大正藏》卷十六第458页)

【评说】庵罗果种，以果核最终长成大树，比喻怀如来藏者终究成佛。

【原文】“復次，善男子！譬如有人持真金像，行詣他國經由險路懼遭劫奪，裹以弊物令無識者。此人於道忽便命終，於是金像棄捐曠野，行人踐蹈咸謂不淨。得天眼者見弊物中有真金像，即為出之一切禮敬。如是善男子！我見眾生種種煩惱，長夜流轉生死無量，如來妙藏在其身內，儼然清淨如我無異。是故佛為眾生說法，斷除煩惱淨如來智，轉復化導一切世間。”

爾時世尊以偈頌曰：

“譬人持金像，　行詣於他國，
裹以弊穢物，　棄之在曠野。
天眼者見之，　即以告眾人，
去穢現真像，　一切大歡喜。
我天眼亦然，　觀彼眾生類，
惡業煩惱纏，　生死備眾苦。
又見彼眾生，　無明塵垢中，
如來性不動，　無能毀壞者。
佛既見如是，　為諸菩薩說，
煩惱眾惡業，　覆弊最勝身。
當勤淨除斷，　顯出如來智，
天人龍鬼神，　一切所歸仰。”(《大正藏》卷十六第 458-459 页)

【评说】弊物中金，此喻与粪坑中金类似，说明如来藏处烦恼中不染不坏，待显露后能作利益。

【原文】“復次，善男子！譬如女人貧賤醜陋，眾人所惡而懷貴子，當為聖王王四天下；此人不知經歷時節，常作下劣生賤子想。如是善男子！如來觀察一切眾生，輪轉生死受諸苦毒，其身皆有如來寶藏，如彼女人而不覺知。是故如來普為說法，言：‘善男子！莫自輕鄙，汝等自身皆有佛性，若勤精進滅眾過惡，則受菩薩及世尊號，化導濟度無量眾生。’”

爾時世尊以偈頌曰：

“譬如貧女人，　色貌甚庸陋，
而懷貴相子，　當為轉輪王，
七寶備眾德，　王有四天下，
而彼不能知，　常作下劣想。
我觀諸眾生，　嬰苦亦如是，
身懷如來藏，　而不自覺知。
是故告菩薩，　慎勿自輕鄙，
汝身如來藏，　常有濟世明，
若勤修精進，　不久坐道場，
成最正覺道，　度脫無量眾。”(《大正藏》卷十六第 459 页)

【评说】贫女贵胎，以终将成为圣王之胎喻如来藏显露，处贫女腹中喻未显露，此喻似贫家宝藏与庵罗果种二喻的结合。该喻有宿命论的色彩。

【原文】“復次，善男子！譬如鑄師鑄真金像，既鑄成已倒置于地，外雖焦黑內像不變，開摸出像金色晃曜。如是善男子！如來觀察一切眾生，佛藏在身眾相具足。如是觀已廣為顯

說，彼諸眾生得息清涼，以金剛慧搥破煩惱，開淨佛身如出金像。”

爾時世尊以偈頌曰：

“譬如大冶鑄，　無量真金像，
愚者自外觀，　但見焦黑土；
鑄師量已冷，　開摸令質現，
眾穢既已除，　相好晝然顯。
我以佛眼觀，　眾生類如是，
煩惱淤泥中，　皆有如來性。
授以金剛慧，　搥破煩惱摸，
開發如來藏，　如真金顯現。
如我所觀察，　示語諸菩薩，
汝等善受持，　轉化諸群生。”(《大正藏》卷十六第 459 页)

【评说】模中金像，以金像处黑模中喻不显，以开模喻脱离烦恼显露，此喻似萎花中佛与岩树蜂蜜二喻的结合。

大方广如来藏经

开府仪同三司特进试鸿胪卿肃国公食邑三千户赐紫赠司空謚大鉴正号
大广智大兴善寺三藏沙门不空奉诏译

【提要】本经与大方等如来藏经属同本异译。以九种比喻形象描绘了如来藏的形象与价值，九喻分别为萎莲花中佛像、众蜂围绕蜜房、糠秕包裹五谷、臭秽聚中金砖、贫家地下宝藏、微小种成大树、臭弊帛藏宝像、孤独女怀王胎、泥蜡模出金像。

【原文】爾時世尊告金剛慧菩薩摩訶薩言：“汝善男子！今應可問如來、應、正等覺甚深法要。”

爾時金剛慧菩薩摩訶薩承佛聖旨，普為一切天人世間，菩薩摩訶薩及四部眾懷疑惑故，白佛言：“世尊！以何因緣一切世界現於俱胝那庾多百千蓮花，一切於花胎中皆有如來結跏趺坐放百千光；是諸蓮花忽然之間，形色可惡而令生厭，於彼花中俱胝那庾多百千如來，合掌而住儼然不動？”

爾時金剛慧菩薩摩訶薩以伽他問曰：

“我曾不見如來相，　而作神通之變化；
現佛無量千俱胝，　住蓮花胎寂不動。
放千光明而影現，　悉皆映蔽諸佛刹；
奇特於法而遊戲，　彼諸佛等悉端嚴。
猶如妙寶而顯現，　於惡色蓮花中坐；
是蓮花葉皆可惡，　云何作是大神通？
我曾見佛如恒沙，　見彼殊勝神通事；
我未曾見如是相，　如今遊戲之顯著。

唯願天中尊說示，　何因何緣而顯現？
唯願世利作哀愍，　為除一切諸疑惑。”

爾時世尊告金剛慧等上首菩薩，及一切眾菩薩言：“諸善男子！有《大方廣如來藏經》甚深法要，如來欲說，是故先現如是色相。汝等善聽！極善聽！作意思惟。”

爾時金剛慧菩薩等一切菩薩摩訶薩言：“善哉！世尊！願樂欲聞。”

佛言：“諸善男子！如此如來變化蓮花，忽然之間成惡色相，臭穢可惡令不愛樂，如是花中而現佛形，結跏趺坐放百千光明，相好端嚴人所樂見。如是知已，有多天、龍、藥叉、健達嚩、阿蘇羅、孽路茶、緊那羅、摩呼羅伽，人非人等，禮拜供養。如是，如是！善男子！如來、應、正等覺，以佛自己智慧光明，眼見一切有情欲、瞋、癡、貪、無明、煩惱。彼善男子、善女人，為於煩惱之所凌沒，於胎藏中有俱胝百千諸佛，悉皆如我。如來智眼，觀察彼等有佛法體，結跏趺坐寂不動搖，於一切煩惱染污之中，如來法藏本無搖動，諸有趣見所不能染，是故我今作如是言：‘彼等一切如來，如我無異。’善男子！如是如來以佛智眼，見一切有情如來藏。善男子！譬如以天妙眼，見於如是惡色惡香諸蓮花葉纏裹逼迫，是以天眼見彼花中，佛真實體結跏趺坐。既知是已，欲見如來，應須除去臭穢惡業，為令顯於佛形相故。如是，如是！善男子！如來以佛眼，觀察一切有情如來藏，令彼有情欲、瞋、癡、貪、無明、煩惱藏，悉除遣故而為說法；由聞法故則正修行，即得清淨如來實禮。善男子！如來出世若不出世，法性法界一切有情，如來藏常恒不變。

復次，善男子！若諸有情可厭煩惱藏纏，為彼除害煩惱藏故、淨如來智故，如來、應、正等覺為於菩薩而說法要，作如是事令彼勝解。既勝解已，於法堅持，則於一切煩惱、隨煩惱而得解脫。當於是時，如來、應、正等覺於其世間而得其數，是能作於如來佛事。”

爾時世尊說伽他曰：

“如彼蓮花可厭惡，　并其胎葉及鬚蘂；
譬如天眼而觀見，　是如來藏無所染。
若能除去萎花葉，　於中即見如來身；
復不被諸煩惱染，　則於世間成正覺。
今我悉見諸有情，　內有如來微妙體；
除彼千俱胝煩惱，　令厭惡如萎蓮花。
我為彼等而除遣，　我智者常說妙法；
佛常思彼諸有情，　悉皆願成如來體。
我以佛眼而觀見，　一切有情住佛位；
是故我常說妙法，　令得三身具佛智。”（《大正藏》卷十六第 461-462 页）

【评说】枯萎莲花中佛，此第一喻说如来藏人人皆有，但平时不显。

【原文】“復次，善男子！譬如蜜房懸於大樹，其狀團圓，有百千蜂遮護其蜜，求蜜丈夫以巧方便，駈逐其蜂而取其蜜隨蜜所用。如是，如是！善男子！一切有情猶如蜜房，為俱胝百千煩惱、隨煩惱之所藏護，以佛智見能知此已，則成正覺。善男子！如是蜜房，智者丈夫既知其蜜，亦復了知於俱胝百千眾煩惱蜂之所守護；如是一切有情，以如來智見知已成佛，於彼為俱胝百千煩惱、隨煩惱之所遮覆。善男子！如來以巧方便力，為害蜂者教諸有情駈逐欲、瞋、癡、慢、憍、覆、忿、怒、嫉、慳、煩惱、隨煩惱故，如是說法，令諸有情不為煩惱之所染污，無復逼

惱亦不附近。善男子！云何此等有情，我以如來智見為淨除故，於諸世間而作佛事？善男子！以清淨眼見諸有情如是清淨。”

爾時世尊說伽陀曰：

“猶如蜜房狀團圓，　眾蜂護而所隱覆；
求蜜丈夫而見已，　悉皆駈逐於眾蜂。
我見有情在三有，　亦如蜜房無有異；
俱胝眾生煩惱蜂，　彼煩惱中如來住。
我佛常為淨除故，　害彼煩惱如逐蜂；
以巧方便為說法，　令害俱胝眾煩惱。
云何成佛作佛事？　常於世間如蜜器；
猶如辯才說好蜜，　令證如來淨法身。”(《大正藏》卷十六第462页)

【评说】众蜂围绕蜜房，此第二喻说如来藏性不显的原因是受烦恼覆蔽，需驱散烦恼后方能显露。

【原文】“復次，善男子！譬如稻、麥、粟、豆，所有精實為糠所裹，若不去糠不堪食用。善男子！求食之人，若男若女，以其杵臼舂去其糠而充於食。如是，如是！善男子！如來、應供、正遍知以如來眼觀見一切有情具如來體，為煩惱皮之所苞裹，若能悟解則成正覺，堅固安住自然之智。善男子！彼如來藏處在一切煩惱之中，如來為彼有情除煩惱皮，令其清淨而成於佛，為說於法，常作是念：‘何時有情皴去一切煩惱藏皮，得成如來出現於世？’”

爾時世尊說伽他曰：

“譬如稻穀與粟床，　大小麥等及於豆；
彼等為糠之所裹，　是不堪任於所食。
若能舂杵去於糠，　於食種種而堪用；
精實處糠而不堪，　不懷有情為作利。
我常觀見諸有情，　以煩惱裹如來智；
我為除糠說妙法，　願令速悟證菩提。
與我等法諸有情，　住百煩惱而藏裹；
為令淨除我說法，　何時速成諸佛身？”(《大正藏》卷十六第462页)

【评说】糠秕包裹五谷，此第三喻说如来藏之用平时受烦恼覆盖，脱离烦恼后才能为人所用。

【原文】“復次，善男子！譬如臭穢諸惡積聚，或有丈夫懷挾金磚於傍而過，忽然悞落墜于穢中；而是金寶沈沒臭穢，或經十年，或二十年，或五十年，或百千年處於糞穢，是其本體不壞不染，亦不於人能作利益。善男子！有天眼者，見彼金磚在於臭穢，告餘人言：‘丈夫！汝往於彼糞穢之中，有金勝寶。’其人聞已，則便取之，得已淨洗，隨金所用。善男子！臭穢積聚者，是名種種煩惱及隨煩惱；彼金磚者，是名不壞法；有天眼者，則是如來、應、正遍知。善男子！一切有情如來法性真實勝寶，沒於煩惱臭穢之中，是故如來、應、正等覺，為於有情除諸煩惱臭穢不淨，而說妙法當令成佛，出現世間而作佛事。”

爾時世尊說伽他曰：

"譬如有人懷金磚，　忽然悮落於糞穢；
彼處穢中多歲年，　雖經久遠而不壞。
有天眼者而觀見，　告餘人言此有金，
汝取應洗隨意用。　如我所見諸有情，
沒煩惱穢流長夜，　知彼煩惱為客塵；
自性清淨方便說，　令證清淨如來智。"(《大正藏》卷十六第 462 页)

【评说】臭秽聚中金砖，此第四喻说如来藏本性清净无染，虽受烦恼覆蔽而不染杂烦恼。

【原文】"復次，善男子！譬如貧窮丈夫，宅內地中有大伏藏，縱廣正等一俱盧舍，滿中盛金，其金下深七丈大量；以地覆故，其大金藏曾不有言語彼丈夫：'丈夫！我在於此，名大伏藏。'彼貧丈夫心懷窮匱，愁憂苦惱，日夜思惟，於上往來，都不知覺，不聞不見彼大伏藏在於地中。如是，如是！善男子！一切有情住於執取作意舍中，而有如來智慧、力、無所畏諸佛法藏，於色、聲、香、味、觸耽著受苦；由此不聞大法寶藏，況有所獲，若滅彼五欲則得清淨。

復次，善男子！如來出興於世，於菩薩大眾之中，開示大法，種種寶藏；彼勝解已，則便穿掘，入菩薩住。如來、應供、正遍知，為世間法藏，見一切有情未曾有因相，是故譬喻說大法藏，為大施主，無礙辯才、無量智慧，力、無所畏，不共佛法藏。如是，善男子！如來以清淨眼，見一切有情具如來藏，是以為於菩薩宣說妙法。"

爾時世尊說伽他曰：

"譬如貧人家伏藏，　金寶充滿在於中；
是彼不動不思惟，　亦不自言是某物。
彼人雖復為主宰，　受於貧乏而不知，
彼亦不說向餘人，　而受貧窮住苦惱。
如是我以佛眼觀，　一切有情處窮匱；
身中而有大伏藏，　住諸佛體不動搖。
見彼體為菩薩說，　汝等穿斯大智藏；
獲得離貧作世尊，　能施無上之法財。
我皆所說而勝解，　一切有情有伏藏；
若能勝解而精勤，　速疾證於最勝覺。"(《大正藏》卷十六第 462-463 页)

【评说】贫家地下宝藏，此第五喻说明人们自怀宝藏而不知，故自甘贫穷，用以说明人们所处的困境。

【原文】"復次，善男子！譬如藤子、多羅子、贍部果子、阿摩羅果子，由其子芽展轉相生成不壞法，若遇地緣種植，於其久後成大樹王。如是，如是！善男子！如來以如來眼，見一切有情欲、瞋、癡、貪、無明、煩惱乃至皮膚邊際，彼欲、瞋、癡、無明、煩惱藏中有如來藏性，以此名為有性；若能止息名為清涼，則名涅槃。若能淨除無明煩惱，是有情界是則名為大智聚體，彼之有情名大智聚。若佛出現於天世間說微妙法，若見此者則名如來。善男子！若彼見如來、應、正等覺，令諸菩薩摩訶薩咸皆悟解如來智慧，令顯現故。"

爾時世尊說伽他曰：

"譬如藤子之中樹，　藤芽一切而可得；

於根贍部咸皆有，　由其種植復得生。
如是我見悉無餘，　一切有情喻藤子；
無漏最勝佛眼觀，　是中備有如來體。
不壞是藏名有情，　於中有智而不異；
安住在定處寂靜，　亦不動搖無所得。
為彼淨故我說法，　云何此等成正覺？
猶如種子成大樹，　當為世間之所依。"(《大正藏》卷十六第463页)

【评说】微小种成大树，以果核最终长成大树，喻怀如来藏者终究成佛。

【原文】"復次，善男子！譬如貧人，以一切實作如來像，長可肘量。是貧丈夫欲將寶像經過險路，恐其盜劫，即取臭穢故破弊帛以纏其像，不令人測。善男子！是貧丈夫在於曠野忽然命終，如來寶像在於臭穢弊惡帛中，棄擲于地，流轉曠野；行路之人往來過去，踐踏跳驀，不知中有如來形像。由彼裹在臭穢帛中，棄之在地，而皆厭惡，豈生佛想？是時居住曠野諸天以天眼見，即告行路餘人而言：'汝等丈夫！此穢帛中有如來像，應當速解，一切世間宜應禮敬。'如是，如是！善男子！如來以如來眼，見一切有情如彼臭穢故帛煩惱，長於生死險道曠野之所流轉，受於無量傍生之身；彼一切有情煩惱臭穢故弊帛中，有如來體如我無異；如來為解煩惱穢帛所纏裹故，為諸菩薩而說妙法，云何得淨如來智見去離煩惱，得一切世間之所禮故，猶如於我。"

爾時世尊說伽他曰：

"譬如穢帛令厭惡，　纏裹彼之如來體；
寶像穢帛之所纏，　棄於曠野險惡處。
諸天天眼而見已，　即告行路餘人言：
'寶像在彼臭帛中，　應當速解而恭敬。'
我以天眼如是見，　我觀一切諸有情，
被煩惱帛之所纏，　極受憂惱生死苦。
我見煩惱穢帛中，　結跏趺坐如來體；
安住寂然不傾動，　皆無所有解脫者。
為見彼已而驚悟，　汝等諦聽住勝覺；
一切有情法如是，　於怖畏中常有佛。
即解彼已現佛身，　彼時一切煩惱靜；
是故號名於如來，　人天歡喜而供養。"(《大正藏》卷十六第463页)

【评说】臭弊帛藏宝像，此喻与粪坑中金类似，说明如来藏处烦恼中不染不坏，待显露后能作利益。

【原文】"復次，善男子！或有孤獨女人，惡形臭穢容貌醜陋，如畢舍支，人所見者厭惡恐怖，止於下劣弊惡之家，偶然交通腹中懷妊，決定是為轉輪王胎；然彼女人雖復懷妊，亦曾無有如是思念，唯懷貧匱下劣之心，由心羸劣常作是念：'我形醜陋，寄於下劣弊惡之家而過時日，亦不足知是何人類生於我腹。'如是，如是！善男子！一切有情無主無依，生三有中，寄於下劣弊惡之舍，為生死苦之所逼迫。然一一有情有如來界、具如來藏，是彼有情不覺不知。

善男子！如來不令一切有情而自欺誑，佛為說法：‘善男子！汝等莫自欺誑，發大堅固精進之心，汝等身中皆有佛體，於其後時畢成正覺。汝今已入於菩薩數，即非凡夫；久後亦墮於如來數，即非菩薩。’”

爾時世尊說伽他曰：

“譬如婦人無依主，　形容醜惡令厭怖；
寄於弊惡下劣家，　或時而有王胎孕。
彼懷如是之胎孕，　決定是為轉輪王；
其王威德七寶圍，　統領四洲為主宰。
彼愚醜女曾不知，　於已腹中有如是，
在於賤貧弊惡舍，　懷貧窮苦心憂惱。
我見一切諸有情，　無主受於窮迫苦；
在於三界中耽樂，　身中法藏如胎藏。
如是見已告菩薩，　一切有情具法性；
胎中世利有光明，　應生恭敬勿欺誑。
發堅精進以修持，　不久自身成作佛；
不久當坐菩提場，　解脫無量俱胝眾。”（《大正藏》卷十六第 463-464 页）

【评说】孤独女怀王胎，以终将成为圣王之胎喻如来藏显露，处贫女腹中喻未显露，此喻似贫家宝藏与庵罗果种二喻的结合。该喻似有宿命论的色彩。

【原文】“復次，善男子！譬如以蠟作模，或作馬形、象形、男形、女形，泥裹其上而用火炙，銷鍊真金鑄於模內，候其冷已，是其工匠將歸舍宅；其模外為黑泥覆弊，形狀燋惡內有金像，或工匠及工匠弟子，知其模冷，即壞其泥，既淨持已，於須臾頃，是金寶像則便清淨。如是，如是！善男子！如來以如來眼觀見一切有情，如金像模，外為煩惱泥所覆裹，於內虛沖滿有佛法無漏智寶。善男子！我今觀見一切有情悉皆如是，在菩薩眾而說妙法，若菩薩摩訶薩，若得寂靜清涼，如來為彼有情，以金剛器仗淨其法眼，除其煩惱及隨煩惱，為淨如來智寶藏故。善男子！如來猶如持寶像者善男子，而破彼色及隨煩惱，令得解脫是名如來。善男子！如來、應、正等覺，見一切有情如來藏，為無邊俱胝煩惱藏中之所沈沒，為彼有情破煩惱藏，於佛智見安立無上正等菩提。”

爾時世尊說伽他曰：

“譬如外色泥作模，　於內空虛無所有，
銷鍊真金滿鑄瀉，　其數或百或一千，
工匠之人知冷已，　則破其泥現於像；
泥除則淨其寶像，　匠意琱琢皆成就。
我見一切諸有情，　猶如金像在泥模，
煩惱於外而蓋覆，　如來之智處於內。
若得寂淨及清涼，　前際清淨智菩薩，
以法器仗而捶擊，　煩惱由斯悉摧壞。
所有如來之佛子，　猶如金像令可愛，
常得天世人供養，　圓滿身相具十方。

我見一切諸有情，　如是清淨成善逝，

成就善逝成佛眼，　滿足無上薩婆若。”(《大正藏》卷十六第 464 页)

【评说】泥蜡模出金像，以金像处黑模中喻不显，以开模喻脱离烦恼显露，此喻似萎花中佛与岩树蜂蜜二喻的结合。

佛说不增不减经

元魏北印度三藏菩提流支译

【提要】佛陀在耆阇崛山答舍利弗问众生数增减之事，呵斥有增减的见解。并开示如来藏不可思议三无差别之义，介绍了佛教的宗教哲学观点。从如来藏概念的诞生时代来看，本经形成于佛教后期，反映的是如来藏体系的哲学观。

【原文】爾時慧命舍利弗，於大眾中即從坐起，前至佛所，到已頂禮佛足，退坐一面，合掌白佛言：“世尊！一切眾生從無始世來，周旋六道，往來三界，於四生中輪迴生死，受苦無窮。世尊！此眾生聚、眾生海，為有增減？為無增減？此義深隱，我未能解。若人問我，當云何答？”

……

“舍利弗！一切愚癡凡夫，不如實知一法界故、不如實見一法界故，起邪見心，謂眾生界增、眾生界減。舍利弗！如來在世，我諸弟子不起此見。若我滅後，過五百歲，多有眾生愚無智慧，於佛法中雖除鬚髮、服三法衣現沙門像，然其內無沙門德行。如是等輩，實非沙門自謂沙門，非佛弟子謂佛弟子，而自說言：‘我是沙門，真佛弟子。’如是等人，起增減見。何以故？此諸眾生以依如來不了義經，無慧眼故、遠離如實空見故，不如實知如來所證初發心故、不如實知修集無量菩提功德行故、不如實知如來所得無量法故、不如實知如來無量力故、不如實知如來無量境界故、不信如來無量行處故、不如實知如來不思議無量法自在故、不如實知如來不思議無量方便故、不能如實分別如來無量差別境界故、不能善入如來不可思議大悲故、不如實知如來大涅槃故。

舍利弗，愚癡凡夫無聞慧故，聞如來涅槃起斷見滅見，以起斷想及滅想故，謂眾生界減，成大邪見極重惡業。復次舍利弗！此諸眾生依於減見復起三見，此三種見與彼減見不相捨離猶如羅網。何謂三見？一者斷見，謂畢竟盡；二者滅見，謂即涅槃；三者無涅槃見，謂此涅槃畢竟空寂。舍利弗！此三種見，如是縛、如是執、如是觸，以是三見力因緣故，展轉復生二種邪見，此二種見與彼三見，不相捨離猶如羅網。何謂二見？一者無欲見，二者畢竟無涅槃見。

舍利弗！依無欲見復起二見，此二種見與無欲見不相捨離猶如羅網。何謂二見？一者戒取見，二者於不淨中起淨顛倒見。

舍利弗！依畢竟無涅槃見，復起六種見，此六種見與無涅槃見不相捨離猶如羅網。何謂六見？一者世間有始見，二者世間有終見，三者眾生幻化所作見，四者無苦無樂見，五者無眾生事見，六者無聖諦見。”(《大正藏》卷十六第 466 页)

【评说】经文指出将“众生界减”作为假设，会导出断灭见及无涅槃见，由此又衍生出无欲见与无涅槃见。从无欲见出戒取见和不净见净的颠倒见；从毕竟无涅槃见出有始、有终、众生幻化、无苦无乐、无众生、无圣谛的见解。

所谓众生界减，指世间的生命数量会越来越少，最后消失的观点。从这种假设出发所推导的见解被佛经编集者借佛陀之口呵斥，此一呵斥是为了维护涅槃的神圣性和垄断佛教对解脱道的解释权。

【原文】“復次，舍利弗！此諸眾生依於增見，復起二見，此二種見與彼增見不相捨離猶如羅網。何謂二見？一者涅槃始生見，二者無因無緣忽然而有見。舍利弗！此二種見，令諸眾生，於善法中無願欲心、勤精進心。舍利弗，是諸眾生，以起如是二種見故，正使七佛如來、應、正遍知次第出世為其說法，於善法中若生欲心、勤精進心，無有是處。

舍利弗，此二種見乃是無明諸惑根本，所謂涅槃始生見，無因無緣忽然而有見。

舍利弗，此二種見，乃是極惡根本大患之法。

舍利弗，依此二見起一切見，此一切見與彼二見不相捨離猶如羅網。一切見者，所謂若內若外，若麁若細若中種種諸見。”（《大正藏》卷十六第466页）

【评说】从众生界增的假设将导出涅槃始生见和无因无缘忽然而有见，从这两种见中会衍生出各种不正确的见解。

本经同样驳斥这种观点，因为从这种观点会推导出从毕竟空的涅槃状态会有所生，与佛教对涅槃的毕竟灭定义相违背。又因为从毕竟空中生在佛教看来“无因无缘”，违背教义，故在本经中借佛陀之口极力反对。

以上关于众生界有增减的推测，是当时印度各种哲学派别创立教义时所使用的基本假设，佛教为了在宗教竞争中立于不败之地，必然对非佛教的哲学观点有所批判。

【原文】“所謂增見、減見，舍利弗！此二種見依止一界，同一界合一界。一切愚癡凡夫，不如實知彼一界故、不如實見彼一界故，起於極惡大邪見心，謂眾生界增、謂眾生界減。”

爾時，慧命舍利弗白佛言：“世尊！何者是一界？而言一切愚癡凡夫，不如實知彼一界故、不如實見彼一界故，起於極惡大邪見心，謂眾生界增、謂眾生界減。”舍利弗言：“善哉世尊！此義甚深，我未能解。唯願如來為我解說，令得解了。”

爾時世尊告慧命舍利弗：“此甚深義，乃是如來智慧境界，亦是如來心所行處。舍利弗！如是深義，一切聲聞、緣覺智慧所不能知、所不能見，不能觀察，何況一切愚癡凡夫而能測量？唯有諸佛如來智慧，乃能觀察知見此義。舍利弗！一切聲聞、緣覺所有智慧，於此義中唯可仰信，不能如實知見觀察。舍利弗！甚深義者即是第一義諦，第一義諦者即是眾生界，眾生界者即是如來藏，如來藏者即是法身。舍利弗！如我所說法身義者，過於恒沙，不離不脫、不斷不異不思議佛法如來功德智慧。

舍利弗！如世間燈，所有明色及觸，不離不脫。又如摩尼寶珠，所有明色形相，不離不脫。舍利弗！如來所說法身之義亦復如是，過於恒沙不離不脫、不斷不異不思議佛法如來功德智慧。

舍利弗！此法身者，是不生不滅法，非過去際、非未來際，離二邊故；舍利弗，非過去際者離生時故，非未來際者離滅時故。舍利弗，如來法身常，以不異法故、以不盡法故。舍利弗！如來法身恒，以常可歸依故、以未來際平等故。舍利弗！如來法身清涼，以不二法故、以無分

别法故。舍利弗，如來法身不變，以非滅法故、以非作法故。

舍利弗！即此法身，過於恒沙無邊煩惱所纏，從無始世來隨順世間，波浪漂流，往來生死，名為眾生。舍利弗！即此法身，厭離世間生死苦惱，棄捨一切諸有欲求，行十波羅蜜，攝八萬四千法門，修菩提行，名為菩薩。

復次，舍利弗！即此法身，離一切世間煩惱使纏，過一切苦，離一切煩惱垢，得淨得清淨，住於彼岸清淨法中，到一切眾生所願之地，於一切境界中究竟通達，更無勝者；離一切障、離一切礙，於一切法中得自在力，名為如來、應、正遍知。是故舍利弗！不離眾生界有法身，不離法身有眾生界；眾生界即法身，法身即眾生界。舍利弗！此二法者，義一名異。"(《大正藏》卷十六第466-467页)

【评说】排斥了有增有减的见解，唯余无增减的见解。只有这种见解能够与佛教教义相容。但是在之前排除有增有减见解的过程中，仅是指出前二者违背佛教教义，却缺乏理论上的有效证明而难以服人，故此处佛陀对舍利弗宣称"唯有诸佛如来智慧，乃能观察知见此义"，将判断诉诸信仰，引入超验的"法身"概念作为依据，将解释权掌握在教主手中。

法身是佛教的终极概念，佛教各宗派对其定义有所差别，本经谓"甚深义者即是第一义谛，第一义谛者即是众生界，众生界者即是如来藏，如来藏者即是法身"，可见法身已超越一切概念，故脱离了增减有无等对立，此处通过联立"第一谛、法身、众生界、如来藏"等概念，将法身不增减的性质延续到其他概念上，从而论证了"众生界不增不减"的观点。

【原文】"復次舍利弗！如我上說，眾生界中亦三種法，皆真實如，不異不差。何謂三法？一者如來藏本際相應體及清淨法，二者如來藏本際不相應體及煩惱纏不清淨法，三者如來藏未來際平等恒及有法。

舍利弗當知，如來藏本際相應體及清淨法者，此法如實不虛妄，不離不脫智慧清淨，真如法界不思議法，無始本際來，有此清淨相應法體。舍利弗，我依此清淨真如法界，為眾生故，說為不可思議法自性清淨心。

舍利弗當知，如來藏本際不相應體及煩惱纏不清淨法者，此本際來離脫不相應煩惱所纏不清淨法，唯有如來菩提智之所能斷。舍利弗！我依此煩惱所纏不相應不思議法界，為眾生故，說為客塵煩惱所染自性清淨心不可思議法。

舍利弗當知，如來藏未來際平等恒及有法者，即是一切諸法根本，備一切法、具一切法，於世法中不離不脫真實一切法，住持一切法、攝一切法。舍利弗！我依此不生不滅常恒清涼不變歸依不可思議清淨法界，說名眾生。所以者何？言眾生者，即是不生不滅常恒清涼不變歸依不可思議清淨法界等異名，以是義故，我依彼法說名眾生。

舍利弗！此三種法皆真實如，不異不差。於此真實如不異不差法中，畢竟不起極惡不善二種邪見。何以故？以如實見故。所謂減見、增見，舍利弗！此二邪見，諸佛如來畢竟遠離，諸佛如來之所呵責。

舍利弗！若有比丘、比丘尼、優婆塞、優婆夷，若起一見、若起二見，諸佛如來非彼世尊，如是等人非我弟子。舍利弗！此人以起二見因緣故，從冥入冥、從闇入闇，我說是等，名一闡提。是故舍利弗！汝今應學此法，化彼眾生，令離二見，住正道中。舍利弗！如是等法，汝亦應學，離彼二見，住正道中。"(《大正藏》卷十六第467页)

【评说】通过推导，众生的概念依众生界的升华而被扩充，称"众生者，即是不生不灭常恒清凉不变归依不可思议清净法界等异名”，为了与“众生”因缘生灭无常无我有苦的内涵相调和，此处必须补充“于世法中不离不脱真实一切法”，即在使用两种定义时为避免矛盾应将众生所居住的世俗世界和从究竟角度来看待的真实世界分别对待，以避免世俗信众认识上的混乱。

在原始佛教时期，对于众生界概念的讨论属于“十四无记”范畴，但后期佛教为了回答信众疑惑、建立权威和与其他宗教哲学派别竞争的需要，故不得不讨论这些问题。

佛说无上依经

梁天竺三藏真谛译

【提要】佛陀在竹林精舍为阿难介绍如来界，说明如来界的不可思议，分析如来藏的常乐我净，赞叹如来功德等。本经形成于佛教后期，是宣扬如来藏思想的经典。

卷　上

【提要】佛陀在王舍城迦兰陀竹林为阿难说佛涅槃、造塔、戴刹、露槃、造佛像功德的大小。

校量功德品第一

【原文】佛言：“阿難！此閻浮提世界縱廣七千由旬，其洲北邊廣大、南方如車……”

佛言：“阿難！且置閻浮提洲。西瞿耶尼縱廣八千由旬，其洲作半月形……

阿難！且置瞿耶尼洲。東弗于逮縱廣九千由旬，其洲圓如滿月……

阿難！且置東弗于逮洲。北欝單越縱廣十千由旬，其洲方……”（《大正藏》卷十六第468页）

【评说】本段经文反映了古代的地理知识。虽然佛教从诞生至梁已有一千多年历史，但其地理观并未见发展的迹象。这可能是由于佛教发展过程中存在尊经崇古的思想，相关地理概念已脱离实际，仅存于想象之中。

由旬为古印度长度单位，一由旬相当于牛一天经过的距离，约11.2公里。7千由旬约7.8万公里，地球赤道周长约4万公里，可资参考。

无上依经如来界品第二

【提要】佛陀在王舍城迦兰陀竹林为阿难说如来界和众生的关系。

【原文】……阿難！一切眾生有陰入界，勝相種類內外所現，無始時節相續流來，法爾所得至明妙善。此處若心意識不能緣起，覺觀分別不能緣起，不正思惟不能緣起。若與不正思惟相離，是法不起無明；若不起無明，是法非十二有分起緣；若非十二有分起緣，是法無相；若無相者，是法非所作、無生無滅、無滅無盡、是常是恒、是寂是住，本性清淨、無所染著、遠離無垢，從煩惱㲉超出解脫，與如來法正順相應，過恒沙數不相離、不捨智、不可思量……如是，阿

難！一切如來昔在因地，知眾生界自性清淨，客塵煩惱之所污濁。諸佛如來作是思惟："客塵煩惱不入眾生清淨界中，此煩惱垢為外障覆，虛妄思惟之所構起，我等能為一切眾生，說深妙法除煩惱障，不應生下劣心，以大量故，於諸眾生生尊重心、起大師敬、起般若、起闍那、起大悲，依此五法，菩薩得入阿鞞跋致位。"是諸菩薩復更思惟："此煩惱垢無力無能，不與根本相應，無真實本無依處本，最清淨本，是故無本。虛妄思惟顛倒習起，如地水風依本得住，是本者無所依，煩惱亦如是，無真實依。若如實知正思惟觀，是諸煩惱不起違逆。我今應觀令諸煩惱不染著我，若有煩惱不能染著，是名善哉。若使我等著煩惱染，云何能為眾生說法解煩惱縛？是故我今應捨煩惱，應說正法解眾生縛。若有煩惱令生死相續，與善根相應，如此煩惱我應攝受，為成熟眾生成熟佛法。"如是，阿難！如來在因地中，依如實知、依如量修，達如來界無染無著，能入生死輪轉生死，非煩惱縛證大方便，住無住處寂靜涅槃，速得阿耨多羅三藐三菩提。

阿難！是如來界無量無邊，諸煩惱㲉之所隱蔽，隨生死流漂沒六道無始輪轉，我說名眾生界。阿難！是眾生界，於生死苦而起厭離除六塵欲，依八萬四千法門十波羅蜜所攝，修菩提道，我說名菩薩。阿難！是眾生界已得出離諸煩惱㲉，過一切苦洗除垢穢，究竟淡然清淨澄潔，為諸眾生之所願見，微妙上地一切智地一切無礙，入此中住至無比能，已得法王大自在力，我說名多陀阿伽度、阿羅訶、三藐三佛陀。

阿難！是如來界於三位中一切處等，悉無罣礙本來寂靜。譬如虛空，一切色種不能覆、不能滿、不能塞，若土器、若銀器、若金器，虛空處等。如來界者亦復如是，於三位中一切處等悉無罣礙。阿難！一切如來在因地時，依如實知、依如量修，觀如來界五種功德，不可說無二相，過一異、過覺觀境界，一切處一味。菩薩見已，除眾生相、除法異相、除大結相，依無礙智，於眾生相續中觀如來界，興奇異意："咄哉眾生，如來即在眾生身內，如理不見如來。"是故我說具分聖道，開解無始相結覆障，令諸眾生因聖道力破除相結，自能證見如理如來真實平等。何因如此？一切眾生執相所縛，不識如來、不得如來、不見如來……

阿難！是如來界自性淨故，於眾生處無異相故、無差別故，極隨平等清亮潤滑，最妙柔賢與其相應……如是，阿難！一切諸佛在因地中，依如來界修行善根利益眾生，為此事故來入三界現生老病死，是諸菩薩生老等苦非真實有。何以故？已如實見如來界故。……阿難當知，如是菩薩大悲希有不可言說，超出三界脫諸累縛，更入三界受三有生，因漚和拘舍羅，攝持波若波羅蜜，雖有煩惱不能點污，演說正法滅眾生苦。阿難！是如來界大威神、無變異柔潤故，汝應知。阿難！是眾生界是諸聖性，無修無不修，無行無不行，無心無心法，無業無果報，無苦無樂得入是處，是性平等，是性無異相，是性遠離，是性隨從，是性廣大，是性無我所，是性無高下，是性真實，是性無盡，是性常住，是性明淨。阿難！云何是性是諸聖性？一切聖法緣此得成，一切聖人依因此性而得顯現，故我說之為諸聖性。

阿難！我今說如來性，過恒沙數一切如來不共真實，從此法出而得顯現，名如來界。信樂正說深味愛重，一切聖賢人戒定慧身即得成就，是故此法名為法身。是法者相攝、不相離，不捨智、非有解，是依、是持、是處，若法不相攝相離、捨智有解，亦是依是持是處，是故我說，一切法藏無變異故名為如如，無顛倒故名為實際，過一切相名為寂滅，聖人行處無分別智之境界故名第一義。阿難！是如來界，非有非無、不染不淨，自性無垢、清淨相應，汝當知！

阿難！云何如來為界不可思議？阿難！是如來界在有垢地，淨不淨法俱在一時，是處不可思维，依甚深理而得解脫，成阿羅漢、成辟支佛，非其境界。阿難！有二種法不可通達：一者自性清淨法界不可通達；二者煩惱垢障不可通達，惟阿毘跋致菩薩與大法相應，能聽能受能持。諸菩薩、聲聞、緣覺，信佛語故得知此法。阿難！如來為此界性不可思議。（《大正藏》卷十六第469-470页）

【评说】本段经文说明如来界的美妙及其与众生的关系。经文中指出，“如来界无量无边，诸烦恼彀之所隐蔽，随生死流漂没六道无始轮转，我说名众生界”；“如来界自性净故，于众生处无异相故、无差别故，极随平等清亮润滑，最妙柔贤与其相应”，虽然大力宣扬众生即如来的思想，但又要显示如来和众生的差别，故加上众生存在烦恼隐蔽等局限性。

如来界与众生界无异，因此如来即众生本具的性质，这是如来藏思想的核心。但要达到这种境界，需要先具备无颠倒的见解，“信佛语故得知此法”，这就将憧憬如来界的人引向佛教，以获得“无颠倒”的认知。

无上依经菩提品第三

【提要】佛陀在王舍城迦兰陀竹林为阿难说阿耨多罗“三藐三菩提”“三品众生”“四种难”“菩提相应法”等。

【原文】佛告阿難：“何者如來阿耨多羅三藐三菩提？諸佛婆伽婆在無漏界，一切障永盡，轉依寂靜明淨。是無上菩提與十種分相應，汝當知。何等為十？一者自性，二者因緣，三者惑障，四者至果，五者作事，六者相攝，七者行處，八者常住，九者不共，十者不可思惟。

阿難！何者名為菩提自性？十地十波羅蜜，如理如量修出離道，所得轉依寂靜明淨，聲聞緣覺非其境界，是即名為菩提自性。阿難！是界未除煩惱彀，我說名如來藏至極清淨，是名轉依法。有四種相：一者生起緣故，二者滅盡緣故，三者正熟思量所知法果故，四者最清淨法界體故。何者名生起緣？出一切世如來相續，是菩提道生起緣處。何者名滅盡緣？三品煩惱根本種類，依因此法永滅盡故。何者所知法果？已正通達所知真如，證得果故。何者名法界體？滅諸相結最淨法界，所顯現故。阿難！是轉依相，是轉依者，則佛婆伽婆無上菩提故名菩提性。

阿難！有四種法為得無上菩提作因。何者為四？一者願樂修習摩訶衍法，二者修習般若波羅蜜，三者修習破虛空三昧門，四者修習如來大悲。阿難！有四種惑障菩提果。何者為四？一者棄背大乘法，二者邪執我見，三者畏生死苦，四者不行利益他眾生事。阿難！有四種菩提無上勝果。何者為四？一者最淨，二者真我，三者妙樂，四者常住。”（《大正藏》卷十六第470-471页）

【评说】以上经文介绍了阿耨多罗“三藐三菩提”，即无上正等正觉的佛教哲学概念。这是佛教关于个人认知的终极概念，文中指出，“一者愿乐修习摩诃衍法，二者修习般若波罗蜜，三者修习破虚空三昧门，四者修习如来大悲”，只有通过这四种方法才能获得无上正等正觉。

其中，修习摩诃衍法指修习大乘法，修习破虚空三昧是专门超越声闻乘行人的障碍。由此可见，当时佛教内部菩萨乘与声闻乘的斗争仍然没有停止，在经典中时有彼此间的攻击贬抑。

【原文】“阿難！色等諸法悉皆無常而生常想，諸法皆苦而生樂想，諸法無我而生我想，諸法不淨而生淨想，是名顛倒。觀色等法是無常苦無我不淨，不名顛倒；是不顛倒，若觀如來

妙德法身,即成顛倒。治此顛倒,我說如來法身四德。何者為四?一者常住波羅蜜、二者安樂波羅蜜、三者真我波羅蜜、四者清淨波羅蜜。阿難!一切凡夫執內五陰起顛倒見,於無常中而生常見,於實苦中而生樂見,於無我中而生我見,於不淨中而生淨見。阿難!如來法身是一切種智之境界故,聲聞緣覺不能觀察如來法身,顛倒修習不可拔斷。云何如此?如來法身最勝常住應當修習,背常住修住無常修;如來法身最上妙樂應當修習,背妙樂修住於苦修;如來法身最勝真我應當修習,背真我修住無我修;如來法身最極清淨應當修習,背清淨修住不清淨修。因此倒修聲聞緣覺所住之道,非是如來法身四德道所至處,是故法身常樂我淨非其境界。阿難!若有眾生信如來語,能見法身常樂我淨,是眾生者無顛倒心生真正見。云何如此?倒修聲聞緣覺所住之道,非是如來法身四德道所至處,是故法身常樂我淨非其境界。”(《大正藏》卷十六第471-472页)

【评说】本段经文说明“常、乐、我、净”只能匹配于“如来法身”,告诫信众应将其与世俗的“无常、苦、无我、不净”作出区分。从产生的先后时间来说,“常、乐、我、净”的概念发展应晚于“法身”。“法身”的概念在佛教中几经发展,不断抽象,从一开始指称“佛法”逐渐拔高到佛陀涅槃后的究竟境界,这与佛教所处的宗教竞争环境有关。

对“法身”“涅槃”等虚玄概念的思索,在佛教的早期是被制止的,与此相关的问题被归属于“十四无记”,认为将时间花费在玄谈高论上毫无意义。但因印度各宗教及哲学派别间盛行辩论,且对败者的惩罚严酷,因此不得不发展出一套能与当时印度教的“梵”思想对抗的思想体系。

【原文】“阿難!一切阿羅漢、辟支佛、大地菩薩,為四種障,不得如來法身四德波羅蜜。何者為四?一者生緣惑、二者生因惑、三者有有、四者無有。何者生緣惑?即是無明住生一切行,如無明生業。何者是生因惑?是無明住地所生諸行,譬如無明所生諸業。何者有有?緣無明住地,因無明住地所起無漏行三種意生身,譬如四取為緣,三有漏業為因起三種有。何者無有?緣三種意生身,不可覺知微細墮滅,譬如緣三有中生念念老死。無明住地一切煩惱是其依處未斷除故,諸阿羅漢及辟支佛、自在菩薩,不得至見煩惱垢濁習氣臭穢究竟滅盡大淨波羅蜜;因無明住地起輕相惑,有虛妄行未滅除故,不得至見無作無行極寂大我波羅蜜;緣無明住地因微細虛妄起無漏業,意生諸陰未除盡故,不得至見極滅遠離大樂波羅蜜;若未能得一切煩惱諸業生難永盡無餘,是諸如來為甘露界,則變易死斷流滅無量,不得至見極無變異大常波羅蜜。

阿難!於三界中有四種難:一者煩惱難、二者業難、三者生報難、四者過失難。無明住地所起方便生死,如三界內煩惱難;無明住地所起因緣生死,如三界內業難;無明住地所起有有生死,如三界內生難;無明住地所起無有生死,如三界內過失難。應如是知。阿難!四種生死未除滅故,三種意生身無有常樂我淨波羅蜜果,惟佛法身是常是樂是我是淨波羅蜜,汝應知。

阿難!如來法身大淨波羅蜜應知有二種:自性清淨是其通相,無垢清淨是其別相。大我波羅蜜應知有二種:遠離一切外道邪執,出過我見虛妄故;遠離二乘計理謬執,出過無我虛妄故。大樂波羅蜜應知有二種:斷苦集本解習氣縛,則能證得一切苦滅;意生諸陰拔除盡故。大常波羅蜜應知有二種:既不損減無常諸行,出過斷見故;亦不增益常住涅槃,出過常見故。若計諸行無常,是名斷見,若計涅槃常住,是名常見。治四惑障翻四顛倒,常樂我淨為其真果。”(《大正藏》卷十六第472页)

【评说】本段经文主要说明佛教圣者与如来的区别。圣者未能完全断惑，尚有行业果报未了，又有四难生死未除，因此无法达到如来的境界。简而言之，即在认知、行为、环境等方面都有所欠缺。

【原文】“阿難！何者是菩提利益事？有二種事：一者無分别智、二者無分别後智。是二種智有二種事：一者為成就自利、二者為成就利他。何者自利？圓滿解脱身持淨法身，滅煩惱障、一切智障，是名自利；無分别智能成此法。何者為利他？從無分别後智，乃至盡生死際不作思量，顯二種身說法無窮無間無量，為脱生死三惡道苦，為欲安立一切眾生，置於善道住三乘處，是名利他。復次自利，與三功德分不相離：一者無漏、二者遍滿、三者無為。復次利他，與四功德分不相離，拔濟眾生不墮四處：一者妄見癡迷疑惑、二者苦道惡道墮道、三者以嫉妬心以怨結心破壞正教、四者以下劣心貪樂小乘。阿難！興此二事自利利他，是菩提事。

阿難！何者名菩提相應法？無上菩提是真實相，十九種法與其相應：一者不可思量、二者微細、三者真實、四者道理甚深、五者不可見、六者難通達、七者常、八者在、九者寂、十者恒、十一清涼、十二遍滿、十三無分别、十四無著、十五無礙、十六隨順、十七不可執、十八大淨、十九澄清，此十九法與無上菩提恒不相離，故名菩提相應之法。

阿難！何者是菩提行處？三種道理顯現三身：一者甚深道理、二者廣大道理、三者萬德道理。阿難！第一身者，與五種相、五種功德相應。何者五種相？一者無為、二者不相離、三者離二邊、四者脱一切障、五者自性清淨。何者五種功德？一者不可量、二者不可數、三者難思、四者不共、五者究竟清淨。第二身者，法身淨流之所顯現，一切無量如來功德，摩訶般若大悲為體，與五種功德相應：一者無分别相、二者無功用心、三者稱眾生意作利益、四者與法身不相離、五者恒遍一時不捨眾生。第三身者，般若大悲淨流所顯，色種為體，與四分功德相應：一者三十二相、二者八十種好、三者威德、四者力，能於諸眾生根欲性行相攝相應，於穢佛土示現種種本生之事，或復示現昇兜率天，或復示現從彼天下，或復示現降神母胎，或現初生出胎，或現俱摩羅位，或現受學十八明處，或現諸戲遊於後園，或現出家或現苦行，或詣道場或成佛道，或波羅捺轉妙法輪，或堅固林般涅槃那，示現如是種種之事，乃至盡于生死後際。阿難！無上菩提攝三身盡，是故名為菩提行處。

阿難！何者無上菩提常住法？而此常住有二種法為作因緣：一者不生不滅、二者無窮無盡，是名菩提常住法。

阿難！何者是無上菩提不共相？不共有二種：一者不可知，若諸凡夫聲聞緣覺不能通達，非其境界；二者不可得，除佛一人餘無得者。是不共法有五種：一者如如理甚深故、二者自在不可動故、三者清淨無漏界所攝故、四者一切所知處無礙故、五者為眾生利益事圓滿故，是名菩提不共相。

阿難！何者是無上菩提不可思惟？有六種因故不可思惟：一者過語言境界、二者第一義諦所攝、三者已過覺觀分别思惟、四者譬類所不能得、五者於一切法最上品故、六者生死涅槃處不可安立故，是名無上菩提不可思惟。

阿難！云何如來為無上菩提不可思議？阿難！一切如來住無上菩提處，有五種因緣不可思議。何者為五？一者自性、二者處、三者住、四者為一異、五者為利益。阿難！云何如來為菩提自性不可思議？即色是如來不可得，離色是如來不可得，受想行識亦如是；即地界是如來不可得，離地界是如來不可得，水火風界亦如是；即眼入是如來不可得，離眼入是如來不

可得，耳鼻舌身意亦如是；即有法是如來不可得，無法亦如是，是名菩提性不可思議。阿難！云何如來為菩提處不可思議？如來在欲界不可思議，離欲界亦不可思議，色無色界亦如是；如來在人中不可思議，離人中亦不可思議，六道亦如是；如來在東方不可思議，離東方亦不可思議，十方亦如是，是名為處不可思議。阿難！何者是如來為菩提住不可思議？阿難！安樂住如來住不可思議，寂靜住如來住不可思議，有心住如來住不可思議，無心住如來住不可思議，如是梵住聖住如來住不可思議，是名為住不可思議。阿難！云何如來為一異不可思議？三世如來在一處住。何者一處？自性清淨無漏法界是諸如來，若一若異不可思議，是名一異不可思議。阿難！云何如來為利益事不可思議？如是如來等一法界，智慧神力正勤威德悉皆平等，住於無漏清淨法界，諸如來等因此轉依，能為眾生無量利益，是名利益不可思議。復次不可思議有二種：一者不可言說，過語言境界故；二者出一切世，於世間中無譬類故，是名不可思議。復次真如，本不被染、末無垢污不可思議。阿難！是名菩提不可思議。”(《大正藏》卷十六第 472-473 页)

【评说】本段经文说明“菩提”的功能。“菩提”即“觉”，此处特指“正觉”，是洞悉一切的能力。能自利利他，是佛教所设定的智慧的终极目标。它“一者过语言境界、二者第一义谛所摄、三者已过觉观分别思惟、四者譬类所不能得、五者于一切法最上品故、六者生死涅槃处不可安立”，远超人的想象描述，更因其终极特性而“不可思议”。

楞伽经

楞伽阿跋多罗宝经

宋天竺三藏求那跋陀罗译

【提要】佛陀在南海滨楞伽山顶对大慧菩萨说诸识的生灭、离妄想、如来藏，指出外道没有离妄想，所以外道没有真正的无常、涅槃。

卷第一

一切佛语心品第一之一

【提要】佛陀在南海滨楞伽山顶为弟子大慧菩萨说诸识生灭、修习上圣智三相、人无我、法无我。

【原文】爾時世尊欲重宣此義，而說偈言：

“譬如巨海浪，　斯由猛風起，
洪波鼓冥壑，　無有斷絕時。
藏識海常住，　境界風所動，
種種諸識浪，　騰躍而轉生。
青赤種種色，　珂乳及石蜜，
淡味眾華果，　日月與光明，
非異非不異。　海水起波浪，
七識亦如是，　心俱和合生。
譬如海水變，　種種波浪轉；
七識亦如是，　心俱和合生，
謂彼藏識處，　種種諸識轉。
謂以彼意識，　思惟諸相義，
不壞相有八，　無相亦無相。
譬如海波浪，　是則無差別；
諸識心如是，　異亦不可得。
心名採集業，　意名廣採集，
諸識識所識，　現等境說五。”

爾時，大慧菩薩以偈問曰：

“青赤諸色像，　眾生發諸識，
如浪種種法，　云何唯願說。”

爾時，世尊以偈答曰：

“青赤諸雜色，　波浪悉無有，
採集業說心，　開悟諸凡夫。

彼業悉無有，　自心所攝離，
所攝無所攝，　與彼波浪同。
受用建立身，　是眾生現識，
於彼現諸業，　譬如水波浪。”
爾時，大慧菩薩復說偈言：
“大海波浪性，　鼓躍可分別；
藏與業如是，　何故不覺知？”
爾時，世尊以偈答曰：
“凡夫無智慧，　藏識如巨海，
業相猶波浪，　依彼譬類通。”
爾時，大慧菩薩復說偈言：
“日出光等照，　下中上眾生。
如來照世間，　為愚說真實，
已分部諸法，　何故不說實？”
爾時世尊以偈答曰：
“若說真實者，　彼心無真實。
譬如海波浪，　鏡中像及夢，
一切俱時現，　心境界亦然。
境界不具故，　次第業轉生，
識者識所識，　意者意謂然，
五則以顯現，　無有定次第。
譬如工畫師，　及與畫弟子，
布彩圖眾形，　我說亦如是。
彩色本無文，　非筆亦非素，
為悅眾生故，　綺錯繢眾像。
言說別施行，　真實離名字，
分別應初業，　修行示真實。
真實自悟處，　覺想所覺離，
此為佛子說，　愚者廣分別。
種種皆如幻，　雖現無真實，
如是種種說，　隨事別施設，
所說非所應，　於彼為非說。
彼彼諸病人，　良醫隨處方，
如來為眾生，　隨心應量說。
妄想非境界，　聲聞亦非分，
哀愍者所說，　自覺之境界。（《大正藏》卷十六第484-485页）

【评说】“彼彼诸病人，良医随处方”，医术高明的医生（良医）根据病人的不同予相应处方。

【原文】佛告大慧：“有一種外道，作無所有妄想計著。覺知因盡，兔無角想。如兔無角，一切法亦復如是。大慧！復有餘外道見種、求那、極微、陀羅驃形處横法，各各差别。見已計著無兔角横法，作牛有角想。大慧！彼墮二見，不解心量，自心境界妄想增長身受用，建立妄想限量。大慧！一切法性亦復如是，離有無，不應作想。大慧！若復離有無而作兔無角想，是名邪想。彼因待觀，故兔無角，不應作想，乃至微塵分别事性，悉不可得。大慧！聖境界離，不應作牛有角想。"爾時，大慧菩薩摩訶薩白佛言："世尊！得無妄想者，見不生想已，隨比思量觀察不生妄想，言無耶？"

佛告大慧："非觀察不生妄想言無。所以者何？妄想者，因彼生故，依彼角生妄想。以依角生妄想，是故言依因，故離異不異，故非觀察不生妄想言無角。大慧！若復妄想異角者，則不因角生；若不異者，則因彼故。乃至微塵分析推求，悉不可得，不異角故。彼亦非性，二俱無性者，何法何故而言無耶？大慧！若無故無角，觀有故言兔無角者，不應作想。大慧！不正因故而說有無，二俱不成。大慧！復有餘外道見，計著色空事形處横法，不能善知虛空分齊，言色離虛空，起分齊見妄想。大慧！虛空是色，隨入色種。大慧！色是虛空持所持處所建立，性色空事，分别當知。大慧！四大種生時，自相各别，亦不住虛空，非彼無虛空。如是，大慧！觀牛有角，故兔無角。大慧！又牛角者，析為微塵，又分别微塵，刹那不住，彼何所觀故而言無耶？若言觀餘物者，彼法亦然。"(《大正藏》卷十六第485页)

【评说】佛陀教诫弟子只有破除有无二解，才能得到中道。

【原文】爾時世尊告大慧菩薩摩訶薩言："當離兔角牛角，虛空形色，異見妄想。汝等諸菩薩摩訶薩，當思惟自心現妄想，隨入為一切刹土最勝子，以自心現方便而教授之。"

爾時世尊欲重宣此義，而說偈言：

"色等及心無，　色等長養心，
身受用安立，　識藏現眾生。
心意及與識，　自性法有五，
無我二種淨，　廣說者所說。
長短有無等，　展轉互相生，
以無故成有，　以有故成無。
微塵分别事，　不起色妄想，
心量安立處，　惡見所不樂。
覺想非境界，　聲聞亦復然，
救世之所說，　自覺之境界。"

爾時大慧菩薩為淨自心現流故，復請如來，白佛言："世尊！云何淨除一切眾生自心現流？為頓為漸耶？"

佛告大慧："漸淨非頓。如菴羅果，漸熟非頓；如來淨除一切眾生自心現流，亦復如是，漸淨非頓。譬如陶家造作諸器，漸成非頓；如來淨除一切眾生自心現流，亦復如是，漸淨非頓。譬如大地漸生萬物，非頓生也；如來淨除一切眾生自心現流，亦復如是，漸淨非頓。譬如人學音樂書畫種種伎術，漸成非頓；如來淨除一切眾生自心現流，亦復如是，漸淨非頓。譬如明鏡，頓現一切無相色像；如來淨除一切眾生自心現流，亦復如是，頓現無相、無有所有清淨境界。如日月輪，頓照顯示一切色像；如來為離自心現習氣過患眾生，亦復如是，頓為顯示不思議智最勝境界。譬如藏識，頓分别知自心現及身安立受用境界；彼諸依佛，亦復如是，(依者

胡本云津膩，謂化佛是真佛氣分也)。頓熟眾生所處境界，以修行者安處於彼色究竟天。譬如法佛所作依佛，光明照曜。自覺聖趣，亦復如是，彼於法相有性無性惡見妄想，照令除滅。大慧！法依佛，說一切法，入自相共相自心現習氣因，相續妄想自性計著因，種種無實幻，種種計著，不可得。”(《大正藏》卷十六第485-486页)

【评说】佛陀认为，妄想出自心，只有自心净才能消除妄想。“渐净非顿”，净除自心现流是一个渐进的过程。

【原文】復次，大慧！菩薩摩訶薩善觀二種無我相。云何二種無我相？謂人無我，及法無我。云何人無我？謂離我我所、陰、界、入聚。無知業愛生，眼色等攝受計著生識，一切諸根自心現器身等藏，自妄想相施設顯示。如河流，如種子，如燈，如風，如雲，剎那展轉壞。躁動如猨猴，樂不淨處如飛蠅，無厭足如風火，無始虛偽習氣因如汲水輪。生死趣有輪，種種身色，幻術神呪，機發像起。善彼相知，是名人無我智。云何法無我智？謂覺陰、界、入妄想相自性如，陰、界、入離我我所。陰、界、入積聚，因業愛繩縛，展轉相緣，生無動搖。諸法亦爾，離自共相。不實妄想相、妄想力，是凡夫生，非聖賢也，心意識五法自性離故。大慧！菩薩摩訶薩當善分別一切法無我。善法無我菩薩摩訶薩，不久當得初地菩薩無所有觀。地相觀察，開覺歡喜。次第漸進，超九地相，得法雲地。於彼建立無量寶莊嚴大寶蓮華王像、大寶宮殿，幻自性境界修習生，於彼而坐。同一像類諸最勝子眷屬圍繞，從一切佛剎來，佛手灌頂，如轉輪聖王太子灌頂。超佛子地，到自覺聖法趣，當得如來自在法身。見法無我故，是名法無我相。汝等諸菩薩摩訶薩，應當修學。(《大正藏》卷十六第487-488页)

【评说】佛陀对人无我、法无我作出的辨析。

卷第二

一切佛语心品之二

【提要】佛陀在南海滨楞伽山顶为弟子大慧菩萨说如来藏。

【原文】佛告大慧：“我說如來藏，不同外道所說之我。大慧！有時說空、無相、無願、如、實際、法性、法身、涅槃、離自性、不生不滅、本來寂靜、自性涅槃，如是等句，說如來藏已。如來、應供、等正覺，為斷愚夫畏無我句故，說離妄想無所有境界如來藏門。大慧！未來現在菩薩摩訶薩，不應作我見計著。譬如陶家，於一泥聚，以人工水木輪繩方便，作種種器。如來亦復如是，於法無我離一切妄想相，以種種智慧善巧方便，或說如來藏，或說無我。以是因緣故，說如來藏，不同外道所說之我。是名說如來藏。開引計我諸外道故，說如來藏，令離不實我見妄想，入三解脫門境界，悕望疾得阿耨多羅三藐三菩提，是故如來、應供、等正覺作如是說如來之藏。若不如是，則同外道所說之我。是故，大慧！為離外道見故，當依無我如來之藏。”(《大正藏》卷十六第489页)

【评说】佛陀主张根据弟子的秉性应机说法。

【原文】佛告大慧：“頭胸喉鼻脣舌齗齒和合出音聲。”(《大正藏》卷十六第490页)

【评说】佛陀指出，多种器官协同才能发出声音。

【原文】佛告大慧:"非言說是第一義,亦非所說是第一義。所以者何?謂第一義聖樂言說所入是第一義,非言說是第一義。第一義者,聖智自覺所得,非言說妄想覺境界。是故言說、妄想,不顯示第一義。言說者,生滅動搖展轉因緣起。若展轉因緣起者,彼不顯示第一義。大慧!自他相無性故,言說相不顯示第一義。復次,大慧!隨入自心現量故,種種相外性非性,言說、妄想不顯示第一義。是故,大慧!當離言說、諸妄想相。"(《大正藏》卷十六第490页)

【评说】佛陀认为,语言不是真理,只是表达真理的一种方式。

【原文】復次,大慧!有四種禪。云何為四?謂:愚夫所行禪、觀察義禪、攀緣如禪、如來禪。云何愚夫所行禪?謂:聲聞、緣覺、外道修行者,觀人無我性,自相共相骨鎖,無常、苦、不淨相,計著為首。如是相不異觀,前後轉進,想不除滅,是名愚夫所行禪。云何觀察義禪?謂:人無我自相共相,外道自他俱無性已。觀法無我彼地相義,漸次增進,是名觀察義禪。云何攀緣如禪?謂:妄想二無我妄想,如實處不生妄想,是名攀緣如禪。云何如來禪?謂:入如來地,行自覺聖智相三種樂住,成辦眾生不思議事,是名如來禪。(《大正藏》卷十六第492页)

【评说】佛陀认为,禅有四种,分别为愚夫所行禅、观察义禅、攀缘如禅、如来禅。

【原文】爾時,大慧菩薩摩訶薩復白佛言:"世尊!般涅槃者,說何等法,謂為涅槃?"

佛告大慧:"一切自性習氣,藏意識見習轉變,名為涅槃。諸佛及我涅槃,自性空事境界。

復次,大慧!涅槃者,聖智自覺境界,離斷常妄想性非性。云何非常?謂自相共相妄想斷,故非常。云何非斷?謂一切聖去來現在得自覺,故非斷。大慧!涅槃不壞不死。若涅槃死者,復應受生相續。若壞者,應墮有為相。是故涅槃離壞離死。是故修行者之所歸依。

復次,大慧!涅槃非捨非得,非斷非常,非一義非種種義。是名涅槃。

復次,大慧!聲聞、緣覺涅槃者,覺自相共相,不習近境界,不顛倒見,妄想不生。彼等於彼,作涅槃覺。

復次,大慧!二種自性相。云何為二?謂:言說自性相計著;事自性相計著。言說自性相計著者,從無始言說虛偽習氣計著生。事自性相計著者,從不覺自心現分齊生。

復次,大慧!如來以二種神力建立,菩薩摩訶薩頂禮諸佛,聽受問義。云何二種神力建立?謂:三昧正受,為現一切身面言說神力,及手灌頂神力。大慧!菩薩摩訶薩初菩薩地,住佛神力,所謂入菩薩大乘照明三昧。入是三昧已,十方世界一切諸佛,以神通力,為現一切身面言說,如金剛藏菩薩摩訶薩,及餘如是相功德成就菩薩摩訶薩。大慧!是名初菩薩地。菩薩摩訶薩得菩薩三昧正受神力,於百千劫積集善根之所成就,次第諸地對治所治相,通達究竟至法雲地,住大蓮華微妙宮殿,坐大蓮華寶師子座,同類菩薩摩訶薩眷屬圍繞,眾寶瓔珞莊嚴其身,如黃金瞻蔔日月光明。諸最勝手從十方來,就大蓮華宮殿坐上而灌其頂。譬如自在轉輪聖王,及天帝釋太子灌頂,是名菩薩手灌頂神力。大慧!是名菩薩摩訶薩二種神力。若菩薩摩訶薩住二種神力,面見諸佛如來;若不如是,則不能見。復次,大慧!菩薩摩訶薩凡所分別三昧神足說法之行,是等一切,悉住如來二種神力。大慧!若菩薩摩訶薩離佛神力能辯說者,一切凡夫亦應能說。所以者何?謂不住神力故。大慧!山石樹木及諸樂器城郭宮殿,以如來入城威神力故,皆自然出音樂之聲,何況有心者。聾盲瘖瘂無量眾苦,皆得解脫。如來有如是等無量神力,利安眾生。"(《大正藏》卷十六第492页)

【评说】佛陀对涅槃作出了描述：是觉悟者达到的一种境界，没有妄想，不生不死。

【原文】復次，大慧！當說名句形身相。善觀名句形身菩薩摩訶薩，隨入義句形身，疾得阿耨多羅三藐三菩提。如是覺已，覺一切眾生。大慧！名身者，謂若依事立名，是名名身。句身者，謂句有義身，自性決定究竟，是名句身。形身者，謂顯示名句，是名形身（形身即字也）。又形身者，謂長短高下。又句身者，謂徑跡。如象馬人獸等所行徑跡，得句身名。大慧！名及形者，謂以名說無色四陰，故說名。自相現，故說形。是名名句形身。說名句形身相分齊，應當修學。（《大正藏》卷十六第 494 页）

【评说】全面观察一个人，既要看他的外貌（"形身者"），又要看他的行为（"句身者"）。

【原文】復次，大慧！諸外道有四種涅槃。云何為四？謂：性自性非性涅槃、種種相性非性涅槃、自相自性非性覺涅槃、諸陰自共相相續流注斷涅槃。是名諸外道四種涅槃。非我所說法。大慧！我所說者，妄想識滅，名為涅槃。（《大正藏》卷十六第 496 页）

【评说】佛陀认为，外道的涅槃不究竟，因为没有消除妄想。

【原文】大慧白佛言："世尊！不建立八識耶？"

佛言："建立。"

大慧白佛言："若建立者，云何離意識，非七識？"

佛告大慧："彼因及彼攀緣故，七識不生。意識者，境界分段計著生習氣，長養藏識意俱。我我所計著思惟因緣生。不壞身相藏識，因攀緣自心現境界，計著心聚生，展轉相因。譬如海浪，自心現境界風吹，若生若滅，亦如是。是故意識滅，七識亦滅。"

爾時，世尊欲重宣此義，而說偈言：

"我不涅槃性，　所作及與相，
妄想爾炎識，　此滅我涅槃。
彼因彼攀緣，　意趣等成身，
與因者是心，　為識之所依。
如水大流盡，　波浪則不起，
如是意識滅，　種種識不生。"（《大正藏》卷十六第 496 页）

【评说】佛陀认为，"八识"中意识决定其他七识的生灭。

【原文】復次，大慧！今當說妄想自性分別通相。若妄想自性分別通相善分別，汝及餘菩薩摩訶薩，離妄想，到自覺聖，外道通趣善見，覺攝所攝妄想斷。緣起種種相，妄想自性行，不復妄想。大慧！云何妄想自性分別通相？謂：言說妄想、所說事妄想、相妄想、利妄想、自性妄想、因妄想、見妄想、成妄想、生妄想、不生妄想、相續妄想、縛不縛妄想。是名妄想自性分別通相。大慧！云何言說妄想？謂：種種妙音歌詠之聲，美樂計著，是名言說妄想。大慧！云何所說事妄想？謂：有所說事自性，聖智所知。依彼而生言說妄想。是名所說事妄想。大慧！云何相妄想？謂：即彼所說事，如鹿渴想，種種計著而計著。謂：堅、濕、煖、動相，一切性妄想。是名相妄想。大慧！云何利妄想？謂：樂種種金銀珍寶。是名利妄想。大慧！云何自性妄想？謂：自性持此如是。不異惡見妄想。是名自性妄想。大慧！云何因妄想？謂：若因若緣,有無分別,因相生。是名因妄想。大慧!云何見妄想?謂:有無一異俱不俱惡見,外道妄想計著妄想。是名見妄想。大慧!云何成妄想?謂:我我所想,成決定論。是名成妄想。

大慧!云何生妄想?謂:緣有無性生計著。是名生妄想。大慧!云何不生妄想?謂:一切性本無生。無種因緣,生無因身。是名不生妄想。大慧!云何相續妄想?謂:彼俱相續,如金縷。是名相續妄想。大慧!云何縛不縛妄想?謂:縛因緣計著。如士夫方便,若縛若解。是名縛不縛妄想。於此妄想自性分別通相,一切愚夫計著有無。大慧!計著緣起而計著者,種種妄想計著自性。如幻示現種種之身,凡夫妄想,見種種異幻。大慧!幻與種種非異非不異。若異者,幻非種種因;若不異者,幻與種種無差別,而見差別。是故非異非不異。是故,大慧!汝及餘菩薩摩訶薩,如幻緣起妄想自性,異不異有無莫計著。

爾時,世尊欲重宣此義而說偈言:

"心縛於境界, 覺想智隨轉,
無所有及勝, 平等智慧生。
妄想自性有, 於緣起則無,
妄想或攝受, 緣起非妄想。
種種支分生, 如幻則不成,
彼相有種種, 妄想則不成。
彼相則是過, 皆從心縛生,
妄想無所知, 於緣起妄想。
此諸妄想性, 即是彼緣起,
妄想有種種, 於緣起妄想。
世諦第一義, 第三無因生,
妄想說世諦, 斷則聖境界。
譬如修行事, 於一種種現,
於彼無種種, 妄想相如是。
譬如種種翳, 妄想眾色現,
翳無色非色, 緣起不覺然。
譬如鍊真金, 遠離諸垢穢,
虛空無雲翳, 妄想淨亦然。
無有妄想性, 及有彼緣起,
建立及誹謗, 悉由妄想壞。
妄想若無性, 而有緣起性,
無性而有性, 有性無性生。
依因於妄想, 而得彼緣起,
相名常相隨, 而生諸妄想。
究竟不成就, 則度諸妄想,
然後知清淨, 是名第一義。
妄想有十二, 緣起有六種,
自覺知爾炎, 彼無有差別。

五法為真實， 自性有三種，
修行分別此， 不越於如如。
眾相及緣起， 彼名起妄想，
彼諸妄想相， 從彼緣起生。
覺慧善觀察， 無緣無妄想，
成已無有性， 云何妄想覺？
彼妄想自性， 建立二自性，
妄想種種現， 清淨聖境界。
妄想如畫色， 緣起計妄想，
若異妄想者， 即依外道論。
妄想說所想， 因見和合生，
離二妄想者， 如是則為成。”(《大正藏》卷十六第 496-497 页)

【评说】佛陀教诫弟子妄想的种类繁多。

卷 第 三

一切佛语心品之三

【提要】佛陀在南海滨楞伽山顶为弟子大慧菩萨说无间业、三种智、说通、自宗通。

【原文】爾時，大慧菩薩復白佛言：“世尊！唯願為說佛之知覺。世尊！何等是佛之知覺？”

佛告大慧：“覺人法無我，了知二障，離二種死，斷二煩惱，是名佛之知覺。聲聞、緣覺得此法者，亦名為佛。以是因緣故，我說一乘。”(《大正藏》卷十六第 498 页)

【评说】佛陀指出觉悟者就是佛。

【原文】佛告大慧：“三世如來，有二種法通，謂：說通及自宗通。說通者，謂：隨眾生心之所應，為說種種眾具契經。是名說通。自宗通者，謂：修行者，離自心現種種妄想。謂：不墮一異、俱不俱品，超度一切心、意、意識。自覺聖境界，離因成見相，一切外道、聲聞、緣覺墮二邊者，所不能知。我說是名自宗通法。大慧！是名自宗通及說通相。汝及餘菩薩摩訶薩，應當修學。”(《大正藏》卷十六第 503 页)

【评说】佛陀指出，觉悟有两种方式可以达到，分别是语言的教导和自身的修证。

卷 第 四

一切佛语心品之四

【提要】佛陀在南海滨楞伽山顶为弟子大慧菩萨说一切法无我，外道无常与无常的区别，如来藏，不食肉。

【原文】譬如嬰兒，應食熟食，不應食生。若食生者，則令發狂。(《大正藏》卷十六第 506 页)

【评说】佛陀时代已经认识到，婴儿不宜食用生食。

【原文】 爾時,大慧菩薩摩訶薩復白佛言:"世尊! 一切外道,皆起無常妄想。世尊亦說一切行無常,是生滅法。此義云何? 為邪為正? 為有幾種無常?"

佛告大慧:"一切外道有七種無常,非我法也。何等為七? 彼有說言,作已而捨,是名無常。有說形處壞,是名無常。有說即色是無常。有說色轉變中間,是名無常。無間自之散壞,如乳酪等轉變,中間不可見,無常毀壞,一切性轉。有說性無常。有說性無性無常。有說一切法不生無常,入一切法。大慧! 性無性無常者,謂四大及所造自相壞。四大自性不可得,不生。彼不生無常者,非常無常。一切法有無不生,分析乃至微塵不可見,是不生義非生,是名不生無常相。若不覺此者,墮一切外道生無常義。大慧! 性無常者,是自心妄想,非常無常性。所以者何? 謂無常自性不壞。大慧! 此是一切性無性無常事。除無常,無有能令一切法性無性者。如杖瓦石,破壞諸物。現見各各不異,是性無常事,非作所作有差別。此是無常,此是事。作所作無異者,一切性常,無因性。大慧! 一切性無性有因,非凡愚所知,非因不相似事生。若生者,一切性悉皆無常。是不相似事。作所作無有別異。而悉見有異。若性無常者,墮作因性相。若墮者一切性不究竟。一切性作因相墮者,自無常應無常。無常無常故,一切性不無常,應是常。若無常入一切性者,應墮三世。彼過去色與壞俱,未來不生,色不生故,現在色與壞相俱。色者,四大積集差別。四大及造色自性不壞,離異不異故。一切外道一切四大不壞,一切三有四大及造色,在所知有生滅。離四大造色,一切外道於何所思維無常? 四大不生,自性相不壞故。離始造無常者,非四大。復有異四大,各各異相。自相故,非差別可得,彼無差別。斯等不更造,二方便不作,當知是無常。彼形處壞無常者,謂四大及造色不壞,至竟不壞。大慧! 竟者,分析乃至微塵觀察壞。四大及造色形處異見長短不可得,非四大。四大不壞,形處壞現。墮在數論。色即無常者,謂色即是無常。彼則形處無常,非四大。若四大無常者,非俗數言說。世俗言說非性者,則墮世論。見一切性,但有言說,不見自相生。轉變無常者。謂色異性現,非四大。如金,作莊嚴具,轉變現,非金性壞,但莊嚴具處所壞。如是餘性轉變等,亦如是。如是等種種外道無常見妄想。火燒四大時,自相不燒。各各自相相壞者,四大造色應斷。大慧! 我法起非常非無常。所以者何? 謂外性不決定故。惟說三有微心,不說種種相有生有滅。四大合會差別,四大及造色,故妄想二種事攝所攝。知二種妄想,離外性無性二種見,覺自心現量。妄想者,思想作行生,非不作行。離心性無性妄想,世間出世間上上一切法,非常非無常。不覺自心現量,墮二邊惡見相續。一切外道不覺自妄想,此凡夫無有根本,謂世間、出世間上上法,從說妄想生,非凡愚所覺。"

爾時,世尊欲重宣此義而說偈言:

"遠離於始造,　及與形處異,
性與色無常,　外道愚妄想。
諸性無有壞,　大大自性住,
外道無常想,　沒在種種見。
彼諸外道等,　無若生若滅,
大大性自常,　何謂無常想?
一切唯心量,　二種心流轉,
攝受及所攝,　無有我我所。
梵天為樹根,　枝條普周遍,

如是我所說， 惟是彼心量。”（《大正藏》卷十六第508-509页）

【评说】佛陀认为，外道无常的见解没有出离有无二边见，不是真无常。

【原文】佛告大慧：“一切法者，謂：善、不善、無記、有為、無為、世間、出世間。有罪、無罪、有漏、無漏、受、不受。大慧！略說心、意、意識及習氣，是五受陰因，是心、意、意識習氣，長養凡愚善不善妄想。大慧！修三昧樂，三昧正受現法樂住，名為賢聖善無漏。大慧！善不善者，謂八識。何等為八？謂如來藏，名識藏。心、意、意識、及五識身，非外道所說。大慧！五識身者，心、意、意識俱。善不善相，展轉變壞，相續流注。不壞身生，亦生亦滅。不覺自心現，次第滅餘識生。形相差別攝受，意識五識，俱相應生，剎那時不住，名為剎那。大慧！剎那者，名識藏，如來藏意俱生識習氣剎那。無漏習氣非剎那，非凡愚所覺。計著剎那論故，不覺一切法剎那非剎那，以斷見壞無為法。大慧！七識不流轉，不受苦樂，非涅槃因。大慧！如來藏者，受苦樂與因俱，若生若滅。四住地、無明住地所醉。凡愚不覺，剎那見妄想勳心。”（《大正藏》卷十六第512页）

【评说】佛陀认为，如来藏就是识藏。

【原文】佛告大慧：“有無量因緣不應食肉，然我今當為汝略說。謂：一切眾生從本已來，展轉因緣，常為六親，以親想故，不應食肉。驢騾駱駝狐狗牛馬人獸等肉，屠者雜賣故，不應食肉。不淨氣分所生長故，不應食肉。眾生聞氣，悉生恐怖，如旃陀羅及譚婆等，狗見憎惡，驚怖群吠故，不應食肉。又令修行者慈心不生故，不應食肉。凡愚所嗜，臭穢不淨，無善名稱故，不應食肉。令諸呪術不成就故，不應食肉。以殺生者，見形起識，深味著故，不應食肉。彼食肉者，諸天所棄故，不應食肉。令口氣臭故，不應食肉。多惡夢故，不應食肉。空閑林中虎狼聞香故，不應食肉。令飲食無節量故，不應食肉。令修行者不生厭離故不應食肉。我常說言，凡所飲食作食子肉想，作服藥想故，不應食肉。聽食肉者，無有是處。

復次，大慧！過去有王，名師子蘇陀娑，食種種肉，遂至食人，臣民不堪，即便謀反，斷其奉祿。以食肉者有如是過故，不應食肉。

復次，大慧！凡諸殺者，為財利故、殺生屠販。彼諸愚癡食肉眾生，以錢為網而捕諸肉。彼殺生者，若以財物，若以鈎網，取彼空行水陸眾生，種種殺害，屠販求利。大慧！亦無不教不求不想，而有魚肉。以是義故，不應食肉。大慧！我有時說，遮五種肉，或制十種。今於此經，一切種、一切時，開除方便，一切悉斷。大慧！如來、應供、等正覺，尚無所食，況食魚肉？亦不教人。以大悲前行故，視一切眾生，猶如一子，是故不聽令食子肉。”（《大正藏》卷十六第513-514页）

【评说】佛陀认为，食肉会导致口气臭、多恶梦、饮食无节制，所以不应食肉。

入楞伽经

元魏天竺三藏菩提留支译

【提要】佛陀在大海畔摩罗耶山顶上楞伽城中为大慧等弟子说诸识住灭，“说法相”、如实法相、卢伽耶陀(邪见)、涅槃,指出了食肉的种种恶报,要求信众断肉食。

卷 第 一

请佛品第一

【提要】佛陀在大海畔摩罗耶山顶上楞伽城中为大慧等弟子说了知"法"与"非法"。

【原文】復次,楞伽王!譬如壁上畫種種相,一切眾生亦復如是。楞伽王!一切眾生猶如草木無業無行。楞伽王!一切法非法無聞無說。楞伽王!一切世間法皆如幻,而諸外道凡夫不知。楞伽王!若能如是見如實見者名為正見,若異見者名為邪見,若分別者名為取二。楞伽王!譬如鏡中像自見像,譬如水中影自見影,如月燈光在屋室中影自見影,如空中響聲自出聲取以為聲,若如是取法與非法,皆是虛妄妄想分別;是故不知法及非法,增長虛妄不得寂滅。寂滅者名為一心,一心者名為如來藏,入自內身智慧境界,得無生法忍三昧。(《大正藏》卷十六第518-519页)

【评说】了知法与非法,不起虚妄分别心,称为一心,亦称如来藏。

卷 第 二

集一切佛法品第三之一

【提要】佛陀在大海畔摩罗耶山顶上楞伽城中为大慧等弟子说"八识""自性"。

【原文】佛告聖者大慧菩薩言:"大慧!諸識生住滅,非思量者之所能知。大慧!諸識各有二種生住滅。大慧!諸識二種滅者:一者、相滅;二者、相續滅。大慧!諸識又二種住:一者、相住;二者、相續住。大慧!諸識有二種生:一者、相生;二者、相續生。大慧!識有三種。何等三種?一者、轉相識;二者、業相識;三者、智相識。大慧!有八種識,略說有二種。何等為二?一者、了別識;二者、分別事識。大慧!如明鏡中見諸色像,大慧!了別識亦如是見種種鏡像。大慧!了別識、分別事識,彼二種識無差別相,迭共為因。大慧!了別識不可思議熏變因。大慧!分別事識分別取境界因。無始來戲論熏習,大慧!阿梨耶識虛妄分別,種種熏滅諸根亦滅。大慧!是名相滅。大慧!相續滅者,相續因滅則相續滅,因滅緣滅則相續滅。大慧!所謂依法依緣。言依法者,謂無始戲論妄想熏習;言依緣者,謂自心識見境界分別。大慧!譬如泥團微塵非異非不異,金莊嚴具亦復如是,非異非不異。大慧!若泥團異者非彼所成,而實彼成,是故不異;若不異者,泥團微塵應無差別。大慧!如是轉識阿梨耶識,若異相者,不從阿梨耶識生;若不異者,轉識滅阿梨耶識亦應滅,而自相阿梨耶識不滅。是故大慧!諸識自相滅,自相滅者業相滅,若自相滅者阿梨耶識應滅。大慧!若阿梨耶識滅者,此不異外道斷見戲論。大慧!彼諸外道作如是說,所謂'離諸境界相續識滅,相續識滅已即滅諸識。'大慧!若相續識滅者,無始世來諸識應滅。大慧!諸外道說相續諸識從作者生,不說識依眼色空明和合而生,而說有作者。大慧!何者是外道作者?勝人、自在、時、微塵等是能作者。"(《大正藏》卷十六第521-522页)

【评说】佛陀将眼、耳、鼻、舌、身、意、末那识、阿赖耶识八识分为两大类:了分别、分别事识。

【原文】復次，大慧！有七種自性。何等為七？一者、集性自性；二者、性自性；三者、相性自性；四者、大性自性；五者、因性自性；六者、緣性自性；七者、成性自性。（《大正藏》卷十六第522页）

【评说】佛陀将自性分为七类：集性自性、性自性、相性自性、大性自性、因性自性、缘性自性、成性自性。

【原文】爾時聖者大慧菩薩摩訶薩復說偈言：

"日出光等照，　下中上眾生；
如來出世間，　為凡夫說實。
佛得究竟法，　何故不說實？
若說真實者，　彼心無真實；
譬如海波浪，　鏡中像及夢。
俱時而得現，　心境界亦然；
境界不具故，　是故次第現。
識者識所識，　意者然不然；
吾則以現見，　定中無如是。
譬如巧畫師，　及畫師弟子，
布綵圖眾像，　我說法亦爾。
綵色本無文，　非筆亦非器，
為眾生說故，　綺錯畫眾像。
言說離真實，　真實離名字；
我得真實處，　如實內身知。
離覺所覺相，　解如實為說，
此為佛子說，　愚者異分別。
種種皆如幻，　唯見非真實，
如是種種說，　隨事實不實。
為此人故說，　於彼為非說；
彼彼諸病人，　良醫隨處藥，
如來為眾生，　唯心應器說。
妄想非境界，　聲聞亦非分；
諸如來世尊，　自覺境界說。"（《大正藏》卷十六第523-524页）

【评说】"彼彼诸病人，良医随处药"。佛陀主张，对应不同的烦恼给予相应的方法对治。

【原文】大慧！復有餘外道，見色有因妄想執著形相長短，見虛空無形相分齊，見諸色相異於虛空有其分齊。大慧！虛空即是色，以色大入虛空故。大慧！色即是虛空，依此法有彼法、依彼法有此法故；以依色分別虛空，依虛空分別色故。大慧！四大種生自相各別不住虛空，而四大中非無虛空。大慧！兔角亦如是，因牛角有言兔角無。大慧！又彼牛角析為微塵，分別微塵相不可得見，彼何等何等法有？何等何等法無？而言有耶無耶？若如是觀餘法亦然。（《大正藏》卷十六第524页）

【评说】佛陀认为，虚空就是色，色即是虚空，两者不可分离。

【原文】佛告聖者大慧菩薩摩訶薩言："大慧！淨自心現流，次第漸淨非為一時。大慧！譬如菴摩羅果漸次成熟非為一時。大慧！眾生清淨自心現流亦復如是，漸次清淨非為一時；譬如陶師造作諸器，漸次成就非為一時。大慧！諸佛如來淨諸眾生自心現流亦復如是，漸次而淨非一時淨。大慧！譬如大地生諸樹林藥草萬物，漸次增長非一時成。大慧！諸佛如來淨諸眾生自心現流亦復如是，漸次而淨非一時淨。大慧！譬如有人學諸音樂歌舞書畫種種伎術，漸次而解非一時知。大慧！諸佛如來淨諸眾生自心現流，亦復如是，漸次而淨非一時淨。大慧！譬如明鏡無分別心，一時俱現一切色像；如來世尊亦復如是，無有分別淨諸眾生自心現流，一時清淨非漸次淨，令住寂靜無分別處。大慧！譬如日月輪相光明一時遍照一切色像非為前後。"（《大正藏》卷十六第525页）

【评说】佛陀认为，调心是一个循序渐进的过程。

卷 第 三

集一切佛法品第三之二

【提要】佛陀在大海畔摩罗耶山顶上楞伽城中为大慧等弟子说"三法自体相""二无我相""空""修行四法"。

【原文】佛告大慧言："大慧！空者即是妄想法體句。大慧！依執著妄想法體，說空無生無體相不二。大慧！空有七種。何等為七？一者、相空；二者、一切法有物無物空；三者、行空；四者、不行空；五者、一切法無言空；六者、第一義聖智大空；七者、彼彼空。大慧！何者是相空？謂一切法自相同相空，見迭共積聚。大慧！觀察一一法自相同相，無一法可得，離自相他相二相，無相可住可見，是故名為自相空。大慧！何者一切法有物無物空？謂自體相實有法生。大慧！諸法自體相有無俱空，是故名為自體相有物無物空。大慧！何者是行空？謂諸陰等離我我所，依因作業而得有生。大慧！是故名為行空。大慧！何者不行空？謂陰法中涅槃未曾行。大慧！是名不行空。大慧！何者一切法無言空？謂妄想分別一切諸法無言可說。大慧！是名一切法無言空。大慧！何者第一義聖智大空？謂自身內證聖智法空，離諸邪見熏習之過。大慧！是名第一義聖智大空。大慧！何者彼彼空？謂何等何等法處，彼法無此法有、彼法有此法無，是故言空。大慧！我昔曾為鹿母說殿堂空者，無象馬牛羊等名為空，有諸比丘等名為不空，而殿堂殿堂體無，比丘比丘體亦不可得，而彼象馬牛羊等非餘處無。大慧！如是諸法自相同相，亦不可得離此彼處，是故我言彼彼空。大慧！是名七種空。大慧！此彼彼空最為麁淺。大慧！汝當應離彼彼空不須修習。"（《大正藏》卷十六第528-529页）

【评说】佛陀将空分为七类：相空、一切法有物无物空、行空、不行空、一切法无言空、第一义圣智大空、彼彼空。

【原文】佛告聖者大慧菩薩摩訶薩言："大慧！有四種法得名為大如實修行者。何等為四？一者、善知自心現見故；二者、遠離生住滅故；三者、善解外法有無故；四者、樂修內身證

智故。大慧！菩薩成就如是四法，得成就大如實修行者。大慧！何者？菩薩摩訶薩觀察三界但是一心作故；離我我所故；無動無覺故；離取捨故；從無始來虚妄執著，三界薰習戲論心故；種種色行常繫縛故；身及資生器世間中六道虚妄現故。大慧！是名諸菩薩摩訶薩善知自心現見相。大慧！云何一切菩薩摩訶薩見遠離生住滅法？謂觀諸法如幻如夢故；一切諸法自他二種無故不生，以隨自心現知見故；以無外法故；諸識不起觀諸因緣無積聚故；見諸三界因緣有故；不見内外一切諸法無實體故；遠離生諸法不正見故；入一切法如幻相故；菩薩爾時名得初地無生法忍，遠離心、意、意識五法體相故；得二無我如意意身，乃至得第八不動地如意意身故。"(《大正藏》卷十六第 529-530 页)

【评说】佛陀解说了修行的四种方法：善知自心现见故、远离生住灭故、善解外法有无故、乐修内证智故。

【原文】佛告大慧："非言語即第一義。何以故？大慧！為令第一義隨順言語入聖境界故，有言語說第一義，非言語即第一義。大慧！第一義者，聖智内證，非言語法是智境界，以言語能了彼境界。大慧！說第一義言語者，是生滅法念念不住，因緣和合有言語生。大慧！因緣和合者，彼不能了第一義。何以故？以無自相他相故。是故，大慧！言語不能了第一義。復次，大慧！隨順自心見外諸法無法分別，是故不能了知第一義。是故大慧！汝當應離種種言語妄分別相。"(《大正藏》卷十六第 531 页)

【评说】佛陀认为，智慧的境界不是语言所能说清的。

【原文】復次，大慧！有四種禪。何等為四？一者、愚癡凡夫所行禪；二者、觀察義禪；三者、念真如禪；四者、諸佛如來禪。大慧！何者愚癡凡夫所行禪？謂聲聞緣覺外道修行者，觀人無我自相同相骨鎖故；無常苦無我不淨執著諸相，如是如是決定畢竟不異故；如是次第因前觀次第上上乃至非想滅盡定解脫，是名愚癡凡夫外道聲聞等禪。

大慧！何者觀察義禪？謂觀人無我自相同相故；見愚癡凡夫外道自相同相自他相無實故；觀法無我諸地行相義次第故。大慧！是名觀察義禪。

大慧！何者觀真如禪？謂觀察虚妄分別因緣，如實知二種無我，如實分別一切諸法無實體相，爾時不住分別心中得寂靜境界。大慧！是名觀真如禪。

大慧！何者觀察如來禪？謂如實入如來地故；入内身聖智相三空三種樂行故；能成辦眾生所作不可思議。大慧！是名觀察如來禪。(《大正藏》卷十六第 533 页)

【评说】佛陀将禅分为愚痴凡夫禅、观察义禅、念真如禅、诸佛如来禅。

卷 第 四

集一切佛法品第三之三

【提要】佛陀在大海畔摩罗耶山顶上楞伽城中为大慧等弟子说"一切诸法如幻"。

【原文】大慧復言："世尊！有言語說應有諸法。世尊！若無諸法者應不說言語。世尊！是故依言說應有諸法。"

佛告大慧："亦有無法而說言語，謂兔角龜毛石女兒等，於世間中而有言說。大慧！彼兔角非有非無而說言語。大慧！汝言以有言說應有諸法者，此義已破。大慧！非一切佛國土言語說法。何以故？以諸言語惟是人心分别說故。是故，大慧！有佛國土直視不瞬口無言語名為說法；有佛國土直爾示相名為說法；有佛國土但動眉相名為說法；有佛國土惟動眼相名為說法；有佛國土笑名說法；有佛國土欠呿名說法；有佛國土咳名說法；有佛國土念名說法；有佛國土身名說法。大慧！如無瞬世界及衆香世界，於普賢如來、應、正遍知，彼菩薩摩訶薩觀察如來目不暫瞬，得無生法忍，亦得無量勝三昧法。是故，大慧！汝不得言有言語說應有諸法。大慧！如來亦見諸世界中，一切微蟲蚊虻蠅等衆生之類，不說言語共作自事而得成辦。"(《大正藏》卷十六第534页)

【评说】佛陀认为，除了语言，"直视不瞬口""直尔示相""动眉相""动眼相""笑""欠呿""念""身"等肢体动作也是表达真理的方法，值得心理治疗师效法。

卷 第 五

佛心品第四

【提要】佛陀在大海畔摩罗耶山顶上楞伽城中为大慧等弟子说"意生身修行差别"。

【原文】佛告大慧言："大慧！如來依二種法說如是言。何者為二？我說如是：一者、依自身內證法；二者、依本住法。我依此二法作如是言。大慧！云何依自身內證法？謂彼過去諸佛如來所證得法，我亦如是證得不增不減，自身內證諸境界行，離言語分别相離二種字故。大慧！何者本住法？大慧！謂本行路平坦，譬如金銀真珠等寶在於彼處。大慧！是名法性本住處。大慧！諸佛如來出世不出世，法性法界法住法相法證常住如城本道。大慧！譬如有人行曠野中，見向本城平坦正道即隨入城，入彼城已受種種樂作種種業。大慧！於意云何？彼人始作是道隨入城耶？始作種種諸莊嚴耶？"

大慧白佛："不也，世尊。"

"大慧！我及過去一切諸佛，法性法界法住法相法證常住亦復如是。大慧！我依此義於大衆中作如是說，我何等夜得大菩提，何等夜入般涅槃，此二中間不說一字，亦不已說當說現說。"

爾時世尊重說偈言：

"我何夜成道，　何等夜涅槃，
於此二中間，　我都無所說。
內身證法性，　我依如是說；
十方佛及我，　諸法無差别。"(《大正藏》卷十六第541页)

【评说】佛陀教化大众的内容包括两个部分：自身证悟(自身内证法)、已经存在的真理(本住法)。这些内容值得心理治疗师效法。

【原文】佛告大慧言："大慧！有二種法，諸佛如來菩薩聲聞辟支佛，建立修行正法之相。何等為二？一者、建立正法相；二者、說建立正法相。大慧！何者建立正法相？謂自身內證諸勝法相，離文字語言章句，能取無漏正戒諸證地修行相法，離諸外道虛妄覺觀諸魔境界，降伏一切外道諸魔，顯示自身內證之法如實修行。大慧！是名建立正法之相。大慧！何者建

立說法之相？謂說九部種種教法，離於一異有無取相，先說善巧方便，為令衆生入所樂處，謂隨衆生信彼彼法說彼彼法。大慧！是名建立說法相。大慧！汝及諸菩薩，應當修學如是正法。”

爾時世尊重說偈言：

“建立內證法，　及說法相名；
若能善分別，　不隨他教相。
實無外諸法，　如凡夫分別；
若諸法虛妄，　何故取解脫？
觀察諸有為，　生滅等相續；
增長於二見，　不能知因緣。
涅槃離於識，　唯此一法實；
觀世間虛妄，　如幻夢芭蕉。
雖有貪瞋癡，　而無有作者；
從愛生諸陰，　有皆如幻夢。”（《大正藏》卷十六第542页）

【评说】佛陀教诫弟子可以通过两种方法来教化大众：建立正法相，以自身的内证来感化；建立说法之相，根据受众的特征，运用适宜的语言讲述人生真理。

【原文】復次，大慧！我今為汝說智識相，汝及諸菩薩摩訶薩，應善知彼智識之相如實修行智識相故，疾得阿耨多羅三藐三菩提。大慧！有三種智。何等為三？一者、世間智；二者、出世間智；三者、出世間上上智。大慧！識者生滅相，智者不生滅相。復次，大慧！識者墮於有相無相，墮彼有無種種相因。大慧！智相者遠離有相無相有無因相，名為智相。復次，大慧！集諸法者名為識相，不集諸法名為智相。大慧！智有三種。何等為三？一者、觀察自相同相；二者、觀察生相滅相；三者、觀察不生不滅相。大慧！何者世間智？諸外道凡夫人等，執著一切諸法有無，是名世間智相。大慧！何者出世間智？謂諸一切聲聞緣覺虛妄分別自相同相，是名出世間智。大慧！何者出世間上上智？謂佛如來菩薩摩訶薩，觀察一切諸法寂靜不生不滅，得如來地無我證法，離彼有無朋黨二見。復次，大慧！所言智者無障礙相，識者識彼諸境界相。復次，大慧！識者和合起作所作名為識相，無礙法相應名為智相。復次，大慧！無所得相名之為智，以自內身證得聖智修行境界故，出入諸法如水中月，是名智相。（《大正藏》卷十六第544页）

【评说】佛陀将智慧分为三种：世间智，执著于有无的普通人的智慧；出世界智，破除了虚妄心的智慧；出世界上上智，出离有无见，达到寂静不灭的智慧。

【原文】復次，大慧！諸外道有九種轉變見。何等為九？一者、形相轉變；二者、相轉變；三者、因轉變；四者、相應轉變；五者、見轉變；六者、物轉變；七者、緣了別轉變；八者、作法了別轉變；九者、生轉變。大慧！是名九種轉變見。依九種轉變見故，一切外道說於轉變從有無生。大慧！何者外道形相轉變？大慧！譬如以金作莊嚴具，鐶釧瓔珞種種各異，形相雖殊金體不變，一切外道分別諸法形相轉變亦復如是。大慧！復有外道分別諸法依因轉變。大慧！而彼諸法亦非如是非不如是，以依分別故。大慧！如是一切轉變亦爾，應知譬如乳酪酒果等熟一一轉變，一切外道分別轉變亦復如是，而無實法可以轉變，以自心見有無可取，分別有無故。大慧！一切凡夫亦復如是，以依自心分別，而生一切諸法。大慧！無有法生無有法轉，如幻夢中見諸色事。大慧！譬如夢中見一切事石女兒生死。

爾時世尊重說偈言：

“轉變時形相，　四大種諸根；
中陰及諸取，　如是取非智。
因緣生世間，　佛不如是說；
因緣即世間，　如乾闥婆城。”(《大正藏》卷十六第544页)

【评说】佛陀认为，因为人的自心容易变化，所以对相同事物的看法也随之变化。所以在心理治疗中应该改变当事人的认知反应模式，而不是具体的看法。

卷　第　六

卢迦耶陀品第五

【提要】佛陀在大海畔摩罗耶山顶上楞伽城中为大慧说卢迦耶陀的妄语。

【原文】佛告大慧：“何者為食？謂食味、觸味，樂求方便巧諂著味，執著外境，如是等法名異義一，以不能入無二境界法門義故。復次，大慧！名為食者，依於邪見生陰有支，不離生老病死憂悲苦惱，愛生於有，如是等法名之為食。是故我及一切諸佛，說彼親近供養盧迦耶陀婆羅門者，名得食味不得法味。大慧！何者為法味？謂如實能知二種無我，以見人無我、法無我相，是故不生分別之相，如實能知諸地上上智故。爾時能離心、意、意識，入諸佛智受位之地，攝取一切諸句盡處，如實能知一切諸佛自在之處，名為法味，不墮一切邪見戲論分別二邊。大慧！外道說法多令眾生墮於二邊，不令智者墮於二邊。何以故？大慧！諸外道等多說斷常，以無因故墮於常見，見因滅故墮於斷見。大慧！我說如實見不著生滅，是故我說名為法味。大慧！是名我說食味法味。大慧！汝及諸菩薩摩訶薩當學此法。”(《大正藏》卷十六第548页)

【评说】此处“食”不是食物之意，而是指执著外境，不能超越生、老、病、死的法门。

涅槃品第六

【原文】佛告大慧：“有諸外道厭諸境界，見陰、界、入滅諸法無常，心心數法不生現前，以不憶念過去未來現樂境界，諸陰盡處如燈火滅種種風止，不取諸相妄想分別，名為涅槃。大慧！而彼外道見如是法生涅槃心，非見滅故名為涅槃。大慧！或有外道從方至方，名為涅槃。大慧！復有外道，分別諸境如風，是故分別，名為涅槃。大慧！復有外道作如是說，不見能見所見境界不滅，名為涅槃。復次，大慧！復有外道作如是說，不見分別見常無常，名為涅槃。復次，大慧！復有外道作如是言，分別見諸種種異相能生諸苦，以自心見虛妄分別一切諸相怖畏諸相，見於無相深心愛樂生涅槃想。復次，大慧！復有外道，見一切法自相同相不生滅想，分別過去未來現在諸法是有，名為涅槃。復次，大慧！復有外道，見我人眾生壽命壽者諸法不滅，虛妄分別，名為涅槃。復次，大慧！有餘外道，無智慧故分別所見自性，人命轉變分別轉變，名為涅槃。復次，大慧！有餘外道說如是言，罪盡故福德亦盡，名為涅槃。復次，大慧！有餘外道言，煩惱盡依智故，名為涅槃。復次，大慧！有餘外道說如是言，見自在天造作眾生，虛妄分別，名為涅槃。復次，大慧！有餘外道言，諸眾生迭共因生非餘因作，如

彼外道執著於因不知不覺，愚癡闇鈍虛妄分別，名為涅槃。復次，大慧！有餘外道說證諦道虛妄分別，名為涅槃。復次，大慧！有餘外道作如是言，有作所作而共和合見一異俱不俱，虛妄分別，名為涅槃。復次，大慧！有餘外道言，一切法自然而生，猶如幻師出種種形像，見種種寶棘刺等物自然而生，虛妄分別，名為涅槃。復次，大慧！有餘外道言，諸萬物皆是時作，覺知唯時，虛妄分別，名為涅槃。復次，大慧！有餘外道言，見有物見無物見有無物，如是分別，名為涅槃。復次，大慧！餘建立法智者說言，如實見者唯是自心，而不取著外諸境界離四種法，見一切法如彼彼法住，不見自心分別之相，不墮二邊不見能取可取境界，見世間建立一切不實迷如實法，以不取諸法名之為實，以自內身證聖智法，如實而知二種無我，離於二種諸煩惱垢，清淨二障如實能知上上地相，入如來地得如幻三昧，遠離心、意、意識分別如是等見，名為涅槃。大慧！復有諸外道等，邪見覺觀而說諸論，不與如實正法相應，而諸智者遠離訶嘖。大慧！如是等外道，皆墮二邊虛妄分別，無實涅槃。大慧！一切外道如是虛妄分別涅槃，無人住世間無人入涅槃。何以故？一切外道依自心論虛妄分別無如實智，如彼外道自心分別無如是法，去來搖動無有如是外道涅槃。大慧！汝及一切諸菩薩等，應當遠離一切外道虛妄涅槃。"

爾時世尊重說偈言：

"外道涅槃見，　各各起分別；
皆從心相生，　無解脫方便。
不離縛所縛，　遠離諸方便；
自生解脫想，　而實無解脫。
外道建立法，　眾智各異取；
彼悉無解脫，　愚癡妄分別。
一切癡外道，　妄見作所作；
是故無解脫，　以說有無法。
凡夫樂戲論，　不聞真實慧；
言語三界本，　如實智滅苦。
譬如鏡中像，　雖見而非有；
熏習鏡心見，　凡夫言有二。
不知唯心見，　是故分別二；
如實知但心，　分別則不生。
心名為種種，　離能見可見；
見相無可見，　凡夫妄分別。
三有惟妄想，　外境界實無；
妄想見種種，　凡夫不能知。
經經說分別，　種種異名字；
離於言語法，　不說不可得。"(《大正藏》卷十六第549-550页)

【评说】佛陀对各种外道涅槃作出了辨析，认为只有通过自身内证，不执著任何境界、了知无我我所、超越烦恼，达到寂灭的特殊状态才是真正的涅槃。

法身品第七

【原文】爾時世尊重說偈言：

“為遮生諸法，　建立無生法；
我說法無因，　凡夫不能知，
我說法無因，　而凡夫不知。
一切法不生，　亦不得言無；
乾闥婆幻夢，　諸法無因有。
諸法空無相，　云何為我說?
離諸和合緣，　智慧不能見。
以空本不生，　是故說無體；
一一緣和合，　見物不可得。
非外道所見，　和合不可得；
夢幻及毛輪，　乾闥婆陽焰。
無因而妄見，　世間事亦爾；
降伏無因論，　能成無生義。
能成無生者，　我法不滅壞；
說無因諸論，　外道生驚怖。
云何何等人?　何因於何處?
生諸法無因，　非因非無因。
智者若能見，　能離生滅見；
無法生不生，　為無因緣相。
若為法名字，　無義為我說；
非法有無生，　亦非待因緣。
非前法有名，　亦名不空說；
聲聞辟支佛，　外道非境界。
住在於七地，　彼處無生相；
離諸因緣法，　為遮諸因緣。
說建立惟心，　我說名無生；
諸法無因緣，　離分別分別。
離有無朋黨，　我說名無生；
心離於見法，　及離二法體。
轉身依正相，　我說名無生；
外非實無實，　亦非心所取。
幻夢及毛輪，　乾闥婆陽焰；
遠離於諸見，　是名無生相。
如是空等法，　諸文句應知；
非生及空空，　而無於生空。
諸因緣和合，　有生及有滅；
離於諸因緣，　不生亦不滅。
離因緣無法，　離和合無得；
外道妄分別，　而見有一異。

有無不生法， 有無不可得；
惟和合諸法， 而見有生滅。
但有於名字， 展轉為鉤鎖；
離彼因緣鎖， 生法不可得。
生法不見生， 離諸外道過；
我說緣鉤鎖， 諸凡夫不知。
若離緣鉤鎖， 更無有别法；
是則無因緣， 破壞緣鎖義。
如燈顯眾像， 鉤鎖生亦然；
是則離鉤鎖， 别更有法生。
生法本無體， 自性如虛空；
離鉤鎖求法， 愚人無所知。
復有餘無生， 聖人所得法；
彼生無生者， 是則無生忍。
若見諸世間， 則是見鉤鎖；
一切皆鉤鎖， 是則心得定。
無明愛業等， 是則內鉤鎖；
攢軸泥團輪， 種子大鉤鎖。
若更有他法， 而從因緣生；
離於鉤鎖義， 彼不住聖教。
若生法是無， 彼為誰鉤鎖；
展轉相生故， 是名因緣義。
堅濕熱動法， 凡夫生分别；
離鎖更無法， 是故說無體。
如醫療眾病， 依病出對治；
而論無差别， 病殊故方異。
我念諸眾生， 為煩惱過染；
知根力差别， 隨堪受為說。
我法無差别， 隨根病異說；
我唯一乘法， 八聖道清淨。”(《大正藏》卷十六第 552-553 页)

【评说】“如医疗众病，依病出对治；而论无差别，病殊故方异”。佛陀时代已认识到依据病的不同相应对治，病不同方亦不同。

卷 第 七

入楞伽经佛性品第十一

【提要】佛陀在大海畔摩罗耶山顶上楞伽城中为大慧说“如来藏”。

【原文】佛告大慧：“如來之藏是善不善因故，能與六道作生死因緣，譬如伎兒出種種伎，衆生依於如來藏故，五道生死。大慧！而如來藏離我我所，諸外道等不知不覺，是故三界生死因緣不斷。大慧！諸外道等妄計我故，不能如實見如來藏，以諸外道無始世來虛妄執著種種戲論諸熏習故。大慧！阿梨耶識者，名如來藏，而與無明七識共俱，如大海波常不斷絕身俱生故，離無常過離於我過自性清淨，餘七識者，心、意、意識等念念不住是生滅法，七識由彼虛妄因生，不能如實分別諸法，觀於高下長短形相故，執著名相故，能令自心見色相故，能得苦樂故，能離解脫因故，因名相生隨煩惱貪故，依彼念因諸根滅盡故，不次第生故，餘自意分別不生苦樂受故，是故入少想定、滅盡定，入三摩跋提、四禪、實諦解脫而修行者生解脫相，以不知轉滅虛妄相故。大慧！如來藏識不在阿梨耶識中，是故七種識有生有滅，如來藏識不生不滅。何以故？彼七種識依諸境界念觀而生，此七識境界一切聲聞辟支佛外道修行者不能覺知，不如實知人無我故，以取同相別相法故，以見陰界入法等故。大慧！如來藏如實見五法體相法無我故不生，如實知諸地次第展轉和合故，餘外道不正見不能觀察。大慧！菩薩住不動地，爾時得十種三昧門等為上首，得無量無邊三昧，依三昧佛住持，觀察不可思議諸佛法及自本願力故，遮護三昧門實際境界，遮已入自內身聖智證法真實境界，不同聲聞辟支佛外道修行所觀境界，爾時過彼十種聖道，入於如來意生身智身，離諸功用三昧心故。是故，大慧！諸菩薩摩訶薩欲證勝法如來藏阿梨耶識者，應當修行令清淨故。大慧！若如來藏阿梨耶識名為無者，離阿梨耶識無生無滅，一切凡夫及諸聖人，依彼阿梨耶識故有生有滅，以依阿梨耶識故，諸修行者入自內身聖行所證，現法樂行而不休息。大慧！此如來心阿梨耶識如來藏諸境界，一切聲聞辟支佛諸外道等不能分別。何以故？以如來藏是清淨相，客塵煩惱垢染不淨。大慧！我依此義依勝鬘夫人，依餘菩薩摩訶薩深智慧者，說如來藏阿梨耶識，共七種識生名轉滅相，為諸聲聞辟支佛等示法無我，對勝鬘說言，如來藏是如來境界。大慧！如來藏識阿梨耶識境界，我今與汝及諸菩薩甚深智者，能了分別此二種法，諸餘聲聞辟支佛及外道等執著名字者，不能了知如此二法。大慧！是故汝及諸菩薩摩訶薩當學此法。”（《大正藏》卷十六第 556-557 页）

【评说】佛陀认为，阿梨耶识可称为如来藏，如来藏不生不灭。

卷 第 八

剎那品第十四

【提要】佛陀在大海畔摩罗耶山顶上楞伽城中为大慧等弟子说“八识”。

【原文】佛告大慧：“一切法一切法者，所謂善法不善法，有為法無為法，世間法出世間法，有漏法無漏法，內法外法。大慧！略說五陰法，因心、意、意識熏習增長，諸凡夫人依心、意、意識熏習故，分別善不善法。大慧！聖人現證三昧三摩跋提無漏善法樂行。大慧！是名善法。復次，大慧！言善不善法者，所謂八識。何等為八？一者、阿梨耶識；二者、意；三者、意識；四者、眼識；五者、耳識；六者、鼻識；七者、舌識；八者、身識。大慧！五識身共意識身，善不善法展轉差別相續，體無差別，身隨順生法生已還滅，不知自心見虛妄境界，即滅時，能取境界形相大小勝如之狀。大慧！意識共五識身相應生，一念時不住，是故我說彼法念時不住。大慧！言剎尼迦者，名之為空，阿梨耶識名如來藏，無共意轉識熏習故名為空，具足無漏熏習法故，名為不空。大慧！愚癡凡夫不覺不知，執著諸法剎那不住，墮在邪見而作是言，無

漏之法亦刹那不住；破彼真如如來藏故。大慧！五識身者不生六道不受苦樂不作涅槃因。大慧！如來藏不受苦樂非生死因，餘法者共生共滅，依於四種熏習醉故，而諸凡夫不覺不知邪見熏習，言一切法刹那不住。復次，大慧！金剛如來藏，如來證法，非刹那不住。大慧！如來證法若刹那不住者，一切聖者不成聖人。大慧！非非聖人，以聖人故。大慧！金剛住於一劫，稱量等住不增不減。大慧！云何愚癡凡夫分別諸法，言刹那不住，而諸凡夫不得我意，不覺不知内外諸法念念不住。"（《大正藏》卷十六第 559 页）

【评说】"八识"分别为眼、耳、鼻、舌、身、意、意识、阿梨耶识。

入楞伽经遮食肉品第十六

【提要】佛陀在大海畔摩罗耶山顶上楞伽城中为弟子大慧说"食肉之过"。

【原文】復次，大慧！菩薩為求出離生死，應當專念慈悲之行，少欲知足厭世間苦速求解脱，當捨憒閙就於空閑，住屍陀林阿蘭若處，塚間樹下獨坐思惟，觀諸世間無一可樂，妻子眷屬如枷鎖想，宮殿臺觀如牢獄想，觀諸珍寶如糞聚想，見諸飲食如膿血想，受諸飲食如塗癰瘡，趣得存命繫念聖道不為貪味，酒肉葱韮蒜薤臭味悉捨不食。大慧！若如是者是真修行，堪受一切人天供養；若於世間不生厭離，貪著滋味酒肉葷辛得便噉食，不應受於世間信施。（《大正藏》卷十六第 562 页）

【评说】酒、肉、葱、韮、蒜、薤食后口中异味，故不应食。

【原文】復次，大慧！諸食肉者貪心難滿，食不知量不能消化，增益四大口氣腥臊，腹中多有無量惡蟲，身多瘡癬白癩病疾種種不淨，現在凡夫不憙聞見，何況未來無病香潔人身可得。……過去現在聖人食者，所謂粳米大小麥豆，種種油蜜，甘蔗甘蔗汁，簝陀末干提等，隨時得者聽食為淨。（《大正藏》卷十六第 562-563 页）

【评说】肉食会导致消化不良、口中异味、生疮癬等问题。

大乘入楞伽经

大周于阗国三藏法师实叉难陀奉勅译

卷　第　一

罗婆那王劝请品第一

【提要】佛陀在大海滨摩罗耶山顶楞伽城中为楞伽王说法与非法。

【原文】爾時世尊普觀衆會，以慧眼觀非肉眼觀，如師子王奮迅迴眄欣然大笑。於其眉間髀脇腰頸及以肩臂德字之中，一一毛孔皆放無量妙色光明，如虹拕暉如日舒光，亦如劫火猛焰熾然。時虛空中梵釋四天，遙見如來坐如須彌楞伽山頂欣然大笑。爾時諸菩薩及諸天衆咸作是念："如來世尊於法自在，何因緣故欣然大笑？身放光明默然不動，住自證境入三昧樂，如師子王周迴顧視，觀羅婆那念如實法。"

爾時大慧菩薩摩訶薩，先受羅婆那王請，復知菩薩眾會之心，及觀未來一切眾生，皆悉樂著語言文字，隨言取義而生迷惑，執取二乘外道之行。或作是念："世尊已離諸識境界，何因緣故欣然大笑?"為斷彼疑而問於佛。(《大正藏》卷十六第 589 页)

【评说】大慧认为普通人被语言文字所迷惑，见文生义，远离真理。

【原文】"楞伽王！譬如有人於水鏡中自見其像，於燈月中自見其影，於山谷中自聞其響，便生分別而起取著，此亦如是。法與非法唯是分別，由分別故不能捨離，但更增長一切虛妄不得寂滅。寂滅者所謂一緣，一緣者是最勝三昧，從此能生自證聖智，以如來藏而為境界。"(《大正藏》卷十六第 590 页)

【评说】佛陀认为，法与非法的区别在于是否有分别心，有分别心就是非法，会产生虚妄，得不到涅槃。

卷　第　二

集一切法品第二之二

【提要】佛陀在大海滨摩罗耶山顶楞伽城中为大慧说心、意、意识五法自性相。

【原文】爾時世尊以頌答曰：

"若說真實者，　彼心無真實。
譬如海波浪，　鏡中像及夢；
俱時而顯現，　心境界亦然。
境界不具故，　次第而轉生；
識以能了知，　意復意謂然。
五識了現境，　無有定次第；
譬如工畫師，　及畫師弟子，
布彩圖眾像，　我說亦如是。
彩色中無文，　非筆亦非素。
為悅眾生故，　綺煥成眾像；
言說則變異，　真實離文字。
我所住實法，　為諸修行說；
真實自證處，　能所分別離。
此為佛子說，　愚夫別開演；
種種皆如幻，　所見不可得。
如是種種說，　隨事而變異；
所說非所應，　於彼為非說。
譬如眾病人，　良醫隨授藥；
如來為眾生，　隨心應量說。
世間依怙者，　證智所行處；
外道非境界，　聲聞亦復然。"(《大正藏》卷十六第 595 页)

【评说】佛陀时代的良医已根据不同病人投以不同的药物。

【原文】“復次，大慧！菩薩摩訶薩若欲了知能取所取分別境界，皆是自心之所現者，當離憒鬧昏滯睡眠，初中後夜勤加修習；遠離曾聞外道邪論及二乘法，通達自心分別之相。”（《大正藏》卷十六第595页）

【评说】佛陀指出，应当舍弃外道邪见，离开喧闹，控制睡眠，勤加修习，才能领悟产生分别的原因。

【原文】“大慧！是名觀察五法自性相法門，自證聖智所行境界，汝及諸菩薩摩訶薩當勤修學。

復次，大慧！菩薩摩訶薩當善觀察二無我相。何者為二？所謂：人無我相，法無我相。大慧！何者是人無我相？謂：蘊、界、處離我我所，無知愛業之所生起眼等識生，取於色等而生計著；又自心所見身器世間，皆是藏心之所顯現，剎那相續變壞不停，如河流、如種子、如燈焰、如迅風、如浮雲，躁動不安如猨猴，樂不淨處如飛蠅，不知厭足如猛火，無始虛偽習氣為因，諸有趣中流轉不息如汲水輪，種種色身威儀進止，譬如死屍呪力故行，亦如木人因機運動，若能於此善知其相，是名人無我智。

大慧！云何為法無我智？謂知蘊、界、處是妄計性，如蘊、界、處離我我所，唯共積聚愛業繩縛，互為緣起無能作者，蘊等亦爾離自共相，虛妄分別種種相現，愚夫分別非諸聖者，如是觀察一切諸法，離心、意、意識五法自性，是名菩薩摩訶薩法無我智。得此智已知無境界，了諸地相，即入初地心生歡喜，次第漸進乃至善慧及以法雲，諸有所作皆悉已辦。住是地已，有大寶蓮花王眾寶莊嚴，於其花上有寶宮殿狀如蓮花，菩薩往修幻性法門之所成就，而坐其上，同行佛子前後圍繞，一切佛剎所有如來皆舒其手，如轉輪王子灌頂之法而灌其頂，超佛子地獲自證法，成就如來自在法身。大慧！是名見法無我相，汝及諸菩薩摩訶薩應勤修學。”（《大正藏》卷十六第598页）

【评说】没有我、我所，自身及外在世界都是藏识的显现，能够了知这些道理就是“人无我智”。

“法无我智”即在“人无我智”的基础上继续修行，次第进入如来的境界，就是“法无我相”。

【原文】爾時世尊復告大慧菩薩摩訶薩言：“大慧！此空、無生、無自性、無二相，悉入一切諸佛所說修多羅中，佛所說經皆有是義。大慧！諸修多羅隨順一切眾生心說，而非真實在於言中，譬如陽焰誑惑諸獸令生水想而實無水，眾經所說亦復如是。隨諸愚夫自所分別令生歡喜，非皆顯示聖智證處真實之法。大慧！應隨順義莫著言說。”（《大正藏》卷十六第599页）

【评说】语言只是表达真理的一种方法，不是真理本身。弘法时不要执著于语言文字本身，而应从真理本身出发，应机阐发。

【原文】佛言：“大慧！我說如來藏，不同外道所說之我。大慧！如來、應、正等覺，以性空、實際、涅槃、不生、無相無願等諸句義，說如來藏，為令愚夫離無我怖，說無分別無影像處如來藏門，未來現在諸菩薩摩訶薩，不應於此執著於我。大慧！譬如陶師於泥聚中，以人功水杖輪繩方便作種種器；如來亦爾，於遠離一切分別相無我法中，以種種智慧方便善巧，或說如來藏，或說為無我，種種名字各各差別。大慧！我說如來藏，為攝著我諸外道眾，令離妄見入三解脫，速得證於阿耨多羅三藐三菩提，是故諸佛說如來藏，不同外道所說之我。若欲離於外道見者，應知無我如來藏義。”(《大正藏》卷十六第 599 页)

【评说】佛陀认为，弘法时为了让人远离妄见得解脱，不能起分别心，应针对不同受众“善巧方便”说法。“善巧方便”之说值得心理治疗工作者效法。

卷 第 三

集一切法品第二之三

【提要】佛陀在大海滨摩罗耶山顶楞伽城中为大慧说言语分别相。

【原文】大慧復言：“世尊！為言語是第一義？為所說是第一義？”

佛告大慧：“非言語是，亦非所說。何以故？第一義者是聖樂處，因言而入，非即是言。第一義者是聖智內自證境，非言語分別智境，言語分別不能顯示。大慧！言語者起滅動搖展轉因緣生，若展轉緣生，於第一義不能顯示。第一義者無自他相，言語有相不能顯示。第一義者但唯自心，種種外想悉皆無有，言語分別不能顯示。是故，大慧！應當遠離言語分別。”(《大正藏》卷十六第 600 页)

【评说】佛陀认为，解脱者达到的境界不是言语所能表达的，所以应当远离言语分别。

【原文】“復次，大慧！立三種量已，於聖智內證離二自性法，起有性分別。大慧！諸修行者，轉心、意、識，離能所取，住如來地自證聖法，於有及無不起於想。大慧！諸修行者，若於境界起有無執，則著我人眾生壽者。大慧！一切諸法自相共相，是化佛說非法佛說。大慧！化佛說法但順愚夫所起之見，不為顯示自證聖智三昧樂境。大慧！譬如水中有樹影現，彼非影非非影，非樹形非非樹形。外道亦爾，諸見所熏不了自心，於一異等而生分別。大慧！譬如明鏡無有分別，隨順眾緣現諸色像，彼非像非非像而見像非像，愚夫分別而作像想。外道亦爾，於自心所現種種形像，而執一異俱不俱相。大慧！譬如谷響，依於風水人等音聲和合而起，彼非有非無，以聞聲非聲故。外道亦爾，自心分別熏習力故，起於一異、俱不俱見。大慧！譬如大地無草木處，日光照觸焰水波動，彼非有非無，以倒想非想故。愚癡凡夫亦復如是，無始戲論惡習所熏，於聖智自證法性門中，見生住滅一異有無俱不俱性。大慧！譬如木人及以起屍，以毘舍闍、機關力故，動搖運轉云為不絕，無智之人取以為實。愚癡凡夫亦復如是，隨逐外道起諸惡見，著一異等虛妄言說。是故大慧！當於聖智所證法中，離生住滅、一異、有無、俱不俱等一切分別。”(《大正藏》卷十六第 601 页)

【评说】佛陀指出，说法不是为了呈现自己修行所达到的境界，是为了让大众明白真理，所以说法的内容和方式必须符合听众的感知力。此说法对心理治疗颇有启发，应该跟随来访者，而不是强行引导。

【原文】“復次，大慧！有四種禪。何等為四？謂：愚夫所行禪，觀察義禪，攀緣真如禪，

諸如來禪。大慧！云何愚夫所行禪，謂聲聞緣覺諸修行者，知人無我，見自他身骨鎖相連，皆是無常苦不淨相。如是觀察堅著不捨，漸次增勝至無想滅定，是名愚夫所行禪。云何觀察義禪？謂知自共相人無我已，亦離外道自他俱作，於法無我諸地相義，隨順觀察，是名觀察義禪。云何攀緣真如禪？謂若分別無我有二是虛妄念，若如實知彼念不起，是名攀緣真如禪。云何諸如來禪？謂入佛地住自證聖智三種樂，為諸眾生作不思議事，是名諸如來禪。”(《大正藏》卷十六第 602 页)

【评说】佛陀对禅作了分类：愚夫所行禅，听从佛陀说法，思惟无常、苦、不净，逐渐进入无想灭定；观察义禅，思惟无我、无他；攀缘真如禅，了知分别心事虚妄，不起分别心；如来禅，已经达到如来的境界。而在小乘佛经中，愚夫所行禅是指声闻、缘觉和外道修行者了知“人无我”的道理，观察体会到人身的苦、无常、不净的各种表现，逐步进入“无想定”“灭尽定”的境界；观察义禅，是既明白“人无我”的道理，又观察“法无我”的意义，是全面观察人空和法空的意义的禅；攀缘真如禅，如果执著前两种禅境，分别“人无我”“法无我”，仍是虚妄之念，若能了知两种“无我”是虚妄之念，不令生起，契合于“如来藏心”，则为攀缘真如禅；如来禅，是指已经获得如来智慧，成就了佛果，而进入如来的境界地，受用禅乐、法乐，又示现不可思议的妙用以普度众生。

【原文】佛告大慧：“一切識自性習氣，及藏識、意、意識見習轉已，我及諸佛說名涅槃，即是諸法性空境界。復次，大慧！涅槃者，自證聖智所行境界，遠離斷常及以有無。云何非常？謂離自相共相諸分別故。云何非斷？謂去來現在一切聖者自證智所行故。復次，大慧！大般涅槃不壞不死，若死者應更受生，若壞者應是有為，是故涅槃不壞不死，諸修行者之所歸趣。復次，大慧！無捨無得故，非斷非常故，不一不異故，說名涅槃。復次，大慧！聲聞緣覺知自共相捨離憒閙，不生顛倒不起分別，彼於其中生涅槃想。”(《大正藏》卷十六第 602 页)

【评说】涅槃，是过去现在一切圣者证悟到的境界，远离有无、断常、不坏不死。

【原文】佛言：“大慧！雖無諸法亦有言說，豈不現見龜毛、兔角、石女兒等，世人於中皆起言說。大慧！彼非有非非有，而有言說耳。大慧！如汝所說，有言說故有諸法者，此論則壞。大慧！非一切佛土皆有言說，言說者假安立耳。大慧！或有佛土瞪視顯法，或現異相，或復揚眉，或動目睛，或示微笑嚬呻謦欬憶念動搖，以如是等而顯於法。大慧！如不瞬世界、妙香世界及普賢如來佛土之中，但瞪視不瞬，令諸菩薩獲無生法忍及諸勝三昧。大慧！非由言說而有諸法，此世界中蠅蟻等蟲，雖無言說成自事故。”(《大正藏》卷十六第 603 页)

【评说】佛陀认为，语言不是表达真理的唯一方法，瞪眼、扬眉、转睛、微笑、嚬、呻、謦欬等都可以表达，即使在蝇蚁的世界它们没有言说仍然能彼此交流。

【原文】佛言：“大慧！諸須陀洹、須陀洹果差別有三，謂：下、中、上。大慧！下者於諸有中極七反生，中者三生五生，上者即於此生而入涅槃。大慧！此三種人斷三種結，謂：身見、疑、戒禁取，上上勝進得阿羅漢果。大慧！身見有二種，謂俱生及分別，如依緣起有妄計性。大慧！譬如依止緣起性故，種種妄計執著性生，彼法但是妄分別相，非有非無，非亦有亦無，凡夫愚癡而橫執著，猶如渴獸妄生水想，此分別身見無智慧故久遠相應，見人無我即時捨離。大慧！俱生身見，以普觀察自他之身，受等四蘊無色相故，色由大種而得生故，是諸大種互相因故，色不集故，如是觀已，明見有無即時捨離；捨身見故貪則不生，是名身見相。大慧！疑相者，於所證法善見相故，及先二種身見分別斷故，於諸法中疑不得生，亦不於餘生大師想為淨不淨，是名疑相。大慧！何故須陀洹不取戒禁？謂以明見生處苦相，是故不取。夫其取者，謂諸凡愚於諸有中貪著世樂，苦行持戒願生於彼，須陀洹人不取是相，惟求所證最勝無漏無分別法，修行戒品，是名戒禁取相。大慧！須陀洹人捨三結故離貪瞋癡。"

大慧白言："貪有多種，捨何等貪？"

佛言："大慧！捨於女色纏綿貪欲，見此現樂生來苦故，又得三昧殊勝樂故，是故捨彼非涅槃貪。大慧！云何斯陀含果？謂不了色相起色分別，一往來已善修禪行，盡苦邊際而般涅槃，是名斯陀含。大慧！云何阿那含果？謂於過未現在色相起有無見，分別過惡隨眠不起，永捨諸結更不還來，是名阿那含。大慧！阿羅漢者，謂諸禪三昧解脫力通悉已成就，煩惱諸苦分別永盡，是名阿羅漢。"（《大正藏》卷十六第604-605页）

【评说】佛陀在阿含部曾详细解说了四果：

第一果须陀洹，意为预流果，意思是凡夫通过修行断身见、疑、戒禁取（三结）三种烦恼。断身见：在见解上，不再认为五阴为永恒不变的"我""真我""实我"。断疑，即断除了对佛、法、僧、戒律等的一切疑虑，对佛、法、僧等有了坚固不变的信心，不再怀疑。断戒取见，见证了苦集灭道和涅槃的过程，能分辨有益和无益的行为，不再迷信于无益的宗教仪式、禁忌、戒条等。证得须陀洹果后，永远不会堕入三恶道（畜牲道、恶鬼道、地狱道）。只会在须陀洹和三善道（天道、阿修罗道和人道）之间轮回。

第二果为斯陀含，意为一来，谓凡夫在断见惑的基础上，进而断除欲界思惑。欲界思惑共有九品，斯陀含只断除了前六品，尚有三品没有断尽，因此还需要在人间天上再受生一次，故名一来。二果圣者在修行的证得过程中，对世俗五欲生活（指财、色、食、名、睡，或者色、声、香、味、触）起了远离的心，欲望从根本上减少了。

第三果阿那含，意为不还，证阿那含果的圣者，已经断除了欲界的烦恼修惑，不再染着欲界的五欲。死后将会离开欲界，上升色界或无色界在那边入涅槃，不再复还欲界。

第四果阿罗汉，意为断尽欲界、色界、无色界一切见惑和思惑，究竟无余，得不生之圣果，受人天供养。

本段经文则指出，须陀洹果有三种差别：下者未断欲界之惑，需要在人间和天上往返七次才能证得阿罗汉果；中者在往返三次或五次后可得阿罗汉果；上者即此一生可得阿罗汉果。证得须陀洹果的人断除了三种惑见：身见（对五蕴之身执有"实我"之邪见）、疑见（疑佛所说是否为正法）、戒禁取见（以外道种种非理的戒禁为最胜），但是没有舍离涅槃贪。证得斯陀含果的人不起色的分别心，需要在人间和天上往返一次，善修禅定智慧，不生我见，灭除诸苦，才可以得涅槃。证得阿那含果的人对过去、现在、未来三世诸法自性无实，已经舍离疑惑，断除烦恼，灭尽无明，不再生于欲界。

【原文】大慧言："世尊！豈不建立八種識耶？"

佛言："建立。"

大慧言："若建立者，云何但說意識滅非七識滅。"

佛言："大慧！以彼為因及所緣故，七識得生。大慧！意識分別境界起執著時，生諸習氣長養藏識，由是意俱我我所執思量隨轉無別體相，藏識為因為所緣故，執著自心所現境界，心

聚生起展轉為因。大慧！譬如海浪自心所現，境界風吹而有起滅，是故意識滅時七識亦滅。”

爾時世尊重說頌曰：

“我不以自性，　及以於作相，
分別境識滅，　如是說涅槃。
意識為心因，　心為意境界；
因及所緣故，　諸識依止生。
如大瀑流盡，　波浪則不起；
如是意識滅，　種種識不生。（《大正藏》卷十六第 605-606 页）

【评说】佛陀认为，意识是产生其他七识的因，意识灭则七识灭。

卷　第　四

无常品第三之一

【提要】佛陀在大海滨摩罗耶山顶楞伽城中为大慧说意成身差别相、内外五无间二种宗法相。

【原文】爾時大慧菩薩摩訶薩復請佛言：“世尊！惟願為說宗趣之相。令我及諸菩薩摩訶薩善達此義，不隨一切眾邪妄解，疾得阿耨多羅三藐三菩提。”

佛言：“諦聽！當為汝說。”

大慧言：“唯。”

佛言：“大慧！一切二乘及諸菩薩，有二種宗法相。何等為二？謂：宗趣法相，言說法相。宗趣法相者，謂自所證殊勝之相，離於文字語言分別，入無漏界成自地行，超過一切不正思覺，伏魔外道，生智慧光，是名宗趣法相。言說法相者，謂說九部種種教法，離於一異、有無等相，以巧方便隨眾生心令入此法，是名言說法相。汝及諸菩薩當勤修學。”

爾時世尊重說頌言：

“宗趣與言說，　自證及教法，
若能善知見，　不隨他妄解。
如愚所分別，　非是真實相；
彼豈不求度，　無法而可得。
觀察諸有為，　生滅等相續；
增長於二見，　顛倒無所知。
涅槃離心意，　唯此一法實；
觀世悉虛妄，　如幻夢芭蕉。
無有貪恚癡，　亦復無有人；
從愛生諸蘊，　如夢之所見。”（《大正藏》卷十六第 609 页）

【评说】佛陀认为，应当勤修学两种法相：宗趣法相，内修达到殊胜的语言文字不能描述的境界；言说法相，通过学习佛陀的教法而觉悟。

【原文】爾時大慧菩薩摩訶薩復白佛言：“世尊！如來說言：‘如我所說，汝及諸菩薩，不應依語而取其義。'世尊！何故不應依語取義？云何為語？云何為義？"

佛言："諦聽！當為汝說。"

大慧言："唯。"

佛言："大慧！語者，所謂分別習氣而為其因，依於喉舌脣齶齒輔，而出種種音聲文字，相對談說，是名為語。云何為義？菩薩摩訶薩住獨一靜處，以聞、思、修慧思惟觀察向涅槃道自智境界，轉諸習氣，行於諸地種種行相，是名為義。復次，大慧！菩薩摩訶薩善於語、義，知語與義不一不異，義之與語亦復如是；若義異語，則不應因語而顯於義，而因語見義，如燈照色。大慧！譬如有人持燈照物，知此物如是、在如是處；菩薩摩訶薩亦復如是，因語言燈入離言說自證境界。復次，大慧！若有於不生不滅自性涅槃三乘一乘五法諸心自性等中如言取義，則墮建立及誹謗見，以異於彼起分別故，如見幻事計以為實，是愚夫見非賢聖也。"爾時世尊重說頌言：

"若隨言取義，　建立於諸法；
以彼建立故，　死墮地獄中。
蘊中無有我，　非蘊即是我；
不如彼分別，　亦復非無有。
如愚所分別，　一切皆有性；
若如彼所見，　皆應見真實。
一切染淨法，　悉皆無體性；
不如彼所見，　亦非無所有。"(《大正藏》卷十六第610页)

【评说】义，是修行者独一静处，以各种方法证得的涅槃境界；语，是种种音声文字。所以不能依语取义，即不能从文字出发望文生义。

卷第五

无常品第三之余

【提要】佛陀在大海滨摩罗耶山顶楞伽城中为大慧说不着文字随宜说法，呵斥了外道无常的谬误。

【原文】爾時大慧菩薩摩訶薩復白佛言："世尊！如佛經中分別攝取不生不滅，言此即是如來異名。世尊！願為我說不生不滅此則無法，云何說是如來異名？如世尊說，一切諸法不生不滅，當知此則墮有無見。世尊！若法不生則不可取，無有少法，誰是如來？惟願世尊為我宣說。"

佛言："諦聽！當為汝說。大慧！我說如來非是無法，亦非攝取不生不滅，亦不待緣亦非無義。我說無生，即是如來意生法身別異之名，一切外道、聲聞獨覺、七地菩薩不了其義。大慧！譬如帝釋地及虛空乃至手足，隨一一物各有多名，非以名多而有多體，亦非無體。大慧！我亦如是，於此娑婆世界有三阿僧祇百千名號，諸凡愚人雖聞雖說，而不知是如來異名，其中或有知如來者，知無師者，知導師者，知勝導者，知普導者，知是佛者，知牛王者，知梵王者，知毘紐者，知自在者，知是勝者，知迦毘羅者，知真實邊者，知無盡者，知瑞相者，知如風者，知如火者，知如俱毘羅者，知如月者，知如日者，知如王者，知如仙者，知戌迦者，知因陀羅者，知明

星者，知大力者，知如水者，知無滅者，知無生者，知性空者，知真如者，知是諦者，知實性者，知實際者，知法界者，知涅槃者，知常住者，知平等者，知無二者，知無相者，知寂滅者，知具相者，知因緣者，知佛性者，知教導者，知解脫者，知道路者，知一切智者，知最勝者，知意成身者，如是等滿足三阿僧祇百千名號，不增不減。於此及餘諸世界中，有能知我如水中月不入不出，但諸凡愚心沒二邊不能解了，然亦尊重承事供養，而不善解名字句義，執著言教昧於真實，謂無生無滅是無體性，不知是佛差別名號；如因陀羅釋揭羅等，以信言教昧於真實，於一切法如言取義，彼諸凡愚作如是言，義如言說義說無異。何以故？義無體故。是人不了言音自性，謂言即義無別義體。大慧！彼人愚癡，不知言說是生是滅、義不生滅。大慧！一切言說墮於文字，義則不墮，離有離無故，無生無體故。大慧！如來不說墮文字法，文字有無不可得故，惟除不墮於文字者。大慧！若人說法墮文字者，是虛誑說。何以故？諸法自性離文字故。是故，大慧！我經中說，我與諸佛及諸菩薩，不說一字不答一字。所以者何？一切諸法離文字故，非不隨義而分別說。大慧！若不說者教法則斷，教法斷者則無聲聞緣覺菩薩諸佛，若總無者誰說為誰？是故，大慧！菩薩摩訶薩應不著文字隨宜說法。我及諸佛皆隨眾生煩惱解欲，種種不同而為開演，令知諸法自心所見無外境界，捨二分別轉心意識，非為成立聖自證處。

大慧！菩薩摩訶薩應隨於義莫依文字，依文字者墮於惡見，執著自宗而起言說，不能善了一切法相文辭章句，既自損壞亦壞於他，不能令人心得悟解。若能善知一切法相，文辭句義悉皆通達，則能令自身受無相樂，亦能令他安住大乘。若能令他安住大乘，則得一切諸佛聲聞緣覺及諸菩薩之所攝受；若得諸佛聲聞緣覺及諸菩薩之所攝受，則能攝受一切眾生；若能攝受一切眾生，則能攝受一切正法；若能攝受一切正法則不斷佛種；若不斷佛種則得勝妙處。大慧！菩薩摩訶薩生勝妙處，欲令眾生安住大乘，以十自在力現眾色像，隨其所宜說真實法。真實法者，無異無別不來不去，一切戲論悉皆息滅。是故，大慧！善男子、善女人，不應如言執著於義。何以故？真實之法離文字故。

大慧！譬如有人以指指物，小兒觀指不觀於物；愚癡凡夫亦復如是，隨言說指而生執著，乃至盡命終不能捨文字之指取第一義。大慧！譬如嬰兒應食熟食，有人不解成熟方便，而食生者則發狂亂；不生不滅亦復如是，不方便修則為不善，是故宜應善修方便，莫隨言說如觀指端。大慧！實義者，微妙寂靜是涅槃因，言說者，與妄想合流轉生死。大慧！實義者從多聞得，多聞者謂善於義非善言說，善義者不隨一切外道惡見，身自不隨亦令他不隨，是則名曰於義多聞，欲求義者應當親近，與此相違著文字者宜速捨離。”(《大正藏》卷十六第 615-616 页)

【评说】“一切诸法离文字故”，真理的存在与文字无关；“诸法自心所见无外境界”，是修行到了“圣智”境界的呈现，所以弘法时“应不著文字随宜说法”。“若能善知一切法相，文辞句义悉皆通达，则能令自身受无相乐，亦能令他安住大乘”，如果明了真理，又精通文字语言，弘法的效果自然就更好了。

佛陀的教诲值得心理治疗师深思啊！

刹那品第六

【提要】佛陀在大海滨摩罗耶山顶楞伽城中为大慧说五法自性诸识无我差别。

【原文】爾時大慧菩薩摩訶薩復白佛言：“世尊！惟願為我說蘊、界、處生滅之相，若無有我，誰生誰滅？而諸凡夫依於生滅，不求盡苦不證涅槃。”

佛言:"大慧!諦聽!諦聽!當為汝說。大慧!如來藏是善不善因,能遍興造一切趣生。譬如伎兒變現諸趣離我我所,以不覺故,三緣和合而有果生。外道不知執為作者,無始虛偽惡習所熏,名為藏識,生於七識無明住地,譬如大海而有波浪,其體相續恒注不斷,本性清淨,離無常過、離於我論。其餘七識意意識等念念生滅,妄想為因、境相為緣和合而生,不了色等自心所現,計著名相起苦樂受,名相纏縛,既從貪生復生於貪,若因及所緣,諸取根滅不相續生,自慧分別苦樂受者,或得滅定,或得四禪,或復善入諸諦解脫,便妄生於得解脫想,而實未捨未轉如來藏中藏識之名。若無藏識,七識則滅。何以故?因彼及所緣而得生故。然非一切外道二乘諸修行者所知境界,以彼惟了人無我性,於蘊、界、處取於自相及共相故,若見如來藏五法自性諸法無我,隨地次第而漸轉滅,不為外道惡見所動,住不動地得於十種三昧樂門,為三昧力諸佛所持,觀察不思議佛法及本願力,不住實際及三昧樂獲自證智,不與二乘諸外道共,得十聖種性道及意生智身離於諸行。是故,大慧!菩薩摩訶薩欲得勝法,應淨如來藏藏識之名。大慧!若無如來藏名藏識者,則無生滅。然諸凡夫及以聖人悉有生滅,是故一切諸修行者,雖見內境界住現法樂,而不捨於勇猛精進。大慧!此如來藏藏識本性清淨,客塵所染而為不淨,一切二乘及諸外道,臆度起見不能現證,如來於此分明現見,如觀掌中菴摩勒果。

大慧!我為勝鬘夫人及餘深妙淨智菩薩,說如來藏名藏識,與七識俱起,令諸聲聞見法無我。大慧!為勝鬘夫人說佛境界,非是外道二乘境界。大慧!此如來藏藏識是佛境界,與汝等比淨智菩薩隨順義者所行之處,非是一切執著文字外道二乘之所行處。是故汝及諸菩薩摩訶薩,於如來藏藏識當勤觀察,莫但聞已便生足想。"

爾時世尊重說頌言:

"甚深如來藏,　而與七識俱;
執著二種生,　了知則遠離。
無始習所熏,　如像現於心;
若能如實觀,　境相悉無有。
如愚見指月,　觀指不觀月;
計著文字者,　不見我真實。
心如工伎兒,　意如和伎者;
五識為伴侶,　妄想觀伎眾。"(《大正藏》卷十六第 619-620 页)

【评说】如来藏又名藏识,本来清净,被客尘所染则不净,遂生七识。

卷　第　六

变化品第七

【提要】佛陀在大海滨摩罗耶山顶楞伽城中为大慧说食肉的过失、不食肉的功德。

【原文】爾時佛告大慧菩薩摩訶薩言:"大慧!諦聽!諦聽!善思念之。吾當為汝分別解說。大慧!一切諸肉有無量緣,菩薩於中當生悲愍,不應噉食,我今為汝說其少分。大慧!一切眾生從無始來,在生死中輪迴不息,靡不曾作父母兄弟男女眷屬,乃至朋友親愛侍使,易生而受鳥獸等身,云何於中取之而食?大慧!菩薩摩訶薩觀諸眾生同於己身,念肉皆從有命

中來，云何而食？大慧！諸羅刹等聞我此說尚應斷肉，況樂法人。大慧！菩薩摩訶薩在在生處，觀諸眾生皆是親屬，乃至慈念如一子想，是故不應食一切肉。大慧！衢路市肆諸賣肉人，或將犬馬人牛等肉，為求利故而販鬻之，如是雜穢云何可食？

大慧！一切諸肉皆是精血污穢所成，求清淨人，云何取食？大慧！食肉之人眾生見之悉皆驚怖，修慈心者云何食肉？大慧！譬如獵師及旃陀羅，捕魚網鳥諸惡人等，狗見驚吠獸見奔走，空飛水住一切眾生，若有見之咸作是念：'此人氣息猶如羅刹，今來至此必當殺我。'為護命故悉皆走避。食肉之人亦復如是，是故菩薩為修慈行不應食肉。大慧！夫食肉者，身體臭穢惡名流布，賢聖善人不用親狎，是故菩薩不應食肉。大慧！夫血肉者，眾仙所棄群聖不食，是故菩薩不應食肉。大慧！菩薩為護眾生信心，令於佛法不生譏謗，以慈愍故不應食肉。大慧！若我弟子食噉於肉，令諸世人悉懷譏謗，而作是言：'云何沙門修淨行人，棄捨天仙所食之味，猶如惡獸食肉滿腹遊行世間，令諸眾生悉懷驚怖，壞清淨行失沙門道。'是故當知佛法之中無調伏行，菩薩慈愍為護眾生，令不生於如是之心，不應食肉。大慧！如燒人肉其氣臭穢，與燒餘肉等無差別，云何於中有食不食？是故一切樂清淨者不應食肉。大慧！諸善男女塚間樹下阿蘭若處寂靜修行，或住慈心或持呪術，或求解脫或趣大乘，以食肉故，一切障礙不得成就，是故菩薩欲利自他不應食肉。大慧！夫食肉者，見其形色則已生於貪滋味心，菩薩慈念一切眾生猶如己身，云何見之而作食想？是故菩薩不應食肉。大慧！夫食肉者諸天遠離，口氣常臭，睡夢不安覺已憂悚，夜叉惡鬼奪其精氣，心多驚怖，食不知足，增長疾病易生瘡癬，恒被諸蟲之所唼食，不能於食深生厭離。大慧！我常說言：'凡所食噉作子肉想。'餘食尚然，云何而聽弟子食肉。大慧！肉非美好、肉不清淨，生諸罪惡敗諸功德，諸仙聖人之所棄捨，云何而許弟子食耶？若言許食，此人謗我。

大慧！淨美食者，應知則是粳米粟米大小麥豆蘇油石蜜，如是等類，此是過去諸佛所許，我所稱說。我種性中諸善男女，心懷淨信久植善根，於身命財不生貪著，慈愍一切猶如己身，如是之人之所應食，非諸惡習虎狼性者心所愛重。"（《大正藏》卷十六第623页）

【评说】食肉的不利之处：口气长臭、睡眠不安、惊怖、易生疮癣。

大乘同性经

（亦名《一切佛行入智毘卢遮那藏说经》）

周宇文氏天竺三藏阇那耶舍译

【提要】佛陀在大摩罗耶精妙山顶摩诃园林华池沼为楞伽王说众生、三种业、声闻地、辟之佛地、如来地和如来报身、应身、真身。

【原文】佛言："如是。楞伽王！非識先滅後識方生。楞伽王！亦非先生前識後識力滅。楞伽王！唯後識滅前識即生。楞伽王！如步屈蟲，先安頭足次後足隨，其形屈伸間無斷絕。如是如是，楞伽王！此之神識，見前有中生處了已，識即令移託就於彼，間無斷絕。"

毘毘沙那楞伽王言："世尊！若如是者，無中陰耶？"

佛言："楞伽王！一種眾生卵生是也，捨此身已入於卵中，而是神識業風所捉，停住卵中昏鈍不覺，及至覆成識方覺了，當知彼卵已為熟也。何以故？卵生眾生法如是故。未成熟時不覺不了。所以者何？為業力故。楞伽王！復有眾生福力純厚，得於轉輪王家作子，而彼在胎不為胎污，亦不與胎不淨共住亦不污染。楞伽王！其轉輪王所生子者多受化生，設受胎者，初入胎中結子已成，及生出後破膜出身。楞伽王！是因緣故說有中陰。”（《大正藏》卷十六第 642 页）

【评说】佛陀认为，中阴身是生命流转的主体。

【原文】時毘毘沙那楞伽王言：“世尊！眾生神識為當幾大？為作何色？”

佛言：“楞伽王！眾生神識無邊大，無色無相、不可見，無礙無形無定處、不可說。”

毘毘沙那言：“世尊！識相如此無有邊大，無色無相不可見，無礙無形無定處不可說者，豈非斷絕？”

佛言：“楞伽王！吾今問汝，隨汝意答，當為汝說。楞伽王！譬如大王在宮殿中或高樓上，婇女圍遶安樂坐時，著種種衣及諸瓔珞。時大園林阿輸歌樹，種種雜華莊嚴精麗，其園在處有細軟風或大駃風，吹彼園林阿輸歌樹，眾華香氣至王所者，王聞之不？”

毘毘沙那白言：“世尊！我聞此香。”

佛言：“楞伽王！汝聞此香，分別知不？”

王言：“世尊！我能得知。”

佛言：“楞伽王！此華香氣王言知者，見大小耶？定作何色？”

楞伽王言：“不也。世尊！何以故？此香氣相，無色無現、無礙無相、無定處、不可說，是故不見大小形色。”

佛言：“楞伽王！於意云何，若不見彼香氣大小，非斷絕相耶？”

毘毘沙那言：“不也。世尊！何以故？若此眾香是斷相者，無人得聞。”

佛言：“如是如是。楞伽王！識相亦爾，應如是見。楞伽王！若識斷相，則無生死而可得知。如是楞伽王！識相清淨，唯是無明貪愛習氣業等，諸客煩惱之所覆障。楞伽王！譬如清淨虛空之界，唯有四種客塵污染。何等為四？所謂烟、雲、塵、霧。楞伽王！識相如是，本清淨故，無邊、不可捉、無有色染，唯是諸客煩惱之所覆染。所以者何？楞伽王！若正觀時不得眾生，無我、無眾生、無壽命、無畜養、無人、無眾生數、無知者、無見者、無覺者、無受者、無聽者，乃至無色、受、想、行、識等。楞伽王！若正觀時無有分別而可得者，楞伽王！諸法和合無有實相。汝雖得是眾生實相，亦莫捨此生有曠野。云何名得眾生實相？所謂得彼大智同性。”

爾時世尊而說偈言：

“眾生業力自迴轉，　不得八聖最上道，
若離諸業證無漏，　行無上行利眾生。”（《大正藏》卷十六第 642-643 页）

【评说】佛陀认为，神识没有香气、没有形相、没有大小，不是语言所能描绘的。

【原文】復問佛言：“世尊！諸對治法凡有幾許？”

佛言：“楞伽王！總而言之，三種對治。何者為三？謂貪欲心者不淨觀，瞋恚心者慈悲觀，愚癡心者因緣觀，是名三種對治之法。”

復問佛言：“世尊！幾許巧能應須念持？”（《大正藏》卷十六第 644 页）

【评说】佛陀开示了不同烦恼的对治法：贪欲强烈者，施以不净观；嗔恚强烈者，以慈悲

观应之；愚痴者，当观因缘。

证契大乘经

（亦名《入一切佛境智陪卢遮那藏经》）

唐天竺三藏地婆诃罗译

【提要】佛陀在摩罗耶顶大山为罗刹王毗毗产说众生、三种业、声闻地、辟之佛地、如来地和如来报身、应身、真身。

【原文】毘毘產主蒙佛聽許，即白佛言："世尊！眾生（梵音萨埵旧译为"众生"或"有情"）者是何義?"

佛告楞迦主言："眾生者是有性想眾和合故，所謂地、水、火、風、空、識、名色、界、入、緣起及因業果，會對而生，猶如蘆束，或執為我。或曰：眾生，生者、養育者、丈夫者，或稱富伽羅、或稱摩那婆、或稱知者、或稱視者、或稱作者、受者、想者。楞迦主當知，此皆是眾生想。"（《大正藏》卷十六第 654-655 页）

【评说】佛陀认为，生命是水、火、风、空、识、名色、界、入、缘起及业报诸因素汇集在一起而成。

解深密经

深密解脱经

元魏天竺三藏菩提流支译

卷第一

圣者善清净慧菩萨问品第四

【提要】佛陀为善清净慧菩萨说第一义。

【原文】善清淨慧！譬如珂白不可說一、不可說異；如是，金黃箜篌妙聲、沈水香味、蓽茇辛味、訶梨勒苦味、苷蔗甜味、兜羅柔軟蘇，乃至醍醐，不可說一、不可說異。善清淨慧！如是，一切有為行體、無常之相，不可說一、不可說異；一切有漏、所有苦相，不可說一、不可說異；一切法中無、我之相，不可說一、不可說異；貪瞋癡染、不寂靜相，不可說一、不可說異。善清淨慧！如是，一切有為之行、第一義相，不可說一、不可說異。（《大正藏》卷十六第668页）

【评说】食物、药物可以味区别。

圣者广慧菩萨问品第六

【提要】佛陀为广慧菩萨说心意意识深密之义。

【原文】廣慧！彼識名阿陀那識。何以故？以彼阿陀那識取此身相應身故。廣慧！亦名阿梨耶識。何以故？以彼身中住著故、一體相應故。廣慧！亦名為心。何以故？以彼心為色、聲、香、味、觸、法增長故。

廣慧！依彼阿陀那識能生六種識，所謂眼、耳、鼻、舌、身、意識身。廣慧！若一境界現前，一識身起，無分別意識即共眼識一時俱生。廣慧！若二、三、四、五境界現前，五識身起，無分別意識即與五識一時俱生。

廣慧！譬如流水，若一緣起即生一波，若二、若三乃至眾多因緣俱起即生眾波。廣慧！而彼流水亦不斷絕。

復次，廣慧！譬如無垢清淨明鏡，若有一像因緣現前，即見一像，若有二、三、眾多像現，即能具見眾多異像。廣慧！而彼明鏡為彼種種諸像不異。

廣慧！如彼流水、明鏡像等，依止阿陀那識、住持阿陀那識，若一眼識因緣現前，即一意識共彼眼識同時取境。廣慧！若五識身五種因緣一時現前，無分別意識即共五識一時取境。

廣慧！如是，菩薩摩訶薩依法住智，如實善知心意意識深密之法。廣慧！而佛不說諸菩薩等是善解知心意意識深密之法。廣慧！若菩薩不見內外阿陀那、不見阿陀那識，能如實知；不見阿梨耶、不見阿梨耶識、不戲論心，不見眼、不見色、不見眼識，不見耳、不見聲、不見耳識，不見鼻、不見香、不見鼻識，不見舌、不見味、不見舌識，不見身、不見觸、不見身識，廣慧！菩薩不見內外意、不見內外法、不見內外意識，能如實知。廣慧！我說如是諸菩薩等善

知第一義。廣慧！是故，我說菩薩應知心意意識深密之法。廣慧！菩薩如是解知心意意識深密法已，我說是人是真菩薩。（《大正藏》卷十六第669页）

【评说】阿陀那识亦名阿梨耶识，又名心，能生眼识、耳识、鼻识、舌识、身识、意识。

卷 第 二

圣者功德林菩萨问品第七

【提要】佛陀为功德林菩萨说一切法相。

【原文】功德林！譬如有人目中有瞖，是眼識過。功德林！虛妄分别亦復如是。功德林！譬如有人眼中有瞖，見毛輪繩及胡麻子，青、黃、赤、白等相現前。功德林！因緣之相亦復如是。功德林！譬如有人眼淨無濁，離眼瞖過，即彼眼見自性境界不生迷惑。功德林！第一義相亦復如是。（《大正藏》卷十六第669-670页）

【评说】记载患眼病（瞖）视物不清。

圣者成就第一义菩萨问品第八

【提要】佛陀为成就第一义菩萨说了义修多罗。

【原文】世尊！譬如毘舒婆藥草著諸藥中、一切食中。世尊！如來說法亦復如是，諸法無體相——諸法不生、諸法不滅、諸法寂靜、諸法自性涅槃——說了義修多羅，置於一切不了義修多羅中。（《大正藏》卷十六第673页）

【评说】毗舒婆，被广泛运用于药物和食物中。

卷 第 三

圣者弥勒菩萨问品第九

【提要】佛陀为圣者弥勒菩萨说修行奢靡他、毗婆舍那。

【原文】彌勒菩薩言："世尊！云何菩薩依四種法修行奢摩他、毘婆舍那觀，善知奢摩他、毘婆舍那？"

佛言："彌勒！如我為諸菩薩所說差别法相，所謂修多羅、祇夜、和伽羅、那伽他、憂陀那、尼陀那、阿婆陀那、伊帝憂多伽、闍多伽、毘佛略、阿浮陀檀摩、憂婆提舍。彌勒！一切菩薩於如是等修多羅中，應善諦聽、口常善誦、心常善知、智常善觀、慧如實覺。彌勒！諸菩薩等於彼修多羅中善思维已，於空閑處獨坐觀察，觀察彼心，內常隨順。如是觀心、如是不斷心，彼菩薩得身樂、心樂。彌勒！是名我說菩薩修行奢摩他法。"

"彼菩薩得身心樂已，依身心樂觀所說法，如向思惟一切諸法，觀察內心三昧境界像，能信諸法，離於思惟。彌勒！諸菩薩等如是觀彼三昧鏡像可知彼義，覺觀思惟，忍悕見意知覺現前。彌勒！是名我說菩薩修行毘婆舍那。彌勒！諸菩薩等應當如是善知毘婆舍那。"（《大正藏》卷十六第674页）

【评说】在空闲处静处，内观达到心身的安乐，称为奢摩他法。在奢摩他基础上，舍离思惟，"观察内心三昧境界像"，称为毗婆舍那法。

【原文】佛言:"彌勒！依前法,後三種亦如是應知。復次,彌勒！奢摩他有八種:所謂初禪奢摩他,如是,二禪、三禪、四禪、無邊空處、無邊識處、見少處、非想非非想處。復次,彌勒！有四種奢摩他:謂慈奢摩他、悲奢摩他、喜奢摩他、捨奢摩他。"(《大正藏》卷十六第 675 页)

【评说】奢摩他分为八个渐进的过程:初禅、二禅、三禅、四禅、无边空处、无边识处、见少处、非想非非想处。

【原文】爾時,世尊告彌勒菩薩言:"善哉,彌勒！善哉,善哉！彌勒！汝今乃能問佛此義。彌勒！汝能為於諸菩薩等不失空相故如是問,善哉是問。何以故?彌勒！若菩薩不知空相則失一切大乘法相。彌勒！汝今諦聽,我為汝說略相空義。彌勒！於他力相、第一義相、一切法中無染淨相,彼虛妄分別相常離彼相,不見有相,是名大乘中說略相空。"(《大正藏》卷十六第 678 页)

【评说】佛陀认为,离虚妄无分别就是空。

【原文】彌勒菩薩言:"世尊！如來說五種蓋。幾是奢摩他障?幾是毘婆舍那障?幾是向二障?"

佛言:"彌勒！掉、悔是奢摩他障,睡、疑是毘婆舍那障,欲、瞋二種是向二障。"

彌勒菩薩言:"世尊！云何善清淨奢摩他道?"

佛言:"彌勒！善伏睡眠,如是名為善能清淨奢摩他道。"

彌勒菩薩言:"世尊！云何善清淨毘婆舍那道?"

佛言:"彌勒！若能善斷掉、悔二蓋,如是則名善能清淨毘婆舍那道。"(《大正藏》卷十六第 678 页)

【评说】佛陀认为,掉、悔、睡、疑、欲、嗔妨碍修行奢摩他、毗婆舍那。

【原文】彌勒菩薩言:"世尊！奢摩他、毘婆舍那,從初菩薩地乃至如來地,對治何等過?"

佛言:"彌勒！奢摩他、毘婆舍那於初地中對治惡道業生煩惱染;第二地中對治微細過失;第三地中對治欲得善法過;第四地中對治愛三摩拔提心過;第五地中對治世間涅槃一向現前、不一向現前過;第六地中對治諸相行過;第七地中對治微細相行過;第八地中對治無相行、自然行過;第九地中對治一切種說法不得自在過;第十地中對治未得滿足法身過;彌勒！第十一地中對治細極細微細智障。彌勒！菩薩斷彼一切障已,得無障礙一切智處,成就所求法,得清淨法身。"(《大正藏》卷十六第 678 页)

【评说】佛陀指出,修行奢摩他、毗婆舍那到达不同境界可以对治各种心理障碍。

【原文】彌勒！譬如有人巧以細楔出彼麁楔。彌勒！菩薩修行亦復如是,觀內心相,離彼一切諸染相分;離染相分已,離取一切諸善法相;離取一切諸善法相已,離一切相。如是次第,上上地中念相似法,內心清淨乃至證阿耨多羅三藐三菩提,得所作修行觀行成就。彌勒！菩薩如是修行,得阿耨多羅三藐三菩提。(《大正藏》卷十六第 679 页)

【评说】修行中首先要观内心,先离染相,再离善法相,最后离一切相,达到内心清净,证得涅槃。

卷 第 四

弥勒菩萨问品之二

【提要】佛陀为弥勒菩萨说修行了义修多罗。

【原文】佛言:“觀世自在！菩薩初離生死,得出世間大利,清淨勝妙,歡喜踊躍,是故,初地名歡喜地;遠離一切微細破戒障故,是故,第二名離垢地;依無量智光明照曜,照諸三昧及聞持陀羅尼而得自在,能作光明,是故,第三名光明地;智火炎熾,燒菩提分煩惱習垢,是故,第四名為炎地;即彼菩提分方便修行,難勝得勝,是故,第五名難勝地;正念思惟諸有為行,現前證知諸法無相,是故,第六名現前地;無間無斷無相正念,遠入行,近清淨地,是故,第七名遠行地;無有諸相,自然修行,相不能動,是故,第八名不動地;說一切法、一切種智無礙自在,得廣大智,他不降伏,是故,第九名善慧地;眾生煩惱、過患之身如虛空等,如來法身猶如大雲,覆眾生界說法示現,是故,第十名法雲地;離一切無明微細習氣、離一切境界智障習氣,無障無礙,於一切法中而得自在,是故,第十一名為佛地。”

觀世自在菩薩白佛言:“世尊！世尊！此諸地有幾種無明？幾種障對？”

佛言:“觀世自在！有二十二種無明、十一種障。”

“觀世自在！於初地中執著人我法我無明、惡道煩惱染相無明,迷沒彼二是故名障;於二地中,微細過無明、種種業道無明,迷沒彼二是故名障;於三地中,求欲法無明、滿足聞持陀羅尼無明,迷沒彼二是故名障;於四地中,愛三摩跋提無明、愛法無明,迷沒彼二是故名障;於五地中,於世間正念思维非一向背世間非一向現世間無明、於涅槃正念思维非一向背涅槃非一向趣涅槃無明,迷沒彼二是故名障;於六地中,不如實知有為行現前無明、多集諸相無明,迷沒彼二是故名障;於七地中,微細相行無明、一向思惟方便無明,迷沒彼二是故名障;於八地中,無自然無相無明、諸相不得自在無明,迷沒彼二是故名障;於九地中,無量說法無量名句上上樂說智慧陀羅尼無明、樂說辯才自在無明,迷沒彼二是故名障;於十地中大通無明、入微細密無明,迷沒彼二是故名障;於佛地中,於一切境界極微細無明、他障無明,迷沒彼二是故名障。”

“觀世自在！是名二十二種無明、十一種障說諸地差別。觀世自在！而阿耨多羅三藐三菩提,此諸法不相應。”(《大正藏》卷十六第 680-681 页)

【评说】佛陀介绍了修行过程中依次达到的十一种身心状态,及每一种身心状态伴随的烦恼。

卷 第 五

圣者观世自在菩萨问品之二

【提要】佛陀为观世自在菩萨说菩萨应乐于修行波罗蜜行。

【原文】佛言:“觀世自在！菩薩斷三種過能斷諸使。何等為三？所謂皮、膚及骨。觀世自在！初斷皮障離第一過、次斷膚障離第二過、次斷骨障離第三過,我說一切使盡是名佛地應知。”(《大正藏》卷十六第 684 页)

【评说】此处皮、肤、骨是解剖名词,佛陀借用皮肤骨说明障碍的程度。

解 深 密 经

大唐三藏法师玄奘奉诏译

卷 第 二

一切法相品第四

【提要】佛陀为德本菩萨说三种法相。

【原文】善男子！如眩瞖人眼中所有眩瞖過患，遍計所執相當知亦爾。如眩瞖人眩瞖眾相：或髮毛、輪、蜂蠅、巨勝，或復青、黃、赤、白等相差别現前；依他起相當知亦爾。如淨眼人遠離眼中眩瞖過患，即此淨眼本性所行無亂境界；圓成實相當知亦爾。(《大正藏》卷十六第693页)

【评说】记载了一种眼病：视物昏花。

解深密经无自性相品第五

【提要】佛陀为胜义生菩萨说一切诸法皆无自性、无生、无灭、本来寂静、自性涅槃。

【原文】世尊！譬如毘濕縛藥，一切散藥、仙藥方中，皆應安處。如是，世尊！依此諸法皆無自性、無生、無滅、本來寂靜、自性涅槃，無自性性了義言教，遍於一切不了義經，皆應安處。(《大正藏》卷十六第696-697页)

【评说】记载了毗湿缚药，可用于配制其他药物。

卷 第 三

分别瑜伽品第六

【提要】佛陀为慈氏菩萨解说奢摩他、毗钵舍那的区别。

【原文】“世尊！於五蓋中，幾是奢摩他障？幾是毘鉢舍那障？幾是俱障？”

“善男子！掉舉、惡作，是奢摩他障；惛沈、睡眠、疑，是毘鉢舍那障；貪欲、瞋恚，當知俱障。”(《大正藏》卷十六第701页)

【评说】掉举、恶作，有碍修行奢摩他，昏沉、睡眠、疑有碍修行毗钵舍那，贪欲、嗔恚则妨碍两者的修行。

【原文】“世尊！若諸菩薩於奢摩他、毗鉢舍那現在前時，應知幾種心散動法？”

“善男子！應知五種：一者、作意散動；二者、外心散動；三者、內心散動；四者、相散動；五者、麁重散動。善男子！若諸菩薩捨於大乘相應作意，墮在聲聞、獨覺相應諸作意中，當知是名作意散動。若於其外五種妙欲諸雜亂相，所有尋思隨煩惱中，及於其外所緣境中，縱心流散，當知是名外心散動。若由惛沈及以睡眠，或由沈沒，或由愛味三摩鉢底，或由隨一三摩鉢底諸隨

煩惱之所染污，當知是名內心散動。若依外相，於內等持所行諸相，作意思惟，名相散動。若內作意為緣，生起所有諸受，由麁重身計我起慢，當知是名麁重散動。"(《大正藏》卷十六第701页)

【评说】佛陀指出，修行奢摩他、毗钵舍那时，存在五种散乱心：沉溺声闻中、为外妙欲扰动、昏沉和过多昏梦、依从外相、因粗重身体引起慢心。

【原文】"世尊！此奢摩他、毘鉢舍那，從初菩薩地乃至如來地，能對治何障？"

"善男子！此奢摩他、毘鉢舍那，於初地中，對治惡趣煩惱業生雜染障。第二地中，對治微細誤犯現行障。第三地中，對治欲貪障。第四地中，對治定愛及法愛障。第五地中，對治生死涅槃一向背趣障。第六地中，對治相多現行障。第七地中，對治細相現行障。第八地中，對治於無相作功用及於有相不得自在障。第九地中，對治於一切種善巧言辭不得自在障。第十地中，對治不得圓滿法身證得障。善男子！此奢摩他、毘鉢舍那，於如來地，對治極微細最極微細煩惱障及所知障。由能永害如是障故，究竟證得無著無礙一切智見。依於所作成滿所緣，建立最極清淨法身。"(《大正藏》卷十六第701-702页)

【评说】佛陀指出，修行奢摩他、毗钵舍那到达不同的境界可以对治十种心身障碍。

卷 第 四

地波罗蜜多品第七

【提要】佛陀为观世自在菩萨说十一地可分别对治二十二种愚痴、十一种粗重。

【原文】佛告觀自在菩薩曰："善男子！此諸地中有二十二種愚癡、十一種麁重為所對治。謂於初地有二愚癡：一者、執著補特伽羅及法愚癡，二者、惡趣雜染愚癡；及彼麁重為所對治。於第二地有二愚癡：一者、微細誤犯愚癡，二者、種種業趣愚癡；及彼麁重為所對治。於第三地有二愚癡：一者、欲貪愚癡，二者、圓滿聞持陀羅尼愚癡；及彼麁重為所對治。於第四地有二愚癡：一者、等至愛愚癡，二者、法愛愚癡；及彼麁重為所對治。於第五地有二愚癡：一者、一向作意棄背生死愚癡，二者、一向作意趣向涅槃愚癡；及彼麁重為所對治。於第六地有二愚癡：一者、現前觀察諸行流轉愚癡，二者、相多現行愚癡；及彼麁重為所對治。於第七地有二愚癡：一者、微細相現行愚癡，二者一向無相作意方便愚癡；及彼麁重為所對治。於第八地有二愚癡：一者、於無相作功用愚癡，二者、於相自在愚癡；及彼麁重為所對治。於第九地有二愚癡：一者、於無量說法、無量法句文字、後後慧辯陀羅尼自在愚癡，二者辯才自在愚癡；及彼麁重為所對治。於第十地有二愚癡：一者、大神通愚癡，二者、悟入微細祕密愚癡；及彼麁重為所對治。於如來地有二愚癡：一者、於一切所知境界極微細著愚癡，二者、極微細礙愚癡；及彼麁重為所對治。"(《大正藏》卷十六第704页)

【评说】佛陀指出，修行到十地后分别可以对治二十二种愚痴、十一种粗重。

【原文】觀自在菩薩復白佛言："世尊！是諸菩薩凡有幾種所應學事？"

佛告觀自在菩薩曰："善男子！菩薩學事略有六種：所謂布施、持戒、忍辱、精進、靜慮、慧到彼岸。"

觀自在菩薩復白佛言："世尊！如是六種所應學事，幾是增上戒學所攝？幾是增上心學所攝？幾是增上慧學所攝？”

佛告觀自在菩薩曰：“善男子！當知初三，但是增上戒學所攝；靜慮一種，但是增上心學所攝；慧是增上慧學所攝；我說精進遍於一切。”

觀自在菩薩復白佛言：“世尊！如是六種所應學事，幾是福德資糧所攝？幾是智慧資糧所攝？”

佛告觀自在菩薩曰：“善男子！若增上戒學所攝者，是名福德資糧所攝；若增上慧學所攝者，是名智慧資糧所攝；我說精進、靜慮二種遍於一切。”

觀自在菩薩復白佛言：“世尊！於此六種所學事中，菩薩云何應當修學？”

佛告觀自在菩薩曰：“善男子！由五種相應當修學：一者、最初於菩薩藏波羅蜜多相應微妙正法教中，猛利信解；二者、次於十種法行，以聞、思、修所成妙智，精進修行；三者、隨護菩提之心；四者、親近真善知識；五者、無間勤修善品。”

觀自在菩薩復白佛言：“世尊！何因緣故，施設如是所應學事，但有六數？”

佛告觀自在菩薩曰：“善男子！二因緣故：一者、饒益諸有情故；二者、對治諸煩惱故。當知前三饒益有情，後三對治一切煩惱。前三饒益諸有情者，謂諸菩薩由布施故，攝受資具饒益有情；由持戒故，不行損害逼迫惱亂，饒益有情；由忍辱故，於彼損害逼迫惱亂堪能忍受，饒益有情。後三對治諸煩惱者，謂諸菩薩由精進故，雖未永伏一切煩惱，亦未永害一切隨眠，而能勇猛修諸善品，彼諸煩惱不能傾動善品加行；由靜慮故，永伏煩惱；由般若故，永害隨眠。”（《大正藏》卷十六第 705 页）

【评说】布施、持戒、忍辱有益众生，精进、静虑、慧对治烦恼。

【原文】觀自在菩薩復白佛言：“世尊！如佛所說波羅蜜多，近波羅蜜多，大波羅蜜多。云何波羅蜜多？云何近波羅蜜多？云何大波羅蜜多？”

佛告觀自在菩薩曰：“善男子！若諸菩薩經無量時修行施等成就善法，而諸煩惱猶故現行，未能制伏然為彼伏，謂於勝解行地軟中勝解轉時，是名波羅蜜多。復於無量時修行施等，漸復增上，成就善法，而諸煩惱猶故現行，然能制伏非彼所伏，謂從初地已上，是名近波羅蜜多。復於無量時修行布施等，轉復增上，成就善法，一切煩惱皆不現行，謂從八地已上，是名大波羅蜜多。”（《大正藏》卷十六第 707 页）

【评说】修行时还有烦恼，称为波罗蜜多，虽有烦恼但能降伏，称为近波罗蜜多；无烦恼称为大波罗蜜多。

大乘密严经

唐天竺三藏地婆訶罗奉制译

卷　上

密严会品第一

【提要】佛陀为摧异论、大慧等弟子说密严，其弟子金刚藏详加解说，指出如来藏即藏

识，亦名阿赖亦识。

【原文】金剛藏！如來常住恒不變易，是修念佛觀行之境名如來藏。猶如虛空不可壞滅，名涅槃界亦名法界。過現未來諸佛世尊，皆隨順此而宣說故。如來出世、不出世間此性常在，名法住性亦名法尼夜摩性。金剛藏！云何名為尼夜摩？後有諸惡此皆離故。又此三昧能決定除後有諸惡，以如是義名尼夜摩。若有住此三昧之者，於諸眾生心無顧戀，證於實際及以涅槃，猶如熱鐵投清冷水故。諸菩薩捨而不證近住而已，常為眾生而作利益，不捨精進大悲諸度、不斷佛種、不行外道二乘之徑，如大力象，不為三昧淤泥所溺，心不味著識之境界，趣佛法門恒無退轉，以究竟慧入佛法身，開顯如來廣大威德，當成正覺轉妙法輪，智境眾色而為資用，入如來定遊涅槃境，漸次修行超第八地，善巧積習乃至法雲，資用如來廣大威德，住於諸佛內證之地，與無功用三昧相應，遍遊十方不動本處，而恒依止密嚴佛國轉於所依，智定意身力通自在皆得具足。譬如空月影遍眾水，佛亦如是，化形普降於諸世間，隨眾生心所樂不同，皆使蒙益無空見者，復令當詣密嚴佛國。如其性欲而漸開誘，為說一切欲界天王自在菩薩摩尼宮等諸安樂處，乃至諸地次第十方佛土功德莊嚴，盡於未來隨機應現。如因持呪安繕那藥及諸靈仙宮殿之神，與人同止而不可見。如來變化所為事畢，住於真身晦而不現，亦復如是。(《大正藏》卷十六第 724-725 页)

【评说】佛陀时代安缮那药和持咒一样被广泛应用。

卷　中

妙身生品第二之余

【提要】佛陀为螺髻梵王说密严佛国乃得正定人之所住处，弟子金刚藏菩萨以偈言说阿赖耶识的作用。

【原文】爾時金剛藏菩薩摩訶薩以偈答曰：

“世間眾色像，　不從能作生，
非是矩鞞羅，　因陀羅等作，
亦非大施會，　祠祭之福果。
毘陀所說因，　互違無定義，
亦復非無有，　能持世間因。
所謂阿賴耶，　第八丈夫識，
運動於一切，　如輪轉眾瓶，
如油遍在麻，　鹽中有鹹味，
亦如無常性，　普遍於諸色。
沈麝等有香，　日月光亦爾，
非能作所作，　非有亦非無。
遠離諸外道，　一異等眾見，
非智所尋求，　不可得分別。
定心無礙者，　內智之所證，
若離阿賴耶，　即無有餘識。

譬如海波浪，　與海雖不異，
海靜波去來，　亦不可言一。”（《大正藏》卷十六第731页）

【评说】阿赖耶识是产生其他七识的基础。

大乘密严经显示自作品第四

【提要】金刚藏为螺髻梵王说密严佛土是如来解脱之处，以偈言说“业非业”。

【原文】爾時金剛藏菩薩摩訶薩復告螺髻梵天王言：“天主！心有八種或復有九，與無明俱為世間因，世間悉是心心法現。是心心法及以諸根，生滅流轉為無明等之所變異，其根本心堅固不動。天主！世間因緣有十二分，若根若境、能生所生剎那壞滅，從於梵世至非非想皆因緣起，唯有如來離諸因緣。天主！內外世間動不動法，皆如瓶等壞滅為性。天主！諸識微細遷流速疾，是佛境界非諸世間仙人外道所能知見。眾仙外道為愛所纏，不能了知心相差別。天主！假使有人勉意勤行，歌讚祠祀毘陀之法而祭於天，經於一月或滿四月，如是一歲至于千歲，生於梵境終亦退還。天主！汝不知耶？三毘陀行所得之果，譬如芭蕉性不堅固。天主，密嚴佛土是諸如來解脫之處，從智定得，若樂解脫應善修行。天主！密嚴中人無有眷屬生死之患，其心不為諸業習氣之所染著，如蓮花出水、如虛空無塵、如日月高昇淨無雲翳，一切諸佛恒共攝受，沐淨戒流飲智慧液，得真實解度生死岸。天主！眾生身中諸界五蘊識等眾法皆無所有，眼色為緣而生於識，譬如因木火得熾然。天主！一切境界隨妄識轉，如鐵動移逐於磁石，又如陽焰乾闥婆城，是諸渴鹿愚幻所取。此中無有能造等物，但是凡夫心之變異。天主！如乾城之中人眾往來馳騖所作見而非實，眾生之身進止云為亦復如是，如夢中所見寤即非有。世間之人見蘊等法，覺心明照本來寂靜。天主！地等和合微塵之聚，若離於心即無所得。世間諸物可持舉等，孰非大種之所合成？譬如風痰病緣惑亂見種種物，又如起屍無能作者，世間諸法悉亦如是。汝諸佛子應勤觀察。天主！一切世間動植之物，譬如水沫共聚成形，瓶衣等想同於陽焰，苦樂諸受猶如浮泡，行如芭蕉中無有堅，識如幻事虛偽不實。天主！三界之中動不動法，同於夢境迷心所現，亦如幻事乾闥婆城但誑愚夫。若諸佛子於如是法，能正覺知心無所畏，以智慧火焚燒一切諸患因緣，即生妙樂密嚴之土。天主！一切世間皆無有相，相為繫縛、無相即解。相是心境，心境不實。真實之法是智境界，遠離眾相非心所行。天主！一切諸相是三界法，色聲等法名之為相。諸根境界一切眾生繫縛之因，若能於相而不貪著，眾縛悉除安樂自在。”（《大正藏》卷十六第734页）

【评说】“此中无有能造等物，但是凡夫之心之变异……若离于心即无所得”，世上没有创造万物的造物主，离开心则无所表达。

“譬如风痰病缘惑乱见种种物”，经文提及一种疾病——风痰病。

【原文】爾時金剛藏菩薩摩訶薩言……即說偈言：

“內外一切物，　所見唯自心，
眾生心二性，　能取及所取。
心體有二門，　即心見眾物，
凡夫性迷惑，　於自不能了。
所見眾境界，　皆是自所為，
瓶等相現前，　求之悉無體。

諸仙智微劣，　不能明了知，
捨於真實理，　而行分別路。
是心有二性，　如鏡含眾像，
亦如水現月，　翳者見毛輪。
毛輪瓔珞珠，　此皆無所有，
但從病瞖眼，　若斯而顯現。
……
譬如石女人，　夢已忽生子，
捧對方歡樂，　尋又見其亡。”(《大正藏》卷十六第734-735页)

【评说】记载了眼病(翳眼)、不能生育的女性即石女人。

大乘密严经阿赖耶建立品第六

【提要】金刚藏说藏识不增不减。

【原文】譬如大地與諸眾生而作所依，又如良醫善調眾藥，周行城邑普心救療。佛亦如是，平等教化心無分別，設有眾生割截肌膚心亦不動。諸仁者！內外境界心之所行，皆唯是識惑亂而見，此中無我亦無我所。能害所害、害及害具，一切皆是意識境界，依阿賴耶如是分別。(《大正藏》卷十六第737页)

【评说】佛陀时代已有医家游走于城邦之间行医。

【原文】藏識亦爾，普現一切眾生界中，性常圓潔不增不減，無智之人妄生計著。若有於此能正了知，即得無漏轉依差別，此差別法得者甚難。如月在雲中性恒明潔。藏識亦爾，於轉識境界習氣之中而常清淨。如河中有木隨流漂轉，而木與流體相各別。藏識亦爾，諸識習氣雖常餘俱，不為所雜。諸仁者！阿賴耶識恒與一切染淨之法而作所依，是諸聖人現法樂住三昧之境，人天等趣、諸佛國土悉以為因，常與諸乘而作種性，若能了悟即成佛道。諸仁者！一切眾生有具功德威力自在，乃至有生險難之處，阿賴耶識恒住其中作所依止。此是眾生無始時界，諸業習氣能自增長，亦能增長餘之七識，由是凡夫執為所作能作內我。諸仁者！意在身中如風速轉，業風吹動遍在諸根，七識同時如浪而起。外道所計勝性、微塵、自在、時等，悉是清淨阿賴耶識。諸仁者！阿賴耶識由先業力及愛為因，成就世間若干品類，妄計之人執為作者。此識體相微細難知，未見真實心迷不了，於根境意而生愛著。(《大正藏》卷十六第737页)

【评说】藏识，即阿赖耶识，其余七识皆依藏识而生。

卷　下

大乘密严经阿赖耶微密品第八

【提要】金刚藏为大众说阿赖耶识变似一切世间众色。

【原文】爾時金剛藏菩薩摩訶薩復告大眾：“諸仁者！阿賴耶識從無始來為戲論熏習諸業所繫輪迴不已，如海因風起諸識浪，恒生恒滅不斷不常。而諸眾生不自覺知，隨於自識現眾境界。若自了知如火焚薪，即皆息滅入無漏位名為聖人。諸仁者！阿賴耶識變似眾境彌於世間，染意攀緣執我我所，諸識於境各各了別。諸仁者！心積集業，意亦復然。意識了知種種諸法，五識分別現前境界，如瞖目者見似毛輪，於似色心中非色計色。諸仁者！如摩尼寶體性清淨，若有置於日月光中，隨其所應各雨其物。阿賴耶識亦復如是，是諸如來清淨之藏，與習氣合變似眾色周於世間，若無漏相應即雨一切諸功德法，如乳變異而成於酪乃至酪漿。阿賴耶識亦復如是，變似一切世間眾色，如翳目者以翳病故見似毛輪。一切眾生亦復如是，以習氣翳住藏識眼生諸似色，此所見色譬如陽焰遠離有無，皆阿賴耶之所變現。諸仁者！依於眼色有似色識，如幻而生住於眼中，其相飄動如熱時焰。諸仁者！一切眾色皆阿賴耶與色習相應變似其相，非別有體同於愚夫妄所分別。諸仁者！一切眾生若坐若臥、若行若立、惛醉睡眠乃至狂走，莫不皆是阿賴耶識。譬如盛日舒光燭地氣蒸飄動，猶如水流渴獸迷惑向之奔走。阿賴耶識亦復如是，體性非色而似色現，分別之人妄生取著。如磁石力令鐵轉移，雖無有心似有心者。阿賴耶識亦復如是，為生死法之所攝持，往來諸趣非我似我。如水中有物雖無思覺，而隨於水流動不住。阿賴耶識亦復如是，雖無分別依身運行。如有二象捔力而鬪，若一被傷退而不復。阿賴耶識應知亦然，斷諸染分更不流轉。譬如蓮花出離淤泥，皎潔清淨離諸塵垢，諸天貴人見之珍敬。阿賴耶識亦復如是，出習氣泥而得明潔，為諸佛菩薩大人所重。如有妙寶世所希絕，在愚下人邊常被污賤；智者得已獻之於王，用飾寶冠為王所戴。阿賴耶識亦復如是，是諸如來清淨種性，於凡夫位恒被雜染，菩薩證已斷諸習氣，乃至成佛常所寶持。如美玉在水黿衣所覆。阿賴耶識亦復如是，在生死海為諸惡習覆而不現。諸仁者！阿賴耶識有能取所取二種相生，如蛇有二頭所樂同往，此亦如是與色相俱，世間之人取之為色，或計我我所若有若無，能作世間於世自在。諸仁者！阿賴耶識雖種種變現而性甚深，無智之人不能覺了。譬如幻師幻作諸獸或行或走，相似眾生都無定實。阿賴耶識亦復如是，幻作種種世間眾生而無實事。凡愚不了妄生取著，起微塵、勝性、自在、丈夫有無等見。諸仁者！意能分別一切世間，是分別見如畫中質、如雲中形、如翳夢者所見之物、如因陀羅弓、如乾闥婆城、如谷響音、有陽焰水、如川影樹、如池像月，分別之人於阿賴耶如是妄取。若有於此能正觀察，知諸世間皆是自心，是分別見即皆轉滅。諸仁者！阿賴耶識是意等諸法習氣所依，為分別心之所擾濁。若離分別即成無漏，無漏即常猶如虛空。若諸菩薩於阿賴耶而得三昧，則生無漏禪定、解脫、方便力、自在神通如是等諸功德法，十究竟願意生之身，轉於所依識界常住，同虛空性不壞不盡。諸仁者！如來普見一切世間無有增減，般涅槃者非是壞滅，亦無非眾生而今始生。十方國土同一法性，諸佛出世不出世間，一切諸法住於法性不常不斷。若解脫者眾生界滅，即壞如來一切智性，去來今佛所知之法不得平等。又若涅槃眾生滅者，誰離於苦？有餘無餘降魔等事皆是妄說。是故當知，諸觀行者證於解脫其身常住，離眾有蘊滅諸習氣。譬如熱鐵投之冷水，熱勢雖除而鐵不壞。此亦如是。諸仁者！阿賴耶海為戲論麁重所擊，五法三性諸識波浪相續而生，所有境界其相飄動，於無義處中似義而現。諸仁者！阿賴耶識行於諸蘊稠林之中意為先導，意識決了色等眾境，五識依根了現境界，所取之境莫不皆是阿賴耶識。諸仁者！阿賴耶識與壽命煖觸和合而住，意住於此，識復住意，所餘五識亦住自根。諸仁者！心意及識住於諸蘊，為業所牽流轉不息，諸所有業因愛而起，以業受身身復造業，捨此身已更受餘身如步屈蟲行。心及心法生於諸趣，復更積集稠林之蘊。諸仁者！壽、煖及識若捨於身，身無覺知同於木石。諸仁者！藏識是心，執我名意，取諸境界說之為識。諸仁者！心能持身、意著諸趣，意識遍了五現分別。諸仁者！藏識為因生於諸識，意

及意識又從所緣無間而起，五識復待增上緣生，以同時自根為增上故。諸仁者！身如起屍亦如陽焰，隨於諸行因緣而轉，非是虛妄亦非真實，為愛所牽性空無我。諸仁者！意等諸識與心共生，五識復與意識同生，如是恒時大地俱轉。諸仁者！阿賴耶識為愛所熏而得增長，自增長已復增餘識如輪不絕，以諸識故眾趣得生，於諸趣中識復增長，識與世間更互為因。如河中流前後不斷，如芽與種相續而生，各各差別分明顯現。識行亦爾，三和合已復更和合，差別而生無有斷絕，內外眾法因茲而起。一切凡夫不了自心，汝諸佛子應勤觀察。”（《大正藏》卷十六第 741-742 页）

【评说】阿赖耶识与生命同在，阿赖耶识决定意，意决定意识，意识产生五识，一切外在的生命活动都是阿赖耶识决定的。

【原文】爾時金剛藏菩薩摩訶薩周顧四方，見諸大眾，便生覺念將欲說法，熙怡微笑發和雅音，而說偈言：

“……

甜性能除熱，　苦醋鹹止痰，
辛物變於冷，　鹹能已風疾。
身中有痰熱，　共生於瘧病，
或復但因風，　或三和合起。
以病各差別，　良醫說眾方，
石蜜并六分，　庾沙諸食等，
能除眾生身，　種種諸瘧疾。
若法有自性，　及以諸相者，
藥無除病能，　病者不應差。
云何世人見，　服藥病除愈？”（《大正藏》卷十六第 742-743 页）

【评说】金刚藏指出药不对症服药无效。

福 田 经

佛说诸德福田经

西晋沙门法立、法炬共译

【提要】佛陀在舍卫国祇树给孤独园为众比丘说种德行施会获得福报。

【原文】佛告天帝:"復有七法廣施,名曰福田,行者得福,即生梵天。何謂為七?一者、興立佛圖、僧房、堂閣;二者、園果、浴池、樹木清涼;三者、常施醫藥,療救眾病;四者、作牢堅船,濟度人民;五者、安設橋梁,過度羸弱;六者、近道作井,渴乏得飲;七者、造作圊廁,施便利處。是為七事得梵天福。"

爾時世尊,以偈頌曰:

"起塔立精舍,　園果施清涼,
病則醫藥救,　橋船度人民,
曠路作好井,　渴乏得安身,
所生食甘露,　無病常安寧,
造廁施清淨,　除穢致輕悅,
後無便利患,　莫見穢惡者。
譬如五河流,　晝夜無休息,
此德亦如斯,　終得昇梵天。"(《大正藏》卷十六第777页)

【评说】佛陀要求世俗大众多做善事,在佛陀所说的七福田中,设果园、植树木、近道作井、安设桥梁、建造船只都是有利民生的慈善事业;佛陀还主张造作圊厕、建浴池,可见佛陀时代早已认识到良好卫生习惯的重要性;佛陀还将"常施医药、疗救众病"列为七福田之一,可见其对医药事业相当重视。

【原文】復有一比丘,名曰波拘盧,從座而起,整服作禮,長跪叉手,白世尊曰:"我念宿命,生拘夷那竭國,為長者子。時世無佛,眾僧教化,大會說法,我往聽經。聞法歡喜,持一藥果,名呵梨勒,奉上眾僧。緣此果報,命終昇天,下生世間,恒處尊貴,端正雄傑,與眾超絕,九十一劫,未曾有病。餘福值佛,光導癡冥,授我法藥,逮得應真,力能移山,慧能消惡。善哉福報,為真諦矣!"

爾時波拘盧以偈頌曰:

"慈澤潤枯槁,　德勳濟苦患,
一果之善本,　享福迄今存。
佛垂真諦義,　蒙教超出淵,
聖眾祐無極,　稽首上福田。"(《大正藏》卷十六第777页)

【评说】该段经文从因果报应的角度阐述了今生施予他人药食,来世将获得无病的福报。

呵梨勒,是尽寿药的一种,只要疾病需要,可终身食用。尽寿药,四药之一,没有规定食用期限的药物。

【原文】於時波拘盧禮已還坐。復有一比丘，名曰須陀耶，即從座起，整服作禮，長跪叉手，白世尊曰："我自惟念先世之時，生維耶離國，為小家子。時世無佛，眾僧行教化。我時持酪，入市欲賣，值遇眾僧，大會講法，過而立聽，法言微妙，聞之歡悅，即舉瓶酪，布施眾僧。眾僧呪願，益懷欣踊。緣此福報，壽終生天，下生世間，財富無限，九十一劫，豪尊榮貴。末後餘愆，生於世間，母妊數月，得病命終，埋母塚中，月滿乃生。塚中七年，飲死母乳，用自濟活。微福值佛，開闡明法，超度死地，逮得應真。諦哉罪福，誠如佛教！"

爾時須陀耶以偈頌曰：

"前為小家子，　賣酪以自存，
欣踊施微薄，　得離三苦患。
雖罪塚中生，　飲乳活七年，
因緣得解脫，　歸命聖福田。"(《大正藏》卷十六第777-778页)

【评说】用今生以酪布施僧众来生获得无限财富的故事说明布施的好处。"母妊数月，得病命终，埋母塚中，月满乃生。塚中七年，饮死母乳，用自济活"，记载了妊娠妇女死后产子，子饮死母乳汁存活七年的传奇故事。

【原文】於時須陀耶禮已還坐。復有一比丘，名曰阿難，即從座起，整服作禮，長跪叉手，白世尊曰："我念宿命，生羅閱祇國，為庶民子，身生惡瘡，治之不差。有親友道人，來語我言：'當浴眾僧，取其浴水，以用洗瘡，便可除愈，又可得福！'我即歡喜，往到寺中，加敬至心，更作新井，香油浴具，洗浴眾僧，以汁洗瘡，尋蒙除愈。從此因緣，所生端正，金色晃昱，不受塵垢，九十一劫，常得淨福，僧祐廣遠。今復值佛，心垢消滅，逮得應真。"

阿難於佛前以偈頌曰：

"聖眾為良醫，　救濟苦惱患，
洗浴施清淨，　瘡愈蒙得安。
所生常端正，　殊異紫金顏，
德潤無崖限，　歸命良福田。"(《大正藏》卷十六第778页)

【评说】本段经文记载了治疗恶疮一种方法：用僧人洗浴后的汁水洗疮，与现今卫生习惯相悖应弃之不用。

【原文】阿難禮已還坐。爾時座中有一比丘尼，名曰奈女，即從座起，整服作禮，長跪叉手，白佛言："我念先世，生波羅奈國，為貧女人。時世有佛，名曰迦葉，時與大眾，圍繞說法。我時在座，聞經歡喜，意欲布施，顧無所有，自惟貧賤，心用悲感，詣他園圃，乞求果蓏，當以施佛。時得一奈，大而香好，擎一盂水并奈一枚，奉迦葉佛及諸眾僧。佛知至意，呪願受之，分布水、奈，一切周普。緣此福祚，壽盡生天，得為天后。下生世間，不由胞胎，九十一劫，生奈華中，端正鮮淨，常識宿命。今值世尊，開示道眼。"

爾時奈女以偈頌曰：

"三尊慈潤普，　慧度無男女，
水果施弘報，　緣得離眾苦。
在世生華中，　上則為天后，
自歸聖眾祐，　福田最深厚。"(《大正藏》卷十六第778页)

【评说】奈，佛陀时代的一种水果。

【原文】佛告天帝及諸大眾:"聽我所說,宿命所行。昔我前世於波羅奈國,近大道邊,安施圊廁,國中人民,得輕安者,莫不感義。緣此功德,所生淨潔,累劫行道,穢染不污,功祚大備,自致成佛。金體光耀,塵水不著,食自消化,無便利之患。"

於是世尊以偈頌曰:

"忍穢修福事,　為人所不污,
造廁施便利,　煩重得輕安。
此德除貢高,　因解生死緣,
進登成佛道,　空淨巍巍尊。"(《大正藏》卷十六第778页)

【评说】该段经文体现了佛陀时代对居住环境、清洁卫生的重视。

佛说父母恩难报经

后汉安息国三藏安世高译

【提要】佛陀在舍卫国祇树给孤独园为众比丘说孝养父母重在引导他们修习佛法、行慈悲心。

【原文】爾時世尊告諸比丘:"父母於子,有大增益,乳餔長養,隨時將育,四大得成。右肩負父、左肩負母,經歷千年,正使便利背上,然無有怨心於父母,此子猶不足報父母恩。若父母無信,教令信,獲安隱處;無戒,與戒教授,獲安隱處;不聞;使聞教授,獲安隱處;慳貪,教令好施,勸樂教授,獲安隱處;無智慧,教令黠慧,勸樂教授,獲安隱處。如是信如來、至真、等正覺、明行成為、善逝、世間解、無上士、道法御、天人師、號佛、世尊教,信法教授,獲安隱處。諸法甚深,現身獲果,義味甚深。如是智者,明通此行,教令信聖眾。如來聖眾甚清淨,行直不曲,常和合,法法成就,戒成就、三昧成就、智慧成就、解脫成就、解脫見慧成就。所謂聖眾——四雙八輩,是謂如來聖眾,最尊最貴,當尊奉敬仰,是世間無上福田。如是諸子!當教父母行慈。諸比丘有二子:所生子、所養子,是謂比丘有二子。是故諸比丘!當學所生子,口出法味。如是諸比丘,當作是學。"(《大正藏》卷十六第778-779页)

【评说】在佛教看来,孝养父母,应当引导和教授他们修习佛法。

"父母于子,有大增益,乳哺长养,随时将育,四大得成",四大的形成,即身体的成长离不开父母亲的养育。

佛说盂兰盆经

西晋月氏三藏竺法护译

【提要】佛陀在舍卫国祇树给孤独园为大目乾连解说在七月十五日设盂兰盆供来孝顺现世父母,可增父母福寿;以此孝养过逝父母及六种亲属,可救济他们解脱三途之苦。

【原文】佛告諸善男子、善女人:"是佛弟子修孝順者,應念念中常憶父母,供養乃至七世父母。年年七月十五日,常以孝順慈憶所生父母,乃至七世父母,為作盂蘭盆,施佛及僧,以

報父母長養、慈愛之恩。若一切佛弟子應當奉持是法。”(《大正藏》卷十六第779页)

【评说】在佛陀看来，孝养父母应当由此生父母广及七世父母。

佛说孝子经

失译人名今附西晋录

【提要】佛陀为诸沙门解说子女应当如何孝养父母。

【原文】世尊又曰：“子之養親，甘露百味以恣其口，天樂眾音以娛其耳，名衣上服光耀其身，兩肩荷負周流四海，訖子年命以賽養恩，可謂孝乎？”

諸沙門曰：“惟孝之大莫尚乎玆？”

世尊告曰：“未為孝矣！若親頑闇不奉三尊，兇虐殘戾，濫竊非理，婬泆外色，偽辭非道，酖愐荒亂，違背正真兇孽若斯，子當極諫以啟悟之。若猶瞢瞢未悟，即為義化，當牽譬引類，示王者之牢獄、諸囚之刑戮曰：‘斯為不軌，身被眾毒，自招殞命。命終神去，繫于太山，湯火萬毒獨呼無救。由彼履惡，遭斯重殃矣。’”

……

佛告諸沙門：“覩世無孝唯斯為孝耳。能令親去惡為善，奉持五戒，執三自歸，朝奉而暮終者，恩重於親乳哺之養無量之惠。若不能以三尊之至化其親者，雖為孝養猶為不孝。”(《大正藏》卷十六第780页)

【评说】佛陀认为，以美味、音乐、华服奉养父母并不算至孝，劝导父母去恶向善、皈依三宝、奉持五戒才能真正报养父母亲恩。

佛说作佛形像经

闕译人名出后汉录

【提要】佛陀在拘盐惟国为少年王优填说作佛像的福报。

【原文】佛言：“天下人作佛形像者，其後世所生處，眼目淨潔，面目端政，身體手足常好。生天上亦淨潔，與諸天絕異，眼目面貌好。作佛形像，得福如是。

作佛形像，所生處無有惡身，體皆完好。死後得生第七梵天上，復勝餘天，端政絕好無比，為諸天所敬。作佛形像，得福如是。”(《大正藏》卷十六第788页)

【评说】造作佛像，可使后世体貌健美。

佛说造立形像福报经

闕译人名附东晋录

【提要】佛陀在拘盐惟国为少年王优填说造立佛形像的福报。

【原文】佛言:“天下人民能作佛形像者,其後世世所生之處,眼目淨潔面貌端政,身體手足常好柔濡,生於天上亦復淨潔諸天中勝,眼目面貌甚好無比,作佛形像其福如是。

作佛形像,所生之處無有諸惡身體具足,死後得生第七梵天上,復諸天中形貌端政絕好無比,為諸天所敬,作佛形像其福如是。

作佛形像,後世常生勢尊貴家,受其氣力與世絕異,在所生處不墮貧家,作佛形像其福如是。

作佛形像,後世所生身形殊妙,紫磨金色端政無比,常為眾人所共敬愛,作佛形像其福如是。”

……

爾時,世尊說偈答曰:

“……

不生邊地國，　不盲不醜陋，
六情常完具，　作佛形像報。”(《大正藏》卷十六第789页)

【评说】造作佛像与否与后世体貌美丑有关,是佛教对人体存在体貌差异的一种可能性解释。

佛说大乘造像功德经

大唐于阗三藏提云般若奉制译

卷　上

【提要】经中讲述了优陀延王为佛造像的故事。

【原文】爾時優陀延王住在宮中,常懷悲感,渴仰於佛,夫人、婇女諸歡樂事皆不涉心,作是念言:“我今憂悲,不久當死。云何令我未捨命間,得見於佛?”尋復思惟:“譬若有人,心有所愛,而不得見,見其住處及相似人,或除憂惱。”復更思惟:“我今若詣佛先住處,不見於佛,哀號感切,或致於死。我觀世間無有一人能與如來色相、福德、智慧等者。云何令我得見是人除其憂惱?”(《大正藏》卷十六第790页)

【评说】记载了优陀延王因瞻仰佛陀不得而心生悲戚欲死的心理变化。

【原文】即時告勅國內所有工巧之人,並令來集。人既集已,而語之言:“誰能為我造佛形像,當以珍寶重相酬償。”

諸工巧人共白王言:“王今所勅,甚為難事!如來相好,世間無匹。我今何能造佛形像!假使毘首羯磨天而有所作,亦不能得似於如來。我若受命造佛形像,但可摸擬螺髻、玉毫少分之相,諸餘相好光明威德誰能作耶?世尊會當從天來下,所造形像若有虧誤,我等名稱並皆退失!竊共籌量,無能敢作。”

其王爾時復告之曰:“我心決定,勿有所辭!如人患渴,欲飲河水,豈以飲不能盡,而不

飲耶?”

是時諸人聞王此語，皆前拜跪共白王言:“當依所勅!然請大王垂許我等，今夜思審，明晨就作。”復白王言:“王今造像應用純紫栴檀之木，文理、體質堅密之者，但其形相為坐、為立、高下若何?”

王以此語問諸臣眾，有一智臣前白王言:“大王!當作如來坐像。何以故?一切諸佛得大菩提，轉正法輪，現大神通，降伏外道，作大佛事，皆悉坐故。是以應作坐師子座，結加之像。”

爾時毘首羯磨天遙見其事，審知王意欲造佛像，於其夜中作是思惟:“我身所解最為巧妙，世間之中無如我者。我若為作，應少似佛。”即變其身，而為匠者，持諸利器，至明清旦，住王門側，令守門人具白王言:“我今欲為大王造像!我之工巧世中無匹。唯願大王莫使餘人!”

王聞此語心大欣慶，命之令入。觀其容止，知是巧匠，便生念言:“世間之中何有此人?將非毘首羯磨天，或其弟子，而來此耶?”王於爾時即脫身上所著瓔珞，手自捧持，以挂其頸，仍更許以種種無量諸珍寶物。時王即與主藏大臣於內藏中選擇香木，肩自荷負，持與天匠，而謂之言:“善哉，仁者!當用此木為我造像，令與如來形相相似。”

爾時天匠即白王言:“我之工巧雖云第一，然造佛形相終不能盡。譬如有人以炭畫日，言相似者，無有是處。設以真金而作佛像，亦復如是。有外道言:‘梵王能作一切世間，然亦不能造佛形像盡諸相好!’但我工巧世中為上，是故我今為王作耳!今晨即是月初八日，弗沙宿合毘婆訶底出現之時，佛初誕生，還有此應。此日祥慶，宜應起作。”發是語已，操斧斫木，其聲上徹三十三天，至佛會所。以佛神力聲所及處，眾生聞者，罪垢、煩惱皆得銷除。爾時如來即便微笑，種種歎美其王功德，乃至遙授阿耨多羅三藐三菩提記。

爾時三十三天主白佛言:“世尊!今在人間頗亦有人，曾於曩生作佛像不?”

佛言:“天主!諸有曾經作佛像者，皆於過去先已解脫，在天眾中尚復無有，況於餘處!唯有北方毘沙門子那履沙婆，曾於往昔造菩薩像，以斯福故，後得為王，名頻婆娑羅。復因見我，今得生天，有大勢力，永離惡道。優樓頻螺迦葉、伽耶迦葉、那提迦葉並曾於往世修故佛堂，由此因緣永得解脫。憍梵波提昔作牛身，追求水草，右遶精舍，食諸草竹，因見尊容，發歡喜心，乘茲福故，今得解脫。尸毘羅曾持寶蓋，供養佛像;阿㝹樓馱然一支燈亦以供養;輪鞞那曾掃佛堂;阿婆摩那於佛像前燃燈施明;難陀比丘愛重尊儀，香水洗沐。有如是等無量諸阿羅漢，皆悉曾於佛像之所薄申供養——乃至極下如那伽波羅，於像座前，以少許黃丹畫一像身，而為供養——由此福故，皆永離苦而得解脫。天主!若復有人能於我法未滅盡來，造佛像者，於彌勒初會皆得解脫。若有眾生非但為已而求出離，乃為欲得無上菩提，造佛像者，當知此則為三十二相之因，能令其人速致成佛。”

爾時優陀延王心自思惟:“云何令我所造之像速得成就?”作是念已，語彼匠言:“汝可勤心令功速畢，使我早得瞻仰禮敬。”是時天匠運其工巧，專精匪懈，不日而成。其像加趺，坐高七尺，面及手足皆紫金色。時優陀延王見像得成，相好端嚴，心生淨信，獲柔順忍。既得忍已，益加欣慶，所有業障及諸憂惱並得銷除。譬如日出，霧露皆盡，唯除一業，現身受者，以曾於聖人起惡語故。

其王爾時即以種種殊珍異物賞彼天匠。是時天匠敬白王言:“王今造像，我心隨喜。願與大王同修此福!今王所賜，非我敢受。若要相與，待餘吉日。”作是語已，即於其夜還昇本

天。(《大正藏》卷十六第 790-791 页)

【评说】本段经文记述了造作佛像的过程以及优陀延王见到佛像后,业障与忧恼尽除的事迹。从现代角度来看优陀延王思而不得导致悲戚欲死,是一种心理疾病。

卷　下

【提要】佛陀在僧伽尸道场为众生说造作佛像的功德。

【原文】彌勒! 如是之人於生死中雖復流轉,終不生在貧窮之家,亦不生於邊小國土、下劣種姓、孤獨之家,又亦不生迷戾車等,商估、販賃、屠膾等家,乃至不生卑賤伎巧、不淨種族、外道苦行、邪見等家;除因願力,並不生彼。是人常生轉輪聖王,有大勢力種姓之家,或生淨行婆羅門,富貴自在、無過失家。所生之處,常遇諸佛,承事供養。或得為王,能持正法,以法教化,不行非道。或作轉輪聖王,七寶成就,千子具足,騰空而行,化四天下,盡其壽命,自在豐樂。或作帝釋、夜摩天王、兜率天王、化樂天王、他化自在天王,人、天快樂靡不皆受,如是福報相續不絕。所生之處,常作丈夫,不受女身,亦復不受黃門、二形卑賤之身。所受之身,無諸醜惡,目不盲眇,耳不聾聵,鼻不曲戾,口不喎斜,脣不下垂,亦不皺澁,齒不踈缺,不黑不黃,舌不短急,項無瘤癭,形不傴僂,色不斑駮,臂不短促,足不瘻跛,不甚瘦,不甚肥,亦不太長,亦不太短,如是一切不可喜相悉皆無有。其身端正,面貌圓滿,髮紺青色,軟澤光淨,脣如丹果,目若青蓮,舌相廣長,齒白齊密,發言巧妙,能令聞者無不喜悅。臂肘傭長,掌平坦厚,腰髀充實,胸臆廣大,手足柔軟,如兜羅綿,諸相具足無所缺減,如那羅延天有大筋力。(《大正藏》卷十六第 793 页)

【评说】经中阐述了造作佛像的福报:生于大势力种姓家,或净行婆罗门,富贵长寿,常遇诸佛,常作丈夫,体貌健美。

从经文中可以看出,虽然佛陀主张众生平等,但在轮回转世说中,仍明显带有古印度种姓制度等级差异的色彩。此外,佛陀对健美体貌进行了细致的描写。

【原文】彌勒! 譬如有人墮圊廁中,從彼得出,刮除糞穢,淨水洗沐,以香塗身,著新潔衣。如是此人,比在廁中猶未得出,淨穢香臭相去幾何? 此事懸隔,無有等倍。彌勒! 若有人於生死中,能發信心造佛形像,比未造時相去懸隔,亦復如是。當知此人在在所生淨除業障,種種伎術無師自解。雖生人趣,得天六根;若生天中,超越眾天。所生之處無諸疾苦,無疥癩,無癰疽,不為鬼魅之所染著。無有癲狂、乾痟等病,癀瘧、癥瘕、惡瘡、隱疾、吐痢無度、飲食不消、舉體酸疼、半身痿躄如是等病,四百四種,皆悉無有。亦復不為毒藥、兵仗、虎、狼、師子、水、火、怨賊如是橫緣之所傷害,常得無畏,不犯諸罪。(《大正藏》卷十六第 793-794 页)

【评说】造作佛像,可净除业障,有利于免除各种疾病。

经中记载了多种病名,如疥癞、痈疽、鬼魅染著、癫狂、乾痟、癀疟、癥瘕、恶疮、隐疾、吐痢无度、饮食不消、举体酸疼、半身痿躄等,并认为毒药、兵仗、虎、狼、狮子、水、火、怨贼是导致横死的原因。

【原文】爾時會中有未發大乘心者,皆生疑念:"如來過去為造佛像? 為不作耶? 設若作者,云何壽命而有限極,有病,有苦? 所居國土多諸穢濁,不得清淨?"

時波斯匿王承佛威神，即從座起，長跪合掌，白佛言："世尊！我見如來諸根相好，及以種族皆悉第一，其心決定，無有所疑。然佛、世尊曾於一時，被佉陀羅木刺傷其足；又於一時遇提婆達多推山迸石，傷足出血；昔復一時唱言有病，命遣耆婆調下利藥；又一時中曾患背病，令摩訶迦葉誦七菩提分，所苦得除；復於一時曾有所患，使阿難陀往婆羅門家，乞求牛乳；往復一時於娑羅村中，三月安居唯食馬麥；復曾一時乞食不得，空鉢而還。如世尊言：'若有人作佛像者，所有業障皆得除滅，離眾苦惱，無諸疾病。'世尊往昔為曾作像？為不曾作？若於昔時作佛像者，何因而有如是等事？"

佛告波斯匿王言："諦聽，諦聽！善思念之！當為大王分別解說。大王！我於往世為求菩提，以眾寶、栴檀、彩畫等事而作佛像，過此會中人、天之數。以斯福故，雖在生死未盡諸惑，然所受身堅如金剛，不可損壞。大王！我念過去於無量劫生死之中造佛形像，爾時尚有貪、瞋等無量煩惱而共相應。然未曾於一念之間以罪業故，有四大不調及惡鬼神諸少病苦，所須之物莫不充備，況我於今已得阿耨多羅三藐三菩提，而有如是不如意事。大王！若我昔時曾作佛像，今有殘業受斯報者，我復云何作無畏說，言造佛像決定能盡諸惡業耶？大王！我於過去給施無量飲食、財寶，云何今時乞求不得，而食馬麥？儻今此事而有實者，云何我於無量經中種種讚歎檀波羅蜜，說其福業終不虛也？大王！我是真實語者，不誑語者。我若欺誑，況餘人乎！大王！我已久斷一切惡業，能捨難捨，能行難行，所捨身命過百千億，已造無量諸佛形像，已悔無量諸罪惡業，豈得有斯毀傷、病苦、食噉馬麥、飢渴等事？若曾得勝果，今還退失，何假勸修此眾福善？大王！諸佛、如來常身法身，為度眾生故現斯事，非為實也！傷足、患背、乞乳、服藥，乃至涅槃，以其舍利分布起塔，皆是如來方便善巧，令諸眾生見如是相。大王！我於世間現於如是眾患事者，欲示眾生業報不失，令生怖畏，斷一切罪，修諸善行，然後了知常身、法身壽命無限，國土清淨。大王！諸佛、如來無有虛妄，純一大悲，智慧善巧，故能如是種種示現。"是時波斯匿王聞此說已，歡喜踊躍，與無量百千眾生，皆發阿耨多羅三藐三菩提心。(《大正藏》卷十六第794-795页)

【评说】这段经文记载了佛陀往世时造作佛像为何仍然伤足、患背、乞乳、食马麦、乞食不得，皆因造作佛像时尚有贪嗔等烦恼。

【原文】爾時彌勒菩薩摩訶薩復白佛言："世尊！有諸女人志意狹小，多懷嫉恚，輕薄諂曲，有恨不捨，知恩不報，設求菩提莫能堅守，常欲誑惑一切眾生，亦復為他之所誑惑。世尊！若此女人造佛形像，如是諸業得除滅不？當來得作勇健丈夫，求佛果不？得作知恩報恩人不？得具智慧大慈悲不？於生死法能厭離不？除因願力得更不受女人之身，如瞿曇彌及佛母摩耶夫人不？"

佛告彌勒菩薩言："彌勒！若有女人能造佛像，永不復受女人之身。設受其身，則為女寶，尊勝第一。然諸女人有五種德，此女所得出過諸女。何等為五？一者、生孕子息；二者、種族尊貴；三者、稟性貞良；四者、質相殊絕；五者、姿容美正。"(《大正藏》卷十六第795页)

【评说】佛陀认为，造作佛像的女子要尊胜一般女子，具备五种良好品德。

【原文】彌勒！一切女人有八種因緣，恒受女身。云何為八？一者、愛好女身；二者、貪著女欲；三者、口常讚美女人容質；四者、心不正直，覆藏所作；五者、厭薄自夫；六者、念重他人；七者、知人有恩而已背逆；八者、邪偽莊飾，欲他迷戀。若能永斷如是八事而造佛像，乃至

成佛常作丈夫，更受女身無有是處。(《大正藏》卷十六第 795 页)

【评说】佛陀时代对妇女存在歧视，在受成女身的八因缘中，心不正直、知恩不报或恩将仇报、厌薄自负等都是不良的品行。

佛说摩诃刹头经

(亦名《灌佛形像经》)

西秦沙门释圣坚译

【提要】佛陀说明了洗浴佛像的方法并强调了洗浴佛像的重要性。

【原文】佛告天下人民："十方諸佛，皆用四月八日夜半時生；十方諸佛，皆用四月八日夜半時，去家入山行學道；十方諸佛，皆用四月八日夜半時得佛道；十方諸佛，皆用四月八日夜半時般泥洹。"

佛言："所以用四月八日者何？春夏之際殃罪悉畢，萬物普生毒氣未行，不寒不熱時氣和適。今是佛生日故，諸天下人民共念佛功德，浴佛形像如佛在時，是故以示天下人。"(《大正藏》卷十六第 797 页)

【评说】浴佛节，即佛诞日。在佛教看来，此日在春夏之际、殃罪悉毕、万物生长、毒气未行、不寒不热、时气和适，认为此时适宜新生，有助于入山学道，证悟得佛道，般泥洹(涅槃)。可见，个人修行与自然环境不无关系。

【原文】四月八日浴佛法，都梁、藿香、艾納，合三種草香，挼而漬之，此則青色水；若香少，可以紺黛、秦皮，權代之矣。欝金香手挼而漬之於水中，挼之以作赤水；若香少若乏無者，可以面色權代之。丘隆香擣而後漬之，以作白色水；香少可以胡粉足之，若乏無者，可以白粉權代之。白附子擣而後漬之，以作黄色水；若乏無白附子者，可以梔子權代之。玄水為黑色，最後為清淨，今見井華水名玄水耳。(《大正藏》卷十六第 798 页)

【评说】这段经文记载了浴佛的方法及浴佛时用到的各种香料：都梁、藿香、艾纳、绀黛、秦皮、郁金香、面色、丘隆香、胡粉、白粉、白附子、栀子。

佛说浴像功德经

大唐天竺三藏宝思维译

【提要】佛陀在王舍城鹫峰山中为大众说浴佛像的功德。

【原文】善男子！若欲沐像，應以牛頭栴檀、紫檀、多摩羅香、甘松、芎藭、白檀、欝金、龍腦、沈香、麝香、丁香，以如是等種種妙香，隨所得者，以為湯水置淨器中，先作方壇敷妙床座，於上置佛；以諸香水次第浴之；用諸香水周遍訖已，復以淨水於上淋洗。其浴像者，各取少許洗像之水，置自頭上，燒種種香以為供養。

初於像上下水之時，應誦以偈：

“我今灌沐諸如來， 淨智功德莊嚴聚；
五濁眾生令離垢， 願證如來淨法身。”

燒香之時當誦斯偈：

“戒定慧解知見香， 遍十方剎常芬馥；
願此香烟亦如是， 迴作自他五種身。”（《大正藏》卷十六第799页）

【评说】经文中不仅记载了沐佛像的方法，还记载了各种沐佛像时使用的香料：牛头栴檀、紫檀、多摩罗香、甘松、芎藭、白檀、郁金、龙脑、沉香、麝香、丁香。

浴佛功德经

大唐沙门释义净译

【提要】佛在王舍城鹫峰山中为大众说浴佛像的功德。

【原文】爾時世尊即說頌曰：

“我般涅槃後， 能供養舍利，
或造窣覩波， 及以如來像，
於彼像塔處， 塗拭曼荼羅，
以種種香華， 散布於其上，
以淨妙香水， 灌沐於像身，
上味諸飲食， 盡持以供養。
讚歎如來德， 無量難思議，
方便智神通， 速至於彼岸。
獲得金剛身， 具三十二相，
八十隨形好， 濟度諸群生。”（《大正藏》卷十六第800页）

【评说】“具三十二相，八十随形好”，是佛教认为的生命健康的最高境界。

【原文】善男子！我已為汝說四真諦、十二緣生、六波羅蜜，今更為汝及諸國王、王子、大臣、後宮妃、后、天龍、人鬼說浴像法，諸供養中最為第一，勝以恒河沙等七寶布施。若浴像時，應以牛頭栴檀、白檀、紫檀、沈水、熏陸、欝金香、龍腦香、零陵、藿香等，於淨石上磨作香泥，用為香水，置淨器中。於清淨處，以好土作壇，或方或圓，隨時大小，上置浴床，中安佛像，灌以香湯、淨潔洗沐，重澆清水。所用之水，皆須淨濾，勿使損虫。其浴像水，兩指瀝取，安自頂上，名吉祥水，瀉於淨地，莫令足踏。以細軟巾，拭像令淨，燒諸名香，周遍香馥，安置本處。（《大正藏》卷十六第800页）

【评说】这段经文记载了洗浴佛像的方法。在洗浴佛像时用到了各种香料：牛头栴檀、白檀、紫檀、沉水、熏陆、郁金香、龙脑香、零陵、藿香。

佛说温室洗浴众僧经

后汉安息三藏安世高译

【提要】佛陀在摩竭国因沙掘山中王舍城内为耆域说洗浴的方法和意义。

【原文】耆域長跪白佛言:"雖得生世,為人疎野,隨俗眾流,未曾為福。今欲請佛及諸眾僧、菩薩大士,入溫室澡浴。願令眾生長夜清淨,穢垢消除,不遭眾患。唯佛聖旨,不忽所願!"

佛告醫王:"善哉,妙意!治眾人病,皆蒙除愈,遠近慶賴,莫不歡喜。今復請佛及諸眾僧,入溫室洗浴,願及十方眾藥療病,洗浴除垢,其福無量。一心諦聽,吾當為汝先說澡浴眾僧反報之福!"

佛告耆域:"澡浴之法,當用七物,除去七病,得七福報。何謂七物?一者、然火;二者、淨水;三者、澡豆;四者、蘇膏;五者、淳灰;六者、楊枝;七者、內衣。此是澡浴之法。何謂除去七病?一者、四大安隱;二者、除風病;三者、除濕痺;四者、除寒水;五者、除熱氣;六者、除垢穢;七者、身體輕便,眼目精明。是為除去眾僧七病。如是供養,便得七福。何謂七福?一者、四大無病,所生常安,勇武丁健,眾所敬仰;二者、所生清淨,面目端正,塵水不著,為人所敬;三者、身體常香,衣服潔淨,見者歡喜,莫不恭敬;四者、肌體濡澤,威光德大,莫不敬歎,獨步無雙;五者、多饒人從,拂拭塵垢,自然受福,常識宿命;六者、口齒香好,方白齊平,所說教令,莫不肅用;七者、所生之處,自然衣裳,光飾珍寶,見者悚息。"(《大正藏》卷十六第 802-803 页)

【评说】佛陀时代认为,洗澡可令"众生长夜清净,秽垢消除,不遭众患",并可以除去七病,得七福田。

除去"七病"是指除风病、除湿痺、除寒水、除热气、除垢秽、身体轻便、眼目精明,使四大安隐。

"七福报"是指:①四大无病,所生常安,勇武丁健,众所敬仰;②所生清净,面目端正,尘水不着,为人所敬;③身体常香,衣服洁净,见者欢喜,莫不恭敬;④肌体濡泽,威光德大,莫不敬叹,独步无双;⑤多饶人从,拂拭尘垢,自然受福,常识宿命;⑥口齿香好,方白齐平,所说教令,莫不肃用;⑦所生之处,自然衣裳,光饰珍宝,见者悚息。

澡浴需要"七物":然火、净水、澡豆、苏膏、淳灰、杨枝、内衣。在澡浴的水中加入澡豆,可见佛陀时代已有药浴的传统。

佛说施灯功德经

高齐天竺三藏那连提耶舍译

【提要】佛陀在舍卫国祇树给孤独园为舍利弗说施舍灯明及灯具的功德。

【原文】恒常不盲及攣躄,　眼一切時不闇昧,
身亦無病無惡聲,　心常黠慧不愚惑。

又復恒常無眼患，　所在受生眼不眇，
不無一眼及瞎眼，　彼眼亦常不濁亂。
眼目修長黑白分，　猶如淨妙青蓮葉，
眼淨能見微細物，　如彼明徹摩尼珠。
無量阿僧祇劫中，　得淨肉眼不失壞，
彼亦常無眼諸病，　此是奉施燈明果。（《大正藏》卷十六第806页）

【评说】佛陀从因果报应的角度阐说此生布施灯明，来世会快乐无忧，心性聪慧，身体无病，音声美好，眼睛无疾，且能看见细微物质。

灯指因缘经

后秦龟兹国三藏鳩摩罗什译

【提要】经文讲述了灯指指头发光、遭受贫穷、担尸成宝的前世因缘。

【原文】燈指漸漸遂便長大。其父長者為求婚所，選擇高門與己等者娉以為婦。長者既富，禮教光備，閨門雍穆，資產轉盛。夫盛有衰、合會有離，長者夫妻俱時喪亡，譬如日到沒處暉光潛翳、如日既出月光不現、如火為灰熾炎永滅、強健好色為病所壞、少壯之年為老所侵、所愛之命為死所奪。父母既終，生計漸損。而此燈指少長富逸，不閑家業、惡伴交遊，恣心放意耽惑酒色，用錢無度，倉庫儲積無人料理，如月盈則闕轉就損減。時彼國法，歲一大會，集般周山。于時燈指服飾奢靡，將從伎樂皆悉嚴麗擬於王者，詣彼會所。彼會大眾見其如是，無不敬美。爾時眾人共相酣飲、歡娛適意，鐘鼓競陳、絃歌普作，歡舞平場、嬉戲原野，娛樂之音動山蓋谷。時後群賊知燈指詣會，未還之間，伺其空便往到其家劫掠錢財，一切盡取。燈指暮歸，見己舍內為賊劫掠，唯有木石塼瓦等在。見此事已悶絕躄地，傍人水灑方得醒寤，憂愁啼哭而作是念："我父昔來廣作方宜、修治家業，劬勞積聚倉庫財寶。是父所為，生育我身，覬有委付。如何至我不紹父業，浮遊懶惰為人欺陵，父之餘財一旦喪失，倉庫空虛、畜產迸散。顧瞻舍宅，唯我孑然，著身瓔珞及以服乘，當用貿食以濟交急。用之既盡，當如之何？"當于爾時指光亦滅，其妻厭賤捨棄而走，僮僕逃失、親里斷絕，素與情昵極親厚者，反如怨讐，見其貧窮，恐從乞索，逆生瞋怒。婦尚捨棄，況於餘人。當知貧窮比於地獄，貧窮苟生與死無別。先慣富樂，卒罹窮困，失所依憑，栖寄無處。憂心火熾，愁毒燋然，華色既衰、悴容轉彰，身體尫羸、飢渴消削，眼目押陷、諸節骨立、薄皮纏粿、筋脈露現、頭髮蓬亂、手足銳細其色艾白，舉體皴裂又無衣裳，至糞穢中拾掇麁弊連綴相著，纔遮人根、赤露四體。倚臥糞埠，復無席薦。諸親舊等見而不識，歷巷乞食猶如餓烏。至知友邊欲從乞食，守門之人遮而不聽。伺便輒入，復為排辱。舍主既出，欲加鞭打，俯僂曲躬再拜謝罪，舍主輕蔑都不迴顧。設得入舍，輕賤之故，既不與語又不敷座，與少飲食擿擲盂器，不使充飽。

時彼國內，取婦、生子、剃髮，法皆設會。往到會中望乞殘食，以輕賤故，不喚令坐、驅其走使。益索所須，得少餘殘，與奴共器。便自思惟："怪哉怪哉！我今云何貧賤伶俜忽至如此？"私自念言："如我今日精神昏迷、心智失識，不知今者為是本形？更受身耶？辛苦荼毒世所無偶，譬如林樹無花眾蜂遠離，被霜之草葉自燋捲，枯涸之池鴻鴈不遊，被燒之林麞鹿不趣,田苗刈盡無人捃拾。今日貧困,說往富樂但謂虛談,誰肯信之?世人甚眾,無知我者。由我貧窮,所向無路。譬如曠野為火所焚,人不喜樂;如枯樹無蔭,無依投者;如苗被雹霜,捐棄不收;如毒蛇室,人皆遠離;如雜毒食,無有嘗者;如空塚間,無人趣向;如惡廁溷,臭穢盈集;如魁膾者,人所惡賤;如常偷賊,人所猜疑。我亦如是,所向之處動作譏嫌,所可談說發言生過。雖說好語,他以為非;若造善業,他以為鄙。所為機捷,復嫌輕躁;若復舒緩,又言重直。設復讚歎,人謂諂譽;若不加譽,復生誹謗,言此貧人常無好語。若復教授,復言詐偽耆舊,強有所知。若廣言說,人謂多舌;若默無言,人謂藏情。若正直說,復云麁獷;若求人意,復言諂曲。若數親附,復言幻惑;若不親附,復言驕誕。若順他所說,復言詐取他意;若不隨順,復言自專。若屈意承望,罵言寒賤;若不屈意,言是貧人猶故自我。若小自寬放,言其愚癡無有拘忌;若自攝撿,言其空麁詐自端確。若復歡逸,言其譸張狀似狂人;若復憂慘,言其含毒初無歡心。若聞他語有所不盡,為其判釋,言其命趣以愚代智耐著之甚;若復默然,復言頑嚚不識道理;若小戲論,言不信罪福。若有所索,言其苟得不知廉恥;若無所索,言今雖不求後望大得。若言引經書,復云詐作聰明;若言語樸素,復嫌踈鈍。若公論事實,復言強說;若私屏正語,復言讒佞。若著新衣,復言假借嚴飾;若著弊衣,復言儜劣寒悴。若多飲食,復言飢餓饕餮;若少飲食,言腹中實飢詐作清廉。若說經論,言顯己所知、彰我闇短;若不說經論,言愚癡無識,可使放牛。若自道昔事業,言誇業自譽;若自杜默,言門資淺薄。諸貧窮者行來進止言說俯仰,盡是猿過;富貴之人作諸非法都無過患,舉措云為斯皆得所。貧窮之人如起尸鬼,一切怖畏,如遇死病難可療治,如曠野嶮處絕無水草,如墮大海沒溺洪流,如人捺咽不得出氣,如眼上翳不知所至,如厚垢穢難可洗去,亦如怨家雖同衣食不捨惡心,如夏暴井入中斷氣,如入深泥滯不可出,如山暴水駛流吹漂樹木摧折。貧亦如是,多諸艱難。貧窮又能毀壞壯年好色、氣力名聞、種族門戶,智慧持戒、布施慚愧、仁義信行、勇武意志悉能壞之。又復能生飢寒怨憎、輕躁褊狹、憂愁慘毒、嫌責罪負。如是眾苦,從貧窮生。譬如伏藏多有雜物,貧伏藏中多有種種身心苦惱。夫富貴者,有好威德、姿貌從容、意度寬廣、禮義競興,能生智勇、增長家業、眷屬和讓、善名遠聞。”(《大正藏》卷十六第 809-810 页)

【评说】这段经文对人猝然由富至贫而导致的身心疾病进行了描述:忧心火炽、愁毒燋然、华色既衰、悴容转彰、身体尪羸、饥渴消削、眼目押陷、诸节骨立、薄皮缠倮、筋脉露现、头发蓬乱、手足锐细其色艾白、举体皴裂、缠遮人根、赤露四体。

【原文】燈指思惟:“我今貧厄,世間少比。正欲捨身,不能自殞;當作何方以自存濟?”復作是念:“世人所鄙,不過擔尸。此事雖惡,交無後世受苦之業。若當餘作,或值殺生作諸不善。以此而言,我請為之。”爾時有人聞其此語,即雇擔尸。燈指取直,尋從其言,擔負死人到於塚間,意欲擲棄。于時死人急抱燈指,譬如小兒抱其父母,急捉不放,盡力拋却不能得去。死人著脊,猶如胡膠,不可得脫。排推不離,甚大怖畏,作是念言:“我於今日擔此死人,欲何處活?”即詣旃陀羅村語言:“誰能却我背上死尸,當重相雇。”諸旃陀羅詳共盡力共挽却之,亦不肯去。餘見之者罵燈指言:“狂人何為擔負死尸入人村落?”競以杖石而打擲之,身體傷破,痛懼並至。有人憐愍將其詣城,遂到城門。既到門下,守門之人逆遮打之,不得近門。“此何癡人,擔負死尸欲來入城。”自見己身被諸杖木,身體皆破,甚懷懊惱發聲大哭,而作是言:“我正為食作此鄙事。今日忽然遭此大苦,由我貧困不擇作處為斯賤業,冀得價直以自存活。如何一旦復值苦毒?寧作餘死,不負尸生。”且哭且言。時守門者深生憐愍,放令還家。

到自空室，先同乞索諸貧人等共住之者，遥見死尸在其背上，悉皆捨去。既到舍已，尸自墮地。燈指于時踰增惶怖，悶絕躄地，久乃得穌。尋見死尸手指純是黃金，雖復怖畏，見是好金即前視之，以刀試割實是真金。既得金已，心生歡喜，復剪頭項手足。如是剪已，尋復還生。須臾之頃，金頭手足其積過人。譬如王者失國還復本位，如盲得眼視瞻明了，如久思他女得與交歡，如學禪者忽得道證，燈指歡喜亦復如是。庫藏珍寶倍勝於前，威德名譽有過先日，親里朋友、妻子僮僕一切還來。燈指歎曰："嗚呼怪哉！富有大力，能使世人來歸極疾。嗚呼怪哉！貧有大力，能使所親捨我極速。我先貧時，素所親昵交遊道絕，總無一人與我語者。今日一切顒顒承事，合掌恭敬。假使生處如帝釋、勇力如羅摩、知見如天師，若無錢財都無所直。富者不問愚智皆稱好人，實無所知人以為智，亦得勇健諸善名聞。雖復醜陋老弊，少壯婦女樂至其邊。"

阿闍世王聞其還富，尋即遣人來取其寶。其所取者，盡是死人；還擲屋中，見是真金。燈指知王欲得此寶，即以金頭手足以用上王，王既得已齎之還宮。於後燈指作是思惟，而說偈言：

"五欲極輕動，　如電毒蛇虫，

榮樂不久停，　即生厭患心。"(《大正藏》卷十六第 810-811 页)

【评说】以上经文佛陀时代已有抬运尸体的专门人员，但被世俗社会所鄙视。

"余见之者骂灯指言：'狂人何为担负死尸入人村落?'竟以杖石而打掷之，身体伤破，痛惧并至"，辱骂、杖石击打使灯指心身受创。

"灯指于时踰增惶怖，闷绝躄地，久乃得苏"，灯指因恐惧、畏怖导致昏迷。

佛说布施经

西天译经三藏朝散大夫试鸿臚少卿明教大师臣法贤奉诏译

【提要】佛陀在舍卫国祇树给孤独园为大众说布施的种类、益处以及布施的心态。

【原文】如是我聞：

一時佛在舍衛國祇樹給孤獨園，與大苾芻眾說布施法。有三十七種：

一、以信重心而行布施，當得離眾嫉妬，人所崇敬；

二、依時施，得三業清淨，四時安隱；

三、常行施，得身心適悅，無散亂失；

四、親手施，得手指纖長，身相端正；

五、為他施，復得他人行大捨施；

六、依教施，心離取相，得無為福；

七、以妙色具施，得身色端嚴，眾所愛樂；

八、以上妙香具施，恒得旃檀之香，受用供養；

九、以上味施，得味中上味，充益肢體；

十、如法尊重施，得安隱快樂，眾人喜見；

十一、以廣大心施，得無量廣大之福；

十二、以美食施，得離飢饉，倉庫盈溢；

十三、以漿飲施，得所往之處無諸飢渴；

十四、以衣服施，得上妙衣，莊嚴身相；

十五、以住處施，得田宅寬廣，樓閣莊嚴；

十六、以臥具施，得生貴族，資具光潔；

十七、以象、馬車輦施，得四神足，無擁妙用；

十八、以湯藥施，得安隱快樂，無諸疾病；

十九、以經法施，得宿命等通；

二十、以花果施，得七覺支花；

二十一、以花鬘施，得脫貪、瞋、癡垢；

二十二、以香施，得離煩惱臭穢；

二十三、以傘蓋施，得法自在；

二十四、以鈴鐸施，得言音美妙；

二十五、以音樂施，得梵音深妙；

二十六、以然燈施，得天眼清淨；

二十七、以繒綵、疋帛施，得解脫衣服；

二十八、以香水灑如來塔廟；

二十九、以香水浴如來身；

三十、以香油塗飾佛像，共得三十二相、八十種好；

三十一、以香水施浴眾僧，得富貴家生，少病安樂；

三十二、以慈心施，得顏貌和悅，無諸瞋恨；

三十三、以悲心施，得離殺害；

三十四、以喜心施，得無所畏，遠離憂惱；

三十五、以捨心施，得離罣礙，證寂滅樂；

三十六、以種種施，得種種福；

三十七、以無住無相心施，得無上正等正覺。

佛告諸苾芻："如是三十七種，智者所行，微妙施行，汝今受持。"

爾時舍衛國王白佛言："世尊！我等云何而行布施？"

佛言："大王！若求勝妙福報而行施時，慈心不殺，離諸嫉妬；正見相應，遠於不善；堅持禁戒，親近善友；閉惡趣門，開生天路；自利利他，其心平等。若如是施，是真布施，是大福田。復次行施，隨自心願，獲其報應。或以妙色、名香、珍味、軟觸，親手布施，得眾人尊重、眷屬圓滿、富貴安樂之報；或以飲食布施，而得大力；或以酥油之燈布施，而得天眼；或以音樂布施，而得天耳；或以湯藥布施，而得長壽；或以住處布施，而得樓閣、田園；或以法說布施，而得甘露。"

佛言："大王！若以十善行施，復得十種報應。十善者：不殺生、不偷盜、不婬欲、不妄語、不綺語、不惡口、不兩舌、不貪、不瞋、不癡而得命不中夭，財無散失，眷屬清潔，所言誠諦，離諸嫉妬，人所喜見，親友和睦，不墮貧賤，顏貌端正，智慧相應，獲報如是。"(《大正藏》卷十六第 812-813 页)

【评说】佛陀所说的"三十七种布施"范围十分广泛，并认为布施有回报，且布施什么，所得回报的内容大致也是相似的。

【原文】佛言:"大王! 若以上妙飲食供養三寶,得五種利益:身相端嚴、氣力增盛、壽命延長、快樂安隱、成就辯才。如是南贍部洲一切眾生——父母、妻子、男女眷屬——如上布施,隨願所求,無不圓滿。"(《大正藏》卷十六第813页)

【评说】若以精妙饮食供养佛法僧,可得五种利益:身相端严、气力增盛、寿命延长、快乐安隐、成就辩才。前四者都可看做是心身健康的表现。

佛说出家功德经

失译人今附东晋录

【提要】佛陀为阿难说出家的益处及破坏他人出家的罪业。

【原文】佛告阿難:"若復有人破壞他人出家因緣,即為劫奪無盡善財福藏,壞三十七助菩提法、涅槃之因。設有欲壞出家因緣者,應善觀察如是之事。何以故? 緣此罪業,墮地獄中,常盲無目,受極處苦。若作畜生,亦常生盲;若生餓鬼中,亦常生盲。在三惡苦,久乃得脫。若生為人,在母腹中,受胎便盲。汝於百歲常問是義,我百歲以無盡智說是罪報,亦不可盡。於四道中,生而常盲,我終不記此人當有得脫時。所以者何? 皆由毀出家故。

或成就無邊功德,以破如是善因緣故,受無量罪。由障出家故,於此清淨智慧鏡中,為於解脫諸善法故,若見出家修持淨戒,趣解脫處,破他出家,為作留難;以是因緣故,生便常盲,不見涅槃。由毀出家故,常觀癡等十二因緣,應得解脫;以毀破他智慧眼故,破出家緣,覆慧眼故,從生至生,常盲無目,不見三界。緣障出家故,出家應見五陰、二十我見,人趣正道;破出家因,壞正見故,所生常盲,不見正道。出家應見一切法聚、善法住處,應觀諸佛清淨法身;以破出家善因緣故,所生常盲,不能覩見佛法身。以因出家應具沙門形貌,及與持戒、清淨福田,種佛道因;破出家故,於善法中斷一切望,由是罪緣,生生常盲。由毀出家故,出家應善觀察,一切身心,皆苦、無常、無我、不淨;破他出家,為作留難,則破此眼。破此眼故,不見四道、四念處、四正勤、四如意足、五根、五力、七覺分、八正道、趣涅槃城。是罪緣故,所生常盲,乃至不見空、無相、無作清淨善法,向涅槃城。

是以智慧之人知出家者,應當成就如是善法,不應破壞善法因緣,獲如是罪。誰毀破他人如是出家沙門正見因緣者,終不能得見涅槃城,所生常盲。"(《大正藏》卷十六第814页)

【评说】佛陀指出,破坏他人出家之人,无论在地狱为畜生,或是作恶鬼,还是在母胎,都将盲而无目,并对此现象作出了解释,因为这部分人破坏了欲出家之人的智慧眼,使他们失去了获得正见的机会。

缘 生 经

佛说稻竿经

阙译附东普录

【提要】佛陀在王舍城耆阇崛山中时，弥勒为舍利弗说十二缘起。

【原文】內因緣法從二種生。云何為因。從無明乃至老死。無明滅即行滅。乃至生滅故則老死滅。因無明故有行。乃至因有生故則有老死。無明不言我能生行。行亦不言我從無明生。乃至老病死亦不言我從生生。而實有無明則有行。有生則有老死。是名內因次第生法。云何名內緣生法。所謂六界。地界水界火界風界空界識界。何謂為地。能堅持者名為地界。何謂為水。能潤漬者名為水界。何謂為火。能成熟者名為火界。何謂為風。能出入息者名為風界。何謂為空。能無障礙者名為空界。何謂為識。四陰五識亦言為名亦名為識。如是眾法和合名為身。有漏心名為識。如是四陰為五情根名為色。如是等六緣名為身。若六緣具足無損減者則便成身。是緣若減身則不成。地亦不念我能堅持。水亦不念我能濕潤。火亦不念我能成熟。風亦不念我能出入息。空亦不念我能無障礙。識亦不念我能生長。身亦不念我從數緣生。若無此六緣身亦不生。地亦無我無人無眾生無壽命非男非女亦非非男非非女非此非彼。水火風乃至識等亦皆無我無眾生無壽命。乃至亦非此非彼。（《大正藏》卷十六第 817 页）

【评说】佛陀认为，地、水、火、风、空、识六界和合形成人身。

大乘舍黎娑担摩经

西天译经三藏朝散大夫试鸿胪卿传法大师臣施护奉诏译

【提要】佛陀在王舍城鹫峰山中时，慈氏菩萨为舍利子说十二缘起。

【原文】又舍利子！外因緣從緣生者，謂緣六界合集故。云何六界？所謂地界、水界、火界、風界、虛空界、時界。彼地界能安立，水界能滋潤，火界能溫煖，風界能動搖，空界能無礙，時界能成就。如是六界各各緣合，種子得生芽、苗、華、實，無不具足。如是六界一不合者，種即不生，乃至華實亦不可得。然彼六界各無有我。彼地不言："我能安立。"水亦不言："我能滋潤。"火亦不言："我能溫煖。"風亦不言："我能動搖。"空亦不言："我能無礙。"時亦不言："我能成就。"然彼種子不言："我能生芽。"芽亦不言："我從諸緣得生。"彼芽等所生，非自作，非他作，亦非自他合有，非自在天所化，亦非時化，亦非緣生，亦不一事生，亦非不因生。然彼地、水、火、風、虛空、時分及種子、華、實而彼從生，不即、不離、無盡滅故。（《大正藏》卷十六第 822 页）

【评说】本段经文中佛陀认为，组成万物的因素分为地、水、火、风、虚空和时。

【原文】云何從緣所生？所謂緣於六界得和合故。何等為六？謂地、水、火、風、空、識。此六界合時，是名從緣生故。云何名地界？謂身堅實，此名地界；若身滋潤，此名水界；若身溫煖，此名火界；若出入息，此名風界；若身無障礙，此名空界。眼識乃至第八識，此名識界。如是等六界緣和合故，乃生其身。然彼地界不作念："我能堅實。"水界亦不作念："我能滋潤。"火界亦不作念："我能溫煖。"風界亦不作念："我能出入息。"空界亦不作念："我能無障礙。"識亦不作念："我能成就。"身亦不作念："我從衆緣生。"然非衆緣，身亦不立。而彼地界，無我、無人、無衆生、無壽命、非男、非女，亦無自、無他；乃至水、火、風、空、識界，亦無我、無人、無衆生、無壽命、非男、非女，亦無自、無他。又復若於如是六界而作一想、凡夫想、常想、實想、久想、樂想、我想、人想、衆生想、壽命想、蠕動想，由無智故，作如是等種種之想，是故說名無明。由無明故，即生貪欲、瞋恚。無明緣行，行亦如是著於假名，生諸妄想名識；識生名色；名色生六入；六入生觸；觸故生受；受故生愛；愛故生取；取故生有；以有故能生後蘊名生；生已衰變為老；蘊敗壞故為死；以愚癡故，即發生憂、悲、苦、惱。又以衆苦集聚逼切身心，處大黑闇，名為無明；造作為行；分別為識；安立相為名色；六根門為六入；對塵名觸；得苦樂名受；飢渴名愛；追求名取；復生業為有；後蘊生為生；蘊熟為老；彼壞為死；思懼為憂；慘切為悲；衆苦為苦；勞擾為惱。又復翻真實為虛妄，以邪見為正見，以是無智，故名無明。行有三種，謂福行、非福行、無相行。作福行得福行智，作非福行得非福行智，作無相行得無相行智。如是乃至老、死、憂、悲、苦、惱。此十二緣各各有因、有果、非常、非斷、非有為、不離有為、非心法、非盡法、非滅法、本來自有、所生不斷。譬如江河，流注無絕。(《大正藏》卷十六第 822 页)

【评说】佛陀认为，地、水、火、风、空、识六种因素和合形成人物。

缘生初胜分法本经

隋天竺三藏达磨笈多译

卷　上

【提要】佛陀在舍啰婆悉帝城胜林给孤独园为诸比丘讲无明以为缘体的佛理。

【原文】比丘白佛："大德！何者是五種衰惡？"

佛言："比丘！一者、髮衰惡，髮壞離色故；二者、依衰惡(依謂身也)，肉處色力衰惡故；三者、業衰惡，語時上氣喘息故，住時曲如牛脊曲故，坐時向前重身故，行時按杖故，意智繫縛及念弱少故；四者、受用衰惡，於現在衆具中受用下劣故，於諸遊戲所可憙中皆不受用故，於色根自境界中不速疾行及不行故；五者命根衰惡，壽盡死近，及少緣死不堪忍故。比丘！於彼四種出生相中，亦有六種死差別應知。一者盡竟死、二者不盡竟死、三者自相死、四者不盡竟死分、五者盡竟死分、六者非時時死。比丘！於中自相死者，識於身中移出別分，及色根滅沒，如是應知。比丘！名色等出生之相與生老死有此差別。"(《大正藏》卷十六第 832-833 页)

【评说】佛陀为诸比丘讲述人的五种衰恶(衰老)：第一种是毛发衰恶，毛发脱落颜色不再；第二种是身体衰恶，肌肉衰老无力颜色不再；第三种是业衰恶，说话时气息喘促，坐时脊背弯曲，行走时需要拐杖；第四种是受用衰恶，在各种行动中不能自由感受，第五种是命根衰恶，寿命将尽，即将死去。佛陀认为，各人的生、老、死各有不同。

分别缘起初胜法门经

大唐三藏法师玄奘奉诏译

卷　上

【提要】佛陀在室罗筏住誓多林给孤独园为诸比丘讲无明以为缘性的佛理。

【原文】復言："世尊！云何名為五種衰損？"

世尊告曰："一者鬚髮衰損，以彼鬚髮色衰壞故；二者身相衰損，形色膚力皆衰損故；三者作業衰損，發言氣上喘息逾急，身戰掉故，住便僂曲，以其腰脊皆無力故，坐即低屈身羸弱故，行必按杖，身虛劣故，凡所思惟智識愚鈍，念惛亂故；四者受用衰損，於現資具，受用劣故，於戲樂具，一切不能現受用故，於諸色根所行境界，不能速疾明利而行，或不行故；五者命根衰損，壽量將盡，隣近死故，遇少死緣，不堪忍故。即於此四生身相中，復有六種死差别相：一者究竟死、二者不究竟死、三者自相死、四者不究竟死分差别相、五者究竟死分差别相、六者時非時死。應知此中自相死者，謂識離身，色相滅沒差别之相，如是名為生身相中名色等相由生老死而有差别。"（《大正藏》卷十六第 840 页）

【评说】佛陀为诸比丘讲述人的五种衰损：第一种是须发衰损，须发脱落衰坏；第二种是身相衰损，形色肌肤力量都衰损；第三种是作业衰损，说话时气息喘促，身体战栗，形容佝偻弯曲，腰脊无力，坐时身体羸弱，行走时需要拐杖，思惟愚钝昏聩；第四种是受用衰损，在各种行动中不能自由感受，在戏乐中不能受用，第五种是命根衰损，寿命将尽，即将死去。佛陀认为，各人的生、老、死各有不同。

佛说分别缘生经

西天译经三藏朝奉大夫试鸿胪卿传教大师臣法天奉诏译

【提要】佛陀在乌卢尾螺池边泥连河侧菩提树下为梵王说缘生法。

【原文】佛言："梵王！如是如是。世間眾生，於一切法，無智無識，不能了知，無明癡暗之所覆閉，是為無明。從無明緣而生於行，行有三種，謂身、口、意。復從行緣而生於識，識有六種，謂眼識、耳識、鼻識、舌識、身識、意識。從於識緣而生名色，名者除色，各有四種，謂受、想、行、識；色者所謂四大，一切色法，由四大生。如是色蘊、名蘊二種，是為名色。從名色緣生於六處，内六處者，有其六種，謂眼處、耳處、鼻處、舌處、身處、意處。從六處緣，復生於觸，

觸有六種，謂眼觸、耳觸、鼻觸、舌觸、身觸、意觸。復從觸緣而生於受，受有三種，謂樂受、苦受、不苦不樂受。復從受緣而生於愛，愛有三種，謂欲愛、色愛、無色愛。復從愛緣而生於取，取有四種，所謂欲取、見取、戒禁取、我語取。復從取緣而生於有，有者三種，謂欲有、色有、無色有。從有為緣即有生法，其生法者，謂眾生界，隨蘊生起，處處差別，生異滅法，常所遷易。從生為本，有蘊、有界、有處，乃至命根等法，是名為生。從生為緣而有老死，老者所謂心識昏昧，髮白面皺，氣力劣弱，呻吟喘息，身體羸劣，乃至諸根而悉衰朽，是名為老。死復何相？死者謂諸眾生界趣差別，悉歸無常，壽限終盡，捨於暖觸，命根滅已，諸蘊亦捨，四大離散，是名為死。如前所說，老與死法，是為二種。(《大正藏》卷十六第 844 页)

【评说】佛陀认为，世间众生从无明缘生三行，从三行缘生六识，从六识缘生名色，从名色缘生六处，从六处缘生六触，从六触缘生三受，从三受缘生爱，从爱缘而生取缘，从取缘生三有，有为缘即有生法。世间万物，有生有死，人老以后会出现神志昏聩，发白面皱，气力微弱，呻吟喘息，身体羸弱，最终到死，但这些都是人必然经历的过程。蕴即是集聚，佛陀在细致观察人的身心活动之后，将人的身心活动依照现象的显隐分别归纳为色、受、想、行、识这五个层次，每一处的总集就是蕴。其中除了色蕴是指物质以外，其他四蕴都是心理意识中的活动。对这些蕴依次分析后，可以发现其中并无实在，皆不具有我性，而是无常变化的。在正确体认此理的基础上，可减少对身心的执著，获得更大的自由。

业 道 经

正法念处经

元魏婆罗门瞿昙般若流支译

【提要】正法念处经以观察作业的因缘果报的苦乐，倡导佛教的行为准则。本经共分七品：第一品十善业道品，介绍本经开示的缘由，是因外道说佛法与彼无别，佛陀为比丘具说差别以坚固弟子信心；第二生死品；第三地狱品；第四饿鬼品；第五畜生品；第六观天品。以此解说佛教业果轮回观中，不同的生命境遇与行为因果的联系。第七身念处品，主要解说身观，涉及四大调与不调相、户虫行业、诸风作用等，以及佛教世界观。

正法念处经十善业道品第一

【提要】佛陀在王舍城那罗陀婆罗门村时就外道说佛法与彼无异的言论，为众比丘说外道与佛法的区别以坚固弟子信心。

【原文】爾時，世尊先觀察已，然後為說。爾時，世尊為彼比丘、那羅陀村諸婆羅門而說法言："汝諸比丘！我所說法，初、中、後善，義善、語善，法應具足清淨鮮白，梵行開顯，所謂正法念處法門。諦聽，諦聽！善思念之，我為汝說。"

諸比丘言："如是。世尊！"彼諸比丘於世尊所，至心諦聽。

爾時，世尊為諸比丘，如是說言："諸比丘！何者正法念處法門？所謂法見法、非法見非法，常念彼處心不生疑，憙樂聞法，供養長宿。彼知身業、口業、意業，業果生滅，不顛倒見，不行異法。諸比丘！身業三種，所謂殺生、偷盜、邪婬。云何殺生？於他眾生，生眾生想，起殺害心，斷其命根，得成殺生。彼有三種，謂上、中、下。所言上者，殺羅漢等，墮阿鼻獄；所言中者，殺住道人；所言下者，殺不善人及殺畜生。又復三種，所謂過去、未來、現在。又復三種，所謂貪作、瞋作、癡作。彼貪作者，所謂獵等；彼瞋作者，所謂下性；彼癡作者，外道齋等。又復三種，所謂自作、他教、二作。有五因緣，雖是殺生，無殺罪業，所謂道行無心傷殺蠕、蟻等命；若擲鐵等，無心殺生而斷物命；醫師治病為利益故，與病者藥，因藥命斷，醫無惡心；父母慈心為治故打，因打命終；燃火虫入，無心殺虫，虫入火死。如是五種，雖斷生命，不得殺罪。又復更有三種殺生，所謂教他、自作、二作。

又修行者內心思惟——隨順正法觀察法行——云何偷盜成就滿足？云何偷盜得果報少？彼見聞知或天眼見：他物他攝、自意盜取，如是偷盜成就滿足。若是王法，為饒益尊父母、病人、緣覺、羅漢、阿那含人、斯陀含人、須陀洹等，若為病急，若為飢急；彼為饒益，如是偷盜，得果報少，盜業不具。又復偷盜得果報少，謂偷盜已，專心懺悔；既懺悔已，後更不作；遮他偷盜，教不盜戒，示其善道，令住善法遠離偷盜。如是盜業不具足滿。何業具足？若人偷盜，彼偷盜人若誑惑他，屏處思量作欺誑事，斗秤治物作惡業行，如是種種，此業具足。云何成業？若他攝物，知已盜取，如是成業。何業具足？作已隨喜，樂行多作，向他讚說，又復教他善戒者盜，此業具足。如是三業具足不減，餘偷盜業，得果報少而不決定。

又修行者內心思惟——隨順正法觀察法行——云何邪婬？此邪婬人，若於自妻，非道而行，或於他妻，道非道行；若於他作，心生隨喜；若設方便，強教他作。是名邪婬。云何邪婬得果報少？若邪婬已，專心懺悔，不隨喜他，遮他邪婬，示其善道，彼邪婬業不具足滿。離邪婬意，修行善戒，如是邪婬得果報少，不決定受。

如是三種身不善業，得果報少，果報輕軟。如是外道遮羅迦波離婆闍迦所不能知，非其境界；并天、世間，若魔、若梵、沙門、婆羅門，一切世間、諸天人等所不能知，除我聲聞，從我聞故，知業果報，更無教者。"(《大正藏》卷十七第 2 页)

【评说】"法"在此处指的是各种行为。"法见法，非法见非法"，要求信众有分辨善恶行为的能力。此处举出当时最为明显的三种恶行为例，详细说明杀害、偷盗、邪淫的界限。这也是佛教戒律的基础。

【原文】"又修行者知業果報，云何口業惡不善行？口業四種，所謂妄語、兩舌、惡口、綺語，如是四種。何者妄語？自思惟已，然後於他作不實語，若作呪誓，若在王前，若王等前，妄語言說，令他衰惱，或打、或縛、或令輸物；彼成妄語如是滿足，成妄語業地獄中受。

復有口業名為兩舌，於和合者、共作業者，破壞語說；如是語者，成就兩舌。云何此語得果報少？破壞語已，心中生悔：'我愚癡故作如是說。'專心懺悔，亦遮他人作破壞語，示其善道，業不具足，此業不重。云何此業不具足滿？此破壞語，或以煩惱、或以酒醉，心異分別，向他異說，此業不足。云何名為業道相應成破壞語？若以惡心破壞於他，隨喜讚嘆，如是名為業道相應成破壞語。云何此業決定成就破壞語說？作已隨喜，復教他作，隨喜讚說；喜樂貪著，不離於心；常懷惡心，他人所避；不可往返，為他毀呰；不生羞恥，無慚、無愧，不能自知。如是名為破壞語業。

又修行者觀察業集，云何名為惡口業行？彼見聞知或天眼見：如是惡口能生熱惱，聞不悅耳，不忍他惡，令異人信，若重、若輕，戲笑、瞋心，得無量報、無量種報。彼重惡口，墮於地獄；彼輕惡口，不決定受。如是名為第三口業，彼業具足相應之義，如前所說。

又修行者知業報法，云何名為第四口業無義綺語？前後相違，不相應說。不決定受，決定如餘，如是名為第四口業。"(《大正藏》卷十七第 3 页)

【评说】上述经文分析了三种行为后，这里接着分析四种不善的言说方式。分别为妄语、两舌、恶口、无义绮语。妄语即谎言，两舌即挑拨离间，恶口即污言秽语，无义绮语即不合时宜，没有意义的话。

【原文】"又修行者觀業報法，云何意業？意業幾種？彼見聞知，意業三種：貪、瞋、邪見。何者為貪？若見他人富者財物，心生希望欲得彼物，是意貪業。復次，意業：若見他人富者財物，心生惡嫉，是意嫉業；若生邪見、生顛倒見，是邪見業。彼有二種，謂失、不信。云何不信？彼人心謂：'無施、無祀，無齋、無會，無有善業、無不善業，無業果報。'廣則無量。云何為失？彼人心謂一切苦樂皆是天作，非業果報。如是二種，名為邪見。"(《大正藏》卷十七第 3 页)

【评说】上述经文佛教不仅规定了行为上的善恶，对于观念也有一套评判标准。此处不仅贪、嫉的心理活动属于不善，那些认为无前因后果，或认为一切都是"天"的安排等的看法，在佛教看来都属于邪见的范畴。

【原文】"又修行者觀業報法，云何三種身、口、意業，如是十種，樂行多作，彼決定受？此義云何？何者業果於現世受？何者業果於生世受？何者業果於餘世受？復於世間何處何生？彼見聞知或天眼見……

彼如是等三種身業、三種果報，非彼外道遮羅迦波離婆闍迦之所能解。廣說身業，則有無量，皆不能解。何以故？彼以癡法熏其心故，唯我能解。我實不見餘人能解，更無有人能見如是業果報法，如我見者。若我弟子修行法者，以從我聞，是故能解。

又修行者內心思惟——隨順正法觀察法行——云何口業？口業幾種？彼見聞知或天眼見……

又修行者內心思惟——隨順正法觀察法行——云何意業三種不善，樂行多作意不善業？彼見聞知或天眼見……"(《大正藏》卷十七第 3-4 页)

【评说】对于十种业的果报，修行者的知晓方式是"见闻知或天眼见"。见闻知即对所见所闻的联想，如见恶行便以佛教见解认为会遭受苦果，见善行便认为会得善果；或者见人遭苦便认为是有恶行在先所致，见人快乐便认为是行善的结果。这种善恶苦乐一一对应的观点有利于维护社会道德水准。但善恶行为的结果也有相当多的例外，以至于需要诉诸前生后世，只有"天眼"才能看到。"天眼"指获得天眼神通，通过修行获得的特殊功能，可以看见普通肉眼不能看见的东西。

【原文】"又修行者內心思惟——隨順正法觀察法行——云何如是十善業道對治修行漏、無漏業？彼見聞知或天眼見：以此因緣，世間中縛，善法盡滅，所謂縛因：不善業道。善是佛因、是解脫因，所言善者，謂離殺生，攝取世間一切眾生，施與不畏……

一切諸法，命為根本，人皆護命，不殺生者，則施其命。若施命者，施一切樂；第一施者，所謂施命。如是思……

此不殺生最為大業正法種子。行於生死，唯不殺生為歸、為救。入生死闇，不殺為燈。不殺生者，名曰慈悲。正念思惟不殺生善，心常生喜。若遮他殺，他不可遮，則是行捨。彼人如是，行四梵行，以熏身心。

不殺善根不可思議，最為真實……是故智者不應殺生。

又修行者內心思惟——隨順正法觀察法行——云何不盜則得善法？彼見聞知或天眼見：不偷盜者，出大貪網……

又修行者內心思惟——隨順正法觀察法行——云何邪婬捨離，得果？彼見聞知或天眼見：離邪婬人，善業道行……隨何等人能離邪婬，攝大善道，是涅槃器。

又修行者內心思惟——隨順正法觀察法行——云何一切不善對治，捨離妄語，大善分攝，現得果報？彼見聞知或天眼見：離妄語者，諸世間人，或有眼見，或有耳聞，一切皆信……

又修行者內心思惟——隨順正法觀察法行——云何遠離兩舌惡業善業道行，現在、未來得業果報？彼見聞知或天眼見：離兩舌人，於現在世受業果報，知識、親友、兄弟、妻子、奴婢、作使，如是等人皆悉堅固無人能壞……

又修行者內心思惟——隨順正法觀察法行——云何世間不善業道惡口捨離，於現在世得業果報？後何處生？彼見聞知或天眼見：捨離惡口，見勝妙色，真實人信，一切世人皆樂往返……

又修行者內心思惟——隨順正法觀察法行——云何世間不善業道綺語捨離，於現在世

得善業報？後何處生？彼見聞知或天眼見：捨離綺語，即於現身世間敬重，善人所念，前後語言不相違反，一切世人愛其語說，無人恐嚇求其過者……

如是三種身不善業，如是四種口不善業，次第捨離，乃至涅槃。彼善業因，世所稱讚，次得生天，後得涅槃。彼身、口業，實業果報，修行法者內心思惟——隨順正法如是觀察——如實知見。"（《大正藏》卷十七第6-8页）

【评说】本段经文列举远离三种身不善业、四种口不善业在理想情况下所能获得的收益。出于宣传的目的，文中的描述有所夸张。

【原文】"又修行者內心思惟——隨順正法觀察法行——云何意地善業道行？彼見聞知或天眼見：意業三種：貪、瞋、邪見不善對治，現在受樂，身壞命終則生善道天世界中。若厭生死，彼人無餘涅槃界入。

又修行者內心思惟——隨順正法觀察法行——云何離貪不善業道得善業果？彼見聞知或天眼見：彼離貪者，於現在世，一切財物及珍寶等皆悉豐饒，無人侵奪，若王、王等尚不起心，何況復有偷盜、劫奪？

……

又修行者內心思惟——隨順正法觀察法行——云何離瞋不善業道得善業果？彼見聞知或天眼見，彼離瞋者於現在世業行果報……離怖畏心。"（《大正藏》卷十七第8页）

【评说】离贪嗔痴者，现世丰饶安乐无惧，死后可得升天，厌离者得涅槃。从前文行善语善与此处心善所得果报比较，可见佛教强调心善。

【原文】"如是輪王，七寶具足、王四天下，能與龍眾、天眾同坐。天處有二：四天王天、三十三天。帝釋天王分座而坐。如是七種妙寶具足，得轉輪王。

又復更有相似七寶、劣前七寶，所謂劍寶、皮寶、床寶、林寶、殿寶、衣寶、履寶。

……

如是輪王具足七寶，復有如是相似七寶，隨心食用，四天下處及二天處是王所食；滿足千子，皆悉勇健能破他軍。彼轉輪王是一切人所應敬重。離瞋善業，得如是樂，十善業道之餘勢也。"（《大正藏》卷十七第9-10页）

【评说】上述经文佛教宣扬世间轮王的快乐享受是先前行十善业所得果报，由此将影响力投入王室，以期对世俗政权产生影响。

【原文】"又行修者內心思惟——隨順正法觀察法行——云何如是一切世間無始以來，幽冥黑闇邪見為種，一切結使皆亦如是？又復云何捨離邪見，修行正見而得解脫世間生死？彼見聞知或天眼見：彼修行者隨順正法觀察法行，若捨邪見、修習正見，一切結使不饒益法皆悉斷滅，則得涅槃、遠離生死。離邪見人，五根不障。如是善人，憙樂正法。如是最初聞佛功德，觀於生死五道之中種種苦惱，觀彼五處極大怖畏：天中則有放逸之苦、後退時苦；人中則有農作等苦；地獄之中，他惱害苦；於餓鬼中，飢渴惱苦；於畜生中，相噉食苦。如是五處一一散說則無量種。如是觀已，則於生死起厭離心猶如光明，通達正法生出家心；生此心故，善法流出……

又離邪見，彼善男子有出家心，恒常如是樂修多作，近善知識，樂聞正法，常清淨心，禮拜佛法，善淨寂靜身業，口、意業。彼人如是寂靜口、意……

又復如是，彼善男子如是觀察生死苦已，出家之心轉轉增上，遠離殺生、偷盜、邪婬、飲酒、妄語，具足受持優婆塞戒。

……

一切使結，邪見為本；出世涅槃，正見為本。隨順正法觀一切法而修行者，最初如是讚歎正見，不嫌、不毀、不賤、不惡，亦教他人令住正見，不讚邪見，嫌賤毀惡，常說邪見、正見相對二業果報，不令眾生住於邪見。一切世間愚癡凡夫根本繫縛，所謂邪見；一切眾生以邪見故，墮於地獄、餓鬼、畜生。彼善男子捨離邪見，具足當得無量善法。

又復如是，彼善男子觀察居家無量苦惱逼迫繫縛，既觀察已，生厭離心，樂欲出家，欲共魔戰……

如是正士聞正法已，厭離欲垢。彼善男子恭敬和上、聖聲聞已，剃除鬚髮被服袈裟，受波羅提木叉戒已……

又復如是彼善男子，乃至塵許惡不善法，見則深畏，能忍不作，心行正直；不樂多語、不修禮家、不共往返、不近惡友；多人聚集憒閙之處無心欲見，不往惡眾、不往多人集戲之處，不貪美味大器多食；親友、善知識不數往見；於境界中常正念行、常勤精進，如法飲食、如法處行，勤斷魔縛、勤修正見。如是善人，利益一切世間眾生。

……

離邪見故，得如是法。又修行者內心思惟——隨順正法觀察法行——云何彼人捨離邪見，修行正見，離疑惑心，如是次第修無漏禪，彼地夜叉、虛空夜叉至四大王見聞歡喜？彼見聞知或天眼見……”(《大正藏》卷十七第 10-12 页)

【评说】修行者又以佛教所教授的观点观察“邪见”，“一切使结，邪见为本；出世涅槃，正见为本”，加强了对“邪见”恶果的认知。因此舍弃“邪见”，厌离世俗，乐欲出家。

正法念处经生死品第二

【提要】佛陀在王舍城那罗陀婆罗门村为众比丘说十八意行、地界、水界、火界、风界、虚空界之内外、十二入。

【原文】“又修行者內心思惟——隨順正法觀察法行——云何比丘次第捨漏，初捨不善法，次修行善法，正觀思惟修心正住？彼見聞知或天眼見：彼比丘初如是觀根塵相對、迭相因緣，一切世界無始以來生死輪轉。彼如是觀：此生因緣，境界大海，皆悉無我，唯有內心境界因緣，世間流轉。如是最初修遠離行，離憒閙處，樂空閑處、阿蘭若處、山野林中、稻穰積等，樹下露地、塚間處住，則能繫縛心之猨猴。以修習故，心則寂靜，不樂聚落、歌舞戲笑憒閙之處，亦不樂見長幼婦女，不樂多語。有二犍尼皆壞梵行：一是婬女，二、多言說，皆悉捨離；既捨離已，心一寂靜，彼人之心，能如是住。”(《大正藏》卷十七第 12 页)

【评说】比丘初出家后，选择寂静空闲处一心安坐，远离人群诱惑。

【原文】“云何正觀？初觀何法？彼人初心，如是觀察十八意行，能起善根、起不善根、起無記根。何等十八？所謂比丘正觀察意：眼見色已，若喜意染，得不善報；若起憂意、離染欲意，則得善報；若起捨意，得無記報。又復如是，耳聞聲已，若喜意染，得不善報；若起憂意、離染欲意，則得善報；若起捨意，得無記報。又復如是，鼻聞香已，若喜意染，得不善報；若起憂

意、離染欲意，則得善報；若起捨意，得無記報。又復如是，舌知味已，若喜意染，得不善報；若起憂意、離染欲意，則得善報；若起捨意，得無記報。又復如是，身覺觸已，若喜意染，得不善報；若起憂意、離染欲意，則得善報；若起捨意，得無記報。又復如是，意知法已，若喜意染，得不善報；若起憂意、離染欲意，則得善報；若起捨意，得無記報。以如是等十八意行三報因緣，世間生退。”(《大正藏》卷十七第12页)

【评说】“十八意行”即对眼、耳、鼻、舌、身、意六处感受各能生起的三种心理活动，分为喜、忧、舍，共计十八种。对外界产生喜爱之情，是不善；产生弃舍之情，是善；而无所谓的态度则是无记。佛教认为，对初入修行者来说，弃舍的态度是恰当的。

【原文】“又修行者內心思惟——隨順正法觀察法行——如是比丘已如法觀十八意行得初地已，後復更證何者異地？彼見聞知或天眼見：彼復次第觀察四家，四者所謂慧家、諦家、捨家、出家。云何比丘住於慧家？謂：彼比丘如是觀察自身正法，如是如實分分善知，此身中有地界、水界、火界、風界、空界、識界。

何者地界？地界二種：一、內；二、外。何者為內？身中所有諸分名內，是內有覺。彼何者覺？與皮肉等和合則覺，所謂髮毛、爪齒等根，堅澁所攝，入內名覺。彼復何者？所謂髮毛、爪齒皮肉、筋脈骨髓、脾腎心肺、涕唾等處，生藏、熟藏，小腸大腸、肚胃頭腦，如是身中一切內分，堅澁有覺，名內地界。何者名為外地界耶？所有外地，堅澁不覺，名外地界。若內地界、若外地界，彼一和合，此界唯界。觀此地界：無有作者、無有受者，非無因緣，無常、無樂、無我、無淨。比丘如是觀察慧家則得解脫，一切非我，亦無我所，亦無所我。如是地界如實正知，如實見已，心得離欲。如是比丘則於慧家而得解脫。

何者水界？水界二種：一、內；二、外。何者為內？所有水數，皆水界相，所謂爛相；體中津潤、涕淚涎唾、腦血脂汁、凝脂髓膽、小便汗等，如是身中，有內水數，覺分所攝，名內水界。何者名為外水界耶？諸外水數濕潤所攝，所謂不覺；不覺所攝，以不覺故，名外水界。若外水界、若內水界，彼一和合，此界唯界。觀此水界，一切非我，亦非我所，亦非所我。如是水界，如實正知，如實見已，心得離欲。如是比丘住於慧家。

何者火界？火界二種：一、內；二、外。何者為內？身內所有種種分分。若火火攝，是內有覺，所謂身煖而不燒燃；所謂能消。何者能消？謂噉飲食，得味正樂，迴轉消化。如是身中，內及內分，若火火攝，是內有覺，名內火界。何者名為外火界耶？所有一切外火火數，若煖煖攝，不覺所攝，以不覺故，名外火界。若內火界、若外火界，彼一和合，此界唯界。觀此火界，一切非我，亦非我所，亦非所我。如是火界，如實正知，如實見已，心得離欲。如是火界，非有作者、非有受者。

何者風界？風界二種：一、內；二、外。何者為內？身中所有，若內內分，風數所攝，若輕輕動，覺分所攝。彼復何者？謂：上行風、若下行風、若傍行風、若產等風，若如針刺、如刀所斫，邪分别風、有旋轉風，如是等風有八十種，動如虫行。如是等風，如是八十，於八十處分分行風；如是身內分分處處，風數所攝，輕動成熟，有覺所攝，名內風界。何者名為外風界耶？所有外風輕動數攝，和合無覺，名外風界。若內風界、若外風界，彼一和合，此界唯界。觀此風界，一切非我，亦非我所，亦非所我。如是風界，無有作者、無有受者。如是如是，如實正知，如實見已，心得離欲。如是比丘證於慧家。

何者名為虛空界耶？虛空界者，亦有二種：一、內；二、外。何者為內？謂此身中所有內分，內分虛空，虛空所攝，有覺知處，不普、不遍，色動轉處，飲食眾味轉下消化，開張之處；又咽喉中、耳中、眼中、鼻中虛空、舌處虛空、口內等空，口中舌動行處虛空，此等名為內虛空界。何者名為外虛空界？所有虛空覺處不攝，不一切滿、不一切遍，所謂樹枝條葉間空，一切窟中諸所有空，山谷河澗，如是等中所有虛空，若外孔穴，如是名為外虛空界。若內色中攝虛空界、若外色中攝虛空界，彼一和合，此界唯界。觀此空界，一切非我，亦非我所，亦非所我、如是如是觀虛空界，如實正知，如實見已，心得離欲。如是觀已，則不放逸，此虛空界一切非我，亦非我所，亦非所我，無有作者、無有受者。如是知已，心得離欲。

何者識界？謂：十二入內外和合，眼識見物，意識了別；如是耳、鼻、舌、身、意識，如是識界，意是根本，皆意識知。"（《大正藏》卷十七第 12-13 页）

【评说】此处佛教将人身分类为"地界、水界、火界、风界、空界、识界"六界。界又分内外，内界与外界以有觉无觉为区别。这种分析方式还未掌握人身与外界的关系，分析方式原始朴素。

【原文】"又修行者內心思惟——隨順正法觀察法行，如是思惟：比丘觀察十八意行，成就初地，諦知六界，得第二地；復念何法得第三地？彼見聞知或天眼見：如實諦知五受根故，得第三地。云何諦知樂受欲生？彼如實知如是次第知苦受生、知喜受生、知憂受生、知捨受生，有樂皆知，知觸因緣而生樂受。知樂受已，彼如實知：'我知樂受。'若彼比丘知觸因緣而生樂受，於樂受觸，不生貪樂。知樂受觸，生樂受已，則樂受滅；彼樂受滅，則如實知：'我樂受滅。'彼如是念：'我苦受生，因緣而生。'彼知苦受如樂受生，彼如是知，如說樂受觸緣生等，此苦受中。如是廣說：云何比丘知於喜受？共觸因緣生於喜受。云何比丘知於憂受？共觸因緣生於憂受。若隨順觀彼喜受已，喜受則滅；見其滅已，離喜受欲：'若我喜受初生則滅，見其滅已，如實知受，心得離欲。'如是憂受，如是广说，舍亦如是。"（《大正藏》卷十七第 13 页）

【评说】本经从此处开始，将比丘修行所处位置以地标示，如"比丘观察十八意行，成就初地，谛知六界，得第二地""如实谛知五受根故，得第三地"。十八意行、六界如前所述，五受根即苦、乐、喜、忧、舍五种受，即感受刺激而觉知其差别的过程。

【原文】"又修行者內心思惟——隨順正法觀察法行——云何比丘得第三地，次第更修得第四地？彼見聞知或天眼見：比丘欲得第四地者，如是觀察：'以觸因緣，我樂受生；若彼樂因、樂因緣滅，寂靜失沒，則無樂受。以觸因緣，我苦受生。'如是捨離苦觸、苦受、苦集、苦等諸苦因緣。

彼如是知觸因緣受：'我受念念，共觸而生，因觸而生。'彼於樂受心不生喜、不生喜樂、不讚彼受，亦不多作、不生味著，如是苦受不能逼迮，不惱不亂，如是行捨，憶念正知。如是三受，自餘諸心皆悉無染，一切捨離。如是捨者，清淨鮮白。

彼比丘如是心念：'我今此捨，如是清淨，如是鮮白，我今云何得虛空處？'彼人如是悕望欲得虛空處行：'如彼處心我云何得？我已證捨，究竟堅固。我今此捨畢竟喜樂，常攝不離，我以此捨取虛空處。又我此捨，如是清淨，如是鮮白，用取識處、無所有處，用取非想非非想處，我悕彼處，如是正行。'彼人如是正行非想非非想處，作如是念：'我今此捨，依於彼處，如彼處法，令我得之。我以此捨，憙樂彼處，用取彼處，正行非想非非想處。'

……

如是有智善戒比丘生如是心：‘我今此捨，如是清淨，如是鮮白，如是正行，取虛空處，我則相應。我依此捨，繫念彼處，憙樂彼處，用取彼處。我以此捨，行虛空處，如是識處、無所有處，如是非想非非想處。’如是憶念：‘我今此捨，云何得常不動不壞、不念念滅？’彼思惟已，次復攀緣四無色處。彼捨非常，非是無常，非動不動，非常無常。彼如是知：‘彼虛空處，如是識處、無所有處，如是非想非非想處，緣於彼處，非常無常。’則於彼處心不憙樂，知不寂靜無常動轉。

彼復觀受，知受欲生；知受生已，知受欲滅；知受滅已，知眼觸生，如是次第知耳觸生，知鼻觸生，知舌、身、意觸受之生。彼既如是證知受已，復於此受更深觀察：‘眼觸生受、欲生、已生，及此受住，我悉知之，知我受滅、欲滅、已滅。又復知我耳觸生受，我眼觸受已滅、已沒、已厭、已棄，更不復來，此受滅已，次第復觀耳觸生受：緣苦、緣樂、不苦不樂。’耳觸生受，如是如是隨順觀察，如是知已，則於耳受不生喜樂，知彼受已，離欲解脫。

耳觸生受，如是滅已，觀鼻生受，知鼻生受，鼻觸因緣：‘我此受生，樂緣生樂，苦緣生苦，不苦不樂因緣故生不苦不樂。’如是如是隨順觀察，鼻觸生受，如實正知，受則滅沒，知受滅沒。彼既滅已，知鼻緣生苦受、樂受、不苦不樂受：‘我若後時，鼻緣生受，如是觀察亦如是生，生已復滅。’

彼既滅已，觀舌生受，後時生受，亦有三種，如前所說；次第乃至觀意生受，亦有三種。彼既如是如實知受，得第四地，勤發精進，欲脫魔縛……”（《大正藏》卷十七第 14 页）

【评说】“如实知受”，是对心理过程的觉知，具体过程是“彼如是知触因缘受：‘我受念念，共触而生，因触而生’”“彼复观受，知受欲生，知受生已，知受欲灭，知受灭已”，这一过程就是对十二缘起中“触缘受”的观察。“如实知受，得第四地”，能够确实地观察到这一过程，就是达到第四地的标志。

【原文】“又修行者内心思惟——隨順正法觀察法行——云何彼比丘捨魔縛已，觀察捨受？彼見聞知或天眼見：彼比丘如是諦觀察受，眼識因緣，生不善受；彼受欲起第二善緣，不善受滅，善受得生；彼記緣滅，記受則滅，無記受生；如是次第耳觸生受、鼻觸生受、舌觸生受、身觸生受、意觸生受，如是知受，善法滿足，煩惱微薄。

彼如是修，復細觀受。彼觀法受，法受共障，如燈光明，日光能障；如是二受，障亦如是，善受既生，障不善受，應如是知。譬如燈明，第二燈明不能相障。又思量受：‘若以何受共何等受，畢竟相障？’彼見善受，共不善受畢竟相障，譬如燈明、星宿光明，二不相障。

又彼比丘思量觀察：何受何受，何者何者，如是能壞？彼如是觀無漏緣受、壞漏緣受，譬如火光能障雪光。又何者受？何者受勝？如是復起如是觀察：彼不善受障於善受，後時復起。譬如晝日覆月光明，彼月光明於夜闇中無能障覆。

又彼比丘正思量受：‘多受和合，一受能障，勝彼多受。’觀彼多受，是世間受；彼一受者，是出世間無漏心受，此受為勝能障漏受。譬如夜中眾多星宿，一月光明能障眾星。

又彼比丘隨順觀察彼微細受：何者多受？謂眼耳鼻舌身所起，此是漏受。何者善發？彼觀世間有漏受多，復非無漏，世間無力，如夜闇中星宿光明，於有月時不能善照。又彼比丘觀察彼受：‘我此受者幾許時住？’彼觀我受生滅相住，譬如電光。

又彼比丘如是觀察：此義云何？眼受因緣生鼻受不？彼正觀察意根攀緣，其受則壞一切根受；譬如牛馬駝驢水牛各各壞相，非一因緣。如是如是，五根所起，無始以來憙樂攀緣，非一境界，壞相境界境界根壞，譬如牛馬駝驢猪等。彼比丘如是觀受，得微細智。彼比丘能於彼智，樂修多作，觀樂受已，隨順觀受；隨順觀盡，如是憶念：‘我此受者，眼耳鼻舌身意所起，生從何來，滅何所至？’彼比丘隨順觀察，見受盡滅，思惟道理；如是觀已，則知眼受生無處來，滅無所至：‘我此眼受，本無今有，已有還無。我此眼者，無有來處，如海中水；滅無所至，如河下行到於大海。我此眼受，本無今有，已有還無，因緣而生，耳鼻舌身意受皆爾。’

……

彼比丘一切所有善行善果，隨順縛思觀察彼受無所依止，非有作者、非有因起、非無因起亦非聚集，非常、非色、非不念念、非顛倒法。比丘如是見此受陰則滅有愛，共憙樂生，垢惡之愛一切生死皆見無常，則於出道樂修多作。

彼比丘如是修已，一切結斷，遠離諸使。何者為結？所謂愛結、障礙結、無明結、見結、生結、慢結，斷此諸結。何者為使？謂：欲染使及有染使、見使、障礙使、慢使、無明使、思量結疑結妬結嫉結疑使。以此因緣，三有流轉，行於三地，輪轉三惡，三時隨行，於三品中隨三受熏，隨三生轉生死因緣。又修行者內心思惟——隨順正法觀察法行——云何彼比丘覺知如是眼之因緣？彼如是觀：眼者何因、何緣而生？彼見聞知或天眼見：業為眼因，眼因業生，如是轉行。譬如世間尼居陀子，從子出生尼居陀樹，樹復生子，因緣繫縛。如是如是，知因業生，業復轉生，若生則有老死憂悲啼哭苦惱。如是業因，愛羂所縛，一切愚癡凡夫之人生死海中，如是輪轉。以此因緣，一切愛想，若不作業，以無業故則無有愛；以無愛故則無有受。彼因緣者，譬如炷爐，油火因緣則有燈焰念念出生。比丘如是觀察受因，諦觀業因、業法業力，生一切受；爐者喻身，油者喻根，炷者喻受，欲瞋癡火念念生焰喻念念智，明喻智慧。”(《大正藏》卷十七第 14-15 页)

【评说】细致观察诸“受”的关系，“随顺缚思观察彼受无所依止，非有作者、非有因起、非无因起亦非聚集，非常、非色、非不念念、非颠倒法”，发现“受”的生灭规律，可以断除诸结使。结使是烦恼的异称，诸烦恼缠缚众生，不使出离生死，故称结；驱役而恼乱众生，故称使。

【原文】“彼比丘內心思惟——隨順正法，如是觀受；既觀受已，得微細智，更深觀察，眼觸生受，攀緣順行，如是觀眼第二攀緣，相與共滅：‘我眼觸受，攀緣已滅，聲共攀緣，我生愛受，若不愛受生，心莫共滅。’彼比丘以不愁繩繫縛彼心在攀緣柱，彼受滅已，彼聲攀緣共耳受滅。

鼻緣於香而生鼻受，彼比丘復觀鼻受，如是思惟：‘我鼻共香而生鼻受，若善不善，若記無記；我此鼻受，心莫共滅。’彼比丘若觀心壞，如是攀緣，數數習行，修取調心，善法熏心，無漏善法爾時不動。

舌攀緣味，此之攀緣，若善不善，若記無記。彼比丘證攀緣已，次觀察受若苦、若樂、不苦不樂。如是觀已，思惟憶念：‘我此心者，為壞不壞？’又復觀察彼味攀緣所生之受，能破壞心。如是觀已，以不愁繩繫縛彼心在攀緣柱，如行修取，心若如是，舌受味愛所不能劫。

又彼比丘觀彼身觸，如是身觸，共彼觸受縛攀緣柱，若善不善，若記無記。觀彼觸受：若心動壞復以縛於攀緣柱已，而調伏之，不復破壞。

又彼比丘次觀察意：意縛法受，若善不善，若記無記，見受意壞。彼比丘以不愁繩繫縛彼心在攀緣柱而調伏之，則不破壞。

彼比丘觀六境界身入受已，諦知五受，得不盡處；彼以智燈，觀眼觸受，覺何者受？彼觀意識：緣生此受，意縛心取，一切世間愚癡凡夫，以分別火而自燒燃。此無受者，唯行聚生、唯行聚滅，因緣所縛。眼觸生受隨順觀已，隨順而行，彼不能取，心不動轉，不死不亂。

又彼比丘觀察耳受。何者耳受？誰覺此受？彼見意識隨順繫縛：如此耳受，意共繫縛，

依止彼意，此無作者亦無受者，因緣而生。如是耳受，非有作者、非有受者，唯有行聚因緣勢力，若生若滅。

又彼比丘觀察鼻受，誰覺此受？彼觀察受：意識共縛，攀緣彼意，依止彼意，因彼因緣，隨順而生，唯有行聚，非有作者、非有受者，相續轉縛。觀鼻受已，離於受者。

又彼比丘次觀舌受，誰覺舌受？觀察此受，意識繫縛：如是舌受，依止彼意，彼縛攀緣，彼因緣生，非有作者、非有受者，更無别物，唯有行聚因緣力生。

又彼比丘觀身觸受，誰覺此受？此何誰受？如是觀察意識繫縛：如此身受，非有作者、非有受者，更無别物，唯有行聚因緣力轉。

又彼比丘觀察意受，誰覺意受？觀察意受：意緣於法而生意識，三和合觸，觸共受生。譬如種種無量香物，眾多和合則生善香，此善香生，非是一因。此亦如是因緣和合，生一切受，非有作者、非有受者。譬如莖葉鬚醇等緣，蓮華名生，彼非一因。如是依眼，緣色、緣空、緣念、緣明，生眼觸受，依眼而生。如是受者，不從一生，非一物生，非一合生，非一相生，非聚集生，非應化生。彼比丘如是如是諦求此受，如是如是生白淨法，如甘蔗汁，器中火煎，彼初離垢，名頗尼多；次第二煎則漸微重，名曰巨呂；更第三煎，其色則白，名白石蜜。此甘蔗汁，如是如是煎復更煎，離垢漸重，乃至色白。比丘如是緣器智火，以煎相續心甘蔗汁，初始禪觀，如頗尼多；次復第二，則如巨呂；次復第三，如白石蜜。如是比丘心相續法，以智火煎，則成無漏鮮白之法，離垢不雜，出世法生，出於生死，鮮白離垢，猶如洗衣。

又彼比丘更以異法，微細觀受：眼觸生受，有麁有細，垢重不輕，與癡相隨，某眾生受，彼某甲受，勝故能壞，餘殘少在，彼不依止。如是耳受、鼻受、舌受、身受、意受，彼比丘如是修已，受觀成就，魔軍欲壞……”(《大正藏》卷十七第 16-17 页)

【评说】通过“观受”获得“微细智”，即在练习觉知能力的过程中，逐渐能体验更细微的感受。随着感受的细微，发现“受”的过程是“意识共缚，攀缘彼意，依止彼意，因彼因缘，随顺而生，唯有行聚，非有作者、非有受者，相续转缚”，由此观察发现一切“受”的过程莫不如此，达到“受观成就”。

【原文】“又修行者內心思惟——隨順正法觀察法行。彼比丘受陰地分，略如六天之所知見，又復云何得第五地？又彼比丘已諦見受，彼六天眾既作業已，觀想陰相分别思量：‘何者地中我共彼想行於白法？’正思惟已，一分中行，觀察彼想行白法相，初如是法，分分善知，云何緣於有見、有對，生不可見、無對之想？彼比丘更廣觀想，彼想攀緣十一種色，所謂長、短、方、圓、三角、團及青、黃、赤、白、紫等。

……

彼比丘慧聚觀察：彼見有對，緣彼長色業果因緣，緣於四諦；觀察眾生種種諸行，百千由旬，如是道行，分分思量，觀察因緣，厭離生死。

又修行者內心思惟——隨順正法觀察法行——云何彼比丘，分分思量觀彼短相？彼見聞知或天眼見：彼比丘欲動魔軍，云何分分思量觀察短生死相？受戒頭陀，精勤布施、持戒智行、恭敬尊長、直心歡喜；如是正見敬重父母、見佛聞法、恭敬供養、不諂曲行、不慢不誑、近善知識、守信正行、直心起業、嚴身口意。如是之人，生死則短。

……

比丘如是緣於相想。彼比丘如是思惟生死短相。何者四楞？彼正觀察：欝單越人，於一切物無我所心，决定上行；彼人如是四楞生死。比丘如是緣於相想。

何者是圓？地獄、畜生、餓鬼等中無智輪轉，非自心行，是圓生死。比丘如是緣於相想。

何者三角？若人行善、不善、無記種種雜業，地獄、天、人諸處雜生。彼不善業，生地獄中；善業，天中；雜業，人中。若行三業，於三處生，如是名為三角生死。比丘如是緣於相想。

何者是團？四大天王、三十三天、夜摩、化樂、他化自在，業相似生，於天中退，復生天中；於人中退，復生人中；非難處地，是團生死。比丘如是緣於相想。

何者是青？不善業攝地獄之人，入闇地獄，是青生死。比丘如是緣於相想。

何者是黄？黄色業攝生餓鬼中，互相加惡，迭共破壞，如是餓鬼是黄生死。比丘如是緣於相想。

何者是赤？赤業所攝生畜生中，迭相食血，於血生愛，是赤生死。比丘如是緣於相想。

何者是白？白色業攝生於天中，彼人白業，善道實價，買天人生；天欲退時，餘天語言：'汝善道去人世界中。'人中欲死，親友知識、妻子啼哭，淚出覆面而作是言：'甚可愛愍，今捨我去，當好處生，生於人中。'如是天人是白生死。比丘如是緣於相想。

彼比丘如是思惟：既得人身，若不行善、修施戒智，彼人自誑，流轉地獄、畜生、餓鬼曠野中行；如是愚癡凡夫之人，具足聚集如是業道。彼比丘諦觀察受，觀察想陰攀緣而行，諦見諦求，因眼緣色而生眼識，三和合觸，修多作想。歷别觀察，見色好惡，若近若遠、若長若短、若方若圓，若白、三角，是色形相；歷别觀察，彼諸相想，觀想因緣、觀陰界入，因緣相想；歷别觀察，若惡業報，分分正證，因相應緣，覺因相應，然後捨離。若有利益、若不利益，各各異相，知過去想：'我於此業，已得善報，已得惡報，如前所說。'如是知想，若有想者，猶須憶念；彼憶念者，緣彼想生，如燈光明，因燈緣燈，因緣於燈故有光明。如是如是，因想緣想，以想勢力，故有憶念，彼比丘得第五地。

比丘如是知想觸已，於彼天樂，不生貪樂；於地獄苦，不生怖畏；彼平等見，想如真金。彼想比丘，破如是想，異法觀想，解脱彼想，復觀餘人虚妄不實：'我今觀察，何因何緣，何因緣想？'彼觀察想，因緣和合，生如是想；若因緣滅，彼想則滅，如彼月珠。譬如月珠，緣月緣珠，則清水生，想亦如是因緣而生。如是想者，非無因緣，非有作者、非有受者，非自然生。比丘如是諦觀想陰。彼既如是諦觀想已，諦知生滅，復微細觀：如河激流，想亦如是，善想生已，餘因緣力轉為不善；不善想生，餘因緣力轉為善想；彼心猿猴，初始破壞，無記為記。彼觀樂想，不生貪樂，無漏樂中生於樂想；樂中苦想，如是知樂。云何而見？善陰界入若生若滅，不喜樂受、不樂想滅、不取想滅，然後行生，非住非滅，心不悕望，識生住滅。比丘如是諦知此陰，是故不住魔之境界，貪欲瞋癡所不能縛，無有常、樂、淨、我等見，無明不能於生死中以色聲香味觸愛羂之所繫縛，不失憶念，彼憶念生能盡諸漏、能到涅槃。"(《大正藏》卷十七第 17-19 页)

【评说】"彼想攀缘十一种色，所谓长、短、方、圆、三角、团及青、黄、赤、白、紫等"，观想十一种色，是"有相止"的禅修方法。色，在此是指物的形貌。通过一心专注于单一的形状或颜色，以达到心身的寂静。但本段经文所举十一种相的内涵已经过改造，与初期教法不同，由具体的相拓展为抽象概念的相，形的长短变为生死的长短；方、圆、三角、团的形状被用来形容业道轮转；五色配以五道善恶业。从所扩充的内容来看，这种内涵上的增加是为了顺应解说佛教轮回观的需要而产生的。

"彼比丘谛观察受，观察想阴攀缘而行，谛见谛求……如是如是，因想缘想，以想势力，故有忆念，彼比丘得第五地"，像观察"受"那样观察"想"，熟悉"想"的规律，获得"第五地"的成

就。获得该成就之后，就不再受到内外境界的诱惑和胁迫，不被烦恼和既往的认知束缚，可以达到涅槃的境界。

【原文】"又修行者內心思惟——隨順正法觀察法行——云何彼比丘得第五地？彼見聞知或天眼見：觀十色入。十者所謂眼入、色入、耳入、聲入、鼻入、香入、舌入、味入、身入、觸入。云何觀察此十色入？眼入因緣、色入因緣，我此想生。彼如是觀：以眼因緣、色因緣故而生眼識，三和合觸，觸共受想思等俱生。彼比丘若受知受、若思知思、若想知想，如此色長、如此色短，此色可愛、此不可愛，此色可見、此不可見，此色有對、此色無對，如是乃至此意名色，有十一種。

如是分別，三和合觸，觸共受想思等俱生，知彼眼觸，生受想思。彼義云何？覺知名受，受知時節，是名想義、是名意轉，此等法生，有異異相、有異異體；異義則如十大地法，如是異相，是思異相。念慧解脫，受想思觸，欲進三昧，此一攀緣，有異異相。如是受想、如是想相，有異非一，譬如日光，一緣異體。如是如是，異自體受，異自體思，諦知眼觸，生受想思。彼正觀察，眼如是空，無物不堅。比丘如是實見彼眼，諦知於道，遠離邪見，正見現前；彼捨如是共癡濁行，不淨眼想、不真實想，諦觀此眼，唯是肉摶，脂膿血淚不淨物合，如是知已，則能斷欲。彼於此眼知無常已，則見無常；彼知此眼唯有肉摶在骨匡已，心得離欲；復知此眼筋纏縛已，知此眼入，自他迭互，各不相應，此物不堅，一切無我。

以要言之，如是眼者，唯是苦物。既觀知已，離眼入欲。既觀眼入，如是知已，次復觀色：如是色者，有愛不愛，是無記法，不實分別，此有何堅、何淨、何常、何我、何樂？如是觀色，思维知已，知一切色皆悉無堅，唯有分別；此色如是，有愛不愛，此愛不愛，體不可得，此唯世間若愛若憎分別攝取，若愛若憎，如是憶念。

又彼比丘既如是觀眼色入已，觀耳聲入，彼觀察聲云何而生？根塵相對而生此聲。彼如是觀：以耳因緣、念因緣故，而生耳識，三和合觸，觸共受想思等俱生，知觸共彼受想思生，若以知觸共思而生，覺知思想，所謂長相、遠等因緣，得聞其聲厚麁細業，若愛不愛。彼比丘知如是聲，思知想知，分分思量，以意識知、思知受知，憶念思量。彼耳聲入，思量簡擇，然後覺知如是聲者非有自體，無愛不愛，唯有分別此聲如是有愛不愛。如是聲者，非有自體、非常非物，破壞不堅，無樂、無我亦無我所，唯貪瞋癡愛不愛聲。如是正觀聲耳入已，若聞聲時則不迷惑，不生意樂，不取不著，不謂有堅；如是觀察耳聲入已，不樂耳識，離耳識欲：耳識非我，我非耳識，觸、受、想、思皆亦如是。

又彼比丘觀鼻香入：以鼻因緣、以香因緣、念因緣故而生鼻識。若近若遠，若愛不愛，若香若臭，風和合來，因風而聞，鼻為內入，香為外入，三和合觸，觸共受想思等俱生。知彼相已，如是觀察鼻香入相，知內觸相，則知觸相、思相平等，於如是法，一相攀緣，異因緣用。異者所謂有異異相、有異異體，異相則如十大地法，如前所說。此一切法，如是異相，非是一相、一因緣作。彼比丘如是諦知彼鼻香入，如是諦求：此如是物有何物堅？有何物常？何物不壞？此入無常，苦空無我。彼人如是知鼻香入，一切非我，非是我所，如是正知，唯有分別。此鼻香入，如是唯縛愚癡凡夫非黠慧者。比丘如是一種觀察。

又彼比丘觀舌味入：彼念等緣而生舌識，三和合觸，觸共受想思等俱生。彼隨順覺，名為受相，知是想相，對是觸相，想是思相，想緣於相。彼如是法，各各自相，復平等相，異因緣生。如是一切共成一事，譬如因筒、因鉗、因糠、因水、因瓮，金師因緣作一指環，若作手釧，如是法者非一相成；此舌味入，亦復如是。又彼比丘諦觀舌入及以味入，如是觀已，彼舌味入無有少法常、樂、我、淨，一切種種深細思惟，不得一法。如是如是，一相相應。彼於舌入味、入、離、染，一切眾生沈沒此海，憙樂味海，迭相障礙，是故復於人、天、地獄、畜生、餓鬼五道大海，如是繫縛。比丘如是於舌味入，雖欲解脫：'舌入非我，我非舌入，非常、非物亦非不動、非不破壞、非舌味入。'比丘如是得離染欲。

又彼比丘觀身觸入，身觸因緣而生身識，三和合觸，觸共受想思等俱生，如前所說眼根入等，此身觸入，應如是知。

又修行者內心思惟——隨順正法觀察法行——云何比丘如是觀察十色入已，觀察法入？彼見聞知或天眼見：彼法入中攝三種法，謂數緣滅、非數緣滅，及以虛空所有無法，皆法入攝。如是觀已，彼虛空者亦是法入。數緣滅者，此法名智，無量種種證已，順行數緣，作已證斷煩惱，令彼煩惱盡滅失壞，一切無漏。非數緣者，彼非數緣名智非受，非知非覺又亦非疑。餘人之識有百千生，一切皆失。眼耳鼻舌身意等識，彼已破壞，不復更生，如是名為非數緣滅。此非數緣，第三虛空，知此三法，不生是常，非三世攝，此非今生亦非已生，又非當生。

又彼比丘，法入二種，各各分別，謂色、無色。所言色者，謂十色入。云何眼識非見非對，見對見色？如是耳識非見非對，云何取聲？如是鼻識非見非對，云何取香？如是舌識非見非對，云何取味？如是身識非見非對，云何取觸？云何如是彼外五入、此內五入，非見非對，與彼見對？云何相得？彼比丘如是觀察：眼識生時，二種攀緣，乃至意識皆有二種，如是識生，如印印物，彼不似印，印軟物堅，則不能印；印堅物軟，印則文生。如是如是，識非見對，緣取見對，一切法中，第三印生，不相似物，不相似生；如是諸法，不相似物，不相似生，是初居致。第二居致，二法相似，還相似生，所謂白縷，生成白衣。第三居致，二不相應，不相應生，如燧火生，木之與火，不相應見。第四居致，見從稀物而生稠物，如乳生酪，乳稀酪稠，彼法如是，則不相應。如是如是不相似法，謂眼識等，異因異緣，眼識等生。"（《大正藏》卷十七 20-21 页）

【评说】观"十一色相"想与观察"十色入"，是分别从眼所观对象与整体感官过程两个层面分析"观色相想"。十色入是对"眼、耳、鼻、舌、身"与"色、声、香、味、触"这些感官元素的统称。"十色"在外，入内生识，故称为十色入。分析"十色入"的目的在于观察"识"的发生。经文中以比喻的方式根据相似、相应将识生的情况归纳为四种，说明对认知过程的认识尚处于取象比类阶段，没有进一步分析区别。

【原文】"又修行者內心思惟——隨順正法觀察法行——云何彼比丘得五地已，得第六地？彼見聞知或天眼見：彼比丘解四居致，此法云何？有相似因得相似果；不相似因不相似果；因不相似果不相似；有半相似半不相似。云何名為有相似因得相似果？譬如稻因還生於稻；如是如是，內相似者善業相似，如是得果，謂天人中；是初居致。云何名為不相似因不相似果？譬如甜乳而生酢酪，不可愛樂；如是如是，內不相似謂於此世愛染聲觸味色香等，而得地獄不可愛果、不可樂果，猶如酢酪；第二居致。云何名為因不相似果不相似？譬如青等，合生異色，色不相似；如是如是，內不相似謂業果報皆不相似，非其業果，所謂邪見：外道齋法，殺羊悕天，而墮地獄；第三居致。云何名為有半相似半不相似？譬如白縷以成白衣，縷細衣麁，是不相似；如是如是，內半相似、半不相似，細不善業得大地獄不善麁報；第四居致。

又彼比丘思惟觀已，不取業果，更復思惟，觀異業果，於有中行，猶如輪轉，有四居致。有

業未到，眾人共作而能逼惱；此初居致。有業已到，方能逼惱；第二居致。有業若到、若其未到，皆能逼惱；第三居致。有業非到亦非未到，第四居致。有業未到，眾人共作，能逼惱者，如世間法，星雖未到，國土得殃；若出世間，眼識未到，業海能逼，所謂欲心憂悲等逼；此初居致。有業已到，方能逼者，如世間法，火到乃燒，刀至方割；若出世間，不善業到，地獄、畜生、餓鬼逼惱；第二居致。有業若到、若其未到能逼惱者，如世間法，呪毒勢力，若到、未到悉能逼惱；若出世間，人欲死時，有悕望相未到地獄；第三居致。有業非到、非未到者，譬如世間種種藥子，非到生力，非未到生；若出世間，亦復如是，羅漢比丘決定受業，量如須彌，彼阿羅漢，若入涅槃、若未涅槃，此業不能逼阿羅漢；第四居致。

有業現受而非生受；此初居致。有業生受而非現受：第二居致。有業生受亦現世受；第三居致。有非現受亦非生受；第四居致。

何業現受而非生受？若世間者，如犯王法，王法與罰，此業現受而非生受；出世間者，修行布施善人所讚，此業現受非他世受；此初居致。何業生受而非現受？若世間者入火得火；出世間者此世行善、若行不善，異世得果，此可現見；第二居致。何業生受亦現世受？若世間者，所謂現受，生世亦受；出世間者亦復如是；第三居致。何業非現亦非生受？若世間者，如不語戒、不語布施；出世間者，謂無記業，非現世受、非生世受；第四居致。

彼比丘如是一廂處坐，如是觀察無量種枝業果報羅網，遍滿地獄、餓鬼、畜生、人、天之中，如是見已，隨順法行。（《大正藏》卷十七第22页）

【评说】得第六地的标志是“彼比丘解四居致”，即了解因缘生果以及感受业果的种种情况，“有相似因得相似果；不相似因不相似果；因不相似果不相似；有半相似半不相似”“有业现受而非生受，此初居致；有业生受而非现受，第二居致；有业生受亦现世受，第三居致；有非现受亦非生受，第四居致”。居致即俱胝，数量百万之称。此处指情况繁多。

对于业因果生受现受的分析，是为了解答世人关于因果报应有爽的疑惑。将此世未得的善恶报应推至后世，将此世平白遭受的苦难归咎于前世，是佛教安抚人心的办法。

【原文】“又修行者内心思惟——隨順正法觀察法行——云何比丘知業果報？謂知此業，知此業果，知善不善，知此眾生成就身惡行、成就口惡行、成就意惡行，毀謗賢聖、邪見所攝，彼人以是業因緣故，身壞命終，或墮地獄、或墮畜生、或墮餓鬼；若有眾生成就身善行、成就口善行、成就意善行，讚歎賢聖、正見所攝，彼人以是業因緣故，身壞命終則生善道天世界中。彼比丘如是觀察自業報法，彼比丘如是觀已，魔界眾生不與共行，終到涅槃；如是法行，修厭離行，勤行善道，終盡生死；攝取他人，令度生死如自度已，及諸檀越。彼比丘知業報法，觀察地獄、餓鬼、畜生、人、天諸趣業報法數，譬如清淨毘琉璃珠，為莊嚴故，以繩穿之。隨彼繩色若青、若黃、赤白紫等，如彼色見。如是業珠，報繩穿之。彼比丘於是業中皆見聞知或天眼見，清淨明了。

又彼比丘若見、若聞知業報法，猶如彼珠。譬如有珠，其色極白，普清無瑕、清淨任穿、已善修治，普門殊勝，一切世人之所讚歎，任王、王等所應畜用；如是功德相應淨珠，唯王、王等知此功德清淨珠價，取此珠已，著莊嚴上。如是如是，彼比丘十善業道淨分寶珠，普白善淨、離過無瑕、清淨任穿、對治法分、有大勢力、是答難法，乃是法師法鑽所穿，善巧修治，如是如是，願施戒智；如是如是，修治十善業道珠已，隨願所取轉輪聖王、若取天王、若取魔王、若取梵王，修無漏禪，三昧自在；如是如是，彼正法珠善修治已，名為普門，此普門者謂天人門。彼正法珠，名為普門，世間城中既得出已，入涅槃門，一切世人所讚歎者，謂正見人學人所讚，任王、王等所應用者，入正法道心王所應。若人信彼毘琉璃珠，一切功德皆悉具足，如是寶珠與正法珠相似相對。

又彼比丘觀業報法，猶如彼珠。譬如有珠，其珠有瑕，不普清淨，非一切門而不鮮白，不任鑽穿、不任修治，一切人見則不讚歎，非王、王等所應畜用。如是如是，彼外道法，是相似法，如有瑕珠，所言瑕者謂：身見瑕、戒取疑瑕，非一切門，唯是地獄、餓鬼、畜生三趣之門，非是好法；又亦不與無漏相應，不任鑽穿、非答難法，非是法師法鑽所穿，非王、王等所應畜用。八富伽羅正法道行是心之王，彼外道珠，非其所應。如是等法相似相對，非法瑕珠若繫人咽，如是之人彼相似珠用繫咽已，在於地獄、餓鬼、畜生無始以來生死流轉。彼比丘如是觀察珠、相似珠，譬如世間有琉璃珠似毘琉璃，有人見之謂毘琉璃，愚癡凡夫亦復如是。

彼比丘如是諦知法、非法已，得第七地……”(《大正藏》卷十七第 22-23 页)

【评说】能够正确区分正法与非法，是获得第七地的标志。此处“法非法”，指的是符合佛教规定的身心行为。

【原文】“又修行者內心思惟——隨順正法觀察法行——云何比丘觀業報法，第十一者名為無作，是色所攝？一切法中與色相應，若人受戒，一發戒已，若睡若悶、失心癲狂，如是善法相續轉行，譬如河流流常不斷。如是之人，若睡若悶、失心癲狂，如是無作，常流不斷。無作名色，不可見對。彼復云何色業所攝？此無作色乃是一切善法之柱。此如是等十一種色。

又彼比丘如是觀察：云何眾生有種種色、種種形相，有種種道、種種依止？又彼觀察有種種心、種種依止、種種信解、有種種業，此如是等種種諸色、種種形相、種種諸道、種種依止，譬如黠慧善巧畫師、若其弟子觀察善平堅滑好地，得此地已，種種彩色、種種雜雜、若好若醜隨心所作，如彼形相。心業畫師、若其弟子亦復如是，善平堅滑業果報地、生死地界，隨其解作種種形相、種種諸道、種種依止；心業畫師，業作眾生。

又諸彩色取白作白、取赤作赤、取黃作黃，若取鴿色則為鴿色，取黑作黑。心業畫師亦復如是，緣白取白，於天人中則成白色。何義名白？欲等漏垢所不染污，故名白色。又復如是：心業畫師取赤彩色，於天人中能作赤色。何義名赤？所謂愛聲味觸香色，畫觀察衣。又復如是：心業畫師取黃彩色，於畜生道能作黃色。何義名黃？彼此迭互飲血噉肉、貪欲瞋癡、更相殺害，故名黃色。又復如是：心業畫師取鴿彩色，攀緣觀察，於餓鬼道作垢鴿色。何義名鴿？彼身猶如火燒林樹，飢渴所惱種種苦逼；心業畫師嫉心所秉、癡闇所覆。又復如是：心業畫師取黑彩色，於地獄中畫作黑色。何義名黑？以黑業故，生地獄中，有黑鐵壁，被燃被縛得黑色身，作種種病、飢渴苦身、無量苦逼，皆是自業，非他所作。

又彼比丘觀察如是三界五道五種彩色生死畫衣，於三地住，謂：欲界地，色、無色地。心業畫師習近婬欲、攀緣欲界種種色畫，緣色依止。有二十種離欲四禪以為畫筆，依十六地是所畫處，畫作色界，離緣色界三摩跋提、緣無色界，畫為四處。心業畫師廣畫如是三界大衣。

又彼比丘觀察如是心業畫師，更復異法，畫作眾生。心如畫師、身如彩器、貪欲瞋癡以為堅牢；攀緣之心猶如梯蹬，根如畫筆，外諸境界聲觸味色及諸香等，如種種彩；生死如地、智如光明、勤發精進如手相似、眾生如畫、神通如彼無量形服，有無量種業果報生，如畫成就。

又彼比丘依禪觀察，心業畫師有異種法。如彼畫師不生疲倦，善治彩色，各各明淨，善識好筆，畫作好色。心業畫師亦復如是不生疲倦，若修禪定，善治禪彩，攀緣明淨，如彩光明修

道之師，如善好筆，知禪上下；如善識知，有取有捨，如不疲倦，如是禪定，心業畫師畫彼禪地，如彼好色。又彼如是，心業畫師若有疲倦則畫不善，地獄、餓鬼、畜生道處同業因緣。鐵杵為筆不善彩色，畫非器人，所謂地獄、餓鬼、畜生，如是等色，非好色畫，廣說如前。”（《大正藏》卷十七第 23-24 页）

【评说】以五色配善恶五道，与前“十一色相”中五色义类似。“心如画师、身如彩器、贪欲瞋痴以为坚牢；攀缘之心犹如梯蹬，根如画笔，外诸境界声触味色及诸香等，如种种彩”，以画师喻心，五色喻心业善恶，彩器喻身，通过巧妙的比喻，把佛教重视修心的主旨和盘托出。

【原文】又彼比丘次復觀察心之猿猴，如見猿猴；如彼猿猴躁擾不停，種種樹枝花菓林等，山谷巖窟迴曲之處，行不障礙。心之猿猴亦復如是，五道差别如種種林，地獄、畜生、餓鬼諸道猶如彼樹，眾生無量如種種枝；愛如花葉；分别愛聲諸香味等以為眾果；行三界山，身則如窟，行不障礙是心猿猴。此心猿猴常行地獄、餓鬼、畜生生死之地。

又彼比丘依禪觀察心之伎兒，如見伎兒。如彼伎兒取諸樂器，於戲場地作種種戲。心之伎兒亦復如是，種種業化以為衣服；戲場地者，謂五道地；種種裝飾、種種因緣、種種樂器，謂自境界。伎兒戲者，生死戲也；心為伎兒，種種戲者，無始無終長生死也。

又彼比丘依禪觀察心彌泥魚，如見彌泥。如彌泥魚在於河中，若諸河水急速亂波、深而流疾，難可得行，能漂無量種種樹木，勢力暴疾，不可遮障。山澗河水迅速急惡，彼彌泥魚能入能出、能行能住。心之彌泥亦復如是，於欲界河急疾波亂，能出能入、能行能住。地獄有河，其河名曰鞞多羅泥，彼河極深，濤波湧迅無時暫停，甚可怖畏，急疾亂流，善不善業以為流水，難可得行，一切世間愚癡凡夫所不能渡。此五道河，無量劫中常漂眾生，境界疾流迅速不斷，勢力暴惡不可遮障，無常相續，力勢所牽不可約截。愛河急惡，心彌泥魚能行此河，若入若出，出者天、人，入者地獄、餓鬼、畜生。心彌泥魚在愛河中，如是入出。（《大正藏》卷十七第 24 页）

【评说】以上猿猴、伎儿、弥泥鱼三喻，用时人常见之物比喻难见之心的特性与规律。猴喻心不停歇、伎喻心贯穿多生、鱼喻出入爱河。这是佛教对心的认识。

【原文】“又修行者內心思惟——隨順正法觀察法行——云何彼比丘修禪念住、知業報法，觀察一切眾生之心常自在行，為心所使、為心所縛？如是觀察，彼見聞知或天眼見：一切眾生心業自在，依心業行，為心所使。

又復觀察，云何眾生縛在生死，無始無終，無量轉行？彼見聞知或天眼見：以心染故，眾生繫縛；以心淨故，眾生解脫。如是心者，無量種種攀緣壞相、自體壞相、同業壞相。心有五種，謂五道中自在秉執與結使心和合相應，常在生死，離第一依，謂虛空等三無為法。五根壞相有五種心，無量無邊愛心依止種種壞相。以要言之，此是染分。云何方便得離染分三煩惱根？有三對治，過去未來一切諸佛正遍知說如是正道：欲以不淨，瞋以慈心，癡以因緣。

彼於身中如是觀欲，如是比丘緣身行已，分分觀身，從足爪等乃至於頭，分分觀察：‘此麁身分，何者是我？何者我所？’自身分中如是足爪，離身觀察：‘爪非是身，足指非身，何者是身？何者是我？何者我所？足掌非身，何處起心，謂是我所？此內踝者，非是我身。此足跟者亦非我身，踹非我身，膝非我身，圓非我身，陰非我身，此髑髏者亦非我身，糞門之處亦非我身；如是背處四十五骨，皆非我身；頭非我身，面中之骨亦非我身，頭中之骨亦非我身。’彼比丘如是觀察，於分分中不見有身，一一分分皆不見身，又復不見如是分分。復觀眼耳鼻舌身意，皆不見身。又復觀察我中無我，彼如是等唯是微塵，如是分分觀察彼身，猶如芥子，乃至微塵。又復分分觀察諸大：'何者是我，何者地界？'如是次第：'何者是我，何者水界？何者是我，何者火界？何者是我，何者風界？'彼如是觀：'界非是我，我非是界；非別有我，非別有界；非異界我，别更有物。'如是皆以第一義諦，譬如無量多樹和合，則見於林，樹非是林，異樹無林，是第一義；離樹之外，無別名林。又復觀樹，離彼根莖枝葉等外，別更無樹；第一義諦無如是樹，依世諦故有林有樹。身亦如是，足等和合，唯有名字，依世諦故，得言有身。彼比丘知身法已，離於身欲；離身分欲，得離一切根受界欲；既離欲已，彼喜欲愛不能繫縛。如是勤觀欲心對治。

又彼比丘云何勤觀瞋心對治？彼住慈心，常勤觀察：惡行眾生，所謂五道生死退生，常有怖畏，如死無異。比丘觀之，如母悲子：'彼諸眾生如是苦惱，云何可瞋？我若瞋之，則是瘡上復更與瘡。如是眾生本性苦惱，不應瞋之。'瞋是第二最大煩惱，如是勤觀瞋心對治。

又彼比丘，云何次第勤觀第三最大煩惱？癡覆眾生，身不善行、口不善行、意不善行，身壞命終墮於惡道，生地獄中。彼若離癡，修行正見，身行善行、口行善行、意行善行，諦知善法及不善法。如是諦知法、非法心，則滅第三最大煩惱，如是勤觀癡心對治。

又彼比丘如是勤觀三種煩惱、三種對治，彼三種滅已，一切煩惱結使皆滅，如斷樹根，皮莖枝葉、花菓緣等，一切悉乾。如是能斷此三煩惱，一切煩惱皆悉斷滅。"（《大正藏》卷十七第24-25页）

【评说】已观察到心由贪嗔痴所牵制，就要用适当的方法解除，"欲以不净，瞋以慈心，痴以因缘"。本段经文简要介绍不净观、慈心观、因缘观的禅修方法。

【原文】"又修行者内心思惟——隨順正法觀察法行——云何彼比丘第七地中修第八地，得第八地？彼見聞知或天眼見：彼比丘最初如是如實觀眼，云何世間愚癡凡夫眼見色已，或貪、或瞋、或生於癡？彼諸凡夫，若見知識、若見婦女，心則生貪；若復異見則生於瞋；見他具足貪、瞋所覆，以眼於色不如實見，癡蔽於心。愚癡凡夫唯有分別，眼見於色，若貪、若瞋、若癡所覆；愛誑之人，自意分別此我、我所，如是染著；譬如狗齩離肉之骨，涎汁和合，望得其髓。如是貪狗，齒間血出得其味已，謂是骨汁，不知自血有如是味。以貪味故，不覺次第自食其舌，復貪其味，以貪覆故，謂骨汁味。愚癡凡夫亦復如是虛妄分別，眼識見色，貪著喜樂，思量分別以色枯骨著眼口中，境界如齒，如是齩之，染意如涎，愛血流出貪愛血味，謂色為美，於色得味，猶如彼狗。凡夫愚癡，眼識見彼如骨之色，虛妄分別，如狗齩骨。如是觀察：眼見於色，猶如枯骨。如是一切愚癡凡夫，虛妄分別之所誑惑。

又彼比丘如是思惟：云何比丘於愛生畏、厭離生死、捨一切欲？譬如龍象至年六十，其力盛壯，善調象人革鬪捉取，縛其五處，置牢檻中，然後乃多與歡喜摶，及以甘蔗、甘蔗酒等種種美味，以諸樂器、歌聲樂之，望使不愁、不憶林樂。若忘林樂，得與凡象同共止住，極令調善，繫屬他人。彼象雖復如是將息，如是供養，不能令其心離憂悶，然其不忘林間之樂，自在遊行，不忘山曲樹林花菓、眾鳥音聲、河傍處樂；思惟念已，絕縛而去，憶彼樂故，於調象人不生忌難，壞其牢檻，去向林中，心不顧念——多多蹇荼、美歡喜摶及以甘蔗、甘蔗酒飲、琴樂歌聲，心不可調、心不可誑，不忘林樂，不樂凡象共行共住，還向林中。修行比丘亦復如是，無始以來流轉世間，五縛所縛。何等為五？所謂愛聲、觸、味、香、色。誰為善調？所謂眼、耳、鼻、

舌、身、意，如是六識。何者牢檻？所謂喜樂妻子眷屬、止住之處、僕使富樂，染著煩惱之所遮障，多歡喜摶及甘蔗酒、種種美味諸飲食者。分别之心為歡喜摶，婬欲為飲食，心愛綱以為作樂歌笑等聲。邪見凡夫猶如凡象，共同住者謂有身見、戒取、疑網，口中甜者所謂喜樂邪見言說，繫屬他者屬欲瞋癡；善調之象謂修行者，一切染癡以為供養，憶念出離則名為山，禪三摩提以為山窟，生正道心此名為花，涅槃為果，眾鳥聲者所謂法師，智慧為河，河濟口者所謂一心，言地分者謂四梵行——慈、悲、喜、捨。彼修行者猶如壯象，隨順思量禪定之樂，趣僧伽藍為還林去。比丘如是修行道者，猶如壯象；若不爾者，如狗無異。”（《大正藏》卷十七第 25 页）

【评说】得第八地的标志是如实知见。在佛教中，所谓的如实知见，就是不被“虚妄分别之所诳惑”，认识到世俗生活的不自由与痛苦，舍弃世俗避走山林，“随顺思量禅定之乐，趣僧伽蓝为还林去”。

【原文】“又修行者內心思惟——隨順正法觀察法行——云何彼比丘於八地處修第九地，得第九地？彼見聞知或天眼見：一切三界皆是無常、苦、空、無我、不淨等器，觀一切欲亦復如是。譬如林中極大山崖嶮峻之處，有大高樹名佉殊梨，有無量刺，於彼樹頭少有果實而復難得，若取彼果，多有諸過，恐此樹果墮在嶮處，復畏失命；樹腹有孔，孔坎脆爛，欲上彼樹，復畏孔壞危人之命，彼樹極高，墮樹尚死，況墜高崖嶮惡之處。愚癡凡人盲無智目，貪著眾味，望見彼果，不看峻崖樹腹爛孔。彼愚癡人貪其果味而上彼樹，未到果所，即便墜墮，即爾命終。更有餘人，少知方便或有命業，則不墮墜，少得果味，多受苦惱。如是如是，彼修行比丘觀五道林，中間有孔、極大嶮崖謂一切病，佉殊梨樹所謂欲心，無量刺者所謂無量百千煩惱，求彼苦果所謂苦也，樹頭果者一切欲意，諸愛聲觸味色香等難可得者，是欲果也。所謂入海、若有刀畏、親近於王、作賊治生如是等苦，乃得所欲；如彼得苦、多諸過者貪欲瞋癡，墮高崖者謂墮地獄、畜生、餓鬼，即命終者法命盡也，樹爛孔者皆空無物、一切不堅，癡人往者所謂愚癡邪見人也；有如是等無量諸過，復有多過，如是欲果，味少過多。彼比丘如是觀於一切欲心，不生分别。又彼比丘觀察欲心猶如火焰、猶如燈焰，明色可愛，其觸甚熱，飛虫癡故，見彼明焰，貪著愛樂，入中即死。愚癡凡夫亦復如是，欲瞋癡覆，於一切欲，心生愛著，如彼飛虫，見燈明色，若入欲燈則墮地獄、畜生、餓鬼，如彼飛虫入燈而死。彼比丘如是觀察，心得離欲。”（《大正藏》卷十七第 25-26 页）

【评说】见“一切三界皆是无常、苦、空、无我、不净等器，观一切欲亦复如是”，是得第九地的标志，简而言之，就是观欲成空，“心得离欲”。

【原文】“又彼比丘內心思惟——隨順正法觀察法行——又此世間一切眾生何縛所縛，輪轉生死？彼見聞知或天眼見：二縛所縛，繫在世間。何等為二？一者食縛，二者觸縛。食縛有四：一者摶食；二者思食；三者禪食；四者觸食。何者摶食？謂四：人處、欲界六天、八大地獄、鬼中一分。二、思食者，所謂魚中。三、禪食者，所謂行禪色界天等。四、觸食者，所謂諸鳥。何者為觸？觸者謂欲，有執手者或有笑者、有眼見者，如是皆為欲觸所誑。如是一切愚癡凡夫，謂欲界中，人及餓鬼、畜生、地獄，此等習欲，故名欲界；又無色界三摩跋提，攀緣為食；以此二縛，常在世間，不得離欲，常為一切結使所縛。

又彼比丘如實觀眼：眼識見色，若生樂觸則攀緣樂，非樂報業。又如實觀，如是如是眼識見色，是惡意處，若眼觸生，攀緣於苦，是樂報業。彼如實知：何者名為眼識見色，攀緣於樂，非樂報業？於此法中隨順觀察眼見色已，不善思惟、觀察攀緣，憶念味著而生樂心，現在雖樂，後得苦報，成就地獄、餓鬼、畜生。何業現在得不樂報，後得樂報？眼識見色而生眼觸，心善思惟、觀察攀緣，於現在世心不樂著，現在不樂，非苦報業，轉生人天受勝妙樂，終到涅槃。如是耳、鼻、舌、身、意識皆亦如是。"(《大正藏》卷十七第26页)

【评说】本段经文归纳了束缚世俗人身的两大原因，对饮食的食欲是食缚，识欲见境的触欲是触缚，触缚在此处又含于食缚中。以饮食方式分类，经中提出了抟食、思食、禅食、触食四种。从经文中的解释可以看出，触食是以触碰为食的意思；思食则可能是以思为食。这或许因为当时的人们并没有仔细观察过鸟类和鱼类的进食，故有触食和思食这些不太准确的观点。至于禅食，可能是根据禅修者因代谢降低而减少进食的经验，误认为是以禅为食。

【原文】"又修行者內心思惟——隨順正法觀察法行——云何彼比丘眼識見色心行於捨？謂：彼比丘眼見色已，心不喜樂、非不喜樂、不貪不惡，心不悕望、非不悕望，亦不憶念、非不憶念，亦非不善觀察覆障，如是行捨，是名捨處，非苦樂處。又彼比丘得第十地六地處行，謂阿那含初禪地中乃至四禪，得登彼地。彼觀諸法出沒生滅，常勤修行八分聖道，欲覺欲到解脫之門……"(《大正藏》卷十七第26页)

【评说】本段经文提到第十地对应于阿那含初禅至四禅，即声闻乘三果行者。

正法念处经身念处品第七

【提要】佛陀在王舍城那罗陀婆罗门村为众比丘说修行者随顺观身。

【原文】爾時，世尊遊王舍城，在那羅帝婆羅門聚落，告諸比丘："我今為汝說身念處，初善、中善、後善，善義善味純備具足，清淨梵行，所謂身念處法門。汝今諦聽，善思念之，當為汝說。"

諸比丘言："唯然，世尊！願樂欲聞。"

佛告諸比丘："云何名為身念處法門？所謂內身循身觀，比丘觀已，則不住於魔之境界，能捨煩惱。如實觀身，既得知見證如是法，我說是人涅槃所攝。如是比丘實見身已，不為諸惡之所亂也，能斷眼耳鼻舌身意內染，及外色聲香味觸法，如是循身觀，能到涅槃。如是比丘，眼雖見色，不生分別，不起染欲歡喜之心，如實觀身，此身唯有髮毛爪齒、薄皮脂血、筋肉骨髓、生藏熟藏、黃白痰癊、冷熱風病、大腸小腸、屎尿不淨、肝膽腸胃、脂髓精血、涕唾目淚、頭頂髑髏。如是觀身，隨順係念，若如是念，則不著色聲香味觸外境界也。

初觀眼色，如實見眼，但是肉摶，四大所成。云何行者如實觀眼？觀於眼根，此肉堅分，內有覺法，是名眼根肉摶內地界也。復觀眼根肉摶之中，內有覺法——目淚濕等，是名眼根肉摶之中內水界也。復觀眼根肉摶之中，內有覺法——有暖、有熱，是名眼根肉摶之中內火界也。復觀眼根肉摶之中，內風輕動，是名眼根肉摶之中內風界也。於內風界如實觀察，耳鼻舌身隨順觀察亦復如是，如是觀已，於可愛色不生樂著，不為愛境之所破壞。

復次，修行者內身循身觀。如此身者，念念生滅，生老病死，此身如幻，空無所有，無實無堅，如水泡沫，眾苦集處、眾苦所依、眾苦之藏，如是身中無有少樂，一切皆苦、一切無常、一切破壞，衰變之法，磨滅不淨。

復次，修行者觀身循身觀。如是身者，孰為其本？云何順行？誰為救護？云何而住？是比丘如實觀察，復作是念：'如是身者，以業為本，由業順行，業為能救。若集善業，生天人中。

惡業相應，墮於地獄、餓鬼、畜生。如是身者，不淨不堅，無常不住。'如是比丘如實觀身，於愛欲中不復生念。"(《大正藏》卷十七第379页)

【评说】第七品解说身念处。身念处是四念处之一，又作身念住、身观。即观身之自相不净，又观其共相苦、空、非常、非我，对治四颠倒中之净颠倒。身念处的修行意义是"如是比丘实见身已，不为诸恶之所乱也，能断眼耳鼻舌身意内染，及外色声香味触法，如是循身观，能到涅槃"。本段经文以"如实观眼"为例，分析眼根的四大组成。

由观眼而遍及于身，"如是观身，随顺系念，若如是念，则不著色声香味触外境界也"。把观身的过程中观察到的生命现象用佛教概念进行标识，这样每次的身观禅修，实质上是潜移默化地接受佛教教义后对原有的认知模式进行改造。

【原文】復次，修行者如實觀眼。如閻浮提人所有眼根，有虛空處得見色像，餘方所見如是不耶？若諸弟子或聞我所說，或以天眼、智慧觀察：閻浮提人見色之時，有眼、有色、有明、有空無礙、有意念心，五因緣故，而得見色；欝單越人則不如是，設無空處，亦得見色，猶如魚等水中見色，欝單越人於山障外徹見無礙亦復如是。

復次，修行者隨順觀身。如閻浮提人耳之所聞愛不愛聲，近則了了，遠則不了，大遠不聞；欝單越人則不如是。是比丘如實觀於欝單越人耳之所聞，若近若遠、若大若小、若愛不愛，以報勝故，而皆能聞。譬如日光，近遠麁細、若淨不淨，光明悉照。欝單越人所聞音聲亦復如是。

復次，修行者隨順觀身。如閻浮提人鼻根所聞，欝單越人如是不耶？彼以聞慧或以天眼見：欝單越人以報勝故，但聞眾香，不聞臭氣。譬如水乳同置一器，鵝王飲之，但飲乳汁，其水猶存。欝單越人亦復如是，但聞眾香，不聞臭氣。

復次，修行者隨順觀身。如閻浮提人舌所得味，欝單越人如是不耶？彼以聞慧或以天眼見：閻浮提人上中下食，欝單越人則不如是。欝單越人無我所心，常自行善，自然粳米，其食一味，閻浮提人則不如是。

復次，修行者隨順觀身。如閻浮提人種種色身，欝單越人如是不耶？彼以聞慧或以天眼觀：閻浮提人種種色身，欝單越人則不如是，以善業故，純一色身，道等、身等，其色猶如閻浮檀金，其身圓直柔軟端正，其報不比閻浮提人。閻浮提人無量種業，其行不同，是故則有無量種身、無量種色。(《大正藏》卷十七第379页)

【评说】对自身的生命现象有所认知之后，向外观察郁单越人的生命现象。但由于禅修者并未亲见过郁单越人，因此所有观想都是建立在他人的描述上，应该说是一种想象。

【原文】如是比丘於二天下人世界中隨順觀已，次觀第三弗婆提國。如閻浮提人、欝單越人所有諸入，與弗婆提人諸入所見，為同不耶？彼以聞慧或以天眼見：弗婆提人於黑闇中亦見眾色，如閻浮提中猫虎兕馬、角鵄之屬，無光明處能見眾色；弗婆提人亦復如是，於夜闇中如眼境界，能見一切麁細眾色。

復次，修行者隨順觀身，云何觀於閻浮提人？如前所說，如閻浮提人所聞之音，弗婆提人如是不耶？彼以聞慧或以天眼見：弗婆提人聞怖畏聲，耳識所緣，盡一箭道，以福德故，不聞遠處怖畏之聲。

復次，修行者隨順觀身已，觀三天下眾生住處。如閻浮提人、欝單越人鼻識所緣，弗婆提人如是不耶？彼以聞慧或以天眼見：弗婆提人晝所聞香，鼻識嗅已，夜亦如是，以報勝故。

復次，修行者隨順觀身。如閻浮提人、欝單越人舌識知味，如是弗婆提人所得之味如是不耶？彼以聞慧或以天眼見：弗婆提人一食賒盧迦，三日不飢。弗婆提人乃至命終，身無病惱，以法勝故；若臨命終遇病五日，爾乃命終。

復次，修行者隨順觀身。如閻浮提人、欝單越人身之形相，弗婆提人如是不耶？彼以聞慧或以天眼見：弗婆提人其身圓滿如尼俱陀樹。

復次，修行者隨順觀身，於三天下如實觀已，觀於第四瞿陀尼人所住之處。云何瞿陀尼人緣身境界？彼以聞慧或以天眼見：瞿陀尼人眼識所緣山壁無礙，如於頗梨琉璃之中見眾色像，瞿陀尼人亦復如是。

復次，修行者隨順觀身。如閻浮提中、欝單越中、弗婆提中，三天下人聞聲差別，瞿陀尼人耳識緣聲，如是不耶？彼以聞慧或以天眼見：瞿陀尼人眼識聞聲，如閻浮提中蛇虺之類眼中聞聲，瞿陀尼人亦復如是，如隔障礙，聞眾音聲、見眾色像亦復如是，以法勝故。

復次，修行者隨順觀身。如閻浮提人、弗婆提人鼻識緣香，瞿陀尼人如是不耶？瞿陀尼人嗅香法異，眼等別緣。云何瞿陀尼人鼻識緣香？彼以聞慧或以天眼見：瞿陀尼人若眼見色，即亦知香，若眼不見亦聞其香，以法勝故。

復次，修行者隨順觀身。云何瞿陀尼人舌識緣味？彼以聞慧或以天眼見：瞿陀尼人食於稗子、飲於牛味，如閻浮提人飲苷蔗酒、蒲桃之酒，瞿陀尼人飲牛五味，能令惛醉亦復如是。瞿陀尼人食於稗子，如閻浮提人食粳糧飯，充足飽滿。

復次，修行者隨順觀身。云何觀於瞿陀尼人身之量耶？彼以聞慧或以天眼見：瞿陀尼人其身長短——半多羅樹，如業相似，自業色身。（《大正藏》卷十七第 379-380 页）

【评说】与观察郁单越人身相似，观察弗婆提人和瞿陀尼人的资料也是来源于他人的描述，并非真实所见。

【原文】復次，修行者思惟觀察四天下中何等住處，性等相似、意等相似、行等相似？互對觀察。彼以聞慧或以天眼見：四天下眾生心意，無有一人心意相似，無有一人行等相似，無有一人身等相似，一切無有一人相似。是名比丘隨順觀身。

復次，修行者隨順觀身。云何四天下人頗有一人無業無因來生不耶？無業藏耶？無業流轉耶？頗有不行習欲法耶？如是比丘不見一人無業藏者，無有一人無業而生，無有一人無業流轉，無有一人不習欲法，隨所作業，或善或不善，隨業受報，無有一人不為怨親中人所攝。是名修行者隨順觀身。（《大正藏》卷十七第 380 页）

【评说】观察人身之后，还要考察心意行为、因缘果报等。“彼以闻慧或以天眼见”，对以上内容的观察，实际上仍然离不开听别人描述以及“天眼见”。所谓“天眼见”，从上文来看，所见的内容其实就是根据他人的描述出现在脑海中的想象的画面。

【原文】復次，隨順觀身。云何集業而得天身？云何天中受五欲樂？彼以聞慧或以天眼觀：諸眾生生四天王天處，受天五欲，眼視美色，不知厭足，或細或麁，自以天眼見萬由旬，若化神通，能見無量百千由旬。如是修行者觀天無量善業勢力，四天王天所見色貌皆悉可愛，心生愛樂，不見惡色。

復次，修行者隨順觀身。云何四天王天耳聞音聲？彼以聞慧或以天眼見：四天王天若聞

天聲，甚可愛樂，若以報耳聞三千由旬，若化神通，則能聞於二萬由旬，所聞音聲皆可愛樂。

復次，修行者隨順觀身。云何四天王天鼻聞香耶？彼以聞慧或以天眼見：四天王天自報鼻根，聞於衆香二百由旬，若化神通，聞於百千由旬之香。

復次，修行者隨順觀身。云何觀於四天王天舌根充滿？彼以聞慧或以天眼見：四天王天舌根無厭亦無不愛，如業所得，以善業故，於味不厭。

復次，修行者隨順觀身。云何觀於諸天身耶，若麁若細、若速疾行？彼以聞慧或以天眼見：諸天身有大勢力，神通微細，於一手中置五百天在手而住，各令諸天身不妨礙，亦不迫隘。譬如一室燃五百燈，其燈光明不相逼迫，諸天手中置五百天亦復如是不迮不妨。

復次，諸天若化大身無量由旬，若好若醜，若有見者或怖不怖。

復次，修行者隨順觀身。云何觀於速行天耶？彼以聞慧或以天眼見：速行天一眴目頃能行無量百千由旬還至本處，隨天憶念所往之處，無所障礙。若有所欲，皆悉具足，無能奪者，於一切處所得之物皆悉自在，於他無畏，無能為礙，天境界樂念念增長，以善業故，受五欲樂。是名行者隨順觀身。

復次，修行者隨順觀身。云何觀於三十三天身耶？云何緣於境界受樂？彼以聞慧或以天眼觀：三十三天如四天王天受境界樂。三十三天受於愛色聲香味觸，勝四天王天足一千倍。何以故？三十三天所作之業，勝愛大力可愛樂故，勝於四天王天所作業故。以三十三天所作業勝，是故四天王天不及上天，如是三十三天所受樂勝不可具說。是名修行者隨順觀身。

復次，修行者隨順觀身。云何觀於地獄？地獄衆生所受之身，謂活地獄、黑繩地獄、大合地獄、叫喚地獄、大叫喚地獄、焦熱地獄、大焦熱地獄、阿鼻地獄。彼以聞慧或以天眼見：諸衆生所作之業——不可愛業、不喜樂業、不善之業，謂三種業，於身口意造集業故，墮地獄中。集惡業故，受地獄苦，於地獄中受諸劇苦，乃至惡業不盡終不得脫。是名修行者隨順身觀。

復次，修行者作是思惟："作何等業墮於地獄？"彼以聞慧或以天眼見：此衆生習近殺害，樂習增長，以是因緣，墮活地獄。又見衆生習近殺生偷盗，喜樂習近，增長斯惡，以此因緣，墮黑繩地獄。又見衆生習近殺生偷盗邪婬，習近喜樂，增長斯惡，以是因緣，墮衆合地獄。又見衆生習近殺生偷盗、邪婬妄語，習近喜樂，增長斯惡，以是因緣，墮叫喚地獄。又見衆生殺生偷盗、邪婬妄語、勸人飲酒，以是因緣，墮大叫喚地獄。又見衆生殺生偷盗、邪婬妄語、飲酒、邪見，以是因緣，墮焦熱地獄。又見衆生殺生偷盗、邪婬妄語、以酒飲人、邪見不信，或破比丘、比丘尼戒，以是因緣，墮大焦熱地獄。又見衆生作五逆業五種惡業，以是因緣，墮阿鼻地獄。云何五逆？若有衆生殺父、殺母、殺阿羅漢、破和合僧、若以惡心出佛身血，如是五種大惡業故，墮阿鼻地獄。思惟如是地獄業報，於諸衆生起悲愍心。

復次，修行者隨順觀身。云何衆生墮餓鬼道？彼以聞慧或以天眼見：無量餓鬼以慳嫉故，墮餓鬼中，在於地下五百由旬。無量餓鬼惡食、無食或食不淨，互相食噉，飢渴所逼，受大苦惱，上雨大火以燒其身。此諸餓鬼隨惡業故，受如是苦。

復次，修行者隨順觀身。彼以聞慧或以天眼見畜生道，彼見無量種種畜生，略說三處：一者水行，所謂魚等；二者陸行，所謂象馬牛羊、麞鹿猪等；三者空行，所謂無量衆飛鳥等。

復次，修行者隨順觀身。彼以聞慧或以天眼觀於畜生有幾種生？彼以聞慧或以天眼見：諸畜生有四種生。何等為四？一者胎生，所謂象馬水牛、牛羊之類；二者卵生，所謂蛇蚖鵝鴨、鷄雉種種衆鳥；三者濕生，蚤虱蚊子之類；四者化生，如長面龍等。是修行者如實觀畜生已，若天若人、若地獄餓鬼畜生，不見一處不為恩愛別離所惱，一切眾生輪轉生死，或作怨家或為親友，無有一處不生不滅。如是比丘於生死處不生愛心，如是心不喜樂，如是厭離不隨，如是破壞，如是滅法，不可久住一切眾生眾苦之處。是故比丘生死之中多苦少味、無常破壞，當應厭離，厭離生死便得解脫。（《大正藏》卷十七第 380-381 页）

【评说】“观察”完四天下的人身之后，此处观察天身、地狱身、饿鬼身、畜生身。通过这种“观察”，对于禅修者来说佛教的轮回观会由于观想的逐渐熟练而变得“真实”，从此深信不疑。

【原文】如是那羅帝婆羅門聚落比丘修行者，内身循身觀，觀於内身——於此身中分分不淨。如實見身，念念思惟，從頭至足循身觀察。是修行者初觀頭頂，彼以聞慧或以天眼觀：頭髑髏以為四分，於頭骨内自有蟲行，名曰腦行，遊行骨内，生於腦中，或行或住，常食此腦。於髑髏中復有諸蟲住髑髏中，若行若食，還食髑髏。復有髪蟲住於骨外，食於毛根，以蟲瞋故，令髪墮落。復有耳蟲住在耳中，食耳中肉，以蟲瞋故，令人耳痛或令耳聾。復有鼻蟲住在鼻中，食鼻中肉，以蟲瞋故，能令其人飲食不美；腦涎流下，蟲食腦涎，是故令人飲食不美。復有脂蟲生在脂中，住於脂中，常食人脂，以蟲瞋故，令人頭痛。復有續蟲生於節間，有名身蟲住在交牙，以蟲瞋故，令人脈痛猶如針刺。復有諸蟲名曰食涎，住舌根中，以蟲瞋故，令人口燥。復有諸蟲名牙根蟲，住於牙根，以蟲瞋故，令人牙疼。是名内修行者循身身觀，是十種蟲，住於頭中。

復次，修行者觀身循身觀。頭肉中有幾骨耶？彼以聞慧或以天眼見：髑髏骨頭有四分，額骨、頰骨合有三分，鼻骨一分。交牙二骨，頤有一骨，牙齒合有三十二骨，齒根亦爾。咽喉二骨，如是項中有十五骨。

復次，修行者内身循身觀。云何頭肉以食增長，和合有覺？彼以聞慧或以天眼觀：於頭肉則有四分，兩頰二分，咽喉及舌肉段一分，上下兩唇及其兩耳皮肉四分。其舌根者，名為脈肉，貪嗜上饍，樂於六味。（《大正藏》卷十七第 381-382 页）

【评说】修习身观观察头部，不仅对于头部的骨肉有粗浅的描述，还观察到“是十种虫，住于头中”。文中列举了居住于人头部的十种虫，这些虫会引起头部的种种不适和疾病，如头痛、脱发、耳痛、耳聋、失嗅、失味、脉刺痛、口燥、牙疼。从这些“虫嗔”致病的描述来看，对于“虫”的想象是古人解释疾病的方法。这一方法部分来源于对人体寄生虫的观察，更多的则是从有限的观察中作出的想象发挥。

【原文】復次，修行者内身循身觀。有何等蟲？住在何處？作何等業，或病或安？彼以聞慧或以天眼：初觀咽喉，咽喉有蟲，名曰食涎，咀嚼食時，猶如嘔吐，涎唾和雜，欲咽之時，與腦涎合，喉中涎蟲共食此食，以自活命。若蟲增長，令人瘷病。若多食膩或多食甜，或食重食或食醋食，或食冷食，蟲則增長，令人咽喉生於疾病。觀涎蟲已，如實知身。

復次，修行者内身循身觀。觀於唾蟲能消諸唾，或能為病或令安隱。彼以聞慧或以天眼見：消唾蟲住咽喉中，若人不食如上膩等，蟲則安隱，能消於唾，於十脈中流出美味，安隱受樂。若人多唾，蟲則得病，以蟲病故，則吐冷沫，吐冷沫故，胸中成病。觀唾蟲已，如實知身。（《大正藏》卷十七第 382 页）

【评说】虽然用“虫”来解释诸多疾病的产生并没有真实依据，但在这个假设之上，还是

形成了一些医学观点，比如此处“若多食腻或多食甜，或食重食或食醋食，或食冷食，虫则增长，令人咽喉生于疾病”“若人不食如上腻等，虫则安隐，能消于唾，于十脉中流出美味，安隐受乐”，所反映的就是因认识到饮食偏嗜引起咽喉不适，提出“不食如上腻”的饮食指导。

【原文】復次，修行者內身循身觀。觀於吐蟲，云何令人安隱疾病？住在何處？食何等食？彼以聞慧或以天眼：見於吐蟲住人身中，住於十脈流注之處。若人食時，如是之蟲從十脈中，踊身上行至咽喉中，即令人吐，令人生於五種嘔吐。何等為五？一者風吐；二者陰吐；三者唾吐；四者雜吐；五者蠅吐。若蟲安隱，食則調順，入於腹中。

云何吐蟲生於風吐？彼以聞慧或以天眼見：食輕冷，若無膩食，則發風病，令人大小便利難通，眼不能睡。風入咽喉，風動吐蟲，以此過故，是名風吐。觀吐蟲已，如實知身。

復次，修行者觀內身循身觀。云何吐蟲令人吐陰？彼以聞慧或以天眼見：人食辛，鹹熱和合，令人發熱，惱於吐蟲，從其住處動而上行，令人吐陰。觀吐蟲已，如實知身。

復次，修行者觀內身循身觀。云何吐蟲令人吐唾？彼以聞慧或以天眼見：人食於甜冷重食、膩滑之食，或食已睡眠，令唾增長，唾增長故，唾蟲增長，為咽喉病，令身沈重，則有冷唾。觀吐蟲已，如實知身。

復次，修行者觀內身循身觀。云何吐蟲生於雜吐？彼以聞慧或以天眼見：食輕冷無膩之食、辛酢鹹食、滑冷重膩，能令吐蟲行咽喉中，以是三過，能令人吐。觀吐蟲已，如實知身。

復次，修行者觀內身循身觀。云何蠅吐令人嘔吐？彼以聞慧或以天眼見：蠅食不淨故，蠅入咽喉，令吐蟲動，則便大吐。觀吐蟲已，如實知身。(《大正藏》卷十七第 382 页)

【评说】本段详细说明五种呕吐，“一者风吐；二者阴吐；三者唾吐；四者杂吐；五者蝇吐”，并分别指出病因，分析病机：风吐，食用了轻冷食物，使人大小便不通，不能入睡；阴吐，食用了辛咸热食物，使人发热懊侬；唾吐，食用了甜冷、腻滑食物或食后即睡，使人身体沉重；杂吐，食用了轻冷、咸食、滑冷重腻食品；蝇吐，食用了蝇虫爬过的不洁食物。

【原文】復次，修行者觀內身循身觀。彼以聞慧或以天眼見：醉味蟲行於舌端乃至命脈，於其中間或行或住，微細無足。若食美食，蟲則惛醉增長，若食不美，蟲則萎弱。此蟲食時如蜂食花，微細甜味以用作蜜，嗜味蟲食亦復如是。然其所食雖復微細亦得充足，若蟲得味，我亦如是得此食味；若蟲憶食，我亦憶食；若我不食，如是醉蟲則亦病苦，不得安隱。觀醉蟲已，如實知身。

復次，修行者觀內身循身觀。觀放逸蟲，云何此蟲為我病惱或作安隱？彼以聞慧或以天眼見：放逸蟲住於頂上，若至腦門，令人疾病；若至頂上，令人生瘡；若至咽喉，猶如蟻子，滿咽喉中；若住本處，病則不生。是名觀於放逸之蟲。觀放逸蟲已，如實知身。

復次，修行者內身循身觀。觀於貪嗜六味之蟲，云何病惱？云何安隱？彼以聞慧或以天眼見：六味蟲所貪嗜者，我亦貪嗜，隨此味蟲所不嗜者，我亦不便。若得熱病，蟲亦先得如是熱病，以是過故，令於病人所食不美，無有食味。觀味蟲已，如實知身。

復次，修行者內身循身觀。觀抒氣蟲住於頂下，彼以聞慧或以天眼見：抒氣蟲以瞋恚故，食腦作孔，或咽喉痛或咽喉塞，咽喉風噎，生於死苦。此抒氣蟲共咽喉中一切諸蟲，皆悉擾亂，生諸病惱。此抒氣蟲常為唾覆，其蟲短小，有面有足。觀抒氣蟲已，如實知身。

復次，修行者內身循身觀。彼以聞慧或以天眼見：憎味蟲住於頭下咽喉根中。云何此蟲為我病惱或作安隱？彼見：此蟲憎嫉諸味，唯嗜一味，或嗜甜味，憎於餘味；或嗜酢味，憎於餘味；或嗜辛味，憎於餘味；或嗜鹹味，憎於餘味；或嗜苦味，憎於餘味；或嗜醶味，憎於餘味；隨所憎味，我亦憎之，隨蟲所嗜，我亦嗜之。舌端有脈，隨順於味，令舌乾燥。以蟲瞋故，令舌瘤瘤而腫或令咽喉即得癩病。若不瞋恚，咽喉則無如上諸病。觀憎味蟲已，如實知身。

復次，修行者內身循身觀。見：嗜睡蟲其形微細，狀如牖塵，住一切脈，流行趣味，住骨髓內，或住肉內或髑髏內，或在頰內或齒骨內或咽骨中，或在耳中或在眼中，或在鼻中或在鬚髮。此嗜睡蟲風吹流轉，若此蟲病，若蟲疲極，住於心中。心如蓮花，晝則開張，無日光故，夜則還合，心亦如是。蟲住其中，多取境界，諸根疲極，蟲則睡眠，蟲睡眠故，人亦睡眠。一切眾生悉有睡眠，若此睡蟲晝日疲極，人亦睡眠。觀睡蟲已，如實知身。

復次，修行者內身循身觀，見：有腫蟲行於身中，或住頭中或住項中，行於血中或行脂中，其身微細，隨飲血處則有腫起瘤瘤而疼。或在面上或在項上，或在咽喉或在腦門，或在餘處，所在之處能令生腫，若住筋中則無病苦。觀腫蟲已，如實知身。

如是那羅帝婆羅門長者、聚落比丘修行者觀蟲種類，從於頭中、舌耳腦門、毛孔髮中、皮肉骨血筋脈之中如實觀之，既觀察已，於舌味中生厭離心，於後生處不復愛味，於無量無邊由旬愛縛味海能生厭離。以厭離故，不為食愛之所亂惱，不復親近豪貴長者，離於多欲，於食知足，取得支身。以是義故，不嫉他人得供養利，不樂多言、不樂住寺，不起身慢，不生色慢，不恃衣服而生憍慢，不恃袈裟鉢盂而生憍慢，不恃弟子而生憍慢，不恃聚落而生憍慢，不恃親里而生憍慢，獨一無侖，遠離塵垢，住寂靜處，近於涅槃。若貪嗜美味，沒於味海，為魔所攝，去涅槃遠。是修行者觀諸蟲已，於味厭離，不貪飲食。（《大正藏》卷十七第 382-383 页）

【评说】"观察"当时被认为住于人体颈部以上的诸种虫类，它们分别对应一至数种症状。当时的人们认为，这些虫因嗔恚而导致局部病痛的发生。通过"观察"这些虫类的活动，对自身的不净与苦痛产生深刻认识，能"生厌离心"。

【原文】復次，修行者內身循身觀，如實觀於脊骨。彼以聞慧或以天眼見：其脊有四十五骨，胸十四骨，左右脇肋各十二骨，節亦如是，胞骨亦然。如是分別觀骨節已，復觀從肩至髖幾分肉臠？如是左右各十二臠。作是觀已，如實知身。

復次，修行者內身循身觀。有幾許筋，連綴繫縛？彼以聞慧或以天眼見：左右脇除於皮肉，一百細筋以為纏縛。觀筋纏已，如實知身。

復次，修行者內身循身觀。觀於此身從髆至髖有幾許脂？彼以聞慧或以天眼自見己身：以食因緣，脂則增長；以食因緣，令脂損減。極羸瘦人——摩伽陀等，有五兩脂。既觀察已，如實知身。

復次，修行者內身循身觀。觀我此身有幾許水？彼以聞慧或以天眼自見：身中有十掬水，從毛孔出，名之為汗。於諸根中，眼則出淚，名為濕界。以食因緣，脂血增長。觀身水已，如實知身。

復次，修行者內身循身觀。觀其身中幾許糞穢？彼以聞慧或以天眼見：其身中有七掬屎，有六掬唾。作此觀已，如實知身。

復次，修行者內身循身觀。觀我身中幾許痰癊及尿？彼以聞慧或以天眼見：其身中五掬黃癊，尿有四掬，除其病時，或增或減。如是觀已，如實知身。

復次，修行者內身循身觀。觀我身中幾許脂髓、不淨穢精？彼以聞慧或以天眼見：其身

中十二掬脂，髓有一掬，精有一掬。如是觀已，如實知身。

復次，修行者内身循身觀。觀其身中有幾許風？彼以聞慧或以天眼見：身空處有三掬風。如是觀已，如實知身。

復次，修行者内身循身觀。觀其身中幾脈常流，飲食消化？彼以聞慧或以天眼見：其身中有十三脈，若脈流注，令身肥悅。譬如檕橰汲水流注溉灌，令其增長，身脈溉灌亦復如是。何等十三？一名命流脈；二名隨順流脈；三名水流脈；四名汗流脈；五名尿流脈；六名糞流脈；七名十流脈；八名汁流脈；九名肉流脈；十名脂流脈；十一名骨流脈；十二名髓流脈；十三名精流脈。觀流脈已，如實知身。

復次，修行者内身循身觀。如彼流脈與誰為本，令身肥悅，復有諸蟲處處遍行？彼以聞慧或以天眼見：命流脈，心為其本；隨順流脈，兩脇為本；水流脈者，生臟髎心以為根本；汗流脈者，毛根及脂以為根本；尿流脈者，根胞為本；糞流脈者，熟藏下門為本；十流脈者，咽喉及心以為其本；汁流脈者，肺為其本；肉脂流脈者，筋皮為本；骨流脈者，一切續節為本；髓精流脈者，卵及身根為本。如是行者觀流脈已，如實知身。（《大正藏》卷十七第 383-384 页）

【评说】头颈之后，观察躯干的骨、筋、脂、水、粪尿、脂髓、风、流脉等事物，一一计量，以示“精确”。

值得注意的是，除了观察人体的组织结构等，还观察了“十三流脉”，这十三流脉“若脉流注，令身肥悦”，其概念似与代谢过程类似。但由于观察粗浅，认为十三类物质是各自“流注灌溉”，并不理解人体新陈代谢各部分的关系。即使如此，这种认识也可称作“如实知身”，可见如实与否只是相对于当时的知识水平而言，“如实”未必真的如实。

【原文】復次，修行者觀身循身觀。有何等蟲何處流行，或為疾病或為安隱，從於髖骨乃至遍身？彼以聞慧或以天眼見：十種蟲至於肝肺，人則得病。何等為十？一名食毛蟲；二名孔穴行蟲；三名禪都摩羅蟲；四名赤蟲；五者食汁蟲；六名毛燈蟲；七名瞋血蟲；八名食血蟲；九名瘤瘤蟲；十名酢蟲。此諸蟲等，其形微細，無足、無目，行於血中，痛痒為相。

復次，修行者内身循身觀，觀一一諸蟲在於身中，為何所作？彼以聞慧或以天眼見：食毛蟲若起瞋恚，能噉鬚眉，皆令墮落，令人癩病；若孔行蟲而起瞋恚，行於血中，令身麁澁，頑痺無知；若禪都摩羅蟲流行血中，或在鼻中或在口中，令人口鼻皆悉臭惡；若其赤蟲而起瞋恚，行於血中，能令其人咽喉生瘡；若食汁蟲而起瞋恚，行於血中，令人身體作青瘷瘓，或黑或黄瘷瘓之病；若毛燈蟲起於瞋恚，血中流行，則生病苦，瘡癬熱黄，疥癩破裂；若瞋血蟲以瞋恚故血中流行，或作赤病，女人赤下，身體搔痒，疥瘡膿爛；若食血蟲瞋而生病腦，頭旋迴轉，於咽喉中口中生瘡，下門生瘡；若瘤瘤蟲血中流行，則生疾病，疲頓困極，不欲飲食；若酢蟲瞋恚，亦令其人得如是病。如是一切諸蟲及其種類，既觀察已，如實知身。（《大正藏》卷十七第 384 页）

【评说】这里介绍“十种虫至于肝肺，人则得病”的十种虫，分别是食毛虫、孔穴行虫、禅都摩罗虫、赤虫、食汁虫、毛灯虫、瞋血虫、食血虫、瘤瘤虫、酢虫。这些虫形体非常小，无足、无目，寄生在血中，令人痛痒。

这十种虫会导致不同的疾病：食毛虫令人须眉脱落；孔穴行虫使身体粗涩，导致顽痹；禅都摩罗虫使口鼻臭恶；赤虫令人咽喉生疮；食汁虫会使人患青瘷瘓、黑瘷瘓或黄瘷瘓；毛灯虫会导致疮癣热黄、疥癞破裂；瞋血虫会导致赤病，令女人赤下、身体瘙痒、疥疮脓烂；食血虫会导致脑病，使头旋回转；瘤瘤虫会使人疲倦困顿，不欲饮食；酢虫令人生酢病。

从现在的眼光看，还无法从这些症状判断病因是由于虫入于肝肺所致，这只是古人的猜测。

【原文】復次，修行者內身循身觀。觀十種蟲行於陰中。何等為十？一名生瘡蟲；二名刺蟲；三名閉筋蟲；四名動脈蟲；五名食皮蟲；六名動脂蟲；七名和集蟲；八名臭蟲；九名濕蟲；十名熱蟲。

復次，修行者內身循身觀。觀何等蟲住我身中，或為疾病或為安隱？彼以聞慧或以天眼見於：瘡蟲隨有瘡處，諸蟲圍遶噉食此瘡，或於咽喉而生瘡病。觀瘡蟲已，如實知身。

復次，修行者內身循身觀。觀於刺蟲作何等病？彼以聞慧或以天眼見於：刺蟲若生瞋恚，令人下痢猶如火燒，口中乾燥，飲食不消，其身剎剎，水入熟藏，晝夜不睡，於熟藏中撓攪糞穢令尿冷等，與尿和合，住如是處，作下痢病，令不憶食劣弱不健；若人愁惱，蟲則歡喜，嚙人血脈以為衰惱，或下赤血或不消下痢。如是觀刺蟲已，如實知身。

復次，修行者內身循身觀。觀閉筋蟲，彼以聞慧或以天眼見：閉筋蟲或行麁筋或行細筋，若覺蟲行，筋則疼痛，若不覺行，筋則不疼痛，一切骨肉皆亦消瘦，筋中疼痛。若蟲瞋恚，人不能食。若住筋中而飲人血，令人無力，若食人肉，令人羸瘦。觀嚙筋蟲已，如實知身。

復次，修行者內身循身觀。彼以聞慧或以天眼觀動脈蟲：是蟲遍行一切脈中，其身微細，行無障礙。若蟲住人食脈之中，則有病過，令身乾燥，不憙飲食。若蟲住在水脈之中，則有病生，令口乾燥；若在汗脈，令人一切毛孔無汗；若在尿脈，令人淋病，或令精壞或令痛苦。若蟲瞋恚，行下門中，令人大便閉塞不通，苦惱垂死。觀動脈蟲已，如實知身。

復次，修行者內身循身觀。觀食皮蟲，彼以聞慧或以天眼見：食皮蟲以食過故，蟲則瞋恚，能令人面顏色醜惡，或生惡皰，或痒或赤或黃或破，或復令其鬚爪墮落，令人惡病，或皮斷壞或肉爛壞。觀食皮蟲已，如實知身。

復次，修行者內身循身觀。觀嚙脂蟲，彼以聞慧或以天眼見：動脂蟲住在身中脂脈之內，若食有過、若多睡眠，此蟲則瞋，不消飲食，或生疥瘙或生惡腫，毛根瘭病，或得瘻病或脈脹病，或乾消病或身臭病，或食時流汗。如是觀動脂蟲已，如實知身。

復次，修行者內身循身觀。觀和集蟲於我身中作何等業，或病或安？彼以聞慧或以天眼見和集蟲集二種身：一者覺身；二、不覺身。皮肉骨血、脂髓精等，是名覺身；髮毛爪齒，名不覺身。是名和集二身。以食過故，蟲則無力，人亦無力，不能速疾行來往返，睡眠瞢瞢或多焦渴，皮肉骨血、髓精損減。觀和集蟲已，如實知身。

復次，修行者內身循身觀。彼以聞慧或以天眼觀於：臭蟲住在肉中、屎尿之中，以食過故，蟲則瞋恚，身肉屎尿、涕唾皆臭，鼻中爛膿或眵淚爛臭，隨蟲行處皆悉臭穢，若衣、若敷、若食。住齒中，以蟲臭故，食亦隨臭，衣敷盡臭，舌上多有白垢臭穢，身垢亦臭。觀臭蟲已，如實知身。

復次，修行者內身循身觀。彼以聞慧或以天眼見：濕行蟲行背肉中，知食消已，入腰三孔，取人糞穢汁則成尿，滓則為糞，令人下門。觀濕蟲已，如實知身。(《大正藏》卷十七第384-385页)

【评说】上述经文介绍了十种“行于阴中”的虫类：生疮虫、刺虫、闭筋虫、动脉虫、食皮虫、动脂虫、和集虫、臭虫、湿虫、热虫。

这十种虫集聚在不同部位，会导致不同的疾病：生疮虫集聚在疮疡处或咽喉部，会导致疮病；刺虫集聚在熟藏，导致下痢，出现口干燥、饮食不消、昼夜不眠等症状；闭筋虫行粗筋或细筋，会导致不能食；若虫行会导致疼痛，虫食血会导致疲乏，虫食肉会导致羸瘦；动脉虫行于脉中，若集聚在食脉中会导致身体干燥、不喜饮食，若集聚在水脉中会令口干燥，若集聚在汗脉中会导致无汗，若集聚在尿脉中会导致淋病、精坏、疼痛，若集聚在下门中会导致大便不通；食皮虫导致人面色丑恶、生恶疱、须爪堕落、皮断肉烂；动脂虫，又名啮脂虫，行于身中脂脉内，过食和多睡眠是引动此虫的原因，会导致饮食不消化、疥瘙、恶肿、毛根瘭病、瘿病、脉胀病、干消病、身臭病、或食时流汗等疾病；和集虫分为两类，包括觉身（皮肉骨血、脂髓精）、不觉身（发毛爪齿），导致睡眠瞢瞢、多焦渴、皮肉骨血、髓精损减等疾病；臭虫，住在肉中、屎尿之中，多食是引动此虫的原因，令身肉屎尿、涕唾皆臭，鼻中烂脓、眩泪烂臭，随虫行处皆悉臭秽；湿虫，行于背肉中，“取人粪秽汁则成尿，滓则为粪，令入下门”。

简而言之，疮虫致疮、刺虫致下痢、闭筋虫致消瘦、动脉虫致流脉种种病、食皮虫致皮肉烂坏、啮脂虫致多种“不消”引起的肿胀等病、和集虫致多种劳累、臭虫致臭。从取名方式来看，其规律是相似的症状归类为一虫，以主要特征为其取名。

【原文】復次，修行者內身循身觀。觀十種蟲行於根中，一切人身皆從中生。何等為十？一名瘖瘖蟲；二名惙惙蟲；三名苗花蟲；四名大諂蟲；五名黑蟲；六名大食蟲；七名暖行蟲；八名作熱蟲；九名火蟲；十名大火蟲。此諸蟲等，住陰黃中。

何等是蟲為人疾病或作安隱？彼以聞慧或以天眼見：瘖瘖蟲以食過故，蟲則瞋恚，食人眼睫，令人眼痒，多出眵淚。此微細蟲若行眼中，眼則多病或令目壞。若入精中，眼生白瞖。其蟲赤色，為眼生病，若蟲不瞋，則無此病。觀瘖瘖蟲已，如實知身。

復次，修行者內身循身觀。彼以聞慧或以天眼見：惙惙蟲住在人身，行於陰中，一切身中行無障礙，陰黃覆身。如此蟲者，若入骨中，令人身體皆大蒸熱；若行肉中，晝夜常熱，手足皆熱；若入皮裹，身則汗出。觀惙惙蟲已，如實知身。

復次，修行者內身循身觀。彼以聞慧或以天眼見：苗華蟲行住陰中，利嘴短足，身如火藏，不欲食飲。若以食過，蟲行異處，隨所行處，則大熱爛，身血增長，其身大熱猶如煙起，身皮破壞如火燒瘡。若蟲順行，則無此病。觀苗華蟲已，如實知身。

復次，修行者內身循身觀。彼以聞慧或以天眼見：大諂蟲住在身中，行陰黃中，或安不安。以食過故，蟲則瞋恚，從頂至足，行無障礙，能令身中一切熱血生於熱瘡。若血、若陰從於口中、耳中流出，或死或次死，或身青黃，熱病口苦。若蟲不瞋，則無此病。觀大諂蟲已，如實知身。

復次，修行者內身循身觀。彼以聞慧或以天眼見於黑蟲住在身內，行於黃陰中，或安不安？以食過故，蟲則瞋恚，令人面䵟或生多黶，或黑或黃或赤，或令身臭或令雀目，或口中生瘡，或大小便處生瘡。若蟲不瞋，則無此病。觀黑蟲已，如實知身。

復次，修行者內身循身觀，彼以聞慧或以天眼見大食蟲住在身中，或作安隱或為疾病？彼以聞慧或以天眼見：大食蟲以食過故，則生瞋恚，住陰黃中，隨食隨消，身大力故，一切身及身分——眼耳鼻舌，於自境界皆悉減劣，見不明了。以食過故，根不正緣。若蟲不瞋，則無此病。觀大食蟲已，如實知身。

復次，修行者內身循身觀。彼以聞慧或以天眼見暖行蟲常愛暖食，憎於冷食。此蟲云何與人疾病？云何安隱？彼以聞慧或以天眼見：暖行蟲，若我食冷或以飲冷，或食或味，蟲則瞋恚，口多出水，或極或重或痲或睡，或心陰薹瞢或身疼強，或復多唾或咽喉病。若蟲不瞋，則無此病。觀暖行蟲已，如實知身。

復次，修行者內身循身觀。彼以聞慧或以天眼見於熱蟲住在身內，行於陰中，作何等病？云何安隱？彼以聞慧或以天眼見於：熱蟲住人身中，若食重食，以食過故，病垢增長，妨出入息。以食過故，令身麁大或咽喉塞，令大小便悉皆白色，不愛寒冷、不愛酥食。觀熱蟲已，如實知身。

復次，修行者內身循身觀。彼以聞慧或以天眼見：火食蟲住在身內，行住陰中，此蟲寒時，則便歡喜，熱時萎弱。寒歡喜故，人則憶食；熱時火增，不欲飲食。於冬寒時陰則清涼，熱則陰發，如是火食蟲如是憎火。觀火食蟲已，如實知身。

復次，修行者內身循身觀。見大火蟲，此蟲云何令人疾病或令安隱？彼以聞慧或以天眼見大火蟲：若人性所不便而強食之，以食過故，蟲則瞋恚，噉身內蟲，以是過故，令人腸痛或脚疼手疼，隨食蟲處，則皆疼痛。若蟲不瞋，則無如上所說諸病。觀黃陰蟲已，如實知身。（《大正藏》卷十七第 385 页）

【评说】以上记述“行于根中”的十种虫：瘤瘤虫、惙惙虫、苗花虫、大谄虫、黑虫、大食虫、暖行虫、作热虫、火虫、大火虫。这十种虫住阴黄中，会导致不同疾病。

瘤瘤虫多导致眼病，出现眼痒、多出眵泪涙、白翳等症状；惙惙虫，入骨中会使身体蒸热，行肉中会使身体昼夜常热，手足皆热，入皮肤会使身体汗出；苗花虫，会导致利嘴短足，身如火藏，不欲食饮，随所行处大热烂，身皮受到破坏像火烧疮；大谄虫导致热疮；黑虫，会导致面皯、多黡、身臭、雀目、口中生疮、大小便处生疮等疾病；大食虫随饮食变化，眼耳鼻舌减劣；暖行虫，因饮食凉冷，导致多口水、多唾、或极或重或痲或睡、心阴薹瞢、身疼强、咽喉病；作热虫，导致身粗大、咽喉塞、令大小便色白，恶寒冷、不喜酥食；火虫，致使人热时不欲饮食；大火虫，导致肠痛、手脚疼痛。

【原文】復次，修行者內身循身觀。彼以聞慧或以天眼觀於骨中有十種蟲，何等為十？一名舐骨蟲；二名嚙骨蟲；三名割節蟲；四名赤口臭蟲；五名爛蟲；六名赤口蟲；七名頭頭摩蟲；八名食皮蟲；九名風刀蟲；十名刀口蟲。如是骨蟲，云何疾病？云何安隱？彼以聞慧或以天眼見：舐骨蟲住於骨外，住多骨處，或住髀骨、脛骨、臂骨、脊骨，如是一切骨中或行脈中，以食過故，蟲則瞋恚，令骨疼痛或令骨動，令人色惡。食近骨肉，令骨大疼，若蟲不瞋，則無如向所說諸病。觀骨蟲已，如實知身。

復次，修行者內身循身觀。彼以聞慧或以天眼見：嚙骨蟲遍住一切身骨之中，若蟲嚙骨，諸大乾消，其聲破散，下痢不調，或兩脇痛、鼻塞歐吐，不憶飲食。若蟲不嚙一切諸骨，其人則無如是等病。觀嚙骨蟲已，如實知身。

復次，修行者內身循身觀。彼以聞慧或以天眼見割節蟲：以食過故，蟲則瞋恚，或身、身分，頭痛、心痛，或於城邑聚落多人之處謂為空廓，鼻塞心惱，以痛惱故，於好色聲香味觸中，心不愛樂。若割節蟲調順不瞋，則無如向所說諸病。觀割節蟲已，如實知身。

復次，修行者內身循身觀。彼以聞慧或以天眼見於臭蟲住在身中，或為疾病或作安隱。彼以聞慧或以天眼見此臭蟲：以食過故，蟲則瞋恚，令身重熱，或生赤色、黑色瘷瘓，身汗多出，不能睡眠，即成癩病，一切身分皆悉爛臭。若蟲不瞋，則無如向所說諸病。觀臭蟲已，如實知身。

復次，修行者內身循身觀。彼以聞慧或以天眼見爛骨蟲住在身內，或為疾病或作安隱。彼以聞慧或以天眼見爛骨蟲：以食過故，蟲則瞋恚，或一歲、二歲乃至多年，或年少時，被傷瘡瘢，雖復除差，至老猶發。如是爛蟲，久久乃發，令骨壞爛，體生赤瘡，如優曇鉢羅果臭爛可惡。其瘡大痒，多有膿血從瘡流出，眾蠅封著，蚊蝱唼食。若爛骨蟲調順不瞋，則無如向所說之病。觀爛骨蟲已，如實知身。

復次，修行者內身循身觀。彼以聞慧或以天眼見赤口蟲住身骨中，作何等病？云何安隱？彼以聞慧或以天眼見赤口蟲：以食過故，則生瞋恚，其蟲赤色過於火色，令人身體日夜汗流作血癖病。若赤口蟲調順不瞋，則無如向所說之病。觀赤口蟲已，如實知身。

復次，修行者內身循身觀。彼以聞慧或以天眼見頭頭摩蟲住在骨中，行於骨中，云何此蟲令人疾病？云何安隱？彼以聞慧或以天眼見頭頭摩蟲：以食過故，蟲則瞋恚，能令人身周遍生瘡。若蟲行時，令人頻申，心動忪忪，或如失身或身動搖，不能睡眠，身體痒相猶如蟲行，目視不明，得寒熱病或身體腫。若頭頭摩蟲不瞋，則無如向所說諸病。觀頭頭摩蟲已，如實知身。

復次，修行者內身循身觀。彼以聞慧或以天眼見食皮蟲住在身中，或為疾病或為安隱。彼以聞慧或以天眼見食皮蟲：以食過故，蟲則瞋恚，脣口及眼皆生諸瘡，兩脇生瘡。若行筋中，或復噛筋，能令其人咽喉乾燥，或復聾塞，耳中膿出，或髑髏上剎剎而行，或非時頭白，咽喉瘷病，非時睡眠，或憎飲食，不樂一處，樂行空地，心或多亂，狂說是非。蟲食皮故，一切身分劚裂破壞，塵土坌身。若蟲不瞋，則無如向所說諸病。觀食皮蟲已，如實知身。

復次，修行者內身循身觀。彼以聞慧或以天眼見風刀蟲行於骨中，以蟲瞋故，或為疾病或為安隱。彼以聞慧或以天眼見風刀蟲：以食過故，蟲則瞋恚，猶如蛇螫，痛毒難忍，所謂頭頂、咽喉心胞、大小便處，手足甲中亦如針刺。以蟲噛噛，鼻則失香，舌不知味，其目瞤動，不憶飲食。以蟲瞋故，與骨行蟲共害其身，以痛多故，晝夜不睡。若蟲不瞋，則無如向所說之病。觀風刀蟲已，如實知身。

復次，修行者內身循身觀。彼以聞慧或以天眼見刀口蟲住在身中，此蟲或為疾病或作安隱。彼以聞慧或以天眼見：刀口蟲始於母胎，初出生時，此蟲初生，以法勝故，始出胎藏飲母乳故，是時此蟲盡食餘蟲，後還雜食。以是因緣，餘蟲還生。觀刀口蟲已，如實知身。此十種蟲行於骨中，如實觀之。如實觀已，眼離塵垢，離凡夫過，心生厭惡，離我、我所，離疑清淨，離於邪見，如實知身乃至涅槃。（《大正藏》卷十七第 385-386 页）

【评说】以上记述居住在“骨中”的十种虫：舐骨虫、啮骨虫、割节虫、赤口臭虫、烂虫、赤口虫、头头摩虫、食皮虫、风刀虫、刀口虫。

以上诸虫会导致不同疾病：舐骨虫住于骨外，多住髀骨、胫骨、臂骨、脊骨等骨中脉中，令骨疼痛、骨动；啮骨虫住一切身骨中，导致大干消、下痢不调、两胁痛、鼻塞呕吐，饮食欠佳；割节虫导致身、身分、头痛、心痛、鼻塞心恼；赤口臭虫住在身中，令身重热，或生赤色、黑色瘫痪，身汗多出，不得睡眠，即成癞病，身分烂臭；烂虫住在身内，旧伤疮瘢复发，令骨坏烂，体生赤疮，疮痒，多伴有脓血流出；赤口虫住身骨中，致使身体日夜汗流作血癖病；头头摩虫住在骨中，致使身疮遍生、不能睡眠，身体痒、目视不明，得寒热病、身体肿；食皮虫住在身中，致使唇口及眼皆生诸疮，两胁生疮，咽喉干燥，聋塞、耳中有脓、头白，咽喉瘷病，睡眠不调，厌恶饮食、心乱；风刀虫行于骨中，致使头顶、咽喉心胞、大小便处，手足甲中痛如针刺、目瞤动，不思饮食；刀口虫住在身中，来自母胎，有时引起人体发病，有时不会致病。

【原文】復次，修行者内身循身觀。彼以聞慧或以天眼見十種蟲行於屎中，何等為十？一名生蟲；二名針口蟲；三名白節蟲；四名無足蟲；五名散汁蟲；六名三燋蟲；七名破腸蟲；八名閉塞蟲；九名善色蟲；十名穢門瘡蟲。其色可惡，住糞穢中，作何等病？云何安隱？

彼以聞慧或以天眼見於：生蟲行糞穢中，若蟲燒熱，我身亦熱。若蟲冷病，我亦冷病，下痢白膿，令身損減，顏色萎黃。若此生蟲調順不瞋，則無如向所說之病。觀生蟲已，如實知身。

復次，修行者内身循身觀。彼以聞慧或以天眼見：針口蟲行糞穢中，其身長大，從於熟藏行趣生藏，一切諸蟲皆不能遮，復從生藏上至咽喉，唾吐俱出，或作心痛或令不安。以火弱故，與糞俱出，須臾即死。觀針口蟲已，如實知身。

復次，修行者内身循身觀。彼以聞慧或以天眼見：白節蟲行糞穢中，身短白色，多蟲相續，冷而大臭，破壞人力，隨糞俱出，眾蠅封愛。有此病者，糞穢益多，不憶飲食。觀白節蟲已，如實知身。

復次，修行者内身循身觀。彼以聞慧或以天眼見無足蟲住在身中，此蟲云何為人疾病？云何安隱？彼以聞慧或以天眼見無足蟲：以食過故，蟲則瞋恚，吹一切風氣塞大小便，若塞生藏，不能噉吐亦不能噎，不能頻申，疲極不安，不能睡眠，不耐飢渴。以蟲瞋故，多生諸病。觀無足蟲已，如實知身。

復次，修行者内身循身觀。彼以聞慧或以天眼見散汁蟲住在身中，為消食故，於汁流處撥令分散，於身分中與汁俱行，乃至於足，從足至頂一切身分汁遍流故，眾人說之，以為好色；若汁不流，色則醜惡。觀散汁蟲已，如實知身。

復次，修行者内身循身觀。彼以聞慧或以天眼見：三燋蟲住在身中，若我熱病，蟲增垢惡，生藏不安，火大增動。以熱病故，蟲亦熱病，遍身奔走，熱惱自燋。以蟲瞋故，味流之脈皆悉乾燥，渴病頭痛。觀三燋蟲已，如實知身。

復次，修行者内身循身觀。彼以聞慧或以天眼見破腸蟲住在身中，此蟲云何而作疾病？云何安隱？彼以聞慧或以天眼見破腸蟲：若人多食飲食味故，諸蟲逼迫，蟲則生瞋，嚙破人腸，或心脹痛或令風脹，或令熱脹或令冷脹，得如是等種種苦惱。是破腸蟲傷害人腸，若蟲調順，則無如向所說之病。觀破腸蟲已，如實知身。

復次，修行者内身循身觀。彼以聞慧或以天眼見閉塞蟲住在身中，此蟲云何為人疾病？云何安隱？彼以聞慧或以天眼見：閉塞蟲行糞穢中，若我飲食，其蟲亦食，食已閉塞，以食過故，傷害流脈，傷於火大，所食腸脹，屈腸戾腸，或時令人心痛腸痛。觀閉塞蟲已，如實知身。

復次，修行者内身循身觀。彼以聞慧或以天眼見善色蟲住在身中，此蟲云何而為疾病？云何安隱？彼以聞慧或以天眼見善色蟲：若我食時，或食好肉或食惡肉或食重食，蟲於身中為作安隱，口中取味，走遍身中，令無病惱，氣力增長，斷除諸病，住在身中。以福德故，蟲有大力，人則有色，氣力充足。若蟲無力，人亦瘦瘠，色貌憔悴。觀善色蟲已，如實知身。

復次，修行者内身循身觀。彼以聞慧或以天眼見下門瘡蟲住在身中，云何為我而作疾病？云何安隱？彼以聞慧或以天眼見：下門瘡蟲以食相違，蟲則瞋恚，生種種瘡，或生濕瘡或生乾瘡，或前生瘡或後生瘡，或生熱瘡。若蟲瞋恚，閉塞穢門，糞流之脈，若血流脈、若汁流脈，或以火少，不消飲食。以火少故，穢門生瘡。以蟲瞋故，作種種病，若蟲不瞋，則無如向所說諸病。觀穢門瘡蟲已，如實知身。（《大正藏》卷十七第 386-387 页）

【评说】以上记述“行于屎中”的十种虫：生虫、针口虫、白节虫、无足虫、散汁虫、三燋虫、

破肠虫、闭塞虫、善色虫、秽门疮虫。

以上诸虫会导致不同疾病：人身体随生虫之寒热而感寒热，若虫寒，导致人体下痢白脓、消瘦、颜色萎黄；针口虫会导致唾吐或心痛不安；白节虫导致粪多，不思饮食；无足虫吹一切风气使大小便不通、疲极不安、不能睡眠、不耐饥渴；散汁虫致使色丑恶；三燋虫致使热恼自燋；破肠虫致使心胀痛、风胀、热胀、冷胀；闭塞虫致使肠胀，屈肠戾肠、令人心痛肠痛；善色虫无力致使瘦瘠，色貌憔悴；秽门疮虫生疮种种，或生湿疮、干疮、前生疮、后生疮、热疮。

这十种虫并不都是指肠道寄生虫，八种"住在身中"的虫是未经观察的想象之物，只有描述了形态的"针口虫行粪秽中，其身长大"和"白节虫行粪秽中，身短白色，多虫相续"可能是古人观察到的寄生虫。

【原文】復次，修行者內身循身觀。彼以聞慧或以天眼見十種蟲行於髓中，有行精中，何等為十？一名毛蟲；二名黑口蟲；三名無力蟲；四名大痛蟲；五名煩悶蟲；六名火色蟲；七名下流蟲；八名起身根蟲；九名憶念蟲；十名歡喜蟲。

復次，修行者內身循身觀。彼以聞慧或以天眼見：有髓蟲名曰毛蟲，一切身分皆悉生毛，若此蟲瞋，令髓傷害，既與其過，便食人髓，令人癩病，顏色醜惡，骨髓疼痛，皆失氣力。若毛蟲調順，不生瞋恚，則無如向所說諸病。觀毛蟲已，如實知身。

復次，修行者內身循身觀。彼以聞慧或以天眼見：黑口蟲住於髓中，一切身中行無障礙，若蟲瞋恚，能令髓融，以傷髓故，令人色惡，曲脊身傴，行步不便，柱杖而行，顏色憔悴，身體振掉。若黑口蟲調順不瞋，則無如向所說諸病。觀黑口蟲已，如實知身。

復次，修行者內身循身觀。彼以聞慧或以天眼見：少力蟲住在身中，此蟲食髓，若髓不足，蟲則無力，蟲無力故，人亦無力。復有餘蟲，亦食人髓，為於強蟲之所陵逼，人則苦惱。觀無力蟲已，如實知身。

復次，修行者內身循身觀。彼以聞慧或以天眼見：大痛蟲遊行髓中，流轉常行，遍諸身界，此蟲能為諸病因緣，遍諸根中膿汁流出，不能睡眠。觀大痛蟲已，如實知身。

復次，修行者內身循身觀。彼以聞慧或以天眼見於：悶蟲住在身中，行於微細心流脈中，與脈為妨。以妨脈故，則得心病，心悶欲吐，顏色弊惡，不欲飲食，或熱病心痛猶如刀割。見外蟲時，心悶欲吐。觀悶蟲已，如實知身。

復次，修行者內身循身觀。彼以聞慧或以天眼見：有諸蟲名曰下流，行精流脈中，若食好食、發欲之食，令精增長，如此蟲等，於尿流脈中引精令出。觀下流蟲已，如實知身。

復次，修行者內身循身觀。彼以聞慧或以天眼見：起根蟲住在胞中，若尿滿胞，蟲則歡喜，既歡喜已，以尿因緣，令身根起，此是一切愚癡凡夫不善觀門。觀起根蟲已，如實知身。

復次，修行者內身循身觀。彼以聞慧或以天眼見憶念歡喜蟲作何疾病？云何安隱？若蟲歡喜有力，多見諸夢或善不善，以蟲過故、以蟲流行於心脈故，夢見眾相。觀憶念蟲已，如實知身。

如是那羅帝婆羅門長者聚落修行比丘作是觀已，如實觀身。如是身者，何者是常、不動不壞？何者為樂？何者是我？何者是淨？何者可恃？彼以聞慧或以天眼見：此身中若麁若細，無有一法是常、不動不壞、若樂若淨、若我而可依恃。譬如有人求日中闇，若麁若細皆不可得；身亦如是，若有求其常樂我淨，亦不可得，是名修行者內身循身觀。作是觀時，遠離魔界，近涅槃道，愛不能亂，及餘煩惱不能為礙，是名內身循身觀。（《大正藏》卷十七第387－

388页）

【评说】以上记述了十种“行于髓中，有行精中”的虫：毛虫、黑口虫、无力虫、大痛虫、烦闷虫、火色虫、下流虫、起身根虫、忆念虫、欢喜虫。

以上诸虫会导致不同疾病：毛虫，导致癞病，颜色丑恶、骨髓疼痛、气力皆无；黑口虫住于髓中，伤人骨髓，令人色恶、曲脊身伛、行动不便、颜色憔悴；无力虫食髓，致使人乏力；大痛虫游行髓中，致使诸根流脓汁，不能睡眠；烦闷虫行于微细心流脉中，导致心病，出现心闷欲吐、颜色弊恶、不欲饮食、或热病心痛犹如刀割；下流虫，致使尿流脉中引精出；起身根虫住在胞中令身根起；欢喜虫导致多梦。原文未对火色虫、忆念虫加以阐述。

【原文】復次，修行者內身循身觀。有何等風住在身中，若調不調，作何等業？彼以聞慧或以天眼見心轉風住在身中。云何心風能運轉身？彼以聞慧或以天眼見：心轉風以風調故，能轉其身或行或住、或俯或仰、或作眾事，以風力故，或安或危。觀心轉風已，如實知身，是名內身循身觀。

復次，修行者內身循身觀。有何等風住在身中，若調不調，作何等業？彼以聞慧或以天眼見爪甲風住在身中，若不調順，為何所作？彼以聞慧或以天眼見：手足爪甲以風因緣而得增長，乃至老朽，是名觀於爪甲之風。如是修行者觀身內風，以風堅故，手足爪甲亦成堅實，速得增長。比丘如是觀身爪甲，如實知身。

復次，修行者內身循身觀。有何等風住在身中，若調不調，作何等業？彼以聞慧或以天眼見足下風住在身中，若不調順，為何所作？彼以聞慧或以天眼見：足下風若不調順，能生搔痒，既生搔痒，能令生瘡，或於行時，蹈地有聲，令足骨堅，耐於寒熱。又此足筋，通於眼脈，以油灌鼻，以油塗足，令眼明淨。觀足下風已，如實知身。

復次，修行者內身循身觀。有何等風住在身中，若調不調，作何等業？彼以聞慧或以天眼見不覺風住在身中，或調不調，為何所作？彼以聞慧或以天眼見：不覺風住於皮內，令蹲瘤瘤，以風力故，令蹲皮內猶如蟻行，若以手捺瘡如蟻齧。觀不覺風已，如實知身。

復次，修行者內身循身觀。有何等風住在身中，若調不調，作何等業？彼以聞慧或以天眼觀見有風名曰破骨，住在身中，若不調順，為何所作？彼以聞慧或以天眼見：破骨風或晝或夜，或行或住，或在園林或在寺舍，或疲極時，破骨苦痛不得睡眠，手足不便，不能屈伸。觀破骨風已，如實知身。

復次，修行者內身循身觀。有何等風作何等業？彼以聞慧或以天眼見有一風名曰破行，住在身中，若不調順，為何所作？彼以聞慧或以天眼見：破行風若不調順，此風則發，以為惱亂，不能行步，去來進趣。觀破行風已，如實知身。

復次，修行者內身循身觀。有何等風住在身中，若調不調，作何等業？彼以聞慧或以天眼見破踝風住在身中，為作何等？彼以聞慧或以天眼見：破節風若得冷觸，令脞骨疼遍於身中。觀破節風已，如實知身。

復次，修行者內身循身觀。有何等風住在身中，若調不調作何等業？彼以聞慧或以天眼見破脞骨風住在身中，若不調順，為何所作？彼以聞慧或以天眼見：破髀骨風若不調順，令其脞內汁流之脈，洪麁甚壯，令脚屈伸，兩髀相近，肉重膖起。如是觀破髀風已，如實知身。

復次，修行者內身循身觀。有何等風住在身中，若調不調，作何等業？彼以聞慧或以天眼見有節風住在身中，為何所作？彼以聞慧或以天眼見：有節風於兩肩四節、咽喉二節、額骨

二節、鼻骨一節、頤骨一節、牙齒骨有三十二節、上腭一節、交牙二節、項十五節、兩膊二節、兩肘二節、兩腕二節、脊骨數有四十五節、胸十四節、左右脇肋各十二節、兩脇肋端各有跪骨二十四節、横骨一節、跨骨二節、身根一節、兩髀二節、兩膝二節、兩踝二節、足跟二節、足趺二節、兩手二足上下合有六十節、手足爪甲合二十節，此是節風之所依也，若我有病，或致喪命，或致苦惱。觀節風已，如實知身。

復次，修行者內身循身觀。有何等風住在身中，若調不調，為何所作？彼以聞慧或以天眼見髀頑風住在身中，若不調順為何所作？彼以聞慧或以天眼見：髀頑風若不調順，不能屈伸，不能行來，以病過故。觀髀頑風已，如實知身。

復次，修行者內身循身觀。有何等風住在身中，若調不調，作何等業？彼以聞慧或以天眼見：身行界風住在身中，若不調順，為何所作？彼以聞慧或以天眼見：身界風調順安隱，則有氣力，氣行出入，能消飲食，身有顏色，眼耳鼻舌身皆安隱，所食消化。若不調順，身色麁惡，五根減劣，飲食不消，顏色不悅，眼等諸根於境劣弱，不產子孕。如是觀身行界風已，如實知身。

復次，修行者內身循身觀。有何等風住在身中，若調不調，作何等業？彼以聞慧或以天眼見：抽筋風住在身中，若不調順，為何所作？彼以聞慧或以天眼見抽筋風：若風調順，諸有所作，若眠若住，一切身色皆悉光澤，皆是筋風之所為作。若不調順，不能修作，若眠若住，一切不能有所施作。觀筋風已，如實知身。

復次，修行者內身循身觀。有何等風住在身中，若調不調，作何等業？彼以聞慧或以天眼觀見有風名曰往返，住在身內，若不調順，為何所作？彼以聞慧或以天眼見：往返風若不調順，閉身流脈，令作淋病，一切身分皆悉疼痛，腹痛、身根疼痛，不能飲食，精血竭盡，不產子孕。若風調適，則無此病。觀往返風已，如實知身。

復次，修行者內身循身觀。有何等風住在身中，若調不調，作何等業？彼以聞慧或以天眼觀見有風名節行惱亂，住在身中，若不調順，為何所作？彼以聞慧或以天眼見：節行惱亂風若不調順，令人生癖或生痔病，便利苦惱，四大枯悴，或令頭痛，飲食不消，下風不通，身體燋悴，生諸瘡病或生熱病。若行節風調順，則無如上所說諸病。觀行節風已，如實知身。

復次，修行者內身循身觀。有何等風住我身中，或調不調，作何等業？彼以聞慧或以天眼觀見有風名破毛爪糞，住在身中，若不調順，為何所作？彼以聞慧或以天眼見：破毛爪糞風若不調順，諸根瘦損，或復頭痛，或一眼一耳半面疼痛，或目視晾晾，或復鼻塞不知香臭，面色萎黃，咳逆嗽唾，見不淨時即便嗽吐，其心多亂，不能禪思。常念："身心無病安隱，人身之中受想行識，四陰住處，此身所攝，一切無常。"作是觀已，知生死法。觀破毛爪屎風已，如實知身。

復次，修行者內身循身觀。有何等風住我身中作何等業？彼以聞慧或以天眼見：亂精沫風於小便中，能令其人精尿俱出，細如芥子，與尿俱出，或大便疼。作如是病，惱亂其心，不得專一，若風調順，則無此病。觀亂精風已，如實知身。

復次，修行者內身循身觀。有何等風住在身中，或作安隱或不安隱？彼以聞慧或以天眼見有老風住在身中，隨風轉增漸就衰老，氣力微弱，不能去來，須臾欲起，極不從心，行住坐臥，疲極頓乏猶如他身，心睡惽濁。若風調順，則無此病。觀老風已，如實知身。

復次，修行者內身循身觀。有何等風住我身中，或為安隱或不安隱？彼以聞慧或以天眼見：塞胞風住在身中，若不調順，身肉瞤動，身羸心痛，屎尿閉塞，便利澁難，妨於修禪，得大苦惱，心意散亂，識不安隱，不能觀法。以身苦故，不能念法。若風調順，則無如向所說諸病。觀塞胞風已，如實知身。

復次，修行者內身循身觀。有何等風住我身中，或作安隱或不安隱？彼以聞慧或以天眼見乾糞風：若我多食，風則不調，能令苦惱，入於身分筋脈之中，令糞乾燥，或二日、三日、四日、五日，乃一便利乾燥少穢而甚苦痛。若風調順，則無此病。觀乾糞風已，如實知身。

復次，修行者內身循身觀。有何等風住我身中，或為安隱或不安隱？彼以聞慧或以天眼見兩傍風若不調順，為何所作？彼以聞慧或以天眼見：兩傍風行於身側，血則乾燥，以血乾燥，受大痛苦。若風調順，則無此病。觀兩傍風已，如實知身。

復次，修行者內身循身觀。有何等風住我身中，或作安隱或不安隱？彼以聞慧或以天眼觀何等風住我身中，作何等業？彼以聞慧或以天眼觀見：有風名塞九孔，住在身中，若不調適，能令九孔閉塞不通——頭有七孔及大小便——九孔既塞，身則病苦，入息出息不得安隱。若風調順，令身安隱，乃能行法，以風持故，身得去來。觀九孔風已，如實知身。

復次，修行者內身循身觀。彼以聞慧或以天眼見何等風住我身中，作何等業？彼以聞慧或以天眼見有一風名斷身分，若不調順，為何所作？彼以聞慧或以天眼見：斷身分風若不調不順，手指則癴，不得造作，手足皆癴，髀筋急痛，九麁筋脈弦弦而急，身分搖動，疲極無力。斷身分風若調順者，則無如是所說諸病。觀斷身分風已，如實知身。

復次，修行者內身循身觀。有何等風住我身中，或作安隱或不安隱？彼以聞慧或以天眼見內有風，名曰害火，住在身中，為何所作？彼以聞慧或以天眼見：此風力能除火熱，令食不消，不消食故，不復憶食，不能食故，則無顏色。何故無色？血乾燥故。以血乾燥，肉則消盡，肉消盡故，筋則卷縮，不復生脂，不生脂故，骨亦乾燥，骨乾燥故，髓亦乾燥，髓乾燥故，遍身精盡。心中氣力，風吹故動。若害火風調順安隱，則無如上所說病苦。觀害火風已，如實知身。

復次，修行者內身循身觀。有何等風住我身中，作何等業？彼以聞慧或以天眼見有風名作一切身分冷風，為何所作？彼以聞慧或以天眼見：一切身分冷風令身臭汗堅澁惡色，身體皺減，羸瘦毛竪，身生黑瘡，膿出爛臭，搔齱汁流，或生赤瘡或大蒸熱；或生白瘡，遍身麁大；或復其身如白象皮，麁澁生瘡；或復口齒希踈黧黑，手足生瘡，猶如工師，疲極頓乏，身生瘡癬，手足常熱，堅鞕麁惡；或生瘡爛，爪甲惡色，鼻柱萎倒，眼睫墮落；人所惡賤，一切施主之所惡見；眾蠅封著，爪甲墮落；若睡眠時，氣息惛濁，鼾睡大聲，不欲飲食或食不消，舌不得味。如是一切身分冷風令身爛壞。若一切身分冷風調順，則顏色可愛，細軟滑澤，眾人所敬，暖汗津液出於毛孔，則無如上所說諸病。觀一切身分冷風已，如實知身。

復次，修行者內身循身觀。有何等風住我身中，或調不調，作何等業？彼以聞慧或以天眼見：有一風名破強健，住我身中，若不調順，令心怯怖，一切身分皆悉苦痛，或身挺直，頻申不樂，出息入息悉不安隱，身體振掉，不能衣服，苦患頭痛；若習禪觀，不得一心；或見惡夢，心悶歐吐；於好色中，生顛倒見，近見為遠，焦渴憔悴。若破健風調順和適，則無如上所說諸病。觀破健風已，如實知身。

復次，修行者內身循身觀。有何等風住我身中，作何等業？彼以聞慧或以天眼見身瞤風住我身中，或調不調，作何等業？彼以聞慧或以天眼見：身瞤風若不調適，耳中鳴喚，臂肉瞤動，一切身分皆亦瞤動，處處逃走，不樂一處，更無餘病。若一切身瞤風調順，則無如上所說諸病。觀一切身瞤動風已，如實知身。

復次，修行者內身循身觀。有何等風住我身中？彼以聞慧或以天眼見有熱風住我身中，

或調不調，作何等業？彼以聞慧或以天眼見：此熱風若不調順，所食入口，咽之則燒，以是因緣，四大不調，不得增長；或所食味不作二流，濁穢不淨。若有淨流，四大增長，唯有濁穢，則為病苦。若熱風不調，所食皆濁，不作清淨，是故得病。若熱風調順，若清、若濁二種食流四大平等，以平等故，則不為病。觀熱風已，如實知身。（《大正藏》卷十七第 388-391 页）

【评说】风大是佛教人身观中组成人体的四种基本元素或性质的一种。本段经文观察身中所住“风”，其实质是古人所假想的能够主导出入动作变化的多种因素的集合，具代表性的是“身行界风”。有些“风”能使活动流畅，如“心转风”即指行为动作所依赖的因素；有些“风”是指生长衰老，如“爪甲之风”“老风”；有些“风”是运动本身，如“不觉风”指皮下血脉搏动；而另一些“风”则妨碍行动，如“破骨风”“破行风”“破踝风”“破胜骨风”“髀顽风”等；还有一些风属于致病因素，如“塞九孔”“害火”“一切身分冷风”“破强健”等。

古人将变化的性质赋予“风”，又以此命名概括种种生命现象，这种“移用”说明对自然变化的规律的认识肤浅，尚未意识到相似现象背后有各自不同的机制。

【原文】復次，修行者內身循身觀。有何等風住我身中，作何等業？彼以聞慧或以天眼見：有一風名曰集蟲，此集蟲風遍身分中，能集能散，閉塞上下。從頂至足有十種蟲：一名頭行蟲；二名骨行蟲；三名食髮蟲；四名耳行蟲；五名鼻內蟲；六名脂內行蟲；七名節行蟲；八名食涎蟲；九名食齒根蟲；十名歐吐蟲。

復有十蟲在咽胸中：一名噉食蟲；二名食涎蟲；三名消唾蟲；四名嘔吐蟲；五名十味流脈中行蟲；六名甜醉蟲；七名嗜味蟲；八名抒氣蟲；九名憎味蟲；十名嗜唾蟲。

復有十蟲生於血中肉中而行：一名食毛蟲；二名孔穴蟲；三名禪都蟲；四名赤蟲；五名食汁蟲；六名毛燈蟲；七名瞋血蟲；八名食血蟲；九名瘤瘤蟲；十名酢蟲。如是十蟲生於血中，其蟲形相或短或團，微細無眼。

復有十蟲作苦痛相，生於肉中：一名瘡味蟲；二名惙惙蟲；三名閉筋蟲；四名動脈蟲；五名食皮蟲；六名動脂蟲；七名和聚蟲；八名臭蟲；九名汗行蟲；十名熱蟲。如是等蟲，從肉中生。

復有十蟲行於黃中：一名黑蟲；二名苗花蟲；三名大諂曲蟲；四名蘇毘羅蟲；五名烏蟲；六名大食蟲；七名行熱蟲；八名大熱蟲；九名食味蟲；十名大火蟲。如是等蟲行於陰中。

諸身分中有十種蟲：一名舐骨蟲；二名嚙骨蟲；三名斷節蟲；四名臭蟲；五名消骨蟲；六名赤口蟲；七名頭頭摩蟲；八名食皮蟲；九名刀風蟲；十名刀口蟲。

復有十種蟲行於糞中：一名生蟲；二名針口蟲；三名白節蟲；四名無足蟲；五名散糞蟲；六名三焦蟲；七名破腸蟲；八名閉塞蟲；九名善色蟲；十名穢門瘡蟲。其色可惡，是名糞中十種蟲也。

復有十種蟲行脂髓中，何等為十？一名毛蟲；二名黑口蟲；三名失力蟲；四名大痛蟲；五名煩悶蟲；六名火色蟲；七名下流蟲；八名起身根蟲；九名憶念蟲；十名歡喜蟲。

如是等蟲，遍行一切身分之中，如意能行一切身中，行一切界，隨其行處，皆作過惡。是集蟲風一切身中，如意遍行此身，如是以風因緣，諸蟲流行。觀集蟲風已，如實知身。（《大正藏》卷十七第 391 页）

【评说】前文出现过的种种虫此处被归类为虫风再次罗列，原因在于虫风“遍身分中，能集能散，闭塞上下”，具有风的特征。这种观点与我国传统医学“以虫治风”的思想类似，印汉两地医学思想的互相交流在本经中得到了体现。

【原文】復次，修行者內身循身觀。有何等風住我身中，作何等業？彼以聞慧或以天眼觀見有風名曰上下，住在身中，或安不安，為何所作？彼以聞慧或以天眼見上下風若不調適，行於五處，作何等業？作出入氣。人說為命，行於心頂，遍於身中，自在無礙，是為風力第一分也。若風不調，能破壞身。是風亦令口中多唾，令身羸瘦，飲食反胃，逆歐而出，是為風力第二分也。住於心胸，為何所作？若氣在心，或憂或喜。若氣從咽喉上至於頂，下入舌根，隨其所念，則能有語，能說文字，思惟諸義，是為風力第三分也。復有常為身火惱亂，令身流汗，是為風力第四分也。是風遍身，瞼眼視眴動一切身，思维遍身。依男女根能生子息，若男女行欲，如此風力，能集精血，能令女人髖骨多力，男女精血和合共集鉀羅婆身。薄精之時，風吹令厚，而作肉團；作肉摶已，次生五胞；生五胞已，或方或圓，隨身長短，識亦遍滿，隨種種相。譬如有人攢酪出酥，有酪有水、有瓮有攢，攢之出沫，知其已熟，收取生酥。如是風力及業煩惱，能集成身，亦復如是，是為第五風力分也。若飲食噉味於舌根中、咽喉脈中，飲食充滿，乃至遍於毛根爪甲，氣力增長，作色香味。若風不調，下風上行，作四種惡，氣塞難出，遍身苦惱。若離本處，一切諸根、一切識中皆得惱亂，喪失身命，既捨身已，失三種法：一、命；二、煖；三、識。是故偈言：

“若捨此身時　失命暖及識
更無所覺知　猶如瓦木石”

是則名為第一惡也。若不調適，作第二業，喘息奄重，不能調順，一切遍身苦惱所逼，逼之苦極，則捨身命，是則名為第二惡也。是上行風若不調順，作第三惡，既惱諸根，一切遍身而作惱亂，喪失身命，是則名為第三惡也。是上行風若不調適，作第四惡，或大喘息或復微少，或致命終，或但傴身而不失命，是則名曰第四惡也。若睡眠時，氣息出入，以時命根。如是觀上下風已，如實知身。

復次，修行者內身循身觀。有何等風，或安不安，作何等業？彼以聞慧或以天眼觀見：有風名曰命風，住在身中，或令身肥或令羸瘦，令心審諦，若風不調，心則輕動，所知皆失，曾聞亦忘失，見境不了，於聲不聞，如是鼻不知香、舌不知味、身不覺觸、意不知法，不識自他。觀命風已，如實知身。

復次，修行者內身循身觀。有何等風，作何等業？彼以聞慧或以天眼見亂心風住於身中，若調不調，為何所作？彼以聞慧或以天眼見於此風：若我心過，風不調順，隨心所行，或動或頑，乾消癡亂，或所食味，邪流不正，如是惱亂其心，令於善法不生愛樂，流汗多唾，不耐冷觸；若見色相，以有病故，不能如本、如實見色，身重難攝，身毛皆竪。若風調順，則無如向所說之病。觀亂心風已，如實知身。

復次，修行者內身循身觀。有何等風住於身中，或安不安，作何等業？彼以聞慧或以天眼見：有亂風住在身中，若不調順，多見惡夢，睡眠驚悟，雖住溫煖而常覺冷；若見城邑村落人民，見為空聚，或見黃色，少於言語，不樂臥處；本曾聞法，皆悉忘失；四大惱亂，其所食味住於心中，無緣生厭，妄見丘聚。若風調順，則無如上所說諸病。觀亂風已，如實知身。

復次，修行者內身循身觀。有何等風，作何等業？彼以聞慧或以天眼見：視眴風住在身中，若不調適，不得眴目。更無餘風，速於如此。視眴風者，行一切處，悉遍諸根，若不調順，則生此病。若風調順，則無如向所說諸病。觀視眴風已，如實知身。

復次，修行者內身循身觀。有何等風，或調不調，作何等業？彼以聞慧或以天眼見有一風，名互相閉，欲命終時，有五風起，或調不調，為作何業？彼以聞慧或以天眼見：眼耳鼻舌身

心壞故，於自境界色聲香味觸法中不能緣了，若風不發，命則不斷，發則失命。觀五閉風已，如實知身。

復次，修行者內身循身觀。有何等風，或調不調，作何等業？彼以聞慧或以天眼見：壞胎藏風住在身中，若人初識入於母胎，先業因緣，歌羅羅時即壞其命；若歌羅羅時不壞其命，至肉摶時乃斷其命，冷風入胎令其破壞；若肉摶時不斷其命，身分具足乃斷其命；若身分具足不斷其命，諸根具足乃斷其命。隨其宿世殺業輕重，於胎藏中而斷其命。若於宿世不殺眾生，如所說風，不能殺害。觀壞胎藏風已，如實知身。

復次，修行者內身循身觀。有何等風，或調不調，作何等業？彼以聞慧或以天眼見有一風，名轉胎藏，住在身中，或亂不亂，作何等業？彼以聞慧或以天眼見：轉胎風以此眾生先世邪業，若是男子轉為女人，或作黃門或胎中死，以惡業故；若於先世無惡業者，莫能為害。觀轉胎藏風已，如實知身。

復次，修行者內身循身觀。有何等風住在身中，作何等業？彼以聞慧或以天眼見去來走擲風住在身中，或亂不亂，為何所作？彼以聞慧或以天眼見：去來走擲風若不調順，手足攣躄，身傴曲脊，不能行來，飲食仰他，不能自食，身根、智慧悉不清淨。若風調順，身則能行去來進止，能走能擲，上下騎乘。觀去來走擲風已，如實知身。

復次，修行者內身循身觀。有何等風，或調不調，作何等業？彼以聞慧或以天眼見眼耳鼻舌身五根別風業之所作，業風所吹，一風與眼共緣。四大之中風力強故，故名為風。是風能令眼根四大清淨，見眾色像；一風耳中，能令聞聲，鼻香、舌味、身觸亦復如是。如是五風，如實觀之。若風調順，於五境界無所障礙；若不調順，則多障礙，不能如實知於境界。如是觀於眼耳鼻舌身五種風已，如實知身。（《大正藏》卷十七第 391-392 页）

【评说】上下风、命风、五根五种风所指的分别是被赋予种种功能的出入息之气、生命活动得以维持的原因以及支持五感功能活动的要素；乱心风、乱风、视眴风、无闭风、去来走掷风则是五种精神生理症状的原因；坏胎藏风、转胎藏风是两种对流产死胎现象的解释。

【原文】復次，修行者內身循身觀。有何等風，或調不調，作何等業？彼以聞慧或以天眼見有刀風住在身中，或亂不亂，作何等業？彼以聞慧或以天眼見：命終時，刀風皆動，皮肉筋骨、脂髓精血一切解截，令其乾燥，氣閉不流；身既乾燥，苦惱而死，如千炎刀而刺其身，十六分中猶不及一。若有善業，垂死之時，刀風微動，不多苦惱。觀刀風已，如實知身。

復次，修行者內身循身觀。有何等風，或調不調，作何等業？彼以聞慧或以天眼見針刺風住在身中，或調不調，為何所作？彼以聞慧或以天眼見：命終時，風不調順，遍身諸節及一切脈、一切筋中、一切枝骨、一切毛孔、一切肉中、一切骨中、一切髓中，如燒炎針遍於身中來逼人身，如百千炎針皆刺其身，十六分中不及其一。若於宿世有善業者，於命終時，是針刺風則不大苦。觀針刺風已，如實知身。

復次，修行者內身循身觀。有何等風，或調不調，作何等業？彼以聞慧或以天眼觀見有風，名曰惡黃，住在身中，若調不調，為何所作？彼以聞慧或以天眼見：惡黃風若不調順，則生黃病，口中乾燥，遍身皆黃，面目爪甲一切皆黃，腹脹麁大，於其腹上青黃脈現，其身無力，食不能消，口苦尿黃，身體羸瘦，目視眾色皆作青黃，不能起止，腹中常脹。若黃風不調，則生此病；若黃風調順，則無此病。觀惡黃風已，如實知身。

復次，修行者內身循身觀。有何等風，或調不調，作何等業？彼以聞慧或以天眼見有一風，名曰破腸，或調不調，為何所作？彼以聞慧或以天眼見：破腸風若不調順，若多飲食而復頻申，能破其腸，或雜骨食肉入其腸中，能破其腸，食則流出，腹大增長，生大苦痛，不能飲食；食力少故，身體微劣，手足皆腫，下門蒸熱，一切身分恒熱不定，口中乾燥，常見惡夢。腹中風動，一念不住。若破腸風調順和適，則無如向所說諸病。觀破腸風已，如實知身。

復次，修行者內身循身觀。有何等風，或調不調，作何等業？彼以聞慧或以天眼見有一風，名曰冷唾，若調不調，為何所作？彼以聞慧或以天眼見：冷唾風若不調順，口中味甘，其心忪忪，不憶飲食，若欲坐禪，則生疑怠，舌重難語或咽喉痛，氣噫臭惡，心中臭氣上衝咽喉，氣澁難出，不覺飢渴，咽喉閉塞。若冷風調順，則無如上所說諸病。觀冷唾風已，如實知身。（《大正藏》卷十七第 392-393 页）

【评说】刀风、针刺风是引起临终者身体不同疼痛类型的原因；恶黄风、破肠风、冷唾风分别是古人猜测的三种与消化道疾病有关的致病因素。

【原文】復次，修行者內身循身觀。有何等風住在身中，或調不調，作何等業？彼以聞慧或以天眼見有一風，名曰傷髓，住在身中，若不調順，為何所作？彼以聞慧或以天眼見：傷髓風若不調順，令身振動，身多疲極，不能遠行，常多病疾，顏色醜惡，身體瘠瘠，不能多語，其心怯弱。是人晝夜骨髓常疼，身毛皆豎，諸脈劣弱，常患頭痛。以此風故，常動腦蟲，以蟲動故，猶如針刺。若風調順，則無如上所說諸病。觀傷髓風已，如實知身。

復次，修行者內身循身觀。有何等風住在身中，或調不調，作何等業？彼以聞慧或以天眼觀見有風，名曰害皮，住在身中，若不調順，為何所作？彼以聞慧或以天眼見：害皮風若不調順，令我身皮其色醜惡，皆悉麁澁，身皮破裂，設以蘇油而塗其身，速疾乾燥；身體手足皆悉堅直，難可屈伸，夢中多見垂墮嶮岸，暖飲食味，口中覺冷，舌瘡破裂不能飲食。若害皮風調順和適，則無如向所說諸病。觀害皮風已，如實知身。

復次，修行者內身循身觀。有何等風住在身中，或調不調，作何等業？彼以聞慧或以天眼見有一風，名曰害血，住在身中，若不調順，為何所作？彼以聞慧或以天眼見：害血風住在身中，若不調順，行於肺中作二種過——或上或下。若血上行，令眼耳鼻血脈不調，諸大不安，大不調故，身體失力，顏色麁惡，不能去來，鼻中常臭；同梵行者，不與同行同處而坐。若血下行至大小便流血而下，作三種過：一者痔病；二者苦惱；三者下血。若害血風和順調適，則無如上所說諸病。觀害血風已，如實知身。

復次，修行者內身循身觀。有何等風住在身中，或調不調，作何等業？彼以聞慧或以天眼觀見有風，名曰害肉，住在身中，若不調順，為何所作？彼以聞慧或以天眼見：害肉風若不調順，令人身中生諸癰病，臭惡遍身，破已臭惡，多有濃汁；耐冷惡熱，不耐辛苦，宜輕甜冷；一切身動，臭爛流出。若風調順，則無如向所說諸病。觀害肉風已，如實知身。

復次，修行者內身循身觀。有何等風住在身中，或調不調，作何等業？彼以聞慧或以天眼觀見有風，名曰害脂，若不調順作何等業？彼以聞慧或以天眼見：害脂風若不調順，令脂增長，身生皰肉，高下不平，堆阜凹凸，或堅或滑，或有頑癡，無所覺觸。若害脂風和順調適，則無如上所說諸病。觀害脂風已，如實知身。

復次，修行者內身循身觀。有何等風住在身中，或調不調，作何等業？彼以聞慧或以天眼見害骨風，若不調順，為何所作？彼以聞慧或以天眼見：害骨風若不調順，令骨疼痛，其聲破散，晝夜不睡，項頸疼痛，一切筋骨皆緩不治，筋骨無力，身常疼痛，疲極苦惱，不能起止，無

一念樂。若風調順,則無如向所說諸病。觀害骨風已,如實知身。

復次,修行者內身循身觀。有何等風住在身中,或調不調,作何等業?彼以聞慧或以天眼見有一風,名曰害精,住在身中,若不調順,為何所作?彼以聞慧或以天眼見:害精風若不調順,誑惑於人,若人眠睡,戲弄於人,示人種種諸惡之念,以妄想心作非梵行。風不調故,夜行鬼女虛誑破實,夢為其犯,令不憶食。觀害精風已,如實知身。(《大正藏》卷十七第393-394页)

【评说】伤髓风、害皮风、害血风、害肉风、害脂风、害骨风、害精风,从其命名逻辑来看,目的为标示各风累及的人体组织,是一种粗浅的归类方式。

【原文】復次,修行者內身循身觀。有何等風住在身中,或調不調,作何等業?彼以聞慧或以天眼見有一風,名曰皺風,住在身中,若不調順,為何所作?彼以聞慧或以天眼觀於皺風:若不調順,若足下足上、若蹲若髀、若髖若背、若脇若乳、若咽若項、若肩若臂、若耳若眉一切身分皆悉皺減,其身深皺,或開或合,其足尸破;設油塗身,尋即乾燥,令如老人。觀皺風已,如實知身。

復次,修行者內身循身觀。有何等風住在身中,或調不調,作何等業?彼以聞慧或以天眼觀見有風,名曰白髮,住在身中,若不調順,為何所作?彼以聞慧或以天眼觀:白髮風若不調順,能令少年髮白羸瘦猶如老人,若在家人所生之子,如父速老,其子病故,無復子孕。以風力故,令年少者如老無異。是白髮風起於惡劫,隨諸眾生不順法行,風則增長。若有福德,風則調順;若無福德,風則不調。觀白髮風已,如實知身。

復次,修行者內身循身觀。有何等風,或調不調,作何等業?彼以聞慧或以天眼見有一風,名曰損膩,住在身中,若不調順,為何所作?彼以聞慧或以天眼觀:損膩風若不調順,不憶飲食,令人衰弱,不憙膩食;病之所起,因於晝寢。風不調順,不樂甜食,嗜苦酢味;若不食膩,風則調順,身不疲極。觀害膩風已,如實知身。

復次,修行者內身循身觀。有何等風住在身中,或調不調,作何等業?彼以聞慧或以天眼見有淋風住人身中,若不調順,為何所作?彼以聞慧或以天眼見:淋病風若不調順,常多淋瀝,不能如意,身體無力,其出入息麁濁不調,身色痿黃,羸瘦憔悴。若風調順,則無如向所說諸病。觀淋風已,如實知身。

復次,修行者內身循身觀。有何等風,作何等業?彼以聞慧或以天眼見有一風,名食相應,若調不調,為何所作?彼以聞慧或以天眼見:食相應風若不調順,所食四分、五分之中三分歐吐,令人心亂,失於食力,不能視眴。以風力故,意法不定。若風調順,則無如向所說諸病。觀食相應風已,如實知身。

復次,修行者內身循身觀。有何等風住在身中,或調不調,作何等業?彼以聞慧或以天眼見有一風,名壞牙齒,住在身中,為何所作?彼以聞慧或以天眼見:壞牙風若不調順,牙齒疼痛,毀壞墮落,齗中血爛,脣口生瘡,上腭生瘡,鼻塞不通。若風調順,則無如向所說諸病。觀壞牙齒風已,如實知身。

復次,修行者內身循身觀。有何等風住在身中,或調不調,作何等業?彼以聞慧或以天眼見有一風,名曰喉脈,住在身中,若不調順,為何所作?彼以聞慧或以天眼見:喉脈風若不調順,令咽項痛或咽喉腫,或其聲澁。若風調順,則無如向所說諸病。觀喉脈風已,如實知身。

復次，修行者內身循身觀。有何等風住在身中，或調不調，作何等業？彼以聞慧或以天眼見有一風，名曰下行，住在身中，或調不調，為何所作？彼以聞慧或以天眼見：下行風若不調順，令食過惡，力少不消。飲食消故，皮肉骨髓、精血增長；若食不消，風冷黃病，悉不調順。是下行風若不調順，則失食力，食力少故，顏色憔悴。若風調順，則無如向所說之病。觀下行風已，如實知身。

復次，修行者內身循身觀。有何等風住在身中，或調不調，作何等業？彼以聞慧或以天眼見有一風，名曰上行，住在身中，為何所作？彼以聞慧或以天眼見：上行風住於頂上，若風調順，從頂而出，猶如煙氣，從上而出，若住日中、若住陰中、若晝若夜常出不斷，凡人皆見。若風不調，則氣不出；若復頂氣斷已，三日不出，決定命終。觀上行風已，如實知身。（《大正藏》卷十七第394页）

【评说】皱风、白发风、损腻风、淋风，所指的多是人体衰老进程中的正常现象，古人认为这也是病；食相应风、坏牙齿风、喉脉风分别是疾病症状及体征；上行风与下行风指体内营养物质循环的上下运动转输动力。

【原文】復次，修行者內身循身觀。有何等風住在身中，或調不調，作何等業？彼以聞慧或以天眼見有傍風住在身中，若調不調，為何所作？彼以聞慧或以天眼見於傍風：若不調順，閉出入息，一切筋脈皆令掣縮，或聚或散、或牽或挽，或鼻瞤動，或惚惚作聲，後得大苦。若傍風調順，則無如向所說之病。觀傍風已，如實知身。

復次，修行者內身循身觀。有何等風住在身中，或調不調，作何等業？彼以聞慧或以天眼見有一風，名曰轉筋，住在身中，若不調順，為何所作？彼以聞慧或以天眼見：轉筋風若不調順，令手筋脚筋、大小便筋、背筋、遍身諸筋皆悉捲并，合為一處，堅急頑鈍，無所覺知。若風調順，則無如向所說諸病。觀轉筋風已，如實知身。

復次，修行者內身循身觀。有何等風住在身中，若調不調，作何等業？彼以聞慧或以天眼見有一風，名曰壞毛，住在身中，若調不調，為何所作？彼以聞慧或以天眼見：壞毛風若不調順，一切身分所有諸毛皆悉墮落，身體痿黃，設更生毛，即隨墮落。若風調順，則無如向所說之病。觀壞毛風已，如實知身。

復次，修行者內身循身觀。有何等風住在身中，若調不調，作何等業？彼以聞慧或以天眼見有一風，名似少風，若風調順，為何所作？彼以聞慧或以天眼見：似少風以調順故，十時風力，形貌色力、屈伸俯仰分分相似。若風不調，於其身中心意流脈則便擾動，而發狂癡，心亂不正。若其心意流脈調順，則不狂亂。觀似少風已，如實知身。

復次，修行者內身循身觀。有何等風住在身中，若調不調，作何等業？彼以聞慧或以天眼見有一風，名嗜睡眠，若不調順，為何所作？彼以聞慧或以天眼見：睡眠風若不調順，於聽法時，令人惛睡，聞不善法，心則樂聞；若晝若夜欲正觀察，則為所亂，樂至酒肆。若風調順，則無此病。觀睡風已，如實知身。

復次，修行者內身循身觀。有何等風住在身中，作何等業？彼以聞慧或以天眼見有一風，名曰瞋風，住在身中，能不調順，為何所作？彼以聞慧或以天眼見：瞋恚風若不調順，以少因緣而起大瞋，為瞋所使，一切世人起大瞋怒，身毛皆竪，心忪動亂，所見不了，以近為遠；見於日月，生顛倒心，謂日為月，以月為日。若風調順，則無此病。觀瞋風已，如實知身。

復次，修行者內身循身觀。有何等風住在身中，作何等業？彼以聞慧或以天眼見有一

風，名曰名字，若調不調，為何所作？彼以聞慧或以天眼見名字風：若其調順，能有言說，緣心數法，舌風言說，隨心而行，能說無量名字句義。如是舌說名字之風若不調順，則少言誤語或口瘖不語。觀舌名字風已，如實知身。

復次，修行者內身循身觀。有何等風住在身中，若調不調，作何等業？彼以聞慧或以天眼見有一風，名曰壞味，住在身中，若不調順，為何所作？彼以聞慧或以天眼見：壞味風若不調順，令人舌中嗜甜蟲動，以蟲動故，一切好食美饍悉不能食，以不食故，身體劣弱，不能讀誦、修學禪思及修善法，身不調故，心不樂法，名色互相因緣而住，猶如束竹相依而住；相依力故，如是名色各各相依，如是行聚食因緣住，如水和麨名為麨漿，各各有力，名色得住。若風調順，則無如向所說之病。觀壞味風已，如實知身。（《大正藏》卷十七第 394-395 页）

【评说】傍风调节出入息，转筋风主诸筋，坏毛风主体毛生长，似少风维持形貌；嗜睡眠风、嗔风、名字风、坏味风都与神经功能有关，嗜睡眠风管理醒觉程度，嗔风主情绪控制，名字风管理语言文字识别，坏味风主味觉输入。

【原文】復次，修行者內身循身觀。有何等風住在身中，若調不調，作何等業？彼以聞慧或以天眼見有一風，名曰肺過，住在身中，若調不調，為何所作？彼以聞慧或以天眼見：肺過風若不調順，食欲消時夜則患痛，令食酢氣乃至食消，一切身體皆悉無力，脈如綱縛。若風調順，則無如向所說諸病。觀肺風已，如實知身。

復次，修行者內身循身觀。有何等風住在身中，若調不調，作何等業？彼以聞慧或以天眼見有一風，名臭上行，若調不調，為何所作？彼以聞慧或以天眼見：臭上行風令身鼻口一切皆臭，能令臭氣從毛孔出，從於熟藏上衝生藏，令一切身堅鞕大苦，食不消化，不能坐禪，晝夜不能修行善法。若臭上行風和順調適，則無如向所說之病。觀上行風已，如實知身。

復次，修行者內身循身觀。有何等風住在身中，若調不調，作何等業？彼以聞慧或以天眼見有一風，名大便處，若調不調，為何所作？彼以聞慧或以天眼見：大便風若不調順，於三肉皰則成痔病，所下之血如赤豆汁，身體燒熱，惛嗜睡眠，筋脈拘急，食不能消，舌不得味。若風調順，則無此病。觀大便處風已，如實知身。

復次，修行者內身循身觀。有何等風住在身中，若調不調，作何等業？彼以聞慧或以天眼見有一風，名曰忘念，住在身中，若調不調，為何所作？彼以聞慧或以天眼見：忘念風若不調順，令念忘失，習誦多忘，不能憶持，於四方面所見顛倒，已過之事忘失不憶，所食速飢而不能食，身毛麁澁，爪甲亦然，不耐寒熱，所念隨忘。若風調順，則無如是所說之病。觀忘念風已，如實知身。

復次，修行者內身循身觀。有何等風住在身中，若調不調，作何等業？彼以聞慧或以天眼見有一風，名曰生力，住在身中，若不調順，為何所作？彼以聞慧或以天眼見：生力風若不調順，雖復多食美饍飲食，身常無力，如毒壞身。以風不調故有此病，若風調順，則無此病。觀生力風已，如實知身。

復次，修行者內身循身觀。有何等風住在身中，或調不調，作何等業？彼以聞慧或以天眼見有一風，名生身心力，住在身中，若不調順，為何所作？彼以聞慧或以天眼見生身心力風：若風調順，治從胎中，身心漸增，令心強健。以風調故，知作不作，久時所作皆能念知，去來進止，強健不怯，耐於飢渴、寒熱眾苦，身體充滿，其身頭髮不非時白。若不調順，則失此法。觀生身心力風已，如實知身。（《大正藏》卷十七第 395-396 页）

【评说】肺过风、臭上行风与饮食后嗳腐吞酸有关，大便处风与痔疮下血有关，忘念风与记忆力下降有关；生力风与生身心力风分别与营养吸收和体力精神的恢复有关。

【原文】復次，修行者內身循身觀。有何等風住在身中，或調不調，作何等業？彼以聞慧或以天眼見有一風，名曰妨咽喉語，住在身中，若不調順，為何所作？彼以聞慧或以天眼見：妨咽喉語風若不調順，則生身病，以餘不調，則便失音，或時耳聾或手足攣躄，或身曲傴僂、兩目失明。以風不調，生如是病。觀妨咽喉語風已，如實知身。

復次，修行者內身循身觀。有何等風住在身中，若調不調，作何等業？彼以聞慧或以天眼見有一風，名曰睡風，若不調順，為何所作？彼以聞慧或以天眼見：有睡風若不調順，所見顛倒，惱亂流脈令其動變，一切骨節皆悉疼痛。觀睡風已，如實知身。

復次，修行者內身循身觀。有何等風住在身中，若調不調，作何等業？彼以聞慧或以天眼見有一風，名曰持命，住在身中，若調不調，為何所作？彼以聞慧或以天眼見：持命風若不調順，令人失命，捨於覺知。一切眾生第二之命，能持於身，依於識心，以不調故，能斷人命，依持一切眾生命根，若風調順，則不夭命。觀持命風已，如實知身。

復次，修行者內身循身觀。有何等風住在身中，若調不調，作何等業？彼以聞慧或以天眼見有一風，名曰損壞一切身分，住在身中，若不調順，為何所作？彼以聞慧或以天眼見：壞身風始從住胎，以此風力令其身分破壞損傷，身曲傴脊，凸臆戾髖。若風調順，則無此病。觀壞身風已，如實知身。

復次，修行者內身循身觀。有何等風住在身中，作何等業？彼以聞慧或以天眼觀見有風，名曰攝皮，住在身中，為何所作？彼以聞慧或以天眼見：攝皮風若為外風所觸，若冷若熱、若香若臭、或下或上、或大力小力，隨時來觸，悉能覺知。觀攝皮風已，如實知身。

復次，修行者內身循身觀。復有何風住於身中？彼以聞慧或以天眼離於垢濁，清淨所緣，離疑度疑，度於曠野，如實不疑，於此身中更無異風。此風聚集，此風和合，如此風流緣於根界，共業煩惱和合而住，能持於身，或為妨害。是修行者遍觀一切身內諸風，具足見已，厭離欲心，愛不能壞，不入魔境，近於涅槃，以智慧日破無始流、轉貪瞋癡闇，離疑曠野，不染色聲香味觸等，於境界中如實見之，一切三界皆悉無常、苦、空、無我，如實見之。如是那羅帝婆羅門長者聚落修行比丘如實知此樂修身念，知生滅法，不念餘觀，觀一切身，知一切縛及以解脫。（《大正藏》卷十七第 396 页）

【评说】妨咽喉语风不仅主失语，还与失明佝偻有关；睡风主流脉动变骨节疼痛；持命风依附精神，主生命活力；损坏一切身分风主衰老；摄皮风主体表触觉。

以上是本经记载的统摄一切人体功能、贯穿生命、失常则病的诸风，是古代人解释种种生命现象的尝试。

【原文】復次，修行者復以異法觀察是身失壞盡滅。云何此身當失壞耶？於命終時，云何風蟲能壞此身？云何惱亂？於一切界幾時命終？云何上下逆順風吹？如是比丘內身循身觀，彼以聞慧或以天眼見：臨終時，一切諸蟲先被惱亂，蟲既死已，人乃命終，一切有為，決定失壞。如是死法，必當有此堅牢大惡。

如是比丘觀於頭中有十種蟲為風所殺：一名頂內蟲，為足甲風之所殺害；二名腦內蟲，為於兩足傍風之所殺害；三名髑髏骨蟲，為不覺風之所殺害；四名食髮蟲，為破骨風之所殺害；

五名耳内行蟲，為行蹈地風之所殺害；六名流涕蟲，為於跟風之所殺害；七名脂內行蟲，為破脛風之所殺害；八名交牙節蟲；九名食涎蟲，為破足腕節風之所殺害；十名食齒根蟲，為破髀骨風之所殺害（一十）。

復次，有十種蟲行於咽喉，下至胸中，為風所殺。何等為十？一名食涎蟲，為破力風之所殺害；二名睡蟲、三名吐蟲、四名行十味脈蟲，為行轉風之所殺害；五名甜醉蟲，為害節風之所殺害；六名嗜六味蟲，為破毛爪甲屎風之所殺害；七名杼氣蟲，為正跳風之所殺害；八名憎味蟲，為破壞風之所殺害；九名嗜睡蟲，為胞中風之所殺害（二十）。

復次，有十種蟲住於血中為風所殺：一名食毛蟲，為乾糞風之所殺害；二名孔行蟲，為二傍風之所殺害；三名禪都蟲，為六竅風之所殺害；四名赤蟲，為斷身分風之所殺害；五名蛔母蟲，為惡火風之所殺害；六名毛燈蟲，為一切身分風之所殺害；七名食髮蟲、八名瞋血蟲，為破揵風之所殺害；九名瘤瘤蟲，為一切身動風之所殺害；十名酢蟲，為於熱風之所殺害。生於血中，其形短促，團圓無足，微細無眼，能作身痒，惙惙而動，其蟲味醎，於人死時，如是等蟲為風殺已，血則乾燥，其人即死，是故人說死人無血；血欲乾故，得大苦惱。臨命終時，心懷大怖，受大苦惱，恐捨此身，行於異處，捨離親族知識、兄弟妻子、財物，癡愛無智，愛結所縛，無有救護、無善法伴，唯獨一身，一切身分血脈乾燥，受於身心二種大苦（三十）。

復次，修行者內身循身觀。有何等蟲為風所殺，得何苦惱？彼以聞慧或以天眼見十種蟲住在肉中。何等為十？一名生瘡蟲，為於行風之所殺害；二名刺蟲，為上下風之所殺害；三名閉筋蟲，為於命風之所殺害。何故名之以為命風？若出身中，人即命盡，故名命風。四名動脈蟲，為於開風之所殺害；五名皮蟲，為亂心風之所殺害；六名動脂蟲，為惱亂風之所殺害；七名和集蟲，為視眴風之所殺害；八名臭蟲，為於閉風，臨命終時五閉風之所殺害（四十）。

復次，修行者內身循身觀。云何死時白汗流出？如是諸蟲行於陰中，何風所殺？是修行者觀十種蟲行於陰黃中。何等為十？一名瘤瘤蟲，為壞胎藏風之所殺害；若男若女欲命終時，此風斷脈。二名惙惙蟲，為轉胎藏風之所殺害；若男若女令失氣力，或於口中出一掬黃猶如金色。三名苗華蟲，為去來行住風之所殺害；四名大諂蟲、五名行孔穴蟲、六名黑蟲、七名大食蟲、八名行熱蟲，為壞眼耳鼻舌身風之所殺害。如是次第，九名大熱蟲，為於刀風之所殺害；十名食味蟲，為針刺風之所殺害；十一名火蟲，為惡黃風之所殺害；十二名大火蟲，為破腸風之所殺害（五十）。

復次，修行者內身循身觀。觀於骨蟲，臨命終時，為何等風之所殺害？彼以聞慧或以天眼見一切身分骨內有十種蟲。何等為十？一名舐骨蟲，為黃過風之所殺害；二名齧骨蟲，為於冷風之所殺害；三名斷節蟲，為傷髓風之所殺害；四名赤口臭蟲，為傷皮風之所殺害；五名消骨蟲，為傷血風之所殺害；六名赤口蟲，為傷肉風之所殺害；七名食皮蟲，為傷骨風之所殺害；八名風刀蟲，為害精風之所殺害；九名刀口蟲，為皮皺風之所殺害（六十）。

復次，修行者內身循身觀。觀屎中蟲，臨命終時，為何等風之所殺害？彼以聞慧或以天眼見十種蟲。何等為十？一名生蟲，為生力風之所殺害；二名針口蟲，為傷汗風之所殺害；三名白節蟲，為於痲風之所殺害；四名無足蟲，為傷汗風之所殺害；五名無足蟲，為食相應風之所殺害；六名散糞蟲，為破齒風之所殺害；七名三焦蟲，為喉脈風之所殺害；八名破傷蟲，為下行風之所殺害；九名閉食消蟲，為上行風之所殺害；十名黃蟲，為二傍風之所殺害；十一名消重食蟲，為輔筋風之所殺害。是風及蟲，令糞乾燥，惱亂諸界，互相動發，互相衝擊，風皆上行，惱身界已，破壞斷氣，撓攪其身令其乾燥，奮力殺之。人死之時，受大苦惱，無法可喻，一切世人皆當有死，決定無疑(七十)。

復次，修行者內身循身觀。觀髓中蟲，臨命終時，為何等風之所殺害？彼以聞慧或以天眼見於髓中有十種蟲。何等為十？一名毛蟲，為害髓風之所殺害；二名黑口蟲，為似少風之所殺害；三名無力蟲，為睡見亂風之所殺害；四名痛惱蟲，為不忍風之所殺害；五名心悶蟲，為名字風之所殺害；六名火色蟲，為於緊風之所殺害；七名滑蟲，為於肺風之所殺害；八名下流蟲，為臭上行風之所殺害；九名起身根蟲，為穢門行風之所殺害；十名憶念歡喜蟲，為忘念風之所殺害(八十)。

復次，修行者內身循身觀，已見無常、不淨、無我。前已一蟲為傷肺風之所殺害，如是等蟲，臨命終時，為風所殺。如是比丘內身循身觀，以無漏明，斷除無始流轉闇黑，畢竟常滅，以世間相似業而得此法，以其久修七種之念，現前見故，何等為七？一者念佛；二者念法；三者念僧；四者念戒；五者念天；六者念死；七者念無常。(《大正藏》卷十七第 396-398 页)

【评说】人身死时八十种虫亦亡，但两者的关系则是虫死在先，人死在后。“临终时，一切诸虫先被恼乱，虫既死已，人乃命终，一切有为，决定失坏”。这或许反映，在古人的意象中虫是组成人体的不可或缺的部分，人的病理变化由虫嗔所致，而人的生理功能也有赖于虫来维持。当人临死时，身中的风大首先不调，种种风杀种种虫，虫死之后，人身无法维持功能，随之死亡。由此推测，虫、风、人身是古人认为构成人体功能模型的三个重要元素。

【原文】復次，修行者內身循身觀。觀死幾種，壞一切業？彼以聞慧或以天眼觀死四種：所謂地大不調，水大不調，火大不調，風大不調。云何地大不調而斷人命？若地大不調，身中風氣，地大堅故，舉身皆閉，互相破壞，互相逼惱，譬如二山堅如金剛，於二山間置生酥摶，有大黑風吹此二山互共相擊，壓生酥摶。地大、風大如彼二山，一切身命、皮肉骨血、脂髓精氣，身篋盛之，猶如生酥，為地大、風大打壓加害，破壞身界，得大苦惱，不能念佛、念法、念僧，現陰將盡，為中陰繫，相續不斷。一切愚癡凡夫之人以心相似相續緣生，如印所印，死亦如是，現陰將盡，以相似心生亦相似，以心獼猴因緣力故，受諸生死。

復次，修行者內身循身觀。觀命終時，云何水大不調，令我及一切愚癡凡夫而喪身命？彼以聞慧或以天眼見水大不調：舉身筋脈，一切皮肉骨血、脂髓精氣，我及眾生臨命終時，一切皆爛，膿血流出，互相逼迫，一切皆動，如雨山壓，亦如前說，以生酥摶置於海中，黑風所吹，洪波相擊，不可止住，無堅無牢。如是水大破壞其身亦復如是，不能復念佛法僧寶，餘念之心，相續不斷。一切愚癡凡夫緣心相似而受生身，如印所印，於命終時，現陰既盡，受相似生，亦復如是，以心獼猴而受生死，引入生死。

復次，修行者內身循身觀。云何火大不調而斷人命？彼以聞慧或以天眼見：命終時，火大不調，一切身脈、一切諸筋、一切輔筋、皮肉骨血、脂髓及精，一切燒煮，熱炎熾然。譬如燒於佉陀羅炭，火聚如山，投以生酥，燒之炎起，如是身者猶如酥摶投之。死苦亦復如是，不能復念佛法僧寶。現陰將盡，心念相續，一切愚癡凡夫以心緣念，相似受生，如印所印。於命終時，現陰既盡而心受生，亦復如是，以心獼猴因緣力故，而受生死。

復次，修行者內身循身觀。云何死時，風大不調而斷人命？彼以聞慧或以天眼見：臨終時，風大不調，一切身分、一切筋脈、一切身界，所謂皮肉骨血、脂髓精氣，皆悉散壞，乾燥無膩，互相割裂，從足至頂分散如沙。譬如酥摶黑風所吹，散壞失膩，於虛空中分散如沙，人命終時，風大不調，死苦所逼，亦復如是，不能復念佛法僧寶。一切凡夫盡有緣心相續而生，如印所印,於命終時,有盡心生,亦復如是。以心獼猴因緣力故,而受生老病死之身。

是名四大不調,有四種死,行者見已,觀察無常、苦、空、無我。如是見已,不近魔境,近涅槃道,於染愛色聲香味觸不樂不著,不起愛心,離於塵垢,離於曠野,不著色聲香味觸,不起色慢,不恃少年,不恃命慢,不憙多語,不入城邑,無所偏著,常念死畏,於微細罪心生怖畏,如實知身,知生滅法,於一切染欲心得厭離,樂行正法心不懈怠。如是那羅帝婆羅門長者聚落修行比丘觀察修行。(《大正藏》卷十七第398页)

【评说】在内身观中,通过观想人身四大的分解破坏模拟死亡时的情境,以此训练面对死亡时对自己心理状态的掌握能力。反复观想死亡,也有利于"观察无常、苦、空、无我""于一切染欲心得厌离,乐行正法心不懈怠"。

【原文】復次,修行者內身循身觀。云何修行觀內外身,所謂觀外法已,觀於內身循身觀。觀察種子,如種生芽,從芽生莖,從莖生葉,從葉生花,從花生實,是名外觀。

復次,修行者觀於內身,前識種子共業煩惱入不淨中,名安浮陀,從安浮陀,名歌羅囉,從歌羅囉,名曰伽那,從伽那時,名為肉摶,從於肉摶生於五胞,所謂兩手、兩足及頭,從於五胞生於五根,如是次第乃至老死。

復次,修行者外身隨順觀。云何草木前見青綠,後漸變黃,終時墮落?身亦如是,初見嬰兒,次至中年,漸至於老則歸於死。

復次,修行者外身隨順觀。外諸種子云何生耶?從地生於一切藥草及以叢林而得增長。彼以聞慧或以天眼見:是諸法各各因緣,各各力生,若內若外一切有為,除三種法,所謂數緣無為、非數緣無為、虛空無為。云何諸法各各力轉?所謂無明緣行,行緣識,識緣名色,名色緣六入,六入緣觸,觸緣受,受緣愛,愛緣取,取緣有,有緣生,生緣老死憂悲苦惱,如是一切大苦聚集。若無明滅則行滅,行滅則識滅,識滅則名色滅,名色滅則六入滅,六入滅則觸滅,觸滅則受滅,受滅則愛滅,愛滅則取滅,取滅則有滅,有滅則生滅,生滅則老死憂悲苦惱大苦聚滅,如是唯有大苦聚滅。如是諸法,若內若外,互相因緣而得生長。

如是修行者內身循身觀,三種外身界隨順觀,觀內如外,觀外如內,如實觀察。如是修行者觀內外法,先觀閻浮提,為增長正法,修內法觀,分別觀察,一一觀察、人天合觀,別觀無覺,內因於外一切四大,外因於內心心數法,有內法、外法增長。若有內法,內法正了,若內法增長,見外則了。云何內法因外增長?床褥臥具、病瘦醫藥所須之物皆悉具足,比丘則能增長善法;若無臥具病瘦醫藥,不能增長一切善法,無心悕求。如是內外互共相因而得增長,非有作者、非常不變、非無因生。

復次,修行者觀於外身。云何一切三界眾生,外法因緣而得增長?有一法增長,一切有為所攝眾生有四種食。何等為四?一名摶食;二名思食;三名觸食;四名愛識食。欲界之食,四大種子因於外食而得增長,內善禪樂,是名初觀外法增長內法。云何外法增長內法?彼以聞慧或以天眼觀:劫初時眾生所食,何因何緣八分具足。何等八分?所謂愛味色聲,愛聲樂濡,堅固色貌。外法者,謂床褥臥具湯藥能增長身,樂修善法。如是修行者外身隨順觀。若蚊虻蟻等不惱觸身,內法增長,若風雨寒熱若不妨礙,得求內法。若聞不愛不樂醜惡之聲,聞之無礙,名增內法。若聞臭氣不可愛樂,不以為礙,名增內法。若聞愛香無所障礙,名益內法。五根皆悉內因外入,有五內入,是名外身觀。賢聖弟子如實知身。

復次,修行者觀於外身。云何六識而取於法?彼以聞慧或以天眼見於外法無所障礙,則能知法。何等六識？所謂眼識、耳識、鼻識、舌識、身識、意識。是名内法了知外法，是内外法互相因緣。譬如飛鳥遊於虛空，隨其所至，影常隨身，内外諸入亦復如是。若一切身、一切内法增長，心亦增長。心為一切法之因緣，各各相因而有諸法。如是修行者不見一法是常、不變、不破壞者。（《大正藏》卷十七第 398-399 页）

【评说】将种子生芽、开花、结果、败落类比于人身的结胎生长老死，由外物与人身的类比，把观察的对象置换为外界事物。但这并不是四念处中的身念处观原本所包含的内容。在阿含部经文所涉及的身念处观中，所谓内身，指的是眼耳鼻舌身意六识与六入等内在的精神活动；外身指的是头面躯干四肢等处于外部人所共见的物质身。并未将身观的范围延伸至山川大地其他众生等外界四大所成。

本经对这种推衍作出解释，“彼以闻慧或以天眼见于外法无所障碍，则能知法”，把这种由己及人、由内推外的合理性建立在“以闻慧或以天眼见”之上，而闻慧和天眼的基础，则在于“心为一切法之因缘，各各相因而有诸法”，这一论述已经有如来藏思想的色彩。从本经的角度来看，一切法都是由心（如来藏）而生，这样一来，因闻慧与天眼都不离于心，所“闻”所“见”也就成为真实可信的事物了。

【原文】復次，修行者隨順觀外身。觀此眾生，云何現見他善業盡而就死苦，云何不覺？初不生苦，於受生時，父母精血於尿道中，識生受胎，業風所集，和合動之，七日一變，名阿浮陀。阿浮陀中，以於先世不殺生故，識心不滅不爛。第二七日，名伽那身，煩惱癡識，不壞不滅，如是七七日，名曰肉團，住在胎中屎尿之間，若母動身、若母飲食被壓辛苦，如壓蒲桃。復以業風吹動肉團，肉團增長，生於五皰，所謂兩手、兩足及頭。復以業風所動增長，生於膜衣，從膜衣中有脈如筒，上衝生藏。若其母食冷食、熱食，或美不美，從筒孔中入其臍中，為胎中命，令其不死。如是胎中受大苦惱。若於胎中不死不壞，為尿月水之所穢污，十月住胎如在牢獄，苦惱逼迫，一切身分猶如山壓，從胎中出。既生之後，風日所觸，受大苦惱，棄之於地，隨意捨行，自嗽其指，指中生乳，以自增長而得壽命。增長嬰兒，轉成盛年，漸至衰老，時風所滅，眾生業故，業藏流轉，如業所作，或善不善，諸業成就。如此眾生現見業法果報苦惱而猶放逸，於生死中苦受之本，所謂生也，寒熱飢渴、疲極病瘦、愛别離苦、怨憎會苦。於生死中，生為大苦，破壞生具，生死流轉，無常苦空，生滅無我，云何欝單越人而不覺知？如此山谷園林、花果河池蓮花，一切皆當無常破壞，歸於虛空。如是眾生，一切皆死，生於天上，天上命終，隨其本業，墮於地獄、餓鬼、畜生。（《大正藏》卷十七第 412-413 页）

【评说】这是在外身观中“观察”其他生命从受生到老死流转的过程。经中有对胎儿从脐获得营养的认识，但却认为这些食物是从母体直接输送给胎儿，又描述胎儿出生后的吮指行为是由于“指中生乳”，说明这些认识是由外形推测而来的，没有经过实践检验。

佛说罪业应报教化地狱经

后汉安息三藏安世高译

【提要】佛陀在王舍城耆阇崛山中为大菩萨摩诃萨及声闻眷属、比丘、比丘尼、优婆塞、

优婆夷及诸天、龙、鬼神等说罪业报应。

【原文】爾時信相菩薩為諸眾生而作發起，前白佛言：

"……

第二，復有眾生，身體頑痺眉鬚墮落舉身洪爛，鳥栖鹿宿人跡永絕，沾污親族人不喜見，名之癩病。何罪所致?"

佛言："以前世時坐不信三尊、不孝父母，破壞塔寺、剝脫道人，斬射賢聖、傷害師長，常無返復、背恩忘義，常行苟且、婬匿尊卑無所忌諱，故獲斯罪。"(《大正藏》卷十七第 450-451 页)

【评说】佛陀时代已有对癞病的记载。由于当时社会对癞病的恐惧，癞病患者往往遭受歧视、甚至被驱逐隔离。

癞病，是一种严重的难治的传染性皮肤病，表现为身体疼痛、毛发脱落、全身溃烂。癞病，类似疠风、大麻风。

【原文】"第三，復有眾生身體長大，聾騃無足宛轉腹行，唯食泥土以自活命，為諸小蟲之所唼食，常受此苦不可堪處。何罪所致?"

佛言："以前世時坐為人自用、不信好言善語，不孝父母、反戾時君；或為帝主大臣四鎮方伯州郡令長吏禁督護，恃其威勢侵奪民物，無有道理使民苦悴吁嗟而行。故獲斯罪。"(《大正藏》卷十七第 451 页)

【评说】经中记载了一类残疾患者：耳聋、痴傻、无足。这类患者只能以腹着地，曲折前行，以泥土为生。

【原文】"第四，復有眾生，兩目盲瞎都無所見，或觝樹木或墮溝坑，於時死已，更復受身亦復如是。何罪所致?"

佛言："以前世時坐不信罪福障佛光明，縫鷹眼合、籠繫眾生，皮囊盛頭不得所見。故獲斯罪。"(《大正藏》卷十七第 451 页)

【评说】经文记载了今世双目失明的宿世罪业。

【原文】"第五，復有眾生，謇吃瘖瘂口不能言。若有所說，閉目舉手乃不言了。何罪所致?"

佛言："以前世時坐誹謗三尊、輕毀聖道，論他好醜、求人長短，強誣良善、憎嫉賢人。故獲斯罪。"(《大正藏》卷十七第 451 页)

【评说】经文记载了今世言语不利或言不达意的宿世罪业。

言语不利有三种：謇吃(口吃)、喑哑(声音嘶哑)、口不能言。

【原文】"第六，復有眾生，腹大頸細，不能下食；若有所食，變為膿血。何罪所致?"

佛言："以前世時偷盜僧食，或為大會福食屏處偷噉；恪惜己物，但貪他財；常行惡心，與人毒藥，氣息不通。故獲斯罪。"(《大正藏》卷十七第 451 页)

【评说】经中记载了一类患者的症状：腹大颈细、不能食、食则化作脓血。佛陀认为，这类患者是由宿世罪业即偷盗僧食、福食、夺取他财、吝啬不予、常行恶心、与人毒药所致。虽说佛陀将现世疾病归咎于宿世的思想行为，但在佛陀的因果报应原则里，罪业与疾病之间在生理心理上还是存在一定联系的，可见其因果报应理论中依然有对生命认识的合理成分。

【原文】“第七，復有眾生，常為獄卒熱燒鐵釘釘人百節骨頭，釘之已訖自然火生，焚燒身體悉皆焦爛。何罪所致？”

佛言：“以前世時坐為針灸醫師，針人身體不能差病；誑他取財，徒受苦痛，令他苦惱。故獲斯罪。”（《大正藏》卷十七第 451 页）

【评说】若医师治病，疾病不但没有好转，反而使病人白白遭受痛苦，这名医师在轮回里就会受到热烧铁钉之刑。可见佛陀时代对医师医术水平、道德水平都有极高的要求。

【原文】“第十二，復有眾生五根不具。何罪所致？”

佛言：“以前世時坐飛鷹走狗，彈射禽獸，或斷其頭，或斷其足，生搣鳥翼。故獲斯罪。”（《大正藏》卷十七第 451 页）

【评说】五根，即五色根，是指眼根、耳根、鼻根、舌根、身根。五根可摄取外在对象、还能引起内在五识的认识作用。五根不具，是五色根不完备。

【原文】“第十三，復有眾生，攣躄背僂腰髖不遂，脚跛手拘，不能操涉。何罪所致？”

佛言：“以前世時坐為人憯剋，行道安槍；或安射窠，施張弶穽陷墜眾生，頭破脚折，傷損非一。故獲斯罪。”（《大正藏》卷十七第 451 页）

【评说】经中记载了一类病人的症状：手脚屈曲、行动不利，驼背，腰髋疼痛、转侧不利。

【原文】“第十五，復有眾生，或癲、或狂、或癡、或騃，不別好醜。何罪所致？”

佛言：“以前世時坐飲酒醉亂，犯三十六失，後得癡身，如似醉人，不識尊卑，不別好醜。八萬劫墮沸屎地獄，獄卒斬剉，求死不得，求生不得，五窮六極，長夜受苦，以坐貪酒過。受罪已，始得為人，癃殘跛蹇，為人之所憎嫉；行逢接他橫事，常無樂時。以酒過犯，故獲斯罪。”（《大正藏》卷十七第 451 页）

【评说】宿世饮酒犯过致使今生患癫、狂、痴、呆等精神性疾病。

【原文】“第十六，復有眾生其形甚小，陰藏甚大；挽之身疲，皆復進引；行立坐臥，以之為妨。何罪所致？”

佛言：“以前世時坐治生販賣，自譽己物，毀呰他財；囂升弄蚪，躡秤前後，欺誑於人。故獲斯罪。”（《大正藏》卷十七第 451 页）

【评说】经文记载了一种天生的畸形：形体很小，生殖器官很大、远甚于常人；导致行动不便、身体疲倦。

【原文】“第十七，復有眾生男根不具，為黃門身，不得妻娶。何罪所致？”

佛言：“以前世時坐喜犍象、馬、牛、羊、猪、狗不可稱數，令此眾生苦痛難忍，死而復穌。故獲斯罪。”（《大正藏》卷十七第 451 页）

【评说】经文记载了一种天生缺陷：男性生殖器缺损。

【原文】“第二十，復有眾生其形甚醜，身體黑如漆，兩目復青，頭頰俱㕷，皰面平鼻，兩目黃赤，牙齒踈缺，口氣腥臭，矬短尰腫，大腹腰髖，脚復繚戾，僂脊匡肋，費衣健食，惡瘡膿血，水腫乾痟，疥、癩、癰、疽種種諸惡集在其身；雖親附人，人不在意；若他作罪，橫羅其殃；永不見佛、永不聞法、永不識僧。何罪所致？”

佛言：“以前世時坐為子不孝父母，為臣不忠其君，為君不敬其下，朋友不以其信，鄉黨不以其齒，朝廷不以其爵；趣為趣作，心意顛倒，無有其度；不信三尊，殺君害師；伐國掠民，攻城破塢，偷寨過盜，惡業非一；美己惡人，侵陵孤老，誣謗賢聖，輕慢尊長，欺誑下賤。一切罪業悉具犯之。眾惡集報，故獲斯罪。”（《大正藏》卷十七第 452 页）

【评说】经中记载了多种身体缺陷、症状及疾病名：形体丑陋、身体漆黑、双目泛青、五官集聚、面疱鼻平、牙齿不整齐甚至缺如、口气腥臭、矮胖腹隆、行动摇摆、驼背、肋凸、饮食过度、恶疮、流脓血、身肿、干消、疥疮、癞病、痈疽等。

【原文】爾時世尊說斯偈已，諸受罪眾生白佛言：“世尊！修何善行得離斯苦？”

佛言：“當勤孝順父母，敬事師長，歸奉三尊；勤行布施、持戒、忍辱、精進、禪定、智慧，慈悲喜捨，怨親平等，同己無二；不欺孤老，不輕下賤，護彼如己。汝等若能如是修行，則為已得報佛之恩，永離眾苦。”（《大正藏》卷十七第 452 页）

【评说】佛陀主张的孝顺、恭敬、不欺孤老、不轻下贱、怨亲平等、皈依佛僧法、布施、持戒、忍辱等行为法则规范了人们的思想道德和社会行为，有利于维持社会安定。

十不善业道经

马鸣菩萨集

西天译经三藏朝散大夫试鸿胪少卿宣梵大师赐紫沙门臣日称等奉诏译

【提要】马鸣汇集了佛陀所说经文“十不善”，包括身三不善、语四不善、意三不善，都是导致众生堕入地狱的因由。

【原文】此十不善業道，體性是罪，若樂求佛道者，遠離彼過，當如是知。

何等為十？所謂身業三種，語業四種，意業三種。於是義中，今當解說。身三種者，殺生、不與取、欲邪行；語四種者，妄言、綺語、兩舌、惡語；意三種者，貪、瞋、邪見。

云何殺生？謂於有情率先見已，次審其名，決定欲殺，動身施作，斷其命根。如是五緣次第具足，成殺生罪，定感彼果。

云何不與取？謂於他物先窺覘已，而起審慮，決定欲取，動身所作，即盜其物。具足五緣，成不與取罪。

云何欲邪行？於此罪中而有四類，非處、非時、非分、非往。非處者，謂於諸佛菩薩經像、和尚闍梨、父母所止，或相隣近，皆所不應。非時者，謂於晝日，或偶月事，懷妊新產，彼不樂欲，及病惱等，或受淨住八關齋戒，皆非其宜。非分者，謂於面門及以非道，童男處女，自執持等，俱不應作。非往者，謂於他妻，及比丘尼、親族、異趣，及衒賣等，設自境界作非梵行，所不應理。如上當知。

云何妄語？謂於見物或他遺墜，審知是已，決定而取，彼若尋求起虛妄說，具是五緣，成妄語罪。

云何綺語？謂於他人以染污心，增飾其非，對彼而說。

云何兩舌？於他所有隱密等事，以非理言，而作離間。

云何惡語？謂於貪欲和合事相，以雜染言厲聲而說。

云何名貪？於他財富及彼受用，起愛樂心，非理希望。

云何名瞋？謂於有情起忿恚心，而作損惱及捶打等。

云何邪見？謂無施等、無彼後世、無供養事、無佛世尊聲聞緣覺、無罪無福、無所作業、無所受報。(《大正藏》卷十七第 457-458 页)

【评说】对众生杀生、不与取(偷盗)、欲邪行、绮语、恶语、妄语、两舌、贪、嗔、痴等外在行为和内在动因的限制与规范，有利于社会安定。

诸法集要经

观无畏尊者集(总二千六百八十四颂)

西天译经三藏朝散大夫试鸿胪卿宣梵大师赐紫沙门臣日称等奉诏译

【提要】观无畏尊者汇集佛陀所说佛法。

卷 第 一

说法品第二

【提要】偈言说明了多闻正法与远离正法的不同结果，重在劝励众生信心学法。

【原文】了達一切法，　解脫諸障染，
引發菩提心，　多聞為最上。
若習近多聞，　樂欲修正慧，
當以身語心，　尊重常恭敬。
若樂多聞者，　善住於法性，
堅固勤修作，　能越三有海。(《大正藏》卷十七第 459 页)

【评说】佛陀强调知与行应当统一。

【原文】若遠離正法，　依止於非法，
猶如捨良醫，　而求愈篤疾。
諸法無限量，　積學方悟入，
滴雨成駛流，　皆由於漸次。
無始輪迴海，　發起菩提心，
至金剛道場，　成佛果亦爾。

淨心持正法，　不著於諸禪，
非欲境所牽，　決定常安隱。
有智親智人，　當捨離無智，
以智德修身，　斯人甚希有！
以信心求法，　常生於勝處，
設墮險難中，　諸天常捄護。
於暗作明燈，　於病為良藥，
貧乏與珍財，　盲者使能視。
於世間瀑流，　為作彼舡筏，
若醉傲放逸，　決定為自損。
是先佛所說，　當具足信受，
令正智現前，　修習忘疲倦。（《大正藏》卷十七第459页）

【评说】偈言中将正法比作良医良药，可见，在佛教看来，佛法与医药对于众生来说是两个相当重要的部分。

厌离自身品第三

【提要】偈言说明了身体无常终至幻灭，应当正见自身，修持经典。

【原文】謂利養名聞、　飲食臥具等，
無少分希求，　於我何所作？
是身可厭患，　損害如冤賊，
造作諸過愆，　常樂非梵行。
又復此身者，　為眾病依止，
不淨常盈流，　實罪惡之器；
與心為近住，　無思惟覺知，
刹那命終時，　惡色深可畏。
壽煖識三緣，　俱時而棄捨，
如枯木無知，　形消流穢汁。
愚夫當盛年，　迷亂多憍恣，
須臾不暫停，　變異成衰老。
……
是身如掣電，　類乾闥婆城，
云何於他人，　數生於喜怒？
此身非堅牢，　暫時而動轉，
常諂曲為心，　寧免老死怖；
為疾病城邑，　是憂惱舍宅，
亦如於田疇，　生善不善種。
若人以施戒，　慈智莊嚴身，
唯此善因緣，　為第一堅固。
又說此身者，　為諸界所依，

若能善覺了，　速得於解脫。
此明自身界，　虛假強分別，
若樂他蘊界，　愚癡無出要。
若外具諸財。　內界無寂靜，
於身善了知，　則能脫諸苦。
由守護己財，　復增於苦惱，
諸恐怖隨生，　謂官賊水火。
若遠非法財，　則無諸障礙，
棄捨常獲安，　攝取當自咎。
應如實了知，　自他蘊界相，
習定持經典，　焚燒煩惱聚。
是故有智人，　於身善觀察，
既明彼界性，　是名解脫者。（《大正藏》卷十七第459-460页）

【评说】寿，寿命、生命；暖，温度、肉体；识，心识、精神；三者皆由缘聚而起。人身短暂且并不牢固，若能修习经典、舍身舍财，将有助于解脱诸苦。

卷　第　四

离酒过失品第十

【提要】偈言详细说明了饮酒的过失，强调了戒酒的各种益处。

【原文】此說酒為毒，　應當遠離之，
若樂飲酒者，　則壞於善法。
若人近於酒，　不生於明慧，
彼無解脫分，　是故常遠離。
為第一過失，　智者之所說，
損壞於自他，　是故常遠離。
若人樂飲酒，　好說世俗事，
多言起紛諍，　是故常遠離。
飲酒損資財，　惛迷復懈怠，
有如是過患，　是故常遠離。
由酒發生貪，　瞋恚亦復爾，
展轉增愚癡，　是故常遠離。
酒為禍根本，　令諸根馳散，
後墮地獄中，　皆由酒所敗。
或高聲戲笑，　出暴惡語言，
毀諸良善人，　後則生憂怖。
由飲酒醉亂，　善惡不分別，
如傍生無知，　是故當遠離。

若人為酒困，　惛醉則如虁，
求快樂長年，　為患則何有！
是諸難之本，　為過患之源，
常居癡暗中，　趣死之階漸；
後墮地獄中，　復生於鬼界，
及彼傍生趣，　皆為酒所壞。
酒為毒中毒，　疾中之痼疾，
已苦復加苦，　是智者所說。
破壞於慧命，　竭盡法財寶，
毀彼淨梵行，　皆由心樂酒。
乃至尊崇者，　醉已無區別，
為世人所嗤，　不生於慚恥。
酒如其利斧，　能損諸善法，
樂飲者無慚，　為他所輕賤。
若人為酒惑，　耽湎無罷期，
不作諸善行，　彼無識無智。
若人樂飲酒，　彼心則狂亂，
或發於戲笑，　或起於瞋恚。
現生及後身，　無明常覆慧，
焚燒解脫法，　皆為酒所使。
若嗜其酒味，　如食金播果，
初甘後則毒，　是智者所說。
是故彼智者，　於酒深為誡，
心不起思念，　飲則生熱惱。
富足常飲酒，　諸天復過是，
於彼彼快樂，　後則皆散壞。
眾生酒所迷，　其心常醉亂，
為彼癡所牽，　耽著其美味。
當知酒如繩，　癡愛常難解，
寧墮地獄中，　於酒不應觸。
因觸聞其香，　癡人即樂飲，
是故於彼酒，　見已當捨去。
若見即生貪，　若觸香即發，
由聞彼香故，　其心不能止。
是故酒為毒，　生過失非一，
壞色力名聞，　皆因飲彼酒。
口出於狂言，　瞪目無定往，
時臥不覺知，　所作皆廢忘。
由偃仆於地，　為女人所笑，

其身不動轉，　加枯木相似。
彼醉酒而臥，　瞥見謂其死，
知者咸告言，　由飲酒如是。
常樂飲酒者，　住三十六失，
當了知彼過，　此則常安隱。
具勝族名稱，　由酒之所污，
是人如蘆花，　不久自輕棄。
若人樂飲酒，　展轉為境牽，
墮放逸水中，　漂流難出離。
為境所牽故，　不知善不善，
於清勝園林，　何用復飲酒？
若樂於酒味，　則生諸險難，
墮於地獄中，　具受諸苦惱。
飲已發生癡，　由癡造眾罪，
愚人心愛樂，　何能生遠離？
起增上耽著，　受極重苦報，
若能離彼過，　則無諸憂惱。
初則損其慧，　後則壞其樂，
是故彼智人，　於酒常厭捨。
若人近於酒，　彼則如飛鳶，
常為癡所盲，　故說酒為毒。
於酒作毒想，　最上第一樂，
由持淨戒故，　寧飲於銅汁。
若樂飲酒者，　於罪則不免，
彼增上愚癡，　常處於惡道。
飲酒雖一罪，　能生一切惡，
是故當制之，　心戒則為本。
比丘樂飲酒，　則捨阿蘭若，
離心一境性，　不思惟正法。
由樂飲酒故，　心常生熱惱，
習近於非法，　壞二世善利。
無威儀道行，　廢說法是分，
與言行相違，　空說有何益？
自不能達解，　何由悟於他？
發麁獷言詞，　此非善說法，
違背於正理，　識者咸譏誚，
貧弊人所輕，　皆由飲於酒。
過去無憶念，　現在復忘失，
未來何所知？　由酒迷三世。

失名稱威德，　令心常馳散，
引生諸過咎，　斯為酒所困。
若遠離酒者，　具戒定清淨，
住最上安隱，　得至不滅處。(《大正藏》卷十七第480-481页)

【评说】饮酒会导致各种罪业，生贪嗔痴，令心狂乱、驰散，不利于心身健康。饮酒导致的过失包括不敬父母，不知礼节，语言错乱，醉后两舌，醉后多言，说伏匿事，醉后恶语，醉卧忘事，醉后行动不利，横行无忌，醉便躄顿、破伤面目，卖买谬误，不谋生计，损耗钱财，不念妻子饥寒，不遵王法，裸形而走，妄入人家，与人争斗，呼唤声大、惊动四邻，妄杀虫豸，挞捶物品，亲人斥骂，结交恶友，远离善贤，醉卧身痛，吐逆，醉后四处游荡，不敬贤者，醉后淫劮，醉后狂痴，醉后无知，酒毒侵害，天龙鬼神以酒为恶，善知识远离，被长官责备，堕地狱受苦，生为人常愚痴、无所识知。

卷　第　五

治心品第十一

【提要】偈言说明了调伏自心的原因、方法和果报。

【原文】由造諸業故，　則為流轉因，
於三有之中，　長受諸苦惱。
如染風等疾，　滅非沈惡道，
彼貪等過患，　定墮於地獄。
心過失最大，　常造作諸惡，
風病亦非善，　應當修勝行。
風等疾可瘳，　身殞則隨散，
彼貪病不然，　百千生長在。
當知貪等病，　與風有差別，
善修殊勝行，　得離貪過失。
是心如醫王，　善治意過患，
非如彼世間，　唯療於身病。(《大正藏》卷十七第483页)

【评说】偈文说明了身病与心病的区别，身病可以治愈，并随身体的败坏而不复存在，但心病需要通过调伏自心来治疗，且心所造作的罪过不会随身体败坏而散去。

佛说分别善恶所起经

后汉安息国三藏安世高译

【提要】佛陀在舍卫国祇洹阿难邠坻阿蓝为众生说应当思量分辨善恶产生之处。

【原文】佛言："人於世間不持刀杖恐人，不以手足加痛於人，不鬪亂別離人，己所不欲，不施於人，從是得五善。何等五？一者，身體強健；二者，臥起常安隱；三者，為諸天、龍、鬼神所護視；四者，得上天，天上樂無極；五者，從天上來下生世間，身體完具無疾病。今見有從生至老無有疾病者，是皆故世宿命不加痛於人所致。如是分明，慎莫加惡於人！”（《大正藏》卷十七第517页）

【评说】今世从生至老身体完整没有病苦，是宿世没有加痛于人的缘故。

【原文】佛言：“人於世間喜兩舌讒人，喜惡口、妄言、綺語，自貢高，誹謗聖道、嫉賢妬能、啤呰高才，從是得五惡。何等五？一者，多怨憎；二者，自欺身，亦從是人皆不信；三者，數逢非禍；四者，入太山地獄中——太山地獄中，有鬼從人項拔其舌，若以燒鐵鉤其舌斷，若以燒鐵狼猪刺其咽，欲死不得，欲生不得，不能語言——如是數千萬歲；五者，從地獄中來出，為人惡口，齒或免缺，彌筋蹇吃重言，或瘖瘂不能言語。今見有是曹人，皆故世宿命兩舌讒人，誹謗聖道所致也。如是分明，亦可慎惡口！”（《大正藏》卷十七第518页）

【评说】经文中记载了言语功能失常的人。

【原文】佛言：“人於世間喜飲酒醉，得三十六失。何等三十六失？一者，人飲酒醉，使子不敬父母，臣不敬君，君臣、父子無有上下；二者，語言多亂誤；三者，醉便兩舌多口；四者，人有伏匿隱私之事，醉便道之；五者，醉便罵天溺社，不避忌諱；六者，便臥道中，不能復歸，或亡所持什物；七者，醉便不能自正；八者，醉便低仰横行，或墮溝坑；九者，醉便躄頓，復起破傷面目；十者，所賣買謬誤妄觸觝；十一者，醉便失事，不憂治生；十二者，所有財物耗減；十三者，醉便不念妻子飢寒；十四者，醉便嚾罵不避王法；十五者，醉便解衣脱褌袴，裸形而走；十六者，醉便妄入人家中，牽人婦女，語言干亂，其過無狀；十七者，人過其傍，欲與共鬬；十八者，蹋地喚呼，驚動四隣；十九者，醉便妄殺蟲豸；二十者，醉便撾捶舍中付物破碎之；二十一者，醉便家室視之如醉囚，語言衝口而出；二十二者，朋黨惡人；二十三者，踈遠賢善；二十四者，醉臥覺時，身體如疾病；二十五者，醉便吐逆，如惡露出，妻子自憎其所狀；二十六者，醉便意欲前蕩，象狼無所避；二十七者，醉便不敬明經賢者，不敬道士，不敬沙門；二十八者，醉便婬泆，無所畏避；二十九者，醉便如狂人，人見之皆走；三十者，醉便如死人，無所復識知；三十一者，醉或得疱面，或得酒病，正萎黃熟；三十二者，天龍鬼神，皆以酒為惡；三十三者，親厚知識日遠之；三十四者，醉便蹲踞視長吏，或得鞭搒合兩目；三十五者，萬分之後，當入太山地獄，常銷銅入口焦腹中過下去，如是求生難得、求死難得千萬歲；三十六者，從地獄中來出，生為人常愚癡，無所識知。今見有愚癡、無所識知人，皆從故世宿命喜嗜酒所致。如是分明，亦可慎酒！酒有三十六失，人飲酒皆犯三十六失。”（《大正藏》卷十七第518页）

【评说】经文中记载了饮酒的三十六种过失。其中数种过失如狂言、横行、裸形等都是饮酒导致的神志失常的表现。

“醉或得疱面，或得酒病，正萎黃熟”，酒毒浸淫，致面部生疱或遍身疮疡。

【原文】傳遠踈通戒於太察，　篤信守一戒於壅蔽，
勇猛剛毅戒於暴亂，　仁愛溫良戒於不斷，
廣心浩大戒於狐疑，　沈清安舒戒於後時，
刻削溢急戒於剽疾，　多人長辭戒於無實。（《大正藏》卷十七第519页）

【评说】以上八句偈言，是人处于娑婆世间应当懂得的做人的道理：一是要有宽广的胸襟；二是坚定信念，不得偏执；三是勇猛有度；四是仁爱温良之心不改；五是心量宽广，不可多疑；六是不应当放逸；七是为人不可刻薄、急躁；八是不应当有虚妄之辞。

【原文】賢者且守戒，　行之有三善，
見敬多求愚，　壽盡受天身。
住戒行已盡，　已慧制意行，
行至必當至，　悉斷所當受。
從戒可滅痛，　三世戒在上，
制使邪毒龍，　不犯有戒人。
善哉有戒尊，　以信可為伴，
是道非凡言，　故名戒有尊。
戒尊善可怙，　身終不見燒，
既臥於夜安，　已夢復歡然。(《大正藏》卷十七第519页)

【评说】戒行可以减轻身心痛苦。

佛说处处经

后汉安息国三藏安世高译

【提要】佛陀为众弟子广说各种因缘。

【原文】佛初得道不食七日，有四因緣：一者、念道忘食；二者、一心不飢；三者、歡喜不渴；四者、不念痛痒思想生死識；是為四。欲使人聽經亦爾。

佛袈裟裹，塵水不著、外垢不著，有二因緣：一者、不念一切人惡故；二者、見一切人有欲，欲令滅之。佛復浣袈裟者，外垢不著裹著，有身故有垢。所以者何？外行已盡，是故垢不著外，內行未盡，是故垢著，用有身故為內未盡，以有身為罪用，是故不惜身命。所以者何？復惜命，用命得道故。(《大正藏》卷十七第524页)

【评说】佛陀初得道七日不食的原因：念道忘食、一心不饥、欢喜不渴、不念痛痒思想生死识，可见佛陀七日不食与其情绪的变化是密切相关的。

【原文】佛說八十億萬因緣經，都治人三病：一者、貪婬；二者、瞋恚；三者、愚癡。是三事分為六，故應六衰治三病。經所以多者，譬如人服藥病不愈，當更服餘藥。佛言："人意多端，疾轉故多經，隨意療，之欲使疾解故。"

佛已得道，復有三病六憂。六憂者謂憂六入，三病者謂心意識虞受故。佛已得道有是憂病，何況餘人殃罪不畢不得度世，佛業未竟不得度世。(《大正藏》卷十七第524页)

【评说】经中以服药但疾病仍不能痊愈是由于服药太少药力不够的缘故为喻，说明贪、嗔、痴三病需要多部经来治疗。

【原文】佛言:“日中後不食有五福:一者、少婬;二者、少臥;三者、得一心;四者、無有下風;五者、身安隱亦不作病。是故,沙門、道士知福不食。澡漱,有三因緣:一者、為恐爪下垢故;二者、爬痒隨可意;三者、殺蚤蚊故,亦欲使意淨無欲,復不污經此者,適可除外垢。心念惡不能除,為學人第一當淨心為本,心為法本,心正則行方,行方則應道。”(《大正藏》卷十七第527页)

【评说】日中后不进食有五种福报:少淫、少卧、得一心、无有下风、身安隐无病。

澡漱的三种益处:除爪下垢、爬痒随可意、杀蚤蚊故。

佛说骂意经

后汉安息国三藏安世高译

【提要】佛陀为众生杂说一切善恶法。

【原文】有五誤堅:一者,身誤堅;二者,要誤堅;三者,邪誤堅;四者,貪誤堅;五者,誡誤堅。(《大正藏》卷十七第531页)

【评说】众生有五种错误的认知:一是对身体的错误知见;二是对要义的错误知见;三是对邪行的错误知见;四是对贪爱的错误知见;五是对教诫的错误知见。

【原文】人喜忘有五因緣:一者,身忘;二者,多念忘;三者,著愛;四者,見著;五者,本宿命者,謂故世惱人、斷語驚怖人。勞忘,謂意念勞。(《大正藏》卷十七第531页)

【评说】众生健忘的五个原因:一是躯体本身所造成的;二是意念繁杂;三是偏执爱欲;四是外物染着;五是宿世恼人、惊怖于人致使今生健忘。

劳忘,是意念疲劳所致的记忆力下降。

【原文】復睡眠人喜睡眠,有三因緣:一者,多食;二者,飲;三者,憂。復有三因緣:一者,身休息;二者,餘意極臥出更受意;三者,留受故。(《大正藏》卷十七第532页)

【评说】睡眠过多是由多食、多饮、多忧引起或身体休息的需要,或其他思惟特别强烈,醒后再次感受到这些情绪,为逃避这些情绪再次进入睡眠状态,或贪念睡眠的感觉。可见佛陀时代已认识到饮食对睡眠的影响,还观察到精神心理因素对睡眠的影响更大。

【原文】人臥出有意、有識、有壽、有命、有喘、有息,晝日凡三萬六千五百息小完等耳。有八行除睡眠:一者,小食;二者,坐;三者,立;四者經行;五者,誦經;六者,視星;七者,洗面;八者,觀骨。不解當念諸善事,意已轉,當自還物。欲得福道定意故,得念餘事已自解。(《大正藏》卷十七第532页)

【评说】消除睡眠有八种方法:少食、静坐、站立、经行、诵经、视星、洗面、观骨。如果睡意仍不能解除,应当意念各种善事,转移注意力,睡意便消除了。

【原文】人所以有善惡夢者,欲飲食、無有物,但有意,因夢好飲食。意欲殺人,因夢人來

殺之。皆有因緣，或前世、後世或現世。上夜夢者，朝暮現在事。

夢所為善惡，皆意所作，所對亦俱意。譬如有人直取一物觀視已，便藏去之。雖不見，意念即來，與見無異。前世所作，便自與今世意作對。（《大正藏》卷十七第532页）

【评说】解释了梦由心造、梦之善恶亦由心起的道理。

【原文】女人有鬚者，故世從羊中、鷄鶩地中來，以故有鬚。（《大正藏》卷十七第532页）

【评说】女人有胡须，是宿世为羊、鸡的缘故。这种宿命论的解释不能被现代医学所认可。

【原文】人命欲絕時，當持意，念息已，意者著喘息有時。從第一天上是意息觀身有三十二物者，計：髮、毛、齒、骨、皮、肉、五藏，十一事屬地；淚、涕、唾、膿、血、肪、髓、小便，七事屬水；溫熱注、消食，二事屬火；風有十二事。是三十二物皆從地、水、火、風出。何等為地？人生從穀精氣，穀為地，意為種，精氣為水，兩便合，生身故。求一衣、一食，是為養氣，護主人身。為本無故，滅盡無常。得道，便知身非身，念身不久，要當死敗。意為人種，便守意一心。癡人不可守護魂魄神，但養四柯，為色味所欺，謂身是我，計不知惡，一切從身起飲食貪味，便墮苦，往來生死不脫。本逢惡對，魂魄空去，趣善惡之道，身死墮地，日夜消腐，亦本無所有，但意行故化成，身死皆歸土，萬物亦爾，皆過去是為非常。人不自計，多念萬端，皆不為一已，是為苦。身死索棄，萬端亦爾，亦滅是為已，復生生復苦，便作善惡行，種栽未知所趣，是為非身。道人行道，當為斷。人不知四非常，終不得道。已自計身，視諸死敗，知人物皆空，空無所有，意便守止，得行歡喜。已得行，心便安。不離五者，其心一，是為道。（《大正藏》卷十七第533页）

【评说】人死前能看见自身的三十二种物质：发、毛、齿、骨、皮、肉、五藏，十一事属地；泪、涕、唾、脓、血、肪、髓、小便，七事属水；温热注、消食，二事属火；风有十二事，这三十二种物质都是由地水火风构成的。

对身体结构的认识，反应了佛陀时代朴素的人体观。

【原文】佛從一心至九道，念四色皆當消滅。謂人死四日、五日欲臭敗，色轉正青；五日、六日膿血從口、鼻、耳、目中出正赤；後肌肉壞敗，腸胃生蟲，還自食肉，革消腐骨項正白；久久轉黑作灰土。地、水、火、風、空皆非我所意！（《大正藏》卷十七第533页）

【评说】经中详细描述了人死亡后身体的变化。

【原文】意有四病，癡多者，謂五陰多。五陰多，意便走、不得行。不得行，便自瞋恚、便婬念起，不能制，便墮癡。故行道要當斷五陰，斷五陰痛痒不安多欲是。師曰："身不欲行，用多疲極故；意不欲行，不欲念死敗苦空故。"（《大正藏》卷十七第534页）

【评说】五阴盛会使意念散乱，不能控制行为，容易起嗔恚淫念，从而进入愚痴状态，所以，修行要断除五阴，以断痛痒、不安、多欲。对身体与意念的调摄在修行过程中同样重要。

【原文】師曰："道有四要：一者，眾持戶；二者，知身非身，便壞身不復愛，是為從人得出門，第六天上戶；三者，知非常意不復向，是為得出第十八天戶，四者，如空滅空，是為得出二十八天戶，空滅乃墮道故。經言：'行道覺者得出，謂覺苦、空、非身、非常。'得出者，謂得出四要界，得第一禪上七天，有身但有影。何以故？行道壞身故。念身觀頭、髮、腦，念髮本無所來，作為化成皆當腐落；腦如凝米粥，皆當臭敗；眼但有穴，水皆當汁出空；耳但有穴，皆垢水漏；鼻口唾涕，皆當流出，棄散消壞；舌、咽喉、肺捲、肝、心，心中惡血；膽、膈、脾著胃，腎著脊骨，胃中有味消食；大腸有屎，小腸有穴有溺發便，少腸皆當膖脹壞爛；腸、胃屎溺相澆潰，臭處可惡；下有尻肉血兩脛脡兩足，肌肉消盡，筋脈壞敗；骨鎖節節解墮；脛脡確正白，髀骨如車輪，尻骨與脊相連，髆骨與肘臂手相連，皮革亦消腐，節節解墮；頸骨與髑髏相連，血肉消盡，還作灰土。一切蠕動出氣不報，便以過世，身體挺直，不復動搖。火去身冷，風去氣絕，汁從九孔流出便為水去，不復食為地去。三四日色轉青黑，膿血從口、鼻、耳、眼從九孔流出，正赤肌、骨、肉壞，腸、胃、五藏支節，一切還為灰土。視萬物如是，自身亦爾，皆滅盡為空。出息、入息諦知為空，便可近道。"（《大正藏》卷十七第 534 页）

【评说】佛教认为，身体即是虚妄。从经文中可以看出，佛陀时代对人体的衰败过程已有非常细致的认识。

佛说鬼问目连经

后汉安息国三藏安世高译

【提要】佛陀在王舍城迦兰陀竹园讲述饿鬼问目连堕入鬼道遭受各种痛苦的原因。

【原文】一鬼問言："我一生以來，恒患頭痛。何罪所致？"

目連答言："汝為人時，好以杖打眾生頭。今受花報，果入地獄。"

……

一鬼問言："我一生已來，腹大如甕，咽細如針孔，不得下食。何罪所致？"

目連答言："汝為人時，作聚落主，自恃豪強，輕欺百姓，強打拍人，索好美食。今受花報，果入地獄。"

一鬼問言："我一生已來，恒患男根瘡爛，痛不可言。何罪所致？"

目連答言："汝為人時，佛圖精舍清淨之處，行於婬欲。今受花報，果入地獄。"

……

一鬼問言："我一生已來，恒患熱渴，行見恒河，冀入其中以除熱渴。方入其中，身體焦爛，肌肉離骨；渴欲飲之一口入腹，五藏焦爛，痛不可言。何罪所致？"

目連答言："汝為人時，喜焚燒山澤，殘害眾生。今受花報，果入地獄。"

……

一鬼問言："我一生已來，恒處不淨，臭惱纏身，不能得離；飢渴之時，還食此不淨。何罪所致？"

目連答言："汝為人時，作婆羅門子。有一道人，中後來就汝乞食。汝爾時當作是方便，令此道人不復來乞，便取其鉢，盛糞著底，以飯覆之。道人得鉢，還至本處，著一面澡漱既訖，攝鉢欲食，鉢中臭穢不可得近。以是之故，墮在地獄，汝將來世墮糞屎彌犁地獄中。"（《大正藏》卷十七第 535-536 页）

【评说】目连回答了饿鬼遭受各种痛苦的宿世根由。其中记载的疾病与症状有：头痛、腹大咽小不能饮食、男性生殖器官溃烂、身体焦烂、肌肉离骨。

佛说四愿经

吴月支国居士支谦译

【提要】佛陀在拘夷那竭国为纯陀及众比丘说人有四愿不能恒久。

【原文】佛言："人有四願，不可常保。何等為四？

第一願者，是人身。沐浴、莊飾、飯食、五樂常先與之，疾病卒至，不能止之。命盡，軀強在地，不隨人魂神去。空愛重之，復何益也！

第二願者，謂有財產、官爵、俸祿。得之者喜，不得愁憂。疾病，死至命盡，所有財物、官爵、俸祿，故在世間，不隨人魂神去，空為愁苦。

第三願者，謂有父母、兄弟、妻子、中外、親屬、朋友、知識、恩愛榮樂。疾病，至死命盡，復不能救我命，亦不能隨我魂神去。空啼哭，送我到城外深塚間，以棄我去，各疾還歸。雖追念我，愁苦憂思，不過十日，諸家宗族、男女聚會，相向歌舞，快共飲食，相對談笑，捐忘死人。雖有父母、兄弟、妻子、中外、親屬、朋友、知識，不能共追我命，空悲之，復何益也！

第四願者，是人意。天下人少有能守護其意者，皆放心恣意，婬於五樂，貪利疾妬，忿怒鬪諍，不信道德。至於身死壽盡，魂神去矣，三者相追逐，不得相離。譬如雀飛，意隨其兩翅，意為身神，兩翅為魂魄，人不能守護其意，皆從惡念所為，殺、盜、貪、婬，以生時所為罪，死入太山地獄中，為飢餓鬼。罪竟，乃出為畜生，當為人所屠割。作人放心快意故，入三惡道。"(《大正藏》卷十七第536-537页)

【评说】人有四种愿望：人体自身、名誉利养、六亲眷属及社会关系、人之心意。佛陀认为重视身体的享乐是没有意义的。

所欲致患经

西晋月支三藏竺法护译

【提要】佛陀在舍卫国祇树给孤独园为比丘代答外道异学有关爱欲兴灭及其导致的忧患等问题。

【原文】佛告諸比丘："復次，因欲貪愛，所在放心恣意，父說子惡，子說父惡，母說女惡，女說母惡，兄說弟惡，弟說兄惡，姊說妹惡，妹說姊惡。家室宗族，轉相誹謗。是為貪欲之患，因致勤苦，皆由多求，放心恣意，為欲所溺。"

佛告諸比丘："復次，愛欲之患著愛為本，放心恣意，因貪利故，把持兵仗、引弓捻箭，入軍戰鬪，興四部兵象馬車步，眾兵共鬪。是劇羅網，因欲自喪。親屬與親屬，興起因緣，因貪犯罪，馳走不安，以求財產。或能獲財、或不能得、或尋失財，愁憂懷惱，拍髖椎胸而以欝怫：'吾本多財，今者殫盡。’是為貪欲之患、恩愛之惱，放心恣意，為之所溺。”

佛告諸比丘：“復次，因欲之患著愛為本，放心恣意，父子相怨，母女相憎，夫婦相捐，姊妹懷恨，兄弟相憎，親屬家室自相誹謗。是為貪欲之患恩愛之惱，放心恣意，為之所溺。”（《大正藏》卷十七第 539-540 页）

【评说】若因贪欲，恣意而为，则不利于六亲眷属之间的和睦。

【原文】佛告諸比丘：“復次，因欲之患著愛為本，放心恣意，身欲眾惡，罵詈銜口，心念毒惡，不護身口，不顧後世。壽命終沒，魂神一去，墮於惡趣懃苦之處，晝夜考治，無央數歲。是為貪欲之患、愛欲之惱，放心恣意，為之所溺。”

佛告諸比丘：“復次，何因捨欲能樂斷惡？一切所欲，截諸貪求，刈眾情態，是為捨欲。其有沙門梵志，見愛欲之瑕，因興諸患。審知如有愛欲已，勸助眾人使度於欲。假使勸化，至於解脫。志於愛欲，欲度彼岸，未之有也。若有沙門梵志，樂於愛欲、不觀愛欲之瑕穢者，若能審識情欲，如有無貪諸情，開化眾人，度於彼岸，自度濟彼，則獲此事，如意無疑。其有目覩，於此人所樂，長者家妻，梵志之妻，年十四五、十六二十，不長不短、不麁不細、不白不黑，顏貌姝妙，如樹華茂。”

佛言比丘：“初始目覩，因緣所興可意歡樂，是欲所樂。何等為色因緣之患？於是見女人，年尊老極，年八十若九十、百年、若百二十，頭白齒落，面皺皮緩，身重少氣，拄杖僂行，羸極上氣，行步苦難，身體戰恌。於比丘意云何？極不於端正姝好，顏色證患已現？”

比丘對曰：“唯然，是為色之憂患也。”

佛告諸比丘：“又見女人終亡之後，一日、二日，至五日六日，身色變青，膖脹爛臭，惡露不淨，從九孔出，身中生蟲，蟲還食其肉。於比丘意云何？前時端正，顏色姝妙，今失好貌，變證現乎？”

對曰：“唯然。”

佛言：“是為色之患證。”

佛告諸比丘：“若復見女人，臭爛在地，烏鳥所食，雕鷲所啄，虎狼野狐所噉，無央數蟲，從其身出，還食其肉。於比丘意云何？前時端正，顏色姝好，沒不存乎？其患現耶？”

對曰：“唯然。”

佛言：“是為欲之患證也。”

佛告諸比丘：“若復見女人，皮肉離體，但見白骨，前時端正，顏貌姝好，沒不復現，其患證乎？”

對曰：“唯然。”

“是為愛欲之患證也。”

佛告諸比丘：“若復見女人，身骨節解，手足膝脛，鼻耳脇背，臂肘頭頸，各在異處。於比丘意云何？前時端正姝好，沒不現乎？證患現耶？”

對曰：“唯然。”

佛言：“是為欲之憂患證也。”

佛告諸比丘：“見彼女人，捐在塚間無央數歲，骨節糜碎，青白如碧，碎壞如麵。於比丘意云何？前時端正，顏貌姝好，沒不現乎？患證現耶？”

對曰：“唯然。”

佛言：“是為貪欲憂患證也。”（《大正藏》卷十七第 540 页）

【评说】经文描述了女人处于三个不同时期的身体状态。年少时，高矮相宜、胖瘦适中、肤色均匀，颜貌殊妙，如树华茂；年老时，头白齿落，面皱皮缓，身重少气，拄杖偻行，羸极上气，行步苦难，身体战恍；死亡后一至六日，首先出现身色变青，膨胀烂臭，恶露不净，从九孔出，身中生虫，虫还食其肉，其后皮肉离体，但见白骨，最终骨节縻碎，青白如碧，碎坏如面。

佛说慢法经

西晋沙门法炬译

【提要】佛陀为阿难说学佛之人为何会有截然不同的业报。

【原文】佛告阿難："有人事佛以後便富貴；有人事佛以後衰喪不利者。"

阿難問佛："云何俱事佛，衰、利不同？何故得爾？"

佛語阿難："有人事佛，當求明師；得了了者，從受戒法。為除諸想，與經相應；精進奉行，不失其教。受者不犯，如毛髮者，是人不犯道禁，常為諸天、善神侍衛擁護，所向諧偶，財利百倍，眾人所敬，後當得佛，何況富利！如是人輩事佛，為真佛弟子。

又復有人事佛，不值明師，亦無經像，又復不禮敬。不知不解，強教人受法戒，無有至信。受戒之後，故復犯眾戒。心意蒙冥、猶豫，不肯讀經、行道、作福，乍信、乍不信。復不能念齋日、燒香、燃燈作禮。故復瞋恚、嚾呼、罵詈，出入呪咀，口初不合，心懷憎嫉，使人殺生。眼見經像，無有禮敬之心。若其有經，趣掛著壁，或擲床席之上，或著故衣被弊篋器中，或以妻子、小兒不淨手弄之；烟熏屋漏，不復瞻視；亦不燒香、燃燈向之作禮，與外經書無異。善神離之，惡鬼得其便，隨逐不置，因衰病之。適得疾病，恐怖猶豫，自念言：'我初事佛，云何故復疾病也？'不能自信，呼使至醫師。醫師卜問、解除、鎮厭無益，遂便禱賽邪神，眾過遂增。妖魅惡鬼，屯守其門，遂便喪衰、死亡，不離門戶。財產衰耗，家室病疾，更相注續，不離床席。命終罪辜，墮泥犁中，當被考治謫罰，無有歲數。是人但坐，不能專一，志意猶豫，無所專據，不信佛法，故得其罪殃，衰耗如是。

世間人不知佛法者，謂呼事佛令得殃衰，不知其人行自不正，違犯佛經戒。心專行惡，眾態具足，身自招之，無有與者。"

阿難聞之，便頭面著地，為佛作禮，歡喜奉行。(《大正藏》卷十七第 542-543 页)

【评说】慢怠佛法之人与坚信佛法之人，来世会有不同果报，前者会衰丧不利，后者会富贵安健。在佛陀看来，因慢怠佛法，善神远离，致使恶鬼得便而生衰病，医师和巫师是没有办法治疗的，甚至会波及家人。佛陀特别说明在修习佛法时应当专心定意。

佛说颁多和多耆经

失译人今附西晋录

【提要】佛陀在为耶国为栴檀调弗天人及诸天人说颁多和多耆经。

【原文】佛即為比丘僧說經言:"我為若說頌多和多耆經,皆聽著心中,念之勿得忘。"

比丘言:"願佛說,我皆當受經戒。"

佛言:"布施有八事。何謂為八?愚癡人布施,但布施不知其恩善所在。既布施不達世間無有常,癡人持作常。世間苦無極,愚人持作樂。世間所有,愚人言,是我所有可常得。世間人皆顛倒,不淨臭處惡露,愚人用作好,不知作善得善,作惡得惡,愚人施與人,不知其人德深淺,持善心施與得道者,福不可量。"

佛告諸比丘:"何以知?愚人不知布施有十因緣。何等為十?愚人布施不知為尊自用所與者得善;愚人不至心施與人也;愚人既施與人與時不敬重,不自手與,傳教人與施,人不欲望其福,不即得其福者,自用忘其福;愚人施與佛辟支佛阿羅漢,不能自知其福大;愚人施與,不信佛、辟支佛、阿羅漢、阿那含、斯陀含、須陀洹,皆用為棄損,無有後生;愚人施與,欲但得名字,欲使人稱譽。是為愚人布施。"(《大正藏》卷十七第543页)

【评说】愚人对布施对象不持己见,不知布施的因缘,反而能获得无量福报。

五苦章句经

(一名《净除罪盖娱乐佛法经》,一名《诸天五苦经》)

东晋西域沙门竺昙无兰译

【提要】佛陀为众生说天苦、人道苦、畜生苦、饿鬼苦、地狱苦五苦。

【原文】何謂諸天苦?從第一天上至二十八天,除中阿那含天,皆是持五戒、守十善、行四禪者得生其上。無道慧意故,有生老病死,亦有不盡其天壽者,隨其先世所作故,壽命有長短。諸天有二大災:一曰命盡,二曰劫盡。劫盡有三因緣:一曰大火,二曰大風,三曰大水。命盡有七證:一曰項中光滅,二曰頭上華萎,三曰顏色為變,四曰衣上塵土,五曰腋下汗出,六曰身形損瘦,七曰蠅著自然,離於本座。遭水災時,大洪水起,齊十五天,其中所有無不盡者;遭風災時,隨藍大風四起,吹須彌山及諸名山,山山相搏,令如粉塵,無不盡者;遭火災時,七日竝出,凝住不行,燒滅天地,皆如融金,欲界所有其中皆盡。最上四天,雖壽八十億四千萬劫,要當皆死,屬八惡道,是謂一苦。(《大正藏》卷十七第543-544页)

【评说】天人有生老病死,寿命也有长短。天人有两种灾难:命尽和劫尽。命尽有七征兆:项中光灭、头上华萎、颜色为变、衣上尘土、腋下汗出、身形损瘦、蝇著自然,离于本座。劫尽有三因缘:大火、大风、大水。

【原文】二曰人道苦。有百千種,人實為疲勞。從奴婢、下使、乞兒、賤人,中間富貴,上至帝王、轉輪聖王,皆有生老病死、飢渴寒熱、苦痛愁惱、憂患災變,或有兵賊、牢獄刑戮、火燒水溺、墜落堆盧、塼石刀杖、奔車逸馬、怨家劫盜,更相傷害。其死萬端,一切眾生,未脫三界,皆共有之,是謂二苦。(《大正藏》卷十七第544页)

【评说】人在娑婆世界有百千种苦。生老病死、饥渴寒热、苦痛愁恼、忧患灾变,或有兵贼、牢狱刑戮、火烧水溺、坠落堆盧、砖石刀杖、奔车逸马、怨家劫盗等,都是导致苦的原因。

【原文】佛言:"汝沙門著吾我人,貪身計壽,是汝重擔;專求供養,畜積所有,是汝重擔;同學不和,反親白衣,是汝重擔;自大種姓,貢高憍綺,是汝重擔;恃智慢愚,輕邈他人,是汝重擔;很戾自用,不受人諫,是汝重擔;食無節度,飲酒貪味,是汝重擔;法服不具,著俗衣裳,是汝重擔;外似如法,內懷諛諂,是汝重擔;不制六情,毀戒犯欲,是汝重擔;賦斂百姓,興起寺廟,是汝重擔;祠祀鬼母,祈請福願,是汝重擔;假託佛法,呪術治病,是汝重擔;違負眾祐,犯四重禁,是汝重擔;栖息無恒,不還廟房,是汝重擔。不捨擔者,後入地獄。"(《大正藏》卷十七第 544-545 页)

【评说】佛陀认为,人生的重担包括社会、心理、生理、道德、生活各层面的内容。

"假托佛法,呪术治病",佛陀时代已有咒术治病的记载。

【原文】曰:"佛又說:'有四種生:一曰胎生,二曰卵生,三曰濕生,四曰化生。'此分別說耳,示語一切使知種類,三界五道眾生,一切所有皆是化生,故言一切如化、如夢、如影、如響、如水月形,無有作者。先了此意,乃可為道。"(《大正藏》卷十七第 546 页)

【评说】佛教认为,六道出生形态有四种:胎生、卵生、湿生、化生。

【原文】佛言:"昔者為鹽樓王,有弘普之慈。諸墮罪獄者,王盡現之。王曰:'汝等何為是間?'罪人對曰:'我等死時,不知如行,諸惡自然,追逐送我來到是間。願王哀我,赦除罪過!'王曰:'汝等皆作何惡?'罪人對曰:'我等生時,不孝父母,殺盜、婬欺、飲酒、鬪亂、持刀強勢,侵易善人,誹謗聖道。所作眾惡,不可具說!又信惡師,祠祀鬼神,謂當有福;烹殺三生,禱賽神靈。我今自首,悔所作惡!'王曰:'汝等在世間時,吾遣五使者,案行天下,告語汝曹。汝曹何以不受其教?'諸罪人曰:'我等生時,實不見聞!'

王曰:'諦聽,當為汝曹說!五使者:一曰世間母人,懷妊十月,身為之病,臨當產時曰,父母怖危,既得娩身,從死得生,乳哺懷抱,推燥居濕,遲得長大,憂慮萬端,汝見之不?'罪人曰:'見之!'王曰:'是吾一使者!二曰世間老人,顏色壞敗,頭白齒落,目冥耳聾,肉䵳皮縮,傴僂而行。汝見之不?'罪人曰:'見之!'王曰:'是吾二使者。三曰世間病人,困劣著床,百痛普至,美食為惡,汝見之不?'罪人曰:'見之!'王曰:'是吾三使者。四曰世間死人,刀風斷脈,拔其命根,身體正直,不滿十日,肉壞血流,膖脹爛臭,無可取者,生時相愛,死皆相惡。汝見之不?'罪人曰:'見之!'王曰:'是吾四使者。五曰世間犯罪,縛束送獄,桁械鞭笞,五毒普至,戮之都市,或截手足,火燒鉄質,斬之梟挓五刑。汝見之不?'罪人曰:'見之!'王曰:'是吾五使者。'

王復告罪人曰:'汝見是已,當自思惟,汝身亦更生、更老、更病、更死,汝犯逆罪,亦當如彼,現受其殃。汝何不孝順父母,謙敬長老,慈仁為首,心所不欲,亦勿施人。世有賢明,當從啟受;歸命三尊,迮心奉道;節情止欲,可得度苦。自汝所作,今當受之,吾不抂汝!'罪人白王:'我等生時,實作苦劇,不暇得為!'王告獄卒:'汝便將去,到其劇處。'"(《大正藏》卷十七第 547 页)

【评说】五使即母人、老人、病人、死人以及罪犯,经文教诫我们应当孝顺父母、恭敬师长、归命三尊、节情止欲、不强施于人。佛陀时代的这些主张都有利于修身养性和维持社会安定。

佛说自爱经

东晋天竺三藏竺曇无兰译

【提要】佛陀在舍卫国祇树给孤独园为国王说自爱之义。

【原文】王曰:“普地之民,當别之際,咸曰自愛。自愛之義,其有要乎?”

世尊歎曰:“善哉問也!夫人處世,心懷毒念,口施毒言,身行毒業,斯三事出于心、身、口,唱成其惡,以加眾生。眾生被毒,即結怨恨,誓心欲報,或現世獲;或身終後,魂靈昇天,即下報之。人中、畜生、鬼、神、太山,更相剋賊,皆由宿命,非空生也。身三、口四、意三無惡,愚者恣之,不孝其親;敬奉鬼妖,婬亂酒悖,就下賤之濁,以致危身滅族之禍,死入太山湯火之酷,長不獲人身,去佛遠正,不樂沙門之清戒,常與愚會。斯謂樂危亡之禍,不自愛者也!”

王曰:“善,善!唯佛教誡,願聞自愛,其則云何?”

佛言:“自愛之法,先三自歸,以法養親;慈愛人物,悲愍愚惑;見正喜進,平等普護;安濟眾生,施斯四恩;布施窮乏,眾生無怨;諸天祐育,眾横不加;牢獄、利劍、諸毒消歇;親安族興,生無災患;死得上天,常與明會,斯謂自愛者也!”

王曰:“善哉,唯佛教誡!”

“誠高行賢者,清貞守真;穢利、邪樂不以染心;口四不言,三凶遠身;危命全行,諸佛所珍;親安族興,終得上天;常得福會,斯謂自愛者也!”

王曰:“善哉,唯佛教真!”

“眾毒横加,忍默不說;慈惻愍彼,終始濟之;精進不怠,紹心三尊;外靜內寂,殖念道根;深觀聖趣,明化真言;孝親濟已,導眾使然;常與福會,斯謂自愛者也!”

王曰:“善哉,唯佛教真!”(《大正藏》卷十七第549页)

【评说】佛陀教诫众生应当自爱。自爱首先要归三宝,以法养亲,慈悲为怀,普济众生,布施穷乏,远离牢狱、毒、剑;其次要做到清贞守真、心无邪秽、净口业、离三凶等,可见佛陀要求世人自爱首先要学会爱他人。

佛说忠心经

东晋天竺三藏竺昙无兰译

【提要】佛陀在舍卫国祇树给孤独园为众生说持心。

【原文】佛言:“人身中有五賊,牽人入惡道。何等為五:一者色、二者痛痒、三者思想、四者生死、五者識,是五者,人所常念。”(《大正藏》卷十七第550页)

【评说】色、痛痒、思想、生死、识都是导致人们堕入恶道的原因。

【原文】佛言:“人常為目所欺、為耳所欺、為鼻所欺、為口所欺、為身所欺。目但能見不能聞;耳但能聞不能見;鼻但能知香臭不能知味;口但能知味不能知香臭;身體但能知寒溫不能知味,是五者皆屬心,心為本。”(《大正藏》卷十七第550页)

【评说】从经文中可以看出，佛陀时代已经认识到眼、耳、鼻、口、身各自的功能：目能视、耳能闻、鼻能嗅、口能尝味道、身体能感受寒温，并认为这种感受的能力都属于心，心的感知才是根本。可见，佛陀时代的人们已经察觉到身体的感觉与心的感知是存在联系的。

【原文】佛言："諸比丘！欲求道者，當端汝心。人從癡故，隨十二因緣，便有生死。何等為十二因緣？一者癡、二者行、三者識、四者名色、五者六入、六者栽、七者痛、八者愛、九者受、十者有、十一者生、十二者死。施行善者，復得為人；施行惡者，入地獄、餓鬼、畜生、鬼神中。佛坐思念人癡故有生死。

何等為癡？本從癡中來，今生為人復癡，心不解、目不開，不知死當何趣？見佛不問、見經不讀、見沙門不承事、不信道德、見父母不敬、不念世間苦、不知地獄中考治劇，是名為癡，故有生死不止。人死如呼吸之間，脆不過於人命。人身中有三事身死：識去、心去、意去。是三者，常相追逐。施行惡者，入地獄、餓鬼、畜生、鬼神中；施行善者，三亦相追逐，或生天上、或生人中；墮是五道中者，皆坐心不端故。"(《大正藏》卷十七第 550-551 页)

【评说】生死的根源在于痴的产生。人的躯体死亡后，他的识、心、意都将离开，三者的去所将由人在娑婆世界的思想行为所决定，体现了佛教生死轮回的思想。

【原文】佛言："人坐起常當思念四事。何等四？一者自觀身，觀他人身；二者自觀痛痒，觀他人痛痒；三者自觀意，觀他人意；四者自觀法，觀他人法。內復欲亂者，心當自端視身體，飢亦極、飽亦極、行亦極、住亦極、坐亦極、寒亦極、熱亦極。臥欲來時，當自驚起，坐端心坐；心不端者，當起立；立不端者，當經行；心儻不端者，當自正。譬如國王將兵出鬪，健者在前；既在前鄙復却，適欲却著羞後人。"(《大正藏》卷十七第 551 页)

【评说】佛陀提出了消除睡眠的办法：若有睡意，应当端坐；若心不端正，就不应当继续端坐，应当站立；若站立时心仍然不端正，应当经行；若经行后，内心还是不端正，应当自正己心。

【原文】佛告諸比丘："欲求道者，當端汝心，於閑處坐，自呼吸其氣息，知息短長。長息不報，形體亦極；閉氣不息，形體亦極。分別思惟，形體誰作者？心當視內，亦當觀外。自思惟歡然，與人有異心，當是時不用天下珍寶。心稍欲隨正道，意復小動者，即還自守其意，意即為還。譬如人有鏡，鏡不明則不見其形，磨去其垢，乃自見形。人以去貪婬、瞋恚、愚癡，譬如磨鏡。端自思惟，天下無堅固，皆無有常。"(《大正藏》卷十七第 551 页)

【评说】佛陀指出，端正己心要知道调节自己的呼吸，并将去贪嗔痴比喻为磨镜，鼓励众生端正自己的心态、建立正确的认知。

佛说除恐灾患经

乞伏秦沙门释圣坚译

【提要】佛陀在王舍城竹林精舍为四部弟子说除恐灾患。

【原文】爾時，維耶離國厲氣疫疾，威猛赫赫猶如熾火，死亡無數，無所歸趣，無方療救。

國王、大臣、長者、居士、婆羅門集會博議:“國遭災患,非邪所摧,疫火所燒,死亡無數。當以何義,設何方便,以除災害?”婆羅門議言:“當於諸城門,設祠祀壇。”或有議言:“當於城中四衢路頭,立大祠祀,禳却害氣。”或有議言:“當用白馬、白駝、白牛、白羊、白雞、白狗,種種百頭而以祠祀,鎮厭解除,以禳却之。”

時眾會中,有一長者名曰彈尼(晉言才明),奉佛五戒,修行十善,為清信士,諦證道跡,時發議曰:“唯聽所言,國遭災患,死亡無數;如仁等議,害生救命,豈得然乎? 以先世時所行不善,今遭斯厄。當設方便,以善禳惡,永無苦別;如何反倒,行害求安,長夜受苦,無有出期。”(《大正藏》卷十七第 552 页)

【评说】佛陀时代已经认识到厉气疫疾的危害,并指出疫病是由“疫火”所致。在选择解除灾患的方法上,婆罗门主张通过祭祀来解除灾患;但才明梵志认为通过杀生祭祀的方法并不能真正解除灾患、救济众生脱离疾病。

佛说杂藏经

东晋平阳沙门法显译

【提要】佛陀为五百饿鬼说善恶果报。

【原文】有一鬼白目連言:“大德! 我受此身,常患熱渴,先聞此恒水清涼且美,歡喜趣之,入中洗浴,而便沸熱,舉身爛壞。若飲一口,五藏焦爛,臭不可當。何因緣故,受如此罪?”(《大正藏》卷十七第 557 页)

【评说】经文记载了一类疾病:热渴病。

【原文】復有一鬼,白目連言:“大德! 我腹極大如甕,咽喉、手脚甚細如針,不得飲食。何因緣故,受如此苦?”(《大正藏》卷十七第 557 页)

【评说】经文记载了一类疾病的症状:腹大如瓮,咽喉、手脚极细,不能饮食。

【原文】復有一鬼,白目連言:“我身常有火出,焦熱懊惱。何因緣故爾?”

目連答言:“汝前世時,作國王夫人。更一夫人,王甚幸愛,常生妬心,伺欲危害。值王臥起去,時所愛夫人眠,猶未起著衣。即生惡心,正值作餅,有熱麻油,即以灌其腹,腹爛即死。以是因緣,受罪如是。”(《大正藏》卷十七第 558 页)

【评说】经文记载了一类疾病的症状:身体焦热、懊恼。

饿鬼报应经

失译附东晋录

【提要】佛陀在耆阇崛山为饿鬼说因果报应。

【原文】一鬼問言:"我常苦頭痛,不知何罪所致?"

目連答言:"汝本為人時,不能修忍,以杖打眾生頭,今受花報,果在地獄。"

一鬼問言:"我常瘡痛,何罪所致?"

答言:"汝為人時,無有慈心,焚燒山野,殘害眾生,今受花報,果在地獄。"

一鬼問言:"我舉身瘡爛,不可堪忍,何罪所致?"(《大正藏》卷十七第560页)

【评说】经文记载了两类疾病:头痛和疮病。

【原文】一鬼問言:"我生男女,盡皆端正可愛,而皆早死,念無斷絕,何罪所致?"

答言:"汝為人時,見兒殺生,助喜噉肉,殺故促命,喜故痛毒,今受花報,果在地獄。"(《大正藏》卷十七第560页)

【评说】经文记载了一类妇女产子后子多早夭的现象。

【原文】一鬼問言:"我常頭痛,而男根瘡爛,何罪所致?"

答言:"汝為人時,於塔廟清淨之處行婬,今受花報果,在地獄。"(《大正藏》卷十七第560页)

【评说】经文记载了一类疾病的症状:头痛、男性生殖器官溃烂。

【原文】一鬼問言:"我受此形,脚腫項癭,何罪所致?"

答言:"汝為人時,使人及諸畜生負重無道,今受花報,果在地獄。"(《大正藏》卷十七第560页)

【评说】经文记载了一类疾病的症状:脚肿、项瘿。

【原文】一鬼問言:"我得此形,非男非女,何罪所致?"(《大正藏》卷十七第561页)

【评说】经文记载了一类先天畸形:性别特征不明。

佛说护净经

失译人今附东晋录

【提要】佛陀为阿难说不净食。

【原文】佛語諸比丘:"不可不慎,一切不得觸眾僧淨食。佛不虛言,福報如影響。十八地獄經中出罪福,此餓鬼本從人道中來,以不清淨手,觸眾僧淨器;以不淨手,觸沙門淨食。以不淨食,著沙門淨食中。以不淨食,食眾僧故,後五百世中,墮餓鬼中,常食不淨。欲趣廁上食糞,于時廁神手捉鐵杖打之,令不得近。此鬼食人膿血、涕唾及蕩滌惡汁,常伺捕婦女產血不淨,以為飲食。復經五百世,墮猪狗蜣蜋之中,常食臭糞不淨。受斯苦劇,累世如此,於百千劫,無有出期,難得解脫,痛不可言。

以不淨手觸男根,或觸女根,觸沙門淨器,觸沙門淨食。以不淨食,著沙門淨食中;以不淨食,食眾僧故,致此殃。一切人肉眼不知罪福。自今以後,欲得福祐,佐眾僧作食,以清淨手，捉眾僧淨器，淨手淘米，及以淨米，著眾僧淨食中者，得福無量。自今以後，以此為常，一切眾人普使聞知：一切檀越，施設法會，供齋調度，持齋者得食，不持齋者不得食。此飯一日持齋，得六十萬世餘糧。不持齋者，六十萬世墮餓鬼中。何以故？此信施難銷故。寧吞熱鐵丸，不食此飯。吞熱鐵丸，須臾間耳，食此信施，久受大苦，五百萬世中受餓鬼苦。"（《大正藏》卷十七第565页）

【评说】佛教十分注重饮食的卫生，认为他人不应当接触僧人干净的食物。

佛说五无反复经

宋居士沮渠京声译

【提要】佛陀在舍卫国为梵志说五无返复。

【原文】一時，佛在舍衛國，與千二百五十比丘俱。時有一梵志，從羅閱祇國來，聞舍衛國人慈孝順，奉經修道，敬事三尊，便到舍衛國。見父子二人耕地，毒蛇螫殺其子，其父故耕不看其子，亦不啼哭。

梵志問曰："此是誰兒？"

耕者答言："是我之子。"

梵志問曰："是卿之子，何不啼哭，故耕如故？"

其人答曰："人生有死，物成有敗，善者有報，惡者有對，憂愁不樂，啼哭懊惱，何益死者！卿今入城，吾家某處，願過語之：'吾子已死，但持一人食來！'"

梵志自念："此是何人，而無反復？子死在地，情不憂愁，而反索食？此人不慈，無有是比！"

梵志入城，詣耕者家，見死兒母，即便說云："卿子已死，其父寄信，但持一人食來。何以不念子耶？"

兒母即為梵志說譬喻言："兒來託生我亦不喚，兒今自去非我能留。譬如行客來過主人，客今自去何能得留？我之母子亦復如是，去住進止非我之力，隨其本行不能得留，愁憂啼哭何益死者！"

復語其姊："卿弟已死，何不啼哭？"

姊為梵志說譬喻言："我之兄弟，譬如巧師入山斫木縛作大栰，安置水中，卒遇大風吹栰散失，隨水流去，前後分張不相顧望。我弟亦爾，因緣和會，同一家生，隨命長短，生死無常，合會有離。我弟命盡，隨其本行不能得留，愁憂啼哭何益死者？"

復語其婦："卿夫已死，何不啼哭？"

婦為梵志說譬喻言："我之夫婦譬如飛鳥，暮栖高樹，同共止宿，須臾之間，及明早起，各自飛去行求飲食；有緣則合無緣則離，我之夫婦亦復如是，去住進止非我之力，隨其本行不能得留，愁憂啼哭何益死者！"

復語其奴："大家已死，何不啼哭？"

奴為梵志說喻言："我之大家因緣和會，我如犢子隨逐大牛，人殺大牛犢子在邊，不能救護大牛之命，憂愁不樂，啼哭懊惱，何益死者！"

梵志聞之，心惑目冥不識東西："我聞此國孝順，奉事恭敬三尊，故從遠來欲得學問，既來到此，了無所益。"

又問行人："佛在何許？欲往問之。"

行人答曰："近在祇桓精舍。"

梵志即到佛所，稽首作禮，却住一面，憂愁低頭，默無言說。佛知其意，謂梵志曰："何以低頭，憂愁不樂？"

梵志白佛言："不果所願，違我本心，是故不樂！"

佛問梵志："有何所失，憂愁不樂？"

梵志曰："我從羅閱祇國來，欲得學問；既來到此，見五無反復。"

佛言："何等五無反復？"

梵志曰："我見父子二人耕地下種，子死在地，情不憂愁而反索食，居家大小亦無憂愁，是為大逆。"(《大正藏》卷十七第 573 页)

【评说】经文记载了某人的父亲、母亲、姐姐、妻子、奴婢知道其死后的反应。佛陀教诫众生应当了知宿世因缘，明了身不长存的道理。

十二品生死经

宋于阗国三藏求那跋陀罗译

【提要】佛陀在舍卫国祇树给孤独园为众比丘说人的十二种死亡方式。

【原文】佛言："人死有十二品，何等十二？一曰無餘死者，謂羅漢無所著也。二曰度於死者，謂阿那含不復還也。三曰有餘死者，謂斯陀含往而還也。四曰學度死者，謂須陀洹見道迹也。五曰無欺死者，謂八等人也。六曰歡喜死者，謂行一心也。七曰數數死者，謂惡戒人也。八曰悔死者，謂凡夫也。九曰横死者，謂孤獨苦也。十曰縛著死者，謂畜生也。十一曰燒爛死者，謂地獄也。十二曰飢渴死者，謂餓鬼也。"

"比丘當曉知是，當作是學勿為放逸，勿起婬色，遠離諸横，以清淨心，所未得證常令成就。所以者何？數數死者甚苦，悔死亦苦，横死甚劇，縛著死亦劇，燒爛死甚痛，飢渴死亦痛。如是比丘！當作是學，習在閑居，若處樹下，學禪一心無得輕戲，無得後悔。是為佛教，是佛法則。"(《大正藏》卷十七第 575 页)

【评说】佛陀以十二种死亡方式教诫比丘不得放逸、起淫欲，应当以清净心精进修行。

佛教把死亡分为十二种，分别是无余死、度于死、有余死、学度死、无欺死、欢喜死、数数死、悔死、横死、缚着死、烧烂死、饥渴死。这十二种死亡方式可分为两大类：前四种是迈向解脱之死，后八种为轮回之死。其中无余死、度于死、有余死、学度死是证得不同层次果位的死亡方式；无欺死、欢喜死、数数死、悔死、横死是没有到达解脱境界之人的死亡方式；缚着死、烧烂死、饥渴死是三恶道的死亡方式，死法较为惨痛。后八种根据死亡性质又可分为善终和恶死两大类：无欺死、欢喜死为善终；数数死、悔死、横死、缚著死、烧烂死、饥渴死，这六种死亡方式都会使人感受到苦痛，为恶死。

佛说未曾有因缘经

萧齐沙门释昙景译

卷上

【提要】佛陀在舍卫国祇树给孤独园渡子出家修行并为波斯匿王及众比丘讲述野干堕入畜生道的前世因缘。

【原文】……嫉妬戒者，發有時節。云何時節？見他得利、見他使樂、見他端政、見他勇健、見他聰明、見他修福，以要言之，一切勝事，爾時其心方生嫉妬。是故當知，嫉妬之心，發起有時。其憍慢心起亦有時，見愚癡者心起憍慢，見醜陋人、見不淨人、見貧窮人，以要言之，聾盲跛瘻、諸根不具、夷蠻胡虜，憍慢之心見時方起。是故當知，不憍慢戒，發起有時。是故世人心戒難持，雖復強持，乍得乍忘。是故世人，十善果報雖受天福，不如諸天十善功德，光明、神力、食祿、相好，巍巍第一；識宿命事，皆亦如是。是故當知，天人修行十善果報，勝於世人。(《大正藏》卷十七第579页)

【评说】嫉妒、骄慢多在看见他人的好或坏时产生，都是因为没有保持平等心的缘故。

【原文】爾時波斯匿王國大夫人，出入行來常使四人，名扇提羅（扇提羅者漢言石女，無男女根故名石女），最大筋力，令此四人擔皇后輿。皇后所乘七寶輦輿，留在祇洹精舍門外，勅諸黃門令守護之。黃門轉令四扇提羅守夫人輿，其身自往佛邊聽法。扇提羅等各於輿下睡眠不識。

時有凶人，偷取夫人珍寶輦輿一摩尼珠。爾時黃門，暫出看輿，不見寶珠，心中惶怖，懼夫人責，問石女言："使汝守輿，何故偷珠？"各各答言："實不偷也。"黃門大怒，鞭打石女，苦痛徹骨。時有一石女，自審不偷橫受楚毒，奔走逃突入精舍中，稱怨大喚，眾皆聞之莫知所由。

佛語阿難："汝可出往彼黃門所，無令橫鞭無過之人。何以故？此四石女者，乃是皇后前世之師，自無過罪何以橫鞭，自造後世惡業因緣？"

是時皇后聞佛此語，即起恭敬，合掌白佛："如世尊說，四擔輿石女，乃是皇后前世時師。迷意不解，惟願世尊，說其因緣，令諸會眾普得聞知。"

佛告皇后："喚石女來，於世尊前驗其虛實。"

皇后奉命，即遣黃門攝之將來。時四石女，見佛叩頭啼哭，長跪合掌，白世尊曰："實不偷珠，有何因緣橫羅此罪，鞭打楚痛，身體破壞。"

世尊告言："罪業因緣，自身所造，非父母為，非從天墮。人行善惡，受苦樂報，如響應聲。貪現前利，心行邪諂，不知後世累劫受殃。夫惡從心生，反以自賊，如鐵生垢，消毀其形。"

王叉手白佛："前後說法，皆有因緣，今四石女，先世本業有何因緣？願佛為說，開悟盲冥多所利益，眾人蒙祐。"(《大正藏》卷十七第581页)

【评说】经文记载了两类特殊的人：黄门和石女。黄门，是指性器官功能不全的男性；石女，是指生殖器官发育畸形的一类女性。

卷　下

【提要】佛陀在舍卫国祇树给孤独园为波斯匿王及皇后讲述波斯匿王皇后的前世提达与五比丘的因缘，以及今生的果报，并为诸人说智慧方便功德因缘。

【原文】王白佛言："如世尊說，五人起因；今者唯見擔輿四人，其餘一人為何所在？"

佛告王曰："其一人者常在宮內，修治廁溷除糞者是。"（《大正藏》卷十七第583页）

【评说】佛陀时代已有修厕除粪的专门人员。

【原文】爾時世尊告羅睺羅："汝今畏罪，欲得還家求離苦者，是事不然。何以故？如有二人乏食飢餓，忽遇主人為設種種肥濃美味，其人飢餓，貪食過飽。然此二人，一者有智，二者愚癡。有智之人，自知食過，身體沈重嚬呻欠呿，恐致苦患，即詣明醫，謙虛下意叩頭求救，請除苦患。良醫即賜摩檀提藥，令其服之，其人即吐腹中宿食。吐宿食已，令近暖火，禁節消息。其人因是，得免禍患，終保年壽，安隱快樂。其無智者不知食過，謂是鬼魅，消費家財、横殺生命祠祭鬼神欲求濟命，唐費功夫。腹中宿食遂成生風，生氣轉筋絞切心痛，因是死亡生地獄中，累世受苦由無智焉。"

佛言："汝羅睺羅！畏罪還家，如彼無智愚癡人也。夫人求福欲離罪者，當謙虛精勤，親近明師，修習智慧，悔惡罪業，改往修來。從是漸漸智慧成就，慧成就故消滅眾罪。如我前說日光威力能除眾冥，人修智慧亦復如是。緣汝先有善根因緣遭值我時，舍利弗等如彼明醫能濟苦患而得不死，子今何為捨明入暗？"（《大正藏》卷十七第584-585页）

【评说】上述经文中以二子过食后不同的求治过程为例，将佛道比喻为明医，将暗道比喻为祭祀鬼神，用来说明佛法可以济苦救患。

经文记载了良医治疗食积症的过程：服用摩檀提药使宿食吐出，近火取暖，调节呼吸。可见，佛陀时代对食积症已有明确的治疗方法。摩檀提，一种治疗食积的药物。"吐宿食已，令近暖火，禁节消息"，可见，良医已经认识到人吐后身体会出现畏寒的现象。

经文还记载了无智之人因为不知道过食的危害，以为是鬼神所致，在生病后期望通过祭祀鬼神保全生命，反而使病情恶化，出现宿食化风、气机不调、肌肉痉挛、心痛，甚至导致死亡。

【原文】沙彌羅睺白言："世尊！諸佛智慧猶如大海，羅睺等心猶如毫末，豈能受持如來智慧？"

佛告羅睺："如天雨渧，後不及前，雖不相及能滿大器。修學智慧亦復如是，從小微起終成大器，成大器已轉成餘器，如是展轉滿無量器，是則名為自利利人，自利利人名為大士，如我今也。"

羅睺羅等聞佛說已，心開意解無復憂慮，如世尊教，當具奉行，不敢疑也。（《大正藏》卷十七第585页）

【评说】佛陀认为，修行佛法要从微小智慧修起，微小智慧的修习终将成为大器，修习到一定程度后大器将转为余器，余器也终将成为无量器，所以微小智慧的修习是相当重要的，不要因为微小而不重视。这种观点与我国传统文化中"不积跬步，无以至千里""不以善小而不为，不以恶小而为之”的意思相近。

【原文】爾時波斯匿王聞佛所說智慧方便功德因緣，甚大歡喜。太子祇陀、夫人、太后、群臣士民，一切大眾莫不解悟，各各修敬為佛作禮，復座如故。王叉手曰：“如佛所言，世人修善凡有二種：一有漏善，二無漏善。有漏無漏，二義歸一，世尊！云何說差别耶？”

佛告王曰：“人有二品：一者利根，二者鈍根。為鈍根人，說二種善；利根之人，不說二也。所以者何？眾源泉流，終歸一海。鈍根之人諸根暗塞，是故為說分别法耳。”（《大正藏》卷十七第587页）

【评说】经文记载了佛陀因人说法的原因。

【原文】王白佛言：“我父所事婆羅門師，精進智慧、修習苦行，為求福故不惜身命，或有投巖、五熱炙身，或斷飲食求生梵天，或大積薪生自燒身，或有翹脚張口向日，或於高樹以繩繫脚而自倒懸，或臥刺棘、抱石磓胸，有如是等種種苦行。苦行之功，福德因緣，歸何所耶？”

佛答之曰：“如吾前說，行苦苦報，行樂樂報。汝不聞乎？”

王言：“世尊制諸弟子，令持禁戒，非為苦耶？夫人飢時不即得食，煩惱横起，忿怒隆盛，不自覺識，起瞋懷害殺修迦羅，如斯之事累世受苦，豈非惡也？”（《大正藏》卷十七第588页）

【评说】佛陀并不主张过度苦行，认为过度苦行会导致各种烦恼，起诸多恶念，反而不利修行。

【原文】佛告王曰：“吾前所以制中前食者，為諸比丘捨外道法，於我法中出家為道。先習苦行，飢餓心故，得諸弟子肥美飲食，貪食過飽，食不消故，則致眾病。是故制食，非為飢苦求福德也。又節食者，見諸比丘縱横乞食無有晝夜、食無時節，為諸外道之所譏責而作是言：‘瞿曇沙門自言道精，何以不如外道法也？’是故節食，非於飢苦而求福也。以要言之，所制禁戒，正為癡人無方便慧，非為智人知時宜也。如我前說，般若智慧即是解脫，智者所受，聖所行處。”

王聞是已，益加歡喜，更起恭敬為佛作禮；一切大眾皆亦如是。

波斯匿王長跪合掌白世尊曰：“今此大眾，聞佛所說，疑網結解，猶如日光消除暗冥，得見大明。如此之功，其恩難報。諸弟子等，當以何方施設供養，報今世尊斯重恩耶？”（《大正藏》卷十七第588页）

【评说】“正为痴人无方便慧，非为智人知时宜也”，佛陀解释了制定过午不食戒条的原因，并指出饮食过量、不按时饮食都会不利于修行。

佛说身毛喜竖经

译经三藏朝散大夫试鸿胪卿光梵大师赐紫沙门臣惟净等奉诏译

卷　下

【提要】佛陀在毗舍离国最胜大城最胜林为众比丘说苦行不是成就正法的途径。

【原文】“又舍利子！世有一類婆羅門者，不食一切，計為清淨，作如是言：‘若於一切所食之物，悉不食者，如是修行，而得清淨。’舍利子！我知是事，亦同彼行，我於一切所食之物，悉不食之，由不食故，身極羸瘦，如是廣說，苦行修行。乃至人眾，來作是言：‘苦哉苦哉！沙門瞿曇！儀容疙瘦，如莽虞鳥，昔日形貌，妙善端嚴，亦有威光，今何隱沒？苦切修練，容質若斯！’舍利子！我於爾時，竊作是念：‘世諸沙門、婆羅門等，歷諸極苦，加復殘毀，逼迫其身，皆為己行，以求清淨。我於是中，亦隨所行，正使碎身，如其塵末，都無勝利。乃至過去未來世中，及今現在一切沙門、婆羅門等，歷諸極苦，加復殘毀，逼迫其身，皆為己行，以求清淨。我於是中，悉隨所行，正使碎身，如其塵末，都無勝利。我今不復如是苦切，逼迫其身。彼求人中少分上法尚不能得，況聖知見最勝所證？故知此道非正覺道，我不復修。’

舍利子！我時又念：‘初出家後，我往釋種園中閻浮樹下，安詳而坐，日影不轉蔭覆清涼。我於爾時，離諸欲染不善之法，有尋有伺，離生喜樂，證初禪定，此為正道。如實覺了，我於處處，勤歷諸道，此正道外，無復餘道，而為真實。是故我今寧假如是一切不食，身體羸瘦，加復疲倦，而自殘毀，以取其道？我今應可隨以所食而用食之。’作是念時，有一外道，所奉苦行仙聖，知我之念，來詣我所，而相謂言：‘聖者瞿曇！汝之苦行，勿宜退轉。我於身毛孔中，當出威光，助佐於汝，令汝身支自然滋益。’舍利子！我時復作是念：‘我所不食一切之物，國邑聚落，一切人眾，咸悉聞知(沙門瞿曇！苦行修行，一切不食，身體羸瘦)。今時或謂，有苦行仙聖，身出威光，助佐滋益。彼彼人眾，豈非以我為妄語邪？故我怖彼妄語，厭謗仙聖之言，止而不受。’”(《大正藏》卷十七第 598-599 页)

【评说】由于苦行时不能获得维持人体生存所必需的营养，导致身体羸弱、干瘦、疲倦。没有健康的身体是没有办法修行得道的，可见健康的身体是得道的基础，所以佛陀不主张苦行。

佛说较量寿命经

西天中印度惹烂驮萝国密林寺三藏明教大师赐紫沙门臣天息灾奉诏译

【提要】佛陀在舍卫国祇树给孤独园为众生说不同形式生命的寿命。

【原文】爾時，世尊重說頌曰：

“眾合常苦惱，　業報脣喉乾、
身毛皆竪立、　腹廣大如山、
髮亂恒覆體、　針口細如鋒、
面目皆擘裂、　飢瘦露形容、
朱髮覆自體、　露現於骨節、
飲惡頸髑髏、　常啼哭奔走。
彼受飢渴苦，　困乏恒逼惱，
苦啼哭聲高，　自作須自受。
貪瞋違順生，　惡業因自造，
此罪業障熟，　餓鬼趣中受。

東勝身洲人，　二百五十歲；
西俱陀尼洲，　壽命年五百；
北俱盧洲生，　壽命定千歲；
南洲壽無定，　後十初叵量。”(《大正藏》卷十七第 601 页)

【评说】佛陀认为，身体的忧患会导致心理的烦恼。

【原文】如是，苾芻！舍利子、大目健連及天壽等并諸眷屬，若復有人心行暴惡，自身當墮此大地獄。是故，苾芻！應如是知。若復有人身患焦瘦，不生瞋恚，心不輕慢，是故，苾芻！智者如是應當修覺。(《大正藏》卷十七第 603 页)

【评说】智者应当不让身体疾病对自己的心理造成影响。

名数经

佛说法集经

元魏天竺三藏菩提流支译

卷第四

【提要】奋迅菩萨与无所菩萨在虚空界法界差别住处谈论菩萨摩诃萨念处。

【原文】復次，善男子！菩薩於身中如是安念："是身從頭至足眾分聚集，所謂足、足指、跟踝、蹲、脛、髀、膝、臏骨、腰脊、胸脇、腹肋、觀手、手指、肘、腕、肩、臂、頰、頤、頸、項、髑髏、眼、耳，如是等事積聚成身，以業有為作者，以種種煩惱隨煩惱虛妄分别百千萬種為窟宅。此身多有種種不淨，所謂髮、毛、爪、齒、血、肉、皮、骨、肝、膽、腸、胃、生熟二臟、脾、腎、心、肺、肪、膏、腦膜、黃白痰陰、涕唾、目淚、大小便利，臭穢可惡。是等無量不淨物聚集，如是等中何者是身？"（《大正藏》卷十七第628页）

【评说】经文中记载了身体某些部位的名称。可见，佛陀时代对人体已有较为系统的认识，体现了佛教朴素的人体观。

佛说决定义经

西天译经三藏朝奉大夫试光禄卿明教大师臣法贤奉诏译

【提要】佛陀在舍卫国祇树给孤独园为比丘宣讲决定正义。

【原文】又復何名二十二根？謂：眼根、耳根、鼻根、舌根、身根、男根、女根、命根、意根、樂受根、苦受根、喜受根、憂受根、捨受根、信根、進根、念根、定根、慧根、未知當知根、已知根、具知根。如是名為二十二根。（《大正藏》卷十七第651页）

【评说】二十二根，包括形神两方面的内容。

佛说法乘义决定经

西天三藏明因妙善普济法师金总持等奉诏译

卷上

【提要】佛陀在舍卫国祇园精舍为大比丘说四谛法。

【原文】佛言："所謂外相十二：髮、毛、爪、齒、眵、淚、耵聹、涕、唾、垢汗、大小便溺。中相十二:皮、膚、血、肉、筋、脈、骨、髓、肪、膏、腦、膜。內相十二:脾、腎、心、肺、肝、膽、臟、胃、赤白二痰、生熟二臟。比丘！是名三十六物。”(《大正藏》卷十七第656页)

【评说】经文记载了“三十六物”,即人体的内脏、组织、代谢产物,并将“三十六物”分为“外相十二”“中相十二”“内相十二”。

本 事 经

大唐三藏法师玄奘奉诏译

卷 第 三

二法品第二之一

【提要】佛陀为众生说二种法。

【原文】吾從世尊聞如是語:“苾芻當知！若有苾芻成就二分,於現法中多諸憂苦,無喜樂住,有災有患、有惱有燒、有罪有責,為諸有情同梵行者之所訶毀,身壞命終生諸惡趣。云何為二？一、於根門不能守護;二、於飲食不善知量。諸有苾芻成就此二,於現法中多諸憂苦,無喜樂住,有災有患、有惱有燒、有罪有責,為諸有智同梵行者之所訶毀,身壞命終生諸惡趣。”爾時,世尊重攝此義而說頌曰:

“若不能守護，　眼等六根門，
飲食不知量，　成不信懈怠。
彼於現法中，　身心多受苦，
及有災有患，　有惱有燒然;
行住與坐臥，　若覺若夢中，
由彼二因緣，　恒有罪有責。
居聚落空閑，　眾中及靜處，
有智常訶責，　當生惡趣中。”(《大正藏》卷十七第673页)

【评说】身坏命终的因由有二:根门失护、食量无节。

卷 第 四

二法品第二之二

【提要】佛陀为众生说二种法。

【原文】吾從世尊聞如是語:“苾芻當知！若有苾芻減省睡眠,具念正知,心常安住悅豫清淨,於諸善法善觀時宜而正修習。如是苾芻減省睡眠,具念正知,心常安住悅豫清淨,於諸善法善觀時宜而正修習,於二果中,隨證一果,謂於現法或證有餘依涅槃界,或不還果。”爾時,世尊重攝此義而說頌曰:

“覺悟能聞法，　修行得勝果，

耽著於睡眠，　都無有所得。
減省睡眠者，　具正念正知，
善安住其心，　常悦豫清淨。
於諸善法中，　知時宜修習，
能究竟超越，　生老病死苦。
是故應勤修，　減省睡眠法，
常委觀寂靜，　得二果無疑。
或斷下分結，　證得不還果；
或斷上分結，　度生老病死。”（《大正藏》卷十七第678页）

【评说】精勤修行、减少睡眠、常观寂静有助于超脱生老病死诸苦。

三　慧　经

失译人名今附凉录

【提要】佛陀为众生说《三十七品经》。

【原文】從有可得無，有不可得有，是謂《三十七品經》意。生死意，生死無有數，所以覺者，種忘故。本意欲坐行道十日，不能竟十日，前世福薄故。多福者，欲十日坐行便得。身不欲行，用劣瘦極故；意不欲行，不念死敗苦空故。（《大正藏》卷十七第702页）

【评说】坐行不能持续十日的原因有二：身体劣瘦、志意不定。

【原文】有內治生、外治生：索錢財、諸珍寶是為外治生；守意念道是為內治生。人不能自伏意，反欲伏他人意；能自伏意，他人意悉可伏。（《大正藏》卷十七第702-703页）

【评说】佛陀指出，治生有内外两种：外为钱财珍宝、内为守意念道。

【原文】昔有道人為國王說經。王言：“佛在世，多人得道。今同說佛經，人不得道。佛為持道法去耶？”道人言：“譬天下極美不過葡萄酒，飲一升便可醉，持一升水澆一升酒中，飲之不能復醉。佛在世時說經，知人意態。譬如人飲一升酒便得醉，今我輩不知是。佛說經知人意態，應病與藥故，人多得道。”（《大正藏》卷十七第704页）

【评说】经文以葡萄酒为喻解释了佛陀在世与离世后得道人数有区别的原因，将勾兑前的葡萄酒令人沉醉比作佛陀在世说法知人意态、应病与药，利于众生得道。

【原文】有國王治行不平，侵枉人民，受取非法，天為雨不時節。有女人言：“天雨不時節，王治行不平正故。”王以聞知，便呼女人令請雨，以三器著地，女人願令雨墮中央器中，復令從一頭起，則如其願。王問：“何因緣得是？”女人白言：“我至誠故。”佛言：“有地乃有萬物，人有至誠乃有道。”（《大正藏》卷十七第704页）

【评说】女人以至诚之心求得下雨。“有地乃有万物，人有至诚乃有道”，体现了佛陀时代朴素的天人相应观。

【原文】昔有國王徵國中諸盲人，令於象廐中觀象。中有持象足者，中有持象鼻者，中有持象耳者，中有持象尾者。去後共相問："象何等類？"持象足者言："象大如柱。"持象鼻者言："象如繩索。"持象耳者言："象如簸箕。"持象尾者言："象如大杖。"皆共諍之，盲人各自信其意。譬如人各見少所經，不了其法，自謂大解，亦如是。(《大正藏》卷十七第 704 页)

【评说】经文记载了盲人摸象的故事，以此比喻个人所读佛经有限，因此不能完全明了佛法大义。

佛说四不可得经

西晋月支三藏竺法护译

【提要】佛陀在舍卫国祇树给孤独园为众比丘说四件不可得之事。

【原文】佛告諸比丘："世有四事不可獲致。何等為四？一曰年幼顔色煒曄髮黑齒白，形貌光澤氣力堅強，行步舉止出入自遊，上車乘馬眾人瞻戴莫不愛敬。一旦忽耄，頭白齒落面皺皮緩，體重拄杖短氣呻吟。欲使常少不至老者，終不可得。

二謂身體強健骨髓實盛，行步無雙飲食自恣，莊飾頭首謂為無比，張弓捻矢把執兵仗，有所危害不省曲直，罵詈衝口謂為豪強，自計吾我無有衰耗。疾病卒至，伏之著床不能動搖，身痛如搒，耳鼻口目不聞聲香美味細滑，坐起須人惡露自出，身臥其上眾患難喻。假使欲免，常安無病，終不可得。

三謂欲求長壽在世無極。得于病死，命既甚短，懷萬歲慮壽少憂多，不察非常五欒自恣，放心逸意殺、盜、婬亂、兩舌、惡口、妄言、綺語、貪嫉、邪見、不孝父母、不順師友、輕易尊長。反逆無道希望豪富謂可永存，譏謗聖道以邪無雙，噓天推步慕于世榮，不識天地表裏所由，不別四大因緣合成猶如幻化，不了古今所興之世，不受倡道，不知生所從來死之所歸，心存天地謂是吾許。非常對至如風吹雲，冀念長生，命忽然終，不得自在。欲使不爾，終不可得也。

四謂父母兄弟家室親族，朋友知識恩愛榮樂，財物富貴官爵俸祿，騎乘遊觀妻妾子息，以自憍恣飲食快意，兒客僕使趨行騎視顧影而步，輕蔑眾人、計己無雙，奴客庸罵獸類畜生，出入自在無有期度不察前後，謂其眷屬從使之眾意可常得。宿對卒至如湯消雪，心乃懷懅請求濟患，安得如願？呼噏命斷魂神獨逝，父母兄弟妻子親族朋友知識恩愛皆自獨留，官爵財物僕從各散馳走如星。欲求不死，不可得也。"(《大正藏》卷十七第 706-707 页)

【评说】佛陀详说了四件不可得之事：不老、常安无病、长寿无极、欲求不死。

经文描述了人由年轻至衰老的体态变化。年轻时容颜炜晔、发黑齿白、气力坚强、行动自如；一旦衰老，面皱皮缓、发白齿落、短气呻吟、拄杖而行。

大乘四法经

于阗国三藏法师实叉难陀奉制译

【提要】佛陀在舍卫国祇树给孤独园为众比丘说四法门。

【原文】復次，菩薩有四種無病。云何為四？謂：無諸界不等病；無煩惱熱病；無不利益衆生病；無諸法疑惑病。是為四。（《大正藏》卷十七第710页）

【评说】菩萨没有四种疾病：诸界不等病、烦恼热病、不利益众生病、诸法疑惑病。

【原文】復次，菩薩有四種法障夢。云何為四？謂：夢月墮於平地井中；夢月現於濁泉池中；夢月在空大雲所覆；夢月在空煙塵所翳。是為四。

復次，菩薩有四種業障夢。云何為四？謂：夢墮大險處；夢高下道；夢磐曲道；夢迷方驚怖。是為四。

復次，菩薩有四種煩惱障夢。云何為四？謂：夢毒蛇擾亂；夢群獸惡聲；夢落賊難處；夢身蒙塵垢。是為四。

復次，菩薩有四種得陀羅尼夢。云何為四？謂：夢大伏藏諸寶充滿；夢清池中衆花齊敷；夢得雙淨白疊；夢諸天持蓋覆上。是為四。

復次，菩薩有四種得三昧夢。云何為四？謂：夢端正童女衆寶莊嚴，持花授與；夢白鵝行列，迴翔空中；夢如來手摩其頂；夢如來坐蓮花座，入於三昧。是為四。

復次，菩薩有四種見如來夢。云何為四？謂：夢月出現；夢日出現；夢蓮花開；夢大梵王威儀閑寂。是為四。

復次，菩薩有四種得大人相夢。云何為四？謂：夢諸妙花果滿娑羅樹；夢大銅器衆寶盈滿；夢虛空中幢蓋莊嚴；夢轉輪王以法御世。是為四。

復次，菩薩有四種不退相夢。云何為四？謂：夢白繒繫頂；夢自設無礙施會；夢身處法座；夢佛坐道場，為衆說法。是為四。

復次，菩薩有四種降魔怨夢。云何為四？謂：夢大力士摧小力士，持勝幡去；夢大勇將戰勝而去；夢受灌頂王位；夢坐菩提樹，降伏衆魔。是為四。

復次，菩薩有四種坐菩提場夢。云何為四？謂：夢吉祥瓶滿；夢衆右繞其身；夢所往之處樹皆低枝；夢金光普照。是為四。（《大正藏》卷十七第710页）

【评说】经文阐述了菩萨的十种梦相：法障梦、业障梦、烦恼障梦、得陀罗尼梦、得三昧梦、见如来梦、得大人相梦、不退相梦、降魔怨梦、坐菩提场梦。佛法对梦的解释与世间法有相似之处，梦境多与境遇有关；另外，佛陀认为可以通过梦来检验自己的修行情况。

佛说菩萨内习六波罗蜜经

后汉临淮沙门严佛调译

【提要】佛陀为众生说菩萨内习六波罗蜜经。

【原文】問曰：“何等為檀？何等為尸？何等為羼？何等為惟逮？何等為禪？何等為般若？何等為波羅蜜？”

佛言：“檀為布施，尸為持戒，羼為忍辱，惟逮為精進，禪為棄惡，般若為黠慧，波羅為從生死得度，蜜為無極，是為六波羅蜜。”

問曰：“何以故正有六波羅蜜？”

佛言："用人有婬怒、瞋恚、愚癡故，行布施為除惡貪，持戒為除婬怒，忍辱為除瞋恚，精進為除懈怠，一心為除亂意，智慧為除愚癡，用欲去六事故，作是六波羅蜜。"

佛言："人有六匿賊盜，斷惡故，作檀波羅蜜主制身，尸波羅蜜主制眼，羼提波羅蜜主制耳，惟逮波羅蜜主制鼻，禪波羅蜜主制口，般若波羅蜜主制意。"

問曰："何以故身應檀波羅蜜？"

佛言："人索頭，與頭；索眼，與眼；索肉，與肉。投身餓虎，是為布施故，屬檀波羅蜜。"

問曰："何以故眼應尸波羅蜜？"

佛言："眼不隨色，意不亂念，是為持戒，故屬尸波羅蜜。"

問曰："何以故耳應羼提波羅蜜？"

佛言："耳聞惡聲，不瞋恚，是為忍辱，故屬羼提波羅蜜。"

問曰："何以故鼻應惟逮波羅蜜？"

佛言："鼻知息出入，常守不離，是為精進，故屬惟逮波羅蜜。"

問曰："何以故口應禪波羅蜜？"

佛言："口不罵詈、不兩舌、不妄言、不綺語，是為寂然，故屬禪波羅蜜。"

問曰："何以故意應般若波羅蜜？"

佛語："阿難！汝曹為道，常當曉了知定諸垢濁穢、清淨自然，不起不滅，悉斷諸根。諸根斷已，不得復生。為道者，當發平等廣度一切，施立法橋，當令一切得入法門，廣作唱導，無端無底、無形無聲、無邊無際、無上無下，立教當施，本無之中持法當使，如來求道，當在於心，心意不正，道亦不生。立行當於本無之中，垢濁以除，內外清淨，從淨見明，以致自然已現，是空之淨。淨而復淨，空而復空，空無所有，是乃為道。道之本無，無所倚著；上無所攀，下無所據；左無所牽，右無所持；自然而立，清淨為本；空空之空，故曰泥洹。於有而無所有，故為有；於無而不無，是為無；於得而無所得，是為得也。"（《大正藏》卷十七第 714-715 页）

【评说】佛陀将"六度""六根"与"六波"罗蜜相对应：檀波罗蜜为布施，可以制服身根，不犯戒；尸波罗蜜为持戒，可以制服眼根；羼波罗蜜为忍辱，可以制服耳根；惟逮波罗蜜为精进，可以制服鼻根；禅波罗蜜为弃恶，可以制服口根；般若波罗蜜为黠慧，可以制服意根。

佛说十二头陀经

宋于阗国三藏求那跋陀罗译

【提要】佛陀在舍卫国祇树给孤独园为众比丘说。

【原文】六者、節量食後，過中飲漿則心生樂著，求種種漿果漿蜜漿等，求欲無厭，不能一心修習善法；如馬不著勒，左右噉草不肯進路。若著轡勒，則噉草意斷隨人意去，是故受中後不飲漿法。（《大正藏》卷十七第 721 页）

【评说】贪饮果浆、蜜浆等不利于修行善法。

杂 经

佛说出家缘经

后汉安息国三藏安世高译

【提要】佛陀在王舍城耆阇崛山中说杀、盗、淫、妄语的十种恶和饮酒的三十五种恶。

【原文】飲酒有三十五惡。何等三十五？散盡財賄；致眾苦患；怨諍增重；裸露形軀；惡名遐邇；慧明日減；應得不得；已得便失；顯揚惡事；要務頓發憂慼之本；恍惚變沒；顏貌鄙惡；輕慢尊長；不知供養沙門、婆羅門；自於室家不辨尊卑；不宗敬佛；不崇大法；不敬事僧；返親惡人；遠離明能；崩墜邪道；無慚愧心；不護根門；惛荒婬欲；眾所不愛；人不喜見；德士宿舊咸來咎責；集造眾惡；要用之勢，不豫識任；智德隱避；像類不別；去泥洹遠；種狂惑業；身死命終生地獄中；設得為人，愚癡頑瞶。（《大正藏》卷十七第736页）

【评说】佛陀指出饮酒可能在金钱财物、人际关系、礼仪、神志、智力等方面产生三十五种过失。

佛说佛医经

吴天竺沙门竺律炎共支越译

【提要】佛陀解说人身之四病及四季宜食不宜食的食物和得病的十种因缘。

【原文】人身中本有四病：一者、地；二者、水；三者、火；四者、風。風增，氣起；火增，熱起；水增，寒起；土增，力盛。本從是四病，起四百四病。土屬身，水屬口，火屬眼，風屬耳。火少寒多，目冥。春正月、二月、三月寒多，夏四月、五月、六月風多，秋七月、八月、九月熱多，冬十月、十一月、十二月有風有寒。何以故春寒多？以萬物皆生，為寒出，故寒多。何以故夏風多？以萬物榮華、陰陽合聚，故風多。何以故秋熱多？以萬物成熟，故熱多。何以故冬有風有寒？以萬物終亡熱去，故有風寒。

三月、四月、五月、六月、七月得臥。何以故？風多故身放。八月、九月、十月、十一月、十二月、正月、二月不得臥。何以故？寒多故身縮。

春三月有寒，不得食麥、豆，宜食粳米、醍醐諸熱物。夏三月有風，不得食芋、豆、麥，宜食粳米、乳、酪。秋三月有熱，不得食粳米、醍醐，宜食細米、麨、蜜、稻、黍。冬三月有風寒，陽興陰合，宜食粳米、胡豆、羹、醍醐。有時臥風起，有時滅；有時臥火起有時滅。有寒起有時滅。

人得病有十因緣：一者、久坐不飯；二者、食無貸；三者、憂愁；四者、疲極；五者、婬泆；六者、瞋恚；七者、忍大便；八者、忍小便；九者、制上風；十者、制下風。從是十因緣生病。

佛言："有九因緣，命未當盡為橫盡：一、不應飯為飯，二、為不量飯，三、為不習飯，四、為不出生，五、為止熟，六、為不持戒，七、為近惡知識，八、為入里不時不如法行，九、為可避不避。如是九因緣，人命為横盡。”

“不應飯為飯，謂不可意飯，亦謂不隨四時食，亦為以飯復飯，是為不應飯為飯。不量飯者，謂不知節度，多食過足，是為不量飯。不習飯者，謂不時食。若至他郡國，不知俗宜飯食未習，不稍稍飯，是為不習飯。不出生者，謂飯物未消復上飯，若服藥吐下不盡便食來，是為不出生。止熟者，謂大便、小便來時不即時行，噫吐、下風來時，制是為止熟。不持戒者，謂犯五戒，現世間盜，犯他人婦女者，便入縣官，或刻、或死、或得棓榜壓死、若餓死、或得脱外從怨家得首死、或驚怖憂愁死，是為不持戒。近惡知識者，謂他人作惡便來及人。何以故？不離惡知識故。惡人不計當坐之，是為近惡知識。入里不知時不如法行者，謂晨暮行，亦有魍魎諍鬬者，若有長吏追捕而不避，若入他家舍，妄視不可視、妄聽不可聽、妄犯不可犯、妄念不可念，是為入不知時不如法行。可避不避者，謂弊牛、馬、猘、狗、蚖、蛇、虫，水、火、坑、穽、犇車、馳馬，拔刀醉人、惡人。亦若干，是為可避不避。”

“如是九因緣，人命未盡為盡。黠人當識是，當避是，已避得兩福：一者得長壽，及得聞道好語，亦得久行道。”

佛言：“有四飯：一、為子飯，二、為三百矛斫飯，三、為皮革虫生出飯，四、為災飯。子飯者，謂人貪味食肉時，便自校計念：“是肉皆我前世時父母、兄弟、妻子親屬，亦從是不得脱生死！”已得是意便止貪，是為子飯。三百矛斫飯者，謂飯隨味念復念其殃，無有數能不念味便得脱。又矛斫人為亡身，已生念復念有若干受苦，為三百矛斫飯。皮革虫生出飯者，謂人念味，亦一切萬物憂家中事，便穿人意，意作萬端為出去，是為皮革虫生飯。災飯者，謂一生死行皆為災飯，如火燒萬物，人所行皆當來惱身，劇火焚萬物故言災。所以言飯者，謂人所可意念人，故言飯也。”

“人食肉譬如食其子，諸畜生皆為我作父母、兄弟、妻子，不可數。亦有六因緣不得食肉：一者、莫自殺；二者、莫教殺；三者、莫與殺同心；四者、見殺；五者、聞殺；六者、疑為我故殺。無是六意得食肉，不食者有六疑。人能不食肉者，得不驚怖福。”

佛言：“食多有五罪：一者、多睡眠；二者、多病；三者、多婬；四者、不能諷誦經；五者、多著世間。何以故？人貪婬、人知色味，瞋恚知横至味，癡人知飯食味。《律經》說：‘人貪味，味復味得生不得美味。’”

佛言：“一食者為欲斷生死，亦隨貪不能行道，為得天眼自知所從來生去至何所。人不念死，多食，常念婦人，皆墮百四十惡，中天皆用飯故。犯十惡後生便失人形，墮畜生中。既得作人，飢渴血出，瞋恚傍生，於愛内生於貪。佛說有大福，自飢以飯與人，令人得命，是為大福。後生饒飲食，乏瞋恚，亦無所施，施亦不得，但意恣貪婬，亦無所施，但得意恣，非我所有。一錢以上，不得取故，作貪欲空，自苦作罪。道人不有憂愁，憂隨怒，愁隨貪。我輩有死歲、有死月、有死日、有死時，亦不知、亦不畏、亦不行道、亦不持戒，東走西走，憂銅憂鐵，憂田宅、奴婢，但益人惱、增人苦，為種畜生習。”

佛言：“人治生，譬如蜂作蜜。採取眾華，勤苦積日已成，人便攻取去。唐自苦，不得自給。人求是念，是憂有憂，無飢渴勤苦。合聚財物，未死，憂五家分，或水、火、盜賊、縣官、病痛，多不如意。已死，他人得之。身當得其罪，毒痛不可言。五分者：一者、火分；二者、水分；三者、盜賊分；四者、縣官分；五者、貧昆弟分。何為無憂所有？人不計是五分憂，苦劇不棄，是憂苦有萬端，結在腹中，離道遠法。人法生賈作，得利，不當喜；不得利，亦不當憂；是皆前

世宿命所致。人有貪，貪便不得利。正使得一天下財物，亦不能猛自用之，亦不隨人去，但益人結、但有苦惱、但種後世緣因。緣因如火，如火無所不燒。我輩不覺，是黠不敢妄搖，知為增苦種罪。”(《大正藏》卷十七第737-738页)

【小结】 佛学讲人身是由四大合和而成，四大即地、水、火、风，疾病的发生也是因于四大，风增加，多气；火增加，热起；水增加，寒起；土增加，力盛。四季的变化也会引起人体的变化，春天寒多，夏天风多，秋天热多，冬天风寒多。不同的季节，人的饮食也有宜忌：春三月有寒，不能吃麦、豆，应该吃粳米、醍醐诸热物；夏三月有风，不能吃芋、豆、麦，应该吃粳米、乳、酪；秋三月有热，不能吃粳米、醍醐，应该吃细米、麨、蜜、稻、黍；冬三月有风寒，应该吃粳米、胡豆、羹、醍醐。人生病有十种原因：久坐不饭，食无贷，忧愁，疲极，淫泆，嗔恚，忍大便，忍小便，制上风，制下风。有九种原因会缩短人的寿命：不应饭为饭，为不量饭，为不习饭，为不出生，为止熟，为不持戒，为近恶知识，为入里不时不如法行，为可避不避。人的饮食不节制就会有嗜睡、多病、多淫、不讽诵经、多著世间等五罪。

佛说见正经

(亦名《生死变识经》)

东晋天竺三藏竺昙无兰译

【提要】 佛陀在罗阅祇园精舍说人死后识转徙投生。

【原文】 佛告諸弟子：“生死亦如此。識神為起法，起法為癡，癡為就貪愛，癡如彼樹核，核小而長成大樹。一癡而致多所因緣，多所因緣本由癡出，癡生行，行生識，識生字色，字色生六入，六入生更樂，更樂生痛，痛生愛，愛生受，受生有，有致生，生致老死。合十二因緣，成為身已，有身當就老死，識神轉易，隨行而往。更有父母，更受形體，更六情，更所習，更苦樂，更風俗，都非故，便不得復還。不復識故，向所新見，謂為有、謂可常，著所猗呼為諦，謂無前世後世。識神轉徙，隨行而有也。識神已徙，更有父母，更受新身，更六情，更所習，更苦樂，更風俗，便不復識故，亦不得復還故身故習故所，見如樹不復還作核也。”

於是，比丘見正承佛言，起坐長跪，白佛言：“我意未除、未解正要，今欲發愚癡之問，願佛哀我等，為解了之。我從生已來，見人死者不少，或父子、兄弟、夫妻、內外，或朋友相憐愛，或有怨讎相憎，死後識神，了無還面相答善惡者。何以乎？識神為何所隔礙，而不得還面報人也？願為分別說之，令我等結除疾得見諦。”

佛言比丘：“彼識無形，至於轉徙，隨行而有。若身作福，福識轉生，亦不得還面報人也。何以故？譬如冶家洋石作鐵，已成鐵便鑄以為器，已成器可復還使作石乎？”

見正言：“實不可。石已成鐵，終不得復還作石。”

佛言：“識之轉徙，住在中陰，如石已洋成鐵；從中陰轉受他體；如鐵已鑄成器。形消體易，不得復還故識。何以故？行之善惡，識往受之，轉化變改，如石成鐵。修行五善，稟受人身，則更有父母。已有父母，便有六繫閉：一者、住在中陰，不得復還；二者、隨所受身胞內；三者、初生迫痛，忘故識相；四者、墮地故所識念滅，更起新見想；五者、已生便著食，貪念故識念斷；六者、從生日長大，習所新見，識滅無復宿識。”(《大正藏》卷十七第740-741页)

【评说】佛陀认为，人死以后无形的识神以中阴身的形式存在，而后根据各种因缘重新投胎。

佛说清净心经

西天译经三藏朝奉大夫试光禄卿传法大师赐紫沙门臣施护等奉诏译

【提要】佛陀在舍卫国祇树孤独园为诸比丘讲清净心的方法。

【原文】佛世尊一時在舍衛國祇樹給孤獨園，與苾芻眾俱。

佛告諸苾芻言："汝等諦聽！若諸聲聞修習正行欲得清淨心者，當斷五法、修習七法而令圓滿。何等五法？一、貪欲；二、瞋恚；三、昏沈睡眠；四、掉悔；五、疑。此五蓋障應當除斷。

何等七法？一、擇法覺支；二、念覺支；三、精進覺支；四、喜覺支；五、輕安覺支；六、定覺支；七、捨覺支。如是七法應當修習。

諸苾芻！所言清淨心者，當知即是心解脫增語、慧解脫增語，由貪染污，心不清淨；由無明染污，慧不清淨。

若諸苾芻斷除貪染，即得心解脫；斷除無明，即得慧解脫。

又諸苾芻離貪染污得心解脫者，是名身作證；斷除無明得慧解脫者，是名無學。永離貪愛，了知真實，正智現前，取證自果，盡苦邊際。諸苾芻！如是所說，汝等應學。"(《大正藏》卷十七第749页)

【评说】清净心，按《佛学大辞典》指"无疑之信心也，又无垢之净心也"。此篇讲"心解脱增语、慧解脱增语""由贪染污，心不清净，由无明染污，慧不清净"，应指"无垢之净心"。保持清净心可以断"五法"修习"七法"，五法指断贪、断嗔恚、断昏沈睡眠、断掉悔、断疑，七法有择法、念、精进、喜、轻安、定、舍等。按照这十二种方法做，即能保持心解脱、慧解脱，不为贪爱所迷惑，能了知真谛，得真正的知慧，取得正果。

佛说内藏百宝经

后汉月氏三藏支娄迦谶译

【提要】佛陀在罗阅祇耆阇崛山中为众弟子说佛的成就。

【原文】佛身未嘗有病，而現病呼醫服藥，與藥者得福無量，隨世間習俗而入，示現如是。(《大正藏》卷十七第752页)

【评说】佛陀虽已成佛，身体有病时仍然需要寻医问药，接受治疗。

弟子死复生经

宋居士沮渠京声译

【提要】佛陀在祇树给孤独园预言其涅槃后世人多不敬佛法，要求弟子精勤修行，自度度人。

【原文】爾時有賢者優婆塞，本奉外九十六種道，厭苦禱祠委捨入法，奉戒不犯精進一心，勤於誦經好喜布施，笮意忍辱常有慈心，暴得疾病遂便命過。臨當死時，囑其親屬及其父母言："我病若不諱之日，莫殯斂七日，若念我者不違我言。"遂奄忽如死。父母親屬諸家如其所言，停屍七日，到八日親屬諸家言："死人已八日，眠眠無所復知，當急殯斂。"父母言："雖已日久，亦不膖脹亦不臭處，小復留之，以到十日。"語言未竟，死人便即開眼，諸家父母大小踊躍歡喜；未能動搖，諸家共守之。至十日，便能起坐，善能語言。(《大正藏》卷十七第868页)

【评说】此段经文为人假死(深度昏迷)后八日又恢复知觉的记载。

占察善恶业报经

天竺三藏菩提灯译

卷　上

【提要】佛陀在王舍城耆阇崛山中，地藏菩萨为坚净信菩萨说用木轮相法占察善恶宿世之业、现在苦乐吉凶，并开示大乘修行的观心、修禅十种次第法门。

【原文】……一百三者，求離病得除愈……一百一十七者，君民惡多疾疫。一百四十八者，觀所患可療治。一百四十九者，觀所患難療治一百五十者，觀所患精進差。一百五十一者，觀所患久長苦。一百五十二者，觀所患自當差。一百五十三者，所向醫堪能治。一百五十四者，觀所療是對治。一百五十五者，所服藥當得力。一百五十六者，觀所患得除愈。一百五十七者，所向醫不能治。一百五十八者，觀所療非對治。一百五十九者，所服藥不得力。一百六十者，觀所患命當盡。(《大正藏》卷十七第906页)

【评说】根据木轮出现的189种情况来占察善恶宿世之业、现在苦乐吉凶。

其中"一百零三"表示疾病可治疗；"一百一十七"表示疫病流行；"一百四十八"表示疾病可治疗；"一百四十九"表示疾病难愈；"一百五十"表示修行不精进；"一百五十一"表示长时患病；"一百五十二"表示病患可自愈；"一百五十三"表示医家诊治能力强；"一百五十四"表示治疗方法正确；"一百五十五"表示用药得当；"一百五十六"表示疾病可治愈；"一百五十七"表示医家不能治疗；"一百五十八"表示不能对症治疗；"一百五十九"表示用药不得当；"一百六十"表示病重丧命。

称讚大乘功德经

大唐三藏法师玄奘奉诏译

【提要】佛陀在大功德殿为德严华菩萨解说大乘的含义。

【原文】佛告德嚴華:“若有聞說大乘法教,不生隨喜、不樂聽聞、不求悟入、不能信受,反加輕笑毀呰凌蔑、離間謗讟、捶打驅擯,應知此等皆是魔軍,是則名為樂非法者、性鄙劣者、求外道者、行邪行者、壞正見者,應知此等謗毀大乘,當墮地獄受諸劇苦;從彼出已生餓鬼中,經百千劫常食糞穢;後生人中,盲聾瘖瘂支體不具,其鼻匾匸,愚鈍無知形貌矬陋,如是漸次罪障消除,流轉十方,或遇諸佛親近供養,復聞大乘,聞已或能隨喜信受,因此便發大菩提心,勇猛精勤修菩薩行,漸次進學,乃至菩提。”(《大正藏》卷十七第 911 页)

【评说】“盲聋瘖瘂支体不具”,指各种先天畸形之人。

【原文】此乘周給一切有情令無匱乏,故曰大乘。此乘威力猶如藥樹救療眾病,故曰大乘。(《大正藏》卷十七第 911 页)

【评说】药树,佛陀时代已采用树生药材治病。

说妙法决定业障经

大唐至相寺沙门释智严译

【提要】佛陀在法界藏殿诸佛所会无边道场,为功德庄严开敷花夫人说初修行菩萨不应与非善知识共住,并解释了大乘的含义。

【原文】佛告夫人:“敷演大乘經典之處,若有眾生聞說大乘,心不樂聞、調弄誹謗,當知則是邪魔眷屬。誹謗大乘經典心故,死墮阿鼻受苦無量,復生餓鬼食火屎尿,無量劫中受苦畢已,後生人中,盲聾、瘖瘂、病癩、不具。此等眾生命終之後,經無量生方得值遇如來親承供養,於諸佛所還復得聞大乘經典,純一無雜。”(《大正藏》卷十七第 912 页)

【评说】“盲聋、瘖瘂、病癞、不具”,均是先天畸形的记载。

大方广圆觉修多罗了义经

大唐、罽宾三藏佛陀多罗译

【提要】佛陀入于神通大光明藏为十万弟子演说圆觉清净境界,并指出了二十五种达到圆觉清净境界的修行方法。

【原文】善男子!無上法王有大陀羅尼門,名為圓覺,流出一切清淨真如菩提涅槃及波

羅蜜教授菩薩。一切如來本起因地，皆依圓照清淨覺相，永斷無明方成佛道。云何無明？善男子！一切眾生從無始來種種顛倒，猶如迷人四方易處，妄認四大為自身相，六塵緣影為自心相；譬彼病目見空中花及第二月。善男子！空實無花，病者妄執。由妄執故，非唯惑此虛空自性，亦復迷彼實花生處，由此妄有輪轉生死，故名無明。善男子！此無明者非實有體，如夢中人夢時非無，及至於醒了無所得；如眾空花滅於虛空，不可說言有定滅處，何以故？無生處故。一切眾生於無生中，妄見生滅，是故說名輪轉生死。善男子！如來因地修圓覺者，知是空花，即無輪轉，亦無身心受彼生死，非作故無，本性無故。彼知覺者猶如虛空，知虛空者即空花相，亦不可說，無知覺性，有無俱遣；是則名為淨覺隨順。何以故？虛空性故，常不動故，如來藏中無起滅故，無知見故，如法界性究竟圓滿遍十方故；是則名為因地法行。菩薩因此於大乘中發清淨心，末世眾生依此修行不墮邪見。(《大正藏》卷十七第 913 页)

【评说】“譬彼病目见空中花及第二月”，指眼病出现视物异常或精神障碍出现幻视。

【原文】善男子！彼善知識所證妙法應離四病。云何四病？一者作病，若復有人作如是言：“我於本心作種種行欲求圓覺。”彼圓覺性非作得故，說名為病。二者任病，若復有人作如是言：“我等今者不斷生死、不求涅槃，涅槃、生死無起滅念，任彼一切隨諸法性欲求圓覺。”彼圓覺性非任有故，說名為病。三者止病，若復有人作如是言：“我今自心永息諸念得一切性，寂然平等欲求圓覺。”彼圓覺性非止合故，說名為病。四者滅病，若復有人作如是言：“我今永斷一切煩惱，身心畢竟空無所有，何況根塵虛妄境界，一切永寂欲求圓覺。”彼圓覺性非寂相故，說名為病。離四病者則知清淨，作是觀者名為正觀，若他觀者名為邪觀。(《大正藏》卷十七第 920 页)

【评说】佛陀把不正确的认知看作病，此段经文中的作病、任病、止病、灭病当作此解。这四种病都是对如何达到圆觉的错误认知。

佛说大方广未曾有经善巧方便品

西天译经三藏朝奉大夫试鸿胪卿传法大师臣施护奉诏译

【提要】佛陀为大意菩萨说布施的功德和果报。

【原文】若施醫藥，普願一切眾生離諸病苦，如大藥樹，當得金剛不破壞身，一切莊嚴，常得最上適悅快樂。(《大正藏》卷十七第 931 页)

【评说】佛陀时代已有医疗慈善活动。

外道问圣大乘法无我义经

西天译经三藏朝散大夫试鸿胪少卿传教大师臣法天奉诏译

【提要】佛陀为外道阐说无我的道理。

【原文】一時佛在大眾中,爾時外道有疑欲決,迷大乘行,來至佛所稽首恭重,合十指掌問無我義:“大丈夫是一切智,常說此身無我。若身無我,本性亦無,云何說有哀啼、戲笑、憎愛、兩舌等事?當何所生?是我所疑。願賜除斷。如來所言身與本性,有無云何?”

佛言:“外道!諦聽諦受,當為汝說。”

佛言:“身與本性,體本空故,說或有或無,斯成二法;言是有者,斯更虛妄。”

佛言:“當觀全身,髮甲皮毛、兩手雙足,至於脂、筋、脾、腸、骨髓等事,周遍內外,不見本性。”

外道言:“大丈夫!若彼不見本性,以我肉眼云何能見?或以天眼而能見乎?”

佛言:“天眼見彼,無色、無相、無住,此見非見。”

外道言:“若如是說,大聖妄語。若彼非者,云何現見有此啼笑、嬉戲、瞋怒、憎愛、兩舌等事?以如是故,何得說無?又說或有或無,斯成二義?”又言:“大丈夫!若彼有無不得說者,云何說言:‘彼有所著,彼無所著?’”又言:“空者當何所如?”

佛言:“如是如是。空非所如,體不可得故。”

外道言:“若此者,笑哭、嬉戲、瞋怒、憎愛、兩舌等事,當何所見?”

佛言:“如夢、如幻、如化、如影像相。”

外道言:“云何夢相?云何幻化相?云何影像相?”

佛言:“幻化非相,空非執持,夢本體空。如陽焰故,影像無色,虛假不實。如是所見乃至一切事,皆如幻如化、如夢如影,當如是見。”(《大正藏》卷十七第 934 页)

【评说】佛陀认为,没有一个不变的本性(本体)“我”的存在,都是诸多因素在一定条件下组合而成的,“如幻如化、如梦如影,当如是见”。